温州市鹿城区人民代表大会志

（1984—2016）

《温州市鹿城区人民代表大会志》编纂委员会编

方志出版社
Publishing House of Local Records

温州市鹿城区人民代表大会志编纂委员会

主　　任　吴海燕

常务副主任　王易进

副 主 任　陈　洁　肖石龙　林瑞荣　王长青
项旭光　朱启龙　胡海峰　周基斌
叶治台

委　　员　叶必庆　谢　伟　姜锦谷　林宣富
林秀春　陈金敏　陈康亮　李利法
柳晓忠　胡希求　王剑波　吴法照
陈月玲

《温州市鹿城区人民代表大会志》编辑部

主　编　叶必庆

副主编　吴法照　郑　坚　叶　青　潘小琴
赵德胜　朱凌云

编　务　戴伟芳　苏小平　王晓珏　卢成盘
钱爱香　黄海浪　陈天翔　项斌斌
陈腾超　殷磊磊　胡亚芬　戴丰丰
胡亭亭　沈洪保

2016 年 7 月 20 日，浙江省代省长车俊（右二）调研鹿城“五水共治”工作

2016 年 12 月 7 日，浙江省人大常委会党组书记、副主任茅临生（右二）到鹿城调研“大拆大整”

2016 年 11 月 15 日，浙江省人大常委会副主任王辉忠（右四）调研鹿城“大拆大整”专项行动

2005 年 5 月 24 日，温州市委书记王建满（左三）督查鹿城进城口建设工程工作。

2010 年 5 月 26 日，温州市委书记邵占维（左二）督查鹿城防汛工作

2012 年 12 月 3 日，浙江省委常委、温州市委书记陈德荣（左三）调研鹿城农房集聚建设

2015 年 11 月 13 日，浙江省省委、温州市委书记陈一新（左二）视察鹿城康奈集团

2016 年 1 月 17 日，温州市委书记徐立毅（右三）视察鹿城五马街道“人大代表之家”

2005年2月2日，温州市市长刘奇（左一）节前检查鹿城水心农贸市场。

2008年1月4日，温州市市长赵一德（右二）视察鹿城“三沿”工作

2015 年 1 月 4 日，温州市市长陈金彪（左三）督查鹿城双屿综合整治工作

2016 年 6 月 29 日，温州市市长张耕（右二）考察鹿城重点企业

温州市鹿城区二届人大三次会议

温州市鹿城区三届人大一次会议

1989年3月22日，鹿城区第二届人民代表大会三次会议代表、列席人员和工作人员合影

1990年5月25日，鹿城区第三届人民代表大会一次会议代表、列席人员和工作人员合影

1993年3月20日，鹿城区第三届人大常委会第二十次会议合影

1999年3月15日，鹿城区第五届人民代表大会举行第二次会议

2005年1月31日，鹿城区第六届人民代表大会举行第三次会议

2007年1月20日，鹿城区第七届人民代表大会第一次会议常委会组成人员合影

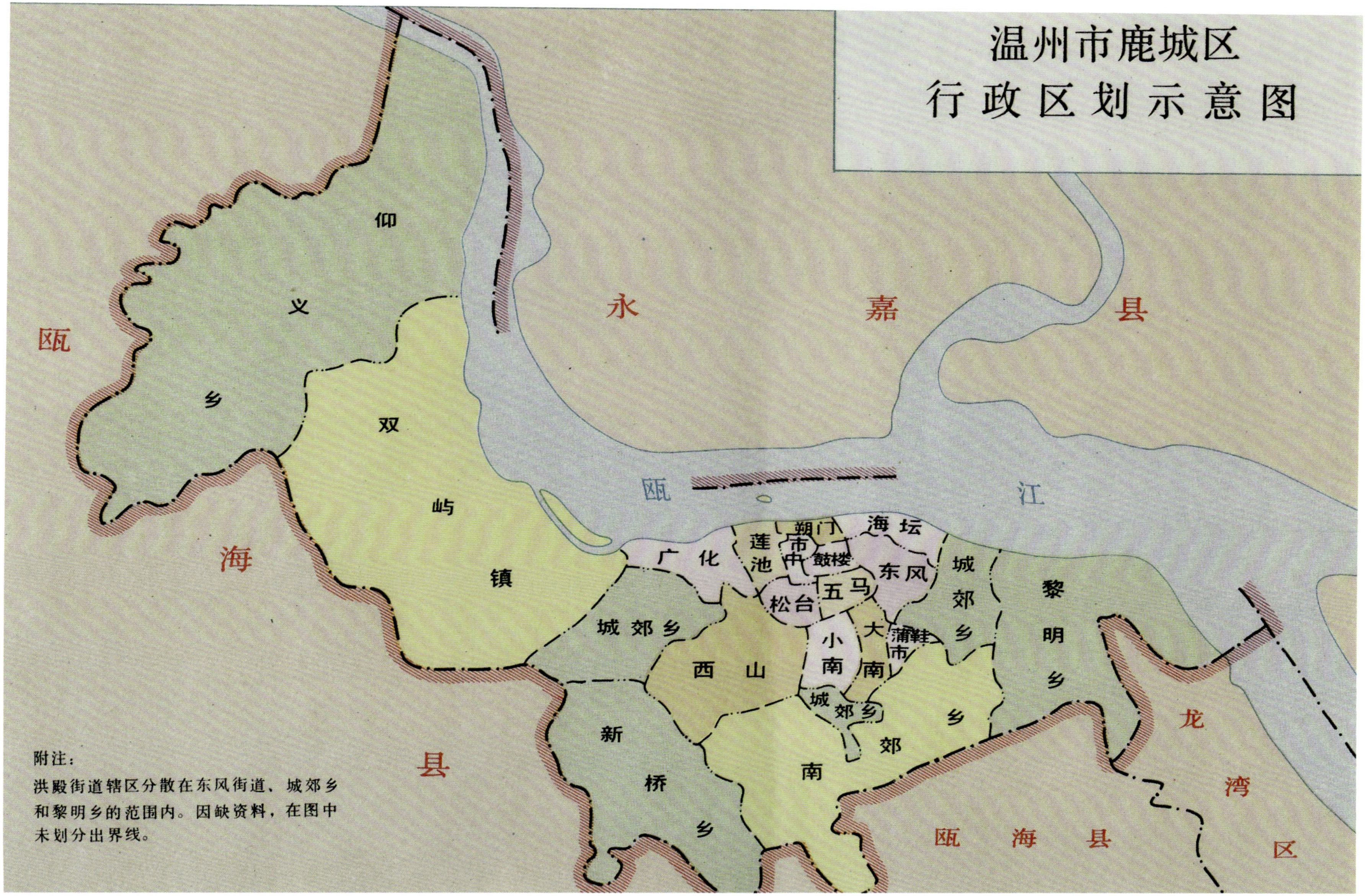

温州市鹿城区
行政区划示意图
永嘉县
瓯江
瓯海县
瓯海县
龙湾区
仰义乡
双屿镇
广化
莲池
朔门
市中
鼓楼
海坛
东风
五马
松台
城郊乡
西山
小南
大南
蒲鞋市
城郊乡
城郊乡
黎明乡
新桥乡
南郊乡
附注：
洪殿街道辖区分散在东风街道、城郊乡和黎明乡的范围内。因缺资料，在图中未划分出界线。

中心城区图
邮政编码：325□□□
汽车站
高速路
道路
公交线、起讫站、站名
隧道
建设中道路
规划道路
铁路、火车站
永嘉县
鹿城区
瓯海区
龙湾区
七都岛
温州大桥
瓯江
中国鞋都产业园区
乌牛工业区
岛中度假村
景山
104国道
温州市域图

鹿城区行

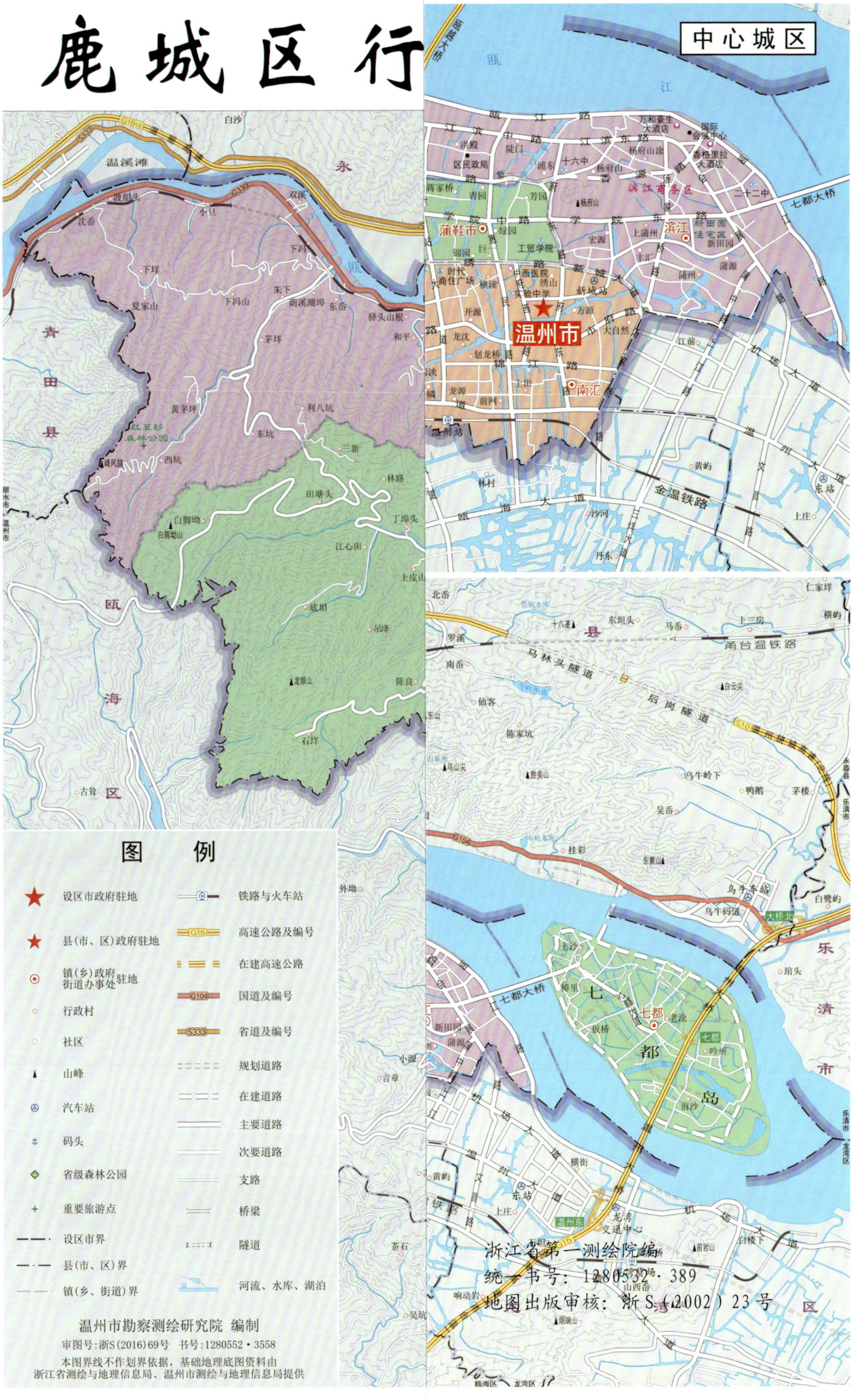

温州市勘察测绘研究院 编制

审图号：浙S(2016)69号 书号：1280552·3558

本图界线不作划界依据，基础地理底图资料由
浙江省测绘与地理信息局、温州市测绘与地理信息局提供

序　一

县（区、市）基层处于全局工作承上启下的重要位置。县（区、市）人大是坚持和完善人民代表大会制度的基础一环，对于推动人大事业的发展与创新具有重要的作用。无论是立法工作，还是监督工作，都离不开基层人大的参与和推动。密切人大代表与人民群众的联系，基层人大更是主要的组织者和落实者。因此，基层人大是我省人大不断发展的重要基础，是我省人大事业焕发活力的重要源泉。

温州市鹿城区作为我省改革开放的先行地方，不但在发展社会主义市场经济、推进市场化改革方面率先探索，走在前列，也在坚持和完善人民代表大会制度、发展社会主义民主法治方面勇于实践，积极创新，有效地发挥了地方国家权力机关围绕中心、服务大局、促进改革的重要作用。鹿城区人大把长期以来人大工作的实践探索，把散存于各部门和各领域的有关资料挖掘出来，加以系统的梳理和整理，编纂了《温州市鹿城区人民代表大会志》，这是一件很有意义的事情，必将为研究和宣传人民代表大会制度提供生动素材，为人大事业的传承与发展积累可资借鉴的宝贵资料。

鉴古知今，存史资政；修志问道，以启未来。与时俱进地坚持和完善人民代表大会制度，关乎方向、关乎道路，关系党和国家事业发展的全局。基层人大担负着光荣的使命与职责。希望鹿城区人大始终坚持中共领导、人民当家作主、依法治国的有机统一，按照“秉持浙江精神，干在实处，走在前列，勇立潮头”的要求，在当地党委的领导下，总结历史经验，弘扬改革精神，努力探索依法行使职权的有效形式，着力拓展密切人大代表与人民群众联系的途径渠道，不断提高基层人大工作的能力和水平，为深入推进“五位一体”总体布局和“四个全面”战略布局贡献智慧和力量。

浙江省人大常委会党组书记、副主任：茅临生

2016年11月

序　二

盛世修志是中华民族传承文明的优良传统。经过全体编纂人员的努力，鹿城历史上第一部人大志今杀青付梓，这是鹿城社会主义民主政治建设的一件大事，也是对温州人大辉煌历程史料的重要补充，可喜可贺。

人民代表大会制度是我国的根本政治制度。人民代表大会制度自建立以来，伴随着我国社会主义建设事业的伟大进程，历经磨砺，在坚持中探索，在发展中完善，日益显示出无比的优越性和旺盛的生命力。1984 年 5 月 29 日召开温州市城区第一届人民代表大会，1984 年底经国务院批准同意城区改为鹿城区，开启了鹿城人民当家作主的新篇章。改革开放以来，鹿城区人大及其常委会依照宪法和法律赋予的职权，围绕中共中心工作，依靠人大代表和人民群众勇于实践，积极探索，开拓进取，为人民代表大会制度在基层的发展和完善做了大量卓有成效的工作，在经济建设、政治建设、文化建设和社会建设中，发挥了基层地方国家权力机关应有的作用。

“以史为鉴，可以知兴替”。通过《鹿城人大志》的编修，为人们认识、研究并坚持和完善基层人民代表大会制度提供可资借鉴的珍贵史料，是一件意义重大的事情。全书凡百万言，内容翔实，是一部融思想性、科学性和资料性为一体的地方人大史书。该志书的出版，为鹿城增添了一份政权建设方面的珍贵史料，对该区今后的民主法制建设乃至经济建设、社会发展等方面，将产生积极的影响。

鉴古知今，存史资政。我相信，鹿城区人大及其常委会在尊重历史，崇尚法治，坚持人大工作正确政治方向的前提下，发扬敢为人先、勇于创新的精神，必将使人民代表大会制度在鹿城结出更丰硕的成果。

温州市人大常委会主任：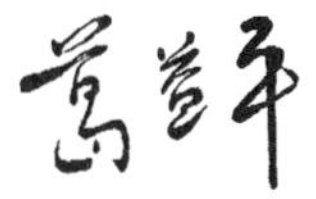

2016 年 12 月

序　三

沧海桑田，岁月轮回，总抹不去厚重的历史和文化积淀。为永远铭记鹿城人民建政维权、推进发展的业绩，继续发扬艰苦奋斗、开拓创新的精神，我们当著一志，当修一史，以志为鉴，存史育人。

志书是经世致用的历史文献。《温州市鹿城区人民代表大会志》在编纂委员会的统一指导下，编纂人员以对历史、对后人高度负责的精神，认真学习修志知识，精心研究篇目设置，博采精收历史资料，并多次召集会议，讨论交流，去粗取精，去伪存真，历时一年余，几易其稿，终付梓成书。该志凝结着全体编纂人员的心血和汗水，倾注着社会各界的厚爱和关注，承载着历届人大工作者的耕耘和智慧。

“治天下者以史为鉴，治郡国者以志为鉴。”编修志书，有“资治、存史、教化”之功。作为鹿城区人民政权建设史上的第一部专志——《温州市鹿城区人民代表大会志》的出版发行，不仅让我们对鹿城人大发展史有一个真实详细的了解，更让我们记住那些为鹿城人大事业做出贡献的人大工作者，也为后人进一步坚持和完善人民代表大会制度、推进民主法制建设提供有益借鉴。

志书通过图文并茂的形式，客观翔实地记述了区人民代表大会产生、发展和不断完善的渐进过程，全面系统地记载了鹿城建区以来区人大及其常委会的履职轨迹，形象准确地再现了鹿城人民以人民代表大会这一政权组织形式，充分行使当家做主的政治权利，讨论决定重大事项，管理地方国家事务，推动全区经济建设、政治建设、文化建设、社会建设以及生态文明建设全面协调可持续发展的历史画卷。

人大工作任重道远，履行职责责无旁贷。鹿城区人大及其常委会要始终坚持中共领导、人民当家作主与依法治国的有机统一，以史为镜、以志为鉴，围绕中心、服务大局，关注民生、奋发有为，认真履职、开拓进取，不断开创人大工作新局面。

谨以此志献给为鹿城区人大做出贡献的同志，并向他们致以崇高的敬意。

温州市鹿城区区人大常委会主任：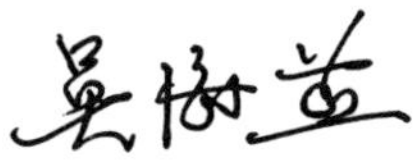

2016年12月

凡　例

一、本志以马克思列宁主义、毛泽东思想、邓小平理论、“三个代表”重要思想和科学发展观为指导，学习贯彻习近平总书记系列重要讲话精神，以《中华人民共和国宪法》《中华人民共和国地方各级代表大会和地方各级人民政府组织法》《中华人民共和国全国人民代表大会和地方各级人民代表大会选举法》《中华人民共和国全国人民代表大会和地方各级人民代表大会代表法》《中华人民共和国各级人民代表大会常务委员会监督法》（以下分别简称《宪法》《组织法》《选举法》《代表法》《监督法》）为准则，全面记述鹿城区人大及其常委会的历史和现状。

二、本志记述时限：自1984年5月中共温州市委决定建立城区（1984年12月后改称鹿城区）第一届人民代表大会代表选举委员会始，至2016年12月30日止。

三、本志重点记述鹿城区人大及其常委会为行使宪法、法律赋予的职权所做的主要工作，如依法行使“三权”（决定权、监督权、任免权）及人大代表活动等情况。

四、本志统一使用规范简化字，体裁采用述、记、志、表、图、录诸体，以志为主。志首设序言、图片、概述、大事记，正文分编、章、节、目四个层次记述。

五、本志历史纪年，一律使用公元纪年。行政区划和机构，均采用当时名称，必要之处加注今名，如温州市鹿城区1984年12月前称温州市城区。

六、本志数量词，除惯用语或专用名词外，均用阿拉伯数字；计量单位按照不同时期的国家规定计量单位记载。

七、本志各种名称的称谓，视其使用范围分别用全称或简称。文中第一次出现时，使用全称和规范名称，其余可用简称。例如“温州市鹿城区人民代表大会”简称“区人大”，“温州市鹿城区人民代表大会常务委员会”简称“区人大常委会”，“工作委员会”简称“工委”，“鹿城区第一届人民代表大会第二次会议”简称“区一届人大二次会议”，“中共鹿城区委员会”简称“区委”，“鹿城区人民政府、鹿城区人民法院、鹿城区人民检察院”简称“一府两院”或“区政府、区法院、区检察院”，“鹿城区人民政府办公室”简称“区府办”，“鹿城区重点工程建设办公室”简称“区重点办”。其他有关法律惯用简称，在文中首次出现时须写全称后括注简称。

八、凡属区人民代表大会选举和区人大常委会任命的人员及在鹿城的省市人大代表，入编“人物”编。历届区人大常委会组成人员、在鹿城的省人大代表附简历，主要经历一般叙至其在区人大常委会或省人大代表任职期为止，以实记事，不加褒贬。任期内辞职或被撤职、去世的，加注年月。

九、重要资料选辑以史料性、理论性文章为主，选入有重要历史意义的决定、决议。

十、因区域内乡镇、街道撤、扩、并频繁，以现有资料入编。

十一、“一府两院”国家工作人员的任职时间以大会选举和人大常委会任命时间为准。

十二、本志资料主要来源于鹿城区历届人大历次会议文件汇编、历届人大常委会历次会议会刊（公报）、常委会会议纪要、区组织史资料、《鹿城年鉴》、档案馆（市、区）及区人大常委会办公室和有关人员保存的资料。资料经考证、核实后入编，一般不注明出处。

目　录

第三编 区人民代表大会常务委员会

第四编 镇（乡）人民代表大会及区人大常委会街道工作委员会

第五编 人物

第六编　重要文件选辑

概 述

鹿城区地处浙江省东南部，是温州市人民政府所在地，温州市的政治、经济、文化中心。鹿城旧属永嘉县，相传东晋太宁元年（323 年）置永嘉郡筑城时有白鹿衔花之瑞，故名。为历代郡、州、专区、县治所在地。新中国成立后，在 1950 年 5 月，划永嘉县域瓯江之南成立温州市。1983 年 9 月 5 日，浙江省人民政府同意将东城、南城、西城三个区合并为一个区，建立温州市城区人民政府，区政府办公地址设墨池坊 1 号（2005 年 12 月搬迁至广场路 188 号）。1984 年 12 月，经省人民政府批准，温州市城区改名为鹿城区，在原有五马、鼓楼、洪殿等 14 个街道的基础上，将原近郊区的新桥、城郊、南郊、黎明、双屿、仰义等 6 个乡划归鹿城区管辖。此后，为进一步加强地方治理，促进全面发展，鹿城区行政区划先后 4 次进行大调整。至 2015 年末，鹿城区辖七都、滨江、南汇、蒲鞋市、南郊、大南、五马、松台、广化、双屿、丰门、仰义等 12 个街道办事处和山福、藤桥 2 个镇，区域面积 290.47 平方公里，户籍人口 74.70 万人，暂住人口 62.23 万人。2015 年，全区实现地区生产总值 808 亿元，规上工业总产值 309 亿元，公共财政预算收入 27.6 亿元，固定资产投资 328 亿元，社会消费品零售总额 787.5 亿元，城乡常住居民人均可支配收入分别达到 49592 元和 25632 元，其中，GDP 增速创四年来新高，新增 8 项国家级荣誉、32 项省级荣誉、79 项市级荣誉，创成全国科学发展百强区、全国最具投资潜力百强区和全国新兴城市化质量百强区，被市委、市政府评为主要经济指标考核进步显著单位。

人民代表大会制度是中国人民民主专政的政权组织形式，是中国的根本政治制度。1984 年，城区（1984 年 12 月后改成鹿城区）根据中华人民共和国新的《组织法》《选举法》，选举产生一届人民代表大会，并于同年 5 月 28 日至 6 月 2 日在市工商联礼堂举行一届人民代表大会，选举产生区一届人大常委会，开启了人民代表大会制度在鹿城的生动实践。30 多年来，区人大及其常委会在区委的领导和上级人大常委会的指导下，全面深入贯彻中国共产党的路线、方针、政策和依法治国方略，牢牢把握工作大局，坚持以促进民生改善和解决人民群众最关心、最直接、最现实的利益问题为出发点和落脚点，以推动经济社会发展与和谐稳定为首要任务，以推进社会民主法制建设和依法治区进程为主要目标，认真履行宪法和法律赋予的各项职权，积极探索富有成效的、多样化的工作方式和方法，充分发挥了地方国家权力机关的职能作用。

1984 年 5 月至 2016 年 12 月，区一届至八届人大共召开区人民代表大会会议 33 次，审议议题 198 项。会议审查、批准政府工作报告、年度国民经济和社会发展计划、财政预决算，通过区人民法院和区人民检察院工作报告的决议。其间，区人大会议还审查、批准温州市鹿城区国民经济和社会发展的第七、八、九、十、十一、十二、十三个五年规划纲要，就加快产业结构调整促进经济快速健康发展和温瑞塘河鹿城段综合整治等重大事项作出决议、决定。区人民代表大会审议议题，大体采取代表团会议和大会全体会议形式，充分发扬民主，让代表畅所欲言，各抒己见，提出审议意见，最后通过决议、决定。区人大常委会采取听取报告、审议、评议、表决和作出决议、决定、审议意见等形式，依法行使宪法、法律赋予的各项职权，其中最重要的有重大事项决定权、监督权和人事任免权。

紧扣改革、发展、稳定大局，依法行使重大事项决定权。历届人大及其常委会认真行使决定权，对涉及全区政治、经济、文化等方面的重大事项和人民群众关心的热点难点问题，经过深入调研，认真审议，适时作出决议决定共249项，有力有效地促进了相关工作，充分体现了人民当家做主、依法管理地方国家事务的权力。如历次人民代表大会会议和常委会会议，听取和审议、审查政府工作报告及其他各项工作报告，审查批准国民经济和社会发展计划、财政预算与政府重大项目投资方案，提出有关政治、经济、社会建设发展目标、任务和措施；就加强法制宣传教育、严厉打击严重经济犯罪、促进全面深化改革等作出决议、决定，着力推动鹿城依法治区进程和改革发展；就创建文明城市、生态区建设、城中村改造和重大交通基础设施建设方面作出决议、决定，为推动鹿城创建美好家园凝聚广泛共识；就加强文化市场管理、九年义务教育、限期解决学校教育危房、科技发展纲要等事项作出决议、决定，督促解决民生热点问题和社会事业短板。历届区人大常委会还制定并完善了《关于讨论决定本区重大事项的规定》，对重大事项决定权行使的范围、提请主体、方式和程序等作出较为详细的规定，对重大事项决策决定的民主化、科学化、法制化进程起到积极的促进作用。

敢于监督并善于监督，积极行使监督权。历届人大及其常委会在实践中努力探索对“一府两院”实施法律监督和工作监督的途径和方法，不断完善机制，突出重点，加大力度，力求实效。在听取和审议“一府两院”工作报告的同时，认真开展专题调研、执法检查、代表视察、工作评议、满意度测评和专题询问监督等活动，着力促进全区行政、审判、检察机关各项工作。历届人大常委会共依法听取和审议区人民政府、区人民法院、区人民检察院工作报告790项（次），多次组织执法检查，开展工作调研、检查和视察，审查规范性文件216个，举行专题询问1次，作出常委会审议意见，开展工作评议和审议意见落实基本满意，通过罢免案2个，监督职能作用得到充分发挥。如开展针对经济合同法、商标法、产品质量法、劳动法、中小企业促进法、农业法、环境保护法、大气污染防治法、义务教育法、民办教育促进法、科技进步法、食品安全法、药品管理法、档案法、老年人权益保障法、出入境管理法、宗教事务管理条例、社会治安管理条例、物业管理条例等法律法规的执法检查，督促“一府两院”扶持实体经济发展、加强城市管理、持续改善民生，推动依法治理和社会和谐稳定。开展针对经济运行、经贸、政府投资、退二进三有机更新、区级和部门预决算、审计工作、征收安置、塘河治理、食品安全、教育均衡、文化、居家养老、执行工作、侦查监督、查处和预防职务犯罪、公检法司机关依法履职公正司执法情况等方面的监督，推动“一府两院”依法行政、公正司法，提升行政、司法公信力。常委会非常重视监督工作制度和机制的建设，审议通过了关于确定监督议题、审议意见处理、经济工作监督、司法机关执法工作监督、全口径预决算审查监督、规范性文件备案审查监督等方面的决定、办法和规定，提高了监督工作的深度和质效。

严格科学规范程序，认真行使人事任免权。依据《组织法》有关规定，区人大常委会逐步制定与完善了《任免国家机关工作人员办法》和相关监督制度，不断完善和规范人事任免和监督程序，人事相关工作逐步得到加强，党管干部与人大依法任免的原则得到认真贯彻。截至 2016 年 12 月，历届人大常委会共依法任免国家机关工作人员 1609 人（次）。在人事监督方面，先后实行了任前考察了解、法律知识考试、表态发言、颁发任命书、宪法宣誓、述职评议、民主测评及印发整改意见书等制度。如区四、五、六届人大常委会先后组织人大及其常委会任命政府组成部门负责人 164 人（次）和法院领导人员 119 人（次）、检察院领导人员 110 人（次），就个人履行职责情况向常委会述职，并进行胜任度测评；中华人民共和国《监督法》颁布后，区七届人大常委会将述职评议及时调整为工作评议，区八届人大常委会又开展了针对法官、检察官的履职评议工作，提出评议整改意见，为促进被任命人员增强法制意识、人大意识、公仆意识和宗旨意识，提高依法行政、公正司法、勤政廉政的能力和水平，做了大量扎实、有效的工作。

不断创新代表活动形式，充分发挥代表职能作用。历届人大常委会不断加强和改进代表工作，充分发挥代表作用。以组织代表专题培训、以会代训、小组学习会等方式，组织代表学习人民代表大会制度建设重要论述，学习宪法和有关法律法规，学习党和国家有关方针政策，学习代表履职相关知识，提高对人民代表大会制度性质、地位、作用的认识，提高代表参与管理地方国家事务的能力与水平。常委会每年制定《闭会期间代表活动的实施意见》，建立健全代表活动制度，创新代表活动形式，促进代表在闭会期间依法执行代表职务，发挥代表在联系群众、反映民意、集中民智的主渠道作用和立足本职岗位、带头参与经济社会建设的先进模范作用。通过邀请代表列席常委会会议，参加常委会组织的视察、调研和执法检查，以及组织代表参与“一府两院”工作通报会、代表双联主题活动、进驻区行政审批中心、视察“两院”司法工作、旁听法院庭审等其他有关活动，为保障代表知情参政、依法履职创造条件。重视代表议案和建议、批评、意见的督办落实，实行区政府领导领办、代表建议办理评议会等制度，不断提高办理工作质量和代表满意率。截至 2016 年 12 月，共督办代表议案和建议 6341 件，代表满意率和基本满意率达到 95% 以上。积极推进代表活动场所和联络机构建设，全区建成代表之家 14 个，代表联络站 17 个，网上联络站 1 个，接待群众来访 1714 次，较好地解决了问题，有关工作得到省、市领导肯定。督促和激励代表加强与选民的联系，积极参与代表接待日、代表履职承诺、代表述职等活动，主动接受广大选民的评议和监督，不断增强代表履职责任感和使命感。

围绕提高履职能力和水平，不断加强自身建设。历届人大常委会认真履行宪法和法律赋予的职权，结合鹿城政治、经济和社会发展实际，制定和修订了常委会议事规则、党组工作规则、主任会议规则、组成人员守则、工委工作规则、街道人大工委规则、信访工作办法、代表约见国家机关负责人等制度，逐步形成了有章可循、较为完备的人大工作机制。常委会工作机构逐步得到完善。一届人大常委会开始设办公室、法制工作委员会、财经城建工作委员会、教科文卫工作委员会；1990 年 7 月增设侨务工作委员会；1992 年增设代表工作委员会；1993 年 5 月撤销财经城建工作委员会，设立财政经济工作委员会、农村经济城建城管工作委员会，撤销侨务工作委员会，有关侨务工作并入教科文卫工作委员会；2003 年 4 月，将城市建设工作委员会更名为城市建设管理和农村工作委员会，将教科文卫工作委员会更名为教科文卫宗侨工作委员会；2012 年 8 月 9 日，增设区人大常委会预算工作委员会、农村和资源保护工作委员会；2013 年 2 月，增设民族宗教华侨外事工作委员会，并将原教科文卫宗侨工作委员会更名为教育科学文化卫生工作委员会；2013 年 12 月，撤销城建与农村工作委员会，设立城乡建设环境保护工作委员会、农村和资源保护工作委员会；2014 年 3 月，增设预算工作委员会。历经调整，截至 2016 年 12 月，区人大常委会内部机构设置为一办八委：办公室、法制工作委员会、财政经济工作委员会、预算工作委员会、城乡建设环境保护工作委员会、农村和资源保护工作委员会、教育科学文化卫生工作委员会、民族宗教华侨外事工作委员会、代表工作委员会，机构设置基本与市人大常委会保持对应。常委会组成人员也由一届之初的 21 人逐步增加到八届的 35 人，其专业化、年轻化和知识化程度不断提高。常委会倡导求真务实之风，先后对二三产安置用地历史遗留问题、征收安置、减员增效、民间资本回归实体经济、金融改革、信访工作、发挥物业在城市管理中的作用、截污纳管、食品安全检测体系建设、发挥基层人大作用、发挥代表主体作用等课题进行调研，形成了多篇较高质量的调研报告。《关于二三产安置用地历史遗留问题的调研报告》等多篇文章在各级党政、人大系统优秀理论文章评选中获奖。这些调研成果，或作为区人大及其常委会开展针对性监督活动的依据，或被区委区政府吸收运用到决策中去，部分调研文章还得到了市委市政府领导的批示。镇（街道）人大工作基础不断夯实，制度化规范化建设有序推进，组织队伍建设不断加强，14 个镇（街道）除 1 个街道配备一正一副领导职数外，其他全部配备一正两副。镇（街道）人大根据有关条例和规则，认真组织代表活动、专项视察督查、工作评议、专题询问等监督活动，职能作用有效发挥，其地位、作用日益突出。宣传信息工作日趋活跃，鹿城人大网站建立并不断完善，人大宣传工作的广度、深度进一步提高。认真组织和参与城区工作交流会议和全市各县（市、区）人大常委会联席会议，对外交流和理论研究工作不断深化。人大机关队伍不断充实，机关办公条件逐步改善，机关内部管理规范有序，为区人大及其常委会依法履职提供了有力的保障。

纵观 1984 年 5 月召开温州市城区第一届人民代表大会第一次会议至 2016 年鹿城区第八届人民代表大会履职最后一年的发展历程，区人大常委会深刻认识到，做好区人大及其常委会的各项工作，必须要坚持和依靠中国共产党领导，才能始终保持正确的政治方向，开拓创新，与时俱进；必须要充分发挥人大代表的作用，社会主义民主化进程才能不断推进，人民当家做主才有坚实保障；必须要以经济建设为中心促进社会发展，人大及其常委会才能有效贯彻中国共产党基本路线，真正发挥应有作用；必须要不断加强常委会自身建设，才能凝聚和提升人大干部力量，促进人大工作更加规范务实。

站在新的历史起点上，鹿城区人大及其常委会将肩负时代和人民的重托，认真贯彻落实中共十八大和十八届三中、四中、五中全会精神，深入学习贯彻习近平总书记系列重要讲话精神，以“四个全面”战略布局为统领，以“五大发展理念”为引领，以“八八战略”为总纲，深入实施“五化战略”，全面落实区委决策部署，认真履行宪法和法律赋予的各项职责，更好地发挥地方国家权力机关的职能作用，为加快鹿城转型发展和民主法治建设，建成全面小康示范城区做出新的更大的贡献。

大事记

1984 年

5 月 28 日—6 月 2 日，温州市城区第一届人民代表大会第一次会议在市工商联礼堂举行。一届人大代表有 395 名。会议通过了政府、财政、法院、检察院工作报告的决议。会议选举产生城区第一届常委会组成人员，主任为谷锦麟，副主任叶国祥、洪作殿、李国聪、陈加昭；选举何包根为城区政府区长，陆国杰、林毓苏、陈莲莲为城区政府副区长；俞锡荣为城区法院院长、审判委员会委员；吴侠圣为城区检察院检察长、检察委员会委员。

5 月 29 日，城区第一届人大第一次会议通过了《关于处理议案和代表意见的暂行办法》。

6 月 5 日，城区第一届人大常委会举行第一次会议。主任谷锦麟主持会议。副主任叶国祥、洪作殿、李国聪、陈加昭和委员共 20 人出席会议。会议主要传达、学习中共中央〔1984〕8 号、9 号文件。到会委员还对加强城区人大常委会的工作和建设，提出一些建议和意见。

8 月 2 日，城区人大常委会主任会议通过了《温州市城区人民代表大会常务委员会会议制度》。

8 月 6 日—11 日，城区第一届人大常委会举行第二次会议。主任谷锦麟主持会议。会议讨论通过了《关于设置温州市城区人大常委会办事机构的决定》《关于建立人民代表来访接待日制度的决定》《关于联系代表、开展代表活动的试行办法》《关于任免国家机关工作人员的暂行办法》和城区人大常委会 1984 年下半年工作要点；通过了《关于加强法制宣传普及法律常识的决议》。

8 月 9 日，城区第一届人大常委会第二次会议任命谢尔康、虞廷南、陈少林为城区法院副院长、审判委员会委员。

8 月 10 日，城区第一届人大常委会第二次会议任命瞿守仁、金德力为城区检察院副检察长、检察委员会委员。

9 月 7 日，浙江省民政厅批复同意将温州市城区改名为鹿城区，将新桥、南郊、黎明、城郊、双屿、仰义 6 个乡划归鹿城区管辖。

10 月 1 日—13 日，城区人大常委会视察组组长陈加昭、副组长巩际信带领城区各部门人民代表和相关部门负责人共 17 人，由城区教育局人员陪同视察了城区初等教育工作。人大常委会主任谷锦麟也参加了视察。

11 月 26 日—29 日，城区第一届人大常委会举行第三次会议。

12 月 6 日，浙政发〔1984〕269 号：同意温州市城区改名为鹿城区，将新桥、南郊、黎明、城郊、双屿、仰义 6 个乡划归鹿城区管辖。

1985 年

1 月 17 日—18 日，区第一届人大常委会举行第四次会议。

3 月 11 日—12 日，区第一届人大常委会第五次会议决定何包根、金秀珠、吴政、林美翠增补为温州市第六届人民代表大会代表，决定增补划归鹿城区管辖的新桥等 6 个乡的本届区人民代表大会代表的选举问题，潘教明为选举委员会主任，李国聪、瞿寿连为选举委员会副主任。

5 月 18 日，区第一届人大常委会第六次会议补选潘波为鹿城区检察院副检察长、检察委员会委员。会议讨论决定区人大常委会增选两名农业方面的委员。

5 月 27 日—31 日，区第一届人民代表大会第二次会议在温州军分区礼堂举行。出席代表 428 人。会议选举潘教明为鹿城区人大常委会副主任，潘岩西为鹿城区政府副区长。会议通过《关于加强法制宣传普及法律常识的决议》。

7 月 23 日—24 日，区第一届人大常委会举行第七次会议。会议原则同意区财政税务局副局长陈玉梅关于鹿城区 1985 年财政支出预算补充安排意见的报告。

7 月 25 日—26 日，温州市、鹿城区人大常委会联合组织部分市、区人民代表对鹿城区市容交通卫生工作进行视察，其中参加视察的区人民代表、区政府领导及有关部门负责人计 208 人。

9 月 12 日—14 日，区第一届人大常委会举行第八次会议。

11 月 18 日—22 日，区第一届人大常委会举行第九次会议。会议通过了《关于坚持不懈，努力创建文明城市的决议》《关于加强文化市场管理，禁止营业性舞会、录像放映和淫秽物品的决议》。

12 月 24 日，浙民民字〔85〕439 号：同意将鹿城区的双屿乡改为建制镇，以原乡的行政区域实行镇管村体制。

1986 年

1 月 16 日—18 日，区第一届人大常委会举行第十次会议。会议通过了《关于持续稳定发展区街工业的决议》。

3 月 5 日—6 日，区第一届人大常委会举行第十一次会议。

4 月 8 日—12 日，区第一届人民代表大会第三次会议在温州军分区礼堂举行。出席代表 425 人。会议通过《关于“普法”教育情况报告的决议》。

6 月 3 日—5 日，区第一届人大常委会举行第十二次会议。会议通过了《关于监督本区司法机关执法工作的试行办法》；免去瞿守仁鹿城区检察院副检察长职务。

7 月 10 日，区第一届人大常委会举行第十三次会议。会议通过了《关于鹿城区实施九年义务教育的决议》《关于保护生态平衡，严禁捕杀田鸡的决议》。

9月24日—27日，区第一届人大常委会举行第十四次会议。

11月7日，全国人大常委会副委员长廖汉生视察鹿城区的电焊设备总厂和妙果寺等地。

11月15日，温政发〔1986〕271号：同意增设水心街道。

11月24日—29日，区第一届人大常委会举行第十五次会议。

1987年

6月1日—6日，区第二届人民代表大会第一次会议在温州工商联礼堂举行。出席代表282人。会议选举谷锦麟为鹿城区人大常委会主任，潘教明、陈加昭、潘宝卿、俞锡荣为副主任；何包根为鹿城区政府区长，陆国杰、潘岩西、陈莲莲为鹿城区政府副区长；谢尔康为鹿城区法院院长、审判委员会委员；吴侠圣为鹿城区检察院检察长、检察委员会委员。

6月26日—27日，区第二届人大常委会举行第一次会议。会议通过了《温州市鹿城区人大常委会一九八七年六至十二月工作要点》《温州市鹿城区人民代表大会代表工作实施办法》。区委书记王思爱在会上讲话。

8月31日，浙民复字〔87〕102号：同意新桥乡改为镇建制。

8月31日—9月3日，区第二届人大常委会举行第二次会议。会议通过了《温州市鹿城区人民代表大会代表持证视察工作的暂行办法》《温州市鹿城区人民代表大会常务委员关于任免本级国家机关工作人员办法》《关于广泛深入地开展增产节约增收节支运动的决议》《关于本区一九八七年财政预算部分变更的决定》。

10月23日—24日，区第二届人大常委会举行第三次会议。会议通过了《关于继续深入严厉打击严重经济犯罪的决议》。

12月22日—26日，区第二届人大常委会举行第四次会议。会议通过了《温州市鹿城区人民代表大会常务委员会关于建立执法检查制度的决定》。

1988年

2月9日—10日，区第二届人大常委会举行第五次会议。会议通过了《关于常委会工作委员会的若干问题的意见》。

3月17日—18日，区第二届人大常委会举行第六次会议。会议通过了区人大常委会工作报告稿，通过了区二届人大二次会议主席团和秘书长候选人建议名单草案；通过了区二届人大二次会议议程草案、财政预决算审查委员会人选建议名单草案；审议通过了常委会代表资格审查委员会主任俞锡荣关于区二届人大代表资格变动情况的报告。

3月28日—4月3日，区第二届人民代表大会第二次会议在温州工人文化宫举行。出席代表279人。会议决定选举陈崇春为鹿城区政府副区长。

5月19日—21日，区第二届人大常委会举行第七次会议。

7 月 18 日—19 日，区第二届人大常委会举行第八次会议。会议通过了《关于限制解决学校教学危房的决议》。

9 月 19 日—21 日，区第二届人大常委会举行第九次会议。会议决定接受谢尔康辞去鹿城区法院院长、审判委员会委员职务；补选张林为鹿城区法院副院长、审判委员会委员。会议通过了《温州市鹿城区人民代表大会常务委员会议事规则》《关于进一步加强环境卫生工作的决议》。

11 月 16 日—19 日，区第二届人大常委会举行第十次会议。会议决定接受何包根辞去鹿城区政府区长职务，补选陈久忠为鹿城区政府副区长、代理区长；张林为鹿城区法院代理院长。

1989 年

1 月 16 日—18 日，区第二届人大常委会举行第十一次会议。

3 月 10 日，区第二届人大常委会第十二次会议通过了《温州市鹿城区人民代表大会常务委员会关于承办人大代表建议工作的暂行规定》。

3 月 20 日—25 日，区第二届人民代表大会第三次会议在温州工人文化宫举行。出席代表 278 人。会议决定补选陈久忠为鹿城区政府区长、张林为鹿城区法院院长。

5 月 22 日—24 日，区第二届人大常委会举行第十三次会议。

7 月 24 日—26 日，区第二届人大常委会举行第十四次会议。

9 月 19 日—21 日，区第二届人大常委会举行第十五次会议。

11 月 20 日—23 日，区第二届人大常委会举行第十六次会议。会议通过了关于建立鹿城区选举委员会的决定；关于建立城郊乡等六乡、镇选举委员会的决定。

1990 年

1 月 18 日—20 日，区第二届人大常委会举行第十七次会议。会议通过了关于调整城郊乡等五个乡、镇选举委员会成员的决定。

5 月 10 日，区第二届人大常委会举行第十九次会议。会议补选赵玉珍为鹿城区检察院副检察长、检查委员会委员、检察员。

5 月 20 日—25 日，区第三届人民代表大会第一次会议在温州市工人文化宫举行。出席代表 302 人。会议选举谷锦麟为鹿城区人大常委会主任，朱景祥、陈加昭、俞锡荣、周成国为副主任，王蓓、伍云波等 18 人为委员；选举陈久忠为鹿城区政府区长，陆国杰、潘岩西、陈莲莲、陈崇春、邵金松为鹿城区政府副区长；张林为鹿城区法院院长、金德力为鹿城区检察院检察长。会议通过了《温州市鹿城区人民代表大会议事规则》。

7 月 10 日—13 日，区第三届人大常委会举行第一次会议。会议通过了《关于调整充实常委会各工作委员会组成人员和增设机构的决定》；免去虞廷南的鹿城区法院副院长、审判委员会委员职务。

9月5日—12日，区第三届人大常委会举行第二次会议。会议通过了《关于确保完成全年工业生产任务的决议》；任命蔡正满为鹿城区法院副院长、审判委员会委员。

11月12日—15日，区第三届人大常委会举行第三次会议。会议通过了《关于调整鹿城区1990年社会商品零售总额计划的决定》。

1991年

1月29日—2月1日，区第三届人大常委会举行第四次会议。

3月19日—20日，区第三届人大常委会举行第五次会议。会议通过了区人大常委会关于召开温州市鹿城区第三届人民代表大会第二次会议的决定；通过了《温州市鹿城区人大常委会一九九一年工作要点》。

4月3日，区第三届人大常委会举行第六次会议。会议决定接受陈莲莲辞去鹿城区政府副区长职务。

4月8日—13日，区第三届人民代表大会第二次会议在温州市工人文化宫举行。出席代表300人。

5月30日至31日，区第三届人大常委会举行第七次会议。会议接受郑式乐辞去鹿城区人大常委会委员职务。

6月8日，浙江省人大主任陈安羽到温州视察。

7月2日，全国人大侨务委员会副主任梁灵光到鹿城视察侨务工作。

7月20日—21日，区第三届人大常委会举行第八次会议。会议决定任命杨锡祥为鹿城区检察院副检察长；通过了《关于在全区深入开展法制宣传教育的决议》。

9月11日，全国人大常委、法律委员会副主任范文明和财经委员会委员莫文祥一行到鹿城视察工作。

10月9日，温政发〔1991〕163号：同意建立景山街道办事处。

10月19日，区第三届人大常委会举行第十次会议。会议通过了《关于本区一九九一年度财政预算部分变更的决定》。

11月18日—20日，区第三届人大常委会举行第十一次会议。会议同意区检察院对区人大代表李梅龙采取刑事拘留强制措施。

1992年

1月16日—18日，区第三届人大常委会举行第十二次会议。会议追认区人大常委会主任会议许可逮捕人大代表李梅龙的决定。

2月21日，温政发〔1992〕22号：关于将鹿城区景山街道和新桥镇划归瓯海县管辖的通知。

3月16日—17日，区第三届人大常委会举行第十三次会议。会议补选孔祥有为温州市第七届人民代表大会代表，接受李梅龙辞去区三届人大常委会委员的职务。

3月31日—4月4日，区第三届人民代表大会第三次会议在鹿城区政府礼堂举行。出席代表293人。

5月15日—16日，区第三届人大常委会举行第十四次会议。会议决定接受陆国杰辞去鹿城区政府副区长职务。

7月21日—22日，区第三届人大常委会举行第十五次会议。会议确认鹿城区人大常委会主任会议《关于准许对具有重大嫌疑的鹿城区人大代表陈光彰予以刑事拘留的决定》。

9月28日—30日，区第三届人大常委会举行第十六次会议。会议通过了《组织人大代表评议区公检法司机关的决定》《关于建立温州市鹿城区选举委员会的决定》。

10月20日—21日，区第三届人大常委会举行第十七次会议。

12月17日—19日，区第三届人大常委会举行第十八次会议。会议决定任命马士可为鹿城区政府副区长。

1993年

2月12日—13日，区第三届人大常委会举行第十九次会议。会议决定任命李中苏为鹿城区政府副区长；接受李中苏辞去鹿城区三届人民代表大会常务委员会委员职务。

3月5日，温政发〔1993〕36号：同意建立上陡门街道办事处。

3月19日—20日，区第三届人大常委会举行第二十次会议。会议决定任命王炳池为鹿城区法院副院长、审判委员会委员。

4月9日，区第三届人大常委会举行第二十一次会议。会议决定任命王炳池为鹿城区法院代院长；接受张林辞去鹿城区法院院长职务。

4月21日—27日，区第四届人民代表大会第一次会议在温州市工人文化宫举行。出席代表300人。会议选举朱道统为区人大常委会主任，朱景祥、陆春兰、王臣明、周成国为区人大常委会副主任；选举陈久忠为鹿城区区长，马士可、潘岩西、李中苏、陈崇春、邵金松为鹿城区政府副区长；选举王炳池为鹿城区法院院长、金德力为鹿城区检察院检察长；选举出席温州市第八届人民代表大会代表100人。会议通过了《关于调整温州市鹿城区国民经济和社会发展第八个五年计划主要经济指标的决议》。

5月14日，区第四届人大常委会举行第一次会议。会议通过了《关于调整常委会办事机构的决定》。

7月2日—3日，区第四届人大常委会举行第二次会议。会议决定任命管嗣录等22人为区政府各工作部门的主任、局长。

9月3日—4日，区第四届人大常委会举行第三次会议。会议通过了《关于组织人大代表评议鹿城区法院工作的决定》。

10月22日—23日，区第四届人大常委会举行第四次会议。会议通过了《关于本区一九九三年国民经济计划部分经济指标变更的决定》《关于本区一九九三年财政预算部分变更的决定》。

11月20日，区第四届人大常委会举行第五次会议。会议决定免去林可夫的区教育委员会主任职务，批准对区四届人大代表黄炳华予以逮捕的决定。

12 月 6 日，全国人大常委会副委员长李锡铭到鹿城视察。

12 月，全国人大常委会原副委员长费孝通考察温州鹿城。

1994 年

1 月 17 日—19 日，区第四届人大常委会举行第六次会议。

3 月 9 日—10 日，区第四届人大常委会举行第七次会议。会议通过了《关于召开温州市鹿城区第四届人民代表大会第二次会议的决定》。

3 月 24 日，区第四届人大常委会举行第八次会议。会议决定补选陆春兰、虞银良为出席温州市第八届人民代表大会代表。

4 月 5 日—8 日，区第四届人大第二次会议在温州市工人文化宫举行。出席代表 297 人。

5 月 7 日，区第四届人大常委会举行第九次会议。会议通过了关于区四届人大二次会议代表提出的议案处理意见的决定。

6 月 23 日—24 日，区第四届人大常委会举行第十次会议。会议决定接受陈伟民辞去鹿城区人民代表大会常务委员会委员职务。

8 月 25 日—26 日，区第四届人大常委会举行第十一次会议。会议通过了《关于组织区人大常委会补选的国家机构工作人员述职评议的实施意见》。

10 月 27 日—28 日，区第四届人大常委会举行第十二次会议。会议作出《关于同意〈温州市鹿城区科学技术发展纲要〉的决定》。决定接受金德力辞去鹿城区检察院检察长职务，接受邱国华辞去鹿城区人民代表大会常务委员会委员职务。

12 月 20 日—22 日，区第四届人大常委会举行第十三次会议。

1995 年

2 月 9 日—10 日，区第四届人大常委会举行第十四次会议。

3 月 9 日，区第四届人大常委会举行第十五次会议。会议通过了温州市鹿城区人大常委会代表资格审查委员会关于补选代表资格的审查报告；决定补选沈勇夫、孙月初为温州市第八届人民代表大会代表。

3 月 31 日，区第四届人大常委会举行第十五次会议。会议决定接受胡剑谨辞去鹿城区人民代表大会常务委员会委员职务。

3 月 25 日—29 日，区第四届人民代表大会第三次会议在鹿城区政府礼堂举行。出席代表 297 人。会议选举谢向理为鹿城区检察院检察长。

5 月 2 日—3 日，区第四届人大常委会举行第十六次会议。会议任命徐长根、王锡全为鹿城区法院副院长；程兰生、倪海平、杨龙翔为鹿城区检察院副检察长、检察委员会委员；免去杨锡翔的鹿城区检察院副检察长、检察委员会委员职务。会议通过了关于区四届人大三次会议代表提出的议案处理意见的决定。

7 月 6 日—7 日，区第四届人大常委会举行第十七次会议。

8 月 3 日，区第四届人大常委会举行第十八次会议。会议决定任命陈青墨为鹿城区政府副区长。

10 月 9 日—12 日，区第四届人大常委会举行第十九次会议。会议通过了《关于温州市鹿城区各乡（镇）第十二届人民代表大会代表名额的决定》和《关于温州市鹿城区南郊乡选举委员会组成人员的决定》。

11 月 17 日，区第四届人大常委会举行第二十次会议。会议决定接受陈久忠辞去鹿城区政府区长职务；决定任命徐止平为鹿城区政府副区长、代理区长职务。

12 月 6 日—7 日，区第四届人大常委会举行第二十一次会议。会议通过了《关于深入开展依法治区的决定》《关于城郊等四个乡（镇）选举委员会组成人员的决定》。

1996 年

1 月 23 日—24 日，区第四届人大常委会举行第二十二次会议。会议决定同意《温州市鹿城区教育事业“九五”计划和 2010 年发展规划》，由鹿城区政府组织实施；通过对第四届人大代表郑士林采取监视居住强制措施的决定。

2 月 29 日—3 月 1 日，区第四届人大常委会举行第二十三次会议。会议通过了区第四届人民代表大会第四次会议列席人员名单和区人大常委会代表资格人员变动情况的报告。

3 月 18 日—22 日，区第四届人大第四次会议在鹿城区政府礼堂举行。出席代表 294 人。会议选举徐止平为鹿城区政府区长。

5 月 8 日—9 日，区第四届人大常委会举行第二十四次会议。会议听取和审议了区政府关于在公民中开展第三个五年法制宣传教育打算的汇报。

7 月 10 日—11 日，区第四届人大常委会举行第二十五次会议。会议作出《关于继续开展法制宣传教育的决议》；作出同意《温州市鹿城区教育事业“九五”计划和 2010 年发展规划》的决定。

9 月 10 日—12 日，区第四届人大常委会举行第二十六次会议。

10 月 22 日—24 日，区第四届人大常委会举行第二十七次会议。

12 月 18 日，区第四届人大常委会举行第二十八次会议。会议决定任命邱心川、郑锦春为鹿城区政府副区长，接受马士可辞去鹿城区政府副区长职务。

1997 年

1 月 30 日，区第四届人大常委会举行第二十九次会议。

3 月 6 日—7 日，区第四届人大常委会举行第三十次会议。会议通过了区第四届人民代表大会第五次会议列席人员名单，听取和通过了区人大常委会代表资格审查委员会关于代表资格人员变动情况的报告。

3 月 17 日—21 日，区第四届人大第五次会议在鹿城区政府礼堂举行。出席代表 293 人。

5月31日，以浙江省人大常委会副主任毛昭晰为组长的省人大文化市场执法组视察鹿城。

6月17日—19日，区第四届人大常委会举行第三十二次会议。

8月27日—29日，区第四届人大常委会举行第三十三次会议。

10月14日—17日，区第四届人大常委会举行第三十四次会议。会议作出《关于建立鹿城区选举委员会的决定》《关于1997年国民经济计划部分变更的决定》；决定接受徐止平辞去鹿城区政府区长职务，任命王超俊为鹿城区政府副区长、代理区长职务。

11月18日—20日，区第四届人大常委会举行第三十五次会议。

1998年

3月20日—25日，区第五届人民代表大会第一次会议在鹿城区人民政府礼堂举行。出席代表240人。会议选举章新民为鹿城区第五届人大常委会主任，王一曼、叶玉龙、周成国为副主任；王超俊为鹿城区政府区长，邱心川、李中苏、陈青墨、郑锦春、张纯洁为鹿城区政府副区长；朱筱玫为鹿城区法院院长、谢向理为鹿城区检察院检察长。

4月21日—22日，区第五届人大常委会举行第一次会议。会议通报了温州市鹿城区五届人大常委会主任、副主任的分工情况；通过了区人大常委会代表资格审查委员会组成人员名单；审议并表决区人大常委会办事机构正、副主任的任职。

5月25日—26日，区第五届人大常委会举行第二次会议。会议任命周小乐为鹿城区检察院副检察长、检察委员会委员。

7月21日—22日，区第五届人大常委会举行第三次会议。会议举行颁发任命书仪式。主任章新民向24位新一届政府组成人员和1位区检察院副检察长颁发任命书。

9月24日—25日，区第五届人大常委会举行第四次会议。会议通过了《温州市鹿城区人民代表大会常务委员会会议制度》《温州市鹿城区人民代表大会常务委员会议事规则》《温州市鹿城区人民代表大会常务委员会关于任免本级国家机关工作人员办法》。

10月29日—30日，区第五届人大常委会举行第五次会议。

10月，区第五届人大常委会承办全国九城区人大工作研讨会第八次会议。

11月，区第五届人大常委会承办省人大代表中心组组长会议。

12月8日，区第五届人大常委会举行第六次会议。会议通过了《关于城郊等五个乡（镇）选举委员会组成人员的决定》《关于1999年全区乡镇人民代表大会代表换届选举时间和代表名额的决定》。

1999年

1月8日，区第五届人大常委会举行第七次会议。会议决定任命何桥为鹿城区政府副区长。

2月2日—4日，区第五届人大常委会举行第八次会议。

3月3日，区第五届人大常委会举行第九次会议。会议通过《区人大常委会工作报告（修改稿）》，提请区五届人大二次会议审查；通过了代表资格情况的审查报告，决定了区五届人大二次会议列席人员名单。

3月16日—20日，区第五届人大第二次会议在鹿城区政府礼堂举行。出席代表240人。

4月22日—23日，区第五届人大常委会举行第十次会议。

6月22日—23日，区第五届人大常委会举行第十一次会议。

8月26日—27日，区第五届人大常委会举行第十二次会议。

8月，鹿城区首次召开全区人大工作会议，区委书记、人大常委会主任、区长均参加会议并讲话。

9月，全国人大常委会副委员长许嘉璐在温州视察期间，与市、区（鹿城）人大常委会领导亲切交谈。

10月22日，区第五届人大常委会第十三次会议通过《温州市鹿城区人民代表大会常务委员会讨论、决定本区重大事项的规定》。

12月，组织温州市、鹿城区两级人大代表视察重点工程建设，并听取区政府一年来经济建设和社会发展情况的介绍。

2000年

1月13日，温政发〔2000〕19号：同意建立南浦街道办事处。

1月20日，区第五届人大常委会举行第十五次会议。会议作出了《关于温州中国鞋都产业园入园建设若干规定的审议意见》。

2月16日，区第五届人大常委会举行第十六次会议。会议通过了区人大常委会工作报告，提请区五届人大三次会议审查。

3月6日—10日，区第五届人民代表大会第三次会议在鹿城区政府礼堂举行。出席代表238人。

4月18日，区第五届人大常委会举行第十七次会议。

5月10日，中共中央总书记、国家主席江泽民视察浙江大虎打火机有限公司。同日，他还视察了温州康奈集团。

6月15日—16日，区第五届人大常委会举行第十八次会议。会议通过了《关于组织区人大代表评议温州市公安局鹿城分局执法工作的实施方案》《关于批准1999年区本级财政决算的决定和2000年区本级财政预算部分变更的决定》。

7月14日，区第五届人大常委会举行第十九次会议。会议决定任命李江晖为温州市公安局鹿城区分局局长。

8月15日—17日，区第五届人大常委会举行第二十次会议。会议对区劳动局局长屠定辉、区环保局局长韩光中进行述职评议。

9月，中央政治局、全国人大常委会副委员长田纪云视察浙江大虎打火机有限公司。

9月20日，区第五届人大常委会举行第二十一次会议。会议通过了《关于温州市鹿城区法院下设机构调整的决定》。

10月19日—20日，区第五届人大常委会举行第二十二次会议。会议作出了《关于2000年本级财政预算部分变更的决定》。

10月，区第五届人大常委会承办全市十一个县（市、区）人大常委会联席会第三十四次会议。

12月19日—20日，区第五届人大常委会举行第二十三次会议。

2001年

1月11日，区第五届人大常委会举行第二十四次会议。会议通过了关于王天义的鹿城区第五届人大代表资格终止的公告。

1月21日，区第五届人大常委会举行第二十五次会议。会议决定任命熊洪庆为鹿城区政府副区长，免去陈青墨、何桥鹿城区政府副区长职务。

2月16日，区第五届人大常委会举行第二十六次会议。会议通过决定许可对李建民采取强制措施的决定；决定接受谢向理辞去鹿城区检察院检察长职务；任命孔璋为鹿城区检察院副检察长。

2月26日，区第五届人大常委会举行第二十七次会议。会议决定任命孔璋为鹿城区检察院代理检察长。

3月6日—10日，区第五届人大第四次会议在鹿城区政府礼堂举行。出席代表237人。会议选举张纯浙为鹿城区人大常委会副主任，孔璋为鹿城区检察院检察长，张淑芳为鹿城区人大常委会委员。

4月12日，区第五届人大常委会举行第二十八次会议。会议通过了区人大常委会2001年工作要点，通过了《关于温州市鹿城区五届人大四次会议代表提出的议案处理意见的决定》。

6月12日—13日，区第五届人大常委会举行第二十九次会议。会议通过了《关于进一步开展法制宣传教育的决议》。

6月22日，区第五届人大常委会举行第三十次会议。会议通过了《关于鹿城区行政区划调整的审议意见》。

7月27日，国函（2001）84号：同意将永嘉县七都镇和瓯海区的临江镇、藤桥镇、上戍乡、双潮乡、岙底乡划入鹿城。

9月7日，区第五届人大常委会举行第三十一次会议。会议通过了《温州市鹿城区人民代表大会常务委员会关于加强经济工作监督的决定》《温州市鹿城区人民代表大会常务委员会关于加强区级预算审查监督的决定》。

9月18日，温政发〔2001〕135号：同意撤销黎明乡、城郊乡建制，设立黎明、绣山、黄龙3个街道办事处；撤销五马、鼓楼、东风、海坛、朔门、蒲鞋市、小南、大南、松台、市中、西山、莲池、水心、上陡门14个街道办事处，组建新的五马、莲池、水心、南门、江滨、蒲鞋市6个街道办事处。

9月，中共鹿城区委对9个街道补选了人大工作联络员。

10月25日，区第五届人大常委会举行第三十二次会议。会议免去赵玉珍的鹿城区检察院副检察长、检察委员会委员职务。

2001年，随着行政区划的调整，鹿城区原有的5个乡镇，除城郊乡、黎明乡撤销并入街道外，又增加了上戍乡、藤桥镇、临江镇、双潮乡、岙底乡、七都镇，全区共计9个乡镇。各乡镇均配备了人大主席和副主席。

12月26日—27日，区第五届人大常委会举行第三十三次会议。会议决定免去邱心川、郑锦春的鹿城区政府副区长职务。

2002年

1月31日—2月1日，区第五届人大常委会举行第三十四次会议。会议决定任命蔡文云为鹿城区政府副区长、谢作幸为鹿城区法院副院长、审判委员会委员；免去徐长根、王锡全的鹿城区法院副院长职务；免去程兰生的鹿城区检察院副检察长、检察委员会委员职务。

3月12日，区第五届人大常委会举行第三十五次会议。会议任命林定耀为鹿城区法院副院长。

3月18日—22日，区第五届人大第五次会议在鹿城区政府礼堂举行。出席代表236人。

4月—12月，区第五届人大常委会组织鹿城区人大全体代表评议鹿城区政府工作，并主要围绕全区经济建设、应对“入世”措施、全国文明城市创建、社会事业发展、依法治区战略及政府自身建设等方面内容。整个评议活动分准备、调查、评议和整改总结4个阶段。

4月23日，区第五届人大常委会举行第三十六会议。会议通过了关于温州市鹿城区第五届人大第五次会议代表提出的议案处理意见的决定。

6月26日—27日，区第五届人大常委会举行第三十七次会议。会议任命潘教平、郑建胜为鹿城区检察院副检察长、检察委员会委员；免去倪海平的鹿城区检察院副检察长、检察委员会委员职务。

8月22日—23日，区第五届人大常委会举行第三十八次会议。

11月5日—6日，区第五届人大常委会举行第三十九次会议。会议作出了《关于区法院机构调整的决定》，撤销其经一庭、经二庭、房产庭、执行一庭、执行二庭，同时设立民三庭、执行庭。

12月31日，区第五届人大常委会举行第四十次会议。会议作出了《关于许可对郭锦巧采取取保候审强制措施的决定》。

2003 年

1 月 13 日，区第五届人大常委会举行第四十一次会议。会议决定任命李浩、赵峰、施艾珠、沈敏为鹿城区政府副区长；任命林景龙为鹿城区检察院副检察长；决定免去李中苏、张纯洁的鹿城区政府副区长职务。

1 月 28 日，区第五届人大常委会举行第四十二次会议。

3 月 24 日—30 日，区第六届人民代表大会第一次会议在鹿城文化中心举行。出席代表 303 人。会议选举章新民为鹿城区人大常委会主任，王一曼、许德忠、张纯浙、缪笑竹、李建花、陈洁为副主任；选举王超俊为鹿城区政府区长，李浩、熊洪庆、蔡文云、赵峰、施艾珠、沈敏为鹿城区政府副区长；选举朱筱玫为鹿城区法院院长、孔璋为鹿城区检察院检察长。

4 月 29 日—30 日，区第六届人大常委会举行第一次会议。会议作出了《关于区人大常委会部分工作机构名称变更的决定》。

5 月 29 日，区第六届人大常委会举行第二次会议。会议通过了区政府区长王超俊提请的区政府组成人员的任免，并颁发任命书。

6 月 26 日—27 日，区第六届人大常委会举行第三次会议。会议通过了《关于许可对翁松武采取刑事拘留强制措施的决定》；免去周小乐鹿城区检察院副检察长、检察委员会委员职务。

8 月 28 日—29 日，区第六届人大常委会举行第四次会议。会议通过了《关于加快推进依法治区进程的决议》。

9 月 28 日，区第六届人大常委会举行第五次会议。

10 月 15 日—17 日，区人大常委会成功承办全国十三城人大工作研讨会第五次会议。

10 月 31 日，区第六届人大常委会举行第六次会议。会议作出了《温州市鹿城区人民代表大会常务委员会关于 2003 年本级财政预算部分变更的决定》。

12 月 19 日，区第六届人大常委会举行第七次会议。会议通过了同意陈志挺辞去鹿城区第六届人大常委会委员职务。

2004 年

1 月 15 日—16 日，区第六届人大常委会举行第八次会议。

2 月 26 日，区第六届人大常委会举行第九次会议。会议决定区六届人大二次会议有关事宜，通过了代表资格变动情况的审查报告，决定了区六届人大二次会议列席人员名单。

3 月 12 日，时任浙江省省委书记、省人大常委会主任习近平考察康奈集团。

3 月 15 日—19 日，区第六届人大第二次会议在鹿城文化中心举行。出席大会代表 302 名。

4 月 27 日，区第六届人大常委会举行第十次会议。会议通过了区六届人大常委会 2004 年工作要点，通过了区第六届人大二次会议代表议案处理意见的决定。

6月15日，中共中央政治局常委、中央政法委书记罗干，在时任浙江省省委书记、省人大常委会主任习近平，省委副书记、省长吕祖善，省委副书记夏宝龙等陪同下，考察鹿城区水心街道桂柑社区。

6月24日—25日，区第六届人大常委会举行十一次会议。会议决定任命朱连甫为鹿城区政府副区长。

8月24日，区第六届人大常委会举行第十二次会议。会议决定免去施艾珠鹿城区政府副区长职务。

10月28日，区第六届人大常委会举行第十三次会议。

11月16日—17日，温州市各县（市、区）人大常委会第四十三次联席会议在鹿城举行。

12月10日，区第六届人大常委会举行第十四次会议。会议通过了《温州市鹿城区人大常委会关于接受唐克勤等五位辞去温州市鹿城区第六届人民代表大会代表职务的决定》《温州市鹿城区人大常委会关于增选、补选温州市鹿城区第六届人民代表大会代表的决定》《温州市鹿城区第六届人民代表大会常务委员会公告》《温州市鹿城区人大常委会关于温州市鹿城区第六届人民代表大会代表增、补选办法》。

12月28日—29日，区第六届人大常委会举行第十五次会议。会议同意对叶向东采取刑事拘留强制措施；任命林锡铭为鹿城区检察院副检察长、检察委员会委员。

2005年

1月11日，区第六届人大常委会举行第十六次会议。

1月31日—2月3日，区第六届人大第三次会议在鹿城文化中心举行，出席大会代表301名。会议通过了《加快产业结构调整促进经济快速健康发展议案的决议》《加快产业结构调整促进经济快速健康发展议案的决议》。

3月11日，区第六届人大常委会举行第十七次会议。会议决定任命黄夏日为鹿城区政府副区长；同意倪松汉、胡正武辞去鹿城区第六届人大常委会委员职务。

5月19日—20日，区第六届人大常委会举行第十八次会议。会议免去蔡正满鹿城区法院副院长职务。

6月30日，区第六届人大常委会举行第十九次会议。会议通过了《关于同意鹿城生态区建设规划的决定》。

7月27日—28日，区第六届人大常委会举行第二十次会议。

9月27日—28日，区第六届人大常委会举行第二十一次会议。会议作出《关于设立鹿城区人大常委会黎明等12个街道工作委员会的决议》；决定任命李无文为鹿城区政府副区长。

11月29日，区第六届人大常委会举行第二十二次会议。会议通过了《鹿城区人大常委会街道工作委员会工作规则》。

12月16日，区第六届人大常委会举行第二十三次会议。会议通过了《关于召开温州市鹿城区第六届人民代表大会第四次会议的决定》，通过了关于区六届人大第三次会议代表议案、建议办理情况的报告。

12 月 23 日，鹿城区行政中心机关大院搬入广场路原温州市行政中心机关大院办公。

2006 年

1 月 6 日，区第六届人大常委会举行第二十四次会议。会议决定任命吴文玲为鹿城区政府副区长。

1 月 25 日，区第六届人大常委会举行第二十五次会议。会议同意王超俊辞去鹿城区政府区长职务；决定任命余中平为鹿城区政府副区长、代理区长职务。

2 月 13 日—16 日，区第六届人大第四次会议在鹿城文化中心举行。出席大会代表 298 名。

2 月 28 日，区第六届人大常委会举行第二十六次会议。会议通过了鹿城区人大常委会 2006 年工作要点，通过了关于鹿城区第六届人大四次会议代表提出的议案处理意见的决定。

3 月 29 日，全国人大专利组到鹿城星际股份有限公司参观考察。

4 月 14 日，区第六届人大常委会举行第二十七次会议。会议任命陈有为为鹿城区法院副院长、代理院长职务；同意朱筱玫辞去鹿城区法院院长职务。

6 月 29 日—30 日，区第六届人大常委会举行第二十八次会议。会议任命程兰生为鹿城区检察院副检察长、代理检察长；梁兵为鹿城区检察院副检察长；接受孔璋辞去鹿城区检察院副检察长、检察委员会委员、检察员职务。

8 月 30 日—31 日，区第六届人大常委会举行第二十九次会议。会议决定免去李浩的鹿城区政府副区长职务；同意缪笑竹辞去鹿城区第六届人大常委会副主任职务。

9 月 25 日—28 日，区第六届人大常委会成功承办全国十三城区人大工作研讨会第十一次会议。

10 月 17 日—18 日，区第六届人大常委会举行第三十次会议。会议通过了《关于深化法制宣传教育的决议》《关于建立鹿城区选举委员会的决定》《关于建立鹿城区各乡镇选举委员会的决定》。

12 月 1 日，区第六届人大常委会举行第三十一次会议。会议决定任命贾焕翔为鹿城区政府副区长；决定免去熊洪庆、蔡文云的鹿城区政府副区长职务；免去郑建胜的鹿城区检察院副检察长、检查委员会委员职务。

12 月 29 日，区第六届人大常委会举行第三十二次会议。会议通过了《关于召开温州市鹿城区第七届人民代表大会第一次会议的决定》；通过了温州市鹿城区第七届人民代表大会第一次会议的日程（草案），提交七届一次会议主席团一次会议通过；通过了关于鹿城区第七届人民代表大会第一次会议代表资格审查的报告；通过了《区人大常委会工作报告（修改稿）》，提请区七届人大一次会议审查。

2007 年

1 月 15 日，区第六届人大常委会举行第三十三次会议。会议决定免去朱连甫的鹿城区政府副区长职务。

1 月 21 日—26 日，区第七届人民代表大会第一次会议在鹿城文化中心举行。出席大会代表 300 名。会议选举吴海燕为鹿城区人大常委会主任，李建花、陈洁、王丽峰、林瑞荣、王长青、项旭光为鹿城区人大常委会副主任；余中平为鹿城区政府区长，贾焕翔、沈敏、赵峰、黄夏日、吴文玲、伍挺为鹿城区政府副区长；陈有为为鹿城区法院院长，程兰生为鹿城区检察院检察长。

3 月 24 日，区第七届人大常委会举行第一次会议。会议决定任命李无文为鹿城区政府副区长。

5 月 29 日，区第七届人大常委会举行第二次会议。会议通过了《温州市鹿城区人大常委会关于加强与区政府、区法院、区检察院工作联系的办法》（草案）。

7 月 31 日，区第七届人大常委会举行第三次会议。会议决定任命项伟胜为鹿城区政府副区长；任命吴金飞、连昕鸣为鹿城区检察院副检察长；决定免去赵峰的鹿城区政府副区长；免去林锡铭的鹿城区检察院副检察长、检察委员会委员职务。

8 月 31 日，区第七届人大常委会举行第四次会议。

9 月 23 日—26 日，区第七届人大常委会承办全国九城区人大工作研讨会第十七次会议。

10 月 18 日—19 日，区第七届人大常委会举行第五次会议。会议通过了《关于建立人民监督员制度的意见（试行）》。

12 月 24 日—25 日，区第七届人大常委会举行第六次会议。会议修订了《温州市鹿城区人民代表大会常务委员会议事规则》。

2008 年

1 月 23 日，区第七届人大常委会举行第七次会议。会议通过了区七届人大二次会议列席人员名单（草案）和区人大常委会工作报告（审议稿）。

2 月 15 日，区第七届人大常委会举行第八次会议。会议通过了温州市鹿城区第七届人大常委会代表资格审查委员会关于温州市鹿城区第七届人民代表大会代表资格的审查报告。

2 月 25 日—29 日，区第七届人大第二次会议在鹿城文化中心举行。出席大会代表 297 名。

4 月 16 日，区第七届人大常委会举行第九次会议。会议通过了温州市鹿城区人大常委会 2008 年工作要点（草案）和关于温州市鹿城区第七届人民代表大会第二次会议代表提出的议案处理意见的决定（草案）。

6 月 23 日—24 日，区第七届人大常委会举行第十次会议。会议决定任命吴建明为鹿城区政府副区长；免去梁兵的鹿城区检察院副检察长职务。

7月22日，区第七届人大常委会举行第十一次会议。会议决定免去李无文鹿城区政府副区长职务。

8月27日，区第七届人大常委会举行第十二次会议。

10月30日—31日，区第七届人大常委会举行第十三次会议。

12月1日，区第七届人大常委会举行第十四次会议。会议决定任命吕朝辉为鹿城区政府副区长，免去沈敏鹿城区政府副区长职务。

12月31日，区第七届人大常委会举行第十五次会议。会议通过了《温州市鹿城区人民代表大会代表议案处理办法》，决定罢免杨湘洪的区第七届人民代表大会代表职务。

2009年

2月3日，区第七届人大常委会举行第十六次会议。会议决定免去谢作幸鹿城区法院副院长、审判委员会委员及审判员职务；同意鲍成发辞去区第七届人大常委会委员职务。

2月16日—20日，区第七届人大第三次会议在鹿城文化中心举行。出席大会代表296名。会议通过了《温瑞塘河鹿城段综合整治工作报告的决议》。温州市委常委、鹿城区委书记余梅生致闭幕词。

3月31日，区第七届人大常委会举行第十七次会议。会议决定接受余中平辞去鹿城区政府副区长职务，许可对七届人大代表黄智文采取刑事强制措施。

5月25日—26日，区第七届人大常委会举行第十八次会议。会议任命周丰为鹿城区法院审判委员会委员、副院长、代院长；接受陈有为辞去鹿城区法院院长职务。

7月29日—30日，区第七届人大常委会举行第十九次会议。

8月7日，区第七届人大常委会举行第二十次会议。会议决定任命王立彤为鹿城区政府副区长、代区长；张雷、林江为鹿城区政府副区长。

9月23日—24日，区第七届人大常委会举行第二十一次会议。会议决定同意徐晓君、董金花辞去鹿城区第七届人大常委会委员职务。

11月13日，区第七届人大常委会举行第二十二次会议。会议通过了《鹿城区人民代表大会常务委员会审议意见处理暂行办法》《鹿城区人民代表大会闭会期间代表活动的若干规定》。

11月26日—27日，区第七届人大常委会举行第二十三次会议。

12月10日—11日，鹿城区人大常委会承办温州市十一县（市、区）人大常委会第53次联席会议。

2010年

1月8日，区第七届人大常委会举行第二十四次会议。会议通过了温州市鹿城区第七届人大常委会代表资格审查委员会关于温州市鹿城区第七届人民代表大会代表资格的审查报告；通过了温州市鹿城区人大常委会工作报告（审议稿）。

1月18日—22日，区第七届人大第四次会议在鹿城文化中心举行。出席大会代表293名。会议选举王立彤为鹿城区政府区长、周丰为鹿城区法院院长。

2月2日，区第七届人大常委会举行第二十五次会议。会议通过了接受姚志泉、唐洪象辞去温州市第十一届人民代表大会代表职务的请求；补选王国军为温州市第十一届人民代表大会代表。

3月19日，区第七届人大常委会举行第二十六次会议。

5月25日，区第七届人大常委会举行第二十七次会议。会议决定任命盘任进为鹿城区政府副区长；免去吴建明鹿城区政府副区长职务。

7月28日—29日，区第七届人大常委会举行第二十八次会议。会议任命金献华为鹿城区法院副院长、审判委员会委员；免去林定耀鹿城区法院副院长、审判委员会委员职务，蔡正满的鹿城区法院审判员职务。

9月29日—30日，区第七届人大常委会举行第二十九次会议。会议决定任命章公华为鹿城区政府副区长；免去贾焕翔鹿城区政府副区长职务。会议通过了《规范性文件备案审查暂行办法》的决定。

11月22日，温州市人大常委会代主任陈笑华到鹿城区人大调研工作。鹿城区人大常委会主任吴海燕向陈笑华一行汇报了区人大2010年以来的主要工作及2011年的工作打算，并对市人大明年的工作提出意见和建议。

11月30日，区第七届人大常委会举行第三十次会议。会议决定每年1月23日为“鹿城慈善日”。会议决定免去伍挺的鹿城区政府副区长职务；同意谢伟辞去鹿城区第七届人大常委会委员职务；许可对鹿城区人大代表张恩贵采取强制措施。

12月27日，区第七届人大常委会举行第三十一次会议。会议决定接受程兰生辞去鹿城区检察院检察长职务；任命张纯亮为鹿城区检察院副检察长、代检察长。

2011年

1月23日—27日，区第七届人大第五次会议在鹿城文化中心举行。出席大会代表287名。会议选举肖石龙为鹿城区七届人大常委会副主任，张纯亮为鹿城区检察院检察长。会议通过《关于温州市鹿城区国民经济和社会发展第十二个五年规划纲要的决议》。

1月28日，区第七届人大常委会举行第三十二次会议。

3月11日，区第七届人大常委会举行第三十三次会议。会议通过了《关于温州市鹿城区乡镇行政区划调整的决议》，决定接受胡俊武辞去鹿城区人大常委会委员职务。

4月6日，浙政函〔2011〕151号，关于鹿城区部分行政区划调整的批复：同意撤销临江镇、上戍乡、岙底乡、双潮乡建置，其行政区域并入藤桥镇；撤销七都镇，设立七都街道办事处；撤销南郊乡，设立南郊街道办事处；撤销双屿镇，设立双屿街道办事处；撤销仰义乡，设立仰义街道办事处。

5月9日—10日，区第七届人大常委会举行第三十四次会议。会议决定免去潘教平的鹿城区检察院副检察长、检察委员会委员职务。

5月31日，区第七届人大常委会举行第三十五次会议。会议听取区政府关于温州市鹿城区政府机构改革方案；通过了关于调整温州市鹿城区藤桥镇选举委员会部分组成人员职务的议案；决定接受钱素文等辞去温州市鹿城区藤桥镇选举委员会组成人员职务。

7月18日—19日，区第七届人大常委会举行第三十六次会议。会议决定任命朱崇敏、张清为鹿城区政府副区长，朱崇敏为代区长，免去林江、盘仁进的鹿城区政府副区长职务；接受王立彤辞去鹿城区政府区长职务。

7月28日，中共中央政治局常委、国务院总理温家宝到温州察看“7•23”甬温线特别重大铁路交通事故现场，悼念遇难者，看望受伤人员，对伤亡人员家属表示深切慰问。

9月21日，区第七届人大常委会举行第三十七次会议。会议通过了《关于鹿城区街道行政区划调整的决议》《关于建立鹿城区选举委员会的决定》《关于基本加强法制宣传教育的决议》。

10月12日，温政函〔2011〕220号：同意撤销南门街道、江滨街道建制，划入五马街道；撤销莲池街道、水心街道、广化街道建制，合并设立松台街道；撤销洪殿街道、蒲鞋市街道、黎明街道建制，合并设立滨江街道；撤销绣山街道、南浦街道、南郊街道建制，合并设立南汇街道；撤销黄龙街道建制，划入双屿街道。

10月25日，区第七届人大常委会举行第三十八次会议。会议通过了《关于撤销温州市鹿城区人大常委会黎明等街道工作委员会的决定》《关于建立温州市鹿城区人大常委会滨江等街道工作委员会的决定》。

11月29日，区第七届人大常委会举行第三十九次会议。会议通过了《关于召开区八届人大一次会议的决定（草案）》。

12月23日，区第七届人大常委会举行第四十次会议。会议通过了《关于同意区政府投资并持有温州绕城高速公路西南线有限公司股权的决议》。

2012年

1月4日—8日，区第八届人民代表大会第一次会议在鹿城文化中心举行。出席大会代表296名。会议选举吴海燕为区人大常委会主任，陈洁、肖石龙、林瑞荣、王长青、项旭光、朱启龙为鹿城区人大常委会副主任；朱崇敏为鹿城区政府区长，项伟胜、伍挺、吴文玲、杨德听、胡明亮、林世南为鹿城区政府副区长；周丰为鹿城区法院院长；张纯亮为鹿城区检察院检察长。

2月13日，温州市人大代表鹿城团视察鹿城区水利工程建设情况。

2月29日—3月1日，区第八届人大常委会举行第一次会议。会议决定任命张清为鹿城区政府副区长；会议通过了《关于加快总部经济园建设促进我区经济发展的议案的决议》。

3月21日，浙江省委书记、省人大常委会主任赵洪祝到温州调研金融改革创新工作，考察了鹿城农村合作银行、捷信小额贷款股份公司等金融机构。

5月20日，中共中央政治局委员、中央书记处书记、中央组织部部长李源潮在省委书记赵洪祝等陪同下到康奈集团调研。

5月30日，区第八届人大常委会举行第二次会议。会议通过了以下制度：1. 鹿城区人民代表大会常务委员会议事规则；2. 鹿城区人民代表大会常务委员会主任会议议事规则；3. 鹿城区人民代表大会常务委员会关于加强与区政府、区法院、区检察院工作联系的办法；4. 鹿城区人民代表大会常务委员会关于讨论决定本区重大事项的规定；5. 鹿城区人民代表大会常务委员会关于加强经济工作监督的决定；6. 鹿城区人民代表大会常务委员会关于加强区级预算审查监督的办法；7. 鹿城区人民代表大会常务委员会关于任免国家机关工作人员的办法；8. 鹿城区人大常委会街道工作委员会工作规则；9. 鹿城区人民代表大会常务委员会组成人员守则；10. 鹿城区人大代表旁听庭审活动办法（试行）。

7月26日，区第八届人大常委会举行第三次会议。会议通过确认许可对鹿城区八届人大代表瞿芬平、姜定波采取强制措施的决定。

8月12日，浙江省省长夏宝龙视察鹿城区民间借贷中心。

9月12日，区第八届人大常委会举行第四次会议。会议决定任命林莹、郑晓东为鹿城区政府副区长；会议通过修订的《关于任免国家机关工作人员办法》；通过《关于同意区政府将中铝国际工程股份有限公司出资承建的保障房BT项目回购资金列入区级财政预算的决议》《关于同意区政府将温州市华昌市政工程有限公司出资承建市政基础设施BT项目回购资金列入区级财政预算的决议》《关于同意区政府将中国建筑国际集团有限公司出资承建的保障房BT项目回购资金列入区级财政预算的决议》《关于同意区政府将中南建筑设计院股份有限公司出资承建的BT项目回购资金列入区级财政预算的决议》。

11月7日，区第八届人大常委会举行第五次会议。会议决定补选章月影为鹿城区政府副区长；决定免去吴文玲的鹿城区副区长职务；接受黄凌萍辞去区第八届人民代表大会常务委员会委员职务。

12月5日，区第八届人大常委会举行第六次会议。会议决定接受姜定波辞去温州市鹿城区第八届人民代表大会代表职务；决定接受瞿芬平辞去温州市鹿城区第八届人民代表大会代表职务，其温州市鹿城区第八届人民代表大会常务委员会委员职务和温州市鹿城区第八届人大常委会代表资格审查委员会委员职务相应终止。

12月28日，区第八届人大常委会举行第七次会议。会议通过了区八届人大二次会议列席人员名单（草案），通过了代表资格审查委员会关于区八届人大二次会议代表资格的审查报告和区人大常委会工作报告（审议稿）。

12月，温州市人大常委会主任陈笑华视察康奈集团。

2013年

1月7日—10日，区第八届人民代表大会第二次会议在鹿城文化中心举行。出席大会代表292名。

3月28日—29日，区第八届人大常委会举行第八次会议。会议通过了《关于调整温州市鹿城区人大常委会工作机构的决定》；决定接受金浙瓯、褚坚、章胤辞去鹿城区第八届人民代表大会常务委员会委员职务，章胤的区人民代表大会常务委员会代表资格审查委员会委员职务相应终止。

5月16日，温州市人大常委会副主任黄德康一行在鹿城区人大常委会副主任王长青、副区长杨德听等陪同下，到藤桥镇实地督查饮用水建设情况。

5月17日，区第八届人大常委会举行第九次会议。

7月30日，区第八届人大常委会举行第十次会议。会议通过了《关于同意区政府将温州鞋革职业中等专业学校融资租赁项目回购资金列入区财政预算的决议》《关于同意区政府将浙江浙大网新建设投资有限公司出资承建的重点水利BT项目回购资金列入区级财政预算的决议》《关于同意区政府将长江岩土工程总公司（武汉）出资承建的重点水利BT项目回购资金列入区级财政预算的决议》《关于同意区政府将中国建筑国除集团有限公司出资承建的保障房BT项这回购资金列入区级财政预算的决议》。会议决定补选黄专途为鹿城区政府副区长；免去张清的鹿城区政府副区长职务。

9月17日，区第八届人大常委会举行第十一次会议。会议决定免去林莹的鹿城区政府副区长职务。

11月26日，区第八届人大常委会举行第十二次会议。

12月24日，区第八届人大常委会第十三次会议审议通过了《关于促进全面深化改革的决定》《关于调整温州市鹿城区人大常委会工作机构的决定》。

2014年

1月6日—9日，区第八届人民代表大会第三次会议在鹿城文化中心举行。出席大会代表293名。会议选举叶云森、陈钜、陈辉、陈金敏为区第八届人民代表大会常务委员会委员。

1月22日，区第八届人大常委会举行第十四次会议。会议通过了许可对区八届人大代表康岳春采取刑事拘留措施的决定。

3月初，根据区委关于中共群众路线教育实践活动的统一部署，鹿城区人大常委会主任吴海燕走访巨一集团、浙江旭达鞋业等企业，与企业负责人交流，深入了解企业经营发展情况及遇到的实际问题。

3月19日，区第八届人大常委会举行第十五次会议。会议通过了《温州市鹿城区人民代表大会代表约见国家机关负责人暂行办法》《关于设立温州市鹿城区人大常委会预算工作委员会的决定》；决定接受黄品寿、陈增斌、张勇辞去区第八届人民代表大会常务委员会委员职务，张勇的区人民代表大会常务委员会代表资格审查委员会委员职务相应终止。

4月15日，浙江省人大常委会副主任冯明带领省人大民侨委、省民宗委一行，在温州市人大副主任王小同、市民宗局局长陈锋进及相关工作人员的陪同下，实地察看鹿城区南汇街道青龙道观场所状况，听取鹿城区民宗局有关管理工作汇报，认真征询辖区政府及辖区街道主管领导和道观管理负责人的意见建议。

5月28日，区第八届人大常委会举行第十六次会议。

7月30日，区第八届人大常委会举行第十七次会议。会议通过了区人大常委会关于深化财政预算审查监督的实施意见、区人大常委会关于区级预算审查监督办法（修订稿）、区人大常委会关于区级部门预算审查监督办法，通过了《关于加强全口径预算决算审查监督的实施意见》；第二次修订了《关于区级预算审查监督办法》《关于区级部门预算审查监督办法》。会议决定任命邓小林为鹿城区政府副区长。

9月23日—24日，区第八届人大常委会举行第十八次会议。会议同意代表资格审查委员会提出的关于施建安等代表资格终止的报告，确认施建安调离本行政区域，徐道友、黄品寿、陈增斌、张勇、洪静、叶浪克辞去代表职务的请求被接受，其温州市鹿城区第八届人民代表大会代表资格终止。

11月25日—26日，区第八届人大常委会举行第十九次会议。会议通过了《温州市鹿城区人民代表大会常务委员会专题询问暂行办法》《温州市鹿城区人民代表大会常务委员会信访工作办法》。会议决定对区八届人大代表张大可采取拘留措施的决定；免去郑晓东的鹿城区政府副区长职务；接受谢云周辞去鹿城区第八届人民代表大会常务委员会委员职务，其鹿城区人民代表大会常务委员会代表资格审查委员会委员职务相应终止。

12月25日—26日，区第八届人大常委会举行第二十次会议。会议对区公安分局、区城市管理与行政执法局、区商务局、区文广新局、区安监局等5个部门2015年预算草案进行票决，票决结果为通过。

2014年，在各街镇建立“代表之家”的基础上，出台《加强人大代表联络站建设的实施意见》，在社区建成17个代表联络站。

2015年

2月2日—5日，区第八届人民代表大会第四次会议在鹿城文化中心举行。出席大会代表297名。会议选举王剑波、许卫疆、陈康亮、林宣富、胡希求为鹿城区人大常委会委员。

3月26日，区第八届人大常委会举行第二十一次会议。会议决定接受葛成福辞去鹿城区第八届人民代表大会常务委员会委员职务，其区人民代表大会常务委员会代表资格审查委员会委员职务相应终止。

4月1日下午，新疆昌吉市人大一行9人，在鹿城区人大常委会副主任肖石龙的陪同下考察松台街道。

4月21日，温州市人大常委会副主任潘孝政率调查组一行，在鹿城区人大常委会副主任王长青陪同下，调查鹿城区开展防洪排涝工作审议意见落实情况。

5月，鹿城区人大常委会召开人大代表联络站建设工作座谈会。鹿城区人大常委会副主任肖石龙、各街道（镇）人大负责人参加会议。大家分别汇报了本单位人大年度活动计划，以及人大代表联络站工作取得的成效、存在的问题和面临的困难。

5月，鹿城区人大常委会组织浙江省人大代表温州中心组第一小组开展集中视察活动。温州市人大常委会副主任李步鸣、鹿城区人大常委会主任吴海燕陪同视察。

5月27日，区第八届人大常委会举行第二十二次会议。会议决定接受王长青辞去鹿城区人大常委会副主任职务，决定任命库尔班·买买提为鹿城区政府副区长；决定免去黄专途的鹿城区政府副区长、程兰生的鹿城区检察院检察员职务。

7月16日，鹿城区人大常委会组成视察调查组，对区“五水共治”暨丰门河治理工作审议意见落实情况开展会前调查。

7月21日，区第八届人大常委会召开代表建议办理工作督查反馈会。鹿城区人大常委会副主任肖石龙参加会议。

7月28日，区第八届人大常委会举行第二十三次会议。会议通过了《关于温州市鹿城区部分行政区划调整的决议》。会议决定任命申树军为鹿城区政府副区长；任命刘俊为区法院副院长；免去孙宏的鹿城区法院副院长、鹿城区法院审判委员会委员职务；接受黄金鹏、陈辉辞去鹿城区人民代表大会常务委员会委员职务。

9月11日，区第八届人大常委会举行第二十四次会议。会议通过了《关于同意区政府棚户区（城中村）改造（一期）项目向银行融资的决议》。

9月24日—25日，区第八届人大常委会举行第二十五次会议。会议决定建立鹿城区人大常委会蒲鞋市街道工作委员会、南郊街道工作委员会、大南街道工作委员会、广化街道工作委员会、丰门街道工作委员会。会议决定任命黄定恩为鹿城区政府副区长；吴之欧为鹿城区法院副院长；决定免去项伟胜、伍挺的鹿城区政府副区长职务；接受陈月玲、陈钜辞去鹿城区人民代表大会常务委员会委员职务，陈月玲的鹿城区人民代表大会常务委员会代表资格审查委员会委员职务相应终止。

9月25日，鹿城区人大常委会组织首次宪法宣誓，新任命的26名国家机关人员，在主任吴海燕监誓下，面对国徽进行宣誓。

10月20日，鹿城区人大城建环保工委牵头组织召开《温州市市容和环境卫生管理条例（草案）》征求意见座谈会。鹿城区人大常委会副主任朱启龙、部分常委会委员参加会议。温州市人大城建环保委副主任徐基长参加了座谈会。

11月25日，区第八届人大常委会举行第二十六次会议。会议通过了关于同意《鹿城区土地利用总体规划（2006—2020年）》（2014年调整完善版）的决定。会议补选张本锋为鹿城区政府副区长；郑坚为鹿城区人大常委会办公室副主任。

12月7日，浙政函〔2015〕167号：同意调整藤桥镇管辖范围，增设山福镇。

12月16日，浙江省人大常委会民侨委主任到鹿城视察扶贫工作。

2016年

1月17日，温州市委书记、省人大代表徐立毅到五马街道视察民情。

2月1日—3日，浙江省省长李强考察鹿城区南塘风貌街。

2月3日，鹿城区八届人大常委会举行第二十七次会议。会议通过了《温州市鹿城区组织实施宪法宣誓制度办法》。会议确认王立彤、项伟胜代表调离本行政区域，王良善代表死亡，康岳春、徐慧、张大可、张敏、邱向真、陈钜、陈翔俊、谢云周、卢更生、章胤、朱建光、安建光、李跃国、黄金鹏、葛成福、李跃、项晓晓辞去代表职务的请求被接受，其温州市鹿城区第八届人民代表大会代表资格终止。会议通过了《关于提请确定温州市鹿城区藤桥镇、山福镇人民代表大会代表名额的议案》《关于召开温州市鹿城区第八届人民代表大会第五次会议的决定》。会议接受了王建中、李跃国辞去温州市第十二届人民代表大会代表职务的请求；补选葛益平、赵海艇为温州市第十二届人民代表大会代表，其代表资格依法报请温州市人大常委会审查确认。

2 月，温州市人大常委会主任葛益平慰问康奈集团。

3 月 17 日，区第八届人大常委会举行第二十八次会议。会议决定接受陈洁、林瑞荣辞去鹿城区人大常委会副主任职务；接受叶青辞去鹿城区人民代表大会常务委员会委员职务，其第八届人大常委会代表资格审查委员会委员职务相应终止。

3 月 21 日—24 日，区第八届人大第五次会议在鹿城文化中心举行。出席大会代表 299 名。会议选举吴法照、陈滢冰、李利法、胡小洁、陶玉燕为鹿城区人民代表大会常务委员会委员。

5 月 31 日，区第八届人大常委会举行第二十九次会议。会议通过了《关于对鹿城区第八届人大代表周海峰采取刑事强制措施的的决定》《关于山福镇、藤桥镇人民代表大会选举时间的决定》。会议决定免去库尔班·买买提的鹿城区政府副区长职务；接受项旭光辞去鹿城区人民代表大会常务委员会副主任职务；许卫疆辞去鹿城区人民代表大会常务委员会职务。

6 月 29 日下午，温州市委副书记、市长张耕考察园区重点企业。

6 月，温州市人大常委会副主任李步鸣视察五马街道八仙楼社区人大代表联络站。

7 月 19 日，浙江省人大常委会党组书记、副主任茅临生到温州调研人大换届选举工作。

7 月 20 日上午，浙江省代省长车俊一行考察“印象南塘”南塘风貌街。

7 月 26 日，区第八届人大常委会举行第三十次会议。会议通过了《关于批准 2015 年区级财政决算的决议》。会议决定补选夏军为鹿城区政府副区长，郑加佳为鹿城区人民检察院副检察长，高兴兵为鹿城区人民法院副院长；免去邓小林的鹿城区政府副区长职务，吴之欧的鹿城区人民法院副院长职务；接受项旭光辞去鹿城区人大常委会副主任职务。会议任命王敏、叶云森、陈滢冰、李利法、胡小洁、陶玉燕为鹿城区人民代表大会常务委员会代表资格审查委员会委员。

7 月，省、市、区三级人大代表视察鹿城区交通重点工程建设项目。

9 月 19 日—20 日，区第八届人大常委会举行第三十一次会议。会议通过了《温州市鹿城区人大常委会关于开展第七个五年法治宣传教育的决议》。

10 月 27 日，市人大常委会主任葛益平一行到鹿城区督查“大拆大整”工作。

11 月 2 日，鹿城区举行区级换届工作会议，全面启动换届选举工作。

11 月 15 日，省人大常委会副主任王辉忠一行视察“大拆大整”工作，并调研区人大常委会工作情况。

11 月 24 日，区八届人大常委会举行第三十二次会议，会议审议通过了关于批准温州市鹿城区 2016 年区级财政预算调整方案的决议、关于区人民代表大会换届选举有关事项的决定；审议决定设立温州市鹿城区选举委员会。会议决定接受朱崇敏辞去区人民政府区长职务的请求，决定任命胡晓东为区人民政府副区长、代区长。

12 月 3 日，鹿城区委决定王易进任中共温州市鹿城区人大常委会党组书记；叶治台任中共温州市鹿城区人大常委会党组成员。吴海燕不再任中共温州市鹿城区人大常委会党组书记。

12 月 7 日，浙江省人大常委会党组副书记、副主任茅临生视察鹿城“大拆大整”、五马街道八仙楼社区选举、代表联络站等工作。

12 月 20 日，温州市人大党组副书记、副主任孟建新督查鹿城换届选举工作。

12 月 23 日，区八届人大常委会举行第三十三次会议，审议通过了关于批准将温州市七都北汉桥工程（PPP 项目）政府付费纳入区年度和中长期财政专项资金预算的决议。会议决定任命林铁、黄唯中为区政府副区长，免去张本峰、林世南、杨德听、胡明亮的区政府副区长职务；接受周基斌辞去区人大常委会副主任职务的请求。

12 月 30 日，全区各选区以无记名投票方式选举产生了 296 名区九届人大代表。

第一编　区人民代表大会代表

中华人民共和国《代表法》规定："全国人民代表大会代表是最高国家权力机关组成人员，地方各级人民代表大会代表是地方各级国家权力机关组成人员。全国人民代表大会和地方各级人民代表大会代表，代表人民的利益和意志，依照宪法和法律赋予本级人民代表大会的各项职权，参加行使国家权力。

区人大代表，从第一届到八届，共选举产生 2418 名代表。其间，因代表调离鹿城区或岗位变动、死亡或刑事犯罪而辞职、终止或罢免，同时根据需要对代表缺额进行补选，各届代表名额基本保持不变。

第一章　区人大代表权利与义务

区人民代表大会代表是本级国家权力机关组成人员，依法选举产生，代表人民的利益和意志，依照宪法和法律赋予本级人民代表大会的各项职权，参加行使国家权力。根据中华人民共和国《宪法》《代表法》规定，区人民代表大会代表主要有以下几项权利和义务：

根据宪法和代表法的规定，人大代表作为国家权力机关的组成人员，享有与执行职务相适应的权利，同时承担相应的义务。

代表享有下列权利：（1）出席本级人民代表大会会议，参加审议各项议案、报告和其他议题，发表意见；（2）依法联名提出议案、质询案、罢免案等；（3）提出对各方面工作的建议、批评和意见；（4）参加本级人民代表大会的各项选举；（5）参加本级人民代表大会的各项表决；（6）获得依法执行代表职务所需的信息和各项保障；（7）法律规定的其他权利。

代表应当履行下列义务：（1）模范地遵守宪法和法律，保守国家秘密，在自己参加的生产、工作和社会活动中，协助宪法和法律的实施；（2）按时出席本级人民代表大会会议，认真审议各项议案、报告和其他议题，发表意见，做好会议期间的各项工作；（3）积极参加统一组织的视察、专题调研、执法检查等履职活动；（4）加强履职学习和调查研究，不断提高执行代表职务的能力；（5）与原选区选民或者原选举单位和人民群众保持密切联系，听取和反映他们的意见和要求，努力为人民服务；（6）自觉遵守社会公德，廉洁自律，公道正派，勤勉尽责；（7）法律规定的其他义务。

第二章　区人大代表选举及其机构

第一节　选举机构及职责

1984年5月，遵照中华人民共和国《选举法》、《浙江省县、乡两级人民代表大会代表选举实施细则》及省、市有关文件精神，根据市人大常委会的决定，成立温州市城区选举委员会，主持城区第一届人民代表大会代表的选举。同年12月，温州市城区更名为温州市鹿城区，相应机构均同步更名。

区选举委员会是主持办理本级人大代表选举工作的临时机构，选举工作结束后，机构即行撤销。其组成人员由本级党委、人大常委会（人大主席团）有关人员以及组织、纪委监察、宣传、统战、民政、司法、工会、共青团、妇联等部门负责人组成。选举委员会下设办公室，办理选举的具体事务。街道设选举办事处，市、区属单位各系统分别设立选举领导小组，指导本区域和本系统的选举工作。各选区建立选举工作组，负责本选区选举工作。

区选举委员会、各选区选举工作组的组成人员，由区人大常委会任命。

选举委员会职责：一、划分选举本级人民代表大会代表的选区，分配各选区应选代表的名额；二、进行选民登记，审查选民资格，公布选民名单；受理对于选民名单不同意见的申诉，并作出决定；三、确定选举日期；四、了解核实并组织介绍代表候选人的情况，根据较多数选民的意见，确定和公布正式代表候选人名单；五、主持投票选举；六、确定选举结果是否有效，公布当选代表名单；七、法律规定的其他职责。

第二节　选举机构组成人员

第一届　城区人大代表选举委员会及组成人员

包含机关选区、东风、广化、莲池、鼓楼、小南、市中、松台、海坦、五马、朔门、洪殿、大南等街道选举办事处。

市委、市府机关选区，包括市委、市府各部、委、办，人大、政协办公室，机关党委、市委党校、行政干校、人事局，老干部管理局、统计局、物价局、海关、团市委、妇联

组　长　韩文德

副组长　殷奕同　郑经学　周亦武

委　员　王宗文　张博弟　蔡德溪　曾善育　叶道发　周晓毅

城区选举委员会

主　任　林选青

东风街道选举办事处

主　任　陈绍霞

副主任　黄献康　　蔡国夏　　周月书　　张洪仁

东风街道辖以下选区：环城东路居民选区，永东、永垟飞居民联合选区（包括东风街道机关），外垟儿、南站居民联合选区，黎明新村、甲田居民联合选区，横巷居民选区，永塔居民选区，商业仓、矮凳桥，垟儿路、飞霞桥居民联合选区（包括东风派出所），东风街道工业联合选区（包括东风机械厂等 24 个单位），东风劳动服务分公司联合选区（包括下属东风福利电器厂等 39 个单位）。

广化街道选举办事处

主　任　胡　可

副主任　李炳荣　　陈云秋　　陈松樵　　周　萍

广化街道辖以下选区：郭公、大桥居民联合选区（包括郭公、大桥两个居民区），月湖、粗康、河通居民联合选区（包括月湖、粗康、河通等三大居民区），南、北和平居民联合选区（包括南和平和北和平两个居民区），翠微、浦轿居民联合选区（包括翠微、埔桥两个居民区），上横、棋儿居民联合选区（包括上横和棋儿两个居民区），镇宁、打索居民联合选区（包括镇宁、打索两个居民区），教场头、下横居民联合选区（包括广化街道办事处，派出所和教场头、下横街两个居民区），广化街道工业选区，广化街道劳务服务分公司选区。

莲池街道选举办事处

主　任　邵金松

副主任　虞志芬　　徐文达　　马国樑　　高立英

莲池街道辖以下选区：信河、庆年居民联合选区（包括信河、庆年两个居民区），丁字、吉士居民联合选区（包括莲池派出所和丁字、吉士两个居民区），珠冠、丰和居民联合选区（包括莲池街道办事处和珠冠、丰和两个居民区选区），江心、樊宅居民联合选区（包括江心、樊宅两个居民区），双桂、徐衙居民联合选区（包括双桂、徐衙两个居民选区），八字、僧街居民联合选区（包括八字、僧街两个居民选区），蛟翔、放生池居民联合选区（包括蛟翔、放生池两个居民区），莲池街道工业第二选区（包括莲池电器元件厂、化工厂、仪器零件厂、五金机械厂、日用五金厂、包装五金制品厂、防腐配件厂、家用电器厂、汽车配件厂、五金电器厂、塑料电器厂、油漆喷漆厂、燃化工程队、三废化工厂等 15 个单位），莲池街道劳动服务分公司联合选区（包括劳动服务分公司下属的厂、队、站、店）。

鼓楼街道选举办事处

主　任　戴国英

副主任　吕宗泽　　庄千朋　　李廷兴

鼓楼街道辖以下选区：高盈、华盖居民联合选区，康宁、钟楼居民联合选区，招贤、县前居民联合选区（包括鼓楼街道机关、派出所），瓦市居民选区，广场后巷居民选区，墨池居民选区，鼓楼居民选区，鼓楼街道工业第一联合选区（包括鼓楼五金制品厂等18个单位），鼓楼街道工业第二联合选区（包括鼓楼电扇厂等51个单位）。

小南街道选举办事处

主　任　孙振国

副主任　解永明　　肖　义　　魏福云　　陈秀明

小南街道辖以下选区：虞师里居民选区，月光池、小南居民联合选区（包括街道机关），坦前、双莲挢居民联合选区，马鞍池、烊头下居民联合选区，洞桥底、汇车桥、小南新村居民联合选区（包括小南派出所），荷花、板桥底居民联合远区，南蝉、蝉河居民联合选区，小南街道工业第一联合选区（包括羊毛衫厂等13个单位），小南街道工业第二联合选区（包括小南电器开关厂等59个单位）。

市中街道选举办事处

主　任　章新民

副主任　张锦荣　　张志敏　　饶　江　　林兰喜

市中街道辖以下选区：安平、棬索居民联合选区，百里、墨斗居民联合选区，八仙、四面荣居民联合选区，更新、倪街居民联合选区，仓桥、双井居民联合选区，金锁、沧河居民联合选区，进步、城西居民联合选区（包括区委，区府和市中街道机关选区），周宅、甜井居民联合选区，市中街道工业第一联合选区（包括冷锻厂等27个单位），市中街道工业第一联合选区（包括市中机电仪表厂等28个单位）。

松合街道选举办事处

主　任　王秀凤

副主任　姜经周　　张岳明　　叶韵雪

松台街道辖以下选区：蝉街、人参巷居民联合选区，人民西路、公共码头居民联合选区，大高挢、小高桥居民联合选区，任宅前、来福门居民联合选区，乘凉桥、候衙巷居民联合选区，大士门、张府基居民联合选区，松台山、三牌坊居民联合选区，松台街道工业联合选区（街道工办诉所属单位），松台街道商业、劳动服务联合选区（劳动服务分公司下属单位）。

海坦街道选举办事处

主　任　朱景祥

副主任　黄文明　　李振国　　周兰森　　臧璇璇

海坦街道辖以下选区：上岸、安栏居民联合选区（包括街道机关），新码道、陡门头居民联合选区，忠孝、行前居民联合选区（包括海坦派出所），永川、西湖居民联合选区，永楠、株柏居民联合选区，十八家、路湾居民联合选区，海坦街道工业联合选区（包括东风皮件厂等24个单位），海坦劳动服务分公司选区（包括天山糖果厂等31个单位）。

五马街道选举办事处

主　任　周美新

副主任　潘志林　　张志文　　潘耀星　　徐赛珍

五马街道辖以下选区：踏碓巷、第一桥居民联合选区，人民中路、大雄巷居民联合选区，谢池巷、人民东路居民联合选区（包括人大筹备组、区计经委等单位），解放南路、府学巷居民联合选区，公园路、九柏园头居民联合选区，铁井栏、县学前居民联合选区，府前街、大同巷居民联合逛区，五马街、沙帽河居民联合选区区（包括五马街道机关、派出所），登选坊、胜利路居民联合选区，晏公殿巷、公安路居民联合选区，五马街道工业联合选区（包括街道工办所属31个单位），五马街道劳动服务分公司联合选区（包括下属39个单位）。

朔门街道选举办事处

主　任　瞿纪凯

副主任　徐象畴　　张维旺　　金国英

朔门街道辖以下选区：慈山、大乐居民联合选区，筒巷、兵营居民联合选区（包括朔门街道机关和派出所），永宁、七枫居民联合选区，打绳、解北居民联合选区，北鹿、望江居合选区，峙江、后垟居民联合选区，万里、桂营居民联合选区，朔门街道工业联合选区（街道工业公司下属单位），朔门劳动服务分公司联合选区（下属54个单位）。

洪殿街道选举办事处

主　任　叶玉龙

副主任　吴家桃　　李松年　　王永瑞

洪殿街道辖以下选区：杨府山、上陡门居民联合选区，渔械，洪殿居民联合选区，夏屋居民联合选区（包括街道机关、派出所、幼儿园等单位），上村、灰桥居民联合选区，洪殿街道工业联合选区（包括街道工办所属 37 个单位），洪殿街道劳动服务分公司选区（包括所属 59 个单位）。

西山街道选举办事处

主　任　谢仙道

副主任　戴绍光　　李尧龙　　邵兰青

西山街道辖以下选区：水心、隔岸居民联合选区，清明桥、工人新村居民联合选区（包括西山街道机关），杏花堂、西站居民联合选区，锦山，花坦头居民联合选区（包括西山派出所），西山、净水居民联合选区，西山街道工业、商业联合选区。

大南街道选举办事处

主　任　阮成滔

副主任　金国良　　李保顺　　黄巨节　　郑仲祥

大南街道辖以下选区：龙泉巷、土地巷居民联合选区，花柳塘、广利桥居民联合选区，闸宅巷、蒋家巷居民联合选区（包括街道机关、派出所），飞霞南路、锦春坊居民联合选区，山前街、灯塔居民联合选区，巽山居民选区，蒲鞋市、下垟头、蒲鞋市新村居民联合选区，大南街道工业联合选区（包括街道工办下属单位），大南街道劳动服务分公司联合选区（包括下属单位）。

第一届区人大代表选举委员会及各乡选举领导小组

1985 年 3 月，在城区原有街道选举的基础上，再增补六个乡的选举。设立温州市鹿城区选举委员会，包含黎明、南郊、新桥、双屿、仰义、城郊等乡选举领导小组。其中，南郊、仰义、城郊资料有缺失。

鹿城区选举委员会

主　任　潘教明

副主任　李国聪　　瞿寿连

成　员　黄成贵　　林金藩　　缪师明　　张祥波　　林学全　　王松涛

　　　　李姆龙　　林定光　　谢绍进　　徐华山　　陈志庭　　张金清

新桥乡领导小组

组　长　李梅龙

副组长　陈志新

成　员　叶胜春　任阿元　谢寿珍　郑万顺　黄云光　郑国洪
　　　　曹明照

新桥乡辖以下选区：新桥乡第一选区（含新桥、岙垟），新桥乡第二选区（含山前、三泱、西湖），新桥乡第三选区（含医院、供销社、信用社、中小学等单位）。

双屿乡领导小组

组　长　谢绍进
副组长　蔡玉浦　陈光忠
成　员　邹秋光　孙永标　陈淑萍　郑康元　单伯康　戴宗达

双屿乡辖以下选区：双屿乡第一选区（含营楼、垟田、岩门、若立岙、 牛岭、嵇师、前陈、上伊、正岙、泮岙，屿头），双屿乡第二选区（含乡政府机关、学校、医院、信用社、供销社）。

黎明乡选举领导小组

组　长　张金清
副组长　王群超　姚长洪
成　员　夏品金　谷定登　金　斌　林明池

黎明乡辖以下选区：黎明乡第一选区（横渎村），黎明乡第二选区（炬一村），黎明乡第三选区（炬二村），黎明乡第四选区（黎二村），黎明乡第五选区（工业，财贸，文卫及乡机关）。

第二届区人大代表选举委员会及组成人员

包含区选举委员会、机关、松台、莲池、西山、海坦、水心、东风、小南、蒲鞋市、五马、市中、朔门、大南、鼓楼、洪殿、广化、南郊、黎明、城郊、新桥、双屿、仰义等街道（乡镇）选举领导小组（选举办事处）。其中，海坦街道资料有缺失。

鹿城区选举委员会

主　任　谷锦麟
副主任　朱道统　潘教明
兼办公室主任　潘宝卿
办公室副主任　余岩隆　柯明光
委　员　颜贻淦　黄成贵　王振中　林金齐　詹元武　俞根堂
　　　　吴爱娟　徐玉璟　王鸿铨　林建水　张维仁

机关联合选区

组　长　施巨软

副组长　郑洪林

成　员　刘秋霞　夏盛梯　马巧德

松台街道选举办事处

组　长　王秀凤

副组长　单克胜　吴寿生　叶韵雪

委　员　滕久春　张崇暄　施明新　蒋德芬　许　国

松台街道辖以下选区：第一联合选区（含来福门、任宅前、公共码头居民区），第二联合选区（含人民西路、大高桥、小高桥居民区），第三联合选区（含乘凉桥、候衙巷居民区），第四联合选区（含人参巷、蝉街、松台山居民区），第五联合选区（含三牌坊、大士门、张府基居民区），第六联合选区（含街道所属的工商企业）。

莲池街道选举办事处

主　任　虞志芬

副主任　高立英　袁忠民　胡云程

委　员　王玉胜　石德辉　周邦杰

莲池街道辖以下选区：第一联合选区（含信河、里瑞、庆年居民区），第二联合选区（含蛟翔、放生、丁字、吉士居民区和莲池派出所），第三联合选区（珠冠、丰和、皮坊居民区和莲池街道办事处），第四联合选区（含八字、僧街、双龙居民区），第五联合选区（含江心、樊宅、徐衙、双桂居民区），第六联合选区（含电器、机械、化工等企业单位），第七联合选区（含轻工、商业、服务等工商企业单位）。

西山街道选举办事处

主　任　倪国兴

副主任　金银富　李启房

委　员　郑锡元　胡剑谨　郑必云　王克强　黄洪福　叶长清

西山街道辖以下选区：第一联合选区（含工人新村、清明桥、任宅前居民区），第二联合选区（含杏花堂、西站居民区），第三联合选区（含花坦头、景山居民区），第四联合选区（含净水、西山居民区），第五联合选区（含工业公司、劳动服务公司）。

海坦街道选举办事处

海坦街道辖以下选区：第一联合选区（上岸、安澜、新码道民区与街道机关），第二联合选区（含陡门头、行前、忠孝居民区），第三联合选区（含永川、西湖、永楠居民区），第四联合选区（含株浦、十八家、路湾居民区），第五联合选区（含街道所属的温州市轻工机械成套厂等 103 个单位），第六联合选区（含街道所属的温州市啤酒设备机械厂等 102 个单位）。

水心街道选举办事处

主　任　李炳荣

副主任　黄国胜

委　员　翁益华　　陈新华　　陈玉莲　　徐晓憬　　陈臣志

水心街道辖以下选区：居民联合选区（含水心、南隔岸、北隔岸、松柏、樟榕等 5 个居委会），工商企业联合选区（含温州市鹿城区化工机械厂等 66 个单位）。

东风街道选举办事处

主　任　陈绍霞

副主任　周月书　　陈智为

委　员　金德吉　　蔡国良　　施显明　　朱贤乃　　黄国声

东风街道辖以下选区：第一联合选区（含环域、永东居民区），第二联合选区（含永垟飞、商业仓居民区），第三联合选区（含飞霞桥、垟儿居民区），第四联合选区（含永塔、横巷居民区），第五联合选区（含甲田、矮凳桥居民区），第六联合选区（含南站、外垟儿、黎明新村居民区），第七联合选区（含工业公司、劳动服务公司所属东片企业），第八联合选区（含工业公司、劳动服务公司所属西片企业）。

小南街道选举办事处

主　任　孙振国

副组长　解永明　　林道珍

委　员　王　盛　　张云龙　　王慧珠　　杨静雯

小南街道辖以下选区：第一联合选区（含虞师里、蝉河居民区），第二联合选区（含月光池、小南路居民区），第三联合选区（含坦前、双莲桥居民区），第四联合选区（含垟头下、小南新村居民区），第五联合选区（含汇车桥、洞桥底居民区），第六联合选区（含荷花路、南蝉桥居民区），第七联合选区（含板桥底、马鞍池居民区），第八联合选区（工业公司所属单位），第九联合选区（劳动服务公司所属单位）。

蒲鞋市街道选举办事处

主　任　谢仙道

副主任　徐一庆　　吴尤金

委　员　刘玉良　　董必崇

蒲鞋市街道辖以下选区：第一联合选区（含兴北、新村、上村路南巷、马路涂、医学院南五个居民区），第二联合选区（兴南、金丝桥侠、兴东、下垟头西、下垟头东五个居民区）。

五马街道选举办事处

主　任　周美新

副主任　陈永龙　　王天义

委　员　曹慧琴　　何南娒　　陈伯勋　　朱莲莲　　姜　铎　　马尘扬

五马街道辖以下选区：第一联合选区（含九柏、府学巷、谢池居民区），第二联合选区（含人民东路、人民中路、大雄居民区），第三联合选区（含第一桥、胜利、踏碓居居民区），第四联合选区（含解南、沙帽河、登选坊居民区），第五联合选区（含铁井栏、县学巷、公园居民区），第六联合选区（含府前街、大同、公安居民区），第七联合选区（含晏公、五马居民区、街道机关、派出所、区法院），第八联合选区（含五马工业公司），第九联合选区（含五马劳动服务公司）。

市中街道选举办事处

主　任　章新民

副主任　黄献康　　唐星光　　饶　江

委　员　黄松林　　曾玉林　　李素芬　　邵中孚　　郑秀容

市中街道辖以下选区：第一联合选区（含周宅、甜井、进步居民区），第二联合选区（含西城、金锁、沧河居民区），第三联合选区（含双井、仓桥居民区），第四联合选区（为倪衙居民区），第五联合选区（含安平、卷索、八仙、四面营居民区），第六联合选区（含百里、墨斗、更新居民区），第七联合选区街道所属企业单位。

朔门街道选举办事处

主　任　吴长柳

副主任　张贤丁　　金国英　　黄锦生

委　员　陈志松　　黄克敌　　黄光国　　张　盟　　刘明远

朔门街道辖以下选区：第一联合选区（含万里、桂营、后垟、峙江等四个居民区），第二联合选区（含望江、北鹿、打绳、解北等四个居民区），第三联合选区（含七枫、永宁、兵营等三个居民区），第四联合选区（含筒巷、大乐、慈山等三个居民区），第五联合选区（含工业公司、劳动服务公司所属部分企业），第六联合选区（含工业公司、劳动服务公司所属部分企业）。

大南街道选举办事处

主　任　郑道钟

副主任　郑神祥　　彭淑芬

委　员　胡时来　　泮绍清　　叶三豹　　陈静莹

大南街道辖以下选区：第一联合选区（含花柳塘、广利、土地堂巷居民区），第二联合选区（龙泉巷、闻宅巷、蒋家巷居民区），第三联合选区（含锦春坊、飞霞、山前居民区），第四联合选区（含仓旦、灯塔、选山居民区），第五联合选区（街道工业公司），第六联合选区（街道劳动服务公司）。

鼓楼街道选举办事处

主　任　吕宗泽

副主任　胡崇光　　李宝顺　　杨薇薇　　李定兴

胡崇光兼办公室主任

杨薇薇、李定兴兼副主任

胡宝法、汪培尧、戴红红、叶向军、吴座德为办公室成员

鼓楼街道辖以下选区：第一联合选区（含瓦市、墨池居民区），第二联合选区（含招贤、华盖、高盈居民区），第三联合选区（含县前、鼓楼、钟楼居民区），第四联合选区（含广场后巷、康宁居民区），第五联合选区（含工业系统、商业服务业系统）。

洪殿街道选举办事处

主　任　林希源

副主任　张永海　　陈　洁　　李岳程

委　员　吴安涛　　林善福　　李素芳

洪殿街道辖以下选区：第一联合选区（含夏屋、洪殿、渔械新村、上陡门、杨府山居民区），第二联合选区（含灰桥东、灰桥、上村、上村南、双井头居民区），第三联合选区（含温州东方仪器厂等158个单位）。

广化街道选举办事处

主　任　胡　可

副主任　陈松樵　　周　萍

委　员　胡福来　　包兴民　　洪学东　　厉爱珍

广化街道辖以下选区：第一联合选区（郭公、大桥、河通桥居民区），第二联合选区（含镇宁、北和平、南和平、下横居民区），第三联合选区（含粗糠、月湖、教场居民区），第四联合选区（含打索、上横、棋儿居民区），第五联合选区（含浦桥、翠微、翠微新村居民区），第六联合选区（工业公司所属单位），第七联合选区（街道劳动服务公司所属单位）。

南郊乡选举领导小组

主　任　徐敬诚

副主任　陈志庭　杨文升

成　员　吴小春　朱阿荪　林光桂　杨耀珍

南郊街道辖以下选区：第一联合选区（含灯塔村、龙方居民区），第二联合选区（含南塘村、南塘居民区），第三联合选区（含里垟村、葡萄村），第四联合选区（含德政村），第五联合选区（含学校、医院、信用社、供销社、派出所）。

城郊乡选举领导小组

主　任　林瑞松

副主任　董金花

成　员　胡方昌　叶春桃　朱成武　王靖朴　仇春兰

黎明乡选举领导小组

主　任　张金清

副主任　姚长洪　周春桂

成　员　林三豹　戴文兰　金　凡　李春明

双屿镇选举领导小组

主　任　谢邵进

副主任　陈时兴　李文松　陈淑萍

成　员　李崇兴　蔡玉甫　李文松　单秀理

仰义乡选举领导小组

主　任　黄培拉

副主任　林定光　施碎兴　夏增福

成　员　陈鹏飞　魏昆明　何成生　余成连　黄金鹏　陈　少
　　　　李宝弟

新桥乡选举领导小组

组　长　谢金松

副组长　李梅龙　　潘明勋

成　员　林爱华　　周朝发　　何国忠　　王云涛　　何长源　　周金良

第三届区人大代表选举委员会及组成人员

包含区选举委员会、朔门、小南、西山、大南、鼓楼、广化、松台、水心、新桥、南郊、东风、市中、海坦、五马、莲池、蒲鞋市、洪殿、黎明、仰义、双屿、城郊等街道（乡镇）选举领导小组。

鹿城区选举委员会

主　任　谷锦麟

副组长　朱道统　　俞锡荣　　张守月（1992 年 10 月上任）

成　员　王振中　　林金藩　　李建花　　吴爱娟　　张维仁　　徐玉璟

柯明光　　林建水　　余岩隆

小南街道选举领导小组

组　长　孙振国

副组长　解永明　　林道珍　　陈时兴

成　员　潘信雄　　王　盛　　王慧珠　　范胜利　　周建斌

小南街道辖以下选区：第一联合选区（虞师里、蝉河居民区），第二联合选区（月光池、小南路居民区），第三联合选区（坦前、双莲桥居民区），第四联合选区（垟头下、小南新村、东屿），第五联合选区（汇车桥、洞桥底居民区），第六联合选区（荷花路、南蝉桥居民区），第七联合选区（板桥底、马鞍池居民区），第八联合选区（工业公司所属单位），第九联合选区（劳务服务公司所属单位）。

朔门街道选举领导小组

组　长　陈永龙

副组长　张贤丁　　金国英　　黄锦生

成　员　汪荣耀　　胡瑞春　　黄克敌　　黄光国　　刘明远

朔门街道辖以下选区：第一联合选区（望江、北鹿、打绳居民区），第二联合选区（永宁、兵营、七枫居民区），第三联合选区（慈山、大乐、简巷居民区），第四联合选区（解北、万岁里居民区、街道机关），第五联合选区（桂营、后垟、岐江居民区），第六联合选区（公司所属轻工、商业、服务业），第七联合选区（公司所属机械、电器、仪表）。

西山街道选举领导小组

组　长　倪国兴

副组长　单克胜　　金银富　　胡剑谨

成　员　高　静　　王克强　　李杰华　　章克洁　　金　捷

西山街道辖以下选区：第一联合选区（工人新村、清明桥、湖江桥居民区），第二联合选区（西站、杏花堂居民区），第三联合选区（花坦头、景山居民区），第四联合选区（西山、净水居民区），第五联合选区（工业、劳务公司所属单位）。

大南街道选举领导小组

组　长　叶玉龙

副组长　郑道钟　　郑仲祥

成　员　刘芙蓉　　胡时来　　金爱道

大南街道辖以下选区：第一联合选区（花柳塘、花柳塘南岸、广利、土地堂居民区），第二联合选区（龙泉、文宅、蒋家居民区），第三联合选区（锦春坊、飞霞、灯塔三居民区），第四联合选区（仓坦、山前、巽山居民区），第五联合选区（街道工业公司下属企业单位），第六联合选区（街道劳务公司下属企业单位）。

鼓楼街道选举领导小组

组　长　詹元武

副组长　吕宗泽　　胡崇光　　杨薇薇

成　员　麻贤康　　汪培尧　　吴胜德　　潘小云

鼓楼街道辖以下选区：第一联合选区（瓦市、墨池坊居民区），第二联合选区（高盈、招贤、华盖居民区），第三联合选区（县前、鼓楼、钟楼居民区），第四联合选区（康宁、广场后巷居民区），第五联合选区（工商企业）。

广化街道选举领导小组

组　长　胡　可

副组长　胡福来　　陈松樵

成　员　周　萍　　包兴民　　林少兰　　谢爱妹　　郑志康　　陈　凡

广化街道辖以下选区：第一联合选区（河通桥、粗糠桥居民区），第二联合选区（镇宁、郭公山、大桥居民区），第三联合选区（南和平、北和平、打索巷居民区），第四联合选区（上横、下横、棋儿巷居民区），第五联合选区（月湖、教场居民区）。第六联合选区（翠微、浦桥、翠微新村居民区）第七联合选区（广化工业公司所属单位），第八联合选区（广化劳动服务公司所属单位）。

松台街道选举领导小组

组　长　张纯浙

副组长　彭淑芬　　吴寿生

成　员　滕元春　　谢榕芳　　蒋德芬　　张志远

松台街道辖以下选区：第一联合选区（大士门、张府基、三牌坊），第二联合选区（松台山、蝉街、人参巷），第三联合选区（乘凉挢、候衙、来福门），第四联合选区（大高桥、小高桥），第五联合选区（人西、公共、任宅），第六联合选区（街道工业企业），第七联合选区（街道商业企业）。

水心街道选举领导小组

组　长　沈益生

副组长　李炳荣　　黄国胜　　张燕燕

成　员　翁益华　　廖碎良　　毛德好　　孙　彤　　陈玉莲

水心街道辖以下选区：第一联合选区（桃、李、杏、梅、柑、桂），第二联合选区（松、柏、璋、榕、杨、柳、枫），第三联合选区（南隔岸、北隔岸、桔、菱），第四联合选区（街道工业）。

东风街道选举领导小组

组　长　王金松

副组长　陈智为　　李永清

成　员　王阿娟　　陈月华　　吴素华　　林　莉　　朱海燕　　全国栋

东风街道辖八个联合选区。

海坦街道选举领导小组

组　长　陈绍霞

副组长　黄文明　　周兰森　　陈　洁

成　员　潘伟宁　　林忠强　　潘忠生　　徐金坤　　焦丽珍　　施朝霞
　　　　金　辉

海坦街道辖 6 个联合选区。

市中街道选举领导小组

组　长　章新民

副组长　黄献康　　邱国华　　饶　江

成　员　邵宁孚　　金选昌

莲市中池街道辖以下选区：第一联合选区（周宅、甜井、进步居民区），第二联合选区（城西、金锁、沧河居民区），第三联合选区（倪衙、安平、卷索居民区），第四联合选区（更新、双井、仓桥居民区），第五联合选区（百里、墨斗居民区），第六联合选区（八仙、四面营居民区），第七联合选区（工业公司、劳务公司所属单位）。

五马街道选举领导小组

组　长　林希源

副组长　胡云程　　徐赛珍　　叶耀东　　陈伯勋　　陈志荣

　　　　姜　铮　　何丽容　　汤春芬　　马尘扬　　许访月

五马街道辖以下选区：第一联合选区（九柏、府学、谢池），第二联合选区（人东、人中、大雄），第三联合选区（胜利、第一桥、踏碓），第四联合选区（解放、沙帽河、登选坊），第五联合选区（公园、县学前、铁井栏），第六联合选区（公安、大同、府前），第七联合选区（晏公、五马），第八联合选区（工业公司），第九联合选区（劳动服务公司）。

莲池街道选举领导小组

组　长　邵金松

成　员　王立南　　马国梁　　郑建设　　袁忠民　　潘陈忠　　历金月

　　　　施云云

莲池街道辖以下选区：珠冠选区，双桂选区，樊宅选区，丁字选区，蛟翔选区，信河选区，八字选区，工业南片选区，工业中片选区，工业西片选区。

蒲鞋市街道选举领导小组

组　长　邱心川

副组长　庄璇璇　　吴尤金　　徐一庆

蒲鞋市街道辖以下选区：第一联合选区（金丝桥、兴东居民区），第二联合选区（兴北、新村、上村居民区），第三联合选区（马路渎、兴南居民区），第四联合选区（下东、下西、医南居民区），第五联合选区（工商企业）。

洪殿街道选举领导小组

组　长　翁锦武

副组长　王美丽　　张国华　　张永海

成　员　何　文　　林善福　　周津淼

洪殿街道辖以下选区：第一联合选区（洪殿、渔械、夏屋、上陡门、杨府山居民区），第二联合选区　（灰桥、灰桥东、上村、上村南、双井头居民区），第三联合选区　（街道企业）。

仰义乡选举领导小组

组　长　董士林
副组长　施碎兴
成　员　李宝弟　　何成生　　余成连　　陈少华（女）夏增福　　黄金鹏

1990 年 1 月调整：

组　长　潘国福
副组长　夏增福　　施碎兴
成　员　金文平　　黄金鹏　　陈晓梅　　林云飞　　刘明钦　　余成连

仰义乡辖以下选区：仰义乡第一联合选区（渔渡村、后京村、前京村、十里村），仰义乡第二联合选区（澄沙桥、笼川、陈村、综合、中小学、企业、劳务、乡机关），仰义乡第三联合选区（垟山、河岙、钟山、林里、馒头驻）。

双屿镇选举领导小组

主　任　郑锦春
副主任　陈时兴　　徐国良
成　员　李文松　　李崇兴　　陈淑萍（女）林定光　　周金平（女）单秀理
　　　　龚坚江　　蔡玉甫

1990 年 1 月调整：

主　任　郑锦春
副主任　徐国良
成　员　包必明　　李崇兴　　陈淑萍（女）林定光　　周金平（女）单秀理
　　　　龚坚江　　蔡玉甫

双屿辖以下选区：双屿镇第一联合选区（屿头、岩门、潘岙、上伊、正岙、前陈等村），双屿镇第二联合选区（稽师、双岙、牛岭、箬笠岙、垟田村、营楼村），双屿镇第三联合选区（工业、居民区、教育、机关、单位）。

南郊乡选举领导小组

主　任　徐敬诚

副主任　吴增清　陈志庭

成　员　朱阿荪（女）陈利新　陈贤聪　林光桂　徐银妹（女）濮宏升

1990年1月调整：

主　任　徐敬诚

副主任　杨文升　徐彦玮

成　员　朱阿荪（女）陈利新　林光桂　徐银妹（女）濮宏升　吴增清

南郊乡辖以下选区：南郊乡第一联合选区（灯塔村），南郊乡第二联合选区（南塘村），南郊乡第三联合选区（龙南居民区），南郊乡第四选区（葡萄、里垟等村），南郊乡第五选区（德政村），南郊乡第六选区（各部门）。

城郊乡选举领导小组

主　任　林瑞松

副主任　胡方昌　董金花

成　员　王靖朴　仇春兰　叶春桃　何南姆

1990年1月调整：

主　任　滕显福

副主任　胡方昌　李梅龙　林瑞松

成　员　王靖朴　仇春兰　叶春桃　何南姆　周金良（女）

城郊乡辖四个联合选区。

新桥镇选举领导小组

主　任　谢金松

副主任　李梅龙　柳　池

成　员　林爱华　周金良（女）周朝发　黄永森

1990年1月调整：

主　任　谢金松

副主任　李文松　陈虎啸　柳　池

成　员　李爱萍（女）林爱华　周朝发　黄永森

新桥镇辖以下选区：东片联合选区，西片联合选区，新桥居民片联合选区。

黎明乡选举领导小组

主　任　徐华山

副主任　陈虎啸　　姚长洪

成　员　李春明　　周春桂　　金　凡　　胡晓芬（女）夏景秋（女）戴文兰（女）

1990 年 1 月调整：

主　任　徐华山

副主任　陈志庭　　姚长洪

成　员　李春明　　周春桂　　金　凡　　胡晓芬（女）夏景秋（女）戴文兰（女）
董金花（女）陈少华

黎明乡辖以下选区：黎明乡第一联合选区（杨府山涂村），黎明乡第二联合选区（巨一村、横渎村），黎明乡第三联合选区。

第四届区人大代表选举委员会及组成人员

包含区选举委员会、机关、黎明、大南、五马、东风、水心、西山、南郊乡、鼓楼、市中、双屿、仰义、莲池、城郊、小南、蒲鞋市、松台、朔门、广化、洪殿、海坦、上陡门等街道（乡镇）领导小组。其中，东风、水心、西山、鼓楼、市中、莲池、小南、蒲鞋市、松台、朔门、广化、洪殿、海坦、上陡门等街道（乡镇）资料有缺失。

鹿城区选举委员会

主　任　谷锦麟

副组长　张守月　　朱道统　　朱景祥　　周成国

成　员　王振中　　潘耀星　　苏凤林　　余岩隆　　赵志尚　　潘信雄
吴长柳　　潘启宝　　柯明光　　施长根　　陈康亮　　张淑真

机关选区

组　长　徐敬成

组　员　蓝天明　　柴一蝉　　陈颖萍　　赵凤仙　　陈湘湘　　季银河
戴增荣

大南街道选举领导小组

组　长　叶玉龙

副组长　郑仲祥　　黄连生　　刘芙蓉

成　员　陆大乐　　谢友生　　金爱道　　胡时来　　赵爱萍　　陈微微
项岳汉

大南街道辖以下选区：第一选区含巽山居民区、河屿桥居民区、山前居民区、灯塔居民区，第二选区含锦春坊居民区、仓坦居民区、蒋家巷居民区、飞霞居民区、闻宅居民区，第三选区含花柳塘居民区、南岸居民区、土地居民区、龙泉巷居民区、广利居民区，第四选区为工业企业选区，第五选区为劳务企业选区。

1993 年 2 月，将第一至第三选区调整为四个选区，第四、五选区不变。调整后，大南街道辖以下选区：第一选区含巽山居民区、河屿桥居民区、山前居民区，第二选区含锦春坊居民区、仓坦居民区、飞霞居民区、灯塔居民区，第三选区含蒋家巷居民区、文宅居民区、土地居民区，第四选区含花柳塘居民区、南岸居民区、龙泉巷居民区、广利居民区，第五选区为工业企业选区，第六选区为劳务企业选区。

五马街道选举领导小组

组　长　林献珍
副组长　历秀洪　倪松汉　温传竹　陈国琴
成　员　林爱华　汤春芬　吴哲林　杨立钗　林建华　陈云飞
　　　　谷　骏

五马街道辖以下选区：第一选区含九柏居民区、府学巷居民区、谢池居民区，第二选区含人东居民区、人中居民区、大雄居民区，第三选区含胜利居民区、第一桥居民区、踏碓巷居民区，第四选区含解南居民区、纱帽河居民区、登选坊居民区，第五选区含公园居民区、县学前居民区、铁井栏居民区，第六选区含公安居民区、大同居民区、府前街居民区，第七选区含五马居民区、晏公殿巷居民区，第八选区含工业公司所属单位，第九选区含劳务公司所属单位。

黎明乡选举领导小组

主　任　姚长洪
副主任　陈志庭　黄晓兵　林三豹
成　员　董金花　徐定光　周春桂　刘大建　杨方毅

1995 年 12 月调整：

主　任　陈志庭
副主任　董士林　董金花
成　员　廖文华　陈世尧　夏景秋　严刚彦

黎明乡辖以下选区：第一选区含乡工办、劳务公司、乡教委、乡供销社等单位，第二选区（巨一村委会），第三选区（横渎村委会），第四选区（黎二村委会），第五选区（杨府山涂村委会）。

仰义乡选举领导小组

主　任　潘国福
副主任　夏增福　施碎兴
成　员　金文平　余成连　陈晓梅　林云飞　黄金鹏　刘明钦

1995 年 12 月调整：

主　任　林瑞松
副主任　李维清　施碎兴　余成连
成　员　翁益华　黄金鹏　陈晓梅　陈少华　玉爱莲

城郊乡选举领导小组

主　任　徐华山
副主任　林瑞松　胡方昌
成　员　周金良　朱成武　王其文　仇春兰　鲁兆康

1995 年 12 月调整：

主　任　徐华山
副主任　胡方寿　胡方昌　杨文升
成　员　徐象平　张积聪　周金良　仇春兰　杨小英

南郊乡选举领导小组

主　任　徐敬成
副主任　杨文升　张金清
成　员　卜红星　吴增清　郑以华　陈利新　徐银妹　王美美

1995 年 10 月调整：

主　任　黄晓兵
副主任　王群超　王建中
成　员　胡巧娅　郑爱珍　陈玲初　陈利新　王美美　徐银妹

双屿镇选举领导小组

主　任　郑锦春
副主任　李有苗　林清渭　李崇兴
成　员　包必明　林定光　蔡玉甫　陈钦卓　陈　辉　厉亦武
项国新

1995 年 12 月调整：

主　任　李有苗

副主任　李崇兴　　蔡文云

成　员　张秀云　　陈金富　　陈钦卓　　厉亦武

双屿镇辖以下领导小组：营楼桥村选举领导小组，垟田村选举领导小组，箬笠岙村选举领导小组，牛岭村选举领导小组，双岙村选举领导小组，嵇师村选举领导小组，屿头村选举领导小组，岩门村选举领导小组，泮岙村选举领导小组，正岙村选举领导小组，前陈村选举领导小组，上伊村选举领导小组，双屿居委会选举领导小组，温化居委会领导小组，镇教委领导小组，工业选举领导小组，综合选举领导小组。

第五届区人大代表选举委员会及组成人员

包含机关选区、东风、水心、西山、南郊、鼓楼、大南、市中、双屿、黎明、上陡门、五马、莲池、城郊、小南、蒲鞋市、松台、仰义乡、朔门、广化、洪殿、海坛等街道（乡镇）选举领导小组。

鹿城区选举委员会

主　任　朱道统

副主任　叶正猛　　章新民　　陆春兰　　周成国

成　员　张周杰　　潘耀星　　胡小萍　　余岩隆　　赵志尚　　潘信雄

唐晨曦　　张淑真　　陈旭珍　　臧璇璇　　杨薇薇　　张　京

机关工委选区选举

组　长　王锦锭

副组长　汤光濯　　黄岩林　　吴一高

成　员　张泉眼　　李国听　　武春仙　　王乔倩　　吴成华

机关工委选区选举

组　长　潘耀星

副组长　何永旺

成　员　张琳玮　　洪静　　王柱国　　陈　峰　　郑文飞

水心街道选举领导小组

组　长　吴寿生

副组长　林清渭　　余成忠　　潘小蓉

成　员　马云冲　　许　国　　黄　华　　谢玉英

水心街道辖以下选区：第一选区（含湖滨、北隔岸、南隔岸、桔菱樱藕等居委会），第二选区（含竹按、桂柑、桃梅、李杏、樟榕、北汇昌等居委会和水心街道机关），第三选区（含水心、芙蓉、杨柳枫、新榆、松柏等居委会），第四选区（水心街道所属企业）。

东风街道选举领导小组

组　长　林道珍

副组长　张燕燕　吴崇龙　丁敬洪

成　员　黄曙荣　陈敏华　周培华　刘慈明　陈月华　陈　立　吴朝雷

东风街道辖以下选区：第一选区（工业），第二选区（工业），第三选区（居民区），第四选区　（居民区），第五选区（居民区）。

西山街道选举领导小组

组　长　虞楚平

副组长　吴伯松　卢扣良　高　静

成　员　程炳贵　梁丽珍　朱乐和　方长法　叶丽云　林锦州　陈洁梅

西山街道辖以下选区：第一选区（含辖区居委会及街道党政机关），第二选区（企业选区）。

南郊乡选举领导小组

组　长　黄晓兵

副组长　王群超　王建中　陈承章　李　跃

成　员　张金清　郑爱珍　徐建平　陈利新　魏卫东　王美美

南郊乡辖以下选区：第一选区（含南塘、灯塔、龙方、龙沈村），第二选区（含德政、葡萄、里垟村），第三选区（含南塘、东方、十里亭居委会、乡企业办、供销社、医院、学校、派出所、乡机关等单位）。

鼓楼街道选举领导小组

组　长　陈叶挺

副组长　陈虎啸　程苏胜

成　员　严志方　戴红红　徐松良　吴素霞　戴　真　叶　莉　叶秀英

鼓楼街道辖以下选区：第一选区（含街道下属所有企业），第二选区（含高盈、华盖、瓦市、招贤、县前等居委会），第三选区（含墨池、鼓楼、钟楼、广场后巷、康宁等居委会和街道机关）。

大南街道选举领导小组

组　长　叶玉龙
副组长　陆大乐　毛德好
成　员　吴伯龙　刘芙蓉　季银河　冯国锋　姜启萍　项岳汉
　　　　叶笑敏

大南街道辖以下选区：第一选区（含河屿桥、巽山、山前、灯塔等居民区），第二选区（含闻宅、蒋家巷、锦春坊、仓坦、飞霞等居民区），第三选区（含广利、土地、南岸、花柳巷、龙泉巷等居民区），第四选区（含工业企业单位），第五选区（含商业、服务业等单位）。

市中街道选举领导小组

组　长　黄献康
副组长　倪文龙　金秀丽　夏晓峰
成　员　黄金鹏　翁学光　林金娣　王小恩　王阿娟　黄伊华
　　　　陈信忠

市中街道辖以下选区：第一选区（含进步、周宅、甜井、城西等居委会），第二选区（含金锁、沧河、双井、仓桥等居委会），第三选区（含更新、倪衙、卷索、安平等居委会），第四选区（含百里、墨斗、八仙、四面营等居委会），第五选区（含两公司企业）。

双屿镇选举领导小组

组　长　李有苗
副组长　李崇兴　蔡文云　张秀云
成　员　叶必庆　卜红升　陈　辉　伍丽燕　王道新　陈钦卓
　　　　胡振荣

双屿镇辖以下选区：第一选区（含岩门、屿头、潘岙、正岙、前陈、上伊等村），第二选区（含嵇师、牛岭、双岙村，镇机关部门、企业、教育等单位），第三选区（含营楼、垟田、箬笠岙、双居、温化等居委会）。

五马街道选举领导小组

组　长　林献珍
副组长　倪松汉　徐君德　黄克敌
成　员　麻圣康　朱国榜　程哲龙　杜建设　叶云萍　林爱华

林建华

五马街道辖以下选区：第一选区 （含人东、谢池、府学巷、九柏等居民区），第二选区（含公园、县学前、铁井栏、五马等居民区），第三选区（含晏公、公安、大同、府前等居民区），第四选区（含人中、大雄、踏碓、胜利等居民区），第五选区（含第一桥、纱帽河、登选、解南等居民区），第六选区 （含工业公司所属单位），第七选区（含商业劳务公司所属单位）。

黎明乡、上陡门街道选举领导小组

组　长　陈志庭

副组长　董士林　董金花　廖文华

成　员　陈少华　汤春芬　夏景秋　王　敏　杨方毅　徐创梅

章丽娜　黄　云　严刚彦　胡晓芬

黎明乡、上陡门街道辖以下选区：第一选区（即上陡门街道居民选区），第二选区（即杨府山涂村选区），第三选区（含黎明乡横渎、黎二村选区），第四选区（即黎明乡巨一村选区）。

莲池街道选举领导小组

组　长　张纯浙

副组长　徐永寿　叶朝胜　孙建玲

成　员　潘陈忠　苏小平　施建平　黄志光　邓红玲　郑向华

吴素文

莲池街道辖以下选区：第一选区（含郭公、双桂、双龙、徐衙、江心、樊宅等居民区和江心办事处），第二选区（含大桥、皮坊、八字、僧街、珠冠、丰和、庆年等居民区），第三选区（含信河、丁字、吉士、蛟翔、放生、里瑞等居民区），第四选区（含西片街道企业），第五选区（含南片街道企业）。

城郊乡选举领导小组

组　长　徐华山

副组长　胡方昌　徐象平

成　员　周金良　杨小英　胡明跃　叶一玉　仇春兰　柴一峰

城郊乡辖以下选区：第一选区即西片选区，第二选区即东片选区。

小南街道选举领导小组

组　长　倪宝根
副组长　胡明亮　伍和昆　朱进
成　员　谷朝霞　叶盛华　张晓华　滕　淼　陈小芬　蔡　敏
　　　　郑晓莲

小南街道辖以下选区：第一选区（含虞师里、、荷花、月光池等居民区），第二选区（含马鞍池南、马鞍池北、板桥、南蝉等居民区），第三选区（含小南新村、洞桥、汇车等居民区），第四选区（含双莲桥、坦前、小南路等居委会），第五选区（含吴桥、垟头下、东屿等居委会），第六选区（含街道工业企业），第七选区（含街道商业企业）。

蒲鞋市街道选举领导小组

组　长　李建花
副组长　徐敬成　丁化军　曹伟琴
成　员　徐云亮　施岳林　阮顺土　潘依民　吴国兴

蒲鞋市街道辖以下选区：第一选区（含南浦街道辖区），第二选区（含上村、新村、兴北、兴南、医南等五个居民区），第三选区（含下东、下西、金丝桥、果市、龟湖等五个．居民区），第四选区（含兴东、横北、横南等居民区），第五选区（含蒲鞋市街道所属企业）。

松台街道选举领导小组

组　长　林建军
副组长　谢榕芳　张国华　朱海燕
成　员　陈映甫　郑　帆　覃春燕　金大海　陈宪华　林小育
　　　　林小侠

松台街道辖以下选区：第一选区（含街道机关、任宅前、来福门、张府巷、三牌坊、大士门、松台山、人参巷等居民区），第二选区（人民西路、侯吾巷、乘凉桥、大高桥、小高桥、蝉街、公共码头等居民区），第三选区（含街道下属工业、商业企业）。

仰义乡选举领导小组

组　长　吴志强
副组长　施碎兴　郑锡增　陈伯慈
成　员　单秀理　严良明　周均海　王爱莲　王超津　黄巧姐
　　　　万山红　刘新美　滕焕武

仰义乡辖以下选区：第一选区（含渔渡、后京、前京、河岙、十里等村），第二选区（含澄沙桥、龙川、垟山、陈村等村），第三选区（含钟山、林里、馒头驻等村和乡政府各部门单位）。

朔门街道选举领导小组

组　长　陈永龙
副组长　陈国琴　孙素琴
成　员　柳　池　刘益龙　李志和　叶赛云　沈广友

朔门街道辖以下选区：第一选区（含万里、峙江、后垟、桂营等居委会），第二选区（含望江、北鹿、打绳、七枫等居委会），第三选区（含简巷、永宁、解北等居委会），第四选区（含街道机关、大乐、慈山、兵营等居委会），第五选区（含街道工业、商业）。

广化街道选举领导小组

组　长　周华新
副组长　郑显平　汪培尧　郑建设
成　员　盛　琳　谢爱妹　章芬芬

广化街道辖以下选区：第一选区（含河通、半腰、教场、月湖等居民区），第二选区（含南和平、北和平、镇宁、东园等居民区），第三选区（含西园、金宅、打索、西城路等居民区），第四选区（含浦桥、新村、棋儿等居民区），第五选区（含集美、集真、集善、黄龙、翠微等居民区），第六选区（含街道工、商业）。

洪殿街道选举领导小组

组　长　林世南
副组长　郑仲祥　周兰森　王美琴
成　员　王炳光　胡小忠　徐晓君　戴文兰　宋建政　叶建平

洪殿街道辖以下选区：第一选区（含洪殿、夏屋、黎中、渔械、箬箕、李大房等居民区），第二选区（含双井头、上村、东泉、灰桥、灰桥东、侨村等居民区），第三选区（含街道商业），第四选区（含街道工业）。

海坛街道选举领导小组

组　长　潘明勋
副组长　王彩英　李瑞金　潘锦满　马尘扬　詹显勋
　　　　黄坚靖　张珊珊　黄加亨　徐炳光

海坛街道辖以下选区：第一选区（含安澜、新码道、陡门头、上岸、行前、忠孝、永川等居民区），第二选区（含十八家、永庆、路湾、路西、株浦、永楠、西湖等居民区），第三选区（含街道下属企业）。

第六届区人大代表选举委员会及组成人员

包含七都、南郊、双屿、上戍、藤桥、岙底、双潮、临江、仰义、蒲鞋市、洪殿、江滨、五马、黄龙、广化、水心、莲池、南浦、黎明、绣山、南门等街道（乡镇）选举领导小组。

七都镇选举领导小组

组　长　王理凑

副组长　季洪杰　潘多仁

成　员　徐臣玉　叶醒芬　吴松泉　陈小微　陈燕舞

七都街道辖以下选区：第一选区（含老涂村、上沙村、板桥村，镇机关、村属、小学、中心小学、中行、信用社、电讯所、邮政所等），第二选区（含前沙、吟州村、樟里村、中学、村属小学、村所在地企业等单位）。

南郊乡选举领导小组

组　长　王建中

副组长　王玉汪　吴力绚　徐承章　林源森

成　员　朱启龙　李　跃　王美美　魏为东

南郊乡辖以下选区：第一选区（含葡萄、里垟等村），第二选区（德政村、十里亭社区），第三选区（含东屿、龙方等村和三板桥社区），第四选区（含乡镇企业），第五选区（含乡镇企业）。

双屿镇选举领导小组

组　长　李祥水

副组长　张维忠　周云秋

成　员　叶必庆　王胜雪　虞立清　祝海潮　邹海鹏　陈琼艳

双屿镇辖以下选区：第一选区（含岩门、潘岙、正岙、屿头等村），第二选区（含嵇师、上伊、新屿等村），第三选区（含前陈、牛岭、旗山等村），第四选区（含营楼、中央涂等村和营楼社区）。

上戍乡选举领导小组

组　长　章建新

副组长　刘岩权　　陈伯慈
成　员　王　毅　　杨雄文　　王赛娜　　徐波云

上成乡辖以下选区：第一选区（含山岸、方隆、东村、支岙、坎上、营上、岭下、戴宅、下岸等村），第二选区（含外垟、上桥、周徐、渡头、竹桥、下巨、前林、西湾、枫林岙、潮埠等村）。

藤桥镇选举领导小组

组　长　贾焕翔
副组长　胡胜发　　金新友　　徐胜恩
成　员　戴迪聪　　章　国　　李岳松　　叶和弟　　叶恒坚　　叶俊杰

藤桥镇辖以下选区：第一选区（含石埠、林山、上埠头、大塘、大潭、潮济、坑古、桥上、雅漾村等村），第二选区（含南岸、上寺西、新村、垟岸、北岸、下庄、底垟、石垟、陈良等村）第三选区（含樟村、后垟、金马、山根、油岙、埭马等村），第四选区（含镇机关、经济发展服务中心、教育、派出所、法庭、公管站、法律事务所、国税所、地税所、工商所、农行、变电所、水管处、土地所、电信局、邮政局、自来水厂、规划所、房管所、信用社、供电所、医院、粮管所、供销社、有线电视站、烟草经营部、烟草管理所、康源电子有限公司、运输公司、离休支部、化工厂、消防队等单位）。

岙底乡选举领导小组

组　长　柳晓忠
副组长　叶玉良　　金龙伟
成　员　贾钧钬　　蔡精国　　金忠克　　陈玲玲　　阮金平　　金　龙

岙底乡辖以下选区：第一选区（含呈岸、江池、小岙、上皮山、吊降、底坦等村和乡政府机关、乡教办、呈岸小学等单位），第二选区（含白脚坳、田塘头、三新、林路、江心田、丁埠头等村和中心小学）。

双潮乡选举领导小组

组　长　陈国光
副组长　王剑波　　陈胜滔
成　员　张香梅　　朱　贤　　伊晓岳　　程晓敏　　王金存　　方学优

双潮乡辖以下选区：第一选区（含东岙、潮埠、朱下、茅垟、东坑、利八坑等村），第二选区（含下冯、双溪、下冯山、西坑、黄茅坪等村），第三选区（含小旦、渡船头、沈岙、下垟、夏家山等村）。

临江镇选举领导小组

组　长　黄品寿

副组长　徐建斌　金世怀

成　员　叶晓挺　刘速勇　叶建科　黄飞达

临江镇辖以下选区：第一选区（山根、平山、临溪、岙底、下湾、西洲等村），第二选区（含横山、仁地、金岙、前盈、后支等村），第三选区（含选岙、江南上村、庄岩、郑大垟、沙头等村）。

仰义乡选举领导小组

组　长　郑锡增

副组长　全一凡　潘雪荣　夏作海

成　员　周金清　胡小洁　林云飞　张品珠　张光明　黄巧姐

诸建鹏　李宝弟　林永华

仰义乡辖以下选区：第一选区（含渔渡、后京、前京、河岙、十里等村），第二选区（含澄沙桥、龙川、垟山、陈村、仰新等村），第三选区（含钟山、林里、馒头驻等村和乡政府各部门单位）。

蒲鞋市街道选举领导小组

组　长　李建花

副组长　李无文　程苏胜　陈晓丰

成　员　周国强　阮顺土　吕　俊　林　艳

蒲鞋市街道辖以下选区：第一选区（含下垟头、金丝桥等社区），第二选区（含街道办事处、蒲鞋市社区），第三选区（含横河北、横河南等社区和巽山村），第四选区（含上村、双井头等社区），第五选区（含东港、蒋家桥、青园、洪殿等社区），第六选区（含春园、芳园、绿园等社区），第七选区（含明园、锦园等社区），第八选区（含街道企业）。

洪殿街道选举领导小组

组　长　林世南

副组长　徐君德　黄克敌　黄永森　杨　榕

成　员　郭乐平　叶志升　丁敬洪　章生良　叶丽琼　吴珍洁

金丽蓉

洪殿街道辖以下选区：第一选区（含街道工业、商业企业），第二选区（含箬箕涂、上陡门、浦东、航标等社区和黎二村），第三选区（含夏屋、黎明侨村、洪殿等社区），第四选区（含灰桥、浦江、东游路等社区和黎一村）。

江滨街道选举领导小组

组　长　邱向真

副组长　潘锦满　王小恩　周培华

成　员　夏　倩　钱美君　黄加亨　卓洁敏　林逸洁　鲁炳银　陈小明

江滨街道辖以下选区：第一选区（含黎明新村、甲田、垟儿等社区），第二选区（含矮凳桥、路湾、路西等社区），第三选区（含十八家、株浦、永楠等社区），第四选区（含安澜、行前、永东等社区），第五选区（含街道企业），第六选区（含街道企业），第七选区（含街道企业）。

五马街道选举领导小组

组　长　吴坚正

副组长　张国华　余国仁

成　员　王　敏　陈丽蓉　马耀林　李　琼　金怡然　李亦君　王军霞　林建华　林　慧　王华灼

五马街道辖以下选区：第一选区（含五马、公园、铁井栏等社区），第二选区（含谢池、人中、纱帽河等社区），第三选区（含鼓楼、广场、道前等社区），第四选区（含乘凉、大高、人西等社区），第五选区（含府前、蝉街、甜井、金锁等社区），第六选区（含仓桥、安平、八仙等社区），第七选区（含永宁、简巷、百里坊等社区），第八选区（含望江、打绳、屯前、万岁里等社区），第九选区（含招贤、华盖、墨池等社区），第十选区（含街道企业），第十一选区（含街道企业），第十二选区（含街道企业），第十三选区（含街道企业），第十四选区（含街道企业）。

黄龙街道选举领导小组

组　长　陈金敏

副组长　张秀云　章　军　赵有国

成　员　周悦音　包哲伟　林长胜　徐红霞　沈爱珍

黄龙街道辖以下选区：第一选区（含云峰、月泉、栖霞、临峰、新泽、温化等社区），第二选区（含垟田、箬笠岙等村），第三选区（含瓯浦垟、双岙等村）。

广化街道选举领导小组

组　长　林献珍

副组长 郑显平 孙素琴 郑建设
成 员 吴锦昌 潘小雷 盛 琳 麻梁红 徐晓旭 仇春兰
陈美进

广化街道辖以下选区：第一选区（含双桥村、双乐社区），第二选区（含集善、集新、特陶等社区和广化村），第三选区（含月湖社区），第四选区（含翠微新村、浦桥社区），第五选区（含金宅、打索、教场等社区），第六选区（含街道企业）。

水心街道选举领导小组

组 长 杜玉海
副组长 陈国琴
成 员 程炳贵 卢扣良 谢剑光 林鸿康 柯建秋 张金清

水心街道辖以下选区：第一选区（含花坦头、清明桥、西站、昌明、杏花等社区和九山村），第二选区（含枫桦、昌盛、松柏、桃李等社区和水心村），第三选区（含茶花、隔岸路、菱藕、桂柑等社区），第四选区（含街道企业），第五选区（含街道企业）。

莲池街道选举领导小组

组 长 施艾珠
副组长 陈虎啸 潘一凡 陈光宋 林朝朝
成 员 马云冲 黄凌平 严良明 林金娣

莲池街道辖以下选区：第一选区（含郭公、徐衙等社区），第二选区（原始资料断、缺），第三选区（含半腰、蛟翔、丁字等社区），第四选区（含张府、松台、来福等社区和松台村等），第五选区（含街道企业西片），第六选区（含街道企业南片），第七选区（含街道企业东、中片）。

南浦街道选举领导小组

组 长 倪松汉
副组长 孙建玲 叶春鸣 叶正生
成 员 余成忠 季新扬 林小侠 陈熙熙

南浦街道辖以下选区：第一选区（含迎春、蔷薇、宏兴、南塘、龙方等社区），第二选区（含下吕浦、上吕浦、宏景、春秋等社区），第三选区（含温迪、富荣、文苑、献华等社区和鱼鳞浃村），第四选区（含清风社区、灯塔村），第五选区（含柳园社区、南塘村），第六选区（含街道下属企业）。

黎明街道选举领导小组

组　长　周谷青

副组长　汪培尧　　何南嫆　　项晓晓

黎明街道辖以下选区：第一选区（含扬府、丰源、恒源、宏源等社区），第二选区（含工业企业），第三选区（含蒲州村），第四选区（含上蒲村）。

绣山街道选举领导小组

组　长　夏理勇

副组长　吴晓贵　　丁化军　　黄益云　　吴国兴

成　员　谢雁湖　　夏良锁　　马成钢　　汤春芬

绣山街道辖以下选区：第一选区（含巨一村、豪都社区），第二选区（含上田村），第三选区（含横渎村），第四选区（含前网、划龙桥村和划龙桥社区），第五选区（含龙沈村和吴宅、龙沈、绣山社区）。

南门街道选举领导小组

组　长　柴长春

副组长　许　国　　陈金洪　　伍和昆

成　员　林卫卫　　郑向远　　陈小芬　　张兆兰　　叶笑敏　　叶程光

南门街道辖以下选区：第一选区（含花柳塘、闻宅、龙泉巷社区），第二选区（含仓坦、山前、蒋家巷社区），第三选区（含河丰、汇车、马鞍池社区和荷花村），第四选区（含吴桥、垟头下、荷花社区和丰收村），第五选区（含坦前、月光池、虞师里、南蝉社区），第六选区（含街道下属企业），第七选区（含街道下属企业），第八选区（含街道下属企业）。

第七届区人大代表选举委员会及组成人员

包含机关选区、水心、莲池、黎明、五马、绣山、广化、南郊、藤桥、上戍乡、双潮、临江、仰义、双屿、江滨、七都、岙底、蒲鞋市、南门、南浦、黄龙、洪殿等街道（乡镇）选举领导小组。

鹿城区直机关工委选举工作领导小组

组　长　陈光中

副组长　李大都　　贾志文　　潘明勋　　徐益仕

成　员　张琳玮　　陈琳琪

区直机关辖以下选区：第一选区，含区委办、区人大办、区府办（区房改办）、区政协办、区纪委（区监察局）、区委组织部、区委宣传部、区委统战部（区台办、区侨办）、区直机关工委、区委党校、区委老干部局、区文明办、区档案局、区老龄委（关工委）、区发改局 （区物价局）、区经贸局（区交通局）、区科技局（区科协）、区民宗局、区文广局、区审计局、区统计局、区体育局、区机关事务管理局、区旅游局（区瓯游站）、区人防办、区农林水利局、区外经贸局（区招商局）、区协作办、区新闻中心、团区委、区妇联、区工商联、区侨联、区文联等单位）；第二选区，含区民政局、区环保局、江滨路指挥部、区残联、区财政局、区市政园林局、区计生局、区移民办、公用事业总公司、区总工会、区建设局、区安监局、区审批办、区人事劳动局、区物业管理总公司等单位；第三选区，含区供销总社、区进城口指挥部、区特色园区办公室、汇昌河工程指挥部、沿江开发区、鞋都办公室、仰义观光园、鹿城仓储、甬台温铁路指挥部、湖滨饭店等单位。

水心街道选举领导小组

组　长　杜玉海

副组长　王丽峰　叶国琴　赵友国　徐定光　洪　静
何显岳　柯建秋　方志坚　胡万良　张金清

水心街道辖以下选区：第一选区（含枫桦社区、松柏社区、水心村），第二选区（含桂柑社区、桃李社区、昌盛社区），第三选区（含隔岸路社区、菱藕社区），第四选区（含茶花社区、昌明社区、清明桥社区），第五选区（含花坦头社区、西站社区、杏花堂社区）。

莲池街道选举领导小组

组　长　林建华

副组长　黄金鹏　季银河

成　员　黄凌平　金英明　陈光宋　陈晓梅　陈文斌　林朝朝

莲池街道辖以下选区：第一选区（含来福门社区、松台山社区、张府基社区），第二选区（含蛟翔巷社区、半腰桥社区、莲池街道机关），第三选区（含丁字桥社区、庆年坊社区），第四选区（含麻行社区、皮坊巷社区），第五选区（含郭公山社区、徐衙巷社区）。

黎明街道选举领导小组

组　长　章公华

副组长　王秀娟　南胜国

成　员　黄玉桂　丁敬洪　韩春晨　谢雪莲　李争鸣　胡晓芬
夏景秋

黎明街道辖以下选区：第一选区（含杨府山社区、宏源社区），第二选区（含汇源社区、丰源社区、恒源社区、黎明街道机关），第三选区（含蒲州村），第四选区（含上蒲州村），第五选区（含杨府山涂村）。

五马街道选举领导小组

组　长　邱向真

副组长　郑金水　叶　青　夏基山

成　员　王　敏　章丽婷　徐孟松　柯藐敌　李　琼　王军霞

周小娅　王　健　林　彗

五马街道辖以下选区：第一选区（含五马社区、公园社区、谢池社区），第二选区（含人西社区、纱帽河社区、人中社区），第三选区（含鼓楼社区、广场社区），第四选区（含大高社区、乘凉社区、蝉街社区），第五选区（含府前社区、甜井社区、道前社区），第六选区（含安平社区、金锁社区），第七选区（含仓桥社区、百里坊社区），第八选区（含望江社区、打绳社区、永宁社区），第九选区（含招贤社区、华盖社区、铁井栏社区），第十选区（含墨池社区、简巷社区），第十一选区（含屯前社区、万岁里社区、八仙社区、五马街道机关）。

绣山街道选举领导小组

组　长　徐一峰

副组长　吴国兴　贾钧钬　李　跃

成　员　夏良锁　马成钢　李嘉昌　李月波　胡小洁　胡建华

绣山街道辖以下选区：第一选区（含巨一村、大自然社区、万源社区），第二选区（含上田村），第三选区（含横渎村、绣山社区），第四选区（含划龙桥村、前网村、划龙桥社区、锦江社区），第五选区（含龙沈村、吴宅社区、龙沈社区）。

广化街道选举领导小组

组　长　陈国光

副组长　黄克敌　吴雷雨　吴锦昌

成　员　潘龙华　胡　谦　潘小雷　盛　琳　仇春兰　麻梁红

陈美进

广化街道辖以下选区：第一选区（含集善社区、集新社区、特陶社区、双乐社区、双桥村），第二选区（含教场社区、金宅社区、广化股份经济合作社），第二选区（含打索社区、浦桥社区、翠微新村社区），第四选区（含月湖社区、和平路社区）。

南郊乡选举领导小组

组　长　卢更生

副组长　叶显华　朱启龙　张　靖

成　员　林　敏　陶玉燕　全国栋　胡小和　黄坚靖　董　岩

林源森　林仕德　陈　煦　郑乐斌

南郊乡辖以下选区：第一选区（含葡萄村），第二选区（含里垟村、十里亭社区、乡联合选区），第三选区（含德政村），第四选区（含东屿村、龙方村、三板桥社区），第五选区（含企业选区长城减速机厂），第六选区（含企业选区意迈达鞋业有限公司）。

藤桥镇选举领导小组

组　长　胡明亮

副组长　张恩贵　金新友　黄浩宇　姜小蓉

成　员　马建峰　项巨澜　林发中　林　晓　李　俊

藤桥镇辖以下选区：第一选区（含潮济村、桥上村、雅漾村、上埠头村、大塘村、大潭村、坑古村、底垟村），第二选区（含石埠村、林山村、新村村、上寺西村、南岸村、垟岸村、下庄村），第三选区（含后垟村、樟村村、金马村、山根村、油岙村），第四选区（含北岸村、陈良村、埭马村、石垟村），第五选区（含教育、部门单位）。

上戍乡选举领导小组

组　长　胡正武

副组长　姜扬烽　伊晓岳　林一俭

成　员　杨雄文　柴一蝉　刘岩权

上戍乡辖以下选区：第一选区（含山岸村、方隆村、东村村、支岙村、坎上村、乡机关、卫生院、上戍电业所、乡中心学校、鹿城合行上戍乡分理处），第二选区（含营上村、岭下村、戴宅村、下岸村），第三选区（含外垟村、上桥村、周徐村、渡头村、竹桥村、上桥小学），第四选区（含下巨村、前林村、西湾村、枫林岙村、潮埠村、枫林岙小学）。

双潮乡选举领导小组

组　长　潘　勇

副组长　朱建光　叶恒坚　肖胜利

成　员　陈胜滔　陈忠信　龚金涛　张　哲　赵金銮　方学优　程晓敏

应良目　陈整海

双潮乡辖以下选区：第一选区（含东岙村、潮埠村、西坑村、朱下村、东坑村、利八坑村），第二选区（含茅洋村、黄茅坪村、下冯山村、双溪村、渡船头村），第三选区（含小旦村、下冯村、沈岙村、下洋村、夏家山村）。

临江镇选举领导小组

组　长　周基斌

副组长　吴祝凡　叶　平　陈爱和

成　员　王镇彪　王剑峰　叶　志　潘国权　夏甘平

临江镇辖以下选区：第一选区（含平山村、和平村、岙底村、山根村），第二选区（含横山村、后支村、仁地村、下湾村），第三选区 （含金岙村、前盈村、西洲村），第四选区（含巽岙村、庄岩村、江南村、郑大垟村、沙头村）。

仰义乡选举领导小组

组　长　陈胜军

副组长　周　岷　潘雪荣　周金清

成　员　张品珠　万山红　凌建飞　吴松洁　陈跃龙　徐海文
夏作海　陈　峰　狄登云　李一平　张光明　诸建鹏
黄巧姐

仰义乡辖以下选区：第一选区（含渔渡、后京、前京等村和乡各部门单位），第二选区（含河岙、十里、陈村、龙川等村），第三选区（含澄沙桥、仰新、垟山等村、居），第四选区（含钟山、林里、馒头驻等村和教育系统），第五选区（含泰马鞋业等企业）。

双屿镇选举领导小组

组　长　贾焕翔

副组长　张德跃　柳晓忠　李和忠

成　员　周云秋　孙丽娟　张　博（兼办公室主任）温　和　朱丽丽

双屿镇辖以下选区：第一选区（含营楼桥村、中央涂社区、营楼社区），第二选区（含牛岭村、前陈村、旗山社区、卫生院、中小学、农村合作银行、双屿镇机关），第三选区（含嵇师村、屿头村、新屿社区），第四选区（含岩门村、潘岙村、正岙村、上伊村），第五选区（含康奈集团等企业），第六选区（含东艺鞋业等企业）。

江滨街道选举领导小组

组　长　罗静方

副组长　章　军　严志方　诸葛要武

成　员　周培华　徐春成　谢云周　张红霞　王国丰　曾佳芝

江滨街道辖以下选区：第一选区（含黎明新村社区、垟儿路社区），第二选区（含矮凳桥社区、甲田社区），第三选区（含路湾社区、十八家社区），第四选区（含路西社区、永东路社区），第五选区（含行前街社区、安澜社区），第六选区（含永楠社区、株浦社区）。

七都镇选举领导小组

组　长　翁益华

副组长　赵小松　姜定波　潘多仁

成　员　方新云　陈　伟　叶醒芬

七都街道辖以下选区：第一选区（含老涂村、樟里村），第二选区（含吟州村、上沙村），第三选区（含前沙村、板桥村）。

岙底乡选举领导小组

组　长　金龙伟

副组长　陈丽蓉　叶玉良　刘速勇　阮金平

成　员　曾奇凡　金忠克　陈玲玲　夏爱睦

岙底乡辖以下选区：第一选区（含呈岸村、小岙村、丁埠头村、上皮山村），第二选区（含江池村、江心田村、林路村、吊降村），第三选区（含白脚坳村、田塘头村、底坦村、三新村）。

蒲鞋市街道选举领导小组

组　长　许　国

副组长　季洪杰　林卫卫

成　员　张伯伦　陈月玲　高　静　施岳林　阮顺土　林兰芝

蒲鞋市街道辖以下选区：第一选区（含蒲鞋市社区、上村社区），第二选区（含双井头社区、东港社区），第三选区（含蒋家桥社区、横河北社区），第四选区（含下垟头社区、金丝桥社区、横河南社区），第五选区（含锦园社区、明园社区、绿园社区），第六选区（含芳园社区、青园社区、沁园社区、春园社区）。

南门街道选举领导小组

组　长　柴长春

副组长　伍和昆　夏乐民　陈杰

成　员　焦丽珍　章生良　徐向东　郑向远　叶笑敏　陈小芬
　　　　张晓华　张兆兰　薛　麒

南门街道辖以下选区：第一选区（含花柳塘社区、闻宅社区、龙泉巷社区），第二选区（含月光池社区、虞师里社区、坦前社区），第三选区（含荷花社区、南蝉桥社区），第四选区（含吴桥社区、垟头下社区、丰收村），第五选区（含河丰社区、汇车桥社区、马鞍池社区），第六选区（含仓坦社区、山前街社区、蒋家巷社区）。

南浦街道选举领导小组

组　长　王庆顺
副组长　潘一凡　叶春鸣　戴迪聪
成　员　黄甘宏　张香梅　林明武　叶锡林　郑善景　王晓敏
　　　　陈丽丽

南浦街道辖以下选区：第一选区（含迎春社区、蔷薇社区），第二选区（含宏兴社区、南塘社区、南塘村），第三选区（含柳园社区、龙方社区、灯塔村），第四选区（含上吕浦社区、下吕浦社区、宏景社区），第五选区（含温迪社区、富荣社区、春秋社区），第六选区（含献华社区、文苑社区、清风社区、鱼鳞浃社区）。

黄龙街道选举领导小组

组　长　吴力绚
副组长　徐向阳　陈晓丰（兼办公室主任）
成　员　吴守标　汤春芬　谷建龙　朱跃平　金世怀　方长法

黄龙街道辖以下选区：第一选区（含双岙村、垟田村、月泉社区），第二选区（含箬笠岙村、新泽社区、临风社区），第三选区（含瓯浦村、栖霞社区、云峰社区、康园社区、温化社区）。

洪殿街道选举领导小组

组　长　朱国榜
成　员　王　炯　郭乐平　虞友洪　杨　榕　邹海鹏　刘益龙
　　　　毛显华　林金娣　林鸿康　林小洁　吴珍洁　曾晓霞
　　　　陈志坚　石朝亮　郑全丹　吴阿糯　李显东　周筱秋
　　　　吴崇柳　曹　莲　潘　晔　周国英　陈开波　瞿秀英
　　　　南福华　章燕凝

洪殿街道辖以下选区：第一选区（含灰桥社区、东游社区、浦江社区、黎一村），第二选区（含夏屋社区、侨村社区），第三选区（含浦东社区、上陡门社区、筲箕涂社区、航标社区），第四选区（含洪殿社区、黎二村）。

第八届区人大代表选举委员会及组成人员

包含机关选区、藤桥、滨江、南汇、七都、双屿、松台、五马、仰义等街道、镇选举领导小组。

鹿城区直机关工委选举领导小组

组　长	周　园					
副组长	郑　坚	陈丹舟	李大都	季新扬	姜益祥	
成　员	李旭霞	陈美兰	胡健艺	戴哲人		

藤桥镇选举领导小组

组　长	吴晓贵					
副组长	张维凯	金浙瓯	郑向远	李和忠		
成　员	周松平	许卫疆	董晓来	李亦君	丁淑慧	陈　众
	施一斌	庄志丹	林日亮	姜小蓉	程晓敏	夏甘平
	邵小林	王军霞				

藤桥镇辖以下选区：第一选区（含南岸、石埠、上寺西、林山、新村、镇机关、学校）；第二选区（含石垟、埭马、下庄、底垟、大塘），第三选区（含雅漾、潮济、大潭、桥上、上埠头、坑古），第四选区（含樟村、金马、山根、油岙），第五选区（含垟岸、后垟、北岸、陈良），第六选区（含山岸、方隆、东村、支岙、坎上、机关、学校），第七选区（含营上、岭下、戴宅、下岸），第八选区（含外垟、上桥、周徐、渡头、下巨），第九选区（含前林、竹桥、西湾、枫林岙、潮埠），第十选区（含呈岸、小岙、上皮山、丁埠头、吊降、白脚坳），第十一选区（含江池、江心田、底坦、林路、三新、田塘头），第十二选区（含山根、和平、平山、岙底），第十三选区（含西洲、下湾、横山、后支、机关、学校），第十四选区（含仁地、金岙、前盈、选岙），第十五选区（含庄岩、上村、郑大垟、沙头），第十六选区（含荫溪、潮埠、下冯、利八坑、东岙、茅垟、朱下、机关、学校），第十七选区（含下冯山、小旦、东坑、黄茅垟、西坑），第十八选区（含渡船头、下垟、夏家山、沈岙、双溪）。

滨江街道选举领导小组

组　长	卢更生				
副组长	朱建光	郑乐斌	陈禾禾	李　跃	李嘉昌

成　员　邹海鹏　张　胜　李良俊　马建峰　王宜旺　苏士永
黄金武　谢　璇　陈可浩　端木敏克　叶展宇　黄丽丽
杨　力　叶笑敏　吴进洪　黄锦辉　谢雪莲　丁敬洪
陈　志

滨江街道辖以下选区：第一选区（含杨府山社区、宏源社区），第二选区（含汇源社区、丰源社区、恒源社区），第三选区（含上新田社区、下新田社区、同人社区），第四选区（蒲州村），第五选区（上蒲州村），第六选区（杨府山塗村），第七选区（含芳园社区、春园社区），第八选区（含青园社区、沁园社区、锦园社区），第九选区（含明园社区、绿园社区），第十选区（含下垟头社区、金丝桥路社区），第十一选区（横河南社区），第十二选区（含蒋家桥社区、横河北社区），第十三选区（含双井头社区、东港社区），第十四选区（含横河北社区、上村社区），第十五选区（浙江工贸学院），第十六选区（含灰桥社区、东游路社区、浦江社区、黎一村），第十七选区（含夏屋社区、黎明侨村社区、筲箕涂社区），第十八选区（含上陡门社区、航标社区），第十九选区（含洪殿社区、浦东社区、黎二村）。

南汇街道选举领导小组

组　长　周基斌
副组长　叶浪克　叶恒坚　周伟斌　洪　静　周金清
黄坚靖　叶善新　方新云
成　员　林　敏　林　剑　蔡精国　黄甘宏　张鹏程　贾　嘉
陈苾怀　覃春燕　吴旭东　叶正茂　黄飞达　吴　坚
陈忠建　周世淼　林发中　占鹏程　谢　芳　胡小和
王晓敏　王　磊

南汇街道辖以下选区：第一选区（含巨一村、大自然社区、上田社区），第二选区（上田村），第三选区（含锦江社区、划龙桥村），第四选区（含划龙桥社区、鱼鳞浃社区、前网村），第五选区（含龙沈村、吴宅社区、龙沈社区），第六选区（含万源社区、绣山社区、横渎村），第七选区（含南塘社区、蔷薇社区），第八选区（含迎春社区、南塘村），第九选区（含宏兴社区、柳园社区、灯塔村），第十选区（含春秋社区、温迪社区），第十一选区（含献华社区、富荣社区），第十二选区（含宏景社区、下吕浦社区），第十三选区（上吕浦社区），第十四选区（含清风社区、文苑社区、鱼鳞浃村）。第十五选区（含葡萄村、西屿社区冶炼厂集体户、十里亭社区）第十六选区（德政村）第十七选区（含里垟村、东屿村、龙方村、三板桥社区、龙方社区 ）。

七都街道选举领导小组

组　长　贾志文

副主任　李秀峰　章　国　姜定波　李常春
成　员　曾奇凡　麻剑玲　谢　炬　李　俊　吴　浩　潘多仁
　　　　瞿芬平

七都街道辖以下选区：第一选区（含老涂村、板桥村），第二选区（含吟州村、上沙村），第三选区（含前沙村、樟里村）。

双屿街道选举领导小组

组　长　伍　挺
副组长　施文明　黄浩宇　卢建芬　叶晓挺　周培华
　　　　王正良　金　生　柴一蝉
成　员　杨雄文　姜　辉　徐海文　蔡丽云　蔡丽萍　祝海潮
　　　　陈　龙　周小侠　龚金涛　杨永新　张　忠　周笑美
　　　　陈　策　黄　静　卢　克　黄丽容　吴守标

双屿街道辖以下选区：第一选区（含营楼桥村、中央涂社区、旗山社区、营楼桥社区、双屿街道机关、教育系统），第二选区（含牛岭村、嵇师村、前陈村），第三选区（含屿头村、上伊村、正岙村、潘岙村、岩门村、新屿社区），第四选区（含垟田村、双岙村、月泉社区、康园社区），第五选区（含箬笠村、临风社区、新泽社区），第六选区（含瓯浦垟村、云峰社区、栖霞社区、温化社区、康城社区、劳教所），第七选区（康奈集团），第八选区（东艺鞋业）。

松台街道选举领导小组

组　长　项晓晓
副组长　吴雷雨　王　敏　伊晓岳　肖忠格　戴雄飞
成　员　张　博　杨　文　徐淑淑　厉　震　赵子方　陈向军
　　　　钱　军　胡　谦　丁　龙

松台街道辖以下选区：第一选区（含麻行社区、徐衙社区），第二选区（含郭公社区、半腰桥社区），第三选区（含皮坊社区、庆年坊社区），第四选区（含丁字桥社区、蛟翔社区），第五选区（含张府基社区、松台山社区、来福门社区），第六选区（含枫桦社区、松柏社区、水心村），第七选区（含桂柑社区、桃李社区），第八选区（含昌盛社区、菱藕社区），第九选区（含隔岸路社区、茶花社区），第十选区（含清明桥社区、昌明社区），第十一选区（含杏花堂社区、花坦头社区、西站社区），第十二选区（含月湖社区、和平路社区、教场社区），第十三选区（含打索社区、浦桥社区、广化经济合作社），第十四选区（含金宅社区、翠微新村社区），第十五选区（含集善社区、特陶社区、松台街道），第十六选区（含双乐社区、集新社区、双桥村）。

五马街道选举领导小组

组　长　邱向真

副组长　诸葛要武

成　员　谷建龙　　戴美琴　　朱丽丽

五马街道辖以下选区：五马片区（一到十三选区），南门片区（十四到二十六选区）。

仰义街道选举领导小组

组　长　周　岷

副组长　陈　辉　　邹安宁　　张琳玮

成　员　卞晓明　　狄登云　　李　东　　陈　峰　　谢忠祥　　马绍兴
施苏程　　李一平　　何　军　　夏海燕　　彭琦瑜　　林　晓
阮金平

仰义街道辖以下选区：第一选区（含渔渡村、后京村、前京村、街道机关），第二选区（含龙川村、河岙村、馒头驻村、十里村），第三选区（含澄沙桥村、仰新社区、垟山村），第四选区（含陈村村、钟山村、林里村、各中小学），第五选区（泰马鞋业有限公司）。

第三章 区人大代表名单

鹿城区人民代表大会自 1984 年 5 月至 2016 年 7 月，历经八届，共召开 33 次会议，每届在第一次人民代表大会召开之前，均选举产生新一届人大代表。

第一节 区一届人大代表名单

第一次会议

（395 名，以姓氏笔画为序排列）

第一代表团（55 名）

王玉妹（女） 王竹兰（女） 王启云 叶永国 包　聪 任三松
刘传久 许沛仓 孙胜光 孙素弟 李鸣俊 李素芳（女）
李爱莲（女） 李银凤（女） 李银弟 李毓钗 吴家桃 吴爱娟（女）
何大才 何包根 张秀琴（女） 张莲莲（女） 金永清 陈玉燕（女）
陈光新 陈阿明 陈松高 陈金发 陈瑞生 陈碎妹（女）
陆春兰（女） 林　侠 林秀梅（女） 周俊夫 周飔尧 孟玉蓉（女）
俞根堂 倪柳妹（女） 徐兰香（女） 徐玉璟（女） 徐启友 徐春兰（女）
徐象畴 黄文明 黄献康 黄福金 董孝琴（女） 童笑莲（女）
蒋方美（女） 傅常选（女） 缪师明 蔡可素（女） 颜贻淦 潘德存
戴永锵

第二代表团（49 名）

王秀贞（女） 王宝春 王振中 王鸿铨 叶永龙 叶兰梅（女）
叶光弟 卢先理 刘素华（女） 吴云尧 吕宗泽 吕彩真（女）
李　远 李秀英（女） 李桃云 张月容（女） 张碎娇（女） 张锦荣
陈锡云 邵锡水 余锦国 邱玉英（女） 陆国杰 林建水
林选青 罗　耀 郑庆田 郑秀容（女） 金桂芬（女） 金昭英（女）
金福臣 胡春英（女） 夏芬梅（女） 秦锦涛 倪阿碎（女） 徐玉梅（女）
徐贤行 钱少华（女） 梅宁锵 黄阿淑（女） 黄金生 黄彩萍（女）
黄斌焕 黄瑞乘 龚阿凤（女） 韩友松 潘志林 潘宝卿
瞿谙敬（女）

第三代表团（45 名）

丁爱弟（女）王瑞清　叶三豹　叶明生　叶梢月（女）叶莲英（女）
朱守良（女）朱新妹（女）刘玉良　巩际信　庄崇花（女）池圣文
李金凤（女）沙志超　杨巧尧　杨廷俊　杨银巧　吴如华（女）
吴侠圣　何胜杰　余梅生　谷锦麟　季春柳（女）张秉刚
陈日英（女）陈兰兰（女）林玉蓉（女）林凤珠（女）林金藩　林素娟（女）
周　兴　郑文英（女）郑益三　郑瑞弟　金安兰（女）金国良
姜经周　徐玉英（女）徐焕章　韩高旺　董希凯　蔡阿香（女）
潘挺宇　解永明　戴曼西（女）

第四代表团（48 名）

王国光　叶小秋（女）叶国祥　冯炳荣　白玉竹（女）包忠东
朱仙眉（女）朱秀琴（女）许秀燕（女）许美玉（女）孙孟宣　华金龙
李炳荣　李振燊　吴玉花（女）余木土　张凤钗（女）张秀花（女）
张金华　张爱春　张理勋　陈　谊　陈少华（女）陈光标
陈阿池　陈秀梅（女）陈黎雯（女）林玉弟（女）林瑞兴　郑进升
金崇德（女）胡永进　俞锡荣　徐存理　翁春花（女）夏庆弟
夏爱莲（女）黄本枢　黄成贵　黄国池　虞志芬　鲍玲秋（女）
蔡文俊　谢仙道　谢菲菲（女）潘士钊　潘爱莲（女）戴道生

第五代表团（49 名）

王庆玉　王劲忠　方家骐　叶国光　白锡尧　朱　容
史美斌　包　健（女）厉安全　孙芝花（女）孙廷耀　苏上欣
苏志远　吴宏典　吴林翠　吴和顺　何开文　余振胜
时纯洁（女）邹微微（女）张乐山　张绍光　张振盈　陈式明
陈光华　陈花妹（女）陈朔初　陈锡强　林月艳（女）林仰辉
周兴邦　郑松康　郑笑莲（女）赵化益　金如玉（女）金国荣
金梓才　金锡禹　柯宝鋆　姚秀英（女）袁励生　徐国杰
郭兆祥　唐小凡　黄忠南　舒文杰　蔡志明　薛　年
魏永涛

第六代表团（34 人）

王世荣　王宗康　王金淼　王显春　王宪权　王道参
方世文　叶其昌　伍兴林　任国兰（女）任德豹　刘三豹
伊瑞华　吴多俐　沈步真　张仲康　张意大　陈增生
林　奇　林春兰（女）林康良　郑亦铎　郑明楠　金云华
金瑞考　娄式鐇　黄琛琛（女）黄瑞明　曾爱兰（女）蓝葆华

曹启东	詹志法	潘佑虎	戴振业

第七代表团（38名）

马大猷	仇耀崇	王忠芳	叶继成	杨宪杲	吴伯云
吴国光	何国濂	张景森	陈乐寿	陈如华（女）	陈忠清
陈春龙	陈重光	陈福涛	陈琪华（女）	邵锦云	邱小林
林东焕	林朝发	林锦清	金次凡	金吕妹（女）	胡建芳
胡理亨	胡爱英（女）	姚皓中	施仁生	施青松	洪作殿
徐志星	徐贤哉	葛春林	谢成杰	潘阿陆	滕世兴
戴鸣杰	戴增福				

第八代表团（46名）

王功满	王务迪	王达华	王抗美（女）	毛政敏	叶正凯
史国光	朱玉英（女）	刘洛丝（女）	严兆象	李国聪	李澄棣
吴定邦	吴瑶琴（女）	吴福连	陈　克	陈月英（女）	陈加昭（女）
陈光中	陈绍光	陈津津（女）	陈莲莲（女）	陈特注	陈曼玲（女）
金奎汴	林　白	林文星	林允铎	林国铭	胡珠生
胡通球	袁　政	袁国栋	袁镇澜	夏贤焜	夏炳光
翁焕新	殷奕同	盛从冲	麻小春	彭正陶	曾春林
谢安镠	管希雄	缪笑竹	魏自立		

第九代表团（31名）

王玉钗（女）	王忠眉	邓玉林	石振国	叶瑞林	吕祖国
李永宣	李德月（女）	吴国钜	吴金林	余建荣	张乃文
张福来	陈时叶	陈国良	陈柏林	林利森	林金生
林毓荪	周寿忠	单松富	郑维新	金秀林	洪献平
徐维治	黄国华	曾立人（回）	虞楚平	管嗣禄	戴美菊（女）

第二次会议

增选代表：万国星、叶胜春、仰洪元、李天猷、李泉生、李爱钦、李梅龙、吴金弟、吴国荣、沈爱华、林立芳、林定光、周瑾、郑长姆、单克胜、张巧英、张金清、胡碎清、胡银奎、陈志庭、陈寿昌、陈炳琪、徐华山、郭作仁、黄立思、黄永福、黄伯庄、黄寿连、谢绍进、潘岩西、潘教明、瞿寿连。

代表资格终止：叶国祥、徐志星。

第二节　区二届人大代表名单

第一次会议

（282 名，以姓氏笔画为序排列）

第一代表团（35 名）

王文权	王新茂	叶正兴	伍云波	朱金松	朱茂盛
仰洪元	李天猷	李长宝	李松华	李梅龙	沈寿星
张金清	陈志庭	陈卓生	陈良武	陈松祥	陈忠淼
陈淑萍（女）	林立芳	林定光	林步良	林瑞松	金新昌
胡碎清	徐玉璟（女）	徐定芳	郭作仁	黄永福	黄旭明
黄国池	黄寿良	董金花（女）	谢绍进	潘教明	

第二代表团（46 名）

王振中	王启云	包廷钊	吕宗泽	朱绍光	刘素华（女）
汤兴华（女）	孔履祥	李正芳	李凤臣	李爱莲（女）	李素芳（女）
何包根	吴侠圣	吴秀琴（女）	邹巧秋（女）	张天龙	张秀琴（女）
陈　洁（女）	陈凤英（女）	陈瑞生	陈碎悔（女）	陈露茜（女）	罗菊影
金国英（女）	周月书	周飓尧	郑炳亮	郑根华	孟玉蓉（女）
倪柳妹（女）	高祥娟（女）	胡金花（女）	黄文明	黄阿淑（女）	黄陈梅（女）
黄寿星	梁玉英（女）	董孝琴（女）	韩如明	韩高旺	傅常选（女）
曾立人（回）	蔡可素（女）	颜贻淦	潘宝卿		

第三代表团（48 名）

丁爱弟（女）	王阿卯	王思爱	王瑞清	叶时发	叶梢月（女）
庄崇花（女）	朱守良（女）	朱建民	朱道统	向宝洲	刘家珏（女）
李鸿锦	杨宪杲	吴晓秋（女）	余锦国	谷锦麟	应伟才
沈志贞（女）	张贤华（女）	张淑玲（女）	陈永龙	陈兰兰（女）	陈静莹（女）
陈鸿志	陈锦云	邵微微（女）	林玉蓉（女）	林建水	周　兴
单克胜	郑文英（女）	郑建胜	郑道钟	赵槐姆	俞锡荣
徐益庆	唐公衡	诸新妹（女）	章彩霞（女）	葛楚云（女）	董宝玉（女）
韩洪昌	解永明	蔡素华（女）	谢尔康	戴曼西（女）	瞿福荣

第四代表团（43 名）

王永立	王珍香（女）	王鸿铨	叶小秋（女）	叶昌妹（女）	冯炳荣

朱志玉	朱秀琴（女）	朱香眉（女）	孙孟宣	李　远	李炳荣
李美花（女）	杨秀英（女）	吴云尧	吴爱娟（女）	张玉燕（女）	张金华
张凌霞（女）	张维仁	张理勋	张爱春	陆国杰	陈少华（女）
陈凤香（女）	陈加兴	陈松樵	陈锡云	陈黎雯（女）	林瑞兴
项圣照	胡剑谨（女）	柯银福	黄成贵	黄国柱	黄献康
黄福金	章尧庚	韩友松	蔡莲英（女）	虞志芬	潘爱莲（女）
潘莲英（女）					

第五代表团（59 名）

王国良	王昌法	王金勋	王金淼	王扬武	王家褚
厉守京	叶其昌	冯海萍（女）	朱　容	朱　峰	江玉林
阮　晖	孙萍秋（女）	李邦云	李金石	杨龙福	杨桐轩（女）
吴国涨	何　瑛	余建荣	应子才	沈煜生	张克新
张进顺	陈光彰	陈国光	陈柏林	陈时鹏	陈锡强（回）
陈华民	金荣光	金国荣	周祥时	郑仁爱	胡理国
种敬义	施三毛	夏权友	夏启国	夏炳焕	顾德裕
钱德强	徐洪熙	高静思（女）	黄立忠	黄少华	黄国炯
葛春林	舒文杰	董秀红（女）	傅洪考	袭智慧	管嗣录
熊国强	滕增寿	潘文光	潘爱弟（女）	薛　年	

第六代表团（51 名）

丁国聪	马纯良	王　虎	王功满	王洪元	王超俊
邓玉林	卢泳江	叶联铿	叶瑞良	吕书缨	刘发鸿
李本春	李庆渊	李声涛	李德洲	李澄棣	杨康琴
吴　挺	吴定邦	吴翠松（女）	余　风	余自强	宋云昌
陈　克	陈加昭（女）	陈　维	陈忠清	陈星镠（女）	陈振南
邵友奋	邵奇星	邵锦云	林允铎	金次凡	周寿忠
庞振声	郑月华（女）	赵之峰	赵铭慎	胡贤才	施正源
殷佩章	翁焕新	洪震寰	徐加骅	黄德清	章微华（女）
喻华芝（女）	樊春池	瞿一光			

第二次会议

代表资格终止：陈国光、施三毛、薛年。

第三次会议

代表资格终止：罗菊影。

第三节　区三届人大代表名单

第一次会议

（共 302 名，以姓氏笔画为序排列）

第一代表团（42 名）

丁丽芬（女）	王臣明	王洪元	王梅芳（女）	王森茂	伍云波
伍林村	伊立秋（女）	刘进法	李文松	李兰英（女）	李有苗
李松华	李梅龙	杨文升	吴九魁	吴正龙	吴祖权（女）
何招弟（女）	余秀春（女）	张学仁	张维仁	陈志庭	陈虎啸
陈忠淼	林　华	林伯强	林瑞松	金定波	金新昌
周春桂	周荷玉（女）	赵秀华（女）	胡兆海	夏增福	徐桃高
黄永福	黄国池	章银福	蔡文春	管嗣录	潘教明

第二代表团（50 名）

王美丽（女）	王思爱	王振中	毛春明	孔履祥	叶宝松
包廷钊	吕宗泽	朱绍光	朱景祥	朱景清	朱锡松
朱瑶珍（女）	刘素华（女）	汤兴华（女）	孔祥积	纪　明	李凤臣
李镇球	杨康琴	吴秀琴（女）	张秀琴（女）	张　林	张宝俊
陆　峰	陈凤英（女）	陈林光	陈炳南	陈瑞生	陈碎诲（女）
林得弟（女）	林　鹏	金德吉	周麟祥	郑根华	胡金花（女）
柯明光	夏贤武	徐玉璟（女）	徐包龙	高祥娟（女）	黄文明
黄成贵	黄克敌（女）	黄丽娜（女）	董艺姿（女）	董孝琴（女）	韩如明
蔡可素（女）	潘宝卿				

第三代表团（54 名）

丁爱弟（女）	王中平	王兴乐	叶三豹	叶时发	朱守良（女）
朱建民	朱素云（女）	朱道统	庄崇花（女）	刘家珏（女）	孙玉英（女）
李中苏	吴玉香（女）	余岩隆	余锦国	张贤华	张宪虎
张淑玲（女）	张朝荣	陆国杰	陈兰兰（女）	陈安德	陈莲莲（女）
陈静莹（女）	林凤珠（女）	林玉蓉（女）	林希源	林金藩	林素娟（女）
林振中	林　霞（女）	金德力	周　兴	周鸿燕（女）	郑文英（女）
郑道钟	赵槐梅	俞锡荣	施长根	徐正华	诸新妹（女）
黄国栋	黄海引（女）	章彩霞（女）	谢卫国	彭淑芬（女）	韩洪昌
葛楚云（女）	解永明	臧璇璇（女）	戴曼西（女）	瞿福荣	瞿彩凤（女）

第四代表团（54 名）

王珍香（女）	王　度	王　蓓	叶昌姝（女）	冯炳荣	朱乐平
朱秀琴（女）	朱茂盛	朱松林	朱建秋（女）	朱香眉（女）	刘秀琴（女）
汤榍华（女）	许国英（女）	李炳荣	杨秀香（女）	吴元春（女）	吴耀东
吴笑霞（女）	吴祖武	余新香（女）	谷锦麟	汪清珍（女）	张兴民
张国光	张金华	张爱春	陈少华（女）	陈久忠	陈加兴
陈　克	陈松樵	陈柏林	陈黎雯（女）	林瑞兴	郑凤柳（女）
郑秀云（女）	郑建设（女）	郑绍训	项圣照	项金生	胡剑谨（女）
洪冠鄂	黄少华	黄玉龙	黄国柱	黄信巧	黄献康
黄福金	董绍玉（女）	韩启宇	潘启宝	潘莲英（女）	戴晓白（女）

第五代表团（64 名）

丁福弟	丁德娣（女）	万国英（女）	王巨椿	王扬武	王英弟（女）
王金勋	王珍珍（女）	孔慧琪（女）	卢宝清	叶迅尔	叶宪法
叶瑞松	朱　峰	朱碎姆	任依凡（女）	刘发鸿	阮彩华（女）
孙萍秋（女）	李邦云	李德洲	杨龙福	杨绵启	吴方中
吴志伟	何　瑛	应子才	沈煜生	张进顺	张克新
张崇来	张景森	陈小微（女）	陈月嫦（女）	陈光彰	陈建成
邵友奋	罗炎水	罗金陵	周大宇	周玉轩（女）	郑式乐
郑福并	夏炳焕	夏启国	姜加强	姜国藩	顾德裕
徐朋远	徐洪熙	徐晓海	殷国兴	郭兆祥	梁继业
黄卫峰	黄定书	黄威兼	黄瑞明	曹祝乔	章燕秋（女）
裘智慧	蔡甫枢	蔡寿海	滕增寿		

第六代表团（38 名）

王功满	王　虎	王绍森	王静娴（女）	卢泳江	叶瑞良
乐慧虹（女）	冯学汉	许本贵	孙方俊	巫波伦	李澄棣
沈云虎	张信梁	陈少华（女）	陈天笑	陈文江	陈加昭（女）
陈国光	陈星球	陈保禄	陈敬南	周成国	周雪娅（女）
金吕妹（女）	金和平（女）	郑　健	徐正惠	翁焕新	郭曼茜（女）
诸葛敬	黄文芳（女）	黄孟容	黄增林	章微华（女）	虞银良
管人财	戴崇妹（女）				

第二次会议

增选代表：张志远。

代表资格终止：叶迅尔、邵友奋、林希源。

第三次会议

代表资格终止：李松华、吴祖权、林华、金新昌、蔡文春、刘素华、周麟祥、郑道钟、吴祖武。

第四节　区四届人大代表名单

第一次会议

（代表共300名，以姓氏笔画为序排列）

第一代表团（40名）

丁连芬（女）	王臣明	王秀苗（女）	王梅芳（女）	王森茂	王群超
叶希安	伍林村	朱道统	刘进法	杨文升	李　香（女）
李崇兴	李维清	吴九魁	吴玉英（女）	吴正龙	余成连
张凤媚（女）	陆春兰（女）	陈志庭	陈桂林	林阿文	林清谓
金定波	周荷玉（女）	郑爱华（女）	胡方寿	胡方昌	胡兆海
施秀珍	徐定昌	徐桃高	郭荣志	黄永福	黄国池
董瑞林	虞延南	管嗣录	戴国荣		

第二代表团（51名）

毛春明	叶秀英（女）	叶秀蛟	叶国忠	朱景祥	朱景清
汤兴华（女）	孙明云	纪　明	李凤臣	李招妹（女）	李镇球
李德津	吴一新	邱国华	张志友	张恩萍	张彩萍（女）
张淑真（女）	陈伟民	陈丽宇（女）	陈伯勋	陈秋霞（女）	陈勤馥（女）
陈碎姆（女）	林秀峰	林相银	林德弟（女）	金邦清	金荣旺
金春林	郑养源	柯明光	赵志尚	秦声龙	夏佩兰（女）
徐宏定	高祥娟（女）	高智谦	涂金龙	黄克敌（女）	黄丽娜（女）
龚关铨	韩如明	彭莲云（女）	董吴玉（女）	傅常选（女）	蔡正芝
臧璇璇（女）	潘信雄	潘筱蓉（女）			

第三代表团（52名）

丁爱弟（女）	王国丰	叶时发	包忠东	朱建民	朱　勇
刘家珏（女）	池乃姆	池海萍（女）	孙玉英（女）	杨　俊	吴恩华（女）
吴阿柳（女）	余岩隆	余锦国	汪国邦	张尚义	张松涛（女）
张贤华（女）	张周杰	张淑玲（女）	张朝荣	陆大乐（女）	陈林光
陈国琴（女）	陈　炎	陈静莹（女）	邵珊瑚（女）	邵薇薇（女）	金小平（女）
金志清	金德力	周鸿燕（女）	郑文英（女）	郑阿美（女）	单克胜

胡玉秀（女）	胡剑谨（女）	赵凤仙（女）	洪冠鄂	娄瑞金	夏秀光
倪国兴	唐日煊	黄洪福	黄景生	曹伟琴（女）	董宝玉（女）
谢仁兴	虞友义	樊春池	韩启宇		

第四代表团（55 名）

马士可	王中平	王兴乐	王金松	王振中	叶小秋（女）
叶昌妹（女）	冯炳荣	吕宗泽	朱乐平	朱秀琴（女）	朱香眉（女）
江月红（女）	汤楣华（女）	许　国	许国英（女）	杨秀香（女）	杨振兴
吴人俊	邱心川	邱素仙（女）	余新香（女）	谷锦麟	张成旺
张金华	张爱春	张梦兰（女）	陆家毅	陈云青	陈　克
陈步桂	陈黎雯（女）	林小东	林玉蓉（女）	林永森	季　桐（女）
周　兴	周华新	郑凤柳（女）	郑秀云	郑松棣	郑明福
郑建设（女）	郑道钟	郑康宗	项丽丽（女）	项金生	徐克荣（女）
黄玉龙	黄海引（女）	戚正康	董一伦	蒋钗妹（女）	滕雪琴（女）
潘莲英（女）					

第五代表团（48 名）

王杨武	王珍珍（女）	王家楮	孔慧琪（女）	甘留尧	叶宝松
卢金清	朱云龙	朱良欣	池长霞（女）	孙永洲	杨小微（女）
李建唐	严小小（女）	吴方中	张才妹（女）	张国华	张曼迪（女）
陈久忠	陈月嫦（女）	陈正尧	陈权华	陈绍兴	陈敬南
陈锡林	林泽强	林政伟	林惠芬（女）	周玉轩（女）	郑仕林
郑秀莲（女）	郑灵云	胡庆农	俞　榜	施正琛	施青松
夏炳焕	徐剑雄	黄卫锋	黄金源	曹启东	曾洪生
曾鹏权	谢进兴	裘智慧	鲍少华	蔡寿海	滕增寿

第六代表团（5 4 名）

马大康	王开鉴	王功满	王来珠（女）	王纯新（女）	王锦锭
毛如炎（女）	叶建宪	卢泳江	乐慧虹（女）	吕兰生	刘永正
江美丽（女）	许本贵	杨亦萍（女〉	李桂生	李澄棣	巫波伦
吴长华	吴燕飞（女）	沈云虎	沈松桂	宋文光	张绍光
张祖耀	陈玉媚（女）	陈时鹏	陈笑华（女）	陈海萍（女）	陈建中
陈星镠（女）	陈宝禄	陈美兰（女）	陈程翔	林成森	金鈖鈖（女）
金照琴（女）	周成国	郑可麟	施明光	姜国藩	夏文菊（女）
钱　进	钱淑静（女）	郭洪远	诸剑午	黄文芳（女）	黄炳华
常薇薇（女）	傅培鑫	楼德华	曾焕永	戴吉林	瞿　翟

第二次会议

代表资格终止：朱景祥、郑秀云、黄炳华。

第三次会议

增选代表：金文平、徐止平、唐晨曦。
代表资格终止：陈笑华、倪国兴、曾洪生。

第四次会议

增选代表：韩启宇。
代表资格终止：包忠东、陈久忠、郑仕林。

第五次会议

增选代表：黄炳华。
代表资格终止：吴一新、叶时发。

第五节　区五届人大代表名单

第一次会议

（代表共240名，以姓氏笔画为序排列）

第一代表团（23名）

王文权	王秀苗（女）	王群超	叶春蕾（女）	朱启龙	池海萍（女）
李知森	吴奇红（女）	陈　琼（女）	陈棉权	陈志挺	陈毓明
林秀华（女）	金定波	周成建	胡文龙	胡方昌	施碎兴
夏柏西	黄伯庄	董金花（女）	蔡文云	潘海琴（女）	

第二代表团（44名）

王丽华（女）	王超俊	王薇春（女）	尤彩眉（女）	叶子建	叶亦儿（女）
叶秀英（女）	叶国忠	朱玉琴（女）	朱筱玫（女）	朱景清	朱震旺
刘美容（女）	杨宗芳	李招妹（女）	李镇球	李德津	陈叶挺
陈国荣	陈国琴（女）	陈秋霞（女）	陈笑梅（女）	陈勤馥（女）	邵豪哲
林世南	林道珍	林瑞荣	金春林	金荣旺	周兰森
周筱秋（女）	南飞宇	夏佩兰（女）	徐　宇	徐　毅（女）	郭晓媛（女）

涂金龙	黄夏日	黄海引（女）	曹　莲（女）	谢向理	潘明勋
潘信雄	薛寿光				

第三代表团（47 名）

王少南	王兴乐	叶玉龙	叶荣光	朱景清	孙玉英（女）
杨　俊	李中坚	李跃胜	李鸿泽	严笑珍（女）	吴金林
何永旺	邱心川	邱国华	谷俊杰	陆大乐（女）	张　京
张贤华（女）	张爱莲（女）	张淑真（女）	张朝荣	陈合和	陈秀莲（女）
陈　杰	陈　炎	陈贤时	陈静莹（女）	季　林	周玉林
周花妹（女）	郑阿美（女）	胡明亮	侯忠昌	倪松汉	倪集美
徐正华	徐敏捷（女）	郭锦巧	诸葛三多（女）	章新民	谢仁兴
谢榕芳（女）	虞友义	缪玲玲（女）	潘岩西	戴依仙（女）	

第四代表团（48 名）

王一曼（女）	王天义	王成淼	乐素贞（女）	冯炳荣	吕翠莺（女）
朱乐平	朱香眉（女）	朱道统	刘春芬（女）	江月红（女）	阮天智
孙永良	孙建玲（女）	杨微微（女）	李建民	吴月眉（女）	吴　伟
余进华	张一馨（女）	张立中	张米兰（女）	张金华	张周杰
张爱春	张莲莲（女）	陈云青	陈时升	陈弟花（女）	陈秀莲（女）
林小冬	林永森	林建水	林清渭	林碎奶	季　桐（女）
金永士	郑凤柳（女）	郑显平	项丽丽（女）	项金生	徐止平
奚德平	黄献康	龚慈光	虞楚平	樊春池	魏以德

第五代表团（43 名）

王洪周	王瑞琮	方秀兰（女）	方影生	甘留尧	叶钢炼
史美斌	朱贵远	朱望鲁（女）	江小忠	江丽萍（女）	孙永洲
杨家新（女）	李士生	李凯展（女）	何必胜	何向荣	汪松弟
张耀权	陈小林	陈月嫦（女）	陈胜华	陈　耕（女）	邵　涛
林贻丰	卓宁初	卓省初	季则宁	周道义	周锦云
庞振声	郑岳云	郑朋木	徐少云	徐剑雄	董秀红（女）
董国华	程方明	蔡长林	蔡寿海	蔡崇明	滕增寿
薛宗庭					

第六代表团（35 名）

马国民	马津龙	王开鉴	王丽峰（女）	王宛清（女）	叶希根
叶育登	庄官芳	杨小红（女）	苏小玲（女）	李佐中	沈茂斌
张国光	张淑芳（女）	陈　觉	陈玉兰（女）	陈美兰（女）	邵炳忠

苑卫平　金　川　金丽琴（女）　周成国　郑荣远　郑渭尧
单颂华（女）　胡胜利　胡理国　赵伟星　姚元海　夏积文
诸显明（女）　黄晓红（女）　赖学军　潘国荣　戴吉林

第三次会议

代表资格终止：朱香眉、徐止平。

第四次会议

增选代表：杨速辉、李江晖、张光、张纯浙。
代表资格终止：王天义、项金生、陈棉权、谢向理。

第五次会议

代表资格终止：陈叶挺、杨宗芳、胡文龙。

第六节　区六届人大代表名单

第一次会议

（代表共 303 名，以姓氏笔画为序排列）

第一代表团（41 名）

马耀林　王　钢（女）　王一曼（女）　王孙成　王丽华（女）　公肖飞
叶圣茂　叶建文　付爱芬（女）　吕　英（女）　朱　丹（女）　朱一明
朱景清　朱筱玫（女）　阮天智　杨义杰　杨小敏　杨素琴（女）
李　慧　张国华　张朝荣　陈　虹（女）　林正风　林如辉
林爱华（女）　周彩琴（女）　郑美菊（女）　胡景兰（女）　项　丹　项丽丽（女）
徐　宇　徐　强　徐春萍（女）　徐彩凤（女）　徐蓓红（女）　黄庆火
黄秀庄　崔伟丽（女）　阙胜琪　蔡　彧　薛光明

第二代表团（37 名）

王小明　王真云　叶玉春　叶肖平　朱茂盛　李　浩
李无文　李江晖　李建花（女）　肖春华（女）　吴　广　吴一琦
吴国兴　吴徐平　吴晓贵　应长江　张立东（女）　张爱萍（女）
陈卫蓉（女）　陈方义　陈爱飞（女）　陈斐斐（女）　陈登平　金丽琴（女）
金秀华（女）　金筱梅（女）　周显华　周道义　郑荣远　洪绍基

钱昌吉	黄妩嫆（女）	黄建国	黄海引（女）	谢玲玲（女）	蒋　晖（女）
戴建东					

第三代表团（42 名）

王莲莲（女）	王善顺	叶子建	叶松昆	叶荣巨	朱　龙
朱玉琴（女）	杨薇薇（女）	孙建伟	李志荣	吴海哨	吴崇柳（女）
吴德芬（女）	邱心川	邱向真（女）	余冬青	邵豪哲	林世南
林秀春	林瑞荣	林新福	周谷青	周耀华	金美美（女）
金荣旺	郑念鸿	柯秀聘	胡忠明	南琳琳（女）	娄剑峰
夏永远	翁松武	奚德驹	涂金龙	黄聿川	黄坚燕（女）
黄建平	黄爱凯	黄家龙	斯安琪（女）	蔡加胜	潘柏和

第四代表团（40 名）

王　东	王平权（女）	王易进	叶少华	叶丹霞（女）	叶莲英（女）
包哲东	伍和昆	许　国	孙　蔚（女）	孙国勇	孙建玲（女）
李玉莲（女）	吴小霞（女）	吴金林	吴康平	张仁敏	张银平（女）
陈志崇	陈顺权	陈晟芳（女）	陈高乐	陈高鲁	陈彩萍（女）
陈德理	卓笃生	金正中	金宝禄	周　震	周方业
郑朋木	胡美珠（女）	赵景温	倪松汉	徐佩兰（女）	郭锦巧
诸葛继先	黄建权	谢卫国	谢仁兴		

第五代表团（33 名）

王小伦	王超俊	叶向东	朱冬花（女）	朱建云	朱道统
李小媚（女）	李永兴	李国华	严章章（女）	吴柏松	吴楚汉
应国权	张建兴	张胜利	张金清	陈时升	陈国琴（女）
沈少华（女）	林小冬	林淑萍（女）	林献珍	季胜利	季凌坚
周莲馨（女）	郑显平	倪长兴	项春芳（女）	唐克勤	黄小兰（女）
黄伊华（女）	黄敏乐	董小苏			

第六代表团（35 名）

王兴乐	叶　军	乐素贞（女）	吉　明	朱玲玲（女）	朱彩霞（女）
刘小玉（女）	杨　鸿	李建民	吴海燕（女）	张秀云（女）	张纯浙
张建国	陈　洁（女）	陈小春	陈云烽	陈庆生	陈虎啸
陈雅悯	林　俐（女）	林达仁	林国和	林宝丰	郑阿天
胡　玫（女）	胡　洁（女）	施广政	徐明真	黄理武	章新民
曾士周	彭三豹	潘佩聪（女）	缪笑竹（女）	薛爱平（女）	

第七代表团（37 名）

孔　璋	王玉汪	王建荣	伍和清	全一凡	许德忠
杨秀津	李知森	吴　昊	吴力绚（女）	何士清	汪亭放
沈爱萍（女）	张长法	张夏雄	张维忠	陈志挺	陈洪湖
林国丰	金益林	周云秋	郑光亮	郑湖燕（女）	郑博勋
单克俊	施巨软	施琼华（女）	夏作海	夏积文	徐清姆
黄海伦（女）	葛和凯	董树富	鲍少华	廖　跃	潘　艺（女）
瞿芬平					

第八代表团（38 名）

卜洪升	王明兴	王良善	尤建国	叶正强	叶林光
冯宗和	刘岩权	杨小春（女）	杨玉听	李胜芬	张胜友
张德跃	陈伯慈	陈胜滔	陈锡秋	金芝莲（女）	金龙伟
金克杰	金建设	金岳弟	金新友	郑庆和	郑金钿
胡正武	胡胜发	姜玉杰	贾焕翔	夏建忠	徐文义
徐少云	徐顺东	黄志清	黄夏日	程光武	潘　怡（女）
潘陈兴	潘金山				

第二次会议

增选代表：张秀云。

代表资格终止：翁松武、李秀春。

第三次会议

增选代表：丁墨涵、余国仁、杨湘洪、张友松、吴宁、潘一凡、叶名富。

代表资格终止：张国华、周谷青、黄聿川、陈国琴、唐克勤、黄夏日。

第四次会议

代表资格终止：林新福、朱建云、潘金山。

第七节　区七届人大代表名单

第一次会议

（代表共300名，以姓氏笔画为序排列）

第一代表团（36人）

王小伦	王孙成	付爱芬（女）	吕　英（女）	朱　丹（女）	朱一明
杨义杰	杨湘洪	李筱秋（女）	严章章（女）	吴　昊	吴小霞（女）
吴海哨	应　真（女）	陈雅悯	邵奇文	林爱华（女）	林培明（女）
金晓群（女）	周彩琴（女）	周锦春	郑小兵	郑少敏（女）	郑多华（女）
郑金水	郑美菊（女）	项丽丽（女）	夏基山	徐彩凤（女）	黄庆火
黄丽霞（女）	黄信乐	章碎英（女）	阙胜琪	蔡　彧	蔡叶霞（女）

第二代表团（34 人）

王秀娟（女）	王真云	叶玉春	叶必庆	叶益武	白雪娟（女）
朱　龙	刘伟军	李小燕（女）	李建花（女）	李美华	肖春华（女）
吴长麟	吴晓贵	吴智勇	余中平	陈方义	陈洪湖
陈爱飞（女）	林文龙	林亚平（女）	季洪杰	金　安	周献华
胡安定	南胜国	洪绍基	徐一峰	徐亦军	黄坚燕（女）
黄国云	章新民	蔡灵跃	戴俊达		

第三代表团（35 人）

马　跃（女）	王　炯	叶松昆	包建中	朱彩霞（女）	刘　丹
李友谊	李志荣	吴阿糯	吴崇柳（女）	吴楚汉	吴德芬（女）
余冬青	余国仁	金荣旺	余晓平（女）	陈时升	陈忠和
邵豪哲	林小冬	林世南	林瑞荣	林鸿康	罗静芳
周筱秋（女）	柯秀聘	胡方金	赵景温	黄建平	黄家龙
麻剑玲（女）	斯安琪（女）	潘向捷	潘宝翠（女）	戴美琴（女）	

第四代表团（35 人）

王小珍（女）	叶小华	叶建文	庄建华	江　俊	孙建玲（女）
吴云秋（女）	吴中伟（女）	陈云烽	陈少云	陈松权	陈国光
陈顺权	陈海坚	林欧文	林淑萍（女）	金克锋	周小梅（女）
周湘妤（女）	项旭光	项春芳（女）	胡西津（女）	胡美珠（女）	倪长兴

徐知竑	徐春萍（女）	徐爱芬（女）	翁茂荣	奚德驹	黄克敌（女）
曾仲武	谢　伟	谢爱妹（女）	潘一凡	戴迪聪（女）	

第五代表团（35 人）

王丽峰（女）	王易进	王炳玉（女）	叶莲荚（女）	匡连庭	伍和昆
孙国勇	杜玉海	李　震	李玉苹（女）	李国华	李逸萱（女）
严勤为	何福松	张尤荣	张建兴	张银平（女）	陈　洁（女）
陈克宁	陈高乐	林双燕（女）	金正中	郑　勇	郑湖燕（女）
项晓晓（女）	柯建华（女）	胡　洁（女）	赵有国	钱仕新	黄建权
黄敏乐	章孝敏	谢卫国	谢仁兴	薛　勇	

第六代表团（34 人）

王　丹（女）	王晓冬	田志胜	邢增福	朱玲玲（女）	朱彬彬（女）
江胜寿	吴　玲（女）	吴力绚（女）	吴厉锋	汪志海	陈少茗（女）
陈有为	陈锋进	邵必武	林金松	欧若曼（女）	季银河
周建平	周雪飞（女）	郑延忠	项　丹	胡元英（女）	南品仁
夏永远	徐向阳	徐松林	郭锦巧	唐陈岳	黄金鹏
董克凡（女）	曾士周	潘教明	薛爱平（女）		

第七代表团（30 人）

叶显华	卢更生	朱启龙	杨秀津	李时梅（女）	李知森
谷俊杰	沈爱萍（女）	张伟丹（女）	张德跃	陈丽蓉（女）	陈玲玲（女）
金定波	周耀华	郑庆和	郑和平	郑金钿	郑莱莉（女）
郑博勋	柳晓忠	俞信亚（女）	姜玉杰	贾焕翔	黄永斌
韩国森	董树富	蒋启才	程兰生	虞培清	潘佩聪（女）

第八代表团（30 人）

叶国芳	杨　毅	杨小春（女）	杨玉听	杨明明（女）	李金江
李胜芬	吴海燕（女）	张长法	张学崇	张恩贵	陈秀芳（女）
陈祥旺	林秀春	金岳弟	金建设	周祥薇（女）	胡晓初
姜小蓉（女）	姜扬烽	夏建忠	翁益华	黄忠胜	黄智文
曹连松	康岳春	麻秀华	董金花（女）	潘多仁	瞿芬平

第九代表团（31 人）

王长青	王良善	王建华	叶新海	卢连云	白海忠
朱建光	孙光辉	孙敬东	肖胜利	吴祝凡	何士清
应权弟	张立东（女）	张若曼（女）	陈胜军	林松龙	金克杰

周　岷	徐大放	徐忠义	郭温国	诸光进	黄孟巨
蒋忠伟	程宗政	鲍成发	廖　跃	潘　怡（女）	潘肖嫦（女）
潘雪荣					

第二次会议

增选代表：吴招程、吴广、徐定光、徐晓君、虞立清、肖石龙、潘勇、林一俭。

代表资格终止：吴昊、徐亦军、余国仁、林世南、戴美琴、陈国光、徐春萍、黄克敌、匡连庭、杜玉海、翁益华。

第三次会议

增选代表：余梅生。

代表资格终止：杨湘洪、金建设、潘向捷。

第四次会议

增选代表：王立彤、贾志文、胡俊武、周丰、夏理勇。

代表资格终止：余中平、陈方义、徐晓君、郑勇、吴力绚、陈有为、朱建光、董金花。

第五次会议

代表资格终止：杨义杰、吴招程、黄建权、潘勇、董克凡、张恩贵、黄智文。

第八节　区八届人大代表名单

第一次会议

（代表共 296 名，以姓氏笔画为序排列）

第一代表团（42 人）

王良善	王爱川	叶苏建	叶和顺	白琼璟	刘海洋
吴晓贵	张晓静	张维凯	李银贵	肖石龙	苏立聪
谷林茶（女）	陈　滨	陈克勤	陈爱敏	周孟进	周海峰
周骑熊	易建东	林国光	林定克	林建华	郑森静
金永年	金浙瓯	金敏俐	姜黎明	项旭光	夏作展
夏建忠	夏晓新	徐大放	徐青川	康岳春	曹向阳
黄益巧	黄建忠	黄澄敏	程　卫	程正吉	程晓清

第二代表团（18 人）

王先豪	王峥嵘	叶云森	庄建华	何士清	应　真（女）
张利夫	张若曼（女）	邹安宁	陈　辉	陈文川	周　岷
郑庆福	郑锦春	项伟胜	郭温国	黄孟巨	虞培清

第三代表团（27 人）

王晓冬	史晓东	叶云飞	叶文忠	叶晓挺	伍忠孝
吴　华	杨秀津	陈　斌	陈利凯	周　丰	林平恩
林相东	林蓉蓉（女）	欧小相	欧若曼（女）	郑莱莉（女）	施文明
柳晓忠	祝鹏程	胡明玖	唐陈岳	徐一峰	陶文艳（女）
麻金巧	黄刘芳（女）	蔡灵跃			

第四代表团（43 人）

方晓敏（女）	王　敏（女）	王小忠	王美凤（女）	乐素贞（女）	刘立锋
孙成超	江　俊	吴海燕（女）	吴雷雨	张尤荣	张建兴
邵奇文	陈　洁（女）	陈建生	陈建弟	周建平	周雪飞（女）
周湘妤（女）	周赛珍（女）	林文花（女）	林淑萍（女）	郑延忠	金洁慧（女）
柯建华（女）	胡　辉	胡云平	项晓晓（女）	倪长兴	奚德驹
徐敏捷（女）	钱仕新	黄月东	黄金鹏	黄凌萍	曾　莞（女）
葛成福	谢　伟	谢　越	虞晓东	蔡国龙	滕美华（女）
薛　勇					

第五代表团（76 人）

王　沁（女）	王小伦	王阿娟（女）	王建敏	王春晖	王炳玉（女）
王雯皎（女）	付爱芬（女）	包建中	叶　青	刘荷苗（女）	吕　英（女）
孙国勇	朱　丹（女）	朱崇敏	严章章（女）	何福松	吴海哨
吴德芬（女）	张　勇	张小瓯	张纯林	李艾黎	李志荣
李筱明	李筱秋（女）	谷建龙	邱向真（女）	陆日煜	陈　珠（女）
陈　锵	陈云源	陈时升	陈建锋	陈忠和	陈顺华
陈晓东	陈高乐	陈瑞林	陈增斌	单晓雷	周彩琴（女）
林　红（女）	林　克	林小冬	林双燕（女）	林秀春	林明忠
林海军	郑少敏（女）	郑多华（女）	郑美菊（女）	郑湖燕（女）	金　安
金月霞（女）	宣　杰	施建安	柯　遥	柯斐济	胡俊武
赵景温	奚德平	徐　慧（女）	徐建国	徐彩凤（女）	诸葛要武（女）
章　胤	章新民	黄丽霞（女）	黄振声	蒋成富	谢仁兴
阙胜琪	蔡　彧	潘定龙	潘宝翠（女）		

第六代表团（36 人）

王立彤	叶必庆	叶浪克	朱启龙	朱彩霞（女）	朱雪琼（女）
吴忠毅	吴智勇	张纯亮	张福康	李　哲	李玉莲（女）
李秀林	邱双何	陈中怀	陈宏强	陈顺权	周建东
周基斌	郑　义	郑博勋	金克锋	金晓群（女）	洪　静（女）
胡小雪（女）	胡美珠（女）	胡爱松	徐　哲	徐爱芬（女）	黄国云
曾　挺	谢云周	褚　坚	薛建国	戴俊达	戴淑贞（女）

第七代表团（40 人）

王　林	王真云	卢更生	叶兴华	叶寿珍	白雪娟（女）
庄秀丽（女）	朱　龙	朱建光	许锡林	何黎章	吴　崎（女）
吴长麟	吴建敏	张大可	李小燕（女）	李欢乐	李美华
李　跃	李跃胜	杨绍概	肖春华（女）	陈　进	陈　绚（女）
陈月玲（女）	陈爱飞（女）	陈雪艳（女）	卓东健	周丽峰	周筱秋（女）
季洪杰	林瑞荣	郑小兵	金荣旺	洪文滨	胡方金
胡向阳	黄建平	黄品寿	黄胜芬		

第八代表团（14 人）

王长青	吴　广	吴　玲（女）	李小曼（女）	李秀峰（女）
杨建华	陈巧敏	陈平华	陈如锰	周祥薇（女）
姜定波	贾志文	黄恩亮	瞿芬平	

第二次会议

代表资格终止：陈进、陈平华、姜定波、瞿芬平。

第三次会议

增选代表：郑乐斌、陈钜、诸葛继先、陈翔俊、张敏、陈胜军、李跃国、陈金敏、叶恒坚、张琳玮、甄增光、瞿玉新。

代表资格终止：吴晓贵、金浙瓯、施文明、刘立锋、吴雷雨、黄凌萍、谷建龙、陈云源、褚坚、季洪杰、李秀峰、徐一峰。

第四次会议

增选代表：许卫疆、金浙瓯、王剑波、李先进、陈康亮、林宣富、谭兴起、林仕德、胡希求、安建光。

代表资格终止：徐道友、张勇、陈增斌、施建安、洪静、黄品寿。

第五次会议

（代表共 299 名，按姓氏笔画为序排列）

山福代表团（17 人）

叶苏建　白琼璟　刘海洋　肖石龙　张晓静　陈　滨
陈克勤　林定克　金浙瓯　夏作展　夏晓新　徐大放
徐青川　黄建双　黄澄敏　程正吉　程晓清

藤桥代表团（24 人）

王爱川　叶和顺　许卫疆　苏立聪　李银贵　谷林茶（女）
陈爱敏　林国光　林建华　易建东　金永年　金敏俐
周孟进　周海峰　周骑熊　郑森静　项旭光　姜黎明
夏建忠　黄建忠　黄益巧　曹向阳　程　卫　潘一凡

仰义代表团（16 人）

王先豪　王峥嵘　叶云森　庄建华　吴荣华　何士清
应　真（女）张利夫　张若曼（女）陈文川　周　岷　郑庆福
郑锦春　郭温国　黄孟巨　虞培清

丰门代表团（11 人）

叶晓挺　史晓东　伍忠孝　张维凯　陈　斌　林蓉蓉（女）
柳晓忠　唐陈岳　黄刘芳（女）麻金巧　蔡灵跃

双屿代表团（18 人）

王晓冬　韦龙成　叶云飞　叶文忠　杨秀津　吴　华
陈利凯　林平恩　林相东　欧小相　欧若曼（女）周　丰
郑莱莉（女）胡明玖　姜益祥　祝鹏程　诸葛继先　陶文艳（女）

广化代表团（13 人）

王小忠　王美风（女）方晓敏（女）李嘉昌　张建兴　陈　辉
陈建生　林淑萍（女）金洁慧（女）周赛珍（女）胡云平　倪长兴
奚德驹

松台代表团（32 人）

王　敏（女）王剑波　乐素贞（女）江　俊　孙成超　李先进

吴法照	吴海燕（女）	张尤荣	陈　浩	陈　洁（女）	陈月玲（女）
陈建弟	邵奇文	林文花（女）	周建平	周雪飞（女）	周湘妤（女）
郑延忠	胡　辉	柯建华（女）	姜锦谷	钱仕新	徐敏捷（女）
黄月东	曾　莞（女）	谢　伟	谢　越	虞晓东	蔡国龙
滕美华（女）	薛　勇				

大南代表团（22人）

王　沁（女）	王炳玉（女）	王雯皎（女）	孙国勇	何福松	张纯林
张香梅（女）	陆日煜	陈　锵	陈建锋	陈康亮	陈瑞林
林双燕（女）	林秀春	林建勇	林明忠	林海军	郑湖燕（女）
宣　杰	柯　遥	徐建国	谢仁兴		

五马代表团（55人）

王小伦	王阿娟（女）	王建敏	王春晖	付爱芬（女）	包建中
叶　青	刘荷苗（女）	吕　英（女）	朱　丹（女）	朱崇敏	严章章（女）
吴海哨	吴德芬（女）	张小瓯	李艾黎	李利法	李志荣
李筱明	李筱秋（女）	陈　珠（女）	陈时升	陈忠和	陈胜军
陈顺华	陈晓东	陈高乐	陈滢冰（女）	单晓雷	周彩琴（女）
林　红（女）	林　克	林小冬	林宣富	罗招政	郑少敏（女）
郑多华（女）	郑美菊（女）	金　安	金月霞（女）	柯斐济	胡海峰
赵景温	奚德平	徐彩凤（女）	诸葛要武（女）	章新民	黄丽霞（女）
黄振声	蒋成富	阙胜琪	蔡　彧	谭兴起	潘定龙
潘宝翠（女）					

南郊代表团（11人）

王文君	朱启龙	李秀林	邱双何	林仕德	郑　义
郑乐斌	郑博勋	赵海艇	徐爱芬（女）	薛建国	

南汇代表团（27人）

叶必庆	朱彩霞（女）	朱雪琼（女）	吴忠毅	吴智勇	张纯亮
张福康	李　哲	李玉莲（女）	陈中怀	陈宏强	陈顺权
周建东	周金清	周基斌	金克锋	金晓群（女）	胡小洁（女）
胡小雪（女）	胡希求	胡美珠（女）	胡爱松	徐　哲	黄国云
曾　挺	戴俊达	戴淑贞（女）			

蒲鞋市代表团（23人）

王　林	王真云	叶兴华	白雪娟（女）	庄秀丽（女）	吴长麟

张本锋	李小燕（女）	李欢乐	李美华	李跃胜	肖春华（女）
邹安宁	陈　绚（女）	陈金敏	陈爱飞（女）	陈雪艳（女）	卓东健
林瑞荣	洪文滨	胡俊武	陶玉燕（女）	黄胜芬	

滨江代表团（16 人）

王　炯	叶寿珍	朱　龙	许锡林	何黎章	吴　崎（女）
吴建敏	杨绍概	苏士永	周丽峰	周筱秋（女）	郑小兵
金荣旺	胡方金	胡向阳	黄建平		

七都代表团（14 人）

王长青	叶恒坚	李小曼（女）	杨建华	吴　广	吴　玲（女）
张琳玮（女）	陈巧敏	陈如锰	周祥微（女）	贾志文	黄恩亮
甄增光	瞿玉新				

第二编　区人民代表大会

第一章　区人民代表大会的职权

中华人民共和国《宪法》《组织法》规定，地方各级人民代表大会，是地方国家权力机关，在本行政区域内依法行使地方国家权力。本级行政、审判、检察机关由地方人民代表大会选举产生，并受之监督。区人民代表大会的职权是：

(1) 在本行政区域内，保证宪法、法律、行政法规和上级人民代表大会及其常务委员会决议的遵守和执行，保证国家计划和国家预算的执行；

(2) 审查和批准本行政区域内的国民经济和社会发展计划、预算以及它们执行情况的报告；

(3) 讨论、决定本行政区域内的政治、经济、教育、科学、文化、卫生、环境和资源保护、民政、民族等工作的重大事项；

(4) 选举本级人民代表大会常务委员会的组成人员；

(5) 选举区长、副区长；

(6) 选举本级人民法院院长和人民检察院检察长；选出的人民检察院检察长，须报经上一级人民检察院检察长提请该级人民代表大会常务委员会批准；

(7) 选举上一级人民代表大会代表；

(8) 听取和审查本级人民代表大会常务委员会的工作报告；

(9) 听取和审查本级人民政府和人民法院、人民检察院的工作报告；

(10) 改变或者撤销本级人民代表大会常务委员会的不适当的决议；

(11) 撤销本级人民政府的不适当的决定和命令；

(12) 保护社会主义的全民所有的财产和劳动群众集体所有的财产，保护公民私人所有的合法财产，维护社会秩序，保障公民的人身权利、民主权利和其他权利；

(13) 保护各种经济组织的合法权益；

(14) 保障少数民族的权利；

(15) 保障宪法和法律赋予妇女的男女平等、同工同酬和婚姻自由等各项权利。

区人民代表大会有权罢免本级人民政府的组成人员，有权罢免本级人民代表大会常务委员会的组成人员和由它选出的人民法院院长、人民检察院检察长。罢免人民检察院检察长，须报经上一级人民检察院检察长提请该级人民代表大会常务委员会批准。

第二章 大会的召开及听取、审查报告

区人民代表大会每年至少举行一次会议。经过五分之一以上代表提议，可以临时召集召开区人民代表大会会议。

1984 年 5 月至 2016 年 9 月，鹿城区人民代表大会历经八届，共举行 33 次会议。历届历次会议听取和审查区政府、区人大常委会、区法院、区检察院工作报告和其他报告共 197 个，审查议题 251 项，通过决议、决定 201 项，选举区国家机关领导人员 304 人次。

表2—1　　鹿城区历届人大一次会议基本情况

会议序次	会议日期	出席代表（人）	列席人员（人）	审议议题（项）	听取报告（个）	决议决定（项）	会议期间代表提出		会议地点
							议案（件）	建议（件）	
城区一届一次	1984 年 5 月 28 日—6 月 2 日	395	缺	5	5	3	27	611	温州市工商联礼堂
鹿城区一届二次	1985 年 5 月 27 日—31 日	428	缺	7	7	5	56	152	温州军分区礼堂
鹿城区二届一次	1987 年 6 月 1 日—6 日	282	缺	8	6	6	54	236	温州市工商联礼堂
鹿城区三届一次	1990 年 5 月 19 日—25 日	302	280	9	6	6	45	170	温州市工人文化宫
鹿城区四届一次	1993 年 4 月 20 日—27 日	275	51	6	6	6	82	134	温州市工人文化宫
鹿城区五届一次	1998 年 3 月 18 日—25 日	240	80	6	6	6	37	194	鹿城区府礼堂
鹿城区六届一次	2003 年 3 月 24 日—30 日	303	100	6	6	6	125	119	鹿城文化中心
鹿城区七届一次	2007 年 1 月 21 日—26 日	300	198	6	6	6	84	156	鹿城文化中心
鹿城区八届一次	2012 年 1 月 4 日—8 日	296	252	6	6	6	32	183	鹿城文化中心

第一节 区一届人大会议的召开及听取、审查报告

温州市城区一届人大一次会议于 1984 年 5 月召开。1984 年 12 月，经浙江省人民政府批准，城区改为鹿城区。至 1987 年 5 月，区一届人大任期 3 年。其间，共举行会议 3 次，审查议题 21 项，听取报告 19 个，通过决议、决定 15 项，选举区国家机关领导人员 34 名。

表2—2　　鹿城区一届人大历次会议基本情况

序次	会议日期	出席代表（人）	列席人员（人）	审议议题（项）	听取报告（个）	决议决定（项）	会议期间代表提出		会议地点
							议案（件）	建议（件）	
一	1984 年 5 月 28 日—6 月 2 日	395	缺	5	5	3	27	611	温州市工商联礼堂
二	1985 年 5 月 27 日—31 日	428	缺	7	7	5	56	152	温州军分区礼堂
三	1986 年 4 月 8 日—12 日	425	缺	9	7	7	36	248	温州市工人文化宫

第一次会议

听取、审议政府工作报告

第一次会议听取、审议温州市城区区长何包根《政府工作报告》。报告指出，温州市区是温州市政治、经济、文化的中心，为了加强城市建设和城市管理，充分发挥中心城市的作用，经省政府批准。原东城、南城、西城三个区合并，建立温州市城区人民政府，作为县级政权。城区地处瓯江之滨，辖区面积11.3平方公里，人口35.38万人，每平方公里人口密度达3.17万人。城区政府设一办（办公室）、四委（计划经济、计划生育、科学技术、体育运动）、十六个局（城建、房管、财政、税务、工商、公安、民政、劳动、人事、老干部、物价、文化、教育、卫生、广播、司法），此外，交通、粮食、商业、环保等局的机构设置问题，有待进一步研究确定。城区下辖14个街道，182个居民区。直接管辖的区办工商企业128个、街道办工商企业908个，有职工24348人；全区有个体工商业5985户，6714人。1983年，全区街道企业工业总产值完成8200万元，比1982年增长58%；完成商业零售额2950万元，比1982年增长80.7%；劳务收入826万元，比1982年增长2倍；实现利润761万元，比1982年增长88.7%；安置待业青年和闲散劳力3797人，是1979年以来安置较多的一年；上缴工商税和所得税共446.8万元，是1979年的3.5倍。

报告指出，在过去的几年里，城区各方面工作取得很大成绩，机构改革取得显著成效。最近，温州市被列为全国十四个对外开放的沿海城市之一，这对城区的建设是一个有利条件。1984年，全区计划任务和奋斗目标是：工业总产值确保8800万元，争取突破1亿元，比1983年增长7.3%和21.95%；企业利润731万元，力争894.45万元，比1983年增长7.2%和21.95%；完成财政收入1229万元，争取增收175万元，上交“交通能源建设基金”26万元，购买国库券31.6万元。人口自增率要控制在6.13‰以下。为达到上述目标，着重做好以下工作：一、加强城市管理和建设，实行综合治理，改变城市面貌；二、发展街道企业，扶持个体经济，安置待业青年；三、继续搞好计划生育，普遍提倡和执行一对夫妇只生育一个孩子；四、完成机构改革，加强政府工作。

会议经审查，通过决议，批准《政府工作报告》。

审查、批准财政预算

第一次会议审查、批准城区财政税务局局长黄国池《温州市城区1984年财政工作报告》。报告指出，温州市城区的财政体制是温州市一级财政体制的重要组成部分，目前暂不单独建立城区一级财政。根据市长办公会议纪要，按城区经济、行政管理体制来确定城区财政收支的职能范围。收入方面：管理隶属的区街办企业、集贸市场、个体工商业户的工商各税及机动摩托车牌照税，居民房地产税的征收，管理城区所属政法机关与行政执法机关的罚没款，没收物资变价款。支出方面：管理城区所属单位的国家预算拨款。同时做好城区管辖单位的能源交通重点建设基金征收，国库券的推销发行工作。市对城区的财政收入试行增收分成和财政补助的办法：一、区管辖征收的工商税，从 1984 年起试行环比增收分成，增收部分城区分成 30%。二、区、街道企业的工商所得税，以 1979 年 67 万元为基数，全年增收部分城区分成 40%。三、城区所属政法机关、行政执法机关（包括城区公安分局、交警大队、城区交通管理站）的罚没款，除返回征收单位作办案费用和扣除 1979 年基数 15 万元外，其余部分留归城区安排使用。此外，市财政年度净结余的机动财力，对城区实行一年一定的财政补助，1984 年确定补助 43 万元。

报告指出，1984 年市分配城区财政收入任务 1229 万元。其中：工商税收入 979 万元；工商所得税收入 174 万元；其他工商税收入 56 万元。市核增城区超收任务 175 万元，1984 年财政收入任务就是 1404 万元。此外，分配给城区征集国家交通能源重点建设基金的任务 26 万元，购买国库券任务 31.61 万元。1984 年，市核定城区财政的支出指标是 584.74 万元，地方附加及自筹收入安排城市维护费 275.35 万元，国家预标和地方附加合计支出指标 860.09 万元。其中，行政、事业费 411.94 万元，城镇青年就业经费 14 万元，城市维护费 138.8 万元，基本建设投资 28 万元；地方附加和国家预算安排城市维护费支出 406.15 万元。

会议经审查，通过决议，批准《温州市城区 1984 年财政工作报告》。

听取、审议法院工作报告

第一次会议听取、审议城区人民法院院长俞锡荣《温州市城区人民法院工作报告》。报告指出，随着城区体制改革，原东城区、南城区、西城区三个人民法院于今年 2 月 25 日对内合并办公，组建温州市城区人民法院。根据工作需要，分别设置刑事审判庭、民事审判庭、经济审判庭、执行庭以及第一、第二、第三人民法庭和办公室等机构。三个多月来，在区委、区人大（筹）和上级法院的重视和支持下，抓好组织机构落实，积极开展各项审判活动。截至 4 月底，已审结 46 件刑事案件，168 件民事案件，4 件经济纠纷案件，21 件执行案件，处理人民来信 500 多件次，接待人民来访 1000 多人次。各项工作已初见成效。城区法院今后的主要工作任务是：继续贯彻中央依法“从重从快、一网打尽”的方针，严惩严重危害社会治安的犯罪分子；认真执行民事诉讼法，加强民事审判工作；学习、掌握经济法规，积极开展经济审判；加强信访工作，重视申诉处理；加强法院队伍建设，提高干警的政治素质和业务素质。

会议经审查，通过决议，批准《温州市城区人民法院工作报告》。

听取、审议检察院工作报告

第一次会议听取、审议城区人民检察院检察长吴侠圣《温州市城区人民检察院工作报告》。报告指出，随着城区体制改革，温州市城区人民检察院在原市区东城、南城、西城三个区院合并的基础上，于 1984 年 2 月中旬开始组建。全院分别设置刑事、监所、法纪、经济，检察科和信访科、办公室等机构。自 1984 年 3 月 1 日起开始实行对内统一办公。三个月来，共受理公安机关提请批准逮捕人犯 169 名，经审查批准逮捕 104 名；

受理公安机关移送的审查起诉案件 77 件 140 名，审结后向法院提起公诉 47 件 85 名，出席法庭支持公诉 36 件 56 名。截至 5 月中旬，受理经济犯罪案 16 件 21 名，已起诉 3 件 3 名，免诉 1 件 1 名。对 83 件人民来信和 24 次群众来访，做到认真接待，及时处理。

会议经审查，通过决议，批准《温州市城区人民检察院工作报告》。

第二次会议

听取、审议政府工作报告

第二次会议听取、审议鹿城区区长何包根《政府工作报告》。报告指出，1984 年，区街工业总产值 15066 万元，超额 67.87% 完成年度计划任务，比 1983 年增长 79.71%；实现利润 1365 万元，超额 86.79% 完成年度计划任务，比 1983 年增长 91.7%；上交税金 739 万元，比 1983 年增长 73.39%，实现了产值、利润、税金同步增长，利润的增长速度超过产值的增长速度。全区农村工农业总产值 9050 万元，比 1983 年增长 20.81%。其中，农业产值 3939 万元，占 43.5%；乡镇工业产值 5111 万元，占 56.5%。粮食产量 3514 万公斤，比 1983 年增长 0.47%，为国家提供商品粮 813.5 万公斤。建立蔬菜、水果、水产品和畜禽蛋四大商品基地，向国家、市场投售蔬菜、水果、鲜肉等农副产品总金额达 2147 万元，比 1983 年增加 32.1%。全区有各种类型的集体商业 1029 家，饮食业 128 家，修理业 43 家，服务业 310 家，交通运输业 63 家。1984 年商品成交额达 9788.9 万元，比 1983 年增长 87%。全年投入市场建设资金 70 万元，扩展面积 25341 平方米。1984 年，市区出生人数为 3430 人，人口自增数为 1651 人，人口自增率为 4.58‰。

报告指出，1985 年的计划任务和奋斗目标是：工农业总产值 29118 万元，比 1984 年增长 22.16%，其中农业总产值 4530 万元，比 1984 年增长 15%；工业总产值 24588 万元，比 1984 年增长 23.63%。工业利润 2018 万元，比 1984 年增长 12.24%。区街工业产值 17400 万元，比 1984 年增长 17.76%；利润 1566 万元，比 1984 年增长 14.7%。乡镇工业产值 7188 万元，比 1984 年增长 40.64%；利润 452 万元，比 1984 年增长 4.38%。第三产业营业额（不包括个体）力争 4305 万元，比 1984 年增长 91.3%。为实现上述目标，要做好以下工作：一、坚决、稳妥地进行经济体制改革；二、加快对内对外开放的步伐；三、抓好城市管理，美化城市环境；四、加强社会主义精神文明建设；五、加强和改善政府工作。

会议经审查，通过决议，批准《政府工作报告》。

审查、批准财政预算和决算

第二次会议审查、批准区财政税务局局长黄国池《温州市鹿城区 1984 年财政收支执行情况和 1985 年财政收支预算安排意见的报告》。报告指出，1984 年是全区行政体制改革后的第一年，也是市对区实行统收统支，增收分成的财政体制的第一年。一年来，实现了收入超收、支出略有节余的要求，各项收支执行情况良好。1984 年，全区财政总收入 1135.64 万元，扣除各行政管理部门的罚没款收入外，为 1071.03 万元，完成市核定年度收入任务的 141.58%。其中，工商税收入（含产品税、营业税、增值税）846.12 万元，完成年计划 141.12%；工商所得税收入 156.17 万元，完成计划 156.2%；其他各税收入（含房地产税、屠宰税、机动车船牌照税补税罚款等）68.74 万元，完成年计划 122.75%。全年财政总支出 1608.4 万元，其中，预算内支出 1302.2 万元，完成市核定的支出预算 94.02%，年终支出预算结余 41.46 万元（包括按规定留给各单位使用的包干经费结余 33.63 万元，财政一般结余 7.83 万元）。全年上交国库券 27.66 万元，超额 4.8% 完成任务。

报告指出，1985 年市下达全区财政收入必成任务 1917 万元（按省分配任务数下达），比 1984 年增长 16.96%；期成任务 2025 万元（按市分配任务数下达），比 1984 年增长 23.55%。根据期成任务目标：工商税 1613 万元，比 1984 年增长 27%；工商所得税 325 万元，比 1984 年增长 13.3%；其他工商税 87 万元，比 1984 年增长 11.7%。此外，核定农业税收入任务 48 万元，国库券 180 万元，行政管理部门罚款 48 万元。全年预算支出 790.6 万元，比 1984 年增长 23.48%，剔除一次性指标，按同口径对比，正常行政事业费增长 11.64%，主要项目如下：农林水利事业费 17.59 万元，比 1984 年增长 9.31%；工交商事业费 1.6 万元，比 1984 年增长 19.4%；文教科卫事业费 389.54 万元，比 1984 年增长 9.22%；优抚、社救事业费 175.07 万元，比 1984 年增长 11.8%；行政管理和其他事业费 189.03 万元，比 1984 年增长 19.86%；科技三项费用 2.5 万元，比 1984 年增长 66.6%；城镇知青就业经费 15.3 万元。这次预算支出指标仅下达行政事业费支出部分。省专项经费分配指标，地方安排自筹基本建设、城市维护建设费及总预备费，尚未核定。市财政机动财力给鹿城区的切块资金和 1984 年的增收分成，也未研究确定，待以后再作调整。

会议认为，1984 年财政收实现了收入超收、支出略有节余的要求。1985 年财政收入安排是积极的。会议责成区财政税务局抓紧落实 1984 年区财政体制分成和市机动财力切块资金，对部分因此还未落实的预算支出项目提出安排建议数，提交区人大常委会审议。会议要求各部门、各单位要继续贯彻勤俭建国的方针，依靠全区人民，大力发展生产，活跃商品流通，提高经济效益。要加强税收征收管理，积极组织收入，厉行节约，反对浪费，严肃财经纪律，为完成 1985 年财政收支任务，加速实现社会主义现代化建设而努力奋斗。

会议经审查，通过决议，批准《温州市鹿城区 1984 年财政收支执行情况和 1985 年财政收支预算安排意见的报告》。

听取、审议常委会工作报告

第二次会议听取、审议区人大常委会主任谷锦麟《区人大常委会工作报告》。报告指出，区一届人大一次会议闭会以来，区人大常委会举行了 6 次全体会议，听取、审议区人民政府有关财政、经济、改革、教育等方面 7 个工作报告和区人民法院、人民检察院的工作报告，依法任免 88 名区国家机关工作人员，组织 2 次专题视察活动，增补了新划归鹿城区管辖的 6 个乡的本届区人民代表大会代表，举行领导干部法制讲座。此外，还先后对《浙江省计划生育条例》等两个草案，组织区政府有关部门和有关单位负责同志进行讨论，提出修改、补充意见的建议。常委会主要工作如下：

一、听取和审议区人民政府及其有关部门和人民法院、人民检察院的工作报告。听取和审议区长何包根《关于1985年鹿城区经济体制改革的粗略设想》的汇报、计经委主任管嗣录《关于1984年区街工业生产情况和1985年工作意见的报告》、财税局局长黄国池《关于1984年财政收入任务和支出指标部分调整的报告》、物价局局长黄彩萍《关于物价工作情况的报告》、副区长陈莲莲《关于初等教育工作情况的报告》、区房管局负责人郑维新《关于房管工作情况的报告》、副区长陆国杰《关于四个议案执行情况的报告》，听取和审议区法院、检察院一九八四年工作报告。认真履行中华人民共和国《组织法》规定的职权，在讨论、审议、决定本区重大事项的工作中，初步发挥了地方国家权力机关的作用。

二、组织代表进行2次视察活动，先后视察了全区初等教育和房管工作。每次视察，都邀请有关方面的市人大代表和区有关单位负责人参加。参加视察的人数共34人。除了组织代表视察外，常委会还派出副主任、财经城建和科教文卫工作委员会主任以及一些代表，3次配合市人大常委会和有关部门视察和检查工作。

三、增补6个乡的本届区人民代表大会代表的选举工作。1984年12月26日，省人民政府批准温州市城区改为鹿城区，并将原近郊区的新桥、双屿、仰义、城郊、南郊、黎明等6个乡划归鹿城区管辖。鉴于原近郊区不是一级政权，根据农村的经济地位和人口所占的比例等各方面情况，经区人大常委会讨论，认为本届区人民代表大会应增补6个乡的区人大代表。增补代表的名额，经省人大常委会批准，由市辖区人民代表大会代表最高人数400人，再增加30人，即本届区人民代表总名额为430人。本届区人民代表大会原有代表395人，这次增补本届区人民代表大会代表35人。区人大常委会成立选举委员会，加强对选举工作的指导。选举工作自4月初开始，5月10日完成。属于这次增补代表选举范围的选民为51047人，参加投票选举的有50840人，参选率99.59%。选出的35名代表中，农民15人，干部11人，知识分子7人，侨眷2人。

四、加强与人大代表的联系。1. 制定《关于联系代表、开展代表活动的试行办法》，组织代表小组，开展活动。区一届人大常委会第二次会议，讨论通过了《关于联系代表、开展代表活动的试行办法》。按照该办法，把代表划为30个小组。建立接待代表日制度，邀请常委会工作委员会成员和一些代表列席常委会会议，编印常委会《会刊》，给各代表小组赠送《浙江法制报》，通过各种做法加强常委会与代表的联系。2. 认真处理代表的意见和建议。区一届人大一次会议期间，收到代表重要意见20件，建议、批评和意见611件，到5月20日全部作了处理。对代表意见和建议的处理，常委会要求各承办单位根据区一届人大一次会议通过《关于处理议案和代表意见的暂行办法》和议案审查委员会《关于议案的审查报告》的有关规定，认真研究，抓紧处理。3. 认真做好群众的来信来访工作。一年来，常委会收到人民代表来信8件，代表接待日和平时接待人民代表11人次；收到群众来信33件，接待群众20多人次。常委会对这些来信来访，按照“分级负责，归口管理”的原则，分别转请有关部门研究处理。属于区政府有关部门和法院处理的来信24件，其中要求落实房屋政策的6件，占25%。对区政府有关部门和法院处理的来信，常委会进行了督促、检查。

五、加强常委会自身的建设。1. 按照中华人民共和国《组织法》的规定，常委会第二次会议，讨论通过了《关于设置常委会办事机构的决定》，建立常委会办公室和法制、财经城建、科教文卫等三个工作委员会，办理常委会日常工作。2. 初步建立了一些工作、会议制度。常委会第二次会议，讨论通过了《关于任免国家机关工作人员暂行办法》、《关于联系代表、开展代表活动的试行办法》、《关于建立人民代表来访接待日制度的决定》。常委会主任会议还讨论通过了常委会会议制度。3. 认真组织常委会机关干部学习，一是学习《中华人民共和国宪法》和《中华人民共和国地方各级人民代表大会和地方各级人民政府组织法》，增强法制观念，严格依法办事；二是学习《中共中央关于经济体制改革的决定》、中共中央1985年1号文件，学习六届全国人大三次会议的决议和赵总理《政府工作报告》。除了坚持在职学习外，还于去年派出干部参加省人大举办的法制讲习会学习。4. 注意发扬民主，贯彻民主集中制的原则，严格按照法律程序行使人事任免权。在日常工作中，常委会注意发挥各工作委员会的作用，在审议会议议题，决定重大事项，工作委员会事先进行了解，与政府有关部门取得联系，对提请常委会审议的议题，提出意见供常委会参考。

会议经审查，通过决议，批准《区人大常委会工作报告》。

听取、审议法院工作报告

第二次会议听取、审议区人民法院院长俞锡荣《区人民法院工作报告》。报告指出，1984年以来，区人民法院继续深入开展严厉打击严重刑事犯罪和严重经济犯罪的斗争，运用法律手段保护经济体制改革和企业单位、人民群众的合法权益，积极参与社会治安的综合治理，为促进社会安定，实现社会治安根本好转，做了大量工作，取得了一定成绩。自1984年5月至1985年4月，共审结各类刑事案件361件，判处各类刑事犯罪分子588人。其中，严重危害社会的“七类”案件88件，占总件数的24.38%；犯罪分子181名，占总人数的30.18%。已发生法律效力判决的“七类”犯罪中，判处五年以上有期徒刑刑罚的78人，其中死刑3人、无期徒刑1人，审结经济犯罪案件22件，为国家挽回经济损失8.3万余元。全部案件均在法定期限内审结，平均结案时间为33天。一年来，共受理民事案件1086件。其中，婚姻案件533件，占总数49.08%，房屋案件331件，占总数30.48%。一年中办结718件，比1983年的478件增长了50.21%。自1981年《中华人民共和国经济合同法》（简称《经济合同法》）公布后，至1984年2月，原东城区、南城区、西城区三个法院受理经济纠纷案件和来信77件，审结13件。1984年3月，城区经济审判庭建立以来，共受理经济案件和来信258件，已审结71件，标的总金额53.1万元。一年来，共受理执行申请118件，已执行92件，其中和解执行87件，占结案总数的94.57%；共受理群众来信1507封，接待群众来访的402人次。院长坚持参加接待日（每月15日）制度，认真处理上级机关和领导同志批示交办的重要信件。

会议经审查，通过决议，批准《区人民法院工作报告》。

听取、审议检察院工作报告

第二次会议听取、审议区人民检察院检察长吴侠圣《区人民检察院工作报告》。报告指出，自1984年3月至1985年4月底，共受理提请批捕人犯698名，经审查批准逮捕598名，批捕率是85.6%，不批准逮捕68名（不包括退查、撤回、积存数）。受理审查起诉408件759名（包括上年移转案件），审查决定起诉355件636名。其中七方面的严重刑事犯罪（反革命、杀人、放火、抢劫、强奸、引诱容留妇女卖淫、流氓团伙、劳改逃跑和流窜犯等以及经济领域里严重犯罪）分子批准逮捕157名，占批捕数22.5%。对发现漏网的犯罪分子依法逮捕33名，依法提起公诉29名；对未构成犯罪的案犯依法作出不批准逮捕决定；对犯罪情节显著轻微的8名案犯依法作出不起诉的决定；对已构成犯罪，但具自首、立功等表现，具有免除处罚情节的85名案犯，依法作出了免予起诉决定；对原判量刑明显畸轻畸重的3起案件依法提出了抗诉，上级法院采纳了抗诉意见，作出改判1件，维持原判1件，更审1件。一年来，受理各类经济案件61件84名，经审查立案侦查26件，已办结26件，结案率为100%，依法逮捕人犯21名，提起公诉15件25名，免于起诉11件12名，为国家和集体单位挽回经济损失10.3万余元。受理法纪方面的自侦案件26件，立案侦查6件7名，依法逮捕人犯3名，提起公诉4件5名。依法从重从快打击了“两劳”人员重新犯罪活动的36名，对1983年度判处管制、徒刑缓刑以及假释、保外就医的90名罪犯，采取与派出所、单位、居委会、罪犯及其家属“五见面”的方法，进行调查了解，有针对性地宣传法制，建立、健全了19个考察小组，加强监改考察工作；对劳教场外执行和保外就医的对象采取“一看”（看档案）、“二听”（听劳改机关、单位反映的意见）、“三查”（查帮教组织、查有否重新犯罪、查表现）的方法，既看所外执行情况，又对劳教机关活动是否合法实行法律监督。共受理来信593件，接待来访109人次，坚持正副检察长接待日制度，院领导亲自批阅59件，会议自行查办55件，其中对4名触犯刑律构成犯罪的被控告者，依法追究刑事责任。

会议经审查，通过决议，批准《区人民检察院工作报告》。

第三次会议

听取、审议政府工作报告

第三次会议听取、审议鹿城区区长何包根《政府工作报告》。报告指出，1985年，全区社会总产值达61367万元，比1984年增长80.37%；国民收入为25760万元，比1984年增长78.37%；工农业总产值45904万元（包括城乡个体工业1428万元），比1984年增长81.34%；财政总收入3082万元，比1984年增长70%。各项经济指标达到或超过全市平均增长速度，为历史最好水平。1984年人代会上提出的各项任务基本完成，主要目标基本实现。

报告指出，1986年的计划任务和奋斗目标是：社会总产值65825万元，比1985年增长7.3%。其中交通运输、商业、饮食业产值11617万元，比1985年增长10%；国民收入28336万元，比1985年增长10%；工农业总产值50264万元，比1985年增长9.5%，其中，工业总产值44758万元，比1985年增长10%。农村社会总产值1.5亿元，其中，农业总产值3600万元，比1985年增长3.3%；农村工业产值8500万元，比1985年增长7.05%。财政收入3750万元，比1985年增长21.65%。财政支出1887.40万元，比1985年增长19%。为实现上述目标，要做好以下工作：一、区街乡镇工业要在提高产品质量和经济效益的前提下，稳定、协调发展；二、农业要坚持“贸工农”的方向，走城郊型的路子；三、要充分运用税收这个经济杠杆的作用，调节各种经济形式的分配关系；四、要抓好城市的建设和改造，抓紧集资兴建商品房的工作；五、加强物价管理，保持市场物价的基本稳定；六、深入开展治理“脏乱差”活动；七、广泛深入开展创建文明单位、五好家庭等活动；八、继续加强教育、文化、卫生、体育、科技等工作；九、广泛深入地开展国策教育，继续做好计划生育工作。

会议经审查，通过决议，批准《政府工作报告》。

审查、批准国民经济和社会发展计划

第三次会议审查、批准区计划经济委员会主任管嗣录《关于温州市鹿城区1985年国民经济、社会发展计划执行情况和1986年计划草案的报告》。报告指出：1985年，全区实现社会总产值61367万元，比1984年增长80.37%；国民收入25760万元，比1984年增长78.37%。完成工业总产值40689.46万元，完成年度计划的162.36%，比1984年增长107%；利润总额达3307万元，比1984年增长103.14%；实现销售税金2122万元，所得税425万元，分别比1984年增长151.42%与239.65%。利税总额达5428.60万元，比1984年增长119.61%。全年外引立项6个，用汇72.70万美元。已有榔头、磁性泵、仪表机床、绣衣等产品出口，创汇18.40万美元。完成农村社会总产值13980万元，其中农业总产值3484万元，比1984年增长10.7%；农民人均收入525元，比1984年增加87元。全区共有集体经济的第三产业774家，从业人员8226人，年营业额9268.4万元；个体经济的第三产业9696户，从业人员10584人，年营业额共1.75亿元。全年用于基建项目和一般维修的投资294.47万元，采取群众集资和国家投资的办法，投资99万元，翻修小街小巷84条，总长达15318米。在市区几个主要山头、公园植树6.9万株，造绿篱1.9万米，栽盆花1300盆，植草坪400平方米。通过各种渠道引进工程技术人员210名、农业科技人员15名，聘用退离休工程技术人员和农艺师52名。开发新产品62个，协作开发新技术45项。小学在校学生9226名，比1984年增长18%；初中在校学生6709名，比1984年增长20%。全区17所中学，普遍办起职业高中，入学学生1310名。投资353万元，新建教室100个，修缮教室39个。全区总人口454471万人，比1984年增加3397人，人口增长率为7.53‰。人口出生4292人，出生率为9.48‰，比1984年下降1.63‰。全区国家机关行政事业及全民企事业单位职工，人均月工资为94.92元，比1984年增长30%以上。全年安置劳力11130名，完成年计划118%。

报告指出，1986年全区主要指标预期目标如下：社会总产值计划65825万元，比1985年增长7.3%。国民收入28336万元，比1985年增长20%。工农业总产值50264万元，比1985年增长9.5%。其中，集体工业总产值44760万元，比1985年增长10%，力争达到48830万元，比1985年增长20%。农业总产值3600万元，比1985年增长3.3%。交通、运输、商业饮食业产值11617万元，比1985年增长10%。财政总收入3750万元，比1985年增长21.65%。城市基础设施建设的初步安排为935万元，城市维修费安排为794万元。根据“三结合”的就业方针，计划安置8000名待业人员就业。人口自然增长率控制在6.94‰以下。为实现上述目标，要做好以下几点：一是合理安排工业增长速度，把经济效益提高到一个新水平；二是要进一步开展横向经济联系，通过各种形式，引进新技术、新产品和原材料、资金，加快全区工业的发展，增强企业的后续力量；三是全区农村要继续向城郊型农业经济方向发展；四是大力发展第三产业；五是适应宏观控制，严格控制固定资产投资规模，切实做到从实际出发，量力而行，使企业有更多资金用于技术改造，提高产品质量，增强企业后劲；六是坚持对外开放，增加出口创汇；七是改革科技、教育体制，加快科技、教育事业的发展；八是加强经济建设的综合、平衡、协调工作。

会议经审查，通过决议，批准区政府提出的1986年国民经济和社会发展计划，批准《关于鹿城区1985年国民经济、社会发展计划执行情况和1986年计划草案的报告》。

审查、批准财政预算和决算

第三次会议审查、批准区财政税务局局长黄国池《温州市鹿城区1985年财政决算和1986年财政预算草案的报告》。报告指出，根据区第一届人民代表大会第二次会议审议批准的调整预算安排，1985年全区财政收入预算为2025万元，财政支出预算为1626.5万元。1985年全区财政总收入预算为3082.5万元，完成预算的152.22%，比1984年增收1333万元，增长76.19%。其中，工商税收入（含产品税、营业税、增值税）2344.6万元，完成预算的145.36%，比1984年增长84.63%；工商所得税收入381.4万元，完成预算的117.35%，比1984年增长32.3%；其他工商税收入66.1万元；农业税收入64.2万元；其他收入81.9万元。此外，城市维护建设税收入144.3万元。全年完成购买国库券任务150万元。1985年财政决算支出（包括当年预算支出、上年结转、机动财力和省市拨款支出）3307.76万元，比1984年增支1356.1万元，增长41%。其中属1985年本级当年预算支出1549.5万元，完成预算的95.26%。各项主要支出执行情况：基本建设拨款34万元；企业挖潜改造支出15.8万元；城市维护费支出1466.9万元，比1984年增长59%；文教科卫事业支出870万元，完成预算的96.67%；城镇青年就业费15.3万元，完成预算的100%；科技三项费用2.15万元，完成预算的86%；支援农业支出11.7万元，完成预算的100%；抚恤和社会救济费205.9万元，完成预算的100%；行政管理费支出342.1万元，完成预算的91.67%；工交商事业费7.1万元，完成预算的61.74%；其他部门事业费80.7万元，完成预算的90.98%；物价补贴支出34万元；其他方面支出4.7万元。按1985年财政体制计算，全区地方财政预算可用资金为1816.7万元，市财政一次性补助130万元，减去已安排的当年支出预算1766万元，当年净结余180.7万元。

报告指出，1986年市下达全区必成任务3750万元，比1985年增长21.65%。其中，工商税收入2918万元，比1985年增长24.46%；工商所得税收入440万元，比1985年增长15.36%；其他工商税收入70万元，比1985年增长6%；城市维护建设税204万元，比1985年增长41.4%；奖金税6万元；农业税收入62万元；其他收入50万元。根据以上财政收入预算，1986年地方财政可安排资金1476.8万元，市财政补助410.6万元，合计可安排资金1887.4万元。全年支出预算安排如下：科技三项费用2.8万元；城镇知青就业经费15.3万元；支援农林生产支出和农林水事业费22万元；工交商事业费4.7万元；文教科卫事业费949.6万元，比1985年增长13%；优抚、社救事业费200万元，比1985年增长6.4%；行政管理费319.2万元，比1985年增长12%；其他部门事业费91.1万元，比1985年增长14%；住宅建设补助费按省府规定，根据预算支出总数2.5%提取，为45.3万元；一次性重点补助经费15万元；行政事业单位工资改革86.5万元，物价补贴（行政事业单位的肉价补贴）支出47万元；预备费68.9万元，按支出预算的4%提取；体制统筹（行政单位缺编经费）20万元。此外，市分配区购置国库券174万元。

会议经审查，通过决议，批准《温州市鹿城区1985年财政决算和1986年财政预算草案的报告》。

听取、审议常委会工作报告

第三次会议听取、审议区人大常委会主任谷锦麟《区人大常委会工作报告》。报告指出，一年来，区人大常委会遵照中共十二届三中全会、中共全国代表会议和六届全国人大三次会议的精神，加强社会主义民主与法制的建设，推进全区社会主义物质文明和精神文明建设。常委会主要工作如下：

一、听取和审议区人民政府和区人民法院、区人民检察院的工作报告，并对其中一些重大问题作出决议、决定。常委会举行5次全体会议，先后听取“一府两院”《关于本区一九八五年财政支出预算补充安排意见的报告》、《关于市容交通卫生管理工作情况汇报》、《关于打击严重经济犯罪活动的情况报告》等15个工作报告，作出的《关于本区一九八五年财政预算部分变更的决定》、《关于坚持不懈，努力建设文明城市的决议》等5项决议、决定。

二、监督法律实施。1. 检查督促普法教育工作。区一届人大二次会议通过《关于加强法制教育、普及法律常识的决议》。听取和审议区司法局《关于开展普法教育工作的情况汇报》，对区政府执行区一届人大二次会议《决议》的情况进行一次检查。2. 致函区政府纠正有关街道办事处以国家行政机关任命居民委员会主任、副主任的违宪行为，督促有关街道办事处切实予以纠正。按照宪法第一百一十一条规定，居民委员会、村民委员会的主任、副主任和委员由居民选举。3. 检查督促各乡人民政府依法抓紧召集乡人民代表大会会议。地方组织法第十一条第一款规定：“地方各级人民代表大会会议每年至少举行一次。”常委会党组向区委写了《关于建议各乡抓紧举行第八届人大二次会议的报告》。

对于部分乡由于不懂会议法律程序，出现了不是乡人大代表担任大会执行主席等一些不符法定的现象，邀请乡长座谈总结八届人大二次会议的工作，商量举行八届人大三次会议有关事项，提高对人大工作的认识，加强法制观念，明确人代会议的法律程序。常委会党组并就各乡的八届人大二次会议的情况和举行八届人大三次会议的建议和具体意见，报告区委批转各乡执行。4. 检查《中华人民共和国食品卫生法》和《中华人民共和国药品管理法》的执行情况。

三、开展视察活动。先后组织常委会委员和区人大代表进行了5次视察，参加视察的代表共248人次。采取各种视察形式：一是区人大常委会自行组织视察组，视察区街工业；二是区人大常委会同市人大常委会联合组织视察组，先后视察城市交通市容卫生工作、市收审站和看守所工作、城市绿化工作；三是区人大少数常委和代表陪同全国人大代表视察中小学和幼儿教育工作。

四、联系代表、发挥代表的作用。编印常委会《会刊》5期，让代表了解常委会的活动和"一府两院"工作的情况，有利于监督协助常委会和"一府两院"的工作。组织代表开展多项视察活动，对人民代表大会会议议案和代表意见、批评、建议的处理，进行了督促、检查，把它作为尊重人民代表行使民主权利、监督政府工作，发挥代表作用的重大问题来抓。认真处理代表和人民群众的来信来访，尤其是申诉、控诉的信件，都是由常委会主任阅批，个别案件，还召集常委会法制工作委员会、区检察院的领导同志，并邀请区政法委员会同志一起研究，组织调查，搞清事实，属于搞错了的，责成承办机关自行纠正。

五、依法任免本区国家机关工作人员。区一届人大二次会议闭会以来，常委会依法任免本区国家机关工作人员19名，其中决定任命区人民政府主任1名、局长2名；任命区人民法院副庭长1名、审判员6名，免去审判员职务1名；任命区人民检察院检察员8名，免去检察委员会委员、检察员职务1名。

会议经审查，通过决议，批准《区人大常委会工作报告》。

听取、审议法院工作报告

第三次会议听取，审议区人民法院副院长谢尔康《区人民法院工作报告》。报告指出，一年来，区法院继续贯彻依法从重从快的方针，严厉打击严重危害社会治安的犯罪分子和严重破坏经济的犯罪分子。1985年，共受理各类刑事案件323件（含旧案25件），办结298件，判处各类刑事犯罪分子550人。其中，严重危害社会的"七类"案件102件，占34.2%，犯罪分子227人，占41.3%；传播淫秽物品案件8件21人；贪污、投机倒把、诈骗、盗窃公共财物等经济犯罪案件60件127人。1985年，新收民事案件632件，加上1984年底留存的363件，合计995件。全年审结民事案件795件，其中，婚姻案件420件，占总数52.8%，房屋纠纷案件226件，占总数 28.4%；继承64件，占8%；债务纠纷、"三养"、赔偿80件，占10%。1985年，共审理经济纠纷案件104件，争议金额123万元，比1984年审理39件、争议金额18.7万元，在案件数和争议金额数上分别增加了2.6和6.5倍。一年来，共受理执行案件115件，已执行103件，比1984年的54

件将近翻了一倍。处理人民群众来信 1615 件、来访 618 人次。

会议经审查，通过决议，批准《区人民法院工作报告》。

听取、审议检察院工作报告

第三次会议听取、审议区人民检察院检察长吴侠圣《区人民检察院工作报告》。报告指出，自区人民代表大会第一届二次会议以来，立案侦查经济犯罪案件 36 件，其中万元以上大案要案 9 件，占立案侦查的经济犯罪案件 25%。受理公安机关提请批准逮捕人犯 373 名，经审查批准逮捕 375 名（包括以前积存），其中增捕 26 名，不批捕 24 名。受理公安机关移送审查起诉的案件 209 件 287 名，经审查决定起诉 193 件 335 名，其中增捕 9 名，免诉 9 件 35 名，不起诉 1 名。法院开庭审理 189 件 248 名，全部作有罪判决。严厉打击“两劳”人员重度犯罪，批捕 5 件 5 名，起诉 4 件 4 名。受理法纪案件 18 件，立案 2 件 2 名，起诉 1 件 1 名，免诉 1 件 1 名。受理群众来信 368 件，接待来访 183 人次。坚持正副检察长每月一次的接待日制度，对重要信访亲自审阅批发的 53 件次。在配合打击经济犯罪的主要任务中，受理经济方面的控告检举线索 45 件，其中需立案侦查的 7 件，从而使控告申诉工作与打击经济犯罪有机地结合起来。

会议经审查，通过决议，批准《区人民检察院工作报告》。

第二节　区二届人大会议的召开及听取、审查报告

区二届人大自 1987 年 6 月至 1990 年 5 月，任期 3 年。期间共举行会议 3 次，审查议题 26 项，听取报告 19 个，通过决议、决定 19 项，选举区国家机关领导人员 30 名，出席温州市第七届人民代表大会代表 99 名。

表 2—3　　鹿城区二届人大历次会议基本情况

序次	会议日期	出席代表（人）	列席人员（人）	审议议题（项）	听取报告（个）	决议决定（项）	会议期间代表提出		会议地点
							议案（件）	建议（件）	
一	1987 年 6 月 2 日—6 日	282	缺	8	6	6	54	236	温州市工商联礼堂
二	1988 年 3 月 28 日—4 月 3 日	279	缺	9	7	7	22	134	温州市工人文化宫
三	1989 年 3 月 20 日—25 日	278	43	9	6	6	12	103	温州市工人文化宫

第一次会议

听取、审议政府工作报告

第一次会议听取、审议鹿城区区长何包根《政府工作报告》。报告指出，1984—1986 年，全区社会总产值从建区前的 2.3 亿元，分别达到 3.4 亿元、6.0334 亿元、7.3322 亿元，年平均增长率为 46.3%，实现并大大超过在各次人代会上提出的增长指标。工业总产值

三年分别达到2.1374亿元、4.2425亿元、4.9275亿元，年平均增长率为41.9%；全区集体工业企业固定资产总值已达5430万元，是1983年的6.35倍；1986年，全区有工业企业2152家，是1983年的4倍。农业总产值三年分别达到3068万元、3484万元、3911万元，年平均增长率为13%；农民人均收入730元，比1983年提高104.5%。个体工商业全区现有13679户、15266人，比1983年增加了一倍多；1986年营业额达2.4319亿元。三年全区财政收入分别达1749.5万元、3082.5万元、4938.2万元，年平均增长率达68%。此外，三年购买国库券计345万元。三年来，市政建设总投资为1242万元，为中华人民共和国成立初至1983年的投资总和，小街小巷建设投资251万元，其中集体和个人集资94万元，占总投资的37.5%。人口增长得到有效控制，1986年全区人口出生率从1984年的11.13‰降至8.97‰，自然增长率从6.57‰降至3.74‰。

报告指出，今后三年，全区物质文明建设和精神文明建设的总目标是：社会总产值从1987年到1989年每年递增10.2%，1989年达到9.18亿元。其中：集体工业总产值递增10%，1989年达到6亿元；农业总产值每年递增6%，1989年达到4700万元。财政收入每年递增12%，1989年达到7000万元。出口创汇三年翻三番，1989年达到2000万元。1989年，人口出生率控制在9.03‰以下，人口自然增长率控制在3.98‰以下，计划生育符合率达96%以上。农村人均收入逐年增加，1989年人均收入达到850元。1987年的主要工作任务是：（一）广泛深入地开展“双增双节”运动，促进城乡经济持续稳定协调发展。（二）坚持四项基本原则，反对资产阶级自由化，推进社会主义精神文明建设，进一步搞好城市管理。（三）坚持改革、开放、搞活的方针，坚定不移地把改革推向深入。（四）实行目标管理，努力改进政府工作。

会议经审查，通过决议，批准《政府工作报告》。

审查、批准国民经济和社会发展计划

第一次会议审查、批准区计划经济委员会主任管嗣录《关于温州市鹿城区1986年国民经济、社会发展计划执行情况和1987年计划草案的报告》。报告指出，1986年，全区实现社会总产值7.33亿元，比上年增长21.53%；国民收入3.05亿元，比上年增长20.87%；工农业总产值5.31亿元，比上年增长15.66%。财政收入4938万元，比上年增长60.22%，分别超额11.38%、7.53%、5.63%和31.68%，完成了第一届人民代表大会第三次会议通过的1986年国民经济计划指标。1986年，全区集体工业实现总产值4.51亿元，比上年增长10.03%；农业实现总产值（现行价）3911万元，比上年增长12.26%，超额8.6%完成区人大一届三次会议通过的年度计划指标。1986年，交通运输、商业饮食生产值达到14092万元，占市区44.66%，比上年增长33.43%，超额21.3%，完成区人大一届三次会议通过的年度计划指标。社会商品零售总额达到39477万元，占市区42.22%，比上年增长63.06%。全区个体经济营业额达到2.43亿元，比上年增长28.1%；户数达到13679户，比上年增长13.4%；从业人数达到15266人，比上年增长12.9%。1986年，人口出生率降到8.97‰，人口自然增长率降到3.74‰。

报告指出，1987年，全区主要指标预期目标如下：社会总产值计划80000万元，比上年增长9.1%。其中，农业总产值4107万元，比上年增长5%；集体工业总产值5亿元，比上年增长10.84%。出口商品收购总值526万元，比上年增长100%。社会商品零售总额达到41230万元，比上年增长6%。财政总收入5600万元，比上年增长13.4%。人口自然增长率控制在4.87‰以内。为实现上述目标，要做好以下工作：一、广泛开展增产节约、增收节支运动，全面提高经济效能；二、加强农业基础、稳定粮食生产，大力发展多种经营；三、工业生产要以提高经济效益为中心，保持正常的发展速度；四、严格控制投资规模，调整投资结构；五、继续发展第三产业，加强协调和指导；六、积极扩大出口创汇生产。

会议经审查，通过决议，批准区人民政府提出的1987年国民经济和社会发展计划，批准《关于温州市鹿城区1986年国民经济、社会发展计划执行情况和1987年计划草案的报告》。

审查、批准财政预算和决算

第一次会议审查、批准区财政局局长黄国池《温州市鹿城区1986年财政决算和1987年财政预算草案的报告》。报告指出，1986年，全区财政收入预算为3750万元，实现财政总收入4938万元，完成预算的131.68%，比上年同口径增收1835万元，增长60.18%。各项收入完成情况：工商三税（产品税、营业税、增值税）收入3566.8万元，完成预算的122.2%，比上年增长52.13%；工商所得税收入714.9万元，完成预算的139.8%，比上年增长87.45%；其他税收101.8万元；农业税收入63万元；其他收入242.1万元。此外，城市维护建设税收入246.9万元。全年完成购买国库券任务168.6万元。1986年财政决算支出（包括当年预算支出、上年结转、机动财力和省市拨款支出）3498.8万元，比上年增支191.04万元，增长5.8%。其中，属1986年本级当年预算支出2280.06万元，完成预算的93.41%。各项主要支出执行情况：企业挖潜改革资金拨款100万元，完成年度预算100%；科技三项费用支出4.8万元，完成预算的100%；城镇青年就业费15.3万元，完成预算的100%；支援农业生产支出33.73万元，完成预算的54.4%；农林水事业费支出23.06万元，完成预算的97.22%；公交事业费支出10.05万元，完成预算的74.06%；文教科卫事业支出1080.15万元，完成预算的96.06%；抚恤和社会救济费201.55万元，完成预算的98.56%；行政管理费支出342.51万元，完成预算的95.35%；其他部门事业费174.83万元，完成预算的86.08%；其他方面支出124.43万元，完成预算的81.18%；物价补贴支出49.66万元，完成预算的100%；城市维护费支出119.99万元，完成预算的94.18%。按1986年财政体制计算，本级预算支出存在缺口，经市财政年初审定，同意给予一次性补助410.6万元，现调整为67万元。当年收支平衡，无结余。

报告指出，1987年，全区财政收支预算指标为：工商三税收入4230万元，比上年增长18.59%；工商所得税收入800万元，比上年增长11.92%；其他工商税收114万元，比上年增长11.87%；城市维护建设税收入296万元，比上年增长19.93%；农业税收入

62 万元，同上年持平；其他收入（指罚没收入）98 万元。按照以上财政收入预算，根据全区现行财政体制计算，1987 年全区可用资金为 1592.4 万元，市财政补贴 503 万元，合计安排资金为 2092.7 万元。全年支出预算具体安排如下：科技三项费用为 6.3 万元，比上年增长 31.25%；城镇青年就业经费为 14 万元，下降 8.5%；支援农村生产和农林水事业费 25 万元，比上年下降 23.55%；工交事业费 8 万元，比上年下降 41.18%；文教科卫事业费 1135 万元，比上年增长 0.9%；优抚社救事业费 210 万元，比上年增长 3.1%；行政管理费为 330 万元，比上年下降 8.1%；其他部门事业费 150 万元，比上年下降 26.14%；物价补贴支出为 50 万元；其他支出 70 万元，比上年下降 63.33%；预备费 29.4 万元，占以上预算支出的 1.4%；体制统筹 50 万元。分配全区购买国库券 174 万元。

财政预决算审查委员会认为，1986 年全区财政收支执行情况是好的，实现了预算收支平衡，推动了全区经济经济体制改革的顺利进行。

财政预决算审查委员会指出，1987 年全区财政收支任务艰巨，要根据“量力而行、保证重点、兼顾一般”的原则，合理使用资金，力争完成和超额完成全年财政收入任务。

会议经审查，通过决议，批准《温州市鹿城区 1986 年财政决算和 1987 年财政预算草案的报告》。

听取、审议常委会工作报告

第一次会议听取、审议区人大常委会主任谷锦麟《区人大常委会工作报告》。报告指出，常委会在任期内，遵照区一届人民大表大会的决议，认真履行宪法和法律赋予的职权，贯彻中共十一届三中全会以来的路线、方针、政策，坚持四项基本原则，坚持改革、开放、搞活方针，为发展社会主义民主、健全社会主义法制，推进全区社会主义物质文明和精神文明建设，做了一系列工作。常委会主要工作如下：

一、认真审议“一府两院”工作报告，逐步加强法律监督和工作监督。常委会依法按期举行 18 次例会，听取和审议区政府及其工作部门 35 个工作报告，其中区长和副区长的工作报告 10 个；听取和审议区人民法院和区人民检察院工作报告 5 个。在听取和审议“一府两院”工作报告后，作出 9 个决议、决定。先后两次听取和审议区卫生局关于《中华人民共和国食品卫生法（试行）》《中华人民共和国药品管理法》执行情况的报告；听取和审议区工商局关于《中华人民共和国商标法》执行情况的报告；先后 7 次听取和审议区法院、检察院和区公安分局的工作报告，检查关于《全国人民代表大会常务委员会关于严惩严重破坏经济的罪犯的决定》和《全国人民代表大会常务委员会关于严惩严重危害社会治安的犯罪分子的决定》的执行情况。常委会会议每年都要听取和审议区财税局对当年人代会批准的预算执行情况的报告，并根据区政府建议对预算的部分变更作出决定。听取和审议区政府对 1985 年 11 月常委会通过《关于坚持不懈，努力创建文明城市的决议》执行情况的报告。听取和审议区政府及其工作部门关于本区经济体制改革粗略设想的报告，区街工业、乡镇工业、初等教育、文化、物价、城市交通、市容卫生管理等工作报告。一届人大三次会议以来，听取和审议农业经济、个体经济、扶贫、实施九年义务教育的初步规划、民政工作和科委关于“星火计划”编制及初步实施的情况等工作报告。同时，监督对人代会议案执行情况。1986年1月作出《关于持续稳定发展区街工业的决议》。审议区财税局关于本区1986年1月至8月预算执行情况和年度预算调整意见的报告。

二、开展法制教育，增强干部群众的法制观念。三年来，督促、检查本区普法工作，主持了各部委办局和街道领导干部法制讲座，人代会听取和审议了区人民政府《关于在全区公民中加强法制宣传教育，普及法律常识的报告》，作出《关于加强法制教育，普及法律常识的决议》；听取和审议区司法局关于《一九八五年普及法律常识教育情况的汇报》，对政府执行区一届人大三次会议关于普法教育决议的情况进行一次检查。组成普法教育质量检查组，对区建委等14个区级机关和小南等8个街道办事处的普法工作进行检查。

三、组织代表视察，督促办理代表提出的议案和意见，发挥代表的参政议政作用。三年来，常委会通过《关于联系代表，开展代表活动的试行办法》，通过《关于建立人民代表来访接待日制度的决定》，确定每月十五日由常委会主任、副主任接待区人大代表来访。建立代表小组开展活动，邀请代表参加常委会的部分活动，就一些重要问题召开专题座谈会、征询代表的意见、坚持给代表寄送常委会会刊14期。三年来，常委会组织部分委员和代表视察11次，参加视察的共512人次，参加视察的代表230人次。督促政府认真办理人代会通过的议案和代表提出的建议、意见。区一届人大共通过议案22件，收到代表建议、批评、意见958件，常委会抓好议案建议的督办工作，督促区政府及各级党委抓好落实。三年来，常委会共收到代表和群众来信205件，及时转交有关部门处理，对一些比较重要的信件由常委会主任、副主任阅批，对有关部门办理情况进行督促检查。

四、依法行使任免权。三年来. 常委会依法决定任命本级国家机关工作人员113名，免去职务的10名；没有通过任命的3名，免职的1名。

五、指导、帮助乡（镇）按期开好人民代表大会会议。常委会以党组的名义先后向区委打了2个报告，请区委审定批转各乡（镇）执行；召开乡（镇）长3次座谈会，学习宪法和《中华人民共和国地方各级人民代表大会和地方各级人民政府组织法》。在人代会召开前，派员帮助指导。

六、发扬民主，依法办事，认真进行区、乡（镇）两级人大代表换届选举工作。全区二届人大代表和各乡（镇）九届人大代表选举工作顺利完成，共选举产生区二届人大代表282名，各乡（镇）九届人大代表242名。全区选民331934人，参加投票选举的占91.54%，选票有效率为97.1%。区人大代表一次投票当选的268名，第二次投票当选的14名；乡（镇）人大代表一次投票当选的341名，第二次投票当选的1名。

会议经审查，通过决议，批准《区人大常委会工作报告》。

听取、审议法院工作报告

第一次会议听取、审议区人民法院副院长谢尔康《区人民法院工作报告》。报告指出，三年来，区法院共办结各类案件4045件，其中刑事案件967件、民事案件2335件、经济纠纷案件297件、执行案件315件、刑事申诉案件131件，处理群众来信4434件、接待群众来访4177人次。三年（不包括1983年8月至12月的判决数）来，共判处各类刑事犯罪分子1695人，其中判处五年以上有期徒刑、无期徒刑、死刑483人，占28.5%；处五年以下有期徒刑998人，占58.9%。先后召开宣判大会和就地公开审判55次，依法判处罪犯271名，其中受中院委托或与中级人民法院联合，公开宣判、枪决死刑罪犯24名。三年来，共审理经济犯罪案138件、227人，其中贪污、受贿犯罪78人，投机倒把35人，盗窃、诈骗公共财产108人，走私贩私6人。被判处刑罚的犯罪分子中，个人非法所得在1万元以上、5万元以下的11人，1万元以下、2000元以上的39人。三年中，共退查64件、改变起诉性质54件，发现漏罪漏诉8件。三年来，被告人不服提出上诉、检察机关抗诉的案件242件，占已结案的25%；二审维持原判的207件，占85.5%；改判33件，占13.6%；发回重审的5件，占2.1%。三年来，共受理民事案件2621件，其中婚姻1388件，占53%，房屋纠纷685件，占26%，继承240件，占9.2%，债务119件，占4.5%，损害赔偿109件，占4.2%，赡、抚养80件，占3.1%。三年来，经济审判工作从无到有，共审理了经济纠纷案297件，解决诉讼争议标的金额307万元。三年来，共受理执行案374件，已执行315件。

会议经审查，通过决议，批准《区人民法院工作报告》。

听取、审议检察院工作报告

第一次会议听取、审议区人民检察院检察长吴侠圣《区人民检察院工作报告》。报告指出，三年来，区检察院共受理各类经济案件253件，经审查立案侦查的109件174名。其中贪污70件98名，行贿受贿12件28名，偷税抗税10件19名，假冒商标14件23名，其他3件6名，万元以上大要案20件27名，立案数18%。决定逮捕人犯75名，起诉53件84名，免诉42件69名，追回赃款91.8万元，为国家、集体挽回经济损失120万余元。其中，1986年受理经济案件108件，分别比上两年增长116%和30%；立案50件，分别是前两年的2.38倍和1.56倍，查大案要案11件，是前两年总和的1.22倍。三年来，坚持严打方针，受理公安机关提请批捕人犯1603名，经审查批准逮捕1410名（含检察追捕74名），不批准逮捕130名，退回公安机关补充侦查84名；受理公安机关移送起诉和免诉案件954件1696名，决定起诉836件1422名（追诉60名），决定不起诉5件11名；决定免诉96件255名，对法院畸轻畸重判决依法提出抗诉6件，改判5件，正在审查1件。其中对重大案犯批捕377名，占批捕总数的26.7%；对盗窃案犯批捕495名，占批捕总数的35.1%。受理法纪原件86件，立案16件，起诉9件，免诉6件，其中1986年立案8件10名，比前立案总数还多1件2名。及时打击“两劳”人员重新犯罪，批捕30件45名，起诉34件52名，免诉2件3名。对劳教监管场所专题检查19次，对18名劳教逃逸人员、12名保外就医人员、76名劳教所外执行人员、323名放在社会上监改“五种人”进行检察，协助单位建立帮教、监改组织31个。坚持检察长接待日和批阅来信制度，受理群众来信1133件，接待来访488人次。

会议经审查，通过决议，批准《区人民检察院工作报告》。

第二次会议

听取、审议政府工作报告

第二次会议听取、审议鹿城区区长何包根《政府工作报告》。报告指出，1987年，全区社会总产值突破10亿元大关，达到10.0746亿元，比上年增长36.66%。工业总产值6.8740亿元，比上年增长39.76%。其中区街工业完成4.8177亿元，乡镇工业完成1.3623亿元，分别比上年增长36.22%、47.39%；轻重工业产值分别比上年增长38.17%、36.06%。全区集体工业利润总额为2775万元，比上年增长3.35%。1987年，出口创汇898万元，比上年增长267%。农业总产值5042万元，比上年增长15.96%。农民人均收入846元，比上年增长36.67%。1987年，全区第三产业净值17089万元，占全区国民生产总值的42.5%；商品零售总额59256万元，比上年增长50.1%，占市区商品零售总额的48.37%。财政收入6670万元，比上年增长40.88%。购买国库券174万元，购买国家重点建设债券72万元、购买电力债券55万元。与上年相比，计划生育符合率提高5.01%，一孩率提高5.27%，晚婚率提高1.6%；二胎率下降3.05%，多胎率下降2.23%。

报告指出，1988年，全区经济和社会发展的主要指标是：社会总产值11.0820亿元，比上年增长10%。其中：工业总产值达到7.3亿元，比上年增长10.3%；农业总产值达到5294万元，比上年增长5%。社会商品零售额达到6.5亿元，比上年增长10%；外贸商品收购总值达到1350万元，比上年增长50%；财政收入达到7400万元，比上年增长10.94%。人口出生率9.29‰，计划生育符合率达95%；一孩率91.14%，二孩率8.4%。为完成上述目标，要做好以下工作：一、加快和深化改革；二、持续稳定地发展经济；三、从战略高度抓好教育工作；四、抓好城市建设和管理；五、搞好精神文明建设；六、加强社会主义民主和法制建设；七、努力办好人民关心的实事。

第二次会议听取、审查鹿城区区长何包根的《关于温州市鹿城区第七个五年计划草案的报告》。报告指出，“七五”期间，全区主要经济和社会发展奋斗目标是：国民生产总值5.5亿元，比1985年增长89.6%，平均年递增13.6%。“七五”后三年平均年递增10%。国民收入5亿元，比1985年增长98.4%，平均年递增14.7%。“七五”后三年平均年递增6.75%。工农业总产值（不变价）10亿元，比1985年增长123.15%，平均年递增17.45%。“七五”后三年平均年递增11.7%。社会商品零售总额达到8亿元，比1985年增长270%，平均年递增29.9%。财政总收入9000万元，比1985年增长175.75%，平均年递增23.9%。外贸出口商品收购总值3600万元，“七五”后三年实现翻两番。农民纯收入平均每年增长8%，职工实际工资平均每年增长5%。人口自然增长率控制在4.55‰以下。

会议经审查，通过决议，批准《政府工作报告》和《关于温州市鹿城区第七个五年计划草案的报告》。

审查、批准国民经济和社会发展计划

第二次会议审查、批准区计划经济委员会主任管嗣录的《关于温州市鹿城区 1987 年国民经济、社会发展计划执行情况和 1988 年计划草案的报告》。报告指出，1987 年，社会总产值 100746 万元，比上年增长 36.66%，超计划 25.93%。其中，农业总产值 5042 万元，比上年增长 15.96%，超计划 22.77%；集体工业总产值 6.18 亿元，比上年增长 36.99%，超计划 23.6%。出口商品收购总值 898.5 万元，比上年增长 267.21%，超计划 70.73%。社会商品零售总额达到 59256 万元，比上年增长 50.10%，超计划 43.7%。财政总收入 6670.3 万元，比上年增长 40.88%，超计划 19.11%。人口自然增长率为 7.1‰，未完成控制数。

报告指出，1988 年，全区主要指标预期目标如下：社会总产值 110820 万元，比上年增长 10%。其中，农业总产值 5294 万元，比上年增长 5%；工业总产值（全社会）7.3 亿元，比上年增长 10.3%。社会商品零售总额达到 6.5 亿元，比上年增长 10%。外贸商品收购总值 1350 万元，比上年增长 50%。财政总收入 7400 万元，比上年增长 10.94%。人口出生率控制在 9.29‰。为实现上述目标，要做好以下工作：一、强化农业基础，发展城郊型农业经济；二、以经济效益为中心，发展工业生产；三、认真实施沿海地区经济发展战略，积极发展外向型经济；四、加强行业规划和协调工作，优化第三产业结构；五、促进横向经济技术联合的进一步发展。

会议经审查，通过决议，批准区人民政府提出的 1988 年国民经济和社会发展计划，批准《关于温州市鹿城区 1987 年国民经济、社会发展计划执行情况和 1988 年计划草案的报告》。

审查、批准财政预算和决算

第二次会议审查、批准区财政税务局局长黄国池《温州市鹿城区 1987 年财政决算和 1988 年财政预算草案的报告》。报告指出，1987 年，全区财政收入预算为 5600 万元，因部分企业上划归市管理，经同市协商调减 231 万元；实现财政总收入 6670.23 万元，完成预算的 124.24%，比上年同期增收 1935.47 万元，增长 40.88%。各项收入完成情况：工商三税收入 4819.44 万元，完成预算的 117.78%，比上年增长 39.7%；工商所得税收入 944.1 万元，完成预算的 132.6%，比上年增长 48.24%；其他税收 180.77 万元，完成预算的 158.57%，比上年增长 83.13%；城市维护建设税收入 337.22 万元，完成预算的 117.09%，比上年增长 41.18%；农业税收入 61.23 万元，完成预算的 98.76%；其他收入 261.15 万元，完成预算的 266.4%；耕地占用税分成收入 66.32 万元。此外，全年完成购买国库券 179.82 万元。1987 年财政决算支出（包括当年本级预算支出、上年结余及省、市补助支出）3073.2 万元，比上年减少 13.85%。其中属本级当年支出 2471.04 万元，剔除不可比因素，完成调整支出预算 2373.25 万元的 100.25%。本级各项支出执行情况：企业挖潜改革资金支出 72 万元；科技三项费用支出 6.3 万元，完成预算的 100%；城镇青年就业费14万元，完成预算的100%；支援农村生产和农林水事业费支出117.37万元，剔除耕地占用税分成收入安排外，完成调整预算的104.18%；公交事业费支出8.27万元，完成调整预算的82.7%；文教卫体事业费支出1182.15万元，完成调整预算的101.85%；科学事业费支出8.25万元，完成调整预算的100%；抚恤和社救济事业费支出215.92万元，完成调整预算的99%，剔除科目调整因素，完成调整预算的100.9%；行政管理费支出371.81万元，完成调整预算的104.7%；其他部门事业费169.2万元，完成调整预算的105.3%；其他方面支出219.62万元，完成调整预算的109.4%；物价补贴支出55.08万元，完成调整预算的103.96%；城市维护费支出16.75万元；环境保护补助资金14.32万元。按市对区财政体制计算，本级财政收入3000.58万元，减去中央借款222万元，本级当年可用资金2778.58万元。1987年本级财政决算支出2471.04万元，收支相抵后，净结余307.54万元，达到收支平衡，略有结余。

报告指出，1988年，全区财政收支预算指标为：工商税收收入7081万元，比上年增长12.72%；农业税收入62万元，比上年增长1.26%；耕地占用税分成收入100万元，比上年增长50.78%；其他收入133万元；排污收入24万元。按照以上财政收入预算，根据全区现行财政体制计算，本级地方财政当年可用资金为2309.1万元，市财政补贴606.75万元，合计为2915.85万元，减去中央借款282万元，本级当年可用资金2633.85万元。全年支出预算具体安排如下：企业挖潜改造资金30万元，比上年减少58.3%；科技三项费用为7万元，比上年增长11.1%；城镇青年就业经费为14万元，与上年持平；工交事业费9万元，比上年增长8.82%；支援农村生产和农林水事业费124万元，比上年增长5.65%；文教卫事业费1298万元，比上年增长9.8%；其他部门事业费120万元，比上年下降8.1%；抚恤与社救事业费220万元，比上年增长2%；行政管理费为220万元，比上年增长1.37%；公检法支出170万元，比上年下降12.2%；其他支出150万元，比上年下降46.4%；物价补贴支出为60万元；环境保护补助资金15万元；住宅建设补助资金59.5万元；预留改革经费222 万元；体制统筹80万元；预备费103万元。分配全区购买国库券264万元。

会议经审查，通过决议，批准《温州市鹿城区一九八七年财政决算和1988年财政预算草案的报告》。

听取、审议常委会工作报告

第二次会议听取、审议区人大常委会主任谷锦麟《区人大常委会工作报告》。报告指出，区二届人大一次会议以来，常委会在中国共产党十一届三中全会以来的路线指引下，根据宪法和法律的规定，遵照区二届人大一次会议的决议，积极开展工作，认真履行职责。常委会主要工作如下：

一、依法办事，加强监督。常委会共举行6次全体会议，听取和审议区政府和区法院、检察院的工作报告14个，并对重大问题作出了相应的决议、决定4个。听取和审议区政府关于“双增双节”运动开展情况的报告，并作出《关于广泛深入地开展增产节约增收节支运动的决议》，听取和审议了区政府关于解决区街、乡镇工业的经济效益、产品质量和企业经营短期行为等 3 个问题的情况汇报，以及关于农业遭受自然灾害和抗灾、生产自救的情况报告；听取和审议区政府关于解决全区小学、初中毕业生“入学难”和学校危房改造问题的报告，并提出意见和建议；听取和审议区文化局关于打击非法出版活动的情况报告、区建委关于环境卫生管理工作的情况报告、区卫生局关于当前防治甲型肝炎工作情况的报告，提出建设性的意见。听取和审议区政府关于 1987 年 1 月至 7 月财政收支预算执行情况和年度预算支出调整意见的报告，作出《关于本区 1987 年财政部份变更的决定》。听取和审议区检察院关于继续深入开展严厉打击严重经济犯罪活动的报告，作出《关于继续深入严厉打击严重经济犯罪的决议》。1986 年 9 月中旬到 11 月底，常委会在全区范围内开展一次执法检查活动。听取和审议区政府和区法院、检察院关于执法检查的情况报告，作出《关于建立执法检查的制度的决定》。

二、加强代表工作，发挥代表作用。重新制定《温州市鹿城区人民代表大会代表工作实施办法》，按街道、乡镇、系统划分代表小组，将 282 名代表编为 39 个小组，指导代表小组开展活动。代表除了常委会组织进行集中视察外，还可以持人大常委会制发的代表视察证，单独进行分散视察。组织部分代表视察了区街、乡镇工业企业开展“双增双节”运动的情况，组织代表视察了市区环境卫生和社会治安工作，综合了代表在视察中提出属于区人大职权范围内工作方面的意见，交区人民政府办理。根据代表的意见，组织部分代表同区政府及政府有关部门负责人进行对话。组织少数代表讨论一些法律和地方行政法规的草案，参与立法活动。邀请代表小组组长和部分代表列席常委会会议，参与审议“一府两院”的工作报告和决定重大问题。认真对待代表议案和建议、批评、意见，督促区政府和承办部门认真办理。1987 年，收到群众来信 193 件，比 1986 年 115 件增加了 59%。常委会将重点放在受理对国家机关和国家机关工作人员的控告和申诉的信件上。

三、认真审议任免案，任免工作有所改进。制定《关于任免本级国家机关工作人员办法》。近一年来，“一府两院”主要负责人提请任命 48 人、免职 8 人，常委会审议通过任命 47 人、免职 7 人，其中：区人民政府区长提请任命 21 人、免职 1 人，常委会决定任命 20 人、免职 1 人；区人民法院院长提请任命 24 人、免职 7 人，常委会任命 24 人、免职 6 人；区人民检察院检察长提请任命检察员 3 人，常委会审议通过。近一年来，常委会对任免本级国家机关工作人员的工作有所改进：一是对“一府两院”主要负责人提请任免的人选的基本情况，在审议前都进行了一些了解。二是任免案的表决形式，都采取无记名投票的方式，充分体现委员的意愿。三是改变任命书的颁发方式，任命书由过去寄送的方式改为举行大会直接颁发的方式。四是严肃认真地行使任免权，干部任命后才能正式到职、公布和未免职前不得离职。

四、注意自身建设，坚持集体领导原则。重视制度建设，制订《温州市鹿城区人民代表大会工作实施办法》《温州市鹿城区人大常委会关于任免本级国家机关工作人员办法》《温州市鹿城区人民代表大会代表持证视察工作的暂行办法》《议事办法》，规范常委会工作。加强组织建设，成立代表资格审查委员会，充实常委会法制、财经城建、教科文卫 3 个工作委员会人员。提出了《关于工作委员会若干问题的意见》，明确各工作委员会职责范围、活动方式等问题。吸收各工作委员会成员列席常委会一些会议，协助审议“一府两院”一些工作报告。坚持民主集中制原则，发挥集体领导作用。

会议经审查，通过决议，批准《区人大常委会工作报告》。

听取、审议法院工作报告

第二次会议听取、审议区人民法院院长谢尔康《区人民法院工作报告》。报告指出，一年来，区法院共办结各类案件1804件，其中刑事案件326件、民事案件1016件、经济纠纷案件169件、执行案件233件、申诉案60件，处理群众来信1212件、接待群众来访892人次。在审结88件“七类”犯罪案、246名严重刑事犯罪分子中，被判处十年以上有期徒刑的17名，占6.9%，处五年以上的90名，占36.6%。一年来，共上街宣判10次76名罪犯，就地公开审判13次10名罪犯。受理民事案件1094件，经济纠纷案198件，分别比上年增加8.6%和10%。随着房价上涨，房屋确定产权、买卖、租赁、典当和房产继承案件上升，分别占15%、5%。调解、撤诉结案的占78%，其中，离婚案件调解和好、判决不离或原告撤诉47.9%。在经济审判中，积极审理被告人在外地的案件，为市、区企业挽回经济损失73.8万元。一年来，“执行难”的问题开始扭转，年底尚留42件未执行，占审结民经案件的3.5%。共公开审理了21起不服治安处罚提起诉讼的案件，全都作出维持处罚决定的裁定。区法院接受了原温州市人民法院“一点两留”申诉案件复查任务（以“文化大革命”前判处的反革命案和其他政治案为重点，解决好“文化大革命”期间判处的刑事案件复查工作中遗留问题和落实统战政策工作中遗留的问题），于1987年7月底前全面复查了交办案件，对其中3件5人宣告无罪。

会议经审查，通过决议，批准《区人民法院工作报告》。

听取、审议检察院工作报告

第二次会议听取、审议区人民检察院检察长吴侠圣《区人民检察院工作报告》。报告指出，九个月来，区检察院受理公安机关提请批捕案犯494名。经审查，批准逮捕459名；依法起诉429名。其中批准逮捕杀人、抢劫、强奸、流氓等重大案犯51名。严厉打击盗窃、赌博、制作、贩卖、组织传播淫秽物品等犯罪活动，共批准逮捕39名；依法起诉29名。分别占批捕、起诉总数的8.5%和6.8%。对罪该逮捕而未提请批捕，作出追捕决定的有33名；对罪该起诉而未移送起诉，作出追诉决定的有12名；因事实不清，证据不足，决定退回补充侦查的有21名；对已构成犯罪，但不够逮捕条件或尚未构成犯罪，决定不批准逮捕的有13名；对已构成犯罪，且情节显著轻微，依法直接由法院作免诉处理的有23名；对不构成犯罪，作出不起诉决定的有1名，对法院的畸轻畸重判决，提出抗诉的有1件。共受理经济犯罪案56件，立案查处各类经济犯罪23件31名，依法起诉14件20名，决定逮捕自行侦查的经济犯罪分子31名，批准逮捕公安机关侦查的经济犯罪分子22名。为国家和集体挽回经济损失66.59万元。受理法纪检察案件26件，立案4件，逮捕人犯3名，起诉3件5名。妥善处理群众控告、申诉301件（次）。其中，处理了

58 件重大疑难控告申诉案件；3 件不服免诉和不服不诉的申诉；3 件上级交办的；5 件因矛盾激化，可能转化成刑事案件的，以及因合同债务矛盾、合股经营、商品竞争引起纠纷，专业户的合法权益被非法侵犯等经济问题的信件。

会议经审查，通过决议，批准《区人民检察院工作报告》。

第三次会议

听取、审议政府工作报告

第三次会议听取、审议鹿城区代区长陈久忠《政府工作报告》。报告指出，1988 年，全区社会总产值达到 14.55 亿元，比上年增长 44.99%，完成年计划的 131.27%；国民生产总值 6.55 亿元，比上年增长 44.13%；工农业总产值 10.29 亿元，比上年增长 43%。其中，工业总产值达到 9.94 亿元，完成年计划的 136.15%，比上年增长 45.44%，实现利润总额 3591 万元，比上年增长 29.41%；农业总产值 6841 万元，完成年计划的 129.22%，比上年增长 18.17%。全区第三产业企业 1656 家，商品零售总额 9.13 亿元，比上年增长 54.91%，占市区的 54.54%。占全区国民生产总值的 42.5%。预算内财政收入 1.03 亿元，比上年增长 54.03%。1988 年，计划生育符合率达到 94.02%，比上年提高 6.11%，人口出生率 10.91‰，比上年下降 0.29‰；一孩率提高 5.27%，晚婚率提高 1.6%；二胎率下降 3.05%，多胎率下降 2.23%。

报告指出，1989 年，全区经济和社会发展的主要指标是：全社会工业总产值达到 11.11 亿元，比上年增长 11.8%；农业总产值 7183 万元，比上年增长 5%。社会商品零售额达到 9.5 亿元，比上年增长 5%；外贸商品收购总值达到 2445 万元，比上年增长 35%；财政收入达到 1.13 亿元，比上年增长 10%。人口出生率控制在 11.50‰以内，计划生育符合率要达到 96.10%。为完成上述目标，要做好以下工作：一、继续抓紧治理整顿，创造稳定的经济环境；二、深化企业改革，以改革促调整，以调整促优化，以优化促发展；三、积极发展城郊型农业，抓紧抓好粮食和蔬菜生产；四、强化城市管理工作，抓好基础设施建设；五、认真抓好教育、科技工作；六、落实计划生育措施，发展文化、卫生、体育事业，做好政府日常工作，推进社会主义精神文明建设；七、加强廉政建设，努力改进政府工作，严肃政纪法纪。

会议经审查，通过决议，批准《政府工作报告》。

审查、批准国民经济和社会发展计划

第三次会议审查、批准区计划经济委员会主任管嗣录《关于温州市鹿城区 1988 年国民经济、社会发展计划执行情况和 1989 年计划草案的报告》。报告指出，1988 年，全区社会总产值 145478 万元，比上年增长 44.99%，完成年计划 131.27%。国民生产总值 65466 万元，比上年增长 44.13%。国民收入 63411 万元，比上年增长 51.46%。工农

业总产值10.29亿元，比上年增长43%。其中，农业总产值6841万元（不变价3519万元），比上年增长18.17%，完成年计划的129.22%；工业总产值99391万元，比上年增长45.44%，完成年计划的136.15%。社会商品零售总额达到91795万元，比上年增长54.91%，占整个市区的比重由上年的47.83%上升到54.54%。财政预算内收入10274万元，比上年增长54.03%。人口出生率10.96‰，与年计划9.29‰有一定差距。

报告指出，1989年，全区主要指标预期目标如下：国民生产总值7.2亿元，比上年增长10%。社会总产值16亿元，比上年增长10%。农业总产值7183万元，比上年增长5%；工业总产值（全社会）11.11亿元，比上年增长11.8%。社会商品零售总额9.5亿元，比上年增长5%。外贸商品收购总值2445万元，比上年增长35%。财政总收入11300万元，比上年增长10%。人口出生率控制在11.5‰以下，计划生育符合率96.1%。为实现上述目标，要做好以下工作：一、加深对农业基础地位的认识，坚决贯彻中央、国务院《关于夺取明年农业丰收的决定》；二、调整工业结构，提高经济效益，增加有效供给；三、深化改革，为建立社会主义商品经济新秩序奠定基础；四、把发展科技和教育事业放在突出的战略位置上，促进各项社会事业发展。

会议经审查，通过决议，批准区政府提出的1989年国民经济和社会发展计划，批准《关于温州市鹿城区1988年国民经济、社会发展计划执行情况和1989年计划草案的报告》。

审查、批准财政预算和决算

第三次会议审查、批准区财政税务局局长黄国池《温州市鹿城区1988年财政决算和1989年财政预算草案的报告》。报告指出，1988年，全区财政收入预算为7400万元，实现财政总收入10294.05万元，完成预算的138.84%，比上年同期增收3603.82万元，增长54.03%。各项收入完成情况：工商税收入9905.25万元，完成预算的139.88%，比上年增长57.69%；农业税收入61万元，完成预算的98.39%；耕地占用税分成收入31.94万元；其他收入205.82万元，完成预算的154.75%，比上年减少21.2%；征收排污费收入70.04万元，完成预算的291.83%。此外，全年完成购买国库券268.7万元。1988年财政决算支出（包括当年本级预算支出、上年结余及省、市补助支出）3622.7万元，比上年增长17.86%。本级当年支出3583.65万元，完成调整支出预算的96.44%，比上年同期增长45.3%。本级各项支出执行情况：企业挖潜改革资金支出280万元，完成调整预算的100%，比上年同期增长288.89%；科技三项费用支出17万元，完成预算的100%；城镇青年就业费14万元，完成预算的100%；支援农村生产和农林水事业费支出111.92万元，剔除耕地占用税分成收入安排外，完成预算的173.87%；公交事业费支出9.69万元，完成预算的107.67%；城市维护费支出81.1万元；文教卫体事业费支出1265.36万元，完成预算的95.93%；科学事业费支出2.71万元，完成预算的108.4%；其他部门事业费214.39万元，完成预算的116.07%；抚恤和社救济事业费支出252.01万元，完成预算的114.46%；行政管理费支出276.66万元，完成预算的116.83%；公检法支出225.96万元，完成预算的127.66%；物价补贴支出47万元，完成预算的78.33%；其他支出706.15万元；环境保护补助资金支出70.04万元，完成预算的200.11%。按市对区调整后新的财政体制计算，本级财政收入4517.19万元。其中，以调整后的参与体制综合分成计4415.21万元，专项资金收入101.98万元。本级财政实际支出3583.65万元，收支相抵后，净结余933.54万元，达到收支平衡，有所结余。

报告指出，1989年，全区财政收支预算指标为：工商税收收入1.1亿元，比上年增长11.05%；农业税收入62万元，比上年增长1.64%；耕地占用税分成收入100万元，比上年增长213.08%；其他收入100万元；排污收入38万元。按照以上财政收入预算，根据全区现行财政体制计算，本级地方财政当年可用资金为4870万元。全年支出预算具体安排如下：行政事业费支出3222万元，比上年增长5.14%；企业挖潜改造资金280万元，与上年持平；科技三项费用为30万元，比上年增长76.47%；流动资金400万元；城市维护费260万元；城镇青年就业经费为14万元，与上年持平；价格补贴支出为70万元，比上年增长40%；环境保护补助资金38万元；各项改革用款200万元；体制统筹150万元；预备费93万元。

会议经审查，通过决议，批准《温州市鹿城区1988年财政决算和1989年财政预算草案的报告》。

听取、审议常委会工作报告

第三次会议听取、审议区人大常委会主任谷锦麟《区人大常委会工作报告》。报告指出，一年来，常委会围绕经济建设这个中心，坚持四项基本原则，坚持改革开放，认真履行宪法和法律赋予的职责，遵照区二届人大二次会议关于常委会工作报告的决议，积极开展工作，努力发展全区社会主义民主，健全社会主义法制，推动社会主义物质文明和精神文明建设。常委会主要工作如下：

一、监督工作有所加强。一年来，常委会依法举行6次会议，听取和审议“一府两院”工作报告25个，并对3项重大事项分别作出了决议和决定。常委会听取和审议区政府关于普法教育工作的情况报告，集中两、三个月时间在全区范围内有重点地开展执法检查，纠正一些违法行为。区政府自觉纠正了《关于加快发展外向型经济的若干政策规定》中违反税法的有关条文，区法院抓紧清理了大批积案，区检察院认真对待人民群众的举报，严肃处理了一批经济犯罪案件。先后听取和审议了区政府关于春耕生产、秋收冬种生产、发展外向型经济、科技工作、审计工作、贯彻执行党中央、国务院《关于整理整顿公司的决定》，区二届人大二次会议通过的1988年国民经济、社会发展计划的执行情况和1989年计划安排初步意见，去冬今春打击严重刑事犯罪、全力维护社会稳定工作，学校教学危房维修和改造、环境卫生、开展群众性活动以及财政预算执行情况和年度预算调整意见的报告，并提出意见和建议。

二、加强同代表联系，督办代表议案和建议。一年来，组织代表进行4次视察活动，提出了许多建设性意见。多次召开代表座谈会，邀请代表就市场物价、执法工作等问题进行座谈，就《中华人民共和国行政诉讼法》和省人大常委会《浙江省保护老年人合法权益若干规定》等6个地方性法规进行座谈，把大家提出修改补充的建议、意见整理上报省、市人大常委会。督办代表议案和建议、批评、意见。区二届人大二次会议期间，代表们提出的议案22件，建议、批评、意见165件，常委会认真督办，促进议案和建议落实。1988年，常委会共收人大代表和群众来信来访215件，除了少部分由常委会自己处理、答复外，其他的都及时转交有关机关和组织处理。

三、依法任免国家机关工作人员。一年来，常委会审议通过，决定任命区政府副区长1人，办公室主任、局长各1人，免去局长职务1人；任命区法院副院长1人、区检察院检察员2人，免去区法院审判委员会委员、审判员1人；决定接受区政府区长、区法院院长的辞职请求，还决定区政府代理区长和区法院代理院长的人选。

四、加强常委会的自身建设，着重学习了七届全国人大一次会议和中共十三届三中全会精神，全国人大常委会《关于加强民主法制维护安定团结保证改革和建设顺利进行的决定》，以及市委召开的人大工作会议精神。制定《常委会议事规则》，审议通过《关于承办人大代表建议工作的暂行规定》，召开“一府两院”领导人联席会议，加强联系和协调工作。加强常委会办事机构的建设，发挥办事机构作用，指导和帮助开好乡（镇）人民代表大会。

会议经审查，通过决议，批准《区人大常委会工作报告》。

听取、审议法院工作报告

第三次会议听取、审议区人民法院代院长张林《区人民法院工作报告》。报告指出，一年来，区法院共办结各类案件2024件，比上年增加12.2%。共受理刑事案件372件599人，审结381件613人（含上年存案），审结案件数比上年增加16.9%，其中流氓案35件70人，重伤案15件17人，重大盗窃案51件100人，强奸案5件7人，抢劫案65件132人，贪污案5件6人，受贿案2件2人，偷漏税案4件5人，投机倒把案7件8人，诈骗案13件14人；被判处刑罚的529人，其中处十年以上有期徒刑的38人，处五至十年有期徒刑的167人，五年以下有期徒刑的297人，拘役24人，免予刑事处分1人，宣告无罪2人。对抢劫、强奸、流氓等七个方面的严重刑事犯罪案件171件326人，坚决依法予以从重从快打击；判处各类经济犯罪案31件35人，在已处罚的犯罪中，处五年以上有期徒刑的180人，占总数的34%。平均结案时间为21天，比法定办案期限提前24天。在办案中，对起诉适用人大“严打决定”的，除1件审查不该适用“严打决定”外，其余均适用“严打决定”予以依法判处。同时，对起诉时未适用“严打决定”的5件案件6名罪犯，经严格审查，亦适用“严打决定”予以从重处罚。对于罪该判处无期徒刑以上的5件案件，及时移送中级人民法院作一审判决。对于事实不清、证据不足的案件，商请检察机关撤回起诉或退回补充侦查。

全年召开公判大会、就地审判8次，宣判罪犯 45人。全年办结各类民事案件1128件，比上年增加10%。其中，婚姻案件502件，占44.5%。全年审结经济案件240件，比上年增加42%，解决争议金额573.8万元，比上年增加142.8%。其中，收被告在外地的案件157件，占48.5%；办结86件，为企业挽回经济损失317.82万元。全年受理申请执行案件 251 件，连旧存案件共执行了 259 件，比上年增加 11.2%。全年接待群众来访 656 人次，处理来信 2557 件。

会议经审查，通过决议，批准《区人民法院工作报告》。

听取、审议检察院工作报告

第三次会议听取、审议区人民检察院检察长吴侠圣《区人民检察院工作报告》。报告指出，一年来，区检察院共受理公安机关提请批捕案犯 668 名，经审查，批准逮捕 614 名（含增捕 35 名），比 1987 年上升 11%，其中批捕重、特大案犯 165 名，占批捕总数 27%。批捕反革命案犯骤增到 6 名；批捕抢劫案犯 197 名，比 1987 年上升 143.2%，占批捕总数的 32.1%。批捕盗窃案犯比 1987 年上升 31.6%。占总批捕数的 40.7%；不批捕案犯 12 名。受理公安机关移送审查起诉 334 件 568 人，移送审查免诉 17 件 69 人。经审查，提起公诉 307 件 510 人，增诉 7 名，免予起诉 18 件 54 人（增免 3 名），不起诉 1 件 4 人。严格将侦查、预审批捕、起诉、备诉各阶段分开，自侦起诉案件 23 件，其中经刑检部门审查后改变定性 1 件，改变处理意见 4 件，增免诉 1 人。对侦查机关及有关办案部门和单位发出口头或书面纠正违法通知书等 54 起。法院开庭审理 334 件，检察院均派员出庭，支持公诉、抗诉 3 件，提起公诉的刑事案件有罪判决率达到 100%。经对区辖内 65 名保外就医罪犯进行全面检察，发现其中交付执行手续不全的 21 名，未办交付手续的 25 名，共占总数 70.7%；在保外就医期间发生违法行为的 14 名，占总数 21.5%；具体监改组织措施不落实的 45 名，占总数 69%。区检察院以口头、书面和其他形式告知有关部门、提出建议，督促改进。监所检察批捕“两劳”人员重新犯罪的 4 名，起诉 12 件 24 名。检察发现劳教人员违反规定 18 人次。经济检察受理案件 142 件，立案 36 件 43 人。其中，贪污 14 件 15 人，受贿 6 件 8 人，两类案件占总数的 28%。偷税 14 件 18 人，追缴税款 26 万元；投机倒把 2 件 2 人；万元以上大案 12 件。决定逮捕 6 名，侦查终结 23 件 31 人，为国家挽回经济损失 45 万元。受理法纪案件 34 件，立案 7 件 7 人，比 1987 年增加 40%，决定逮捕 3 名，所立案件均已侦查终结。受理来信来访 645 件次，其中首次信访 548 件。复查处理不服“两不一免”申诉案 6 件。处理矛盾激化 11 件。不服调解处理申诉来院的 12 件，经查后，建议有关部门立案侦查的 3 件。设立经济罪案举报室受理群众举报 199 件，其中属检察管辖 155 件，查结 49 件，立案侦查 8 件。

会议经审查，通过决议，批准《区人民检察院工作报告》。

第三节 区三届人大会议的召开及听取、审查报告

区三届人大自1990年5月至1993年4月，任期3年。其间，共举行会议3次，审查议题21项，听取报告18个，通过决议、决定18项，选举区国家机关领导人员31名，补选出席温州市第七届人民代表大会代表24名。

表2—4 鹿城区三届人大历次会议基本情况

序次	会议日期	出席代表（人）	列席人员（人）	审议议题（项）	听取报告（个）	决议决定（项）	会议期间代表提出		会议地点
							议案（件）	建议（件）	
一	1990年5月19日—25日	302	280	9	6	6	45	170	温州市工人文化宫
二	1991年4月8日—13日	300	285	6	6	6	42	63	温州市工人文化宫
三	1992年3月31日—4月4日	293	62	6	6	6	33	97	鹿城区府礼堂

第一次会议

听取、审议政府工作报告

第一次会议听取、审议鹿城区区长陈久忠《政府工作报告》。报告指出，三年来，区二届人大一次会议审议通过的政府工作报告中提出的各项经济指标，已经提前或超额实现。1989年，全区社会总产值达17.05亿元，比提出目标的9.18亿元，超额85.73%，比1986年的7.3亿元增长1.33倍，年递增率为32.70%；工农业总产值达12.54亿元，比1986年的5.27亿元增长1.38倍；国民收入达6.99亿元，比1986年的3.047亿元增长1.29倍；财政收入达1.245亿元，比提出目标的7000万元，超额77.86%，比1986年的4938万元增长1.52倍，年递增率为36.1%。1989年，全区工业总产值为11.85亿元，比1986年的4.88亿元增长1.43倍，年递增率为34.4%；外贸出口收购额为4265万元，比提出目标的2000万元，超额113.25%，比1986年的245万元增长17.41倍，年递增率为159%；社会商品零售总额为10.5亿元；全年完成农业总产值6899万元，比1986年的3911万元增长76.4%。1989年，全区集体企业职工工资年人均收入为2139元，比1986年增加97.51%，城镇居民人均收入为1679元，比1986年增加85.79%，农民人均收入为1063元，比1986年增加48.05%。三年共查出违法违纪金额728.67万元，物价检查收缴非法收入和罚款170余万元。审计部门边组建边工作，共审计38个单位，查出违纪金额480万元，上缴财政165万元。查处了各类经济违法案件6129件，罚没入库款达616.94万元。1989年，全区出生率为11.29‰，人口自然增长率为5.93‰，计划生育符合率上升到95.96%，比1986年提高15.55%。

报告指出，今后三年，全区国民经济和社会发展的主要奋斗目标是：社会总产值年递增5%，1990年17.9亿元，1992年达到19.6亿元。其中，工业总产值年递增6%—8%，

1990 年 12.68 亿元，1992 年达到 14.15 亿元；农业总产值年递增 5%，1990 年 7175 万元，1992 年达到 8000 万元。外贸出口额年递增 25%，1990 年 5331 万元，1992 年达 8331 万元，力争达到 1 亿元。农民生活水平要逐年提高，1990 年人均收入 1100 元，1992 年人均收入达到 1230 元。1992 年人口自然增长率控制在 6.6‰以下，出生率控制在 12.5‰以下，计划生育符合率达到 96.1% 以上，晚婚率提高到 88% 以上。为完成以上目标，要做到以下几点：（一）进一步治理整顿、深化改革，推进经济持续、稳定、协调发展；（二）集中力量强化城市管理，进行旧城改造；（三）要坚定地把科学技术和教育放在优先发展的战略地位，为“科教兴市”做贡献；（四）加强思想政治工作，发展社会各项事业，推进社会主义精神文明建设；（五）继续加强社会主义民主和法制建设，维护社会安定团结的政治局面；（六）密切联系群众，推进廉政建设，改进工作作风。

会议经审查，通过决议，批准《政府工作报告》。

审查、批准国民经济和社会发展计划

第一次会议审查、批准区计划经济委员会主任管嗣录《关于温州市鹿城区 1989 年国民经济、社会发展计划执行情况与 1990 年计划安排的意见》。报告指出，1989 年，全区实现社会总产值 17.05 亿元，比上年增长 17.18%，完成年计划 106.56%。国民生产总值 7.46 亿元，比上年增长 11.29%，完成年计划 104.31%。国民收入 6.99 亿元，比上年增长 13.25%。全年财政收入 12454 万元，比上年增长 21.22%，超额 10.21% 完成年度计划。工农业总产值 12.54 亿元，比上年增长 18.08%，完成年计划 112.87%。其中，农业总产值 6899 万元，比上年减少 1.62%；工业总产值 11.85 亿元，比上年增长 19.22%。全年完成外贸出口收购值 4265 万元，比上年增长 122.22%。实现商品零售总额 10.51 亿元，比上年增长 14.49%，完成年计划 110.63%。人口出生率（剔除往年遗留数）为 13‰，符合率 95.96%，人口自然增长率为 5.93‰，均与年计划持平。

报告指出，1990 年，全区国民经济和社会发展计划的主要目标是：国民生产总值计划 7.85 亿元，比上年增长 5.2%。社会总产值计划 17.9 亿元，比上年增长 5%。农业总产值计划 7175 万元，比上年增长 3.16%。工业总产值（全社会）计划确保比上年增长 5%，为 12.44 亿元；力争比上年增长 7%，达到 12.68 亿元。社会商品零售总额计划 11.03 亿元，比上年增长 4.92%。外贸收购总额计划 5331 万元，比上年增长 25%。财政收入计划 1.3 亿元，比上年增长 4.38%。年末总人口计划 48.44 万人，人口出生率控制在 12.3‰，计划生育符合率 96.5%，人口自然增长率 7.35‰。按照上述指导思想和目标，要抓好以下几个方面的工作：一、集中力量抓好农业，特别是粮食、蔬菜生产，力争农业有一个好收成；二、积极调整产品结构，努力提高经济效益，力求工业生产适度增长；三、充分发挥地域优势，加快发展外向型经济；四、统筹兼顾，综合平衡，稳定市场，控制物价，努力安排好人民生活；五、以城市管理为重点，坚持优先发展科技、教育的战略，严格控制人口增长，妥善安置停工待业人员，努力安排好各项社会事业。

会议经审查，通过决议，批准区人民政府提出的 1990 年国民经济和社会发展计划，批准《关于温州市鹿城区1989年国民经济、社会发展计划执行情况与1990年计划安排的意见》。

审查、批准财政预算和决算

第一次会议审查、批准区财政税务局局长黄国池《温州市鹿城区1989年财政决算和1990年财政预算草案的报告》。报告指出，1989年，全区财政收入预算任务为11300万元，年终实现财政收入12454.44万元，完成预算任务的110.22%，比上年增收2180.38万元，增长21.22%。各项收入完成情况：工商税收收入11919.38万元，完成预算任务的108.4%，比上年同期增长20.3%。其中，工商三税（产品税、增值税、营业税）收入为8617.29万元，完成预算任务的105.6%，比上年同期增长17%；集体所得税收入为1785.01万元，完成预算任务的121%，比上年同期增长34.9%；城市维护税收入为522.43万元，完成预算任务的92.3%（科目调整），比上年同期增长3.7%；其他各税（包括个体所得税、个人收入调节税）收入为994.65万元，完成预算任务的124.3%，比上年同期增长39.5%。农业税收入为82.3万元，完成预算任务的132.7%，比上年增长34.9%（主要是粮食收购价格调增）。耕地占用税分成收入为74.17万元，完成预算任务的74.17%，比上年增长132.2%（主要是基建规模压缩，征地减少）。其他收入（主要是罚没收入）为313.38万元，完成预算任务的313.38%，比上年同期增长52.3%。征收排污费收入为65.21万元，完成预算任务的171.6%，比上年同期下降7%。另外，完成国库券任务274.1万元，完成保值公债任务1000.55万元。

报告指出，1989年，全区财政决算支出（包括当年本级预算支出，上年专款结账支出及上级补助支出）合计为5709.28万元，比上年同期支出3622.7万元增长57.6%。本级财政当年实际安排支出为4748.19万元，完成人大批准支出预算的99.8%，比上年同期支出3583.65万元增长32.5%。本级各项支出具体执行情况：企业挖潜改造资金支出280万元，完成预算任务的100%，与上年同期持平；科技三项费用支出30万元，完成预算任务的100%，比上年同期增长76.5%；城镇青年就业经费支出为14万元，完成预算任务的100%，与上年同期持平；支援农业生产支出和农、林、水事业费支出为330.38万元，完成预算任务的100.1%，比上年同期增长195.1%；工交部门事业支出为14.32万元，完成预算任务的110.1%，比上年同期增长47.8%；城市维护费支出为226.58万元，完成预算任务的87.1%，比上年同期增长179.4%；文教卫生事业费支出为1606.69万元，完成预算任务的101%，比上年同期增长26.97%；其他部门事业费支出为249.92万元，完成预算任务的158%，比上年同期增长16.6%；抚恤和社救事业费支出为280.31万元，完成预算任务的99.8%，比上年同期增长11.23%；行政管理费支出为327.61万元，完成预算任务的100.3%，比上年同期增长18.4%；公检法支出为284.76万元，完成预算任务的103.9%，比上年同期增长26%；其他支出为570.23万元，完成预算任务的190%，比上年同期减少19%。1989年，全区财政达到收支平衡，有所结余。

报告指出，1990年，全区财政预算收入安排为1.3亿元，比上年实际增长4.38%。

主要收入指标如下：工商税收收入为12050万元，比上年实际增长1.1%。其中：工商三税收入为8831万元，比上年实际增长2.4%；集体所得税为1645万元，比上年实际减少7.9%；城维税收入为536万元，比上年实际增长2.6%；城乡个体所得税和个人收入调节税为626万元，比上年实际增长5.15%；其他各税收入为414万元，比上年实际增长3.2%。农业税收入为82万元，与上年持平。耕地占用税分成收入为70万元，比上年实际减少5.62%。其他收入（主要是罚没收入）为630万元，比上年实际增长101%。排污费收入为45万元。征集国家预算调节资金收入为123万元。按照以上财政收入预算，根据全区现行财政体制测算，1990年全区可用资金为5757万元。全年区本级预算支出具体安排如下：事业行政经费支出为3899万元，比上年（同口径）增长6.3%；企业挖潜改造资金为280万元，保持上年水平；科技三项费用为30万元，剔除上年不可比因素，增长50%；流动资金为450万元（其中事业周转金100万元），比上年增长12.5%；城市维护费为450万元，比上年增长98.6%；城镇青年就业经费为14万元，保持上年水平；价格补贴支出为70万元，比上年增长98.9%；环保补助资金为45万元；各项改革用款为100万元；体制统筹为150万元；预备费为212万元，占以上预算支出的3.9%。以上预算支出安排合计为5700万元，比上年增长20%，绝对增加额为951.81万元，当年财政收支相抵后，结余57万元。

会议经审查，通过决议，批准《温州市鹿城区1989年财政决算和1990年财政预算草案的报告》。

听取、审议常委会工作报告

第一次会议听取、审议区人大常委会主任谷锦麟《区人大常委会工作报告》。报告指出，三年来，区人大常委会在中共鹿城区委的领导下，以中共基本路线为指导，以经济建设为中心，坚持四项基本原则，坚持改革开放，把稳定放在第一位，依照宪法和法律的规定，及区二届人大历次会议的决议，认真履行职责，在制止政治动乱和反对资产阶级自由化的斗争中经受了考验，各方面工作在上届常委会工作的基础上取得了新的进展，促进了全区社会主义民主、法制建设和两个文明建设，进一步发挥了地方国家权力机关的职能作用。常委会主要工作如下：

一、坚决反对淡化、否定人民代表大会制度，维护宪法和法律的尊严。1989年春夏之交，常委会密切关注事态的发展，多次及时地组织常委会委员和机关干部认真学习邓小平和李鹏、杨尚昆的重要讲话，党中央、国务院《告全体共产党员和全国人民书》，把学习四中全会公报、邓小平重要讲话列为首要议题。在这场关系党和国家生死存亡的严肃政治中，常委会和常委会机关干部认真贯彻执行中央指示，立场坚定、旗帜鲜明地反对资产阶级自由化，维护宪法、法律的尊严和社会稳定，在政治上、思想上、行动上同党中央保持一致。

二、加强法律监督，促进民主和法制建设。常委会依法举行了19次会议，听取和审议了“一府两院”61个工作报告，作出了9个决议决定。听取和审议了区司法局关于普法教育工作情况报告，听取和审议了区政府关于经济合同法、村民委员会组织法、义务教育法、食品安全法、药品安全法和区法院关于《民法通则》等法律贯彻实施情况报告，发现和纠正一些违宪违法现象。支持和推动打击经济犯罪和刑事犯罪斗争，作出了《关于继续深入严厉打击经济犯罪的决议》；听取和审议了区检察院关于继续深入开展打击严重经济犯罪、查处举报案件、贯彻“两高”《通告》开展反贪污受贿斗争等情况报告，作出了《关于继续深入严厉打击严重经济犯罪的决议》；听取和审议了区公安分局关于1988年冬1989年春打击严重刑事犯罪分子维护设计会治安的报告。认真部署省人大常委会关于监督司法工作的规定的贯彻实施。

三、围绕治理整顿深化改革，加强工作监督。推动经济稳定发展，稳定和发展农业，推进区街、乡（镇）工业稳定发展，加强对计划、预算的监督。加强对清理整顿公司工作的监督，听取和审议区工商局关于贯彻执行中共中央、国务院《关于清理整顿公司的决定》的情况报告。推进教育科技文化卫生等各项事业的发展。大力支持和督促实施九年制义务教育，先后3次听取和审议了区政府有关学校危房改造工作情况报告，专门作出《关于限期解决学校教学危房的决议》；支持和督促加强文化市场管理，开展扫黄、“除六害”斗争。支持和督促改善环境卫生和环境保护工作，并围绕廉政建设加强监督。

四、加强代表工作，发挥代表作用。认真办理代表议案和建议、批评、意见，三年来，代表在区人大会议上提出的属于本区人民代表大会职权范围的议案，大会主席团交常委会审议的共14件，都已得到妥善处理。代表在区人大会议上提出的建议共425件，已获解决或正在解决的有247件，有待以后解决的112件，留作参考的66件。三年来，常委会组织代表视察12次，代表们在视察中认真负责地提出许多建设性的意见和建议，对支持和监督常委会、“一府两院”工作起到了积极的作用。采取多种形式发挥代表的参政议政作用。三年来，常委会收到人大代表和人民群众来信共764件。常委会把来信来访工作作为密切与群众联系的一条重要渠道。群众来信，除少数由常委会有关工作委员会办理答复外，其余都按照规定及时转给有关单位处理，重要来信由常委会主任和副主任阅批。

五、依法任免本级国家机关工作人员，适应国家机关工作的需要。三年来，常委会依法任免本级国家机关工作人员96人次，其中决定任命副区长1人，任命区人民法院副院长1人和区人民检察院副检察长2人，免去区人民检察院副检察长1人。决定接受区长何包根和区人民法院院长谢尔康辞职的请求，决定代理区长和任命区人民法院代理院长各1人。

六、加强乡（镇）人民代表大会建设，完成区乡（镇）两级人大代表换届选举任务。每年在各乡（镇）召开人大会议之前，常委会都召开一次乡（镇）长座谈会，组织学习宪法和地方组织法有关章节，共同商量召开乡（镇）人大会议有关事宜。对乡（镇）人大会议的准备和进行，常委会还派出干部检查和指导帮助。区、乡（镇）两级人民代表大会在上半年顺利换届，选出区三届人大代表302人，乡（镇）十届人大代表404人，除仰义外，五个乡（镇）十届人大一次会议已于4月下旬召开，选举了乡（镇）长、副乡（镇）长，乡（镇）建立了人大主席团常务主席制度，已配备3名专职常务主席。

七、加强自身建设，进一步发挥常委会的职能作用。注意通过学习和实践，不断提高组成人员对中共路线、方针、政策的认识，加深对人民代表大会制度的理解，从而增强做好人大工作的责任感和使命感。三年来，常委会会议有10次安排学习议程。加强工作制度建设，三年来共制定《温州市鹿城区人民代表大会常务委员会议事规则》等六项规章制度。加强对各工作委员会的领导，注意发挥各工作委员会的作用，制定《关于常委会工作委员会若干问题的意见》。加强常委会机关干部队伍建设，注意提高干部的政治、业务素质。

会议经审查，通过决议，批准《区人大常委会工作报告》。

听取、审议法院工作报告

第一次会议听取、审议区人民法院院长张林《区人民法院工作报告》。报告指出，三年来，区法院共审结各类案件6920件，其中刑事案件1155件，判处罪犯1905名；民事案件4008件；经济案件842件，申请执行案件849件，申诉案件66件。去年，共办结各类案件3092件，比1988年办结的2024件多办了1068件。三年来，共判处严重危害社会治安的犯罪分子918名，占判刑罪犯的48.19%，其中被判处五年以上有期徒刑的463名，占50.44%。将危害特别严重的14件刑事犯罪案件移送市中级人民法院作一审判决。三年来审理的刑事案件均在法定期限内办结，平均结案时间为21天，比法定期限提前24天。在市人民广场等处召开4次公判大会，惩处一批复制、贩卖淫秽录像片、淫书淫画的犯罪分子。判处引诱容留妇女卖淫、聚众赌博等“六害”犯罪分子62名。一年多来，共审判少年犯罪案20件34名，其中宣告缓刑的14名。共审判贪污、贿赂、投机倒把等经济犯罪案104件，判处罪犯140名。共受理各类经济纠纷案件1200件，审结842件，解决诉讼争议标的2174万元。其中，受理购销合同纠纷案件699件，审结552件，分别占经济纠纷案件的58%和67%。三年来，共办结被告在外地的案件234件，为市、区企业挽回经济损失634万余元。三年中审结外地诉本地的各类经济案件215件，协助外地法院办了168件案件。三年来，共受理民事案件4729件。其中，婚姻案件收1744件，占37.26%；债务案件收1656件，占35.36%。三年共审结民事案件4008件，比前三年多办了1673件，增长率为71%。1988年审结民事案件1864件，比上年增加63.7%，居全市第一位。1988年审结债务案件834件，占民事案件的44.7%，比1986年至1988年三年审理的债务案件的总数415件还多419件。婚姻案件，三年来处于上升趋势，1987年受理510件，1988年受理598件，1989年受理636件。三年来，准予离婚的案件891件，占离婚案件审结总数的54.43%。三年来，共办结各类行政案件88件；受理申请执行案1072件，执行了849件；处理群众来信7225件，接待来访1834人次。

会议经审查，通过决议，批准《区人民法院工作报告》。

听取、审议检察院工作报告

第一次会议听取、审议区人民检察院检察长吴侠圣《区人民检察院工作报告》。报告指出，三年来，区检察院共受理经济案448件，立案侦查137件，其中贪污案46件，受贿案37件，偷税抗税案42件，其他经济案12件，万元以上大案50件，10万元以上特大案3件，决定逮捕经济案犯54名，为国家挽回经济损失260.8万余元。其中，1989年共受理经济案232件，立案侦查69件，比1988年增加91.7%，内含贪污案18件，受贿案26件，万元以上贪污、受贿大案10件；决定逮捕贪污、贿赂案犯28名，审结后提起公诉38名（含1988年度积存数）；在立案侦查的89名案犯中，有科局级干部7名，市、区属企事业单位的书记、经理32名，党员14名；全年为国家挽回经济损失150万余元，是前两年总和的135%。1988年10月，成立“经济罪案举报室”，15个月来共受理群众举报材料654件。属检察机关管辖的585件，内含贪污174件，贿赂216件，万元以上大案72件。在立案侦查的贪污、受贿犯罪案件中，属群众举报的达70%。三年来，还密切配合税收、财务、物价大检查，建立税务检查办公室，查处假冒商标案3件，挪用公款案7件；挖出偷税案84件，立案40件，万元以上大案38件。其中，1989年立案数比上年增加21%，追缴税款是1988年的3.5倍。三年来，共受理公安机关提请批捕的人犯2047名，经审查，批准逮捕1845名（其中1989年为702名，比1988年增加14.6%），加上自侦案件决定逮捕的人犯62名，共批准和决定逮捕1907名。受理公安机关移送起（免）诉1150件2015名，审查后提起公诉1004件1660名，受理自侦案移送起（免）诉143件200名，审查后提起公诉53件70名，免诉54件88名，共计提起公诉1057件1730名，免诉90件213名。其中，1989年提起公诉421件653名，占三年提起公诉件数和人数的39.8%和37.7%。批准逮捕的案犯有反革命犯6名，故意杀人犯16名，抢劫犯403名（含抢劫杀人），强奸犯26名，故意伤害犯107名，盗窃犯771名。对自侦案件加强内部制约。三年来，自侦案件内部改变定性的8件，改变处理意见的29件，建议撤销的1件。在侦查监督与审判监督中，三年来，批捕环节提前介入公安侦查活动94件次，其中1989年是1988年的2.8倍。不批准逮捕44名，追捕117名，追诉21名，增免诉8名，不起诉8名，建议撤销21名，抗诉7件，二审法院改判3件，维持原判4件。三年来，提交检察委员会讨论的重大、疑难案1987年为 30件次，1988年为28件次，1989上升到41件次。三年来，批捕准确率达99.63%，起诉案件准确率达99.88%，高于最高人民检察院规定的年批捕起诉准确率达99.5%的指标。受理法纪案件线索106件，立案侦查18件21名，其中玩忽职守案2件2名；重大责任事故案3件9名，其中8件10名，决定逮捕案犯8名。三年来，受理群众来信来访1402件，内属区检察院查处的373件，复查“二不一免”申诉案19件，不服有关部门裁决和调解处理17 件，上级交办案12件，处理矛盾激化案24件。三年来，对市劳教所检察执法情况64次，查处管教场所干警违法违纪案2件4名，提出纠正违纪意见46次。召开劳教人员各类座谈会15次，个别谈心91人次，上法制课10课，受教育达2040余人。协助劳教场所处理自杀、自伤、逃跑、打架等各类突发性事件37起。三年来，在贯彻“双从”方针中，对监管场所两劳人员重新犯罪的，依法批捕11名，起诉34件54名。

会议经审查，通过决议，批准《区人民检察院工作报告》。

第二次会议

听取、审议政府工作报告

第二次会议听取、审议鹿城区区长陈久忠《政府工作报告》。报告指出，1990年，全区社会总产值19.04亿元，比上年增长11.07%；工农业总产值13.96亿元，比上年增长15.58%；社会商品零售总额10.78亿元，比上年增长2.67%；国民收入7.17亿元，比上年增长4.31%；财政收入1.45亿元，超额完成4.26%，比上年增长16.38%，跃居全市之首；计划生育工作首次完成布下达的各项指标。全区人口出生率为11.53‰，人口自然增长率为5.92‰，符合率上升到96.73%，比上年提高0.77%。全区城镇集体企业职工工资年人均收入2110元，比上年略有增长；农民人均收入1136元，比上年增长6.87%。

报告指出，1991年的主要奋斗目标是：社会总产值达到19.66亿元，比1990年增长5%。其中，工业总产值14.3亿元，比1990年增长5%；农业总产值7290万元，比1990年增长3%。外贸出口额达到6552万元，比1990年增长15%。财政收入1.55亿元，比1990年增长6.57%。人口出生率控制在12.83‰以下，人口自然增长率控制在7.83‰以下，计划生育符合率要求达到96.5%以上。为了实现上述目标，要做好以下四方面工作：一、在现有基础上，提高全区经济的整体素质，把经济工作的重点放在加强基础、优化结构、提高质量、增加效益上来；二、增强城管力度，加快基础设施建设和旧城改造步伐；三、进一步发展社会事业，推进精神文明建设，健全民主法治建设，维护社会稳定；四、勤政廉政，改进机关作风，提高工作效率。

会议经审查，通过决议，批准《政府工作报告》。

审查、批准国民经济和社会发展计划

第二次会议审查、批准区计划委员会主任管嗣录《关于鹿城区“七五”和1990年国民经济、社会发展计划执行情况与“八五”和1991年国民经济、社会发展计划计划（草案）的报告》。报告指出，“七五”计划和1990年计划的各项经济指标均超额完成。“七五”期间，全区国民经济以较高的速度持续、稳定增长。1990年国内生产总值由1985年的2.84亿元增加到7.87亿元，年均递增14.83%；国民收入由2.52亿元增加到7.17亿元，完成“七五”计划的143.4%，年均递增16.72%。按1980年不变价格计算，工农业总产值由4.48亿元增加到13.96亿元，分别完成“七五”计划和年度计划的139.8%和106.08%，年均递增25.52%。1990年工业总产值由1985年的4.13亿元增加到13.54亿元，分别完成“七五”计划和年度计划的141.04%和108.84%，年均递增26.8%。1990年农业总产值由1985年的2392万元增加到4245万元（按现行价格计算为8892万元，

分别完成“七五”计划和年度计划的106.13% 和123.93%，年均递增12.20%。1990年，全区商品零售总额由1985年的2.43亿元，增加到10.78亿元，分别完成“七五”计划和年度计划的134.75%和102.66%，年均递增34.7%。1990年，外贸商品收购总值达到5697.67万元，分别完成“七五”计划和年度计划的158.26%和106.88%，是1985年的71倍，连续四年实现翻番。1990年，全区财政收入由1985年的3082.5万元，增加到14545.61万元，分别完成“七五”计划和年度计划的161.61% 和111.88%，年均递增36.38%。1990年末，全区总人口481825人，占“七五”计划的99%，比控制指标少4743人。1990年，全区职工人均工资由1985年的1070元增加到2128元，年均递增14.74%；农民年人均收入由1985年的611元增加到1136元，年均递增13.20%。

报告指出，“八五”期间，全区国民经济和社会发展的主要指标安排：国内生产总值，计划年均递增5.7%，1992年达到8.7亿元，1995年达到10.7亿元。工业总产值，计划年均递增7.3%，按1990年不变价格计算，1992年达到16.5亿元，1995年达到20.8亿元。农业总产值，计划年均递增4.2%，按现行价格计算，1992年达到9434万元，1995年达到10921万元；按1990年不变价格计算，1992年达到9674万元，1995年达到11199万元。社会商品零售总额，计划年均递增8%，1992年达到12.5亿元，1995年达到15.8亿元。外贸商品收购总值，“八五”前两年计划年均递增20%，后三年计划年均递增30%，1992年达到8205万元，1995年达到18000万元，力争达到2亿元。财政收入，计划年均递增6.6%，1992年达到1.64亿元，1995年达到2亿元。人口控制指标，平均年人口出生率控制在12.78‰以下，平均年人口自然增长率控制在7.17‰以下，1995年末全区总人口控制在50万人以内（不包括人口机械增加数）。

报告指出，1991年，国民经济和社会发展计划安排为：国内生产总值8.30亿元，比上年增长5.50%；工业总产值15.60亿元，比上年增长6.60%（按1990年不变价格计算）；农业总产值9385万元（按1990年不变价格计算），比上年增长3%；财政收入1.55亿元，比上年增长6.57%；社会商品零售总额11.65亿元，比上年增长8%；外贸商品收购总值6552万元，比上年增长15%；全区人口出生率控制在12.83‰以下，人口自然增长率控制在7.83‰以下，计划生育符合率达达到96.5%以上。为完成上述指标任务，要做好以下几项工作：一、继续加强农业，争取今年农业有一个好收成；二、扎实开展“质量、品种、效益年”活动，全面提高经济素质和经济效益；三、利用区域优势，积极发展外向型经济；四、进一步繁荣第三产业；五、以治理脏、乱、差为突破口，强化城市管理，加快旧城改造步伐；六、进一步加强科技、教育，努力发展各项社会事业。

会议经审查，通过决议，批准区人民政府提出的“八五”和1991年国民经济和社会发展计划，批准《关于鹿城区“七五”和1990年国民经济、社会发展计划执行情况与“八五”和1991年国民经济、社会发展计划计划（草案）的报告》。

审查、批准财政预算和决算

第二次会议审查、批准区财政税务局局长黄国池《温州市鹿城区1990年财政决算和

1991 年财政预算草案的报告》。报告指出，1990 年，区财政收入预算任务为 13950 万元，年终实现财政收入 14544.61 万元，完成预算任务的 104.26%，比上年实际增长 16.38%。各项收入完成情况：工商税收收入为 13197.21 万元，完成预算任务的 101.52%，比上年同期增长 10.72%。其中：工商三税收入为 9464.40 万元，完成预算任务的 99.31%，比上年同期增长 9.83%；集体所得税收入为 1878.6 万元，完成预算任务的 105.84%，比上年同期增长 5.24%；城市维护税收入为 606.36 万元，完成预算任务的 104.91%，比上年同期增长 16.07%；城乡个体所得税收入为 696.96 万元，完成预算任务的 122.26%，比上年同期增长 29.75%；个人收入调节税收入为 101.22 万元，完成预算任务的 102.24%，比上年同期增长 73.62%；其他各税收入为 449.73 万元，完成预算任务的 100.38%，比上年同期增长 12.66%。农业税收入为 62.97 万元，完成预算任务的 76.79%，比上年同期下降 23.49%；耕地占用税分成收入为 26.12 万元，完成预算任务的 37.31%，比上年同期下降 64.75%；其他收入为 1099.63 万元，完成预算任务的 174.54%，比上年同期增长 250.87%；排污费收入为 51.46 万元，完成预算任务的 114.36%，比上年同期下降 20.87%；企业收入退库 200 万元；能源交通建设基金分成收入 38.16 万元；征集国家预算调节资金分成收入 178.8 万元；征收教育附加费 90.26 万元。全年区财政决算总支出（包括当年本级预算支出，上年专款结转支出和上级补助支出）合计为 7033.92 万元，比上年同期支出 5709.28 万元，增长 23.2%。其中本级财政当年实际安排支出为 6047.38 万元，完成人大批准调整支出预算 6220 万元的 97.22%，比上年同期支出 4748.2 万元，增长 27.36%。本级各项支出具体执行情况如下：事业行政经费支出为 4612.71 万元，完成预算任务的 104.38%；企业挖潜改造资金支出为 280 万元，完成预算任务的 100%；科技三项费用支出 30 万元，完成预算任务的 100%；城市维护费支出 454.34 万元，完成预算任务的 100.96%；城镇青年就业经费支出 14 万元，完成预算任务的 100%；价格补贴支出 64.63 万元，完成预算任务的 92.33%；环保补助支出 51.47 万元，完成预算任务的 114.36%；教育附加费支出 90.26 万元，完成预算任务的 100%；流动资金安排支出 450 万元，完成预算任务的 100%。全年收支平衡。

报告指出，1991 年，全区财政预算收入任务为 1.55 亿元，比上年实际增长 6.57%。主要收入指标如下：工商税收收入为 14380 万元，比上年增长 8.96%。其中：工商三税收入为 10485 万元，比上年实际增长 10.78%；集体企业所得税为 1750 万元，比上年实际下降 6.85%；城市维护税收入为 660 万元，比上年实绩增长 8.85%；其他各税收入为 1485 万元，比上年实际增长 19%（其中个体所得税 880 万元，比上年 696.9 万元，增长 26.27%）。农业税收入为 78 万元，比上年实际增长 23.97%；耕地占用税收入为 34 万元，比上年实际增长 30.17%；国营企业收入为 200 万元；其他收入为 462 万元，比上年实际下降 57.9%；排污费收入为 52 万元；能源交通建设基金分成收入为 38 万元，与上年基本持平；征集国家预算调节资金分成收入为 256 万元，与上年基本持平。按照以上财政收入预算，根据市对区核定的新体制测算，1991 年全区可用资金为 5613.4 万元。本级预算支出安排如下：事业行政经费支出为 4380 万元，比上年实际下降 5.04%，剔除不可比的专项经费 402 万元，比上年增长 4.02%；企业挖潜改造资金为 280 万元，保持上年水平；科技三项费用35万元，比上年实际增长16.67%；城市维护费为390万元；价格补贴支出50万元，比上年实绩下降22.64%；城镇青年就业补助经费为14万元，保持上年水平；环保补助资金为52万元，以收列支专款专用；体制统筹为170万元；预备费安排241万元，占以上总预算支出的4.49%。以上预算安排合计为5612万元，同口径比上年实际增长10.79%，绝对增加额为646.62万元。当年本级财政预算收支相抵后结余1.4万元，达到收支平衡。

财政预决算审查委员会认为，1990年全区财政预算完成情况是好的，实现了预算收支平衡的目标，促进了全区经济和社会各项事业的稳定发展。

财政预决算审查委员会认为，1991年全区财政预算的安排，体现了继续治理整顿，深化改革的方针和紧缩财政、适当集中使用资金的政策。预算安排保证重点，兼顾一般，是积极的，可行的。

会议经审查，通过决议，批准《温州市鹿城区1990年财政决算和1991年财政预算草案的报告》。

听取、审议常委会工作报告

第二次会议听取、审议区人大常委会主任谷锦麟《区人大常委会工作报告》。报告指出，一年来，常委会依法举行6次例会，审议“一府两院”23个工作报告，作出8项决议、决定，任免了43名地方国家机关工作人员，决定接受陈莲莲辞去副区长职务的请求，根据原选区选民的要求依法主持罢免了3名区人大代表、补选了1名区人大代表。常委会主要工作如下：

一、坚持以经济建设为中心，促进国民经济稳定发展。一年来，着重对工农业生产，国民经济计划和财政预算的执行情况，税收、财务、物价大检查等工作加强监督。结合代表议案的办理情况，听取和审议了区政府关于打击查处无证、假冒、伪劣产品和鞋业质量整顿等工作情况报告。常委会经过认真审议，决定同意区政府的报告，适当调整了1990年财政预算和社会商品零售总额计划。财政收入预算增加900万元，支出预算也相应增加了520万元；社会商品零售总额计划下调了5300万元。调整后的预算和计划的执行情况是好的，都已圆满完成。

二、加强对教育、卫生和城市管理、廉政建设等工作的监督，促进社会主义精神文明建设。重视代表在区三届人大一次会议上提出《关于进一步加强对中小学生德育工作的议案》，组织部分代表对12所中、小学的德育工作进行调查视察，对392名学生进行课堂问卷调查，听取了区政府关于办理代表议案及加强学校德育工作情况报告。对整治市容市貌工作进行视察调查，决定将代表在区三届人大一次会议上提出的3件内容相近的议案合并为《要求加强城市管理职能部门的议案》，交由区政府办理。2次对市区“路平灯明”状况进行专题调查。听取和审议了“一府两院”有关行业不正之风和乱收费、乱罚款、乱摊派这方面的工作报告，督促“一府两院”加强廉政建设，抓紧职业道德教育，认真纠正行业不正之风。听取了区政府关于农村初级卫生保健工作情况报告，监督政府做好相关工作。

三、加强法律监督，促进社会主义法制建设。重点听取了区政府和区人民法院、区人民检察院有关贯彻实施行政诉讼法、居民委员会组织法、军事设施保护法、监督司法工作的规定等法律法规，公、检、法机关执法检查，严厉打击严重刑事犯罪和严重经济犯罪的情况报告，并对公、检、法机关的执法工作进行重点检查，纠正了一些违法现象，取得了一定效果。

四、加强代表工作，发挥代表参政议政作用。讨论制定了《关于加强同代表联系的意见》，对常委会组成人员和各办事机构联系代表的分工、内容、方法等问题作了规定。2 次发出书面通知，要求各代表小组开展学习、调查、视察、反映群众意见和要求、评议常委会和“一府两院“的工作等活动，并作了一些具体指导。坚持部分代表列席常委会会议制度，为代表订阅《人民代表报》，保障代表知情知政。一年来，常委会 5 次组织代表开展调查视察活动，其中一次有 130 多名代表参加。区三届人大一次会议期间，代表提出了 45 件议案、170 件建议、批评、意见。根据大会主席团的决定，常委会对代表议案进行认真研究，决定将其中 6 件议案就其内容相近合并为 4 件，列为常委会审议议题，交区政府办理，其他 39 件议案转为代表建议、批评和意见。常委会逐件听取和审议了区政府关于议案办理情况报告，对个别办得不认真的提出了批评。认真做好信访工作，及时处理代表和群众来信 233 件。

五、组织培训、加强指导，逐步完善乡（镇）人大工作。为了帮助乡（镇）人大主席团常务主席尽快熟悉并认真做好乡（镇）人大工作，常委会组织进行了一次为期一周的上岗培训。一年来，乡（镇）人大主席团积极开展活动，代表作用得到发挥。常委会每次例会都邀请乡（镇）人大主席团常务主席列席，使他们逐步熟悉人大的各项工作，依法行使职权。及时帮助个别乡镇人大主席团主动纠正一些不妥当做法。

六、认真学习、提高认识，加强常委会的自身建设。常委会首次会议的主要议题就是学习江泽民同志关于坚持和完善人民代表大会制度问题的讲话和地方组织法，并听取区委书记王思爱关于进一步提高对人大及其常委会的性质、地位、作用的认识和加强中共领导、更好地发挥人大常委会作用等问题的讲话。“逢会必学法”已成为常委会的一项制度，每次例会，都根据审议的重要议题，学习一两个法律或法规，努力做到依法实施监督，取得了较好的效果。加强同外地人大常委会的工作交流，同 22 个省、市、自治区的 67 个市辖区（市、县）人大常委会互送资料，建立联系。强调坚持密切联系代表和人民群众，深入开展调查研究的工作作风。对每次会议要审议的议题，有选择地抓一两个问题作为深入调查研究的重点，认真倾听代表和群众的意见和要求，写出调查视察报告，为审议提供材料。

会议经审查，通过决议，批准《区人大常委会工作报告》。

听取、审议法院工作报告

第二次会议听取、审议区人民法院院长张林《区人民法院工作报告》。报告指出，一年来，区法院共办结各类案件3416件，比上年增加324件。其中，刑事案件631件903人，审结605件868人，比上年分别增加了34.5%和35%。全年审结严重刑事犯罪案件227件379人，处五年以上有期徒刑的有231人，占60.9%。判处贪污、受贿、投机倒把、诈骗等经济犯罪分子102人，为国家集体挽回经济损失91万余元，其中判处国家干部54人。一年来，共退查或商请检察机关补充侦查或撤回起诉的24件。共判处47名少年犯，其中缓刑的15人。共召开宣判大会5次，就地审判7次。一年来，共受理债务案件550件，调处778件（含上年旧存）；共受理婚姻案件465件，审结485件（含上年旧存）。共清理积案692件，其中1989年底前的积案317件。共收债务案件546件，比上年减少54.5%。共审结经济案件422起，解决争议标的额1355.7万元。其中，购销合同纠纷案件177件，借款合同纠纷案件160件，其他类型经济案件85件。共协助外地法院 7 0余次，办结了原告在外地的经济纠纷案件4 0余件。一年来，受理行政案件72件，其中治安63件，城市规划6件，工商、税务、房管各一件；共审结行政案件48件，其中维持行政机关具体行政行为的34件，占70.8%，撤销9件，占18.8%，准予撤诉的4件，占8.3%。一年来，共执行了1014件案件，超过了前三年的总和，解决标的额达900余万元。

会议经审查，通过决议，批准《区人民法院工作报告》。

听取、审议检察院工作报告

第二次会议听取、审议区人民检察院检察长金德力《区人民检察院工作报告》。报告指出，一年来，区检察院院共受理经济案件线索352件，立案侦查125件，追赃额比上年增加26.7%；侦查终结127件（含上年积存数），依法起诉77件86人，免予起诉63件83人，为国家和集体挽回经济损失194.2万元，立案侦查的经济案件数比历年立案最高的1989年增加了81.2%，贪污案11件11人，受贿案70件72人，行贿案18件18人，合计99件101人，占立案总数的79.2%，是上年的2.25倍；大要案40件，占立案总数的32%，比上年增加81.8%，其中贪污贿赂大要案25件，是上年的2.5倍，涉及党员36人，科局级干部20人，县处级干部4人；共挖出基建行业贿赂犯罪案件79件，占立案总数的63.2%；立案侦查偷税和商标案21件，比上年增加23.5%，内含偷税大案13件。受理公安机关和自侦部门的批捕案件490件901人（其中自侦案件39件40人），比上年增加9.1%，其中批捕重、特大案犯349名，占批捕总数的51.7%，经审查批准逮捕822名，比上年增加12.8%；受理审查起（免）诉案件768件1222人（其中自侦案件158件187人），比上年增加43%和35.8%，经审查依法起诉583件839人，免予起诉105件177人，结案数比上年增加42.1%和31.2%。起诉准确率达100%。发挥法律监督职能作用，共提前介入公安机关的侦查预审活动71件次；通过对自侦案件的监督，共改变定性5件，改变处理意见19 件，建议撤销4件；在审查公安机关提请批捕和审查起（免）诉案件中，决定不捕17人，增捕33人，增诉2人，增免4人，不诉3人；以公函形式及时提出检察建议或意见81件次，向市劳教所提出安全防范措施和执法情况的检察39次，受理劳教期间重新犯罪的起诉案件9件24人，依法提起公诉8件19人；受理法纪案件线索44件，立案侦查10件12人，侦查终结后移送审查起诉7件7人，免予起诉3件5人；其中受理非法拘禁14件，立案侦查5件；受理群众来信来访522件次，处理522件次，依法查处二不一免案4件，重婚案1件。

会议经审查，通过决议，批准《区人民检察院工作报告》。

第三次会议

听取、审议政府工作报告

第三次会议听取、审议鹿城区区长陈久忠《政府工作报告》。报告指出，1991年，全区工农业总产值达21.19亿元，比上年增长36.52%。其中，农业总产值9554万元，比上年增长5.09%，农村社会总产值7.54亿元，比上年增长19.71%；工业总产值20.23亿元，比上年增长36.57%，村及村办以上工业产品销售税金9211万元，比上年增长38.99%，利润总额3362万元，比上年增长51.31%。全年商品零售总额13.55亿元，比上年增长25.65%；外贸收购总额突破亿元大关，比上年增长75.56%；财政收入1.808亿元，比上年增长24.48%。计生合格居（村）达207个，合格率为81.5%，计生符合率达90.92%。共接待群众来访506人次，处理来信447件，对领导交办信件办结率达到95%。

报告指出，1992年全区的主要奋斗目标是：国内生产总值达到11.8亿元，比1991年增长13.5%。工业总产值21.23亿元，比1991年增长12%；农业总产值9100万元，比1991年增长4.6%。外贸收购总值达到1.17亿元，比1991年增长25%。商品零售总额14.9亿元，比1991年增长10%。财政收入1.98亿元，比1991年增长9.7%。人口出生率控制在12.67‰以下，人口自然增长率控制在7.16‰以下。为完成以上目标，要做好五方面工作：一、认真贯彻中央工作会议和中央政治局全体会议精神，走“调整结构、依靠科技、完善机制、加强管理、提高效益”的经济发展路子，促进全区经济持续、稳定、协调地发展；二、全面贯彻中共十三届八中全会决定，牢固树立农业是基础思想，努力开创全区农业和农村工作新局面；三、以创建文明城市为目标，努力为经济建设和人民生活创造一个优美良好的环境；四、努力发展社会各项事业，认真抓好计划生育工作；五、进一步加强政府自身建设，依法行政、廉洁勤政。

会议经审查，通过决议，批准《政府工作报告》。

审查、批准国民经济和社会发展计划

第三次会议审查、批准区计划经济委员会主任管嗣录《关于鹿城区1991年国民经济、社会发展计划执行情况与1992年计划草案的报告》。报告指出，1991年，全区国民经济稳步增长，各项经济指标均完成或超额完成计划任务。全区财政收入1.808亿元，比上年增长24.48%，完成调整后的年计划100.47%。全年财政总支出8827万元，比上年增

长 25.50%；本级财政当年实际支出 6203.48 万元。全年完成工业总产值 20.2 亿元，比上年增长 36.57%，超额 29.5% 完成年计划。全区村及村办以上工业销售收入 14.06 亿元，比上年增长 34.93%，产销率为 92.5%；销售税金 9211 万元，比上年增长 38.99%；实现利润 3362 万元，比上年增长 51.31%，完成年计划 137.28%，销售利润率 2.39%，比上年提高 0.26%。全年共有 54 家企业基建立项，建筑面积 78547 平方米，总投资 3343.5 万元。全年农业总产值 9554 万元，比上年增长 5.09%，完成年计划 101.8%。其中粮食总产量 28779 吨，比上年增长 22.3%，完成年计划 112.2%。全年社会商品零售总额 13.55 亿元，比上年增长 25.7%，完成年计划 116.31%，占市区 63.7%；商业销售总额 24.42 亿元，比上年增长 41.64%；集市贸易成交额 6.74 亿元，比上年增长 25.99%。全年出口商品收购值突破 1 亿元，比上年增长 ?5.56%，完成年计划 152.7%。外商投资企业增加 14 家，总投资额 1554.3 万美元，为前七年总和的 3.4 倍。全区职工年人均工资 2240 元，比上年增长 5.26%；农民年人均收入 1315 元，比上年增长 15.76%。全区人口出生率控制在 11.45‰，比年计划指标下降 1.38‰；人口自然增长率为 6.67‰，比年计划指标下降 1.16‰。

报告指出，1992 年，全区国民经济和社会发展主要指标的初步安排是：国内生产总值 11.80 亿元，比上年增长 13.5%；国民收入 10.7 亿元，比上年增长 13.8%；工农业总产值 22.14 亿元，比上年增长 11.66%。其中，工业总产值 21.23 亿元，比上年增长 12%；农业总产值 9100 万元，比上年增长 4.6%；地方财政收入 1.98 亿元，比上年增长 9.7%；社会商品零售总额 14.9 亿元，比上年增长 10%；外贸商品收购总值 1.17 亿元，比上年增长 25%；人口自然增长率控制在 7.16‰以内。为完成上述目标，要做好以下工作：1. 认真学好中发〔1992〕2 号文件，进一步统一思想，狠抓各项工作落实。2. 进一步加强农业和农村工作。3. 扎实调整结构、依靠科技、完善机制、提高效益，实现经济建设从大发展转向大提高的战略转移。4. 控制投资总量，保证重点建设。5. 扩太对外开放，加快发展外向型经济。6. 繁荣和发展第三产业，进一步搞活流通。7. 进一步发展科技、教育和各项社会事业，加强社会主义精神文明建设。

会议经审查，通过决议，批准区人民政府提出的 1992 年国民经济和社会发展计划，批准《关于鹿城区 1991 年国民经济、社会发展计划执行情况与 1992 年计划草案的报告》。

审查、批准财政预算和决算

第三次会议审查、批准区财政局局长黄国池《温州市鹿城区 1991 年财政决算和 1992 年财政预算草案的报告》。报告指出，1991 年，区财政收入预算任务为 18000 万元，年终实现财政收入 18084.95 万元，完成预算任务的 100.47%，比上年实际增长 24.48%。各项收入完成情况：工商税收收入为 17173.9 万元，完成预算任务的 98.14%，比上年同期增长 30.13%。其中：工商三税收入为 13017.88 万元，完成预算任务的 101.78%，比上年同期增长 37.55%；集体企业所得税收入为 1705.58 万元，完成预算任务的 97.46%，比上年同期增长 8.71%；城市维护建设税收入为 804.05 万元，完成预算任务的 108.66%，比上年同期增长 32.6%；其他各税收入为 1646.39 万元，完成预算任务的 74.16%，比上年同期增长 30.87%。农业税收入为 72.90 万元，完成预算任务的 93.46%，比上年同期下降 21.24%；耕地占用税分成收入为 19.54 万元，完成预算任务的 57.47%，比上年同期下降 25.19%；其他收入为 797.58 万元，完成预算任务的 172.64%，比上年同期下降 27.47%；排污费收入为 95.44 万元，完成预算任务的 183.54%，比上年同期增长 85.46%；征集国家预算调节资金收入 238.39 万元；能源交通建设基金分成收入 31.2 万元；企业收入 344 万元；征收教育附加费 309.92 万元。全年区财政决算总支出（包括当年本级预算支出，上年专款结转支出和上级补助支出）合计为 8827.35 万元，比上年同期支出 7033.92 万元，增长 25.50%。其中，本级财政当年实际安排支出为 6203.48 万元（不含教育费附加），完成人大批准调整支出预算 6363 万元的 97.49%，比上年同期支出 6047.38 万元，增长 2.58%。本级各项支出具体执行情况如下：事业行政经费支出为 4902.48 万元，完成预算任务的 105.89%；企业挖潜改造资金支出为 415 万元，完成预算任务的 100%；流动资金支出 200 万元，完成预算任务的 100%；科技三项费用支出 50 万元，完成预算任务的 100%；城镇青年就业经费支出 14 万元，完成预算任务的 100%；城市维护费支出 490 万元，完成预算任务的 100%；价格补贴支出 36.56 万元，完成预算任务的 36.2%；环保补助支出 95.44 万元，完成预算任务的 183.54%；教育附加费支出 309.92 万元。

报告指出，1992 年，全区财政预算收入任务为 1.98 亿元，比上年实际增长 9.7%。主要指标如下：工商税收收入为 19000 万元，比上年增长 10.63%。其中：工商三税收入为 14710 万元，比上年实际增长 13%；集体企业所得税为 1700 万元，比上年实际下降 0.33%；城市维护税收入为 880 万元，比上年实际增长 9.45%；其他各税收入为 1710 万元，比上年实际增长 3.86%。农业税收入为 78 万元，比上年实际增长 7%；耕地占用税收入为 20 万元，比上年实际增长 2.35%；其他收入为 551 万元，比上年实际下降 30.92%；排污费收入为 67 万元，比上年实际下降 29.8%；能源交通建设基金分成收入为 34 万元，比上年实际增长 8.97%；征集国家预算调节资金分成收入为 250 万元，比上年实际增长 4.87%。按照以上财政收入预算，根据市对区核定的体制测算，1992 年全区可用资金为 6941.98 万元。本级预算支出安排为 6937 万元，同口径比上年增支 733.52 万元，增长 11.82%。具体安排如下：事业行政经费支出为 5153 万元，比上年实际下降 5.11%；企业挖潜改造资金为 560 万元，比上年增长 34.94%；科技三项费用 55 万元，比上年实际增长 10%；城镇青年就业经费为 14 万元，保持上年水平；城市维护费为 400 万元，比上年下降 18.37%；价格补贴支出 40 万元，比上年实绩增长 9.41%；环保补助资金为 67 万元，比上年实际下降 29.8%；流动资金为 200 万元，与上年持平；改革用款为 180 万元；预备费安排 268 万元，占以上总预算支出的 3.86%。当年本级财政预算收支相抵后结余 4.98 万元，达到收支平衡。

财政预决算审查委员会认为，1991 年全区财政预算完成情况是好的，实现了预算收支平衡的目标，保证了经济建设、改革措施和社会各项事业发展的需要，促进了全区经济的稳步发展和改革开放的顺利进行。

财政预决算审查委员会认为，1992 年全区财政预算的安排，是积极、主动、合理的，是可行的，经过努力是可以完成的。

会议经审查，通过决议，批准《温州市鹿城区1991年财政决算和1992年财政预算草案的报告》。

听取、审议常委会工作报告

第三次会议听取、审议区人大常委会主任谷锦麟《区人大常委会工作报告》。报告指出，一年来，常委会共依法举行7次例会，听取和审议“一府两院”23个工作报告，作出6个决议、决定，任免了42名国家机关工作人员。常委会主要工作如下：

一、审议重大事项，促进两个文明建设。促进经济持续发展，听取和审议了“质量、品种、效益年”活动开展情况报告。专题审议了国民经济、社会发展计划和财政预算执行情况报告。对“三夏”工作准备情况进行调查，发现问题及时督促区政府认真解决。支持依靠科技进步，对加强科技工作情况进行调研。支持和督促对书籍报刊和音像等文化市场加强引导和管理，组织部分委员和代表对歌舞、音像、游艺市场的管理、整顿工作进行视察调查。推进城市管理工作，抓住城市管理工作中的突出问题，多次开展专题视察调查。了解代表和群众的呼声，督办代表在区三届人大二次会议上提出的有关议案和建议，先后3次听取和审议了区政府有关工作报告。加强监督廉政建设，听取和审议了政治“乱收费、乱罚款、乱摊派”，纠正行业不正之风及税收、财务、物价大检查等工作情况报告。

二、加强法律监督，推进依法治理。把“二五”普法教育工作列入重要议事日程，听取和审议了 “二五”普法教育工作准备情况的报告，作出了《关于在全区深入开展法制宣传教育的决定》。认真贯彻执行党中央、国务院和全国人大常委会关于加强社会治安综合治理的两个决定，支持和督促区政府切实加强领导，区人民法院、区人民检察院积极参与并充分发挥职能骨干作用，组织和发动全社会的力量，对社会治安问题进行综合治理。积极开展执法检查，先后对贯彻实施《中华人民共和国义务教育法》《浙江省实行九年制义务教育条例》《浙江省机关、团体、企业、事业单位治安保卫工作条例》《中华人民共和国归侨侨眷权益保护法》《浙江省计划生育条例》《企业法人登记管理条例》《投机倒把行政处罚暂行条例》贯彻实施情况开展检查。常委会对一年多来贯彻实施《省地方各级人民代表大会常务委员会监督司法工作的规定》的情况，作了认真回顾、检查，及时总结经验。支持和督促区人民法院依法开展审判活动，努力提高执法水平和办案质量，支持和督促区人民检察院在查处经济犯罪的同时，依法加强法纪检察，认真查处侵犯公民民主权利和渎职犯罪案件。

三、加强代表工作，发挥代表作用。积极组织代表开展活动，先后3次召开代表小组组长会议，2次组织各代表小组督促检查社会治安综合治理工作情况和城市管理工作情况，10次安排部分代表对“一府两院”的工作进行视察检查。重视代表议案和建议的督办，代表在区三届人大二次会议上依法提出议案42件，建议、批评、意见109件。根据大会主席团授权，常委会决定将9件有关加强流动人口管理、加强公共厕所建设和管理、加强居民化粪池管理、促进农村小学发展等问题的议案，就其内容相近合并为4件，交区政府组织办理并向常委会作出报告。对其他属于本区职权范围的28件议案连同77件建议，交区政府和有关单位研究办理。一年来，共处理来信306件，其中由负责同志阅批督办的67件。通过邀请乡(镇)人大主席团常务主席列席会议，提供资料，交流情况等渠道，加强同乡(镇)人大主席团的联系，及时指导个别乡（镇）人大主席团自行纠正不符合法律程序的做法。

四、加强自身建设，适应工作需要。组织组成人员和机关工作人员认真学习江泽民总书记“七一”重要讲话，学习党与国家的方针、政策和法律、法规，不断提高政治水平和工作水平。坚持“每会必学法”制度，在会前注重调查研究，组织视察检查，听取代表和人民群众的意见和要求，做到依法审议，言之有据。加强对办事机构的领导，重视自身的廉政建设，要求组成人员和机关干部清正廉洁，严格依法办事，不断提高工作效率。继续加强同外地人大常委会的工作联系和交流，积极借鉴外地人大常委会的成功经验。

会议经审查，通过决议，批准《区人大常委会工作报告》。

听取、审议法院工作报告

第三次会议听取、审议区人民法院院长张林《区人民法院工作报告》。报告指出，1991年，区法院共办结各类案件3637件，比上年增加6.6%，创建院以来办案最高纪录；未结案比上年下降36.5%，初步扭转了法院审判工作的被动局面。一年来，共办结各类刑事案件543件，判处罪犯801名。共判处严重危害社会治安的犯罪分子334人，其中判处5年以上有期徒刑的占40.8%。共审理盗窃案件194件，判处罪犯261名，其中属重大盗窃的49件81人。共受理各类经济犯罪案件79件98人，审结90件110人。先后召开2次较大规模的反腐败宣判大会，对17名罪犯进行宣判。在刑事审判工作中，经审查认为主要事实不清，证据不足而退回检察机关补充侦查的有40起案件；对不构成犯罪的1件1人，商请检察机关撤回起诉。对134名罪犯适用了缓刑。全年召开宣判大会14次，对74个案件134名罪犯依法进行宣判。全年办结民事案件1455件，经济纠纷案件526件，解决诉讼标的总金额1895万元。共办结离婚案件521件。据不完全统计，其中有150余对夫妻经调解工作后重新和好；办结各类债务案件623件；调处有关城市建设的案件和纠纷90余起。同时，受理涉外、涉侨、涉台、涉港澳、房屋、婚姻、继承等民事案件31件。一年来，办结借款合同纠纷案件268件，审理购销合同纠纷案件181件，为企业收回被欠款180余万元。积极探索了知识产权、宣告死亡、申请支付令等新类型案件的审理，共办结20余件。全年共受理各类行政案件129件，审结123件，收、结案数均居全省法院之首。结案中，治安行政97件、土地2件、规划10件、工商7件、其他7件。在审结的案件中，撤销24件，占19.5%；变更17件，占13.8%。建议行政机关重新作出具体行政行为的有8件，均被采纳。全年共受理执行案件1000件，办结 967件，解决标的1316万元。针对被执行人在外地的执行案件不断增加，先后两次组织力量出省执行，共执行案件35件，解决标的24万元。执行有关城市建设案件7件。共开展大、小型拍卖活动5次，拍卖房屋30间，拍卖成交额150万元，解决案件161件。

会议经审查，通过决议，批准《区人民法院工作报告》。

听取、审议检察院工作报告

第三次会议听取、审议区人民检察院检察长金德力《区人民检察院工作报告》。报告指出，一年来，区检察院共立案侦查各类经济罪案134件，比上年增加7.2%，居全省各县、区院之首。追回赃款280余万元，比上年增加44.2%。其中贪污贿赂案102件，占立案总数的76.1%，比上年增加3%，是全省99个市、县级检察院平均立案数的4.3倍，涉及党员 51人，科局级干部20人，县处级干部4人。立案侦查的大要案43件，占立案总数的32.1%，比上年增加5%，内含贪污贿赂大要案28件，比上年增加12%，是全省各市、县级检察院平均查处数的4.2倍；假冒商标案10件，偷税案17件，追回偷漏税款180余万元。受理公安机关和自侦部门移送的批捕案468件780人（含自侦案39件40人），经审查批准和决定逮捕447件725人；受理审查起（免）诉案644件991人（含自侦案153件188人）。经审查提起公诉536件774人（含自侦案97件110人），免予起诉86件142人（含自侦案49件62人）。提前介入公安机关侦查活动47件次；共不捕14人，增捕28人，不诉1件1人，增诉1人，增免3人，发出检察建议或纠正违法通知书87件次；依法提起抗诉4件（已改判1件）。向劳教所提出安全防范措施和执法情况的检察26件次，提出纠正违法建议18件次。配合劳教所开展法制教育，上法制课3次，受教育人数达120余人次，个别谈心46人次。到案发单位参与公开审判和宣布免诉决定共27件次，受教育人数达2200余人次，并重点回访1990年以来的免诉对象47人。受理法纪案件线索53件，立案侦查16件，比上年增加60%。其中重大案件3件。非法拘禁、重大责任事故、玩忽职守等重点案件11件，占立案总数的68.8%。

会议经审查，通过决议，批准《区人民检察院工作报告》。

第四节 区四届人大会议的召开及听取、审查报告

区四届人大自1993年4月至1998年3月，任期5年。其间，共举行会议5次，审查议题37项，听取报告30个，通过决议、决定30项，选举区国家机关领导人员35名，出席温州市第八届人民代表大会代表100名。

表2—5 鹿城区四届人大历次会议基本情况

序次	会议日期	出席代表（人）	列席人员（人）	审议议题（项）	听取报告（个）	决议决定（项）	会议期间代表提出		会议地点
							议案（件）	建议（件）	
一	1993年4月20日—27日	300	51	11	6	6	82	134	温州市工人文化宫
二	1994年4月4日—8日	297	57	7	6	6	44	124	温州市工人文化宫
三	1995年3月24日—29日	297	67	6	6	6	30	102	温州市人民大会堂
四	1996年3月17日—22日	294	151	7	6	6	17	89	温州市人民大会堂
五	1997年3月17日—21日	293	159	6	6	6	25	65	鹿城区府礼堂

第一次会议

听取、审议政府工作报告

第一次会议听取、审议鹿城区区长陈久忠《政府工作报告》。报告指出，三年来全区经济总量有较大增长，而且经济结构调整迈出了新的步伐，经济发展后劲有了较大增强。1992年社会总产值达到34.45亿元，完成区人大三届一次会议批准计划的175.77%，与1989年相比，增长101.93%；财政收入2.01亿元，完成年计划的103.1%，比上年增16.92%。工业产值、农业产值、外贸出口收购总值分别在1989年12.99亿元、6899万元和4266万元的基础上增长109.62%、32.45%和467.44%，完成区人大三届一次会议批准计划的192.44%、114.22%和292.88%。1991年以来，国内生产总值达13.06亿元，完成人大批准调整后年计划的102.83%，比上年增长29.31%；工业总产值达27.23亿元，比上年增长34.6%，完成年计划的114.89%；乡及乡办以上工业销售产值为16.80亿元，产销率为95.84%。全年安排基建项目252个，面积61.4万平方米，总投资额2.844亿元。全区建安企业实现产值8276万元。社会消费品零售总额17.17亿元，增幅26.84%。全年共批准外商投资企业16家，总投资额870.5万美元，协议利用外资424万美元。外贸出口额2.44亿元，比上年增长144.41%，出口商品生产企业180家。农村经济总收入8.74亿元，比上年增长47.42%，人均收入1624元，比上年增长23.50%。完成水利工程139处，投入资金678.5万元，比上年增长6.18%。全区人口计划执行良好，人口出生率为9.26‰，符合率为93.14%。

报告指出，1993年—1997年，跨越“八五”和“九五”两个五年计划。区三届人大二次会议通过的“八五”计划的经济发展速度，有必要作适当调整。根据测算，九十年代国内生产总值年均增长率拟调高到20%左右，1997年达到32.5亿元，到本世纪末，实现在1991年的基础上再翻两番。工业总产值年均递增20%，1997年达到67.7亿元；商业销售总额年均递增20%，1997年达到83.5亿元；社会消费品零售总额年均递增15%，1997年达到34.3亿元；农村总收入年均递增15%，1997年达到17.6亿元；外贸出口商品收购总值年均递增40%，1997年达到13.1亿元；第三产业在国内生产总值中的比重，每年增加1%；财政收入年均递增9%，1997年达到3.1亿元；人均国内生产总值年均递增19%，1997年达到10416元；农民人均收入年均递增17.8%，1997年达到3690元。为实现上述目标，要扎实办好以下十大实事：工业区、高新技术工业开发区按计划建成，形成生产规模；农村段瓯江岸17.88公里应建的标准堤塘全部建成，达到20年一遇的抗洪防汛能力；完成金温铁路鹿城段12.3公里铁路的建设任务；积极争取双屿仰义片11万伏变电所市里立项、开工建成；继续改善居委会办公条件，基本达到每个居委会都有办公用房和电话；完成江心屿400亩内规划项目的建设任务；建成仰义山区四级公路，全区其他农村进村主要道路建成水泥路面，村民用水达到卫生水标准，普及自来水；新建、扩建有一定规模的生产资料市场、农贸市场、科技市场等5个；拆扩建城南、黎明等小学，新建上陡门、新桥头、下吕浦住宅区4所小学、3所幼儿园，筹建十九中；将红旗医院和鹿城区精神病院建设成为全市肝病、精神病治疗和康复中心，完成双屿卫生院危房拆建；办好区有线电视站，基本形成区有线电视网络。

报告指出，1993年，国民经济计划安排为：国内生产总值增长20%，达到15.67亿元；工业总产值增长20%，达到32.68亿元；商业销售额增长20%，达到40.32亿元；社会消费品零售总额增长15%，达到19.75亿元；农村总收入增长15%，达到10.05亿元；外贸出口商品收购总值增长40%，达到3.42亿元：财政收入增长9%，达到2.19亿元。人口自然增长率控制在7.73‰以下，计划生育符合率达到95%以上。为了达到上述目标，要着重抓好以下八个方面的工作：（一）深入学习、贯彻十四大精神，以建立社会主义市场经济体制为目标，继续深化经济体制改革；（二）抓住机遇，发挥优势，争取经济更快更好地发展；（三）坚持农业为基础，大力发展“一优两高”农业，全面繁荣农村经济；（四）采取有力措施，加快开发建设，加速市场培育；（五）进一步加强社会主义精神文明建设，切实搞好城市管理和建设，争取城区面貌有一个新变化；（六）积极发展科技、教育和社会各项事业，严格控制人口增长；（七）大力加强社会主义民主和法制建设，坚持不懈地开展社会治安综合治理；（八）解放思想，转变作风，不断改进政府工作。

会议经审查，通过决议，批准《政府工作报告》。

审查、批准国民经济和社会发展计划

第一次会议审查、批准区计划委员会主任管嗣录《关于温州市鹿城区1992年国民经济和社会发展计划执行情况与1993年国民经济和社会发展计划草案的报告》。报告指出，1992年，全区国民经济和社会发展的主要计划指标圆满完成或超额完成，是建区以来经济发展最好的年份之一。全年国内生产总值13.06亿元，比上年增长29.31%，完成变更后的年计划102.83%；国民收入12.19亿元，比上年增长36.05%，完成变更后的年计划106%；财政收入2.01亿元，比上年增长16.92%，完成变更后的年计划103.1%；工业总产值27.23亿元，比上年增长34.60%，完成变更后的年计划114.89%；社会商品零售总额17.17亿元，比上年增长26.84%，完成年计划115.31%；出口商品收购总值2.44亿元，比上年增长144.41%，完成变更后的年计划130.48%；人口自然增长率4.18‰，比年计划指标低2.98‰。全年农业总产值9138万元，比上年增长8.84%，完成年计划100.42%。农村经济总收入8.74亿元，增长47.42%。全年共批准外商投资企业16家，总投资870.5万美元，其中协议利用外资424万美元。全年共安排基建项目252个，面积61.4万平方米，总投资额2.84亿元。全年职工人均工资2633元，农民人均年收入1624元，分别增长17.54%和23.50%。

报告指出，1993年，全区国民经济和社会发展的主要目标是：国内生产总值15.67亿元，比上年增长20%；国民收入14.51亿元，增长19%；财政收入2.19亿元，增长9%；工业总产值32.68亿元，增长20%；工业销售产值28.40亿元，增长20%；社会商品零售总额19.75亿元，增长15%；农业总产值0.94亿元，增长4%；出口商品收购总值3.42亿元，增长40%；人口自然增长率控制在7.73‰以内。主要任务和措施是：

（一）继续加强农业基础，加快探索“一优两高”农业；（二）加快工业区建设和技改步伐，促进工业生产速度效益同步增长；（三）以市场建设为重点，加速第三产业的发展；（四）全方位扩大开放，大力发展外向型经济；（五）大力发展科技教育，促进经济发展，改善人民生活。

会议经审查，通过决议，批准区人民政府提出的1993年国民经济和社会发展计划，批准《关于温州市鹿城区1992年国民经济和社会发展计划执行情况及1993年国民经济和社会发展计划草案的报告》。

审查、批准财政预算和决算

第一次会议审查、批准区财政局局长黄国池《温州市鹿城区1992年财政决算和1993年财政预算草案的报告》。报告指出，1992年，全区财政收入预算任务为19500万元，年终实现财政收入20105.3万元，完成预算任务的103.1%，比上年实际增长16.92%（同比口径均已剔除划瓯海数，下同）。各项收入完成情况：工商税收收入为17863.47万元，完成预算任务（调整数，下同）的98.91%，比上年同期增长9.48%。其中：工商三税（产品税、增值税、营业税）收入为13488.04万元，完成预算任务的95.63%，比上年同期增长9.41%。集体企业所得税收入为1574.89万元，完成预算任务的98.06%，比上年同期下降2.25%。城市维护建设税收入为967.25万元，完成预算任务的114.74%，比上年同期增长25.58%。其他各税收入为1833.29万元，完成预算任务的121.65%，比上年同期增长14.03%。农业税收入为73.09万元，完成预算任务的123.88%，比上年同期增长31.46%。耕地占用税分成收入为148.26万元，完成预算任务的741.30%，比上年同期增长658.75%。其他收入为1185.56万元，完成预算任务的115.44%，比上年同期增长48.64%。排污费收入为70.88万元，完成预算任务的114.32%，比上年同期下降22.23%。征集国家预算调节资金收入为194.06万元。能源交通建设基金分成收入为25.98万元。企业收入544万元。此外，还有教育附加收入367.36万元。推销国库券500万元。

报告指出，1992年，全区财政决算总支出（包括当年本级预算支出，上年专款结转支出和上级补助支出）合计为8755.45万元，比上年同期支出8176.72万元，增长7.08%。其中本级财政当年实际安排支出为7897.5万元（不含教育费附加），完成人大批准的调整支出预算7397.2万元的106.76%，比上年同期支出6114.86万元，增长29.15%，收支相抵，结余127.5万元。本级各项支出具体执行情况如下：事业行政经费支出为5433.5万元，完成预算任务的103.30%。企业挖潜改造资金支出为1687万元，完成预算任务的201.55%（主要是对工业区的投入）。流动资金支出为200万元，完成预算任务的100%。科技三项费用支出为55万元，完成预算任务的100%。城镇青年就业费支出为14万元，完成预算任务的100%。城市维护费支出为400万元，完成预算任务的100%。价格补贴支出为37万元，完成预算任务的93.91%。环保补助支出为71万元，完成预算任务的114.52%。此外，教育附加费支出为367.36万元。

报告指出，1993年，全区财政预算收入任务为21920万元，比上年实际增长9.03%，主要指标如下：工商税税收收入为20700万元，比上年实际增长15.88%。其中，工商三税（产品税、增值税、营业税）收入为16100万元，比上年实际增长19.37%；集体企业所得税为1000万元，比上年实际下降36.5%；城维税收入为1100万元，比上年实际增长13.72%；其他各税收入为2500万元，比上年实际增长36.37%。农业税收入为71万元，比上年实际下降2.86%。耕地占用税收入为122万元，比上年实际下降17.71%。其他收入为747万元，比上年实际下降37.00%。排污费收入为80万元，比上年实际增长12.87%。能源交通建设基金分成收入为20万元，比上年实际下降23.02%。征集国家预算调节资金收入为180万元，比上年实际下降7.25%。按照以上财政收入预算，根据市对区核定的体制测算，1993年全区可用资金为8167.85万元。1993年区本级预算支出安排为8161万元，同口径比上年增支263.5万元，增长3.34%。其中，事业行政经费支出为5883万元，比上年实际增长8.27%；基本建设支出为200万元；企业挖潜改造资金为573万元，比上年实际下降66.03%；科技三项费用61万元，比上年实际增长10.91%；城镇青年就业经费14万元，与上年持平；城市维护费为400万元，与上年持平；价格补贴支出为40万元，比上年实际增长8.11%；环保补助资金为80万元，比上年实际增长12.68%；流动资金为200万元，与上年实际持平；改革用款为400万元；预备费安排为310万元，占以上总预算支出的3.8%。以上当年本级财政预算收支相抵后，结余6.85万元，达到收支平衡，略有结余。

会议经审查，通过决议，批准《温州市鹿城区1992年财政决算和1993年财政预算草案的报告》。

听取、审议常委会工作报告

第一次会议听取、审议区人大常委会主任谷锦麟《区人大常委会工作报告》。报告指出，三年来，区三届人大常委会依法举行了21次会议，听取和审议有关工作报告67个，就有关重大事项作出决议、决定24个，依法任免国家机关工作人员122个。常委会主要工作如下：

一、坚持以经济建设为中心，积极开展监督工作。把促进经济发展的着重点放在速度和效益上。1990年，及时督促政府及其职能部门积极寻找对策，帮助企业克服困难。1992年，提出要转变政府职能，强化服务意识，提高办事效率；要继续采取择优倾斜政策，从技术上、资金上帮助重点集体企业改善生产条件，推进技术进步力。把加强农业和发展农村经济放在国民经济的基础地位，1990年，提出要进一步落实加强农业的各项政策，做好社会化服务工作，调动和保护农民种粮种菜的积极性；要积极推进科教兴农工作，抓好农田水利基本建设，加快发展“一优两高”农业；要根据城郊型农业的特点，认真抓好副食品生产，特别是蔬菜生产和供应问题。1992年，要求有关部门加强调查研究，分类指导，促进村级集体经济不断发展。督促、支持政府和“两院”积极维护正常的经济秩序。1990年，提出要加强打击严重经济犯罪活动力度，抓紧查处大要案，同时教育引导企业端正经营思想。1992 年，再次听取关于查处制售假冒劣质商品违法活动的情况报告，提出要抓紧皮鞋行业的整顿工作，认真清理假联营、假商标，积极扶持名优产品。要求广大检察干警积极查处、打击各种扰乱、破坏正常经济秩序的违法、犯罪案件，维护企业的合法权益。听取和审议了关于税收财务物价大检查情况、关于劳务市场整顿情况报告，对经济审判工作进行了视察检查。听取了关于依靠科技进步促进经济发展、关于科技工作为经济建设服务的情况报告，督促政府把科技工作摆到重要议事日程，把经济建设转到依靠科技进步和提高劳动者素质的轨道上来。同时，督促政府进一步贯彻实施义务教育法，加强学校德育工作。支持、扶助农村教育事业，加快发展农村基础教育。把推进卫生事业的重点放在督促政府加强农村初级卫生保健工作领导，要求积极发展健康的大众化的文化娱乐项目，开展多种形式的群众体育活动。6 次听取有关城市管理方面的情况汇报，要求认真整治脏乱差，努力创建文明城市。1992 年，强调要以《城市市容和环境卫生管理条例》《城市绿化条例》等法规和鹿城区《市民守则》为中心内容，深入开展创建文明城市的宣传工作。

二、加强执法监督，促进法制建设。6 次听取公检法机关关于执法工作的综合情况报告。组织市、区两级人大代表人参加了评议公检法司工作活动，提出意见、建议 157 件，其中对区司法机关的有 117 件。听取了关于行政诉讼法和行政复议条例贯彻实施情况、行政审判工作情况报告，要求行政机关消除行政执法的随意性，正确对待行政诉讼；督促检察机关全面履行法律监督职能，积极开展行政检察工作。1990 年，听取了政府和法院关于严厉打击严重刑事犯罪活动的情况报告。1991 年和 1992 年，2 次听取了关于社会治安综合治理工作的情况报告。1991 年，听取了关于“二五”普法工作准备情况报告，作出了关于在全区深入开展法制宣传教育的决议。1992 年，听取了关于“二五”普法规划实施情况报告。听取了关于《企业法人登记管理条例》《投机倒把行政处罚条例》和《中华人民共和国税法》《保护消费者合法权益条例》《中华人民共和国环境保护法》《城镇集体所有制企业条例》执行情况报告，督促政府加强相关工作。三、加强代表工作，积极发挥人民代表的作用。建立常委会成员和各办事机构联系代表的制度，走访代表、参加代表小组活动。1992 年，创办了《鹿城人大》刊物，已编辑出刊 4 期。组织代表视察检查“一府两院”的工作，4 次安排各代表小组抓住人民群众普遍关心、反映突出的热点问题进行集中视察、检查；22 次组织部分代表就常委会会议拟审议的议题，开展视察调查。督办代表议案和建议、批评、意见，区三届人大各次会议上，代表共提出议案 120 件，建议、批评、意见 306 件。及时对代表议案和建议进行审议、整理，交付“一府两院”办理，有一部分转给市级有关机关处理。对 19 件事关全局性重大问题的议案，就其内容相近合并为 10 件，列入常委会审议议题。认真受理代表和人民群众的来信来访，共受理来信 756 件。指导、帮助乡（镇）人大主席团依法开展工作。通过邀请列席常委会会议、召开座谈会等渠道、形式，帮助乡（镇）人大主席团逐步熟悉人大工作，总结、交流实践经验，提高依法行使职权意识，依法开好乡（镇）人民代表大会会议。积极争取为乡（镇）人大主席团依法开展工作创造必要条件，督促个别乡（镇）人大主席团认真纠正不符合法律程序的一些做法。

四、加强常委会及其机关的自身建设，提高人大工作水平。常委会有18次会议安排了学习议程。加强机关建设，积极发挥各办事机构的职能作用。加强组织建设，对各工作委员会成员作了调整，增设了侨务和代表两个工作委员会；加强思想建设，抓好经常性政治、义务学习，安排干部轮流参加上级人大常委会举办的学习班，支持青年干部参加大学本科函授学习；加强制度建设，督促办事机构安排好全年工作计划，建立岗位责任制；建立常委会同“一府两院”之间加强对口联系，交流情况，协调工作；加强作风建设，强调各工作委员会要密切联系代表和人民群众，不断提高工作效率和质量。加强同外地人大常委会的联系，认真参加温州市各县（市、区）人大常委会联席会议和八市九城区人大工作研讨会，同60多个城区（市、县）人大交换资料，互相交流学习，共同探讨提高人大工作水平。

会议经审查，通过决议，批准《区人大常委会工作报告》。

听取、审议法院工作报告

第一次会议听取、审议区人民法院代院长王炳池《区人民法院工作报告》。报告指出，三年来，区法院办结各类案件10503件，比前三年增长51.8%，结案数居全省各基层人民法院的前列。其中，办结各类刑事案件1975件，比前三年增长55.4%，判处罪犯2600人。共判处严重刑事犯罪分子1042人，处五年以上有期徒刑的占48.3%。在刑事公诉案件中，经审查，认为主要证据不足，事实不清，退回检察机关补充侦查的79件，商请撤回起诉的34件，改变定性的21件，宣告无罪的6件。三年中，除一件超审限外，其余均在法定的45天期限内审结，平均结案时间为20天，最快的仅8天。相继组织了“扫黄”“除六害”“反盗窃”等专项审判活动。三年来，共判处贪污、受贿、诈骗、偷税、抗税、挪用公款等经济罪犯385名，为国家集体挽回经济损失276万元。共审结各类经济纠纷案件1459件，解决争议标的5420万元，分别比前三年增长了73.3%和149.3%。三年中，共审理借款合同纠纷案件627件，帮助金融系统收回逾期贷款583万元；共办结各类民事案件4247件，结案率为116.9%，结案率比前三年增长了32.2%；共审结民间债务案件1820件，审结离婚案件1555件，其中约有30%的当事人双方经耐心细致的工作后，重新和好。受理涉外及涉港、澳、台民事案件97件。三年中，共受理各类行政案件316件，办结301件，居全省基层法院受案、结案数的第一位。两年多来，共撤销和变更行政案件58 件，维持行政案件76件。三年中，共审查受理民事、经济案件5706件，比前三年增长27.6%。处理来信来访623件（人），办结支付令36件。还根据需要设立了诉前调解服务室，共调处诉外纠纷31件，审结申诉再审案件56件，其中改判的13件，撤销的1件，审查处理申诉信件176件。三年来，共执行各类案件2661件，比前三年增长213.4%，解决标的4374.6万元。1992年，办结执行案件898件，首决出现了结大于收，并将积案压到了198件，比1989年底降低38.7%。同时，解决被执行人在外地的执行案件78件，标的430万元；协助和办结外地委托执行案件32件，标的60.5万元。三年共判处少年被告人278名，其中适用缓刑的63名。

会议经审查，通过决议，批准《区人民法院工作报告》。

听取、审议检察院工作报告

第一次会议听取、审议区人民检察院检察长金德力《区人民检察院工作报告》。报告指出，三年来，区检察院共立案侦查各类经济罪案 356 件，其中贪污贿赂案件 262 件，比前三年增加 5 倍；决定逮捕 104 人，依法提起公诉 250 件 283 人，为国家和集体挽回经济损失 724 万余元，比前三年增加 1.78 倍。其中，坚持专门机关与群众路线相结合的执法原则，群众举报数达 717 件，比前三年增加 60%；查处大要案 134 件，内含万元以上的贪污贿赂大案 84 件，比前三年增加 6.64 倍；查处党政机关内部经济犯罪人员 116 名，内含党员 111 名，科（局）级干部 57 名，县（处）级干部 9 名；查处群案串案 180 余件，占立案总数的 50.56%，如 1990 年重点查处建筑行业内含贿赂案 76 件，在市区建筑行业掀起一场廉政风暴。共受理公安机关提请批捕的各类刑事案犯 2397 人，比前三年增加 17.1%，依法批准和决定逮捕 2225 人，比前三年增加 22.13%；受理公安机关移送审查起（免）诉案件 1688 件 2797 人，比前三年增加 46.78% 和 38.81%，依法提起公诉 1451 件 2170 人，比前三年增加 60.93% 和 41.79%，免予起诉 114 件 263 人，比前三年增加 2.14 倍和 1.27 倍。其中批准逮捕重、特大和“两劳”人员重新犯罪的案犯 959 名，比前三年增加 1 倍，依法起诉重、特大和“两劳”人员重新犯罪的被告人 1067 名，比前三年增加 86.54%。在侦查监督中，共依法增捕 79 人，增诉 4 人，增免 8 人，对 45 名不构成犯罪或不需要逮捕的作了不批准逮捕决定，对 4 名不构成犯罪的作了不起诉决定，建议公安机关撤销案件 11 件，发出纠正违法通知书或检察建议 55 件次。在审判监督中，对认为一审判决失当的 7 起案件依法提出抗诉。在执法监督中，向劳教所提出安全防范和执法情况的检察 102 件次，提出纠正违法建议 67 件次，依法追究了个别劳教干部在劳教活动中体罚劳教人员而构成犯罪的刑事责任；考察监外执行罪犯 900 余人次，完善监外罪犯管理档案 5 册，建议，收监执行的 5 人，向执行机关提出检察建议 55 件次。受理各类法纪案件 130 件，经初查后决定立案侦查 37 件，比前三年增加 1 倍。受理群众来信来访 1055 件次，平息了 10 件易转化为刑事案件的民事纠纷。针对案发单位在管理制度上存在的问题发出检察建议 137 件次。

会议经审查，通过决议，批准《区人民检察院工作报告》。

第二次会议

听取、审议政府工作报告

第二次会议听取、审议鹿城区区长陈久忠《政府工作报告》。报告指出，1993 年，全区实现国内生产总值 24.3 亿元，比上年增长 85.92%；财政收入 2.55 亿元，比上年增长 27.03%。全年实现工业总产值 50.2 亿元，比上年增长 85.6%，是 1986 年以来增幅最大的一年。全区农村经济总收入 16.2 亿元，比上年增长 86.2%；农民人均收入 2151 元，比上年增长32.5%。全区村级集体经济收入超百万充的村增知到15个。实现农业总产值7387方元，与上年基本持平。三产增加值达10.5亿元，总量占国内生产总值比重达43.2%。商业销售额64.2亿元，同比增长91.17%。全年集贸市场成交额达12.37亿元，比上年增长48.49%。新发展了 9家资金调剂服务社，累计融资总额达8亿多元。完成房地产开发投资额4.39亿元。交通运输业全年客货营业额达1.8亿元。全区出口商品收购值达5.5亿元，比上年增长125.6%，批准外商投资企业57家，是前9年的总和，总投资额达9613.5万美元。全年新发展个体工商户9478户、私营企业67家。全区人口计划生育符合率达94.08%，人口自然增长率4.75‰。

报告指出，1994年，全区主要工作指标安排如下：国内生产总值30.4亿元，比1993年增25%；按现行价格计算，工业总产值57.33亿元，比1993年增长25%；农业总产值1亿元，与1993年持平。出口商品收购总值达到7.7亿元，比1993年增长40%。商业销售额82.2亿元，比1993年增长28%；商品零售总额30.56亿元，比1993年增长22%；地方财政收入1.38亿元，比1993年增长10%（按新口径计算）；人口出生率控制在11‰以下，人口自然增长率控制在6.5‰以下。为完成上述任务，着重抓好五方面工作：一、以建立社会主义市场经济体制为目标，全面推进各项改革；二、积极投入"第二次创业"，促进经济快速、高效发展；三、大力推进社会主义精神文明建设，促进社会各项事业发展；四、推进社会主义民主法制建设，维护社会安定团结；五、转变职能，切实改进政府工作。

会议经审查，通过决议，批准《政府工作报告》。

审查、批准国民经济和社会发展计划

第二次会议审查、批准区计划委员会主任管嗣录《关于温州市鹿城区1993年国民经济和社会发展计划执行情况与1994年国民经济和社会发展计划草案的报告》。报告指出，1993年，全区国民经济始终保持强劲的发展势头，主要计划指标均圆满完成或超额完成，是建区以来经济发展最快最好的年份之一。全年实现国内生产总值24.3亿元，比上年增长85.92%，完成变更后的年计划127.9%；财政收入2.55亿元，比上年增长27.03%，完成变更后的年计划106.4%；工业总产值50.2亿元，比上年增长85.6%，完成变更后的年计划119.5%；社会商品零售总额25.05亿元，比上年增长45.88%，完成年计划126.8%；出口商品收购总值5.52亿元，比上年增长125.6%，完成变更后的年计划122.6%；人口自然增长率4.75‰，比年计划指标低2.98‰。计划生育符合率为94.08%。农村经济总收入16.2亿元，比上年增长86.2%；按现行价计算，农业总产值10038万元，与上年基本持平。全年出口商品收购值达5.52亿元，比上年增长125.6%，其中自营出口1242.64万美元。全年安排基建项目482个，建筑面积64.61万平方米，总投资5.31亿元，当年完成投资额2.28亿元，比上年增长87.7%。全年第三产业增加值达10.5亿元，比上年增长80.41%，占国内生产总值的比重达43.2%，高于全国、全省平均水平。全年商业销售总额64.23亿元，比上年增长91.17%，完成调整后年计划的133.8%。城市居民人均生活费收入达3880元，比上年增长38.8%；农民人均年收入2151

元，比上年增长 32.5%。

表 2—6 鹿城区 1993 年国民经济和社会发展主要计划指标执行情况

指标名称	计量单位	1993 年计划	1993 年计划执行情况		
			绝对数	完成计划 %	比上年增长 %
一、国内生产总值	亿元	19.00	24.3	127.89	85.92
1. 第一产业增加值	——	——	0.6958	——	8.09
2. 第二产业增加值	——	——	13.20	——	94.55
其中：工业增加值	——	——	12.86	——	101.88
3. 第三产业增加值	——	——	10.50	——	80.41
地方财政收入（按新口径计算）	——	——	——	——	——
三、农业总产值（现价）	——	——	1.0038	——	——
四、工业总产值 C 现价）	——	——	45.8610	——	85.62
五、工业利润	——	0.60	0.7021	117.02	44.15
六、产品销售率	——	96.37	96.37	——	增 0.87
七、商业销售总额	——	48.00	64.2336	133.82	91.17
八、社会商品零售总额	——	19.75	25.0491	126.83	45.88
九、商品等利润	——	0.073	0.1185	162.33	94.06
十、出口商品收购总值	——	4.50	5.5155	122.57	125.60
十一、人口出生率	——	12.68	9.55	——	——
十二、人口自增率	——	7.73	4.75	——	——

报告指出，1994 年，全区国民经济和社会发展的主要目标是：国内生产总值增长 25%，其中：工业增加值增长 24%，第三产业增加值增长 28%；地方财政收入增长 10%；工业总产值增长 25%；社会商品零售总额增长 22%；出口商品收购总值增长 40%；人口自然增长率增长控制在 6.50‰以内。全年经济计划工作的主要任务和措施是：1. 进一步解放思想，加大改革力度；2. 强化农业基础地位，开发“一优两高”农业；3. 调整产品结构，注重规模效益，努力提高经济增长的质量；4. 加快市场建设步伐，加速第三产业的发展；5. 强化开放意识，扩大对外开放，加快发展开放型经济；6. 依靠科技教育，促进社会经济发展，改善人民生活；7. 加快计划职能转变，建立健全宏观调控体系。

会议经审查，通过决议，批准区人民政府提出的 1994 年国民经济和社会发展计划，批准《关于温州市鹿城区 1993 年国民经济和社会发展计划执行情况及 1994 年国民经济和社会发展计划草案的报告》。

审查、批准财政预算和决算

第二次会议审查、批准区财政局局长黄国池《温州市鹿城区 1993 年财政决算和 1994 年财政预算草案的报告》。报告指出，1993 年，全区财政收入预算为 21920 万元，人大调整数为 24020 万元，年终财政全额收入 26935 万元，完成调整后预算任务的 112.14%，本级实现财政收入 25540 万元，完成调整后预算任务的 106.32%，比上年实际增长 27.03%，是鹿城建区以来最好的一年。各项收入完成情况如下：工商税收收入为 24961 万元，完成预算任务（调整数，下同）的 108.53%，比上年同期增长 39.74%；农业税收入为 62 万元，完成预算任务的 88.57%，同比下降 14.96%，收入减少的主要原因是耕地面积减少；耕地占用税分成收入为100万元，完成预算任务的81.97%，同比下降32.66%；其他收入为217万元，完成预算任务的39.67%，同比下降81.69%；排污费收入为98万元，完成预算任务的122.50%，同比增长38.03%；预算调节基金收入为81万元，完成预算任务的64.29%；能源交通建设基金分成收入为21万元，完成预算任务的105%。此外，完成教育附加收入456万元，比上年实际增长24.03%。1993年，全区财政决算总支出（包括当年本级预算支出，上年专款结转支出和上级补助支出）合计为10989万元，其中本级财政当年实际安排支出为9215万元（不含教育费附加），完成人大批准的调整支出预算8846万元的104.17%，比上年同期支出7897.5万元增长16.68%。本级各项支出具体执行情况如下：事业行政经费支出为6593万元，完成预算任务（调整数，下同）的103.84%；基本建设支出545万元，完成预算任务的136.25%；企业挖潜改造资金支出为573万元，完成预算任务的100%；流动资金支出为900万元，完成预算任务的450%；科技三项费用支出为80万元，完成预算任务的100%；城镇青年就业费支出为14万元，完成预算任务的100%；城市维护费支出373万元，完成预算任务的93.25%；价格补贴支出为39万元，完成预算任务97.50%；环保补助支出为98万元，完成预算任务的122.50%。此外，教育附加费支出456万元。

报告指出，1993年，按照市对区的财政体制计算，全区可用资金收入5825万元，实际本级总支出9671万元，收支结余154万元。

报告指出，1994年，全区地方财政预算收入任务为13785万元（已按新体制口径计算，下同），比上年决算数12532万元增长10%，主要指标如下：地方工商税收收入为10808万元，比上年决算数9699万元增长11.43%；农业税收入65万元，比上年决算数62万元增长4.84%；耕地占用税收入100万元，同上年持平；企业收入1810万元，比上年决算数1798万元增长0.67%；其他收入300万元，比上年决算数217万元增长38.25%；排污收入100万元，比上年决算数98万元增长2.04%；能交基金21万元，同上年持平；预算调节基金81万元，同上年持平；教育费附加500万元，比上年决算456万元增长9.65%。因市对区财政体制至今尚未确定，1994年全区财政可用资金只能以上年既得财力为基础，重点考虑政策性增支（如工改）及重点基建项目等因素，初步测算确定为11868万元，比上年预算增长26.98%，比上年决算增长22.72%。主要支出项目是：行政事业费支出为7826万元，比上年决算增长18.70%；基本建设支出920万元，比上年决算增长68.81%；企业挖潜改造资金573万元，同上年持平；流动资金200万元，比上年决算下降77.78%；科技三项费用91万元，比上年决算增长13.75%；城市维护费410万元，比上年决算增长9.92%；价格补贴40万元，比上年决算增长2.56%；环保补助资金100万元，比上年决算增长2.04%；预备费428万元，占支出预算的3.77%；改革用款780万元；教育附加费支出500万元，比上年决算增长9.65%。

会议经审查，通过决议，批准《温州市鹿城区1993年财政决算和1994年财政预算草案的报告》。

听取、审议常委会工作报告

第二次会议听取、审议区人大常委会主任朱道统《区人大常委会工作报告》。报告指出，一年来，常委会依法举行了 8 次会议，审议了 18 个工作报告，作出了 6 项决议、决定，任免了 46 名地方国家机关工作人员。常委会主要工作如下：

一、围绕经济建设中心，努力做好监督工作。听取和审议了关于加快发展外向型经济、加快鹿城工业区建设步伐、加快企业技改步伐等情况报告的情况报告，提出了意见和建议。重视工业区的防治环境污染工作，督促环境保护部门依照《中华人民共和国环境保护法》关于防治污染的设施必须与主体工程“同时设计、同时施工、同时投产使用”的要求加强监督。听取和审议了国民经济计划和财政预算的执行情况的报告，审议通过了有关提高经济计划指标和增加财政收支预算的决定。重视农业和农村工作，到黎明、双屿和仰义等乡镇对沿江标准堤塘的建设进度、工程质量进行检查，提出了一些意见和建议。召开农村、农业和土地工作座谈会，对全区减轻农民负担的工作进行了检查。加强对社会主义精神文明建设方面的工作监督，听取和审议关于农村初保、加强劳动卫生职业病防治、减轻学生过重课业负担等情况报告。

二、开展执法检查，促进法制建设。听取和审议了关于深入开展“三打一禁”斗争情况报告。听取和审议了区检察院关于开展反贪污贿赂斗争和民事行政检察工作情况报告，要求司法机关集中力量查办大案要案，在重点惩治贪污贿赂犯罪的同时，认真查处假冒商标和偷税等犯罪案件。组织 220 名区人大代表开展评议区法院的工作，提出书面意见 75 份，推动公安、司法机关改进执法工作。一年来，常委会共组织或配合上级人大常委会开展了对有关打击严重刑事犯罪、保障妇女权益、加强文化市场管理等方面 14 个法律法规执行情况的检查，同时认真做好上级人大常委会交付《中华人民共和国反不正当竞争法》《中华人民共和国经济合同法》《实施〈中华人民共和国残疾人保障法〉办法》《实施〈中华人民共和国全国人民代表大会和地方各级人民代表大会代表法〉办法》等 12 个法律法规草案的意见征集工作。

三、学习贯彻《中华人民共和国全国人民代表大会和地方各级人民代表大会代表法》，积极做好代表工作。组织指导代表积极开展闭会期间的活动。抓好代表外组的组建工作，将 300 名区人大代表以街道、乡（镇）、工作系统为单位，组成了 31 个代表小组。4 次统一组织各代表小组开展活动，10 次组织有关代表对经济、卫生、城管、社会治安综合治理等方面的工作情况进行专题视察，参加的代表 191 人次；6 次邀请一些代表列席常委会例会，到会代表 23 人次；先后召开 26 个各类座谈会，应邀参加的代表 119 人次。召开代表工作会议，组织各代表小组组长学习《中华人民共和国全国人民代表大会和地方各级人民代表大会代表法》和代表基本知识。认真督办代表议案和建议、批评、意见，对大会主席团交办的 82 件代表议案进行审议，决定将关于加快鹿城工业区建设、加强劳动卫生职业病防治、减轻学生过重课业负担等 3 件议案，列入常委会审议议题，交区政府组织办理。交区政府等本区有关机关办理的建议、批评、意见共 118 件，经各承办单位的共同努力，已办理完毕，并答复代表。加强对乡（镇）人大主席团的联系和指导，支持和促进乡（镇）人大主席团依法开展工作。

四、适应形势需要，加强自身建设。采取各种形式，组织常委会成员和机关工作人员认真学习邓小平建设有中国特色社会主义理论、学习中共十四大和十四届三中全会精神、学习宪法、法律，学习中央领导同志有关坚持和完善人民代表大会制度的论述，学习党中央关于加强宏观调控、开展反腐败斗争等一系列重大决策，并联系实际，开展调查研究。常委会对工作委员会作了部分调整并调整充实了各工作委员会的组成人员。认真开展机关思想作风教育整顿和反腐败斗争，重视提高机关工作人员的政治素质和工作积极性。

会议经审查，通过决议，批准《区人大常委会工作报告》。

听取、审议法院工作报告

第二次会议听取、审议区人民法院院长王炳池《区人民法院工作报告》。报告指出，1993 年，区法院共受理各类案件 3056 件，办结 3328 件，分别比上年减少 3.2% 和 2.6%；结案率为 108.8%，比上年上升 2%；年底未结案 443 件，比上年底减少 38%。一年来，审结刑事案件 657 件，判处罪犯 997 名，比上年上升了 6.3% 和 11.5%。其中，严重危害社会治安的案件 298 件，罪犯 522 名，分别比上年上升了 8% 和 58.67%。全年共判处五年以上有期徒刑的罪犯 154 名，平均结案时间为 22 天，最快的仅 8 天。全年共判处贪污、受贿、挪用公款等犯罪分子 36 名。全年共受理各类经济纠纷案件 276 件，审结 320 件，解决争议标的额 1773.54 万元。共审结购销合同纠纷案件 130 件、借款合同纠纷案件 98 件等。全年共派出 122 人次，历经 18 个省市，走一线带一片，排除各种干扰阻力，就地审结被告在外地案件 83 件，解决争议标的额 400 余万元。全年共受理民事案件 1177 件，审结 1286 件；审结婚姻家庭纠纷案件 665 件，审结涉外、涉侨、涉港澳台案件 43 件。全年共受理行政案件 81 件，审结 88 件；受理行政执行案件 206 件，执行了 231 件，执行率为 112%。全年共召开宣判大会和就地开庭审理 9 次。全年各法庭及时调处了矛盾易激化案件 30 件，并积极做好这些案件审理后的延伸工作，巩固审判效果。全年共受理执行案件 884 件，办结 969 件，解决执行标的额 1109 万元，年底执行未结案仅 113 件。全年共审查受理民事、经济、执行案件 2337 件，接待处理人民群众来信来访 1926 件（人）。

会议经审查，通过决议，批准《区人民法院工作报告》。

听取、审议检察院工作报告

第二次会议听取、审议区人民检察院检察长金德力《区人民检察院工作报告》。报告指出，1993 年，区检察院共受理贪污贿赂等经济罪案线索 119 件，立案侦查 56 件，其中重大案件 36 件；侦查终结 56 件，依法提起公诉 35 件，免予起诉 21 件，为国家和集体挽回经济损失 300 余万元；查处各类经济案件犯罪额 160 余万元，除个别案犯潜逃以外，追缴赃款额达 100%。查处假冒商标案 6 件，偷税案 15 件。内含重大案件 13 件，追缴税款240余万元。其中立案侦查贪污贿赂案34件，查处数居全市各县（市、区）院之首，是全市各院平均立案数的28倍。工作中，举报中心重新挂牌办公，发挥群众举报的作用。年举报数151件，比上年增加14.4%，特别是中纪委二次全会后的四个月内，举报数达67个，比上年同期增加1.7倍，举报质量明显提高，成案率比上年增加26%。受理公安机关和自侦部门报捕案件599件1020人（含自侦案23件29人），比上年增加27.2%和23.9%，经审查批准和决定逮捕564件957人，比上年增加26.7%和22.4%；受理审查起（免）诉案件736件1193人（含自侦案75件85人），比上年增加5.4%和9.7%，经审查依法提起公诉587件894人，免予起诉101件169人。其中在“三打一禁”斗争期间，共依法批捕各类刑事案犯679 人，提起公诉703人。行使监督职权，决定不捕15人，增捕23人，增诉2 人，建议撤销案件4件5人，改变处理意见29件33人；提起抗诉8件15人，比上年增加5件10人，其中已改判5件 11人；劳教所进行执法情况和安全防范检察73件次，提出纠正违法建议16件次。受理各类法纪案件线索40件，立案侦查8件12人，案经侦查终结，依法提起公诉2件3人，免予起诉6件9人。处理群众来信来访303件次，“二不一免”案件5件5人。民事行政检查科正式成立，率先填补了全市的空白。

会议经审查，通过决议，批准《区人民检察院工作报告》。

第三次会议

听取、审议政府工作报告

第三次会议听取、审议鹿城区区长陈久忠《政府工作报告》。报告指出，1994年，全区克服了百年未遇自然灾害所带来的困难，实现国内生产总值33.5亿元，比上年增长37.9%；工业总产值（现价）63.6亿元，增长38.7%（不变价68.59亿元，增长36.7%）；农业总产值（现价）1.09亿元，增长9%；出口商品收购总值8.3亿元，墙长50.06%；商品销售总额93.56亿元，增长45.65%；财政总收入3.03亿元，增长16.52%，其中地方财政收入1.5亿元，增长21.89%。农村经济总收入25.04亿元，增长54.75%；农村人均收入2943元，增长36.82%。社会消费品零售总额34.26亿元，增长36.78%；集市贸易成交额18.59亿元，增长50.28%。房地产全年总开发量达3.78亿元，完成开发量2.25亿元，竣工面积13.5万平方米。批准外贸投资项目21个，总投资额1922.18万美元，协议利用外资937.17万美元。全区人口总出生率为8.6‰，计划生育率为95.99%。

报告指出，1995年，全区经济、社会发展的主要指标安排为：国内生产总值42.8亿元，增长26.3%；工业总产值（现行价）79.5亿元（不变价为85.7亿元），增长25%；农业总产值（现行价）1.1亿元，与1994年持平；商品销售总额121.6亿元，增长30%；社会消费品零售总额42.8亿元，增长25%；出口商品收购总值10.8亿元，增长30%；地方财政收入1.65亿元，增长10%；人口出生率10.97‰，与市计划持平；人口自增率6.5‰，与市计划持平。为完成上述任务，着重要抓好以下工作：经济方面，要稳定农业，全面发展农村经济，二产要加快发展，三产要加大力度；改革开放方面，要协调步伐，全面推进改革，要抓住机遇，扩大开放；城市管理方面，要强化宣传教育，提高市民文明素质，加强队伍建设，提高管理水平，增加资金投入，改善市政基础设施，同时加强环境保护；精神文明建设方面，要走科教兴区的路子，文、体、卫全面发展，抓好计划生育工作，各项社会事业齐头并进；政府自身建设方面，要加强理论和其他知识的学习，加强制度和廉政建设，充分调动各级积极性，取得新成效。

会议经审查，通过决议，批准《政府工作报告》。

审查、批准国民经济和社会发展计划

第三次会议审查、批准区计划委员会主任林瑞荣《关于温州市鹿城区 1994 年国民经济和社会发展计划执行情况与 1995 年国民经济和社会发展计划草案的报告》。报告指出，1994 年，全区克服百年未遇的特大自然灾害带来的种种困难，国民经济继读保持持续、快速、健康的发展势头，主要计划指标均超额完成。全年国内生产总值预计 33.5 亿元，比上年增长 37.9%，完成年计划 110.20%；地方财政收入 1.5076 亿元，比上年增长 21.89%，完成年计划 109.37%；农业总产值（现行价）1.09 亿元，完成年计划 108.68%；工业总产值（不变价）68.59 亿元，比上年增长 36.7%；现行价 63.6 亿元，完成年计划 110.94%；商业销售总额 93.56 亿元，比上年增长 45.65%，完成年计划 113.79%；社会消费品零售总额 34.26 亿元，比上年增长 36.78%，完成年计划 112.11%；出口商品收购总值 8.30 亿元，比上年增长 50.06%，完成年计划 107.51%；人口出生率 8.60‰，比年计划指标低 2.4‰；人口自然增长率 3.38‰，比年计划指标低 3.12‰。

表 2—7　　鹿城区 1994 年国民经济和社会发展主要计划指标执行情况

指标名称	计量单位	1994 年计划	1994 年计划执行情况		
			绝对数	完成计划 %	比上年增长 %
一、国内生产总值	亿元	30.4	33.5（预计）	110.2	37.9
二、地方财政收入（按新口径计算）	亿元	1.38	1.4972	108.49	21.89
三、农业总产值（现价）	亿元	1.0	1.0904	108.68	8.68
四、工业总产值（现价）	亿元	57.33	63.6	110.94	38.68
五、工业利润	亿元	0.88	0.9252	105.13	31.77
六、产品销售率	%	97.37	94.47	——	下降 1.9%
七、商业销售总额	亿元	82.22	93.56	113.79	45.65
八、社会消费品零售总额	亿元	30.56	34.26	112.11	36.78
九、商品等利润	亿元	0.15	0.1962	130.8	65.57
十、出口商品收购总值	亿元	7.72	8.3	107.51	50.06
十一、人口出生率	‰	11.00	8.60	低 2.4‰	下降 0.95‰
十二、人口自增率	‰	6.50	3.38	低 3.12‰	下降 1.37‰

报告指出，1995年，全区国民经济和社会发展的主要目标是：国内生产总值42.8亿元，增长26.3%，其中，工业增加值增长24.7%，第三产业增加值增长29.8%。工业总产值（现行价）79.5亿元，增长25%；农业总产值（现行价）1.1亿元，与1994年持平；商业销售总额121.6亿元，增长30%；社会消费品零售总额42.8亿元，增长25%；出口商品收购总值10.8亿元，增长30%；地方财政收入1.65亿元，增长10.04%；人口出生率10.97‰，与市计划持平；人口自增率5.46‰，与市计划持平。全年经济计划工作的主要任务和措施是：1. 坚决治理通货膨胀，抑制物价过高上涨；2. 牢固树立农业基础思想，确立农业重要地位；3. 提高经济增长质量，促进工业经济健康运行；4、充分发挥城区优势，加快发展第三产业；5. 加大对外开放力度，大力发展开放型经济；6. 抓好基础设施建设，加快工业区建设步伐；7. 加快产权制度改革，推行现代企业制度试点；8. 积极推行行业管理，充分发挥行业协会作用；9. 抓好科教文卫体工作，促进各项社会事业全面发展；10. 加快计划体制改革，健全宏观调控体系。

会议经审查，通过决议，批准区人民政府提出的1995年国民经济和社会发展计划，批准《关于温州市鹿城区1994年国民经济和社会发展计划执行情况及1995年国民经济和社会发展计划草案的报告》。

审查、批准财政预算和决算

第三次会议审查、批准区财政局局长黄夏日《温州市鹿城区1994年财政决算和1995年财政预算草案的报告》。报告指出，1994年，全区完成地方财政收入10576万元，完成预算任务的109.37%。完成情况具体如下：工商税收收入11066万元，完成预算任务的102.39%；农牧业税和耕地占用税收入179万元，完成预算任务的108.48%；企业所得税收入2843万元，完成预算任务的157.07%；其他收入278万元，完成预算任务的92.67%；排污费收入155万元，完成预算任务的155%；能交基金分成收入21万元，完成预算任务的100%；预算调节基金分成收入90万元，完成预算任务的111.11%；教育费附加收入444万元，完成领算任务的88.80%。全年财政决算总支出（包括当年本级预算支出，上年专款结转支出和上级补助支出）合计为12069万元，其中本级财政当年安排支出10774万元，同比增长11.41%。各项支出具体执行情况如下：行政事业费支出8381万元，完成预算任务的107.09%；基本建设支出559万元，完成预算任务的60.76%；科技三项费用支出91万元，完成预算任务的100%；企业挖潜改造支出573万元，完成预算任务的100%；城市维护费支出333万元，完成预算任务的81.22%；环保补助支出155万元，完成预算任务的155%%；价格补贴支出38万元，完成预算任务的95%；流动资金支出200万元，完成预算任务的100%；教育费附加支出444万元，完成预算任务的88.80%。1994年，按照市对区的财政体制计算，本级可用资金10774万元，当年实际支出10774万元，收支实现平衡。

报告指出，1995年，全区地方财政预算收入任务为16590万元，比上年执行数增长10.64%。主要指标如下：地方工商税收收入12662万元，比上年执行教增长14.42%；农牧业税和耕地占用税 165 万元，比上年执行数下降 7.21%；企业所得税收入 2638 万元，比上年执行数下降 7.21%；其他收入 297 万元，比上年执行教增长 6.83%；排污费收入 200 万元，比上年执行数增长 29.03%；能交基金分成收入含 31 万元，比上年执行教增长 47.62%；预算调节基金分成收入 105 万元，比上年执行数增长 16.67%；教育费附加收入 492 万元，比上年执行数增长 10.81%。根据以上财政预算收入，按照市对区核定的体制测算，1995 年全区地方财政可用资金为 10887 万元，比 1994 年执行数 10774 万元增长 1.05%；具体安排如下：行政事业费支出 8933 万元，比上年执行数增长 6.59%；科技三项费用支出 109 万元，比上年执行数增长 19.78%；城市维护费支出 404 万元，比上年执行数增长 21.32%；环保补助支出 100 万元，比上年执行数增长 29.03%；教育费附加支出 492 万元，比上年执行数增长 10.81%；预备费 327 万元；体制统筹 422 万元，主要安排乡财政增收分成和房改资金。

预决算审查委员会认为，1994 年全区财政预算执行情况是好的。区人民政府和财税部门围绕“抓住机遇、深化改革、扩大开放、促进发展、保持稳定”的大局，以经济建设为中心，全面落实各项财税改革措施，克服新旧体制交替和十七号台风带来的困难，加强税收征管，努力增加收入，合理安排支出，基本上保证了经济建设和各项事业发展的需要。

预决算审查委员会认为，1995 年全区的财政预算安排的指导思想是正确的，贯彻了《中华人民共和国预算法》、中央经济工作会议的精神，体现了量入为出的原则和适度从紧的财政政策。区人民政府提出的财政预算草案是可行的。

会议经审查，通过决议，批准《温州市鹿城区 1994 年财政决算和 1995 年财政预算草案的报告》。

听取、审议常委会工作报告

第三次会议听取、审议区人大常委会主任朱道统《区人大常委会工作报告》。报告指出，一年来，常委会依法举行了 7 次会议，审议区政府、法院、检察院工作报告 15 项，作出决议、决定 4 项。常委会主要工作如下：

一、审议、决定全区重大事项，推进民主和法制建设。强化对《关于加快鹿城工业开发区配套设施建设议案》《关于加快产权制度改革，促进生产力发展的议案》督办。听取和审议了区政府关于贯彻农业“两法”和“菜篮子”工程建设情况报告。重视“质量立区”战略，组织检查了《中华人民共和国产品质量法》贯彻实施情况，听取和审议了区政府关于打假扶优工作情况报告，对如何惩治生产、销售假冒伪劣商品违法犯罪活动，扶持名优产品，增加科技投入等方面提出了意见和建议。加强对国民经济计划和财政预算执行的监督检查，初步审查了本区 1995 年国民经济、社会发展计划安排草案和财政预算草案，要求对两个草案作进一步修订。对区政府贯彻实施教育“两基”，迎接省级验收情况情况进行视察检查，督促教育“两基”工作深入开展，更好地发展全区教育事业。听取和审议了区政府关于制定《温州市鹿城区科学技术发展纲要（草案）》的报告，作出了《关于同意〈温州市鹿城区科学技术发展纲要〉的决定》。督办《关于城郊结合部环境卫生整治工作议案》，听取和审议了区政府关于该议案办理情况报告。组织全体代表对全区开展“社会治安综合治理年活动”进行视察检查，督促加强社会治安综合治理工作，为全区二次创业创造良好的社会环境。

二、强化监督力度，注重监督实效。开展两项评议（执法评议、述职评议）工作，研究制定“两评”工作的实施意见，组织人大代表学习相关法律、举办培训、走访选民、听取反映、收集情况，结合代表小组活动开展对工商部门的执法评议，常委会组成人员对首批述职干部即区公安分局、工商行政管理局、体育委员会的三位局长（主任）进行了胜任度投票，“两评”工作收到了较好的效果。加强法律监督，促进依法行政、依法司法，采取听专题汇报、组织专题视察和集中开展执法检查等形式，先后对《全国人民共和国教师法》《中华人民共和国传染病防治法》《中华人民共和国归侨侨眷权益保护法》《中华人民共和国环境保护法》等10多个法律法规的贯彻执行情况进行检查。加强对“两院”的监督，督促准确、严格执行法律，认真抓好队伍建设，切实做到有法必依、执法必严、违法必究。一年来，常委会共任命区政府组成人员5名，免职4名；任命区“两院”干部21名，免职6名。受理来信来访213件（次），督促有关单位依法处理。

三、加强代表工作，更好发挥代表作用。坚持常委会组成人员联系代表制度，通过定点联系、个别访谈、参加代表小组活动、召开座谈会、为代表举办法律培训、请代表列席常委会议、编发常委会会刊、订发《人民政权报》、提供法律书刊等多种渠道，为代表知情知政和参政议政创造条件。积极组织代表开展活动，认真制定代表小组每次活动计划。组织区代表小组活动4次，省、市代表小组活动各2次。开展“创建先进代表小组，争当代表活动积极分子”的竞赛活动，表彰一批被评出的先进代表活动小组和代表活动积极分子。组织代表开展纪念人民代表大会成立四十周年活动，与市人大常委会联合召开了纪念大会。认真督办代表议案和建议、批评、意见，对大会主席团交办的44件代表议案进行了审议，决定将《关于加速产权制度改革、促进生产力发展》《关于加快鹿城工业开发区配套设施建设》《关于进一步加强城郊接合部环境卫生整治工作》3件议案列入常委会审议议题，交区政府组织办理。经承办单位努力，所有议案和建议、批评、意见均已办理完毕，并答复代表。

四、注重自身建设，努力改进人大工作。抓好学习，加强思想建设和廉政建设。常委会及各委办深入实际，认真组织视察检查和调查研究，写出16篇调查报告，为常委会审议、监督“一府两院”工作提供了依据。加强业务培训和人大理论的研究，不断提高工作水平。常委会派出机关干部参加省人大常委会举办的人大理论培训班；参加了全国八市九城区在厦门召开的学术交流会和全市11个县（市、区）人大工作联席会议；同全国20多个县（市、区）人大常委会保持了资料、信息的交流，加强了理论研究工作。积极推进人大干部“双向交流”，培养和选拔中青年干部进常委会各委办领导班子。切实加强对乡（镇）人大主席团的指导，坚持邀请乡（镇）主席团同志参加常委会议和常委会组织的视察检查活动。一年来，各乡（镇）人大主席团组织代表活动，发挥代表作用，加强对政府的监督，推动了各项工作的开展。

会议经审查，通过决议，批准《区人大常委会工作报告》。

听取、审议法院工作报告

第三次会议听取、审议区人民法院院长王炳池《区人民法院工作报告》。报告指出，1994年，区法院共受理各类案件3068件，比上年上升9.5%，审结3059件，未结368件，分别比上年下降了9.1%和16.9%，结案率达99.9%。全年共受理各类刑事案件728件，被告人1109人，比上年上升了17.4%和18.7%；审结733件，判处各类被告人1112人，比上年上升11.6%和11.5%。全年共审结严重刑事犯罪案件334件，判处杀人、抢劫、流氓、强奸、绑架勒索、故意重伤害、重大盗窃等犯罪分子564名。判处5年以上有期徒刑304名，占所判罪犯的27.3%；平均结案时间为23天，最快的仅8天。全年共审结少年犯罪案件80件，判处少年犯114名，其中适用缓刑的9名。全年共受理各类经济案件308件，比上年上升11.6%；审结285件，比上年下降8.1%；解决争议标的额2110余万元，比上年增加38.3%。全年共组织外出办案20次，审结案件65件，解决讼争标的700余万元。全年共受理各类民事案件1061件，审结1127件，分别比上年减少9.9%和12.4%。全年共审结婚姻家庭案件594件（其中离婚564件）、债务274件、房屋134件、损害赔偿38件。共审结“三涉”案件72件。全年共受理各类行政案件112件，审结110件，分别比上年增加38.3% 和25%。全年共判决撤销行政机关具体行政行为22件，变更5件，判令行政机关履行职责1件，相对人胜诉率达25.5%；共判决维持行政机关具体行政行为34件，行政机关胜诉率为31%。全年共办结各类行政执行案件386件。全年共受理执行案件859件，办结787件。在全年审结的民事、经济案件1412件中，三个月内审结的823件，六个月内审结的489件。

会议经审查，通过决议，批准《区人民法院工作报告》。

听取、审议检察院工作报告

第三次会议听取、审议区人民检察院代检察长谢向理《区人民检察院工作报告》。报告指出，1994年，区检察院共立案侦查各类经济罪案47件49人，其中贪污贿赂大要案21件，占两类案件立案总教的84%，比上年增加19.7%，高出全市同比数23.1%。突破的贪污贿赂特大案件6件，占全市同类案件查处总数的27.3%，为国家和集体挽回经济损失460余万元。其中，个案犯罪最高数额达42万元，是建院以来查处的最大贪污案。先后对10件重特大偷税案和利用增值税发票进行投机倒把犯罪案件进行查处，追回偷漏税款345万元。受理各类法纪案件线索35件，立案侦查10件14人，其中重、特大案件3件。受理各类报捕案件714件1133人，比上年增加19.2%和11.1%，经审查，批准和决定逮捕680件1067人，比上年增加20.6%和11.6%；受理审查起（免）诉案件865件1313人，比上年增加17.5%和10.1%，依法提起公诉686件1012人，免予起诉136件228人，审结数比上年增加19.5%和16.7%。其中批捕杀人、抢劫、强奸、流氓等现行重特大案犯和带有黑社会性质的团伙犯罪案犯480名，起诉288名，分别占批捕、起诉案犯总数的44.9%和28.3%，分别比全省同比数高3.9%和0.8%；在反盗窃、“三打一禁”、“扫黄”、“打非”等多种形式的专项斗争中，依法批捕该类犯罪分子530名，起诉491名。对侦查、审判、执行活动和监督中不捕15人，增捕13人，增诉（免）7人，改变侦查部门处理意见37件77人，建议撤销案件7件，提出检察建议13件次；对7件形式判决提出抗诉，已审结5件，改判2件，民事行政受理申诉案件15件，处理13件，提出检察建议2件，1件已由法院进行重审；对劳教执法和安全防范情况进行检察138次，提出纠正违法建议13件次。加大自身工作的监督力度，共决定逮捕贪污贿赂和“侵权”、渎职大要案等22件23人，依法提起公诉44件47人，其中重特大案犯41人，占自侦案件起诉总数的87.2%，比上年增加36.7%，免予起诉26件29人，免诉率比上年减少0.4%。全年举报受理数达到234件，比上年增加96%。加强举报控告申诉检察工作，全年举报受理数达到234件比上年增加96%。重点抓了“二不一免”申诉案件的复查工作，信访处理率达到100%。

会议经审查，通过决议，批准《区人民检察院工作报告》。

第四次会议

听取、审议政府工作报告

第四次会议听取、审议鹿城区代区长徐止平《关于鹿城区国民经济和社会发展“九五”计划和2010年远景目标纲要的报告》。报告指出，“八五”期间，特别是1992年邓小平南方谈话发表和中共十四大胜利召开，极大地激发和调动了广大干部群众的积极性、创造性，全区经济建设、社会事业、基础设施建设进入了新的快速发展阶段，除粮食因土地减少未能完成任务外，其他主要经济指标完成和超额完成了“八五”发展计划。1995年，全区国内生产总值达51.24亿元，按可比价格计算，比1990年增长4.46倍，为“八五”计划的478.88%，年均增长40.4%；农业总产值1.43亿元（现行价），按可比价格计算，比1990年下降22.5%，为“八五”计划的61.61%；工业总产值（1990年不变价）100.23亿元，比1990年增长5.85倍，为“八五”计划的481.88%，年均增长46.94%；消费品零售总额67.36亿元，比1990年增长5.25倍，为“八五”计划的426.13%，年均增长44.26%；财政收入3.48亿元，比1990年增长1.39倍，为“八五”计划174.09%，年均增长19.07%。全区农村经济总收入42.57亿元，比1990年增长5.98倍，年均递增56.4%。1995年全区商业销售总额151.46亿元，比1900年增长7.6倍，年均增长53.78%。1995年，全社会外贸供货总值13.46亿元，比1900年增长22.62倍，年均增长88.21%，完成“八五”计划的747.78%。1995年，城镇居民人均生活费收入达到6732元，农民人均纯收入达到5226元，扣除物价上涨因素，分别比1990年增长102%和67.3%。

报告指出，根据中共鹿城区委四届十次全体会议《关予制定鹿城区国民经济和社会发展“九五”计划和 2010年远景目标建议》精神，研究制定《鹿城区国民经济和社会发展“九五”计划和2010年远景目标纲要（草案）》。纲要（草案）确定，全区到2010年的奋斗目标是：实现国内生产总值比2000年翻1.7番，达到400亿元，工业总产值达到500亿元，商业销售额1200亿元，全社会外贸供货总值130亿元，全区总人口控制在60万人以内。

与实现2010年奋斗目标相衔接，纲要（草案）对“九五”时期的目标任务进行了重点规划，提出了各个方面的具体发展要求：国内生产总值在1995年的基础上再翻一翻多，达到125亿元，年均递增19.53%；工业总产值230亿元，年均递增18.07%；商业销售总额400亿元，年均递增21.44%；财政收入5.44亿元，年均递增10%；外贸供货总值占国内生产总值的比重达到35%，科技进步贡献率达到50%以上，人口自然增长率控制在4.25‰以内。到2000年，城市居民人均生活费年收入超过11000元，农民人均年纯收入超过7000元，人均收入达到全国先进城区水平。为实现“九五”计划和未来15年的奋斗目标，要着力突出八个方面：突出改革和发展两大主题；着力改变经济增长方式，提高国民经济整体素质；坚持一、二、三产业协调发展，逐步实现产业合理布局；实施科教兴区和基础先行的战略重点；实行“质量立区”的发展战略，认真实施“358”工程；继续发挥鹿城经济机制灵活的优势，努力抢占市场竞争的制高点；进一步扩大对外开放，不断提高经济外向程度；坚持物质文明和精神文明共同进步，加强城市社会管理，塑造城区良好形象，实现经济和社会协调发展。报告指出，今后五年，经济工作的主要任务是：优化第一产业；提高第二产业；发展第三产业；大力加强基础设施建设；深化经济体制改革；进一步扩大对外开放；合理布局，促进区域经济协调发展。

报告指出，1996年，全区经济、社会发展的主要指标安排为：国内生产总值64亿元，增长25%：工业总产值（90年不变价）125亿元，增长25%；社会消费品销售总额196.9亿元，增长30%；消费品零售总额87.6亿元，增长30%；农业总产值与1995年基本持平；全社会外贸供货总值17.5亿元，增长30%；财政收入3.75亿元，增长10%，其中地方财政收入1.845亿元，增长10%；人口出生率和人口自然增长率控制在9.3‰和4.5‰以下。按照上述指导思想和目标，除必须依照《纲要（草案）》精神做好各项工作外，还要突出抓好以下几方面工作：（一）抓好粮食和副食品生产；（二）推进规模经济发展，增长经济发展后劲；（三）紧紧抓住第三产业不放；（四）搞好基础设施建设；（五）围绕建立现代企业制度深化改革；（六）积极发展开放型经济；（七）城管、计划生育、社会治安综合治理三大硬仗要取得突破性进展；（八）大力发展社会各项事业。

会议经审查，通过决议，批准《鹿城区国民经济和社会发展“九五”计划和2010年远景目标纲要》。

审查、批准国民经济和社会发展计划

第四次会议审查、批准区计划委员会主任林瑞荣《关于温州市鹿城区1995年国民经济和社会发展计划执行情况与1996年国民经济和社会发展计划草案的报告》。报告指出，

1995 年，是全面完成“八五”计划的最后一年，也是全区经济社会发展又上新台阶，并为实施“九五”计划奠定基础的一年。全区国民经济继续保持持续、快速、健康发展，各项社会事业取得新的成绩，主要计划指标均超额完成。全年国内生产总值 51.24 亿元，完成年计划 119.72%，比上年增长 52.96%；财政总收入 3.4818 亿元，完成年计划 103.18%，其中地方财政收入 1.6777 亿元，完成年计划 101.13%，比上年增长 11.28%；农业总产值（现行价）1.43 亿元，完成年计划 130%，按可比价格计算比上年增长 7.8%；工业总产值（不变价）100.23 亿元，比上年增长 46.12%，（现行价）95.61 亿元，完成年计划 120.18%，增长 50.42%；商业销售总额 151.46 亿元，完成年计划 124.56%，比上年增长 61.89%，剔除物价因素增长 38%；社会消费品零售总额 67.36 亿元，完成年计划 157.39%，比上年增长 96.61%，剔除物价因素增长 71.3%；全社会外贸供货总值 13.46 亿元，完成年计划 124.63%，比上年增长 62.07%；人口出生率 9.27‰，比年计划指标低 1.7‰；人口自然增长率 4.41‰，比年计划指标低 1.05‰。城市居民人均生活费收入 6732 元，比上年增长 31.7%，剔除物价因素，实际增长 14.2%；农民人均纯收入 5226 元，比上年增长 44.17%，扣除物价因素，实际增长 22.9%。

表 2—8　　　鹿城区 1995 年国民经济和社会发展主要计划指标执行情况

指标名称	计量单位	1995 年	1995 年计划执行情况		
		计划	绝对数	完成计划 %	比上年增长 %
一、国内生产总值	亿元	42.8	51.24	119.72	52.96
二、地方财政收入	亿元	1.65	1.68	101.13	11.28
三、农业总产值（现价）	亿元	1.1	1.43	130	37.56
四、工业总产值（现价）	亿元	79.5	95.61	120.18	50.42
五、工业利润	亿元	1.16	1.27	109.48	37.27
六、产品销售率	%	97.37	98.31		上升 0.94%
七、商业销售总额	亿元	121.6	151.46	124.56	61.89
八、社会消费品零售总额	亿元	42.8	67.36	157.39	96.61
九、商业等利润	亿元	0.25	0.32	128	63.10
十、全社会外贸供货总值	亿元	10.8	13.46	124.63	62.07
十一、人口出生率	‰	10.97	9.27	低 1.7‰	下降 0.67‰
十二、人口自增率	‰	5.46	4.41	低 1.05‰	下降 1.03‰

报告指出，1996 年是实施“九五”计划的第一年，全区国民经济和社会发展的主要目标是：国内生产总值 64 亿元，增长 25%，其中第三产业增加值 29.5 亿元，增长 27.5%；工业总产值（现行价）119.5 亿元，增长 25%；农业总产值（现行价）1.43 亿元，与上年持平；商业销售总额 196.9 亿元，增长 30%；社会消费品零售总额 87.6 亿元，增长 30%；全社会外贸供货总值 17.5 亿元，增长 30%；财政总收入 3.78 亿元，增长 11.99%，其中地方财政收入 1.888 亿元，增长 12.55%；人口出生率 9.3‰，比市计划低 1.63‰；人口自然增长率 4.5‰，比市计划低 1.18‰；年末总人口控制在 48.50 万人以内。主要任务和措施是：1. 加强农业基础地位，加快发展农村经济；2，优化工业产品结构，保持工业稳定增长；3. 大力发展第三产业，提高社会服务水平；4. 进一步扩大对外开放，

加快发展开放型经济；5. 加快工业区建设步伐，加强重点项目建设；6. 发展各项社会事业，促进社会全面进步。

会议经审查，通过决议，批准区人民政府提出的1996年国民经济和社会发展计划，批准《关于温州市鹿城区1995年国民经济和社会发展计划执行情况及1996年国民经济和社会发展计划草案的报告》。

审查、批准财政预算和决算

第四次会议审查、批准区财政局局长黄夏日《温州市鹿城区1995年财政决算和1996年财政预算草案的报告》。报告指出，1995年，全区完成财政总收入34818万元，其中地方财政总收入16777万元，完成预算的101.13%。主要指标如下：工商税收收入13583万元，完成预算的103.69%；农业税和耕地占用税收入282万元，完成预算的170.91%；企业所得税收入1690万元，完成预算的77.35%；其他收入219万元，完成预算的151.03%；排污费收入345万元，完成预算的115%；能交基金分成收入37万元，完成预算的92.5%；预调基金分成收入143万元，完成预算的92.26%；教育费附加收入478万元，完成预算的95.6%。1995年，全区地方财政总支出为11416万元，完成预算的103.08%，其中，行政事业费支出10036万元，完成预算的107.66%；科技三项费用支出127万元，完成预算的104.1%；企业挖潜改造支出100万元，完成预算的100%；城市维护费支出330万元，完成预算的76.92%；环保补助支出345万元，完成预算的115%；教育费附加支出478万元，完成预算的95.6%。

报告指出，1995年区本级地方财政收入13895万元，完成预算的104.66%。主要指标如下：工商税收收入11435万元，完成预算的106.7%；耕地占用税收入189万元，完成预算的189%；企业所得税收入1087万元，完成预算的79.17%；其他收入219万元，完成预算的151.03%；排污费收入345万元，完成预算的115%；能交基金分成收入30万元，完成预算的100%；预调基金分成收入112万元，完成预算的100.9%；教育费附加收入478万元，完成预算的95.6%。区本级地方财政支出为10569万元，完成预算的104.32%。主要指标如下：行政事业费支出9244万元，完成预算的109.75%；科技三项费用支出127万元，完成预算的104.1%；企业挖潜改造支出100万元，完成预算的100%；城市维护费支出275万元，完成预算的71.61%；环保补助支出345万元，完成预算的115%；教育费附加支出478万元，完成预算的95.6%。1995年，按照市对区的财政体制核算，全区上交中央、省、市23373万元（其中地方财政总收入上交5332万元，反映在本级财政收入上上交3320万元），留用资金为11445万元，其中本级可用资金10575万元，本级安排支出10569万元，结余6万元，收支实现平衡。

报告指出，1996年，全区地方财政收支总预算作如下安排：地方财政总收入18882万元，比上年增长12.55%。主要指标如下：工商税收收入15347万元，比上年增长13.01%；农业税和耕地占用税收入286万元，比上年增长1.42%；企业所得税收入1889万元，比上年增长11.78%；其他收入230万元；比上年增长5.02%；排污费收入400万元，比上年增长 15.94%；能交基金分成收入 43 万元，比上年增长 16.22%；预调基金分成收入 167 万元，比上年增长 16.78%；教育费附加收入 520 万元，比上年增长 8.79%。根据以上财政预算收入，按照市对区核定的体制测算，1996 年全区地方财政可用资金为 12300 万元，比上年增长 7.47%，支出安排如下：行政事业费支出 10521 万元，比上年增长 4.83%；企业挖潜改造支出 100 万元，与上年持平；科技三项费用支出 154 万元，比上年增长 17.32%，占地方财政总支出的 1.25%；城市维护费支出 350 万元，比上年增长 6.06%；环保补助支出 400 万元，比上年增长 15.94%；教育费附加支出 520 万元，比上年增长 8.79%；预备费安排 255 万元，占地方财政总支出的 2.07%。1996 年本级地方财政收入 15416 万元，比上年增长 10.95%，主要指标如下：工商税收收入 12777 万元，比上年增长 11.74%；耕地占用税收入 189 万元，同上年持平；企业所得税收入 1150 万元，比上年增长 5.8%；其他收入 230 万元，比上年增长 5.02%；排污费收入 400 万元，比上年增长 15.94%；能交基金分成收入 32 万元，比上年增长 6.67%；预调基金分成收入 118 万元，比上年增长 5.36%；教育费附加收入 520 万元，比上年增长 8.79%。根据全区财政体制测算，1996 年本级可用资金为 11404 万元，本级地方财政安排支出为 11399 万元，比上年增长 7.8%，主要指标如下：行政事业费支出 9670 万元，比上年决算增长 4.61%；企业挖潜改造支出 100 万元，与上年持平；科技三项费用支出 142 万元，比上年增长 11.81%，占本级财政支出 1.25%；城市维护费支出 330 万元，比上年增长 20%；环保补助支出 400 万元，比上年增长 15.94%；教育费附加支出 520 万元，比上年增长 8.79%；预备费安排 237 万元，占本级支出的 2.08%。

财政预算审查委员会认为，1995 年区政府和财税部门认真贯彻落实国家宏观调控的各项政策，进一步深化财税体制改革，有效地调动了增收节支自求平衡的积极性。同时，强化税收征管，严格控制支出，较好地完成了任务。全区总预算和区本级预算执行情况是好的。

财政预算审查委员会认为，1996 年全区总预算和区本级预算贯彻了《全国人民共和国预算法》和中央、省经济工作会议的精神，体现了量入为出、收支平衡的原则和适度从紧的财政政策要求。收入预算是比较积极的，支出预算是比较紧的，草案是适当可行的。

会议经审查，通过决议，批准《温州市鹿城区 1995 年财政决算和 1996 年财政预算草案的报告》。

听取、审议常委会工作报告

第四次会议听取、审议区人大常委会主任朱道统《区人大常委会工作报告》。报告指出，一年来，常委会依法举行了 8 次会议，审议“一府两院”报告 16 项，作出决议、决定 7 项，决定任免和任免地方国家机关工作人员 37 名，其中接受陈久忠辞去区长职务，决定任命徐止平为副区长，代理区长职务。常委会主要工作如下：

一、加强工作监督，促进经济和社会的全面发展。把保证国民经济和社会发展计划、财政预算的执行作为重要的监督内容，深入调查研究，先后 3 次听取和审议了区政府关于这方面的工作报告。同时还根据全区财政预算执行情况，对全年财政预算安排作了适当的调整。坚持以经济建设为中心，城市管理为重点，把督促区政府办好区四届人大三次会议代表提出的关于商业仓储基地建设议案作为一项重要工作，对区政府如何办好这个议案提出更加具体的要求。督促区政府认真办理区四届人大三次会议代表提出的关于切实抓紧城郊接合部环境卫生基础配套设施建设议案，并以此为动力，全面促进城市管理工作。注意倾听人民群众的意见和要求，把群众关心的热点、难点问题摆到重要的议事日程，听取和审议了区政府关于加强物价管理、维护市场秩序以及全区文化市场管理等情况报告。对全区教育事业“九五”计划和2010年发展规划行使了重大问题的决定权，2次听取了区政府关于全区教育事业“九五”计划和2010年发展规划的报告，提出了许多修改意见，并决定批准全区教育事业“九五”计划和2010年发展规划。

二、加强法律监督，推进社会主义民主法制建设。先后对《中华人民共和国药品管理法》《中华人民共和国维护妇女权益保障法》《中华人民共和国环境保护法》等的贯彻执行情况进行检查，听取和审议了区政府关于这三个法的贯彻执行情况报告，提出了审议意见。开展对区外经贸委、物价局、卫生局、环保局四位主任（局长）和区人民法院两位副院长述职评议，组织区人大代表对区外经贸委、区环保局行政执法工作进行了评议。认真听取和审议了区政府关于开展“二五”普法工作的报告，作出了关于深入开展依法治区的决定。认真做好信访工作，受理来信113件，督促有关单位依法处理。

三、加强代表工作，发挥代表作用。认真学习贯彻《中华人民共和国全国人民代表大会和地方各级人民代表大会代表法》，坚持常委会组成人员接待代表制度、走访代表制度和邀请代表列席常委会会议制度，坚持常委会各办事机构分片联系代表小组制度；多次组织代表调查视察，定期指导代表小组开展活动；为代表寄送《会刊》、修改后《中华人民共和国地方各级人民代表大会和地方各级人民政府组织法》和《中华人民共和国选举法》、赠订《人民政权报》，为代表小组赠订全国人大常委会办公厅主办《人大工作通讯》等；继续深入开展“创建先进代表小组，争当代表活动积极分子”竞赛活动；组织区人大代表参观、视察了鹿城工业开发区、高科技产业园、沿江工业开发区建设。在狠抓议案办理的同时，认真做好代表建议、批评和意见督办工作，对30件代表提出的议案进行了审议，决定将《关于加快落实商业仓储基地建设具体方案》《关于切实抓好城郊接合部环境卫生基础配套设施建设》的2件议案列为常委会议题，交区政府组织办理。经承办单位努力，所有议案、建议均已办理完毕，并答复代表。

四、加强自身建设，努力改进常委会工作。常委会及其机关加强学习，着重学习邓小平建设有中国特色社会主义理论，学习中共十四届五中全会精神和市场经济基础知识，学习宪法和法律。组织委员和干部开展向孔繁森同志学习活动。注重充分发挥各工作委员会的作用，各工作委员会牵头组织代表开展视察调查、执法检查、处理来信来访等工作，能够围绕常委会各项审议议题，密切联系代表和群众，并写出调查报告，以提高常委会审议质量。加强人大理论的研究和对人大干部的业务培训，派出机关干部参加省人大常委会举办的人大理论培训班，参加全国九城区在沈阳召开的经验交流会，举办温州市11个县（市、区）人大常委会第二十三次联席会议，同全国40多个县（市、区）人大常委会保持了资料和信息的交流。

五、加强对乡（镇）人大工作的指导，切实搞好乡（镇）人大换届选举工作。加强同乡（镇）人大的联系，指导乡（镇）人大做好工作，帮助乡（镇）人大加强自身建设，组织乡（镇）人大主席外出参观学习，邀请乡（镇）人大主席列席常委会会议，同时纠正个别乡（镇）人大一些不符合法律程序的做法，有力推动了乡（镇）人大工作的开展。切实加强对乡（镇）人大换届选举工作的领导，对换届选举的部署及有关问题向区委提出了具体意见，建立乡（镇）换届选举工作办公室，适时任命各乡（镇）选举委员会组成人员，依法决定各乡（镇）代表名额，在南郊乡开展了换届选举工作的试点，在此基础上及时在全区各个乡（镇）全面铺开，保证了换届选举工作的顺利进行。5 个乡（镇）253 名代表全部选出，并选举产生了新一届人民代表大会主席和政府班子，全面完成了换届选举任务。

会议经审查，通过决议，批准《区人大常委会工作报告》。

听取、审议法院工作报告

第四次会议听取、审议区人民法院院长王炳池《区人民法院工作报告》。报告指出，1995 年，区法院，共收受各类案件 3309 件，审结 3357 件，分别比上年上升 7.28% 和 9.4%，结案率超过 100%；存案 317 件，比上年减少 13.9%。全年共收受各类刑事案 740 件 1158 人，分别比上年增加 1.6% 和 4.4%，审结 742 件 1162 人，分别比上年增加 1.2% 和 4.5%，存案仅 3 件；平均结案时间为 22 天，最快的仅 8 天。全年共审结严重刑事犯罪案件 368 件 647 人。其中，抢劫 118 件 244 人，流氓 10 件 23 人，绑架勒索 24 件 71 人，贩卖毒品 23 件 37 人，强奸 17 件 24 人，故意重伤害 34 件 42 人，重大盗窃 142 件 206 人等。共判处 5 年以上有期徒刑的罪犯 333 名，比上年增加 28.6%。全年共审结少年被告人案件 76 件 82 人。全年共收受经济纠纷案件 370 件，审结 401 件，分别比上年增加 20.1% 和 40.7%，解决争议标的额 4125 万元，比上年增加 95.4%，存案 48 件，比上年减少 39.2%。全年共审结购销合同纠纷案件 155 件，解决争议标的额 1382.96 万元；审结借款合同纠纷案件 124 件，解决争议标的额 1464.25 万元；审结运输合同纠纷案件 22 件，解决争议标的额 103.6 万元；审结加工承揽合同纠纷案件等 17 件。全年办结的案件中，三个月内审结的 245 件，6 个月内审结的 153 件。全年先后组织 60 人次外出办案，办结被告在外地案件 31 件，解决争议标的额 455 万元。全年共收受民事案件 1225 件，审结 1233 件，分别比上年增加 15.5% 和 9.4%，存案 181 件，比上年减少 17.7%。全年共审结离婚案件 645 件，其中经调解和好的有 101 件。全年审结的民事案件中有 694 件属 3 个月内审结，有 393 件属 6 个月内审结。全年共收受行政案件 78 件，审结 84 件，存案 4 件，分别比上年减少 30%、23%、60%。全年共收受行政执行案件 487 件，办结 489 件，执行率超过 100%，执行标的额达 180.15 万元，拆除违法建筑物面积 2 万余平方米。全年共召开宣判大会 9 次，开展就地审判 3 次。全年共收执行案件 886 件，办结 887 件，解决标的额 1079.75 万元，分别比上年上升了 3.1%、12.7% 和 15.4%。存案 81 件，比上年减少3.6%。全年共开展案件评查4次，共评查案件3337件；办结申诉再审案件13件，其中纠正4件。

会议经审查，通过决议，批准《区人民法院工作报告》。

听取、审议检察院工作报告

第四次会议听取、审议区人民检察院检察长谢向理《区人民检察院工作报告》。报告指出，1995年，区检察院共立案侦查各类经济罪案53件，其中贪污贿赂案40件，内含大要案39件，占两类案件立案总数的97.5%，贪污贿赂案件数和大要案数分别比上年增加60%和85.7%，大要案比例提高12.5%，涉及交警、劳动、土地、房管、税务、审计、计经委等重点部位贪污贿赂案件23件，占两类案件立案总数的57.5%，上年增加1.3倍；假冒商标案2件、偷税案9件、投机倒把案1件，内含重特大案10件。侦查终结提起公诉39件，免于起诉10件，为国家和集体挽回经济损失780余万元。其中追回偷税款500多万元。受理各类报捕案件758件1293人（含自侦案27件30人），经审查，批准和决定逮捕719件1217人（含自侦案26件29人）；受理审查起（免）诉案件752件1258人（含自侦案56件63人），经审查依法提起公诉614件951人，免予起诉69件122人。其中提前介入35件55人重特大案件，全年共批捕和起诉重特大刑事犯罪和“两劳”人员重新犯罪案件的人犯483人和158人，分别占批捕和起诉总人数39.7%和16.6%；共批捕贩毒事件47件74人，起诉26件42人。办结的批捕和起（免）诉案件准确率达到99.72%和100%，均高于99.5%的案件质量要求。受理各类法纪案件线索42件，立案侦查9件，其中非法拘禁4件，非法侵入他人住宅2件，玩忽职守2件，重大责任事故1件，内含重特大案件4件。决定不捕17人，增捕40人，增诉3人，增免1人，自行立案侦查刑事案件1件2人（法院已判决）共提出刑事抗诉5件，已改判2件。受理民事行政申诉案件12件，其中息诉7件，做疏通及其他处理4件，移送市检察院提请抗诉1件。全年受理群众来信来访267件，举报线索183件，办理申诉案件复查4件。

会议经审查，通过决议，批准《区人民检察院工作报告》。

第五次会议

听取、审议政府工作报告

第五次会议听取、审议鹿城区区长徐止平《政府工作报告》。报告指出，1996年，国内生产总值64.53亿元，比上年增长29.3%，完成计划101%；工业总产值137.37亿元，比上年增长41.4%，完成计划114.95%；商品销售总额192.85亿元，比上年增长27.33%，完成计划97.94%；社会消费品零售总额81.78亿元，比上年增长21.4%，完成计划93.4%；农业总产值1.44亿元，比上年略有增长；外贸出口供货值18亿元，比上年增长33.78%，完成计划102.36%；财政总收入4.15亿元，剔除退库因素，实际收入4.017

亿元，比上年增长18.92%，完成计划100.23%，其中地方财政收入2.08亿元，比上年增长24%，完成计划99.09%。全区第三产业税收达2.08亿元，占税收总收入50.15%，比上年增长13.923%。农村经济总收入65.68亿元，比上年增长54.24%；村级集体经济收入1.22亿元，比上年增长44.4%；农民人均收入6215元，比上年增长18.92%。全区人口出生率和自然增长率为7.97‰和3.46‰，计划生育率为96.42%，比上年提高1.37%。

报告指出，1997年，全区经济、社会发展的主要指标安排为：国内生产总值77.44亿元，增长20%；工业总产值171.7亿元，增长25%；农业总产值与上年持平；商品销售总额241亿元，增长25%；社会消费品零售总额102亿元，增长25%；社会服务业营业额3.6亿元，增长25%；外贸出口供货值21.6亿元，增长20%；财政总收入4.4亿元，增长12.4%，其中地方财政收入2.275亿元，增长14.8%；人口出生率和人口自然增长率分别为8.6‰和4.8‰。为完成上述任务，着重要抓好以下工作：一、进一步采取各种有效措施，提高工业经济素质；二、充分利用自身优势，加快发展第三产业；三、稳定农业基础，巩固壮大农村经济；四、扩大对外开放，促进外向型经济全面发展；五、进一步深化改革，推进经济健康快速发展；六、认真实施科教兴区战略，走科技强区路子；七、贯彻适度从紧的财政政策，认真做好财税物价工作；八、继续打好三大硬仗，树立鹿城良好形象；九、大力加强精神文明和民主法制建设，推进社会全面进步；十、加强自身建设，树立政府机关新形象。

会议经审查，通过决议，批准《政府工作报告》。

审查、批准国民经济和社会发展计划

第五次会议审查、批准区计划委员会主任林瑞荣《关于温州市鹿城区1996年国民经济和社会发展计划执行情况与1997年国民经济和社会发展计划草案的报告》。报告指出，1996年，全区国民经济继续保持持续、快速、健康发展，各项社会事业取得新的成绩，主要计划指标完成较好。全年实现国内生产总值64.53亿元，完成年计划101%，比上年增长29.3%；财政总收入4.15亿元，剔除退库因素，实际总收入4.0169亿元，完成年计划100.23%，比上年增长18.92%，其中地方财政收入2.0803亿元，完成年计划99.09%，比上年增长24%；农业总产值1.44亿元，完成年计划100.7%，按可比价格计算，比上年增长4.7%；工业总产值137.37亿元，完成年计划114.95%，比上年增长41.4%；商品销售总额192.85亿元，完成年计划97.94%，比上年增长27.33%（如按老口径统计，完成年计划102.7%，增长33.49%）；社会消费品零售总额81.78亿元，完成年计划93.4%，比上年增长21.4%（如按老口径统计，完成年计划104.2%，增长35.48%）；外贸出口供货总值18亿元，完成年计划102.86%，比上年增长33%；人口出生率7.97‰，比年计划指标低1.33‰；人口自然增长率3.46‰，比年计划指标低1.04‰。

表 2—9　鹿城区 1996 年国民经济和社会发展主要计划指标执行情况

指标名称	计量单位	1996 年计划	1996 年计划执行情况		
			绝对数	完成计划 %	比上年增长 %
一、国内生产总值	亿元	64.0	64.53	100.8	29.3
二、地方财政收入	亿元	2.099	2.08	99.09	24.0
三、农业总产值（现价）	亿元	1.43	1.44	100.7	4.7
四、工业总产值（现价）	亿元	119.5	137.37	115.0	41.4
五、工业利润	亿元	1.6	2.12	132.8	66.6
六、产品销售率	%	97.37	97.94	上升 0.57%	下降 0.37%
七、商品销售总额	亿元	196.9	192.85	97.9	27.3
八、社会消费品零售总额	亿元	87.6	81.78	93.4	21.4
九、商业等利润	万元	4200	4365	103.9	34.8
十、社会服务业营业额	亿元	2.39	2.88	120.6	50.6
十一、外贸出口供货总值	亿元	17.5	18	102.9	33.7
十二、人口出生率	‰	9.3	7.97	低 1.33‰	——
十三、人口自增率	‰	4.5	3.46	低 1.04‰	——

说明：1996 年商品销售总额、社会消费品零售总额由于统计口径调整，故相比只完成年度计划的 97.9%、93.4%。

报告指出，1997 年，全区国民经济和社会发展总体要求和主要目标是：国内生产总值增长 20%，达 77.44 亿元，其中第三产业增加值增长 27%，达 37.2 亿元；农业总产值与上年持平，为 1.44 亿元；工业总产值增长 25%，达 171.7 亿元；商品销售总额增长 25%，达 241 亿元；社会消费品零售总额增长 25%，达 102.2 亿元；社会服务业营业额增长 25%，达 3.6 亿元；外贸出口供货总值增长 20%，达 21.6 亿元；财政总收入增长 12.4%，达 4.40 亿元，其中地方财政收入增长 14.8%，达 2.27 亿元；人口出生率 8.6‰，比市计划低 1.46‰；人口自然增长率 4.8‰，比市计划低 2.38‰。年末总人口控制在 49.55 万人以内。主要任务和措施是：1. 强化基础意识，摆正农业位子，促进农村经济全面发展；2. 调整经济结构，提高经济素质，实现增长方式根本转变；3. 培育新增长点，增强发展后劲，促进经济持续快速健康发展；4. 加大外贸力度，扩大对外开放，推动开放型经济再上新台阶；5. 抓好重点建设，提高服务质量，努力营造经济发展的优良环境；6. 发展各项社会事业，注重社会全面进步，逐步实现经济可持续发展。

会议经审查，通过决议，批准区人民政府提出的 1997 年国民经济和社会发展计划，批准《关于温州市鹿城区 1996 年国民经济和社会发展计划执行情况及 1997 年国民经济和社会发展计划草案的报告》。

审查、批准财政预算和决算

第五次会议审查、批准区财政局局长黄夏日《温州市鹿城区 1996 年财政决算和 1997 年财政预算草案的报告》。报告指出，1996 年，全区完成财政总收入 4.15 亿元，剔除退库因素实际收入为 40169 万元，完成预算的（调整后，下同）100.23%，同比增长

18.92%；其中地方财政总收入20803万元，完成预算的99.09%，同比增长24%。主要项目完成情况是：工商税收收入17010万元，完成预算的97.85%；农业税和耕地占用税收入285万元，完成预算的99.65%；企业收入2063万元，完成预算的105.79%；其他收入451万元，完成预算的150.33%；排污费收入491万元，完成预算的104.47%；能交基金分成收入1万元，完成预算的100%；预调基金分成收入4万元，完成预算的100%；教育费附加收入498万元，完成预算的83%。1996年，全区地方财政总支出为13369万元，完成预算的101.53%；其中：行政事业费支出11742万元，完成预算的102.81%；科技三项费用支出177万元，完成预算的102.91%（占财政总支出1.3%）；企业挖潜改造支出100万元，完成预算的100%；城市维护费支出361万元，完成预算的101.69%；环保补助支出491万元，完成预算的104.47%；教育费附加支出498万元，完成预算的83%。1996年区本级地方财政收入为17154万元，完成预算的99.52%，主要项目完成情况是：工商税收收入14112万元，完成预算的98.61%；耕地占用税收入178万元，完成预算的94.18%；企业收入1419万元，完成预算的104.34%；其他收入451万元，完成预算的150.33%；排污费收入491万元，完成预算的104.47%；能交基金分成收入1万元，完成预算的100%；预调基金分成收入4万元，完成预算的100%；教育费附加收入498万元，完成预算的83%。区本级地方财政支出为12405万元，完成预算的101.99%。主要项目完成情况是：行政事业费支出10826万元，完成预算的103.43%；科技三项费用支出162万元，完成预算的106.58%，占地方财政总支出的1.3%；企业挖潜改造支出100万元，完成预算的100%；城市维护费支出328万元，完成预算的99.39%；环保补助支出491万元，完成预算的104.47%；教育费附加支出498万元，完成预算的83%。全年按照市对区的财政体制核算，全区上交中央、省、市为26761万元（其中地方财政总收入上交7980万元），留用资金为13408万元，其中本级可用资金12415万元，本级实际安排支出12405万元，结余10万元，收支实现平衡。

报告指出，1997年，全区拟安排财政总收入44037万元，同比增长12.40%。其中地方财政收支预算安排如下：拟安排地方财政收入22746万元，增长14.80%；增收2932万元。其中：地方工商税收19895万元，增长16.96%；农业四税272万元，下降4.56%；企业收入2179万元，增长5.62%；其他收入400万元，下降11.31%。拟安排全区地方财政当年支出预算13598万元，增长9.84%，增支1218万元。其中：行政事业费支出12647万元，增长7.71%；企业挖潜改造资金100万元，同上年持平；科技三项费用183万元，占财政总支出1.3%；城维费支出363万元，增长0.55%；预备费安排305万元，占财政总支出2.24%。根据市对区核定的体制预算，1997年全区地方财政可用资金13631万元，比上年增长9.75%，全区地方财政当年支出13598万元，收支相抵，结余33万元。区本级财政总收入为33972万元，增长12%。其中地方财政收入18635万元，增长15.28%，增收2470万元。其中：地方工商税收16400万元，增长16.21%；农业四税（耕地占用税）170万元，下降4.49%；企业收入1665万元，增长17.34%；其他收入400万元，下降11.31%。按市对区财政体制测算，1997年区本级地方财政可用资金预计12565万元。拟安排1997年区本级地方财政当年支出预算12565万元，增长10.06%，增支 1149 万元。其中，行政事业费支出 11664 万元，增加 7.74%；企业挖潜改造资金 100 万元，同上年持平；科技三项费用 165 万元，占财政总支出 1.3%；城维费支出 350 万元，增长 6.71%；预备费安排 286 万元，占财政总支出的 2.28%。

财政预算审查委员会认为，1996 年，全区两级政府和财政、税务部门认真贯彻落实《中华人民共和国预算法》和《预算法实施条例》，深化财税体制改革，强化税收征管，严格控制支出，全区地方财政收入和上交中央、省、市“两税”等任务都圆满完成，财政支出基本上保证了经济建设和各项事业发展的需要，实现了当年财政收支平衡。全区总预算和区本级预算执行情况是好的，是富有成效的。

财政预算审查委员会认为，区政府提出的 1997 年全区总预算草案和区本级预算草案是适当的、可行的。

会议经审查，通过决议，批准《温州市鹿城区 1996 年财政决算和 1997 年财政预算草案的报告》。

听取、审议常委会工作报告

第五次会议听取、审议区人大常委会主任朱道统《区人大常委会工作报告》。报告指出，一年来，常委会共举行 7 次会议，审议 16 项议题，通过 3 项决议，检查 3 个法律法规的执行情况，任免 42 名国家机关工作人员，听取了 7 名常委会任命的国家机关工作人员的述职报告并对他们进行了评议。常委会主要工作如下：

一、以经济建设为中心，抓重大事项和人民群众普遍关心的热点问题的审议，促进经济和社会的全面发展。加强对计划、财政预算执行情况的监督，适时对全年财政预算作了调整，以保证农金、教育、科技的法定投入和各项事业发展的需要。审查批准了 1995 年财政决算。围绕经济建设中心开展监督，听取和审议区政府关于全区企业集团组建情况和企业技改情况工作的报告、关于《鹿城区科学技术发展纲要》实施情况的报告，提出了意见和建议。大力推进社会主义精神文明建设，督促区政府及其职能部门，加强对文化工作的领导，增强法制意识；督促区政府严格按照六中全会《决议》精神，切突增强对文化事业的投入；听取和审议区政府关于金海岸文化工程建设的报告。坚持连续三年督促区政府认真办理关于整治城郊接合部环境卫生脏、乱、差的议案，实行跟踪监督。

二、大力推进依法治区工作，促进社会主义民主法制建设。有计划、有重点地开展执法检查，组织委员和代表、先后对《中华人民共和国义务教育法》《中华人民共和国环境保护法》《中华人民共和国未成年人保护法》执行情况进行专项检查，听取和审议了区政府关于这三个法贯彻执行情况的报告，提出了审议意见。认真贯彻“依法治国”方针，作出了《温州市鹿城区人大常委会关于继续开展法制宣传教育的决议》，推动“三五”普法的开展；推进行政执法责任制工作的开展，组织委员、代表、政府组成人员赴山东等地学习取经，督促区政府认真制订实施方案；突出修改后《中华人民共和国刑事诉讼法》《中华人民共和国行政处罚法》等新法新规的学习宣传，听取“一府两院”的汇报，保障新法新规的贯彻执行。坚持干部述职评议制度，依法任免国家机关工作人员，对区计生委、区财政局、区城管局、区民政局的4名主任、局长和区人民检察院3名副检察长进行述职评议。依法任命了区政府副区长2名，区人大常委会有关委办副主任2名，区政府有关委、局主任、局长14名，区人民法院正副庭长、审判员6名，免去职务人员16名，接受1名区人大常委会委员和1名副区长的辞职请求。

三、认真贯彻《中华人民共和国全国人民代表大会和地方各级人民代表大会代表法》，充分发挥代表作用。为代表履行职责服务，认真组织代表活动4次，邀请部分代表列席常委会会议，参加常委会专题视察、执法检查和工作委员会的调查活动；继续为代表寄送《会刊》，赠订《人民政权报》，为代表小组赠订《人大工作通讯》等；组织1995年度先进代表小组的代表到宁波、舟山等地学习、考察；坚持常委会组成人员联系代表制度，组织全体代表对区城管局、民政局行政执法情况进行评议。注重发挥代表联络员作用，召开联络员会议。不断总结交流代表工作的经验，继续深入开展“创建先进代表小组，争当代表活动积极分子”竞赛活动。认真督办大会议案和代表建议，将《关于制定切实可行优惠政策，扶植居委会兴办第三产业的议案》列入常委会议题，其余14件议案作为建议并入代表批评、建议、意见，共103件建议，均办理完毕并答复代表。认真办理人民群众来信来访，把人民群众反映的办事不公、干部违法违纪问题作为重点，共受理各类信访案件101件，接待群众来访300多人（次），均已处理完毕。

四、不断加强机关自身建设，努力提高工作水平。组织学习党中央、国务院关于廉政勤政的一系列决定。认真坚持民主集中制原则，坚持集体行使职权，注重发挥各工作委员会的作用，围绕审议议题，深入开展调查视察活动，为常委会审议议题提供依据。通过与兄弟地区人大常委会建立联系，加强工作交流，学习、借鉴好的工作经验和办法，进一步拓宽人大工作的思路。加强对换届后的乡（镇）人大工作的指导，组织乡（镇）人大干部参加人大理论和业务的培训，加强相互间的经验交流，以老带新，使乡（镇）人大工作能够承上启下，更好地履行宪法和法律赋予的职责。

会议经审查，通过决议，批准《区人大常委会工作报告》。

听取、审议法院工作报告

第五次会议听取、审议区人民法院院长王炳池《区人民法院工作报告》。报告指出，1996年，区法院共受理各类案件4378件，办结4382件，分别比上年增加32.2%和30.5%，存案313件。全年共受理刑事案件849件1312人，审结850件1311人，收结案均比上年增加14.6%，存案2件5人。全年共判处5年以上有期徒刑罪犯387名，占判刑罪犯总数的32.2%，比上年增加3%；审结严重刑事犯罪案件362件603人，比上年增加15.7%，其中处五年以上有期徒刑276人，占45.8%；审结盗窃案件344件，抢劫案件113件，贩毒、绑架勒索案件各28件。全年共召开宣判大会11次。全年共审结经济犯罪案件52件63人，审结少年被告人案件74件99人，其中适用缓刑的7人。全年收、结经济案件各700件，分别比上年增加89.2%和74.6%，解决争议标的额8042万元，比上年增加95%，存案48件。全年共开展司法协作63件次。全年共受理各类民事案件

1555件，审结1568件，分别比上年增加26.9%和27.2%，存案168件。全年共审结婚姻案件762件，债务案件327件，房屋案件242件，损害赔偿案件65件。全年审结“三涉”案件57件，其中婚姻案件占了56.1%。全年共办结民事、经济案件1425件，结案数比上年增加32.1%；存案数减少了10.5%。全年收结行政案件均为110件，比上年分别增加44.7%和34.1%，存案4件；收结行政执行案件各564件，分别比上年增加13.7%和15.3%，存案7件。全年共办结规划行政执行534件、土地行政执行9件、环保行政执行2件、计生行政执行7件。全年共受理执行案件542件，办结545件，均比上年增加36.2%，存案48件。全年共依法审查立案2872件，处理非诉来信3218件次，接待来访1966人次，办结支付令8件。全年共审结再审案件7件，其中改判4件。

会议经审查，通过决议，批准《区人民法院工作报告》。

听取、审议检察院工作报告

第五次会议听取、审议区人民检察院检察长谢向理《区人民检察院工作报告》。报告指出，1996年，区检察院受理经济罪案线索达218件，比上年增加16%，立案侦查各类经济罪案43件，其中贪污、贿赂两类经济罪案35件，挪用公款案2件，涉税案件6件。审查终结提起公诉38件，免予起诉10件，为国家和集体挽回经济损失达600余万元。初查各类案件线索70余件，大要案33件，占两类案件立案总数的94.3%，5万元至10万元的5件，10万元以上的3件，查处贪污贿赂案件中，一万元以上涉及交警、劳教、工商、城管、水电、金融等重点部位案件22件，占两类案件立案总数的62.9%。查处的涉税案件中偷税案件4件4人，虚开、伪造增值税专用发票案件2件4人。受理公安和自侦部门报捕案件870件1404人，比上年增加14.8%和8.6%，经审查，批准和决定逮捕815件1298人，比上年增加13.4%和6.7%；受理审查起（免）诉案件1004件1618人，比上年增加33.5%和28.6%，经审查，依法提起公诉829件1269人，免予起诉84件144人，审结数比上年增加33.7%和31.7%。其中，批捕和起诉重特大刑事案犯347名和512名，分别占批捕和起诉总人数的42.1%和40.3%，并先后对37件47人重特大案件进行提前介入。共决定不捕21人，增捕37人，增诉（免）20人，建议撤销案件14件，改变公安处理意见70余件，提起抗诉6件，已改判5件。全年办结的批捕和起（免）诉案件准确率分别达到99.8%和100%。受理各类法纪案件线索54件，立案侦查10件14人，其中徇私舞弊2件2人，非法拘禁5件7人，伪证2件3人，包庇1件2人。驻劳教所检查中，立案查处黄龙山劳教所5名干警受贿案件，其中重大案件3件。受理民事行政检察案件20件，立案后提请上级院建议中级人民法院再审1件；疏通处理5件，息诉9件。先后受理群众来信来访237件。

会议经审查，通过决议，批准《区人民检察院工作报告》。

第五节　区五届人大会议的召开及听取、审查报告

区五届人大自1998年3月至2003年3月，任期5年。其间，共举行会议5次，审查议题36项，听取报告30个，通过决议、决定30项，选举区国家机关领导人员31名，出席温州市第九届人民代表大会代表63名。

表2—10　　鹿城区四届人大历次会议基本情况

序次	会议日期	出席代表（人）	列席人员（人）	审议议题（项）	听取报告（个）	决议决定（项）	会议期间代表提出		会议地点
							议案（件）	建议（件）	
一	1998年3月18日—25日	240	80	11	6	6	37	155	温州市人民大会堂
二	1999年3月15日—20日	240	141	6	6	6	34	101	鹿城区府礼堂
三	2000年3月5日—10日	238	144	6	6	6	43	121	鹿城区府礼堂
四	2001年3月6日—10日	237	133	7	6	6	54	86	鹿城区府礼堂
五	2002年3月18日—22日	236	199	6	6	6	77	118	鹿城区文化中心

第一次会议

听取、审议政府工作报告

第一次会议听取、审议鹿城区代区长王超俊《政府工作报告》。报告指出，区四届人民代表大会第一次会议以来的五年，实现了经济总量增长、结构优化、效益提高的总体目标，保持了经济发展的良好势头。1997年，全区国内生产总值78.46亿元，按可比价格计算，比1992年增长2.3倍，年均增长27.2%；工业总产值171.92亿元，比1992年增长5.3倍，年均增长44.9%；社会消费品零售总额98.7亿元，比1992年增长4.7倍，年均增长41.9%，扣除物价因素，实际增长2.2倍，年均增长26.5%；商业销售总额230.3亿元，比1992年增长5.8倍，年均增长46.9%，扣除物价因素，实际增长2.2倍，年均增长26.5%；农业总产值1.46亿元；外贸出口供货值23.05亿元，比1992年增长8.4倍，年均增长56.7%；财政收入4.48亿元，比1992年增长1.2倍，年均增长17.4%。

报告指出，今后五年的经济发展指标预安排：国内生产总值年均递增12%，达到138亿元，其中第三产业增加值年均递增14%，达到66亿元；工业总产值年均递增12%，达到302亿元；商业销售总额年均递增14%，达到445亿元；社会消费品零售总额年均递增12%，达到175亿元；外贸出口供货值年均递增17%，达到50亿元；农村总收入年均递增12%，达到155亿元；财政收入每年增长10%，达到7.2亿元。全区总人口控制在54万人以内。为实现上述目标，必须实施七大战略：实施“三二一”产业发展战略，促进经济整体素质的提高；实施改革创新战略，促进社会主义市场经济体制的建立和完善；实施对外开放战略，促进开放型经济的发展；实施“科教兴区”战略，促进科学技术和经济的结合；实施都市形象战略，促进城市的管理和建设；实施两手抓战略，促进各项事业的进步；实施依法治区战略，促进社会主义民主法制建设。

报告指出，1998年，全区发展的主要计划指标预安排为：国内生产总值90亿元，增长12%；工业总产值196亿元，增长14%；消费品零售总额114.4亿元，增长16%；商业销售总额267亿元，增长16%；农业总产值1.46亿元，与上年持平；外贸出口供货值26.7亿元，增长16%；财政收入5.08亿元，增长10%，其中地方财政收入2.79亿元，增长12%。人口自然增长率控制在4.5‰以下，计划生育符合率达到96%以上。为了实现上述目标，着重抓好以下几方面的工作：（一）切实转变经济增长方式，增强经济发展后劲；（二）充分发挥区位优势，加快发展第三产业；（三）加大开放型经济工作力度，扩大对外开放；（四）稳定农业生产，推进农村经济全面发展；（五）继续加大力度，实现经济体制改革新突破；（六）坚持两个文明一起抓，努力把精神文明建设推向新水平；（七）进一步加强民主和法制建设，推进依法治区。

会议经审查，通过决议，批准《政府工作报告》。

审查、批准国民经济和社会发展计划

第一次会议审查、批准区计划委员会主任林瑞荣《关于温州市鹿城区1997年国民经济和社会发展计划执行情况与1998年国民经济和社会发展计划草案的报告》。报告指出，1997年，全区实现国内生产总值78.46亿元，完成年计划101.3%，比上年增长16.9%；财政总收入4.48亿元，比上年增长14.5%，其中，地方财政收入2.35亿元，完成年计划103.3%，比上年增长18.8%；农业总产值（现行价）1.46亿元，与上年持平；工业总产值（现行价）171.92亿元，完成年计划100.1%，比上年增长25.7%；商品销售总额230.25亿元，剔除不可比因素，完成调整后年计划100.1%，比上年增长20.1%；社会消费品零售总额98.69亿元，完成调整后年计划101.8%，比上年增长22.2%；社会服务业营业额11.28亿元，剔除个体、私营部分完成年计划113.1%，比上年增长41.3%；外贸出口供货总值23.05亿元，完成年计划106.7%，比上年增长28.03%。人口出生率7.57‰，比上年同期下降0.4个千分点；人口自增率3.01‰，比上年同期下降0.45个千分点。城市居民年人均生活费收入7848元，比上年增长6.4%，扣除物价因素，实际增长1.8%，农民年人均纯收入6510元，比上年增长4.7%，扣除物价因素，实际增长0.2%。城市商品零售价格指数为101.9，同比回落6.1%，城市居民消费价格指数为104.5，同比回落6.3%。区四届人大五次会议确定的各项任务已经完成，计划总体执行情况良好。

表2—11　　1997年鹿城区国民经济和社会发展主要指标计划执行情况

指标名称	计量单位	1997年计划	1997年计划执行情况		
			绝对数	完成计划%	比上年增长%
一、国内生产总值	亿元	77.44	78.46	101.3	16.9
二、地方财政收入	亿元	2.2751	2.35	103.3	18.8
三、农业总产值（现行价）	亿元	1.44	1.46	101.4	与上年持平
四、工业总产值（现行价）	亿元	171.7	171.92	100.1	25.7
五、工业利润	亿元	2.655	2.7276	102.7	28.4

续表 2—11　1997 年鹿城区国民经济和社会发展主要指标计划执行情况

六、商品销售总额	亿元	231	230.25	100.1	20.1
七、社会消费品零售总额	亿元	98	98.69	101.8	22.2
八、商业等利润	亿元	0.545	0.5766	105.8	32.1
九、社会服务业营业额	亿元	3.6	11.28	113.1	41.3
十、外贸出口供货值	亿元	21.6	23.05	106.7	28.03
十一、人口出生率	‰	8.6	7.57		低 0.4 个千分点
十二、人口自增率	‰	4.86	3.01		低 0.45 个千分点

报告指出，1998 年，全区国民经济和社会发展的主要指标任务安排如下：国内生产总值增长 12%，达 90 亿元，其中，第三产业增加值增长 14%，达 40.5 亿元；财政总收入增长 10%，达 5.08 亿元，其中，地方财政收入增长 12%，达 2.79 亿元；商品销售总额增长 16%，达 267 亿元；社会消费品零售总额增长 16%，达 114.4 亿元；社会服务业营业额增长 25%，达 14.1 亿元；外贸出口供货值增长 16%，达 26.7 亿元；工业总产值（现行价）增长 14%，达 196 亿元；农业总产值（现行价）与上年持平，为 1.46 亿元；人口出生率 9.8‰；人口自增率 4.5‰。为实现上述目标，要做好以下几点：一、充分发挥区位优势，大力发展第三产业；二、紧紧抓住调整主线，努力提高第二产业；三、坚持摆正农业位置，力求优化第一产业；四、加快转变外贸增长方式，开创外经贸工作新局面；五、调整优化投资结构，继续加强重点建设；六、积极推进社会各项事业，促进经济社会协调发展。

会议经审查，通过决议，批准区人民政府提出的 1998 年国民经济和社会发展计划，批准《关于温州市鹿城区 1997 年国民经济和社会发展计划执行情况及 1998 年国民经济和社会发展计划草案的报告》。

审查、批准财政预算和决算

第一次会议审查、批准区财政局局长黄夏日《关于温州市鹿城区 1997 年全区和区级预算执行情况及 1998 年全区和区级预算草案的报告》。报告指出，1997 年区地方财政一般总预算收入为 22746 万元，实际执行数为 23532 万元，完成预算的 103.46%，同比增长 18.76%。主要项目完成情况是：地方工商税收收入 21093 万元，完成预算的 106.02%；农业四税收入 231 万元，完成预算的 84.93%；企业收入 1832 万元，完成预算的 84.08%；其他收入 376 万元，完成预算的 94.00%。1997 年区地方财政一般预算支出为 13598 万元，实际执行数为 14111 万元，完成预算的 103.77%，同比增长 13.98%。主要项目完成情况是：行政事业费支出 13372 万元，完成预算的 105.73%；科技三项费用支出 238 万元，完成预算的 130.05%；企业挖潜改造资金支出 100 万元，完成预算的 100.00%；城市维护费支出 401 万元，完成预算的 110.47%。

1997 年区本级地方财政一般预算收入为 18635 万元，实际执行数为 18811 万元，完成预算的 100.94%。主要项目执行情况是：地方工商税收收入 16888 万元，完成预算的 102.98%；农业四税收入 129 万元，完成预算的 75.88%；企业收入 1418 万元，完成预算的85.17%；其他收入376万元，完成预算的94.10%。1997年区本级地方财政一般预算支出预算12565万元，实际执行数12931万元，完成预算的102.91%。主要项目完成情况是：行政事业费支出12278万元，完成预算的105.26%；科技三项费用支出208万元，完成预算的126.06%；企业挖潜改造资金支出100万元，完成预算的100.00%；城市维护费支出345万元，完成预算的98.57%。按照现行财政体制计算，1997年区本级当年可用资金为12919.12万元，加上年滚存净结余15.17万元，实际可用资金12934.29万元，本级实际安排支出执行数12931万元，收支相抵，净结余3.29万元。

报告指出，1998年，全区和区本级财政预算安排为：财政总收入为50787万元，比上年实际执行数增长10%，地方财政收入27770万元，增长11.71%，按市对区核定的财政体制测算，1998年全区地方财政可用资金为16565万元，比上年执行数增长7.50%，全区当年支出预算16506万元，收支相抵结余59万元。区地方财政收入22662万元，增长12.54%，按现行财政体制测算，区本级地方财政可用资金预计为15339.20万元，拟安排支出15300万元，比上年执行数增长7.32%，收支相抵，结余39.2万元。

预算审查委员会认为，1997年的全区和区本级预算执行情况良好。是深入贯彻、执行了全国、全省财政工作会议精神，继续实行适度从紧的财政政策，深入财税体制改革，积极组织各项收入，严格控制支出的结果。财政支出基本上保证了经济建设和各项事业发展的需要。圆满完成各项任务，实现了全区和区本级当年财政收支平衡。

预算审查委员会认为，1998年全区和区本级预算增长率普遍降低，这是符合经济发展趋势，是正确的，是贯彻《中华人民共和国预算法》和中央、省经济工作会议精神的。预算草案继续贯彻稳中求进的方针，坚持适度从紧的财政政策，坚持收支平衡的原则。在收入方面，保持了适当的增长速度。在支出方面，确保了农业、教育、科技的投入，是符合"九五"计划所确定的方针的。预算草案是可行的。

会议经审查，通过决议，批准《关于温州市鹿城区1997年全区和区本级预算执行情况及1998年全区和区本级预算草案的报告》。

听取、审议常委会工作报告

第一次会议听取、审议区人大常委会主任朱道统《区人大常委会工作报告》。报告指出，五年来，召开5次人民代表大会会议，举行38次常委会会议，听取和审议了81项工作报告，并就有关重大事项作出26项决议、决定。常委会主要工作如下：

一、加强法律监督，促进民主和法制建设。听取和审议了区政府关于《中华人民共和国妇女权益保障法》《中华人民共和国环境保护法》《中华人民共和国未成年人保护法》《中华人民共和国传染病防治法》《中华人民共和国药品管理法》《中华人民共和国义务教育法》《中华人民共和国教师法》《浙江省文化市场管理条例》等法律法规执行情况报告。大力推进依法治区，作出了关于深入开展依法治区的决定，相应审议通过了"一府两院"分别制定的依法治区的实施方案，监督贯彻落实决定和三个实施方案，广泛地开展执法检查和执法评议，督促区政府加快建立部门执法责任制，督促"两院"建立和完善错案追究制。五年来，常委会先后组织代表和委员对5个委局进行了执法评议，对13名委局主任（局长）和7名两院副职领导进行了述职评议；依法任免本级国家机关工作人员195名；督促查处重大和有影响的案件132件。五年来，共受理人民群众来信来访767件次，其中重要的信访件，常委会领导亲自阅批并派人进行调查和督办。

二、加强工作监督，促进经济和社会协调发展。多次组织代表深入农村视察调查，同基层干部、群众商讨加强农业、发展生产的措施，对发现的问题及时提出意见和建议，并对全区五个乡（镇）政府贯彻执行农业“两法”的情况进行检查。听取和审议了区政府关于贯彻执行农业“两法”和“菜篮子”工程建设情况报告。重视沿江标准堤塘建设，特别是1995年后，每年都组织力量对沿江标准堤塘的工程进度和工程质量进行检查，专门听取和审议了区政府关于沿江比准堤塘建设情况的报告。围绕建立社会主义市场经济，推进两个根本转变。加强对计划和预算的监督，监督区政府加快“八五”计划进程，认真研究、制订和实施“九五”计划；加强对年度国民经济和社会发展计划和财政预算、决算的监督审查；支持督促区审计局依法开展同级财政审计，督促区政府加大清理力度，使之逐步纳入法制化、规范化管理轨道。审议通过了《鹿城区科学技术发展纲要》和《鹿城区教育事业“九五”计划和2010年规划》，还对纲要的实施情况进行了检查。此外，常委会还就全区计划生育、卫生防疫、文化市场管理、金海岸文化工程建设等提出了意见和建议，听取和审议了社会治安，“严打”斗争等情况报告；多次听取区政府和区检察院关于反腐败斗争情况的报告。

三、加强代表工作，更好地发挥代表作用。坚持和完善常委会组成人员联系制度，通过定点联系、个别访谈、参加代表小组活动、召开座谈会、为代表举办法律培训、请代表列席会议、编发常委会会刊、订发《人民政权报》、提供法律书刊等多种渠道，为代表知情知政创造条件。认真组织代表视察、检查和其他各项活动，4次组织全区代表对有关单位进行执法评议；41次组织部分代表就常委会会议审议议题开展视察和调查。从1994年起每年都开展“创建先进代表小组，争当代表活动积极分子”的竞赛活动，共组织小组活动20次，省、市代表小组活动25次。认真督办代表议案和建议、批评、意见。区四届人大历次会议上，代表共提出议案198件，其中列入常委会会议议题的14件；提出建议、批评、意见798件。代表在闭会期间提出建议、批评、意见278件。常委会及时对代表议案和建议进行审议、整理，交付“一府两院”办理，有一部分转给市级机关处理。搞好区五届人民代表大会代表选举工作，建立了区选举委员会，抽调了60多名工作人员，最终选出区五届人大代表240人。

四、加强自身建设，不断提高人大工作水平。五年来，组织委员和机关干部认真学习马列主义、毛泽东思想特别是邓小平理论，学习中共十四大、十五大精神，不断加深对中共“一个中心，两个基本点”的基本路线的认识，进一步确立以经济建设为中心的思想。组织委员和机关干部对20多个法律法规进行学习和辅导，不断提高法律水平。五年来，常委会及各委办围绕审议议题和其他专项工作，认真组织视察检查和调查研究，写出了20多篇调查（视察）报告。加强业务培训和人大理论研究，派出机关干部参加省、市人大常委会举办和全国各地举办的人大理论培训班，每年都派出机关干部参加全国八市九城区召开的学术交流会和全市11个县（市、区）人大工作联席会议，同全国20多个县（市、区）人大常委会保持了资料、信息的交流，重视和支持乡（镇）人大工作，帮助乡（镇）人大搞好1996年的换届选举和新一届乡（镇）人大的自身建设，组织乡（镇）人大主席外出参观学习，邀请乡（镇）人大主席列席常委会会议，有力地推动了乡（镇）人大工作的开展。

会议经审查，通过决议，批准《区人大常委会工作报告》。

听取、审议法院工作报告

第一次会议听取、审议区人民法院代院长朱筱玫《区人民法院工作报告》。报告指出，五年来，区法院共受理各类案件19200件，审结19223件。其中，1997年审结数比1992年增长了47.65%，平均每年递增率为14.78%。共受理各类刑事案件3826件，审结3872件。审结严重刑事犯罪案件1625件，判处罪犯2273名。其中，被判五年以上有期徒刑的1326名，占58.3%。共审结受贿案件102件，贪污案件18件，挪用公款案件6件，判处罪犯135人，其中县处级以上干部11名。共审结偷税抗税、虚开增值税专用发票、制售假冒伪劣商品等经济犯罪案件195件，判处罪犯203名。五年来，共受理经济案件2816件，审结2743件，解决诉讼标的金额3.12亿元；受理民事案件6815件，审结6982件；受理行政案件429件，审结440件。共审结借款合同案件1228件、购销合同案件914件。注重做好调解工作。在办结的3484件婚姻案件中，经调解重新和好的有337件，占9.7%，维护了家庭婚姻的稳定。审结了房地产案件902件，保护了房地产权利人的合法权益。共审结损害赔偿案件301件、劳动报酬案件132件，没发生因工作不慎而使矛盾激化。共审结涉外案件438件。其中1997年，受理涉外案件109件，审结107件。在审结的各类行政案件中，维持具体行政行为的有127件，占31.1%；撤销、变更或判令重新做出具体行政行为的共有120件，占27.3%；相对人自动撤诉的有1.16件，占26.4%。其中，1997年审结58件行政案件，撤销、变更的共27件，占了46.6%。还办结行政执行案件1679件。积极开展申诉再审等工作。共依法审查立案16588件，接待非诉来访739人次，办理非诉来信818件，同时办结支付令72件，减刑假释19件；共办结申诉再审案件64件，其中改判27件。共受理执行案件5314件，办结5031件，执行标的金额9369.48万元。优先办理外地法院委托本院的执行案件，共办结66件，占委托总数的90%以上。选择典型案件进行就地审判或召开宣判大会，共进行就地审判12次，召开宣判大会22次。共审结少年被告人案件350件398人，其中适用缓刑35人。对适用缓刑的少年犯，紧密依靠其所在的居（村）委会、学校以及工、青、妇等组织，积极落实帮教责任和措施，为少年犯创造良好的改造环境。共及时妥善处理矛盾易激化案件86件，维护了社会的安定。

会议经审查，通过决议，批准《区人民法院工作报告》。

听取、审议检察院工作报告

第一次会议听取、审议区人民检察院检察长谢向理《区人民检察院工作报告》。报告指出，区四届人大一次会议以来，区检察院共受理各类经济罪案线索922件，立案侦查贪污贿赂等经济罪案229件252人，其中贪污41件49人，贿赂118件123人，挪用公款10件10人，其他60件70人，内含立案查处涉税案件43件46人，假冒商标案件15件18人。为国家挽回直接经济损失达2560余万元。立案查处的贪污贿赂两类案件中，大要案140件，占88.1%，其中五万元以上的特大案件37件，副县级干部犯罪案件2件，大要案的比例由1993年的64.7%提高到1996年、1997年的94.3%和100%。受理各类“侵权”渎职案件线索202件，立案侦查40件，其中涉及司法人员和行政执法人员徇私舞弊、刑讯逼供和非法拘禁案件5件11人。查处34起监管工作人员贪污贿赂案件。共依法批准和决定逮捕各类刑事犯罪案件3554件5776人；审查起（免）诉案件4264件6789人，依法提起公诉3575件5430人，其中批捕和起诉现行重大、特大和团伙犯罪案件的案犯2346人和1904人，分别占批捕和起诉总人数的40.6%和35.1%，先后对172件282人刑事案件进行提前介入，加快审结速度。在1996年中央部署的全国性“严打”集中统一行动中，共批捕和起诉各类刑事犯罪案件702件和724件。在1997年开展的禁毒斗争中，共批捕和起诉涉毒案件140件和141件。五年来，共依法决定不捕138人，增捕106人，增诉增免42人；监督公安机关立案查处2件3人，建议公安机关撤销案件34件次，提出刑事抗诉30件40人，法院已改判18件27人；受理民事行政申诉案件59件，经审查立案8件，提请上级院提出抗诉5件，息诉15件，向法院提出检察建议8件。

会议经审查，通过决议，批准《区人民检察院工作报告》。

第二次会议

听取、审议政府工作报告

第二次会议听取、审议鹿城区区长王超俊《政府工作报告》。报告指出，1998年，全区实现国内生产总值90亿元，比上年增长13%，完成年计划的100%；工业总产值196.52亿元，比上年增长14.3%，完成年计划100.27%；商品销售总额260.5亿元，比上年增长13.2%，完成年计划97.58%；社会消费品零售总额114.88亿元，比上年增长16.4%，完成年计划100.42%；外贸出口供货总值29.13亿元，比上年增长26.4%，完成年计划109.1%；财政收入5.24亿元，比上年增长13.02%，完成年计划103.15%，其中地方财政收入2.93亿元，比上年增长16.97%，完成年计划105.45%；农民人均纯收入6708元，城市居民人均可支配收入8968元。全区第三产业增加值达41.79亿元，比上年增长13%。全区农村经济总收入106.29亿元，比上年增长21.1%。全区批准外商投资项目11个，总投资额955万美元，实际利用外资493万美元，比上年同期增长1.23倍。

报告指出，1999年，全区经济和社会发展的调控预期目标是：国内生产总值101亿元，增长12%；工业总产值220亿元，增长12%；社会消费品零售总额132亿元，增长15%；商品销售总额297亿元，增长14%；农业总产值力争与上年持平；外贸出口供货值33.8亿元，增长16%；财政收入5.76亿元，增长10%，其中地方财政收入3.27亿元，增长11.58%；人口自然增长率控制在4.25‰以下，计划生育符合率达96%以上。为实现上述目标，要抓好以下几项工作：一、加快经济结构调整，切实转变经济增长方式；二、继续深化改革，完善市场经济体制；三、加强城市建设和管理，改善城区形象；四、实施“科教兴区”战略，构建跨世纪发展新优势；五、加强精神文明和社会各项事业建设，推进民主和法制进程；六、加强政府自身建设，不断提高工作水平。

会议经审查，通过决议，批准《政府工作报告》。

审查、批准国民经济和社会发展计划

第二次会议审查、批准区计划委员会主任林瑞荣《关于温州市鹿城区1998年国民经济和社会发展计划执行情况及1999年国民经济和社会发展计划草案的报告》。报告指出，1998年，全区实现国内生产总值90亿元，完成年计划100%，比上年增长13%。其中，第一产业0.67亿元，与上年持平；第二产业47.54亿元，比上年增长13.1%；第三产业41.79亿元，比上年增长13%，完成年计划103.2%。实现财政总收入5.24亿元，完成年计划103.1%，比上年增长13%，其中，地方财政收入2.93亿元，完成年计划105.5%，比上年增长17%；农业总产值1.46亿元，与上年持平；工业总产值196.52亿元，完成年计划100.3%，比上年增14.3%；商品销售总额260.54亿元，完成年计划97.6%，比上年增长13.2%；社会消费品零售总额114.88亿元，完成年计划100.4%，比上年增长16.4%；社会服务业营业额15.56亿元，完成年计划110.3%，比上年增长38%；外贸出口供货总值29.13亿元，完成年计划109.1%，比上年增长26.4%。全年农村经济总收入106.29亿元，完成年计划108.5%，比上年增长21.1%。全年共安排基建项目244项，总投资额7.53亿元，总建筑面积86.39万平方米。该年度共竣工89项，竣工投资额3.15亿元，竣工面积35.61万平方米。全年累计完成投资额3.44亿元，占年度计划的83%，比上年略有上升。城市商品零售价格指数为97.6%，同比回落4.3%，城市居民消费价格指数为99.6%，同比回落4.9%。城镇居民年人均可支配收入8968元；农民年人均纯收入6708元。人口出生率和自增率分别为13.41‰和6.39‰，年末总人口为50.26万人，控制在计划以内。计划总体执行情况良好。

表2—12 1998年鹿城区国民经济和社会发展主要指标计划执行情况

指标名称	计量单位	1998年计划	1998年计划执行情况		
			绝对数	完成计划%	比上年增长%
一、国内生产总值	亿元	90	90	100.0	13.0
二、财政总收入	亿元	5.08	5.24	103.1	13.0
三、地方财政收入	亿元	2.79	2.93	105.5	17.0
四、农业总产值	亿元	1.46	1.46	100.0	与上年持平

续表 2—12　　1998 年鹿城区国民经济和社会发展主要指标计划执行情况

五、工业总产值	亿元	196	196.52	100.3	14.3
六、工业利润	亿元	3.135	3.28	104.6	20.2
七、商品销售总额	亿元	267	260.54	97.6	13.2
八、社会消费品零售总额	亿元	114.4	114.88	100.4	16.4
九、商业等利润	亿元	0.675	0.6935	102.7	20.3
十、社会服务业营业额	亿元	14.1	15.56	110.3	38.0
十一、外贸出口供货值	亿元	26.7	29.13	109.1	26.4
十二、人口自增率	‰	4.5	6.39	—	高 1.89 个千分点
十三、计划生育符合率	%	—	95.25	—	

1999 年，全区国民经济和社会发展计划主要指标安排如下：国内生产总值增长 12%，达 101 亿元，其中，第三产业增加值增长 14%，达 47.5 亿元；农业总产值力争与上年持平；工业总产值增长 12%，达 220 亿元；商品销售总额增长 14%，达 297 亿元；社会消费品零售总额增长 15%，达 132 亿元；社会服务业营业额增长 20%，达 18.6 亿元；外贸出口供货值增长 16%，达 33.8 亿元；财政总收入增长 10%，达 5.76 亿元，其中，地方财政收入增长 11.58%，达 3.27 亿元；人口自增率控制在 4.25‰以内。为实现上述目标，要做好以下工作：一、发扬抗洪精神，凝聚发展合力；二、立足鹿城实际，挖掘发展潜力；三、加快改革步伐，增强发展活力；四、推进科技进步，加强发展实力；五、积极开拓市场，加大经济拉力；六、加大固定资产投资，扩张发展内力；七、发展各项社会事业，扩大鹿城影响力。

会议经审查，通过决议，批准区人民政府提出的 1999 年国民经济和社会发展计划，批准《关于温州市鹿城区 1998 年国民经济和社会发展计划执行情况及 1999 年国民经济和社会发展计划草案的报告》。

审查、批准财政预算和决算

第二次会议审查、批准区财政局局长黄夏日《关于温州市鹿城区 1998 年全区和区本级预算执行情况及 1999 年全区和区本级预算草案的报告》。报告指出，1998 年，全区实现财政总收入 52382 万元，完成全年预算的 103.14%。按可比口径计算（下同），全区财政总收入同比增长 13.02%，其中全区地方财政一般预收入 29283 万元，完成预算的 105.45%，增长 16.97%。主要项目完成情况是：地方工商税收收入 25259 万元，完成预算的 104.95%；农业四税收入 259 万元，完成预算的 121.03%；企业收入 1699 万元，完成预算的 105.66%；其他收入 492 万元，完成预算的 72.35%；专项收入 1574 万元，完成预算的 131.17%。1998 年，全区地方财政一般预算支出 17407 万元，完成预算的 105.46%，按可比口径计算，同比增长 11.49%。主要项目完成情况是：行政事业费支出 15071 万元，完成预算的 105.43%；科技三项费用支出 283 万元，完成预算的 105.99%；企业挖潜改造支出 100 万元，完成预算的 100%；城市维护费支出 379 万元，完成预算的 101.88%；专项支出 1574 万元，完成预算的 132.17%。按照现行财政体制计算，1998

年全区上交中央、省、市计34950万元，当年体制所得可用资金为17432万元（含专项列收列支1574万元），加上年滚存净结余38.29万元，实际可用资金为17470.29万元，全区一般预算支出为17407万元，收支相抵，净结余63.29万元。1998年，区本级地方财政一般预算收入22662万元，实际执行数为23844万元，完成预算的105.22%，同比增长18.41%。主要项目执行情况是：地方工商税收收入20804万元，完成预算的106.27%；农业四税收入为172万元，完成预算的132.31%；企业收入为1005万元，完成预算的93.49%；其他收入为492万元，完成预算的72.35%；专项收入1371万元，完成预算的114.25%。1998年，区本级地方财政一般预算支出为15300万元，实际执行数为15970万元，完成预算的104.38%，同比增长12.02%。主要项目完成情况是：行政事业费支出13893万元，完成预算的105.51%；企业挖潜改造资金支出100万元，完成预算的100%；科技三项费用支出256万元，完成预算的104.49%；城市维护费支出350万元，完成预算的101.45%。专项支出1371万元，完成预算的114.25%。按照现行财政体制计算，1998年区本级当年可用资金为15982.68万元，加上年滚存净结余3.29万元，实际可用资金15985.97万元；本级实际安排支出15970万元，收支相抵，净结余15.97万元，实现了收支平衡，略有结余。

报告指出，1999年，全区财政预算草案编列如下：财政总收入为57622万元，增长10%。其中：地方财政一般预算收入32674万元，增长11.58%，增收3391万元。按现行财政体制测算，1999年全区地方财政可用资金（含列收列支）19006万元。拟安排全区地方财政当年支出预算18974万元，增长9%，增支1567万元。

预算审查委员会认为，1998年全区和区本级预算执行情况是良好的。区政府及财税部门认真贯彻执行《中华人民共和国预算法》等法律、法规，深化税收征管改革，积极涵养财源，努力组织收入，较好地完成了预算任务。严格控制财政支出，实现了财政收支平衡，略有结余，同时又基本保证了全区经济发展的各项需要。

预算审查委员会认为，1999年全区和区本级预算草案安排符合《中华人民共和国预算法》的规定，预算收入的组织措施是积极稳妥的，其增长速度与经济发展是相适应的。在预算支出上坚持了量入为出，量力而行的原则，重点保证了农业、教育、科技等事业发展的需要。

会议经审查，通过决议，批准《关于温州市鹿城区1998年全区和区级预算执行情况及1999年全区和区级预算草案的报告》。

听取、审议常委会工作报告

第二次会议听取、审议区人大常委会主任章新民《区人大常委会工作报告》。报告指出，一年来，常委会先后召开9次会议，审议了14个工作报告，作出6项决议、决定。常委会主要工作如下：

一、加大法律监督力度，推进民主法制建设。一年来，对《中华人民共和国法官法》《中华人民共和国检察官法》《中华人民共和国义务教育法》《中华人民共和国消费者权益保护法》《中华人民共和国食品卫生法》《中华人民共和国科技进步法及省实施办法》《省台湾同胞投资保障条例》《全国人大关于禁毒的决定》等法律法规执行情况进行检查，督促“一府两院”加大宣传力度，继续开展以宪法为核心，以专业法为重点的法制宣传教育。修改了鹿城区行政执法责任制暂行规定，督促区政府依法管理、依法行政。

二、注重工作监督实效，促进两个文明协调发展。重视对计划、财政的监督，分别听取和审议了关于1998年1—9月份国民经济和社会发展计划执行情况报告，关于1998年1—9月份财政预算执行情况及部分科目调整情况报告。视察检查了市儿童福利院、市四幼、区标准厂房、仓储基地等重点工程项目，作出了关于调整部分财政预算科目的决定，听取和审议了关于加强预算外资金管理工作情况报告。重视企业产权明晰工作，督促区政府要从区情出发，尊重历史事实，加强政策引导，兼顾各方利益，防止公有资产流失。重视科教兴区工作，听取和审议了《关于加快调整学校布局力度，完善分级办学体制，推进应试教育向素质教育转轨议案》办理情况、科技进步法贯彻执行情况报告。重视城市管理工作，促进第四轮创建全省文明卫生城市竞赛活动深入开展。关注热点难点，如农村标准堤塘建设、电镀业环境保护问题等，寓服务于监督之中。

三、改进人事任免工作，依法行使任免权。依法任免了62名国家机关工作人员。凡提请区人大常委会任命的国家机关工作人员，必须参加由常委会组织的法律知识考试。

四、做好代表工作，发挥代表作用。建立和健全代表活动网络，积极开展闭会期间的代表活动。将240名区人大代表分街道、乡（镇）、行业、系统建立23个代表小组。坚持开展“创建先进代表小组，争当代表活动积极分子”活动，评出先进代表小组7个，代表活动积极分子30个。组织代表视察堤塘建设和城管卫生；邀请部分代表参加常委会会议，及时向代表通报常委会会议情况。认真做好代表议案和建议、批评、意见的办理，区五届人大一次会议共收到议案37件，将其中的2件列入常委会议题，交区政府办理。受理来信来访205件次。

五、适应形势需要，加强自身建设。加强学习，提高认识，明确工作指导思想。改进和完善工作制度，通过了常委会会议制度、常委会议事规则、常委会任免本级国家机关工作人员办法3个制度修改稿。开展人大工作理论探讨和宣传，成功承办了全国九城区人大工作研讨会第八次会议和省人大代表中心组组长会议。重视乡（镇）人大工作，邀请各乡（镇）人大主席列席例会，参与视察检查。加强对乡（镇）人大换届选举的领导，全区1999年乡（镇）人大换届选出了乡（镇）人大代表254名，乡（镇）人大主席5名、副主席5名。

会议经审查，通过决议，批准《区人大常委会工作报告》。

听取、审议法院工作报告

第二次会议听取、审议区人民法院院长朱筱玫《区人民法院工作报告》。报告指出，1998年，区法院共受理各类案件6797件，办结6626件，分别比上年上升22.9%和30%，结案率达97.5%。共审结刑事案件1008件，判处罪犯1643人，分别比上年增加

13.3%和22.2%。共审结贪污贿赂、挪用公款、非法发放贷款、虚开增值税发票等经济犯罪案件61件，有87名罪犯受到刑事处分。共对771名罪犯适用了财产刑。共审结少年犯罪案件83件，判处少年被告人118名，其中有20名适用缓刑。一年来，共受理经济纠纷案件1466件，比上年上升26.2%；共办结各类经济纠纷案件1472件，比上年增加40.6%。共审结各类民事案件2023件，比上年增加13.8%，其中调解结案的771件，占了38.1%，没有因处理不妥而导致矛盾激化。一年来，对84起“三涉”案件作出合法公正的处理，切实保护了侨胞、港澳台同胞的合法权益。共办结各类案件1754件，比上年增加13.2%。一年来，严格执行行政诉讼法和省高院关于行政受案范围的规定，共办结98件，比上年增加了69%。共办结行政执行案件379件，比上年增加28%。共审查立案5278件，其中当天立案的占70%，方便了群众诉讼。全年上诉案件经二审审结发回重审3件，全部改判的7件，一共仅占2.1%。共依法采取诉讼保全127次。全年受理1972件，比上年增加21.1%；共执结1978件，比上年增加49.7%，完成了省高院提出的办案指标。此外还认真办理外地法院委托执行案件，共接受53件，全部执结。

会议经审查，通过决议，批准《区人民法院工作报告》。

听取、审议检察院工作报告

第二次会议听取、审议区人民检察院检察长谢向理《区人民检察院工作报告》。报告指出，1998年，区检察院共受理各类经济和法纪案件线索87件，初查线索83件，占受理总数的95.4%，立案查处19件，其中贪污贿赂两类案件18件，刑讯逼供1件，均为大要案（内含特大案件5件），为国家和集体挽回经济损失110余万元。受理公安机关等部门报捕案件861件1465人，比上年增加7.5%和15.3%，经审查批准和决定逮捕840件1427人，比上年增加8.8%和15.9%；受理审查起诉案件1041件1734人，比上年增加14.8%和23.2%。经审查依法提起公诉992件1644人，不起诉5件5人，审结数比上年增加15.7%和25.9%。其中共批捕和起诉重特大刑事案犯334人和541人，分别占批捕和起诉总人数的23.4%和32.9%；依法起诉惯犯、累犯150人，查办犯罪团伙和犯罪集团285个；批捕和起诉涉毒案件达112件和176件，分别占批捕、起诉总数的13.3%和17.7%。共决定不捕36人，增捕22人，增诉5人，建议公安机关撤销案件7件。立案监督刑事案件8件19人，位居全市首位，其中3件5人已被法院判处一至两年有期徒刑。提出刑事抗诉8件11人，除其中4件二审未结外，改判2件，维持2件。直接与监外执行人员接触谈话200余人次，对减刑、假释、暂予监外执行审批的监督审查49人次，提出纠正建议13人次。全年共受理群众来信来访254件，受理申诉案件9件，已办结6件，复查自侦案件10件。共受理民事行政申诉案件32件，立案8件，建议提请抗诉3件，提请民事行政抗诉3件，出庭支持抗诉1件，向法院提出检察建议1件，使全年的受理数和抗诉案件数较上年有较大幅度提高，位居全市前列。

会议经审查，通过决议，批准《区人民检察院工作报告》。

第三次会议

听取、审议政府工作报告

第三次会议听取、审议鹿城区区长王超俊《政府工作报告》。报告指出，1999年，全区实现国内生产总值100.18亿元（预计数），比上年增长13%，完成年计划100.1%；工业总产值220亿元，比上年增长12%，完成年计划100%；商品销售总额278.74亿元，比上年增长10.4%，完成年计划96.8%；社会消费品零售总额117.59亿元，比上年增长10%，完成年计划95.6%；外贸出口供货总值35.75亿元，比上年增长22.7%，完成年计划105.8%；财政总收入6.07亿元，比上年增长15.8%，完成年计划102.9%，其中地方财政收入3.52亿元，比上年增长20.2%，完成年计划103.6%。区属房地产企业完成投资额5亿元，建筑施工面积47.63万平方米，竣工面积7.37万平方米。农村经济总收入121.74亿元，比上年增长14.5%；农民人均纯收入7271元，比上年增长8.4%。全区批准外商投资企业9家，项目总投资2395万美元，实际利用外资346万美元。

报告指出，2000年，全区发展的调控预期目标为：国内生产总值110亿元，增长10%；工业总产值242亿元，增长10%；社会消费品零售总值131亿元，增长11%；农业总产值超亿元，比上年略有下降；外贸出口供货值40亿元，增长12%；财政收入6.67亿元，增长10%，其中地方财政收入3.89亿元，增长11%；人口自然增长率控制在4.53‰以下，计划生育率达到96%以上。为了实现上述目标，重点抓好以下七个方面工作：（一）加快从量的扩张向质的提高转变，增强经济整体素质；（二）加大改革力度，提高对外开放水平；（三）强化城市建设和管理，加快城市化进程；（四）全面实施“科教兴区”战略，构筑发展新优势；（五）发展各项事业，促进社会文明；（六）强化反腐倡廉工作，树立廉洁从政的新形象；（七）坚持依法行政，不断提高政府工作水平。

会议经审查，通过决议，批准《政府工作报告》。

审查、批准国民经济和社会发展计划

第三次会议审查、批准区计划委员会主任林瑞荣《关于温州市鹿城区1999年国民经济和社会发展计划执行情况及2000年国民经济和社会发展计划草案的报告》。报告指出，1999年，国内生产总值预计100.18亿元，完成年计划100.1%，比上年增长13%。其中，第一产业0.60亿元，比上年略有下降；第二产业52.33亿元，比上年增长15.7%；第三产业47.25亿元，比上年增长9.7%。财政总收入6.07亿元，完成年计划102.9%，比上年增长15.8%。其中，地方财政收入3.52亿元，完成年计划103.6%，比上年增长20.2%。农业总产值1.10亿元，比上年略有下降。工业总产值220亿元，完成年计划100%，比上年增长12%。商品销售总额278.74亿元，完成年计划96.8%，比上年增长10.4%。社会消费品零售总额117.59亿元，完成年计划95.6%，比上年增长10%。社会服务业营业额17.29亿元，完成年计划93%，比上年增长11.1%。外贸出口供货总值

35.75亿元，完成年计划105.8%，比上年增长22.7%。全年共下达了固定资产基本建设项目207项（包括上年结转数），总投资额6.51亿元，建筑面积74.48万平方米，完成投资额3.60亿元，占年度计划的84.5%。批准外商投资项目9个，总投资额2395万美元，合同利用外资510万美元，实际利用外资346万美元。全年农业经济总收入121.74亿元，比上年增长14.5%，完成年计划102.3%。城镇居民人均可支配收入10339元，比上年增长15.3%；农民年人均纯收入7271元，比上年增长8.4%。城市居民消费价格指数为98.1%，城市商品零售价格指数为97.3%，分别比上年回落了1.9%和2.7%。人口计划执行情况良好，计划生育符合率达97.26%，人口自增率3.99‰，年末总人口控制在50.78万人以内。

表2—13　　1999年鹿城区国民经济和社会发展主要指标计划执行情况

指标名称	计量单位	1999年计划	1999年计划执行情况		
			绝对数	完成计划％	比上年增长％
一、国内生产总值	亿元	101	预计100.18	100.1	13.0
二、财政总收入	亿元	5.89	6.07	102.9	15.8
三、地方财政收人	亿元	3.39	3.52	103.6	20.2
四、农业总产值	亿元	1.46	1.10	75.3	略有下降
五、工业总产值	亿元	220	220.00	100.0	12.0
六、工业利润	亿元	3.7	3.80	102.7	15.7
七、商品销售总额	亿元	297	278.74	96.8	10.4
八、社会消费品零售总额	亿元	132	117.59	95.6	10.0
九、社会服务业营业额	亿元	18.6	17.29	93.0	11.1
十、商业等利润	亿元	0.8	0.96	120.0	46.1
十一、外贸出口供货值	亿元	33.8	35.75	105.8	22.7
十二、人口自增率	‰	4.25	3.99	低0.26个千分点	——
十三、计划生育符合率	%	96	97.26	高1.26个百分点	——

报告指出，2000年，全区国民经济和社会发展计划主要指标安排如下：国内生产总值增长10%，达110亿元，其中，第三产业增加值增长11%，达52.05亿元；农业总产值略有下降，力争超亿元；工业总产值增长10%，达242亿元；商品销售总额增长11%，达309亿元；社会消费品零售总额增长11%，达131亿元；社会服务业营业额增长11%，达19亿元；外贸出口供货值增长12%，达40亿元；财政总收入增长10%，达6.67亿元，其中，地方财政收入增长11%，达3.89亿元；人口自增率控制在4.53‰以内，计划生育符合率达到96%以上。为完成各项任务，要做好如下几方面的工作：理顺管理体制，不断提高服务水平；加大改革力度，不断提高市场化水平；加快产业升级，不断提高产业化水平；加速科技进步，不断提升技术化水平；加大市场开拓，不断提高对外开放水平；发展各项社会事业，不断提高现代化水平。

会议经审查，通过决议，批准区人民政府提出的2000年国民经济和社会发展计划，批准《关于温州市鹿城区1999年国民经济和社会发展计划执行情况及2000年国民经济和社会发展计划草案的报告》。

审查、批准财政预算和决算

第三次会议审查、批准区财政局局长黄夏日《关于温州市鹿城区 1999 年全区和区本级预算执行情况及 2000 年全区和区本级预算草案的报告》。报告指出，1999 年，全区实现财政总收入 60658 万元，完成全年预算的 102.89%，同比增长 15.80%，其中全区地方财政一般预算收入为 35202 万元，完成预算的 103.60%，同比增长 20.21%。主要项目完成情况是：地方工商税收收入 29011 万元，完成预算的 102.60%；农业四税收入 214 万元，完成预算的 84.58%；企业收入 3908 万元，完成预算的 116.69%；其他收入 444 万元，完成预算的 111%；专项收入 1625 万元，完成预算的 95.59%。全区地方财政一般预算支出为 19481 万元，完成预算的 102.51%，同比增长 11.91%。主要项目完成情况是：行政事业费支出 16826 万元，完成预算的 103.53%；科技三项费用支出 342 万元，完成预算的 100.29%；企业挖潜改造支出 300 万元，完成预算的 100%；城市维护费支出 388 万元，完成预算的 100.78%；专项支出 1625 万元，完成预算的 95.59%。按照现行财政体制计算，1999 年全区上交中央、省、市计 41167 万元，当年体制所得可用资金为 19491 万元（含专项列收列支 1625 万元），加上年滚存净结余 63.29 万元，实际可用资金为 19554.29 万元，全区一般预算支出为 19481 万元，收支相抵，净结余 73.29 万元。1999 年区本级地方财政一般预算收入为 28011 万元，实际执行数为 29345 万元，完成预算的 104.76%，同比增长 23.07%。主要项目完成情况是：地方工商税收收入 24213 万元，完成预算的 103.66%；农业四税收入为 152 万元，完成预算的 86.86%；企业收入 3090 万元，完成预算的 118.85%；其他收入 444 万元，完成预算的 111% 专项收入 1446 万元，完成预算的 97.90%。区本级地方财政一般预算支出为 17540 万元，实际执行数为 18040 万元，完成预算的 102.85%，同比增长 12.96%。主要项目执行情况是：行政事业费支出 15619 万元，完成预算的 103.52%；企业挖潜改造资金支出 300 万元，完成预算的 100%；科技三项费用支出 315 万元，完成预算的 100%；城市维护费支出 360 万元，完成预算的 100%；专项支出 1446 万元，完成预算的 97.90%。按照现行财政体制计算，1999 年区本级当年可用资金为 18070 万元，加上年滚存净结余 15.97 万元，实际可用资金为 18085.97 万元，本级实际安排支出为 18040 万元，收支相抵，净结余 45.97 万元，实现了收支平衡，略有结余。

2000 年，全区财政预算草案编制如下：财政总收入为 66725 万元，增长 10%。其中：地方财政一般预算收入 38977 万元，增长 10.72%，增收 3775 万元。按现行财政体制测算，2000 年全区地方财政可用资金（含列收列支）21160 万元。拟安排全区地方财政当年总支出预算 21106 万元，增长 8.34%，增支 1625 万元，其中：经常性财政支出 19416 万元。2000 年区本级拟安排财政总收入 53037 万元，增长 10.15%。其中区本级地方财政一般预算收入为 32861 万元，增长 10%，增收 3216 万元。按现行财政体制测算，区本级地方财政可用资金预计为 19634 元，增长 8.66%。拟安排 2000 年区本级地方财政当年总支出预算 19600 万元，增支 1560 万元，增长 8.65%，其中：经常性财政支出 18108 万元。

预算审查委员会认为，1999 年全区和区级预算执行情况是良好的。区政府及财税部门，积极贯彻落实区五届人大二次会议及常委会第十三次会议关于 1999 年区级财政预算部分变更决定的精神，认真执行《中华人民共和国预算法》等法律、法规，强化税收征管，收入稳步增长。严格控制财政支出，优化支出结构，基本保证了全区各项事业的发展需要，实现了收支平衡，略有结余。

预算审查委员会认为，2000年全区和区级预算草案安排符合《中华人民共和国预算法》的规定，是积极可行的。

会议经审查，通过决议，批准《关于温州市鹿城区1999年全区和区本级预算执行情况及2000年全区和区本级预算草案的报告》。

听取、审议常委会工作报告

第三次会议听取、审议区人大常委会主任章新民《区人大常委会工作报告》。报告指出，一年来，常委会认真履行宪法和法律赋予的职责，切实执行区五届人大二次会议的决议，把加强社会主义民主法制建设作为根本，贯彻依法治国方略，大力推进依法治区进程，为加快全区的经济发展和社会全面进步，发挥了地方国家权力机关应有的作用。常委会主要工作如下：

一、发挥人大主导作用，积极推进依法治区工作。指导推进法治宣传教育，对“三五”普法工作进行检查。利用在对《中华人民共和国水土保持法》《中华人民共和国建筑法》《中华人民共和国体育法》等执法检查时进行法律宣传教育。督促全面落实行政执法责任制，听取和审议区政府关于贯彻实施《中华人民共和国行政处罚法》、落实行政执法责任制情况报告，要求区政府加强领导，做到执法主体、目标责任、保障措施“三到位”。

二、履行法律监督职能，保障法律、法规的贯彻实施。按照省、市统一部署，上下配合执法检查，开展了对《中华人民共和国水土保持法》《中华人民共和国森林法》《中华人民共和国防洪法》的执法检查。配合市人大执法检查组对《中华人民共和国税务征收管理法》实施情况进行检查。检查《中华人民共和国建筑法》实施情况，规范市场行为，维护市场秩序；检查《中华人民共和国体育法》实施情况，促进全区体育事业的发展。

三、加大工作监督力度，促进经济发展和社会全面进步。围绕计划和财政的重大问题进行监督，讨论了区政府关于“九五”计划调整意见，作出了关于1999年本级预算部分变更的决定，听取和审议了区政府关于加强预算外资金管理情况报告。围绕科教兴区进行目标跟踪监督，听取和审议了区政府《关于加大全区高新技术资金投入，扶植中小企业发展议案》办理情况报告。加强对创建省科技先进区工作的监督，继续关注城区教育设施（学校）规划的进展情况，对全区有关规划的调整、变更、落实情况进行跟踪监督。围绕社会热点难点，抓住重点问题监督，听取和审议了区政府《关于进城口环境污染治理和卫生管理，以及遏制白色污染拯救人类环境议案》办理情况报告。办理人民群众来信来访，常委会设立了信访室，配备了专职信访干部，受理人民群众来信176件。

四、依法行使任免权，认真进行两项评议。一年来，常委会依法任免了33名国家机关工作人员。围绕司法公正组织司法评议，制定了关于组织区人大代表评议区人民检察院司法工作的实施方案，召开区人大代表评议会。加强对任命干部任后监督，对农林水利局局长、民政局局长、执法主任进行述职评议。

五、积极开展代表工作，为代表依法执行职务提供服务。认真做好代表议案和建议的督办工作，五届人大二次会议，代表共提出议案 34 件，其中 2 件确定为常委会议题，交区政府办理。其他 32 件议案转为建议，连同大会期间代表提出的建议 121 件，分别交有关单位办理。代表对建议办理意见的反馈率、满意率较上年有所提高。密切联系代表，为代表执行职务提供服务。采取坚持代表列席常委会会议制度、每季度组织一次代表活动等办法，让代表知情知政。

六、加强常委会及机关的自身建设，提高工作效率。加强人民代表大会制度宣传，在纪念地方人大设立常委会二十周年活动中，组织论文参加省、市人大举办的理论研讨会。坚持“逢会学法”制度，认真学习邓小平理论、中共十五大精神和国家法律法规。组织常委会组成人员参加省、市人大常委会举办的法律培训班及法律讲座。积极开展与各友好区（市、县）人大常委会的工作联络、资料交流和学习研讨活动。坚持乡（镇）人大主席列席常委会会议，参与调查研究、视察检查。加强与乡（镇）人大和各友好区人大常委会的联系，组织乡（镇）人大主席参加全国乡（镇）人大法律知识培训班。

会议经审查，通过决议，批准《区人大常委会工作报告》。

听取、审议法院工作报告

第三次会议听取、审议区人民法院院长朱筱玫《区人民法院工作报告》。报告指出，1999 年，区法院受理各类案件 8958 件，审结 8513 件，同比分别上升 32.7% 和 28.5%，较好地完成了各项审判工作任务。共审结各类刑事案件 1213 件，判处罪犯 1973 名，同比分别上升了 20.3% 和 20.1%。对 1049 名罪犯适用了罚金刑。共审结少年刑事案件 107 件，判处少年犯 135 名，其中对 14 名少年犯适用了缓刑。建立判缓刑异地籍少年犯的帮教基地，在全国法院开了先河。全年共审结经济案件 1855 件，同比增加 26%，解决争议标的额 2.77 亿元，为辖区企业挽回经济损失 600 余万元。全年审结的 4514 件民事、经济案件中，在两个半月内结案 3246 件，占了 71.9%，其余案件均在审限内审结。全年共执行各类案件 2701 件，同比增加 37.1%。审判人员人均年结案 135 件，创建院以来最高纪录。全年共审查立案 7558 件，接待来访 2522 人次，处理来信 2871 件。

会议经审查，通过决议，批准《区人民法院工作报告》。

听取、审议检察院工作报告

第三次会议听取、审议区人民检察院检察长谢向理《区人民检察院工作报告》。报告指出，1999 年，区检察院共受理贪污贿赂、渎职等职务犯罪案件线索 81 件，立案查处 21 件，其中贪污贿赂两类案件 20 件，5 万元以上大案、特大案 10 件，涉及科级以上干部 11 人（其中县处级干部 3 人），分别比上年增加 11.1%、100% 和 57.1%。大要案。占两类案件立案总数的 70%，为国家挽回经济损失 124 万余元。受理报捕案件 1026 件

1649人，比上年增加19.2%和12.6%。经审查批准和决定逮捕962件1538人，比上年增加14.5%和7.8%；受理审查起诉案件1188件1921人，比上年增加14.1%和10.8%。经审查依法提起公诉1144件1852人，不起诉8件14人，审结数比上年增加15.5%和13.2%。其中批捕和起诉现行重特大刑事案犯319人和598人，分别占批捕和起诉总人数21%和32.5%；批捕和起诉涉毒案件172件和215件，比上年增加53.6%和22.2%；批捕和起诉金融犯罪案件20件和23件，比上年增加122.2%和15%。决定不捕109人，不诉14人，增捕21人，增诉4人，建议公安机关撤销案件10件14人，全年无错捕案件，并连续多年保持刑事案件有罪判决率100%的准确率。接待律师550余人次，接待群众来访400余人次，在法定期限内告知犯罪嫌疑人和案件当事人达2100余人次。出庭支持公诉993件次，使一大批庭内旁听人员受到了生动的法制教育。受理群众来信来访223件次，受理刑事申诉、赔偿案件4件，复查案件9件。立案监督刑事案件9件13人，提出刑事抗诉6件8人，已改判5件7人。受理民事申诉案件35件，立案17件，提请（建议提请）抗诉13件，分别比上年增加9.4%、112.5%和116.7%。加强了对减刑、假释、保外就医审批工作的监督，全年共审查158人次，提出纠正建议6人次。

会议经审查，通过决议，批准《区人民检察院工作报告》。

第四次会议

听取、审议政府工作报告

第四次会议听取、审议鹿城区区长王超俊《鹿城区国民经济和社会发展第十个五年计划纲要（草案）》报告。报告指出，1996年至2000年，完成了“九五”计划提出的各项主要经济指标。2000年，全区实现国内生产总值110亿元，是1995年的2.15倍，为“九五”计划的100.92%，年均增长16.5%；财政总收入7.69亿元，是1995年的2.21倍，为“九五”计划的115.29%，年均增长17.2%。城镇居民可支配收入和农村人均纯收入分别达到12051元、7760元，扣除物价因素，分别比1995年增长79%和48.49%。全区工业总产值达253亿元，是1995年的2.52倍，年均增长20.3%。五年来完成建筑业施工总产值27.12亿元，工程平均优良率保持在30%以上。区属房地产企业完成投资额8.96亿元，是1995年的2.05倍，年均增长15.5%，累计完成投资额24.87亿元。2000年全区农村经济总收入142亿元，是1995年的3.3倍。2000年，全社会出口供货值达49.35亿元，是1995年的3.67倍，占工业产值的比重由14%提高到20%；完成自营出口额2.08亿美元，居于全市首位。“九五”期间，列入国家、省、市和区级各类科技计划项目共计697项，专利授权数居全省前列。

报告指出，“十五”期间，全区经济和社会发展的主要目标是：国内生产总值年均增长10%，财政收入年均增长10%。城市化水平达到90%以上。城市居民人均可支配收入年均增长6%，农民人均纯收入年均增长6%。人口的自然增长率控制在3.14%以下。为实现上述目标，要采取以下措施：（一）促进产业结构优化升级，提高经济整体素质和实力；

（二）进一步深化改革，扩大开放；（三）不断优化城市形象，加快推进城市现代化；（四）坚持“科教兴区”，为经济社会发展提供智力支撑；（五）切实加强社会主义精神文明和民主法制建设。

报告指出，2001 年，全区经济社会发展的主要指标预安排为：国内生产总值增长 11%；工业总产值增长 11.5%；社会消费品零售总额增长 8%；农业总产值基本持平；自营出口额增长 15%；财政收入增长 11%；人口自然增长率控制在 4.19‰左右，计划生育率达到 97% 以上。按照上述目标，要突出抓好七方面工作：（一）积极调整优化产业结构；（二）加大改革开放的力度；（三）加快发展科技教育事业；（四）深入开展创建全国文明城市活动；（五）加强社区建设与管理；（六）推进社会各项事业全面发展；（七）坚持不懈地抓好政府自身建设。

会议经审查，通过决议，批准《鹿城区国民经济和社会发展第十个五年计划纲要（草案）》。

审查、批准国民经济和社会发展计划

第四次会议审查、批准区计划委员会主任林瑞荣《关于温州市鹿城区 2000 年国民经济和社会发展计划执行情况及 2001 年国民经济和社会发展计划草案的报告》。报告指出，2000 年，全区实现国内生产总值 110 亿元，完成年计划 100%，比上年同期增长 10%，其中，三、二、一产业分别达到 52.1 亿元、57.4 亿元、0.5 亿元，除一产与上年持平外，三、二产业分别比上年同期增长 10%、11%。全年实现商品销售总额 305.87 亿元，完成年计划 99%，比上年同期增长 9.7%；社会消费品零售总额 125.49 亿元，完成年计划 95.8%，比上年同期增长 6.7%。餐饮业持续火爆，实现营业额 25.13 亿元，比上年同期增长 21.1%；社区服务、信息咨询等社会服务业得到长足发展，实现营业额 20.10 亿元，完成年计划 105.8%，比上年同期增长 16.3%。全区实现工业总产值 253.04 亿元，完成年计划 104.6%，比上年同期增长 16.4%，其中，500 万元以上企业实现工业总产值 68.40 亿元，比上年同期增长 21%，高于全部产值 4.6%。全年农村经济总收入 141.94 亿元，比上年同期增长 16.6%；农业总产值 1.06 亿元，与上年持平。全年实现财政总收入 7.69 亿元，完成年计划 105.6%，比上年同期增长 26.8%，其中，地方财政收入 4.40 亿元，完成年计划 103.3%，比上年同期增长 25%。城镇居民年人均可支配收入 12051 元，完成年计划 112.1%，比上年同期增长 16.6%；农村居民年人均纯收入 7760 元，完成年计划 101.7%，比上年同期增长 6.7%。城市居民消费价格指数为 100.7%，城市商品零售价格指数为 99.5%。全年实现外贸出口供货总值 49.35 亿元，完成年计划 123.4%，比上年同期增长 38%。实现自营出口额 2.08 亿美元，比上年同期增长 119%，总量为全市之首。全年实际利用外资 409 万美元，比上年同期增长 18.2%。全年下达基建计划 210 项，总投资 8.41 亿元，比上年同期增长 29.2%，建筑面积 94.46 万平方米。其中新建计划 52 项，总投资额 2.86 亿元，建筑面积 27.34 万平方米。共竣工 74 个项目，完成投资额 2.21 亿元，竣工面积 24.1 万平方米。累计完成投资额 4.01 亿元，占年度计划 78%。计划生育符合率达94.33%，一孩率达90.46%，晚婚率达85.87%。

表2—14　2000年鹿城区国民经济和社会发展主要指标计划执行情况

指标名称	计量单位	2000年计划	2000年计划执行情况		
			绝对数	完成计划%	比上年增长%
一、国内生产总值	亿元	110	110	100	10.0
二、财政总收入	亿元	7.28	7.69	105.6	26.8
三、地方财政收入	亿元	4.26	4.40	103.3	25.0
四、农业总产值	亿元	1	1.06	106.0	与上年持平
五、工业总产值	亿元	242	253.04	104.6	16.4
六、商品销售总额	亿元	309	305.87	99.0	9.7
七、社会消费品零售总额	亿元	131	125.49	95.8	6.7
八、社会服务业营业额	亿元	19	20.10	105.8	16.3
九、外贸出口供货值	亿元	40	49.35	123.4	38.0
十、自营出口额	亿美元	——	2.08	——	119
十一、人口自增率	‰	4.53	4.1	低0.43个千分点	——

报告指出，2001年，全区国民经济和社会发展的主要计划指标为：国内生产总值增长11%，达122亿元，其中，第三产业增加值增长11.5%，达58.8亿元；农业总产值略有下降，力争保持0.8亿元；工业总产值增长11.5%，达280亿元；社会消费品零售总额增长8%，达135.5亿元；社会服务业营业额增长13%，达22.7亿元；自营出口额增长15%，达2.39亿美元；财政总收入增长11%，达8.53亿元，其中，地方财政收入增长11%，达4.88亿元；人口自增率控制在4.19‰左右，计划生育符合率达到97%以上；城镇居民年人均可支配收入增长6%，达到12775元；农民年人均纯收入增长6%，达到8225元。为完成各项任务，要做好如下几方面的工作：抓住经济回升的机遇，努力发展“三二一”经济格局；做好加入WTO的准备工作，大力发展开放型经济；加大固定资产投资管理，确保重点项目建设；打好创建全国文明城市攻坚战，全面发展社会各项事业。

会议经审查，通过决议，批准区人民政府提出的2001年国民经济和社会发展计划，批准《关于温州市鹿城区2000年国民经济和社会发展计划执行情况及2001年国民经济和社会发展计划草案的报告》。

审查、批准财政预算和决算

第四次会议审查、批准区财政局局长黄夏日《关于温州市鹿城区2000年全区和区级预算执行情况及2001年全区和区级预算草案的报告》。报告指出，2000年全区实现财政总收入76893万元，完成全年预算的105.62%，同比增长26.76%。其中，全区地方财政一般预算收入为42610万元，实际执行数为44001万元，完成预算的103.26%，同比增长25.00%。主要项目完成情况是：地方工商税收收入34384万元，完成预算的102.21%；农业四税收入125万元，完成预算的56.82%；企业收入4976万元，完成预算的113.09%；

其他收入 2603 万元，完成预算的 100. 12%；专项收入 1913 万元，完成预算的 109. 13%。一般预算支出为 22708 万元，实际执行数为 23586 万元，完成预算的 103. 87%，同比增长 21. 07%。其中：经常性支出 20833 万元，同比增长 16. 67%。主要项目完成情况：行政事业费支出 20527 万元，完成预算的 103. 50%；科技三项费用支出 423 万元，完成预算的 103. 68%；企业挖潜改造支出 300 万元，完成预算的 100. 00%；城市维护费支出 423 万元，完成预算的 101. 20%；专项支出 1913 万元，完成预算的 109. 31%。2000 年区级地方财政一般预算收入为 35668 万元，实际执行数为 36836 万元，完成预算的 103. 27%，同比增长 25. 53%。主要项目完成情况是：地方工商税收收入 28678 万元，完成预算的 102. 15%；农业四税收入 77 万元，完成预算的 44%；企业收入 3825 万元，完成预算的 115. 80%；其他收入 2603 万元，完成预算的 100. 12%；专项收入 1653 万元，其中教育附加费收入 970 万元，完成预算的 112. 14%，排污费收入 683 万元，完成预算的 105. 08%。一般预算支出为 21100 万元，实际执行数为 21920 万元，完成预算的 103. 89%，同比增长 21. 51%。其中：经常性支出 19427 万元，同比增长 17. 07%。主要项目完成情况是：行政事业费支出 19178 万元，完成预算的 103. 61%；科技三项费用支出 389 万元，完成预算的 103. 73%；企业挖潜改造支出 300 万元，完成预算的 100. 00%；城市维护费支出 400 万元，完成预算的 100. 00%；专项支出 1653 万元，其中教育附加费支出 970 万元，完成预算的 112. 14%；排污费支出 683 万元，完成预算的 105. 08%。按照现行财政体制计算，2000 年区级当年可用资金为 21924. 68 万元，加上年滚存净结余 45. 97 万元，实际可用资金为 21970. 65 万元，区级预算支出实际执行数为 21920 万元，收支相抵，净结余 50. 65 万元。

报告指出，2001 年，全区和区级财政预算草案为：财政总收入 85352 万元，比上年实际执行数增长 11. 00%，其中地方财政一般预算收入 48853 万元，增长 11. 03%。按现行财政体制测算，2001 年全区地方财政可用资金（含列收列支）25768 万元，拟安排全区地方财政当年总支出预算为 25740 万元，增长 9. 13%，收支相抵，结余 28 万元。区级地方财政一般预算收入 40875 万元，比上年实际执行数增长 10. 96%。按现行财政体制测算，区级地方财政可用资金预计为 23953 万元，增长 9. 25%。区级地方财政当年总支出预算 23950 万元，增长 9. 26%，收支相抵，结余 3 万元。

预算审查委员会认为，2000 年全区和区级预算执行情况良好。区政府及财税部门，认真贯彻执行积极的财政政策，贯彻落实区五届人大三次会议及常委会第二十二次会议关于 2000 年区级财政预算部分变更决定的精神，强化税收征管，收入快速增长。严格控制财政支出，优化支出结构，基本保证了改革、发展和稳定的需要，依法确保了对农业、教育、科技、卫生、宣传文化的投入，实现了收支平衡，略有结余。超额完成了预算任务，促进了全区经济及各项事业的发展。

预算审查委员会认为，2001 年全区和区级预算草案安排符合《中华人民共和国预算法》的规定，继续贯彻中央积极财政政策，努力涵养财源，依法组织收入，预算支出体现了保证重点、兼顾一般和“一是吃饭、二要建设”的方针，严格遵守量入为出，收支平衡的原则。预算草案的安排是积极可行的。

会议经审查，通过决议，批准《关于温州市鹿城区 2000 年全区和区级预算执行情况及2001年全区和区级预算草案的报告》。

听取、审议常委会工作报告

第四次会议听取、审议区人大常委会主任章新民《区人大常委会工作报告》。报告指出，区人大常委会在中共鹿城区委的领导下，落实区五届人大三次会议的各项决议，履行宪法与法律赋予的各项职权，各项工作取得了新进步，为加快全区社会主义民主与法制建设步伐，促进全区经济和社会发展作出了积极的努力。常委会主要工作如下：

一、强化法律监督，推动法律、法规的有效实施。常委会监督并参加了对全区“三五”普法的总结验收。组织了对《中华人民共和国行政复议法》颁布实施一周年的执法检查，听取了区政府关于该法实施情况报告。听取和审议了区政府关于贯彻实施《浙江省计划生育条例》，加强流动人口计划生育管理工作情况的汇报。提出关于修正鹿城区人民政府关于鹿城区兵役义务费社会统筹实施办法的议案，交区政府办理。开展对《中华人民共和国产品质量法》及相关法的贯彻实施情况进行检查。采取上下联动的方式，对《中华人民共和国农业法》和《中华人民共和国农业技术推广法》实施情况进行检查。

二、加强工作监督，依法行使决定权。加强对计划和财政预、决算的审查监督，分别听取和审议了2000年1—9月份国民经济和社会发展计划执行情况的报告、2000年1—9月份财政预算执行情况及年度预算调整意见的报告、审计部门的审计报告，作出了关于批准1999年区本级财政决算的决定和关于2000年本级财政预算部分变更的决定。听取了区第三产业发展规划（草案）的说明，提出了意见和建议。心和支持温州中国鞋都产业园区建设，帮助解决温州中国鞋都产业园区建设中遇到的问题。听取和审议了区政府关于区教育事业“九五”计划实施情况的汇报，视察检查了《鹿城区科学技术发展纲要》实施情况。听取和审议了关于加大城郊接合部整治力度，拆除简易棚，建造标准用房的议案办理情况的汇报。对法院的执行工作进行重点监督，听取并审议了区法院关于执行工作的汇报，作出了关于区法院下设机构调整的决定。

三、健全监督机制，认真开展两项评议。继续做好对区检察院1999年执法评议整改落实情况进行跟踪监督，省、市、区三级人大联动对公安机关执法工作进行评议。对评议中的170件群众投诉件作了汇总和逐件排查，对人大代表反映的44个案件和问题，全部予以审核查对，做到件件有落实，事事有回复。对区劳动局局长、区环保局局长进行了述职评议，并分别作出了整改和限期整改的评议意见。依法行使任免权，共任免30名国家机关工作人员，撤销2名审判员；补选3名市人大代表，罢免1名市人大代表。受理群众来信来访176件次，及时交办处理。

四、密切联系代表，为代表提供有效服务。充分发挥代表的主体作用，组织代表参加评议和视察，加强代表培训工作，提高代表执行职务的能力和水平。邀请代表列席常委会会议，让代表知情知政。改进代表活动方式，帮助双屿镇和黎明乡建立了“人大代表之家”。认真做好代表建议、批评、意见的办理工作，区五届人大三次会议期间，共收到代表提出的建议、批评、意见共177件。各承办单位在法定的时间内全部作了办理答复，面商率、反馈率、满意率比往年都有较大提高。共收到代表反馈意见91份，占总数的81%，其中满意的57件，占62.6%，基本满意的32件，占35.2%。

五、加强常委会自身建设，努力做好人大各项工作。按照中央要求和区委的部署，常委会领导班子以整风的精神，开展了“三讲”教育，认真总结经验教训，认真整改查摆出来的问题，推动人大的各项工作。常委会机关也相继开展了思想作风教育和“两思”活动，调查研究和人大理论研讨、宣传工作有所加强，积极组织材料参加全国部分城区人大工作研讨会，承办全市11县（市、区）人大常委会联席会第三十四次会议，刊登在《人民政权报》上的关于鹿城区兵役义务费收取问题的报道，获得温州市首届宣传人民代表大会制度好新闻三等奖。重视人大干部队伍建设，注意培养中青年干部。密切与乡（镇）人大联系，邀请乡（镇）人大主席（或副主席）列席常委会会议，注意听取乡（镇）人大的意见和建议，帮助、指导乡（镇）人大开展工作。

会议经审查，通过决议，批准《区人大常委会工作报告》。

听取、审议法院工作报告

第四次会议听取、审议区人民法院院长朱筱玫《区人民法院工作报告》。报告指出，2000年，区法院共受理各类案件9029件，办结9335件，同比分别增加0.8%和9.7%。共受理各类刑事案件1248件（1930人），审结1243件（1918人）。其中，审结严重刑事犯罪案件589件，判处罪犯1060人，其中处五年以上311人，占29.34%。共审结伪造、贩卖国家货币、虚开增值税专用发票等案件25件（25人）。共受理经济犯罪案件23件（25人），审结25件（28人）。受理少年刑事案件112件（141人），审结111件（139人）。共受理经济、民事、行政案件4301件，审结4706件。共受理经济纠纷案件1760件，审结2050件，解决诉讼标的总额3.13亿元。共受理民事案件2439件，审结2550件。共受理行政诉讼案件102件，审结106件。共受理行政执行案件335件，执结335件。共办结涉及租赁和农村基金会的案件168件，挽回经济损失1544.6万元。共受理执行案件3374件，执结3286件，执结率达97.4%，较好地缓解了“执行难”。共改变公诉机关定性的案件15件、宣告无罪的1件；检察院同意本院建议撤回起诉，并由市检察院向市中院起诉被判死刑的1件。人民陪审员共参加了586件案件的陪审工作，既缓解了审判力量的不足，又起到了较好的监督作用。

会议经审查，通过决议，批准《区人民法院工作报告》。

听取、审议检察院工作报告

第四次会议听取、审议区人民检察院代检察长孔璋《区人民检察院工作报告》。报告指出，2000年，区检察院共受理贪污贿赂、渎职等职务犯罪案件线索79件，立案查处23件，其中贪污贿赂两类案件20件，司法机关、行政机关渎职、“侵权”案件3件，内含5万元以上大要案13件，占立案总数的56.5%，自主办理案件13件，占两类案件立案总数的65%，为近几年来比例最高的一年，为国家挽回经济损失达600余万元。全年立案数和挽回经济损失分别比上年增加9.5%和383.8%。共受理批捕案件1202件1900人，比上年增加17.2%和15.2%，经审查批准和决定逮捕1079件1717人，比上年增加12.2%和11.6%；受理审查起诉案件1313件2031人，比上年增加10.5%和5.7%，经审查依法提起公诉1258件1943人，不起诉11件16人，审结数比上年增加10.2%和4.9%。其中，共批捕杀人、爆炸、涉枪案件13件22人，起诉4件7人；批捕涉毒案件130件181人，起诉193件278人；批捕抢劫、盗窃、抢夺案件601件1016人，起诉635件1090人。批捕破坏社会主义市场经济秩序的犯罪案件21件30人，起诉27件37人。决定不捕122件182人，不诉11件16人，增捕20人，增诉4人，建议公安机关依法查处28件次，建议公安机关撤销案件8件12人。全年共批捕未成年犯罪嫌疑人97人，起诉137人。受理来信来访239件次，处理告急访6件，集体访26件，受理并办结刑事申诉案件5件5人，刑事赔偿案件1件1人。立案监督刑事案件10件18人；提出刑事抗诉8件17人，目前市中院已改判4件11人。受理民事申诉案件44件，立案19件，建议提请抗诉15件，法院已改判9件。牵头推行《监外执行罪犯监督考察手册》，依法建议落实监管措施68人，经建议撤销缓刑收监执行4人，纠正法院错误决定1件，收监执行人数为全区历年来最多。先后对12名不符合减刑条件的罪犯进行了监督纠正，并对12名暂予监外执行到期未办理手续的，依法提出纠正建议。受理在押人员申诉案件14件，控告来信3件，纠正超期羁押150余人次。

会议经审查，通过决议，批准《区人民检察院工作报告》。

第五次会议

听取、审议政府工作报告

第五次会议听取、审议鹿城区区长王超俊《政府工作报告》。报告指出，2001年，实现国内生产总值126.12亿元，比上年增长11.1%；工业总产值290.9亿元，比上年增长11.5%；财政总收入首次突破10亿元大关，达到11.09亿元，绝对额增加3.4亿元，其中地方财政收入7.05亿元，增长率高达44.2%和60.2%；城镇居民人均可支配收入和农村居民人均纯收入分别达到13200元和6039元，比上年增长9.5%和3.2%。建筑业完成产值8.12亿元，比上年增长19.9%。实现第三产业增加值58.24亿元，增长11.2%；社会消费品零售总额140.05亿元，增长9.8%。全区农村经济总收入153.39亿元，农业总产值3亿元。全年完成外贸出口60.33亿元，比上年增长22.2%；自营出口2.17亿美元，居全市第一位。

报告指出，2002年，全区经济和社会发展的主要预期调控目标为：国内生产总值增长10.5%；工业总产值增长10.5%；社会消费品零售总额增长9%；农业总产值保持上年水平；自营出口额增长12%；财政总收入增长12%；人口自增率控制在4.53‰以内。按照上述要求，要着重抓以下几方面工作：（一）继续加快经济结构的战略性调整，做大做强区域经济；（二）以入世为契机，全方位推进改革开放；（三）以建成全国文明城市为目标，全面塑造鹿城新形象；（四）推动各项事业协调发展，促进社会全面进步；（五）依法治区，切实加强民主法制和政府作风建设。

会议经审查，通过决议，批准《政府工作报告》。

审查、批准国民经济和社会发展计划

第五次会议审查、批准区发展计划局局长林瑞荣《关于温州市鹿城区2001年国民经济和社会发展计划执行情况及2002年国民经济和社会发展计划草案的报告》。报告指出，2001年，全区可实现国内生产总值126.12亿元，完成年计划100.1%，同比增长11.1%；财政总收入11.09亿元，完成年计划129.9%，同比增长44.2%，其中，地方财政收入7.05亿元，完成年计划144.3%，同比增长60.2%。城镇居民年人均可支配收入13200元，同比增长9.5%；农村居民年人均纯收入6039元，同比增长3.2%。价格总水平保持稳定，居民消费价格总指数为100.3%。全年批发零售贸易业销售总额316.64亿元，同比增长2.8%，社会消费品零售总额140.05亿元，完成年计划103.4%，同比增长9.8%。全区商品市场交易额80.04亿元，同比增长6.6%。全年社会服务业营业额21.21亿元，同比增长5.5%。全年餐饮业营业额26.82亿元，同比增长6.3%。实现工业总产值290.90亿元，完成年计划99.3%，同比增长11.5%。其中，规模企业实现工业总产值106.45亿元，同比增长20%。建筑业实现总产值8.12亿元，同比增长19.9%。实现农业总产值3亿元，完成年计划120%，与上年基本持平。一、二、三产业占GDP的比重调整为1.2∶52.6∶46.2，其中三产增加值和工业增加值分别达58.24亿元和64亿元，同比均增长11.2%。全年共下达基本建设项目227项，总投资额13.51亿元，同比增长60.62%，其中，新建项目80项，总投资额5.41亿元。全年完成固定资产投资额6.32亿元，同比增长65.83%。

表2—15　　2001年鹿城区国民经济和社会发展主要指标计划执行情况

指标名称	计量单位	2001年计划	2001年计划执行情况		
			绝对数	完成计划%	比上年增长%
一、国内生产总值	亿元	126	126.12	100.1	11.1
二、财政总收入	亿元	8.53	11.09	129.9	44.2
三、地方财政收入	亿元	4.88	7.05	144.3	60.2
四、农业总产值	亿元	2.5	3.00	120.0	与上年基本持平
五、工业总产值	亿元	293	290.90	99.3	11.5
六、社会消费品零售总额	亿元	135.5	140.05	103.4	9.8
七、社会服务业营业额	亿元	22.7	21.21	93.4	5.5
八、自营出口额	亿美元	2.1	2.17	103.3	4.3
九、人口自增率	‰	4.19	3.21	低0.98个千分点	——
十、城镇居民年人均可支配收入	元	12775	13200	103.3	9.5
十一、农村居民年人均纯收入	元	——	6039	——	3.2

报告指出，2002年，全区国民经济和社会发展的主要预期目标：国内生产总值增长10.5%，达139亿元，其中，第三产业增加值增长12%，达65.5亿元；农业总产值基本持平，保持3亿元左右；工业总产值增长10.5%，达320亿元；社会消费品零售总额增长9%，达152.5亿元；社会服务业营业额增长11%，达23.5亿元；自营出口额增长12%，达2.43亿美元；财政总收入增长12%，达12.42亿元，其中，地方财政收入增长11.8%，达7.88亿元；人口自增率控制在4.53‰左右，计划生育符合率达到96%。城镇居民年人均可支配收入增长7%，达到14120元；农村居民年人均纯收入增长7%，达到6460元。为完成上述任务，要做好以下几方面的工作：坚持以发展为主题，推进各项制度改革；坚持以结构调整为主线，推进产业升级步伐；坚持扩大内需方针，推进投资消费增长；坚持以创建文明城市为抓手，推进社会全面进步。

会议经审查，通过决议，批准区人民政府提出的2002年国民经济和社会发展计划，批准《关于温州市鹿城区2001年国民经济和社会发展计划执行情况及2002年国民经济和社会发展计划草案的报告》。

审查、批准财政预算和决算

第五次会议审查、批准区财政局局长黄夏日《关于温州市鹿城区2001年全区和区级预算执行情况及2002年全区和区级预算草案的报告》。报告指出，2001年，全区实现财政总收入（含区划调整划入数）110934万元，完成预算的129.97%，同比增长44.27%，其中：全区地方财政一般预算收入70503万元，完成预算的144.32%，同比增长60.23%。主要项目完成情况：地方工商税收收入46380万元，完成预算的123.15%；农业四税收入280万元，完成预算的241.38%；企业收入18534万元，完成预算的289.59%；其他收入2838万元，完成预算的108.74%；专项收入2471万元，完成预算的119.66%。2001年全区地方财政一般预算支出37564万元，完成预算的145.94%，同比增长59.26%，其中：经常性支出30273万元，同比增长46.73%。主要项目完成情况：行政事业费支出31148万元，完成预算的143.41%；基本建设支出2550万元；科技三项费用支出540万元，完成预算的116.38%；企业挖潜改造支出300万元，完成预算的100%；城市维护费支出525万元，完成预算的122.09%；支援不发达地区支出30万元；专项支出2471万元，完成预算的119.66%。

按照市对区新的财政体制计算，2001年全区上交中央、省、市共计72861万元，当年体制所得可用资金38073万元（含专项列收列支2471万元），加上年滚存净结余235万元（含区划调整数），实际可用资金38151万元，全区地方财政一般预算支出37564万元，收支相抵，净结余744万元。2001年区级地方财政一般预算收入40875万元，实际执行数59597万元，完成预算的145.80%，同比增长61.79%。主要项目完成情况：地方工商税收收入39811万元，完成预算的127.23%；农业四税收入191万元，完成预算的248.05%；企业收入14583万元，完成预算的284.94%；其他收入2838万元，完成预算的108.74%；专项收入2174万元，其中教育附加费收入1284万元，完成预算的

119%，排污费收入 890 万元，完成预算的 127.14%。区级地方财政一般预算支出 23950 万元，实际执行数 32800 万元，完成预算的 136.95%，同比增长 49.64%，其中：经常性支出 25856 万元，同比增长 34.48%。主要项目完成情况：行政事业费支出 26804 万元，完成预算的 132.02%；基本建设支出 2500 万元；科技三项费用支出 522 万元，完成预算的 121.40%；企业挖潜改造支出 300 万元，完成预算的 100%；城市维护费支出 500 万元，完成预算的 119.05%；专项支出 2174 万元，其中教育附加费支出 1284 万元，完成预算的 119%；排污费支出 890 万元，完成预算的 127.14%。按照市对区新的财政体制计算，2001 年区级当年可用资金 33104 万元，加上年滚存净结余 51 万元，实际可用资金 33155 万元，区级当年安排支出 32800 万元，收支相抵，净结余 355 万元，实现了收支平衡，略有结余。

2002 年，全区财政预算草案编制如下：财政总收入 124247 万元，增长 12%，其中：地方财政一般预算收入 78796 万元，增长 11.76%，增收 8293 万元。按市对区财政体制测算，2002 年全区地方财政可用资金（含列收列支）42606 万元。全区地方财政当年总支出预算 42455 万元，增长 13.02%，增支 4891 万元，其中：经常性财政支出 33996 万元，增长 12.30%。2002 年区级财政收入 117449 万元，增长 22.60%（增幅高于全区平均水平，主要是区划调整，撤销城郊、黎明乡建制，区对乡收入重新划分等因素）。其中区级地方财政一般预算收入 71998 万元，增长 20.81%，增收 12401 万元。按市对区财政体制测算，2002 年区级地方财政可用资金预计 37994 万元。区级地方财政当年支出预算 38000 万元（动用上年净结余 6 万元），增支 5200 万元，增长 15.85%；剔除城市维护费体制下划因素，同比增长 11.92%，其中：经常性财政支出 29762 万元。

预算审查委员会认为，2001 年全区和区级预算执行情况是良好的。区政府及财税部门，认真贯彻执行积极的财政政策，贯彻落实区五届人大四次会议的各项决议，深化各项财税改革，强化税收征管，收入快速增长。严格控制财政支出，推进部门预算编制，优化支出结构，基本保证了改革、发展和稳定的需要，实现了收支平衡，略有结余。

预算审查委员会认为，2002 年全区和区级预算草案安排符合《中华人民共和国预算法》的规定，体现了中央经济工作会议和全国财政工作会议精神。预算收入保持了与经济发展相适应的增长速度，预算支出体现了调整结构、保证重点、厉行节约的要求。预算草案的安排是积极可行的。

会议经审查，通过决议，批准《关于温州市鹿城区 2001 年全区和区级预算执行情况及 2002 年全区和区级预算草案的报告》。

听取、审议常委会工作报告

第五次会议听取、审议区人大常委会主任章新民《区人大常委会工作报告》。报告指出，一年来，常委会根据区五届人大四次会议的决议，认真履行宪法和法律赋予的各项职权，各项工作取得了新的进展，为推进社会主义民主法制建设和现代化新鹿城建设发挥了重要的作用。常委会主要工作如下：

一、推进依法治区，切实加强法律监督。重视法律宣传教育，听取和审议了区政府关于本区“三五”普法基本情况的报告和“四五”普法规划的说明，作出了关于进一步开展法制宣传教育的决议。听取和审议了区政府关于贯彻执行《中华人民共和国妇女权益保障法》情况报告，督促区政府把《中华人民共和国妇女权益保障法》纳入“四五”普法规划，加强宣传。督促区政府加大对《中华人民共和国传染病防治法》的宣传教育，督促区政府组织了公安、规划、土地、农林水利等部门对仰义水库泄洪口游泳池进行强制拆除。督促区政府完成了仰义小流域的治理和全区农村段沿江标准堤塘的闭合工程。配合市人大常委会对《中华人民共和国土地管理法》的执行情况进行了联动检查。

二、围绕中心，加大工作监督力度。制定了关于加强经济工作监督的决定和关于加强区级预算审查监督的决定，凡政府投资额在500万元以上的建设项目应报区人大常委会审议决定，对预算超收数额超过原批准预算收入总额的5%时，应向常委会汇报安排使用情况，在制度上规范了计划和财政的执行。组织对经济运行情况进行调查，分别听取区政府关于2000年财政决算、2000年度预算执行和其他财政收支的审计情况、2001年1-9月份国民经济和社会发展计划执行情况、2001年1-9月份本级财政预算执行情况报告，审查批准了2000年区级财政决算，作出了2001年国民经济和社会发展计划指标部分变更的决定。加强了对中国鞋都、炬光园区和西进城口等重点工程进展情况的监督，促使工程建设顺利进展。专题听取和审议了区政府关于鹿城区行政区划调整方案的报告及有关情况报告。听取和审议了区政府关于加快社区建设步伐议案的办理方案和办理情况，群众文化工作情况，《住房公积金管理条例》实施情况和住房公积金管理情况报告，并提出意见和建议。

三、开展两项评议，依法任免国家机关工作人员。对公安机关的整改情况进行了跟踪监督，对司法局、审计局、物价局局长和法院3位副院长进行了书面述职评议。一年来，常委会共任免了国家机关工作人员84名，其中政府组成人员35名。

四、密切联系代表，推进基层民主政治建设。重视代表议案的审议和建议、批评、意见的办理，区五届人大四次会议代表议案54件，其中有关加快社区建设的5件议案合并为一，列入常委会审议议题，办理已取得阶段性成效。通过调查视察、走访座谈、听取汇报等形式，加强督促和沟通，注重提高代表的满意率。邀请代表列席常委会会议，组织代表开展视察，重大事项向代表通报，加强代表的培训工作，通过多种形式的代表活动，发挥代表的主体作用。在区委的重视下，全区12个街道已有9个街道设立了街道人大工作联络员。行政区划和街道乡（镇）调整后，适时调整了人大代表小组和常委会联系的分工落实。及时指导和解决乡（镇）人大换届选举中出现的问题，全区9个乡（镇）选出454名代表，并都相继召开了新一届的人代会，选举产生了新一届乡（镇）人大和政府班子。一年来，共受理人大代表和人民群众来信105件次，及时督促有关部门依法处理，化解了一些社会矛盾。

五、加强自身建设，认真实践“三个代表”重要思想。认真学习贯彻中共十五届六中全会精神，深入开展“三个代表”重要思想教育和领导干部从政道德教育，加强人大机关作风建设和宗旨教育。坚持逢会学法，举办知识讲座，积极参加省市举办的培训班，学习《中华人民共和国宪法》《中华人民共和国地方各级人民代表大会和地方各级人民政府组织法》《中华人民共和国全国人民代表大会和地方各级人民代表大会代表法》《中华人民共和国选举法》等与人大工作密切相关的法律知识和理论知识，参加全国、省、市和兄弟城区举办的人大工作理论研讨会和工作经验交流会。加强对乡（镇）人大和街道人大工作的联系、指导，邀请乡（镇）人大负责人和街道人大工作联络员列席常委会会议。

会议经审查，通过决议，批准《区人大常委会工作报告》。

听取、审议法院工作报告

第五次会议听取、审议区人民法院院长朱筱玫《区人民法院工作报告》。报告指出，2001 年，区法院共受理各类案件 8045 件，办结 8059 件（包括上年旧存），结案率 87.7%；存案 1113 件。共受理各类刑事案件 1396 件，审结 1380 件，判处罪犯 2027 名。全年受理各类民事案件 2131 件，办结 2137 件；受理各类经济纠纷案件 1646 件，办结 1662 件；受理各类行政案件 134 件，办结 132 件。处理来信来访 7857 件（人）次。共审结基金会案件 531 件，收回基金会资金 1220 万元。全年受理各类执行案件 2566 件，执结 2597 件，执结率 89.4%，达到上级法院的要求。人民陪审员共参加审理案件 687 件，促进了审判工作和队伍建设。全年共上诉 556 件，被上级法院发回重审 3 件，占 0.53%。改变公诉机关定性的案件 8 件，公诉机关撤回起诉的案件 12 件（其中 4 件属于拟宣告被告人无罪的案件）。全年对市、区两级人大的 4 件建议、9 件督办案件均进行了认真办理并作了答复。

会议经审查，通过决议，批准《区人民法院工作报告》。

听取、审议检察院工作报告

第五次会议听取、审议区人民检察院检察长孔璋《区人民检察院工作报告》。报告指出，2001 年，区检察院共受理批捕案件 1413 件 2165 人，比上年增加 17.6% 和 13.9%，经审查批准和决定逮捕 1224 件和 1855 人，比上年增加 13.4% 和 8.0%；受理起诉案件 1518 件 2323 人，比上年增加 15.6% 和 14.4%，经审查依法提起公诉 1426 件 2126 人，不起诉 17 件 22 人，审结数比上年增加 13.7% 和 9.7%。其中，批捕三类重点犯罪及涉毒犯罪案件 901 件 1437 人，起诉 998 件 1554 人。批捕破坏社会主义市场经济秩序的犯罪案件 25 件 38 人，起诉 39 件 64 人。加强与公安部门联系，共对 52 件 129 人重特大刑事案件进行了提前介入，确保重大案件的从快批捕，依法对 619 件刑事案件犯罪嫌疑人运用简易程序起诉，提高办案效率；批捕科和起诉科的人均办案数分别达到 176 件和 72 件，均创历史新高。受理来信来访 257 件次，受理并办结刑事申诉 4 件。批捕未成年犯罪嫌疑人 69 人，起诉 105 人。受理贪污贿赂、渎职等职务罪案线索 65 件，立案查处 22 件，其中贪污贿赂案件 19 件，挪用公款案件 2 件，司法机关渎职“侵权”案件 1 件，内含大要案 20 件，占立案总数的 90.9%，为国家挽回经济损失 466 万元。全年自主办理 20 件职务犯罪案件，占立案总数的90.9%。全年立案监督刑事案件9件13人，已批捕5件8人，起诉4件6人，判决9件14人，其中被判处5年以上有期徒刑的4人，10年以上有期徒刑的1人。决定不捕185件299人，不诉17件22人，增捕37人，增诉13人，建议公安机关依法查处12件；监督部门督促纠正超期羁押150余人次；提出刑事抗诉7件15人，已改判4件；受理民事行政申诉案件49件，立案20件，（建议）提请抗诉21件，其中10件市检察院已提出抗诉或提请抗诉。审查纠正呈报减刑不当25人，纠正留所不当4人，建议收监执行监外执行罪犯5人。

会议经审查，通过决议，批准《区人民检察院工作报告》。

第六节　区六届人大会议的召开及听取、审查报告

区六届人大自2003年3月至2007年1月，任期4年。其间，共举行会议4次，审查议题31项，听取报告24个，通过决议、决定25项，选举区国家机关领导人员38名。出席温州市第十届人民代表大会代表66名。

表2—16　　鹿城区四届人大历次会议基本情况

序次	会议日期	出席代表（人）	列席人员（人）	审议议题（项）	听取报告（个）	决议决定（项）	会议期间代表提出		会议地点
							议案（件）	建议（件）	
一	2003年3月24日—30日	303	100	11	6	6	125	119	鹿城区文化中心
二	2004年3月15日—19日	302	168	7	6	6	113	86	鹿城区文化中心
三	2005年1月31日—2月3日	301	180	6	6	7	66	67	鹿城区文化中心
四	2006年2月13日—16日	298	189	7	6	6	48	56	鹿城区文化中心

第一次会议

听取、审议政府工作报告

第一次会议听取、审议鹿城区区长王超俊《政府工作报告》。报告指出，1998年至2002年，区政府完成了区五届人大一次会议确定的各项目标任务，开创了全区改革开放和现代化建设的新局面。五年来，全区国内生产总值年均增长12.2%，2002年达到139.3亿元，按现行汇率计算，人均国内生产总值为2668美元。区级财政收入2002年达到13.68亿元，比1997年增长2倍，年均增长25%。固定资产投资大幅增长，五年累计完成84.7亿元，年均增长23.2%。23家工业企业年产值超亿元，规模以上工业企业实现增加值、利税年均分别递增29.8%和39.3%。高新技术企业从1997年的3家增加到53家，其中3家企业建立了省级高新技术研发中心。园区经济的集聚效应显著，鹿城工业区、鹿城高新技术产业园年产值合计60亿元。五年累计完成建筑业产值35.7亿元，房地产业投资额40.9亿元。第三产业增加值年均增长12.6%，2002年达到64.8亿元。农村经济总收入年均增长13.6%，2002年达到165.88亿元。2002年实现外贸出口供货值

69.18亿元，是1997年的3倍；拥有自营出口经营权的企业122家，比五年前增加110家，2002年完成自营出口额3.2亿美元，是1997年的15倍，出口总量连续五年保持全市第一。五年实际利用外资2892万美元，其中2002年达到1020万美元，是1997年的4.9倍。五年累计投入教育经费7.83亿元，新建、改扩建中小学、幼儿园25所，教育设施和办学条件得到较大改善。2002年城市居民人均可支配收入达到14591元，农民人均纯收入6521元。市区居民人均居住面积由1997年的11.11平方米增加到20.74平方米，农民人均住房面积达到47.64平方米。

报告指出，到2007年，全区力争国内生产总值达到237亿元，区级财政收入达到25亿元，主要经济指标列居全国同级城区前10位；人均GDP达到5000美元以上，城镇居民可支配收入达到20527元，农民人均纯收入达到8726元以上。

报告指出，2003年的主要预期目标为：国内生产总值增长12%以上，财政总收入增长12.8%以上，外贸自营出口增长18%以上，城市居民人均可支配收入增长8%，农村居民人均纯收入增长6%，城镇失业率控制在3%以内，人口自然增长率控制在4.58‰以内。为实现上述目标，主要做好六个方面工作：（一）突出重点，发挥优势，进一步提高经济发展的整体水平。（二）立足“三农”，统筹发展，努力开创农业农村工作新局面。（三）深化改革，扩大开放，有效激发经济与社会发展活力。（四）加快建设，强化管理，扎实推进城市现代化。（五）推进民主，加强法治，努力建设民主、文明、安定的现代化城区。（六）协调发展社会事业，不断提高人民生活水平和质量。

会议经审查，通过决议，批准《政府工作报告》。

审查、批准国民经济和社会发展计划

第一次会议审查、批准区发展计划局局长林瑞荣《关于温州市鹿城区2002年国民经济和社会发展计划执行情况及2003年国民经济和社会发展计划草案的报告》。报告指出，1998年以来，在市场竞争日趋激烈和全球经济低迷的背景下，全区经济连年保持两位数的高位增长，经济实力和市场竞争力不断提高，国内生产总值从1997年78.5亿元增加到2002年的139.32亿元，年均增长12.2%；财政总收入从1997年的4.48亿元增加到2002年的13.68亿元，年均增长25%。2002年，国内生产总值完成年计划100.2%；财政总收入完成年计划107.9%，居全市第三位，其中地方财政收入7.37亿元，完成年计划108.8%，增长27.5%。工业总产值320.7亿元，完成年计划100.2%，增长10.7%；社会消费品零售总额157.4亿元，完成年计划103.2%，增长12.4%；服务业营业额25.2亿元，完成年计划107.2%，增长19%；自营出口额3.2亿美元，完成年计划128%，增长47.4%；人口自然增长率为2.64‰，低于计划1.89个千分点；城镇居民年人均可支配收入14591元，增长10.5%；农民年人均纯收入6521元，增长7.98%。全区经济运行态势好于预期，区五届人大五次会议批准的各项计划已圆满完成。

表 2—17　　2002 年鹿城区国民经济和社会发展主要指标计划执行情况

主要指标	计量单位	2002 年计划		2002 年实绩		“十五”计划年均递增率 %
		增长率 %	绝对值	增长率 %	实绩	
国内生产总值	亿元	10.5	139	11.4	139.3	10
其中：一产增加值	亿元	——	——	——	0.8	略有下降
二产增加值	亿元	——	——	13	73.7	——
三产增加值	亿元	——	——	10.2	64.8	——
工业总产值	亿元	10.5	320	10.7	320.7	10
社会消费品零售总额	亿元	9	152.5	12.4	157.4	8
服务业营业额	亿元	11	23.5	19	25.2	12
自营出口额	亿美元	15	2.5	47.4	3.2	20
财政总收入	亿元	14.7	12.72	22.5	13.7	10
其中：地方财政收入	亿元	18.4	6.8	27.5	7.4	10
城镇居民人均可支配收入	元	7	14120	10.5	14591	6
农民人均纯收入	元	7	6460	7.98	6521	6
城镇失业登记率	——	——	——	——	——	——
人口自然增长率	——	4.53‰以下	——	——	2.64‰	2005 年 3.14 以下

说明：2002 年出生率为 7.65‰，死亡率为 5.01‰。

报告指出，2003 年，全区宏观调控的主要预期目标是：国内生产总值增长 12%，达 156 亿元，其中，一产增加值 0.8 亿元，与上年持平；二产增加值 82.3 亿元，增长 11.7%；三产增加值 72.9 亿元，增长 12.5%。财政总收入增长 12.8%，达 15.4 亿元，其中，地方财政收入增长 12.9%，达 8.0 亿元；工业总产值增长 12%，达 359 亿元；社会消费品零售总额增长 12%，达 176.3 亿元；服务业营业额增长 12.5%，达 28.35 亿元；外贸自营出口额增长 18%，达 3.78 亿美元。城镇失业登记率控制在 3% 以下；人口自然增长率控制在 4.58‰以下，计划生育符合率达 96% 以上。城镇居民年人均可支配收入增长 8%，达 15660 元；农民年人均纯收入增长 6%，达 6912 元。为实现上述目标，要做好以下工作：（一）加快产业结构调整，提高经济增长的质量和效益。（二）加快开放型经济发展，提升对外贸易的水平和程度。（三）加快投资体制创新，促进消费需求的培育和扩大。（四）加快基础设施建设，树立时尚中心的品牌和地位。（五）加快文明城市创建，促进各项事业的繁荣和发展。

会议经审查，通过决议，批准区人民政府提出的 2003 年国民经济和社会发展计划，批准《关于温州市鹿城区 2002 年国民经济和社会发展计划执行情况及 2003 年国民经济和社会发展计划草案的报告》。

审查、批准财政预算和决算

第一次会议审查、批准区财政局局长黄夏日《关于温州市鹿城区 2002 年全区和区级预算执行情况及 2003 年全区和区级预算草案的报告》。报告指出，2002 年，全区财政收入超额完成区人大通过的预算任务，实现稳中求进的总体要求。财政支出在保证重点的同时，基本保证了经济建设和各项事业发展的需求。全年实现财政总收入 136836 万元，完成预算的 107.56%，同比增长 23.35%，其中：全区地方财政一般预算收入 73703 万元，完成预算的 108.44%，同比增长 28.43%。主要项目完成情况：地方工商税收收入

55589万元，完成预算的109.61%；农业四税收入460万元，完成预算的106.73%；企业收入10038万元，完成预算的106.79%；其他收入4545万元，完成预算的101.00%；专项收入3071万元，完成预算的105.14%。全区地方财政一般预算支出45845万元，完成预算的107.98%，同比增长22.05%。主要项目完成情况：行政事业费支出37640万元，完成预算的108.67%；基本建设支出2000万元，完成预算的133.33%；科技支出764万元，完成预算的100.92%；企业挖潜改造支出300万元，完成预算的100.00%；城市维护费支出2070万元，完成预算的103.55%；专项支出3071万元，完成预算的105.14%。按照市对区的财政体制计算，2002年上缴中央、省、市共计90966万元，体制所得可用资金45870万元（含专项列收列支3071万元），加上年滚存净结余744万元，实际可用资金46614万元，全区地方财政一般预算安排支出45845万元，收支相抵，净结余769万元。按照市对区的财政体制计算，2002年区级当年可用资金40611万元，加上年滚存净结余355万元，实际可用资金40966万元，区级安排一般预算支出40673万元，收支相抵，净结余293万元。2002年区级地方财政一般预算收入63337万元，实际执行数66341万元，完成预算的104.74%，同比增长34.45%。主要项目完成情况：地方工商税收收入50314万元，完成预算的104.87%；农业四税收入368万元，完成预算的113.23%；企业收入8309万元，完成预算的106.04%；其他收入4545万元，完成预算的101%；专项收入2805万元，其中教育附加费收入1654万元，完成预算的106.78%；排污费收入1151万元，完成预算的100%。区五届人大五次会议及常委会第三十九次会议审议通过2002年区级地方财政一般预算支出38000万元，实际执行数40673万元，完成预算的107.03%，同比增长24%，其中：经常性支出29889万元，同比增长15.60%。主要项目完成情况：行政事业费支出32950万元，完成预算的107.61%；基本建设支出2000万元，完成预算的133.33%；科技支出718万元，完成预算的100.56%；企业挖潜改造支出300万元，完成预算的100.00%；城市维护费支出1900万元，完成预算的100%；专项支出2805万元。按照市对区的财政体制计算，2002年区级当年可用资金40611万元，加上年滚存净结余355万元，实际可用资金40966万元，区级安排一般预算支出40673万元，收支相抵，净结余293万元。

2003年，全区和区级财政预算安排如下：财政总收入154360万元，增长12.81%，其中：地方财政一般预算收入79975万元，同口径增长12.97%，增收9181万元。按市对区的财政体制测算，2003年全区地方财政可用资金预计（含列收列支）48824万元，上年滚存净结余769万元。全区地方财政当年总支出预算48915万元，增支3070万元，增长6.70%。2003年区级财政总收入145426万元，增长14.31%，其中区级地方财政一般预算收入74088万元，增长15.97%，增收10204万元。按市对区的财政体制测算，2003年区级地方财政可用资金预计（含列收列支）43962万元，上年滚存净结余293万元。区级地方财政当年支出预算43900万元，增支3227万元，增长7.93%，其中：经常性财政支出32567万元。

国民经济计划和财政预算审查委员会认为，2002年全区和区级预算执行情况是良好的。财政收入继续快速稳定增长，基本保证了改革、发展和稳定的需要，合理控制财政支出，确保了法定支出和重点支出，实现了收支平衡，略有结余。增加了农业投入，重点突出了水利设施等项目的建设；支持工业园区建设、创建文明城市和社区建设；加大对特殊群体的社会保障。2002年，在区政府及财税等有关部门的共同努力下，超额完成了预算任务，促进了全区经济及各项事业的发展。

国民经济计划和财政预算审查委员会认为，2003年全区和区级预算草案安排符合《中华人民共和国预算法》的规定，体现了中央经济工作会议和全国财政工作会议精神。预算收入保持了与经济发展相适应的增长速度，预算支出体现了调整结构、保证重点、厉行节约的要求。预算草案的安排是积极可行的。

会议经审查，通过决议，批准《关于2002年全区和区级预算执行情况及2003年全区和区级预算草案的报告》。

听取、审议常委会工作报告

第一次会议听取、审议区人大常委会主任章新民《区人大常委会工作报告》。报告指出，区五届人大常委会于1998年3月选举产生，五年来，召集人民代表大会5次，听取和审议“一府两院”工作报告30项次。举行常委会会议43次，听取和审议“一府两院”有关工作报告、汇报126项次，作出决议、决定36个；任命、决定任命国家机关工作人员185人次，免职、决定免职98人次；接待处理来信来访778件次。常委会主要工作如下：

一、发挥人大及其常委会在依法治区中的主导作用，努力推进依法治区进程。督促“一府两院”抓好“三五”、“四五”普法宣传教育，提高领导干部、执法人员的法制观念和依法行政、严格执法、公正司法的能力和水平。1998年，组织对“两院”114名法官、检察官的法律考试，效果显著。听取和审议区政府关于贯彻实施行政处罚法、落实行政执法责任制情况报告，指出意见和建议。加强对区人民法院民事审判工作和检察院民事行政监督工作的督查力度，促使冤假错案追究制逐步规范化和制度化。1999年、2001年分别组织区人大代表对区人民检察院、区公安分局开展司法和执法评议。对任命的农林水利局、民政局、教委、劳动局、环保局、文化局、经贸局（交通局）等7位局长（主任）进行述职评议，其余区政府组成人员也都向常委会进行了书面述职。2002年组织区人大代表围绕经济建设，应对入世措施；全国文明城市创建，社会事业发展；依法治区，政府自身建设3个方面重点，评议区政府工作。五年来，先后对《中华人民共和国法官法》《中华人民共和国检察官法》《消费者权益保障法》《中华人民共和国建筑法》《中华人民共和国环境保护法》《中华人民共和国科技进步法》《中华人民共和国义务教育法》《中华人民共和国妇女权益保障法》《中华人民共和国行政复议法》等21个法律法规的执行情况进行重点检查。

二、认真履行宪法和法律赋予的各项职责，促进鹿城经济社会协调发展。对计划、财政的监督，坚持程序性审查监督与实质性审查监督相结合，切实把握监督重点，努力拓宽监督范围。加大对财政周转金管理使用和回收的监督力度，回收率达89%，居全省第一。多次听取和审议区政府关于预算外资金管理情况的报告，逐步使之纳入法制化管理轨道。明晰企业产权，督促区政府要从区情出发，尊重历史事实，加强政策引导，兼顾各方利益，防止公有资产流失。锁定目标、跟踪监督，促使区政府在科技创先、教育创强工作按时顺利完成，推动科教兴区战略进一步实施。把加快社区建设步伐列为审议议题，要求区政府结合行政区域调整，进一步强化以经济建设为中心，城市管理为重点，社区建设为基础的工作指导思想，积极开展社区建设各项工作。督促区政府拆除仰义水库泄洪口游泳池、中国鞋都泄洪道规划红线内违章建房等违章建筑。对中国鞋都、炬光园区、西进城口等重点工程进行监督，促进工程建设顺利进展。加强对社会力量办学、校网调整、物业管理、建筑市场、电镀业和制革业的废水治理、农村标准堤塘建设、仰义小流域治理等工作的监督。

三、加强和改进代表工作，依法搞好换届选举。全区建立25个代表小组，组织代表开展闭会期间的各项活动。坚持和完善常委会组成人员分工联系代表小组，邀请代表列席常委会会议，重要情况向代表通报，走访代表等制度；加强与代表的联系，组织代表开展专题视察，重要执法活动邀请代表参加，丰富闭会期间的代表活动。在1998年组织人大代表评议检察院，2000年评议公安分局，2002年评议区政府工作的三次评议活动中，充分发挥了代表的作用。五年来，对议案进行认真审议，加大对代表建议的督办力度，共督办了965件建议，办理工作的面商率、解决率和满意率逐年提高。密切与乡镇人大的联系，邀请乡（镇）人大主席列席常委会会议，加强对乡（镇）人大主席的培训与工作指导。依法领导区六届人大代表的选举工作，同时切实加强了对乡（镇）人大换届选举的领导，保证了区六届人大代表和1998年、2001年2次乡（镇）人大换届选举工作的顺利进行。

四、以“三个代表”重要思想为指导，认真抓好常委会的自身建设。通过开展“三讲”教育、“三个代表”重要思想学习教育活动，深刻领会“三个代表”重要思想的科学内涵和重大意义，不断增强以“三个代表”重要思想统领人大各项工作，推进民主法制建设的自觉性。认真开展转变作风年和调查研究年活动，不断改进常委会的工作作风。积极开展与各友好区（市、县）人大常委会的工作联络、资料交流和学习研讨活动。建立并逐步完善各项工作制度，修正、通过了常委会会议制度，议事规则，任免本级国家机关工作人员办法；制订了常委会讨论、决定本区重大事项的规定，关于加强经济工作监督的决定，关于加强区级预算审查监督的决定，制定了常委会机关印章管理规定等5个机关工作制度，保证常委会更好地坚持民主集中制原则，按照法律、法规规定的职权和程序办事。发挥常委会各工作机构的作用，重视区人大机关的思想作风建设和机关干部的培养、使用，明确工作职责，提高了工作效率。

会议经审查，通过决议，批准《区人大常委会工作报告》。

听取、审议法院工作报告

第一次会议听取、审议区人民法院院长朱筱玫《区人民法院工作报告》。报告指出，1998年以来，区法院共办结刑事、民商事、行政、执行等各类案件40597件，比前五年上升112%。2002年共审结8126件，同比上升1.02%。五年来，共依法审结各类刑事案件6332件，判处犯罪分子9742人，其中，判处五年以上有期徒刑1900人，占判处总数的19.5%；2002年共依法审结刑事案件1487件，判处犯罪分子2181人。五年来，共审结农村基金会案件纠纷案件547件，收回基金会资金1435万元。五年来，共依法审结各类民商事案件20483件，解决诉讼标的13.2亿元，比前五年分别上升109%和322%；2002年共审结各类民商事案件3870件，解决争议标的金额2.92亿元。五年来，共依法审结行政案件907件，比前五年增长106%，占全市法院审结行政案件数的20.4%；2002年共审结456件，审结案件数居全省基层法院前列。五年来，执结各类案件12875件，比前五年增长了156%，执行标的额8.2亿元，执结率达97%；2002年共执结各类案件2313件，执行标的额0.84亿元，未结案数同比下降4.9%。五年来，共接待和处理群众来信来访28244人（次），实施司法救助案件1800余件，决定减交、缓交、免交诉讼费350余万元；于1999年11月创建了全国首家异地籍青少年犯帮教基地，走出了一条预防和减少未成年人犯罪的新路子，2001年被共青团中央和最高人民法院联合命名为全国优秀青少年维权单位。

会议经审查，通过决议，批准《区人民法院工作报告》。

听取、审议检察院工作报告

第一次会议听取、审议区人民检察院检察长孔璋《区人民检察院工作报告》。报告指出，区五届人大一次会议以来，区检察院共受理批捕案件5803件8994人，经审查批准和决定逮捕5336件8248人；受理起诉案件6552件10108人，经审查依法提起公诉6198件9482人。其中流氓恶势力和黑社会性质犯罪、严重暴力犯罪、严重影响群众安全感的抢劫、抢夺、盗窃等多发性犯罪案件3302件5436人，起诉3420件5525人；批捕涉毒犯罪案件757件1035人，起诉1032件1410人；批捕破坏社会主义市场经济秩序的犯罪案件100件155人，起诉164件273人。决定不捕458件730人，占批捕案件总数的7.9%，不诉62件85人，占审查起诉案件总数的1.0%，增捕116人，增诉28人，避免了错捕赔偿案件的发生，起诉案件有罪判决率达99.99%。受理来信来访1179件次，受理并办结刑事申诉37件。受理贪污贿赂、渎职等职务罪案线索341件，立案查处115件。其中贪污贿赂案件99件，涉案的科（局）级干部41人（其中县处级干部5人）；共查办党政领导机关、行政执法机关、司法机关、经济管理部门和金融保险系统的热点案件49件，占立案数的42.6%。挪用公款案件5件，国家机关工作人员渎职“侵权”案件11件；为国家挽回经济损失1515余万元，立案数居全市检察机关首位，内含五万元以上重特大贪污贿赂案件62件，占贪污贿赂两类案件的62.6%。立案查处行贿案件14件；立案监督刑事案件45件70人，并做好跟踪监督工作，及时督促公安机关进行查处，立案监督的案件已起诉31件46人，判决27件42人，其中被判处5年以上有期徒刑的15人，10年以上有期徒刑的4人。提出刑事抗诉33件59人，得到改判18件。五年受理民事行政申诉案件207件，立案76件，提请抗诉和建议提请抗诉68件，再审已改判9件。审查纠正呈报减刑、假释、暂予监外执行不当78人，督促纠正超期羁押374人次，先后建议收监执行7人，监外执行罪犯按期接受监管率保持在90%以上。

会议经审查，通过决议，批准《区人民检察院工作报告》。

第二次会议

听取、审议政府工作报告

第二次会议听取、审议鹿城区区长王超俊《政府工作报告》。报告指出，2003年，全区实现生产总值158.2亿元，增长13.5%；财政总收入17.02亿元，增长24.4%，其中地方财政收入8.5亿元，增长20.7%；城镇居民人均可支配收入和农民人均纯收入为16035元和6991元，分别增长9.9%和7.2%。第三产业出现许多亮点，旅游、物流、房地产、通信、中介和社区服务等各类服务业快速发展，完成第三产业增加值73.9亿元，增长13.1%。电子商务、连锁经营、物流配送等现代流通方式和服务业态拓展迅速，消费势头增长强劲，全区社会消费品零售总额达到169.8亿元，增长11.5%。房地产业完成投资额12.1亿元。实现工业总产值367.9亿元，增长14.8%。建筑业产值10.6亿元，增长12.8%。完成外贸进出口总额5.1亿美元，增长42.2%，其中外贸出口4.44亿美元，增长38.3%。新批外商投资企业28家，合同利用外资2897万美元，增长141.4%，是过去三年的总和；实际利用外资1783万美元，增长76.1%，创历史最高水平。新设立境外企业8家，累计28家，带动出口2253万美元。重点建设项目扎实推进，完成9780多亩的征地任务。8990人享受最低生活保障，1490户家庭落实了经济适用住房。

报告指出，2004年，全区经济和社会发展的主要预期调控目标为：全区生产总值增长12%以上；工业总产值增长12%以上；社会消费品零售总额增长11.5%以上；外贸出口增长15%以上；财政总收入增长12.8%以上；城镇居民人均可支配收入增长8%以上，农村居民人均纯收入增长7%以上；城镇失业登记率控制在4.5%以内；人口自然增长率控制在4.45‰以内。围绕上述总体要求和目标，主要做好以下六方面工作：一、倾注精力培育新的经济增长点，增强发展后劲。二、坚持城乡统筹，推进农村经济社会发展。三、大力推进改革开放，增强经济发展的活力。四、以文明城市创建为重点，全力打造城市形象品牌。五、协调经济和社会发展，促进社会全面进步。六、求真务实，全面加强政府自身建设。

会议经审查，通过决议，批准《政府工作报告》。

审查、批准国民经济和社会发展计划

第二次会议审查、批准区发展计划局局长林瑞荣《关于温州市鹿城区2003年国民经济和社会发展计划执行情况及2004年国民经济和社会发展计划草案的报告》。报告指出，2003年，实现全区生产总值158.2亿元，增长13.5%，完成年计划101.4%，其中一产增加

值0.8亿元，与上年基本持平，二产增加值83.5亿元，增长14.0%，完成年计划101.5%，三产增加值73.9亿元，增长13.1%，完成年计划101.4%；工业总产值367.9亿元，增长14.8%，完成年计划102.5%；社会消费品零售总额169.8亿元，增长11.5%，完成年计划99.5%；社会服务业营业额31.2亿元，增长23.8%，完成年计划110.2%；外贸出口额4.4亿美元，增长38.3%，完成年计划117.5%；财政总收入17.02亿元，增长24.4%，完成年计划109.0%，其中，地方财政收入8.5亿元，增长20.7%，完成年计划104.5%；城镇居民人均可支配收入16035元，增长9.9%，完成年计划102.4%；农村居民人均纯收入6991元，增长7.2%，完成年计划101.1%；城镇失业登记率2.1%，比计划要求低0.9%；人口自然增长率为4.38‰，比计划要求低0.2‰。各项计划执行良好，预期目标顺利实现。

表2—18　　2002年鹿城区国民经济和社会发展主要指标计划执行情况

主要指标	计量单位	2003年计划		2003年完成数		比上年增长%
		绝对值	增长率	实绩	增长率	
一、全区生产总值	亿元	156	12.0	158.16	13.5	12.0
二、其中：一产增加值	亿元	0.8	与上年持平	0.83	与上年莲本持平	与上年基本持平
二产增加值	亿元	82.3	11.7	83.40	14.0	11.8
三产增加值	亿元	72.9	12.5	73.93	13.0	12.3
三、工业总产值	亿元	359	12.0	367.96	14.8	12.0
四、社会消费品零售总额	亿元	170.6	12.0	169.83	11.5	11.5
五、服务业营业额	亿元	28.35	12.5	31.23	23.8	
六、外贸出口额	亿美元	3.78	18.0	4.44	38.3	15.0
七、财政总收入	亿元	15.4	12.8	17.02	24.4	12.8
其中：地方财政收入	亿元	8	12.9	8.55	20.7	11.0
八、城镇居民人均可支配收入	元	15660	8.0	16035	9.9	8.0
九、农民人均纯收入	元	6912	6.0	6991	7.2	7.0
十、城镇失业登记率	——	——	3.0%以下	2.1%	——	——
十一、人口自然增长率	——	——	4.58‰以下	4.38‰	——	——

报告指出，2004年，全区经济和社会发展各项指标为：生产总值增长12%以上，达到或超过177.14亿元，其中，一产增加值0.83亿元，与上年持平；二产增加值93.27亿元，增长11.8%；三产增加值83.04亿元，增长12.3%；财政总收入增长12.8%以上，达到或超过19.2亿元，其中，地方财政收入增长11%以上，达到或超过9.49亿元；工业总产值增长12%以上，达到或超过412.12亿元；社会消费品零售总额增长11.5%以上，达到或超过189.36亿元；外贸出口额增长15%以上，达到或超过5.11亿美元；城镇居民年人均可支配收入增长8%以上，达到或超过17318元；农村居民年人均纯收入增长7%以上，达到或超过7480元；城镇失业登记率控制在4.5%以下；人口自然增长率控制在4.45‰以下。为实现上述预期目标，要着重抓好以下五方面工作：（一）统筹产业合理发展，加快优化经济结构。（二）统筹城乡协调发展，推进农村城市化进程。（三）统筹区域共同发展，加快工业园区和城镇建设。（四）统筹内外经济统一发展，扩大开放型经济规模。（五）统筹经济社会全面发展，促进人与自然和谐共存。

会议经审查，通过决议，批准区人民政府提出的2004年国民经济和社会发展计划，批准《关于温州市鹿城区2003年国民经济和社会发展计划执行情况及2004年国民经济和社会发展计划草案的报告》。

审查、批准财政预算和决算

第二次会议审查、批准区财政局局长吴宁《关于温州市鹿城区2003年全区和区级预算执行情况及2004年全区和区级预算草案的报告》。报告指出，2003年，全区实现财政总收入170192万元，完成预算的108.96%，同比增长24.38%，其中：全区一般地方财政收入85454万元，完成预算的104.45%，同比增长20.71%。全区财政一般预算支出52200万元，完成预算的104.89%，同比增长13.86%。区六届人大一次会议及常委会第六次会议审议通过的2003年区级地方财政一般预算收入75923万元，实际执行数79204万元，完成预算的104.32%，同比增长23.98%。区级地方财政一般预算支出44750万元，实际执行数47003万元，完成预算的105.03%，同比增长15.56%，其中：经常性支出34030万元，同比增长13.85%。全年财政收入稳步增长，支出结构不断优化，超额完成了区人大通过的预算任务。

由于2003年市对区财力决算尚在进行中，区级财政最后平衡结果待决算编审完成后再向区人大常委会专题报告。

表2—19　　2003年鹿城区地方财政收入执行情况

项目	2003年决算		2003年调整预算		完成预算（%）	
	全区	本级	全区	本级	全区	本级
一般地方收入	85454	79204	81810	75923	104.45	104.32
（一）地方工商税收收入	64031	59808	62335	58368	102.72	102.47
（二）农业四税收入	1464	1435	1155	1085	126.75	132.26
（三）企业收入	9971	8214	9100	7550	109.57	108.79
（四）其他收入	6000	6000	5500	5500	109.09	109.09
（五）教育费附加收入	2194	1953	2170	1870	101.11	104.44
（六）排污费收入	1794	1794	1550	1550	115.74	115.74

表2—20　　2003年鹿城区地方财政当年支出执行情况

项目	2003年执行数		2003年预算数		完成预算（%）		备注
	全区	本级	全区	本级	企区	本级	
（一）行政事业费支出	42756	37971	41539	37084	102.93	102.39	——
1. 农业支出	——	327	——	310	——	105.48	——
2. 林业支山	——	227	——	215	——	105.58	——
3. 水利和气象支出	——	910	——	865	——	105.20	——
4. 工交等部门事业费支出	——	245	——	245	——	100.00	——
5. 文体广播事业费支山	——	700	——	700	——	100.00	——
6. 教育事业费支出	——	10263	——	10000	——	102.63	——

续表 2—20 2003 年鹿城区地方财政当年支出执行情况

项目	2003 年执行数		2003 年预算数		完成预算（%）		备注
	全区	本级	全区	本级	企区	本级	
7. 从他部门事业费支山	——	1440	——	1440	——	100.00	——
8. 抚恤和社会救济事业费支出	——	1417	——	1417	——	100.00	——
9. 行政管理费支出	——	5000	——	5000	——	100.00	——
10. 公检法支出	——	5201	——	5200	——	100.02	——
11. 其他支出	——	6906	——	6542	——	105.56	——
12. 外交外事支出	——	60	——	60	——	100.00	——
13. 医疗生支出	——	4035	——	3850	——	104.81	——
14. 行事离退休经费支出	——	1140	——	1140	——	100.00	——
15. 社会保障支出	——	100	——	100	——	100.00	——
（一）企业挖潜改造支出	300	300	300	300	100.00	100.00	——
（三）科技支出	946	885	901	846	104.99	104.61	本级科技支出占本级经常支出 2.60%
（四）城市维护费支出	2210	2100	2193	2100	100.78	100.00	——
（五）基本建设支出	2000	2000	1000	1000	200.00	200.00	——
（六）教育费附加支出	2194	1953	2170	1870	101.11	104.44	——
（七）排污费支出	1794	1794	1550	1550	115.74	115.74	——
（八）预备费	——	——	112	——	——	——	——
合计	52200	47003	49765	44750	104.89	105.03	——

2004 年，全区和区级财政预算安排如下：区财政总收入 191980 万元，增长 12.80%，其中：地方财政一般预算收入 94850 万元，增长 11.00%，增收 9396 万元。按现行分税制财政体制测算，预计 2004 年当年全区地方财政可用资金为 57087 万元。2004 年全区地方财政当年总支出预算安排 56900 万元，增长 9.00%，增支 4700 万元。2004 年安排区本级财政总收入 181440 万元，增长 13.03%，其中区本级地方财政一般预算收入 88080 万元，增长 11.21%，增收 8876 万元。按现行分税制财政体制测算，预计 2004 年当年区本级地方财政可用资金为 51926 万元。2004 年区本级地方财政当年支出预算安排 51570 万元，增长 9.72%，增支 4567 万元，其中经常性支出 39180 万元。

国民经济计划和财政预算审查委员会认为，2003 年区政府及财税部门认真贯彻执行积极的财政政策及区六届人大一次会议的各项决议，努力增收节支，加强调控力度，强化税收征管，财政收入继续保持稳定增长，财政支出基本保证了改革、发展和稳定的需要，不但实现了收支平衡，略有结余，还超额完成了预算任务。

国民经济计划和财政预算审查委员会认为，2004 年全区和区级预算草案安排体现了中央经济工作会议和全国财政工作会议精神。预算收入保持了与经济发展相适应的增长速度，预算支出体现了“一要吃饭、二要建设、三要有所积累、四要增强宏观调控”的原则及保证重点支出和公共财政保障的要求，预算草案的安排积极可行。

会议经审查，并根据预算审查委员会的审查报告，批准《关于温州市鹿城区 2003 年全区和区级预算执行情况及 2004 年全区和区级预算草案的报告》。

听取、审议常委会工作报告

第二次会议听取、审议区人大常委会主任章新民《区人大常委会工作报告》。报告指出，过去的一年，常委会共举行7次会议，听取审议20项“一府两院”工作报告，作出了4项决议、5项决定，检查了6部法律法规的实施情况，并对多项法律法规的执行情况进行调研，任免了34名国家机关工作人员，各项工作在以往的基础上都有了新的成绩、新的进展，发挥了地方权力机关在全区改革开放和现代化建设事业中的重要作用。常委会主要工作如下：

一、切实加强法律监督，推进法律法规的贯彻实施。一是加强对依法治区工作的指导。听取了区普法办关于前一轮依法治区情况的总结和鹿城区2002—2006年依法治区规划制定情况说明，对2002—2006年依法治区规划进行了审议并作出了《关于加快推进依法治区进程的决议》。二是突出重点开展执法检查。开展《中华人民共和国未成年人保护法》《中华人民共和国预防未成年人犯罪法》执法检查，维护未成年人的合法权益；开展《中华人民共和国劳动法》执法检查，保护劳动者的合法权益；开展《中华人民共和国中小企业促进法》执法检查，促进中小企业发展。还对《中华人民共和国科学技术普及法》《中华人民共和国环境保护法》等法律法规开展执法检查和调研。三是认真做好信访工作。认真受理各类控告申诉案件216件，抓好重点信访件的督办。

二、加大工作监督力度，进一步增强监督实效。一是围绕经济建设中心，加强工作监督。分别听取和审议了2003年1—9月份国民经济和社会发展计划执行情况的报告、2003年1—9月份财政预算执行情况及年度预算调整意见的报告，对2003年本级预算作出部分调整的决定；听取审计部门的审计报告，作出了关于批准2002年区本级财政决算的决定；强化对财政性资金的监督，专题听取和审议了2002年预算外资金执行情况及2003年预算外资金收支计划安排的报告；及时了解全区经济运行动态，听取区发展计划局、经贸局、农林水利局对全区上半年经济运行情况的汇报。加强对工业园区、汇昌河水上公园、水利建设等重点工程的监督，并对建设中遇到的困难和问题给予协调和大力的支持。二是围绕政府重点工作，加强工作监督。依法增加了对防治非典工作监督的议题，专题听取和审议了区政府关于非典型肺炎防治工作汇报。多次组织人员深入一线视察并慰问了医务人员，对非典专项经费的到位和管理使用以及全区公共卫生机制的建立健全等情况进行跟踪监督。三是围绕社会热点问题，加强工作监督。把区六届人大一次会议代表提出《关于农村集体资产产权制度改革的议案》列入审议议题，先后听取和审议了区政府关于《农村集体资产产权制度改革的议案》办理方案与办理情况报告。

三、增强代表职务意识，充分发挥代表作用。一是积极开展代表活动。将区人大代表进行分组，建立健全常委会组成人员联系基层代表制度，常委会、各工委联系代表小组制度，坚持每季度代表小组活动等制度。举办了3期法律知识讲座，开展了以《中华人民共和国选举法》《中华人民共和国全国人民代表大会和地方各级人民代表大会代表法》等内容的法律知识竞赛活动。组织代表开展各项执法检查、视察活动。重点对机关“效能革命”、省级文明城市创建等活动进行明察暗访。配合市人大常委会开展了省人大代表评议省工商行政管理局行政执法工作活动。二是切实做好代表议案、建议督办工作。六届一次代表大会共收到议案125件，意见、建议128件。对代表议案、建议及时进行梳理，将议案内容相近的9件议案合并为2件，列入常委会审议议题，116件议案依法转为代表建议，连同代表建议128件，共为244件。有77件建议因超越职权范围，转交上级机关研究处理。交本区有关机关办理的为167件，其中3件交常委会办理，161件交区政府办理，3件交区人民法院办理。在法定时间内办理完毕的有166件，收回代表反馈意见表131份，占78.9%。其中，满意和基本满意的129件，占反馈意见数的98.4%。三是关注重点议案的办理。采取多种形式组织市、区人大代表对重点议案《关于要求尽快落实成浦江河口大闸枢纽工程建设资金的议案》的办理情况进行视察检查，召开代表座谈会，听取代表对议案办理情况的意见和建议。听取和审议了区政府《关于逐步建立街道财政保障体制的议案》办理方案和办理情况报告报，在很大程度上解决了街道经费紧张的实际困难。

四、适应形势和任务要求，努力加强人大常委会及机关的自身建设。一是加强理论和业务学习，建立常委会理论和法律学习制度，针对会议的审议议题，将学习《中华人民共和国劳动法》等6部相关法律法规列入了常委会的会议内容。机关干部则以机关政治学习和党支部的学习为载体，特别结合全市开展的“效能革命”组织机关人员进行讨论，使机关的工作质量和服务水平得到了进一步的增强。二是加强调查研究和理论研讨，常委会不仅针对审议议题组织会前的视察调查，还开展了《中华人民共和国村民委员会组织法》、贯彻落实浙江省《关于加强基层文化建设的若干意见》《中华人民共和国民办教育促进法》等多项课题的调研活动；加强与兄弟城区的工作联络与经验交流，积极组织材料参加全国部分城区人大工作研讨会，成功承办了全国十三城区人大工作研讨会第五次会议。三是重视人大干部队伍建设。常委会对各工委、办公室进行了岗位调整和岗位培训，及时指导乡（镇）人大依法有序开好人代会，在南郊、双潮、上成等乡（镇）召开乡（镇）人大主席团联席会议。

会议经审查，通过决议，批准《区人大常委会工作报告》。

听取、审议法院工作报告

第二次会议听取、审议区人民法院院长朱筱玫《区人民法院工作报告》。报告指出，2003年，区法院共受理各类案件8290件，同比上升5.55%；共审（执）结各类案件8295件，同比上升2.08%；未结案877件，同比下降0.57%，呈现了“两升一降”的良好态势。全年共审结各类刑事案件1368件，判处罪犯1866人，审结率达98.8%，无超期羁押案件。全年共审结毒品罪犯案件203件，判处罪犯235人。全年共依法审结抢劫、爆炸等暴力犯罪案件和抢夺、盗窃等影响群众生命财产安全的多发性犯罪案件644件，判处罪犯963人；判处贪污、受贿等职务犯罪30人，同比上升30%；依法审结未成年人犯罪案件112件，判处罪犯127人，其中宣告缓刑14人。帮教基地设点企业发展到10家，帮教对象增加到20人，成功完成帮教12人。全年共审结各类民事案件3252件，审结率为

85.3%；审结行政纠纷案件218件，审结率达96%；审查和执结行政非诉执行案件1646件。全年共办结再审案件28件。全年共接待群众来信来访2455人次。对当事人确有经济困难的361个案件减免缓交诉讼费71.5万元。全年共执结各类（含行政非诉执行）案件3429件，同比提高48.96%，未结案数下降27.3%，执行标的总金额8082万余元，执结率达94.2%。

会议经审查，通过决议，批准《区人民法院工作报告》。

听取、审议检察院工作报告

第二次会议听取、审议区人民检察院检察长孔璋《区人民检察院工作报告》。报告指出，2003年，区检察院共受理批捕案件1384件2008人，比上年上升6.4%和10.6%，经审查批准和决定逮捕1306件1899人；受理起诉案件1504件2175人，比上年上升0.8%和3.6%，经审查依法提起公诉1357件1886人。其中，批捕黑恶势力犯罪、严重暴力犯罪、毒品犯罪和抢劫、抢夺、重大盗窃等多发性犯罪1142件1640人，起诉932件1531人；批捕偷税骗税、金融诈骗、制售假币等破坏社会主义市场经济秩序的犯罪29件33人，起诉48件63人；批捕蓄意闹事的首要分子7人，起诉6人；先后对70余件刑事案件在侦查阶段主动提前介入，不捕退查34件49人，审查起诉阶段退回补充侦查204件354人；依法适用简易程序和被告人认罪案件简便审程序641件和93件。全年未出现错捕赔偿案件，提起公诉的案件除1件一审判无罪经抗诉已发回重审外，均得到法院支持，作有罪判决。受理来信来访167件次，其中集体访3件，受理并办结刑事申诉2件。批捕未成年犯罪嫌疑人121人，起诉103人，不批捕10人，不起诉5人。受理贪污贿赂、渎职等职务罪案线索46件，立案查处35件，其中贪污贿赂案件32件（内含大要案25件，占立案总数的78.5%，涉及电力、房地产、规划、旧城改造、港务等行业和领域的贿赂窝串案31件；特大案件13件，“三机关一部门”的热点案件5件，涉案的科级干部6人，副县级1人），玩忽职守3件，为国家挽回经济损失300余万元。立案监督刑事案件20件23人，立案监督的案件已批捕6件6人，起诉9件11人，判决10件13人，均判处了有期徒刑以上刑罚。督促纠正超期羁押67人次，决定不捕74件102人，不诉12件22人，增捕20人，增诉1人，改变定性42件，增加罪名7件，建议公安机关撤销案件20件20人，并发出纠正违法通知书、检察建议等书面意见48份。提出刑事抗诉6件6人，法院已改判3件，发回重审1件。共受理民事行政申诉案件52件，立案22件，提请或建议提请抗诉29件，法院已改判5件，并积极拓展民行检察新途径，成功办理1件支持民事起诉案件，获法院判决支持，挽回国有资产流失55.8万元；审查中发现1起妨害作证案件，移送公安机关立案查处。共发现并纠正在押人员收押、释放、提讯、押解、接见等环节的各类违法情况49件，审查纠正呈报减刑、假释不当20人次，接待监外执行罪犯1000余人次，建议执行机关落实监管措施100余人次，经建议撤销缓刑收监执行1人，使监外执行罪犯按期接受监管率达90%以上，监外执行罪犯再犯罪率仅为0.3%。

会议经审查，通过决议，批准《区人民检察院工作报告》。

第三次会议

听取、审议政府工作报告

第三次会议听取、审议鹿城区区长王超俊《政府工作报告》。报告指出，2004年，区政府较好地完成区六届人大二次会议确定的目标任务，保持了经济持续快速发展和社会全面进步。全年实现生产总值180.25亿元，比上年增长11.0%；财政总收入18.60亿元，增长9.3%，其中地方财政收入9.2亿元，增长7.2%（原口径）；全社会固定资产投资33.71亿元，增长3.5%。第三产业稳步增长，实现三产增加值85.87亿元，增长12.9%。全社会消费品零售总额189.84亿元，增长11.8%。商贸企业销售收入超亿元的有31家，其中超5亿元的有7家。完成房地产投资额15.01亿元，增长24%。实现工业总产值408.1亿元，增长11.1%；规模以上工业占全部工业的比重为51.8%。实现农村总收入196.9亿元，增长8.6%。实现外贸进出口总额7.51亿美元，增长47.5%，其中出口总额6.56亿美元，增长49.1%。合同利用外资5721万美元，增长97.5%；实际利用外资2444万美元，增长37.1%。英国布鲁金眼镜企业研发中心落户鹿城。新设立境外投资企业15家，全区累计有61家境外企业开展进出口业务，带动国内商品出口1.97亿美元。全区城镇居民人均可支配收入17727元，农村居民人均纯收入7469元，分别增长10.6%和7.7%。

报告指出，2005年，全区经济和社会发展的主要预期目标为：全区生产总值增长11.5%以上；工业总产值增长11.0%以上；社会消费品零售总额增长12.0%以上；外贸出口增长20.0%以上；全社会固定资产投资额增长15.0%；财政总收入增长11.0%以上；城镇居民人均可支配收入增长8.0%以上，农村居民人均纯收入增长7.0%以上；城镇失业登记率控制在4.5%以内；人口自然增长率控制在4.3‰以内。为完成上述目标，主要做好以下七方面工作：一、加速产业结构调整，切实促进经济增长方式的转变。二、进一步扩大对外开放，实现开放型经济发展新突破。三、加快推进重点工程建设，不断增强经济发展后劲。四、深化文明城市创建，努力提升城市形象和品位。五、加大统筹协调力度，全面推进区域经济社会和谐发展。六、做好增收减支工作，切实为经济社会发展提供财力保障。七、加强行政能力建设，努力开创政府工作新局面。

会议经审查，通过决议，批准《政府工作报告》。

审查、批准国民经济和社会发展计划

第三次会议听取、审议区发展计划局局长林瑞荣《关于温州市鹿城区2004年国民经济和社会发展计划执行情况及2005年国民经济和社会发展计划草案的报告》。报告指出，2004年，实现生产总值180.25亿元，增长11.0%，完成年计划101.8%。其中，一产增加值0.81亿元，与上年基本持平，二产增加值93.57亿元，增长9.4%，完成年计划100.3%，三产增加值85.87亿元，增长12.9%，完成年计划103.4%；实现工业总产值408.10亿元，增长11.1%，完成年计划99.0%；全社会消费品零售总额189.84亿元，增长11.8%，完成年计划

100.3%；外贸出口额6.56亿美元，增长49.1%，完成年计划128.4%；财政总收入18.60亿元，增长9.29%，完成调整后的年计划103.1%，其中地方财政收入9.16亿元，增长7.23%，完成调整后的年计划101.0%；城镇居民人均可支配收入17727元，增长10.6%，完成年计划102.4%；农民人均纯收入7469元，增长7.7%，完成年计划100%；城镇失业登记率为1.9%；人口自然增长率2.9‰。计划执行情况总体较好。

表2—21　　2004年鹿城区国民经济和社会发展主要指标计划执行情况

主要指标	计量单位	2004年计划		2004年完成数	
		绝对值	比上年增长%	实绩	增长率
一、全区生产总值	亿元	177.14	12.0	176.00	11.0
二、其中：一产增加值	亿元	0.83	与上年基本持平	0.81	与上年基本持平
二产增加值	亿元	93.27	11.8	93.57	9.4
三产增加值	亿元	83.04	12.3	85.87	12.9
三、工业总产值	亿元	412.12	12.0	408.10	11.1
四、社会消费品零售总额	亿元	189.36	11.5	189.84	11.8
五、全社会固定资产投资	亿元	——	——	33.71	3.5
六、部分第三产业（社会服务业）	亿元	——	——	22.25	——
七、外贸出口额	亿美元	5.11	15.0（市下达18.0）	6.56	49.1
八、财政总收入	亿元	18.04	6.00	18.60	9.29
其中：地方财政收入	亿元	9.07	6.16	9.16	7.23
九、城镇居民人均可支配收入	元	17318	8.0	17728	8.0
十、农民人均纯收入	元	7480	7.0	7479	7.0
十一、城镇失业登记率	——	4.5%以下	——	1.9%	——
十二、人口自然增长率	——	4.45‰以下		2.9‰	——

报告指出，2005年是“十五”计划的最后一年，是实现“十五”目标和衔接“十一五”规划至关重要的一年。全区经济社会发展预期目标为：生产总值增长11.5%，工业总产值增长11.0%，社会消费品零售总额增长12.0%，部分第三产业（社会服务业）增长12.0%，外贸出口额增长20.0%，全社会固定资产投资增长15%，财政总收入增长11.0%，其中，地方财政收入增长10.3%，城镇居民人均可支配收入增长8%，农民人均纯收入增长7%，城镇失业登记率控制在4.5%以下，人口自然增长率控制在4.31‰以下。为实现上述目标，着重抓好以下四方面工作：一要以管理方式方法创新为关键，克服管理体制不适应的弊端；二要以“优二强三”为战略，增强区域经济竞争力；三要以培育现代服务业为重点，做大做强第三产业；四要以文明城区创建为载体，推进社会各项事业发展。

会议经审查，通过决议，批准区人民政府提出的2005年国民经济和社会发展计划，批准《关于温州市鹿城区2004年国民经济和社会发展计划执行情况及2005年国民经济和社会发展计划草案的报告》。

审查、批准财政预算和决算

第三次会议审查、批准区财政局局长吴宁《关于温州市鹿城区2004年全区和区级预算执行情况及2005年全区和区级预算草案的报告》。报告指出，2004年，全区实现财政总收入186004万元，完成预算的103.11%，同比增长9.29%（剔除出口退税、利息税上划48526万元，全区财政总收入137478万元），其中：全区地方财政收入91629万元，完成预算的101.00%，同比增长7.23%（剔除出口退税、利息税上划11976万元，全区地方财政收入79653万元）。全区地方财政当年支出51051万元，完成预算的101.43%，同比下降2.20%。区六届人大二次会议及常委会第十三次会议审议通过的2004年区本级财政总收入169860万元，实际执行数174845万元，完成预算的102.93%，同比增长8.92%（剔除出口退税、利息税上划48526万元，区级财政总收入126319万元），其中：区本级地方财政收入84058万元，完成预算的100.13%，同比增长6.13%（剔除出口退税、利息税上划11976万元，区本级地方财政收入72082万元）。区本级地方财政当年支出45114万元，完成预算的100.25%，同比下降4.02%。

由于2004年市对区财力决算尚在办理中，区级财政最后收支结果待决算编审完成后再向区人大常委会专题报告。

表2—22　　2004年鹿城区地方财政收入执行情况

项　目	2004年执行数（万元）		2004年调整预算（万元）		完成预算（%）		增减（%）	
	全　区	本　级	全　区	本　级	全　区	本　级	全　区	本　级
一、地方财政收入	91629	84058	90720	83950	101.00	100.13	7.23	6.13
1. 地方工商税收收入	83004	75852	83050	76540	99.94	99.10	9.58	8.16
增值税25%	22056	22056	21345	21345	103.33	103.33	5.33	5.33
营业税	25490	21500	24450	21425	104.25	100.35	0.27	-4.82
城建税	6603	6603	6530	6530	101.12	101.12	16.27	16.27
企业所得税40%	12842	11164	11666	9746	110.08	114.55	28.79	35.91
个人所得税40%	5522	4808	4996	4403	110.53	109.20	19.71	17.47
其他各税	10491	9721	14063	13091	74.60	74.26	42.19	49.34
2. 农业四税收入	2402	2402	950	950	252.84	252.84	64.07	67.39
3. 其他收入	2230	2230	3000	3000	74.33	74.33	-62.83	-62.83
4. 教育附加费收入	2657	2238	2520	2260	105.44	99.03	21.10	14.59
5. 排污费收入	1336	1336	1200	1200	111.33	111.33	-25.53	-25.53
二、考虑因素	——	——	——	——	——	——	——	——
利息税上划、出口退税	11976	11976	11342	11342	——	——	——	——
三、考虑出口退税等因素后地方财政收入	79653	72082	79378	72608	100.35	99.28	-6.79	-8.99

表2—23　　2004年鹿城区地方财政当年支出执行情况

项　目	2004年执行数万元）		2004年调整预算万元）		完成预算（%）		增减（%）	
	全　区	本　级	全　区	本　级	全　区	本　级	全　区	本　级
（一）行政事业费支出	42620	37250	42075	37250	101.30	100.00	-0.32	-1.90
1. 农业支出	847	600	837	600	101.19	100.00	54.28	83.49
2. 林业支出	335	275	330	275	101.52	100.00	20.07	22.22
3. 水利和气象支出	580	530	580	530	100.00	100.00	-39.52	-41.76
4. 工交等部门事业费支出	292	240	292	240	100.00	100.00	5.04	-2.04
5. 文体广播事业费支出	879	680	873	680	100.69	100.00	-2.33	-2.86
6. 教育事业费支出	12791	10040	12442	10040	102.81	100.00	1.86	-2.70
7. 其他部门事业费支出	1420	1405	1420	1405	100.00	100.00	-2.14	-2.43

续表 2—23　　2004 年鹿城区地方财政当年支出执行情况

项　目	2004年执行数万元）		2004年调整预算万元）		完成预算（%）		增减（%）	
	全　区	本　级	全　区	本　级	全　区	本　级	全　区	本　级
8. 抚恤和社会救济事业费支出	1829	1500	1829	1500	100.00	100.00	5.05	5.86
9. 行政管理费支出	6062	4860	5962	4860	101.68	100.00	0.79	-2.80
10. 公检法支出	5003	5000	5002	5000	100.02	100.00	-3.81	-3.86
11. 其他支出	6912	6630	6850	6630	100.91	100.00	-4.39	-4.00
12. 外交外事支出	60	60	60	60	100.00	100.00	——	——
13. 医疗卫生支出	4060	3880	4048	3880	100.30	100.00	-3.36	-3.84
14. 行事离退休经费支出	1250	1250	1250	1250	100.00	100.00	9.65	9.65
15. 社会保障支出	300	300	300	300	100.00	100.00	200.00	200.00
（二）企业挖潜改造支出	300	300	300	300	100.00	100.00	——	——
（三）科技支出	1107	1030	1107	1030	100.00	100.00	17.02	16.38
（四）城市维护费支出	1731	1660	1710	1660	101.23	100.00	-21.67	-20.95
（五）基本建设支出	1300	1300	1300	1300	100.00	100.00	-35.00	-35.00
（六）教育附加费支出	2657	2238	2520	2260	105.44	99.03	21.10	14.59
（七）排污费支出	1336	1336	1200	1200	111.33	111.33	—25.53	—25.53
（八）预备费			118					
合　计	51051	45114	50330	45000	101.43	100.25	—2.20	—4.02

2005 年，全区和区级财政预算安排如下：财政总收入 206460 万元，同比增长 11.00%（考虑出口退税、利息税上划因素后，全区财政总收入 121760 万元），其中：全区地方财政收入 101090 万元，同比增长 10.33%（考虑出口退税、利息税上划因素后，全区地方财政收入 79810 万元）。按现行分税制财政体制测算，预计当年全区地方财政可用资金为 45817 万元，安排当年全区地方财政支出 45640 万元，同比下降 10.60%。2005 年安排区本级财政总收入 193860 万元，同比增长 10.88%（考虑出口退税、利息税上划因素后，区本级财政总收入 109160 万元），其中：区本级地方财政收入 92330 万元，同比增长 9.84%（考虑出口退税、利息税上划因素后，区本级地方财政收入 71050 万元）。按现行分税制财政体制测算，预计当年区本级地方财政可用资金为 39699 万元，安排区本级当年地方财政支出 39600 万元，同比下降 12.22%。

国民经济计划和财政预算审查委员会认为，2004 年区政府及财税部门以邓小平理论和“三个代表”重要思想为指导，认真落实科学发展观，积极贯彻执行区六届人大二次会议的各项决议和常委会十三次会议审议意见。努力增收节支，加强调控力度，强化税收征管，财政收入继续保持平稳增长，财政支出基本保证了改革、发展和稳定的需要，确保了法定支出和各项事业的发展。预算执行情况是好的，财政工作是有成效的。

国民经济计划和财政预算审查委员会认为，2005 年全区和区本级预算草案安排体现了中央经济工作会议和全国财政工作会议精神，积极可行。

会议经审查，并根据预算审查委员会的审查报告，批准《关于温州市鹿城区 2004 年全区和区级预算执行情况及 2005 年全区和区级预算草案的报告》。

听取、审议常委会工作报告

第三次会议听取、审议区人大常委会主任章新民《区人大常委会工作报告》。报告指出，区六届人大二次会议以来，常委会围绕“五个鹿城”奋斗目标，认真履行宪法和法律赋予的职责，充分发挥地方国家权力机关的职能作用，不断推进依法治区进程，努力开创人大工作的新局面。常委会主要工作如下：

一、切实加强法律监督，大力推进依法治区。围绕公正司法、文明执法，加强司法监督。对《中华人民共和国刑事诉讼法》贯彻实施情况进行执法检查；检查了全区对《中华人民共和国行政许可法》实施准备情况和宣传学习情况；对公、检、法、司机关贯彻落实《省人大司法监督条例》情况开展调研检查；对2003年开展《中华人民共和国未成年人保护法》《中华人民共和国预防未成年人犯罪法》执法检查中发现有问题的个案进行跟踪监督。围绕可持续发展战略的实施，开展执法检查。听取和审议了区政府关于《中华人民共和国产品质量法》执法情况、《中华人民共和国环保法》执行情况和生态区建设情况报告。围绕社会关注的问题，促进法律的实施。对全区贯彻实施有关《中华人民共和国义务教育法》等法律法规等情况进行了执法检查；对《中华人民共和国归侨侨眷权益保护法》贯彻实施情况进行了执法调研，在市、区人大的联动监督下，不仅解决了侨眷危房重建问题，还对社会反响强烈的市区村民危房改建和困难户住房建设都作出了统一的规定。

二、继续深化工作监督，努力促进经济建设和社会各项事业的协调发展。加强对经济工作的监督，对2004年本级预算作出部分调整。加强对财政工作的监督。针对增值税出口预缴税额办法取消、出口退税转嫁地方财政负担等政策性因素影响和土地增值税和车船使用税归市级收入、工业园区部分企业的国。地税税收被确定为市级财政收入等体制性因素影响，要求区政府采取有效措施，积极应对。加强对重点工程的监督，多次组织人员对江滨路鹿城段建设工程、进城口建设工程、汇昌河水上公园鹿城段建设工程进行视察调研，关注戍浦江流域治理、河口大闸枢纽工程建设。加强对社会难点问题的监督。多次组织人员对城中村资产改制进行调研，增加非典防治工作重点议题。依法任免国家机关工作人员17人（次）、任免法官15人（次）、任免检察官13人（次）。首次启动撤职议案，依法撤销原区民族宗教事务局局长职务。

三、认真做好代表工作，充分发挥代表作用。坚持实行联系基层代表制度，邀请39位人大代表分别列席常委会会议，举办《中华人民共和国宪法》修正案等讲座培训班。组织市人大代表对温瑞塘河横河段生态修复工程和三垟生态园区建设、戍浦江上游环境污染情况进行视察，配合市人大常委会开展市人大代表评议市卫生局行政执法评议。坚持每季度开展代表小组活动，组织代表参加各项执法检查、视察活动。指导五马代表小组设立代表接待室。开展代表述职活动，2位市人大代表向常委会进行述职，25位区人大代表分别向五马、双潮、洪殿、江滨等14个原选区选民代表进行述职。听取和审议了《关于规范社区居委会工作制度的议案》办理情况报告；通过会前征集，网上公开，召开各类座谈会，深入承办单位视察检查等形式，随时掌握办理进度，加强经常性地督促检查，提高建议解决率。经过区政府及各承办单位的共同努力，代表建议已全部办理完毕并答复代表，代表对大多数建议办理结果表示满意。

四、注重加强自身建设，不断提高工作成效。组织开展“三树一创”活动，坚持会前组织法律学习。注重调查研究，共组织召开各种形式的座谈会71次，发放各种调查表、民主测评表、调查问卷422份，撰写专题调查报告24篇，提出建议、意见72条。接待人民群众来信来访160件，接待来访人员562人次。就建立街道人大工作机构等进行了专题调查，向区委上报了《关于要求在街道设立人大工作机构的请示》，得到了区委的批准。通过邀请乡（镇）、街道人大负责人列席常委会会议、加强学习培训等方法，帮助乡（镇）、街道人大负责人提高工作能力；指导乡（镇）人大依法有序地开好人代会；在双屿、临江、藤桥、岙底、仰义等乡镇召开5次乡（镇）人大联席会议，9个乡（镇）在会前进行认真调研，撰写了15篇调研文章，使乡（镇）人大工作得到不断地完善和发展。注重对外交流，常委会注重基层指导和对外交流。坚持各工委与政府各部门的对口联系制度，加强相互间的联系和沟通。加强与兄弟城区的工作联络与经验交流，积极组织材料参加全国部分城区人大工作研讨会，成功承办全市十一县（市、区）人大常委会第四十三次联席会议。

会议经审查，通过决议，批准《区人大常委会工作报告》。

听取、审议法院工作报告

第三次会议听取、审议区人民法院院长朱筱玫《区人民法院工作报告》。报告指出，2004年，共受理各类案件7974件，同比下降3.81%，办结8106件（含旧存），同比下降2.27%，未结案745件，同比下降17.72%。共受理刑事案件1663件（2381人），审结1661件（2500人），收、结案数分别比上年上升23.55%和21.44%。共审结贪污、受贿等职务犯罪40件，判处犯罪分子48人；受理各类民商事案件3821件，审结3839件，解决争议标的额1.28亿多元；受理行政诉讼案件185件，审结185件，受理行政非诉审查案件696件，办结698件；受理行政非诉执行案件493件，办结493件。全年共受理民商事执行案件1055件，执结1100件，解决标的额6942万元，执结率为88.1%，执结率超出了省委关于建设平安县（市、区）工作执结率要达到85%以上的要求。全年共办结申请再审和再审案件130件，其中检察院抗诉案件8件（维持5件、改判3件，其中刑、民、行各1件），改变检察院定性的案件11件，准予检察院撤诉的8件。全年适用简易程序审理的案件1774件，占46%。全年开展司法救助案件372件，依法减、缓、免交诉讼费72.5万元。全年共处理群众来信来访2000余人次，按时办结区委、人大、政协以及效能办等转来的信访件58件。

会议经审查，通过决议，批准《区人民法院工作报告》。

听取、审议检察院工作报告

第三次会议听取、审议区人民检察院检察长孔璋《区人民检察院工作报告》。报告指出，2004年，区检察院共受理审查逮捕案件1458件2126人，比上年同期上升5.3%和5.9%，经审查批准和决定逮捕1380件1999人，同比上升5.7%和5.3%；受理审查起诉案件1702件2479人，比上年同期上升12.9%和13.6%，经审查提起公诉1538件2195人，同比上升12.5%和15.5%。其中，增捕32人，同比上升了60%，增诉4人，不捕78件127人，不起诉36件45人，向法院建议适用简易审程序612件、简便审程序103件。未出现错捕赔偿案件，起诉案件均作有罪判决。处理群众来信来访159件次，处理“二访一户”案件3件。立案查处贪污贿赂、渎职等职务犯罪案件28件30人，其中贪污贿赂案件23件25人，玩忽职守案件2件，滥用职权案件3件，为国家挽回经济损失315万余元。查办的职务犯罪中，大要案21件，占立案数的75%；科级干部11人，副县级1人，占涉案人数的40%；“三机关一部门”的热点案件12件。贪污贿赂案件依法自主办理数达82.6%。成立预防职务犯罪工作领导小组，形成全区社会化预防职务犯罪工作机制，开展预防职务犯罪专题讲座4次，受教育人数达550余人。立案监督抢劫、盗窃、故意伤害等刑事案件16件21人，立案监督的案件已判决8件10人，均被判处有期徒刑以上刑罚，其中10年以上有期徒刑1人。向公安机关发出检察建议、纠正违法通知书、公函等书面材料20份，及时监督纠正了侦查活动中辨认程序违法、刑拘延长至三十天不当等问题。提出刑事抗诉2件，法院再审改判1件。立案审查民事行政申诉9件，市检察院交办15件，提请或建议提请抗诉12件，经省、市、区三级法院再审改判6件，当事人自行和解2件，检察建议被法院采纳4件。谈话教育在押人员800余人次，提出安全防范建议13件，发现纠正各类违法33件，审查纠正呈报减刑不当14件。接待监外执行罪犯1000余人次，法制宣传教育谈话150余人次，建议执行机关落实监管措施80余人次，经建议收监执行假释、缓刑罪犯各1人，监外执行罪犯按期接受监管率达90%以上，再犯罪率仅为0.5%。

会议经审查，通过决议，批准《区人民检察院工作报告》。

第四次会议

听取、审议政府工作报告

第四次会议听取、审议鹿城区代区长余中平《关于鹿城区国民经济和社会发展第十一个五年规划纲要（草案）的报告》。报告指出，新世纪的头五年，是全区实施第十个五年计划并取得较大成就的五年。商业特色街区建设取得成效，“楼宇经济”“总部经济”等新型经济形态逐步兴起。房地产业五年累计完成投资63.1亿元。江心屿被评为国家AAAA级风景区。外贸出口额年均增长32%，出口总量连续五年保持全市领先位置。招商引资成效突出，2005年成为全市首个率先超额完成全年招商引资指标任务的县（市、区），并进入全省外经工作十强县（市、区）行列。过去的五年，续建和新建了炬光园、沿江工业项目、鞋都产业化项目和轻工特色园区。渔藤公路改造工程、“乡村康庄工程”、330国道鹿城段改造工程以及金丽温高速公路鹿城段顺利完成，戍浦江流域整治及河口大闸枢纽工程、七都岛百年一遇标准堤塘、西郊森林公园、“千村整治、百村示范”工程、西进城口改建工程、江滨路鹿城段、会昌河水上公园鹿城段等项目全面推进。中央涂片区改造工程前期工作、七都大桥工程、甬台温铁路鹿城段建设、绕城高速北线鹿城段已经启动。鹿城文化活动中心妇女儿童活动中心等一批社会事业设施建成投入使用。区新行政中心改造工程顺利完成，并已正式对外办公。鹿城区被评为浙江省文明城区、全国社区建设示范区，跨入全国科技工作先进区、浙江省科技进步先进区行列，专利工作获“全国专利系统先进集体”称号。报告指出，2005年，全区生产总值198.4亿元，增长12.2%；完成固定资产投资40.1亿元，增长15.3%；外贸出口额8.4亿美元，增长27%，合同利用外资10284万美元、实际利用外资4349万美元，分别增长79.8%、77.9%；财政总收入20.8亿元，增长12%，其中地方财政收入10.2亿元，增长10.8%。

报告指出，“十一五”期间，全区经济社会发展的总体目标是：生产总值年均增长11%，达到335亿元，人均生产总值突破5万元，年均增长10.5%。财政总收入年均增长11%，达到35亿元，其中地方财政收入年均增长11%，达到17亿元。全社会固定资产投资年均增长13.8%，五年累计达到300亿元。到2010年，第三产业增加值占生产总值比重达到55%以上；高新技术企业增加值占规模以上工业增加值的比重达到25%；单位生产总值能源消耗争取下降12%左右。外贸出口额年均增长16%，2010年达到17.6亿美元。人口自然增长率控制在4.5‰以内。城镇居民人均可支配收入2.9万元，年均增长8%，农村居民人均纯收入年均增长8.5%以上，超过1.2万元。城市人均居住面积达到25平方米。城镇登记失业率控制在4.5%以下。

报告指出，2006年，全区经济和社会发展的主要预期目标是：生产总值增长12%以上，达到222.5亿元；全社会固定资产投资增长15%，达到46.12亿元；社会消费品零售总额增长12.5%，达到239.6亿元；外贸出口总额增长18%，达到9.9亿美元；财政总收入增长11.5%，达到23.2亿元；城镇居民人均可支配收入增长8%，农村居民人均纯收入增长8.5%，分别达到21389元、8724元；城镇登记失业率控制在4%以内；人口自然增长率控制在4.3‰以内。为实现以上目标，要抓好八方面工作：（一）加快发展先进制造业；（二）促进服务业提速提质；（三）再掀招商引资新高潮；（四）推进社会主义新农村建设；（五）加快重点工程建设；（六）深入开展文明城市创建活动；（七）加强公共服务和公共管理；（八）切实抓好为民办实事工作。

会议经审查，通过决议，批准《关于鹿城区国民经济和社会发展第十一个五年规划纲要（草案）的报告》。

审查、批准国民经济和社会发展计划

第四次会议听取、审议区发展计划局局长林瑞荣《关于温州市鹿城区2005年国民经济和社会发展计划执行情况及2006年国民经济和社会发展计划草案的报告》。报告指出，2005年，实现生产总值198.4亿元，增长12.2%，高于目标0.7%；工业总产值386.25亿元，增长13.2%，高于目标2.2%；全社会固定资产投资40.1亿元，增长15.3%，高于目标0.3%；

社会消费品零售总额212.94亿元，增长12.2%，高于目标0.2%；外贸出口总额8.4亿美元，增长27%，高于目标7%；财政总收入20.84亿元，增长12.04%，高于目标1.04%；其中地方财政收入10.15亿元，增长10.78%，高于目标0.45%；城镇居民人均可支配收入19805元，增长11.7%，高于目标3.7%。农村居民人均纯收入8041元，增长7.7%，高于目标0.7%。城镇登记失业率1.45%，低于控制指标3%。人口自然增长率2.1‰，低于控制指标2.2‰。国民经济继续保持稳健的发展态势，执行情况良好。

表2—24　　2005年鹿城区国民经济和社会发展主要指标计划执行情况

主要指标	计量单位	2005年计划		2005年完成数	
		绝对值	比上年增长%	完成数	增长率
一、全区生产总值	亿元	201.00	11.5	198.40	12.2
其中：一产增加值	亿元	0.8	与上年基本持平	1.02	-6.2
二产增加值	亿元	103.64	10.8	92.19	12.1
三产增加值	亿元	96.56	12.5	105.19	12.7
二、工业总产值	亿元	343.00	11.0	386.25	13.2
三、社会消费品零售总额	亿元	212.62	12.0	212.94	12.2
四、全社会固定资产投资	亿元	38.77	15.0	40.10	15.3
五、外贸出口额	亿美元	7.87	20.0	8.40	27
六、财政总收入	亿元	20.65	11.0	20.84	12.04
其中：地方财政收入	亿元	10.11	10.33	10.15	10.78
七、城镇居民人均可支配收入	元	19146	8.0	19805	11.7
八、农民人均纯收入	元	8003	7.0	8041	7.7
九、城镇失业登记率	——	4%以下	——	1.45%	——
十、人口自然增长率	——	4.31‰以下		2.1‰	——

说明：2005年全区生产总值及一、二、三产增加值为预测值。

2006年是“十一五”发展的开局之年，按照区委的统一部署和总体安排，并与“十一五”规划纲要的奋斗目标相衔接，全区国民经济和社会发展主要预期目标为：生产总值增长12%以上，达到222.5亿元（其中第一产业增加值与上年基本持平，第二产业增加值增长11.4%，第三产业增加值增长13%）；工业总产值增长11.4%，达到430.28亿元；全社会固定资产投资总额增长15%，达到46.12亿元；社会消费品零售总额增长12.5%，达到239.56亿元；外贸出口总额增长18%，达到9.91亿美元；财政总收入增长11.5%，达到23.24亿元，其中，地方财政收入增长9.35%，达到11.10亿元；城镇居民人均可支配收入增长8%，达到21389元；农村居民人均纯收入增长8.5%，达到8724元；城镇登记失业率控制在4%以下；人口自然增长率控制在4.3‰以内。

会议经审查，通过决议，批准区人民政府提出的2006年国民经济和社会发展计划，批准《关于温州市鹿城区2005年国民经济和社会发展计划执行情况及2006年国民经济和社会发展计划草案的报告》。

审查、批准财政预算和决算

第四次会议审查、批准区财政局局长吴宁《关于温州市鹿城区 2005 年全区和区级预算执行情况及 2006 年全区和区级预算草案的报告》。报告指出，2005 年，全区实现财政总收入 208405 万元，完成预算的 100.94%，同比增长 12.04%，其中：全区地方财政收入 101509 万元，完成预算的 100.41%，同比增长 10.78%。全区地方财政当年支出 58032 万元，完成预算的 101.59%，同比增长 13.67%。区本级地方财政当年支出 53700 万元，完成预算的 101.32%，同比增长 19.03%。由于 2005 年市对区的财政体制进行调整、完善，市对区财力决算尚在办理中，区级财政最后收支结果待决算编审完成后再向区人大常委会专题报告。

表 2—25　　2005 年鹿城区地方财政收入执行情况

项　目	2005 年执行数（万元）	2005 年调整预算（万元）	完成预算（%）	增减（%）
一、地方财政收入合计	101509	101090	100.41	10.78
1. 地方工商税收收入	89454	92080	97.15	7.77
增值税 25%	24766	24390	101.54	12.29
营业税	22035	27000	81.61	-13.55
城建税	7233	7600	95.17	9.54
企业所得税 40%	15650	14800	105.74	21.87
个人所得税 40%	6061	6640	91.28	9.76
其他各税	13709	11650	117.67	30.67
2. 农业四税收入	2994	1100	272.18	24.65
3. 其他收入	4537	3500	129.63	103.45
4. 教育附加费收入	2927	3010	97.24	10.16
5. 排污费收入	1597	1400	114.07	19.54

说明：2005 年全区财政总收入 208405 万元，完成预算 100.94%，同比增长 12.04%。

表 2—25　　2005 年鹿城区地方财政当年支出执行情况

项　目	2005 年执行数（万元）		2005 年调整预算数（万元）		完成预算（%）		增减（%）	
	全　区	本　级	全　区	本　级	全　区	本　级	全　区	本　级
（一）行政事业费支出	48744	44741	48039	44155	101.46	101.33	14.37	20.11
1. 支农支出	2138	1675	2091	1655	102.25	101.21	21.34	19.22
2. 工交等部门事业费支出	354	270	354	270	100	100	21.23	12.50
3. 文体广播事业费支出	1074	780	1074	780	100	100	22.18	14.71
4. 教育事业费支出	14580	14580	14580	14580	100	100	13.99	45.22
5. 其他部门事业费支出	1613	1600	1613	1600	100	100	13.59	13.88
6. 抚恤和社会救济事业费支出	2313	1700	2313	1700	100	100	26.46	13.33
7. 行政管理费支出	7110	5440	7110	5440	100	100	17.29	11.93
8. 公检法支出	5700	5700	5700	5700	100	100	13.93	14.00
9. 其他支出	7293	6536	6695	6030	108.93	108.59	5.51	-1.42
10. 外交外事支出	100	100	100	100	100	100	66.67	66.67
11. 医疗卫生支出	4729	4620	4669	4560	101.29	101.32	16.48	19.07

续表 2—25 2005 年鹿城区地方财政当年支出执行情况

12. 行事离退休经费支出	1440	1440	1440	1440	100	100	15.20	15.20
13. 社会保障支出	300	300	300	300	100	100	0	0
（二）企业挖潜改造支出	300	300	300	300	100	100	0	0
（三）科技支出	1324	1235	1324	1235	100	100	19.60	19.90
（四）城市维护费支出	2140	1900	2052	1900	104.29	100	23.63	14.46
（五）基本建设支出	1000	1000	1000	1000	100	100	-23.08	-23.08
（六）教育附加费支出	2927	2927	3010	3010	97.24	97.24	10.16	30.79
（七）排污费支出	1597	1597	1400	1400	114.07	114.07	19.54	19.54
（八）预备费	——	——	——	——	——	——	——	——
合　计	58032	53700	57125	53000	101.59	101.32	13.67	19.03

2006 年，安排全区财政总收入 232380 万元，同比增长 11.50%，其中，全区地方财政收入 111000 万元，同比增长 9.35%。按现行分税制财政体制测算，预计当年全区地方财政可用资金为 60579 万元，安排当年全区地方财政支出 60370 万元，同比增长 4.03%，安排区本级当年地方财政支出 56000 万元，同比增长 4.28%。根据区本级 2006 年部门预算编制汇总，区本级当年支出需 77770 万元，收支缺口 21770 万元，缺口资金争取市财政补助解决。

会议经审查，通过决议，批准《关于温州市鹿城区 2005 年全区和区级预算执行情况及 2006 年全区和区级预算草案的报告》。

听取、审议常委会工作报告

第四次会议听取、审议区人大常委会主任章新民《区人大常委会工作报告》。报告指出，2015 年，区人大常委会认真履行宪法和法律赋予的各项职责，坚持科学发展观，与时俱进，求实创新，为推进鹿城经济社会更快更好发展发挥了应有的作用。常委会主要工作如下：

一、以经济社会发展中的重大事项为内容，适时作出决议决定，进一步加大了对决议决定贯彻落实的监督力度。加强对计划和财政预算执行、决算的审查监督，听取和审议 2004 年区级财政决算报告及 2004 年财政执行情况和其他财政收支的审计工作报告，依法作出了关于批准 2004 年区本级财政决算的决定。分别听取了区人民政府关于 2005 年 1—8 月份国民经济和社会发展计划执行情况报告和 2005 年 1—8 月份本级财政预算执行情况的报告，对 2005 年本级预算作出部分变更的决定，并提出了审议意见。听取和审议了鹿城生态区建设规划纲要编制情况的汇报，作出了关于同意鹿城生态区建设规划的决定。加大对决议决定贯彻执行情况的监督，根据《关于加快推进依法治区进程决议》的要求，加大对依法治区工作的指导力度，听取了区政府关于“四五”普法情况报告。

二、以规范监督制度为基础，不断创新监督机制，进一步提高监督工作实效。组织对《中华人民共和国行政诉讼法》《中华人民共和国科技进步法》《中华人民共和国安全生产法》《中华人民共和国农村土地承包法》《中华人民共和国体育法》等法律法规的贯彻实施情况进行视察检查。听取和审议“一府两院”执法情况报告，对上年的执法检查整改情况进行跟踪监督。组织对全区开展“创建全国文明城市”活动进行调研；听取和审议区政府关于“十五”计划完成情况及“十一五”规划的编制、预算外资金收支与管理、经济运行、企业属地管理改革、招商引资、“千村整治”、轻工特色园区、重点工程及拆迁安置建设项目等情况的报告。加强人大信访工作，设立信访科，一年来，共处理上级交办信访件35件，人民群众来信92件，接待来访人员175批次。

三、以维护国家机关高效运转为前提，依法行使人事任免权，进一步强化对任命干部的履职监督。认真审议主任会议、区政府和法检两院提请的人事任免事项，共依法任免国家机关工作人员、人大工委委员76人（次）、任免法官48人（次）、任免检察官5人（次）。首次任命了39名人民陪审员，并举行任命书颁发仪式。开展对检察院副检察长，司法局、发展计划局、统计局、计划生育局、建设局局长和区府办主任等9名任命干部的述职评议。

四、以充分发挥代表作用为目的，积极为代表履职创造条件，进一步加强代表议案建议的办理工作。首次组织全区代表听取区政府半年工作情况通报，听取区公安分局工作情况通报。为代表订阅报刊、寄送资料，扩大代表的信息收集量。邀请部分代表列席区人大常委会各次会议，参与对政府工作的审议。对张纯浙等61位代表提出《关于加快产业结构调整、促进经济快速健康发展的议案》办理给予高度重视，听取和审议了区政府对议案办理方案落实情况的报告。把督办代表建议、批评、意见作为做好代表工作的重点，确定了乡（镇）财政体制、基础设施建设等8件重点建议，交由区政府区长、副区长分别牵头办理，并且听取审议了区政府办理情况的报告。加快渔藤公路建设进度、330国道线配齐安全设施标志、双屿辖区配足警力警车、制止鞋都部分企业打井采水、提高街道社区干部及清洁工待遇等一系列问题，得到了较好的解决。组织部分人大代表参加常委会的各种执法视察、检查和调研活动，并结合视察内容组织学习相关法律。全区建立人大代表接待室13个，一年来共接待辖区群众来访340人次，解决19件与老百姓息息相关的问题。30名区人大代表当选履职优秀代表，3件议案、3件建议被评为优秀代表议案、建议。继续组织3位市人大代表向区人大常委会进行述职，组织14位区人大代表向选民述职。

五、以创建人民满意单位为目标，积极改进工作，进一步狠抓常委会及机关自身建设。组织常委以及街道、乡（镇）人大负责人学习相关法律，以开展保持共产党员先进性教育活动为契机，通过集体学习、分析评议、整改提高等阶段，使人大机关每一位党员都受到了教育。深入学习中央9号文件以及全国人大的5个配套文件，要求机关的同志必须要坚持正确政治方向，坚持民主集中制，坚持走群众路线三个重大原则。积极参加全国部分城区人大工作研讨会的交流。全区12个街道都建立了人大工作委员会，制定了人大街道工委的工作规则，使人大工作的触角延伸到基层。通过邀请乡（镇）、街道人大负责人列席常委会会议、加强学习培训等方法，帮助乡（镇）、街道人大负责人不断丰富业务知识，提高工作能力。指导乡（镇）人大依法有序开好人代会。

会议经审查，通过决议，批准《区人大常委会工作报告》。

听取、审议法院工作报告

第四次会议听取、审议区人民法院院长朱筱玫《区人民法院工作报告》。报告指出，2005 年，共受理各类案件 8466 件，同比上升 6.17%；审（执）结各类案件 8448 件，同比上升 4.30%。共受理刑事案件 1512 件，同比下降 9.08%，占受理案件总数的 17.85%；共审结 1518 件，同比下降 8.61%，占审（执）结案件总数的 17.96%。审结未成年人刑事案件 184 件，判处未成年被告人 425 名。帮教基地创建以来，共已接收帮教对象 28 例，其中已帮教成功 19 例，正在接受帮教 9 例。共审结贪污、受贿等职务犯罪 25 件，判处被告人 25 名。共受理民商事案件 4318 件，同比上升 13.01%，占受理案件总数的 51%；共审结 4291 件，同比上升 11.77%，占审（执）结案件总数的 50.79%。民三庭以及东郊、西郊、藤桥三个法庭的案件调解结案率为 70.2%。共受理行政案件 239 件，同比上升 29.19%，占受理案件总数的 2.82%；共审结 233 件，同比上升 25.95%，占审（执）结案件总数的 2.75%。共受理各类执行案件 2384 件，同比上升 6.24%，占受理案件总数的 28.15%；共执结 2385 件，同比上升 4.10%，占审（执）结案件总数的 28.23%，执行标的额 1.13 亿元，执结率达 91%。共受理申诉、申请再审、再审案件 13 件，审结 21 件（含旧存）。其中受理检察机关抗诉的各类案件 4 件，审结 2 件（其中维持 1 件，改判 1 件）。共接待群众来信来访 1137 人次。共开展司法救助案件 375 件，依法减、缓、免交诉讼费 73 万余元。

会议经审查，通过决议，批准《区人民法院工作报告》。

听取、审议检察院工作报告

第四次会议听取、审议区人民检察院检察长孔璋《区人民检察院工作报告》。报告指出，2005 年，区检察院共受理审查逮捕案件 1588 件 2303 人，同比上升 8.3%，经审查批准和决定逮捕 1470 件 2161 人，同比上升 8.1%。受理审查起诉案件 1586 件 2331 人，同比下降 6%，经审查提起公诉 1415 件 2060 人，同比下降 6.2%。其中，批捕爆炸、杀人、抢劫、绑架、强奸等严重暴力犯罪、黑恶势力犯罪、盗窃、抢夺等侵财犯罪以及毒品犯罪 1288 件 1868 人，起诉 1150 件 1646 人；批捕偷税骗税、制假贩假、非法经营、侵犯知识产权等破坏社会主义市场经济秩序犯罪案件 22 件 24 人，起诉 37 件 45 人。增捕 66 人，增诉 9 人，不捕 87 件 133 人，不起诉 35 件 51 人，建议公安机关撤销案件 26 件 32 人，未出现错捕赔偿案件，未出现无罪判决案件。处理群众来信来访 109 件次；受理刑事申诉 5 件，复查后改变原决定 1 件；受理刑事赔偿申请 2 件，均依法不予确认。在全省率先成立未成年人刑事检察科，不批捕未成年犯罪嫌疑人 5 人，不起诉 11 人，落实帮教措施 5 人。立案查处贪污贿赂案件 19 件，其中贪污贿赂 5 万元以上大案 14 件，“三机关一部门”的热点案件 6 件，县处级干部 1 人，科级干部 2 人；受理渎职侵权案件线索 15 件，立案侦查 2 件。专门成立职务犯罪预防工作部门，参加重点工程招投标活动 40 余次，提出意见建议 17 项，向案发单位发出检察建议 8 件，相关单位根据检察建议制度各类制度 22 项。

依法监督侦查机关立案故意伤害、抢劫、盗窃、偷税等案件 21 件，同比上升 75%；依法监督侦查机关撤案 22 件。对确有错误的刑事判决提出抗诉 3 件，提请市检察院抗诉 1 件，现法院已改判 1 件。立案审查民事行政申诉案件 8 件，办理市院交办案件 46 件，提请抗诉 7 件，建议提请抗诉 7 件，已获法院再审改判 1 件，引导当事人息诉服判 20 余件。提起刑事附带民事诉讼 3 件，支持金融等国有企事业单位提起民事公益诉讼 22 件，法院已分别判决 2 件和 21 件，为国家挽回经济损失 260 余万元。监督纠正提请减刑、保外就医不当 19 件，建议撤销缓刑收监执行刑罚 2 人，参与看守所打击牢头狱霸活动 3 次，追究刑事责任 5 人。针对留所服刑不当、投劳执行不及时、刑期计算错误等违法问题，向公安、法院等单位发出书面检察建议 30 件，

会议经审查，通过决议，批准《区人民检察院工作报告》。

第七节　区七届人大会议的召开及听取、审查报告

区七届人大自 2007 年 1 月至 2012 年 1 月，任期五年。其间，共举行会议 5 次，审查议题 40 项，听取报告 31 个，通过决议、决定 33 项，选举区国家机关领导人员 44 名，出席温州市第十一届人民代表大会代表 64 名。

表 2—27　　鹿城区七届人大历次会议基本情况

序次	会议日期	出席代表（人）	列席人员（人）	审议议题（项）	听取报告（个）	决议决定（项）	会议期间代表提出		会议地点
							议案（件）	建议（件）	
一	2007 年 1 月 21 日—26 日	300	198	11	6	6	84	156	鹿城文化中心
二	2008 年 2 月 25 日—29 日	297	215	8	6	7	58	147	鹿城文化中心
三	2009 年 2 月 16 日—20 日	297	214	7	7	7	74	150	鹿城文化中心
四	2010 年 1 月 18 日—22 日	293	235	7	6	6	48	119	鹿城文化中心
五	2011 年 1 月 23 日—27 日	287	266	7	6	7	27	98	鹿城文化中心

第一次会议

听取、审议政府工作报告

第一次会议听取、审议鹿城区区长余中平《政府工作报告》。报告指出，过去的四年，区政府围绕建设“五个鹿城”的战略目标和“更有活力、更具实力、更加和谐”的战略任务，抓住时机实施三大发展战略，认真履行向区六届人民代表大会历次会议作出的庄严承诺，开创了全区改革开放和现代化建设的新局面。四年来，生产总值由 134.7 亿元增加到 230.3 亿元，年均增长 12.7%。财政总收入由 13.68 亿元增加到 23.26 亿元，年均增长 14.2%，其中地方财政收入年均增长 11%。社会消费品零售总额由 152 亿元增加到 247.7 亿元，年均增长 12.9%。三次产业比重为 0.5 ∶ 46.5 ∶ 53.0。建成省级无公害农产品基地 1.3 万亩，培育“中国绿色食品”1 个和国家级无公害农产品 4 个。工业总产

值由321亿元增加到460.7亿元，规模以上企业总产值占全区工业总产值比重由43.6%提高到64.5%，5家企业年产值突破10亿元。拥有中国驰名商标7枚、中国名牌产品5个、国家免检产品22个、中国出口名牌4个。累计完成房地产业投资61.96亿元。外贸出口总额由3.2亿美元增加到11.6亿美元，年均增长36.9%。利用外资大幅度上升，累计实际利用外资1.48亿美元，年均增长57%，外经工作进入全省十强县（市、区）行列。获得市级以上科技进步奖33项，建立企业技术研发中心36家，培育省级科技型中小企业49家，国家级高新技术企业3家，获得全国科技工作先进区和全国专利先进集体称号。四年来，全社会固定资产累计投资154亿元，年均增长13%。建成省级以上文明社区28个、市级93个，省级以上绿色社区13个，省级全面小康示范村3个。城镇居民人均可支配收入从14591元提高到21716元，年均增长10.4%。农民人均纯收入从6470元提高到8814元，年均增长8%。城乡最低生活保障覆盖率达100%，低保标准逐年提升，全区全额拨款事业单位人员全部纳入社会基本养老保险，城镇“三无”人员和农村“五保”对象集中供养率分别达到99%和92%。

报告提出，今后五年全区的奋斗目标是：经济实力在全省实现位次前移，生产总值年均增长11%，达到372亿元。财政总收入年均增长11%，达到39亿元。社会消费品零售总额年均增长11%，达到400亿元。全社会固定资产投资年均增长13.8%，达到340亿元。高新技术企业增加值占规模以上工业增加值的比重达到30%。“城中村”集体资产改制面达到95%以上。外贸出口额达到24.4亿美元，实际利用外资累计达到3.5亿美元以上。人口自然增长率控制在4.3‰以下。城市空气质量综合污染指数达到国家二级标准。城乡生活垃圾基本实现无害化处理，主要污染物二氧化硫和化学需氧量下降15%以上，单位生产总值能源消耗争取下降20%。城镇居民人均可支配收入超过32400元，年均增长8%；农民人均纯收入超过13100元，年均增长8.5%。着重抓好以下工作：（一）致力完善城区功能，强化城市核心地位；（二）致力转变增长方式，打造产业核心；（三）致力推进统筹发展，建设社会主义新农村；（四）致力扩大改革开放，增强发展活力；（五）致力发展社会事业，增强区域软实力。

报告提出，2007年全区经济和社会发展的主要预期目标是：生产总值增长12%以上，达到258亿元；社会消费品零售总额增长13%，达到279.9亿元；全社会固定资产投资额增长15%，达到40.8亿元；财政总收入增长11.5%，达到25.93亿元；城镇居民人均可支配收入增长8.5%，达到23562元，农民人均纯收入增长8.5%，达到9563元。为实现上述目标，要着力抓好八方面重点工作：推进经济提质加速；加快重点工程建设；统筹发展社会事业；推进新农村建设；提升城区管理水平；建设“平安鹿城”；壮大财政实力；以民为本办实事。

会议经审查，通过决议，批准《政府工作报告》。

审查、批准国民经济和社会发展计划

第一次会议审查、批准区发展和改革局局长林瑞荣《关于温州市鹿城区2006年国民经济和社会发展计划执行情况及2007年国民经济和社会发展计划草案的报告》。报告指出，2006年，较好地完成了区六届人大四次会议确定的各项目标任务，实现了“十一五”发展的良好开局。预计全年实现生产总值230.3亿元，增长14.1%，完成计划103.5%；工业总产值460.7亿元，增长19.3%，完成计划107.1%；社会消费品零售总额247.7亿元，增长16.3%，完成计划103.4%；全社会固定资产投资57.2亿元，增长42.5%，完成计划124%；外贸出口额11.6亿美元，增长34.2%，完成计划117.1%；财政总收入23.26亿元，增长11.6%，完成计划100.1%；其中地方财政收入11.2亿元，增长10.1%，完成计划102.5%；城镇居民人均可支配收入21716元，增长9.6%，完成计划101.5%；农村居民人均纯收入8814元，增长9.6%，完成计划101%；城镇登记失业率1.5%，低于控制指标2.5%；人口自然增长率3.2‰，低于控制指标1.1‰。

表2—28　　2006年鹿城区国民经济和社会发展主要指标预计执行情况

主要指标	计量单位	2006年计划		2006年预计完成数		“十一五”计划	
		绝对值	增长率%	预计数	增长率%	预期目标（2010年）	年均增长率
一、全区生产总值	亿元	222.5	12以上	230.3	13.9	335	11
二、工业总产值	亿元	430.28	11.4	460.7	19.3	620	10
三、社会消费品零售总额	亿元	239.56	12.5	247.7	16.3	360	11
四、全社会固定资产投资	亿元	46.12	15.0	57.2	42.5	300	13.8
五、外贸出口额	亿	9.91	18.0	11.6	34.2	17.6	16
六、财政总收入	亿元	23.24	11.5	23.26	11.6	35	11
其中：地方财政收入	亿元	10.93	7.69	11.2	10.1	17	11
七、城市居民人均可支配收入	元	21389	8.0	21716	9.6	29000	8
八、农民人均纯收入	元	8724	8.5	8814	9.6	12000	8.5
九、单位GDP能耗	吨标准煤／万元	%		下降4.1		——	
十、SO_2排放总景	吨	——		3492	下降3.2	下降15（省考核目标）	
化学需氧量（COD）	吨	——		21850	下降5	下降15.1（省考核目标）	
十一、城镇登记失业率	%	4以下		1.5左右		4.5以下	
十二、人口自然增长率	‰	4.3以下		3．2左右		4.5以下	

说明：主要污染物排放量SO_2和COD因统计时间原因暂为预计数。

报告指出，2007年，全区经济社会发展的主要预期目标：生产总值增长12%以上，达到258亿元；工业总产值增长12%，达到516亿元；社会消费品零售总额增长13%，达到279.9亿元；全社会固定资产投资总额增长15%，达到40.8亿元（不含房地产）；外贸出口额增长18%，达到13.7亿美元；财政总收入增长11.5%，达到25.93亿元，其中地方财政收入增长10.3%，达到12.35亿元；城镇居民人均可支配收入增长8.5%，达到23562元；农村居民人均纯收入增长8.5%，达到9563元；单位GDP能耗下降4.4%；二氧化硫排放总量下降3.2%；化学需氧量下降5%；城镇登记失业率控制在4%以下；人口自然增长率控制在4.5‰以下。按照上述目标要求，要做好以下工作：（一）以调整优化结构和转变增长方式为主线，加快实现经济又好又快发展；（二）以重点建设项目为抓手，加快推进新型城市化；（三）以完善体制机制为目标，加快各项改革进程；（四）

以发展社会事业为载体，加快建设平安和谐社会。

会议经审查，通过决议，批准区人民政府提出的2007年国民经济和社会发展计划，批准《关于温州市鹿城区2006年国民经济和社会发展计划执行情况及2007年国民经济和社会发展计划草案的报告》。

审查、批准财政预算和决算

第一次会议审查、批准区财政局局长胡晓初《关于温州市鹿城区2006年全区和区级预算执行情况及2007年全区和区级预算草案的报告》。报告指出，2006年，全区实现财政总收入232561万元，完成预算的100.08%，同比增长11.59%，其中：全区地方财政收入111788万元，完成预算的102.26%，同比增长10.13%。全区地方财政当年支出60441万元，完成预算的100.12%，同比增长4.15%。全年区本级财政总收入131319万元，完成预算的100.13%，同比增长4.74%，其中：区本级地方财政收入77518万元，完成预算的103.29%，同比增长4.80%。区本级地方财政当年支出56000万元，完成预算的100.00%，同比增长4.28%。全年在面临各种减收增支因素的情况下，全区财政预算执行情况良好。

由于2006年市对区体制决算尚在办理中，区级财政最后收支结果待决算编审完成后再向区人大常委会专题报告。

表2—29　　2006年鹿城区地方财政收入执行情况

项　目	2006年执行数（万元）		2006年调整预算（万元）		完成预算（%）		增减（%）	
	全　区	本　级	全　区	本　级	全　区	本　级	全　区	本　级
地方财政收入合计算	111788	77518	109320	75050	102.26	103.29	10.13	4.80
（一）地方工商税收收入	102808	70176	101900	69268	100.89	101.31	14.93	10.80
增值税25%	27888	9921	27750	9783	100.50	101.41	12.61	-2.93
营业税	28212	26429	23220	21437	121.50	123.29	28.03	30.86
城市维护建设税	8287	4173	7960	3846	104.11	108.50	14.57	13.92
企业所得税40%	18126	14266	19640	15780	92.29	90.41	15.82	15.06
个人所得税40%	6591	5883	6880	6172	95.80	95.32	8.74	9.39
其他各税	13704	9504	16450	12250	83.31	77.58	-0.04	-17.22
（二）农业四税收入	914	914	800	800	114.25	114.25	-69.47	-69.47
（三）其他收入	2969	2969	2200	2200	134.95	134.95	-34.56	-34.56
（四）教育费附加收入	3251	1613	2920	1282	111.34	125.82	11.07	7.39
（五）排污费收入	1846	1846	1500	1500	123.07	123.07	15.59	15.59

表2—30　　2006年鹿城区地方财政当年支出执行情况

项　目	2006年执行数（万元）		2006年调整预算数（万元）		完成预算（%）		增减（%）	
	全　区	本　级	全　区	本　级	全　区	本　级	全　区	本　级
（一）行政事业费支出	49740	45543	49335	45320	100.82	100.49	2.04	1.79
1. 支农支出	2236	1750	2236	1750	100	100	4.58	4.48

续表 2—30　　2006 年鹿城区地方财政当年支出执行情况

项　目	2006 年执行数（万元）		2006 年调整预算数（万元）		完成预算（%）		增减（%）	
	全　区	本　级	全　区	本　级	全　区	本　级	全　区	本　级
2. 工交等部门事业费支出	370	280	370	280	100	100	4.52	3.70
3. 文体广播事业费支出	1151	840	1136	825	101.32	101.82	7.17	7.69
4. 教育事业费支出	15500	15500	15500	15500	100	100	6.31	6.31
5. 其他部门事业费支出	1675	1660	1675	1660	100	100	3.84	3.75
6. 抚恤和社会救济事业费支山	2414	1800	2411	1800	100.12	100	4.37	5.88
7. 行政管理费支出	7570	5720	7398	5670	102.32	100.88	6.47	5.15
8. 公检法支出	6000	6000	6000	6000	100	100	5.26	5.26
9. 其他支出	6272	5563	6059	5405	103.52	102.92	-14.00	-14.89
10. 外交外事支出	100	100	100	100	100	100	0	0
11. 医疗卫生支出	4952	4830	4950	4830	100.04	100	4.72	4.55
12. 行事离退休经费支出	1200	1200	1200	1200	100	100	-16.67	-16.67
13. 社会保障支出		300	300	300	300	100	100	0
（一）企业挖潜改造支出	400	400	400	400	100	100	33.33	33.33
（三）科技支出	2039	1960	2039	1960	100	100	54.00	58.70
（四）城市维护费支出	2165	2000	2165	2000	100	100	1.17	5.26
（五）基本建设支出	1000	1000	1000	1000	100	100	0	0
（六）教育费附加支出	3251	3251	3220	3220	100.96	100.96	11.07	11.07
（七）排污费支出	1846	1846	1500	1500	123.07	123.07	15.59	15.59
（八）预备费	——	——	711	600	——	——	——	——
地方财政支出合计	60441	56000	60370	56000	100.12	100	4.15	4.28

2007 年，全区财政收支预算安排如下：全区财政总收入 259300 万元，同比增长 11.50%，其中：地方财政收入 123300 万元，同比增长 10.30%。按现行分税制财政体制测算，预计当年全区地方财政可用资金为 63425 万元，安排当年全区地方财政支出 62645 万元，同比增长 3.65%。根据《政府收支分类改革方案》文件要求，2007 年起启用新的预算收支科目。2007 年安排区本级财政总收入 142600 万元，同比增长 3.68%，其中：区本级地方财政收入 80850 万元，同比增长 4.30%。按现行分税制财政体制测算，预计当年区本级地方财政可用资金为 58431 万元，安排区本级当年地方财政支出 58000 万元，同比增加 3.57%。根据区本级 2007 年部门预算编制汇总，区本级当年支出需 82800 万元，收支缺口 24800 万元，缺口资金争取市财政补助解决。

国民经济计划和财政预算审查委员会认为，2006 年区政府认真贯彻执行区六届人大四次会议的各项决议和区人大常委会第三十次会议审议意见，较好地完成了各项目标任务。积极组织收入，坚持依法治税，财政收入继续保持平稳增长，促进了经济社会协调发展财政支出基本保证了统筹发展、和谐稳定的需要，确保了法定支出和各项事业的发展。预算执行情况总体是好的，财税工作是有成效的。

国民经济计划和财政预算审查委员会认为，2007 年，全区财政增收节支的任务繁重。在预算执行中，将以勤俭理财为主题，努力培植财源，调整支出结构，统筹兼顾，确保重点，解决财政资金供求矛盾，提高财政资金的使用效益。

会议经审查，通过决议，批准《关于温州市鹿城区2006年全区和区级预算执行情况与2007年财政预算草案的报告》。

听取、审议常委会工作报告

第一次会议听取、审议区人大常委会主任章新民《区人大常委会工作报告》。报告指出，四年来，常委会召集区人民代表大会4次，举行常委会会议33次，听取和审议“一府两院”工作报告97项次，就事关全区经济、社会等各方面重大事项作出决议、决定36个，对19部法律法规开展执法检查和调研工作，任免各类工作人员266人次，对12位政府组成人员和法院副院长、检察院副检察长进行述职评议，接待处理群众来信来访835件次。各项工作在历届的基础上有了新的进展、新的成绩，为坚持和完善人民代表大会制度，促进全区经济社会发展和民主法治建设发挥了应有的作用。常委会主要工作如下：

一、充分发挥人大在依法治区中的主导作用，大力推进民主法制建设。加强对决议贯彻执行情况的监督，听取了区普法办关于前一轮依法治区情况的报告和鹿城区2002—2006年依法治区规划制定情况的说明，对2002—2006年依法治区规划进行了审议并作出关于加快推进依法治区进程的决议，还专题听取了“一府两院”贯彻执行决议情况报告，依法治区成效显著。加强对法律法规的执法检查，对《中华人民共和国劳动法》《中华人民共和国安全生产法》《中华人民共和国中小企业促进法》《中华人民共和国科技进步法》《中华人民共和国义务教育法》《中华人民共和国科学技术普及法》《中华人民共和国体育法》《中华人民共和国教师法》《中华人民共和国传染病防治法》《中华人民共和国预防未成年犯罪法》《中华人民共和国农村土地承包法》《中华人民共和国环保法》贯彻实施情况开展执法检查。加强对行政、司法机关的监督，督促区政府出台了行政首长出庭应诉制度，开展《中华人民共和国刑事诉讼法》执法检查。加强法制宣传教育和基层民主政治建设，听取了区政府关于“四五”普法情况的汇报，作出了关于深化法律宣传教育的决议，及时提出地方人大换届选举指导性意见，重视对村委会换届选举工作的指导监督，多次组织有关人员到基层开展调研指导，共受理群众来信478件，群众来访357批次，认真抓好督办工作。

二、以科学发展观统领人大工作监督，努力促进经济社会协调发展。对全区“五个一”民生工程和重点工程建设进行视察检查，听取和审议了区政府关于鹿城生态区建设规划纲要编制情况报告，作出了同意鹿城区生态区建设规划的决定，听取了区政府关于工业园区进展情况、非典防治工作、基层文化建设、农村集体资产产权制度改革、企业属地管理改革、招商引资、文明城市创建、“三沿”整治、安置房建设情况报告。每年听取和审议区本级财政预算执行情况及年度预算调整意见的报告，依法作出对本级预算变更的决定，听取预算执行和财政收支的审计报告，依法审查批准区级财政决算，拓宽预算审查监督的领域，继续加强对政府财政资金的监督，听取和审议政府预算外资金执行情况和预算外资金收支安排的报告。四年来，共任免国家机关工作人员143人次，任免法官72人次，任免检察官51人次，首次任命了39名人民陪审员，首次启动撤职议案，依法撤销原区民族宗教事务局局长职务。开展了对科技局、司法局、发展改革局、统计局、计划生育局、建设局局长和检察院副检察长、法院副院长、区府办主任等任命干部的述职评议，常委会任命的其余区政府组成人员也都在届末提交了书面述职报告。

三、积极完善代表服务保障机制，充分发挥代表主体作用。拓宽代表知情知政渠道，常委会2005年至2006年连续2年组织全区代表听取区政府半年工作情况通报，听取区公安分局工作情况通报，坚持邀请部分人大代表列席常委会会议。构筑代表履职监督平台，坚持每季度开展代表小组活动，指导代表小组设立代表接待室，目前全区共设立人大代表接待室13个。先后组织市、区人大代表对温瑞塘河横河段生态修复工程和三垟生态园区建设、戍蒲河上游环境污染情况、重点工程建设情况等进行视察。健全代表约束激励机制，共组织8位市人大代表向常委会述职，61位区人大代表向原选区选民代表述职，30名区人大代表当选履职优秀代表，3件议案、3件建议被评为优秀代表议案、建议。狠抓代表议案建议督办，四年来，共督办《关于逐步建立街道财政保障体制》《关于规范社区居委会工作制度》《关于加快产业结构调整、促进经济快速健康发展》《关于加强食品安全管理工作》等4件议案，加强对代表建议、批评、意见的督办，本届以来的496件代表建议全部办理完毕。

四、适应新形势和新任务要求，扎实抓好常委会及机关自身建设。建立了常委会理论学习和法律学习制度，积极组织机关干部开展对中共中央9号文件的学习讨论，开展了以实践“三个代表”重要思想为主要内容的保持共产党员先进性教育活动。重视基层人大组织建设，在全区12个街道都建立人大工作委员会，并制定了人大街道工委工作规则，继续加强对乡（镇）人大工作的指导，坚持乡（镇）人大主席联席会议制度，指导乡（镇）人大依法有序地开好人代会，坚持邀请街道、乡（镇）人大负责人列席人大常委会会议。重视对外交流学习，重视加强与全市各县（市、区）人大常委会和全国各友好城区人大常委会的联系沟通，积极参加各种理论研讨会，两次成功承办全国十三城区人大工作研讨会。

会议经审查，通过决议，批准《区人大常委会工作报告》。

听取、审议法院工作报告

第一次会议听取、审议区人民法院代院长陈有为《区人民法院工作报告》。报告指出，2003年以来，区法院在区委领导和区人大监督下，在区政府、区政协支持下，以邓小平理论和“三个代表”重要思想为指导，全面落实科学发展观，深入贯彻“公正司法，一心为民”的方针，忠实履行宪法和法律赋予的职责，各项工作取得了新进展。四年来，发挥审判职能作用，办结各类案件33084件。其中，审结刑事案件5927 件，判处罪犯8534人。刑事案件中，审结故意杀人、故意伤害、绑架等严重暴力犯罪822件，判处罪犯1050人；审结抢劫、抢夺、盗窃等严重影响群众安全的多发性犯罪案件2858件，判处罪犯 4548人；审结毒品犯罪984件，判处罪犯1154人；审结贷款诈骗、合同诈骗、虚开增值税发票、非法经营等破坏社会主义市场经济秩序犯罪179件，判处罪犯258人；

审结贪污贿赂和挪用公款犯罪案件 96 件，判处罪犯 110 人。四年来，共审结未成年人犯罪案件 544 件，判处被告人 803 人。其中，适用缓刑以及判处拘役以下刑罚的被告人 228 人、免予刑事处罚的被告人 17 人。四年来，审结各类民事案件 15223 件，解决诉讼标的 7.64 亿元。其中，审结婚姻家庭纠纷案件 2945 件；加大对劳动争议、损害赔偿、房屋拆迁弱势一方的司法保护，共审结 2928 件；审结合同纠纷案件 9350 件；调解结案（含撤诉）7813 件，占审结民事案件总数 51.32%。四年来，审结行政案件 866 件。在审结的案件中，全部或部分撤销行政机关决定、判决行政机关履行职责等方式处理以及因行政机关改变具体行政行为等原因原告申请撤诉的 458 件，占 52.89%；维持行政机关决定和裁定驳回起诉的 340 件，占 39.26%；判决驳回诉讼请求、终结、移送等其他方式处理的 68 件，占 7.85%。同时，审查立案非诉行政案件 2183 件，有力地保障行政机关依法行政。四年来，共执结各类案件 8682 件，执行标的金额 3.57 亿余元。特别是加大非诉行政案件的执行力度，共执结 2848 件，执行标的金额 1536 万元。四年来，共接受群众来信来访 5683 人（件）次，共审结申诉、申请再审以及再审案件 203 件，依法改判 8 件；受理检察机关各类抗诉案件 33 件，依法改判 9 件。四年来，共依法减、缓、免交诉讼费 120 万余元；适用简易程序审理的民事案件 8213 件，占审结民事案件总数 53.95%；查封房屋 320 间，司法拘留 75 人。

会议经审查，通过决议，批准《区人民法院工作报告》。

听取、审议检察院工作报告

第一次会议听取、审议区人民检察院代检察长程兰生《区人民检察院工作报告》。报告指出，区六届人大一次会议以来，区检察院共受理审查逮捕案件 5806 件 8503 人，审查起诉案件 6351 件 9302 人，经审查，决定和批准逮捕 5428 件 7917 人，提起公诉 5610 件 8049 人，审查逮捕案件当天批捕率达 30%，实现年终无积案；审查起诉案件一周内审结率达 50%，年终结案率保持在 95% 以上。建议法院适用简易程序 2492 件、被告人认罪案件简化审程序 398 件，占起诉案件的 51.5%。决定不捕 357 件 539 人，占批捕案件总人数的 6.2%，不诉 113 件 156 人，占审查起诉案件总人数的 1.7%，建议公安机关撤销案件 73 件 127 人，增捕 172 人，增诉 17 人，未出现错捕赔偿案件，起诉案件均得到有罪判决。处理群众来信来访 557 件次；办理刑事申诉 17 件，复查后改变原决定 2 件；教育说服群众对正确民事行政裁判息诉服判 59 件，防止矛盾纠纷激化。落实宽严相济刑事政策，对轻微犯罪人员和失足青少年实行轻缓的刑事政策，谨慎处理群体性事件，不捕没有逮捕必要的轻微刑事犯罪案件 100 件 122 人，调解结案处理轻伤等轻刑案件 7 件 7 人，不捕未成年犯罪嫌疑人 58 人，不诉未成年犯罪嫌疑人 30 人。立案查处贪污贿赂、渎职等职务犯罪案件 111 件 113 人，为国家挽回经济损失 1000 余万元，立案数居全市检察机关首位。其中，立案查处贪污贿赂案件 88 件 100 人，内含 5 万元以上重特大案件 66 件，占 75%；党政领导机关、行政执法机关、司法机关、经济管理部门和金融保险系统的热点案件 26 件，占 29.5%；涉案的县处级干部 4 人，科级干部 19 人。初查渎职侵权案件线索 32 件，先后在房产管理、国土资源、船舶检验、动物检疫等部门立案侦查渎职犯罪案件 13 件，内含滥用职权 3 件，玩忽职守 10 件，涉及科级干部 3 人。建立职务犯罪预防网络成员单位 23 个，介入重点建设工程，参加招投标等活动 120 余次，向案发单位和行业主管部门发出检察建议 19 件，组织职务犯罪预防知识竞赛，专题讲座警示教育参观活动 22 场次。立案监督刑事案件 60 件 66 人，立案监督的案件已判决 29 件 37 人，其中被判处 3 年以上有期徒刑的 12 人，10 年以上有期徒刑的 5 人，监督侦查机关撤案 62 件。向侦查机关发出检察建议、纠正违法通知书、公函等书面材料 140 余份。依法提出刑事抗诉 13 件，法院已改判 3 件。受理民事行政申诉 90 件，立案 51 件，提请或建议提请抗诉 74 件，经省、市、区三级法院再审改判 13 件，当事人和解 6 件；向法院提出民事再审检察建议 5 件，均被法院采纳裁定再审；支持金融等部门提起民事诉讼 68 件，代表国家或集体提起刑事附带民事诉讼 4 件，为国家和集体挽回经济损失 953 余万元。谈话教育在押人员 3200 余人次，发现并纠正呈报减刑、假释不当 82 件，发现并纠正各类监管违法 151 件，提出安全防范建议 60 件次。继续加强监外执行监督力度，接待监外执行罪犯 4000 余人次，建议执行机关落实监管措施 340 余人次，经建议撤销缓刑、假释收监执行 9 人，使监外执行罪犯按期接受监管率达 90% 以上，监外执行罪犯再犯罪率仅为 0.7%。

会议经审查，通过决议，批准《区人民检察院工作报告》。

第二次会议

听取、审议政府工作报告

第二次会议听取、审议鹿城区区长余中平《政府工作报告》。报告指出，一年来，全区较好地完成了区七届人大一次会议确定的目标任务。全年实现生产总值 262.6 亿元，同比增长 14.4%；实现财政总收入 28.5 亿元，其中地方财政收入 14.3 亿元，同比分别增长 22.4% 和 27.5%；城镇居民人均可支配收入 24955 元，同比增长 12.5%；农民人均纯收入 10203 元，同比增长 13.5%。全社会工业总产值 511.6 亿元，同比增长 16.4%，其中规模以上工业总产值 333.2 亿元，同比增长 19.7%。企业获国家授权专利 1386 项，2 家企业列入省级专利示范（试点）企业名单。全年完成技改新备案项目 31 个，总投资 2.5 亿元。第三产业实现增加值 146.6 亿元，占生产总值比重已达 55.8%。建筑业完成产值 19.7 亿元，同比增长 16.5%。全年旅游总收入 57.8 亿元，同比增长 22.1%。完成合同利用外资 12680 万美元，完成全年计划的 137.1%，实际利用外资 6378 万美元，完成全年计划的 110.9%。全年外贸出口额达 16 亿美元，同比增长 31%，新批境外机构 11 家，其中中方投资总额 1654.3 万美元，同比增长 163.2%。21 个重点项目全年累计投资 30.9 亿元，完成年度计划的 112.5%。全区化学需氧量同比下降 4.7%，二氧化硫排放量同比下降 6.8%。

报告指出，2008 年全区经济社会发展的主要预期目标是：生产总值增长 12% 以上；社会消费品零售总额增长 13.5%；全社会固定资产投资额堉长 13%；财政总收入增长

11.5%，其中地方财政收入增长11%。城镇居民人均可支配收入增长8.5%以上，农民人均纯收入增长9%以上。单位生产总值综合能耗下降4.4%以上，主要污染物排放实现“双减少”，其中化学需氧量下降3.5%，二氧化硫排放景下降3.2%。为实现上述目标，要做好以下五方面工作：（一）突出产业转型升级，增创经济发展新优势；（二）突出统筹发展，形成城乡发展新格局；（三）突出“三农”发展，建设社会主义新农村；（四）突出民生改善，开创社会和谐稳定新局面；（五）突出为民服务，积极塑造政府新形象。

会议经审查，通过决议，批准《政府工作报告》。

审查、批准国民经济和社会发展计划

第二次会议听取、审议区发展和改革局局长贾志文《关于温州市鹿城区2007年国民经济和社会发展计划执行情况及2008年国民经济和社会发展计划草案的报告》。报告指出，2007年，实现生产总值262.6亿元，增长14.4%，完成计划的101.8%；人均GDP迈上新台阶，达到5038美元。预计万元GDP能耗下降5.7%，比计划多下降1.3%。财政总收入28.5亿元，增长22.4%，完成计划的109.8%，其中地方财政收入14.3亿元，增长27.5%，完成计划的115.4%。全年第三产业实现增加值146.6亿元，增长17.5%，占生产总值的比重为55.8%，比上年提高3.6%。社会消费品零售总额325.8亿元，增长18.6%，完成计划的116.4%。预计全区规模以上工业企业万元GDP能耗下降8.8%；SU2排放3316.5吨，削减率为6.8%，比计划削减率高3.6%；化学需氧量排放21478.1吨，削减率为4.7%，比计划削减率高1.2%。全社会固定资产投资完成67.7亿元，增长16.5%，除房地产项目外，完成投资额40.9亿元，增长16.6%，完成计划的100.2%。21个重点建设项目完成投资额30.9亿元，完成计划的112.5%。

表2—31　　2007年鹿城区国民经济和社会发展计划主要指标执行情况

指标名称	计量单位	2007年计划		2007年完成数		完成年计划（%）
		绝对数	增长（%）	绝对数	增长（%）	
一、全区生产总值	亿元	258.0	12以上	262.6	14.4	101.8
二、工业总产值	亿元	492.3	12	511.6	16.4	103.9
三、社会消费品零售总额	亿元	279.9	13	325.8	18.6	116.4
四、全社会固定资产投资	亿元	40.8（不含房地产）	15	67.69（40.9）	16.5（16.6）	100.2（不含房地产）
五、外贸出口额	亿美元	13.7	18	16.0	31.0	116.8
六、财政总收入	亿元	25.93	11.5	28.5	22.4	109.8
其中：地方财政收入	亿元	12.35	10.3	14.3	27.5	115.4
七、城市居民人均可支配收入	元	23562	8.5	24955	12.5	105.9
八、农民人均纯收入	元	9563	8.5	10203	13.5	106.7
九、单位GDP能耗	——	下降4.4%		下降5.7%		——
十、SO_2排放总景	——	削减3.2		削减6.8		——
化学需氧量（COD）	——	削减3.5		削减4.7		——
十一、城镇登记失业率	%	4以内		1.28		——
十二、人口自然增长率	%	4.5以内		4.38		——

报告指出，2008 年，全区经济社会发展预期目标：生产总值增长 12% 以上；工业总产值增长 12.5%；社会消费品零售总额增长 13.5%；全社会固定资产投资总额增长 13%；外贸出口额增长 16%；财政总收入增长 11.5%，其中地方财政收入增长 11%；城镇居民人均可支配收入增长 8.5%；农民人均纯收入增长 9%。单位 GDP 能耗下降 4.4%；SO_2 排放总量削减 3.2%；化学需氧量（COD）削减 3.5%；城镇登记失业率控制在 4% 以内；人口自然增长率控制在 4.5‰以内。为实现以上目标，要做好以下工作：（一）着力提高经济整体素质，努力优化产业结构；（二）着力抓好投资管理，扎实推进重点；（三）着力加强资源综合利用，切实推进循环经济和节能减排工作；（四）着力推进平安和谐建设，大力发展以民生为重点的各项社会事业。

会议经审查，通过决议，批准区人民政府提出的 2008 年国民经济和社会发展计划，批准《关于温州市鹿城区 2007 年国民经济和社会发展计划执行情况及 2008 年国民经济和社会发展计划草案的报告》。

审查、批准财政预算和决算

第二次会议审查、批准区财政局局长胡晓初《关于温州市鹿城区 2007 年全区和区级预算执行情况及 2008 年全区和区级预算草案的报告》。报告指出，2007 年，全区实现财政总收入 284617 万元，完成预算的 109.76%，同比增长 22.38%，其中：全区地方财政收入 142510 万元，完成预算的 115.58%，同比增长 27.48%。全区地方财政当年支出 75246 万元，完成预算的 120.11%，同比增长 24.49%。2007 年区本级财政总收 180258 万元，完成预算的 126.41%，同比增长 31.06%，其中：区本级地方财政收入 106535 万元，完成预算的 131.77%，同比增长 37.43%。区本级地方财政当年支出 70200 万元，完成预算的 121.03%，同比增长 25.36%。财政收入实现较快增长，重点支出得到有效保障，财政预算执行情况良好。

由于 2007 年市对区奋制决算尚在办理中，区级财政最后收支结果待决算编审完成后再向区人大常委会专题报告。

表 2—32　　2007 年鹿城区地方财政收入执行情况

项　目	2007 年执行数（万元）		2007 年调整预算（万元）		完成预算（%）		增减（%）	
	全　区	本　级	全　区	本　级	全　区	本　级	全　区	本　级
地方财政收入合计算	142510	106535	123300	80850	115.58	131.77	27.48	37.43
（一税收收入	131872	95897	113570	73010	116.12	131.35	27.14	34.90
1 增值税 25%	32645	12529	31700	9580	102.98	130.78	17.06	26.29
2 营业税	40852	38792	29730	27520	137.41	140.96	44.80	46.78
3 城市维护建设税	10074	5128	9500	4320	106.04	118.70	21.56	22.89
4 企业所得税 40%	21420	16846	19600	15160	109.29	112.12	18.17	18.08
5 个人所得税 40%	7984	7201	7640	6820	104.50	105.59	21.13	22.40
6 其他各税	16335	12839	14900	9110	109.63	140.93	19.20	35.09
7 耕地占用税	2562	2562	500	500	512.40	512.40	180.31	180.31

续表 2—32　　2007 年鹿城区地方财政收入执行情况

（二）非税收入	10638	10638	9730	7840	109.33	135.69	31.89	65.49
1. 专项收入	5621	5621	5430	3540	103.52	158.79	10.28	62.50
（1）排污费收入	1948	1948	1700	1700	114.59	114.59	5.53	5.53
（2）教育费附加收入	3673	3673	3730	1840	98.47	199.62	12.98	127.71
2. 罚没收入	4757	4757	3950	3950	120.43	120.43	78.63	78.63
3. 其他收入	260	260	350	350	74.29	74.29	-15.03	-15.03

说明：根据《温州市鹿城区人民政府关于调整乡镇财政管理体制的通知》（温鹿政发〔2007〕2 号）规定，将 2007 年度乡镇教育附加收入调整为区本级收入。

表 2—33　　2007 年鹿城区地方财政支出执行情况

项　目	2007 年执行数（万元）		2007 年预算数（万元）		完成预算（%）		增减（%）	
	全区	本级	全区	本级	全区	本级	全区	本级
一、一般公共服务	14150	11380	11727	9370	120.66	121.45	22.69	25.15
二、国防	125	125	110	110	113.64	131.64	25.00	25.00
三、公共安全	9500	9500	7790	7790	121.95	121.95	25.91	25.91
四、教育	23890	23890	19800	19800	120.66	120.66	27.41	27.41
五、科学技术	2546	2460	2116	2030	120.32	121.18	24.87	25.51
六、文化体育与传媒	688	590	579	490	118.83	120.41	23.30	25.27
七、社会保障和就业	5355	4720	4469	3870	119.83	121.96	23.50	26.81
八、医疗卫生	6377	6100	5307	5030	120.16	121.27	25.38	26.29
九、环境保护	3269	3260	2718	2710	120.27	120.30	25.49	25.14
十、城乡社区事务	2435	2180	2029	1810	120.01	120.44	24.87	25.14
十一、农林水事务	2750	2220	2350	1820	117.02	121.98	22.60	26.86
十二、工业商业金融等事务	937	870	787	720	119.06	120.83	35.21	25.54
十三、其他支出	3224	2905	2863	2450	112.61	118.57	7.40	6.10
地方财政支出合计	75246	70200	62645	58000	120.11	121.03	24.49	25.36

2008 年，全区财政预算收支草案如下：全区财政总收入 317350 万元，同比增长 11.50%，其中全区地方财政收入 158200 万元，同比增长 11.01%。按现行分税制财政体制测算，预计当年全区地方财政可用资金为 81385 万元，安排当年全区地方财政支出 81215 万元，同比增长 7.93%。2008 年安排区本级财政总收入 200990 万元，同比增长 11.50%，其中：区本级地方财政收入 118098 万元，同比增长 10.85%。按现行分税制财政体制测算，预计当年区本级地方财政可用资金为 76057 万元，安排区本级当年地方财政支出 76000 万元，同比增长 8.26%。根据区本级 2008 年部门预算初步汇总，区本级当年支出需 106160 万元，收支缺口 30160 万元，缺口资金争取市财政补助解决。

计划预算审查委员会认为，2007 年区政府及财税部门坚持科学发展、和谐发展、率先发展，紧紧围绕区委确定的总体目标，认真贯彻执行区七届人大一次会议的各项决议，坚持依法治税，依法组织收入，财政继续保持平稳增长，财力明显增强，确保了统筹发展、和谐稳定及各项事业发展的需要。预算执行情况总体是好的，财税工作是有成效的。

计划预算审查委员会认为，2008 年区本级预算草案安排符合《中华人民共和国预算法》等法律、法规的规定，体现广中央经济工作会议精神和稳健的财政政策，预算草案的安排是积极可行的。

会议经审查，通过决议，批准《关于温州市鹿城区 2007 年全区和区级预算执行情况与 2008 年财政预算草案的报告》。

听取、审议常委会工作报告

第二次会议听取、审议区人大常委会主任吴海燕《区人大常委会工作报告》。报告指出，2007 年，是新一届人大常委会的开局之年，也是备受瞩目《中华人民共和国监督法》贯彻实施的第一年。一年来，在区委的领导下，常委会坚持以邓小平理论和“三个代表”重要思想为指导，深入贯彻落实科学发展观，认真贯彻中共十六届四中、五中、六中全会和十七大精神，与时俱进、开拓创新，为促进全区经济社会发展和民主法制建设发挥了应有的作用。常委会主要工作如下：

一、突出监督重点，力求监督实效，监督工作取得新成效。围绕推进依法行政和维护司法公正开展监督。对《中华人民共和国中小企业促进法》《中华人民共和国环境保护法》《中华人民共和国民办教育促进法》《浙江省宗教事务条例》等在全区贯彻实施情况开展检查，促进法律的有效实施；对人民群众普遍关注的法院执行难问题开展监督；加强法制宣传教育和基层民主政治建设，对全区 16 个部门、单位“五五”普法工作落实情况进行督查，深入各街道、乡（镇），对全区村委会换届选举工作开展调研。改进人大信访工作，按照建立“大信访”的要求，常委会把人大信访与党委、政府的信访相衔接，全年接待群众来信 92 件次，群众来访 39 人次；依法任免人大及“一府两院”工作人员 58 人次，首次任命了 11 名人民监督员，首次通过鹿城人大网公开 23 位拟任政府组成人员表态发言材料，接受群众的监督。围绕促进科学发展和构建和谐社会开展监督。强化计划和预、决算审查监督，依法作出了关于批准 2006 年区本级财政决算的决定。专题听取了区政府关于产业结构调整的报告，对全区新农村建设“六大工程”实施、西部农民饮用水工程、“515”防洪保安生命线工程建设“百巷万户惠民”工程、亮丽工程及市容市貌整治等情况开展视察，提出了意见和建议。

二、创新工作机制，发挥代表作用，代表工作取得新进展。开展代表集中培训，对新一届 200 名区人大代报进行一期集中授课。建立代表小组学习制度，提高代表的履职能力。创造代表的履职条件，建立健全代表网络，全区 21 个街道、乡（镇）都建立了代表小组，同时建立了市直、区直两个以部门为主的代表小组，建立了区人大常委会联系代表制度和常委会主任、副主任及各工作委员会联系代表小组制度，组建财经专业小组、城建农村专业小组和教科文卫专业小组。拓宽代表知情知政渠道，丰富代表活动内容，协助本辖区的省人大代表开展代表小组活动 1 次，组织本辖区的市人大代表进行视察活动 2 次，组织区人大代表开展视察活动 14 次，同时邀请代表参加常委会组织的执法检查和调查活动。狠抓议案、建议督办工作，如将《关于均衡城乡教育发展农村教师队伍的议案》列为常委会审议议题，听取了区政府关于议案办理方案和议案办理情况报告。加强对基层人大工作的指导力度，召开两次乡（镇）人大主席联席会议。

三、适应形势需要，夯实工作基础，自身建设取得新成绩。加强理论学习，提高自身履职能力。进一步完善常委会各项工作制度，制定《关于建立人民监督员制度的意见（试行）》。以全区开展 “作风建设年”活动为契机，深入开展机关作风整顿工作，撰写各类调研报告32篇。不断加强人大信息宣传工作，完成鹿城人大网的建设，积极参加全国、省、市及各县（市、区）人大交流活动，成功举办了全国九城区人大工作研讨会第十七次会议。

会议经审查，通过决议，批准《区人大常委会工作报告》。

听取、审议法院工作报告

第二次会议听取、审议区人民法院院长陈有为《区人民法院工作报告》。报告指出，2007年，区法院受理各类案件8381件，审执结案件8281件。全年共审结刑事案件1477件，判处罪犯 2177人。其中，审结故意伤害、绑架等严重暴力犯罪案件287件，判处罪犯417人；审结抢劫、抢夺、盗窃等严重影响群众安全的多发性犯罪案件717件，判处罪犯1184人；审结放火、重大劳动安全事故等危害公共安全犯罪案件111件，判处罪犯118人；审结毒品犯罪等妨碍社会管理秩序犯罪案件313件，判处罪犯400人；审结贷款诈骗、合同诈骗、虚开增值税发票、非法经营等破坏社会主义市场经济秩序犯罪案件26件，判处罪犯35人；审结贪污贿赂和挪用公款犯罪案件18件，判处罪犯 18人3对未成年犯罪人实行教育、感化、挽救方计，寓教于审，惩教结合，尽力挽救失足少年。一年来，共审结未成年人犯罪案件152件，判处被告人168人。其中，适用缓刑以及判处拘役以下刑罚的被告人54人，免予刑事处罚的被告人5人。全年共审结各类民商事案件3799件，解决诉讼标的4.18亿余元。审结的案件中，以调解和撤诉方式结案的2018件，占审结案件总数的53.12%。全年共审结行政案件234件。在审结的案件中，经协调行政机关改变具体行政行为等原因原告申请撤诉的117件，占50%。全部或部分撤销行政机关决定、判决行政机关超行职责等方式处理的27件，占11.54%；维持行政机关决定和裁定驳回起诉的81件，占34.61%；判决驳回诉讼请求、终结、移送等其他方式处理的9件，占3.85%。同时，审查立案非诉行政案件683件。全年共收执行案件2435件，执结2001件，执结标的金额6292万余元。其中，有效执结率达70.59%，居全市法院首位，高于全省法院平均有效执结率6%。被省高院授予“破解执行难优秀法院”称号。全年共审结中诉、申请再审以及再审案件87件，在审结的再审案件中，依法改判的2件。其中，共审结检察机关按照审判监督程序提起抗诉的案件5件，依法改判的1件。全年办结8281案件，上诉854件，上诉被发回重审、改判的仅108件。全年共办理人大督办件9件，办结7件，正在办理的2件。

会议经审查，通过决议，批准《区人民法院工作报告》。

听取、审议检察院工作报告

第二次会议听取、审议区人民检察院检察长程兰生《区人民检察院工作报告》。报告指出，2007 年，区检察院共受理审查逮捕案件 1422 件 2067 人，比上年同期上升 1.1% 和 0.1%；经审查批准和决定逮捕 1322 件 1918 人，同比上升 3.9% 和 3.2%。受理审查起诉案件 1404 件 2090 人，同比下降 9.8% 和 9.5%，经审查提起公诉 1425 件 2087 人，同比上升 10.4% 和 10.2%。不捕没有逮捕必要的轻微刑事犯罪案件 31 件 49 人，相对不起诉 16 件 23 人，调解结案处理轻伤等轻刑案件 10 件 13 人。初查贪污贿赂案件线索 25 件，立案侦查 13 件 14 人，通过办案，为国家挽回经济损失 898 余万元，其中 5 万元以上大案 8 件，查处科级干部 2 人。初查渎职侵权犯罪案件线索 16 件，并查处在违章建筑拆迁和拆迁安置环节发生的规划部门工作人员和安居工程建设指挥部工作人员滥用职权、玩忽职守案件 3 件 3 人。依法监督侦查机关立案侦查刑事案件 4 件，已判刑 6 人，均被判处有期徒刑刑罚，其中十年以上有期徒刑 3 人。监督纠正不该立案而立案 15 件。在侦查活动监督中，共不捕 97 件 153 人，不起诉 18 件 25 人，增捕 36 人，增诉 15 人，向侦查机关发出纠正违法通知书 14 件。在刑事审判监督中，依法提出刑事抗诉 3 件。在刑罚执行监督中，共审查纠正呈报减刑、假释不当 21 人，发送检察建议 20 份、纠正违法通知书 12 份。接待监外执行罪犯 1000 余人次，建议执行机关落实监管措施 100 余人次，经建议收监执行保外就医罪犯 1 人，驻区看守所检察室被最高人民检察院评为一级规范监察室。受理民事行政申诉案件 28 件，立案 15 件，办理市检察院交办案件 46 件，提请和建议提请抗诉 17 件，向法院提出检察建议 4 件，监督的案件经法院再审改判以及自行和解 3 件，说服当事人和解、息诉共 16 件。审查处理群众来信来访 87 件次。

会议经审查，通过决议，批准《区人民检察院工作报告》。

第三次会议

听取、审议政府工作报告

第三次会议听取、审议鹿城区区长余中平《政府工作报告》。报告指出，2008 年，实现生产总值 286.33 亿元，同比增长 5.8%；实现财政总收入 31.96 亿元，其中地方财政收入 15.82 亿元，同比分别增长 12.3% 和 11%；城镇居民人均可支配收入 26703 元，同比增长 8.4%；农民人均纯收入 11296 元，同比增长 10.7%。全年实现工业总产值 521.06 亿元，同比增长 1%。全区三次产业结构由 2007 年的 0.5 ∶ 43.7 ∶ 55.8 调整为 0.5 ∶ 41.7 ∶ 57.8。全年实现社会消费品零售总额 390.02 亿元，增长 19.7%。全年实现旅游业总收入 66.85 亿元，同比增长 15.7%，创成首批省级旅游经济强区。全年完成进出口总额 22.28 亿美元，同比增长 23.25%，其中出口总额 20.72 亿美元，增长 25.32%。全年实现合同利用外资 4796 万美元，实际利用外资 4749 万美元，列三区两市首位；引进内资 8.17 亿元，完成目标任务数的 219.03%。全年完成境外投资 1677 万美元，增长 57.3%。全年实现农业总产值 2.81 亿元，同比增长 3%。全年 27 个重点项目累计完成投资额 28.7 亿元，超额完成年度计划。

报告指出，2009 年，全区经济社会发展的主要预期性指标为：生产总值增长 9%；工业总产值增长 6%；社会消费品零售总额增长 13%；全社会固定资产投资额增长 10%；财政总收入增长 6%，其中地方财政收入增长 5.5%。城镇居民人均可支配收入增长 7.5%，农村居民人均纯收入增长 8%。单位生产总值能耗下降 4.4% 左右；化学需氧量、二氧化硫排放规均削减 1.5% 左右；城镇登记失业率控制在 4% 以内，人口自然增长率控制在 5‰ 以内。为实现上述目标，要做好以下五方面工作：（一）以加快转型升级为途径，保持经济平稳较快增长；（二）以拓展和完善城市功能为抓手，加强中心城区管理和建设；（三）以激活内在发展动力为目标，推进社会主义新农村建设；（四）以全面改善民生为核心，推进社会各项事业协调发展；（五）以强化政府服务职能为重点，打造亲民为民政府形象。

会议经审查，通过决议，批准《政府工作报告》。

审查、批准国民经济和社会发展计划

第三次会议听取、审议区发展和改革局局长贾志文《关于温州市鹿城区 2008 年国民经济和社会发展计划执行情况及 2009 年国民经济和社会发展计划草案的报告》。报告指出，2008 年，全区实现生产总值 286.3 亿元，同比增长 5.8%，完成年计划的 97.3%；工业总产值 521.1 亿元，同比增长 1%，完成年计划的 90.5%；社会消费品零售总额 390 亿元，同比增长 19.7%，完成年计划的 105.5%；固定资产投资 131.7 亿元（市区两级投资统计范围调整，不可比）；外贸出口额 20.7 亿美元，同比增长 25.3%，完成年计划的 111.3%；财政总收入 31.96 亿元，同比增长 12.29%，完成年计划的 100.71%，其中地方财政收入 15.82 亿元，同比增长 11.02%，完成年计划的 100.01%；城镇居民人均可支配收入 26703 元，同比增长 8.4%，完成年计划的 98.6%；农民人均纯收入 11296 元，同比增长 10.7%，完成年计划的 101.6%。

表 2—34　2008 年鹿城区国民经济和社会发展主要指标计划执行情况

主要指标	计量单位	2008 年计划		2008 年完成		
		绝对值	增长率 %	绝对值	增长率 %	完成年计划 %
一、全区生产总值	亿元	294.1	12 以上	286.3	5.8	97.3
二、工业总产值	亿元	575.6	12.5	521.1	1.0	90.5
三、社会消费品零售总额	亿元	369.8	13.5	390.0	19.7	105.5
四、全社会固定资产投资	亿元	76.5	13	131.7	——	——
五、外贸出口额	亿美元	18.6	16	20.7	25.3	111.3
六、财政总收入	亿元	31.73	11.5	31.96	12.29	100.71
其中：地方财政收入	亿元	15.82	11	15.82	11.02	100.01
七、城镇居民人均可支配收入	元	27076	8.5	26703	8.4	98.6
八、农村居民人均纯收入	元	11121	9	11296	10.7	101.6
九、单位 GDP 能耗	吨标准煤 / 万元	-4.4		-4.6		

续表 2—34　　2008 年鹿城区国民经济和社会发展主要指标计划执行情况

十、主要污染物排放量 1. 二氧化硫排放量（SO_2）	——	3272	-3.2	-10.2
2. 化学需氧量（COD）	——	20670	-3.5	-8.7
十一、城镇登记失业率	%	4 以内		1.33
十二、人口自然增长率	‰	4.5 以内		3.48 以内

说明：2008 年主要污染物削减率为初步核算数，未经市审核。

2009 年，全区国民经济和社会发展的主要预期目标：生产总值增长 9%；工业总产值增长 6%；社会消费品苓售总额增长 13%；固定资产投资总额增长 10%；外贸出口额增长 12%；财政总收入增长 6%，其中地方财政收入增长 5.5%；城镇居民人均可支配收入增长 7.5%；农民人均纯收入增长 8%。单位 GDP 能耗下降 4.4%；二氧化硫（SO_2）排放贵削减 1.5%；化学需氧量（COD）排放最削减 1.5%；城镇登记失业率控制在 4% 以内；人口自然增长率控制在 5‰以内。为实现上述目标，要做好以下工作：（一）着力扩大内需，保障经济平稳较快发展；（二）推进产业升级，加快经济发展方式；（三）改善民生建设，营造社会平安和谐；（四）加快改革进程，增添体制机制创新活力。

会议经审查，通过决议，批准区人民政府提出的 2009 年国民经济和社会发展计划，批准《关于温州市鹿城区 2008 年国民经济和社会发展计划执行情况及 2009 年国民经济和社会发展计划草案的报告》。

审查、批准财政预算和决算

第三次会议审查、批准区财政局局长胡晓初《关于温州市鹿城区 2008 年全区和区级预算执行情况及 2009 年全区和区级预算草案的报告》。报告指出，2008 年，全区实现财政总收入 319589 万元，完成预算的 100.71%，同比增长 12.29%。其中：全区地方财政收入 158216 万元，完成预算的 100.01%，同比增长 11.02%，全区地方财政当年支出 81812 万元，完成预算的 100.74%，同比增长 8.73%。2008 年，区本级财政总收入 203503 万元，完成预算的 101.25%，同比增长 12.90%，其中：区本级地方财政收 117670 万元，完成预算的 99.64%，同比增长 10.45%。区本级地方财政当年支出 76000 万元，完成预算 100.00%，同比增长 8.26%。预算执行情况良好，各项财政工作卓有成效。

由于 2008 年市对区体制决算尚在办理中，区级财政最后收支结果待决算编审完成后再向区人大常委会专题报告。

表 2—35　　2008 年鹿城区地方财政收入执行情况

项　目	2008 年执行数（万元）		2008 年调整预算（万元）		完成预算（%）		增减（%）	
	全区	本级	全区	本级	全区	本级	全区	本级
地方财政收合计算	158216	117670	158200	118098	100.01	99.64	11.02	10.45
（一）税收收入	146474	105928	147560	107458	99.26	98.58	11.07	10.46
1. 增值税 25%	37857	15287	37000	14545	102.32	105.10	15.97	22.01

续表 2—35　　2008 年鹿城区地方财政收入执行情况

2. 营业税	45834	43576	44900	42601	102.08	102.29	12.20	12.33
3. 城市维护建设税	10581	5543	11500	5973	92.01	92.80	5.03	8.09
4. 企业所得税 40%	21328	17070	22060	17000	96.68	100.41	-0.43	1.33
5. 个人所得税 40%	10482	9523	10000	9131	104.82	104.29	31.29	32.25
6 其他各税	18885	13422	20600	16708	91.67	80.33	15.61	4.54
7 耕地占用税	1507	1507	1500	1500	100.47	100.47	-41.18	-41.18
（二）非税收入	11742	11742	10640	10640	110.36	110.36	10.38	10.38
1 专项收入	5675	5675	5400	5400	105.09	105.09	0.96	0.96
（1）排污费收入	1846	1846	1500	1500	123.07	123.07	-5.24	-5.24
（2）教育费附加收入	3829	3829	3900	3900	98.18	98.18	4.25	4.25
2. 罚没收入	5944	5944	5040	5040	117.94	117.94	24.95	24.95
3. 其他收入	123	123	200	200	61.50	61.50	-52.69	-52.69

表 2—36　　2008 年鹿城区地方财政支出执行情况

项　目	2008 年执行数（万元）		2008 年预算数（万元）		完成预算（%）		增减（%）	
	全区	本级	全区	本级	全区	本级	全区	本级
一、一般公共服务	15599	12300	14996	12300	104.02	100.00	10.24	8.08
二、国防	135	135	135	135	100.00	100.00	8.00	8.00
三、公共安全	10280	10280	10280	10280	100.00	100.00	8.21	8.21
四、教育	26350	26350	26350	26350	100.00	100.00	10.30	10.30
五、科学技术	2755	2660	2755	2660	100.00	100.00	8.21	8.13
六、文化体育与传媒	732	640	732	640	100.00	100.00	6.40	8.47
七、社会保障和就业	5773	5110	5772	5110	100.02	100.00	7.81	8.26
八、医疗卫生	6911	6650	6901	6650	100.14	100.00	8.37	9.02
九、环境保护	3908	3880	3557	3530	109.87	109.92	19.55	19.02
十、城乡社区事务	2661	2360	2618	2360	101.64	100.00	9.28	8.26
十一、农林水事务	2971	2420	2948	2420	100.78	100.00	8.04	9.01
十二、工业商业金融等事务	1098	940	1068	940	102.81	100.00	17.18	8.05
十三、其他支出	2639	2275	3103	2625	85.05	86.67	-18.15	-21.69
地方财政支出合计	81812	76000	81215	76000	100.74	100.00	8.73	8.26

2009 年，全区财政预算收支草案如下：财政总收入 338780 万元，同比增长 6%，其中地方财政收入 166925 万元，同比增长 5.50%。按现行分税制财政体制测算，预计当年全区地方财政可用资金为 85139 万元，安排当年全区地方财政支出 84320 万元，同比增长 3.07%。2009 年，安排区本级财政总收入 215730 万元，同比增长 6.01%，其中：区本级地方财政收入 124155 万元，同比增长 5.51%。按现行分税制财政体制测算，预计当年区本级地方财政可用资金为 78889 万元，安排区本级当年地方财政支出 78800 万元，同比增长 3.68%。根据区本级 2009 年部门预算初步汇总，区本级当年支出需 118095 万元，收支缺口 39206 万元，缺口资金争取市财政补助解决。

计划预算审查委员会认为，2008 年区人民政府及财税部门坚持以科学发展观为指导，认真贯彻执行中央、省、市经济、财税工作会议精神，紧紧围绕区委的总体部署，切实落实区七届人大二次会议的决议，坚持依法征税，强化财税服务，积极组织收入，较好地完成了预算任务，确保了经济平稳发展与社会和谐稳定的需要。预算执行情况总体是好的，财税部门是积极努力的，财税工作是有成效的。

计划预算审查委员会认为，2009 年区本级预算草案安排符合《中华人民共和国预算法》等法律、法规的规定，体现了中央经济工作会议精神和积极的财政政策，以“保增长、重民生、抓统筹、促稳定、强服务”为主线，预算草案的安排是积极可行的。

会议经审查，通过决议，批准《关于温州市鹿城区 2008 年全区和区级预算执行情况与 2009 年财政预算草案的报告》。

听取、审议常委会工作报告

第三次会议听取、审议区人大常委会主任吴海燕《人大常委会工作报告》。报告指出，2008 年，常委会共召开 8 次常委会会议、17 次主任会议，听取和审议 16 项工作报告，开展 2 项执法检查，作出 8 项决议决定、6 项审议意见，依法任免国家机关工作人员 45 人。常委会主要工作如下：

一、监督工作。听取和审议政府专项工作报告，依法行使监督职权。多次组织代表及有关人员对温瑞塘河鹿城段综合整治工作进展情况进行视察调查，并专题听取和审议了区政府的工作报告；听取和审议了区政府关于城乡社区卫生服务工作情况的报告；对区政府 2008 年度为民办实事项目落实情况逐一进行视察，并听取和审议了区政府办实事项目落实情况的报告。加强对计划和预算执行情况的监督，保障经济社会又好又快发展。听取和审议了区政府关于“十一五”规划纲要中期评估和 2008 年 1—9 月国民经济和社会发展计划执行情况的报告；审查批准了 2007 年区级决算。开展法律法规贯彻实施情况的检查，促进依法行政和公正司法。对 2005 年以来贯彻实施《中华人民共和国产品质量法》情况开展执法检查；对社会治安形势高度关注，开展了《浙江省社会治安综合治理条例》贯彻实施情况的执法检查。加强和改进跟踪监督工作，提高监督工作实效。分别对上一年度作出的关于新农村建设、《中华人民共和国民办教育促进法》和《均衡城乡教育发展农村教师队伍议案》办理的审议意见落实情况进行跟踪监督。加强和改进信访工作，全年共受理群众来信 79 件，群众来访 40 批次。常委会领导还积极参与全区领导班子“大下访”活动，认真做好有关信访包案工作，完善重要信访案件的督办机制。

二、人事任免工作。坚持干部任前法律知识考试、任前情况介绍和任职表态发言制度，对提请任免的人员进行认真的审议和表决。一年来，认真审议了主任会议、区政府和法检两院提请的人事任免议案，共依法任免副区长及区政府部门负责人 6 人，任免法官 26 人、检察官 7 人，任免街道人大负责人及工委委员 6 人。

三、代表工作。加强代表培训工作。一年来，共组织 3 期区人大代表培训班，制定了《鹿城区七届人大代表培训方案》，编印了《人大代表培训资料》，共有 243 名区人大代表参加培训，参培率达 85.9%；组织 24 名市人大代表参加市人大组织的代表培训班。保障代表知情知政。一年来，常委会共安排 22 名代表列席常委会会议，组织 235 名代表听取“一府两院”半年工作报告；围绕全区热点难点问题，先后安排区人大代表 93 人次参加建议办理情况的视察、调查和座谈；安排市人大代表171人次对西部饮用水工程、垃圾填埋场、七都大桥等重点工程进行视察，去年参加常委会组织的视察、调研等活动的代表总共达324人次。创新代表活动方式，指导相关街道、乡（镇）继续完善代表接待日制度。强化代表履职监督。安排6名市人大代表向常委会述职，38名区人大代表向原选区选民或选民代表述职。依法罢免了杨湘洪的温州市第十一届人民代表大会代表职务和鹿城区第七届人民代表大会代表职务。加大议案、建议督办力度。区七届人大二次会议期间，代表10人以上联名提出议案58件，将《关于要求在鞋都三期内筹建社区卫生服务中心的议案》列入常委会审议议题。

四、自身建设。强化学习，提高素质。一年来，共组织各类学习、培训45次。注重调研，转变作风。共开展各类视察调研25次，形成调研报告12个。完善制度，规范运作。通过文件交办、定期检查研究落实情况等方式，健全完善审议意见督办机制；建立审议意见办理表态制度，列席会议的政府或“两院”领导要对审议意见进行当场表态，并作出整改及办理承诺。通过鹿城人大网等多种渠道公开监督计划、“一府两院”工作报告、常委会调查报告、执法检查报告、审议意见以及审议意见落实整改情况等，提高监督工作的透明度。加强宣传，提升形象。全年共报送各类人大工作信息60篇，被省人大采用3篇，市人大采用42篇。坚持联系，加强指导。组织10名乡（镇）人大负责人参加市人大组织的乡（镇）人大工作培训班，组织12名街道人大工作负责人赴北京西城区、南京玄武区学习街道人大工作先进经验。共召开2次乡（镇）人大主席团联席会议和4次街道、乡（镇）人大工作例会，交流工作经验，提升工作水平。指导乡（镇）人大依法开好人代会，推进基层民主政治建设。对全区街道人大工作进行调查，促进街道人大工作水平提升。

会议经审查，通过决议，批准《区人大常委会工作报告》。

听取、审议法院工作报告

第三次会议听取、审议区人民法院院长陈有为《区人民法院工作报告》。报告指出，2008年，区法院共受理各类案件9814件，同比上升17.10%；办结各类案件9484件，同比上升14.53%。一年来，共审结刑事案件1541件，同比上升4.33%，判处被告人2219人。其中，审结故意杀人、故意伤害、绑架等严重暴力犯罪197件，判处被告人266人；审结抢劫、抢夺、盗窃等严重影响群众安全的多发性犯罪案件619件，判处被告人974人；审结贷款诈骗、合同诈骗、非法经营等破坏社会主义市场经济秩序犯罪案件54件，判处被告人69人；审结贪污贿赂案件26件，判处被告人28人。全年适用缓刑以及判处拘役以下刑罚的被告人430人，免予刑事处罚5人，宣告无罪1人，依法裁定准予检察机关撤回起诉1件。依法审理未成年人犯罪207人。一年来，共受理各类民事案件5525件，同比上升40.80%；共审结民事案件5203件，同比上升36.96%。共审结行政案件249件，同比上升6.41%；审结非诉审查案件620件。一年来，共受理执行案件2270件（含上年旧存440件），执结各类案件1831件。全年民事案件执行到位额高达1.2亿余元，是

2007 年的一倍多，执行到位额创历史最高记录。其中执结行政非诉执行案件 457 件。在审结的民事案件中，以调解和撤诉方式结案的 2619 件，占 50.34%；在审结的行政案件中，经协调原告撤诉的占 16.8%；在执结的民事执行案件中，自动履行率达 25%；在执结的行政执行案件中，自动履行率 42.63%。一年来，共即立即调、即调即结案件 203 件，当庭履行的占 95%，平均审限只有一天半。全年共审结申诉、申请再审以及再审案件 40 件，接待群众来信来访 99 人次，妥善解决多起中央和省里督办的信访老案。共减、缓、免、退诉讼费 578 万余元，发放司法救助资金 20.9 万元。

会议经审查，通过决议，批准《区人民法院工作报告》。

听取、审议检察院工作报告

第三次会议听取、审议区人民检察院检察长程兰生《区人民检察院工作报告》。报告指出，2008 年，区检察院共批准和决定逮捕各类刑事案件 1561 件 2241 人，提起公诉 1502 件 2141 人，同比分别上升 18.1% 和 5.4%。其中，批准逮捕严重暴力犯罪、严重影响群众安全感的多发性侵财犯罪和毒品犯罪案件 1302 件 1834 人，提起公诉 1102 件 1543 人，分别占批捕和起诉案件数的 83.4% 和 73.3%；批准逮捕严重扰乱市场经济秩序、侵犯知识产权、破坏企业生产经营等犯罪案件 27 件 34 人，提起公诉 45 件 58 人。不捕主观恶性较小、犯罪情节轻微的初犯、偶犯和过失犯 43 人，相对不起诉 65 人；刑事和解不捕亲友、邻里、同学、同事之间因纠纷引发的轻伤害案件以及交通肇事案件 17 人，和解不起诉 26 人；不捕未成年犯罪嫌疑人 13 人，不起诉 10 人，其中在校生 8 人，并通过建立“新温州人、未成年人犯罪帮教基地”等措施，将犯罪青少年跟踪帮教工作落到实处。审查处理群众来信来访 110 件次，并成功息诉 3 起进省、上京的重点上访件。控申接待室于 2008 年 2 月被最高人民检察院授予全国检察机关“文明接待室”称号。初查贪污贿赂、渎职犯罪案件线索 60 余件，立案查处 19 件 22 人，其中贪污贿赂案件 15 件，渎职案件 4 件，内含大案 12 件，本级现职领导干部 5 人，行政执法机关等热点部门案件 9 件，依法独立查办贪污贿赂案件 13 件，通过办案挽回经济损失 260 余万元。牵头建立检察、监察、审计共同执导监督职务犯罪预防工作机制，会同区建设局在全市率先创设工程招标廉洁准入制；查询建设单位行贿犯罪档案记录 212 件，开展犯罪预防讲座、预防咨询、预防建议等活动 30 余次。刑事诉讼监督中，不批捕 125 件 191 人，不起诉 56 件 74 人，增捕 36 人，增诉 8 人；监督公安机关立案 11 件 13 人，立案监督的案件已判决 4 件 5 人，其中被判处十年以上有期徒刑 2 人，监督撤销不应当立案的案件 17 件 38 人；对侦查活动中违法情况提出纠正意见 73 件次；提出或提请刑事抗诉 2 件，经法院再审改判 1 件，发回重审 1 件。刑罚执行监督中，监督纠正呈报减刑不当 9 人，对符合条件的罪犯建议呈报减刑 2 人，监督纠正刑事拘留不当、刑期计算错误等侵犯当事人合法权益问题 26 件。民事行政检察中，受理 29 件，审查后立案 37 件，办理市检察院交办案件 20 件，提请抗诉 37 件，建议提请抗诉 6 件，向法院提出再审检察建议 5 件，监督的案件经法院再审改判、自行和解共 21 件。先后对 29 件涉及拖欠国有资产的纠纷实施了督促民事起诉，防止国有资产流失5000余万元。

会议经审查，通过决议，批准《区人民检察院工作报告》。

第四次会议

听取、审议政府工作报告

第四次会议听取、审议鹿城区区长王立彤《政府工作报告》。报告指出，2009年，是新世纪以来鹿城经济发展最为困难的一年。面对国际金融危机持续影响和鹿城自身发展转型带来的双重压力，区政府坚持以科学发展观为统领，紧紧围绕“保增长、重民生、抓统筹、促稳定、强队伍”的工作主线，克难前行，有效实现了经济平稳发展，维护了社会和谐稳定。预计全年实现生产总值514.2亿元，同比增长27.8%（原口径293亿元，同比增长6.4%）；实现财政总收入31.58亿元，其中地方财政收入16.96亿元，同比分别增长-1.2%和7.2%；社会消费品零售总额454.46亿元，同比增长16.5%；城镇居民人均可支配收入28699元，同比增长7.5%；农民人均纯收入12211元，同比增长8.1%。全区实现进出口总额23.77亿美元，同比增长5.77%，列全市第一，其中出口总额21.75亿美元，占全市19.9%。实际利用外资5719万美元，到位内资9.49亿元，分别完成年度计划的414.4%、209.5%，总量和增速均居全市第一，完成境外投资1050万美元，同比增长115.4%。29个重点项目建设，全年完成投资额22.24亿元，完成年度计划的100.2%。建筑业全年实现总产值同比增长14.2%。全年接待游客人数769.34万人次，旅游总收入73.97亿元，同比分别增长11.1%和10.6%。全年服务业增加值占国内生产总值的比重达72.2%。全年实现农业总产值2.9亿元，同比增长4.9%。单位生产总值综合能耗预计下降4.4%，化学需氧量、二氧化硫排放量预计分别削减3.5%和2.5%以上。

报告指出，2010年，全区国民经济和社会发展的主要预期性指标为：生产总值增长8%左右；工业总产值增长3%；社会消费品零售总额增长14%；全社会固定资产投资额增长7%；财政总收入增长6%，其中地方财政收入增长5.5%；城镇居民人均可支配收入增长7%以上；农村居民人均纯收入增长7.5%以上。单位生产总值能耗下降3.2%；化学需氧量、二氧化硫排放量分别削减1.0%和1.5%；城镇登记失业率控制在4%以内；人口自然增长率控制在5‰以内。为实现上述目标，要着重做好以下五个方面：把提振信心、凝心聚力作为构筑发展高地的动力源泉；把强化改革、创新机制作为破解发展难题的助推引擎；把加快转型、壮大实力作为经济社会发展的重要基石；把攻坚项目、建成项目作为统筹城乡发展的主体平台；把改善民生、维护稳定作为促进社会和谐的坚强保障。

会议经审查，通过决议，批准《政府工作报告》。

审查、批准国民经济和社会发展计划

第四次会议审查、批准区发展和改革局局长贾志文《关于温州市鹿城区2009年国民

经济和社会发展计划执行情况及2010年国民经济和社会发展计划草案的报告》。报告指出，2009年，是新世纪以来全区经济社会发展最困难的一年，也是经受最严峻挑战的一年。预计全区实现生产总值293亿元，同比增长6.4%，完成年计划的93.9%（新口径514.2亿元，同比增长7.8%）；工业总产值490.3亿元，同比下降3.1%，完成年计划的88.8%；社会消费品零售总额454.46亿元，同比增长16.5%，完成年计划的103.1%；固定资产投资额115亿元，同比下降12.7%，完成年计划的79.4%；外贸出口总额21.75亿美元，同比增长3.99%，完成年计划的93.8%；财政总收入31.58亿元，同比下降1.2%，完成年计划的93.21%；其中地方财政收入16.96亿元，同比增长7.2%，完成年计划的101.58%；城镇居民人均可支配收入28699元，同比增长7.5%，完成年计划的100%；农民人均纯收入12211元，同比增长8.1%，完成年计划的100.1%；预计全区万元GDP能耗同比下降4.4%，二氧化硫排放量（SO_2）同比下降2.5%以上，化学需氧量（COD）排放量同比下降3.5%以上，分别比年度减排目标多削减1%、2%。

表2—37　　2009鹿城区国民经济和社会发展主要指标执行情况

主要指标	计量单位	2009年计划		2009年完成数	
		绝对值	增长率%	完成数	增长率%
一、全区生产总值	亿元	312.1	9	293.0（514.2）	6.4（7.8）
二、工业总产值	亿元	552.4	6490.3	-3.1	505.0
三、社会消费品零售总额	亿元	440.7	13	454.46	16.5
四、全社会固定资产投资	亿元	144.9	10	115.0	-12.7
五、外贸出口额	亿美元	23.2	12	21.75	3.99
六、财政总收入	亿元	33.88	6	31.58	-1.2
其中：地方财政收入	亿元	16.69	5.5	16.96	7.2
七、城镇居民人均可支配收入	元	28706	7.5	28699	7.5
八、农民人均纯收入	元	12200	8	12211	8.1
九、单位GDP能耗	%	-4.4		-4.4	
十、主要污染物削减率 1.二氧化硫（SO_2）	%	-1.5		-2.5	
十、主要污染物削减率 2.化学需氧量（COD）	%	-1.5		-3.5	
十一、城镇登记失业率	%	4以内		1.37	
十二、人口自然增长率	‰	5以内		2.1	

说明：1.全区生产总值2009年完成数及增长率括号内的为新口径。2.单位GDP能耗，（SO_2）、COD削减率2009年完成数为预计数。

报告指出，2010年，国民经济和社会发展主要预期目标为：生产总值增长8%左右，工业总产值增长3%，全社会固定资产投资总额增长7%，社会消费品零售总额增长14%，外贸出14总额增长9%，财政总收入增长6%，其中地方财政收入增长5.5%，城镇居民人均可支配收入增长7%以上，农村居民人均纯收入增长7.5%以上，单位GDP能耗下降3.2%，二氧化硫排放量（SO_2）下降1.5%，化学需氧量（COD）下降1%，城镇登记失业率控制在4%以内，人口自然增长率控制在5‰以内。为实现上述目标，要做好以下工作：（一）推动结构调整优化，提升产业发展层次和水平；（二）推进重点项目建设，保持投资适度；（三）加大改革开放力度，着力增强发展的动力和活力；（四）推进社会事业发展，着力保障和改善民生；（五）抓好“十二五”规划编制，科学谋划未来发展。

会议经审查，通过决议，批准区人民政府提出的2010年国民经济和社会发展计划，批准《关于温州市鹿城区2009年国民经济和社会发展计划执行情况及2010年国民经济和社会发展计划草案的报告》。

审查、批准财政预算和决算

第四次会议审查、批准区财政局局长胡晓初《关于温州市鹿城区2009年全区和区级预算执行情况及2010年全区和区级预算草案的报告》。报告指出，2009年，全区实现财政总收入315768万元，完成预算的93.21%，同比下降1.20%，其中：全区地方财政收入169558万元，完成预算的101.58%，同比增长7.17%。全区地方财政当年支出84514万元，完成预算的100.23%，同比增长3.30%。2009年区本级财政总收入211459万元，完成预算的98.02%，同比增长3.91%，其中：区本级地方财政收入130948万元，完成预算的105.47%，同比增长11.28%。区本级地方财政当年支出78800万元，完成预算的100.00%，同比增长3.68%。

由于2009年市对区体制决算尚在办理中，区级财政最后收支结果待决算编审完成后再向区人大常委会专题报告。

表2—38　　2009年鹿城区地方财政收入执行情况

项　目	2009年执行数（万元）		2009年调整预算（万元）		完成预算（%）		增减（%）	
	全区	本级	全区	本级	全区	本级	——	——
区本级地方财政收入合计算	169558	130948	166925	124155	101.58	105.47	7.17	11.28
（一）税收收入	160192	121582	154985	112215	103.36	108.35	9.37	14.78
1增值税25%	32812	13698	39925	15895	82.18	86.18	-13.33	-10.39
2营业税	59779	57046	45800	43450	130.52	131.29	30.43	30.91
3城市维护建设税	11305	6535	11200	5970	100.94	109.46	6.84	17.90
4企业所得税40%	20684	16176	22060	17600	93.76	91.91	-3.02	-5.24
5个人所得税40%	11102	10039	12600	11600	88.11	86.54	5.91	5.42
6其他各税	23648	17226	22800	17100	103.72	100.74	25.22	28.34
7耕地占用税	862	862	600	600	143.67	143.67	-42.80	-42.80
（二）非税收入	9366	9366	11940	11940	78.44	78.44	-20.24	-20.24
1专项收入	5643	5643	5760	5760	97.97	97.97	-0.56	-0.56
（1）排污费收入	1538	1538	1700	1700	90.47	90.47	-16.68	-16.68
（2）教育费附加收入	4105	4105	4060	4060	101.11	101.11	7.21	7.21
2. 罚没收入	3595	3595	6060	6060	5932	59.32	-39.52	-39.52
3. 其他收入	128	128	120	120	106.67	106.67	4.07	4.07

表 2—39　　　　2009 年鹿城区地方财政支出执行情况

项　目	2009 年执行数（万元）		2009 年预算数（万元）		完成预算（%）		增减（%）	
	全区	本级	全区	本级	全区	本级	——	——
一、一般公共服务	15893	12550	15741	12550	100.97	100.00	1.88	2.03
二、国防	140	140	140	140	100.00	100.00	3.70	3.70
三、公共安全	10690	10690	10690	10690	100.00	100.00	3.99	3.99
四、教育	27900	27900	27850	27850	100.18	100.18	5.88	5.88
五、科学技术	2843	2760	2840	2760	100.11	100.00	3.19	3.76
六、文化体育与传媒	800	670	790	670	101.27	100.00	9.29	4.69
七、社会保障和就业	5492	5310	5522	5310	99.46	100.00	-4.87	3.91
八、医疗卫生	7197	6920	7197	6920	100.00	100.00	4.14	4.06
九、环境保护	4095	4040	4095	4040	100.00	100.00	4.79	4.12
十、城乡社区事务	2760	2450	2760	2450	100.00	100.00	3.72	3.81
十一、农林水事务	3143	2520	3119	2520	100.77	100.00	5.79	4.13
十二、采掘电力信息事务	997	750	933	750	106.86	100.00	14.07	4.75
十三、粮油物资储备等事务	230	230	230	230	100.00	100.00	2.68	2.68
十四、其他支出	2334	1870	2413	1920	96.73	97.4	-11.56	-17.80
其中：预备费	——	——	923	800	——	——	——	——
地方财政支出合计	84514	78800	84320	78800	100.23	100.00	3.30	3.68

2010 年，财政预算的收支草案如下：全区财政总收入 334715 万元，同比增长 6%，其中全区地方财政收入 178885 万元，同比增长 5.50%。按现行分税制财政体制测算（按原体制测算），预计当年全区地方财政可用资金为 88544 万元，安排当年全区地方财政支出 87210 万元，同比增长 3.19%。2010 年安排区本级财政总收入 224035 万元，同比增长 5.95%，其中：区本级地方财政收入 137955 万元，同比增长 5.35%。按现行分税制财政体制测算（按原体制测算），预计当年区本级地方财政可用资金为 81664 万元，安排区本级当年地方财政支出 81660 万元，同比增长 3.63%。根据区本级 2010 年部门预算初步汇总，区本级当年支出需 145345 万元，收支缺口 63681 万元，缺口资金争取市财政补助解决。

计划预算审查委员会认为，2009 年区政府及财税部门坚持以科学发展观为指导，认真贯彻执行中央、省、市经济、财税工作会议精神，紧紧围绕区委的总体部署，切实落实区七届人大三次会议的决议，坚持依法征税、依法理财、科学理财，积极组织收入，较好地完成了预算任务，确保了经济平稳发展与社会和谐稳定的需要。预算执行情况总体是平稳的，财税工作是积极努力的。

计划预算审查委员会认为，2010 年区本级财政收支矛盾突出，结合全区财力状况，对支出进行了适度的压缩，新增财力主要向基层一线倾斜，用于民生和社会事务支出，支出安排已远远超出财政可承受能力，执行中需从紧把握，勤俭办事。区本级预算草案的安排，符合全区实际。

会议经审查，通过决议，批准《关于温州市鹿城区 2009 年全区和区级预算执行情况与 2010 年财政预算草案的报告》。

听取、审议常委会工作报告

第四次会议听取、审议区人大常委会主任吴海燕《人大常委会工作报告》。报告指出，2009年，区人大常委会在中共鹿城区委的领导下，紧紧围绕全区工作大局，认真履行法定职责，顺利完成了区七届人大三次会议确定的各项任务，为推进鹿城民主法治建设，提高科学发展水平作出了积极努力。一年来，共召开常委会会议8次，主任会议20次，听取和审议“一府两院”工作报告17项，作出审议意见9项，组织视察调研30次，执法检查2次。常委会主要工作如下：

一、坚持服务大局，依法作出决议、决定，发挥地方国家权力机关作用。围绕区委重大决策，紧紧围绕涉及人民群众切身利益的重大问题，依法作出决议、决定8项。坚持党管干部与人大依法任免干部的有机统一，严格执行任前法律知识考试、表态发言和颁发任命书制度，进一步规范人事任免程序。共组织干部任前法律知识考试23人次，依法任免国家机关工作人员50人次。依法批准增补人民陪审员名额28个，免去人民陪审员4名，任命人民陪审员33名。

二、坚持科学发展，依法行使监督职能，监督工作有度、有方、有效。为深化专项工作监督，对经贸、民政、体育、市政园林、计生等五项专项工作开展了评议；为强化社会监督，积极推行“阳光作业”，累计通过人大网站公开常委会审议意见及“一府两院”落实审议意见情况等相关报告80多项。加强对经济工作的监督，结合企业服务年活动就中小企业融资难问题开展调研，审议经贸专项工作报告，听取1—8月份计划执行情况报告和半年经济运行情况报告，对教育、卫生部门2008年的预算细编工作进行跟踪监督，对民政、市政园林、农林水利部门的预算细编情况进行审查监督，推进“阳光财政”进程。加强对社会事业的监督，审议民政、人口与计生、体育、市政园林等专项工作报告。加强对民生问题的监督，对食品安全、消防安全、宗教活动场所管理情况作开展调查，跟踪监督温瑞塘河审议意见落实情况，对农村饮用水、戍浦江综合整治等工程和环境综合整治工作开展视察。加强对法律工作的监督，开展《浙江省物业管理条例》《中华人民共和国农业法》及相关法律法规执法检查，审议区检察院侦查监督工作情况报告；建立规范性文件备案审查机构并落实人员编制。受理来信93件，接待来访175人次，通过信访监督，纠正有法不依、执法不严、违法不究的行为。着眼公平公正，推进依法治区进程。

三、坚持履职为民，认真督办代表议案，维护好人民群众的切身利益。区七届人大三次会议主席团将《关于尽快启动330国道鹿城仰义至双屿段改造的议案》《关于加快发展装备制造业，促进产业转型升级的议案》《关于要求推进鹿城区“城中村”旧村改造的议案》交常委会审议。常委会将这三个议案列入重要监督议题，先后审议了议案办理方案和方案办理情况的报告，针对议案办理中存在的问题及时向区政府提出建议，确保议案办理工作扎实有序推进。此外，常委会还对2008年《关于在鞋都三期内筹建社区卫生服务中心议案》办理情况进行了跟踪监督，要求区政府进一步加强领导与协调力度，确保该项目早日落实。

四、坚持规范创新，优化服务保障工作，代表主体作用不断凸显。强化学习培训，一年来，各代表小组累计组织代表学习近 1000 人次；组织代表开展针对性培训，学习法律法规，参与培训的代表达 150 人次。完善制度，出台《鹿城区人民代表大会闭会期间代表活动的若干规定》；完善代表小组工作制度、代表接待日制度和代表联系选民制度，指导代表小组开展学习交流、接待选民、议事议政等活动，围绕全区重大事项、重要工作和群众关注的热难点问题开展视察调研，全区各代表小组累计组织视察调研 25 批次 220 人次；坚持代表述职制度，组织 7 名市人大代表向区人大常委会述职，各代表小组共组织 17 名区人大代表向选民或选民代表述职；改善服务，代表知情知政权得到较好保障，共向代表寄送《浙江人大》《温州人大》《常委会公报》等刊物计 1698 册；扩大代表对常委会活动的参与，共邀请代表列席常委会 24 人次，参加执法检查、视察调研 357 人次。在全市率先开展代表建议办理工作评议，74 名区人大代表通过听取建议办理情况报告，当面提出建议办理工作中存在的问题与建议，对农林水利、经贸、市政园林、民政、教育、卫生 6 个单位的代表建议办理工作开展满意度测评，推动代表建议的落实。注重联络，区人大常委会组织了 5 次市人大代表小组活动，就七都大桥、绕城高速等工程和西部乡（镇）饮水安全问题开展视察调研；在市十一届人大四次会议期间，鹿城代表团共提出议案、建议 100 件，其中《关于支持引导民营企业通过联合重组，实现转型升级，抱团应对金融危机的议案》被大会主席团确定为常委会审议议题。

五、坚持与时俱进，深入学习实践科学发展观，常委会及机关建设扎实推进。加强思想作风建设，围绕“党员干部受教育、人大工作上水平、机关建设上台阶”的学习实践活动目标，组织开展了专题学习、专题调研、思想解放大讨论等活动。加强机构、组织建设，经区委同意，明确了人大常委会主任、副主任、专职委员任期届满改任非领导职务不占机关编制，将信访科升格为信访办，增加 3 名事业编制，街道、乡（镇）人大负责人与同级党政一把手享受同等待遇等规定；依法任命了 8 名街道人大工委主任、副主任，组织 6 名乡（镇）人大负责人参加市人大组织的人大主席培训，提高乡（镇）人大主席的工作能力与水平；指导基层人大组织开展规范化建设，部分街道、乡（镇）人大设立了人大办公室，配备了专、兼职人大干部。加强制度机制建设，出台《常委会审议意见处理暂行办法》，完善《机关工作管理若干制度》。加强宣传阵地建设，一是加快人大机关信息化建设；二是抓好人大宣传工作，累计上报各类信息 80 余条，被各级人大刊物、人大网站录用 47 条。

会议经审查，通过决议，批准《区人大常委会工作报告》。

听取、审议法院工作报告

第四次会议听取、审议区人民法院代院长周丰《区人民法院工作报告》。报告指出，2009 年，区法院共新收各类案件 12235 件，办结 11523 件，同比分别上升 24.7% 和 21.5%。全年共新收各类刑事案件 1646 件，旧存 14 件，审结 1648 件，同比分别上升 6.5% 和 6.9%。共审结涉黑恶势力犯罪、涉毒犯罪、“两抢”犯罪，以及寻衅滋事等犯罪 684 件 1009 人。全年共对 471 名被告人判处管制、单处附加刑或适用缓刑，为 111 名符合法律援助条件的被告人指定了辩护人，对3起指控证据不足的案件依法准予公诉机关撤回起诉。全年共新收各类民商事案件6455件，审结5949件，同比分别上升16.8%和14.3%，解决诉讼标的21亿元，是上年的2.5倍。全年民商咧案件以调解和撤诉方式结案的有3163件，占53.2%。全年共新收行政案件341件，审结323件，同比分别上升35.3%和29.7%。全年共有156起行政案件经协调，原告主动撤诉，占结案总数的48.3%；对协调不成的案件则及时下判，共判决案件119件，其中判决行政机关败诉的34件。全年共新收行政非诉审查案件728件，办结728件，同比均上升17.4%。全年共新收执行案件3047件，执结2850件，同比分别上升66.5%和55.7%；执结标的金额2.14亿余元，有效执结率达58%。全年共查封、扣押财产125件，冻结、划拨存款159次，拍卖房产131处，拘留、罚款7人。共清理执行积案422件，执行标的额4076万元。共为334名经济确有困难的当事人减、缓、免交诉讼费102万元，向22名贫困当事人发放司法救助资金15.7万元。一年来，共受理申诉、申请再审以及再审案件28件，审结25件，共处理群众来信来访126件（次），化解中央交办的重点涉诉信访案件2件。

会议经审查，通过决议，批准《区人民法院工作报告》。

听取、审议检察院工作报告

第四次会议听取、审议区人民检察院检察长程兰生《区人民检察院工作报告》。报告指出，2009年，区检察院批准逮捕刑事犯罪案件1500件2065人，同比下降3.9%和7.9%；提起公诉1561件2328人，同比上升3.9%和8.7%，其中批准逮捕严重暴力犯罪、多发性侵财犯罪和毒品犯罪等重点打击案件1166件1550人，提起公诉1142件1625人。批准逮捕信用卡诈骗、合同诈骗、非法制售发票等严重经济犯罪案件36件54人，提起公诉45件63人；批准逮捕公司、企业人员受贿、职务侵占、挪用资金等犯罪案件14件14人，提起公诉22件22人。其中不批捕情节轻微的犯罪嫌疑人52人，相对不起诉82人。对26名企业人员依法作出不批捕、不起诉或取保候审决定。审查处理群众来信来访101件，息诉息访51件，其中综合运用释法说理、刑事和解、横向协作、司法救助等措施，息诉进京赴省等重点信访件4件，妥善处置群体性上访2件。共初查职务犯罪案件线索50余件，立案查处贪污贿赂案件11件11人、渎职侵权案件5件6人，其中大案13件，行政机关等热点部位案件10件，交通、水利、文化、社保、医疗、旧城改建等民生领域的职务犯罪案件7件。县处级干部3人，科级干部5人，通过查办职务犯罪案件，挽回经济损失700余万元。安全生产事故背后的国家机关工作人员渎职犯罪2件。查询单位、个人行贿犯罪档案记录531条，发现行贿犯罪记录3条。在机关社区举行专题廉政教育讲课20余次。不批捕138件206人，不起诉62件93人，增捕14人，增诉71人；对管理制度漏洞向有关单位发出检察建议20件。监督公安机关立案6件6人，立案监督的案件判决5件12人，其中被判处十年以上有期徒刑3人，监督纠正不应当立案而立案的案件1件5人；对侦查活动中的违法情况提出纠正意见73件、发出检察建议19件。与区法院联合制定检察长列席审委会工作规范，检察长共列席审委会讨论3次，提出刑事抗诉

5件，提请市检察院抗诉1件，现已改判1件。受理民事行政申诉案件46件，立案47件，办理市检察院交办案件32件，对认为确有错误的民事行政裁判提请或建议提请抗诉74件，省、市检察院采纳66件，法院已受理61件；建议法院再审1件，经再审当事人达成和解；说服来访群众对正确的判决裁定息诉服判6件。深化民事督促起诉工作，针对国有土地出让金拖欠等问题，向有关部门提出民事督促起诉意见16件，现已追回土地出让金5000余万元。监督纠正呈报减刑不当14人，监督纠正侵犯在押人员合法权益问题6件。接待社区矫正对象1000余人次，法制宣传教育谈话160余人次，建议落实监管措施50余人次，经监督收监执行有严重违法行为的社区矫正对象1人。

会议经审查，通过决议，批准《区人民检察院工作报告》。

第五次会议

听取、审议政府工作报告

第五次会议听取、审议鹿城区区长王立彤《政府工作报告》。报告指出，2010年，全区生产总值预计达到562亿元，年均增长9.3%；人均生产总值预计达到7.9万元；财政总收入34.5亿元，其中地方财政收入18.8亿元，年均分别增长10.6%和13.1%；全社会固定资产投资148.9亿元（按照小口径统计2006年为58.1亿元）；社会消费品零售总额530.5亿元，年均增长20.5%；外贸出口总额28.4亿美元，年均增长27.5%；城镇居民人均可支配收入31666元，农村居民人均纯收入13687元，年均分别增长10%和11.2%，农村居民人均纯收入增速连续五年超过城镇居民人均可支配收入。三次产业结构由0.5∶47.6∶51.9优化为0.3∶29.4∶70.3，初步建立了以服务业为主导的产业体系。预计全区单位生产总值能耗下降20%，化学需氧量、二氧化硫排放量分别削减15.1%和16.5%。

报告指出，未来五年，全区经济社会发展的主要目标是：经济保持平稳较快发展，生产总值达到900亿元，年均增长10%以上，财政总收入和地方财政收入分别达到56亿元、30亿元，全社会固定资产投资累计达到1900亿元左右，投资率每年达到50%以上，社会消费品零售总额突破1000亿元，外贸出口总额达到50亿美元。产业结构素质明显优化，三次产业结构为0.3∶24.7∶75.0，加快形成以服务经济为主导的现代产业体系。城乡融合发展全面推进，中心城区功能更加完善，核心区范围内的37个城中村全面改造，城市化水平达到80%。生态人居环境更加优美，人均公共绿地面积达到13平方米，森林覆盖率达到39%，节能减排指标全面完成。科学发展机制有效构建，深入推进统筹城乡综合改革、民营经济发展综合配套改革、资源要素配置市场化改革以及行政、文化、社会管理、城市管理等体制改革，对外开放与区域合作达到新水平。群众生活品质显著提升，城镇居民人均可支配收入和农村居民人均纯收入年均分别增长9%和10%，全面创成各项社会事业强区，初步实现基本公共服务均等化，民主法制更加健全，社会保持和谐稳定，全区人民过上更加幸福美好的生活。为实现“十二五”奋斗目标，重点是在以下五个方面取得重大进展：（一）大力发展“首位经济”，全力打造服务经济核心区；（二）建设大平台大项目，全力打造都市功能集聚区；（三）优化提升公共服务，全力打造民生保障引领区；（四）提升城市生活品质，全力打造生态文明示范区；（五）深化改革开放举措，全力打造创新创优先行区。；

报告指出，2011年，是“十二五”的开局之年，全区经济社会发展的主要预期目标是：生产总值增长10%以上；财政总收入和地方财政收入均增长11%以上；全社会固定资产投资增长108%；社会消费品零售总额增长14%；外贸出口总额增长12%；城镇居民人均可支配收入增长9%，农村居民人均纯收入增长10%。单位生产总值能耗和化学需氧量、氨氮、二氧化硫、氮氧化物排放量完成上级下达的年度削减任务。按照区委七届十一次全会的总体部署，着重抓好七个方面的工作：（一）以大力发展服务经济为主导，加快产业转型升级；（二）以深入实施“双十工程”为龙头，全面掀起投资热潮；（三）以全面实施城乡统筹综合改革为抓手，加快城乡一体化进程；（四）以基本公共服务均等化为重点，保障和改善民生；（五）以深入开展“六城联创”为载体，切实优化城市环境；（六）以承接市区体制调整为契机，加快推进改革创优；（七）以营造安定有序的社会环境为目标，全面强化社会管理。

会议经审查，通过决议，批准《政府工作报告》。

审查、批准国民经济和社会发展计划

第五次会议审查、批准区发展和改革局局长贾志文《关于温州市鹿城区2010年国民经济和社会发展计划执行情况及2011年国民经济和社会发展计划草案的报告》。报告指出，2010年，全区实现生产总值预计达到562亿元，同比增长8%，完成年计划的101.2%；工业总产值590.9亿元，同比增长22%，完成年计划的117%；社会消费品零售总额530.5亿元，同比增长18.4%，完成年计划的102.4%；全社会固定资产投资额148.9亿元，同比下降18.4%，完成年计划的121%；外贸出口总额28.4亿美元，同比增长32.1%，完成年计划的119.8%；财政总收入34.5亿元，同比增长9.2%，完成年计划的103%；其中地方财政收入18.8亿元，同比增长10.6%，完成年计划的104.8%；城镇居民人均可支配收入31666元，同比增长10.3%，完成年计划的103.1%；农民人均纯收入13687元，同比增长12.1%，完成年计划的104.3%；预计单位GDP能耗、二氧化硫排放量SO_2、化学需氧量（COD）排放量分别比2005年下降20%、16.5%和15.1%。

表2—40　　2010年鹿城区国民经济和社会发展主要指标计划执行情况

主要指标（计量单位）	2010年计划		2010年完成数		“十二五”规划	
	绝对值	增长率%	完成数	增长率%	预期目标（2015年）	年均增长率
一、全区生产总值（亿元）	555.3	8左右	562	8	900	10
二、工业总产值（亿元）	505.0	3	590.9	22	-	-
三、社会消费品零售总额（亿元）	518.1	14	530.5	18.4	1000	14
四、全社会固定资产投资（亿元）	123.1	7	148.9	-18.4	1900（五年累计）	27.4
五、外贸出口总额（亿美元）	23.71	9	28.4	32.1	50	12

续表 2—40　　2010 年鹿城区国民经济和社会发展主要指标计划执行情况

六、财政总收入（亿元）		33.47	6	34.5	9.2	56	10
其中：地方财政收入（亿元）		17.89	5.5	18.8	10.6	30	10
七、城镇居民人均可支配收入（元）		30708	7 以上	31666	10.3	48700	9
八、农村居民人均纯收入（元）		13127	7.5 以上	13687	12.1	22050	10
九、人均公共绿地面积（平方米）		——		7.5		13	
十、单位 GDP 能耗		-3.2%		比 2005 年下降 20%		完成上级下达的目标任务	
十一、主要污染物排放量	1. 二氧化硫（S02）	-1.5%		同比下降 0.5%，比 2005 年下降 16.5%		完成上级下达的目标任务	
	2. 化学需氧量（COD）	-1.0%		同比下降 1.6%，比 2005 年下降 15.1%		完成上级下达的目标任务	
十二、城镇登记失业率		4% 以内		1.3% 左右		4.5% 以内	
十三、人口自然增长率		5‰以内		1.9‰左右		5‰以内	

说明：单位 GDP 能耗、主要污染物排放量 2010 年完成数为预计数。

报告指出，2011 年，是“十二五”规划实施的开局之年，全区经济社会发展的主要预期目标为：生产总值增长 10% 以上，工业总产值增长 3%，全社会固定资产投资额增长 108%，社会消费品零售额增长 14%，外贸出口总额增长 12%，财政总收入、地方财政收入均增长 11%，城镇居民人均可支配收入增长 9%，农村居民人均纯收入增长 10%，人均公共绿地面积达 8.8 平方米，新增 1.3 平方米，单位 GDP 能耗、二氧化硫、化学需氧量、氨氮化物等污染物排放量完成上级下达的目标任务，城镇登记失业率控制在 4% 以内，人口自然增长率控制在 5‰以内。为实现上述目标，要做好以下工作：（一）抓好项目建设，促进投资大幅增长；（二）突出“首位经济”，促进服务业发展；（三）实施“六城联创”，促进生态环境优化；（四）紧抓民生工程，促进社会事业发展；（五）深化改革开放，促进体制机制创新。

会议经审查，通过决议，批准区人民政府提出的 2011 年国民经济和社会发展计划，批准《关于温州市鹿城区 2010 年国民经济和社会发展计划执行情况及 2011 年国民经济和社会发展计划草案的报告》。

审查、批准财政预算和决算

第五次会议审查、批准区财政局局长林宣富《关于温州市鹿城区 2010 年全区和区级预算执行情况及 2011 年全区和区级预算草案的报告》。报告指出，2010 年，全区实现财政总收入 344894 万元，完成预算的 103.04%，同比增长 9.22%，其中：全区地方财政收入 187484 万元，完成预算的 104.81%，同比增长 10.57%。全区地方财政当年支出 91399 万元，完成预算的 104.80%，同比增长 8.15%。2010 年区本级财政总收入 234355 万元，完成预算的 104.61%，同比增长 10.83%，其中：区本级地方财政收入 145528 万元，完成预算的 105.49%，同比增长 11.13%。区本级地方财政当年支出 85000 万元，完成预算的 104.09%，同比增长 7.87%。全年预算执行情况良好。

由于 2010 年市对区体制决算尚在办理中，区级财政最后收支结果待决算编审完成后再向区人大常委会专题报告。

表 2—41　　2010 年鹿城区地方财政收入执行情况

项　目	2010 年执行数（万元）		2010 年调整预算（万元）		完成预算（%）		增减（%）	
	全区	本级	全区	本级	全区	本级	全区	本级
地方财政收入合计算	187484	145528	178885	137955	104.81	105.49	10.57	11.13
（一税收收入	179267	137311	169355	128425	105.85	106.92	11.91	12.94
1. 增值税 25%	34230	14845	34950	14650	97.94	101.33	4.32	8.37
2. 营业税	65645	62326	61600	58710	106.57	106.16	9.81	9.26
3. 城市维护建设税	12172	6843	12100	7060	100.60	96.93	7.67	4.71
4. 企业所得税 40%	24587	18511	22160	17380	110.95	106.51	18.87	14.43
5. 个人所得税 40%	11674	10798	11760	10640	99.27	101.48	5.15	7.56
6. 其他各税	30959	23988	26785	19985	115.58	120.03	26.31	32.62
（二）非税收入	8217	8217	9530	9530	86.22	86.22	-12.27	-12.27
1. 专项收入	5259	5259	5100	5100	103.12	103.12	-6.80	-6.80
（1）排污费收入	805	805	800	800	100.63	100.63	-47.66	-47.66
（2）教育费附加收入	4454	4454	4300	4300	103.58	103.58	8.50	8.50
2. 罚没收入	2873	2873	4305	4305	66.74	66.74	-20.08	-20.08
3. 其他收入	85	85	125	125	68.00	68.00	-33.59	-33.59

表 2—42　　2010 年鹿城区地方财政支出执行情况

项　目	2010 年执行数（万元）		2010 年预算数（万元）		完成预算（%）		增减（%）	
	全　区	本　级	全　区	本　级	全　区	本　级	全　区	本　级
一、一般公共服务	17617	13500	16346	13000	107.78	103.85	10.85	7.57
二、国防	150	150	145	145	103.45	103.45	7.14	7.14
三、公共安全	11525	11525	11080	11080	104.02	104.02	7.81	7.81
四、教育	30660	30660	29470	29470	104.04	104.04	9.89	9.89
五、科学技术	3047	2975	2932	2860	103.92	104.02	7.18	7.79
六、文化体育与传媒	830	720	805	695	103.11	103.60	3.75	7.46
七、社会保障和就业	5870	5750	5621	5530	104.43	103.98	6.88	8.29
八、医疗卫生	7842	7550	7472	7200	104.95	104.86	8.96	9.10
九、环境保护	3525	3480	3465	3420	101.73	101.75	-13.92	-13.86
十、城乡社区事务	3025	2650	2885	2540	104.85	104.33	9.60	8.16
十一、农林水事务	3238	2730	3158	2650	102.53	103.02	3.02	8.33
十二、采掘电力信息事务	1080	810	1050	780	102.86	103.85	8.32	8.00
十三、商业服务业等事务	260	250	240	240	108.33	104.17	13.04	8.70
十四、住房保障支出	1825	1500	1303	1050	140.06	142.86	62.95	33.93
十五、预备费	——	——	1112	1000	——	——	——	——
十六、其他支出	905	750	126		718.25	——	-25.45	——
地方财政支出合计	91399	85000	87210	81660	104.80	104.09	8.15	7.87

说明：因财政部对 2010 年政府收支分类科目进行调整，全区对其他支出科目进行相应调整。

今后五年，全区财政主要预期目标是："十二五"期间全区地方财政收入与国民经济保持同步增长，到 2015 年财政总收入和地方财政收入分别达 55 亿元和 30 亿元。2011 年，全区预算收支草案如下：全区财政总收入 382830 万元，同比增长 11%，其中全区地方财政收入 208105 万元，同比增长 11%。按现行分税制财政体制测算，预计当年全区地方财政可用资金为 105974 万元，安排当年全区地方财政支出 105400 万元，同比增长 15.32%。2011 年安排区本级财政总收入 260135 万元，同比增长 11%，其中：区本级地方财政收入 161535 万元，同比增长 11%。按现行分税制财政体制测算，预计当年区本级地方财政可用资金为 99274 万元，安排区本级当年地方财政支出 99200 万元，同比增长 16.71%。根据区本级 2011 年部门预算初步汇总，区本级当年支出需 203051 万元，收支缺口 103777 万元，缺口资金争取市财政补助解决。

2011 年，在编制收支预算时，综合分析经济、政策等各种因素，收入预算主要基于积极稳妥的原则考虑，安排财政收入与全市同步增长；支出预算牢牢把握量力而行、收支均衡的原则，在保运转、保民生、保稳定的前提下，重点考虑了市区财政体制调整、城市管理体制改革、“六城联创”、为民办实事等需要财政保障的支出项目；同时继续贯彻落实厉行节约各项规定，保障年初预算目标顺利完成。

计划预算审查委员会认为，2011 年全区和区级预算是按照预算法等法律法规的有关规定安排的，体现了科学发展观和区委七届十一次全会提出的全力打造宜商宜居，活力时尚城区，率先全面建设小康社会的总体要求。预算草案切实可行，为实现预算的各项措施是积极的。

会议经审查，通过决议，批准《关于温州市鹿城区 2010 年全区和区级预算执行情况与 2011 年财政预算草案的报告》。

听取、审议常委会工作报告

第五次会议听取、审议区人大常委会主任吴海燕《人大常委会工作报告》。报告指出，2010 年，区人大常委会在中共鹿城区委的领导下，坚持以邓小平理论和“三个代表”重要思想为指导，深入贯彻落实科学发展观，紧紧围绕全区大局，依法履行各项职责，全年共召开常委会会议 7 次、主任会议 16 次，听取和审议工作报告 26 个，开展执法检查 3 次，作出决定决议 7 项，较好地完成了区七届人大四次会议确定的各项任务，为推进全区科学发展和民主法制建设作出了积极贡献。常委会主要工作如下：

一、立足发展，审议决定重大事项。全力推动科学编制“十二五”规划；推动重大民生事项落到实处，将每年的 1 月 23 日定为“鹿城慈善日”，要求认真组织好相关活动；依法行使人事任免权，任免干部 79 人次，任免人民陪审员 44 人次。

二、围绕中心，认真行使监督职权。切实加强工作监督，对全区重点工程建设、文化专项工作进行检查；听取区政府 1—8 月份国民经济和社会发展计划、预算执行情况的报告，审查批准了审计工作报告及审计处理意见落实情况报告，高度关注国有资产管理，针对街道、乡（镇）和部门国有资产管理缺失问题，要求区政府尽快采取切实有效措施予以解决。切实加强法律监督，对《中华人民共和国老年人权益保障法》《中华人民共和国水污染防治法》《浙江省水污染防治条例》《浙江省温瑞塘河保护管理条例》贯彻实施情况开展执法检查，与省市人大联动对法院行政审判工作和检察院刑事诉讼法法律监督工作开展了视察调研；建立健全规范性文件备案审查工作制度和机制，审议通过了《鹿城区人大常委会规范性文件备案审查暂行规定》，对区政府报送的11件规范性文件进行了备案登记。切实加强信访工作，结合“信访积案化解年”活动，做好信访领导包案工作，共受理群众来信123件，群众来访106批次，促使一批信访积案、难点问题得到妥善处理。

三、注重服务，强化代表履职保障。精心组织代表活动，努力使每次代表活动做到有计划、有主题、有重点；组织市人大代表开展视察调研，在市十一届人大五次会议期间提出议案建议72件，其中《关于加快推进温州金融集聚区建设的议案》被大会主席团确定为审议议题，《关于采取综合举措逐步解决市区交通拥堵问题的建议》等6件建议被列为市长及市人大常委会专委领办件。强化代表服务联系，通过人大网站及时发布常委会文件和工作动态，累计向代表寄送人大杂志、常委会公报1782份，组织215名代表听取了“一府两院”上半年工作汇报，邀请30名代表列席区人大常委会会议，邀请代表参加常委会会前视察调查和执法检查375人次；坚持常委会组成人员联系代表制度，通过接待、走访、电话联络和座谈等方式，倾听代表对常委会和“一府两院”工作的意见和建议，收集和办理代表意见28条。进一步健全了重点建议的确定、交办、督办机制，主任会议听取了区政府重点建议办理情况的报告，8件重点建议得到较好落实，满意率100%；组织58名代表对7个承办单位的建议办理工作进行集中评议；经过常委会重点督办、全程督办和代表参与督办，区七届人大四次会议及闭会期间提出的134件建议已全部办理完毕，共收到代表反馈意见118件，满意率和基本满意率分别达到80.51%、19.49%。

四、求真务实，着力加强自身建设。扎实推进学习型机关建设，认真抓好思想政治理论学习，注重机关干部队伍的能力和素质建设，支持和指导各办事机构、办事人员加强沟通协作，以“深化作风建设、优化发展环境”活动为契机，进一步加强机关内部管理，深入基层开展调研，提交调查报告26篇。加强基层人大规范化建设，全区21个街道（乡镇）都设立了人大办公室，配备人大专（兼）职干部，明确了工作职责，逐步完善了会议制度、学习制度和代表活动、代表联系选民、代表述职、代表履职情况通报等制度。加强宣传信息和理论研究工作，建立人大信息工作制度，健全人大信息员网络，邀请市人大政策研究室领导对全区人大信息员开展有针对性的培训，全年报送人大信息126条，被市级以上媒体录用68条；重视理论研究工作，推荐12名人大干部、政法干警和法制工作者参加了全市第六届人大理论研讨会。

会议经审查，通过决议，批准《区人大常委会工作报告》。

听取、审议法院工作报告

第五次会议听取、审议区人民法院院长周丰《区人民法院工作报告》。报告指出，2010年，区法院共受理各类案件12567件，审结12812件（审结案件中含旧存，下同），同比分别上升2.71%和11.19%，未结案件1617件，同比下降13.16%，收、结案数均名列省市法院系统前茅。全年共受理刑事案件1503件，审结1477件，同比分别下降8.63%

和 10.32%，共判处罪犯 2249 人，其中被判处五年以上有期徒刑的占 14.5%。共审结抢劫、抢夺、盗窃、涉恶、涉毒等严重危害人民群众生命财产安全的刑事犯罪案件 797 件，判处罪犯 817 人。共审结贪污、贿赂案件 5 件，判处罪犯 5 人。全年共受理民商事案件 6720 件，审结 7004 件，同比分别上升 4.11% 和 17.73%，解决诉讼标的额 24 亿余元，同比上升 15.08%。民商事案件收、结案数均居全市法院第 1 位。共审结婚姻家庭、邻里纠纷、劳动争议等民事案件 2702 件。共审结合同纠纷、借贷纠纷等商事案件 4302 件。共审结知识产权纠纷案件 78 件。全年民商事案件调解撤诉率达 57.8%。全年共受理行政案件 323 件，审结 325 件，同比分别下降 5.28% 和上升 0.62%；共受理行政非诉审查案件 693 件，办结 693 件，同比均下降 4.81%。行政案件收、结案数均居全市法院第 1 位。全年共受理执行案件 3314 件，执结 3299 件，同比分别上升 8.76% 和 15.75%，执行标的总金额 4.19 亿元，同比上升了 95.66%。全年共接待群众来信来访 124 人次；共受理申诉、申请再审以及再审案件 14 件，审结 14 件。2010 年，民事案件息诉率达 89.13%，同比上升 2.56%，上诉率同比下降 2.29%。共收到上级交办的信访积案 53 件，已化解 41 件，结案率为 77.36%。全年人民陪审员参与普通程序审理各类案件 1985 件，普通程序陪审率为 60.96%，同比上升 23.87%。

会议经审查，通过决议，批准《区人民法院工作报告》。

听取、审议检察院工作报告

第五次会议听取、审议区人民检察院代检察长张纯亮《区人民检察院工作报告》。报告指出，2010 年，区检察院共批准逮捕各类犯罪嫌疑人 2194 人，同比上升 6.2%，提起公诉 2313 人，同比下降 0.6%。受理并审查处理各类信访 64 件，同比下降 36.6%，办理交办重点信访件 7 件，现已办结 6 件。开展社区矫正专项检察 2 次，法制宣传教育谈话 130 人次。其中不捕未成年人 20 人，不起诉 15 人。批捕起诉利用网络实施的诈骗、盗窃、赌博、非法经营等犯罪案件 22 件。共立案查处贪污贿赂、渎职侵权案件 13 件 14 人，通过办案挽回经济损失 76.5 万元。其中初查贪污贿赂犯罪线索 33 件，对有证据证实的依法立案侦查 11 件 11 人，内含大案 10 件，查处科级干部 4 人；初查渎职侵权犯罪线索 16 件，依法立案查处了原温州市江滨路环城段改建工程指挥部副指挥林增国滥用职权套取安置房案件。依法介入重大责任事故调查 22 次，并在介入“11•14”温州市绕城高速公路在建桥梁坍塌造成 1 死 7 伤事故调查过程中，立案查办了该工程建设指挥部征迁处 2 名工作人员玩忽职守案件。开展预防调查、预防建议、预防咨询、预防案例分析 354 次，预防职务犯罪讲师团共为 11 家单位作了廉政教育主题讲课，向社会行贿犯罪档案查询 473 次，提高了预防工作专业化水平。对应当立案而未立案的，监督公安机关立案侦查 5 件 6 人，立案监督的案件判决 4 件 5 人，其中判处十年以上有期徒刑 1 人。对不应当立案而立案的案件，监督撤案 10 件 18 人。对不构成犯罪或者事实不清、证据不足的案件，不批捕 183 人，不起诉 22 人。对情节轻微的不批捕 71 人，相对不起诉 129 人，其中通过刑事和解不捕 18 人、不诉 27 人。对应当逮捕而未提请逮捕、应当起诉而未移送起诉的，追加逮捕27人、追加起诉28人，增诉的案件已作有罪判决25人，其中判处无期徒刑1人，十年以上有期徒刑4人。对侦查活动中的违法情况，发出纠正违法通知书或检察建议34份。对认为法院判决量刑畸轻畸重、审判严重违反法定程序的，提出刑事抗诉5件，已改判2件，发回重审1件。受理民事行政申诉案件290件，同比增长5.3倍，审查后认为裁判错误的，向市检察院提请抗诉30件，建议市检察院向省检察院提请抗诉23件，省、市检察院根据区检察院意见提出抗诉31件、提出再审检察建议7件；抗诉监督的案件改判13件；向法院提出再审检察建议3件，经再审已和解1件。成功调处民事行政申诉案件16件。说服申诉人对法院正确的民事行政判决裁定息诉服判10件。先后对工商、社保等部门的违反行政法规行为提出检察建议19件，已落实整改措施5件。审查呈报减刑199人，监督纠正呈报减刑不当26人。纠正在押人员收押、提讯环节的各类违法情况5件，纠正刑期计算错误3件。对监外执行实行考察监督，以《社区矫正对象监督考察手册》为载体，监督考察社区矫正对象1300人次，发社区矫正监督考察工作联系单49份，发现并纠正监外执行罪犯脱漏管1人。

会议经审查，通过决议，批准《区人民检察院工作报告》。

第八节　区八届人大会议的召开及听取、审查报告

区八届人大自2012年1月始，任期5年。截至2016年底，共举行会议5次，审查议题39项，听取报告26个，通过决议、决定31项，选举区国家机关领导人员61名，出席温州市第十二届人民代表大会代表59名。

表2—43　　鹿城区八届人大历次会议基本情况

序次	会议日期	出席代表（人）	列席人员（人）	审议议题（项）	听取报告（个）	决议决定（项）	会议期间代表提出		会议地点
							议案（件）	建议（件）	
一次	2012年1月4日—8日	296	252	11	6	6	32	183	鹿城文化中心
二次	2013年1月7日—10日	292	229	6	4	6	12	130	鹿城文化中心
三次	2014年1月6日—9日	293	230	7	6	6	14	134	鹿城文化中心
四次	2015年2月2日—5日	297	219	7	6	6	14	201	鹿城文化中心
五次	2016年3月21日—24日	299	251	8	4	7	20	140	鹿城文化中心

第一次会议

听取、审议政府工作报告

第一次会议听取、审议鹿城区代区长朱崇敏《政府工作报告》。报告指出，2011年，全区实现生产总值644亿元，是2006年的1.5倍；三次产业结构从2006年的0.5：48.5：51.0优化为2011年预计的0.3：28.5：71.2，服务业增加值和服务业占比分别位居全省第三、第四；财政总收入39.1亿元，是2006年的1.7倍；全社会固定资产

投资 228 亿元，是 2006 年的 1.8 倍；外贸出口总额 34.5 亿美元，社会消费品零售总额 620 亿元。五年来，工业总产值从 460.7 亿元增加到 604 亿元；国家高新技术企业达到 34 家，产值超亿元企业 69 家，中国驰名商标等“国字号”品牌 39 个，省市农业龙头企业 15 家。创成全省首个鞋类出口产品检验监管示范区。累计实施重点项目 36 个，相继建成甬台温铁路鹿城段等重大交通干线和汤家桥北路等一批市政道路，滨江西、牛山北路等片区综合改造全面启动。城市规划体系逐步完善。财政用于民生支出五年累计达到 60 亿元，年均增长 25%。创成全省教育、科技、旅游、体育四大强区，连续两年获得省级“平安区”称号。人均公园绿地、住房面积分别达到 5.3 和 28.4 平方米。城镇居民人均可支配收入 3.6 万元，是 2006 年的 1.6 倍；农村居民人均纯收入 1.56 万元，是 2006 年的 1.7 倍，增幅连续 5 年超过城镇居民可支配收入，恩格尔系数下降到 32.9%。人均生产总值连跨 5000 美元、10000 美元两个台阶，达到 14000 美元。完成新一轮行政区划调整和政府机构改革，原 21 个街道（乡镇）调整为 8 个街镇，设立八大都市型功能区，推进投融资体制改革和金融改革创新。产业结构更加优化、转型升级加快推进，基础建设更加完善、城市功能不断强化，环境再造更加有力、宜居品质大幅提升，民生导向更加突出、和谐社会加快构建。

报告提出，到 2016 年底全区经济社会发展的主要目标是：生产总值年均增长 10%，超过 1000 亿元；财政总收入年均增长 10%，达到 62 亿元；外贸出口总额达到 56 亿美元，社会消费品零售总额达到 1150 亿元以上；服务业增加值占比达到 75% 以上，以服务经济为主导的现代产业体系基本形成。每年投资率均达 50% 以上、五年累计 2100 亿元以上的全社会固定资产投资总量为驱动，深入实施投资总额达 910 亿元的“双十大工程”，47 个城中村改造任务基本完成，90% 以上的农村人口实现集聚，城市化水平达到 80%。城区绿化覆盖率达到 40% 以上，人均公园绿地面积达到 12 平方米以上。全社会研究与开发投入占生产总值比重较 2011 年翻一番，达到 1.5% 以上，高新技术产业增加值占规模以上工业增加值比重达到 25%，每万人口中人才数达到 1300 人，金融生态环境跃居全国同类城区前列，行为规范、运转协调、廉洁高效的行政管理体制基本形成。城镇居民人均可支配收入和农村居民人均纯收入年均分别增长 9% 和 10% 左右。着重抓好以下工作：（一）围绕新型城市化推进，整体规划八大功能区发展架构，通过构筑“一环四高四横五纵十通道”的公路骨架网，形成组团式、网络化、生态型的现代化城市框架；（二）围绕魅力商城建设，加快构建现代产业新体系。实施总投资 350 亿元的重大服务业项目建设，打造 14 个环现代服务业集聚区和十大商业综合体，力争服务业增加值占生产总值的比重年均增长 1 个百分点以上；（三）围绕山水名城建设，加快塑造城市环境新面貌，全面形成“两廊环抱、公园点缀、水系穿城、绿道相连”的绿化格局；（四）围绕创新智城建设，加快激发改革创优新动力，突出无线鹿城、数字鹿城、智慧社区三大重点，实施电子政务、电子商务、数字城管等十项重大信息化行动，形成一套适应智慧鹿城发展需要的标准体系；（五）围绕和谐鹿城建设，努力实现“学有优教、劳有多得、病有良医、老有善养、住有宜居”。

报告提出，2012 年全区经济社会发展的主要目标为：生产总值增长 10% 左右；财政总收入和地方财政收入各增长10%；社会消费品零售总额增长15%；城镇居民人均可支配收入增长10%；农村居民人均纯收入增长10.5%。主要约束性指标为：单位生产总值能耗下降2.8%；化学需氧量、氨氮、二氧化硫、氮氧化物排放量分别削减3.2%、3.1%、3.0%、2.0%；城镇登记失业率控制在4%以内；人口自然增长率控制在5‰以内。重点抓好以下工作：（一）强化项目带动，持续保持大投入大建设态势，完善项目推进保障机制；（二）突出发展现代服务业，以强三优二城市有机更新推动产业转型升级，大力发展楼宇总部经济；（三）深入实施城乡统筹综合改革，加快全域一体化进程，形成“一区一特色”“一区一优势”的区域发展一体化新格局；（四）持续深化“六城联创”，着力提升城市宜居品质；（五）强化改革创新驱动，增强区域发展竞争力；（六）实施文化强区创建工程，通过城市文化品位的提升带动群众生活品质的提升；（七）全面发展社会事业，提升民生保障水平；（八）加强和创新社会管理，共建共享“平安鹿城”。

会议经审查，通过决议，批准《政府工作报告》。

审查、批准国民经济和社会发展计划

第一次会议审查、批准区发展和改革局局长滕美华《关于温州市鹿城区2011年国民经济和社会发展计划执行情况及2012年国民经济和社会发展计划草案的报告》。报告指出：2011年，实现地区生产总值644亿元；工业总产值604亿元，完成年计划的99.2%；社会消费品零售总额620亿元，完成年计划的102.5%；全社会固定资产投资额228亿元，完成年计划的73.8%；外贸出口额34.5亿美元，完成年计划的108.5%；财政总收入39.1亿元，完成年计划的102.1%；城镇居民人均可支配收入36000元，完成年计划的104.3%；农民人均现金收入15600元，完成年计划的103.6%；单位GDP能耗下降2.9%；二氧化硫（SO_2）、化学需氧量（COD）分别下降11.1%和15.3%。区七届人大五次会议确定的国民经济和社会发展主要指标顺利完成。

表2—44　　2011年鹿城区国民经济和社会发展主要指标计划执行情况

主要指标（计量单位）	2011年计划		2011年完成数	
	绝对值	增长率（%）	完成数	增长率（%）
一、全区生产总值（亿元）	618	10以上	644.0	7.5
二、工业总产值（亿元）	608.6	3	604.0	11.6
三、社会消费品零售总额（亿元）	604.8	14	620.0	17.0
四、全社会固定资产投资（亿元）	309	108	228.0	80.9
五、外贸出口总额（亿美元）	31.8	12	34.5	22.0
六、财政总收入（亿元）	38.3	11	39.1	13.4
其中：地方财政收入（亿元）	20.8	11	22.2	18.4
七、城镇居民人均可支配收入（元）	34516	9	36000	14.0
八、农村居民人均纯收入（元）	15056	10	15600	14.0
九、人均公园绿地面积（平方米）	——		5.3	
十、单位GDP能耗（%）	-2.9		-2.9	

续表 2—44　　2011 年鹿城区国民经济和社会发展主要指标计划执行情况

十一、主要污染物排放量	1. 二氧化硫（SO_2）	-3.0	-11.1
	2. 化学需氧量（COD）	-3.2	-15.3
十二、氨氮		——	-13.9
十三、氮氧化物		——	-8.9
十四、城镇登记失业率		≤ 4%	≤ 4%
十五、人口自然增长率		≤ 5‰	≤ 5‰

报告指出，2012 年是进一步夯实“十二五”发展基础、加快转型发展的关键之年。2012 年经济社会发展的主要预期目标：生产总值增长 10% 左右；工业总产值增长 2%；全社会固定资产投资率达到 50% 以上，力争实现 60%；社会消费品零售额增长 15%；外贸出口总额增长 11%；财政总收入、地方财政收入均增长 10%；城镇居民人均可支配收入增长 10%，农村居民人均纯收入增长 10.5%；人均公园绿地面积新增 2.3 平方米，达 7.6 平方米；单位 GDP 能耗下降 2.8%；化学需氧量、氨氮、二氧化硫、氮氧化物等污染物排放量分别下降 3.2%、3.1%、3.0%、2.0%；城镇登记失业率控制在 4% 以内；人口自然增长率控制在 5‰以内。要完成以上目标，要做好五方面工作：一是切实做好投资管理，增强经济发展动力；二是加快产业结构调整，提高经济发展竞争力；三是加强生态文明建设，打造宜居城市环境；四是完善基本公共服务，着力保障和改善民生；五是大力实施改革创新，坚持推进科学发展。

会议经审查，通过决议，批准区人民政府提出的 2012 年国民经济和社会发展计划，批准《关于温州市鹿城区 2011 年国民经济和社会发展计划执行情况及 2012 年国民经济和社会发展计划草案的报告》。

审查、批准财政预算和决算

第一次会议审查、批准区财政局局长胡向阳《关于温州市鹿城区 2011 年全区和区级预算执行情况及 2012 年全区和区级预算草案的报告》。报告指出，2011 年全区实现财政总收入 390965 万元，完成预算的 102.12%，同比增长 13.36%，其中：全区地方财政收入 221927 万元，完成预算的 106.64%，同比增长 18.37%。全区地方财政当年支出 113490 万元，完成预算的 107.68%，同比增长 20.61%。区本级财政总收入 379579 万元，完成预算的 101.55%，同比增长 13.09%，其中：区本级地方财政收入 217545 万元，完成预算的 106.16%，同比增长 18.21%。区本级地方财政当年支出 110300 万元，完成预算的 107.87%，同比增长 21.30%。全区圆满完成了区七届人大五次会议确定的各项预算任务，地方财政收入增势明显，收支目标顺利实现。

表 2—45　　2011 年鹿城区地方财政收入执行情况

项　目	2011 年执行数（万元）		2011 年预算数（万元）		完成预算（%）		增减（%）	
	全区	本级	全区	本级	全区	本级	全区	本级
地方财政收入合计	221927	217545	208105	204928	106.64	106.16	18.37	18.21
（一）税收收入	212203	207821	199065	195888	106.60	106.09	18.37	18.20
1. 增值税 25%	35958	34123	37975	36219	94.69	94.21	5.05	4.44
2. 营业税	70709	70511	72600	72482	97.4	97.28	7.71	7.66
3. 城市维护建设税	14617	13983	13290	12818	109.98	109.09	20.09	19.73
4. 企业所得税（40%）	25597	24819	27120	26769	94.38	92.72	4.11	3.30
5. 个人所得税（40%）	14190	13969	13160	13110	107.83	106.55	21.55	21.63
6. 其他各税	51132	50416	34920	34490	146.43	146.18	65.16	65.55
（二）非税收入	9724	9724	9040	9040	107.57	107.57	18.34	18.34
1. 专项收入	6445	6445	5950	5950	108.32	108.32	22.55	22.55
（1）排污费收入	1106	1106	1100	1100	100.55	100.55	37.39	37.39
（2）教育费附加收入	5339	5339	4850	4850	110.08	110.08	19.87	19.87
2. 罚没收入	3143	3143	3015	3015	104.25	104.25	9.40	9.40
3. 其他收入	136	136	75	75	181.33	181.33	60.00	60.00

说明：2011 年 4 月，双屿镇、南郊乡、仰义乡、七都镇改街道，财政收入数调整计入区本级。

表 2—46　　2011 年鹿城区地方财政支出执行情况

项　目	2011 年执行数（万元）		2011 年预算数（万元）		完成预算（%）		增减（%）	
	全区	本级	全区	本级	全区	本级	全区	本级
一、一般公共服务	21269	19000	19170	16987	110.95	111.85	17.85	20.34
二、国防	185	185	170	170	108.82	108.82	19.35	19.35
三、公共安全	14310	14300	13260	13250	107.92	107.92	20.15	20.07
四、教育	38885	38885	36200	36200	107.42	107.42	23.00	23.00
五、科学技术	3932	3900	3539	3511	111.10	111.08	17.83	18.00
六、文化体育与传媒	1005	960	945	900	106.35	106.67	17.54	20.00
七、社会保障和就业	7406	7400	6896	6890	107.40	107.40	22.01	22.03
八、医疗卫生	9787	9695	9127	9035	107.23	107.30	21.70	22.03
九、节能环保	4150	4125	3875	3850	107.10	107.14	17.73	17.86
十、城乡社区事务	3785	3650	3245	3110	116.64	117.36	21.51	22.07
十一、农林水事务	4020	3660	3740	3380	107.49	108.28	20.61	22.00
十二、资源勘探电力信息等事务	1300	1250	1185	1135	109.70	110.13	18.18	17.92
十三、商业服务业等事务	300	300	290	290	103.45	103.45	13.21	17.65
十四、住房和保障支出	2156	1995	1913	1752	112.70	113.87	18.14	19.82
十五、预备费	——	——	1215	1162	——	——	——	——
十六、其他支出	1000	995	630	630	158.73	157.94	10.50	13.20
地方财政支出合计	113490	110300	105400	102252	107.68	107.87	20.61	21.30

说明：2011 年 4 月双屿镇、南郊乡、仰义乡、七都镇改街道，地方财政支出数调整计入区本级。

报告指出，2012 年的财政预算收支草案如下：全区财政总收入 430060 万元，同比增长 10%，其中全区地方财政收入 244127 万元，同比增长 10%。按现行分税制财政体制测算，预计当年全区地方财政可用资金为 125652 万元，安排当年全区地方财政支出

125480 万元，同比增长 10.56%。安排区本级财政总收入 417535 万元，同比增长 10%，其中：区本级地方财政收入 239327 万元，同比增长 10.01%。按现行分税制财政体制测算，预计当年区本级地方财政可用资金为 122452 万元，安排区本级当年地方财政支出 122300 万元，同比增长 10.88%。根据区本级 2012 年部门预算初步汇总，区本级当年支出需 231955 万元，新体制市固定补助 44642 万元，相抵后，收支缺口 64861 万元，缺口资金争取市财政补助解决。

会议计划预算审查委员会认为，2011 年区人民政府及财税部门以落实科学发展观为统领，紧紧围绕区委的总体思路，立足鹿城经济社会发展的实际，认真贯彻落实区七届人大五次会议决议的要求，坚持统筹兼顾、务实创新、为民理财，积极发挥财政支撑保障引导作用，为全区经济社会发展提供了财力保障，全区和区级预算执行情况总体良好。但同时还存在不少困难和问题：财政增收的基础不牢固，财源后劲仍显不足；政府投资任务繁重，收支矛盾依然突出。对此，区政府及财税部门要高度重视，切实采取有效措施加以解决。

会议计划预算审查委员会认为，2012 年全区和区级预算是按照预算法等法律法规的有关规定安排的，体现了全区第八次党代会提出的"创首善之区、建幸福鹿城"的目标要求。预算草案切实可行，为实现预算的各项措施是积极的。

会议经审查，通过决议，批准《关于 2011 年全区和区级预算执行情况及 2012 年全区和区级预算草案的报告》。

听取、审议常委会工作报告

第一次会议听取、审议区人大常委会主任吴海燕《区人大常委会工作报告》。报告指出，区七届人大一次会议以来的五年，区人大常委会在中共鹿城区委的领导下，坚持以科学发展观统揽全局，紧紧围绕全区工作大局，认真行使监督权、重大事项决定权和人事任免权，各项工作取得了新的进展，为推进全区经济社会发展和民主法制建设做出了积极贡献。五年来，共召开区人民代表大会 5 次，举行常委会会议 40 次、主任会议 90 次，听取和审议"一府两院"工作报告 128 项次，作出决议、决定 51 个，任免国家机关工作人员 335 人次，对 13 部法律法规实施情况开展了执法检查，组织各类检查和视察活动 142 次。常委会主要工作如下：

一、加强工作监督，助推科学发展，促进社会和谐。牢牢把握科学发展主题，把事关全局发展、民生改善、社会和谐等方面的突出问题作为监督重点，通过视察调研、审议报告、跟踪督办、工作评议等手段，推进经济平稳发展，社会全面进步，民生持续改善。着眼转变发展方式，强化对经济工作的监督。将促进经济转型发展、提高经济发展质效作为监督目标，强化对经济运行、财政收支和重点建设情况的监督。着眼保障和改善民生，强化对社会事业的监督。以提高政府公共服务水平、促进民生持续改善为着力点，监督推进社会事业全面发展。区政府已完成 22 个社区卫生服务中心的标准化建设，并实行财政全额拨款。将《关于在鞋都三期筹建社区卫生服务中心的议案》列入重要监督议题，持续跟踪督办，确保这件民生议案得到落实。常委会还督促政府深入推进医药卫生体制改革，实施基本药物制度，减轻群众的医药负担。着眼统筹城乡发展，强化对城乡建设与管理工作的监督。以推进城乡互融和提高城市管理水平为立足点，从城乡建设管理工作的难点和百姓关注的热点切入，监督政府加强城乡基础设施建设，推进城乡一体化发展。

二、加强法律监督，推进法治建设，维护社会公平正义。发挥权力机关在法治鹿城建设中的主导作用，全面推进法制建设，促进“一府两院”依法行政，公正司法。认真开展执法检查，全面推进依法治区。选择与全区发展大局和群众利益息息相关的法律法规，作为执法检查的重点，坚持人大检查与政府自查相结合，抓审议意见落实与问题整改相结合，切实增强执法检查工作实效。不断强化司法监督，努力促进司法公正。司法公正是社会和谐稳定之基，常委会积极监督法院、检察院依法、独立、公正地行使审判权和检察权。督促法院建立健全人民陪审员制度，依法任免人民陪审员 129 人次，听取法院关于人民陪审员履职情况报告。在全市率先实行人民监督员由人大常委会审查任命制度，任免人民监督员 11 人次。加强对人民陪审员和人民监督员的履职考评，使“两员”队伍不断优化。重视人大信访工作，切实维护群众利益。坚持把信访工作作为知民情、察民意、解民忧的重要渠道和强化监督的重要内容，热情接待群众来访，及时办理群众来信。五年来，共受理人民群众来信 626 件次、接待来访 587 批次。对群众来信来访反映的问题，按照规定程序及时转交有关部门办理，对一些重要的信访案件，进行专函交办和重点督办，推进一批影响社会稳定的疑难信访案件得到妥善处置。

三、加强调查研究，服务工作大局，体现权力机关职责。紧紧围绕经济社会发展中的重大事项和人民群众普遍关注的重大问题，深入调查研究，依法作出决议、决定。同时，正确处理党管干部与人大依法任免国家机关工作人员的关系，依法行使人事任免权。服务发展大局，积极促进科学民主决策。先后组织开展了“十二五”规划编制、国有资产管理、金融风波下的企业生存状况、城乡社区卫生发展、安置房工程建设、民族宗教工作、生态区建设和人大换届选举等一系列专题调研，形成调研报告 70 多篇。立足区情民情，依法行使重大事项决定权。专门作出《关于进一步开展温瑞塘河鹿城段综合整治的决议》。强化责任意识，依法做好人事任免工作。坚持党管干部与人大依法任免的统一，不断完善和创新人事任免机制，规范拟提请任命人员的考试、审查、任免等各项程序，共依法任免区人大常委会及机关工作人员 72 人次，区政府组成人员 112 人次，法院工作人员 125 人次、检察院工作人员 26 人次。严格依法办事，顺利完成人大换届选举。精心组织，周密安排，按城乡同比例选举人大代表的要求，圆满完成了选举任务，共选出新一届区级人大代表 296 名，镇级人大代表 96 名。在 296 名区级人大代表中，非中共党员 104 名，占 35.14%，妇女 92 名，占 31.08%。还围绕区委中心工作，立足人大职能优势，在共同推进“六城联创”“四大整治”“两拆两绿”及市区两级体制改革、平安鹿城建设、村级组织换届等工作以及应对国际金融危机、“7•23”事故中积极发挥作用，为鹿城的改革发展与和谐稳定做出应有的努力。

四、加强联系指导，完善工作机制，充分发挥代表作用。认真贯彻落实代表法和上级文件精神，不断拓展代表活动载体，丰富代表活动形式，完善代表工作机制，加强和改进代表服务工作，为代表充分发挥作用创造条件、提供保障。密切联系人大代表，做好代表服务工作。五年来，统一组织代表小组开展活动 22 次，各代表小组自行组织活动 276 次。受上级人大的委托，认真为在鹿城的省、市人大代表开展活动做好联络服务工作。认真督办代表建议，提高建议办理质效。对 6 件代表议案进行认真审议，提出审议意见，强化跟踪问效，促进了代表议案的落实。代表提出的 761 件建议，全部办理完毕，一些涉及经济发展、社会建设、城市管理和民生和谐等方面的老大难问题得到了解决。代表满意和基本满意率为 87.65%，其中，区政府领导领衔办理的 41 件代表建议，均得到较好落实。着力加强制度建设，完善代表工作机制。制定了《鹿城区人民代表大会闭会期间代表活动的若干规定》《鹿城区人民代表大会代表议案处理办法》《鹿城区人民代表大会代表建议、批评和意见处理办法》。积极指导基层人大工作，夯实人大工作基础。

五、加强自身建设，改进工作作风，努力提高履职水平。以学习培训为动力，不断提升工作水平。先后举办法律知识讲座 16 次，组织了 4 期全区人大干部培训，同时积极选派干部参加上级人大举办的各类培训，营造了浓厚的学习氛围。以作风建设为抓手，努力创建满意机关。以制度建设为保证，严格规范工作程序。修订完善了常委会议事规则、主任会议议事规则，出台了常委会审议意见处理暂行办法等 7 项规章制度，提高了议事质量和监督水平。以宣传研讨为窗口，积极拓宽工作视野。组织好人大宣传信息的报送和考核工作，213 篇稿件被上级媒体采用。

会议经审查，通过决议，批准《区人大常委会工作报告》。

听取、审议法院工作报告

第一次会议听取、审议区人民法院院长周丰《区人民法院工作报告》。报告指出，2007—2011 年，共受理民间借贷案件 4371 件，较前五年上升 206.3%，结案标的额 21.95 亿元，是前五年的 22 倍多；受理各类刑事案件 7841 件，审结 7821 件，9932 人被定罪判刑，较前五年分别上升 8.59%、7.62% 和下降 1.46%；审结婚姻家庭、邻里纠纷、劳动争议等民事案件 12517 件，较前五年上升 58.95%；审结合同纠纷、借贷纠纷等商事案件 16024 件，较前五年上升 43.23%；审结知识产权纠纷案件 299 件，审结案件数居全省基层法院第 2 位，全市基层法院第 1 位；受理各类民商事案件 30088 件，审结 28541 件，较前五年分别上升 60.07% 和 49.73%；受理行政诉讼案件 1291 件，审结 1283 件，较前五年分别下降 3.29% 和 2.88%。受理的案件中，被告为市级行政机关的 1037 件，区级行政机关的 254 件。五年来，共受理行政非诉审查案件 3610 件，办结 3610 件。着力推进执行征信、查控、惩戒、监督、保障等五大体系建设，综合治理执行难。对有履行能力拒不履行者依法拘留或追究刑事责任，维护生效裁判的权威。在全市法院率先推行被执行人财产强制申报、悬赏举报、限制高消费、公开曝光、执行联络员等制度，有效查控被执行财产。通过对计生案件实行联合执行模式以及个案分析会、集中清理积案活动等措施，努力提高执行效率。自 2011 年 1 月《国有土地上房屋征收与补偿条例》颁布以来，共受理 8 件房屋拆迁补偿安置执行案件，已妥善执结 6 件，未发生对抗失控的恶性事件，取得了良好的法律效果和社会效果。五年来，共受理执行案件14855件，执结14668件，执结标的金额14.41亿元，较前五年分别上升36.98%、33.54%和232.03%。其中，共执结计生执行案件680件，执行到位额1420万元。五年来，案件结案率达到96%以上。2011年，案件平均审理天数较上年缩短了13.6天；平均执行天数较上年缩短了53.3天；法官年人均结案140.4件，比全省平均水平多28.12件，居全市法院第2位。五年来，各类案件的申诉率呈逐年下降趋势，服判息诉率呈逐年上升趋势。2011年，民事案件服判息诉率达89.83%，申诉率仅为0.49%，民商事案件实际履行率达85.8%。

经审查，通过决议，批准《区人民法院工作报告》。

听取、审议检察院工作报告

第一次会议听取、审议区人民检察院检察长张纯亮《区人民检察院工作报告》。报告指出，五年来，区检察院共批准逮捕各类刑事犯罪7429件10447人，提起公诉7677件11300人，其中批捕故意杀人、抢劫、绑架等严重暴力犯罪1481件2551人，起诉1230件2321人；批捕抢夺、盗窃、诈骗等多发性侵财犯罪2132件2690人，起诉1983件2590人；批捕涉枪涉黄涉毒涉赌犯罪1822件2302人，起诉1840件2542人；批捕破坏市场经济秩序犯罪179件214人，起诉257件358人，内含批捕非法吸收公众存款、集资诈骗、信用卡诈骗等破坏金融管理秩序犯罪66件73人，起诉97件107人；批捕危害食品安全等制售假冒伪劣商品犯罪3件3人，起诉8件22人；批捕假冒商标、侵犯商业秘密等侵犯知识产权犯罪6件8人，起诉9件12人；批捕职务侵占、强迫交易、非法经营等破坏企业生产经营犯罪101件110人，起诉133件185人。立案查处贪污贿赂、读职侵权案件71件81人，通过办案挽回经济损失1285余万元。其中，案件初查贪污贿赂案件线索160余件，立案侦查57件61人，内含5万元以上大案44件，行政机关等热点部位案件24件，查处处级干部3人，科级干部14人；初查渎职侵权犯罪线索80余件，立案侦查国家工作人员渎职侵权犯罪14件20人，内含造成公私财产巨大损失或人员伤亡的重特大案件7件，查处处级干部1人，科级干部4人。开展预防调查、预防剖析、预防建议和预防咨询活动501次、举行专题廉政教育讲课17次，接受行贿档案查询申请1826件，查询行贿犯罪档案记录3685条。对应当立案而未立案的，监督公安机关立案侦查36件49人，已判决20件25人，其中判处十年以上有期徒刑5人。对不应当立案而立案的案件，监督撤案56件101人。对不构成犯罪或者事实不清、证据不足的案件，不批捕747人，不起诉65人。对应当逮捕而未提请逮捕、应当起诉而未移送起诉的，追加逮捕161人，追加起诉146人，增诉的案件已作有罪判决143人，其中判处无期徒刑1人，十年以上有期徒刑10人。决定构罪不批捕325人，不起诉422人，对涉嫌轻微犯罪的未成年人，依法决定不批捕102人，不起诉63人。其中对侦查活动中的违法情况，发出纠正违法通知书或检察建议226份。对认为法院判决量刑畸轻畸重、审判严重违反法定程序的，提出刑事抗诉20件，已改判8件，发回重审1件。受理民事行政申诉案件478件，立案272件，办理市检察院交办案件289件。对显失公平的裁判，向市检察院提请抗诉 135 件，建议市检察院向省检察院提请抗诉 108 件，省、市检察院提出抗诉 147 件，再审改判 32 件；向法院提出再审检察建议 12 件，经再审已改判、自行和解 7 件，为相关案件当事人挽回经济损失 315 万余元。积极探索调处民事行政申诉案件工作，成功调处 3 件。针对拖欠国有建设费用等问题，向有关部门提出民事督促起诉意见 76 件，防止国有资产流失 7000 余万元。先后对工商、社保等部门的违反行政法规行为提出检察建议 4 件，已落实整改措施 3 件。注重加强对弱势群体的支持起诉工作，对减刑、假释、暂予监外执行实行同步监督，审查呈报减刑 1134 人，监督纠正呈报减刑不当 126 人，建议对符合条件的罪犯呈报减刑 2 人。对区看守所日常监管活动实行动态监督，纠正在押人员收押、提讯环节的各类违法情况 105 件，纠正刑期计算错误 20 件。对监外执行实行考察监督、法制宣传、教育谈话 730 余人次，建议执行机关落实监管措施 269 人次，经监督收监执行有严重违法行为的监外执行罪犯 8 人。审查处理群众来信来访 441 件次，其中息诉进京赴省等重点信访件 7 件，妥善处置群体性上访 9 件。向有关部门提出消除隐患、完善制度的检察建议 5 件，撰写各类社会风险研判报告 30 份，举办专题法律咨询和法制讲座 60 余次，在新闻媒体刊播检察宣传稿件 1069 篇次。

会议经审查，通过决议，批准《区人民检察院工作报告》。

第二次会议

听取、审议政府工作报告

第二次会议听取、审议鹿城区区长朱崇敏《政府工作报告》。报告指出，2012 年全区实现地区生产总值 685 亿元，较 2011 年增长 4.5%；财政总收入 38.4 亿元，较 2011 年下降 1.9%，公共财政预算收入 20.7 亿元，较 2011 年下降 6.9%；外贸出口总额 36.4 亿美元，较 2011 年下降 2.8%；社会消费品零售总额 649 亿元，较 2011 年增长 8.4%；城镇居民人均可支配收入 39730 元，农村居民人均纯收入 17570 元，分别较 2011 年增长 10% 和 11%；单位生产总值能耗削减 5%；二氧化硫、化学需氧量、氨氮、氮氧化物排放量分别削减 2.5%、2.2%、2.5%、1.5%。达成温商回归项目 21 个，完成合同外资 300%，实际利用外资增长 248%，被评为全省浙商回归示范区。鹿城金融广场启动运行，发布温州民间利率指数。全年财政用于民生支出 21.7 亿元，同比增长 16.2%。江心屿金秋文化节被评为“2012 全国最具区域文化特色主题节庆”。旅游总收入和接待游客数均居全市第一。综合实力首次跻身“中国市辖区 50 强”。

报告提出，2013 年全区经济社会发展的主要预期指标为：地区生产总值增长 7%；财政总收入和公共财政预算收入各增长 7%；外贸出口总额增长 3%；社会消费品零售总额增长 12%；城镇居民人均可支配收入和农村居民人均纯收入分别增长 9%、10%。主要约束性指标为：单位生产总值能耗削减 2.2%；二氧化硫、化学需氧量、氨氮、氮氧化物排放量分别削减 2.5%、1.5%、2.0%、2.0%；城镇登记失业率控制在 4% 以内；人口自然增长率控制在 5‰以内。为实现上述目标，重点抓好以下工作：（一）主攻大平台大项目，力促有效投入稳步增长；（二）加快转型升级步伐，经济发展保持稳中求进态势；（三）全力保障和改善民生，切实提高群众幸福指数；（四）加快“四旧”综合改造，整体提升城市形象；（五）巩固深化生态文明建设，共建共享美丽新鹿城；（六）深入开展“执行力建设年”活动，切实加强政府自身建设。

会议经审查，通过决议，批准《政府工作报告》。

审查、批准国民经济和社会发展计划

第二次会议审查、批准区发展和改革局局长滕美华《关于温州市鹿城区 2012 年国民经济和社会发展计划执行情况及 2013 年国民经济和社会发展计划草案的报告》。报告指出，2012 年，地区生产总值 685 亿元，同比增长 4.5%，完成率 97.9%。全区经济社会基本保持平稳发展，但受宏观经济形势和全区经济发展结构性素质性问题影响，部分经济指标出现回落，完成情况低于预期。

表 2—47　　2012 年鹿城区国民经济和社会发展主要指标计划执行情况

主要指标（计量单位）	2012 年计划		2012 年完成数	
	绝对值	增长率（%）	完成数	增长率（%）
一、全区生产总值（亿元）	700	10 左右	685	4.5
二、工业总产值（亿元）	598	2.0	545	-7.0
三、社会消费品零售总额（亿元）	702	15.0	649	8.4
四、全社会固定资产投资（亿元）	投资率 60%		240 左右	——
五、外贸出口总额（亿美元）	39.3	11.0	36.4	-2.7
六、财政总收入（亿元）	37.2	-5	38.42	-1.9
其中：公共财政预算收入（亿元）	19.36	-13	20.71	-6.92
七、城镇居民人均可支配收入（元）	39730	10.0	39730	10.0
八、农村居民人均纯收入（元）	17500	10.5	17570	11.0
九、人均公园绿地面积（平方米）	7.6		8.0	
十、单位 GDP 能耗（%）	削减 2.2		削减 5.0	
十一、主要污染物排放量　1. 二氧化硫（%）	削减 2.0		削减 2.5	
2. 化学需氧量（%）	削减 2.0		削减 2.2	
3. 氨氮（%）	削减 2.0		削减 2.5	
4. 氮氧化物（%）	削减 1.0		削减 1.5	
十二、城镇登记失业率（%）	〈4		1.28	
十三、人口自然增长率（‰）	〈5		3.0	

报告提出，2013 年鹿城区国民经济和社会发展主要预期目标：地区生产总值增长 7% 左右；财政总收入增长 7%；全社会固定资产投资增长 15%，力争增长 30%，投资总量达到 310 亿元以上；安排区政府重点建设项目 42 个，计划总投资额 141.6 亿元；社会消费品零售总额增长率预安排为 12%，比往年略有下降；外贸增长率预安排为 3%，低于往年；公共财政预算收入增长 7%；城镇居民人均可支配收入增长 9%；农村居民人均纯收入增长 10%；单位生产总值能耗削减 2.2%；二氧化硫、化学需氧量、氨氮、氮氧化物排放量分别削减 2.5%、1.5%、2.0%、2.0%；人均公园绿地面积达到 9.7 平方米；人口自然增长率控制在 5‰以内，城镇登记失业率控制在 4% 以内。为实现上述目标，要做好以下工作：一是要把产业结构调整作为重中之重，努力拓市场，保稳定，促转型；二是要进一步加

大投资，扩大内需，促进经济平稳较快发展；三是需进一步健全公共服务，保障和改善民生；四是需切实加大节能减排工作力度，提高生态建设水平；五是要进一步加大就业和社会保障力度，加快构建覆盖城乡的社会保障体系；六是以大项目为主导加快推进工程建设。

表 2—48　　鹿城区国民经济和社会发展主要指标“十二五”规划

主要指标（计量单位）		“十二五”规划	
		预期目标（2015 年）	年均增长率（%）
一、全区生产总值（亿元）		900	10
二、工业总产值（亿元）		——	——
三、社会消费品零售总额（亿元）		1000	14
四、全社会固定资产投资（亿元）		1900（五年累计）	27.4
五、外贸出口总额（亿美元）		50	12
六、财政总收入（亿元）		56	10
其中：公共财政预算收入（亿元）		30	10
七、城镇居民人均可支配收入（元）		48700	9
八、农村居民人均纯收入（元）		22050	10
九、人均公园绿地面积（平方米）		13	
十、单位 GDP 能耗（%）		累计削减 14.5	
十一、主要污染物排放量	1. 二氧化硫（%）	累计削减 15	
	2. 化学需氧量（%）	累计削减 15	
	3. 氨氮（%）	累计削减 15	
	4. 氮氧化物（%）	累计削减 10	
十二、城镇登记失业率（%）		4.5 以内	
十三、人口自然增长率（‰）		5 以内	

会议经审查，批准区人民政府提出的 2013 年国民经济和社会发展计划，批准《关于温州市鹿城区 2012 年国民经济和社会发展计划执行情况及 2013 年国民经济和社会发展计划草案的报告》。

审查、批准财政预算和决算

第二次会议审查、批准区财政局局长胡向阳《关于温州市鹿城区 2012 年财政预算执行情况及 2013 年财政预算草案的报告》。报告指出，2012 年财政经济形势极为严峻复杂，面临经济下行巨大压力。区委区政府提出调整全年预算，经区人大常委会依法审议批准，全区财政总收入从同比增长 10% 调整为同比下降 5%；全区公共财政预算收入从同比增长 10% 调整为同比下降 13%；全区公共财政预算支出从同比增长 10.56% 调整为同比下降 22.03%。2012 年，全区实现财政总收入 384209 万元，完成调整预算的 103.26%，同比下降 1.90%，其中：全区公共财政预算收入 207078 万元，完成调整预算的 106.99%，同比下降 6.92%；公共财政预算支出 103200 万元，完成预算的 116.64%，同比下降 9.07%。全区在各种不利因素叠加影响的情况下，完成了区八届人大常委会第五次会议批准调整后的各项预算任务，收支目标得以顺利实现。

表 2—49　　2012 年鹿城区公共财政预算收入执行情况

项　目	2012 年执行数（万元）	2012 年调整后预算数（万元）	完成预算（%）	增减（%）
公共财政预算收入合计	207078	193556	106.99	—6.92
（一）税收收入	195574	182796	106.99	—8.06
1. 增值税 25%	36722	37275	98.52	2.03
2. 营业税	67102	59375	113.01	—5.66
3. 城市维护建设税	13715	12000	114.29	—6.61
4. 企业所得税（40%）	24703	28076	87.99	—3.50
5. 个人所得税（40%）	19148	15720	121.81	34.67
6. 其他各税	34184	30350	112.63	—33.11
（二）非税收入	11504	10760	106.91	18.03
1. 专项收入	5943	5120	116.07	—8.15
（1）排污费收入	617	620	99.52	—44.21
（2）教育费附加收入	5326	4500	118.36	—0.71
2. 罚没收入	5450	5475	99.54	73.51
3. 其他收入	111	165	67.27	—18.38

说明：2012 年全区财政总收入 384209 万元，完成预算的 103.26%，同比下降 1.90%。

表 2—50　　2012 年鹿城区公共财政预算支出执行情况

项　目	2012 年执行数（万元）	2012 年调整后预算数（万元）	完成预算（%）	增减（%）
一、一般公共服务	17650	15085	117.00	-17.02
二、国防	165	140	117.86	-10.81
三、公共安全	12150	10390	116.94	-15.09
四、教育	36715	31075	118.15	-5.58
五、科学技术	3850	3100	124.19	-2.09
六、文化体育与传媒	950	800	118.75	-5.47
七、社会保障和就业	6750	5755	117.29	-8.86
八、医疗卫生	9150	7715	118.60	-6.51
九、环境保护	3740	3200	116.88	-9.88
十、城乡社区事务	3480	2950	117.97	-8.06
十一、农林水事务	3720	3150	118.10	-7.46
十二、交通运输	820	700	117.14	——
十三、资源勘探电力信息等事务	1170	1005	116.42	-10.00
十四、商业服务业等事务	270	230	117.39	-10.00
十五、住房保障支出	1920	1650	116.36	-10.95
十六、预备费	——	975	——	——
十七、其他支出	700	560	125.00	-30.00
公共财政预算支出合计	103200	88480	116.64	-9.07

说明：科技支出占公共财政预算支出 3.73%，超过 2012 年经常性收入增长 4%，达到浙江省科技强区要求。

报告指出，2013 年财政预算安排：全区财政总收入 411110 万元，同比增长 7%，其中公共财政预算收入 221565 万元，同比增长 7%。按现行分税制财政体制测算，预计当年全区公共财政可用资金为 112673 万元。安排当年全区公共财政预算支出 112600 万元，同比增长 9.11%。根据全区 2013 年部门预算初步汇总，全区公共财政预算支出需 272900

万元，新体制市固定补助44642万元，相抵后，收支缺口115585万元，缺口资金争取市财政补助解决。

计划和预算审查委员会认为，2012年由于受欧美债务危机、国内房地产严控等宏观经济环境与民间借贷金融风波延续以及市区财政体制等因素的叠加影响，全区经济增长下行压力越来越大，给财政增收带来很大困难。区人民政府及财税部门，认真落实区八届人大一次会议提出的要求，沉着应对复杂多变的宏观经济形势，全力执行积极的财政政策，克难求进，努力挖潜，为稳定财政收入做了大量工作，并适时对全区财政预算进行调整，优化支出，全区和区级预算执行情况总体运行良好。但还存在不少困难和问题，主要有：财源基础不稳，收入后劲不足；公共财政体系不够完善，收支矛盾更加突出；预算执行不够严格，财经秩序需有效规范。对此，区人民政府和财税部门要切实采取有效措施加以解决。

计划和预算审查委员会认为，2013年区级预算是按照《中华人民共和国预算法》规定编制的，体现了科学发展观和十八大关于改善民生、加强社会建设的精神，符合“创首善之区、建幸福鹿城”的战略总目标要求。预算草案切实可行，为实现预算的各项措施是积极稳妥的。建议本次会议批准区人民政府《关于温州市鹿城区2012年财政预算执行情况及2013年财政预算草案的报告》，批准鹿城区2013年区级预算草案。

会议经审查，通过决议，批准《关于温州市鹿城区2012年财政预算执行情况及2013年财政预算草案的报告》。

听取、审议常委会工作报告

第二次会议听取、审议区人大常委会主任吴海燕《区人大常委会工作报告》。报告指出，2012年，区人大常委会坚持围绕中心、服务大局，关注民生、弘扬法制，注重创新、务求实效，认真履行宪法和法律赋予的各项职责，召开常委会会议7次、主任会议18次，开展执法检查3次，听取和审议工作报告32个，作出审议意见8项、决定决议13项，完成了区八届人大一次会议确定的各项任务，为推进全区改革发展和民主法治进程发挥了积极的职能作用。常委会主要工作如下：

一、加强工作监督，促进全面协调发展。围绕科学发展主题，紧扣转变经济发展方式主线，加强对经济建设、城乡建设、社会建设的监督。监督经济工作提质效。监督计划预算执行、总部经济园建设和产业有机更新。多次调研金改试点工作，督促政府破解难题，健全促进宏观经济平稳、支持实体经济发展的现代金融体系。监督公共事业惠民生。监督社区卫生服务工作、社区居家养老服务工作和计生指导站建设。专题监督台胞台属权益保护情况，督促政府加强涉台法律法规宣传，健全部门间沟通协作机制，加强工作队伍建设。监督残疾人服务工作，推进政府完善街镇残疾人工作组织，落实残疾人综合服务中心，多形式多渠道安置残疾人就业。监督城乡建设促统筹。监督“六城联创”工作、“村房两改”和水利、交通工程建设。监督“三分三改”工作。参与“祛疤栽花”、拆违建绿和“两无三化”督查，多次组织代表视察检查，共同促进城市洁化、绿化、美化。

二、加强法律监督，推进民主法制建设。围绕全面推进依法治区，突出重点开展执法检查，监督促进“一府两院”依法行政、公正司法。开展执法检查促实施：监督食品安全“一法两规”、《中华人民共和国律师法》和《温瑞塘河保护管理条例》贯彻实施；就《浙江省集体合同条例》《浙江省企业民主管理条例》贯彻实施情况开展调查；配合上级人大开展《中华人民共和国法官法》执法检查，就加强法官队伍建设提出意见建议。加强司法监督促法治：监督审判、检察和“六五”普法工作，加强规范性文件备案审查。加强信访工作助和谐：主动融入全区大信访格局，结合领导干部大接访、信访接待日等活动，探索人大信访工作的新机制、新办法，将接待来访与主动下访相结合、督办信访案件与工作监督相结合，推进信访案件妥善处理；健全重点信访案件督办机制，突出抓好涉法涉诉信访件处理工作。

三、加强调研工作，促进科学民主决策。围绕全区中心工作和热点问题，深化人大调研工作，为区委科学决策提供服务，为区人大常委会行使职权提供依据。强化人大调研助决策：开展“民生大调研”主题活动，就事权承接、便民服务中心建设、人财物与事权匹配等方面提出建议；调研社区物业管理情况，提出规范物业管理、理顺市区关系、下放管理权限等建议；调研二、三产安置用地历史遗留问题，提出注重政策衔接，兼顾区域补偿平衡；就社区建设及网格化管理、改进代表视察、发挥基层人大作用等工作开展调研。决定重大事项促发展：批准财政预算调整方案的决议，就总部经济园建设议案办理工作作出决议，作出同意将中建、中铝、中南、温州华昌 4 家公司分别出资承建的 4 个 BT 项目回购资金列入区级财政预算的决议。依法任免人事强保障：接受常委会组成人员辞职 2 人，接受区人大代表辞职 2 人，补选市人大代表 1 人，任免常委会工作机构负责人 22 人次，决定任免区政府组成人员 34 人次，任免区法院、区检察院审判和检察人员 28 人次，任免人民陪审员 39 人次。还在共同推进政府性投资、省级示范文明城区创建、平安建设等工作中发挥作用。

四、加强服务联系，保障代表有效履职。围绕促进新一届人大代表依法履职，推进代表工作规范化建设，认真做好各项服务保障工作。加强代表培训提素质，完善工作机制促履职，改进代表活动增实效，强化建议督办促落实。在专题督办代表议案的同时，将区八届人大一次会议及闭会期间代表提出的 192 件建议交由有关单位办理，其中 8 件建议交由区长、副区长领衔办理。召开代表建议办理评议会，对 8 个承办单位进行评议和测评，测评结果向区直单位通报。经区政府及有关单位认真办理，所有建议都在规定时限内答复代表，其中已经解决或列入解决计划的占 84.38%；受条件限制目前暂时不能解决的占 14.06%，留作参考或不可行的占 1.56%。

五、加强自身建设，提升人大工作水平。加强常委会及机关建设，强化服务保障，夯实基层基础，形成履职合力。深入学习贯彻十八大精神，及时传达中央重大决策部署和区委重要会议精神，准确把握宪法及相关法律法规精神实质。对区五届人大常委会以来的规章制度进行审查，清理 3 项，修订 8 项制度，增加 6 项制度。配齐街镇人大信息联络员，组织做好信息报送和质量把关，被省、市级平台收录信息 42 篇。坚持邀请街镇人大负责人列席常委会会议，参与常委会组织的监督活动。坚持常委会主任、副主任及各工委联系街镇人大制度，深化街镇人大工作例会，加强工作交流和理论探讨，提升基层人大工作水平。

会议经审查，通过决议，批准《区人大常委会工作报告》。

听取、审议法院工作报告

第二次会议听取、审议区人民法院院长周丰《区人民法院工作报告》。报告指出，2012 年，面临局部金融风波引发的诉讼洪峰和全市“金改”先行先试的巨大考验，共受理民间借贷和金融借款诉讼案件 5413 件，审结 4997 件，结案标的额 124.6 亿元，同比分别上升 134.2%、221.4% 和 938.3%；受理民间借贷和金融借款执行案件 2964 件，执结 2731 件，执结标的 39.2 亿元，同比分别上升 131.56%、111.54% 和 337.5%；受理申请破产清算、申请公司清算案件 4 件。全年共受理各类刑事案件 2186 件，审结 2183 件，分别上升 30.9% 和 30.1%，判处罪犯 2765 人。审结劳动争议、医疗纠纷、住房消费、交通损害赔偿等与民生关系密切的案件 2904 件，审结买卖、建筑工程等合同纠纷案件 5156 件。受理各类民商事案件 9855 件，审结 9746 件，同比分别上升 32.03% 和 47.98%。受理各类行政诉讼案件 169 件（旧存 27 件），审结 175 件，同比分别上升 19.01% 和 15.13%。收、结案数均居全省基层法院第 2 位。此外，受理行政非诉审查案件 686 件，办结 686 件。受理各类执行案件 6002 件，执结 5779 件，执结标的 45.09 亿元，同比分别上升 28.11%、23.3% 和 56.7%。全年共受理各类案件 18919 件，办结 18584 件，同比分别上升 27.3% 和 32.7%，收、结案数创历史新高，分别居全省法院第 6 位和第 5 位；法官人均结案数 188.15 件，同比增加了 47.76 件，比全省基层法院平均数高 38.22 件。

会议经审查，通过决议，批准《区人民法院工作报告》。

听取、审议检察院工作报告

第二次会议听取、审议区人民检察院检察长张纯亮《区人民检察院工作报告》。报告指出，2012 年，区检察院批准逮捕各类刑事犯罪案件 1690 件 2449 人，同比上升 11.8% 和 20.7%；提起公诉 2138 件 3158 人，同比上升 27.1% 和 29.9%。其中，批捕故意杀人、抢劫、强奸、绑架等严重暴力犯罪案件 389 件 593 人，起诉 412 件 641 人；批捕抢夺、盗窃、诈骗等多发性侵财犯罪案件 711 件 949 人，起诉 715 件 998 人；批捕涉枪、涉爆、涉黄、涉毒、涉赌犯罪案件 299 件 341 人，起诉 313 件 445 人；批捕破坏市场经济秩序犯罪案件 81 件 87 人，起诉 110 件 128 人，内含从快批捕、起诉非法吸收公众存款、集资诈骗、贷款诈骗、拒不支付劳动报酬案件共 31 件 35 人，涉案金额超亿元的 7 件，包括社会影响极大的原“海鹤药业”董事长叶某某非法吸收公众存款 13 亿余元等案件。初查贪污贿赂犯罪线索 47 件，立案侦查 13 件 14 人，其中重特大案件比例达 100%，科级干部 4 人，涉及新闻、公共事业、国有企业等单位和政府基层部门，其中立案查处的原七都街道基层执法人员和村干部系列特大受贿案，引起社会强烈反响。初查渎职侵权犯罪线索 23 件，立案侦查 7 件 10 人，立案数创检察院反渎职犯罪工作历史新高，其中造成国家损失在 1000 万元以上的特大渎职案件 1 件，涉及科局级领导干部 2 人，特别是查处的原鹿城区进城口改建指挥部卢某某等 5 人系列滥用职权、受贿串案，在鹿城区干部队伍中造成较大震动。开展职务犯罪预防调查、剖析、建议活动 26 次，对 700 余人次开展职务犯罪警示教育，为 1695 家企业单位、2690 位个人提供行贿犯罪档案查询，为区管干部出国（境）联审提供联审查询服务 150 人。对应当立案而未立案的，监督公安机关立案侦查 22 件 26 人；对不应当立案而立案的案件，监督撤案 3 件 5 人；对不构成犯罪或者事实不清、证据不足的案件，不批捕 169 人、不起诉 20 人，其中对不构成犯罪的不批捕 34 人、不起诉 7 人；对 85 人依法作出无逮捕必要不批捕决定，对 125 人作出犯罪情节轻微不起诉决定，其中对未成年人涉嫌轻微犯罪，经过刑事和解、落实帮教等措施，作出不起诉决定 17 人；对个人信用卡恶意透支涉嫌犯罪、涉案金额在五万元以下、案发后已经全部退赔的，统一适用相对不起诉决定，共不起诉 40 人，占信用卡恶意透支类刑事案件的 49%，对应当逮捕而未提请逮捕、应当起诉而未移送起诉的，纠正漏捕 39 人、追加起诉 28 人；对侦查活动中的违法情况，发出纠正违法通知书 34 件、检察建议 4 份。对认为法院判决存在定性错误、量刑不当的案件，提出刑事抗诉 11 件 15 人，已改判 6 件 7 人。受理民事行政申诉 39 件，立案 31 件，办理市检察院交办案件 26 件，审查后认为裁判错误的，向市检察院提请抗诉 9 件，建议市检察院向省检察院提请抗诉 12 件，提出再审检察建议 1 件，监督的案件经法院再审改判、调解 12 件。审查看守所呈报减刑 363 人次，纠正呈报不当 43 人次。开展社会矫正监督专项检察活动 2 次，接受社区矫正人员检察报到 1400 余人次，发检察建议 9 件，经建议收监执行监外执行罪犯 5 人。谈话教育在押人员 500 余人次。加强羁押期限检察，实行在押出入所人员每日排查，落实羁押期限届满前 7 日提示制度，确保不出现久押不决情况。审查处理群众控告举报申诉 35 件，办理重点信访交办件 4 件，息诉民事行政申诉案件 12 件。办理检调对接案件 14 件，调解成功 12 件，为相关当事人争取到赔偿金额 62.5 万元。

会议经审查，通过决议，批准《区人民检察院工作报告》。

第三次会议

听取、审议政府工作报告

第三次会议听取、审议鹿城区区长朱崇敏《区政府工作报告》。报告指出，2013 年全区实现地区生产总值 710 亿元，增长 5%；公共财政预算收入 22.2 亿元，增长 7%；社会消费品零售总额 658 亿元，增长 7%；外贸出口总额 35.6 亿美元，下降 3.8%；城镇居民人均可支配收入 42700 元，农村居民人均纯收入 19300 元，分别增长 9%、10%；单位生产总值能耗削减 2.2%；化学需氧量、氨氮、二氧化硫、氮氧化物排放量分别削减 1.1%、2.1%、2.9%、4.1%。全年完成固定资产投资 263 亿元。投资结构进一步优化，项目投资由 2012 年的 63.4% 提高到 65.4%，生产性服务业投资由 2012 年的 19.8% 提高到 24.2%，成立全省首家温商服务中心，共引进项目73个、到位资金44.7亿元，实际利用外资增长83.8%，加快现代农业发展，建成市级农业精品园、示范园各1个，新增省级农业龙头企业3家、无公害农产品5个，无公害整体认证总面积达8428亩，新建粮食功能区5920亩，初步建成温州种子种苗科技园等项目。继续保持税收亿元楼4幢、千万元楼23幢。旅游人数和旅游业收入均居全市第一。全年财政用于民生支出22.3亿元，十大民生工程完成投资60.8亿元。顺利通过全国、省城市文明程度指数测评和园林城市省级验收、森林城市省级预验收。获首届中国（浙江）全面小康十大示范县（市、区）。

报告提出，2014年全区经济社会发展的主要预期指标为：地区生产总值增长6%左右；公共财政预算收入增长6%；外贸出口总额增长3%；社会消费品零售总额增长9%；城镇居民人均可支配收入和农村居民人均纯收入分别增长10%、11%；城镇登记失业率控制在4%以内；人口自然增长率控制在5‰以内。全面完成上级下达的节能减排目标任务。为实现上述目标，重点抓好以下工作：（一）以深化改革创新为主线，全面落实改革各项举措；（二）以兴实体促转型为主攻方向，着力推进县域经济向都市经济转型；（三）以有效投资为抓手，加快城市亮点区块建设；（四）以温商回归为重点，深入实施招商引资"一号工程"；（五）以共建共享生态文明为导向，加快建设美丽鹿城；（六）以提升群众幸福指数为根本，促进公共服务优质均衡发展；（七）以社会管理创新为着力点，全面推进平安鹿城建设。

会议经审查，通过决议，批准《区政府工作报告》。

审查、批准国民经济和社会发展计划

第三次会议审查、批准区发展和改革局局长滕美华《关于温州市鹿城区2013年国民经济和社会发展计划执行情况及2014年国民经济和社会发展计划草案的报告》。报告指出，2013年，实现地区生产总值710亿元，增长率5%。受宏观经济形势和区域经济发展结构性因素影响，部分经济指标出现回落，完成情况低于预期。

表2—51　　2013年鹿城区国民经济和社会发展主要指标计划执行情况

主要指标（计量单位）	2013年计划		2013年完成数	
	绝对值	增长率%	完成数	增长率%
一、全区生产总值（亿元）	748	7左右	710	5.0
二、工业总产值（亿元）	556	2.0	549	-3.8
三、社会消费品零售总额（亿元）	727	12.0	658	7.0
四、全社会固定资产投资（亿元）	301	增长15，力争30	263	20.0
五、外贸出口总额（亿美元）	37.5	3.0	35.6	-3.8
六、公共财政预算收入（亿元）	22.16	7.0	22.2	7.0
七、城镇居民人均可支配收入（元）	43306	9.0	42700	9.0
八、农村居民人均纯收入（元）	19327	10.0	19300	10.0
九、人均公园绿地面积（平方米）	9.7		11.2	
十、单位GDP能耗（%）	削减2.2		削减2.2	

续表 2—51 2013 年鹿城区国民经济和社会发展主要指标计划执行情况

主要指标（计量单位）		2013 年计划		2013 年完成数	
		绝对值	增长率 %	完成数	增长率 %
十一、主要污染物排放量	化学需氧量排放量	削减 1.0		削减 1.1	
	氨氮排放量	削减 2.0		削减 2.1	
	二氧化硫排放量	削减 2.5		削减 2.9	
	氮氧化物排放量	削减 2.0		削减 4.1	
十二、城镇登记失业率（%）		4 以内		1.28	
十三、人口自然增长率（‰）		5 以内		3.0	

说明：2013 年各经济指标均采用预计数，实际执行情况以区统计局公布数据为准；2014 年预期目标绝对值将根据实际执行情况作相应调整。

报告指出，2014 年国民经济和社会发展主要预期目标：地区生产总值增长 6% 左右；社会消费品零售总额增长 9%；全社会固定资产投资增长 15%；外贸出口总额增长 3%；城镇居民人均可支配收入增长 10%，农村居民人均纯收入增长 11%；公共财政预算收入增长 6%；单位生产总值能耗、化学需氧量、氨氮、二氧化硫、氮氧化物排放量削减率完成市下达任务；人均公园绿地面积达到 11.7 平方米；人口自然增长率控制在 5‰以内；城镇登记失业率控制在 4% 以内；安排区政府重点建设项目 90 个，计划总投资 70.4 亿元。为实现上述目标，要做好以下几点：一是把提高经济增长质量作为重中之重，努力调结构，稳增长，促改革；二是要充分发挥消费的基础作用、投资的关键作用、出口的支撑作用，促进经济持续健康发展；三是通过对公共财政支出的科学安排，进一步完善公共服务体系，确保社会环境保持稳定；四是需切实加强节能减排工作，加大环境整治力度，提升城市功能；五是要进一步扩大就业渠道，加大社会保障力度，提高社会管理水平。

会议经审查，通过决议，批准区人民政府提出的 2014 年国民经济和社会发展计划，批准《关于温州市鹿城区 2013 年国民经济和社会发展计划执行情况及 2014 年国民经济和社会发展计划草案的报告》。

审查、批准财政预算和决算

第三次会议审查、批准区财政局局长胡向阳《关于温州市鹿城区 2013 年财政预算执行情况及 2014 年财政预算草案的报告》。报告指出，2013 年全区公共财政预算收入 222123 万元，同比增长 7.01%，完成年初预算的 100.25%；全区公共财政预算当年支出 112680 万元，同比增长 9.16%，完成年初预算的 100.07%。全区经济社会平稳协调发展，财政预算执行情况总体良好。

表 2—52 2013 年鹿城区公共财政预算收入执行情况

项　目	2013 年执行数（万元）		2013 年预算数（万元）		完成预算		增减	
	全区	本级	全区	本级	全区	本级	全区	本级
公共财政预算收入合计	222123	212656	221565	212108	100.25%	100.26%	7.01%	7.00%
（一）税收收入	209421	199954	209355	199898	100.03%	100.03%	6.81%	6.79%

续表 2—52　　2013 年鹿城区公共财政预算收入执行情况

项　目	2013 年执行数（万元）		2013 年预算数（万元）		完成预算		增减	
	全区	本级	全区	本级	全区	本级	全区	本级
1. 增值税 25%	47421	42019	39275	35597	120.74%	118.04%	29.06%	26.16%
2. 营业税	68902	68333	72000	71363	95.70%	95.75%	2.74%	2.80%
3. 城市维护建设税	14414	13473	14600	13278	98.73%	101.47%	5.13%	8.01%
4. 企业所得税（40%）	26723	25387	26400	24734	101.22%	102.64%	8.19%	9.70%
5. 个人所得税（40%）	13962	13615	20480	20076	68.17%	67.82%	-27.08%	-27.46%
6. 其他各税	37999	37127	36600	34850	103.82%	106.53%	9.46%	12.23%
（二）非税收入	12702	12702	12210	12210	104.03%	104.03%	10.44%	10.44%
1. 专项收入	5728	5728	6320	6320	90.63%	90.63%	-3.59%	-3.59%
（1）排污费收入	700	700	620	620	112.90%	112.90%	13.45%	13.45%
（2）教育费附加收入	5028	5028	5700	5700	88.21%	88.21%	-5.56%	-5.56%
2. 罚没收入	6867	6867	5770	5770	119.01%	119.01%	26.00%	26.00%
3. 其他收入	107	107	120	120	89.17%	89.17%	-2.73%	-2.73%

表 2—53　　2013 年鹿城区公共财政预算支出执行情况

项　目	2013年执行数(万元)		2013年预算数(万元)		完成预算		增　减	
	全区	本级	全区	本级	全区	本级	全区	本级
一、一般公共服务	18205	16005	18005	15805	101.11%	101.27%	3.14%	3.59%
二、国防	175	175	175	175	100.00%	100.00%	6.06%	6.06%
三、公共安全	12895	12885	12395	12385	104.03%	104.04%	6.13%	6.14%
四、教育	40940	40940	40940	40940	100.00%	100.00%	11.51%	11.51%
五、科学技术	4265	4235	4065	4035	104.92%	104.96%	10.78%	10.86%
六、文化体育与传媒	1040	1000	1040	1000	100.00%	100.00%	9.47%	9.89%
七、社会保障和就业	7515	7510	7360	7355	102.11%	102.11%	11.33%	11.34%
八、医疗卫生	10095	10000	10095	10000	100.00%	100.00%	10.33%	10.44%
九、环境保护	4085	4065	4085	4065	100.00%	100.00%	9.22%	9.27%
十、城乡社区事务	3810	3650	3810	3650	100.00%	100.00%	9.33%	10.94%
十一、农林水事务	4095	3730	4095	3730	100.00%	100.00%	10.08%	11.18%
十二、交通运输	895	895	895	895	100.00%	100.00%	9.15%	9.15%
十三、资源勘探电力信息等事务	1275	1215	1275	1215	100.00%	100.00%	8.97%	9.46%
十四、商业服务业等事务	290	290	290	290	100.00%	100.00%	7.41%	7.41%
十五、住房保障支出	2185	2075	2075	2075	105.30%	100.00%	12.92%	18.23%
十六、预备费	——	——	1250	1220	——	——	——	——
十七、其他支出	915	750	750	585	122.00%	128.21%	30.71%	7.14%
公共财政预算支出合计	112680	109420	112600	109420	100.07%	100.00%	9.16%	9.40%

说明：全区科学技术支出占公共财政预算支出 3.79%，区本级科学技术支出占公共财政预算支出 3.87%。

表 2—54　　2013 年鹿城区政府性基金地方收入执行情况

收入项目	2013年执行数(万元)	2013年预算数(万元)	完成预算（%）	增减（%）
政府性基金收入	151028	23420	644.87%	579.88%
1. 地方教育附加收入	3189	3500	91.11%	-5.68%
2. 残疾人就业保障金收入	1805	1650	109.39%	13.81%
3. 国有土地使用权出让收入	123034	——	——	——
4. 地方水利建设基金收入	4620	7000	66.00%	-33.56%
5. 散装水泥专项资金收入	83	270	30.74%	-68.8%
6. 其他政府性基金收入	18297	11000	166.34%	82.48%

说明：2013 年开始，区级土地出让收入由原来的补助形式改为返还形式。收入返还后，由区本级安排支出。

表 2—55　　2013 年鹿城区政府性基金地方支出执行情况

支出项目	2013年执行数（万元）	2013年预算数（万元）	完成预算（%）	增减（%）
政府性基金支出	157760	31530	500.35%	56.48%
1．教育支出	4472	3900	114.67%	56.36%
2．社会保障和就业支出	2774	2500	110.96%	11.18%
3．城乡社区支出	123034	——	——	——
4．农林水支出	9400	11000	85.45%	-8.93%
5．资源勘探电力信息等支出	186	130	143.08%	1.64%
6．其他支出	17894	14000	127.81%	25.62%

说明：2013 年支出执行数中含上年结转支出 9326 万元。土地出让收入新增安排支出 123034 万元，其中：村二三产返还支出 26131 万元。

表 2—56　　2013 年鹿城区财政专户管理资金收入执行情况

收入项目	2013 年执行数（万元）	上年数（万元）	增减（%）
财政专户管理资金收入	10756	9978	7.80%
1．行政事业性收费收入	9228	8428	9.49%
2．其他收入	1528	1550	-1.42%

表 2—57　　2013 年鹿城区财政专户管理资金支出执行情况

支出项目	2013 年执行数（万元）	上年数（万元）	增减（%）
财政专户管理资金支出	9131	9960	-8.32%
1．教育支出	8279	9110	-9.12%
2．其他支出	852	850	0.24%

报告指出，2014 年财政预算收支草案编制如下：全区公共财政预算收入 235450 万元，同比增长 6%；全区公共财政预算支出 185750 万元，其中全区公共财政预算支出（不含市固定补助）117750 万元，同比增长 4.50%。区本级公共财政预算收入 225415 万元，同比增长 6%；区本级公共财政预算支出 181800 万元，其中区本级公共财政预算支出（不含市固定补助）113800 万元，同比增长 4%。根据区级 2014 年部门预算初步汇总，区级公共财政预算支出需 301170 万元（含省市专项补助），相抵后，收支缺口 114496 万元，缺口资金争取市财政补助解决。全区政府性基金收入 259950 万元，同比增长 72.12%；全区政府性基金支出 258941 万元，同比增长 64.14%。全区财政专户管理资金收入 13650 万元，同比增长 26.91%；全区财政专户管理资金支出 11180 万元，同比增长 22.44%。

会议计划和预算审查委员会认为，2013 年，区人民政府及财税部门在区委的坚强领导下，牢牢把握“稳中求进”的工作总基调，紧紧围绕“创首善之区，建幸福鹿城”总目标，促进经济平稳发展，确保了财政收入稳定增长，有力地保障了各项法定支出和重点支出，完成了区八届人大二次会议确定的预算任务，全区和区级预算执行情况总体良好。同时，应当看到财政预算执行中存在的主要问题：财政持续增收的基础还不稳固，预算执行不够严格，财政绩效管理有待加强。区政府应采取有效措施，认真加以解决。

会议计划和预算审查委员会认为，2014 年区级预算（草案）体现了中共三中全会及中央、省经济工作会议精神，收入安排积极稳妥，支出重点突出，保证预算任务完成的措施切实可行。

会议经审查，通过决议，批准《关于温州市鹿城区 2013 年全区和区级预算执行情况及 2014 年全区和区级预算草案的报告》。

听取、审议常委会工作报告

第三次会议听取、审议区人大常委会主任吴海燕《区人大常委会工作报告》。报告指出，2013 年，区人大常委会在中共鹿城区委的领导下，坚持以邓小平理论、“三个代表”重要思想、科学发展观为指导，紧紧围绕“创首善之区、建幸福鹿城”的总目标，认真履行宪法和法律赋予的各项职责，召开常委会会议 6 次、主任会议 17 次，听取和审议工作报告 39 个，对 3 部法律法规开展执法检查，作出审议意见 14 项、决定决议 16 个，较好地发挥了地方国家权力机关作用。常委会主要工作如下：

一、强化工作监督，促进经济社会稳定发展。坚持稳中求进，监督规划、计划实施，监督财政预决算、金融改革，督促构建支持实体经济发展的现代金融服务体系；关注有效投资、网络经济和“黎明•92”文创园建设等工作，跟踪监督总部经济园建设，要求完善配套设施，加强服务管理，妥善解决企业在产权办理、履约金退还等方面遇到的问题。坚持统筹发展，监督“三农”“三改一拆”“六城联创”工作，进一步理顺工作机制，顺利通过园林城市省级验收、森林城市省级预验收，环保模范城市创建工作扎实推进。坚持以人为本，监督居家养老服务、教育专项和宗教场所拆迁安置工作，督促加强规划引导。

二、强化法律监督，促进社会主义法治建设。加强执法检查，开展科技进步“一法一条例”、《中华人民共和国禁毒法》执法检查，并开展执法检查跟踪监督。受理和登记政府报备的规范性文件 36 个，有效加强依法行政的事前、事中监督。加强司法监督，监督金融综合改革司法保障、打击虚假诉讼工作，保障公民依法参与审判活动。增加人民陪审员名额 117 名，规范人民陪审员任前审查流程，依法任免人民陪审员 43 人次。督促“两院”重视典型案件分析，加强前瞻性司法调研；专题视察鹿城看守所，针对存在的问题提出整改意见，促进文明监所创建。加强信访工作，规范转办、督办和回复制度，促进社会和谐稳定。

三、强化履职作为，促进依法科学民主决策。调研减员增效、中国鞋都改造提升工作；调研民间资本回归实体经济，提出加快民间金融集聚发展、引导民资发起设立中小银行、健全金融管理服务体系、推进投融资体系建设、加快企业股改上市步伐、多措并举改善投资环境等意见。就完善三大园区配套设施建设和优化产业布局、社区规范化建设、社会管理创新、“四小车”整治等课题开展调研，提出可操作性的意见建议。依法决定重大事项、人事任免，任免国家机关工作人员 57 人次。以“一线”要求，积极参与“三千”、驻企服务员等活动，抽调经验丰富的干部参与城中村改造、历史疑难问题化解等破难攻坚行动，并在共同推进“四边三化”、“两无三化”、美丽乡村建设、平安大区建设、社区扁平化管理、新居民综合服务管理、村（居）换届选举等工作中发挥积极作用。

四、强化服务保障，促进代表作用有效发挥。重视学习培训，组织代表170余人次，参加市人大培训班，学习预算法及审议财政预决算报告方面的知识，听取知名学者专题讲座和代表履职经验介绍。重视机制建设，组织代表386人次参加视察、检查和调研活动，安排42位代表列席常委会会议并参与审议，部分代表意见被采纳为审议意见。完善政情通报、半年度工作报告和视察“两院”制度，增进代表对“一府两院”工作的了解。重视载体创新，丰富代表活动内容。组织省、市、区、镇四级代表418人次，参与“关心母亲河溪”主题活动，查看河流49条，发现问题76个，提出建议58条，为治水行动注入了正能量。出台《鹿城区人大代表优秀议案和建议评选表彰办法》，进一步调动代表履职积极性，提高议案建议质量。区八届人大二次会议及闭会期间代表提出的160件建议都在规定时限内答复代表，其中已经解决或列入解决计划的140件，受条件限制暂时不能解决或留作参考的20件。

五、强化自身建设，促进工作水平持续提高。着眼能力建设，注重理论业务学习。着眼服务提升，加强组织作风建设。着眼职能延伸，夯实基层工作基础。坚持常委会领导联系街镇人大和例会制度，加强对基层工作的指导。

会议经审查，通过决议，批准《区人大常委会工作报告》。

听取、审议法院工作报告

第三次会议听取、审议区人民法院院长周丰《区人民法院工作报告》。报告指出，2013年，共审结金融借款案件2845件，结案标的额107.59亿元，同比分别上升66.01%和80.82%；共执结金融借款案件2720件，到位标的额14.48亿元，同比分别上升401.85%和382.67%。受理破产案件40件，审结32件。促成应急转贷243次，贷款金额58.59亿元；化解各类涉企纠纷1979件，调解撤诉纠纷标的总额达36.19亿元。受理各类刑事案件2115件，审结2072件，同比分别下降3.25%和5.08%，判处罪犯2597人，同比下降6.08%。受理各类民商事案件11279件，审结11691件，结案标的175.6亿元，同比分别上升14.45%、19.96%和24.21%。受理各类行政诉讼案件136件，审结143件，同比分别下降19.53%和18.29%；受理非诉行政案件928件，审结928件，同比均上升35.28%。受理各类执行案件10752件，执结案件10598件，到位标的额22.72亿元，同比分别上升79.14%、83.23%和224.57%。全年受理各类案件25247件，办结25464件，未结案2591件，同比分别上升33.45%、37.02%和下降7.73%，实现了“两升一降”的良好态势。人均结案154.96件，同比增加41.89件，超过全省基层法院平均数62.8件，居全省法院第二位；法官人均结案279.25件，同比增加91.16件，超过全省基层法院平均数115.39件，居全省法院第3位；一线法官人均结案400.13件，同比增加149.33件，超过全省基层法院平均数179.17件，居全省法院第2位。

会议经审查，通过决议，批准《区人民法院工作报告》。

听取、审议检察院工作报告

第三次会议听取、审议区人民检察院检察长张纯亮《区人民检察院工作报告》。报告指出，2013年，区检察院批捕各类刑事犯罪案件1420件2014人，起诉1970件2775人，案件数同比分别下降16%和7.9%。其中，批捕金融诈骗、逃税、非法经营等破坏市场经济秩序犯罪案件41件57人，起诉75件102人，内含对集资诈骗、非法吸收公众存款等涉众型经济犯罪批捕21人，起诉8人；对危害食品、药品安全等制售假冒伪劣商品犯罪批捕9人，起诉13人；对污染环境、侵犯著作权等破坏环境资源、侵犯知识产权犯罪批捕3人，起诉19人。对不构成犯罪、证据不足、犯罪情节轻微的经济犯罪不批捕27人，不起诉61人。立案侦查贪污贿赂、渎职侵权案件19件21人，其中贪污贿赂案件15件17人，渎职侵权案件4件4人，大案16件，县处级干部1人，科级干部2人，涉及医疗卫生、征地拆迁、工程建设、国土资源、司法行政等部门和领域，通过办案挽回经济损失2010万元。通过省、市、区三级检察院联动，查办社区矫正监管领域的受贿、行贿串案6件，依法立案查处了市委政法委原专职委员项某某受贿大案。开展职务犯罪预防警示教育7次、案例剖析8次，对区管领导干部出国（境）联审156次，为相关单位提供行贿犯罪档案查询1899次。预防职务犯罪教育基地如期结顶。对应当立案而不立案的，督促侦查机关立案10件，立案监督的案件被判处有期徒刑以上刑罚15人。准确把握追捕、追诉等条件，纠正漏捕10人，追诉漏犯15人，追诉漏罪10人。对一审刑事判决适用法律不当、量刑畸轻畸重等问题提出抗诉11件，现已改判3件。审查市中级人民法院减刑裁定123件，审查区看守所呈报减刑、暂予监外执行105件，纠正呈报减刑、暂予监外执行不当3件。接受社区矫正人员检察报到2000多人次，对社区矫正人员脱漏管等问题提出书面监督意见28件。对不构成犯罪、事实不清、证据不足的不批捕226人、不起诉73人；对犯罪情节轻微的犯罪嫌疑人决定不批捕160人、不起诉162人，同比分别上升了88.2%和29.6%，其中外来人员分别占71.3%和24.7%；通过启动刑事和解程序，移送调解机构成功调处29件，作出刑事和解不批捕44人、不起诉28人。对未成年人涉嫌犯罪决定不批捕15人，不起诉6人，附条件不起诉5人，落实社会帮教14人。侦查活动提出纠正违法意见24件，已纠正21件。启动羁押必要性审查12件次，监督纠正刑拘羁押不当2人。开展入所谈话1797人次，接待在押人员家属180人次，参与监管场所事故检察3件，对违法情况提出纠正意见2件。办理民事行政申诉案件41件，提请或建议提请民事行政抗诉3件，向法院提出再审检察建议10件，监督的民事行政案件经法院再审改判11件。受理涉虚假诉讼民事案件22件，涉案标的约1.8亿元，民事监督立案21件，移送犯罪线索8件21人，公安机关已立案侦查5件16人，其中已被判处刑罚3人、相对不起诉5人；向同级法院提出再审检察建议8件，其中7件经法院再审已撤销原生效调解书。向行政执法机关发出检察建议3件，督促落实整改措施。审查处理群众来信来访141件次，办理上级交办信访件3件，息诉信访件15件。对无法通过诉讼及时获得有效赔偿的刑事被害人，实施司法救助，为6名刑事被害人申请并发放救助金9.3万元。建成办案大厅，流转案件4822件；接待律师和当事人家属435人次，提供案件查询1203件次，提供案卷查阅复印413件次。实现依法独立办案率100%、办案安全零事故。

会议经审查，通过决议，批准《区人民检察院工作报告》。

第四次会议

听取、审议政府工作报告

第四次会议听取、审议鹿城区区长朱崇敏《区政府工作报告》。报告指出，2014年，全区实现地区生产总值762亿元，增长5%；公共财政预算收入23.6亿元，增长6%；社会消费品零售总额741.8亿元，增长9.1%；出口总额35.5亿美元，下降0.8%；城镇常住居民人均可支配收入45698元，农村常住居民人均可支配收入23434元，分别增长8.5%、10.6%；单位生产总值能耗削减4%；化学需氧量、氨氮、二氧化硫和氮氧化物排放量分别下降1.5%、1.5%、2%和4%。完成固定资产投资306亿元、增长16.5%，其中区级投资154.2亿元、增长48.3%。共引进招商引资项目83个，到位资金99.8亿元，居三区两市首位。新增市级以上农业龙头企业3家，建成市级农业精品园1个，创成国家级农民专业合作社示范社1家，特色农产品直销中心投入运营。深化金融综合改革“三个先行区”建设，建立金融服务“两库一网”和中小企业融资服务平台，全国首个民间融资信息服务企业挂牌运营，街镇民间借贷备案便民服务点实现全覆盖。强化公共服务保障，将新增财力的70%以上用于民生支出。“印象南塘”被评为国家4A级旅游景区。获得了9项国家级、11项省级荣誉。

报告提出，2015年全区经济社会发展的主要预期指标为：地区生产总值增长5.5%左右；公共财政预算收入增长6%左右；外贸出口总额增长3%左右；社会消费品零售总额增长9%左右；城镇常住居民人均可支配收入和农村常住居民人均可支配收入分别增长8.5%、9.5%；城镇登记失业率控制在2.5%以内；人口自然增长率控制在4.5‰以内。全面完成上级下达的“十二五”节能减排目标任务。要完成以上目标，具体要做好以下工作：（一）突出时尚产业和月光经济，再造区域发展新优势；（二）突出提质提效和联动发展，开创产业转型新局面；（三）突出有效投资和招商引资，掀起项目建设新高潮；（四）突出深化改革和创新驱动，增强赶超发展新活力；（五）突出功能完善和品质提升，展现“两美”鹿城新面貌；（六）突出安民惠民和社会治理，切实回应人民群众新期盼；（七）突出权力监督和责任担当，塑造法治政府新形象。

会议经审查，通过决议，批准《区政府工作报告》。

审查、批准国民经济和社会发展计划

第四次会议审查、批准区发展和改革局局长滕美华《关于温州市鹿城区2014年国民经济和社会发展计划执行情况及2015年国民经济和社会发展计划草案的报告》。报告指出，2014年，实现地区生产总值762亿元，同比增长5%，未达预期目标。经济社会运行

总体平稳，各项主要指标逐步趋稳向好。8 项主要经济指标中，工业、消费、投资、公共财政收入完成预期目标，地区生产总值、出口、两项收入未达预期，8 项约束性指标完成既定任务。

表 2—58　　2014 年鹿城区国民经济和社会发展计划执行情况

指标名称	2014 年计划		2014 年完成	
	绝对值	增长（%）	绝对值	增长（%）
地区生产总值（亿元）	753	6.0 左右	762	5
全社会工业总产值（亿元）	560	2.0	547.8	4.7
社会消费品零售总额（亿元）	717	9.0	741.8	9.1
全社会固定资产投资（亿元）	302	15.0	306.6	16.5
外贸出口总额（亿美元）	36.7	3.0	35.5	-0.8
公共财政预算收入（亿元）	23.5	6.0	23.6	6.0
城镇常住居民人均可支配收入（元）	46970	10.0	45698	8.5
农村常住居民人均可支配收入（元）	21423	11.0	23434	10.6
人均公园绿地面积（平方米）	11.7		11.7	
单位生产总值综合能耗（%）	削减 2.3		削减 4	
化学需氧量排放量（%）	削减 1.5		削减 1.5	
氨氮排放量（%）	削减 1.5		削减 1.5	
二氧化硫排放量（%）	削减 2.0		削减 2.0	
氮氧化物排放量（%）	削减 4.0		削减 4.0	
城镇登记失业率（%）	4 以内		1.37	
人口自然增长率（‰）	5 以内		3.17	

说明：2014 年全省调整了城乡居民收入口径和名称，将城镇居民人均可支配收入和农村居民人均纯收入调整为城镇 / 农村常住居民人均可支配收入，故农村常住居民人均可支配收入超年初预期，但增速未达预期。

报告指出，2015 年国民经济和社会发展主要预期目标：地区生产总值增长 5.5% 左右，比 2014 年实际增长率高 0.5%；全社会工业总产值增速预安排为 4.7%，与 2014 年持平；社会消费品零售总额增长 9% 左右，与 2014 年基本持平；全社会固定资产投资增长 12% 以上，比 2014 年有小幅增长；初步安排重点建设项目 107 个，总投资 60.85 亿元；外贸出口总额增长 3% 左右；城镇常住居民人均可支配收入增长 8.5%，与上年持平；农村常住居民人均可支配收入增长 9.5%。与上年相比略有下调；公共财政预算收入增长 6% 左右；单位生产总值能耗、化学需氧量、氨氮、二氧化硫、氮氧化物排放量削减率完成市下达任务；人均公园绿地面积达到 12 平方米；人口自然增长率控制在 4.5‰以内；城镇登记失业率控制在 2.5% 以内。为实现上述目标，要做好以下工作：一是打造千亿商圈，推进消费升级；二是着力优化投资结构；三是大力推进外贸转型；四是要统筹城乡发展，加快公共服务均等化；五是要按照“两美”建设总体部署，优化生态环境，提升城市功能；六是要进一步扩大就业渠道，加大社会保障力度，提高社会管理水平。

会议经审查，通过决议，批准区人民政府提出的 2015 年国民经济和社会发展计划，批准《关于温州市鹿城区 2014 年国民经济和社会发展计划执行情况及 2015 年国民经济和社会发展计划草案的报告》。

审查、批准财政预算和决算

第四次会议审查、批准区财政局局长胡向阳《关于温州市鹿城区 2014 年全区和区级预算执行情况及 2015 年全区和区级预算草案的报告》。报告指出，2014 年，全区公共财政预算收入 235508 万元，完成年初预算的 100.02%，同比增长 6.03%；全区公共财政预算当年支出 185750 万元，完成年初预算的 100%。全区实现政府性基金收入 393879 万元，完成年初预算的 151.52%，同比增长 159.88%；政府性基金支出 467616 万元，完成年初预算的 180.59%，同比增长 156.75%。全区实现财政专户管理资金收入 11254 万元，完成年初预算的 82.45%，同比增长 2.44%；全区财政专户管理资金支出 11788 万元，完成年初预算的 105.44%，同比增长 29.10%。较好地完成了全年财政预算收支任务（详见下表）。

由于 2014 年市对区财政体制决算未办理，区级财政最后收支结果待决算编审完成后再向区人大常委会专题报告。

表 2—59　　2014 年鹿城区公共财政预算收入执行情况

项　目	2014年执行数（万元）		2014年预算数（万元）		完成预算（%）		增减（%）	
	全　区	本　级	全　区	本　级	全　区	本　级	全　区	本　级
公共财政预算收入合计	235508	225473	235450	225415	100.02%	100.03%	6.03%	6.03%
（一）税收收入	218191	208156	221850	211815	98.35%	98.27%	4.19%	4.10%
1. 增值税 25%	54406	48311	54591	48919	99.66%	98.76%	14.73%	14.97%
2. 营业税	65228	64692	72685	72087	89.74%	89.74%	-5.33%	-5.33%
3. 城市维护建设税	14149	13227	15150	14162	93.39%	93.40%	-1.84%	-1.83%
4. 企业所得税（40%）	21626	20550	24836	23342	87.08%	88.04%	-19.07%	-19.05%
5. 个人所得税（40%）	11915	11613	14672	14307	81.21%	81.17%	-14.66%	-14.70%
6. 其他各税	50867	49763	39916	38998	127.44%	127.60%	33.86%	34.03%
（二）非税收入	17317	17317	13600	13600	127.33%	127.33%	36.33%	36.33%
1. 专项收入	6353	6353	6280	6280	101.16%	101.16%	10.91%	10.91%
（1）排污费收入	1314	1314	1000	1000	131.40%	131.40%	87.71%	87.71%
（2）教育费附加收入	5039	5039	5280	5280	95.44%	95.44%	0.22%	0.22%
2. 罚没收入	10796	10796	7210	7210	149.74%	149.74%	57.22%	57.22%
3. 其他收入	168	168	110	110	152.73%	152.73%	57.01%	57.01%

表 2—60　　2014 年鹿城区公共财政预算支出执行情况

项目	2014 年执行数（万元）		2014 年预算数（万元）		完成预算（%）	
	全区	本级	全区	本级	全区	本级
公共财政预算支出合计	185750	181800	185750	181800	100.00	100.00
一、一般公共服务支出	29670	26935	29670	26935	100.00	100.00
二、国防支出	280	280	280	280	100.00	100.00
三、公共安全支出	20900	20880	20700	20680	100.97	100.97
四、教育支出	67570	67570	67570	67570	100.00	100.00
五、科学技术支出	7080	7030	7080	7030	100.00	100.00
六、文化体育与传媒支出	1690	1650	1690	1650	100.00	100.00
七、社会保障和就业支出	12710	12695	12410	12395	102.42	102.42

续表 2—60　　2014 年鹿城区公共财政预算支出执行情况

项目	2014 年执行数（万元）		2014 年预算数（万元）		完成预算（%）	
	全区	本级	全区	本级	全区	本级
八、医疗卫生和计划生育支出	17370	17235	16670	16575	104.20	103.98
九、节能环保支出	6700	6680	6700	6680	100.00	100.00
十、城乡社区支出	6600	6250	6100	5750	108.20	108.70
十一、农林水支出	6960	6590	6760	6390	102.96	103.13
十二、交通运输支出	1400	1400	1400	1400	100.00	100.00
十三、资源勘探信息等支出	2030	1965	2030	1965	100.00	100.00
十四、商业服务业等支出	390	390	390	390	100.00	100.00
十五、住房保障支出	3450	3300	3450	3300	100.00	100.00
十六、预备费	——	——	1900	1860	——	——
十七、其他支出	950	950	950	950	100.00	100.00

说明：2014 年年初预算含市固定补助数，与上年编制口径不同，所以与上年执行数不做对比。全区科学技术支出占公共财政预算支出的 3.81%，区本级科学技术支出占公共财政预算支出 3.87%。

表 2—61　　2014 年鹿城区公共财政预算总支出执行情况

项　目	2014 年执行数（万元）		
	全　区	其中：当年安排（含挂账）	其中：专项补助
公共财政预算支出合计	302126	284938	17188
一、一般公共服务支出	36624	36624	
二、国防支出	708	608	100
三、公共安全支出	44043	42982	1061
四、教育支出	69717	68463	1254
五、科学技术支出	4156	3931	225
六、文化体育与传媒支出	4067	3618	449
七、社会保障和就业支出	18083	18005	78
八、医疗卫生与计划生育支出	32927	27769	5158
九、节能环保支出	6966	6948	18
十、城乡社区支出	48479	47879	600
十一、农林水支出	12701	10887	1814
十二、交通运输支出	5489	4257	1232
十三、资源勘探信息等支出	4571	4045	526
十四、商业服务业等支出	4064	1362	2702
十五、住房保障支出支出	5968	5773	195
十六、其他支出	3563	1787	1776

表 2—62　　2014 年鹿城区政府性基金收入执行情况

收入项目	2014 年执行数（万元）	2014 年预算数（万元）	完成预算（%）	增减（%）
政府性基金收入合计	393879	259950	151.52%	159.88%
1. 地方教育附加收入	3190	3500	91.14%	0.03%
2. 残疾人就业保障金收入	1787	2000	89.35%	-1.00%
3. 国有土地使用权出让收入	368368	230000	160.16%	199.40%
4. 地方水利建设基金收入	5624	4865	115.60%	21.73%

表 2—62 2014 年鹿城区政府性基金收入执行情况

5. 散装水泥专项资金收入	16	85	18.82%	-80.72%
6. 彩票公益金收入	664	——	——	29.43%
7. 森林植被恢复费	910	——	——	——
8. 其他政府性基金收入	13320	19500	68.31%	-27.29%

说明：2014 年国有土地出让返还收入 368368 万元，其中：村二三产返还收入 236121 万元。

表 2—63 2014 年鹿城区政府性基金支出执行情况

支出项目	2014 年执行数（万元）	2014 年预算数（万元）	完成预算（%）	增减（%）
政府性基金支出合计	467616	258941	180.59%	156.75%
1. 教育支出	3603	3633	99.17%	-19.43%
2. 社会保障和就业支出	2749	2138	128.58%	-15.39%
3. 城乡社区支出	438730	230000	190.75%	204.14%
4. 农林水支出	7410	5000	148.20%	-25.32%
5. 资源勘探信息等支出	35	170	20.59%	-83.80%
6. 其他支出	15089	18000	83.83%	-24.61%

说明：2014 年执行数含上年结转和专项转移补助支出，城乡社区支出中土地出让返还支出 368368 万元，其中：村二三产返还支出 236121 万元。

表 2—64 2014 年鹿城区财政专户管理资金收入执行情况

收入项目	2014 年执行数（万元）	2014 年预算数（万元）	完成预算（%）	增减（%）
财政专户管理资金收入合计	11254	13650	82.45%	2.44%
1. 行政事业性收费收入	10496	12100	86.74%	13.74%
2. 其他收入	758	1550	48.90%	-56.88%

表 2—65 2014 年鹿城区财政专户管理资金支出执行情况

支出项目	2014 年执行数（万元）	2014 年预算数（万元）	完成预算（%）	增减（%）
财政专户管理资金支出合计	11788	11180	105.44%	29.10%
1. 教育支出	11252	10320	109.03%	35.91%
2. 其他支出	536	860	62.33%	-37.09%

报告指出，2015 年区财政预算收支草案编制如下：公共财政预算收入 261840 万元（含基金转列公共财政口径变化调整 11665 万元），同比增长 6%；公共财政预算支出 313425 万元，同比增长 5%。区本级公共财政预算收入 251203 万元，同比增长 6%；区本级公共财政预算支出 309460 万元，同比增长 5.06%。全区政府性基金收入 214700 万元，同比下降 43.85%；政府性基金支出 215040 万元，同比下降 52.64%。全区财政专户管理资金收入 11650 万元，同比增长 3.52%；财政专户管理资金支出 11600 万元，同比下降 1.59%。

2015 年，市对区将实施新一轮的财政体制。新体制分为公共预算体制和城建管养体制两部分，通过取消税收收入分成基数、建立基本运行支出保障机制、细分城市建设和管养两级事权等改革举措，进一步理顺市区财政分配关系，建立市区共同发展的收入增长和财力分配机制。全区正就“区级基本运行水平”“体制结算留用数”“城市管养基数”等方面与市财政进行积极对接，力争财力向区级倾斜。由于区级可用财力尚未明确，2015年财政预算草案暂按原口径先行安排。待新体制确定后，如需进行预算调整，再向人大常委会作专题报告。

会议计划和预算审查委员会认为，2014年区人民政府及财税部门在区委的正确领导下，坚持以科学发展观为指导，牢牢把握“稳中求进、克难奋进”的工作总基调，紧紧围绕“创首善之区，建幸福鹿城”总目标和“三四五”总战略，继续落实积极的财政政策，充分发挥财税杠杆作用，有力促进了全区经济社会稳定健康发展，较好地完成了区八届人大三次会议确定的预算任务，全区和区级预算执行情况总体良好。但是，在预算执行和财政运行中还存在一些不容忽视的问题：税源涵养不足，财政收入增速放缓与支出刚性增长矛盾更加突出；政府性债务增速快，债务风险累积；全口径预算编制管理的规范性、透明度、绩效评价仍有待加强。对这些问题，区政府要引起高度重视，认真采取措施，切实加以解决。

会议计划和预算审查委员会认为，2015年区级预算（草案）贯彻落实中共十八大和十八届三中、四中全会精神，符合预算法等法律法规的规定，体现了稳中求进、改革创新以及继续实施积极财政政策和厉行节约的要求，符合全区经济社会发展实际。预算收入安排实事求是、积极稳妥，预算支出重点突出，统筹兼顾了经济社会全面发展的要求。

会议经审查，通过决议，批准《关于温州市鹿城区2014年全区和区级预算执行情况及2015年全区和区级预算草案的报告》。

听取、审议常委会工作报告

第四次会议听取、审议区人大常委会主任吴海燕《区人大常委会工作报告》。报告指出，2014年，是全区全面深化改革、推进赶超发展的重要一年，也是人民代表大会制度成立60周年和民主法治建设史上具有重大意义的一年。区人大常委会围绕“创首善之区、建幸福鹿城”总目标和“三四五”总战略，认真履行宪法和法律赋予的各项职责，顺利完成区八届人大三次会议确定的各项工作任务。全年共召开常委会会议7次、主任会议15次，听取和审议工作报告29个，对4部法律法规实施情况开展检查或跟踪检查，作出审议意见6项、决定决议9个。常委会主要工作如下：

一、服务发展大局，推动全区中心工作落实。围绕“保增长促转型”工作主线，调查1—8月份计划执行和经济运行情况，针对部分经济指标落后、企业金融风险持续、实体经济增长缓慢等问题，提出意见。监督BT项目建设，督促理顺监管体制，落实部门职责，抓实项目前期、施工、安置各环节工作。调查文化创意产业，要求立足区位优势，深化招商引资，突出本地特色，推进多元发展。参与“走企连心解难”系列活动，发挥企业家代表资源优势，引导温商回归。围绕美丽浙南水乡建设，从监督丰门河、戍浦江整治和七都标准堤、黄龙北排等水利设施建设切入，全面开展视察检查。针对发现的问题，提出治理建设并重、严控源头污染、拓宽筹资渠道、落实长效管理、引导社会参与等意见。配合上级人大，做好河长巡查、寻找可游泳河道等工作。结合生态补偿机制建设，跟踪督办关于加大对“三农”项目、资金投入的议案，努力为农民群众争取发展机会。还多次视察检查仰义至双屿段公路改建工程、七都重点项目等建设，参与“电视问政”，督促解决拆迁安置和建设中存在的问题。督查和参与国家卫生城市、全国文明城市创建，跟踪亮点区块建设和双屿综合治理情况。

二、强化预算约束，努力促进财政管理绩效提升。修订《区人大常委会关于区级预算审查监督办法》，制定《区人大常委会关于区级部门预算审查监督办法》和《区人大常委会关于加强全口径预算决算审查监督的实施意见》，建立起更加规范有序的预算审查监督机制。对2015年预算编制首次实行先审查部门预算再审查全区和区级预算。按照法定程序，要求各部门转变工作理念，提前编制2015年预算，按规定要求及时报审。组成9个预算审查小组，对全区70个部门预算草案逐项审查，选取5个部门提交常委会重点审查。审查批准2013年度财政决算，督促整改审计中发现的问题，加强对专项资金、重点项目资金的监管，健全追责制度。督促做好预算执行分析，加强对预算资金拨付的监督和使用管理，推进清理部门结余资金1亿余元。对政府性债务要求建立预警和监督防控机制，严控债务规模，优化债务结构，建立全过程监督机制，防范财政风险。要求制定BT项目一整套偿债计划，防止过度负债风险。

三、关注民生热点，努力推进各项社会事业发展。召开征收安置工作座谈会、专题会15次，专题视察检查7次，广泛听取职能部门、业主单位、人大代表和拆迁户的意见，确保调研务实、全面、深入。推动吴桥路A2地块、绕城高速鹿城段拆迁地块等一批安置项目提速提效。从食品源头、加工、餐饮、销售、餐具、餐厨垃圾处理等环节入手，连续三年专项监督，要求政府加强检验检测能力建设，健全信息共享和长效监管机制，为百姓守护舌尖上的安全。视察调研居家养老服务工作，提出“将提升居家养老服务工作的重心从硬件建设转移到完善提升社区照料中心服务功能，从政府投入转移到引导规范社会力量参与”等要求，督促加快推进居家养老服务向农村延伸的步伐，促进城乡基本养老服务均等化。跟踪监督教育专项工作，要求进一步打造鹿城教育品牌，增强教育核心竞争力。调查全区游泳场馆安全卫生情况，督促建立长效监管机制，确保市民“游得放心”。

四、加强法律监督，努力助推平安法治鹿城建设。部署出入境管理法执法检查，要求加大法律宣传力度、加强沟通协作、强化管理队伍建设。跟踪检查《中华人民共和国禁毒法》、科技进步“一法一条例”执法检查审议意见落实情况，分别要求继续加强打防管控、强化工作保障和更加注重科技投入的结构和效率。专项调查职务犯罪查办和预防工作，要求惩防并举，健全预防机制，强化队伍建设，营造良好氛围。关注金融案件的审理与执行，督促创新工作举措，强化审判职能，切实维护信用生态环境；加强金融案件分析，积极提出司法建议，提高依法化解金融风险的能力。配合市人大开展社区矫正工作监督。依法任免人民陪审员50人次。监督推进“六五”普法规划实施，对区政府报送的40件规范性文件依法备案审查，受理公民异议审查申请1件。组织人大代表参与“查找不适应全面深化改革要求的法律法规条文”主题活动，上报建议70条。协助省人大开展立法执法调研，提出有价值的建议。制定《区人大常委会信访工作办法》，规范人大信访的受理范围、处理流程和信访秩序。坚持党管干部和依法任免的原则，共任免国家机关工作人员57人次。加强拟任人员法治意识教育，组织任前法律知识考试37人次。

五、践行群众路线，努力夯实人大履职工作基础。评选表彰优秀代表建议，坚持重点建议督办制度，9件重点建议取得良好成效。推行“三沟通一上门”制度，深化集中评议制度，规范建议办理答复路径。区八届人大三次会议及闭会期间代表提出的177件建议，都在规定时限内答复代表，其中已解决或列入解决计划的143件，受条件限制暂时不能解决或留作参考的34件。出台《加强人大代表联络站建设的实施意见》，在社区建成17个代表联络站，接待来访564人次，收集问题239个，解决116个。邀请代表列席常委会会议45人次，参加视察、检查和调研活动405人次，扩大代表对常委会工作的参与。分批组织代表80人次进驻区审批中心现场监督，19人次列席区政府常务会议和区长办公会议，166人次参加“评议机关中层和基层站所”活动。听取9名市人大代表述职，组织58名区人大代表向选民或选民代表述职。接受6名区人大代表辞职，选举和补选了11名区人大代表。街镇人大积极承接常委会监督工作，助推改革发展、民生改善和法治建设。坚持把学习教育作为解决思想“总开关”问题的抓手，以整改落实促进建章立制。制定《区人大常委会专题询问办法》《区人大代表约见国家机关负责人暂行办法》等6项制度，修订3项制度。解决民生问题27个。借助各级人大网、今日鹿城报、鹿城新闻网等平台，加强对人大制度、常委会工作和代表履职情况的报道。

会议经审查，通过决议，批准《区人大常委会工作报告》。

听取、审议法院工作报告

第四次会议听取、审议区人民法院院长周丰《区人民法院工作报告》。报告指出，2014年，全区受理各类刑事案件2198件，审结2202件（含旧存案件），同比分别上升3.92%和6.27%，判处罪犯2962人，同比上升10.03%。受理民商事案件15318件，审结13531件，同比分别上升35.95%和15.86%。受理各类行政诉讼案件144件，审结139件，同比分别上升5.88%和下降2.8%；受理非诉行政案件937件，审结937件，同比均上升0.97%。受理各类执行案件11512件，执结案件11097件，到位标的额22.36亿元，同比分别上升7.07%、4.8%和1.58%。受理金融借款诉讼案件4624件，审结3530件，结案标的134.33亿元，同比分别上升81.62%、24.08%和24.85%；受理金融借款执行案件2595件，执结2605件（含旧存案件），到位标的12.64亿元，同比分别下降7.02%、6.63%和12.71%。全年共受理各类案件30181件，办结27960件，收、结案数均创历史新高，同比分别上升19.6%和9.85%，均居全市法院第1位，分别居全省法院第2位和第3位。一线法官人均结案432件，同比增加32.69件，比全省平均数高211.19件，居全省法院第1位。

会议经审查，通过决议，批准《区人民法院工作报告》。

听取、审议检察院工作报告

第四次会议听取、审查区人民检察院检察长张纯亮的《区人民检察院工作报告》。报告指出，2014 年，区检察院批准逮捕各类刑事案件 1420 件 2039 人，提起公诉 1993 件 2868 人。突出打击黑恶势力、涉枪涉暴、毒品、“两抢一盗”犯罪，共批捕 973 件 1325 人，起诉 1046 件 1404 人；批捕破坏环境、危害生态的犯罪案件 10 件 18 人，起诉 18 件 33 人；批捕妨害“三改一拆”的妨害公务案件 1 件 5 人，起诉 2 件 6 人；批捕金融诈骗、破坏金融管理秩序等影响金融改革实施的犯罪案件 29 件 71 人，起诉 39 件 56 人；起诉侵犯著作权等侵犯知识产权犯罪案件 12 件 12 人；批捕危害食品药品安全的犯罪案件 7 件 11 人，起诉 10 件 28 人；批捕利用“伪基站”设备群发诈骗短信的犯罪案件 10 件 17 人，起诉 16 件 28 人。初查职务犯罪线索 65 件，立案查处贪污贿赂案件 19 件 19 人、渎职犯罪案件 3 件 3 人，其中大案 15 件，县处级干部 2 人，乡科级干部 4 人，涉及“三改一拆”等征地拆迁领域的受贿、渎职案件 3 件 3 人，通过办案挽回经济损失 600 余万元。发送预防检察建议、预防调查报告、预防案例分析 19 篇，开展预防农村职务犯罪讲座 10 场，在机关、银行、民企开展预防教育活动 7 次。提供行贿犯罪档案查询 3221 次 13387 件，同时为区管干部出国（境）提供联审查询服务 177 人次。完成预防职务犯罪教育基地建设，建成 1200 平方米的展厅，分八大主题板块。对不构成犯罪、事实不清、证据不足的不批捕 207 人、不起诉 75 人；对无社会危害性不批捕 131 人，建议释放无羁押必要的犯罪嫌疑人 7 人，对犯罪情节轻微的不起诉 175 人。对未成年人涉嫌犯罪决定不批捕 7 人，不起诉 13 人，附条件不起诉 15 人，落实社会帮教 22 人。监督公安机关立案 20 件 42 人，立案监督的案件中获有罪判决 12 人，其中 1 人被判处无期徒刑；纠正漏捕 9 人，追诉漏犯 36 人；提出刑事抗诉 16 件，提请市检察院按审判监督程序提出抗诉 6 件，已获法院改判 11 件，刑事抗诉数和改判数创历年新高；对侦查活动中的违法情况提出监督意见 20 件，对刑罚执行和监管活动中的违法情况提出监督意见 25 件；开展减刑假释暂予监外执行专项检察，对 61 名职务犯罪、金融犯罪和涉黑犯罪“三类罪犯”逐人逐案审查，收监执行丧失保外就医条件的罪犯 10 人。办结民事行政监督案件 74 件，联合区政法委专项检查民事执行案件 70 件，联合区法制办评查行政案件 77 件。其中，对民事案件提出监督 28 件，已获法院改判 10 件，撤销虚构债权 1800 余万元，纠正民事执行及审判活动违法 9 件；就行政执法问题与办案瑕疵发出检察建议 10 件，行政机关已落实整改 9 件；民事行政案件监督纠正率达 73.7%；移送虚假诉讼犯罪线索 13 件，经公安立案侦查 6 件 17 人，已追究刑责 14 人。办理群众反映的控告、申诉、举报、司法救助、国家赔偿等各类诉求事项 210 件，为 9 名刑事被害人申请并发放救助金 5.6 万元。对执法办案实行统一集中管理和全程动态监督，共流转案件 4376 件，评查案件 424 件。履行权利义务告知 3598 人次，为犯罪嫌疑人申请法律援助 84 人次，通过高效速拍、光盘刻录服务提供律师阅卷 800 次。发布案件程序性信息和法律文书 1374 件，提供网上申请查询 74 件次，接受现场、电话案件查询 1998 件次。全年业务工作被荣记集体二等功 2 项、集体三等功 3 项。

会议经审查，通过决议，批准《区人民检察院工作报告》。

第五次会议

听取、审议政府工作报告

第五次会议听取、审议鹿城区区长朱崇敏《区政府工作报告》。报告指出，2015年，全区实现地区生产总值807.8亿元，增长7.5%；财政总收入42.3亿元，增长5%，其中公共财政预算收入27.6亿元，增长8.2%；社会消费品零售总额787.5亿元，增长10.1%；城镇常住居民人均可支配收入49592元，增长8.5%，农村常住居民人均可支配收入25632元，增长9.4%。全区顺利完成了区八届人大四次会议确定的目标任务。一年来，市对区56项考绩项目，有26项进入全市前三、有21项位列三区第一，GDP增速创四年来新高，新增8项国家级荣誉、32项省级荣誉、79项市级荣誉，创成三个百强区，被市委、市政府评为主要经济指标考核进步显著单位。获全省法治县（市、区）创建工作先进单位。

报告指出，按照区委八届十次全会部署，全区“十三五”发展的主要目标是：地区生产总值达到1130亿元，年均增长7%以上；城镇常住居民人均可支配收入达到70527元，年均增长8.4%；农村常住居民人均可支配收入达到39438元，年均增长9%。到2020年，地区生产总值、人均生产总值、城乡居民收入比2010年翻一番，经济综合实力和区域竞争力走在全省同类城区前列，温州大都市核心城区的地位更加巩固。

报告指出，2016年，全区经济社会发展主要预期目标是：地区生产总值增长7.2%以上；社会消费品零售总额增长10%以上；公共财政预算收入增长7%以上；城镇常住居民人均可支配收入增长8.5%以上；农村常住居民人均可支配收入增长9.5%以上；完成上级下达的节能减排任务。重点做好以下八方面工作：（一）全力抓转型升级，推动经济提质增效。坚持存量提升和增量扩大并举，加快推进产业由中低端向中高端发展。（二）全力抓破难攻坚，补齐城市转型短板。把补短板作为打造迈入全面小康社会示范城区的发力点，持续打好三大攻坚战，为城市转型奠定基础。（三）全力抓平台支撑，夯实统筹发展基础。强化精准投资理念，统筹推进产业平台、基础设施建设等工作，增强转型发展的后劲。（四）全力抓改革开放，激发创业创新活力。坚持供给侧结构性改革，着力破解影响经济增长的关键性问题，提升经济社会发展的质量和竞争力。（五）全力抓生态环境，推动“两美”鹿城建设。牢固树立“两山”理念，打好环境整治建设持久战，努力建成宜居、宜业、宜游的美丽鹿城。（六）全力抓民生投入，实现公共服务均等化。顺应人民群众对美好生活的新期盼，全力抓好各项社会事业发展，增加公共服务供给，保障群众共享改革发展成果。（七）全力抓治理创新，保障社会和谐稳定。按照基层治理体系和治理能力现代化的要求，强化机制创新，努力把鹿城打造成为“社会活力最强、社会秩序最优、社会风气最正”的城区。（八）全力抓政府自身建设，提升赶超发展的能力水平。始终保持积极有为的工作状态和“严”与“实”的工作作风，朝夕勤勉，永不懈怠，以虎口夺食的魄力和勇气推动赶超发展。

会议经审查，通过决议，批准《政府工作报告》。

审查、批准国民经济和社会发展计划

第五次会议审查、批准区发展和改革局局长滕美华《关于温州市鹿城区 2015 年国民经济和社会发展计划执行情况及 2016 年国民经济和社会发展计划草案的报告》。报告指出，2015 年，按照区人代会提出的年度预期目标，全区地区生产总值、工业总产值、社会消费品零售总额、公共财政预算收入等指标实现较好增长，城镇居民人均可支配收入完成年度计划，固定资产投资完成市下达投资任务，农村居民人均可支配收入和外贸出口总额两项指标未达预期；节能减排扎实推进，单位 GDP 能耗超额完成“十二五”规划任务，主要污染物排放完成全年下达任务数。

表 2—66　　2015 年鹿城区国民经济和社会发展主要指标计划执行情况

序号	指标名称		单位	2015 年计划		2015 年完成	
				绝对数	增长（%）	绝对数	增长（%）
1	地区生产总值		亿元	803.9	5.5 左右	807.8	7.5
2	工业总产值		亿元	573.5	4.7	533.8	7.0
3	社会消费品零售额		亿元	808.8	9 左右	787.5	10.1
4	固定资产投资		亿元	328（市下达任务）	——	328	——
5	外贸出口总额		亿美元	36.6	3 左右	33.7	-4.3
6	公共财政预算收入		亿元	25	6 左右	27.6	8.2
7	城镇常住居民人均可支配收入		元	49582	8.5	49592	8.5
8	农村常住居民人均可支配收入		元	25660	9.5	25632	9.4
9	城镇登记失业率		%	2.5 以内		2.5 以内	
10	单位生产总值能源消耗		%	削减 14.7（十二五）		削减 18.1（十二五）	
11	主要污染物排放总量	二氧化硫	%	削减 0.4		削减 0.8	
		化学需氧量	%	削减 0.3		削减 0.5	
		氨氮	%	削减 0.5		削减 1	
		氮氧化物	%	削减 2.2		削减 2.4	
12	城市人均公共绿地面积		平方米	12.0		11.1（建成区范围）	
13	人口自然增长率		‰	4.5 以内		1.36	

报告指出，2016 年，全区主要经济指标安排如下：按照地区生产总值增长 7.2% 以上的目标，固定资产投资要达到 370 亿元，增长 13%；社会消费品零售总额增长 10% 以上；外贸出口总额由负转正，适度增长。全区公共财政预算收入增长 7% 以上；城镇常住居民人均可支配收入增长 8.5% 以上，农村常住居民人均可支配收入增长 9.5% 以上；单位生产总值能耗及二氧化硫、化学需氧量、氨氮、氮氧化物排放量下降均按完成上级下达任务目标安排。为实现上述目标，要做好以下工作：（一）加快产业优化转型，提升经济增长动力；（二）加快推进项目建设，全力扩大有效投资；（三）深化生态环境整治，增强城市综合功能；（四）统筹城乡共同发展，完善公共服务体系；（五）强力推进整治行动，促进社会事业发展。

会议经审查，通过决议，批准区人民政府提出的2016年国民经济和社会发展计划，批准《关于温州市鹿城区2015年国民经济和社会发展计划执行情况及2016年国民经济和社会发展计划草案的报告》。

审查、批准财政预算和决算

第五次会议审查、批准区财政局局长胡向阳《关于温州市鹿城区2015年全区和区级预算执行情况及2016年全区和区级预算草案的报告》。报告指出，2015年，全区一般公共预算收入275765万元，完成调整预算的102.09%，同比增长8.21%；全区一般公共预算当年支出318110万元，完成调整预算的101.49%，同比增长6.57%。全年区级一般公共预算收入269382万元，完成调整预算的103.81%，同比增长10.04%；区级一般公共预算当年支出314145万元，完成调整预算的101.51%，同比增长6.66%。全区实现政府性基金收入118621万元，完成调整预算的66.84%，同比下降68.98%；政府性基金支出131639万元，完成调整预算的74.03%，同比下降71.01%。区级地方政府一般债务转贷收入67800万元，完成调整预算的100%；一般债务还本支出67800万元，完成调整预算的100%。区级地方政府专项债务转贷收入47900万元，完成调整预算的100%；专项债务还本支出47900万元，完成调整预算的100%。财政专户管理资金收入12817万元，财政专户管理资金支出12713万元。由于2015年市对区财政体制决算未办理，区级财政最后收支结果待决算编审完成后再向区人大常委会作专题报告。

表2—67　　2015年鹿城区一般公共预算收入执行情况

项　目	调整预算数（万元）		执行数（万元）		完成调整预算（%）		增减（%）	
	全　区	区　级	全　区	区　级	全　区	区　级	全　区	区　级
一、一般公共预算收入合计	270130	259493	275765	269382	102.09	103.81	8.21	10.04
（一）税收收入	240490	229853	244247	237864	101.56	103.49	7.93	9.99
1. 增值税25%	46410	40455	43357	39960	93.42	98.78	-0.97	6.03
2. 营业税	83060	82365	72849	72657	87.71	88.21	-7.03	-6.64
3. 城市维护建设税	14140	13190	12844	12131	90.83	91.97	-3.75	-2.35
4. 企业所得税（40%）	24350	23080	26210	25337	107.64	109.78	14.58	16.24
5. 个人所得税（40%）	12000	11670	10593	10426	88.28	89.34	-6.38	-5.33
6. 其他各税	60530	59093	78394	77353	129.51	130.90	38.46	39.33
（二）非税收入	29640	29640	31518	31518	106.34	106.34	10.42	10.42
1. 专项收入	18040	18040	18395	18395	101.97	101.97	4.70	4.70
（1）排污费收入	1380	1380	3384	3384	245.22	245.22	157.53	157.53
（2）教育费附加收入	5030	5030	4628	4628	92.01	92.01	-2.45	-2.45
（3）地方教育附加收入	3350	3350	3088	3088	92.18	92.18	-3.20	-3.20
（4）残疾人就业保障金收入	1790	1790	1870	1870	104.47	104.47	4.64	4.64
（5）森林植被恢复费	910	910	161	161	17.69	17.69	-82.31	-82.31
（6）水利建设专项收入	5580	5580	5264	5264	94.34	94.34	-6.40	-6.40
2. 罚没收入	11420	11420	13000	13000	113.84	113.84	20.29	20.29
3. 其他收入	180	180	123	123	68.33	68.33	-27.22	-27.22
二、地方政府一般债务转贷收入	67800	67800	67800	67800	100.00	100.00	——	——

表 2—68　　2015 年鹿城区一般公共预算支出执行情况

项　目	调整预算数（万元）		执行数（万元）		完成调整预算（%）		增减（%）	
	全区	区级	全区	区级	全区	区级	全区	区级
一般公共预算支出合计	313425	309460	318110	314145	101.49	101.51	6.57	6.66
一、一般公共服务支出	41700	39100	46385	43750	111.24	111.89	26.65	29.10
二、国防支出	550	550	539	539	98.00	98.00	-11.35	-11.35
三、公共安全支出	43620	43600	45197	45177	103.62	103.62	5.15	5.16
四、教育支出	76080	76080	79525	79525	104.53	104.53	10.35	10.35
五、科学技术支出	4220	4170	8197	8147	194.24	195.37	108.52	109.92
六、文化体育与传媒支出	3690	3650	4531	4491	122.79	123.04	25.23	25.52
七、社会保障和就业支出	21120	21100	21202	21182	100.39	100.39	3.14	3.12
八、医疗卫生和计划生育支出	29270	29080	33261	33071	113.64	113.72	19.78	19.68
九、节能环保支出	7020	7000	5605	5585	79.84	79.79	-19.33	-19.39
十、城乡社区支出	49180	48800	39687	39307	80.70	80.55	-17.11	-17.30
十一、农林水支出	19240	18850	13549	13159	70.42	69.81	-25.91	-26.55
十二、交通运输支出	4300	4300	4044	4044	94.05	94.05	-5.00	-5.00
十三、资源勘探信息等支出	4070	4000	1997	1927	49.07	48.18	-50.63	-51.58
十四、商业服务业等支出	1380	1380	1360	1360	98.55	98.55	-0.15	-0.15
十五、住房保障支出	6150	6000	11284	11134	183.48	185.57	95.46	98.01
十六、预备费	35	——	——	——	0.00	——	——	——
十七、其他支出	1800	1800	1747	1747	97.06	97.06	-2.24	-2.24
一般债务还贷支出	67800	67800	67800	67800	100.00	100.00	——	——

表 2—69　　2015 年鹿城区一般公共预算总支出执行情况

项　目	2015 年执行数（万元）	2014 年执行数（万元）	增减（%）
一般公共预算支出合计	331887	302126	9.85
一、一般公共服务支出	46268	36624	26.33
二、国防支出	539	708	-23.87
三、公共安全支出	46719	44043	6.08
四、教育支出	79618	69717	14.20
五、科学技术支出	8303	4156	99.78
六、文化体育与传媒支出	4865	4067	19.62
七、社会保障和就业支出	21741	18083	20.23
八、医疗卫生与计划生育支出	33492	32927	1.72
九、节能环保支出	6410	6966	-7.98
十、城乡社区支出	39687	48479	-18.14
十一、农林水支出	18084	12701	42.38
十二、交通运输支出	4815	5489	-12.28
十三、资源勘探信息等支出	2145	4571	-53.07
十四、商业服务业等支出	1510	4064	-62.84
十五、住房保障支出支出	14870	5968	149.16
十六、其他支出	2821	3563	-20.83

说明：总支出执行数含上年结转和专项转移补助支出。

表 2—70　　2015 年鹿城区政府性基金收入执行情况

收入项目	调整预算数	执行数	完成调整预算（%）	增减（%）
一、政府性基金收入合计	177471	118621	66.84	-68.98
1. 国有土地使用权出让收入	150000	86238	57.49	-76.59
2. 散装水泥专项资金收入	20	13	65.00	-18.75
3. 彩票公益金收入	680	729	107.21	9.79
4. 占用水域补偿费收入	12771	12771	100.00	——
5. 其他政府性基金收入	14000	18870	134.79	41.67
二、地方政府专项债务转贷收入	47900	47900	100.00	——

表 2—71　　2015 年鹿城区政府性基金支出执行情况

支出项目	调整预算数	执行数	完成调整预算（%）	增减（%）
一、政府性基金支出合计	177811	131639	74.03	-71.01
1. 城乡社区支出	150000	88101	58.73	-79.92
2. 农林水支出	12771	12771	100.00	——
3. 资源勘探信息等支出	40	30	75.00	-14.29
4. 其他支出	15000	30737	204.91	100.93
二、专项债务还本支出	47900	47900	100.00	——

说明：2015 年执行数含上年结转和专项转移补助支出。

报告指出，2016 年，水土保持补偿费等 5 项政府性基金开始转列一般公共预算，为此相应调增 2015 年预算执行数。在此基础上，全区预算收支草案编制如下：（一）安排一般公共预算收入 295140 万元，同比增长 7%；拟安排全区一般公共预算支出 337200 万元，比上年调整后执行数（调减地方政府债券因素，调增 5 项政府性基金转列一般公共预算）同比增长 6%。安排区级一般公共预算收入 288310 万元，同比增长 7%；拟安排区级一般公共预算支出 333260 万元，同比增长 6.08%。基本支出按照经济分类，工资福利支出 185086 万元，商品和服务支出 14063 万元，对个人和家庭的补助支出 15614 万元。（二）安排全区政府性基金收入 320770 万元，同比增长 170.59%（2016 年预计土地出让金收入 30 亿元，其中村二、三产返还收入为 10 亿元）。拟安排 2016 年全区政府性基金支出 332030 万元（其中土地出让金安排的支出为 30 亿元，其中村二、三产返还支出 10 亿元），同比增长 152.23%。（三）安排全区国有资本经营预算收入 121 万元，拟安排全区国有资本预算支出 121 万元。

会议经审查，通过决议，批准《关于温州市鹿城区 2015 年全区和区级预算执行情况及 2016 年全区和区级预算草案的报告》。

听取、审议常委会工作报告

第五次会议听取、审议区人大常委会主任吴海燕《区人大常委会工作报告》。报告指出，2015 年，是全面推进依法治国的开局之年，也是全面完成“十二五”规划的收官之年。一年来，区人大常委会顺利完成了区八届人大四次会议确定的目标任务。共召开常委会会议8次、主任会议18次，听取审议工作报告35个，组织开展检查、视察、调研活动67次，作出决定决议18个、审议意见7项。常委会主要工作如下：

一、紧扣区委中心工作，促进发展提质增效。一是助推经济转型提升。密切关注全区经济运行，提前介入“十三五”规划编制。开展调研，听取职能部门、行业协会、重点企业意见，就改造提升鞋服、眼镜、装备制造等传统产业，发展生物制造、节能环保、现代金融等新兴产业，提出建设性的意见。督办鹿城建设时尚之都示范区议案，加强调查和沟通协商。督促区政府出台鼓励民资参与旅游业的政策。二是助推城市转型提升。加强对城市有机更新和重点工程建设及“五水共治”的监督。三是助推财政绩效提升。按照提前介入预算谋划、扩大预算监督范围、加强预算执行监督的思路，着力深化预算监督。加强全口径预算审查监督，调研国有资本经营与国有资产管理工作，督促将区属国有企业纳入国有资本经营预算管理范围。加大政府性债务监督力度，推动政府强化债务计划管理，严格控制政府债务风险。深化部门预算审查监督，成立9个预算审查小组，对全区70个部门2016年度预算编制草案进行调查，提出具体整改意见交财政部门和预算单位落实。首次组织对区司法局、人力社保局、市场监管局、体育局4个重点审查部门的听证会。探索扩大公众参与预算监督途径，聘请15名从事财政、审计、税务、工程造价等方面的专家，建立人大预算审查监督咨询专家库。

二、聚焦社会民生热点，促进发展成果共享。一是督促解决民生难题。认真督办推进征收安置提速提效议案，结合征收安置工作专题询问审议意见的跟踪落实，先后7次对11个重点督查项目进行追踪检查。对宗教团体、宗教场所、教职人员、宗教财务管理以及宗教活动开展情况进行调查，督促区政府推进宗教发展与社会主义社会相适应。跟踪监督食品安全专项工作审议意见落实情况，重点视察农贸市场、酒店餐饮的废弃物处理及阳光厨房运作情况。二是督促发展社会事业。专项监督义务教育均衡工作，调研卫生和计划生育机构改革情况，关注养老事业、慈善事业发展和弱势群体保障问题，视察调研居家养老服务工作、自闭症儿童康复现状，提出意见建议。三是督促推进城乡统筹。审查批准街镇区划调整方案和《鹿城区土地利用总体规划（2006—2020年）》（2014调整完善版），就优化资源配置、统筹城乡发展，强化规划实施、严格“三线”管控等方面提出具体要求。审查批准城中村改造项目融资建设方案，督促区政府确保城中村改造项目规范运作。视察调查农村“三资”管理情况，督促防范和化解农村“三资”管理问题。督促区政府做好农村土地承包经营权确权和未完成改制村的股改工作，全面推进各项农村事业改革，打造城乡一体化发展新格局。

三、贯彻依法治国理念，促进依法治区工作。一是推进法律法规实施。跟踪监督出入境管理法执法检查审议意见落实情况，推动区政府健全工作机制。配合市人大开展安全生产相关法律法规执法检查，督促区政府抓好安全生产突出问题的监管和整改。开展规范性文件备案审查，共受理区政府报送备案的规范性文件34件。二是推进公正司法执法。开展公检法司机关工作人员依法履职公正司执法情况专项监督，就推进规范、严格、廉洁、便民司执法提出整改意见。开展法官履职评议工作，全方位评价法官履职情况，就存在的问题提出整改意见。监督法院执行工作，要求法院健全公开化的管理流程。跟踪监督区检察院查处和预防职务犯罪工作，督促强化预防主体责任意识，注重源头治理。三是推进依法治理工作。加强法治宣传教育，开展“12•4”国家宪法日活动。监督“六五”普法工作，开展依法治国理论宣讲。任免国家机关工作人员98人次，组织任前法律知识考试62人次。出台《鹿城区组织实施宪法宣誓制度办法》，组织宪法宣誓仪式3次，共38名人大任命干部向宪法宣誓。加强对人民陪审员选拔程序和履职情况的监督。受理群众来信55件，接待群众来访73批次。

四、突出代表主体地位，促进代表作用发挥。一是加大建议督办力度，加强重点督办。组织召开代表建议办理情况评议会，对区农林水利局等8个承办单位进行评议测评，促进建议所涉问题的解决。二是丰富代表履职活动。组织代表开展转型升级十大组合拳落实情况主题监督活动，查找“短板”专项活动，梳理上报涉及经济发展、生态环境、民生事业、社会治理等七个领域存在的“短板”及补“短板”的建议。组织代表开展“监督已治理的河”主题活动，视察暗访上百条河溪，共查找问题86个，并提出针对性意见建议。组织代表成立55个视察核查组，对全区2089户年收入4600元以下贫困人口脱贫情况开展全面核查。邀请代表列席常委会会议，参加视察、检查、督查，旁听法院庭审，进审批中心开展效能监督，提高代表参与度。组织省人大代表温州中心组第一小组、市人大代表鹿城代表团视察督查城市北片防洪排涝调蓄工程、仰义林里片区、七都万国财富小镇、江滨异域风情带、广化路改建区安置提速等建设项目和交通治堵、城市精细化管理等工作。三是加快履职平台建设。建成代表联络站17个，已有226名人大代表进站接待选民群众，帮助解决问题124个。做好网上代表联络站建设试点工作，在松台街道建立全区首个网上代表联络站；做好全省人大代表履职服务平台的应用推广。

五、适应新常态新要求，促进工作能力提升。一是开展专题教育活动。组织开展“三严三实”专题教育，提升常委会履职和机关管理规范化水平；开展党章党规党纪专题教育和定期学法活动。学习贯彻习近平总书记系列重要讲话精神，加强理论武装。践行群众路线，对基层网格化管理、重点项目建设推进、闭会期间代表活动、街镇人大规范履职等方面提出指导意见。二是加强交流宣传工作。开展宪法学习“五个一”主题活动，与省人大常委会机关开展“依宪治国和人民代表大会制度”主题交流活动。参加市人大组织的专题会、培训会和全市各县市区人大联席会议。健全人大宣传信息员网络，全年被上级人大信息平台录用92条。三是推进街镇人大建设。根据区划调整后的布局，增设5个街道人大工委，调整配齐街道人大工委委员，指导新成立的山福镇做好人大机构筹建工作。定期召开街镇人大工作例会，加强对基层人大的业务指导。街镇人大积极发挥职能作用，组织代表听取街道办事处、镇政府和辖区站所（庭）专项报告，开展集中视察、专项督查、工作评议等工作。

会议经审查，通过决议，批准《区人大常委会工作报告》。

听取、审议法院工作报告

第五次会议听取、审议区人民法院院长周丰《区人民法院工作报告》。报告指出，2015年，区法院共受理各类案件30300件，办结30147件，同比分别上升0.39%和7.82%，收、结案数均居全市法院第一位，分别居全省法院第四位和第三位。金融审判、行政审判、破产审判、司法网拍等多项工作走在全省全国法院前列。全年共受理各类刑事案件2109件（旧存72件），审结2116件，判处罪犯2893人，同比分别下降4.05%、3.91%和2.33%。其中，审结抢劫、故意伤害、涉黑涉毒等犯罪案件624件，判处罪犯807人；审结污染环境、危害食品药品安全等犯罪案件34件，判处罪犯67人；审结非法吸收公众存款、集资诈骗等犯罪案件18件，判处罪犯25人；审结贪污、受贿等职务犯罪案件7件，判处罪犯12人。对527名具有初犯、偶犯、从犯、未成年犯等从轻情节的被告人适用缓刑等非监禁刑。成立青少年犯帮教工作室。全年异地籍青少年犯帮教基地完成帮教6人，累计完成65人，无一例重新犯罪。重视发挥律师辩护作用，通知法律援助律师为424名可能被判处三年以上有期徒刑的被告人出庭辩护，辩护率达94.4%，同比增加29.25%。全年受理各类民商事案件14502件，审结14349件，同比分别下降5.33%和上升6.05%。其中，审结婚姻、继承、邻里等纠纷882件，审结买卖合同、租赁、股权转让等纠纷1843件，审结金融借款、民间借贷、证券、保险等纠纷6981件，审结著作权、商标权、侵害商业秘密等纠纷119件。妥善审结房地产纠纷案件528件，96.02%的案件息诉服判。全年成功引导诉前调解、委托调解纠纷331件。全年受理各类行政诉讼案件361件，审结303件，同比分别上升150.69%和117.99%；受理非诉行政案件634件，审结634件，同比均下降32.34%。推动行政争议实质性化解，经法院协调促成和解撤诉、调解64件，占21.12%。全年受理各类执行案件12659件（旧存1152件），执结12690件，同比分别上升9.96%和14.36%。共冻结被执行人存款1.66亿元，查封房产817处，查控机动车111辆，限制出入境55人次。综合运用征信网站、网络论坛、有线电视等平台，曝光失信黑名单44105例，限制被执行人置产置业及乘坐飞机、高铁等高消费行为。累计对554名被执行人进行布控，经公安机关协控到位103人；运用拘留、罚款、移送侦查起诉等措施，对146名被执行人进行违法制裁，其中，移送涉嫌“拒执”犯罪43人，检察机关提起公诉8人，以拒不执行判决、裁定罪判处7人。全年网拍成交891件，成交总额26.43亿元，为当事人节约佣金6466.5万元，成交数、成交总额、节约佣金总额连续3年居全省法院首位。全年审结环境类刑事、民事和非诉行政案件186件。协助化解拆迁安置纠纷3起；依法审查监督，裁定准予执行行政机关申请强制搬迁、拆除违法建筑等案件300件。全年共化解涉企金融债权纠纷496件，涉案标的25.51亿元；受理破产案件51件，审结35件，收、结案数均居全市法院第一位。促使3家企业达成破产和解，32家“僵尸企业”退出市场，盘活资产1812万元，激活厂房、土地6500平方米。审结涉嫌逃废债破产关联案件64件，追回企业资产4883.74万元。严格落实立案登记制，自5月1日实施立案登记制以来，共登记立案19457件，当场立案率达到98%。全年院、庭长办结各类案件2922件，同比上升18.2%。审结劳动争议、医疗损害、机动车交通事故、赡养扶（抚）养等涉民生案件1346件。受理申诉、再审案件35件（旧存22件），审结55件。加强审判流程、裁判文书、执行信息三大公开平台建设，案件庭审同步录音录像率达100%，上网公开裁判文书12123份，开展公众开放日活动15次，邀请1600余名干部群众走进法院。

会议经审查，通过决议，批准《区人民法院工作报告》。

听取、审议检察院工作报告

第五次会议听取、审议区人民检察院检察长张纯亮《区人民检察院工作报告》。报告指出，2015年，区检察院共批准逮捕刑事犯罪案件1389件1834人，同比下降2.2%和10.1%；提起公诉2013件2943人，同比上升10%和2.6%。法定期限内结案率达100%。其中，批捕“黑拐枪”“盗抢骗”“黄赌毒”犯罪1369人，占74.6%，起诉1761人，占59.8%；批捕涉环保、金融、知识产权犯罪91人，起诉129人；批捕危害食品药品安全犯罪19人，起诉48人；批捕“涉网三领域”犯罪30人，起诉38人。初查职务犯罪案件线索60余件，立案侦查13件15人，其中大案12件，涉工程建设、征地补偿领域职务犯罪案件7件，含县级领导干部1人、科级领导干部2人、基层干部2人。作为全省首个市区两级共建的预防职务犯罪教育基地正式开馆启用，已接待党政、村居干部群众参观90批次3960人。开展专项预防、个案预防和预防宣讲活动20次，年预防警示教育达4500余人次，提供招投标领域行贿犯罪档案查询5029件次。对应当立案而未立案的，监督公安机关立案22件62人；对不构成犯罪或者事实不清、证据不足的，不批捕231人，不起诉70人；对无逮捕必要的，不批捕218人；对犯罪情节轻微的，不起诉151人。其中对达成刑事和解的不批捕18人、不起诉19人；对未成年人不批捕18人、不起诉18人、附条件不起诉12人。对逮捕后没有继续羁押必要的，建议变更强制措施54人。对应当逮捕而未提请逮捕、应当起诉而未移送起诉的，纠正漏捕5人，纠正漏诉19人；对侦查活动中的违法情况，发出纠正违法通知书24件；对定性错误、量刑不当、适用法律错误的，提出刑事抗诉14件，提请市检察院抗诉1件，已获改判7件。坚持刑罚变更执行同步监督，审查看守所呈报减刑24件，纠正不当7件；审查法院征求暂予监外执行意见97人次，提出不同意意见23人次。监督收监执行监外执行犯罪7人。审查抗战胜利70周年特赦呈报22人，纠正不当2人。监督纠正民事裁判错误8件、民事执行违法或不当6件，为当事人挽回经济损失1242万余元，督促执结标的76万余元。办理涉虚假诉讼民事案件31件，向公安机关移送虚假诉讼犯罪线索3件12人，公安机关立案侦查4件14人，已追究刑责7人。办理群众反映的控告、申诉、举报、司法救助等诉求事项291件，就办案发现的涉及民主社会管理问题，向相关单位发出检察建议20件。

会议经审查，通过决议，批准《区人民检察院工作报告》。

第三章 大会选举工作

第一节 选举产生的区国家机关领导人员

一届人大

第一次会议

一、选举产生的城区人大常委会主任、副主任、委员

主 任 谷锦麟

副主任 叶国祥 洪作殿 李国聪 陈加昭（女）

委 员（以姓氏笔画为序排列）

巩际信 许美玉（女）吴定邦 吴爱娟（女）李德月（女）余建荣

余梅生 金秀林 林玉蓉（女）周飓尧 袁镇澜 徐玉璟（女）

黄成贵 黄国华 谢菲菲（女）曾立人 潘宝卿 颜贻淦

二、选举产生的城区人民政府区长、副区长

区 长 何包根

副区长 陆国杰 林毓荪 陈莲莲（女）

三、选举产生的城区人民法院院长

院 长 俞锡荣

四、选举产生的城区人民检察院检察长

检察长 吴侠圣

第二次会议

选举潘岩西为区人民政府副区长；选举潘教明为区人大常委会副主任；选举黄寿连、陈炳琪为区人大常委会委员。

第三次会议

选举曾春霖为区人大常委会委员。

二届人大

第一次会议

一、选举产生的区人大常委会主任、副主任、委员

主　任　　谷锦麟

副主任　　潘教明　　陈加昭（女）潘宝卿　　俞锡荣

委　员（以姓氏笔画为序排列）

王　虎　　仰洪元　　陈　克　　张天龙　　张爱春　　张维仁
吴定邦　　吴爱娟（女）余建荣　　杨康琴　　林玉蓉（女）徐玉璟（女）
黄成贵　　黄寿良　　曾立人　　颜贻淦

二、选举产生的区人民政府区长、副区长

区　长　　何包根

副区长　　陆国杰　　潘岩西　　陈莲莲（女）

三、选举产生的区人民法院院长

院　长　　谢尔康

四、选举产生的区人民检察院检察长

检察长　　吴侠圣

第二次会议

选举陈崇春为区人民政府副区长。

第三次会议

选举陈久忠为区人民政府区长；选举张林为区人民法院院长。

三届人大

第一次会议

一、选举产生的区人大常委会主任、副主任、委员

主　任　　谷锦麟

副主任　　朱景祥　　陈加昭（女）　　俞锡荣　　周成国

委　员（以姓氏笔画为序排列）

王　蓓（女）伍云波　　朱茂盛　　朱建秋（女）刘进法　　李中苏
李梅龙　　余岩隆　　陈　克　　张国光　　张爱春　　张淑玲（女）
张维仁　　郑式乐　　施长根　　徐玉璟（女）黄文芳（女）黄成贵

二、选举产生的区人民政府区长、副区长

区　长　　陈久忠

副区长　　陆国杰　　潘岩西　　陈莲莲（女）陈崇春　　邵金松

三、选举产生的区人民法院院长

院　长　　张　林

四、选举产生的区人民检察院检察长

检察长　　金德力

四届人大

第一次会议

一、选举产生的区人大常委会主任、副主任、委员

主　任　朱道统

副主任　朱景祥　陆春兰（女）　王臣明　周成国

委　员（以姓氏笔画为序排列）

王金松　毛如炎（女）　叶宝松　刘进法　邱心川　邱国华

余岩隆　张爱春　张淑玲（女）　张淑真（女）　陈伟民（女）　陈　克

胡剑谨（女）　赵志尚　施秀珍　倪国兴　黄文芳（女）　潘信雄

二、选举产生的区人民政府区长、副区长

区　长　陈久忠

副区长　马士可　潘岩西　李中苏　陈崇春　邵金松

三、选举产生的区人民法院院长

院　长　王炳池

四、选举产生的区人民检察院检察长

检察长　金德力

第三次会议

选举唐晨曦为鹿城区人大常委会委员；选举谢向理为鹿城区检察院检察长。

第四次会议

选举徐止平为鹿城区人民政府区长；选举金文平为鹿城区人大常委会委员。

五届人大

第一次会议

一、选举产生的区人大常委会主任、副主任、委员

主　任　章新民

副主任　王一曼（女）　叶玉龙　周成国

委　员（以姓氏笔画为序排列）

王成淼　王丽峰（女）　杨薇薇（女）　李知森　吴　伟　何永旺

张　京　张爱春　张淑真（女）　陈胜华　林建水　周兰森

郑凤柳（女）　夏积文　郭晓媛（女）　潘信雄

二、选举产生的区人民政府区长、副区长

区　长　王超俊

副区长　邱心川　李中苏　陈青墨　郑锦春　张纯洁

三、选举产生的区人民法院院长

院　长　　朱筱玫（女）

四、选举产生的区人民检察院检察长

检察长　　谢向理

第四次会议

选举孔璋为区人民检察院检察长；选举张纯浙为区人大常委会副主任；选举张淑芳（女）为区人大常委会委员。

六届人大

第一次会议

一、选举产生的区人大常委会主任、副主任、委员

主　任　　章新民

副主任　　王一曼（女）许德忠　　张纯浙　　缪笑竹（女）李建花（女）
　　　　　陈　洁（女）

委　员（以姓氏笔画为序排列）

叶　军　　孙国勇　　孙建玲（女）杨薇薇（女）　吴　广　　吴小霞（女）
余冬青　　陈志挺　　林献珍　　周方业　　项丽丽（女）胡正武
夏永远　　夏积文　　倪松汉　　徐　强　　徐春萍（女）奚德驹
黄庆火　　廖　跃

二、选举产生的区人民政府区长、副区长

区　长　　王超俊

副区长　　李　浩　　熊洪庆　　蔡文云　　赵　峰　　施艾珠（女）
　　　　　沈　敏

四、选举产生的区人民法院院长

院　长　　朱筱玫（女）

四、选举产生的区人民检察院检察长

检察长　　孔　璋

第二次会议

选举李知森为区人大常委会委员。

第四次会议

选举余中平为区人民政府区长。

七届人大

第一次会议

一、选举产生的区人大常委会主任、副主任、委员

主　任　　吴海燕（女）

副主任　　李建花（女）陈　洁（女）王丽峰（女）林瑞荣　　王长青　　项旭光

委　员（以姓氏笔画为序排列）

叶必庆　　庄建华　　孙国勇　　孙建玲（女）吴小霞（女）余冬青　　应　真（女）陈松权　　邵豪哲　　林秀春　　周筱秋（女）夏永远　　徐春萍（女）奚德驹　　黄庆火　　董金花（女）谢　伟　　鲍成发　　廖　跃　　瞿芬平

二、选举产生的区人民政府区长、副区长

区　长　　余中平

副区长　　贾焕翔　　沈　敏　　赵　峰　　黄夏日　　吴文玲（女）　　伍　挺

三、选举产生的区人民法院院长

院　长　　陈有为

四、选举产生的区人民检察院检察长

检察长　　程兰生

第二次会议

选举徐晓君为鹿城区人大常委会委员。

第四次会议

选举王秀娟、胡俊武、夏理勇为区人大常委会委员；选举王立彤为区人民政府区长；选举周丰为区人民法院院长。

第五次会议

选举肖石龙为区人大常委会副主任；选举张纯亮为区人民检察院检察长。

八届人大

第一次会议

一、选举产生的区人大常委会主任、副主任、委员

主　任　　吴海燕（女）

副主任　陈　洁（女）　肖石龙　林瑞荣　王长青　项旭光
　　　　朱启龙
委　员（以姓氏笔画为序排列）
王　敏（女）叶　青　叶必庆　叶晓挺　庄建华　孙国勇
李跃胜　应　真（女）张　勇　陈月玲（女）陈宏强　陈增斌
林秀春　林建华　季洪杰　金浙瓯　胡美珠（女）柳晓忠
诸葛要武（女）黄金鹏　黄品寿　黄凌萍　章　胤　葛成福
谢　伟　谢云周　褚　坚　瞿芬平
二、选举产生的区人民政府区长、副区长
区　长　朱崇敏
副区长　项伟胜　伍　挺　吴文玲（女）杨德听　胡明亮
　　　　林世南
三、选举产生的区人民法院院长
院　长　周　丰
四、选举产生的区人民检察院检察长
检察长　张纯亮

第三次会议

选举叶云森、陈钷、陈辉、陈金敏为区人大常委会委员。

第四次会议

选举王剑波、许卫疆、陈康亮、林宣富、胡希求为区人大常委会委员。

第五次会议

选举周基斌、胡海峰为区人大常委会副主任；选举李利法、吴法照、陈滢冰（女）、胡小洁（女）、姜锦谷、陶玉燕（女）为区人大常委会委员。

第二节 选举产生的上一级人民代表大会代表

二届人大

第二次会议

选举出席温州市第七届人民代表大会代表 93 名（以姓氏笔画为序排列）

丁国聪	王小同	王少春	王杨武	王学桔	王思爱
王俊英（女）	王 蓓（女）	王 龄	厉守京	叶秀英（女）	叶伯海
叶良兴	叶国光	叶绍钧	叶相清	冯炳荣	冯海萍（女）
兰德新	邢玲玲（女）	朱世枢	朱茂盛	朱景祥	刘锡荣
刘德起	江 勇	许鸿业	孙月梅（女）	李邦云	李秀雅（女）
李奉名	杨倩蝶（女）	吴 方	吴多多（女）	吴丽丽（女）	吴 政
吴祖权（女）	吴晓秋（女）	邱芬芬（女）	何包根	余华明	谷锦麟
张元妹（女）	张春香（女）	张爱春	张淑玲（女）	陆国杰	陈可媛（女）
陈立明	陈加昭（女）	陈达夫	陈志康	陈林光	陈绍光
陈剑岳	陈美霞（女）	陈乾勋	陈锡强	陈静莹（女）	邵金松
邵剑苏（女）	林元豪	林可夫	林松德	林瑞松	金秀杰（女）
周益林	郑培尧	赵治稼	胡文龙	胡乐国	胡崇安
胡碎花（女）	俞锡荣	徐正华	徐瑞新	殷佩章	黄文明
黄贤祥	黄国池	章文元	蒋中杰	程 泾	释德盛
裘智慧	解永明	蔡崇明	管阿洪	管嗣录	潘岩西
潘教明	戴洪进	戴曼西（女）			

第三次会议

补选出席温州市第七届人民代表大会代表 6 名（以姓氏笔画为序排列）

王金淼	许锡荪	李若由	陈久忠	陈时鹏	陈事一

三届人大

第一次会议

补选出席温州市第七届人民代表大会代表 24 名（以姓氏笔画为序排列）

王三妹（女）	叶正中	叶旗清	乐慧虹（女）	巫波伦	李洪发
吴乐湘（女）	何正筹	宋文光	张君圻	张惠桐	陈保禄
陈崇春	陈智华	陈翔志	林良法	林社然	季信灵
贾小萍（女）	郭曼茜（女）	黄小椿	黄宗英（女）	虞楚平	詹纪光

四届人大

第一次会议

选举出席温州市第八届人民代表大会代表 100 名（以姓氏笔画为序排列）

丁宗颖	丁孟川	马士可	马大康	马兰芬（女、回）	
王　蓓（女）	王　楠（女）	王少春	王文权	王臣明	仇云华
仇德盛	邓小眉（女）	叶　征	叶时发	叶学平	卢先理
冯炳荣	冯海萍（女）	吕家伦	朱　正	朱建秋（女）	朱景祥
朱道统	全元星	刘文起	刘福龙	江　勇	阮　晖
孙玉英（女）	李中苏	李少华	李邦云	李奉名	吴阿柳（女）
吴金林	邱心川	余建明	谷朝兴	谷锦麟	宋文光
张　林	张元妹（女）	张友余	张纯浙	张金华	陈　克
陈　周（女）	陈久忠	陈永龙	陈加昭（女）	陈志康	陈林光
陈事一	陈保禄	陈莲莲（女）	陈益中	陈崇光	陈崇春
陈敬南	邵金松	林可夫	林其骞	林泽强	季信灵
金礼义	金邦清	金国胜	周云莲（女）	周文远（女）	郑亦铎
郑学儒	郑祥虎	郑源远	胡方昌	胡忠敬	胡建国
俞锡荣	姜阳丹	顾金才	徐正华	徐鸣野	郭振化
诸爱珍（女）	黄小椿	黄以华（女）	黄国池	黄夏日	龚关铨
章克清（女）	韩启宇	董秋平（女）	蒋碧如（女）	释木鱼	蓝葆华（畲）
潘文敏（女）	潘岩西	潘耀芳	戴晓白（女）	魏以德	

五届人大

第一次会议

选举出席温州市第九届人民代表大会代表 63 名（以姓氏笔画为序排列）

木　鱼	王一曼（女）	王天义	王文权	王超俊	叶海琴（女）
朱海深	朱道统	刘福龙	孙玉英（女）	杜丽丽（女）	李有苗
李爱莲（女）	李跃胜	吴小媚（女）	何包叶	邱心川	余成坤
谷朝兴	张大炎	张纯浙	张金华	陆春兰（女）	陈卫蓉（女）
陈事一	陈国荣	陈洪源	陈莲莲（女）	陈海海	陈锡强
陈静莹（女）	林永森	林培云	林培明（女）	金良澄	金祥佐
周大虎	周成建	周细凤（女）	郑胜涛	郑莲芳（男）	胡显新
徐止平	徐正华	徐莲芳（女）	高志杰	翁金崇	诸爱珍（女）
黄小兰（女）	黄少华	黄兆鸽	黄夏日	章新民	蒋云峰
蒋碧如（女）	谢铁澜	虞培清	虞银良	蔡春潮	蔡逸夫
缪晓平	潘龙俊	薛宗庭			

六届人大

第一次会议

选举出席温州市第十届人民代表大会代表 65 名（以姓氏笔画为序排列）

王思爱	王朝掌	卢声亮	朱爱武（女）	刘时正	杜玉生
杨康琴	杨湘洪	李国胜	吴文玲（女）	吴权书	何献敏（女）
周方权	胡蓬星	洪巨平	徐尔习（女）	诸爱珍（女）	曾士周
缪晓平	瞿韶军	王一曼（女）	王文权	王超俊	叶子建
叶红星	卢桂芳（女）	包哲东	朱道统	朱筱玫（女）	伍　挺
刘定香（女）	许德忠	孙国敬	杨小敏	杨成风	李　浩
李无文	李伟良	李江晖	李爱莲（女）	李跃胜	李鸿泽
吴照林	邱向真（女）	余进华	谷俊杰	张卢兄	陈秀莲（女）
陈国荣	陈海海	林永森	林培明（女）	林瑞荣	郑光亮
郑莲芳（女）	郑祥波	徐云旭（女）	黄小兰（女）	黄夏日	章新民
释万如（女）	谢铁澜	蓝天明	蔡春潮	戴锦林	

第二次会议

补选孟建新为出席温州市第十届人民代表大会代表。

七届人大

第一次会议

选举出席温州市第十一届人民代表大会代表 64 名（以姓氏笔画为序排列）

马胜凯	王建中	王建满	王益琪	王淑芬（女）	邓慧敏（女）
叶子建	叶红星	叶国栋	卢桂芳（女）	包哲东	刘定香（女）
阮　晖	杨成风	杨湘洪	李士明	李伟良	李江晖
李建民	李建花（女）	李跃胜	吴国联	吴持平	吴海燕（女）
邱向真（女）	余中平	余进华	张大光	张文珠（女）	张卢兄
陈秀英（女）	陈声聪	陈国华	陈敬南	陈朝晖	林　芹（女）
林　葱	林永森	金月霞（女）	周大虎	郑秀东	郑奇芳（女）
郑祥波	胡明亮	胡晓初	赵小松	姚志泉	贾焕翔
徐云旭（女）	徐志宏	徐强中	徐锦栋	唐洪象	诸爱珍（女）
黄　虹（女）	黄小兰（女）	章新民	盖爱萍（女）	葛和凯	释万如（女）
童洪锡	蔡春潮	潘建中	瞿自杰		

八届人大

第一次会议

选举出席温州市第十二届人民代表大会代表58名（以姓氏笔画为序排列）

丁云准	马胜凯	王　造	王立彤	王建中	王祖焕
王真云	王海英（女）	王淑芬（女）	王璋弟	方旭明	邓慧敏（女）
卢更生	叶红星	叶林竑	包哲东	朱爱武（女）	朱崇敏
江　华	阮周琳	孙光辉	孙国勇	李国胜	李建民
李胜利	杨成风	肖石龙	吴国联	吴海燕（女）	张　林
张大光	张卢兄	陈　进	陈伟民	林永森	金丽琴（女）
周　驰	周丽峰	周基斌	郑秀东	郑奇芳（女）	郑莱莉（女）
项伟胜	胡向阳	俞志敏	施艾珠（女）	姜益祥	奚德驹
黄　伟	黄　虹（女）	章新民	斯培根	释万如（女）	童洪锡
蔡春潮	廖　跃	滕美华（女）	潘建中		

第四章 大会议案和建议

第一节 区一届人大会议议案和建议

城区一届人大一次会议，收到代表联名提出的议案27件，因其中部分内容相同合并为24件，立案交大会审议，作出相应决定的4件，转请市级主管部门处理的2件、作为重要意见交城区人民政府和有关部门研究办理的18件。会议收到代表提出的建议建议422件，由城区人大常委会负责登记、分门别类，转交有关部门认真研究处理。

区一届人大二次会议，收到代表团和代表联名提出的议案56件，其中提交大会主席团审议作为议案的11件（3件内容相同的已并入），其他42件作为代表团或代表的重要意见，转请市级主管部门或交区人民政府及有关部门研究办理。会议共收到代表建议152件。为及时办理好议案和建议，要求各承办单位以对人民高度负责的态度办理，并将办理结果答复代表。

区一届人大三次会议，收到代表团和代表联名提出的议案36件，其中12件因内容相同合并为5件，实计29件。其中，7件议案列为常委会审议议题，交由区人民政府组织办理。其他22件议案转为代表建议。会议还收到代表团和代表提出的建议248件，闭会后，区人大常委会办事机构将这些建议分类整理后，分别转交有关机关、单位处理，并由承办单位将处理结果书面答复代表。

第二节 区二届人大会议议案和建议

区二届人大一次会议，收到代表提出的议案54件，其中，涉及城市建设方面20件，物价管理方面5件，教育、文化、卫生方面7件，其他方面22件。这些议案中，6件议案（其中3件议案由10件议案因内容相同分别合并而成）交主席团审议决定提交大会表决，其余41件议案转为代表建议。会议还收到代表提出的建议236件，由区人大常委会办公室和区政府办公室分别交有关机关和组织研究处理，并负责答复代表。

区二届人大二次会议，收到代表提出的议案22件。经研究，将5件（有2件合并为1件）作为议案，交区人大常委会有关工作委员会审议，提出处理意见，由区人大常委会审议决定。将代表提出的议案8件作为代表建议交有关机关和组织研究处理，并负责答复代表，报告区人大常委会。将代表提出的不属于本区人民代表大会职权范围内的议案8件，请本区出席温州市第七届人民代表大会代表给予支持，作为议案或者建议向市七届人大一次会议提出。此外，还收到代表提出的建议134件，闭会后，区人大常委会办事机构将这些建议分类整理后，分别转交有关机关、单位处理，并由承办单位将处理结果书面答复代表。

区二届人大三次会议，收到代表提出的议案12件。此外，还收到代表提出的建议

103 件。区人大常委会在闭会后，根据议案、建议的内容分别交有关部门处理，并由承办单位将处理结果书面答复代表。

第三节　区三届人大会议议案和建议

区三届人大一次会议，收到代表提出的议案 45 件。其中，6 件议案因其内容相近，合并为 4 件，列为常委会审议议题，其他 39 件议案转为代表建议。会议还收到代表建议 170 件。区人大常委会对这些建议进行整理，将其中属于区人民代表大会职权范围的 138 件交由区人民政府、区人民法院和有关组织共 23 个单位研究办理。

区三届人大二次会议，收到代表提出的议案 42 件，其中，涉及政法方面 3 件，财政经济方面 6 件，城乡建设方面 21 件，教科文卫方面 7 件，其他方面 5 件。9 件议案，就其内容相近合并为 4 件，列入常委会审议议题，其余 33 件议案转为代表建议。此外，会议还收到代表提出的建议 63 件。区人大常委会在闭会后，根据议案、建议的内容分别交有关部门处理，并由承办单位将处理结果书面答复代表。

区三届人大三次会议，收到代表 10 人以上联名提出的议案 33 件。其中，涉及财政经济方面 4 件，城乡建设方面 17 件，教科文卫方面 7 件，其他方面 5 件。此外，还收到代表提出的建议 97 件。区人大常委会在闭会后，根据议案、建议的内容分别交有关部门处理，并由承办单位将处理结果书面答复代表。

第四节　区四届人大会议议案和建议

区四届人大一次会议，收到代表 10 人以上联名提出的议案 82 件。其中，涉及政法（包括民政）方面 8 件，财政经济方面 17 件，城乡建设管理方面 35 件，教科文卫方面 15 件，其他方面 7 件。会议还收到代表提出的建议 134 件。区人大常委会在闭会后，根据议案、建议的内容分别交有关部门处理，并由承办单位将处理结果书面答复代表。

区四届人大二次会议，收到代表 10 人以上联名提出的议案 44 件。其中，涉及经济建设方面 7 件，城管环保方面 16 件，政法方面 8 件，教科文卫方面 6 件，其他方面 7 件。会议还收到代表提出的建议 124 件。区人大常委会在闭会后，根据议案、建议的内容分别交有关部门处理，并由承办单位将处理结果书面答复代表。

区四届人大三次会议，收到代表 10 人以上联名提出的议案 30 件。其中，涉及经济方面 2 件，农业农村工作方面 4 件，城建城管方面 6 件，政法方面 2 件，教科文卫计划生育方面 9 件，其他方面 7 件。此外，还收到代表提出的建议 102 件。区人大常委会在闭会后，根据议案、建议的内容分别交有关部门处理，并由承办单位将处理结果书面答复代表。

区四届人大四次会议，收到代表 10 人以上联名提出的议案 17 件。其中，涉及财政经济方面 3 件，农村工作方面 2 件，城建城管方面 3 件，教育、文化、卫生方面 4 件，居民工作方面 3 件，其他方面 2 件。会议还收到代表提出的建议 103 件。区人大常委会在闭会后，根据议案、建议的内容分别交有关部门处理，并由承办单位将处理结果书面答复代表。

区四届人大五次会议，收到代表10人以上联名提出的议案25件。其中，涉及经济工作方面3件，农业农村工作方面2件，城建城管方面3件，居民工作方面3件，教育、文化、卫生工作方面11件，其他方面3件。其中4件议案就其内容相近合并为3件，列入常委会审议议题，其余21件转为代表建议。会议还收到代表提出的建议65件。区人大常委会办事机构将这些建议分别交有关机关、单位研究处理，并负责答复代表。

第五节　区五届人大会议议案和建议

区五届人大一次会议，收到代表10人以上联名提出的议案37件。其中，涉及经济工作方面7件，农业农村工作方面1件，城建城管方面5件，居民工作方面4件，教育、文化、卫生工作方面10件，廉政建设1件，其他方面9件。其中，2件作为议案列入区人大常委会审议议题，其他35件议案转为代表建议。会议还收到代表个人或联名提出的建议155件。闭会后，议案、建议由区人大常委会办事机构交“一府两院”处理，并由承办单位将处理结果书面答复有关代表。

区五届人大二次会议，收到代表10人以上联名提出的议案34件。其中，涉及经济工作2件，改革工作2件，农业农村工作1件，城建环保工作10件，居委会工作6件，科教文卫工作10件，群团工作3件。其中绍豪哲代表领衔提出的《关于加大我区高新技术资金投入，扶植中小企业发展的议案》、夏佩兰代表领衔提出的《关于遏制白色污染、拯救人类环境的议案》，列入常委会审议议题，其余32件议案转为代表建议。会议还收到代表提出的建议101件。这些议案和建议，在闭会后，由区人大常委会代表工委会同“一府两院”办公室，按归口处理原则，具体落实，并由承办单位研究办理、书面答复代表。

区五届人大三次会议，收到代表10人以上联名提出的议案43件。其中，涉及财政、经济方面8件，教育、科技、文化、卫生、计生方面9件，城建城管方面16件，民政工作方面10件。其中6件（因有5件内容相同）合并为2件议案，列入常委会审议议题，其他37件议案转为代表建议，交区人民政府、区人民法院办理。会议还收到代表提出的建议121件，由区人大常委会办公室和区政府办公室分别交有关机关和组织研究处理，并负责答复代表。

区五届人大四次会议，收到代表10人以上联名提出的议案54件。其中，涉及工商、财税与经济工作9件，社区建设与民政工作12件，城建、城管与物业管理20件，教育、科技、文化与卫生7件，农业、农村工作4件，环保工作2件。其中，张贤华等55位代表提出的5件内容相同的议案合并《关于加快社区建设步伐的议案》，列入常委会审议议题，其他49件议案转为代表建议。会议还收到代表提出的建议86件。这些议案和建议，在闭会后，由区人大常委会代表工委会同“一府两院”办公室，按归口处理原则，具体落实，并由承办单位研究办理、书面答复代表。

区五届人大五次会议，收到代表10人以上联名提出的议案77件。其中，涉及城市（社区）建设与管理方面20件，农村农业工作方面9件，工业、交通、水利建设方面21件，科技、教育、卫生工作方面14件，民政工作方面7件，公、检、法工作方面6件。其中4件事关藤桥片经济、社会发展的议案合并《关于加快藤桥片经济社会发展步伐的四议案》，其他73件转为代表建议。会议还收到代表提出的建议118件。这些议案和建议，在闭会后，由区人大常委会代表工委会同“一府两院”办公室，按归口处理原则，具体落实，并由承办单位研究办理、书面答复代表。

第六节 区六届人大会议议案和建议

区六届人大一次会议，收到代表10人以上联名提出的议案125件。其中，涉及农业农村方面13件，科技教育卫生方面15件，水利交通方面11件，工业经济与工业园区建设方面15件，城建城管方面40件，民政社保方面10件，公安司法方面6件，财政金融方面9件，其他方面6件。其中6件议案因内容相似合并为《关于要求区政府抓紧实施农村集体资产产权制度改革工作的议案》，3件议案因内容相同合并为《关于逐步建立街道财政保障体制的议案》，这2个议案列入常委会审议议题，交区政府组织办理。其余116件议案转为代表建议。会议还收到代表提出的建议119件。闭会后，议案和建议由区人大常委会转交并督促“一府两院”办理、答复代表。

区六届人大二次会议，收到代表10人以上联名提出的议案113件。其中，涉及农业农村方面16件，经济建设方面9件，城建城管方面26件，科教文卫方面22件，街道社区方面32件，人大建设方面3件，其他方面5件。其中，3件议案因内容相似合并为《关于规范社区居委会工作制度的议案》，列入常委会审议议题，其余110件议案转为代表建议。会议还收到代表提出的建议86件。闭会后，议案和建议由区人大常委会转交并督促“一府两院”办理、答复代表。

区六届人大三次会议，收到代表10人以上联名提出的议案66件。其中，涉及农业农村类8件，财政经济类16件，城建城管环保类14件，科教文卫类10件，街道社区类12件，其他6件。其中，3件议案因内容相似合并为《关于加快产业结构调整促进经济快速健康发展的议案》，列入常委会审议议题，其余63件议案转为代表建议。会议还收到代表提出的建议67件。闭会后，议案和建议由区人大常委会转交并督促“一府两院”办理、答复代表。

区六届人大四次会议，收到代表10人以上联名提出的议案48件。吴国兴等10人代表提出的《关于加强食品安全管理工作的议案》，列入常委会审议议题，其余47件议案转为代表建议。会议还收到代表提出的建议56件。闭会后，议案和建议由区人大常委会转交并督促“一府两院”办理、答复代表。

第七节　区七届人大会议议案和建议

区七届人大一次会议，收到代表提出的议案84件。其中，涉及农业农村类9件，财政经济类11件，城建城管环保类40件，科教文卫类11件，街道社区类8件，其他5件。会议收到代表提出的建议156件。闭会后，区人大常委会审议决定，除列为区人大常委会审议议题外，其他分别交给区政府和有关机关组织办理并负责答复代表。区人大常委会对大会议案和建议的办理情况进行督促和检查。

区七届人大二次会议，收到代表提出的议案58件。其中，涉及农业农村类17件，财政经济类11件，城建城管环保类17件，科教文卫类7件，街道社区类2件，其他4件。柳晓忠等10位代表提出的《关于要求在中国鞋都三期内筹建社区卫生服务中心的议案》，列入区人大常委会审议议题，其余57件议案转为代表建议。会议还收到代表提出的建议147件。闭会后，议案和建议由区人大常委会转交并督促“一府两院”办理、答复代表。

区七届人大三次会议，收到代表提出的议案74件。其中，涉及政治法制类12件，财政经济类20件，教科文卫类4件，民宗侨外类1件，城建环保类24件，农业扶贫类13件，其他3件。其中6件关于旧城改造的议案合并为《关于要求推进鹿城区“城中村”旧村改造的议案》等3件议案，将其余的66件代表议案转为代表建议，交由有关机关、组织研究处理并负责答复代表。同时，还收到代表提出的建议150件，由区人大常委会办公室和区政府办公室分别交有关机关和组织研究处理，并负责答复代表。

区七届人大四次会议，收到代表提出的议案48件。其中，涉及政治法制类9件，财政经济类10件，教科文卫类8件，城建环保类13件，农业扶贫类8件。由肖胜利代表领衔提出的《关于建立生态补偿机制的议案》，列为常委会审议议题，其余47件议案转为代表建议。会议收到代表提出的建议119件。闭会后，议案和建议由区人大常委会转交并督促“一府两院”办理、答复代表。

区七届人大五次会议，收到代表提出的议案27件，其中，涉及政治法制类4件，财政经济类6件，教科文卫类4件，城建环保类11件，农业发展类2件。27件议案全部转为代表建议。会议还收到代表提出的建议98件。闭会后，建议（含转为建议的议案）由区人大常委会转交并督促“一府两院”办理、答复代表。

第八节 区八届人大会议议案和建议

区八届人大一次会议，收到代表提出的议案32件。其中，涉及政治法制类7件，财政经济类9件，教科文卫类6件，城建环保类5件，农业发展类5件。由孙国勇代表领衔提出的《关于加快总部经济园建设促进我区经济发展的议案》，由吴忠毅代表领衔提出的《关于城中村改造的议案》等2件议案，列入常委会审议议题，其余30件议案转为代表建议。会议还收到代表提出的建议183件。闭会后，建议（含转为建议的议案）由区人大常委会转交并督促“一府两院”办理、答复代表。

区八届人大二次会议，收到代表提出的议案 12 件。其中，涉及教科文卫类 1 件，城建环保类 2 件，农业发展类 2 件，社会服务类 4 件，公共安全类 3 件。由林文花代表领衔提出的《关于提升居家养老服务工作的议案》，由王良善代表领衔提出的《关于加大对三农项目、资金投入的议案》，由孙国勇代表领衔提出的《关于广场路旧片区（原市府礼堂等）改造提升的议案》等 3 件议案，列入常委会审议议题，其余 9 件议案转为代表建议。会议还收到代表提出的建议 130 件。闭会后，建议（含转为建议的议案）由区人大常委会转交并督促“一府两院”办理、答复代表。

区八届人大三次会议，收到代表提出的议案 14 件。其中，涉及政治法制类 2 件，财政经济类 2 件，城建环保类 4 件，社会服务类 5 件，公共安全类 1 件。14 件议案全部转为代表建议。会议收到代表提出的建议 134 件。闭会后，建议（含转为建议的议案）由区人大常委会转交并督促“一府两院”办理、答复代表。

区八届人大四次会议，收到代表提出的议案 14 件。其中，涉及政治法制类 1 件，财政经济类 1 件，城建环保类 6 件，社会服务类 4 件，公共安全类 2 件。由陈金敏代表领衔提出的《关于鹿城建设时尚之都示范区的议案》和吴智勇代表领衔提出的《关于推进我区征收安置工作提速提效的议案》等 2 件议案，列入常委会审议议题，其余的 12 件议案转为代表建议。会议还收到代表建议 201 件。闭会后，建议（含转为建议的议案）由区人大常委会转交并督促“一府两院”办理、答复代表。

区八届人大五次会议，收到代表提出的议案 20 件。其中，涉及财政经济类 3 件，城建环保类 8 件，社会服务类 3 件，公共安全类 2 件，政治法制类 3 件，农村发展类 1 件。由许卫疆代表领衔提出的《关于打造鹿城西部“旅游+”模式　助推城乡统筹发展的议案》，列入常委会审议议题，其余 19 件议案转为代表建议。会议还收到代表提出的建议 140 件。闭会后，建议（含转为建议的议案）由区人大常委会转交并督促“一府两院”办理、答复代表。

表 2—72　　**区各届人大会议议案情况一览表**

届次		序号	议案标题	领衔领导
一届	一次	1	关于加速住宅建设、解决居民、教师等困难户住房的议案	金国良等 88 位代表
		2	关于加快江心屿风景旅游区和九山风景区综合治理的议案	王忠眉等 45 位代表
		3	关于高度重视急速解决城区小学危险房维修的议案	第八代表团
		4	关于加强私人客栈整顿，取缔地下旅馆的议案	第三代表团
	二次	1	关于要求切实抓好城市环境卫生基本建设，加快改变城市环境卫生面貌的议案	王忠眉等 20 代表
		2	关于要求开展“尊师重教”活动，迎接第一个教师节的议案	陈绍光等 22 代表
		3	关于要求多方集资办好鹿城区人民医院的议案	王达华等 23 位代表
		4	关于要求切实抓好基层卫生组织建设，加强城市卫生管理的议案	王抗美等 22 位代表
		5	关于要求落实私房政策，切实解决房东和房客之间的矛盾的议案	夏芬梅等 65 位代表
		6	关于要求加强对农村工作的领导的议案	徐华山等 21 位代表

续表 2—72

区各届人大会议议案情况一览表

届次		序号	议案标题	领衔领导
一届	二次	7	关于要求制定贯彻执行省委、省政府《关于加快城镇集体经济发展的若干政策问题的规定（试行）》和市委、市政府《贯彻执行省委、省政府〈关于加快城镇集体经济发展的若干政策问题的规定（试行）〉的决定》的实施意见的议案	第十代表团
		8	关于要求把代表视察活动形成固定制度，使本届绝大部分代表都有机会视察本区各项工作的议案	第七代表团
		9	关于要求加强乡级政权建设的议案	徐华山等 21 位代表
		10	关于加强市场物价管理，制止乱涨价的歪风的议案	第七代表团
		11	关于要求解决卫生技术人员住房问题的议案	王达华等 22 名代表
	三次	1	关于大力发展城市绿化的议案	王忠眉等 20 位代表
		2	关于继续认真落实私房政策遗留问题，以利社会安定团结的议案	潘志林等 63 位代表和第三代表团
		3	关于城乡密切配合，有计划地改造旧城、扩建新市区的议案	潘志林等 20 位代表
		4	关于迅速落实中、小学基建经费，解决‘入学难’的议案	邓玉林等 20 位代表
		5	关于加强市区、城郊接合部环境卫生管理的议案	第二代表团谢安镠和张爱春等 20 位代表
		6	关于进一步加强社会治安的议案	第二代表团、第六代表团
		7	关于切实解决中、小学教师和卫生技术人员住房困难的议案	麻晓春等 41 位代表
二届	一次	1	关于加强环境保护，切实治理市区河道污染、保护人民身体健康的议案	陈松樵等 40 位代表
		2	关于加强对农业的领导、增加对农业的投入的议案	黄永福等 14 位代表
	一次	3	关于切实搞好落实私房政策的腾退房规划建设，维护社会安定团结的议案	王扬武等 14 位代表
		4	关于加强对区街、乡镇企业产品质量管理的议案	沈煜生等 13 位代表
		5	关于加强对个体经营、私人企业的税收管理工作的议案	管嗣录等 25 位代表
		6	关于加强市场物价管理、维护消费者权益的议案	王扬武等 63 位代表
	二次	1	关于切实加强城市管理工作的议案	陈永龙等 12 位代表
		2	关于立即狠抓市区环卫管理工作的议案	杨秀美等 11 位代表
		3	关于从速修建中、小学一级教学危房、保障师生安全的议案	郑月华等 12 位代表
		4	关于要求明确居民委员会在新的历史时期的地位、作用和主要工作任务问题的议案	韩洪昌等 25 位代表
		5	关于加强对青少年的教育工作，为他们的健康成长创造条件的议案	张维仁等 12 位代表
	三次	1	关于切实加强爱国卫生工作的议案	张凌霞等 15 位代表
		2	关于加强环卫设施建设和管理工作的议案	解永明等 38 位代表
		3	关于加强治安维护社会秩序的议案	戴曼西等 24 位代表
三届	一次	1	关于强化行业管理、发挥“鞋城”优势，促进我区产业结构调整的议案	姜国藩等 18 位代表
		2	关于尽快对假冒、劣质服装及针织产品加强管理的议案	陈光彰等 19 位代表
		3	关于加强城市管理职能部门的建设，加强城市管理的议案	陈松樵等 40 位代表
		4	关于进一步加强对中小学生的德育工作的议案	吴元春等 15 位代表
	二次	1	关于要求加强流动人口管理的议案	周玉轩等 27 位代表
		2	关于要求对城区公厕进行一次全面扩建、改造和维修的议案	黄文芳等 63 位代表
		3	关于要求对居民化粪池加强管理的议案	刘秀琴等 13 位代表
		4	关于要求对农村小学加强领导及支持、扶助，缩小城市和农村小学差别的议案	王森茂等 12 位代表
	三次	1	关于抓住有利时机、加快区重点企业经济发展步伐的议案	韩启宇等 10 位代表
		2	关于认真贯彻《城市居民委员会组织法》进一步加强居民委员会建设的议案	张贤华等 22 位代表

续表 2—72

区各届人大会议议案情况一览表

届次		序号	议案标题	领衔领导
四届	一次	1	关于要求加快双屿工业区建设促进我区经济腾飞的议案	李德津等 11 位代表
		2	关于要求立即采取行动加强劳动卫生职业病防治的议案	楼德华等 16 位代表
		3	关于要求采取有效措施切实减轻学生过重课业负担的议案	郑建设等 17 位代表
	二次	1	关于加快鹿城工业开发区配套设施建设的议案	李德津等 33 位代表
		2	关于加快产权制度改革促进生产力发展的议案	张爱春等 11 位代表
		3	关于进一步加强城郊接合部卫生整治工作的议案	董宝玉等 33 位代表
	三次	1	关于加快落实商业仓储基地建设具体方案，促进“三产”发展的议案	戚正康等 14 位代表
		2	关于切实抓紧城郊接合部环境卫生基础配套设施建设的议案	王群超等 12 位代表
	四次	1	关于制订切实可行优惠政策，扶植居委会兴办第三产业的议案	金春林等 32 位代表
	五次	1	关于切实抓好“金海岸文化网工程建设”的议案	瞿翟等 11 位代表
		2	关于贯彻全国卫生工作会议精神、为我区卫生事业发展再上新台阶而努力的议案	周成国等 17 位代表
		3	关于居委会班子建设与报酬及退休后待遇问题的议案	胡玉秀等 10 位代表
五届	一次	1	关于尽快解决鹿城区部分企业产权明晰的议案	徐正华等 12 位代表
		2	关于加大调整学校布局力度、完善分级办学体制，推进应试教育向素质教育转轨的议案	陈琼等 13 位代表
	二次	3	关于加大我区高新技术资金投入，扶植中小企业发展的议案	邵豪哲等 11 位代表
		4	关于遏制白色污染，拯救人类环境的议案	夏佩兰等 12 位代表
	三次	1	关于修正鹿城区兵役义务费社会统筹实施办法的议案	叶荣光等 57 位代表
		2	关于加大城郊接合部整治力度，拆除简易棚，建造标准用房的议案	王群超等 10 位代表
	四次	1	关于加快社区建设步伐的议案	张贤华等 55 位代表
	五次	1	关于加快藤桥片经济社会发展步伐的四议案	樊春池等 44 位代表
六届	一次	1	关于要求区政府抓紧实现农村集体资产产权制度改革工作的议案	吴力绚等 71 位代表
		2	关于逐步建立街道财政保障体制的议案	张国华等 34 位代表
	二次	1	关于规范社区居委会工作制度的议案	邱向真等 32 位代表
	三次	1	关于加快产业结构调整促进经济快速健康发展的议案	张纯浙等 61 位代表
	四次	1	关于加强食品安全管理工作的议案	吴国兴等 10 位代表
七届	一次	1	关于均衡城乡教育发展农村教师队伍的议案	杨明明等 10 位代表
	二次	1	关于要求在中国鞋都三期内筹建社区卫生服务中心的议案	柳晓忠等 10 位代表
	三次	1	关于尽快启动 330 国道（104 国道）鹿城仰义至双屿段改造的议案	廖跃等代表
		2	关于加快发展装备制造业，促进产业转型升级的议案	虞培清等代表
		3	关于要求推进鹿城区“城中村”旧村改造的议案	虞立清等代表
	四次	1	关于建立生态补偿机制的议案	肖胜利等 20 位代表
八届	一次	1	关于加快总部经济园建设促进我区经济发展的议案	孙国勇等 10 位代表
		2	关于城中村改造的议案	吴忠毅等 11 位代表
	二次	1	关于提升居家养老服务工作的议案	林文花等 11 位代表
		2	关于加大对“三农”项目、资金投入的议案	王良善等 10 位代表
		3	关于广场路旧片区（原市政府礼堂等）改造提升的议案	孙国勇等 12 位代表
	四次	1	关于鹿城建设时尚之都示范区的议案	陈金敏等 12 位代表
		2	关于推进我区征收安置工作提速提议的议案	吴智勇等 14 位代表
	五次	1	关于打造鹿城西部“旅游 +”模式　助推城乡统筹发展的议案	许卫疆等 10 位代表

说明：八届三次的议案全部转为建议。

第五章　大会组织

第一节　大会主席团和秘书长名单

一届人大

第一次会议

主席团（37 人，以姓氏笔画为序排列）

王忠眉　王宗康　王振中
叶国祥　吕宗泽　许美玉（女）
邵锡水　何包根　余建荣
余梅生　李国聪　李炳荣
李德月（女）陆国杰　谷锦麟
吴定邦　吴爱娟（女）金秀林
金国良　陈加昭（女）陈福涛
林玉蓉（女）林选青　林金藩
洪作殿　姚皓中　袁励生
徐玉璟（女）徐象畴　黄国华
黄福金　谢菲菲（女）殷奕同
曾立人　曾春霖　曾爱兰（女）
潘宝卿

主席团常务主席

邵锡水　何包根　林选青
陆国杰　谷锦麟　叶国祥
洪作殿　李国聪　陈加昭（女）

秘书长

叶国祥

第二次会议

主席团（31 人，以姓氏笔画为序排列）

王忠眉　王振中　许美玉（女）
李国聪　李德月（女）吴定邦
吴林翠　吴爱娟（女）余建荣
余梅生　谷锦麟　张锦荣
陈加昭（女）邵锡水　林选青
金秀林　金国良　周飓尧
洪作殿　姚皓中　徐玉璟（女）
徐象畴　殷奕同　黄国华
黄福金　盛从冲　曾爱兰（女）
谢菲菲（女）虞志芬　潘宝卿
瞿寿连

主席团常务主席

林选青　谷锦麟　余梅生
洪作殿　李国聪　陈加昭（女）
潘宝卿

秘书长

潘宝卿（兼）

第三次会议

主席团（31 人，以姓氏笔画为序排列）

王振中　许美玉（女）李天猷
李国聪　李德月（女）吴定邦
吴林翠　吴爱娟（女）余建荣
余梅生　谷锦麟　陈加昭（女）
林选青　金秀林　周飓尧
洪作殿　姚皓中　徐玉璟（女）
殷奕同　黄文明　黄国华
黄福金　盛从冲　曾立人

曾爱兰（女）　谢仙道　谢菲菲（女）
虞志芬　管嗣录　潘宝卿
潘教明

主席团常务主席

林选青　谷锦麟　潘教明
洪作殿　李国聪　陈加昭（女）
潘宝卿

秘书长

潘教明（兼）

二届人大

第一次会议

主席团（25 人，以姓氏笔画为序排列）

王功满　王思爱　王新茂
吕宗泽　朱茂盛　朱道统
刘发鸿　李邦云　李梅龙
李澄棣　吴爱娟（女）　余建荣
谷锦麟　张凌霞（女）　张维仁
陈加昭（女）　洪震寰　徐玉璟（女）
黄福金　解永明　裘智慧
虞志芬　颜贻淦　潘宝卿
潘教明

主席团常务主席

王思爱　朱道统　谷锦麟
潘教明　陈加昭（女）

秘书长

潘教明（兼）

第二次会议

主席团（27 人，以姓氏笔画为序排列）

王　虎　王功满　王思爱
王振中　王森茂　吕宗泽
朱茂盛　朱道统　刘发鸿
李邦云　李梅龙　李澄棣
吴爱娟（女）　余建荣　谷锦麟
张凌霞（女）　张维仁　陈加昭（女）
俞锡荣　徐玉璟（女）　黄福金
解永明　裘智慧　虞志芬
颜贻淦　潘宝卿　潘教明

主席团常务主席

王思爱　谷锦麟　朱道统
潘教明　陈加昭（女）　潘宝卿
俞锡荣

秘书长

潘教明（兼）

第三次会议

主席团（27 人，以姓氏笔画为序排列）

王　虎　王功满　王思爱
王振中　王森茂　吕宗泽
朱茂盛　朱道统　刘发鸿
李邦云　李梅龙　李澄棣
吴爱娟（女）　余建荣　谷锦麟
张凌霞（女）　张维仁　陈加昭（女）
俞锡荣　徐玉璟（女）　黄福金
解永明　裘智慧　虞志芬
颜贻淦　潘宝卿　潘教明

主席团常务主席

王思爱　谷锦麟　朱道统
潘教明　陈加昭（女）　潘宝卿
俞锡荣

秘书长

潘教明（兼）

三届人大

第一次会议

主席团（29 名，以姓氏笔画为序排列）

王功满 王思爱 王振中
吕宗泽 朱茂盛 朱道统
伍云波 刘发鸿 许本贵
李中苏 李梅龙 谷锦麟
张金华 张淑玲（女）张维仁
陈久忠 陈加昭（女）周成国
郑式乐 俞锡荣 施长根
徐玉璟（女）徐包龙 黄文芳（女）
黄献康 黄福金 解永明
潘宝卿 潘教明

主席团常务主席

王思爱 谷锦麟 陈久忠
朱道统 徐包龙 潘教明
陈加昭（女）潘宝卿 俞锡荣

秘书长

潘教明（兼）

第二次会议

主席团（29 名，以姓氏笔画为序排列）

王　蓓（女）王功满 王扬武
王思爱 王振中 伍云波
朱茂盛 朱建秋（女）朱景祥
朱道统 许本贵 李中苏
李梅龙 谷锦麟 张金华
张爱春 张淑玲（女）张维仁
陈加昭（女）周成国 郑式乐
俞锡荣 施长根 徐玉璟（女）
徐包龙 黄文芳（女）黄献康
解永明 戴晓白（女）

主席团常务主席

王思爱 谷锦麟 朱道统
徐包龙 朱景祥 陈加昭（女）
俞锡荣 周成国

秘书长

朱景祥（兼）

第三次会议

主席团（35 名，以姓氏笔画为序排列）

王中平 王功满 王臣明
王思爱 王振中 王　蓓（女）
伍云波 朱茂盛 朱建秋（女）
朱景祥 朱道统 刘进法
许本贵 李中苏 余岩隆
谷锦麟 张国光 张金华
张爱春 张淑玲（女）张维仁
陈加昭（女）陈　克 周成国
郑式乐 俞锡荣 施长根
徐玉璟（女）徐包龙 黄文芳（女）
黄成贵 黄献康 裘智慧
解永明 戴晓白（女）

主席团常务主席

王思爱 谷锦麟 朱道统
徐包龙 朱景祥 陈加昭（女）
俞锡荣 周成国

秘书长

朱景祥（兼）

四届人大

第一次会议

主席团（29 名，以姓氏笔画为序排列）

马大康 王中平 王功满
吕宗泽 朱乐平 朱景祥

朱道统　吴一新　邱心川
谷锦麟　张金华　张恩萍
张淑真（女）　陈久忠　陈权华
陈笑华（女）　陈勤馥（女）　林清渭
金邦清　周成国　郑松棣
单克胜　胡兆海　胡剑谨（女）
施明光　秦声龙　倪国兴
袭关铨　戴吉林

主席团常务主席

金邦清　谷锦麟　陈久忠
朱道统　陈笑华（女）　朱景祥
周成国

秘书长

朱景祥（兼）

第二次会议

主席团（35 名，以姓氏笔画为序排列）

马大康　王中平　王功满
王臣明　王金松　毛如炎（女）
叶宝松　吕宗泽　朱乐平
朱道统　刘进法　吴一新
邱心川　邱国华　余岩隆
谷锦麟　张爱春　张淑玲（女）
张淑真（女）　陆春兰（女）　陈伟民
陈　克　陈笑华（女）　林清渭
金邦清　周成国　单克胜
胡剑谨（女）　赵志尚　施秀珍
倪国兴　黄文芳（女）　龚关铨
曾洪生　潘信雄

主席团常务主席

金邦清　朱道统　陆春兰（女）
王臣明　周成国

秘书长

陆春兰（女）

第三次会议

主席团（33 名，以姓氏笔画为序排列）

马大康　王中平　王功满
王臣明　王金松　王群超
毛如炎（女）　叶宝松　吕宗泽
朱乐平　朱道统　刘进法
邱心川　余岩隆　谷锦麟
张爱春　张淑玲（女）　张淑真（女）
陆春兰（女）　陈　克　陈敬南
林清渭　金邦清　周成国
单克胜　赵志尚　俞　榜
施秀珍　徐止平　黄文芳（女）
龚关铨　潘信雄　臧璇璇（女）

主席团常务主席

金邦清　朱道统　陆春兰（女）
王臣明　周成国

秘书长

陆春兰（女）

第四次会议

主席团（33 名，以姓氏笔画为序排列）

马大康　王中平　王臣明
王金松　王群超　毛如炎（女）
叶宝松　朱乐平　朱道统
刘进法　邱心川　余岩隆
谷锦麟　张爱春　张淑玲（女）
张淑真（女）　陆春兰（女）　陈　克
陈权华　陈敬南　林清渭
金邦清　金志清　周成国
单克胜　赵志尚　俞　榜
施秀珍　唐晨曦　黄文芳（女）
龚关铨　潘信雄　臧璇璇（女）

主席团常务主席

金邦清　朱道统　陆春兰（女）
王臣明　周成国

秘书长

陆春兰（女）

第五次会议

主席团（31名，以姓氏笔画为序排列）

马大康　王臣明　王金松
王群超　毛如炎（女）叶宝松
朱乐平　朱道统　刘进法
邱国华　余岩隆　谷锦麟
张周杰　张爱春　张淑玲（女）
张淑真（女）陆春兰（女）陈　克
陈权华　陈国琴（女）陈敬南
林清渭　金文平　金邦清
周成国　赵志尚　俞　榜
施秀珍　唐晨曦　黄文芳（女）
潘信雄

主席团常务主席

金邦清　朱道统　陆春兰（女）
王臣明　周成国

秘书长

陆春兰（女）

五届人大

第一次会议

主席团（27名，以姓氏笔画为序排列）

马国民　王一曼（女）王丽峰（女）
王超俊　王群超　甘留尧
叶玉龙　朱道统　杨薇薇（女）
李知森　邱心川　邱国华
张　京　张爱春　张淑真（女）
陈合和　陈胜华　陈棉权
林道珍　苑卫平　周成国
郑凤柳（女）夏积文　徐止平
黄献康　章新民　潘岩西

主席团常务主席

徐止平　朱道统　王超俊
章新民　陈锦权　陈合和
王一曼（女）周成国　叶玉龙

秘书长

王一曼（女）

第二次会议

主席团（30名，以姓氏笔画为序排列）

马国民　王一曼（女）王丽峰（女）
王成淼　甘留尧　叶玉龙
朱道统　杨薇薇（女）李知森
邱国华　吴　伟　何永旺
张　京　张爱春　张淑真（女）
陈合和　陈胜华　林建水
林清渭　林道珍　苑卫平
周兰森　周成国　郑凤柳（女）
夏积文　徐止平　郭晓媛（女）
章新民　蔡文云　潘信雄

主席团常务主席

章新民　王一曼（女）叶玉龙
周成国

秘书长

王一曼（女）

第三次会议

主席团（28名，以姓氏笔画为序排列）

马国民　王一曼（女）王丽峰（女）
王成淼　甘留尧　叶玉龙

朱道统	杨薇薇（女）	李知森
邱国华	吴　伟	何永旺
张　京	张爱春	张淑真（女）
陈合和	陈胜华	林建水
林清渭	林道珍	周兰森
周成国	郑凤柳（女）	夏积文
郭晓媛（女）	章新民	蔡文云
潘信雄		

主席团常务主席

章新民　王一曼（女）　叶玉龙
周成国

秘书长

王一曼（女）

第四次会议

主席团（30 名，以姓氏笔画为序排列）

王一曼（女）	王成淼	叶玉龙
朱道统	包哲东	杨速辉
杨薇薇（女）	李知森	李绪斌
吴　伟	何永旺	张　京
张爱春	张淑真（女）	陈合和
陈胜华	林建水	林清渭
林道珍	苑卫平	周兰森
周成国	周道义	郑凤柳（女）
夏积文	郭晓媛（女）	章新民
谢榕芳（女）	蔡文云	潘信雄

主席团常务主席

包哲东　章新民　王一曼（女）
叶玉龙　周成国

秘书长

王一曼（女）

第五次会议

主席团（31 名，以姓氏笔画为序排列）

王一曼（女）	王成淼	叶玉龙
包哲东	朱道统	杨薇薇（女）
庄官芳	李知森	李绪斌
吴　伟	何永旺	邱心川
张　京	张纯浙	张爱春
张淑芳（女）	张淑真（女）	陈合和
陈胜华	林建水	林道珍
周兰森	周成国	周道义
郑凤柳（女）	郑显平	夏积文
倪松汉	郭晓媛（女）	章新民
潘信雄		

主席团常务主席

章新民　王一曼（女）　叶玉龙
周成国　张纯浙

秘书长

王一曼（女）

六届人大

第一次会议

主席团（35 名，以姓氏笔画为序排列）

卜红升	王一曼（女）	王易进
王超俊	包哲东	朱道统
许　国	许德忠	孙建玲（女）
李　浩	李江晖	李国华
李建花（女）	吴晓贵	吴海燕（女）
邱心川	张立东（女）	张纯浙
张国华	张维忠	陈　洁（女）
陈虎啸	陈登平	林世南
金宝禄	金美美（女）	郑显平
胡正武	贾焕翔	徐文义
徐春萍（女）	徐顺东	唐克勤
章新民	缪笑竹（女）	

主席团常务主席

包哲东　章新民　王超俊
邱心川　吴海燕（女）徐顺东
王易进　王一曼（女）许德忠
张纯浙

秘书长

王一曼（女）

第二次会议

主席团（42 名，以姓氏笔画为序排列）

卜红升　王一曼（女）王易进
叶　军　包哲东　朱道统
许　国　许德忠　孙国勇
孙建玲（女）李建花（女）吴　广
吴小霞（女）吴海燕（女）邱心川
邱向真（女）杨薇薇（女）余冬青
张立东（女）张纯浙　张国华
张维忠　陈　洁（女）陈虎啸
林世南　林献珍　周方业
郑显平　项丽丽（女）胡正武
夏永远　夏积文　倪松汉
徐　强　徐顺东　徐春萍（女）
奚德驹　唐克勤　黄庆火
章新民　廖　跃　缪笑竹（女）

主席团常务主席

章新民　王一曼（女）许德忠
张纯浙　缪笑竹（女）李建花（女）
陈　洁（女）

秘书长

王一曼（女）

第三次会议

主席团（44 名，以姓氏笔画为序排列）

卜红升　王一曼（女）王易进
叶　军　叶名富　朱道统
许　国　许德忠　孙国勇
孙建玲（女）李知森　李建花（女）
吴　广　吴小霞（女）吴海燕（女）
邱心川　邱向真（女）杨湘洪
杨薇薇（女）余冬青　张立东（女）
张秀云（女）张纯浙　张维忠
陈　洁（女）陈虎啸　林世南
林献珍　周方业　郑显平
项丽丽（女）胡正武　贾焕翔
夏永远　夏积文　倪松汉
徐　强　徐顺东　徐春萍（女）
奚德驹　黄庆火　章新民
廖　跃　缪笑竹（女）

主席团常务主席

章新民　王一曼（女）许德忠
张纯浙　缪笑竹（女）李建花（女）
陈　洁（女）

秘书长

王一曼（女）

第四次会议

主席团（41 名，以姓氏笔画为序排列）

卜红升　王一曼（女）王易进
叶　军　叶名富　朱道统
伍和昆　许　国　许德忠
孙国勇　孙建玲（女）李知森
李建花（女）吴　广　吴力绚（女）
吴小霞（女）吴海燕（女）邱向真（女）
杨湘洪　杨薇薇（女）余冬青
张立东（女）张秀云（女）张纯浙
张维忠　陈　洁（女）林献珍
周方业　郑显平　项丽丽（女）
贾焕翔　夏永远　夏积文
徐　强　徐顺东　徐春萍（女）

奚德驹　　黄庆火　　章新民
廖　跃　　缪笑竹（女）

主席团常务主席

杨湘洪　　章新民　　王一曼（女）
许德忠　　张纯浙　　缪笑竹（女）
李建花（女）陈　洁（女）

秘书长

李建花（女）

七届人大

第一次会议

主席团（34 名，以姓氏笔画排列）

王长青　　王丽峰（女）王易进
卢更生　　匡连庭　　刘　丹
孙建玲（女）杜玉海　　杨湘洪
李　震　　李建花（女）吴力绚（女）
吴海燕（女）余中平　　应　真（女）
陈　洁（女）陈国光　　陈胜军
陈锋进　　林瑞荣　　罗静方
周筱秋（女）郑金水　　项旭光
贾焕翔　　徐一峰　　徐春萍（女）
翁益华　　章新民　　董金花（女）
蒋忠伟　　鲍成发　　潘教明
瞿芬平

主席团常务主席

杨湘洪　　章新民　　余中平
吴海燕（女）王易进　　贾焕翔
李　震　　李建花（女）陈　洁（女）

秘书长

李建花（女）

第二次会议

主席团（45 名，以姓氏笔画排列）

王长青　　王丽峰（女）王易进
卢更生　　叶必庆　　刘　丹
孙国勇　　孙建玲（女）庄建华
余冬青　　吴小霞（女）吴海燕（女）
应　真（女）李　震　　李建花（女）
杨湘洪　　肖石龙　　邵豪哲
陈　洁（女）陈松权　　陈胜军
陈锋进　　周筱秋（女）林秀春
林瑞荣　　罗静方　　郑金水
姜扬烽　　项旭光　　夏永远
奚德驹　　徐一峰　　徐晓君（女）
章新民　　黄庆火　　黄金鹏
董金花（女）蒋忠伟　　谢　伟
鲍成发　　廖　跃　　潘　勇
潘一凡　　潘教明　　瞿芬平

主席团常务主席

杨湘洪　　吴海燕（女）李建花（女）
陈　洁（女）王丽峰（女）林瑞荣
王长青　　项旭光

秘书长

李建花（女）

第三次会议

主席团（44 人，以姓氏笔画排列）

王长青　　王丽峰（女）王易进
卢更生　　叶必庆　　刘　丹
孙国勇　　孙建玲（女）庄建华
余冬青　　余梅生　　吴小霞（女）
吴海燕（女）应　真（女）李　震
李建花（女）肖石龙　　邵豪哲
陈　洁（女）陈松权　　陈胜军
陈锋进　　周筱秋（女）林秀春
林瑞荣　　罗静方　　郑金水

姜扬烽 项旭光 夏永远
奚德驹 徐一峰 徐晓君（女）
章新民 黄庆火 黄金鹏
董金花（女）蒋忠伟 谢 伟
廖 跃 潘 勇 潘一凡
潘教明 瞿芬平

主席团常务主席

余梅生 吴海燕（女）李建花（女）
陈 洁（女）王丽峰（女）林瑞荣
王长青 项旭光

秘书长

项旭光（兼）

第四次会议

主席团（45 人，以姓氏笔画排列）

王长青 王丽峰（女）王秀娟（女）
王易进 叶必庆 庄建华
刘 丹 孙国勇 孙建玲（女）
李 震 李建花（女）肖石龙
吴小霞（女）吴海燕（女）余冬青
余梅生 应 真（女）陈 洁（女）
陈丽蓉（女）陈松权 陈胜军
陈锋进 邵豪哲 林秀春
林瑞荣 罗静方 周 岷
周筱秋（女）郑金水 项旭光
胡俊武 夏永远 夏理勇
奚德驹 黄庆火 黄金鹏
章新民 蒋忠伟 谢 伟
虞立清 鲍成发 廖 跃
潘 勇 潘教明 瞿芬平

主席团常务主席

余梅生 吴海燕（女）李建花（女）
陈 洁（女）王丽峰（女）林瑞荣
王长青 项旭光

秘书长

项旭光（兼）

第五次会议

主席团（43 人，以姓氏笔画排列）

王长青 王丽峰（女）王秀娟（女）
叶必庆 庄建华 刘 丹
孙国勇 孙建玲（女）李 震
李建花（女）肖石龙 吴小霞（女）
吴海燕（女）吴晓贵 余冬青
余梅生 应 真（女）陈 洁（女）
陈丽蓉（女）陈松权 陈胜军
陈锋进 邵豪哲 林秀春
林瑞荣 周 岷 周筱秋（女）
郑金水 项旭光 项晓晓（女）
胡俊武 姜扬烽 夏永远
夏理勇 奚德驹 黄庆火
黄金鹏 章新民 蒋忠伟
廖 跃 潘一凡 潘教明
瞿芬平

主席团常务主席

余梅生 吴海燕（女）李建花（女）
陈 洁（女）王丽峰（女）肖石龙
林瑞荣 王长青 项旭光

秘书长

项旭光（兼）

八届人大

第一次会议

主席团（35 人，以姓氏笔画排列）

王长青 王立彤 卢更生
叶 青 朱启龙 朱崇敏
刘立锋 孙国勇 李跃胜
肖石龙 吴晓贵 吴海燕（女）

邱向真（女）	应　真（女）	陈　洁（女）
陈云源	陈月玲（女）	陈宏强
林建华	林瑞荣	欧小相
周　岷	周基斌	项伟胜
项旭光	项晓晓（女）	胡美珠（女）
洪文滨	贾志文	徐一峰
黄凌萍	章　胤	章新民
谢云周	瞿芬平	

主席团常务主席

王立彤	吴海燕（女）	朱崇敏
洪文滨	项伟胜	陈云源
陈　洁（女）	肖石龙	林瑞荣
王长青	项旭光	

秘书长

项旭光（兼）

第二次会议

主席团（49 人，以姓氏笔画排序）

王　敏（女）	王长青	王立彤
卢更生	叶　青	叶必庆
叶晓挺	孙国勇	庄建华
朱启龙	朱崇敏	吴晓贵
吴海燕（女）	应　真（女）	张　勇
李跃胜	杨秀津	肖石龙
邱向真（女）	陈　洁（女）	陈云源
陈月玲（女）	陈宏强	陈增斌
周　岷	周基斌	季洪杰
林秀春	林建华	林瑞荣
欧小相	金浙瓯	柳晓忠
洪文滨	施建安	胡美珠（女）
项伟胜	项旭光	项晓晓（女）
诸葛要武（女）	贾志文	章　胤
章新民	黄金鹏	黄品寿
葛成福	谢　伟	谢云周
褚　坚		

主席团常务主席

王立彤	吴海燕（女）	朱崇敏
洪文滨	项伟胜	陈云源
陈　洁（女）	肖石龙	林瑞荣
王长青	项旭光	朱启龙

秘书长

项旭光（兼）

第三次会议

主席团（50 人，以姓氏笔画排列）

王　敏（女）	王长青	王立彤
卢更生	叶　青	叶云森
叶必庆	叶晓挺	孙国勇
庄建华	朱启龙	朱崇敏
吴海燕（女）	应　真（女）	张　勇
张　敏	张维凯	李跃胜
肖石龙	邱向真（女）	陈　洁（女）
陈　钷	陈　辉	陈月玲（女）
陈宏强	陈金敏	陈胜军
陈增斌	周　岷	周基斌
林秀春	林建华	林瑞荣
欧小相	柳晓忠	洪文滨
施建安	胡美珠（女）	项伟胜
项旭光	项晓晓（女）	徐道友
诸葛要武（女）	贾志文	章新民
黄金鹏	黄品寿	葛成福
谢　伟	谢云周	

主席团常务主席

王立彤	吴海燕（女）	朱崇敏
洪文滨	项伟胜	张　敏
陈　洁（女）	肖石龙	林瑞荣
王长青	项旭光	朱启龙

秘书长

项旭光（兼）

第四次会议

主席团（51人，以姓氏笔画排列）

王　敏（女）	王长青	王立彤
王剑波	叶　青	叶云森
叶必庆	叶晓挺	孙国勇
庄建华	朱启龙	朱建光
朱崇敏	许卫疆	吴海燕（女）
应　真（女）	张　敏	张维凯
李先进	李跃国	李跃胜
肖石龙	邱向真（女）	陈　洁（女）
陈　钜	陈　辉	陈月玲（女）
陈宏强	陈金敏	陈胜军
陈康亮	周　岷	周基斌
林秀春	林建华	林宣富
林瑞荣	欧小相	柳晓忠
洪文滨	胡希求	胡美珠（女）
项伟胜	项旭光	项晓晓（女）
诸葛要武（女）	贾志文	章新民
黄金鹏	葛成福	谢　伟

主席团常务主席

王立彤	吴海燕（女）	朱崇敏
洪文滨	项伟胜	张　敏
陈　洁（女）	肖石龙	林瑞荣
王长青	项旭光	朱启龙

秘书长

项旭光（兼）

第五次会议

主席团（55人，以姓氏笔画排列）

王　炯	王　敏（女）	王剑波
叶云森	叶必庆	叶晓挺
朱启龙	朱崇敏	庄建华
许卫疆	孙国勇	李先进
李利法	李跃胜	肖石龙
吴法照	吴海燕（女）	应　真（女）
张本锋	张香梅（女）	张维凯
陈　浩	陈　辉	陈月玲（女）
陈宏强	陈金敏	陈胜军
陈康亮	陈滢冰（女）	林仕德
林秀春	林建华	林宣富
欧小相	罗招政	金浙瓯
周　岷	周基斌	项旭光
赵海艇	胡小洁（女）	胡希求
胡俊武	胡美珠（女）	胡海峰
柳晓忠	姜益祥	姜锦谷
洪文滨	贾志文	诸葛要武（女）
陶玉燕（女）	章新民	谢　伟
潘一凡		

主席团常务主席

陈　浩	吴海燕（女）	朱崇敏
洪文滨	张本锋	罗招政
肖石龙	项旭光	朱启龙
胡海峰	周基斌	

秘书长

项旭光（兼）

第二节　大会审查委员会

一届人大

第一次会议

财政工作审查委员会

主 任 委 员　　洪作殿

副主任委员　　潘宝卿　　卢先理

委　员（以姓氏笔画为序排列）

巩际信　　吴国钜　　陆春兰（女）

徐贤哉　　黄彩萍（女）虞楚平

议案审查委员会

主任委员　　李国聪

副主任委员　　颜贻淦　　王忠眉

委　员（以姓氏笔画为序排列）

王达华　　王国光　　叶永国

许秀燕（女）吴爱娟（女）陈　克

郑维新　　徐维治

第二次会议

财政预决算审查委员会

主任委员　　洪作殿

副主任委员　　潘宝卿　　卢先理

委　员（以姓氏笔画为序排列）

巩际信　　吴国钜　　张爱春

陆春兰（女）周寿忠　　徐贤哉

黄彩萍（女）虞楚平

议案审查委员会

主任委员　　李国聪

副主任委员　　颜贻淦　　王忠眉

委　员（以姓氏笔画为序排列）

王达华　　王国光　　叶永国

许秀燕（女）吴爱娟（女）陈　克

郑维新　　徐维治　　管嗣录

瞿寿连

第三次会议

财政预决算审查委员会

主任委员　　洪作殿

副主任委员　　潘宝卿　　卢先理

委　员（以姓氏笔画为序排列）

巩际信　　吴国钜　　张爱春

陆春兰（女）陈绍光　　周寿忠

林文星　　徐贤哉　　黄彩萍（女）

虞楚平

议案审查委员会

主任委员　　李国聪

副主任委员　　颜贻淦　　王忠眉

委　员　（以姓氏笔画为序排列）

王达华　　王国光　　叶永国

许秀燕（女）吴爱娟（女）陈　克

郑维新　　徐维治　　管嗣录

瞿寿连

二届人大

第一次会议

财政预决算审查委员会

主任委员　　陈加昭（女）

副主任委员　　潘宝卿　　张爱春

委　员（以姓氏笔画为序排列）

卢泳江　　叶联铿　　周寿忠

管嗣录

第二次会议

财政预决算审查委员会

主任委员 潘宝卿

副主任委员 张爱春 陈 克

委 员（以姓氏笔画为序排列）

卢泳江 叶联铿 周寿忠

管嗣录

第三次会议

财政预决算审查委员会

主任委员 潘宝卿

副主任委员 张爱春 陈 克

委 员（以姓氏笔画为序排列）

叶联铿 李天猷 周寿忠

管嗣录

三届人大

第一次会议

国民经济计划和财政预决算审查委员会

主任委员 潘宝卿

副主任委员 朱景祥

委 员（以姓氏笔画为序排列）

刘进法 杨康琴 张爱春

陈志庭 陈 克 陈国光

林瑞松 虞银良 臧璇璇（女）

第二次会议

国民经济计划和财政预决算审查委员会

主任委员 朱景祥

副主任委员 刘进法 陈 克

委 员（以姓氏笔画为序排列）

王美丽（女）杨康琴 陈安德

陈国光 陈虎啸 郑道钟

徐正华 虞银良

第三次会议

财政预决算审查委员会

主任委员 朱景祥

副主任委员 刘进法 陈 克

委 员（以姓氏笔画为序排列）

杨康琴 李有苗 陈安德

陈国光 郑道钟 徐正华

虞银良 臧璇璇（女）

四届人大

第一次会议

财政预决算审查委员会

主任委员 陆春兰（女）

副主任委员 刘进法 陈 克

委 员（以姓氏笔画为序排列）

张爱春 陈志庭 周华新

黄文芳（女）董一伦 楼德华

第二次会议

财政预决算审查委员会

主任委员 王臣明

副主任委员 邱国华 刘进法

陈 克

委 员（以姓氏笔画为序排列）

张爱春 陈志庭 周华新

娄瑞金 黄文芳（女）董一伦

楼德华

第三次会议

财政预决算审查委员会

主任委员 王臣明

副主任委员 刘进法 陈 克

委 员（以姓氏笔画为序排列）

张爱春 陈志庭 金文平

周华新 娄瑞金 黄文芳（女）

董一伦 楼德华

第四次会议

财政预算审查委员会

主任委员　　王臣明

副主任委员　　金文平　　陈　克

王金松

委　员（以姓氏笔画为序排列）

吕兰生　　杨文升　　张爱春

周华新　　娄瑞金　　董一伦

楼德华

第五次会议

财政预算审查委员会

主任委员　　朱道统

副主任委员　　金文平　　陈　克

王金松

委　员（以姓氏笔画为序排列）

吕兰生　　杨文升　　张爱春

周华新　　娄瑞金　　董一伦

楼德华

五届人大

第一次会议

预算审查委员会

主任委员　　叶玉龙

副主任委员　　王成淼　　潘信雄

委　员（以姓氏笔画为序排列）

王丽峰（女）杨宗芳　　邱国华

张爱春　　邵炳忠　　董金花（女）

第二次会议

预算审查委员会

主任委员　　叶玉龙

副主任委员　　王成淼　　潘信雄

委　员（以姓氏笔画为序排列）

王丽峰（女）杨宗芳　　邱国华

张爱春　　邵炳忠　　董金花（女）

第三次会议

国民经济计划和财政预算审查委员会

主任委员　　叶玉龙

副主任委员　　王成淼　　潘信雄

委　员（以姓氏笔画为序排列）

王丽峰（女）杨宗芳　　邱国华

张爱春　　邵炳忠　　董金花（女）

第四次会议

计划和预算审查委员会

主任委员　　叶玉龙

副主任委员　　王成淼　　潘信雄

委　员（以姓氏笔画为序排列）

王丽峰（女）杨宗芳　　邱国华

张爱春　　邵炳忠　　董金花（女）

第五次会议

国民经济计划和财政预算审查委员会

主任委员　　张纯浙

副主任委员　　王成淼　　潘信雄

委　员（以姓氏笔画为序排列）

王丽峰（女）朱启龙　　孙建玲（女）

杨宗芳　　张爱春　　邵炳忠

六届人大

第一次会议

计划和预算审查委员会

主任委员　　张纯浙

副主任委员　　倪松汉　　杨薇薇（女）

委　员（以姓氏笔画为序排列）

全一凡　　杨素琴（女）吴　广

吴力绚（女）张秀云（女）张胜利

张德跃　　陈伯慈　　林秀春

金龙伟　　黄家龙　　崔伟丽（女）

第二次会议

计划和预算审查委员会

主任委员 张纯浙

副主任委员 黄庆火 孙建玲（女）

委 员（以姓氏笔画为序排列）

全一凡 杨素琴（女）吴 广

吴力绚（女）张秀云（女）张胜利

张德跃 陈伯慈 林秀春

金龙伟 周方业 郑湖燕（女）

黄家龙 崔伟丽（女）

第三次会议

计划和预算审查委员会

主任委员 张纯浙

副主任委员 黄庆火 杨薇薇（女）

委 员（以姓氏笔画为序排列）

全一凡 杨素琴（女）吴 广

张秀云（女）张胜利 张德跃

陈伯慈 林秀春 金龙伟

周方业 郑显平 郑湖燕（女）

黄家龙 崔伟丽（女）

第四次会议

计划和预算审查委员会

主任委员 张纯浙

副主任委员 黄庆火 杨薇薇（女）

委 员（以姓氏笔画为序排列）

全一凡 杨素琴（女）吴 广

张秀云（女）张胜利 张德跃

陈伯慈 林秀春 金龙伟

周方业 郑显平 郑湖燕（女）

黄家龙 崔伟丽（女）

七届人大

第一次会议

计划和预算审查委员会

主任委员 陈 洁（女）

副主任委员 黄庆火

委 员（以姓氏笔画为序排列）

朱启龙 庄建华 吴晓贵

张恩贵 张德跃 陈少云

林培明（女）项晓晓（女）徐知竑

黄克敌（女）

第二次会议

计划和预算审查委员会

主任委员 林瑞荣

副主任委员 黄庆火 林秀春

委 员（以姓氏笔画为序排列）

王 炯 庄建华 朱启龙

朱建光 吴祝凡 应 真（女）

张恩贵 张德跃 陈少云

陈丽蓉（女）周 岷 郑金水

南胜国 姜扬烽 项晓晓（女）

徐向阳 徐知竑

第三次会议

计划和预算审查委员会

主任委员 林瑞荣

副主任委员 黄庆火 林秀春

委 员（以姓氏笔画为序排列）

朱启龙 庄建华 吴招程

应 真（女）周 岷 郑金水

郑湖燕（女）项晓晓（女）徐向阳

徐知竑 黄家龙 虞培清

第四次会议

计划和预算审查委员会

主任委员 林瑞荣

副主任委员　　黄庆火　　　林秀春
委　员（以姓氏笔画为序排列）
朱启龙　　　庄建华　　　吴招程
应　真（女）周　岷　　　郑金水
郑湖燕（女）项晓晓（女）徐向阳
徐知竑　　　黄家龙　　　虞培清

第五次会议

计划和预算审查委员会

主任委员　　　林瑞荣
副主任委员　　黄庆火　　　林秀春
委　员（以姓氏笔画为序排列）
王　炯　　　朱启龙　　　庄建华
应　真（女）郑湖燕（女）徐向阳
徐知竑　　　黄家龙　　　虞培清
蔡灵跃

议案审查委员会

主任委员　　　李建花（女）
副主任委员　　余冬青　　　夏永远
委　员（以姓氏笔画为序排列）
叶必庆　　　吴小霞（女）吴长麟
林秀春　　　季洪杰　　　黄庆火
麻剑玲（女）潘雪荣

八届人大

第一次会议

计划和预算审查委员会

主任委员　　　林瑞荣
副主任委员　　黄金鹏　　　林秀春
委　员（以姓氏笔画为序排列）
庄建华　　　应　真（女）孙国勇
郑湖燕（女）李秀峰（女）张维凯
郭温国　　　胡俊武　　　施文明
唐陈岳

议案审查委员会

主任委员　　　肖石龙
副主任委员　　叶必庆　　　葛成福
委　员（以姓氏笔画为序排列）
王　敏（女）朱　龙　　　吴　广
林秀春　　　金浙瓯　　　黄品寿
黄金鹏　　　谢　伟

第二次会议

计划和预算审查委员会

主任委员　　　林瑞荣
副主任委员　　黄金鹏　　　林秀春
委　员（以姓氏笔画为序排列）
孙国勇　　　庄建华　　　应　真（女）
张维凯　　　陈增斌　　　郑湖燕（女）
郭温国　　　胡俊武　　　施文明
唐陈岳

议案审查委员会

主任委员　　　肖石龙
副主任委员　　叶必庆　　　葛成福
委　员（以姓氏笔画为序排列）
王　敏（女）张　勇　　　林秀春
郑小兵　　　金浙瓯　　　柳晓忠
黄金鹏　　　谢　伟

第三次会议

计划和预算审查委员会

主任委员　　　林瑞荣
副主任委员　　黄金鹏　　　林秀春
委　员（以姓氏笔画为序排列）
孙国勇　　　庄建华　　　应　真（女）
陈增斌　　　郑乐斌　　　郑湖燕（女）
郭温国　　　胡俊武　　　唐陈岳
章　胤

议案审查委员会

主任委员　　肖石龙

副主任委员　　叶必庆　　葛成福

委　员（以姓氏笔画为序排列）

王　敏（女）张　勇　张琳玮（女）

陈金敏　周湘妤（女）林秀春

柳晓忠　黄月东　黄金鹏

谢　伟

第四次会议

计划和预算审查委员会

主任委员　　林瑞荣

副主任委员　　黄金鹏　　林宣富

委　员（以姓氏笔画为序排列）

王　沁（女）孙国勇　庄建华

应　真（女）周赛珍（女）林秀春

郑乐斌　郑湖燕（女）胡俊武

唐陈岳　郭温国　章　胤

议案审查委员会

主任委员　　肖石龙

副主任委员　　叶必庆　　葛成福

委　员（以姓氏笔画为序排列）

王　敏（女）王文君　许卫疆

张琳玮（女）陈金敏　陈康亮

林秀春　林宣富　柳晓忠

黄月东　黄金鹏　谢　伟

第五次会议

计划和预算审查委员会

主任委员　　朱启龙

副主任委员　　姜锦谷　　林宣富

委　员（以姓氏笔画为序排列）

王　沁（女）孙国勇　庄建华

应　真（女）陈胜军　周赛珍（女）

林秀春　郑湖燕（女）金浙瓯

姜益祥　唐陈岳　郭温国

议案审查委员会

主任委员　　肖石龙

副主任委员　　叶必庆　　李利法

委　员（以姓氏笔画为序排列）

王　敏（女）王文君　许卫疆

张琳玮（女）陈金敏　陈康亮

林秀春　林宣富　柳晓忠

黄月东　姜锦谷　谢　伟

第三节　大会秘书处

一届人大

第一次会议

秘书长　　叶国祥

副秘书长　　潘宝卿　董希凯　林金藩　缪师明　颜贻淦　郑洪林

第二次会议

秘书长　　潘宝卿

副秘书长　　董希凯　颜贻淦　林金藩　缪师明　郑洪林

第三次会议

秘书长　　潘教明

副秘书长　　董希凯　颜贻淦　林金藩

二届人大

第一次会议

秘书长　潘教明

副秘书长　颜贻淦　林金藩　张周杰　余岩隆

第二次会议

秘书长　潘教明

副秘书长　颜贻淦　林金藩　张周杰　余岩隆

第三次会议

秘书长　潘教明

副秘书长　颜贻淦　吴长柳　林金藩　余岩隆

三届人大

第一次会议

秘书长　潘教明

副秘书长　张宝俊　林金藩　颜贻淦　吴长柳　余岩隆　李峰道

第二次会议

秘书长　朱景祥

副秘书长　吴长柳　余岩隆　韩光中　陈伟民

第三次会议

秘书长　朱景祥

副秘书长　吴长柳　余岩隆　韩光中　陈伟民

四届人大

第一次会议

秘书长　朱景祥

副秘书长　余岩隆　韩光中　潘耀星　陈伟民

第二次会议

秘书长　陆春兰（女）

副秘书长　余岩隆　韩光中　潘耀星　陈伟民　吴　伟

第三次会议

秘书长　陆春兰（女）

副秘书长　余岩隆　韩光中　潘耀星　唐晨曦　吴　伟

第四次会议

秘书长　陆春兰（女）

副秘书长　余岩隆　韩光中　潘耀星　唐晨曦　吴　伟　曹抗美（女）

第五次会议

秘书长　陆春兰（女）

副秘书长　余岩隆　韩光中　潘耀星　唐晨曦　吴　伟　曹抗美（女）　金凌志

五届人大

第一次会议

秘书长　王一曼（女）

副秘书长　唐晨曦　徐宏真

潘耀星　吴　伟
曹抗美（女）

第二次会议

秘书长　王一曼（女）
副秘书长　吴　伟　徐宏真
潘耀星　何永旺
曹抗美（女）

第三次会议

秘书长　王一曼（女）
副秘书长　吴　伟　徐宏真
潘耀星　何永旺
曹抗美（女）

第四次会议

秘书长　王一曼（女）
副秘书长　吴　伟　徐宏真
徐　强　何永旺
曹抗美（女）

第五次会议

秘书长　王一曼（女）
副秘书长　吴　伟　徐宏真
徐　强　何永旺

六届人大

第一次会议

秘书长　王一曼（女）
副秘书长　吴　伟　徐宏真
徐　强　何永旺
余冬青　吴小霞（女）

第二次会议

秘书长　王一曼（女）
副秘书长　余冬青　徐宏真
徐　强　吴小霞（女）

第三次会议

秘书长　王一曼（女）
副秘书长　余冬青　徐宏真
徐　强　吴小霞（女）

第四次会议

秘书长　李建花（女）
副秘书长　余冬青　吕朝晖
徐　强　夏永远

七届人大

第一次会议

秘书长　李建花（女）
副秘书长　余冬青　吕朝晖
董金花（女）周小乐

第二次会议

秘书长　李建花（女）
副秘书长　胡海峰　余冬青
吕朝晖　董金花（女）
陈世尧

第三次会议

秘书长　项旭光
副秘书长　胡海峰　余冬青
卢智旭　董金花（女）
陈世尧

第四次会议

秘书长　项旭光
副秘书长　胡海峰　余冬青
胡明亮　夏理勇
潘一凡

第五次会议

秘书长　　项旭光
副秘书长　胡海峰　余冬青
　　　　　胡明亮　夏理勇
　　　　　潘一凡

八届人大

第一次会议

秘书长　　项旭光
副秘书长　夏理勇　叶必庆
　　　　　苏爱光　林建华
　　　　　陈建光

第二次会议

秘书长　　项旭光
副秘书长　夏理勇　叶必庆
　　　　　苏爱光　林建华
　　　　　陈建光

第三次会议

秘书长　　项旭光
副秘书长　夏理勇　叶必庆　苏爱光　林建华　金龙伟

第四次会议

秘书长　　项旭光
副秘书长　夏理勇　叶必庆
　　　　　苏爱光　林建华
　　　　　金龙伟

第五次会议

秘书长　　项旭光
副秘书长　夏理勇　叶必庆
　　　　　吴祝凡　林建华
　　　　　金龙伟

第四节　各代表团团长、副团长名单

一届人大

第一次会议

第一代表团
　团　长　徐象畴
　副团长　黄文明　黄献康　吴家桃
第二代表团
　团　长　吕宗泽
　副团长　潘志林
第三代表团
　团　长　金国良
　副团长　姜经周　解永明
第四代表团
　团　长　李炳荣
　副团长　虞志芬　谢仙道
第五代表团
　团　长　袁励生
　副团长　周兴邦　吴和顺　林仰辉
第六代表团
　团　长　曾爱兰（女）
　副团长　任国兰（女）潘佑虎
第七代表团
　团　长　姚皓中
　副团长　谢成杰　徐贤哉
第八代表团
　团　长　殷奕同
　副团长　王务迪　管希雄
第九代表团
　团　长　王忠眉
　副团长　徐维治

第二次会议

第一代表团
团　长　　徐象畴
副团长　　黄文明　黄献康　吴家桃
第二代表团
团　长　　张锦荣
副团长　　潘志林　吕宗泽
第三代表团
团　长　　金国良
副团长　　谢仙道　姜经周　解永明
第四代表团
团　长　　虞志芬
副团长　　李炳荣
第五代表团
团　长　　瞿寿连
副团长　　李梅龙　仰洪元
第六代表团
团　长　　吴林翠
副团长　　袁励生　周兴邦　吴和顺
第七代表团
团　长　　曾爱兰（女）
副团长　　任国兰（女）潘佑虎
第八代表团
团　长　　姚皓中
副团长　　谢成杰　徐贤哉
第九代表团
团　长　　殷奕同
副团长　　王务迪　管希雄
第十代表团
团　长　　王忠眉
副团长　　管嗣录　徐维治

第三次会议

第一代表团
团　长　　黄文明
副团长　　吕宗泽　徐象畴　吴家桃
第二代表团
团　长　　谢仙道
副团长　　解永明　潘志林　姜经周
第三代表团
团　长　　虞志芬
副团长　　李炳荣　黄献康
第四代表团
团　长　　管嗣录
副团长　　徐维治　黄寿连
第五代表团
团　长　　吴林翠
副团长　　袁励生　史美斌　林仰辉
第六代表团
团　长　　曾爱兰（女）
副团长　　任国兰（女）潘佑虎
第七代表团
团　长　　姚皓中
副团长　　谢成杰　徐贤哉
第八代表团
团　长　　殷奕同
副团长　　王务迪　管希雄

二届人大

第一次会议

第一代表团
团　长　　李梅龙
副团长　　李天猷　林瑞松
第二代表团
团　长　　吕宗泽
副团长　　黄文明
第三代表团
团　长　　解永明
副团长　　陈永龙
第四代表团
团　长　　虞志芬
副团长　　李炳荣

第五代表团

团　长　　李邦云

副团长　　管嗣录

第六代表团

团　长　　李发鸿

副团长　　李声涛

第二次会议

第一代表团

团　长　　李梅龙

副团长　　李天猷

第二代表团

团　长　　吕宗泽

副团长　　黄文明

第三代表团

团　长　　解永明

副团长　　陈永龙

第四代表团

团　长　　虞志芬

副团长　　李炳荣

第五代表团

团　长　　李邦云

副团长　　管嗣录

第六代表团

团　长　　李发鸿

副团长　　李声涛

第三次会议

第一代表团

团　长　　李梅龙

副团长　　李天猷

第二代表团

团　长　　吕宗泽

副团长　　黄文明　陈永龙

第三代表团

团　长　　解永明

副团长　　单克胜

第四代表团

团　长　　虞志芬

副团长　　李炳荣

第五代表团

团　长　　李邦云

副团长　　管嗣录

第六代表团

团　长　　李发鸿

副团长　　李声涛

三届人大

第一次会议

第一代表团

团　长　　李梅龙

副团长　　李有苗　李文松

第二代表团

团　长　　吕宗泽

副团长　　黄文明　王美丽（女）　金德吉

第三代表团

团　长　　解永明

副团长　　郑道钟　臧璇璇（女）　彭淑芬（女）

第四代表团

团　长　　黄献康

副团长　　韩启宇　陈松樵　胡剑谨（女）

第五代表团

团　长　　王扬武

副团长　　刘发鸿　邵友奋　应子才

第六代表团

团　长　　许本贵

副团长　　徐正惠　管人财

第二次会议

第一代表团
团　长　　李梅龙
副团长　　李文松
第二代表团
团　长　　朱茂盛
副团长　　臧璇璇（女）
第三代表团
团　长　　解永明
副团长　　彭淑芬（女）王美丽（女）
　　　　　张志远
第四代表团
团　长　　黄献康
副团长　　黄文明
第五代表团
团　长　　王扬武
副团长　　王金勋 吴方中
第六代表团
团　长　　许本贵
副团长　　徐正惠　王功满

第三次会议

第一代表团
团　长　　王臣明
副团长　　李文松　李有苗
第二代表团
团　长　　张维仁
副团长　　黄克敌（女）
第三代表团
团　长　　解永明
副团长　　王美丽（女）
第四代表团
团　长　　黄献康
副团长　　黄文明
第五代表团
团　长　　裘智慧
副团长　　陈建成
第六代表团
团　长　　许本贵
副团长　　徐正惠

四届人大

第一次会议

第一代表团
团　长　　林清渭
副团长　　王群超
第二代表团
团　长　　吴一新
副团长　　臧璇璇（女）
第三代表团
团　长　　单克胜
副团长　　王国丰
第四代表团
团　长　　吕宗泽
副团长　　郑道钟
第五代表团
团　长　　陈权华
副团长　　黄卫锋
第六代表团
团　长　　王功满
副团长　　王锦锭

第二次会议

第一代表团
团　长　　林清渭
副团长　　王群超
第二代表团
团　长　　吴一新
副团长　　臧璇璇（女）
第三代表团
团　长　　单克胜
副团长　　陈国琴（女）

第四代表团
团　长　　吕宗泽
副团长　　周华新
第五代表团
团　长　　曾洪生
副团长　　李建唐
第六代表团
团　长　　王功满
副团长　　陈权华

第三次会议

第一代表团
团　长　　林清渭
副团长　　王群超
第二代表团
团　长　　臧璇璇（女）
副团长　　陈国琴（女）
第三代表团
团　长　　单克胜
副团长　　邱国华
第四代表团
团　长　　吕宗泽
副团长　　周华新
第五代表团
团　长　　陈敬南
副团长　　李建唐
第六代表团
团　长　　王功满
副团长　　陈权华

第四次会议

第一代表团
团　长　　王群超
副团长　　杨文升
第二代表团
团　长　　臧璇璇（女）
副团长　　陈国琴（女）
第三代表团
团　长　　单克胜
副团长　　邱国华
第四代表团
团　长　　林清渭
副团长　　周华新
第五代表团
团　长　　陈敬南
副团长　　李建唐
第六代表团
团　长　　陈权华
副团长　　许本贵

第五次会议

第一代表团
团　长　　王群超
副团长　　杨文升
第二代表团
团　长　　陈国琴（女）
副团长　　陈伯勋
第三代表团
团　长　　邱国华
副团长　　黄克敌
第四代表团
团　长　　林清渭
副团长　　周华新
第五代表团
团　长　　陈敬南
副团长　　李建唐
第六代表团
团　长　　陈权华
副团长　　许本贵

五届人大

第一次会议

第一代表团
团　长　王群超
副团长　蔡文云
第二代表团
团　长　林道珍
副团长　陈国琴（女）
第三代表团
团　长　邱国华
副团长　谢榕芳（女）
第四代表团
团　长　黄献康
副团长　林清渭
第五代表团
团　长　甘留尧
副团长　季则宁
第六代表团
团　长　苑卫平
副团长　戴吉林

第二次会议

第一代表团
团　长　蔡文云
副团长　董金花（女）
第二代表团
团　长　林道珍
副团长　陈国琴（女）
第三代表团
团　长　邱国华
副团长　谢榕芳（女）
第四代表团
团　长　林清谓
副团长　郑显平
第五代表团
团　长　甘留尧
副团长　周道义
第六代表团
团　长　苑卫平
副团长　戴吉林

第三次会议

第一代表团
团　长　蔡文云
副团长　董金花（女）
第二代表团
团　长　林道珍
副团长　陈国琴（女）
第三代表团
团　长　邱国华
副团长　谢榕芳（女）
第四代表团
团　长　林清谓
副团长　郑显平
第五代表团
团　长　周道义
副团长　甘留尧
第六代表团
团　长　马国民
副团长　戴吉林

第四次会议

第一代表团
团　长　蔡文云
副团长　董金花（女）
第二代表团
团　长　林道珍
副团长　陈国琴（女）
第三代表团
团　长　谢榕芳（女）
副团长　陆大乐（女）
第四代表团
团　长　林清渭

副团长　　郑显平
第五代表团
团　长　　周道义
副团长　　甘留尧
第六代表团
团　长　　苑卫平
副团长　　戴吉林

第五次会议

第一代表团
团　长　　林道珍
副团长　　林世南
第二代表团
团　长　　倪松汉
副团长　　陆大乐（女）
第三代表团
团　长　　郑显平
副团长　　陈国琴（女）
第四代表团
团　长　　庄官芳
副团长　　戴吉林
第五代表团
团　长　　周道义
副团长　　甘留尧

六届人大

第一次会议

第一代表团
团　长　　张国华
副团长　　李　慧
第二代表团
团　长　　吴晓贵
副团长　　陈卫蓉（女）
第三代表团
团　长　　林世南
副团长　　林秀春
第四代表团
团　长　　许　国
副团长　　诸葛继先
第五代表团
团　长　　郑显平
副团长　　吴柏松
第六代表团
团　长　　陈虎啸
副团长　　张秀云（女）
第七代表团
团　长　　张维忠
副团长　　吴力绚（女）
第八代表团
团　长　　卜红升
副团长　　金新友

第二次会议

第一代表团
团　长　　邱向真（女）
副团长　　李　慧
第二代表团
团　长　　林世南
副团长　　吴国兴
第三代表团
团　长　　张国华
副团长　　张秀云（女）
第四代表团
团　长　　许　国
副团长　　诸葛继先
第五代表团
团　长　　郑显平
副团长　　吴柏松
第六代表团
团　长　　陈虎啸
副团长　　林秀春
第七代表团
团　长　　张维忠

副团长　　吴力绚（女）
第八代表团
团　长　　卜红升
副团长　　金新友

第三次会议

第一代表团
团　长　　邱向真（女）
副团长　　马耀林
第二代表团
团　长　　林世南
副团长　　吴国兴
第三代表团
团　长　　张秀云（女）
副团长　　余国仁
第四代表团
团　长　　许　国
副团长　　潘一凡
第五代表团
团　长　　郑显平
副团长　　吴柏松
第六代表团
团　长　　陈虎啸
副团长　　林秀春
第七代表团
团　长　　张维忠
副团长　　张德跃
第八代表团
团　长　　卜红升
副团长　　金新友

第四次会议

第一代表团
团　长　　邱向真（女）
副团长　　李　慧
第二代表团
团　长　　许　国
副团长　　吴国兴
第三代表团
团　长　　张秀云（女）
副团长　　余国仁
第四代表团
团　长　　伍和昆
副团长　　潘一凡
第五代表团
团　长　　郑显平
副团长　　吴柏松
第六代表团
团　长　　吴力绚（女）
副团长　　陈虎啸
第七代表团
团　长　　张维忠
副团长　　周云秋
第八代表团
团　长　　卜红升
副团长　　金新友

七届人大

第一次会议

第一代表团
团　长　　郑金水
副团长　　吴　昊　夏基山
第二代表团
团　长　　徐一峰
副团长　　王秀娟（女）季洪杰
第三代表团
团　长　　罗静方
副团长　　余国仁　林鸿康
第四代表团
团　长　　陈国光
副团长　　潘一凡　戴迪聪（女）
第五代表团
团　长　　杜玉海

副团长　　伍和昆　赵有国
第六代表团
团　长　　吴力绚（女）
副团长　　黄金鹏　季银河
第七代表团
团　长　　卢更生
副团长　　柳晓忠　陈丽蓉（女）
第八代表团
团　长　　翁益华
副团长　　姜扬烽　姜小蓉（女）
第九代表团
团　长　　陈胜军
副团长　　吴祝凡　朱建光

第二次会议

第一代表团
团　长　　郑金水
副团长　　夏基山　林培明（女）
第二代表团
团　长　　徐一峰
副团长　　王秀娟（女）吴晓贵
季洪杰
第三代表团
团　长　　罗静方
副团长　　徐定光　王　炯　林鸿康
第四代表团
团　长　　潘一凡
副团长　　虞立清　戴迪聪（女）
第五代表团
团　长　　潘　勇
副团长　　伍和昆　赵有国
第六代表团
团　长　　黄金鹏
副团长　　季银河　徐向阳
第七代表团
团　长　　卢更生
副团长　　柳晓忠　叶显华
陈丽蓉（女）
第八代表团
团　长　　姜扬烽
副团长　　潘多仁　姜小蓉（女）
第九代表团
团　长　　陈胜军
副团长　　潘雪荣　吴祝凡　朱建光

第三次会议

第一代表团
团　长　　郑金水
副团长　　夏基山　林培明（女）
第二代表团
团　长　　徐一峰
副团长　　王秀娟（女）吴晓贵
季洪杰
第三代表团
团　长　　罗静方
副团长　　徐定光　王　炯　林鸿康
第四代表团
团　长　　潘一凡
副团长　　虞立清　戴迪聪（女）
第五代表团
团　长　　潘　勇
副团长　　伍和昆　赵有国
第六代表团
团　长　　黄金鹏
副团长　　张德跃　季银河
第七代表团
团　长　　卢更生
副团长　　柳晓忠　叶显华
陈丽蓉（女）
第八代表团
团　长　　姜扬烽
副团长　　鲍成发　潘多仁
姜小蓉（女）

第九代表团
团　长　陈胜军
副团长　朱建光　潘雪荣　吴祝凡

第四次会议

第一代表团
团　长　郑金水
副团长　林培明（女）
第二代表团
团　长　陈胜军
副团长　吴晓贵　季洪杰
第三代表团
团　长　罗静方
副团长　朱建光　吴楚汉
第四代表团
团　长　虞立清
副团长　戴迪聪（女）
第五代表团
团　长　潘　勇
副团长　项晓晓（女）
第六代表团
团　长　黄金鹏
副团长　张德跃
第七代表团
团　长　陈丽蓉（女）
副团长　柳晓忠
第八代表团
团　长　鲍成发
副团长　林一俭　姜小蓉（女）
第九代表团
团　长　周　岷
副团长　吴祝凡　潘雪荣　肖胜利

第五次会议

第一代表团　五马
团　长　郑金水
副团长　林培明（女）
第二代表团　黎明、绣山、蒲鞋市
团　长　陈胜军
副团长　季洪杰
第三代表团　江滨、洪殿
团　长　吴晓贵
副团长　朱建光　吴楚汉
第四代表团　广化、南浦
团　长　潘一凡
副团长　谢　伟
第五代表团　南门、水心
团　长　项晓晓（女）
副团长　李逸萱（女）
第六代表团　莲池、黄龙
团　长　黄金鹏
副团长　张德跃
第七代表团　岙底、双屿、南郊
团　长　陈丽蓉（女）
副团长　柳晓忠
第八代表团　藤桥、上戍、七都
团　长　姜扬烽
副团长　林一俭　姜小蓉（女）
第九代表团　仰义、临江、双潮
团　长　周　岷
副团长　吴祝凡　潘雪荣

八届人大

第一次会议

第一代表团
团　长　吴晓贵
副团长　金浙瓯　张维凯
第二代表团
团　长　周　岷
副团长　邹安宁　陈　辉
第三代表团
团　长　徐一峰
副团长　叶晓挺　施文明

第四代表团
团　长　　项晓晓（女）
副团长　　王　敏（女）吴雷雨
第五代表团
团　长　　邱向真（女）
副团长　　诸葛要武（女）胡俊武
第六代表团
团　长　　周基斌
副团长　　洪　静（女）叶浪克
第七代表团
团　长　　卢更生
副团长　　李　跃　朱建光
第八代表团
团　长　　贾志文
副团长　　姜定波　李秀峰（女）

第二次会议

第一代表团
团　长　　吴晓贵
副团长　　金浙瓯　张维凯

第二代表团
团　长　　周　岷
副团长　　邹安宁　陈　辉
第三代表团
团　长　　邱向真（女）
副团长　　叶晓挺　施文明
第四代表团
团　长　　项晓晓（女）
副团长　　王　敏（女）吴雷雨
第五代表团
团　长　　诸葛要武（女）
副团长　　胡俊武　谷建龙
第六代表团
团　长　　周基斌
副团长　　洪　静（女）叶浪克
第七代表团
团　长　　卢更生
副团长　　李　跃　朱建光
第八代表团
团　长　　贾志文
副团长　　徐一峰　杨建华

第三次会议

第一代表团
团　长　　张维凯
副团长　　郑乐斌
第二代表团
团　长　　周　岷
副团长　　邹安宁
第三代表团
团　长　　邱向真（女）
副团长　　叶晓挺　章　胤
第四代表团
团　长　　项晓晓（女）
副团长　　王　敏（女）陈翔俊
第五代表团
团　长　　陈胜军
副团长　　诸葛要武（女）胡俊武
第六代表团
团　长　　周基斌
副团长　　洪　静（女）叶浪克
第七代表团
团　长　　卢更生
副团长　　李　跃　朱建光
第八代表团
团　长　　贾志文
副团长　　张琳玮（女）叶恒坚

第四次会议

第一代表团
团　长　　张维凯
副团长　　许卫疆　郑乐斌

第二代表团
　团　长　　周　岷
　副团长　　邹安宁　金浙瓯
第三代表团
　团　长　　邱向真（女）
　副团长　　叶晓挺　章　胤
第四代表团
　团　长　　项晓晓（女）
　副团长　　王　敏（女）陈翔俊
第五代表团
　团　长　　陈胜军
　副团长　　诸葛要武（女）胡俊武
第六代表团
　团　长　　周基斌
　副团长　　王文君　林仕德
第七代表团
　团　长　　朱建光
　副团长　　李　跃　安建光
第八代表团
　团　长　　贾志文
　副团长　　张琳玮（女）叶恒坚

第五次会议

山福代表团
　团　长　　金浙瓯
　副团长　　黄建双
藤桥代表团
　团　长　　潘一凡
　副团长　　许卫疆
仰义代表团
　团　长　　周　岷
　副团长　　吴荣华
丰门代表团
　团　长　　张维凯
　副团长　　叶晓挺
双屿代表团
　团　长　　姜益祥
　副团长　　韦龙成
广化代表团
　团　长　　陈　辉
　副团长　　李嘉昌
松台代表团
　团　长　　陈月玲（女）
　副团长　　王　敏（女）
大南代表团
　团　长　　张香梅（女）
　副团长　　林建勇
五马代表团
　团　长　　陈胜军
　副团长　　诸葛要武（女）
南郊代表团
　团　长　　林仕德
　副团长　　王文君
南汇代表团
　团　长　　周基斌
　副团长　　周金清
蒲鞋市代表团
　团　长　　胡俊武
　副团长　　邹安宁
滨江代表团
　团　长　　王　炯
　副团长　　苏士永
七都代表团
　团　长　　贾志文
　副团长　　张琳玮（女）叶恒坚

第六章　大会其他重要事项

第一节　区委书记讲话

在城区一届人大一次会议开幕式上，城区区委书记邵锡水宣布温州市城区一届人大一次会议开幕，并在会议上讲话。他指出，要继续坚定不移地贯彻中共十二大和全国六届人大会议精神，以经济建设为中心，坚持物质文明和社会主义精神文明一起抓，进一步解放思想，大胆改革，发扬开拓、拼搏的精神，艰苦奋斗，扎实工作，使全区的各项工作有一个更大的进展。会议的主要议题有七项：听取和审议何包根同志所作的城区人民政府工作报告；审查批准城区 1984 年财政工作的报告；听取和审议城区人民法院和城区人民检察院的工作报告，以及选举工作报告；选举城区人民代表大会常务委员会组成人员；决定城区区长、副区长的人选；选举城区人民法院院长和城区人民检察院检察长；通过各项决议和关于议案的审查报告。他指出，一定要充分发扬民主，解放思想，实事求是，畅所欲言，各抒己见，献计献策，对全区四化建设中的重大问题和各方面工作，积极提出意见和建议，充分地行使人民代表当家做主、管理国家大事的权力，使会议作出的各项决定充分体现人民群众的意愿。

在鹿城区一届人大三次会议闭幕式上，区委书记王思爱讲话。他指出，区一届人大三次会议历时五天，圆满完成了各项议程。在会议上，代表们充分行使了人民当家做主的权利，听取并审议了区人大常委会以及“一府两院”的工作报告，对于如何进一步做好全区的各项工作，提出许多宝贵意见和建议，对工作中的不足之处和失误，诚恳地提出批评，共商建设鹿城、振兴温州的大计，并依法行使了人民代表大会的各项职权。1985 年是“七五”计划的第一年，工作的指导思想，是要围绕经济建设这个中心，以精神文明建设为重点，坚持两个文明建设一起抓。区人大常委会要进一步加强同代表的联系，切实尊重代表的民主权利，充分发挥代表的作用，健全代表小组组织，指导代表小组开展活动。区人大常委会要主动向区委请示汇报工作，要和“一府两院”的同志多通气，多商量，加强联系。在新的历史时期，人大工作是大有可为的，重任在肩，要振奋精神，尽职尽力，为加强社会主义民主和法制建设，为四化大业，贡献自己的力量。

在区七届人大四次会议闭幕式上，区委书记余梅生讲话。他指出，区七届人大第四次会议，圆满完成了各项议程。会议期间，各位代表认真履行职责，积极建言献策，共商发展大计，充分展示了新时期人大代表的风采。会议审议通过的各项报告、计划，明确了 2009 年全区的奋斗目标、主要任务和工作举措，充分体现和代表了全区人民的统一意志和根本利益。会议还顺利补选了区人民政府区长、法院院长和三位人大常委。他指出，面对 2009 年的目标，各位代表要在团结和带领广大群众贯彻落实区委全会和“两会”

精神方面发挥重要作用，为开创鹿城科学发展新局面贡献智慧和力量。就如何抓好会议精神的落实，他强调，狠抓落实，必须提振信心，全体代表务必要认清形势，增强信心，提振精神，更关键的是，要把这种信心和精神传递到社会的方方面面；狠抓落实，必须突出重点，围绕加快经济转型升级，实施好产业提升工程，围绕增强发展动力活力，实施好改革创优工程，围绕城乡统筹协调发展，实施好城乡互融工程，围绕解决群众热点问题，实施好民主普惠工程，围绕促进稳定和谐，实施好平安建设工程；狠抓落实，必须同心合力，各位代表要以自己的榜样作用、带头作用、人格魅力和高尚品格感召群众、启迪群众、带动群众，共同开创鹿城科学发张新局面；狠抓落实，必须真抓实干，全区各级组织和广大干部，必须从现在做起，从自己做起，拿出矢志不渝的恒心、坚韧不拔的毅力、真抓实干的作风，扎实开展各项工作，确保既定目标圆满完成。要以这次大会为新的起点，团结一致、锐意进取，奋力拼搏，以更加饱满的热情、更加旺盛的干劲、更加扎实的作风，全力推动鹿城经济社会平稳较快发展，共同创造鹿城更加幸福美好的明天。

在区七届人大五次会议闭幕式上，区委书记余梅生讲话。他指出区七届人大五次会议圆满完成了各项议程。会议期间，全体代表以高度的政治责任感和主人翁精神，认真履行职责，共商发展大计。会议审议批准的各项报告，通过的各项决议，提出的议案建议，凝聚了全体代表的真知灼见，体现了全区人民的共同意志。会议顺利补选了一名区人大常委会副主任和区检察院检察长。他指出，区委七届十一次全会，描绘了“十二五”发展蓝图，并对 2011 年全区的经济转型、城市转型、社会转型、城乡统筹、改革创新、中共建设等重点工作做了全面部署。这次人代会又对如何实现这些工作目标进行了深化、细化。接下去，只有抓好落实，才能把决策变成实践，把任务变成行动，把美好蓝图变成实际成效。就如何落实会议精神，他强调：开好局、起好步，必须解放思想、振奋精神；开好局、起好步，必须把握关键、突出重点；开好局、起好步，必须强化责任、善作善成；开好局、起好步，必须深化改革、增强动力；开好局、起好步，必须同心同德、合力合拍。

在区八届人大一次会议闭幕式上，区委书记王立彤讲话。他指出，区八届人大一次会议，在全体代表和与会同志的共同努力下，圆满完成了各项议程。会议审议和批准了区人民政府、区人大常委会、区人民法院、区人民检察院的工作报告以及其他各项决议，选举产生了新一届区人大常委会班子、区政府班子和区法院院长、区检察院检察长。会议期间，全体代表切实履行宪法和法律赋予的职责，积极建言献策，反映社情民意，共商发展大计。他指出，刚刚闭幕不久的区第八次党代会，确定了“创首善之区、建幸福鹿城”的总目标，“三四五”总战略和“五美五好”支撑载体。以这次会议的胜利闭幕为标志，全区换届工作已全部结束，要把“抓落实、办实事、求实效”作为明年各项工作主线，充分发挥人大的优势，凝聚各方智慧和力量，形成推进转型发展、奋力进位赶超的强大动力，朝着“创首善之区、建幸福鹿城”目标前进。他强调，要思变思进，担当重任；要尽职尽责，主动作为；要群策群力，推动转型；要同心同德，共促和谐。在今后的工作中，区委将把发挥党委的领导核心作用与支持和保证人大依法履行职能统一起来，共同营造依法履职、公正高效、和谐稳定的环境。

在区八届人大五次会议闭幕式上，区委书记陈浩致闭幕词。他指出，过去的2015年，区委带领全区人民，认真贯彻落实中央和省、市委的决策部署，积极直面发展困难和挑战，一手抓机制创新、激发干部动力，一手抓破难攻坚、扫除发展障碍，打好转型升级组合拳，扎实推进各项工作，经济发展实现了从远低全国速度到超过全国速度的大逆转，各项事业发展出现了可喜的变化，鹿城在外形象也实现了大提升，为“十三五”发展开好局、起好步打下了坚实基础。在这个过程中，区人大常委会和各位代表始终围绕中心、服务大局，在审议决定重大事项、有效加强监督、推进依法治区、关注社会民生、发挥代表作用等方面，做了大量卓有成效的工作，为全区经济社会发展和民主政治建设做出了重要贡献。他指出，“十三五”的大幕已经拉开，省市委已经全面吹响了“以标杆姿态进入全面小康”的号角。年前召开的区委八届十次全会，科学谋划了以“五大城区”建设为支撑，打造迈入全面小康社会示范城区的“十三五”发展新蓝图，明确了2016年的奋斗目标和主要任务，这次大会又对这些目标任务进行了制度化、具体化。面对新的目标任务要求，要深入学习贯彻区委全会和本次人代会精神，认真履职，再立新功。他强调，要紧扣中心工作，努力提升服务发展实效；强化依法监督，努力推动各项工作落实；关注社会民生，努力维护和谐发展局面；凝聚各方合力，努力提升人大工作水平。

第二节　区人大常委会主任讲话

在城区一届人大一次会议闭幕式上，城区人大常委会主任谷锦麟讲话。他指出，温州市城区一届人民代表大会一次会议，经过全体代表和与会同志共同努力下的圆满地完成了预定的各项议程。这次会议，审议了何包根同志所作的政府工作报告，审查了财政工作报告，审议了城区人民法院和城区人民检察院的工作报告，并通过了相应的决议。会议选举产生了城区第一届人民代表大会常务委员会主任、副主任和委员，决定了城区人民政府区长、副区长，选举了城区人民法院院长和城区人民检察院检察长。他指出，温州市被列为沿海开放城市之一，这对新建立的城区人民代表大会常务委员会和城区人民政府的工作提出了更高的要求。作为地方国家权力机关的城区人民代表大会和它的常务委员会，将按宪法的规定，定期召开人代会，并加强同代表和广大群众的联系，忠诚地履行自己的职责。作为城区人民代表大会执行机关的城区人民政府，应当肩负起全区人民的重托，在广泛民主的基础上，实行集中统一的领导，努力做到团结、坚强、廉洁、效能，兢兢业业地工作，千方百计地把温州市区的城市管理工作搞好，把精神文明建设搞好，把城区的经济继续推向前进，努力把全区建设成为政治安定、经济繁荣、精神文明、环境优美的新城区。

在区二届人大第一次会议开幕式上，区人大常委会主任谷锦麟致开幕词。他指出，从区一届人大一次会议闭会三年来，由于全区人民的共同努力，各方面的工作都有了重大的进展。区街乡镇工业、农村经济和个体经济蓬勃发展，人民生活有了一定程度的改善；社会主义民主和法制得到加强；安定团结的政治局面进一步巩固。区第一届人民代表大会已经圆满地完成了历史赋予的光荣使命。他指出，这次会议，要坚持四项基本原则，坚持改革、开放、搞活方针，回顾、总结过去三年的工作，贯彻执行六届全国人大五次会议和省、市六届人大五次会议提出的任务。会议将审查和批准区政府关于1987年国民经济和社会发展计划草案的报告；审查和批准区政府关于1986年决算、1987年预算草案的报告；听取和审查区一届人大常委会工作报告；听取和审查区政府和区人民法院、检察院的工作报告。这次会议还有一个重要议程，就是选举区二届人大常委会组成人员，选举区政府和区人民法院、检察院的领导人。开好这次会议，对于加强鹿城区政权建设，发展社会主义民主，健全社会主义法制，维护社会安定团结的政治局面，深化改革、开放，推进社会主义物质文明和精神文明建设，必将起到重大作用。

在区五届人大三次会议闭幕式上，区人大常委会主任章新民讲话。他指出，区五届人大三次会议在全体代表和与会同志的共同努力下，圆满完成了各项议程。会议期间，代表们本着对人民高度负责的态度，以当家做主管理国家事务的主人翁姿态，认真行使宪法和法律赋予的职权，审查和批准了各项工作报告，确定了全区2000年的各项工作任务和发展目标。在审议时，大家思想活跃、发言积极、联系实践、实事求是、各抒己见、畅所欲言，对加强和推进全区两个文明建设提出了许多有益的意见和建议。会后，要进一步贯彻全区人大工作会议精神，充分发挥人大在依法治区中的主导作用。要继续督促"一府两院"抓好"三五"普法宣传教育工作，增强人大干部群众的法律意识和学法、懂法、用法的自觉性，为现代化建设提供良好的法制环境。要把监督工作放在更加突出的位置，围绕全区经济、社会发展中事关全局的重大问题和人民群众普遍关心的热点问题，开展法律监督和工作监督，积极探索各种有效监督形式。强化监督手段，切实提高监督实效。要进一步做好人大工作，完成五届人大三次会议通过的各项法定任务，必须把自觉坚持中共领导，充分发扬民主、严格依法办事统一起来，把中共主张通过法律形式成为国家意志，保证中共基本路线方针的贯彻和中共领导核心作用；必须充分发挥国家权力机关的职能作用，把对"一府两院"的监督和支持有机地结合起来，通过监督，更好地支持和促进"一府两院"依法行政、公正司法；必须进一步密切与人民群众的联系，深入了解民情，充分反映民意，广泛集中民智并自觉接受人民监督；必须进一步加强区人大及其常委会的自身建设，提高工作水平。

在区六届人大四次会议闭幕式上，区人大常委会主任章新民讲话。他指出，区六届人大四次会议顺利完成了各项议程。会议坚持以邓小平理论和"三个代表"重要思想为指导，坚持以科学发展观为统领，深入贯彻中共十六大和十六届三中、四中、五中全会精神，认真落实区委六届七次全会的部署，充分发扬民主，严格依法办事，开得圆满成功。会议听取和审查批准了温州市鹿城区国民经济和社会发展第十一个五年规划纲要（草案）和各项工作报告，审查批准了2006年国民经济和社会发展计划及预算，为2006年乃至今后五年的发展谋划了蓝图，明确了方向。会议还补选了鹿城区人民政府区长。会议期间，各位代表不负全区人民的重托，以饱满的政治热情和强烈的使命感，认真履行宪法和法律赋予的职责，紧紧围绕改革发展稳定大局，畅所欲言、共商大计，提出了许多建设性的意见和建议，形成了加快发展的广泛共识，使会议批准的"十一五"规划纲要和各项工作报告，集中体现了全区人民的意志，提出的意见和建议，反映了全区人民的愿望和要求。这次大会，是承前启后、继往开来的会议，是把省、市委的重大决策部署与鹿城实际紧密结合起来的会议，是通过法定程序把中共意志转变为国家意志，动员全区人民奔向美好未来的会议。要同全区人民一道，在中共鹿城区委的正确领导下，按照科学发展观与构建和谐社会的要求，同心同德、与时俱进、开拓创新，为把鹿城改革开放和社会主义现代化建设事业推向前进而努力奋斗。

在区七届人大第一次会议闭幕式上，区人大常委会主任吴海燕讲话。她指出，区六届人大一次会议以来的四年，是全区改革开放不断深化、经济综合实力较快增长、社会事业全面发展、民主法制建设扎实推进的四年。在中共鹿城区委的领导下，区六届人大常委会和六届人大全体代表，认真贯彻中共十六大和十六届四中、五中、六中全会精神，按照科学发展观和构建社会主义和谐社会的要求，在各自岗位上恪尽职守，勤奋工作，为发展全区人大事业做出了积极贡献，也为新一届区人大常委会开展工作打下了坚实的基础，创造了良好的条件。她指出，区七届人大一次会议，顺利完成各项议程。这次大会，坚持以邓小平理论、“三个代表”重要思想为指导，充分发扬民主，严格依法办事，审议批准了一系列重要的工作报告，选举产生了新一届区人大常委会，区人民政府领导集体，区人民法院、区人民检察院领导人以及鹿城区出席温州市十一届人民代表大会代表。她指出今年实施的监督法，第一次将人大常委会长期履行监督职责的实践经验提高到法律的层面，纳入法制的轨道。必须坚持解放思想、勇闯新路。既要注意防止朝令夕改的陋习，又要努力弘扬与时俱进的精神，按照承前启后、不断实践、不断提升的要求，适时完善思路，健全配套措施，增强工作的创造性、坚韧性和可操作性；既要注意继承和吸纳前人成功的实践经验，又要紧跟时代的潮流不断地开拓创新。必须坚持以经济建设为中心，把构建社会主义和谐社会摆在更加突出的地位，按照民主法治、公平正义、诚信友善、充满活力、安定有序、人与自然和谐相处的要求，以解决人民群众最关心、最直接、最现实的利益问题为重点，着力处理好发展与民生、好与快、经济与环境、当前与长远四个方面的关系，不断促进社会发展，全面建设和谐鹿城。必须把“一切为了群众、一切依靠群众”作为所有工作的出发点和落脚点，对任何工作，都要自觉坚持把最广大群众的利益放在第一位，努力使自己成为一方百姓的主心骨和好公仆。

在区七届人大第二次会议闭幕式上，区人大常委会主任吴海燕讲话。她指出，区七届人大二次会议，在全体代表和与会同志的共同努力下，圆满完成了各项议程。这次大会，是一次求真务实、开拓创新的大会，是一次承前启后、继往开来的大会，也是一次动员全区人民向全面建设小康社会宏伟目标奋勇前进的大会。这次会议，对鹿城未来发展进行了再动员、再部署、再鼓劲，吹响了新起点上新跨越的号角。现在，发展的思路更为清晰，发展的目标更为明确，发展的措施更为具体。她强调：在新的起点上，一定要高举旗帜、统一思想；在新的起点上，一定要牢记使命、不负重托；在新的起点上，一定要团结拼搏、万众一心。要在中共鹿城区委的领导下，励精图治、团结一心，鼓足新干劲、抢抓新机遇，为鹿城在科学发展的道路上实现新跨越，为加快鹿城率先全面建成小康社会进程而努力奋斗。

第三节 区政府专项工作报告

在区一届人大二次会议上，区司法局副局长林建水作了《关于在全区人民中加强法制宣传教育、普及法律常识的报告》。报告指出，党中央对加强社会主义法制建设十分重视，根据宪法规定，中央对加强法制建设，开展法制宣传教育作出一系列指示：“要在全党、全民中普及法律常识，增强法制观念”，提出：“争取用五年左右时间基本普及法律常识，使绝大多数人知法、护法、守法”。根据中央和省、市的要求，从今年起用五年左右的时间，即到1990年前后有计划、有步骤、比较系统地向全区公民（包括干部、职工、居民、农民和学生等）进行法律常识的普及教育。在普及法律常识的教育中，公民应着重了解宪法、刑法、民法、婚姻法、经济合同法、兵役法、刑事诉讼法、民事诉讼法、治安管理处罚条例等重要法律、法规的基本内容。国家机关、企事业单位的领导干部，都应接受教育；一般干部和职工的普及面，应达到85%以上；14岁以上的居民和村民的普及面，应达到总人数的75%以上；在校学生，应按教学计划接受法律常识的教育。通过普及法律常识教育，要求干部、职工的考核及格人数，达到80%；居民、村民的考核及格人数，达到65%。通过普及法律常识教育，使广大干部群众懂得公民的权利和义务，养成遵纪守法的观念和习惯，敢于与违法犯罪行为作斗争，从而减少违法犯罪现象，使发案率下降，正气上升；通过普及法律常识教育，使法制宣传工作经常化、系统化、制度化。普及法律常识大体分准备和实施两个阶段。1985年国庆前为准备阶段，1985年第四季度开始全面铺开，到1989年为实施阶段。准备阶段要积极做好以下工作：1.制定加强法制宣传教育，普及法律常识的方案，并建议区人大作出关于加强法制宣传教育，普及法律常识的决议。2.在党委的统一领导下，成立由有关部门领导参加的区法制宣传教育领导小组，并从区委政法委员会、区委宣传部和公、检、法、司、工、青、妇、计经委、农委等部门抽调人员，组成法制宣传教育办公室，具体负责上情下达、下情上报、编写简报、组织试点、检查考核等工作。3.对广大干部群众进行加强法制宣传教育，普及法律常识必要性和迫切性等方面的宣传。4.搜集编写有关普及法律常识教育的材料和资料。5.培训宣讲骨干，组建宣传队伍，所有单位都要有一至数名法制宣传员，负责本单位普及法律常识的宣讲任务。6.抓好试点，实施阶段的工作，由法制宣传教育办公室统一安排，按街道、乡和各系统分别进行。教育方法，以上法制课为主，并以各种宣传方式进行辅助教育。要采取多层次、多渠道的教学方法，面授与个人自学相结合，提倡自学。检查验收，采取抽样方法进行，完成一部分，验收一部分。检查内容：一是教育的组织实施情况，包括课程的完备程度，受教育面和坚持教育的期限等；二是受教育人员的成绩；三是执法守法的实际情况。考核考试，凡是参加法律常识培训班培训的，由培训班组织考试。干部、职工、居民、农民等其他公民的考核，由各系统、乡政府、街道办事处分别进行。干部的法律常识考核成绩要纳入个人档案，作为考察干部的一项内容。普及法律常识教育要在党委的统一领导下进行，各有关部门要紧密配合。

在区一届人大三次会议上，区司法局副局长林建水作了《〈关于加强法制宣传普及法律常识的决议〉的执行情况的报告》。报告指出，为了加强普法工作的领导，执行区人大的决议，完成普法任务，全区成立了法制宣传教育领导小组，主要工作如下：一是制定了全区普法规划，1985 年上半年，提出《关于全区进行法制宣传教育，普及法律常识的实施意见》，1985 年 11、12 月，对原《实施意见》作了调整、充实和完善，制定了《鹿城区基本普及法律常识教育的五年规划》；二是广泛、深入进行了普法教育的发动工作，自 1985 年 5 月份开始，在全区范围内大张旗鼓地开展了普及法律常识重要意义的宣传，从区委领导到各街道直至基层单位，通过各种会议传达、学习了中央和省、市法制宣传工作会议精神，同时，广泛开展宣传活动，造成强大的社会舆论，造成人人必须学法的环境和气氛；三是进行试点，以点带面，1985 年 8 月从公、检、法、司、工、青、妇和宣传等部门抽调人员，组成工作组，深入五马街道辖区进行了一个多月时间的试点，召开了五马街道辖区普法教育动员大会，接着在五马街道辖区内的 215 个单位和 20 个居民区普遍开展了以上课为主要形式的法律常识教育；四是培训骨干，建立宣传队伍，1984 年 9 月以来，召开了法制宣传教育会议，举办了法律宣传培训班和领导干部学习班，发展了 288 名法制宣传员；五是组织力量，编写学习材料，区司法局 1985 年初组织力量，编写了《法律知识百题》2 万余册，同时组织法院、检察院、律师事务所等部门的通知编写了宪法、刑法、治安管理处罚条例和城市管理有关规定的宣讲提纲。经过一年来的努力，全区法制教育工作出现了 5 个变化：1. 从个别重视到普遍重视，从被动到主动抓法制教育；2. 从“要我学”转变为“我要学”；3. 从“零打碎敲”、“一阵风”发展到有计划、有制度、较系统地进行法制教育；4. 从司法部门、宣传部门单独抓，发展为各部门、各系统一起抓，协同作战；5. 领导干部和主管部门的干部，从布置任务、印发材料发展到既布置任务、印发材料，又走出办公室，深入基层单位宣讲法律常识。

在区四届人大一次会议上，区政府提出《关于加快九十年代鹿城区经济发展的意见暨调整“八五计划”的建议》。建议指出，“八五”前两年，全区经济呈现更加蓬勃增长态势，国民经济各项指标中除农业总产值保持 1990 年水平外，其他指标均已超过或达到原“八五”期末计划数，特提出加快全区 90 年代经济发展暨建议调整“八五”计划的意见。全区经济发展现状是：通过前几年的持续发展、积累、壮大，全区经济实力不断增强，1992 年末，全区国内生产总值 13.06 亿元，其中第一产业增加值 0.64 亿元，第二产业增加值 6.6 亿元，第三产业增加值 5.82 亿元。但与全国一些先进县（市、区）相比，鹿城区经济总量不足、经济增长质量不高、投入不足、综合经济效益偏低。全区经济发展的指导思想是：全面贯彻落实中共十四大精神，以建设有中国特色社会主义理论和中共基本路线为指针，按照建立社会主义市场经济体制的要求，进一步解放思想，抓住机遇，跳跃式发展，依靠科技进步，积极推进经济朝着提高质量、优化结构、增进效益的方向发展，促进社会事业全面进步。全区经济发展目标是：争创全国同类城区一流水平，在全市率先进入小康。“八五”期末，国内生产总值 22.6 亿元。其中第三产业增加值在国内生产总值中的比重每年增加一个百分点。为到本世纪末，鹿城区国内生产总值在 1991 年的基础上再翻两番奠定坚实基础。2000 年国内生产总值 46.8 亿元，其中，第三产业增加值占国内生产总值比重 50% 以上。人均国内生产总值 14800 元，达到目前中等收入国家的平均水平。90年代是全区经济发展十分关键时期，必须审时度势，抓住机遇，抢道前进，争取在较短时间内使全区经济跳上一个新台阶。1.发挥城乡结合的优势，优化农业结构。一方面重点发展“一优两高”农业，另一方面积极发展乡镇企业，全面发展第三产业，同时要增加对农业的投入，增强农业抗御自然灾害的能力，引导农民走向市场。2.发挥区街第二产业已经形成的行业优势和拳头产品的优势，以高新技术和名优产品为龙头，选择一批基础好的企业，帮助其上规模、上档次、上水平，形成有本区特色的，在国内外市场有较强竞争力的主导产业和企业集团。深化企业改革，进一步发展股份合作制经济。要增加投入，加速小区建设，克服工业生产“瓶颈”制约。增加技术改造投入，制定优惠政策，特别对皮鞋、打火机、服装三大行业进行行业性技改。另外，要利用城乡现代化建设的有利时机和民间资金雄厚的优势，大力发展建筑业和房地产开发业，使之成为鹿城区一大经济支柱。3.发挥中心城区优势，优先发展第三产业。大力发展商业，搞活流通。允许企业突破经营范围，改进经营方式，按市场经济的要求组织流通。调整第三产业布局，推进第三产业向高层次转化。利用风景旅游点和文化娱乐场所大力兴办服务业和旅游业。实行城市环卫有偿服务，增加煤气、液化气的生产供给，方便人民生活。进一步提高第三产业在国民经济中的比重，达到“三产”领先，实现“鹿城全区皆市场”的目标，使鹿城区成为温州地区乃至浙南闽北域内的商贸文化中心。4.发挥鹿城地处沿海对外开放地域的优势，全方位扩大对外开放，促进鹿城外向型经济的跳跃发展。以高新技术产业开发区、双屿工业开发区、黎明和仰义沿江工业小区和江心屿风景旅游区为开发的重点区域，带动全区对内对外开放。以104国道线和其他公路为依托，建设沿路招商带。以利用外贸为重点，强化对外招商工作，促进区街乡镇企业更新换代。要拓宽引进外贸领域，除引进高层次产业的生产性项目外，还要向第一、三产业领域发展。同时要办好现有三资企业，使之成为吸引外资的样板。扩大外贸这一外向型经济发展的基础，鼓励有条件的企业向国际化、集团化、市场化迈进，形成一大批技术密集型、产品出口型的企业，使之成为全区经济的支柱之一。5.切实实施科技兴区战略，工业方面以调整产品结构、提高产品技术含量为重点，农业方面以引进新品种、提高农产品单产和品质为重点。各街道、乡镇都要配备专职或兼职的分管科技副主任（乡镇长），建立科技协会，形成科技发展组织体系。引导企业“找科技靠山，结科技对子”，发展科研生产一体化实体。择优吸引科技型企业进入高科技开发区，制定优惠政策，为企业引进人才提供政策上的方便与帮助。在“八五”期末，把区科技进步因素在经济增长中的比重提高到40%左右，到2000年提高到50%左右。6.继续深化改革，转换政府职能，全区机构改革、精兵简政必须从服务经济建设、减轻财政负担、提高政府运行效率着手，经济主管部门要转型、综合管理部门要精干、执法监督部门要强化。

在区七届人大二次会议上，副区长沈敏作了《区政府关于温瑞塘河鹿城段综合整治的报告》。报告指出，近年来，温州经济得到飞速发展，但对母亲河的保护却被忽视，温瑞塘河受到了严重污染，深化塘河综合整治已成为广大群众的强烈要求。2002年，按照全市温瑞塘河综合治理工作的部署，全区相应成立温瑞塘河截污工程建设指挥部，配合做好沿河污水口和市、区综合支管的截污纳管工作。6年来，塘河整治取得一定成效，但塘河的污染程度仍十分严重。根据市委、市政府关于温瑞塘河综合整治的总体部署，全区于 2007 年编制了《温瑞塘河鹿城段综合整治实施方案（2007—2011）》，有关情况如下：1. 总体思路：按照科学发展观的总体要求，坚持“治河关键在治水，治水关键在截污，截污关键在实效”的治理思想，以治水为中心，以水污染防治为重点，以改善水质为目标，多管齐下，治本为主，从源头抓起，加快污水收集处理系统和垃圾收集处理系统建设，力争 3 至 5 年内消除黑臭，5 至 10 年内水质明显改善。2. 总体目标：一年止污治乱，基本解决污水淤泥乱排放、固废垃圾乱丢散、违章建筑乱搭建问题；两年截污纳管，基本完善污水和垃圾收集处理设施；三年除黑消臭，基本解决河道水体黑黄红以及恶臭问题；四年修复巩固，修复塘河生态、巩固综合整治成果、建立长效治理监管机制，逐步恢复塘河滞洪排涝、航运景观、旅游休闲、生态调节等功能。阶段性具体目标是：到 2009 年，基本消除主要河道黑臭现象，完成覆盖全区的污水、垃圾收集处理系统的整改和建设，主要河道基本恢复河道原有生态功能、调蓄功能和行洪功能。到 2011 年，全区主要污染物入河总量明显下降，建成较为完善的污水、垃圾收集处理系统，城市河道黑臭现象消除，初步实现河水变清、河岸变绿、河面清洁和行洪流畅的城市内河整治目标。3. 主要整治措施：一是加强污水收集处理系统建设。二是加强垃圾收集处理系统建设。三是加强重点污染源整治。四是加强塘河水体生态修复。五是加强沿河景观建设。六是加强河道清淤与保洁。七是加强城市塘河管理执法。八是加强整治资金筹集和投入。全区 2008 年温瑞塘河综合整治重点工作是：完成九山外河、山根河、蝉河、勤奋河、蒲州横河 5 条河道水质改善工程，基本消除上述河道“黑、臭”现象；完成学院片区、横河片区、金桥路片区管网整治工程，削减上述片区污水入河量；完成区域内沿河主要垃圾收集点建设和垃圾整治；完成沿岸垃圾清理工作，建立垃圾管理长效机制；完成河道清障与拆违工作；启动山前河、汇车桥河、山下河（西段）、小南门河、花柳塘河、黄洋浃河 6 条河道水质改善工程，启动东游路片区、洪殿片区、仓根片区、杨府山片区管网整治工程。

在区七届人大三次会议上，副区长吕朝晖作了《区政府关于温瑞塘河鹿城段综合整治的报告》。报告指出，2008 年，区政府把温瑞塘河综合整治列入中心工作内容，扎实开展宣传发动、清脏治乱、清障拆违、河道疏浚、管网整治等工作，顺利完成了年度目标任务，河道水质和沿岸环境得到有效改善，整治工作取得阶段性成效。主要做了以下三方面工作：1. 精心组织，全面发动，营造温瑞塘河综合整治良好氛围。一是强化组织领导。3 月初，成立鹿城区温瑞塘河综合整治委员会，余中平区长亲自挂帅，区属有关单位主要负责人为成员。二是完善工作制度。区政府常务会议多次专题研究温瑞塘河综合整治工作，相继制订出台综合整治工作 4 年规划、百名干部及职能部门与责任单位挂钩结对制度、“河前三包”制度、清脏治乱责任制、清障拆违考核办法等系列制度，使塘河整治逐步实现制度化、常态化、规范化。三是开展宣传动员。全区广泛发动机关干部、社区群众及沿河的企事业单位积极参与塘河整治，召开了温瑞塘河综合整治动员大会，组织千人大会战，向全社会发布了《温瑞塘河鹿城段综合整治通告》，同时成立了“青年志愿者突击队”等 10 多支志愿者队伍，还开展了“建言献策、建功立业”、“三个一”（找一个问题、献一条计策、做一件好事）等活动。2. 明确任务，强化措施，扎实推进温瑞塘河综合整治各项工作。为使塘河污染得到有效治理，全区将流域划分为97个责任区，实行“定点定责定人”制度，确保综合整治各项工作得到落实。一是深入开展清脏治乱。详细绘制了温瑞塘河鹿城段39条河道整治任务图表，明确每个属地责任单位的垃圾清理量、清障拆违量、绿化设施建设项目及完成整治的期限和要求。在此基础上，各单位各司其职，扎实开展清脏治乱工作。二是全力推进清障拆违。区政府及时协调规划、国土、行政执法、农林水利等相关部门，反复核对拆违对象地点、面积、结构、违章年限等数据，结合全区实际，认真制订拆违实施方案，以军令状的形式向各街道、有关乡镇、职能部门下达拆违任务，各责任单位主要领导亲自挂帅，加大拆违力度，形成你追我赶的工作态势。三是狠抓水质治理工程。截止2008年底，塘河各治理工程项目进展顺利，开工率达100%，累计完成投资额7617万元。3. 巩固成果，着眼长远，探索建立保护塘河长效管理机制。对已完成清脏治乱和清障拆违的地段，全区立即采取征用土地、建设绿化小品和文体活动设施、强化巡查监管等措施，巩固整治成效。同时，区委、区政府还把整治工作任务纳入年度目标责任制考核，并列入效能监察范围，实行责任倒查和责任追究制度，各街道、有关乡（镇）、单位也建立了相应的长效管理机制。

第四节　选举工作情况报告

温州市城区选举委员会主任林选青作了《温州市城区第一届人大代表选举工作情况报告》。报告指出，1984年1月间，温州市东城、南城、西城三个区合并为一个城区，同时，原来三个区人民代表大会代表的任期，到1983年届满。根据全国人大常委会、省人大常委会关于县级人民代表大会换届的决定和省委〔1984〕4号文件、市委〔1984〕57号、72号文件的指示精神，城区第一届人民代表大会代表的直接选举工作，3月初组织试点，4月初全面展开，5月20日全部结束。选举工作情况如下：

（一）温州市城区，是市委和市人民政府的所在地，是温州市政治、经济、文化的中心，机关、企业、事业单位多。全区有选民25.3673万名，按《中华人民共和国选举法》的规定，划分为274个选区。本届城区人大代表的选举，是新宪法公布后的第一次，是在机构改革、体制改革的新形势下进行的。由于市委、市人大常委会和城区区委、区人大筹备领导小组以及各级党组织的重视，加强对选举工作的领导，从动员选举，到选民登记、代表候选人的提名协商，直到最后投票选举，都是按照《中华人民共和国选举法》和《实施细则》办事。全城区有97.08%的选民参加了投票选举，投票有效率达92.20%；应选代表399名，一次投票当选的有358名，重新投票和另行选举成功的有37名。

从当选代表的结构来看，适应了新的历史时期和新任务的要求，体现了新时期的特点，知识分子、各类专业人才在代表中的比重有了适当的提高，对民主党派、无党派爱国人士和归侨、侨眷作了适当的安排，妇女和青年代表也占一定的比例。同时，不但有各条战线、各方面的代表，而且有一批为四化建设作出显著成绩的先进人物。这样，既注意了代表的广泛性，又注意了代表的先进性。代表构成的比例是：工人95名，占24.05%；居民107名，占27.09%；干部91名，占23.04%；知识分子84名，占

21.26%；归侨、侨眷12名，占3.04%；解放军1名，占0.25%；个体工商业户、学生5名，占1.27%。代表中，共产党员215名，占54.53%；共青团员7名，占1.77%；民主党派、爱国人士20名，占5.06%。妇女112名，占28.35%；青年50名，占12.66%。少数民族代表4名，占1.02%。

（二）本届城区人大代表选举工作是比较顺利的，主要是抓了以下几方面的工作：

1. 深入开展宣传教育，发动群众，发挥了宣传工作的先导作用。4月2日，城区区委召开了选举动员广播大会，市委常委、城区区委书记邵锡水在会上作了动员报告。第二天，《浙南日报》报道了这个广播大会的情况，温州人民广播电台利用有线广播对选举工作接连三天进行了宣传。各选区各单位采取召开群众大会、选民大会、出动宣传车、运用单位的广播、黑板报、墙报、宣传专栏、张贴标语、披红结彩等各种形式、各种宣传工具，宣传《中华人民共和国宪法》的有关部分、《中华人民共和国选举法》和《实施细则》，针对群众的思想认识问题，在不同的阶段，有不同的重点，把宣传工作贯穿选举工作的全过程，使受教育的面达到85%左右，基本上做到家喻户晓。在选民中，出现了不少重视选举的动人事例，大多数选民珍惜自己的民主权利，以无记名的投票方式，高高兴兴地投了庄严的一票。

2. 培训选举工作人员，组成一支选举工作队伍。在3月下旬，对省、市、区属单位的系统选举领导小组、选区工作成员、选举工作人员和街道选举办事处及其下属选区工作组成员，分两批进行了培训。参加培训学习的有1300多人。之后，又采取分阶段培训。培训时，干什么，讲什么。这样做的好处是：记得牢，用得上，效果好。通过培训，选举工作骨干和工作人员，提高了对选举工作重要意义的认识，明确了选举工作的政策、步骤和方法，从而积极、认真、严肃地投入选举工作。

3. 发扬民主，搞好代表候选人的提名推荐和协商工作。提名推荐和确定正式代表候选人，经历了三上三下、反复讨论协商的过程。初步候选人共提出3810人，为应选代表的9.55倍。最后根据较多数选民的意见，确定正式代表候选人为688人，多于应选代表的72.40%。

4. 组织试点，以点带面。为了探索规律，总结经验，确定在莲池街道工业第一选区、双龙皮坊居民联合选区、里士居民选区、温州制药厂选区（含药品包装厂）、市教育第一选区（含温四中、十一中、华侨中学）等五个选区为选举试点选区。试点选区比面上选区早二十多天开展工作，先走一步。试点的情况和经验，通过选举工作简报和培训选举工作人员时介绍，及时地进行推广。试点选区的工作情况和经验，从选区选举工作计划的制订和日程的安排开始，直到最后怎样组织投票选举为止，一一作了介绍，这对指导面上的选举工作的开展，起到了很好作用。

第五节　大会议案

在区六届人大三次会议上，张纯浙等61名代表提出了《关于加快产业结构调整促进经济快速发展的议案》，经研究，大会同意将该议案作为区六届人大三次会议议案。议案提出，近年来，全区社会经济快速发展，各项事业取得了长足的进步。但是当前全区经济持续发展面临着的困难以及深层次矛盾也日渐尖锐，主要表现为：一是结构性矛盾突出。主要体现在“大企业少，小企业多；新兴产业少，传统产业多；高科技企业少，低水平企业多；外资企业少，本地企业多。” 二是素质性矛盾凸现。主要体现在“新注册企业小，外迁的企业大；新注册企业减少，注销的企业增多；纳税大户少，个体经营户多”。三是调控作用不明显。议案建议，全区应抓住新一轮调整优化产业结构的机遇，充分发挥中心城区优势，加快产业结构调整步伐，推进经济持续快速健康发展。一是明确目标正确定位，加快产业结构调整。要牢固树立和落实科学发展观，坚持以人为本，求真务实，励精图治。坚持走新型工业化道路，针对鹿城实际，实施“优二强三”产业发展战略。以技术改造和技术创新为动力，以提升传统产业和培育新兴产业为核心，改造提升传统产业和大力发展新兴产业，培育一批大企业大集团和发展“专、精、特、新”中小企业，进一步提高整体素质和经济核心竞争力。以产业园区的整合、扩容、提升为平台，发展壮大产业群，发挥集聚效应。以打造产业品牌为重点，建设改造提升传统商贸业，大力发展现代服务业。以清洁生产和循环经济为着力点，全面推进产业结构的调整优化和产业层次的提升，努力实现经济增长方式的根本性转变，加快全区工业化和现代化建设。二是加快管理方式方法创新，改革区域经济管理体制。在积极探索改革政府管理方式方法同时，促成市区两级互动双赢的管理办法，区政府和相关部门要向上对应做好协调工作，积极争取上级政府、部门的支持，切实解决经济管理、财税管理等方面存在的弊端，理顺关系。同时要结合鹿城实际，加快改革鹿城区域经济管理体制，尽快实行企业属地管理，推行乡镇、街道“板块经济”服务体制，建立服务机构，配备相应人员，明确发展经济的目标任务，建立健全经济目标考核、奖励制度和激励机制，充分调动全区上下发展经济、服务经济的创造性和积极性，形成整体合力。三是大力推进科技进步，提升二产层次。进一步加快高新技术产业发展，建设以电子信息、光机电一体化、高效与环保、新材料等高新技术产业为重点，集企业孵化、成果转化、人才集聚、信息交流等功能为一体的高新技术产业基地，促成一批产值超亿元的高新技术龙头企业。建立健全科技创新激励机制，对高新技术项目，在资源配置、土地使用、产品开发、吸引人才等方面要予以大力支持，促进一批骨干高新技术企业超速发展，并成为带动鹿城经济腾飞的“小型航母”。强化轻工产业优势，加大对轻工行业以及相关配套行业的扶持力度，提高轻工产业整体发展水平。以五大行业生产基地及五大配套加工中心建设为平台，大力发展机械制造、加工业，引导、扶持发展基础性工业，增强企业发展后劲，以稳固我区经济基础。四是发挥中心城区优势，大力发展第三产业。着力构筑“一港三城”都市经济圈商贸服务业中心。加快产业梯度转移，改造提升发展传统产业，大力发展建筑、房地产业，积极培育新的经济增长点，大力拓展三产发展空间，集中精力发展高新技术产业，提高三产层次。加快改造提升传统商贸业，精心打造品牌街区、特色街区，积极推进商业网点的合理布局和完善功能，提高商业的品位和档次。扶持一批特色明、档次高、集聚力强的商业批发市场；着重发展商贸流通业、会展业、知识产业、社区服务业和旅游业，把鹿城建成集文化、时尚、休闲、美食为一体的具有消费活力、人文魅力的商贸休闲服务中心。

第三编　区人民代表大会常务委员会

区人大常委会是区人民代表大会的常设机关，是国家权力机关的组成部分，对区人民代表大会负责并报告工作。在区人民代表大会闭会期间，行使地方国家权力机构的职权。

鹿城区人大常委会，自第一届（其中第一次至第三次人大常委会为城区人大常委会，第一届第四次人大常委会起为鹿城区人大常委会）至第八届（截至 2016 年 12 月底），不断健全机构、完善制度，共举行 237 次会议，依法履行职责，促进全区经济社会各项事业的健康发展，推进民主法制进程。

第一章　区人大常委会职能

区人民代表大会常务委员会，是区人民代表大会的常设机关，对区人民代表大会负责并报告工作。

区人民代表大会常务委员会依照《中华人民共和国地方各级人民代表大会和地方各级人民政府组织法》的规定，行使下列职权：

（1）在本行政区域内，保证宪法、法律、行政法规和上级人民代表大会及其常务委员会决议的遵守和执行；

（2）领导或者主持本级人民代表大会代表的选举；

（3）召集本级人民代表大会会议；

（4）讨论、决定本行政区域内的政治、经济、教育、科学、文化、卫生、环境和资源保护、民政、民族等工作的重大事项；

（5）根据本级人民政府的建议，决定对本行政区域内的国民经济和社会发展计划、预算的部分变更；

（6）监督本级人民政府、人民法院和人民检察院的工作，联系本级人民代表大会代表，受理人民群众对上述机关和国家工作人员的申诉和意见；

（7）撤销下一级人民代表大会的不适当的决议；

（8）撤销本级人民政府的不适当的决定和命令；

（9）在本级人民代表大会闭会期间，决定副区长的个别任免；在区长和人民法院院长、人民检察院检察长因故不能担任职务时，从本级人民政府、人民法院、人民检察院副职领导人员中决定代理的人选；决定代理检察长，须报上一级人民检察院和人民代表大会常务委员会备案；

（10）根据区长的提名，决定本级人民政府办公室主任、局长（主任）任免；

（11）按照《人民法院组织法》和《人民检察院组织法》的规定，任免人民法院副院长、庭长、副庭长、审判委员会委员、审判员，任免人民检察院副检察长、检察委员会委员、检察员；

（12）在本级人民代表大会闭会期间，决定撤销个别副区长的职务；决定撤销由它任命的本级人民政府其他组成人员和人民法院副院长、庭长、副庭长、审判委员会委员、审判员，人民检察院副检察长、检察委员会委员、检察员的职务；

（13）在本级人民代表大会闭会期间，补选上一级人民代表大会缺的代表和罢免个别代表；

（14）决定授予地方的荣誉称号。

此外，也有权任命或者免除区人民代表大会常务委员会设立的各办事部门领导人的职务。区人民代表大会常务委员会行使上述职权，概括起来主要是决定权、监督权、任免权。

第二章　区人大常委会组成人员与机构、制度

自 1984 年 5 月温州市城区第一届人民代表大会第一次会议选举产生了首届区人大常委会组成人员，随着民主法治建设的加强和区人大常委会工作的开展，区人大常委会机构不断健全，常委会的议事规则、制度不断修正、完善，常委会的组成人员逐步充实，不断完善。

第一节　区人大常委会组成人员

根据《中华人民共和国地方各级人民代表大会和地方各级人民政府组织法》，鹿城区人大常委会由区人民代表大会选举产生，历届人大常委会组成人员担任过主任 4 人、副主任 26 人和委员 182 人。

表 3—1　历届人大常委会组成人员

届次	主任	副主任	委员
一	谷锦麟	叶国祥、洪作殿、李国聪、陈加昭、潘教明	巩际信、徐美玉、吴定邦、吴爱娟、李德月、余建荣、余梅生、金秀林、林玉蓉、周飏尧、袁镇澜、徐玉璟、黄成贵、黄国华、谢菲菲、曾立人、潘宝卿、颜贻淦、黄寿连、陈炳琪、曾春霖
二	谷锦麟	潘教明、陈加昭、潘宝卿、俞锡荣	王虎、仰洪元、陈克、张天龙、张爱春、张维仁、吴定邦、吴爱娟、余建荣、杨康琴、林玉蓉、徐玉璟、黄成贵、黄寿良、曾立人、颜贻淦
三	谷锦麟	朱景祥、陈加昭、俞锡荣、周成国	王蓓、伍云波、朱茂盛、朱建秋、刘进法、李中苏、李梅龙、余岩隆、陈克、张国光、张爱春、张淑玲、张维仁、郑式乐、施长根、徐玉璟、黄文芳、黄成贵
四	朱道统	朱景祥、陆春兰、王臣明、周成国	李中苏、王金松、毛如炎、叶宝松、刘进法、邱心川、邱国华、余岩隆、张爱春、张淑玲、张淑真、陈伟民、陈克、胡剑谨、赵志尚、施秀珍、倪国兴、黄文芳、潘信雄、唐晨曦、金文平
五	章新民	王一曼、叶玉龙、周成国、张纯浙	王成淼、王丽峰、杨微微、李知森、吴伟、何永旺、张京、张爱春、张淑真、陈胜华、林建水、周兰森、郑凤柳、夏积文、郭晓媛、潘信雄、张淑芳
六	章新民	王一曼、许德忠、张纯浙、缪笑竹、李建花、陈洁	叶军、孙国勇、孙建玲、杨薇薇、吴广、吴小霞、余冬青、陈志挺、林献珍、周方业、项丽丽、胡正武、夏永远、夏积文、倪松汉、徐强、徐春萍、奚德驹、黄庆火、廖跃、李知森
七	吴海燕	李建花、陈　洁、王丽峰、林瑞荣、王长青、项旭光、肖石龙	叶必庆、庄建华、孙国勇、孙建玲、吴小霞、余冬青、应真、陈松权、邵豪哲、林秀春、周筱秋、夏永远、徐春萍、奚德驹、黄庆火、董金花、谢伟、鲍成发、廖跃、瞿芬平、徐晓君、王秀娟、胡俊武、夏理勇
八	吴海燕	陈　洁、肖石龙、林瑞荣、王长青、项旭光、朱启龙、周基斌、胡海峰	王敏、叶青、叶必庆、叶晓挺、庄建华、孙国勇、李跃胜、应真、张勇、陈月玲、陈宏强、陈增斌、林秀春、林建华、季洪杰、金浙瓯、胡美珠、柳晓忠、诸葛要武、黄金鹏、黄品寿、黄凌萍、章胤、葛成福、谢伟、谢云周、褚坚、瞿芬平、叶云森、陈钜、陈辉、陈金敏、王剑波、许卫疆、陈康亮、林宣富、胡希求、李利法、吴法照、陈滢冰、胡小洁、姜锦谷、陶玉燕

说明：组成人员包括大会补选和辞去的人员。

表 3—2 历届人大常委会组成人员分布情况

组成人员数届次		一	二	三	四	五	六	七	八
职务	主任、副主任	6	5	5	5	5	7	8	9
	委 员	21	16	18	21	17	21	24	44

第二节 区人大党组组成人员

鹿城区人大常委会党组于 1984 年 5 月建立，其任务是贯彻执行中国共产党的路线、方针、政策；讨论、决定本单位的重大问题，做好干部管理工作；团结非党干部和群众，完成党和国家交给的任务；指导常委会机关党组织的工作。历届区人大常委会党组组成人员担任过书记的 5 人、成员的 32 人。

表 3—3 历届区人大常委会党组人员组成情况

届次	时间	书记	成 员
一	1984.5—1987.6	谷锦麟	叶国祥、李国聪、陈加昭、潘教明、颜贻淦
二	1987.6—1990.5	谷锦麟	陈加昭、潘教明、潘宝卿、俞锡荣
三	1990.5—1993.4	谷锦麟	陈加昭、朱景祥、周成国、俞锡荣
四	1993.4—1998.3	朱道统	陆春兰、王臣明、朱景祥
五	1998.3—2002.3	章新民	王一曼、叶玉龙、张纯浙
六	2003.3—2007.1	章新民	王一曼、许德忠、张纯浙、李建花、陈洁、余冬青
七	2007.1—2012.1	吴海燕	李建花、陈洁、林瑞荣、王长青、项旭光、余冬青、叶必庆
八	2012.1—2016.12	吴海燕	陈洁、肖石龙、林瑞荣、王长青、项旭光、胡海峰、周基斌、叶必庆
	2016.12—	王易进	肖石龙、胡海峰、叶治台、叶必庆、

第三节 区人大常委会机构设置与职责

一、机构演变

1984年5月，温州市城区第一届人大第一次会议选举产生城区一届人大常委会。8月，在城区第一届人大常委会第二次会议上，讨论通过了《关于设置温州市城区人大常委会办事机构的决定》。常委会下设办公室、法制工作委员会、财经城建工作委员会、教科文卫工作委员会。12月，温州市城区改名鹿城区，机构名称相应变更。

1990 年 7 月 10 日至 13 日，在区三届人大常委会第一次会议上，增设人大常委会侨务工作委员会。1992 年，增设代表工作委员会。

1993 年 5 月 14 日，在区四届人大常委会第一次会议上，撤销财经城建工作委员会，设立财政经济工作委员会、农村经济城建城管工作委员会；撤销侨务工作委员会，有关侨务工作并入教科文卫工作委员会。调整后的常委会办事机构设置如下：办公室、法制工作委员会、财政经济工作委员会、教科文卫工作委员会、农村经济城建城管工作委员会、代表工作委员会。

1997 年 5 月，区人大常委会办公室下设 1 个职能科室：秘书科。区人大机关总编制

12 名（含后勤编制 1 名）。区人大常委会主任、副主任、专职委员不占人大机关编制。区人大办公室领导职数：主任 1 名，副主任 2 名，正副科长 2 名。1998 年，区第五届人大常委会决定将农经城管工作委员会更名为城市建设工作委员会，进一步细化工作职责。2002 年 8 月，常委会办公室下设综合科，人员由内部调剂解决。

2003 年 4 月，将城市建设工作委员会更名为城市建设管理和农村工作委员会，将教科文卫工作委员会更名为教科文卫宗侨工作委员会，其余机构保持不变。

2005 年 4 月，区人大常委会办公室下设信访科，负责办理区人大的信访工作，人员由内部调剂解决。2009 年 6 月，设立区人大信息中心，为全额拨款事业单位，编制 3 名，中层职数 1 名。同年 12 月，在区人大常委会法制工作委员会设立规范性文件备案审查科，核定中层职数 1 名。2011 年 4 月，综合科、信访科各增加 1 名中层干部职数。同年 12 月，区人大信息中心确定为公益一类事业单位。

2012 年 8 月 9 日，增设区人大常委会预算工作委员会、农村和资源保护工作委员会 2 个内设机构、增加 2 名领导职数；增加信息中心事业编制 3 名。2013 年 2 月，增设民族宗教华侨外事工作委员会，并将原教科文卫宗侨工作委员会更名为教育科学文化卫生工作委员会；2013 年 9 月，增加党总支副书记 1 名；2013 年 12 月 24 日，撤销城建与农村工作委员会，设立城乡建设环境保护工作委员会、农村和资源保护工作委员会。

2014 年 3 月 19 日，在区八届人大常委会第十五次会议上，通过关于提请设立区人大常委会预算工作委员会的议案。

2016 年 9 月 18 日，区人大办公室增设离退休干部工作科，核定中层干部职数 1 名。

截至 2016 年 12 月底，区人大机关编制数 36 名，实有人数 34 名，其中办公室中层职数 8 名，法制工委中层职数 1 名。

截至 2016 年 12 月底，区八届人大常委会机构设置见下图：

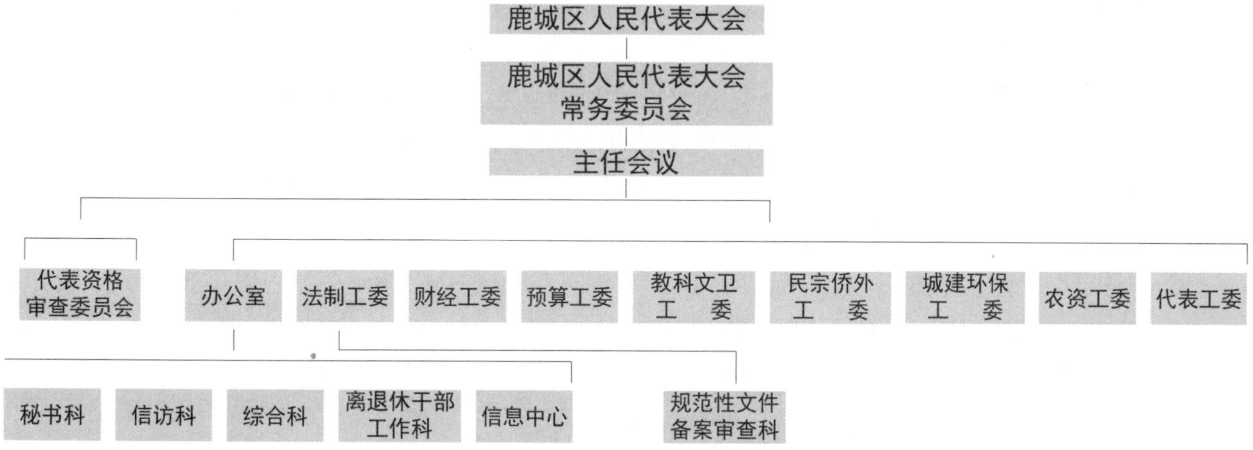

二、工作职责

（一）代表资格审查委员会的职责

每次选举或补选区人大代表之后，对区人大代表资格进行审查；每次代表大会要向大会提交代表资格审查及代表变动情况报告。

（二）办公室职责

1. 组织和安排区人大会议、常委会会议、主任会议和区人大机关召开的全区性会议的秘书、会务及后勤保障工作；

2. 负责区人大会议、常委会会议、主任会议和区人大机关召开的全区性会议的有关工作报告、决议、决定和文件的起草、复核、编发，编辑区人大会议文件汇编、常委会会刊（公报）和纪要；

3. 负责区人大常委会、常委会党组、主任会议、办公室文件的草拟、核稿及文书办理工作；

4. 负责区人大机关对外行文的核稿，区人大常委会领导的讲话稿起草、来往公文的处理和保密、保护工作；

5. 办理提请人大常委会审议的人事任免的具体事宜，参与区人大常委会选举机构的有关工作；

6. 负责联系区委办、区府办、机关党工委及工、青、妇等群众团体有关工作；

7. 负责常委会机关的政治、业务学习及外出参加培训人员的安排，做好常委会机关的人事、档案、劳资、党务、纪检、财务等行政管理工作。协助做好市人大会议期间鹿城代表团的有关会务，后勤服务工作；

8. 负责人大工作重要信息的收集、处理、上报及本区人大及其常委会工作的信息，宣传及理论研究工作；

9. 办理上级人大常委会交办和区人大常委会领导交代的其他事项。

（三）法制工委职责

1. 办理区人大常委会交办的区政府有关部门及“两院”方面的议案并提出报告；

2. 了解有关法律、法规和上级、本级人大及其常委会有关法制方面的决议、决定在本区的执行情况，组织开展法制宣传和执法检查，检查全区的普法工作，并就有关问题向区人大常委会报告；

3. 按照工作范围，加强与区政府及其所属对口部门和“两院”的关系；

4. 承办全国、省人大、市人大有关立法草案的征集意见工作；

5. 围绕区人大常委会会议、主任会议与本工委有关的议题，进行调查研究，或组织专项工作视察，撰出调查或视察报告；

6. 根据常委会会议的审议情况，给予工委相关的议题提出审议意见和草拟决议、决定；

7. 受理、调查、交办、督办群众的信访案件及对公安、司法方面的申述、控告和检举；督促区政府相关部门和“两院”办理代表的议案，建议和批评意见；

8. 负责对常委会拟任命干部的法律知识考试；

9. 提出属于区人大常委会职权范围内同本工委有关的议案、建议；

10. 负责来自区法制办报备的规范性文件的接收、登记、分送、归档等备案工作；开展规范性文件合法性审查，并在5日内分发至相关工委审查，如有应当撤销或废止的规范性文件，有权提出撤销或废止的建议，并督促区法制办执行；

11. 办理上级人大常委会交办和区人大常委会领导交办的其他事项。

（四）财经工委职责

1. 办理区人大常委会交办的有关财经工作方面的议案，并提出报告；

2. 了解有关法律、法规和上级、本级人大及其常委会有关财经工作方面的决议、决定在本区的执行情况，组织开展法制宣传和执法检查，对本区国民经济重大决策和部署进行监督检查，并就有关问题向区人大常委会报告；

3. 按照工作范围，加强与区政府及其所属部门的联系；

4. 承办全国、省人大、市人大有关立法草案的征集意见工作；

5. 围绕区人大常委会会议、主任会议与本工委相关的议题，进行调查研究，或组织专项工作视察，撰写调查或视察报告；

6. 根据常委会会议的审议情况，给予工委相关的议题提出审议意见和草拟决议、决定；

7. 在区人大会议期间，协助审查区本级经济计划，为大会通过报告并作出决议提供依据；

8. 负责检查区人大会议通过的国民经济和社会发展计划并向常委会提出初审报告；

9. 受理有关经济法律、法规的咨询和有关经济方面申述和控告，审查与本工委有关的政府发布的命令、决定，督促区政府及有关部门办理代表议案、建议和批评意见，办理与本工委相关的群众来信来访事项；

10. 提出属于区人大常委会职权范围内同本工委有关的议案、建议；

11. 办理上级人大常委会交办和区人大常委会领导交办的其他事项。

（五）预算工委职责

1. 办理区人大常委会交办的有关预算工作方面的议案，并提出报告；

2. 了解有关法律、法规和上级、本级人大及其常委会有关预算工作方面的决议、决定在本区的执行情况，组织开展法制宣传，对本区预算重大决策和部署进行监督检查，并就有关问题向区人大常委会报告；

3. 按照工作范围，加强与区政府及其所属部门的联系；

4. 承办全国、省人大、市人大有关立法草案的征集意见工作；

5. 围绕区人大常委会会议、主任会议与本工委相关的议题，进行调查研究，或组织专项工作视察，撰写调查或视察报告，承担区人大常委会审查批准区级财政决算、部门预算、部门预算调整方案等方面的具体工作，初步审查预算（政府公共预算、政府性基金预算和国有资本经营预算）草案、预算调整方案草案；

6. 根据常委会会议的审议情况，给予工委相关的议题提出审议意见和草拟决议、决定；

7. 在区人大会议期间，协助审查区本级预算草案，为大会通过报告并作出决议提供依据；

8. 负责检查区人大会议通过的预算报告执行情况并向常委会提出初审报告；

9. 受理有关预算法律、法规的咨询、申述等工作，审查与本工委有关的政府发布的命令、决定，督促区政府及有关部门办理代表议案、建议和批评意见，办理与本工委相关的群众来信来访事项；

10. 提出属于区人大常委会职权范围内同本工委有关的议案、建议；

11. 办理上级人大常委会交办和区人大常委会领导交办的其他事项。

（六）教科文卫工委职责

1. 办理区人大常委会交办的有关教育科技文化卫生方面的议案，并提出报告；

2. 了解有关法律、法规和上级、本级人大及其常委会有关法制方面的决议、决定在本区的执行情况，组织开展法制宣传和执法检查，并就有关问题向区人大常委会报告；

3. 按照工作范围，加强与区政府及其所属部门的联系；

4. 承办全国、省人大、市人大有关立法草案的征集意见工作；

5. 围绕区人大常委会会议、主任会议与本工委相关的议题，进行调查研究，或组织专项工作视察，撰写调查或视察报告；

6. 根据常委会会议的审议情况，给予工委相关的议题提出审议意见和草拟决议、决定；

7. 提出属于区人大常委会职权范围内同本工委有关的议案、建议；

8. 受理有关经济法律、法规的咨询和有关经济方面申述和控告，审查与本工委有关的政府发布的命令、决定，督促区政府及有关部门办理代表议案、建议和批评意见，办理与本工委相关的群众来信来访事项；

9. 办理上级人大常委会交办和区人大常委会领导交办的其他事项。

（七）民宗侨外工委职责

1. 办理区人大常委会交办的有关民宗宗教事务、台胞、华侨方面的议案并提出报告；

2. 了解有关法律、法规和上级、本级人大及其常委会有关法制方面的决议、决定在本区的执行情况，组织开展法制宣传和执法检查，并就有关问题向区人大常委会报告；

3. 按照工作范围，加强与区政府及其所属部门的联系；

4. 承办全国、省人大、市人大有关立法草案的征集意见工作；

5. 围绕区人大常委会会议、主任会议与本工委相关的议题，进行调查研究，或组织专项工作视察，撰写调查或视察报告；

6. 根据常委会会议的审议情况，给予工委相关的议题提出审议意见和草拟决议、决定；

7. 提出属于区人大常委会职权范围内同本工委有关的议案、建议；

8. 受理有关经济法律、法规的咨询和有关经济方面申述和控告，审查与本工委有关的政府发布的命令、决定，督促区政府及有关部门办理代表议案、建议和批评意见，办理与本工委相关的群众来信来访事项；

9. 办理上级人大常委会交办和区人大常委会领导交办的其他事项。

（八）城建环保工委职责

1. 办理区人大常委会交办的有关城乡建设、规划，环境保护、城管执法、交通运输，旅游等方面的议案并提出报告；

2. 了解有关法律、法规和上级、本级人大及其常委会有关法制方面的决议、决定在本区的执行情况，组织开展法制宣传和执法检查，并就有关问题向区人大常委会报告；

3. 按照工作范围，加强与区政府及其所属部门的联系；

4. 承办全国、省人大、市人大有关立法草案的征集意见工作；

5. 围绕区人大常委会会议、主任会议与本工委相关的议题，进行调查研究，或组织专项工作视察，撰写调查或视察报告；

6. 根据常委会会议的审议情况，给予工委相关的议题提出审议意见和草拟决议、决定；

7. 提出属于区人大常委会职权范围内同本工委有关的议案、建议；

8. 受理有关经济法律、法规的咨询和有关经济方面申述和控告，审查与本工委有关的政府发布的命令、决定，督促区政府及有关部门办理代表议案、建议和批评意见，办理与本工委相关的群众来信来访事项；

9. 办理上级人大常委会交办和区人大常委会领导交办的其他事项。

（九）农资工委职责

1. 办理区人大常委会交办的有关农业和资源保护方面的议案并提出报告；

2. 了解有关法律、法规和上级、本级人大及其常委会有关法制方面的决议、决定在本区的执行情况，组织开展法制宣传和执法检查，并就有关问题向区人大常委会报告；

3. 按照工作范围，加强与区政府及其所属部门的联系；

4. 承办全国、省人大、市人大有关立法草案的征集意见工作；

5. 围绕区人大常委会会议、主任会议与本工委相关的议题，进行调查研究，或组织专项工作视察，撰写调查或视察报告；

6. 根据常委会会议的审议情况，给予工委相关的议题提出审议意见和草拟决议、决定；

7. 提出属于区人大常委会职权范围内同本工委有关的议案、建议；

8. 受理有关经济法律、法规的咨询和有关经济方面申述和控告，审查与本工委有关的政府发布的命令、决定，督促区政府及有关部门办理代表议案、建议和批评意见，办理与本工委相关的群众来信来访事项；

9. 办理上级人大常委会交办和区人大常委会领导交办的其他事项。

（十）代表工委职责

1. 负责区人大代表换届选举的具体工作，指导镇街道人大代表换届选举工作；

2. 加强与区人大代表和本区的全国、省、市人大的联系；

3. 负责区人大会议期间代表议案和建议的分类、整理，提出具体办理意见，并检查、督促、落实代表议案，建议的办理；

4. 负责区人大会议闭会期间代表提出的建议、批评、意见的交办工作，接待代表的来信来访；

5. 负责代表观察、重大情况向代表通报及代表接待日常各项活动的组织工作；

6. 办理区人民代表的资格审查，办理审查区人大代表的辞职、罢免、补选等具体事宜；

7. 提出属于区人大常委会职权范围内与本工委有关的议案、建议；

8. 负责做好与政府及相关部门的联系，加强对外联系，适时组织对外学习、交流、考察活动，联系指导镇级人大工作；

9. 办理上级人大常委会交办和区人大常委会领导交办的其他事项。

第四节 制度建设

鹿城区人大常委会从建立开始，制定、修改、完善了各项工作、学习并严格遵照执行制度，使区人大常委会的工作规范有序、有章可循。

温州市城区第一届人民代表大会
关于处理议案和代表意见的暂行办法

（1984 年 5 月 29 日温州市城区第一届人民代表大会第一次会议通过）

根据《中华人民共和国宪法》和有关法律规定精神，结合城区的实际情况，特制定本办法。

一、关于议案

（一）向城区人民代表大会提出的议案，必须是属于城区人民代表大会职权范围内需由大会讨论决定的重大事项，主要是：

关于在本行政区域内，保证宪法、法律、行政法规的遵守和执行的事项；

关于本行政区域内的国民经济、社会发展计划和财政预算的重大事项；

关于本行政区域的政治、经济、城市建设、科学技术、文化教育、卫生、民政、民族等各方面工作的重大事项；

关于人民群众生活方面带有普遍性或迫切性的重大事项。

（二）城区人民代表大会主席团、一个代表团或者二十名以上的代表，可向城区人民代表大会提出议案。

（三）向城区人民代表大会提出的议案，经议案审查委员会审查，向大会主席团提出报告。主席团决定列入大会议程的议案交由各代表团审议，再由主席团审议决定提交大会表决；主席团决定不列入大会议程的，作为代表团或代表的意见、建议交有关部门处理。

（四）向城区人民代表大会提出的议案，经大会表决通过，有关机关应认真组织实施，并向城区人大常委会和下一次人民代表大会报告执行情况。

（五）议案在提交大会表决前，提案人要求撤回的，对议案的审议即行终止。

二、关于代表意见

（一）城区人民代表大会代表可向城区人民代表大会或城区人民代表大会常务委员会书面提出对城区区级国家机关所管理的各方面工作的建议、批评和意见。

（二）城区人民代表大会期间，代表可一人或数人联合提出书面意见，也可在大会闭幕以后向城区人大常委会书面或口头提出意见。

（三）城区人大常委会办公室、城区人民政府办公室，负责将代表提出的意见，分别交有关机关认真处理。

（四）承办部门应根据国家法律和有关方针、政策，认真负责地抓紧办理，做到件件有交代。处理结果要用书面及时答复有关代表。

（五）城区人大常委会办公室、城区人民政府办公室，负责对代表意见处理情况进行督促检查。对认真负责、及时处理代表意见的单位要进行表扬，对马虎敷衍、拖拉推诿的单位要进行批评。

本办法经温州市城区第一届人民代表大会第一次会议通过后施行。

温州市鹿城区人民代表大会
代表建议、批评和意见处理办法

（2004 年 4 月 27 日温州市鹿城区第六届人民代表大会常务委员会第十次会议审议通过；
2007 年 12 月 25 日温州市鹿城区第七届人民代表大会常务委员会第六次会议修订）

第一章　总则

第一条　为了保障区人民代表大会代表（以下简称代表）依法行使提出建议、批评和意见的权利，做好代表建议、批评和意见的处理工作，发挥代表作用，根据有关法律、法规，结合本区实际，制定本办法。

第二条　本办法所称的代表建议、批评和意见，是指以下几种情况代表个人或联名提出的建议、批评和意见：

（一）在区人民代表大会会议期间代表向区人民代表大会提出的建议、批评和意见；

（二）在区人民代表大会闭会期间代表向区人民代表大会常务委员会提出的建议、批评和意见；

（三）代表联名提出由大会主席团决定作为建议、批评和意见处理的议案。

第三条　代表提出建议、批评和意见，是执行代表职务参加管理国家事务、管理经济和文化事业、管理社会事务的一项重要工作。

有关机关、组织必须履行法定职责，认真研究处理代表建议、批评和意见并负责答复。

第二章　代表建议、批评和意见的基本要求

第四条　代表应当围绕全区政治、经济、文化、社会生活中的重大问题和人民群众普遍关心的问题，对区人民代表大会及其常务委员会、区人民政府及其部门、区人民法院、区人民检察院和其他机关、组织的工作提出建议、批评和意见。

第五条　下列情况不应当作为代表建议、批评和意见提出：

（一）涉及解决代表本人或者亲属个人问题的；

（二）代转人民群众来信或者具体案件材料的；

（三）属于学术探讨、产品推介的；

（四）没有实际内容的；

（五）其他不应当作代表建议、批评和意见的。

第六条　代表建议、批评和意见应当实事求是，简明扼要，做到有情况、有分析、有具体意见。

代表建议、批评和意见应当一事一议，使用统一印制的代表建议、批评和意见专用纸，并由代表亲笔签名。

第三章 代表建议、批评和意见的提出

第七条 代表应当通过视察、调研和代表小组活动等形式，深入实际、深入基层，了解人民群众的意见和要求，认真提出建议、批评和意见。

第八条 代表建议、批评和意见可由代表一人提出，也可由代表联名提出。联名提出的，领衔代表应当采取适当方式，使附议代表了解建议、批评和意见的内容。附议代表应当在确认建议、批评和意见内容能够真实表达自己的意愿后签名。

第九条 区人民代表大会会议期间的代表建议、批评和意见由大会秘书处统一受理；闭会期间的代表建议、批评和意见，由区人民代表大会常务委员会代表工作委员会受理。

代表提出建议、批评和意见不符合基本要求的，大会秘书处或区人民代表大会常务委员会代表工作委员会不予受理，并告知代表。

第四章 代表建议、批评和意见的交办

第十条 区人民代表大会会议期间提出的代表建议、批评和意见，应在大会闭幕后统一交有关机关和组织研究办理。在闭会期间提出的代表建议、批评和意见，应随时交办。

代表建议、批评和意见属政府系统承办的，由区人民代表大会常务委员会代表工作委员会和区人民政府办公室共同交办，具体协调工作由区人民政府办公室负责；属区人民法院、区人民检察院及其他机关、组织承办的，由区人民代表大会常务委员会代表工作委员会直接交办。

第十一条 区人民代表大会常务委员会主任会议可在代表建议、批评和意见中遴选出若干件作为重点建议、批评和意见，交由区人民政府、区人民法院、区人民检察院负责人领衔办理。

第十二条 代表建议、批评和意见需要两个以上单位共同研究办理的，交办时应确定主办单位和会办单位，由主办单位会同会办单位研究办理。

第十三条 承办单位在接收交办的代表建议、批评和意见文本时，应逐件核对、签收，并及时研究。如认为不属于本单位职权范围内的，应在收到建议、批评和意见文本之日起十日内，向交办机构说明情况，经交办机构审查确认后退回。交办机构应五日内重新确定承办单位并交办。

第五章 代表建议、批评和意见的办理

第十四条 承办单位应当建立和健全办理代表建议、批评和意见制度，实行单位负责人和具体承办人员分级负责制，规范办理程序，提高办理工作效率和水平。

第十五条 承办单位对代表建议、批评和意见应当进行分析，研究办理措施，拟定办理工作方案。对需要重点办理的代表建议、批评和意见，承办单位主要负责人应当直接负责组织办理。对政府及其所属部门承办的重点代表建议、批评和意见，区人民政府办公室应当加强协调或者直接组织办理。

第十六条 承办单位研究办理代表建议、批评和意见，应当加强与代表沟通、联系，采取走访、调研、座谈、电话、电子邮件等方式听取意见。对重点办理的代表建议、批评和意见，应当邀请相关代表参与研究。

办理代表建议、批评和意见时涉及国家秘密的，承办单位应当做好保密工作。

第十七条 两个以上承办单位会同办理的，主办单位应当主动与会办单位协商，会办单位应当在收到代表建议、批评和意见文本之日起两个月内将办理方案函告主办单位，由主办单位统一答复代表。必要时，主办单位有权召集会办单位及相关人员共同研究办理，会办单位应当积极配合。

主办单位和会办单位意见不一致的，属区人民政府有关部门之间的，由区人民政府办公室进行协调；属其他机关、组织之间的，由区人民代表大会常务委员会代表工作委员会商有关机关、组织进行协调。

第十八条 承办单位办理代表建议、批评和意见，应当依照宪法、法律、法规和政策，坚持实事求是，注重解决实际问题。对能够及时解决的，应当予以落实；对应该解决但因客观条件限制一时难以解决的，应当列入工作计划、规划，逐步解决；对确实不能解决的，应当充分说明原因，给予详细答复。

承办单位对已答复代表正在解决或者列入工作计划、规划逐步解决的，应当继续做好办理工作，待妥善解决后再次答复代表；不能按已答复要求解决的，应当及时向代表说明原因。

第十九条 承办单位应在接到交办的代表建议、批评和意见后的三个月内将办理结果书面答复代表。承办代表建议、批评和意见数量较多或者个别情况复杂的，经交办机构同意，可以延长至六个月内答复。

第二十条 承办单位对代表建议、批评和意见的答复，应当按照统一格式行文，注明联系人和联系电话，由承办单位主要负责人审核签发并加盖本单位公章，以公文（函）的形式答复代表，并抄送区人民代表大会常务委员会代表工作委员会。承办单位为政府有关部门的，还应当将答复件抄送区人民政府办公室。

承办单位对联名提出的代表建议、批评和意见的答复件，应当分别寄送每位代表或者商领衔代表同意后由领衔代表转复其他代表。

第二十一条 承办单位答复代表时，应当向领衔代表附寄《代表建议、批评和意见办理情况征询意见表》，征询代表对办理工作的意见。

第二十二条 承办单位全部办结代表建议、批评和意见后，应当十日内向区人民代表大会常务委员会代表工作委员会报告办理情况。承办单位为政府有关部门的，还应当同时向区人民政府办公室报告。

第二十三条 区人民政府及其办公室应确定专门机构或专人分管代表建议、批评和意见办理工作，负责对政府系统建议、批评和意见办理工作的指导、督查和协调。

第六章 代表建议、批评和意见办理的检查督促

第二十四条 代表应当按规定填写《代表建议、批评和意见办理情况征询意见表》，并在收到承办单位答复件之日起的十日内寄送区人民代表大会常务委员会代表工作委员会。区人民代表大会常务委员会代表工作委员会在收到代表反馈意见后七日内转交区人民政府办公室和有关机关、组织。

第二十五条 代表对答复件的意见分满意、基本满意和不满意。

凡属满意或基本满意的，承办单位应按答复件的承诺抓好落实。代表对答复不满意的，交办机构应督促承办单位再次研究办理，承办单位应当在收到要求重新办理的意见后一

个月内重新书面答复代表。

第二十六条 区人民代表大会常务委员会对代表建议、批评和意见办理工作进行检查督促。

区人民代表大会常务委员会代表工作委员会应当加强与承办单位和相关代表的联系，负责向常务委员会提出代表建议、批评和意见督办情况的报告。对重点代表建议、批评和意见，应当组织力量，跟踪督办，提高督办实效。

区人民代表大会代表或代表小组可以对建议、批评和意见办理情况进行调研、视察。

第二十七条 区人民政府、区人民法院、区人民检察院在每年代表建议、批评和意见全部办结后，应当向区人民代表大会常务委员会报告代表建议、批评和意见办理工作情况。代表建议、批评和意见办理工作报告经区人民代表大会常务委员会审议通过后，印发下次区人民代表大会会议。重点建议、批评和意见的办理情况可以专题报告。

第二十八条 区人民代表大会常务委员会、区人民政府应当对办理代表建议、批评和意见工作成绩显著的单位和个人予以表彰和奖励。对推诿责任、敷衍塞责的单位或个人，予以通报批评，并责令改正。情节严重的，建议追究承办单位负责人的责任。对提出建议、批评和意见的代表进行打击报复的，按照情节轻重依法处理。

第七章 附则

第二十九条 本办法自通过之日起施行。原《温州市鹿城区人民代表大会代表建议、批评和意见处理办法》同时废止。

温州市鹿城区人民代表大会常务委员会
关于建立人民监督员制度的意见（试行）

（2007年10月18日温州市鹿城区第七届人民代表大会常务委员会第五次会议审议通过）

为切实加强对区人民检察院查办职务犯罪案件的监督，规范人民监督员工作，促进司法公正，特制定如下意见：

一、人民监督员的资格

（一）公民担任人民监督员，应当具备下列条件：

1. 拥护中华人民共和国宪法；

2. 有选举权和被选举权；

3. 年满二十三周岁；

4. 公道正派，有一定的文化水平和政策、法律知识；

5. 身体健康。

（二）下列人员不得担任人民监督员：

1. 因犯罪受过刑事处罚或者受到刑事追究的；

2. 被开除公职或者开除留用的。

（三）下列人员不宜担任人民监督员：

1. 区人民代表大会常务委员会的组成人员；

2. 区政府及其组成部门的主要负责人；

3. 法院、检察院、公安、司法行政机关、国家安全机关的在职人员；

4. 执业律师、人民陪审员等法律工作者。

二、人民监督员的任免

（一）选任人民监督员，应当遵循公开、公正的原则，并注意吸收社会各阶层人员，以体现人民监督员的广泛性和代表性。

（二）人民监督员的人选，由机关、团体、企事业单位和基层组织推荐或由本人提出申请。

（三）对于被推荐和本人提出申请担任人民监督员的公民，由区人民检察院进行考察确认，提出人民监督员拟任人选。

（四）拟任人选由区人民检察院检察长提请区人民代表大会常务委员会任命。

（五）人民监督员的任期为三年，连任不得超过两个任期。

（六）人民监督员有下列情形之一，由区人民检察院检察长提请区人民代表大会常务委员会免去其人民监督员职务：

1. 本人申请辞去人民监督员职务的；

2. 无正当理由，拒绝参加监督活动，影响监督工作正常进行的；

3. 具有本意见第一部分（二）（三）条所列情形之一的；

4. 违反与监督工作有关的法律及相关规定，造成严重后果的；

5. 其他不宜继续担任人民监督员的情形。

人民监督员有本条第 4 项所列行为，构成犯罪的，依法追究刑事责任。

三、人民监督员的职责

（一）人民监督员对区人民检察院查办职务犯罪案件的下列情形实施监督：

1. 犯罪嫌疑人不服逮捕决定的；

2. 拟撤销案件的；

3. 拟不起诉的。

涉及国家秘密或者经特赦令免除刑罚以及犯罪嫌疑人死亡的职务犯罪案件不适用本条规定。

（二）人民监督员发现区人民检察院在查办职务犯罪案件中具有下列情形之一的，可以提出意见：

1. 应当立案而不立案或者不应当立案而立案的；

2. 超期羁押的；

3. 违法搜查、扣押、冻结的；

4. 应当给予刑事赔偿而不依法予以确认或者不执行刑事赔偿决定的；

5. 检察人员在办案中有徇私舞弊、贪赃枉法、刑讯逼供、暴力取证等违法违纪情况的。

（三）人民监督员应邀参加人民检察院查办职务犯罪案件工作的执法检查活动，发现有违法违纪情况的，可以提出建议和意见。

（四）人民监督员参加案件监督工作，应当保守案件秘密、注重司法礼仪、维护司法形象；不得对其他人民监督员施加影响；不得私自会见案件当事人及其委托的人。

四、人民监督员的监督工作

（一）区人民检察院查办职务犯罪案件，实行人民监督员制度，接受社会监督。

（二）人民监督员依照相关法律和规定对区人民检察院查办职务犯罪活动实施监督。

（三）参加案件监督的人民监督员，由区人民检察院在人民监督员名单中按三人以上单数随机抽取的办法确定。

（四）人民监督员监督案件实行回避制度，回避由区人民检察院检察长决定。

（五）人民监督员对区人民检察院查办职务犯罪活动实施监督，享有独立发表意见和表决的权利，表决实行少数服从多数的原则。

五、人民监督员的工作保障

（一）人民监督员对区人民检察院查办职务犯罪活动进行监督，是人民监督员的权利和义务，受法律保护。区人民检察院应当依照有关规定保障人民监督员参加监督活动。

（二）人民监督员所在单位、户籍所在地的基层组织应当保障人民监督员依法参加监督活动。

（三）人民监督员因参加监督活动应当享受的补助和必需的开支，区人民检察院应予以保障。

本意见自通过之日起试行。

温州市鹿城区人民代表大会
代表议案处理办法

（2008年12月31日温州市鹿城区第七届人民代表大会常务委员会第十五次会议通过）

第一章　总则

第一条　为了保障区人民代表大会代表（以下简称代表）依法行使提出议案的权利，做好代表议案工作，发挥代表作用，根据宪法和有关法律，结合本区实际，制定本办法。

第二条　本办法所称代表议案，是指区人民代表大会十名以上代表联名，向区人民代表大会提出属于区人民代表大会职权范围内的议事原案。

第三条　代表提出议案是执行代表职务，参加行使国家权力的重要工作。

有关机关、组织应当履行法定职责，加强代表议案处理工作，提高议案处理工作实效。

区人民代表大会常务委员会应当为代表议案工作提供必要条件，做好代表议案的审议工作和相关决议或决定落实情况的监督检查工作。

第二章　代表议案的基本要求

第四条　代表议案应当符合下列条件：

（一）由十名以上代表联名向区人民代表大会提出；

（二）内容属于区人民代表大会及其常务委员会职权范围内的事项；

（三）要求列入区人民代表大会及其常务委员会会议议程进行审议的事项。

第五条下列事项可以作为代表议案提出：

（一）在本行政区域内实施宪法、法律、法规，执行上级人民代表大会及其常务委员会决议、决定的重大事项；

（二）本行政区域内的政治、经济、城乡建设和环境保护、教育、科学技术、文化、卫生、民政、民族、宗教等方面工作的重大事项；

（三）区人民代表大会及其常务委员会职权范围内的其他事项。

第六条下列事项不应当作为代表议案提出：

（一）市级以上或乡镇国家机关职权范围内的事项；

（二）区人民政府、区人民法院、区人民检察院职权范围内的事项；

（三）政党、社会团体、企业事业组织和个人的事务；

（四）不属于区人民代表大会及其常务委员会职权范围内的其他事项。

第七条　代表议案应当有案由、案据和方案。案由应当明确清楚，案据应当充分合理，方案应当具体可行。

第八条　代表议案应当一事一议，使用统一印制的代表议案专用纸。

第三章　代表议案的提出

第九条　代表应当通过多种形式，深入实际，调查研究，广泛听取意见，在认真酝酿并充分准备的基础上提出议案。

第十条　代表联名提出议案，领衔代表应当采取适当方式，使参加联名附议的代表了解议案内容。有条件集体讨论的，应当经集体讨论取得一致意见。附议代表应当在审阅议案文本并同意后，再签名附议。

第十一条　代表议案一般在大会会议期间提出。

在大会会议期间提出的代表议案，由各代表团在规定的议案截止时间前递交大会秘书处。

大会秘书处应当对代表议案进行整理、分类和分析。对不符合议案基本要求的代表议案，可以建议提议案代表进行修改完善或者撤回，也可以建议提议案代表以代表建议、批评和意见形式提出。

第十二条　在大会闭会期间，对符合议案基本条件、准备成熟的代表议案，可以在闭会期间提出。

在大会闭会期间提出的代表议案，代表应当直接送交区人民代表大会常务委员会代表工作委员会。区人民代表大会常务委员会代表工作委员会应当参照本办法第十一条第二款规定处理。

闭会期间提出的代表议案符合议案基本要求的，在下次大会会议举行时，送交大会秘书处，与会议期间提出的代表议案一并处理。

第四章　代表议案的处理

第十三条　大会期间设立代表议案审查委员会，负责研究和审查代表议案处理的具体建议。议案审查委员会应当根据代表议案的整理、分类情况，经审查后向大会主席团报告，并提出如下处理建议意见：

（一）建议提请列入本次会议议程审议；

（二）建议交由区人民代表大会常务委员会审议；

（三）建议按代表建议、批评和意见的处理程序办理。

列入本次会议议程或者交由区人民代表大会常务委员会审议的代表议案，既可以是单个议事原案，也可以由多个相同或者类似的议事原案合并组成。

第十四条　大会主席团根据议案审查委员会的报告，决定代表议案是否列入本次大会议程，还是交由区人民代表大会常务委员会审议或按代表建议、批评和意见的处理程序办理。

经大会主席团通过的关于代表议案处理意见的报告，应当印发大会全体代表。

第十五条　大会主席团决定列入大会议程的代表议案：

（一）应当交各代表团审议，根据审议情况，由大会主席团决定是否提请大会全体会议表决。

（二）提议案代表应当向会议提供有关资料，提议案的领衔代表应当作出关于议案的说明。

（三）各代表团对代表议案进行审议后，由大会秘书处向大会主席团提出审议结果报告和相关的决议或决定草案。

（四）大会主席团审议通过的代表议案相关决议或决定草案，应当交各代表团审议、讨论后，提请大会全体会议表决。

（五）列入大会议程的代表议案，在交付表决前，提议案代表要求撤回的，经主席团同意，会议对该议案审议即行终止。

（六）列入大会议程的代表议案，在审议中有重大问题需进一步研究的，经主席团决定，交区人民代表大会下次会议审议决定，或者交区人民代表大会常务委员会审议决定，并报区人民代表大会下次会议备案。

第十六条　大会主席团决定交由区人民代表大会常务委员会审议的代表议案：

（一）区人民代表大会常务委员会应当在大会闭会后及时召开主任会议，对代表议案进行研究分析，提出审议工作的安排建议。

（二）区人民代表大会常务委员会相关工作委员会应当组织人员深入有关机关单位调查研究，征求提议案代表的意见，提出代表议案相关情况的调查报告。

（三）区人民代表大会常务委员会会议审议代表议案时，应当邀请议案领衔代表列席会议，发表意见。

（四）区人民代表大会常务委员会会议审议代表议案时，可以向有关机关、组织提出询问，有关机关、组织负责人应当到场说明。在审议中涉及专门性问题时，可以邀请有关方面人员和有关专家列席会议，发表意见。

（五）区人民代表大会常务委员会会议审议代表议案时，根据审议情况做出相关决议、决定或审议意见。

第十七条　区人民代表大会及其常务委员会会议审议通过的与代表议案相关的决议、决定或审议意见，承办机关应当认真执行。

（一）承办机关应当制定贯彻落实代表议案相关决议、决定或审议意见的办理方案，并将办理方案向区人民代表大会常务委员会报告。

（二）承办机关办理代表议案相关决议、决定或审议意见，应当精心组织，切合实际，讲求实效，在交办之日起三至六个月内向区人民代表大会常务委员会报告办理结果。分阶段实施未办理完毕的，应向区人民代表大会常务委员会报告初办情况、未办结原因和续办计划。

（三）承办机关办理议案相关决议、决定或审议意见，应当向提出议案的代表通报办理情况，听取领衔代表和附议代表的意见。

第十八条　对没有列入大会议程或区人民代表大会常务委员会审议的代表议案，与代表提出的建议、批评和意见一并处理。按《温州市鹿城区人民代表大会代表建议、批评和意见处理　办法》规定的程序办理。

第十九条　区人民代表大会常务委员会对有关机关、组织执行与代表议案相关的决议、决定或审议意见的情况，应当加强监督和检查，促进代表议案相关决议、决定或审议意见的落实。

第二十条　区人民代表大会常务委员会会议审议通过的代表议案结果报告应当印发下次区人民代表大会会议。

第五章　附则

第二十一条　本办法自区人民代表大会常务委员会会议通过之日起实施

温州市鹿城区人民代表大会常务委员会审议意见处理暂行办法

（2009 年 11 月 13 日温州市鹿城区第七届人民代表大会常务委员会第二十二次会议通过）

第一条　为了提高人大常委会审议质量，推动审议意见的落实，增强监督工作实效，根据《中华人民共和国各级人民代表大会常务委员会监督法》和《浙江省各级人民代表大会常务委员会监督条例》的规定，结合本区实际，制定本办法。

第二条　本办法所称的审议意见，是指区人大常委会审议区人民政府、区人民法院、区人民检察院（以下简称“一府两院”）工作报告以及区人大常委会组织的法律法规实施情况执法检查报告时，常委会组成人员所提出的意见和建议。

审议意见内容主要包括：对某方面工作的总体评价；工作中存在的突出问题；改进意见和建议；要求达到的目标和完成时限及其他必要的内容。

审议意见应当客观全面反映常委会组成人员、列席人员的审议发言，并吸收相关调查报告的内容，提出的建议应当具有针对性和可行性。

第三条　常委会组成人员审议时，区人民政府分管领导、区人民法院、区人民检察院和有关部门单位负责人应到会听取意见，回答询问。

第四条　区人大常委会在审议有关报告后，由相关工作委员会在常委会会议闭会后 7 日内拟定审议意见初稿，报常委会分管主任审核，并提请主任会议讨论通过。

第五条　区人大常委会办公室应当在审议意见通过后 7 日内发文，将审议意见交“一府两院”研究处理。必要时，可以召开审议意见交办会。

第六条　向“一府两院”交办审议意见时，应当对“一府两院”报告审议意见研究处理情况的形式和期限作出规定。报告形式分书面报告和口头报告两种。报告期限一般为审议意见交办之日起三个月内，经主任会议决定可适当延长报告期限。

第七条　审议意见研究处理情况报告的内容包括：审议意见研究处理的过程；审议意见被采纳后的处理措施和计划，或者认为不能采纳或暂缓处理的意见及理由；其他需要说明的问题。

第八条　审议意见研究处理情况报告经主任会议决定，可以列入区人大常委会会议议程并进行审议。

区人大常委会会议可以对列入会议议程的审议意见研究处理情况报告进行表决。表决采取无记名投票方式进行，分满意、基本满意、不满意。

满意和基本满意票未过区人大常委会组成人员半数的，为审议意见处理结果不满意，区人大常委会向研究处理单位发《鹿城区人大常委会监督通知书》，该单位应认真研究，重新处理，并再次向区人大常委会报告。常委会会议可以对重新研究处理情况的报告再次进行表决。

对重新研究处理情况报告的表决结果仍为不满意的，主任会议可以提议组织关于特定问题的调查委员会，区人大常委会组成人员也可以依法就相关问题提出质询案。

第九条　区人大常委会认为必要时，可以对审议意见的落实情况组织跟踪检查。

第十条　区人大常委会要通过新闻媒体、人大网站等公开审议意见及研究处理情况。必要时可以组织召开审议意见办理情况通报会，对审议意见办理工作情况进行通报。

人代会期间，区人大常委会要将上年度审议意见及研究处理情况向全体区人大代表进行通报。

第十一条　本办法自通过之日起施行。

温州市鹿城区人民代表大会
闭会期间代表活动的若干规定

（2009年11月13日温州市鹿城区第七届人民代表大会常务委员会第二十二次会议通过）

第一章　总则

第一条　为保障区人民代表大会代表（以下简称代表）在人民代表大会闭会期间依法履行职责，充分发挥代表作用，根据宪法和代表法等法律法规的有关规定，参照省、市人民代表大会常务委员会关于加强和规范本级人大代表活动的若干意见精神，结合本区实际，制定本规定。

第二条　区人大代表是区级国家权力机关组成人员，代表人民的利益和意志，依法参加行使国家权力。代表依照法律的规定在闭会期间开展活动，是执行代表职务的重要方面。本行政区域内的一切机关、组织和个人都必须尊重代表的权利，支持代表依法执行代表职务。

第三条　代表在闭会期间开展活动，应紧紧围绕宪法、法律和法规的贯彻实施，围绕经济建设、民主法制建设和维护社会稳定的大局，围绕区委的重大战略部署，围绕区人大及其常委会所作的决议、决定及工作重点，围绕人民群众关心的热点、难点问题，依法进行。

第四条　代表在闭会期间主要有以下几方面的活动：

（一）参加代表小组的活动；

（二）参加视察和专题调研；

（三）应邀参加区人大常委会开展的执法检查等重点工作；

（四）列席相关会议；

（五）提出对各方面工作的建议、批评和意见；

（六）联系原选区选民，反映人民群众的意见；

（七）应邀参加由区人大常委会组织的其他有关活动；

（八）应法院、检察院邀请参加有关视察活动。

第五条　代表在闭会期间的活动由区人大各代表小组根据区人大常委会的统一部署自行组织。

第六条代表应积极参加闭会期间的活动，在活动中：

（一）应把依法执行代表职务与从事个人职业活动严格区别开来，不得借执行代表职务从事个人职业活动；

（二）不得利用代表职权为本人或者亲属牟取不正当的利益；

（三）不得接受企事业单位、社会团体和个人出资资助；

（四）不得干预司法机关具体案件的审理和执行，对涉及本人和亲属的具体案件应当回避；

（五）对涉及国家秘密的事项，不得对外泄露。

第二章　代表小组活动

第七条　代表按照便于组织和开展活动的原则，组成若干代表小组。代表小组设组长、副组长和联络员，负责本小组代表活动的召集、主持和联络服务工作。

代表可以按照专业特长组建若干专业代表小组，在区人大常委会相关工作委员会的组织下，开展专题代表活动。

第八条　代表在闭会期间以集体活动为主，以代表小组活动为基本形式，也可以开展若干小组联组活动、各级人大代表联合编组活动。

第九条　区人大常委会相关工作机构应根据当年区人大的决议、决定和区人大常委会的工作要点以及监督计划，每年年初向代表小组提出年度活动的指导意见。各代表小组应根据指导意见制定年度活动计划，并在每年年底向区人大常委会报告活动计划的实施情况。

第十条　代表小组活动一般每年不少于 4 次。活动的主要内容有：

（一）组织学习、宣传宪法、法律、法规和人大知识；

（二）就地视察和调查研究；

（三）走访选区选民和接待选民来访，向有关机关组织反映人民群众的意见和要求；

（四）讨论区人大常委会和区人民政府、区人民法院、区人民检察院工作报告；

（五）酝酿、起草和提出议案或建议、批评和意见；

（六）评比先进等。

第十一条 各街道人大工作委员会和乡镇人大主席团应为代表小组的活动提供场所和其他便利条件。

第三章 视察和专题调研

第十二条 根据区人大常委会的统一安排，各代表小组应在每年进行一次集中视察。

代表应积极参加所在小组的集中视察，如因故不能参加的，应向代表小组的组长或副组长请假。无故不参加或无法取得联系的，代表小组应向区人大常委会报告。

第十三条 代表小组可以按计划自行组织代表视察，也可以与其他代表小组联合组织视察，或者由业务知识或职业界别相近的代表组成临时代表小组进行专题视察。

第十四条 代表在视察过程中，可以采取明察暗访的方式，深入掌握真实情况。

视察期间，代表可以请本级或者下级国家机关负责人报告工作情况，并提出意见和建议。代表视察后，应向国家机关反馈视察意见。必要时，由组织单位将视察过程中代表提出的建议、批评和意见整理后，交由有关国家机关和单位研究处理并答复代表，同时将视察情况汇总报送区人大常委会。

第十五条 代表对区人民法院、区人民检察院工作进行视察时，可以依法采取多种方式进行，但要遵守庭审纪律，不得干预案件的诉讼。参加旁听庭审后，必要时，可以将相关情况及时报送区人大常委会。

第十六条 代表根据区人大常委会统一安排进行视察时，可以提出约见本级或者下级有关国家机关负责人。被约见的有关国家机关负责人或者由其委托的负责人员应当听取代表的建议、批评和意见。

第十七条 根据本人要求，经区人大常委会联系安排，代表可以持代表证就地进行视察。代表持证视察时，可以向被视察单位提出建议、批评和意见，但不直接处理问题。

第十八条 鼓励和支持代表开展专题调研活动。专题调研可以由代表个人或相约持证进行，也可以由代表小组统一组织。

代表进行专题调研活动时，本行政区域内的有关国家机关、组织和个人都应如实提供相关情况和资料。对涉及国家机密的事项，应予及时说明。

专题调研后，代表应向区人大常委会提交调研报告。必要时，区人大常委会可以将调研报告印发相关国家机关研究处理并答复代表。

第四章 列席常委会会议

第十九条 区人大常委会召开会议时，可以邀请代表列席会议。列席代表名单采取以区人大常委会工作机构推荐和代表报名相结合的办法确定。

第二十条 列席区人大常委会会议的代表对会议的各项议程内容可以提出意见和建议。必要时，区人大常委会召开专题座谈会，听取列席的代表对审议议题的意见和建议。

第五章 联系群众和反映群众意见

第二十一条 建立健全代表联系选民的制度。代表应当通过走访、接待选民和向原选区选民述职等方式，加强与选民的联系，接受选民的监督。

第二十二条 代表应通过多种渠道保持与人民群众的密切联系，可以采取走访、召开座谈会、公布电子信箱等方式听取和收集人民群众的意见。

第二十三条　代表反映人民群众的意见和建议可以采用以下几种途径：

（一）向区人大及其常委会提出议案或建议、批评和意见；

（二）以信件、传真、电子邮件等方式向区人民政府、区人民法院、区人民检察院及有关部门反映群众的意见和建议；

（三）在区人大常委会统一安排的代表视察及约见时，提出建议、批评和意见；

（四）在区人民代表大会会议及其常委会会议和其他有关会议上提出意见。

第二十四条　代表对于人民群众递交的申诉、控告和检举等信件，或者当面反映的问题，可以交由区人大常委会信访机构转有关机关组织研究处理。

第六章　代表活动的保障

第二十五条　区人大常委会应为代表参与各项监督活动提供保障，在开展视察、执法检查、专题调研等活动时，应当邀请代表参与。

第二十六条　加强和改进区人大常委会联系代表的制度。区人大常委会主任、副主任和其他组成人员应当参加接待走访代表的工作，参加所联系的代表小组活动。

第二十七条　保障代表的知情权。区人大常委会办公室和相关工作机构应及时向代表通报区人大常委会会议、重要工作安排和重要活动情况，寄发区人大常委会公报等资料。

区人民政府、区人民法院、区人民检察院的办事机构应当及时向代表寄发政府公报，国民经济和社会发展统计资料和其他有关资料。

第二十八条　代表参加特定问题调查时，有关的国家机关、社会团体、企业事业组织和公民都有义务提供必要的信息。

第二十九条　代表活动经费列入区财政预算，并根据经济增长逐步增加，保证代表小组开展活动的需要。

代表依法参加闭会期间代表活动，其所在单位、部门必须依法给予时间、工资、奖金和其他福利待遇等各项保障。

无固定工资收入的代表执行代表职务，应根据实际情况给予适当补贴，代表参加活动的相关费用由组织活动的单位给予报销。

第三十条　区人大常委会应根据代表构成的实际情况，通过各种方式，加强对代表的培训，不断提高代表的职务意识和履职能力。

第七章　附则

第三十一条　本规定自通过颁布之日起施行。

第三十二条　本规定由区人大常委会负责解释。

温州市鹿城区人民代表大会常务委员会
规范性文件备案审查暂行办法

（2010年9月30日温州市鹿城区第七届人民代表大会常务委员会第29次会议通过）

第一条　为维护国家法制统一，加强规范性文件的备案审查工作，根据《中华人民共和国各级人民代表大会常务委员会监督法》《浙江省各级人民代表大会常务委员会规范性文件备案审查规定》和其他法律、法规，结合本区实际，制定本办法。

第二条　应当向区人民代表大会常务委员会报送的规范性文件的备案审查工作，适用本办法。

第三条　本办法所称规范性文件，是指在本行政区域内对公民、法人和其他组织具有普遍约束力的下列文件：

（一）区人民政府以决定、命令、规定、办法、意见、通知等形式公布的规范性文件；

（二）有关法律、法规的应用性解释、意见、办法等；

（三）其他应当报送备案的规范性文件。

第四条　规范性文件应当自公布之日起三十日内报送区人民代表大会常务委员会备案。

第五条　规范性文件备案材料包括备案报告、规范性文件文本以及说明、其他有关材料。规范性文件备案应当同时报送纸质文本和电子文本。

第六条　规范性文件的制定机关，应当指定具体的机构负责向区人民代表大会常务委员会报送规范性文件。

第七条　报送区人民代表大会常务委员会备案的规范性文件，由区人民代表大会常务委员会法制工作委员会负责接收、登记，并分送区人民代表大会常务委员会相应的工作委员会。

对未按规定报送规范性文件备案材料的，由区人民代表大会常务委员会法制工作委员会书面通知制定机关限期报送。

第八条　规范性文件的制定机关，应当在每年一月底前，将上一年度制定的规范性文件目录报送区人民代表大会常务委员会备案。

第九条　区人民代表大会常务委员会经审查认为规范性文件有下列不适当情形之一的，有权予以撤销：

（一）超越法定权限限制或者剥夺公民、法人和其他组织合法权利，或者增加公民、法人和其他组织义务的；

（二）超越法定权限制定规范性文件的；

（三）违反程序制定规范性文件的；

（四）同法律、法规以及全国、省、市、区人民代表大会及其常务委员会的有关决议、决定相抵触的；

（五）有其他不适当情形的。

第十条　区人民政府、区人民法院和区人民检察院认为规范性文件存在本办法第九条所列情形之一的，可以向区人民代表大会常务委员会书面提出审查要求。

区人民代表大会常务委员会法制工作委员会收到审查要求后，应当按照职责分工送区人民代表大会常务委员会相应的工作委员会进行审查。

第十一条　本办法第十条所列以外的其他国家机关、社会团体、企事业单位以及公民，认为规范性文件存在本办法第九条所列情形之一的，可以向区人民代表大会常务委员会书面提出审查建议。

区人民代表大会常务委员会法制工作委员会收到审查建议后十五日内，应当将收到情况书面告知提出审查建议的单位或个人。认为确有审查必要的，应当按照职责分工送区人民代表大会常务委员会相应的工作委员会进行审查。

第十二条　对不属于区人民代表大会常务委员会备案审查的，由区人民代表大会常务委员会法制工作委员会告知提出审查要求或建议的单位或个人向有审查权的机关提出。

第十三条　国家机关、社会团体、企事业单位以及公民书面提出审查要求或者审查建议的，应当写明审查的文件名称、审查的事项和理由。

第十四条　区人民代表大会常务委员会工作委员会可以根据需要，对报送备案的规范性文件进行审查。

区人民代表大会常务委员会法制工作委员会对报送备案的规范性文件进行审查时，应当征询区人民代表大会常务委员会相应的工作委员会的意见。

区人民代表大会常务委员会相应的工作委员会认为规范性文件有本办法第九条所列情形之一的，可会同区人民代表大会常务委员会法制工作委员会进行联合审查。

第十五条　规范性文件审查，需要制定机关说明情况或者补充材料的，制定机关应当说明情况或者补充材料。

第十六条　规范性文件审查，可以邀请专家参与审查工作，也可以举行听证会。

第十七条　负责审查的区人民代表大会常务委员会工作委员会认为规范性文件有本办法第九条所列情形之一的，应当与制定机关进行沟通，征询意见。

制定机关认为被审查的规范性文件应该进行修改或者废止的，负责审查的区人民代表大会常务委员会工作委员会应当督促制定机关限期修改或者废止。制定机关认为被审查的规范性文件无需修改或者废止的，应当书面说明理由。

第十八条　制定机关未在规定的期限内修改或者废止，或者制定机关提出的无需修改或者废止的理由不成立的，负责审查的区人民代表大会常务委员会工作委员会可以提出书面审查意见，报经主任会议同意后，由区人民代表大会常务委员会办公室交制定机关。

第十九条　制定机关收到书面审查意见后，应当依程序对所制定的规范性文件予以修改或者废止；制定机关逾期不予修改或者废止的，负责审查的区人民代表大会常务委员会工作委员会可以依职权向区人民代表大会常务委员会主任会议提出处理建议，主任会议可以向区人民代表大会常务委员会提出撤销该规范性文件的议案。

第二十条　区人民代表大会常务委员会应当每年向区人民代表大会书面报告上一年度规范性文件备案审查情况，并向社会公开。

第二十一条　应国家机关、社会团体、企事业单位以及公民的要求或建议对有关规范性文件进行审查的，负责审查的区人民代表大会常务委员会工作委员会应当在审查工作结束后十五日内，将审查处理情况告知提出审查要求或建议的单位或者个人。

第二十二条　规范性文件审查结束后，负责审查的区人民代表大会常务委员会工作委员会应当将有关审查处理的材料，送区人民代表大会常务委员会法制工作委员会归档保存。

第二十三条　本办法自2011年1月1日起施行。

温州市鹿城区人民代表大会常务委员会议事规则

（1998年9月24日温州市鹿城区第五届人民代表大会常务委员会第四次会议通过。2007年12月25日温州市鹿城区第七届人民代表大会常务委员会第六次会议第一次修订。2012年5月30日温州市鹿城区第八届人民代表大会常务委员会第二次会议第二次修订。）

第一章　总则

第一条　为了更好地依照法定的程序行使宪法和法律赋予的职权，根据《中华人民共和国宪法》《中华人民共和国地方各级人民代表大会和地方各级人民政府组织法》《中华人民共和国各级人民代表大会常务委员会监督法》的有关规定，结合本区实际，制定本规则。

第二条　温州市鹿城区人民代表大会常务委员会（以下简称区人大常委会）按照民主集中制的原则，集体行使职权。

第二章　会议的召开

第三条　区人大常委会会议每两个月至少举行一次。如有特殊需要，由主任会议决定，可以临时召集会议。

第四条　区人大常委会会议必须有区人大常委会全体组成人员过半数出席，方可举行。

第五条　区人大常委会举行会议时，区人大常委会组成人员应当按时出席会议，如有特殊情况应书面请假。

第六条　区人大常委会会议日期由主任会议决定。区人大常委会会议议程草案由主任会议拟定，并提请区人大常委会全体会议通过；如需调整，由区人大常委会会议决定。

第七条　区人大常委会举行会议，应在会议举行的十日前，将开会日期和建议会议审议的主要事项，通知区人大常委会组成人员和列席人员。临时召集的区人大常委会会议，可以临时通知。

第八条　区人大常委会举行会议时，下列人员列席会议：

（一）区人民政府、区人民法院、区人民检察院负责人；

（二）不是区人大常委会组成人员的区人大常委会办公室主任、副主任，各工作委员会主任、副主任；

（三）区人民政府有关部门负责人；

（四）街道、镇人大工作负责人；

（五）部分区人民代表大会代表；

（六）主任会议决定列席会议的其他人员。

第九条　区人大常委会会议的列席人员有发言权，但无表决权。

第十条　区人大常委会举行会议时，可以设立公民旁听席。

第十一条　区人大常委会举行会议时，应当召开全体会议，并可以召开分组会议。

区人大常委会全体会议由主任召集并主持，主任可以委托副主任召集并主持会议。分组会议由区人大常务委员组成人员轮流担任召集人。

第十二条　区人大常委会举行会议时，应通过各种途径向全区人民和区人民代表大会代表公布会议情况。

第三章　议案的提出和审议

第十三条　主任会议可以依法向区人大常委会提出属于区人大常委会职权范围内的议案，由区人大常委会会议审议。主任会议根据工作需要，可以委托区人大常委会办公室、工作委员会拟定议案草案并向区人大常委会会议作说明。

区人民政府、区人民法院、区人民检察院可以依法向区人大常委会提出属于区人大常委会职权范围内的议案，由主任会议决定，提请区人大常委会会议审议。

区人大常委会组成人员三人以上联名可以依法向区人大常委会提出属于区人大常委会职权范围内的议案，由主任会议决定是否提请区人大常委会会议审议，不提请区人大常委会会议审议的，应当向提议案人说明或者向区人大常委会报告。

第十四条　区人民代表大会主席团交付区人大常委会审议的议案，经有关工作委员会调查研究、提出意见，再由主任会议提请区人大常委会会议审议。

第十五条　列入区人大常委会会议议程的议案，提议案人应当向区人大常委会会议作说明，并提供有关资料。

第十六条　区人大常委会全体会议听取和审议议案，必要时，举行分组会议审议。

第十七条　提议案人可以在区人大常委会全体会议或分组会议上对议案作补充说明。

第十八条　列入区人大常委会会议议程的议案，在交付表决前，提议案人要求撤回的，经主任会议同意，会议对该议案的审议即行终止。

第十九条　列入区人大常委会会议议程的议案，在审议中有重大问题需要进一步研究的，经主任会议提出，全体会议同意，可暂不付表决，由提议案人深入调查研究后，再提请审议，也可以由主任会议决定委托有关工作委员会进一步调查研究、提出意见，再提请区人大常委会会议审议、表决。

第四章　听取和审议专项工作报告

第二十条　区人大常委会每年有计划地安排听取和审议区人民政府、区人民法院、区人民检察院的专项工作报告。区人民政府、区人民法院、区人民检察院可以向区人大常委会要求报告专项工作。

区人大常委会会议听取和审议专项工作报告的年度计划，经主任会议通过，印发给区人大常委会组成人员并向社会公布。

第二十一条　区人民政府向区人大常委会作的专项工作报告，应经区长或副区长签署，由区长、副区长或者受区人民政府委托的有关部门负责人报告。

区人民法院向区人大常委会作的专项工作报告，应经院长签署，由院长或者副院长报告。

区人民检察院向区人大常委会作的专项工作报告，应经检察长签署，由检察长或者副检察长报告。

第二十二条　区人大常委会听取和审议专项工作报告前，主任会议可以组织区人大常委会组成人员和区人民代表大会代表，对有关工作进行视察或者专题调查研究。

区人大常委会可以安排参加视察或者专题调查研究的代表列席区人大常委会会议，听取专项工作报告，提出意见。

第二十三条　区人大常委会听取和审议专项工作报告前，区人大常委会办事机构应当将各方面对该项工作的意见汇总，交由区人民政府、区人民法院、区人民检察院研究并在专项工作报告中作出回应。

第二十四条　区人民政府、区人民法院、区人民检察院应当在区人大常委会举行会议的二十日前，将专项工作报告送交区人大常委会有关工作委员会征求意见；区人民政府、区人民法院、区人民检察院对报告修改后，在区人大常委会举行会议的十日前送交区人大常委会。

区人大常委会办公室应当在区人大常委会举行会议的七日前，将专项工作报告发给区人大常委会组成人员。

第二十五条　区人大常委会全体会议听取和审议专项工作报告后，如果多数组成人员对报告不满意，经区人大常委会会议决定，报告工作的机关必须重新报告。

第二十六条　区人大常委会组成人员对专项工作报告的审议意见，交由区人民政府、区人民法院、区人民检察院研究处理。区人民政府、区人民法院、区人民检察院应当将研究处理情况送交区人大常委会有关办事机构征求意见后，向区人大常委会提出书面报告。

区人大常委会会议作出的决议、决定，区人民政府、区人民法院、区人民检察院应当认真贯彻执行，并将执行情况向区人大常委会报告。

区人大常委会认为必要时，可以委托主任会议听取对各项决议、决定及审议意见落实情况的报告。

区人大常委会听取的专项工作报告及审议意见，区人民政府、区人民法院、区人民检察院对审议意见研究处理情况或者执行决议情况的报告，向区人民代表大会代表通报并向社会公布。

第五章审查和批准决议，听取和审议计划、预算、审计工作报告

第二十七条　区人民政府应当在每年六月至九月期间，将上一年度的区本级决算草案提请区人大常委会审查和批准。

决算草案应当按照区人民代表大会批准的预算所列科目编制，按预算数、调整数或者变更数以及实际执行数分别列出，并作出说明。

第二十八条　区人民政府应当在每年六月至九月期间，向区人大常委会报告本年度上一阶段国民经济和社会发展计划、预算的执行情况。

第二十九条　国民经济和社会发展计划、预算经区人民代表大会批准后，在执行过程中需要作部分调整的，区人民政府应当将调整方案提请区人大常委会审查和批准。

严格控制不同预算科目之间的资金调整。预算安排的农业、教育、科技、文化、卫生、

社会保障等资金需要调减的，区人民政府应当提请区人大常委会审查和批准。

区人民政府有关主管部门应当在区人大常委会举行会议审查和批准预算调整方案的一个月前，将预算调整初步方案送交区人大常委会财经工作委员会征求意见。

第三十条　区人大常委会每年审查和批准决算的同时，听取和审议区人民政府提出的审计机关关于上一年度预算执行和其他财政收支的审计工作报告。

第三十一条　区人大常委会对国民经济和社会发展计划执行情况报告、预算执行情况报告和审计工作报告的审议意见交由区人民政府研究处理。区人民政府应当将研究处理情况向区人大常委会提出书面报告。区人大常委会认为必要时，可以对审计工作报告作出决议；区人民政府应当在决议规定的期限内将执行决议的情况向区人大常委会报告。

区人大常委会会议听取的国民经济和社会发展计划执行情况报告、预算执行情况报告和审计工作报告及审议意见，区人民政府对审议意见研究处理情况或者执行决议情况的报告，向区人民代表大会代表通报并向社会公布。

第三十二条　国民经济和社会发展五年规划经区人民代表大会批准后，在实施的中期阶段，区人民政府应当将规划实施情况的中期评估报告提请区人大常委会审议。规划经中期评估需要调整的，区人民政府应当将调整方案提请区人大常委会审查和批准。

第六章　法律法规实施情况的检查

第三十三条　区人大常委会根据工作需要，每年选择若干关系改革发展稳定大局和群众切身利益、社会普遍关注的重大问题，有计划地对有关法律、法规实施情况进行执法检查。

第三十四条　区人大常委会年度执法检查计划，由各工作委员会提出，经主任会议通过，印发区人大常委会组成人员并向社会公布。需临时增加区人大常委会执法检查项目的，有关工作委员会应适时提请主任会议决定。

区人大常委会执法检查工作由有关工作委员会具体组织实施。

执法检查组的组成人员，从区人大常委会组成人员中确定，并可以邀请区人民代表大会代表参加。

第三十五条　执法检查结束后，执法检查组应当及时提出执法检查报告，由主任会议决定提请区人大常委会审议。

第三十六条　区人大常委会组成人员对执法检查报告的审议意见连同执法检查报告，一并交由区人民政府、区人民法院、区人民检察院研究处理。区人民政府、区人民法院、区人民检察院应当将研究处理情况送交区人大常委会有关工作委员会征求意见后，向区人大常委会提出书面报告。必要时，由主任会议决定提请区人大常委会审议，或者由区人大常委会组织跟踪检查；区人大常委会也可以委托有关工作委员会组织跟踪检查。

区人大常委会的执法检查报告及审议意见，区人民政府、区人民法院、区人民检察院对其研究处理情况的报告，向区人民代表大会代表通报并向社会公布。

第七章　询问、质询和特定问题调查

第三十七条　区人大常委会举行全体或分组会议审议议案和有关报告时，区人民政府及其有关部门、区人民法院、区人民检察院有关负责人应当到会，听取意见，回答询问。

第三十八条　区人大常委会组成人员三人以上联名，可以向区人大常委会书面提出对区人民政府及其部门和区人民法院、区人民检察院的质询案。

质询案应当写明质询对象、质询的问题和内容。质询内容必须属于受质询机关职权范围内的事项。

第三十九条　质询案由主任会议决定交由受质询的机关在区人大常委会全体会议上口头答复，或者书面答复。

质询案以口头答复的，由受质询机关的负责人到会答复。质询案以书面答复的，由受质询机关的负责人签署。主任会议认为必要时，可以将答复质询案的情况报告印发区人大常委会会议。

第四十条　提质询案的区人大常委会组成人员的过半数对受质询机关的答复不满意的，可以提出要求，经主任会议决定，由受质询机关再作答复。

第四十一条　质询案在作出答复前，提质询案人要求撤回的，经主任会议同意，会议对该质询案的审议即行终止。

第四十二条　主任会议可以向区人大常委会提议组织关于特定问题的调查委员会，提请区人大常委会审议。

五分之一以上区人大常委会组成人员书面联名，可以向区人大常委会提议组织关于特定问题的调查委员会，由主任会议决定提请区人大常委会审议。

第四十三条　调查委员会由主任委员、副主任委员和委员组成，由主任会议在区人大常委会组成人员和区人民代表大会代表中提名，提请区人大常委会全体会议通过。调查委员会可以聘请有关专家参加调查工作。

与调查的问题有利害关系的区人大常委会组成人员和其他人员不得参加调查委员会。

第四十四条　调查委员会进行调查时，有关的国家机关、社会团体、企业事业组织和公民都有义务向其如实提供必要的材料，提供材料的公民要求对材料来源保密的，调查委员会应当予以保密。

调查委员会在调查过程中，可以不公布调查的情况和材料。

第四十五条　调查委员会应当向区人大常委会提出调查报告。区人大常委会根据报告，可以作出相应的决议、决定。

第八章　撤职案的审议和决定

第四十六条　区人大常委会在区人民代表大会闭会期间，可以决定撤销区人民政府个别副区长的职务；可以撤销由区人大常委会任命的区人民政府的其他组成人员和区人民法院副院长、庭长、副庭长、审判委员会委员、审判员，区人民检察院副检察长、检察委员会委员、检察员的职务。

第四十七条　区人民政府、区人民法院、区人民检察院，可以向区人大常委会提出对第四十六条所列国家机关工作人员的撤职案。

区人大常委会主任会议，可以向区人大常委会提出对第四十六条所列国家机关工作人员的撤职案。

区人大常委会五分之一以上的组成人员书面联名，可以向区人大常委会提出对第四十六条所列国家机关工作人员的撤职案，由主任会议决定是否提请区人大常委会会议审议；或者由主任会议提议，经全体会议决定，组织调查委员会，由以后的区人大常委会会议根据调查委员会的报告审议决定。

第四十八条　撤职案应当写明撤职的对象和理由，并提供有关的材料。

撤职案在提请表决前，被提出撤职的人员有权在区人大常委会会议上提出申辩意见，或者书面提出申辩意见，由主任会议决定印发区人大常委会会议。

第九章　发言和表决

第四十九条　区人大常委会组成人员和列席会议人员，可以在分组会议上发言，也可以在全体会议上发言。在全体会议上发言时间不超过十分钟，对于超过时间或与议题无关的发言，会议主持人可以制止。如有特殊需要，发言人事先提出要求，经会议主持人同意可以适当延长发言时间。

第五十条　区人大常委会组成人员有表决权但不得委托他人代为表决，在区人大常委会会议上的发言和表决不受法律追究。

列席会议的区人民代表大会代表在区人大常委会会议上的发言不受法律追究。

第五十一条　区人大常委会对人事任免案和撤职案的表决采用无记名投票的方式。

区人大常委会对决议、决定和有关事项的表决采用按表决器或举手表决的方式。

区人大常委会通过议程、日程、监票人、计票人等事项，采用鼓掌方式。

区人大常委会对个别特殊事项的表决方式由主任会议决定。

第五十二条　区人大常委会会议表决事项均以区人大常委会全体组成人员的过半数通过，表决结果由会议主持人当场宣布。

第五十三条　交付表决的议案，有修正案的，应先表决修正案。

第五十四条　在议案表决前，区人大常委会组成人员如果有新的意见，经会议主持人同意可以发表，但不得中止对议案的表决。

第十章　附则

第五十五条　本规则由区人大常委会主任会议负责解释。

第五十六条　本规则自区人大常委会会议修订之日起实施。

温州市鹿城区人民代表大会常务委员会
关于加强与区人民政府、区人民法院、区人民检察院工作联系的办法

（2007 年 5 月 29 日温州市鹿城区第七届人民代表大会常委委员会第二次会议修订
2012 年 5 月 30 日温州市鹿城区第八届人民代表大会常务委员会第二次会议重新修改通过）

一、为加强温州市鹿城区人民代表大会常务委员会（以下简称区人大常委会）与区人民政府、区人民法院、区人民检察院的工作联系，根据《中华人民共和国宪法》《中华人民共和国地方各级人民代表大会和地方各级人民政府组织法》和《中华人民共和国各级人民代表大会常务委员会监督法》的有关规定，结合本区实际，制定本办法。

二、区人大常委会主任会议，以及区人大常委会各工作委员会召开的会议，根据议

题的需要，请区人民政府、区人民法院、区人民检察院领导成员或有关的区人民政府工作部门负责人列席。

三、区人民政府常务会议以及区人民政府工作部门召开的重要会议，制定规划、重要工作计划和政策措施意见征求会，根据议题的需要，应当请区人大常委会领导成员或有关的常委会工作委员会负责人列席。

四、区人民法院、区人民检察院的重要会议，根据议题的需要，应当请区人大常委会领导成员或有关的常委会工作委员会负责人列席。

五、区人大常委会主任会议拟定常委会会议议题后，由区人大常委会办公室牵头，召开区人大常委会办公室主任、区人民政府办公室主任、区人民法院和区人民检察院负责人（或办公室主任）参加的联席会议，以沟通工作情况，研究提请区人大常委会审议的议案或专项工作报告的初步意见及其他问题。

六、区人大常委会及常为委员会各工作委员会与区人民政府及其工作部门、区人民法院、区人民检察院之间应互相通报各自上级机关召开的有关重要会议的精神、下达的重要文件和各自重要工作。

七、区人大常委会工作委员会应与区人民政府的工作部门、区人民法院、区人民检察院共同研究实施区人大及其常委会的各项决议、决定，组织视察、执法检查和专题调查，承办人大代表提出的议案和建议，以及处理人民群众来信来访中的重大问题等事项。

八、区人大常委会颁发的文件，应及时送达区人民政府、区人民法院、区人民检察院;区人民政府制发的决定、命令及其他规范性文件，应按规定送交区人大常委会法制工作委员会进行备案；区人大常委会与区人民政府、区人民法院、区人民检察院应及时交换工作计划、工作总结、综合统计资料、重要简报、定期或不定期的内外刊物等。

九、本办法自区人大常委会会议通过之日起实施。2007 年 5 月 29 日温州市鹿城区第七届人民代表大会常务委员会第二次会议通过《温州市鹿城区人民代表大会常务委员会关于加强与区人民政府、区人民法院、区人民检察院工作联系的办法》同时废止。

温州市鹿城区人民代表大会常务委员会
关于加强经济工作监督的决定

（2001 年 8 月 28 日温州市鹿城区第五届人民代表大会常务委员会第三十一次会议通过。2012 年 5 月 30 日温州市鹿城区第八届人民代表大会常务委员会第二次会议修订。）

为加强对经济工作的监督，根据《中华人民共和国宪法》《中华人民共和国各级人民代表大会常务委员会监督法》《中华人民共和国地方各级人民代表大会和地方各级人民政府组织法》和《全国人大常委会关于加强经济工作监督的决定》等有关法律、法规，结合本区实际，作如下决定：

一、区人民代表大会常务委员会（以下简称区人大常委会）依法对区人民政府经济工作行使监督职权。

二、区人民政府编制的国民经济和社会发展年度计划草案、五年发展规划草案，应当在区人民代表大会举行会议的三十日前，报送区人大常委会，同时提供如下材料：

1. 上级关于编制计划和规划的要求；

2. 编制计划和规划的依据和说明；

3. 上年度或上一期计划的执行情况；

4. 审查所必需的其他材料。

三、区人大常委会对计划报告审查的重点是：

1. 计划编制的指导思想是否符合实际，主要目标和指标是否符合国民经济和社会事业持续、稳定发展的要求；

2. 主要措施是否符合加强宏观调控，优化经济结构加快转型升级，安排好重点建设，切实改善人民生活，积极促进就业，做好社会保障工作和可持续发展的要求；

3. 对人民群众普遍关心的热点问题的解决措施。

四、对涉及面广、影响深远、投资较大的重点建设项目，区人民政府应当向区人民代表大会或区人大常委会提出方案，政府投资的投资额1000万元以上的建设项目，还必须附有项目可行性研究报告和说明，由区人民代表大会或者区人大常委会审议并作出决定。

五、经区人民代表大会批准的年度计划和五年发展规划，必须作部分调整时，由区人民政府提请区人大常委会审查批准，在区人大常委会举行会议的二十日前，将调整方案报送区人大常委会。

六、区人大常委会应当对国民经济和社会发展计划的执行情况进行监督，必要时对计划执行情况报告作出决议。区人民政府应当在每年第三季度前向区人大常委会报告上半年计划执行情况。报告应当包括以下内容：

1. 经区人民代表大会审查批准的各项经济政策和措施的实施情况；

2. 计划主要指标的执行情况，计划执行中的主要问题和解决措施；

3. 年初安排的重点建设项目的执行情况、主要问题解决措施；

4. 其他应当报告的事项。

七、区人大常委会根据需要，听取并审议区人民政府经济方面的专项工作汇报，在经济运行发生重大变化时，区人民政府应当及时向区人大常委会报告并作出说明。

八、区人大常委会对计划安排的重点建设项目，可以根据需要，听取区人民政府的工作汇报。每年至少组织一次对区重点工程建设情况进行视察或检查，区人民政府及有关部门应予以配合。

九、区人大常委会预先审查本决定所列事项时，区人民政府有关部门应当及时提供有关资料和说明，负责人应到会听取意见，回答询问。区人大常委会在听取区政府有关部门汇报后所提出的意见和建议，应提交主任会议研究决定，并将主任会议的意见告知区人民政府及有关部门。

十、区人大常委会开展经济工作监督的情况，可以向社会公布，法律另有规定的除外。

十一、本决定自区人大常委会会议修订之日起实施。

温州市鹿城区人大常委会
街道工作委员会工作规则

（2005年11月29日温州市鹿城区第六届人民代表大会常务委员会第二十二次会议通过。2012年5月30日温州市鹿城区第八届人民代表大会常务委员会第二次会议修订。）

第一条　为坚持和完善人民代表大会制度，推进社会主义民主法制建设，加强温州市鹿城区人民代表大会常务委员会（以下简称区人大常委会）对基层人大工作的领导。根据《中华人民共和国地方各级人民代表大会和地方各级人民政府组织法》《中华人民共和国全国人民代表大会和地方各级人民代表大会代表法》等法律法规的规定，结合本区实际，制定本规则。

第二条　区人大常委会在街道设立工作委员会。区人大常委会街道工作委员会（以下简称区人大街道工作委员会）是区人大常委会的派出机构，向区人大常委会负责，并报告工作；同时，接受街道党工委的领导。

第三条　区人大街道工作委员会设主任一人、副主任若干人，委员三至九人。主任、副主任人选由区委推荐，区人大常委会任命。

区人大街道工作委员会委员人选由人大街道工委主任或主持工作的副主任提名，经街道党工委同意，报区人大常委会任命。

区人大街道工作委员会主任、副主任不得担任国家行政机关的职务；如果担任国家行政机关的职务，必须向区人大常委会辞去主任、副主任的职务。

第四条　区人大街道工作委员会依法履行以下职责：

（一）按照区人大常委会的工作计划和部署，结合本街道实际，制定区人大街道工作委员会工作计划，并组织实施。

（二）宣传宪法、法律、法规和各级人民代表大会及其常委会的决议、决定，并协助区人大常委会保证其在本辖区内的遵守和执行。

（三）邀请和组织本辖区内的各级人大代表定期听取街道办事处有关本街道经济建设、社会事业发展、财务收支计划安排与执行等重要工作情况报告，不定期听取街道办事处和有关部门派驻机构的专项工作情况报告，提出建议、批评和意见，依法实施监督；必要时，可向区人大常委会作专题汇报，由区人大常委会提出审议意见。

（四）邀请和组织辖区内的各级人大代表对本街道的经济建设、社会事业发展等重大事项和人民群众普遍关心的问题进行调查研究，提出建议、批评和意见，并向区人大常委会和有关部门反映情况，参与重大问题决策。

（五）联系辖区内的各级人大代表，帮助代表小组开展活动，接待、受理代表的来信、来访，反映代表的意见和建议，组织代表进行视察、调查，协助常委会开展执法检查等活动，督促街道办事处和有关部门认真办理代表提出的建议、批评和意见，为代表履行职务服务。

（六）协助人大代表联系选民，了解民情，反映人民群众的意见和要求，接受选民监督。

（七）在区人大常委会和选举委员会的领导下，承办辖区内区人大代表选举的有关工作。

（八）督促辖区内基层群众性自治组织依照有关法律、法规开展自治活动。

（九）办理区人大常委会及其主任会议交办的其他事项。

第五条　区人大街道工作委员会主任或副主任可以列席区人大常委会会议。

第六条　区人大街道工作委员会每两月召开一次会议。会议由区人大街道工作委员会主任或主任委托的副主任召集和主持。

区人大街道工作委员会议定事项，实行民主集中制原则。须由全体组成人员的过半数通过有效。

第七条　区人大街道工作委员会举行会议时，根据需要，通知街道办事处和有关部门派驻机构的负责人列席；邀请辖区内的各级人大代表列席。

第八条　区人大街道工作委员会所需经费，街道办事处予以保障。

第九条　本规则自区人大常委会会议修订之日起实施。

温州市鹿城区人民代表大会
常务委员会主任会议议事规则

（2012 年 5 月 30 日温州市鹿城区第八届人民代表大会常务委员会第二次会议通过。）

第一条　为了使区人民代表大会常务委员会（以下简称区人大常委会）主任会议处理重要日常工作制度化、规范化，根据《中华人民共和国宪法》《中华人民共和国地方各级人民代表大会和地方各级人民政府组织法》《中华人民共和国各级人民代表大会常务委员会监督法》和《温州市鹿城区人民代表大会常务委员会议事规则》规定，结合工作实际，制定本规则。

第二条　主任会议由区人大常委会主任、副主任组成。

区人大常委会办公室主任、各工作委员会主任列席主任会议。

区人大常委会专职委员可以列席主任会议

区人大常委会办公室副主任、各工作委员会副主任可以列席与主任会议议题有关的会议。

区人民政府、区人民法院、区人民检察院及有关部门的主要负责人列席与主任会议议题有关的会议。

第三条　主任会议由区人大常委会主任召集并主持，主任可以委托副主任召集并主持。

第四条　主任会议必须有主任会议全体组成人员过半数出席，方可举行。

第五条　主任会议讨论决定事项，遵循民主集中制原则，严格依法办事。

主任会议的决定，必须由主任会议全体组成人员的过半数同意。

第六条　主任会议处理区人大常委会的重要日常工作：

（一）决定区人大常委会会议召开的日期和列席人员、拟定会议的议程草案，以及区人大常委会决议草案或决定草案。

（二）向区人大常委会提出属于区人大常委会职权范围内的议案，由区人大常委会会议审议。根据工作需要，可以委托办公室、工作委员会拟定议案草案并向区人大常委会会议作说明。

（三）对依法向区人大常委会提出的议案，研究决定提请区人大常委会审议或者先委托有关工作委员会调查研究，提出意见，再提请区人大常委会会议审议；对决定不提请区人大常委会审议的议案，向提议案人说明或向区人大常委会报告。

（四）对依法向区人大常委会提出的质询案，可以决定交由受质询机关在区人大常委会会议上口头答复或者受质询机关书面答复。

（五）向区人大常委会提议组织关于特定问题的调查委员会，并提名调查委员会组成人员人选，提请区人大常委会全体会议通过。

（六）可以向区人大常委会提出属于区人大常委会职权范围内本级国家机关工作人员的撤职案。

（七）研究办理区人民代表大会交由区人大常委会办理的议案，处理区人大常委会会议和上级人民代表大会及其常务委员会交办事项。

（八）听取区人大常委会各工作委员会的工作安排和工作情况的汇报，指导和协调区人大常委会各工作委员会的工作。

（九）研究确定区人大常委会会议听取和审议专项工作报告的年度计划，检查区人大常委会决议和决定的执行情况。

（十）根据区人大常委会工作安排，组织部署执法检查、代表视察等重要活动。

（十一）依法向区人大常委会提请任免区人大常委会办公室主任、副主任，工作委员会主任、副主任、委员，街道工作委员会主任、副主任、委员。

（十二）审议区人民政府、区人民法院、区人民检察院提请区人大常委会任免、决定任免的事项，决定提请区人大常委会会议审议；依法提出应由区人大常委会任免的人选，以及依法由主任会议提请的其他人事任免事项。

（十三）讨论确定区人大常委会委托的审议意见，交区人民政府、区人民法院和区人民检察院研究处理。

（十四）对区人民代表大会代表须采取逮捕、刑事审判以及由法律规定的其他限制人身自由措施的，如不能及时召开区人大常委会会议，可在征得区人大常委会多数组成人员同意后，先予许可，并报下次区人大常委会会议确认。

（十五）主持拟定区人大常委会向区人民代表大会的工作报告草案及其他重要文件，提请区人大常委会会议审议。

（十六）研究指导各街道、镇人大工作。

（十七）讨论区人大常委会机关自身建设方面的事项。

（十八）处理区人大常委会的其他重要日常工作。

第七条　主任会议召开的日期、议题和列席人员，由办公室主任征求有关方面意见后提出建议，由区人大常委会主任或分管副主任审定。

第八条　主任会议每月至少举行一次。在会议举行的二日前，由办公室将开会日期、建议会议讨论的主要事项通知主任会议成员，并准备会议有关材料。临时召集的会议，可以临时通知。

第九条 主任会议应有专人作会议记录，必要时，编印会议纪要。会议纪要由办公室主任审核并报区人大常委会分管领导签发。

第十条 主任会议决定的事项，由办公室或有关工作委员会负责办理。重要事项由区人大常委会分管副主任组织实施，实施情况应向主任会议汇报。

第十一条 区人大常委会主任可以召开主任办公会议，研究和处理区人大常委会的日常工作。

第十二条 本规则自区人大常委会会议通过之日起实施，2007年12月17日温州市鹿城区第七届人民代表大会常务委员会第十五次主任会议通过的《温州市鹿城区人民代表大会常务委员会主任会议议事规则》同时废止。

温州市鹿城区人民代表大会
常务委员会组成人员守则

（2012年5月30日温州市鹿城区第八届人民代表大会常务委员会第二次会议通过）

第一条 为了加强鹿城区人民代表大会常务委员会（以下简称区人大常委会）思想、组织、作风和制度建设，保证区人大常委会更好地履行职责，依照宪法和法律、法规的有关规定，结合本区实际，制定本守则。

第二条 区人大常委会组成人员要高举中国特色社会主义伟大旗帜，以邓小平理论和“三个代表”重要思想为指导，全面贯彻落实科学发展观，发扬民主，依法履职，严于律己，自觉接受区人民代表大会代表和人民群众的监督，维护国家和广大人民的根本利益和共同意志，积极推进依法治区进程和社会主义民主法制建设。

第三条 区人大常委会组成人员要认真学习和贯彻中共理论、路线、方针、政策，熟悉和掌握宪法和法律、法规以及行使职务所必备的知识，坚持理论联系实际，与时俱进，求实创新，不断提高自身的政治思想水平和履职能力。

第四条 区人大常委会组成人员必须坚持民主集中制原则，依法集体讨论和决定问题。

第五条 区人大常委会组成人员必须切实履行职责，依法行使职权，处理好其他工作与区人大常委会工作的关系，其他社会活动应服从区人大常委会工作需要。

第六条 区人大常委会组成人员必须按时出席区人大常委会会议，原则上不能请假。因病或其他特殊原因不能出席区人大常委会会议的，应当书面请假，通过区人大常委会办公室，报区人大常委会主任或主持工作的副主任批准。

区人大常委会组成人员应积极参加区人大常委会组织的理论、法制学习及其他活动。

区人大常委会会议出席情况由办公室编入《鹿城区人民代表大会常务委员会公报》，印发给区人民代表大会代表。

第七条 区人大常委会组成人员在区人大常委会的各种会议上，应严格遵守议事规则和其他有关程序性的规定。

区人大常委会组成人员在区人大常委会各种会议上的发言和表决，不受法律追究。

第八条 区人大常委会会议举行前，区人大常委会组成人员应认真阅读提前送达的会议材料，就会议议题做好审议准备。

在区人大常委会分组会议和联组会议上，区人大常委会组成人员应围绕议题积极发言。

第九条　区人大常委会组成人员必须参加对会议议案的表决，并服从依法表决的结果。

第十条　区人大常委会组成人员应依照有关规定，认真参加区人大常委会组织的视察、检查、调研等监督工作，并遵循不直接处理问题的原则，对发现的问题，交由区人大常委会办公室统一依法处理。

第十一条　区人大常委会组成人员要坚持群众路线，不断改进工作作风，经常深入基层进行调查研究，重要情况及时向区人大常委会汇报。

区人大常委会组成人员要加强同区人民代表大会代表的联系，积极参加代表小组活动；通过走访、座谈等各种形式，直接听取代表意见和要求，并向区人大常委会报告。

区人大常委会组成人员要重视人民来信来访工作，按照规定程序和要求进行办理，涉及本人或亲属的，应按规定回避。

第十二条　区人大常委会组成人员应严守国家机密，凡属规定不应公开的内容，不以任何方式传播。

第十三条　区人大常委会组成人员在外事活动中，应模范遵守外事纪律，维护国家尊严和利益。

第十四条　区人大常委会组成人员应严格遵守本守则，并接受监督。一年内，出席区人大常委会全体会议的次数总计不足三分之二的委员，应向主任会议作出书面说明；未经批准两次不出席区人大常委会会议的，应当辞去区人大常委会委员职务。

主任会议应采取措施，保证本守则的严格遵守。对违反本守则的，应督促其检查并改正。

第十五条　本守则自区人大常委会会议通过之日起实施。

温州市鹿城区人民代表大会常务委员会
关于讨论决定本区重大事项的规定

（2012 年 5 月 30 日温州市鹿城区第八届人民代表大会常务委员会第二次会议通过）

第一条　为保障和规范区人民代表大会常务委员会（以下简称区人大常委会）依法行使讨论、决定本行政区域内重大事项的职权，增强人大监督工作实效，根据《中华人民共和国宪法》《中华人民共和国地方各级人民代表大会和地方各级人民政府组织法》《中华人民共和国各级人民代表大会常务委员会监督法》和《浙江省各级人民代表大会常务委员会讨论决定重大事项的规定》等法律法规的有关规定，结合本区实际，制定本规定。

第二条　区人大常委会讨论、决定本行政区域的政治、经济、教育、科学、文化、卫生、环境和资源保护、民政、民族宗教等工作以及关系改革发展稳定大局和群众切身利益、社会普遍关注的重大事项，适用本规定。

第三条　区人大常委会讨论、决定重大事项应当坚持中共领导，充分发扬民主，依法行使职权。

第四条　应当提请区人大常委会审议，由区人大常委会作出相应决议、决定的事项：

（一）贯彻执行宪法、法律、法规和上一级人民代表大会及其常委会以及本级人民代表大会的决议、决定的重大措施；

（二）推进依法治区，加强社会主义民主法制建设的重大决策和部署；

（三）区国民经济和社会发展五年规划、年度计划中主要经济指标和重要工作目标的调整、变更；

（四）本级财政预算的部分变更及财政决算；

（五）根据区委的重大决策和部署，需要区人大常委会作出相应决定的重大事项；

（六）区人民代表大会交由区人大常委会审议并作出决定的重大事项；

（七）组织特定问题的调查委员会或区人大常委会组成人员、区人大代表依法质询所涉及的重大问题；

（八）撤销区人民政府不适当的决定和命令；

（九）区人民检察院检察长因不同意检察委员会多数人的意见而报请区人大常委会决定的重大问题；

（十）法律、法规规定由区人大常委会审议、决定或者区人大常委会履行职责需要审议、决定的其他重大事项。

除前款规定外，区人民政府提请或区人民法院、区人民检察院建议区人大常委会讨论、决定的其他重大事项，区人大常委会可以作出决议、决定。

第五条应当向区人大常委会报告，区人大常委会可以提出意见、建议，必要时可以作出决议、决定的事项：

（一）贯彻实施宪法、法律、法规、上一级和本级人民代表大会及其常务委员会决议、决定的重要情况；

（二）区国民经济和社会发展计划及财政预算的执行情况；

（三）区国民经济和社会发展五年规划实施的中期评估情况；

（四）预算外资金的收支和管理情况，预算超收收入安排使用情况，上级补助资金的安排使用情况；

（五）区本级预算执行及其他财政收支的审计情况及审计查出问题的整改情况；

（六）政府性基金的收支、管理情况；

（七）经济体制改革的重大措施和产业结构的重大调整；

（八）国有资产管理和运营的重要情况；

（九）政府性投资重大项目的决策、实施及绩效评估情况；

（十）教育、科学、文化、卫生、体育、民政、民族宗教、侨务等事业发展的重大决策；

（十一）区近期城市建设规划、生态区建设规划和城市管理工作计划的执行情况；

（十二）历史文化街区、地段、建筑、文物保护单位的保护修缮情况；

（十三）重大自然灾害，社会反映强烈和人民群众普遍关心并急需解决的重大事件，以及给国家、集体和人民生命财产造成重大损失的特大安全事故及其他重大突发性事件的处置情况；

（十四）区人民政府依法行政和区人民法院、区人民检察院公正司法的重要情况；

（十五）代表议案、建议意见的办理情况；

（十六）由区人民代表大会选举或区人大常委会任命的人员重大违法违纪行为的查处情况；

（十七）法律、法规规定或者区人民政府、区人民法院、区人民检察院认为应当向区人大常委会报告的其他重大事项。

本条第二项、第四项、第五项、第六项规定的重大事项，每年至少向区人大常委会报告一次；其他各项规定的重大事项，可以根据实际情况或者按照区人大常委会的要求报告。

第六条　应当征求区人大常委会意见后，再按审批权限报请批准，并将批准情况报区人大常委会备案的事项：

（一）本辖区内行政区划的调整和行政区域名称变更；

（二）区人民政府工作委员会的设立、撤销或者合并的方案；

（三）区发展战略规划及其重大变更；

（四）缔结友好城区；

（五）法律、法规规定应当报告区人大常委会备案的其他事项。

第七条　提请区人大常委会讨论、决定的重大事项，应当以议案、报告等形式提出。议案或者报告应当包括以下主要内容：

（一）关于该重大事项的基本情况；

（二）与该重大事项有关的法律、法规、政策依据；

（三）该重大事项的决策方案及其可行性说明；

（四）各方面对该重大事项的意见；

（五）区人大常委会认为应当提供的其他资料。

第八条　下列机关和人员可以依法向区人大常委会提出有关重大事项的议案或者报告：

（一）区人大常委会主任会议；

（二）区人民政府、区人民法院、区人民检察院；

（三）区人大常委会组成人员三人以上联名。

第九条　有关重大事项的议案、报告的提请程序；

（一）区人大常委会主任会议提出的，直接提请区人大常委会会议审议；

（二）区人民政府、区人民法院和区人民检察院提出的，由区人大常委会主任会议决定提请区人大常委会会议审议，或者由主任会议交区人大常委会有关工作机构审查，提出报告，再决定是否提请区人大常委会审议；

（三）区人大常委会组成人员依法联名提出的，由区人大常委会主任会议决定是否提请区人大常委会会议审议。

第十条　拟提请区人大常委会讨论决定的重大事项，一般应当在每年年初提出建议议题，并纳入区人大常委会年度工作要点。提请区人大常委会决定、批准的重大事项议案文本和向区人大常委会提出的重大事项报告文本，应当在区人大常委会会议举行前二十日送交区人大常委会工作机构征求意见，并根据相关意见对议案、报告进行修改后提交区人大常委会。

在特殊情况下提出的重大事项议案或者报告，经区人大常委会主任会议讨论同意，可以不受本条规定的时限限制。

第十一条　对本规定第四条所列的重大事项，区人大常委会一般应当在收到议案或者报告之日起三个月内进行审议。

第十二条　区人大常委会审议有关重大事项的议案或者报告时，提请机关的主要负责人或者联名提出的人大常委会组成人员应当到会作出说明，回答询问。区人大常委会根据工作需要，可以举行听证会或者专家论证会。

第十三条　区人大常委会对审议的重大事项，认为需要提交人民代表大会审议、决定的，应当依照法定程序提交区人民代表大会审议、决定。

第十四条　区人大常委会会议讨论、决定重大事项，应当在充分审议的基础上进行表决，以全体组成人员过半数通过才能作出决议、决定。

第十五条　区人大常委会作出的关于重大事项的决议、决定，应当及时向社会公布。

第十六条　区人大常委会作出的重大事项决议、决定，有关国家机关应当贯彻执行；区人大常委会审议重大事项提出的审议意见，交有关国家机关办理的，有关机关应当在三个月内向区人大常委会报告办理结果。

第十七条　区人大常委会对重大事项的决议、决定的贯彻执行情况，应当加强监督检查。

有关国家机关对区人大常委会关于重大事项的决议、决定拒不执行或者拖延不办的，区人大常委会可以依法组织询问、质询和特定问题调查。

第十八条　违反本规定第四条，对依法应当由区人大常委会讨论、决定的重大事项而擅自作出决定的，区人大常委会应当责成其纠正或者依法予以撤销。

第十九条　违反本规定第五条、第六条，对有关的重大事项不报告、不征求意见或者不备案的，区人大常委会可以责成其限期改正。

第二十条　本规定自区人大常委会会议通过之日起实施，1999 年 10 月 22 日温州市鹿城区第五届人民代表大会常务委员会第十三次会议通过的《温州市鹿城区人民代表大会常务委员会关于讨论决定本区重大事项的规定》同时废止。

温州市鹿城区人大常委会
关于组织区人大代表旁听庭审活动的办法（试行）

（2012 年 5 月 30 日温州市鹿城区第八届人民代表大会常务委员会第二次会议通过）

第一条　为了充分发挥区人民代表大会代表（以下简称区人大代表）的监督作用，促进公正司法，根据《中华人民共和国全国人民代表大会和地方各级人民代表大会代表法》《中华人民共和国各级人民代表大会常务委员会监督法》和最高人民法院《关于加强与人大代表联络工作的决定》的有关规定，结合本区实际，制定本办法。

第二条　区人民代表大会常务委员会（以下简称区人大常委会）按照依法监督、不直接处理问题、集体行使职权的原则组织区人大代表旁听庭审活动。

旁听庭审活动在区人大常委会领导下组织实施，区人大常委会代表工作委员会和法制工作委员会根据区人大常委会工作安排和监督计划，共同组织区人大代表开展旁听区人民法院案件庭审活动。

第三条　组织区人大代表旁听的案件是指区人民法院依法公开审理的刑事、民事、行政案件，且具有下列情形之一的：

（一）社会普遍关注、影响较大、涉及民生的案件；

（二）上级人大常委会及区人大常委会转交区人民法院的群众来信来访案件；

（三）区人大常委会主任会议认为需要组织区人大代表旁听的案件。

第四条　区人民法院要根据区人大常委会的要求，于开展旁听活动的 1 个月前，将公开审理案件的排期开庭表报送区人大常委会法制工作委员会。

第五条　区人大常委会代表工作委员会应提前将开庭时间、地点及注意事项告知参加旁听的区人大代表，同时将参加旁听的代表名单告知区人民法院。

第六条　区人大代表旁听庭审的主要内容是：庭审是否公开公正、是否依法定程序进行；审判人员庭审能力、检察人员公诉能力是否适应执法工作需要；审判人员、检察人员庭审活动中言行和工作作风是否文明、规范等。

第七条　区人大代表在旁听庭审前，应当认真学习有关法律，做好旁听准备。旁听庭审时应当按照区人大常委会的统一安排，准时参加旁听庭审，遵守法庭纪律，维护法庭秩序，不当庭发表意见。

庭审结束后，区人大常委会代表工作委员会与法制工作委员会负责汇总整理区人大代表提出的意见和建议，并向区人民法院、区人民检察院反馈。

第八条　区人大代表旁听庭审，区人民法院应当在审判庭设立区人大代表旁听席，为参加旁听的区人大代表提供必要的条件，并及时将诉讼文书或案件简要情况的材料发给参加旁听的区人大代表。

区人大代表旁听的案件，区人民法院应在案件审结后将判决书、裁定书或调解书的复印件送交区人大常委会法制工作委员会备案。

第九条　区人大代表以代表身份旁听人民法院庭审活动时，应当主动回避与本人有利害关系的案件。

第十条　本办法（试行）由区人大常委会主任会议负责解释。

第十一条　本办法（试行）自区人大常委会会议通过之日起实施。

温州市鹿城区人大常委会
工作委员会工作规则

（2012 年 6 月 7 日温州市鹿城区第八届人民代表大会常务委员会第六次主任会议通过）

第一章　总则

第一条　为明确工作职责，完善议事程序，根据《中华人民共和国地方各级人民代表大会和地方各级人民政府组织法》的有关规定，结合我区实际，制定本工作规则。

第二条　区人民代表大会常务委员会（以下简称区人大常委会）设法制工作委员会、财政经济工作委员会、教科文卫宗侨工作委员会、城市建设管理与农村工作委员会、代表工作委员会等五个工作委员会。根据工作需要，可以增设其他工作委员会。

第三条　工作委员会是区人大常委会的工作机构，受区人大常委会领导。

第四条　工作委员会按照民主集中制的原则，实行集体领导，集体讨论、决定重大问题。

第五条　工作委员会由主任、副主任若干人和委员若干人组成。

工作委员会组成人员的人选由常委会主任会议提名，区人大常委会会议通过。

主任、副主任和委员，因故不能担任本职务的，应向区人大常委会提出辞职报告，由区人大常委会会议通过。

主任主持工作委员会的工作，副主任协助主任工作。

第六条　工作委员会可以提请区人大常委会聘任或解聘工作委员会顾问。

第二章　工作职责

第七条　审议区人大常委会及主任会议交付的议案，并提出报告。

第八条　对本行政区域内宪法、法律和法规实施情况以及上级和本级人民代表大会及其常务委员会的决议、决定的执行情况进行检查，并就检查中发现的重大问题向区人大常委会报告，提出处理意见和建议。

第九条对属于区人大常委会职权范围内与本工作委员会有关的问题，进行视察或者专题调查研究，提出意见和报告。

第十条　财政经济工作委员会负责年度区国民经济和社会发展计划草案、区本级财政预算草案预先调查；负责向区人大常委会提出对区本级财政决算的审查意见，提出对国民经济和社会发展计划执行情况报告、预算执行情况报告和审计工作报告的审查意见，提出对区国民经济和社会发展计划、区本级财政预算调整情况的意见。

第十一条　听取区人民政府及其有关部门、区人民法院、区人民检察院的有关工作汇报，可以就有关问题提出询问，必要时向区人大常委会提出报告。

第十二条　审查与本工作委员会有关的区人民政府发布的决定、命令和规范性文件，审查与本工作委员会有关的镇人民代表大会的决议、决定，对存在不适当情形的，应当向区人大常务委员会或者主任会议提出报告。

第十三条　根据区人大常务委员会或者主任会议的安排，具体实施对区人民政府、区人民法院、区人民检察院执法检查，听取和审议某一方面的专项工作报告，提出意见。

必要时可以跟踪督查，督促有关机关改进工作，并向区人大常务委员会提出整改情况的书面报告。

第十四条 拟定同本工作委员会有关的区人大常委会的决议、决定、审议意见等草案。

第十五条 督办或协助督办与本工作委员会有关的代表建议、批评、意见，征求代表对有关代表议案和建议、批评、意见办理工作的意见。

第十六条 受理属于区人大常委会职权范围内与本工作委员会有关的人大代表来信来访。

第十七条 通过多种形式，加强与区人大代表的联系；听取代表意见，反映代表和选民对国家机关的意见和要求。

第十八条 承办上级人大常委会交付的有关法律、法规草案的征集意见工作。

第十九条 办理区人大常委会及主任会议交办的其他事项。

第三章 会议制度

第二十条 工作委员会会议一般每半年举行一次。

工作委员会会议由主任或主任委托的副主任召集和主持。

工作委员会会议须有组成人员的过半数出席方可举行。

第二十一条 工作委员会举行会议，一般应在会议召开5天前，将会议的通知和有关材料送交工作委员会组成人员；临时召集的会议，可以临时通知。

第二十二条 工作委员会举行会议时，工作委员会顾问可以列席会议。必要时，可邀请有关的区人大常务委员会组成人员、区人大代表列席会议。

第二十三条 工作委员会会议讨论有关问题时，可通知区人民政府及其有关部门、区人民法院、区人民检察院负责人到会听取意见，回答询问。

第四章 工作制度

第二十四条 工作委员会在具体实施视察、调研、执法检查时，可根据需要，通知区人民政府及其有关部门、区人民法院、区人民检察院有关负责人参加。

第二十五条 工作委员会的工作应坚持实事求是的原则，严格依法办事，注重调查研究，广泛听取意见，必要时可以组织论证。

第二十六条 工作委员会根据工作需要，可以邀请区人大代表或有关专家、学者参与同本工作委员会工作有关的问题进行调查研究和论证。

第二十七条 工作委员会应加强与市人大有关专门（工作）委员会的联系；加强与区人民政府有关部门、区人民法院、区人民检察院的工作联系，及时交流情况；密切与街道、镇人大的联系，并加强工作指导。

第二十八条 各工作委员会应向区人大常委会报告年度工作。

第五章 附则

第二十九条 各工作委员会可依据本工作规则，制定工作细则。

第三十条 本规则自会议通过之日起实施。

温州市鹿城区人民代表大会常务委员会
关于确定监督议题的试行办法

（2012年6月7日温州市鹿城区第八届人民代表大会常务委员会第六次主任会议通过）

第一条为了进一步完善确定监督议题的工作机制，增强听取和审议专项工作报告、组织执法检查的工作实效，根据《中华人民共和国各级人民代表大会常务委员会监督法》（以下简称《中华人民共和国监督法》）、《浙江省各级人民代表大会常务委员会监督条例》（以下简称省监督条例）的规定，结合本区人民代表大会常务委员会（以下简称区人大常委会）的实践经验，制定本办法。

第二条　区人大常委会应当围绕区委中心工作，根据本区经济社会发展的实际，遵循必要和可行的原则，结合关系改革发展稳定大局和群众切身利益、社会普遍关注的重大问题，以及区人大代表议案、建议和意见的办理情况，在调查研究的基础上，确定每年听取和审议专项工作报告和执法检查等监督议题。

第三条　区人大常委会按照监督法和省监督条例规定的途径收集监督议题的建议。

区人民政府、区人民法院和人民检察院（以下简称区“一府两院”）可以向区人大常委会要求报告专项工作，或者提出有关执法检查的建议。

公民、法人和其他组织可以向区人大常委会提出监督议题的建议。

第四条　区人大常委会各工作机构应当明确分工，各负其责，广泛听取和综合分析来自各个途径的反映，提出区人大常委会听取和审议专项工作报告、组织执法检查的选题建议，确保选题符合法律规定的要求。

（一）区人大常委会在执法检查中发现的突出问题以及有关方面提出的建议、意见，由组织实施执法检查的工作委员会收集整理提出。

（二）区人大代表对“一府两院”工作提出的建议、批评和意见集中反映的问题，由代表工作委员会收集整理提出。

（三）区人大常委会组成人员提出的比较集中的问题，由办公室收集整理提出。

（四）工作委员会在调查研究中发现的突出问题，由组织开展调查研究工作的委员会收集整理提出。

（五）人民来信来访集中反映的问题，由信访科收集整理提出。

（六）区“一府两院”要求报告专项工作的建议，由相关的工作委员会收集整理提出。

（七）社会普遍关注的其他问题，由办公室收集整理提出。

（八）上级人大下达的联动监督工作及其他议题，由相关工作委员会收集整理提出。

第五条　区人大常委会监督议题确定的程序。

（一）每年第四季度，区人大常委会各工作委员会集中一定时间开展专题调研，收集和筛选各方面反映的带有普遍性、倾向性的问题，与有关部门及对口联系单位沟通协商、交换意见。

（二）区人大常委会各工作委员会将各种途径反映的问题进行汇总整理，提出下一年度关于听取和审议专项工作报告、组织执法检查的选题建议。

选题建议应当有情况反映和综合分析，同时应当说明提出议题建议的理由。

（三）办公室通过召开座谈会、向代表发放调查函、在新闻媒体和人大门户网站刊登等方式征求社会意见，经与提出选题建议的工委协商论证、综合平衡后，汇总提出下一年度监督工作计划初步方案和常委会会议议题预安排。

区人大常委会会议年度议题的安排应当明确听取和审议专项工作报告、组织执法检查的题目、重点内容、时间安排、报告机关以及负责落实的工委等。

（四）主任会议讨论区人大常委会年度监督工作计划方案和区人大常委会会议年度议题安排，同时征求区“一府两院”的意见，区“一府两院”依法要求报告专项工作的，应当尽量予以安排。

（五）区人大常委会分管副主任与区“一府两院”分管领导进行沟通协调，或者区人大常委会主任牵头召开与区“一府两院”主要领导、分管领导联席会议，征求对区人大常委会年度监督工作计划方案的意见。

（六）主任会议审议通过区人大常委会年度监督工作计划和区人大常委会会议年度议题安排。

第六条　区人大常委会年度监督工作计划和区人大常委会会议年度议题安排，由办公室印发区人大常委会组成人员，通报区人大代表，书面通知区“一府两院”，并做好向社会公布的工作。

第七条　区人大常委会年度监督工作计划经主任会议通过后，办公室应当通过一定的方式，就监督工作向区政府有关部门负责人、“两院”有关负责人提出要求，明确区“一府两院”及有关部门的职责，严格按照法定时限，做好报告单位向区人大常委会征求意见、区人大常委会向报告单位反馈意见和正式报告送达的工作。

区人大常委会各工作委员会应当按照职责分工，制定区人大常委会年度监督工作计划的具体实施方案，并根据审议议题的进展情况，及时与区“一府两院”进行沟通衔接，督促工作落实。

第八条　在实施区人大常委会监督工作计划的过程中，主任会议根据实际需要或者“一府两院”的要求，可以对监督议题作出适当调整，并由办公室及时通知“一府两院”。

第九条　本办法自会议通过之日起实施。

温州市鹿城区人民代表大会常务委员会
关于任免国家机关工作人员办法

（1999年10月22日温州市鹿城区第五届人民代表大会常务委员会第十三次会议通过。2012年5月30日温州市鹿城区第八届人民代表大会常务委员会第二次会议第一次修订。2012年9月12日温州市鹿城区第八届人民代表大会常务委员会第四次会议第二次修订。）

第一章　总则

第一条　为保证温州市鹿城区人民代表大会常务委员会（以下简称区人大常委会）依法行使人事任免权，根据《中华人民共和国各级人民代表大会常务委员会监督法》《中华人民共和国地方各级人民代表大会和地方各级人民政府组织法》《中华人民共和国各级人民法院组织法》《中华人民共和国各级人民检察院组织法》等法律的有关规定，结合本区实际，制定本办法。

第二条　区人大常委会行使人事任免权，应当全面贯彻革命化、年轻化、知识化、专业化方针，坚持德才兼备原则，充分发扬民主，严格依法办事。

第三条　区人大常委会依照法律行使下列人事任免权：

（一）决定任免。在区人民代表大会闭会期间，决定区人民政府副区长的个别任免；决定属于区人民政府组成人员的办主任、局长的任免。

（二）任免。任免区人大常委会办公室主任、副主任，工作委员会主任、副主任、委员，街道工作委员会主任、副主任、委员；任免区人民法院副院长、庭长、副庭长、审判委员会委员、审判员；任免区人民检察院副检察长、检察委员会委员、检察员。

（三）推选和决定代理人选。在区人民代表大会闭会期间，区人大常委会主任因为健康情况不能工作或者缺位的时候，由区人大常委会在副主任中推选一人代理主任职务，直到主任恢复健康或者人民代表大会选出新的主任为止；区人民政府、区人民法院、区人民检察院的正职领导人员因故不能担任职务时，从其副职领导人员中决定代理人选。

决定代理检察长，须报市人民检察院和市人大常委会备案。

（四）撤销职务。在区人民代表大会闭会期间，决定撤销区人民政府个别副区长的职务；决定撤销由区人大常委会任命的区人民政府其他组成人员的职务；决定撤销区人民法院副院长、庭长、副庭长、审判委员会委员、审判员的职务；决定撤销区人民检察院副检察长、检察委员会委员、检察员的职务。

（五）接受辞职。在区人民代表大会闭会期间，接受区人大常委会组成人员的辞职；接受区人民政府区长、副区长、区人民法院院长、区人民检察院检察长的辞职。上述人员的辞职，应报区人民代表大会备案。区人民检察院检察长的辞职，须报经市人民检察院检察长提请市人大常委会批准。

第四条　区人大常委会行使人事任免权的程序：提请人事任免案、主任会议讨论、常委会会议审议、表决通过、公布并颁发任命书。

第二章　提请人事任免案

第五条　提请区人大常委会的人事任免案，应当由提请机关正职领导人员签署，同时附送拟任免人员有关材料或者拟免职人员的免职理由。提请机关提供的拟任命人员有关材料应当反映拟任命人员的思想政治素质、业务能力、法制观念和法律法规规定的任职资格等情况。

提请人事任免案一般应在区人大常委会举行会议的十日前提请。

第六条　人事任免案依法按如下分类提请：

（一）区人大常委会主任、区人民政府区长、区人民法院院长、区人民检察院检察长的推选和决定代理人选案，由区人大常委会主任会议提请。

（二）区人大常委会办公室主任、副主任，工作委员会主任、副主任、委员，街道工作委员会主任、副主任、委员的任免案，由区人大常委会主任会议提请。

（三）区人民政府办主任、局长的任免或撤职案，由区人民政府区长提请。

（四）区人民法院副院长、庭长、副庭长、审判委员会委员、审判员的任免或撤职案，由区人民法院院长提请。

（五）区人民检察院副检察长、检察委员会委员、检察员的任免或撤职案，由区人民检察院检察长提请。

第七条 区人大常委会组成人员、区人民政府区长、副区长、区人民法院院长、区人民检察院检察长的辞职，由本人向区人大常委会呈送辞职报告。

第八条 区人大常委会主任会议，可以向区人大常委会提出本办法第三条第四项所列国家机关工作人员的撤职案。

区人大常委会五分之一以上的组成人员书面联名，可以向区人大常委会提出对本办法第三条第四项所列国家机关工作人员的撤职案，由主任会议决定是否提请区人大常委会会议审议；或者由主任会议提议，经全体会议决定，组织调查委员会，由以后的区人大常委会会议根据调查委员会的报告审议决定。

撤职案应当写明撤职的对象和理由，并提供有关的材料。

撤职案在提请表决前，被提出撤销职务的人员有权在区人大常委会会议上提出申辩意见，或者书面提出申辩意见，由主任会议决定印发区人大常委会会议。

第九条 区人民代表大会换届后，区人民政府区长应当在

两个月内提请区人大常委会任命新一届区人民政府组成人员。

区人大常委会应当重新任命其办公室主任、副主任、各工作委员会和街道工作委员会的组成人员。上述人员如未被重新任命的，其原任职务自然免除，不再办理法律免职手续。

区人大常委会任命的区人民法院和区人民检察院的人员，职务没有变动的，不再重新任命。

第十条 区人大常委会任命的国家机关工作人员，因工作机构名称改变的，应当重新任命；因工作机构撤销的，应当办理免职手续。

区人大常委会任命的国家机关工作人员离职或退休的，应当提请免除其职务。

第三章 讨论和审议

第十一条 人事任免案由区人大常委会主任会议依法决定是否提请区人大常委会会议审议。区人大常委会主任会议讨论人事任免案时，提请机关或者有关部门应当对拟任免或撤职人员的情况进行介绍。如情况不明、材料不齐，由提请机关负责查清情况，补充或重新报送材料。

区人大常委会主任会议可以组织人员对区人民法院、人民检察院拟任人员进行调查了解。

第十二条 区人大常委会组织对拟任人员进行任前法律知识考试。考试成绩向区人

大常委会主任会议报告。无故不参加考试或考试成绩不及格的，不提请当次会议任命。

区人大常委会主任会议提请任命的区人大常委会各工作委员会委员、各街道工作委员会委员可以免试。

第十三条　区人大常委会会议审议人事任免案时，提请机关的正职负责人应当到会宣读和说明，并派员听取意见，回答询问，说明情况。正职负责人因特殊情况不能到会作说明的，应当说明原因并委托副职领导人到会代作宣读和说明。

拟任人员应当到会与区人大常委会组成人员见面并作表态发言。

第十四条　人事任免案提出后至区人大常委会会议前，发现拟任免人员有问题的，提请机关应当向主任会议或区人大常委会提出调查核实情况报告。

区人大常委会在审议人事任免案过程中，发现拟任免人员有足以影响其任免的问题，提请机关应当尽快调查核实，提出书面报告。会议期间难以查清的，经主任会议提出，区人大常委会会议同意，可以暂不交付表决。提请机关应当对该问题进行调查并向主任会议报告，再由主任会议决定是否提交区人大常委会下次会议审议。

列入区人大常委会会议议程的人事任免案，在交付表决前，提请机关书面要求撤回的，对该任免案的审议即行终止。

第四章　表决和监督

第十五条　经过审议的人事任免案，提交区人大常委会全体会议表决。

第十六条　区人大常委会会议表决人事任免案，采用无记名投票的方式。

区人大常委会主任会议提请任免的区人大常委会各工作委员会委员、各街道工作委员会委员可以采用其他方式进行表决。

人事任免案应当逐人表决，根据情况也可以合并表决。

第十七条　区人大常委会会议表决的人事任免案，以区人大常委会全体组成人员的过半数通过。表决结果由会议主持人当场宣布。

第十八条　对提请区人大常委会任命而未获得通过的人选，提请机关认为必要的，可以再次提请任命，但不得在当次常委会会议重复提请。经两次表决未获得通过的人选，在本届人大常委会任期内，不得再提请任命同一职务。

第十九条　区人大常委会通过的人事任免案，由区人大常委会发文，并在《温州市鹿城区人民代表大会常务委员会公报》上公布。

第二十条　区人大常委会任命的国家机关工作人员，由区人大常委会颁发任命书，也可以委托提请机关代发任命书。

任命书由区人大常委会主任签署。

第二十一条　由区人大常委会任命的国家机关工作人员，在区人大常委会会议审议通过之前，不得先行到职，不得对外公布。

第二十二条　区人大常委会可以通过听取和审议专项工作报告、执法检查、提出询问和质询案、组织特定问题调查、审议和决定撤职案等方式，对被任命国家机关工作人员的工作情况，进行法律监督和工作监督。

第二十三条　区人大常委会受理公民和单位对被任命的国家机关工作人员的检举、

揭发和控告，并依照法律处理。

第二十四条 区人大常委会任命的国家机关工作人员受刑事追究或行政处分的，处理机关应当及时报区人大常委会。

第五章 附则

第二十五条 未列入本办法的其他人员的任免、辞职、罢免，按照相关法律法规的规定执行。

第二十六条 本办法由区人大常委会主任会议负责解释。

第二十七条 本办法自区人大常委会会议修订之日起实施。

温州市鹿城区人民代表大会
代表约见国家机关负责人暂行办法

（2014年3月19日温州市鹿城区第八届人大常委会第十五次会议通过）

第一条 为规范和保障鹿城区人民代表大会代表（以下简称代表）依法履行职责，根据《中华人民共和国全国人民代表大会和地方各级人民代表大会代表法》和《浙江省实施〈中华人民共和国全国人民代表大会和地方各级人民代表大会代表法〉办法》的有关规定，结合我区实际，制定本办法。

第二条 代表在参加鹿城区人民代表大会常务委员会（以下简称区人大常委会）统一安排的视察中，可以提出约见本级或者下级国家机关负责人。

第三条 本办法所提代表约见的国家机关负责人，是指区人民政府、人民法院、人民检察院负责人；区人民政府工作部门及派出机构的负责人；本行政区域内上级政府垂直管理部门及派出机构的负责人。

第四条 代表可以就下列内容提出约见：

（一）宪法、法律、法规在本行政区域内的贯彻实施情况；

（二）区人大及其常委会作出的决议、决定的贯彻执行情况和区人大常委会组成人员审议意见的处理情况；

（三）全区经济建设、社会发展、生态建设和民生改善等方面的重大事项；

（四）人民群众普遍关注、反映强烈的热点、难点问题；

（五）代表所提建议、批评和意见的办理情况；

（六）其他可以作为约见事项的内容。

第五条 约见可由一名代表提出，也可由多名代表联名提出，多名代表联名提出的，应确定其中一名代表作为领衔人。

代表就一个事项可以约见一个国家机关负责人，也可以同时约见多个国家机关负责人。

第六条 代表约见国家机关负责人，应规范填写《鹿城区人民代表大会代表约见国家机关负责人专用表》，以书面形式向区人大常委会提出。

第七条代表约见的组织、协调等具体事宜由区人大常委会代表工委负责。

第八条 区人大常委会代表工委在收到代表提出的约见要求后，应及时与常委会相关工作机构共同研究。

对属于约见事项的，区人大常委会代表工委应在三个工作日内，确定约见活动的具体时间、地点和参加人员，并提前通知提出约见的代表和被约见的国家机关负责人。

对不宜作为约见事项的，区人大常委会代表工委应向代表做好解释说明工作。

第九条被约见的国家机关负责人应当按照约见通知的要求，亲自参加约见活动，不得拖延、推诿和回避；如确有特殊原因不能参加约见活动的，应向提出约见的代表说明情况，在征得代表同意后，可委托其他负责人员参加。

第十条　代表约见国家机关负责人时，可就所约见的事项向被约见人提出问题及建议、批评和意见。被约见人应如实回答代表提出的问题，认真听取代表提出的建议、批评和意见。

第十一条　约见活动结束后，被约见人所在的国家机关应按要求规范填写鹿城区人民代表大会代表约见国家机关负责人活动情况登记表，并在约见活动结束后五日内将登记表送区人大常委会代表工委存档。

第十二条　被约见人所在的国家机关应认真办理代表在约见时提出的建议、批评和意见，并在约见活动结束后的一个月内，将办理情况书面答复代表，同时抄送区人大常委会代表工委。有特殊情况的，可以适当延长答复时限，但最长不超过两个月。

第十三条　区人大相关工委和区人大常委会代表工委应督促被约见人所在的国家机关做好代表建议、批评和意见的办理工作。

第十四条　代表约见活动中涉及的事项如属于国家机密或其他不宜公开的内容，参加约见活动的人员应做好保密工作。

第十五条　由区人大常委会统一安排，委托各街道人大工委和镇人大组织的代表视察活动中，代表提出约见区级国家机关负责人的，由区人大常委会代表工委按照本办法的规定办理。代表提出约见区国家机关派出机构负责人的，由各街道人大工委和镇人大参照本办法有关规定，负责做好组织、协调和服务工作，并将约见活动情况报区人大常委会代表工委备案。

第十六条　本办法由区人大常委会代表工委负责解释。

第十七条　本办法自通过之日起实施。

温州市鹿城区人民代表大会常务委员会
关于加强全口径预算决算审查监督的实施意见

（2014 年 7 月 31 日温州市鹿城区第八届人民代表大会常务委员会第十七次会议通过）

为切实履行区人民代表大会及其常务委员会对财政预算决算审查监督的法定职责，促进财政更好地发挥其在政府运行和经济社会发展中的物质基础、机制保障等作用，根据有关法律、法规，结合本区实际，特就加强全口径预算决算审查监督提出如下实施意见。

一、明确范围，实施全口径预算决算审查监督

1．区人民代表大会或其常务委员会审查批准区人民政府提请的预算草案或决算草案及预算执行情况报告，包括公共财政收支、政府基金、国有资本经营、其他财政收支和政府性债务的预算决算。同时对部门预算细编和部门决算进行审查。

经区人民代表大会批准的预算，非经法定程序，不得改变。

2．区人民代表大会常务委员会（以下简称区人大常委会）审查监督各项预算的编制与执行，审查和批准预算的调整方案、决算，审查和批准部门预算。

二、明确程序，保障预算决算审查监督的时效要求

3．区人大常委会应当在区人民代表大会会议举行前的三十日内对区政府提交的上年度预算执行情况的报告和本年度预算草案进行初步审查；区人大常委会预算工作委员会（以下简称预算工委）于区人民代表大会举行前的五十日内对政府提交的区级部门预算草案进行会前调查。区人大常委会及预算工委应及时审查并反馈意见。

4．区人大常委会在每年的七月至九月期间，对区政府报告的本年度上一阶段的预算执行情况进行审查。

5．预算需要调整的，区政府应当于当年九月至十一月将预算调整方案提交区人大常委会审查。财政部门应当于区人大常委会会议举行的三十日前提交预算调整初步方案，由区人大常委会按预算审查相同程序进行审查，做出是否批准的决定。

6．区人大常委会在每年的六月至九月期间，对区政府提交的上年度决算草案进行审查和批准。决算草案应当按照区人民代表大会批准的预算所列科目编制，按预算数、调整或者变更数、实际执行数分别列出，如有变化，区政府要作出说明。

预算工委在区人大常委会会议举行前的三十日内，对财政部门提交的决算草案及相关材料进行会前调查，并同时对审计部门提交的预算执行和其他财政收支情况的审计工作报告草案及相关材料进行调查。

7．区政府涉及政府性资金使用的预算有重大调整的议案，应当在区人大常委会会议召开的三十日前提交，并附理由说明与论证材料，区人大常委会应及时组织调查，做出是否批准的决定。

8．以上各项报告、议案，区人民政府应当在区人民代表大会或区人大常委会会议召开的十日前，提交正式文本。

三、突出重点，提高预算决算审查监督的针对性

9．区人大常委会加强对财政预算重点领域资金来源、资金安排、使用情况的监督。包括以下范围：（1）安排资金总量较大的部门预算；（2）民生部门预算；（3）涉及多个部门使用的专项资金预算；（4）政府性资金投资项目预算；（5）党委、政府重点工作预算。

10．区人大常委会确定若干个预算部门、若干个重点项目实施审查监督，可采取听取汇报、视察、跟踪调查、评议等方式进行。

11．区人大常委会实施审查监督时，区人民政府及相关部门、单位应积极配合，及时全面提供相关资料。

四、创新方式，提高预算决算审查监督的有效性

12．密切关注人民群众反映的热点难点问题，积极采取联系预算单位和人大代表、市民，召开座谈会等形式调查研究，掌握真实情况，为加强财政管理提出建议意见。

13. 区人民代表大会代表或区人大常委会组成人员依照法律规定程序，可以就预算、决算的有关问题向区政府及其有关部门提出询问或质询。

14. 区人大常委会可以就预算、执行、预算调整、决算中的重大事项或特定问题组织调查，召开专家座谈会，作出相应的决议、决定，或撤销区政府关于预算决算的不适当的决定、命令。

15. 切实发挥审计监督作用，将人大监督与审计监督有效结合起来。审计部门要把对财政资金使用的真实、合法审计与效益审计相结合，进一步提高审计的层次和水平。

五、完善制度，增强预算决算审查监督的规范性

16. 修订《温州市鹿城区人民代表大会常务委员会关于区级预算审查监督办法》，制定《温州市鹿城区人民代表大会常务委员会关于区级部门预算审查监督办法》，加强对区级和区级部门的预算审查监督，并抓好落实。根据形势发展需要，适时制订其他办法。

17. 区政府及财政、审计部门要出台或修订关于预算、预算调整、决算及财政、税务、审计等方面的规范性文件，建立健全财政项目预算绩效评价制度，向区人大常委会备案。

18. 实行预算审查监督公开，预算审查监督有关的报告、决议、决定和审议意见，向区人民代表大会代表通报并向社会公布。经区人民代表大会或区人大常委会批准的预算、调整预算、决算，除涉及国家秘密的内容外，应当向社会公开。

六、强化问责，健全责任落实机制

19. 区人大常委会对审查批准决算的决议、审计工作报告提出的审计意见以及对预算执行情况的审议意见，要加强跟踪监督，确保落到实处。区政府对审计发现的问题要督促有关部门认真整改，坚决纠正，该追究责任的要一查到底，杜绝“屡审屡犯”的现象发生。

20. 区政府及财政、审计、各部门或者工作人员有违反《中华人民共和国预算法》、不执行区人民代表大会及区人大常委会决定、决议和工作部署的，常委会应当责令改正，或责成区政府对有关单位个人进行通报批评，对负有直接责任的主管人员和其他直接责任人员予以行政处分；情节严重的，区人大常委会可以对由其任命的国家机关工作人员依法决定免职。

七、其他事项

21. 区人大常委会指导街道人大工作委员会开展对街道财政预算的审查监督。藤桥镇人大主席团结合实际情况，制定并实施镇级财政预算审查监督办法。

22. 本实施意见未尽之处，按有关法律法规与制度执行。

温州市鹿城区人民代表大会常务委员会
关于区级预算审查监督办法

（2001 年 8 月 28 日温州市鹿城区第五届人民代表大会常务委员会第三十一次会议通过。2012 年 5 月 30 日温州市鹿城区第八届人民代表大会常务委员会第二次会议第一次修订。2014 年 7 月 31 日温州市鹿城区第八届人民代表大会常务委员会第十七次会议第二次修订）

第一章 总则

第一条 为了加强对区级预算的监督，规范预算行为，促进经济和社会各项事业发展，根据《中华人民共和国各级人民代表大会常务委员会监督法》《中华人民共和国预算法》《中华人民共和国审计法》《浙江省省级预算审查监督条例》等法律法规，结合本区实际，制定本办法。

第二条 区人民代表大会审查预算草案及预算执行情况的报告，批准预算和预算执行情况的报告。

经区人民代表大会批准的预算，非经法定程序，不得改变。

第三条 区人民代表大会常务委员会（以下简称区人大常委会）在预算审查监督方面依法行使下列职权：

（一）监督预算的编制和执行；

（二）审查和批准预算的调整方案；

（三）审查和批准决算；

（四）听取和审议预算执行和其他财政收支的审计工作报告。

（五）撤销区政府关于预算、决算的不适当的决定、命令。

第四条 区人大常委会可以采取听取和审议报告、审查规范性文件、执法检查和视察、评议等方式对预算、决算进行监督。并可以就预算、决算中的重大事项或特定问题组织调查，根据调查结果作出相应的决议、决定。区人民政府及其相关部门、单位和个人应当协助、配合调查，如实反映情况和提供必要的资料。

第五条 区人民代表大会代表或区人大常委会组成人员依照法律规定程序，可以就预算、决算的有关问题向区政府及其有关部门提出询问或质询，被询问或质询的机关应当及时进行答复。

第六条 区人大常委会负责对预算草案、预算调整方案、决算草案的初步审查。

区人大常委会预算工作委员会（以下简称预算工委）承担区人民代表大会及其常委会审查预算、决算和监督预算执行情况的具体工作。

区人大常委会可以组建预算审查咨询小组，聘请专家和相关人员协助做好工作。

第七条 区人民政府（以下简称区政府）负责预算、预算调整方案和决算的编制；执行区人民代表大会及其常委会有关预算、决算的决议、决定；监督各部门和下级政府的预算编制和执行。

区政府应当根据社会主义市场经济的发展需要，建立健全公共财政体系。

第八条 区政府财政部门（以下简称财政部门）具体组织预算的编制和执行。

各部门、各单位负责本部门、本单位预算的编制和执行，并对执行结果负责。

第九条 区人民政府以及以区人民政府办公室名义公布的关于预算、预算调整、决算及财政、税务、审计等方面的规范性文件的报送、备案和审查，按照《鹿城区人民代表大会常务委员会规范性文件备案审查暂行办法》办理。

区政府有关部门应当将下列事项及时向区人大常委会通报或报送备案：

（一）中央、省、市有关财政体制的重要政策、措施和决定；

（二）上级政府对本区、本区对镇（街道）财政管理体制的有关规定；

（三）上级有关财政税务的重要会议精神；

（四）有关财政、税务、审计、会计的综合性报告等；

（五）应当通报或报送备案的其他事项。

第十条　实行预算审查监督公开，与预算审查监督有关的报告、决议、决定和审议意见，向区人民代表大会代表通报并向社会公布。

第十一条　经区人民代表大会或区人大常委会批准的预算、预算调整、决算，除涉及国家秘密的内容外，应当向社会公开。

区财政部门负责本级政府预算、预算调整、决算的公开。各部门负责本部门预算、预算调整、决算的公开。

区政府街道办事处预算、预算调整、决算公开的办法参照部门执行。

第二章　预算的审查和批准

第十二条　预算编制应当符合法律、法规和国家财政政策，做到量入为出、收支平衡。收入预算的编制应当与国民经济发展水平相适应；支出预算的编制应当统筹兼顾、确保重点、优化结构、注重效益，贯彻勤俭节约的方针。

第十三条　各部门、各单位应当按照综合预算的要求编制年度预算，反映本部门和本单位的全部资金收支情况。

第十四条　财政部门应当在区人民代表大会会议举行的三十日前，向区人大常委会报告上年度预算执行情况、本年度预算草案的主要内容，并提供下列相关材料：

（一）预算编制依据、原则、方法及有关说明；

（二）收入来源及其构成，可用财力预测及说明；

（三）公共预算收支、政府基金预算、国有资本经营和其他财政收支预算一般科目列到款、重要科目列到项；

（四）各部门的预算草案及预算收支汇总表；

（五）政府性投资项目安排及说明；

（六）政府性债务情况和偿还机制建立情况；

（七）农业、教育、科技、文化、卫生、环保及社会保障支出安排情况；

（八）审查批准预算所需的其他资料。

第十五条　区人大常委会应当对预算草案进行初步审查，重点审查下列内容：

（一）是否符合有关法律、法规和国家财政政策；

（二）是否与本区经济建设、社会发展计划和实际需要相适应且保持合理的结构；

（三）是否量入为出、收支平衡，为实现预算平衡拟采取的各项措施是否积极可行；

（四）历年财政结余资金的安排情况；

（五）部门预算的编制情况；

（六）专项支出是否合法合理有据，是否落实到具体项目；

（七）预备费设置情况；

（八）其他内容。

区人大常委会在初步审查预算草案时，可以选择重点部门进行审查。

第十六条　区人大常委会对预算草案进行初步审查时，可以组织视察、调查，听取区人民代表大会代表、有关部门和专家的意见。也可以组织召开部门预算民主恳谈会，广泛征求公众意见。

区人大常委会对预算草案初审后，提出初审意见，财政部门应当认真研究处理，并在收到初审意见七日内，将预算草案的修改情况向区人大常委会反馈，初审意见未被采纳的，应当说明理由。

第十七条　在区人民代表大会会议举行的十日前，区政府应当向大会提交预算草案报告，包括上年度预算执行情况和本年度预算草案、需要审查的部门预算草案及其他材料。

第十八条　在区人民代表大会会议期间，大会计划预算审查委员会应当根据各代表团的审议意见，对区政府上年度预算执行情况和本年度预算草案进行审查，向大会主席团提交审查结果的报告草案。

第十九条　财政部门应当自预算批准之日起三十日内批复区级各部门预算，同时抄报区人大常委会。

第三章　预算执行的监督

第二十条　经区人民代表大会会议批准的预算由区政府组织执行。预算草案批准前，区政府可以先按上一年度同期的预算支出数额安排支出。

第二十一条　区政府应当严格执行预算，并在每年的七月至九月期间，向区人大常委会报告本年度上一阶段的预算执行情况，并在预算年度结束后报告全年度的预算执行情况。

第二十二条　区人大常委会审议预算执行情况报告时，常委会组成人员对预算执行提出意见的，财政部门应当作出解释或答复。常委会组成人员对预算执行情况报告的审议意见交由区政府研究处理，区政府应当将研究处理情况向区人大常委会提出书面报告。

第二十三条　预算工委应当加强对预算执行情况的监督，组织对预算执行情况进行专项调查，并将调查结果向区人大常委会报告。

区人大常委会认为必要时，可以对预算执行中的重大事项组织调查。有关部门、单位和个人应当如实反映情况，并提供必要的材料。

第二十四条　财政、税务部门应当每月向预算工委提供预算执行情况和税收完成情况报表等资料。预算执行中出现重大情况的，应当及时向区人大常委会汇报。必要时由区政府向区人大常委会报告。

第四章　预算调整的审查和批准

第二十五条　预算在执行中有下列情况之一的，应当依法进行预算调整：

（一）需要增加支出或减少收入金额超过原批准预算总额5%的；

（二）预算安排的农业、教育、科技、文化、卫生、环保、社会保障等资金调减的；

（三）需动用的超收收入金额超过原批准预算收入总额的5%的。

需动用超收收入追加支出时，应当优先安排农业、教育、科技、文化、卫生、环保、社会保障等重点支出。

第二十六条　预算需要调整的，区政府应当于当年九月至十一月将预算调整方案提交区人大常委会审查。

财政部门应当于区人大常委会会议举行的三十日前提交预算调整初步方案，由区人大常委会按预算审查相同程序进行初步审查。

第二十七条　区政府的预算调整方案应当于区人大常委会会议举行的十日前提请审查。

提请审查的预算调整有关材料包括：

（一）关于预算调整方案的报告；

（二）预算调整方案；

（三）其他有关资料和说明。

区人大常委会经过审议作出是否批准预算调整方案的决定。

第二十八条　在预算执行中，由于发生特大自然灾害、突发公共事件和重大政策调整，必须增加预算支出的，区政府可以先行安排，事后列入预算调整方案。

因上级政府增加税收返还或转移支付而引起的预算收支变化，不属于预算调整，但区政府应当在向区人大常委会报告本级预算执行情况时予以说明。

第五章　决算的审查和批准

第二十九条　区政府应当在每年的六月至九月期间，将上年度决算草案提请区人大常委会审查和批准。

第三十条　决算草案应当按照区人民代表大会批准的预算所列科目编制，按预算数、调整或变更数、实际执行数分别列出，并对变化情况作出说明。

第三十一条　财政部门应当在区人大常委会会议举行的三十日前，向预算工委提交决算草案及相关材料，由预算工委对决算草案进行初步审查。

审计部门应当同时向预算工委提交预算执行和其他财政收支情况的审计工作报告草案及相关材料。

第三十二条　区政府应当在区人大常委会会议举行的十日前提交下列材料：

（一）关于决算草案的报告；

（二）决算草案；

（三）审计部门对预算执行和其他财政收支情况的审计工作报告；

（四）审查、批准决算所需的其他材料。

第三十三条　区人大常委会审查决算草案的主要内容是：

（一）是否符合有关法律、法规、财政政策的规定和区人民代表大会的预算决议要求；

（二）预算的收支总额以及平衡情况；

（三）农业、教育、科技、文化、卫生、环保、社会保障等重点支出情况；

（四）上年结余和结转、当年预算超收、财政转移支付等资金使用情况；

（五）政府投资项目建设资金使用情况；

（六）政府性债务和偿还情况；

（七）列入年度重点预算审查部门的决算及审计情况；

（八）重点支出财政绩效评价情况；

（九）其他需要审查的情况。

第三十四条　区人大常委会审查决算时，应当听取区政府关于决算草案的报告、审计工作报告和预算工委关于决算草案的审查报告，经过审议作出决议。

决算经批准后，财政部门应当在三十日内批复部门决算。

第六章　审计监督

第三十五条　审计部门应当依法对预算执行和其他财政收支情况进行审计，对审计决定的落实和执行情况进行跟踪监督。

第三十六条　审计部门在制定年度审计计划时，应当征求区人大常委会的意见；在审计计划确定后，报区人大常委会备案。

第三十七条　区人大常委会根据区级重点部门决算审查需要，可以要求审计部门对重点部门的预算执行和其他财务收支情况进行审计并报告审计结果。

区人大常委会认为必要时，可以要求区政府及其审计部门就预算执行中的重大问题进行专项审计或审计调查，并报告审计结果。

第三十八条　审计部门应当将与预算执行和其他财政收支相关的审计报告报区人大常委会备案；在审计发现预算执行中的重大问题时，应当及时向区人大常委会汇报。

第三十九条　区人大常委会对决算草案进行审查时，区政府应当作预算执行和其他财政收支审计工作报告。必要时，区人大常委会可以对审计工作报告作出决议。

第四十条　区政府及其有关部门对审计发现的问题要限时纠正、处理；对区人大常委会有关审计工作报告的决议或审议意见，应当及时制定和落实整改措施，对违法违纪行为进行纠正或处理，并按要求向区人大常委会报告整改、处理结果。

预算工委应当加强对整改情况的跟踪监督，可以听取审计部门和有关部门关于整改落实情况的汇报，并提出意见。

第七章　责任追究

第四十一条　区政府及财政、审计等部门或工作人员有下列行为之一的，区人大常委会应当责令改正，或责成区政府对有关单位、个人进行通报批评，对负有直接责任的主管人员和其他直接责任人员予以行政处分；情节严重的，区人大常委会可以对由其任命的国家机关工作人员依法决定免职：

（一）不按照规定提交预算草案、预算调整方案、决算草案、预算执行情况报告和审计工作报告的；

（二）不按规定期限和要求公开预算、调整预算、决算的；

（三）违反区人民代表大会及其常委会关于预算、预算调整、决算的决议或决定的；

（四）对区人大常委会关于审计工作报告决议或审议意见中提出应予纠正的问题不予纠正的；

（五）其他妨碍区人民代表大会及其常委会预算、决算审查监督的。

第四十二条　其他违反预算法律、法规的行为，依照《中华人民共和国预算法》和有关法律、法规的规定处理。

第八章　附则

第四十三条　本办法自区人大常委会会议修订之日起实施。

温州市鹿城区人民代表大会常务委员会
专题询问暂行办法

（2014年11月25日温州市鹿城区第八届人民代表大会常务委员会第十九次会议通过）

第一条　为了加强区人大常委会监督职能，规范对区人民政府、区人民法院和区人民检察院的专题询问工作，促进依法行政、公正司法，根据《中华人民共和国各级人民代表大会常务委员会监督法》及《浙江省各级人民代表大会常务委员会监督条例》的有关规定，结合本区实际，制定本暂行办法。

第二条　专题询问一般采取区人大常委会全体会议的形式进行。

第三条　专题询问工作坚持实事求是、客观公正、民主公开、合法有序、注重实效的原则。

第四条　专题询问工作由区人大常委会主任会议负责组织实施，区人大常委会相关工委和办公室具体承办。

第五条　专题询问内容包括列入常委会审议的议案、报告及其他事关经济社会发展、民主法制建设方面的重大事项和问题。

第六条　专题询问由主持人、询问人、被询问人和列席人员参加，具体由区人大常委会主任会议决定。

主持人由区人大常委会主任或受主任委托的副主任担任。

询问人指区人大常委会组成人员，受邀列席会议的区人大代表、区人大常委会的工作机构及派出机构负责人。

被询问人指专题询问事项涉及的区人民政府及其有关工作部门、区人民法院、区人民检察院。必要时，可延伸市级垂直管理部门。

被询问人应当派出主要负责人到会接受询问。主要负责人无法到会的，经主任会议同意后，可以书面委托其他负责人到会回答询问。经主持人同意，被询问人其他工作人员可以作补充说明。

第七条　专题询问议题由主任会议确定，于开展询问的常委会会议举行前一个月书面通知被询问人。

专题询问议题确定后，询问人应当针对询问议题开展视察调查或调研。

第八条　被询问人应当于区人大常委会举行会议的二十日前将涉及专题询问的议案、报告等材料送交区人大常委会有关工委征求意见，经补充修改后，于会议举行的十日前送交区人大常委会办公室。区人大常委会办公室应在区人大常委会举行会议的七日前将有关材料送交区人大常委会组成人员。区人大常委会组成人员针对议案、专项工作报告及有关工作拟提出询问的，应当在会议举行的三日前将拟询问问题交由区人大常委会办公室汇总。

第九条 专题询问采取一问一答或随问随答的方式开展。询问人所提问题要紧扣议题、重点突出，被询问人要当场全面、详实地回答询问。当场不能直接答复的，应当说明原因，在取得询问人的同意后，可以在下次区人大常委会会议上口头或者书面答复。

询问人在听取回答后，可就同一问题补充询问。其他区人大常委会组成人员和列席会议的区人大代表、区人大常委会的工作机构及派出机构负责人也可就同一问题补充询问，被询问人应当回答。

第十条 区人大常委会主任会议认为必要时，可根据询问情况，研究通过专题审议意见，转交被询问人研究落实。

第十一条 专题询问及回答情况，原则上向社会公开。

第十二条 必要时，区人大常委会可以委托街道人大工委组织代表对区人民政府、区人民法院、区人民检察院、市级垂直管理部门派驻辖区的机构及其相关工作开展专题询问，具体流程参照此暂行办法。

第十三条 本办法由区人大常委会主任会议负责解释。

第十四条 本办法自常委会会议通过之日起暂行。

温州市鹿城区人民代表大会常务委员会信访工作办法

（2014 年 11 月 25 日温州市鹿城区第八届人民代表大会常务委员会第十九次会议通过）

第一条 为使区人民代表大会常务委员会（以下简称区人大常委会）的信访工作制度化、规范化，根据《中华人民共和国各级人民代表大会常务委员会监督法》《浙江省各级人民代表大会常务委员会监督条例》和《浙江省信访条例》，结合本区实际，制定本办法。

第二条 区人大常委会信访工作，坚持分级负责、归口办理、依法受理、督办与思想疏导教育相结合的原则。

第三条 区人大常委会接待和处理下列来信来访事项：

（一）对区人民政府及其所属部门、区人民法院、区人民检察院的行政、司法行为的申诉和意见；

（二）对区人民代表大会选举和区人大常委会任命的国家机关工作人员违法、渎职行为的举报与控告；

（三）对区人大常委会及其机关工作的建议、批评和意见；

（四）对区人大代表、区人大常委会组成人员的批评和意见；

（五）属于区人大常委会职权范围内的其他问题；

（六）上级人大常委会交办的信访案件。

第四条 区人大常委会信访工作由人大常委会办公室负责，区人大常委会及其办公室分别确定一名领导分管信访工作；办公室信访科具体负责接待处理人民群众来信来访的日常工作；各工作委员会协助接待和受理本工委职责范围内的来信来访。

信访工作中的重大问题，由主任会议研究处理，必要时由主任会议提请区人大常委会审议。

第五条　区人大常委会主任、副主任信访工作职责是：

（一）阅批办公室、各工作委员会呈送的重要信访；

（二）组织对重大信访事项和集体上访的调查处理；

（三）负责对已办结的重要信访结果的审查；

（四）决定提交区人大常委会主任会议研究的重要信访；

（五）分管信访工作的常委会领导要协调信访全面工作，决定信访工作重大事项。

第六条　区人大常委会办公室、各工作委员会信访工作职责是：

（一）接待与处理信访科分送的信访事项；

（二）检查、督促由本工作委员会督办的信访事项办理情况；

（三）检查、督促由区人大常委会主任会议通过或主任、副主任批示的重要信访办理情况；

（四）负责对办结的一般信访结果的审查；

（五）提出需提交区人大常委会主任、副主任批示或主任会议研究的重要信访的建议；

（六）各级人大代表的来信来访和涉及人大代表的信访事项，受理后送区人大常委会代表工作委员会，必要时由区人大常委会代表工作委员会提出督办意见。

（七）分管信访工作的办公室领导要加强对信访科的领导，帮助信访科开展信访日常工作和协调处理特殊信访。

第七条　区人大常委会办公室信访科信访工作职责是：

（一）受理来信、来访、来电及通过其他渠道反映的信访事项；

（二）办理信访事项的登记、转办、交办、催办、答复、报结、归档等工作；

（三）及时将重要的信访事项分送各工作委员会或常委会领导；

（四）研究分析信访情况，向常委会领导提供信息和解决问题的建议；

（五）为区人民代表大会会议的来信来访工作服务。

第八条　受理来信、接待来访的工作程序：

（一）来信来访先由信访科登记编号，填写来信来访内容摘要。

（二）一般信访由信访科直接负责处理或由常委会办公室、各工作委员会分管主任批办，重要信访由常委会分管主任批办。对重要来访，可约请区人大常委会办公室、有关工作委员会领导接待。

（三）信访科应根据区人大常委会和办公室、各工作委员会领导的批示及反映的内容，按有关规定及时转交有关机关或部门办理。对涉及人大常委会及其各工作委员会的批评、意见和建议直接转有关工作委员会研究办理。

（四）对转交有关机关或部门办理的信访要及时进行检查和催办，督促有关机关和部门及时办理。

（五）一般信访，由信访科及时转交承办单位处理，并要求在三十日内办理结束，直接答复信访人；重要信访要求在六十日内办理结束，并作出书面报结，如因情况复杂，六十日内不能办结的，要说明延迟办理的理由，办结后及时反馈。

（六）对正在进行或应当通过诉讼、行政复议、仲裁等程序解决的信访事项，应告知信访人依照法律、法规规定的程序履行或提出。

第九条　加强与区人民政府及其所属部门，区人民法院、区人民检察院和街镇人大的信访工作联系，互通信息，了解重要信访案件办理情况，共同分析信访形势，交流工作经验。

第十条　信访工作人员应当认真学习，忠于职守，遵纪守法，廉洁自律，保守秘密，全心全意为人民服务。

信访工作人员与信访人和信访事项当事人有亲属关系或其他利害关系的，应当回避。

第十一条本办法由区人大常委会主任会议负责解释。

第十二条本办法自常委会会议通过之日起实施。

温州市鹿城区组织实施宪法宣誓制度办法

（2016 年 2 月 3 日温州市鹿城区第八届人民代表大会常务委员会第二十七次会议通过）

第一条　根据《全国人民代表大会常务委员会关于实行宪法宣誓制度的决定》和《浙江省组织实施宪法宣誓制度办法》，结合我区实际，特制定本办法。

第二条　区人民代表大会及其常务委员会选举或者任命、决定任命的国家机关工作人员，在就职时应当公开进行宪法宣誓。

第三条　宣誓誓词如下：

我宣誓：忠于中华人民共和国宪法，维护宪法权威，履行法定职责，忠于祖国、忠于人民，恪尽职守、廉洁奉公，接受人民监督，为建设富强、民主、文明、和谐的社会主义国家努力奋斗！

第四条　区人民代表大会选举的常务委员会主任、副主任、委员，区长、副区长，区人民法院院长，区人民检察院检察长，在依照法定程序产生后，进行宪法宣誓。宣誓仪式由区人民代表大会会议主席团组织。

镇人民代表大会选举的镇人民代表大会主席、副主席，镇长、副镇长等，在依照法定程序产生后，进行宪法宣誓。宣誓仪式由镇人民代表大会会议主席团组织。

第五条　在区人民代表大会闭会期间，区人民代表大会常务委员会决定任命的个别副区长，在依照法定程序产生后，进行宪法宣誓。宣誓仪式由区人民代表大会常务委员会主任会议组织。

第六条　区人民代表大会常务委员会任命或者决定任命的本级人民代表大会常务委员会办公室和各工作委员会主任、副主任，区人民政府工作部门各办主任、各局局长，在依照法定程序产生后，进行宪法宣誓。宣誓仪式由区人民代表大会常务委员会主任会议组织。

第七条　区人民代表大会常务委员会任命的区人民法院副院长、审判委员会委员、庭长、副庭长、审判员，区人民检察院副检察长、检察委员会委员、检察员，在依照法定程序产生后，进行宪法宣誓。宣誓仪式由区人民法院、区人民检察院分别组织。在征求区人民法院、区人民检察院意见后，上述人员可以参加区人民代表大会常务委员会主任会议组织的宣誓仪式。

第八条　宣誓仪式根据情况，可以采取单独宣誓或者集体宣誓的形式。单独宣誓时，宣誓人应当左手抚按《中华人民共和国宪法》，右手举拳，诵读誓词。集体宣誓时，由一人领誓，领誓人左手抚按《中华人民共和国宪法》，右手举拳，领诵誓词；其他宣誓人整齐排列，右手举拳，跟诵誓词。

宣誓场所应当庄重、严肃，悬挂中华人民共和国国旗或者国徽。

第九条　本办法自通过之日起施行。

第三章 区人大常委会会议纪要

第一节 区一届人大常委会会议纪要①

第一次会议

1984年6月5日，城区第一届人民代表大会常务委员会举行第一次会议。主任谷锦麟主持会议。副主任叶国祥、洪作殿、李国聪、陈加昭和委员共20人出席会议。会议主要传达、学习中共中央〔1984〕8号、9号文件。到会委员还对加强城区人大常委会的工作和建设，提出一些建议和意见。

第二次会议

1984年8月6日至11日，城区第一届人民代表大会常务委员会举行第二次会议。主任谷锦麟主持会议。区人大常委会副主任洪作殿、李国聪、陈加昭和委员共21人出席会议。区长何包根、区人民法院院长俞锡荣、区人民检察院检察长吴侠圣列席会议。会议首先由中共温州市委常委、城区区委书记邵锡水讲话；谷锦麟传达全省市、县（区）人大常委会负责人座谈会精神；进一步学习了《中华人民共和国地方各级人民代表大会和地方各级人民政府组织法》和中共中央〔1984〕8号、9号文件。会议讨论通过了《关于设置温州市城区人大常委会办事机构的决定》《关于建立人民代表来访接待日制度的决定》《关于联系代表、开展代表活动的试行办法》《关于任免国家机关工作人员的暂行办法》和城区人大常委会1984年下半年工作要点。会议通过了《关于加强法制宣传普及法律常识的决议》。会议根据城区人民法院院长的提名，审议通过了城区人民法院副院长、审判委员会委员、庭长、副庭长、审判员共28人的任命。根据城区人民检察院检察长的提名，审议通过了城区人民检察院副检察长、检察委员会委员、检察员共32人的任命。

第三次会议

1984年11月26日至29日，城区第一届人大常委会举行第三次会议。主任谷锦麟主持会议。副主任洪作殿、李国聪、陈加昭和委员共19人出席会议。区长何包根、副区长陈莲莲，区人民法院院长俞锡荣、区人民检察院检察长吴侠圣以及区财政税务局局长黄国池、区教育局负责人陈克、蔡勤笑列席会议。会议听取了市委书记袁芳烈传达中共十二届三中全会的情况和部署学习《中共中央关于经济体制改革的决定》的讲话录音，传达了市人民政府秘书长吴祖熙《关于访日情况的报告》，并进行讨论。会议传达和讨

说明：自1984年6月城区第一届人民代表大会常委会第一次会议召开以来，历经三次会议。1985年从第四次会议起城区人大常委会改称鹿城区人民代表大会常委会。

论了省委关于批转《全省市县人大常委会负责人座谈会纪要》和省委书记王芳在全省市地县委书记、人大常委会负责人座谈会上的讲话，省人大常委会主任李丰平、省人大常委会副主任陈安羽在全省、市县人大常委会负责人座谈会上的讲话。会议听取和审议了副区长陈莲莲关于鹿城区初等教育情况的汇报、区人大常委会副主任陈加昭关于视察初等教育的情况报告。会议审议和批准了区财税局黄国池局长代表区人民政府所作的关于我区1984年财政收入任务和支出指标部分调整的报告。会议审议通过了有关人员的任命事项。

第四次会议

1985年1月17日至18日，鹿城区第一届人民代表大会常委会举行第四次会议。主任谷锦麟主持会议，副主任洪作殿、李国聪、陈加昭和委员共18人出席会议。区长何包根、副区长林毓荪、区人民法院院长俞锡荣、区人民检察院检察长吴侠圣、区计经委主任管嗣录列席会议。会议听取了区长何包根关于1985年我区经济体制改革的粗略设想的汇报；听取了区计经委主任管嗣录关于城区1984年区街工业生产情况和1985年工业生产任务建议的汇报，并进行了讨论；听取了区人民法院院长俞锡荣关于1984年法院工作的报告和区人民检察梡检察长吴侠圣关于一九八四年检察院工作的报告。会议讨论了增补新并入鹿城区的新桥等六个乡的区第一届人民代表大会代表名额问题。经省人民政府1984年12月6日批准，温州市城区改名为鹿城区，并将原近郊区的新桥、城郊、南郊、黎明、双屿、仰义等6个乡划归鹿城区管辖。代表名额，大家意见定为40人。鉴于6个乡的区人大代表增补名额加上原代表名额，本届代表名额超过了省六届人大常委会五次会议通过的《浙江省县、乡两级人民代表大会代表选举实施细则》规定的代表人数，会议决定上报市人大常委会，由市人大常委会转报省人大常委会批准后执行。

会议听取了区人大常委会主任谷锦麟关于赴福建、广东学习考察人大工作的情况汇报。谷锦麟主任还讲了区人大常委会1985年工作提纲，以便下次区人大常委会全体会议讨论确定。

第五次会议

1985年3月11日至12日，常委会举行第五次会议。主任谷锦麟主持会议。区人大常委会副主任洪作殿、李国聪、陈加昭和委员共17人出席会议。区人民法院院长俞锡荣、区人民检察院检察长吴侠圣、区物价局局长黄彩萍和区人大常委会各工作委员会成员列席会议。

会议审议通过了区人大常委会1985年工作要点，会议补选了鹿城区出席温州市第六届人民代表大会代表。本区的市六届人大代表缺额4名：叶国祥逝世，叶再菁调离本市，何洪均、朱福梅出国侨居。会议一致通过，决定由何包根、金秀珠、吴政、林美翠增补为温州市第六届人民代表大会代表。会议讨论和决定增补划归鹿城区管辖的新桥等6个乡的本届区人民代表大会代表的选举问题。会议决定建立区选举委员会及其办事机构，加强对选举工作的指导。选举委员会由15人组成，潘教明为主任，李国聪、瞿寿连为副主任。选举工作的实施方案，待省人大常委会对增补的代表名额批复后，由选举委员会另行制订。会议听取和审议区物价局局长黄彩萍关于物价工作的报告。

第六次会议

1985 年 5 月 16 日至 18 日常委会举行第六次会议。主任谷锦麟主持会议。副主任洪作殿、李国聪、陈加昭和委员共 19 人出席会议。副区长陆国杰，区人民法院院长俞锡荣，区人民检察院检察长吴侠圣，区房地产管理局负责人郑维新列席会议。当听取和审议房管工作报告时，邀请了 5 月 13 日参加视察房管工作的代表和有关部门的人员列席会议。会议讨论了区人大常委会向区第一届人民代表大会第二次会议的工作报告（草案）；听取和审议了副区长陆国杰关于区人民政府对区一届人大一次会议通过的四项议案执行情况的报告和区人大常委会《关于议案和代表意见处理情况的报告（草案）》；听取了谷锦麟关于召开区一届人大二次会议的说明，通过了《关于召开温州市鹿城区第一届人民代表大会第二次会议的决定》；听取了区选举委员会主任潘教明关于新桥等 6 个乡增选区第一届人民代表大会代表工作的情况汇报；听取了区房地产管理局负责人郑维新关于房管工作情况的报告。会议讨论决定了区人大常委会增选两名农业方面的委员，并根据选举委员会的建议提出了候选人的建议名单。会议对补选的一名区人大常委会副主任候选人，也提出了建议名单。会议还审议通过了有关人事任免事项。

第七次会议

1985 年 7 月 23 日至 24 日，常委会举行第七次会议。主任谷锦麟、副主任潘教明分别主持会议。副主任洪作殿、李茵聪、陈加昭和委员共 20 人出席会议。区长何包根，副区长陆国杰、潘岩西，区人民法院院长俞锡荣，区人民检察院检察长吴侠圣，区财政税务局副局长陈玉梅，区乡镇企业管理局负责人黄立中列席会议。会议学习了委员长彭真在六届全国人大三次预备会议上的讲话要点，着重学习关于监督方面的问题。区人大常委会对“一府两院”进行法律监督和工作监督，常委会也受区人民代表大会和代表的监督。会议听取了潘教明传达省六届人大三次会议和全市、县（区）人大常委会负责人座谈会的精神。会议根据区一届人大二次会议的决定，听取和审议了区财政税务局副局长陈玉梅关于鹿城区一九八五年财政支出预算补充安排意见的报告，原则同意这个报告。会议听取和审议了区乡镇企业管理局负责人黄立中关于镇企业工作情况的报告。会议还审议通过了有关人事任免事项。

第八次会议

1985 年 9 月 12 日至 14 日，常委会举行第八次会议。主任谷锦麟主持会议。副主任潘教明、洪作殿、李国聪、陈加昭和委员共 17 人出席会议。副区长陆国杰、陈莲莲，区人民检察院检察长吴侠圣，区人民法院副院长谢尔康，区建委主任胡崇安、区卫生局局长王达华，城市管理指挥部指挥、办公室副主任陈怀立列席会议。会议听取了谷锦麟传达关于省、市六届人大常委会第十五次会议精神，学习了省人大常委会《关于加强社会主义精神文明建设的决议》。会议听取了潘教明关于市、区人民代表视察我区市容交通卫生工作的情况报告和陆国杰副区长关于市容交通卫生工作的情况汇报；听取了区卫生局局长王达华关于《中华人民共和国食品卫生法（试行）》《中华人民共和国药品管理法》执行情况的汇报。会议根据区人民检察院检察长和区人民法院副院长（受院长的委托）的提请，免去两院工作人员郑英铎、张周杰的原任职务。

第九次会议

1985 年 11 月 18 日至 22 日，常委会举行第九次会议。主任谷锦麟和副主任潘教明、洪作殿、李国聪、陈加昭分别主持会议。区人大常委会共 21 人出席会议。区人民政府副区长陆国杰，区人民检察院检察长吴侠圣、区人民法院副院长谢尔康，区人民政府办公室、区财税局、工商局、公安分局、文化局等有关部门负责人列席会议。出席正在举行的区政协第一届常委会第八次会议的政协常委也列席了会议。会议突出学习和贯彻中共全国代表会议精神。会上，区委书记王思爱作了关于学习和贯彻中共全国代表会议精神的讲话，谷锦麟重点传达了省六届人大常委会第十六次会议上省委书记王芳所作的关于中共全国代表会议和十二届四中、五中全会精神的传达报告，省人大常委会主任李丰平所作的关于学习中共全国代表会议文件的重要讲话。会议听取了区财税局局长黄国池关于本区 1985 年财政预算部分变更建议的报告，通过了《关于鹿城区一九八五年财政预算部分变更的决定》。会议听取了副区长陆国杰关于市、区人民代表视察城市交通市容卫生工作提出的意见的落实情况的汇报、区人民政府办公室主任董希凯关于区一届人大二次会议议案和代表建议、批评、意见办理情况的汇报。会议审议通过了《关于坚持不懈，努力建设文明城市的决议》《关于深入查处假、冒、骗违法犯罪活动的决议》《关于加强文化市场管理，禁止营业性舞会、录像放映和淫秽物品的决议》。会议审议通过了区人民法院 7 名工作人员的任命。

第十次会议

1986 年 1 月 16 日至 18 日，常委会举行第十次会议。主任谷锦麟和副主任潘教明、洪作殿、李国聪分别主持会议。陈加昭副主任和委员共 22 人出席会议。区人民政府区长何包根、副区长林敏苏，区人民检察院检察长吴侠圣、区人民法院副院长谢尔康以及区计经委、科委、司法局、公安分局的负责人，区人大常委会财经城建工作委员会委员列席会议。会议学习了省人大常委会副主任陈安羽传达委员长彭真在各省、自治区、直辖市人大常委会负责人座谈会上的讲话要点、省委书记王芳在省委常委扩大会议上关于《加强党对人大工作的领导充分发挥地方国家权力机关的作用》的讲话。会议听取了副区长林毓荪关于 1985 年区街工业生产和 1986 年打算的汇报、区人民法院副院长谢尔康关于区法院 1985 年工作的报告、区人民检察院检察长吴侠圣关于区检察院 1985 年工作的报告、区司法局副局长林建水关于 1985 年普法教育情况的汇报。会议一致通过了《关于持续稳定发展区街工业的决议》。会议还听取了潘教明关于新桥等 6 个乡召开第八届人民代表大会第二次会议情况的汇报、区人大常委会财经城建工作委员会主任潘宝卿关于视察区街工业的情况汇报、区人大常委会法制工作委员会主任黄成贵关于视察收审工作情况的汇报。会议还审议通过了有关人事任命事项。

第十一次会议

1986年3月5日至6日，常委会举行第十一次会议。主任谷锦麟、副主任潘教明分别主持会议。副主任洪作殿、李国聪、陈加昭和委员共21人出席会议。区人民检察院检察长吴侠圣、区人民法院副院长谢尔康列席会议。会议审议通过了关于召开温州市鹿城区第一届人民代表大会第三次会议的决定和区人大常委会一九八六年工作要点。会议对区一届人大常委会向区一届人大三次会议所作的工作报告进行了认真讨论。会议补选了出席温州市第六届人民代表大会代表5名。会议还研究、商定了区第一届人民代表大会第三次会议主席团、秘书长和代表资格审查委员会、财政预决算审查委员会、议案审查委员会成员建议名单。

第十二次会议

1986年6月3日至5日，常委会举行第十二次会议。主任谷锦麟，副主任洪作殿、李国聪、陈加昭分别主持会议。常委会组成人员共22位出席会议。区人民政府副区长陆国杰、区人民检察院检察长吴侠圣、区人民法院副院长谢尔康以及区政府办公室、科委、工商局、公安分局等部门的负责人列席会议。列席会议的还有正在出席区政协一届常委会第十一次会议的区政协常委。会议听取了陈加昭传达六届全国人大四次会议精神和省人大代表、市人大常委会副主任魏忠传达省六届人大四次会议精神，并进行讨论。会议听取了区人民政府办公室副主任李峰道关于区一届人大三次会议议案和代表重要意见组织实施情况的汇报；听取了区公安分局副局长、区颁发居民身份证领导小组副组长谢炳康关于颁发居民身份证试点工作情况的汇报；听取了区科委主任朱国衡关于“星火计划”编制及初步实施情况的汇报。

第十三次会议

1986年7月10日，常委会举行第十三次会议。主任谷锦麟、副主任潘教明主持会议。副主任洪作殿、李国聪和委员共18人出席会议。区长何包根、区人民检察院检察长吴侠圣、区人民法院副院长谢尔康，区农委、教委、公安分局、财税局、工商局等有关部门负责人列席会议。会议听取并审议了公安分局局长韩高旺受区政府委托所作的关于鹿城区反盗窃斗争情况的汇报；听取和审议了区教育委员会林鸿昊受区政府委托所作的关于我区实施九年义务教育的初步规划的报告。会议通过了《关于鹿城区实施九年义务教育的决议》。会议听取和审议了区农委副主任李天猷受区政府委托所作的关于保护生态平衡，严禁捕杀田鸡的报告，并通过了《关于保护生态平衡，严禁捕杀田鸡的决议》，由区政府发布关通告。会议还听取了区人大常委会副主任潘教明关于本区各乡、镇召开八届人大三次会议的情况报告。

第十四次会议

1986年9月24日至27日，常委会举行第十四次会议。主任谷锦麟，副主任潘教明、洪作殿、李国聪、陈加昭分别主持会议。常委会组成人员共20人出席会议。列席会议的有区人民政府副区长陆国杰、潘岩西，区人民检察院检察长吴侠圣，区人民法院副院长谢尔康，区农委、建委、财税局、卫生局、房管局等有关部门和仰义乡人民政府的负责人，区人大常委会财经城建工作委员会委员，各街道人民代表小组组长或副组长。会议传达、学习了《中共中央关于全党必须坚决维护社会主义法制的通知》；听取和审议了区财税局局长黄国池受区人民政府委托所作的关于鹿城区本年度1至8月份财政收支预算执行情况及年度财政预算调整意见的报告，通过了《关于本区一九八六年财政预算部分变更的决定；听取和审议了区房管局局长郑维新受区人民政府委托所作的关于区一届人大三次会议通过的《关于继续认真落实私房政策遗留问题，以利安定团结的议案》办理情况的报告；听取了区人大常委会委员、财经城建工作委员会主任潘宝卿关于视察落实私房政策工作的情况报告；听取和审议了区人民政府副区长陆国杰关于执行区一届人大常委会第九次会议通过的《关于坚持不懈，努力创建文明城市的决议》的情况报告；听取和审议了区卫生局局长王达华关于食品卫生工作的情况汇报；听取了谷锦麟关于视察市容卫生工作的情况报告；听取和审议了区人民政府副区长潘岩西关于扶贫工作的情况报告；听取了区人大常委会副主任潘教明关于视察仰义乡扶贫工作的情况报告。会议审议通过了有关人事任免事项。

第十五次会议

1986年11月24日至29日，常委会举行第十五次会议。会议分为两个阶段进行，第一阶段出列席人大常委会会议的全体人员参加区委工作会议，第二阶段听取和审议区人民政府和区工商局、民政局的有关工作报告。第二阶段的会议由主任谷锦麟和副主任潘教明分别主持。区人大常委会副主任洪作殿、李国聪、陈加昭和委员共11人出席会议。列席会议的有区人民政府副区长陈莲莲、潘岩西，区人民检察院检察长吴侠圣，区人民法院副院长谢尔康，工商局局长卢先理，区民政局局长王鸿铨、副局长柯明光。委员们参加区委工作会议，学习了《中共中央关于社会主义精神文明建设指导方针的决议》，学习了省委、省政府呈报中央、国务院的《关于建立温州试验区的报告》，讨论了区委、区政府关于本区社会主义精神文明建设的五年规划（征求意见稿）。会议听取和审议了区人民政府副区长潘岩西关于今年农业经济发展情况的报告；听取和审议了区工商局局长卢先理受区人民政府委托所作的关于我区个体经济发展情况的报告；听取和审议了区民政局局长王鸿铨受区人民政府委托所作的关于民政工作的情况汇报；听取了谷锦麟关于随市、县（区）人大常委会学习考察组赴外地学习考察人大工作的情况汇报。

第二节　区二届人大常委会会议纪要

第一次会议

1987年6月27日，常委会举行二届第一次会议。主任谷锦麟和副主任潘教明、陈加昭、潘宝卿分别主持会议。副主任俞锡荣和委员共29人出席会议。区长何包根、区人民法院院长谢尔康、区人民检察院检察长吴侠圣列席会议。区委书记王思爱在会上讲话。会议进一步学习、讨论了中共中央〔1984〕8号、9号文件，〔1986〕18号文件和《中华人民共和国地方各级人民代表大会和地方各级人民政府组织法》。会议审议通过了《温州市鹿城区人大常委会一九八七年六至十二月工作要点》；审议通过了《温州市鹿城区人民代表大会代表工作实施办法》。

第二次会议

1987年8月31日至9月3日，常委会举行第二次会议。主任谷锦麟和副主任潘教明、陈加昭、潘宝卿、俞锡荣分别主持会议。区人大常委会全体组成人员出席会议。列席会议的有区长何包根、副区长陈莲莲、人民法院院长谢尔康、区人民检察院检察长金德力和区政府办公室、区计经委、教委、财税局的负责人，教育代表小组。会议听取和审议了何包根区长所作的《关于“双增双节”运动开展情况的汇报》，关于区二届人大一次会议议案组织实施的方案的报告；听取和审查了区财政税务局负责人黄国池受区人民政府委托所作的关于《鹿城区一九八七年度一至七月份财政收支预算执行情况及年度预算收支调整意见的报告》，通过了《关于本区一九八七年财政预算部分变更的决定》；会议听取和审议了副区长陈莲莲关于全区1987年小学毕业生升初中、初中毕业生升高中“入学难”和学校危房改造两个问题的汇报。经会议审议，通过决定任命区人民政府组成人员和任命区人大常委会办事机构、区人民检察院的工作人员20名，免去区人民法院工作人员3名。会议审议、通过了《温州市鹿城区人民代表大会常务委员会关于任免本级国家机关工作人员办法》和《温州市鹿城区人民代表大会代表持证视察工作的暂行办法》。

第三次会议

1987年10月23日至24日，常委会举行第三次会议。主任谷锦麟和副主任潘教明、陈加昭、潘宝卿、俞锡荣分别主持会议。常委会组成人员19人出席会议。列席会议的有副区长陆国杰、潘岩西、陈莲莲，区人民法院院长谢尔康，区人民检察院检察长吴侠圣，区农委、建委、文化局、工商局的负责人，建委代表小组和卫生代表小组的组长。会议听取和审议了副区长潘岩西关于农业遭受自然灾害和开展抗灾、生产自救工作的情况报告，关于市区环境卫生和社会治安工作的情况报告；听取和审议了区建委主任胡崇安关于环境卫生管理工作的情况报告；听取和审议了区文化局局长郑绍训关于打击非法出版活动的情况报告；听取和审议了区人民检察院检察长吴侠圣所作的关于继续深入开展严厉打击严重经济犯罪活动的工作报告。会议对区人大常委会法制、财经城建、教科文卫三个工作委员会委员进行了一些调整；依法免去了区人民法院三名工作人员的职务。

第四次会议

1987年12月22日至26日，常委会举行第四次会议。主任谷锦麟和副主任潘教明、陈加昭、潘宝卿、俞锡荣分别主持会议。常委会组成人员19人出席会议。列席会议的有区人民政府区长何包根，区人民法院院长谢尔康，区人民检察院检察长吴侠圣，区计经委、乡镇工业管理局、公安分局、工商局的负责人和区人大常委会各工作委员会委员。

会议听取了中共十三大代表吕书缨（也是区人大代表）关于中共十三大精神的传达报告，并进行了讨论。会议听取和审议了区人民政府区长何包根、区人民法院院长谢尔康、区人民检察院检察长吴侠圣分别所作的关于区人民政府、区人民法院、区人民检察院的执法检查情况的报告，俞锡荣在会上作了总结发言。会议通过了《温州市鹿城区人民代表大会常务委员会关于建立执法检查制度的决定》。会议听取和审议了区乡镇工业管理局局长韩启宇受区人民政府委托所作的关于《鹿城区一九八七年一至十一月工业生产情况的汇报》，重点审议和解决经济效益、产品质量和企业经营短期行为等三个问题。会议审议了有关人事任免事项。

第五次会议

1988 年 2 月 9 日至 10 日，常委会举行第五次会议。主任谷锦麟和副主任潘教明、潘宝卿、俞锡荣分别主持会议。常委会组成人员 18 人出席会议。区人民政府区长何包根，区人民法院院长谢尔康，区人民检察院检察长吴侠圣以及区人民政府办公室副主任李峰道列席会议。会议决定 3 月 28 日召开温州市鹿城区第二届人民代表大会第二次会议，并对会议的主要议题提出了建议。会议对常委会向区二届人大第二次会议所作的工作报告（初稿）进行了讨论，通过了常委会 1988 年工作要点。会议听取了区人民政府办公室副主任李峰道受区人民政府委托所作的关于区二届人大一次会议议案和代表建议、批评、意见的办理情况的报告，着重审议了关于代表议案的办理情况；听取了区人民政府区长何包根对张爱春等 4 位委员提出的《关于继续使用“区工业委员会”“区工业局”两个机构的质询案》的答复。

第六次会议

1988 年 3 月 17 日至 18 日，常委会举行第六次会议。主任谷锦麟主持会议。副主任潘教明、陈加昭、潘宝卿、俞锡荣和委员共 19 人出席会议。列席会议的有区长何包根，副区长陈莲莲，区人民检察院检察长吴侠圣、区人民法院副院长陈少林和区卫生局副局长张纯清、章微华。会议通过了区人大常委会工作报告稿，提请区二届人大二次会议审议；通过了区二届人大二次会议主席团和秘书长候选人建议名单草案，提请区二届人大二次会议预备会议选举；通过了区二届人大二次会议议程草案、财政预决算审查委员会人选建议名单草案，提请区二届人大二次会议预备会议审议通过；审议通过了常委会代表资格审查委员会主任俞锡荣关于区二届人大代表资格变动情况的报告。此外，会议听取了谷锦麟传达的省七届人大一次会议精神，听取、审议了区卫生局副局长张纯清受区人民政府委托所作的关于病毒性肝炎发病与防治情况的汇报。会议审议通过了有关任命事项。

第七次会议

1988 年 5 月 19 日至 21 日，常委会举行第七次会议。主任谷锦麟和副主任潘教明、陈加昭、潘宝卿、俞锡荣分别主持会议。常委会组成人员共 19 人出席会议。列席会议的有区人民政府区长何包根、副区长陆国杰、潘岩西、陈莲莲、陈崇春，区人民法院院长谢尔康、区人民检察院检察长吴侠圣，区农委主任王臣明，区司法局局长潘启宝，区人大常委会有关工作委员会的委员和松台街道、五马街道的部分区人大代表。会议听取了七届全国人大代表洪震寰所作的关于七届全国人大一次会议精神的传达报告；听取了谷锦麟所作的关于市七届人大一次会议精神的传达报告；听取和审议了区司法局局长潘启宝受区人民政府委托所作的关于执行一届人大二次会议《关于加强法制宣传普及法律常识的决议》的情况报告；听取和审议了区农委主任王臣明受区人民政府委托所作的关于春耕生产情况的报告；听取和审议了副区长陆国杰关于人民路改建工程进展情况的报告。会议审议了常委会各工作委员会关于对区二届人大二次会议主席团的代表议案的处理意见的报告。

第八次会议

1988 年 7 月 18 日至 19 日，常委会举行第八次会议。主任谷锦德和副主任潘教明分别主持会议。主任陈加昭、潘宝卿、俞锡荣和委员共 19 人出席会议。列席会议的有区人民政府区长何包根、副区长陈崇春，区人民法院院长谢尔康，区人民检察院检察长吴侠圣和区计经委、教委、乡镇工业 管理局等部门的主要负责人。会议听取和审议了副区长陈崇春作的《关于我区中、小学危房改造问题的报告》，听取了区人大常委会教科文卫工作委员会主任陈克作的《关于视察学校危房的情况报告》，通过了《关于限期解决学校教学危房的决议》。会议听取和审议了副区长陈崇春作的《关于鹿城区发展外向型经济工作情况及今后意见的报告》和区人大常委会财经城建工作委员会副主任刘进法作的《关于视察我区外向型经济的情况报告》会议审议通过了有关人事任命事项。

第九次会议

1988 年 9 月 19 日至 21 日，常委会举行第九次会议。主任谷锦麟和副主任潘教明、陈加昭、潘宝卿、俞锡荣分别主持会议。常委会组成人员共 17 人出席会议。列席会议的有区人民政府区长何包根、副区长陈莲莲、区人民法院院长谢尔康，区人民检察院检察长吴侠圣和区计经委、财税局、工商局、卫生局、乡镇工业管理局的负责人，区人大常委会教科文卫工作委员会部分委员。会议听取了谷锦麟所作的关于市委最近召开的人大工作会议精神的传达报告；听取了办公室副主任余岩隆所作的关于《温州市鹿城区人民代表大会常务委员会议事规则（草案）》的说明，并审议通过。会议审议了区财税局局长黄国池受区人民政府委托所作的关于《鹿城区 1988 年一至八月份财政收支预算执行情和年度预算收支调整意见的报告》，通过了《关于本区 1988 年财政预算部分变更的决定》。会议听取和审议了何包根所作的关于贯彻执行国务院有关做好当前物价工作和稳定市场的文件精神的情况汇报，《关于 1988 年区人民政府十件实事办理进度的汇报》。会议听取和审议了陈莲莲副区长所作的《关于市区环境卫生工作的汇报》和《关于食品卫生工作情况的汇报》，通过了《关于进一步加强环境卫生工作的决议》。会议审议了区人民法院院长谢尔康请求辞去区人民法院院长职务的报告，决定接受谢尔康的辞职请求，并任命张林为区人民法院副院长、审判委员会委员。

第十次会议

1988年11月16日至19日，常委会举行第十次会议。主任谷锦麟和副主任潘教明、陈加昭、潘宝卿、俞锡荣分别主持会议。常委会全体组成人员出席会议。列席会议的有区人民政府区长何包根，区人民检察院检察长吴侠圣，区人民法院副院长张林，部分乡（镇）人民政府和区政府有关工作部门的负责人。会议学习、讨论了中国共产党十三届三中全会精神。常委会组成人员在前段时间学习赵紫阳在三中全会上的报告的基础上，听取了区委副书记陈久忠传达以贯彻中共十三届三中全会精神而召开的省委七届九次全会扩大会议的精神，并学习了全国人大常委会《关于加强民主法制维护安定团结保障改革和建设顺利进行的决定》。会议听取和审议了区农委副主任刘德起受区人民政府委托所作的《关于秋收冬种生产情况的汇报》；听取和审议了区长何包根作的《关于区人民政府开展执法检查的情况报告》、副院长张林作的《关于区人民法院执法检查工作的情况报告》、检察长吴侠圣作的《关于区人民检察院依法行使法律监督工作的情况报告》和副主任俞锡荣作的《关于今年区人大常委会执法工作和全区执法检查进展情况的汇报》。会议听取和审议了区审计局局长梅一华受区人民政府委托所作的《关于鹿城区审计工作的情况报告》；听取和审议了区民政局副局长林学全受区人民政府委托所作的《关于扶贫工作的情况报告》。会议经过审议，以无记名投票表决方式通过了下列人事任免事项：根据区长何包根的提请，决定任命陈久忠为区人民政府副区长；决定接受何包根辞去区人民政府区长的职务的请求，报区第二届人民代表大会备案；根据主任会议的提议，决定陈久忠代理区人民政府区长、张林代理区人民法院院长。

第十一次会议

1989年1月16日至18日，常委会举行第十一次会议。主任谷锦麟和副主任陈加昭、潘宝卿、俞锡荣分别主持会议。常委会组成人员共20人出席会议。列席会议的有区人民政府代区长陈久忠，副区长陈莲莲、陈崇春，区人民法院代院长张林，区人民检察院检察长吴侠圣及区人民政府有关工作部门的负责人。会议听取和审议了陈久忠代区长、张林代院长分别所作的关于区人民政府执法检查整改情况的报告、关于区人民法院执法检查整改情况的报告和吴侠圣检察长所作的关于查处举报案件和执法检查整改意见的报告。会议听取和审议了区工商局局长朱景祥受区人民政府委托所作的关于清理整顿公司工作的情况汇报；听取和审议了区计经委副主任虞楚平受区人民政府委托所作的关于1988年国民经济和社会发展计划执行情况和1989年计划安排初步意见的汇报；听取和审议了陈莲莲副区长作的关于区二届人大二次会议代表议案办理情况的汇报；听取和审议了区科委主任朱国衡受区人民政府委托所作的关于科技工作和科技法律、法规宣传、贯彻、实施情况；听取和审议了区体委主任李少华受区人民政府委委托所作的关于开展群众性体育活动的情况汇报。会议审议、通过了《温州市鹿城区人大常委会1989年工作要点》。

第十二次会议

1989年3月9日至10日，常委会举行第十二次会议。主任谷锦鳞，副主任潘教明、潘宝卿、余锡荣分别主持会议。常委会组成人员共18人出席会议。区人民政府代区长陈久忠，区人民法院代院长张林，区人民检察院检察长吴侠圣，区人民政府办公室，区公安分局、区司法局和区人大常委会各工作委员会负责同志列席会议。会议对召开二届人大三次会议作出决定，提出大会建议议程，大会主席团、秘书长名单和财政预决算审查委员会成员名单草案，并审议通过了区人大常委会向大会作的工作报告稿。会议听取和审议了区公安分局局长陈林光受区人民政府委托所作的关于去冬今春打击严重刑事犯罪分子维护社会治安的情况报告；审议通过了《温州市鹿城区人大常委会关于承办人大代表建议工作的暂行规定》。会议审议通过了有关人事任免事项。

第十三次会议

1989年5月22日至24日，常委会举行第十三次会议。主任谷锦麟和副主任陈加昭、潘宝卿、俞锡荣分别主持会议。常委会组成人员共16人出席会议。列席会议的有区人民政府区长陈久忠，副区长潘岩西、陈莲莲，区人民检察院检察长吴侠圣，区人民法院副院长虞廷南，以及区农委、农林水利局、文化局、计生委和区人大常委会各工作委员会的负责人。会议听取了全国人大代表洪震寰所作的关于七届全国人大二次会议精神的传达报告；听取了区农委主任王臣明受区人民政府委托所作的《关于春耕生产情况的汇报》和区人大常委会财经城建工作委员会副主任刘进法所作的《关于视察春耕生产情况的汇报》。会议审议了区政府《关于春耕生产情况的汇报》。会议听取了区文化局局长郑绍训受区人民政府委托所作的关于《鹿城区文化市场管理工作情况汇报》和区人大常委会教科文卫工作委员会主任陈克所作的《关于视察文化市场的情况汇报》，对区府的文化市场管理工作情况汇报作了审议。会议听取审议了区计生委主任陆春兰受区人民政府委托所作的《关于我区计划生育工作情况的汇报》；听取审议了区人大常委会法制、财经城建、教科文卫等三个工作委员会分别提出的关于区二届人大三次会议主席团提交审议的三件代表议案的处理意见的报告。会议审议通过了有关人事任免事项。

第十四次会议

1989年7月24日至26日，常委会举行第十四次会议。主任谷锦麟和副主任陈加昭、潘宝卿、翁锡荣分别主持会议。常委会组成人员18人出席会议。列席会议的有区人民政府区长陈久忠，副区长陈莲莲、陈崇春，区人民法院院长张林，区人民检察院检察长吴侠圣以及区人民政府有关工作部门和区人大常委会各办事机构的负责人。会议学习了中国共产党十三届四中全会文件、邓小平重要讲话和全国人大常委会《关于制止动乱和平息反革命暴乱的决议》。会议听取和审议了副区长陈崇春的《关于深化企业改革开展“双增双节”行动提高经济效益的情况的汇报》。会议听取区教委主任林可夫受区任民政府委托所作的《关于执行区人大常委会〈决议〉排除教学危房和九年制义务教育实施情况的汇报》，听取了区人大常委会教科文卫工作委员会主任陈克所作的《关于视察部分小学、幼儿园排除危房的情况报告》；听取和审议了区工商局局长朱景祥受人民政府委托所作的《关于我区贯彻实施〈经济合同法〉的情况汇报》；听取和审议了区民政局副局长柯明光受人民政府委托所作的《关于贯彻实施村民委员会组织法和组织实施办法的试点情况的报告》。会议审议通过了有关人事任命事项。

第十五次会议

1989 年 9 月 19 日至 21 日，常委会举行第十五次会议。主任谷锦麟和副主任陈加昭、潘宝卿、俞锡荣分别主持会议。常委会组成人员共 16 人出席会议。区人民政府区长陈久忠、副区长陈莲莲，区人民法院院长张林，区人民检察院检察长吴侠圣，以及区建委、财税局、卫生局、审计局和区人大常委会各办事机构的负责人列席会议。会议学习讨论了《全国人大常委会委员长会议纪要》《中共浙江省委书记办公会议纪要》《最高人民法院、最高人民检察院关于贪污、受贿、投机倒把等犯罪分子必须在限期内自首坦白的通告》。会议听取和审议了区财政税务局局长黄国池受区人民政府委托所作的《我区 1989 年一至八月份财政收支预算执行情况的报告》；听取和审议了区卫生局局长沙万源受区人民政府委托所作的《关于医疗卫生工作改革和贯彻实施〈药品管理法〉情况的报告》；听取和审议了区人民政府副区长陈莲莲所作的《贯彻执行区人大常委会〈关于进一步加强环境卫生工作的决议〉的情况报告》。

第十六次会议

1989 年 11 月 20 日至 23 日，常委会举行第十六次会议。主任谷锦麟和副主任潘教明、陈加昭、潘宝卿、俞锡荣分别主持会议。常委会组成人员共 19 人出席会议。列席会议的有区人民政府区长陈久忠、副区长潘岩西，区人民法院院长张林，区人民检察院检察长吴侠圣以及区农经委、农林水利局、财税局、监察局、审计局和区人大常委会各办事机构的负责人。会议学习讨论了江泽民在庆祝中华人民共和国成立四十周年大会上的讲话和中共十三届五中全会文件。会议听取和审议了区人民政府区长陈久忠所作的《关于廉政建设工作情况的报告》；听取和审议了区人民检察院检察长吴侠圣所作的《关于反贪污受贿工作情况的报告》；听取和审议了区人民法院院长张林所作的《关于贯彻〈民法通则〉情况的报告》；听取和审议了区财政税务局局长黄国池受区人民政府委托所作的《关于预算外资金管理情况的报告》；听取和审议了区农村经济委员会主任王臣明受区人民政府委托所作的《关于今年农业生产和农业经费使用情况的报告》。会议讨论了明年区、乡（镇）两级人民代表大会换届选举的有关事项，通过了《关于建立温州市鹿城区选举委员会的决定》《关于建立城郊乡等六乡、镇选举委员会的决定》《关于区三届人大代表名额的决定》《关于六乡、镇十届人大代表名额的决定》。会议审议通过了有关人事任免事项。

第十七次会议

1990 年 1 月 18 日至 20 日，常委会举行第十七次会议。主任谷锦麟和副主任潘教明、陈加昭、潘宝卿、俞锡荣分别主持会议。常委会组成人员共 19 人出席会议。列席会议的有区长陈久忠和副区长潘岩西、陈莲莲、陈崇春，区人民法院院长张林、区人民检察院检察长吴侠圣以及区人民政府办公室、区计经委、区公安分局、区建委、区文化局、区人大常委会各工作委员会负责人。会议认真学习了《中共中央关于进一步治理整顿和深化改革的决定》、省委书记李泽民在省委召开的全省人大工作会议上的讲话等文件。副主任潘教明传达了省七届人大常委会第十三次会议精神。会议听取了区计经委主任管嗣录受区人民政府委托所作的《关于1989年国民经济、社会发展计划执行情况和1990年计划初步安排意见》、区公安分局局长陈林光受区人民政府委托所作的《关于扫除“六害”工作情况的报告》、区长陈久忠所作的《关于区二届人大三次会议议案和代表建议、批评、意见办理情况的报告》、副区长潘岩西所作的《关于1989年城建方面八件实事实施情况的报告》，并对各个工作报告进行了审议。副主任俞锡荣传达了省人大常委会召开的全省县、乡两级人大换届选举试点工作会议精神，汇报了区选举委员会关于本区三届人大代表选举工作实施意见。会议决定增补张守月为区选举委员会副主任，对城郊、黎明、南郊、双屿、新桥等五个乡、镇选举委员会成员进行了调整。会议通过了有关人事任免事项。

第三节　区三届人大常委会会议纪要

第一次会议

1990年7月10日至13日，常委会举行第一次会议。主任谷锦麟主持会议。副主任朱景祥、陈加昭、俞锡荣、周成国和常委会组成人员共22人（一人因公外出）出席会议。区长陈久忠、副区长邵金松，区人民法院院长张林，区人民检察院检察长金德力，区建委、市容监察大队的负责人，各乡、镇人大主席团常务主席和部分区三届人大代表列席会议。区委书记王思爱就坚持和完善人民代表大会制度，进一步提高对人大及其常委会的性质、地位、作用的认识和加强中共领导、更好地发挥人大常委会的作用等内容发表讲话。会议学习了总书记江泽民在参加全国人大、政协的党员负责人会议上关于坚持和完善人民代表大会制度问题的讲话和《中华人民共和国地方各级人民代表大会和地方各级人民政府组织法》，学习了《温州市鹿城区人民代表大会常务委员会议事规则》。会议听取和审议了副区长邵金松所作的关于加强城市管理整治市容市貌工作的情况汇报，听取了区人大常委会财经城建工作委员会负责人刘进法所作的关于区三届人大代表视察整治市容市貌工作的情况汇报。会议审议和通过了常委会1990年度工作要点，关于区三届人大一次会议代表提出的议案和建议的处理意见，关于设立区三届人大常委会代表资格审查委员会的决定。会议审议通过了有关人事任免决定，通过了常委会主任会议提出的关于调整、充实常委会办事机构组成人员和增设侨务工作委员会的事项。

第二次会议

1990年9月5日至12日，常委会举行第二次会议。期间因抗台工作休会4天。主任谷锦麟和副主任朱景祥、陈加昭、周成国分别主持会议。区人大常委会组成人员共22人出席会议。列席会议的有区人民政府区长陈久忠、副区长陈崇春，区人民法院院长张林，区人民检察院检察长金德力，区政府有关工作部门负责人，各乡镇人大主席团常务主席，区人大常委会各工委主任及法工委、财经城建工委部分成员和部分区人大代表。会议学习了《中华人民共和国行政诉讼法》。区人大常委会法工委委员、区律师事务所律师朱国清在会上作了辅导。会议听取和审议了区司法局局长潘启宝受区人民政府委托所作的《关于〈行政诉讼法〉施行前准备工作的情况汇报》、区人民法院院长张林所作的《关于贯彻实施〈行政诉讼法〉准备工作的情况汇报》。会议听取和审议了区人民检察院检察长金德力所作的《关于严厉打击严重经济犯罪活动的情况汇报》、区人民法院副院长蔡正满所作的《关于依法从重从快严厉打击严重刑事犯罪活动的情况汇报》。听取和审议了乡镇工业管理局局长韩启宇受政府委托所作的《关于贯彻执行“调整、整顿、改造、提高”的方针，促进区街、乡镇工业发展的情况汇报》，听取了区人大财经城建工委主任刘进法所作的《今年以来我区工业生产调查视察的情况汇报》。会议审议通过了《关于确保完成今年工业生产任务的决议》。会议听取和审议了区财政税务局局长黄国池受区人民政府委托所作的《鹿城区 1990 年一至八月份财政收支预算执行情况和年度预算收支调整意见的报告》，并通过了《关于本区 1990 年财政预算部分变更的决定》。会议听取和审议了区工商行政管理局局长虞廷南受区人民政府委托所作的《关于尽快对假冒、劣质服装、针织产品加强管理的议案的办理情况和贯彻执行国办发〔1990〕29 号文件精神的情况汇报》。会议任命蔡正满为区法院副院长，还审议通过了其他人事任命事项。

第三次会议

1990 年 11 月 12 日至 15 日，常委会举行第三次会议。主任谷锦麟和副主任朱景祥、陈加昭、俞锡荣、周成国分别主持会议。常委会组成人员除郑式乐请假外，共 22 人出席会议。列席会议的有区长陈久忠，副区长陈莲莲、陈崇春，区人民法院副院长蔡正满，区人民检察院检察长金德力，区政府有关工作部门负责人，各乡镇人大主席团常务主席，区人大常委会各工委主任和法工委、教科文卫工委委员，部分区人大代表。区委副书记徐包龙应邀参加了会议。会议学习了《浙江省地方各级人民代表大会常务委员会监督司法工作的规定》，收听了全国人大常委会办公厅研究室副主任程湘清“关于人大及其常委会行使监督权的几个问题”的录音讲话。会议听取和审议了区人民法院副院长蔡正满所作的《关于贯彻执行浙江省地方各级人民代表大会常务委员会监督司法工作的规定》的情况汇报、区人民检察院检察长金德力所作的《关于执法检查的情况汇报》、区公安分局局长陈林光所作的《鹿城区公安分局执法情况汇报》，听取了区人大常委会法制工作委员会主任张国光所作的《关于检查视察公检法机关执法工作和“严打”工作的情况汇报》。会议听取和审议了区公安分局局长陈林光受区人民政府委托所作的《关于集中开展严厉打击严重刑事犯罪活动斗争情况的汇报》、区人民法院副院长蔡正满所作的《关于依法从重从快严厉打击严重刑事犯罪活动的情况汇报》；听取和审议了区计划经济委员会主任管嗣录受区人民政府委托所作的《关于 1990 年国民经济和社会发展计划执行情况的汇报》。会议审议通过了《关于调整本区 1990 年社会商品零售总额计划的决定》；听取和审议了区乡镇工业管理局局长韩启宇受区人民政府委托所作的《关于办理〈强化行业管理，发挥“鞋城”优势，促进我区产业结构调整的议案〉的情况汇报》；听取和审议了区教育委员会主任林可夫受区人民政府委托所作的《关于〈进一步加强对中小学生德育工作的议案〉的办理情况及加强学校德育工作情况的汇报》。会议听取了区人大常委会教科文卫工作委员会主任陈克所作的《关于对我区中小学德育工作调查视察情况的汇报》；听取了区人民武装部部长金秀林所作的《关于〈军事设施保护法〉贯彻实施情况的汇报》。

第四次会议

1991年1月29日至2月1日，常委会举行第四次会议。主任谷锦麟，副主任朱景祥、俞锡荣分别主持会议。副主任陈加昭、周成国及委员共21人出席会议。区长陈久忠，副区长潘岩西、陈莲莲、邵金松，区法院院长张林、区检察院检察长金德力，区府办、公安分局、农经委、建委、监察局、审计局、民政局、财税局、卫生局、物价局、供销社负责人，各乡镇人大主席团常务主席，区人大常委会各委、办负责人和部分区人大代表列席会议。会议学习了《中共中央关于制定国民经济和社会发展十年规划和“八五”计划的建议》、总书记江泽民在中共十三届七中全会闭幕式上的讲话和李鹏关于制订十年规划和“八五”计划建议的说明。会议听取和审议了副区长潘岩西代表区政府所作的《关于纠正行业不正之风、推进廉政建设情况的汇报》；听取和审议了副区长邵金松代表区政府所作的《关于办理〈加强城市职能部门的建设，强化城市管理的议案〉及实现“路平灯明”情况的汇报》；听取了区人大常委会财经城建工委主任刘进法所作的“关于‘路平灯明’情况调查的汇报”；听取和审议了区农村经济委员会主任王臣明受区政府委托所作的《1990年农业生产情况的汇报》；听取了区人大常委会财经城建工委副主任李梅龙《关于农业生产情况的视察汇报》。会议听取和审议了区人民政府办公室主任吴长柳受区政府委托所作的《关于1990年税收、财务、物价大检查工作情况汇报》。会议学习了《中华人民共和国城市居民委员会组织法》，听取和审议了区民政局局长柯明光受区政府委托所作的《关于〈城市居民委员会组织法〉实施情况的汇报》；听取和审议了区卫生局局长叶侃玉受区政府委托所作的《鹿城区农村初级卫生保健工作的汇报》；听取了区人大常委会教科文卫工委潘信雄所作的《农村初级卫生保健工作开展情况的调查汇报》；听取了区公安分局关于仰义“9•6”伤害案件查处情况的汇报。会议审议通过了区长和法院院长提请的有关人事任免事项。

第五次会议

1991年3月19日至20日，常委会举行第五次会议。主任谷锦麟主持会议。副主任朱景祥、陈加昭、俞锡荣、周成国和委员共22人出席会议。区长陈久忠，区人民法院副院长蔡正满，区人民检察院检察长金德力和区政府办公室主任吴长柳列席会议。会议学习了《中华人民共和国地方各级人民代表大会和地方各级人民政府组织法》部分条文，听取了谷锦麟传达省七届人大四次会议精神。会议审议通过了区人大常委会关于召开温州市鹿城区第三届人民代表大会第二次会议的决定；讨论通过了《温州市鹿城区人大常委会一九九一年工作要点》；讨论并原则通过区人大常委会工作报告，同时委托谷锦麟向区三届人大二次会议作工作报告。会议讨论通过了区人大常委会关于区三届人大二次会议议程草案、主席团和秘书长名单等建议事项。会议决定提交原选区选民罢免犯有贿赂罪的区人大三名代表，其出缺名额根据原选区选民意见组织补选，决定 1991 年 4 月 1 日为补选区三届人大代表的选举日。会议审议通过了有关人事任免事项。

第六次会议

1991 年 4 月 3 日，常委会举行第六次会议。主任谷锦麟主持会议。副主任朱景祥、俞锡荣、周成国和委员共 19 人出席会议。区长陈久忠、区人民法院院长张林、区人民检察院检察长金德力和区计经委主任管嗣录、区财税局局长黄国池列席会议。会议听取和审议了区计经委主任管嗣录受区政府委托扼要汇报本区 1990 年国民经济和社会发展计划执行情况与 1991 年国民经济和社会发展计划的打算；听取和审议了区财税局局长黄国池受区政府委托汇报本区 1991 年财政安排意见。会议审议通过了区人大常委会副主任、代表资格审查委员会主任委员俞锡荣关于补选的区三届人大代表的代表资格的审查报告。会议决定接受陈莲莲因工作调动而辞去温州市鹿城区副区长职务的请求。

第七次会议

1991 年 5 月 30 日至 31 日，常委会举行第七次会议。主任谷锦麟和副主任朱景祥、陈加昭、俞锡荣、周成国分别主持会议。区人大常委会组成人员共 20 人出席会议。列席会议的有区长陈久忠，区人民法院院长张林、副院长蔡正满，区人民检察院检察长金德力，区府办、计生委、劳动局、侨办负责人，区人大常委会有关工作委员会委员和部分区人大代表。会议学习了中共中央、国务院《关于加强计划生育工作严格控制人口增长的决定》和《浙江省计划生育条例》；听取和审议了区计生委主任陆春兰受区政府委托作的《关于贯彻实施〈浙江省计划生育条例〉的情况汇报》。会议学习了《中华人民共和国归侨侨眷权益保护法》，听取和审议了区政府办公室主任吴长柳受区政府委托作的《关于〈归侨侨眷权益保护法〉贯彻执行情况的汇报》。会议学习了《禁止使用童工条例》，听取和审议了区劳动局局长李峰道受区政府委托作的《劳务市场整顿情况的汇报》。会议通过了《温州市鹿城区人大常委会关于温州市鹿城区三届人大二次会议代表提出的议案的处理意见的决定》。会议决定接受郑式乐辞去区人大常委会委员职务的请求，还审议通过了区人民法院的有关人事任免事项。

第八次会议

1991 年 7 月 18 日至 20 日，常委会举行第八次会议。主任谷锦麟和副主任朱景祥、俞锡荣分别主持会议。副主任陈加昭、周成国和委员共 21 人出席会议。列席会议的有区长陈久忠、副区长潘岩西，区人民法院院长张林，区人民检察院检察长金德力，区政府办公室、区农经委、教委、司法局、农林水利局、供销社负责人，乡镇人大主席团常务主席、区人大常委会工作委员会部分委员和区人大部分代表。会议学习了中共中央总书记江泽民在庆祝中国共产党成立七十周年大会上的讲话；学习了《中华人民共和国义务教育法》《中华人民共和国民事诉讼法》《全国人民代表大会常务委员会关于深入开展法制宣传教育的决议》。会议听取和审议了区农经委副主任李天猷受区政府委托作的《关于今年上半年粮菜生产情况的汇报》，听取了区人大常委会财经城建工作委员会主任刘进法作的《关于粮、菜生产情况的调查汇报》。会议听取和审议了区教委副主任蔡勤笑受区政府委托作的《关于贯彻实施〈义务教育法〉情况的汇报》，听取了区人大常委会科教文卫工作委员会主任陈克作的《关于视察检查〈义务教胃法〉实施情况的汇报》。会议听取和审议了区司法局局长潘启宝受区政府委托作的《关于我区“二五”普法工作准备情况的汇报》，作出了《关于在全区深入开展法制宣传教育的决议》。会议听取和审议了区人民法院院长张林作的《关于坚持严肃执法努力提高审判水平的情况汇报》，听取了区人大常委会法制工作委员会主任张国光作的《关于检查视察区人民法院民事、经济审判工作的情况汇报》。会议审议通过了有关人事任免事项。

第九次会议

1991 年 9 月 9 日至 11 日，常委会举行第九次会议。主任谷锦麟和副主任朱景祥、陈加昭、俞锡荣、周成国分别主持会议。常委会组成人共员 19 人出席会议。列席会议的有副区长陆国杰、潘岩西、陈崇春，区人民法院院长张林，区人民检察院检察长金德力，区计经委、工交委、科委、农林水利局、工商局、物价局、公安分局、司法局负责人，乡、镇人大主席团常务主席，区人大常委会有关工作委员会的部分委员和部分区人大代表。会议学习了中共中央、国务院和全国人大常委会关于加强社会治安综合治理的两个决定，学习了江泽民总书记在中国科协第四次全国代表大会上的讲话和国务院关于开展“质量、品种、效益年”活动的通知。会议听取和审议了区工交委副主任王成淼受区人民政府委托作的《关于开展“质量、品种、效益年”活动的情况汇报》，听取了区人大常委会财经城建工委委员陈安德代表视察调查组作的关于“质量、品种、效益年”活动的视察情况汇报。会议听取和审议区科委主任朱国衡受区人民政府委托所《关于依靠科技进步，促进我区经济发展的情况汇报》，听取了区人大常委会教科文卫工委委员潘信雄代表视察组作的《关于依靠科技进步促进我区经济发展的视察情况汇报》；听取和审议了陆国杰副区长作《关于社会治安综合治理工作情况的汇报》；听取了区人大常委会法工委主任张国光代表视察组作的视察检查社会治安综合治理工作的情况汇报。会议听取和审议了区人民检察院检察长金德力作的《关于查处“侵权”、渎职案件的工作情况汇报》；听取和审议了区教委主任林可夫受区人民政府委托作的《关于〈要求对农村小学加强领导及支持、扶助，缩小城市和农村小学差别的议案〉办理情况的汇报》。

第十次会议

1991 年 10 月 19 日，常委会举行第十次会议。主任谷锦麟主持会议。副主任陈加昭、俞锡荣、周成国和常委会委员区共 20 人出席会议。列席会议的有副区长潘岩西，区人民法院院长张林，区人民检察院副检察长杨锡祥，区计经委、农经委、计生委、财政局、审计局负责人和区人大常委会财经城建工作委员会委员。会议学习了中共浙江省委书记李泽民在省级机关党员负责干部会上讲话的部分内容。会议听取和审议了区计划经济委员会主任管嗣录受区人民政府委托所作的《关于1991年鹿城区国民经济和社会发展计划执行情况的汇报》；听取和审议区财政局局长助理黄夏日受区人民政府委托所作的《鹿城区一九九一年一至九月份财政收支预算执行情况和年度预算收支调整意见的报告》，通过了《关于本区一九九一年度财政预算部分变更的决定》。会议最后听取了区人大常委会办公室主任余岩隆关于赴江西省九江市浔阳区参加八市九区人大工作研讨会，探讨“城区人大工作如何围绕中共中心，为经济建设服务”的情况汇报。

第十一次会议

1991年11月18日至20日，常委会举行第十一次会议。主任谷锦麟主持会议。副主任朱景祥、俞锡荣、周成国和委员共20人出席会议。列席会议的有区政府副区长潘岩西、陈崇春、邵金松，区人民法院副院长陈少林，区人民检察院检察长金德力，区建委、公安分局、监察局、审计局、财政局、工商局、劳动局和税务分局负责人，乡镇人大主席团常务主席，区人大常委会办公室负责人、区人大常委会财经城建工委委员和部分区人大代表。会议学习了《中华人民共和国企业法人登记管理条例》，听取和审议了区财政局局长助理黄夏日受区政府委托所作的《鹿城区财政局执法情况汇报》、鹿城税务分局局长徐敏受政府委托所作的《区税务分局执法情况汇报》、区工商局局长虞延南受政府委托所作的《关于贯彻执行〈企业法人登记管理条例〉和〈投机倒把行政处罚暂行条例〉情况的汇报》，听取了人大常委会财经城建工委主任刘进法作的区人大常委会视察组《关于工商、税务执法情况的视察调查汇报》。会议听取和审议了邵金松副区长作的《关于加强城市管理和治理城市脏乱差的情况汇报》；听取和审议了区公安分局局长陈林光受区政府委托所作的《关于办理〈要求加强流动人口管理的议案〉的情况汇报》；听取和审议了区建委副主任魏以德受区政府委托作的《关于(要求对城区公厕进行一次全面扩建、改造和维修的议案）办理情况的汇报》。经会议审议通过，同意区人民检察院对李梅龙采取刑事拘留强制措施。会议审议通过了有关人事任命事项。

第十二次会议

1992年1月16日至18日，常委会举行第十二次会议。主任谷锦麟，副主任朱景祥、俞锡荣分别主持会议。副主任陈加昭和委员共19人出席会议。列席会议的有区政府区长陈久忠，副区长陈崇春、邵金松，区人民法院院长张林，区人民检察院检察长金德力，区政府办公室、区税收财务物价大检查办公室、区建委、监察局、公安分局、财政局、物价局、文化局和税务分局负责人，乡镇人大主席团常务主席，区人大常委会各委负责人和有关工委委员，部分区人大代表。会议学习了总书记江泽民在中共十三届八中全会上的讲话和省长葛洪升在省委八届六次全会扩大会议上的讲话。会议听取和审议了区税收、财务、物价大检查办公室主任韩光中受区政府委托所作的《关于一九九一年税收、财务、物价大检查工作情况的汇报》、区监察局局长杨岩华受区政府委托所作的《关于治理“三乱”和纠正行业不正之风的工作情况汇报》；会议听取和审议了区文化局局长李建花受区政府委托所作的《关于加强文化市场管理工作的情况汇报》；听取了区人大常委会教科文卫工作委员会主任陈克所作的《关于视察文化市场管理工作情况的汇报》；听取和审议了邵金松副区长所作的关于《要求对居民化粪池加强管理议案》办理情况的汇报；听取了区人大常委会财经城建工委主任刘进法作的区人大常委会财经城建工委调查组关于《要求对居民化粪池加强管理议案》办理情况的调查报告；听取和审议了区公安分局副局长王天义受区政府委托所作的关于办理《要求加强流动人口管理的议案》，进一步落实流动人口管理措施的情况汇报。会议审议通过了有关人事任命事项，通过追认区人大常委会主任会议许可逮捕区三届人大代表李梅龙的决定。

第十三次会议

1992年3月16日至17日，常委会举行第十三次会议。主任谷锦麟和副主任朱景祥、俞锡荣分别主持会议。副主任陈加昭、周成国和委员共18人出席会议。区人民政府区长陈久忠，区人民法院院长张林、区人民检察院检察长金德力，区政府办公室主任和各乡镇人大主席团常务主席列席会议。会议学习了中共中央〔1992〕2号文件和中央政治局全体会议精神。会议审议通过了区人大常委会关于召开温州市鹿城区第三届人民代表大会第三次会议的决定；原则通过了区人大常委会工作报告，要求办公室根据委员们提出的意见和建议，对报告作进一步修改，最后由主任会议审定，并委托谷锦麟向区三届人大三次会议作工作报告；会议讨论提出了区人大常委会关于区三届人大三次会议议程草案、主席团和秘书长名单草案等建议事项。会议讨论通过了《温州市鹿城区人大常委会一九九二年工作要点》。会议补选孔祥有为温州市第七届人民代表大会代表，接受李梅龙辞去区三届人大常委会委员的职务。会议审议通过了有关人事任免事项。

第十四次会议

1992年5月15日至16日，常委会举行第十四次会议。主任谷锦麟主持会议。副主任朱景祥、陈加昭、俞锡荣、周成国和委员共17人出席会议。列席会议的有区人民政府区长陈久忠，区人民法院院长张林、区人民检察院检察长金德力，区政府办公室、工交委、教委、体委、民政局、工商局、物价局和区残疾人联合会负责人，各乡镇人大主席团常务主席，区人大常委会各委办负责人，区人大常委会有关工委委员和部分区人大代表。会议学习了《中华人民共和国全国人民代表大会和地方各级人民代表大会代表法》；听取和审议了区民政局局长柯明光受区政府委托所作的关于《中华人民共和国残疾人保障法》贯彻实施情况的汇报；听取和审议了区工商局局长虞廷南受区政府委托所作的关于认真贯彻《浙江省保护消费者合法权益条例》，查处销售假冒劣质商品违法活动的情况汇报；听取了区人大常委会财经城建工作委员会主任刘进法所作的关于视察打击制售假冒劣质商品违法活动的情况汇报；听取和审议了区体委主任李少华受区政府委托所作的关于开展群众性体育活动的情况汇报。会议经过审议，通过了关于区三届人大三次会议代表提出的议案的处理意见的决定，决定接受陆国杰因工作调动而辞去鹿城区副区长职务的请求；会议还审议通过了有关人事任免。

第十五次会议

1992年7月21日至22日，常委会举行第十五次会议。主任谷锦麟和副主任朱景祥、俞锡荣分别主持会议。副主任陈加昭、周成国和委员共19人出席会议。列席会议的有区人民政府区长陈久忠、区长助理金根富、区人民法院院长张林、人民检察院检察长金德力，区计经委、建委、计生委、公安分局、司法局、工商局和区政府行政复议办公室、环保局负责人，乡镇人大主席团常务主席，区人大常委会各委办负责人和有关工委委员。会议学习了《中华人民共和国行政诉讼法》部分章节，听取了区政府行政复议办公室主任韩光中受区政府委托所作的《关于〈行政诉讼法〉和〈行政复议条例〉贯彻实施情况的汇报》、区人民法院院长张林所作的《关于行政审判工作情况的报告》、区人大常委会法制工作委员会主任张国光所作的《关于调查视察区人民政府、区人民法院贯彻实施〈行政诉讼法〉工作情况的汇报》，并对区政府和区法院的报告进行了审议，提出意见。会议学习了《中华人民共和国环境保护法》，听取了区政府环保局局长王秒玲受区政府委托所作的《关于〈环境保护法〉贯彻情况的汇报》、区人大常委会财经城建工作委员会主任刘进法所作的《关于对我区贯彻实施〈环境保护法〉情况的调查汇报》，并对区人民政府的报告进行审议，提出意见。会议确认了区人大常委会主任会议关于准许对具有重大杀人嫌疑的区三届人大代表陈光彰予以刑事拘留的决定。会议审议通过了有关人事任免事项。

第十六次会议

1992年9月28日至30日，常委会举行第十六次会议。主任谷锦麟和副主任朱景祥、俞锡荣分别主持会议。副主任陈加昭、周成国和委员共20人出席会议。列席会议的有区人民政府区长陈久忠、副区长陈崇春，区人民法院院长张林、区人民检察院检察长金德力和区政府有关部门负责人，乡镇人大主席团常务主席，区人大常委会各委办负责人和部分区人大代表。会议学习了《中华人民共和国城镇集体所有制企业条例》，听取和审议了副区长陈崇春关于贯彻《条例》的情况汇报，听取了区人大常委会财经城建工委主任刘进法作的关于《条例》贯彻情况的视察调查汇报。会议听取和审议了副区长陈崇春关于区三届人大三次会议上代表提出的《抓住有利时机，加快区重点企业（集体）经济发展步伐的议案》办理情况的汇报。会议审议和通过了《温州市鹿城区人大常委会关于建立温州市鹿城区选举委员会的决定》《温州市鹿城区人大常委会关于组织人大代表评议区公检法司机关的决定》。会议通过了有关人事任免事项。

第十七次会议

1992年10月20日至21日，常委会举行第十七次会议。主任谷锦麟和副主任朱景祥、俞锡荣分别主持会议。副主任陈加昭、周成国和委员共15人出席会议。列席会议的有区长陈久忠、副区长潘岩西，区人民法院院长张林，区人民检察院检察长金德力，区人民政府有关部门负责人，各乡镇人大主席团常务主席，区人大常委会各委、办负责人。会议学习了江泽民在中共十四大上的报告摘要和十四届一中全会公报。会议分别听取和审议了区计经委主任管嗣录受区人民政府委托作的《关于鹿城区1992年1—9月份计划执行情况和年度计划部分经济指标变更建议的报告》、区财政局局长黄国池受区人民政府委托作的《温州市鹿城区1992年1—9月份财政收支预算执行情况和年度预算收支调整意见的报告》。会议审议通过了区人大常委会《关于本区一九九二年国民经济计划部分经济指标变更的决定》《关于本区一九九二年财政预算部分变更的决定》。会议听取和审议了区农经委主任王臣明受区人民政府委托作的《关于发展壮大村级集体经济情况的汇报》，听取了区人大常委会财经城建工委主任刘进法作的《关于发展壮大村级集体经济视察情况的汇报》。会议还审议和通过了关于各乡镇选举委员会组成人员的任命名单。

第十八次会议

1992年12月17日至19日，常委会举行第十八次会议。主任谷锦麟和副主任俞锡荣分别主持会议。副主任陈加昭、周成国和委员共17人出席会议。列席会议的有区人民政府区长陈久忠、副区长陈崇春，区人民法院院长张林，区人民检察院检察长金德力，区政府办公室、区建管委、司法局、民政局负责人，乡、镇人大主席团常务主席，区人大常委会各委、办负责人和部分代表。会议学习了《中华人民共和国宪法》部分章节，听取了区长陈久忠作的《关于创建文明城市加强文明街巷建设情况的汇报》，听取了区人大常委会财经城建工委主任刘进法作的《关于创建文明城市加强文明街巷建设工作的视察调查汇报》，并对陈久忠区长的报告进行了审议。会议听取并审议了区司法局局长潘启宝受区人民政府委托作的《关于今年我区“二五”普法规划实施情况的汇报》；听取审议了区长陈久忠作的关于区三届人大三次会议上代表提出的《认真贯彻〈城市居民委员会组织法〉进一步加强居民委员会建设的议案》办理情况的汇报；听取了区人大常委会法工委副主任赵志尚作的关于代表议案办理工作调查情况的汇报；听取并审议了副区长陈崇春作的《关于转变机关作风，提高工作效率，为加快经济建设服务的情况汇报》；听取并审议了区人民检察院检察长金德力作的《关于运用检察职能为经济建设服务的工作汇报》。会议听取了区选举委员会关于区四届人大代表选举工作的实施意见，审议通过了有关人事任免事项。

第十九次会议

1993年2月12日至13日，常委会举行第十九次会议。主任谷锦麟和副主任朱景祥、俞锡荣分别主持会议。副主任陈加昭、周成国和委员共19人出席会议。列席会议的有区人民政府区长陈久忠、区法院院长张林、区检察院副检察长杨锡祥和区政府有关部门负责人、乡镇人大主席团常务主席、区人大常委会各委办负责人、部分区人大代表。会议听取了区卫生局局长叶侃玉受区人民政府委托作的鹿城区农村初级卫生保健工作的情况汇报，听取了区人大常委会教科文卫工委主任陈克关于农村初级卫生保健工作视察情况的汇报，并对区政府的报告进行了审议。会议听取和审议了区科委主任朱国衡受区人民政府委托作的关于科技工作为经济建设服务的情况汇报；听取了区人大常委会法制工作委员会副主任赵志尚关于人大代表评议公检法司工作的情况汇报。会议审议通过了有关人事任免事项。

第二十次会议

1993 年 3 月 19 日至 20 日，常委会举行第二十次会议。主任谷锦麟主持会议。副主任朱景祥、陈加昭、俞锡荣、周成国和委员共 20 人出席会议。有区人民政府区长陈久忠、区人民法院院长张林、区人民检察院检察长金德力和区政府办公室负责人、乡镇人大主席团常务主席、区人大常委会各委办的负责人以及部分区人大代表列席会议。会议学习了《中华人民共和国地方各级人民代表大会和地方各级人民政府组织法》部分内容；审议通过了《关于召开区第四届人民代表大会第一次会议的决定》，对区人大常委会和区人民政府向区四届人大一次会议作的工作报告（征求意见稿）进行初审，提出修改意见。会议听取和审议了副区长邵金松作的关于认真贯彻《中华人民共和国城市居民委员会组织法》，进一步加强居民委员会建设议案办理情况的补充汇报。会议根据区人民法院院长张林的提请，审议通过了有关人事任免事项。会议决定温州市鹿城区第四届人民代表大会第一次会议于 1993 年 4 月 20 日举行。建议会议的议程是：听取和审查、区人民政府工作报告，审查和批准本区 1992 年国民经济和社会发展计划执行情况与 1993 年国民经济和社会发展计划，审查和批准本区 1992 年财政决算和 1993 年财政预算，听取和审查区人大常委会工作报告，听取和审查区人民法院工作报告，听取和审查区人民检察院工作报告，选举区人民代表大会常务委员会主任、副主任、委员，选举区长、副区长，选举区人民法院院长和区人民检察院检察长，选举本区出席温州市第八届人民代表大会代表等。

第二十一次会议

1993 年 4 月 9 日，常委会举行第二十一次会议。主任谷锦麟主持会议。副主任朱景祥、陈加昭、俞锡荣和委员共 19 人出席会议。区人民政府区长陈久忠、区法院院长张林、区检察院检察长金德力列席会议。会议审议通过了区四届人大一次会议议程草案、主席团和秘书长名单草案及会议的其他准备事项，提请区四届人大一次会议预备会议和主席团会议审议通过；原则通过了区人大常委会工作报告（稿），要求办公室根据委员们的意见作必要的修改，并委托主任会议审定、由谷锦麟向区四届人大一次会议报告；通过了区三届人大常委会代表资格审查委员会关于区四届人大代表资格的审查报告。会议决定接受张林辞去区人民法院院长的职务，任命副院长王炳池为区人民法院代院长，报区人民代表大会备案。

第四届　区四届人大常委会会议纪要

第一次会议

1993 年 5 月 14 日，常委会举行第一次会议。主任朱道统主持会议。副主任朱景祥、陆春兰、周成国和委员共 20 人出席会议。区人民政府区长陈久忠、区人民法院院长王炳池、区人民检察院检察长金德力和乡镇人大主席团负责人列席会议。区委书记金邦清就进一步提高对地方人大常委会性质、地位和作用的认识，紧紧围绕经济建设中心开展人大工作，加强党对人大工作的领导等内容发表讲话。会议学习了地方组织法和区人大常委会议事规则；审议通过了区人大常委会关于调整常委会办事机构的决定；以无记名投票的方式，通过了区人大常委会有关工作委员会主任、副主任的任免；审议通过了区人大常委会关于区四届人大一次会议代表提出的议案处理意见的决定。最后，主任朱道统通报了常委会主任、副主任工作的分工情况。

第二次会议

1993年7月2日至3日，常委会举行第二次会议。主任朱道统主持会议。副主任朱景祥、陆春兰、王臣明、周成国和委员共23人出席会议。区人民政府区长陈久忠、区人民法院院长王炳池、区人民检察院检察长金德力和乡镇人大主席团负责人、有关区人大代表列席会议。会议学习了江泽民总书记在八届全国人大一次会议、全国政协八届一次会议党员负责人会议上的讲话（摘录），乔石委员长在八届全国人大常委会第一次会议上的讲话；学习了中共中央印发《关于地方党委向地方国家机关推荐领导干部的若干规定》的通知。会议听取了区长陈久忠关于区四届人大一次会议代表议案办理方案的汇报；听取了区长陈久忠关于提请任命政府各委、局主任、局长的报告，以无记名投票的方式，决定任命管嗣录等22人为区人民政府各工作部门的主任、局长。以举手表决方式通过了区四届人大常委会代表资格审查委员会组成人员名单、区人大常委会各工作委员会委员名单。

第三次会议

1993年9月3日至4日，常委会举行第三次会议。副主任朱景祥、陆春兰、王臣明分别主持会议。副主任周成国和委员共21人出席会议。区人民政府区长陈久忠，副区长马士可、李中苏，区人民法院院长王炳池、区人民检察院检察长金德力，区人民政府有关部门负责人，部分乡镇人大主席团负责人，区人大常委会有关工委委员与区人大代表若干人列席会议。会议学习了江泽民总书记在中纪委二次全会上的讲话，乔石委员长、田纪云副委员长在省、自治区、直辖市人大常委会负责人座谈会上的讲话要点；学习了全国人大常委会《关于加强社会治安综合治理的决定》，中共中央办公厅、国务院办公厅《关于切实减轻农民负担的紧急通知》。会议听取了副区长李中苏所作的《关于加快发展外向型经济的情况汇报》，听取了区人大常委会财经工委主任邱国华作的《关于对我区外向型经济工作视察调查的情况汇报》，并对区政府的报告进行审议。会议听取了区农经委主任陈瑞煊受区人民政府委托所作的《贯彻〈中共中央办公厅、国务院办公厅关于切实减轻农民负担的紧急通知〉的情况汇报》，听取了区人大常委会农经城管工委主任刘进法作的《关于我区减轻农民负担工作视察调查的情况汇报》，并对区政府的报告进行审议。会议听取了副区长马士可所作的《关于深入开展“三打一禁”斗争的情况汇报》和区人大常委会法制工委主任赵志尚所作的《关于视察检查社会治安综合治理工作和“三打一禁”斗争情况的汇报》，并进行了审议。会议审议通过了《温州市鹿城区第四届人民代表大会常务委员会关于组织人大代表评议区人民法院工作的决定》，审议通过了有关人事任免事项。

第四次会议

1993 年 10 月 22 日至 23 日，常委会举行第四次会议。主任朱道统、副主任周成国分别主持会议。副主任陆春兰、王臣明和委员共 20 人出席会议。区人民政府区长陈久忠，副区长马士可、李中苏、邵金松，区人民检察院副检察长杨锡祥，以及区政府有关部门负责人、乡（镇）人大主席团负责人和区人大代表列席会议。会议学习了省委书记、省人大常委会主任李泽民在省八届人大常委会第六次会议上的讲话；学习了《国家预算管理条例》。会议听取和审议了区计划经济委员会副主任林其骞受区人民政府委托所作的《关于鹿城区 1993 年 1—9 月份国民经济计划执行情况的报告与 1993 年国民经济计划部分经济指标变更的建议》；听取和审议了区财政局局长黄国池受区人民政府委托所作的《温州市鹿城区 1993 年 1—9 月份财政预算执行情况和年度预算变更的报告》。审议通过了《关于本区一九九三年国民经济计划部分经济指标变更的决定》《关于本区一九九三年财政预算部分变更的决定》。会议听取和审议了区卫生局局长叶侃玉受区人民政府委托所作的《关于农村初级卫生保健工作情况的汇报》和区人大常委会教科文卫工委主任陈克作的《关于我区农村初保工作的视察汇报》。会议听取和审议了副区长马士可所作的《关于〈要求立即采取行动，加强劳动卫生职业病防治的议案〉办理情况的汇报》。

第五次会议

1993 年 11 月 20 日，常委会举行第五次会议。主任朱道统、副主任陆春兰分别主持会议。副主任王臣明、周成国和委员共 19 人出席会议。区人民政府区长陈久忠，副区长李中苏、陈崇春，区人民法院院长王炳池，区人民检察院副检察长杨锡祥，以及区工交委、教委、科委、财政局负责人，各乡、镇人大主席团负责人和区人大代表 1 人列席会议。会议听取和审议了区工交委主任韩启宇受区人民政府委托作的《关于加快企业技改步伐的情况汇报》，听取和审议了副区长李中苏所作的《关于〈要求采取有效措施，切实减轻学生过重的课业负担的议案〉办理情况的汇报》。会议根据区长陈久忠的提请，决定免去林可夫的区教育委员会主任职务。会议确认常委会主任会议关于批准对区四届人大代表黄炳华予以逮捕的决定。

第六次会议

1994 年 1 月 17 日至 19 日，常委会举行第六次会议。主任朱道统和副主任陆春兰、王臣明分别主持会议。副主任周成国和委员共 21 人出席会议。区人民政府区长陈久忠，副区长李中苏、陈崇春、邵金松，区人民法院院长王炳池、区人民检察院检察长金德力，区政府有关部门负责人、乡（镇）人大主席团负责人、区人大常委会有关工委委员和区人大代表 3 人列席会议。会议听取和审议了区工业开发区办公室主任郑锦春受区人民政府委托所作的《关于〈加快双屿工业区建设步伐，促进我区经济腾飞〉议案办理情况的汇报》，和听取了区人大常委会财经工委主任邱国华所作的《关于对〈要求加快双屿工业区建设，促进我区经济腾飞的议案〉办理情况的视察报告》。邵金松副区长所作的《关于城乡结合部环境卫生问题整治情况的汇报》，和听取了区人大常委会农经城管工委副主任王金松所作的《关于我区城郊结合部环境卫生整治工作的视察情况汇报》，并对区政府的报告进行审议。会议听取和审议了区计划生育委员会主任徐宏真受区人民政府委托所作的《关于贯彻〈浙江省流动人口计划生育管理实施办法〉情况的汇报》。会议听取和审议了区人民检察院检察长金德力所作的《关于开展反贪污贿赂斗争和民事行政检察工作情况的报告》、区人民法院院长王炳池所作的《关于落实人大代表评议意见及整改情况的报告》。会议通过了有关人事任命事项。

第七次会议

1994年3月9日至10日，常委会举行第七次会议。主任朱道统主持会议。副主任陆春兰、王臣明、周成国和委员共21人出席会议。区长陈久忠，副区长马士可，区人民检察院检察长金德力，以及区政府办公室、区计经委、区财政局负责人，部分乡、镇人大主席团负责人和区人大代表2人列席会议。会议审议并通过了《关于召开温州市鹿城区第四届人民代表大会第二次会议的决定》。会议讨论了区人大常委会工作报告（草稿），要求办公室根据委员们提出的意见进行修改，常委会下一次会议再作讨论。会议听取和审议了区政府办公室主任韩光中受区人民政府委托作的《关于区四届人大一次会议代表建议、批评、意见办理情况的汇报》；听取和审议了区计经委副主任林其骞、区财政局局长黄国池分别受区人民政府委托所作的关于鹿城区1993年国民经济和社会发展计划执行情况与1994年计划安排草案的报告、关于鹿城区 1993年财政预算执行情况和1994年财政预算草案的报告。

第八次会议

1994年3月24日，常委会举行第八次会议。主任朱道统主持会议。副主任陆春兰、王臣明、周成国和委员共21人出席会议。区长陈久忠、区人民检察院检察长金德力列席会议。会议讨论通过了区人大常委会工作报告稿，决定提请区四届人大二次会议审议。会议讨论通过了区四届人大二次会议议程草案、主席团和秘书长名单草案、财政预决算审查委员会名单草案及会议日程安排草案等其他准备事项，决定提请区四届人大二次会议预备会议和主席团第一次会议选举、决定。会议审议通过了代表资格审查委员会关于区四届人大代表资格变动情况的审查报告。会议补选了陆春兰、虞银良为本区出席温州市第八届人民代表大会代表。

第九次会议

1994年5月7日，常委会举行第九次会议。主任朱道统主持会议。副主任陆春兰、王臣明、周成国和委员共19人出席会议。区长陈久忠，区人民法院院长王炳池，区人民检察院检察长金德力和乡镇人大主席团负责人列席会议。会议原则通过了区人大常委会1994年工作要点，并要求常委会办公室根据委员们的讨论意见作必要的修改，最后由主任会议审议通过。会议审议通过了关于区四届人大二次会议代表提出的议案处理意见的决定；审议通过了区长陈久忠提出的人事任免议案，决定任命张志远为区民政局局长，决定免去柯明光的区民政局局长职务。

第十次会议

1994年6月23日至24日，常委会举行第十次会议。主任朱道统，副主任陆春兰、王臣明分别主持会议。副主任周成国和委员共20人出席会议。副区长马士可、潘岩西、李中苏，区人民法院副院长蔡正满、区人民检察院检察长金德力，区政府有关部门负责人，乡（镇）人大主席团负责人、区人大常委会有关工委委员和区人大部分代表列席会议。会议学习了《中华人民共和国农业法》和总书记江泽民在全国教育工作会议上的讲话。会议听取了区农经委主任陈瑞煊受区人民政府委托作的《关于贯彻执行〈农业法〉和〈农业技术推广法〉的情况汇报》，听取了区人大常委会委员、农经城管工委副主任王金松代表区人大常委会农业“两法”执法检查组作的《关于我区农业“两法”执法检查情况汇报》，并对区政府的报告进行了审议。会议听取了李中苏副区长《关于迎接省“两基”验收工作汇报》；听取了区人大常委会委员、教科文卫工委主任陈克《关于对我区教育“两基”实施情况的视察汇报》，并对区政府的报告进行了审议；会议听取和审议了马士可副区长《关于区四届人大二次会议代表议案办理方案的汇报》。会议通过了有关人事任免事项。

第十一次会议

1994年8月25日至26日，常委会举行第十一次会议。主任朱道统，副主任陆春兰、王臣明分别主持会议。副主任周成国和委员共19人出席会议。区长陈久忠，副区长马士可、潘岩西、陈崇春，区人民法院院长王炳池、区人民检察院检察长金德力，区政府有关部门负责人、乡（镇）人大主席团常务主席、区人大常委会有关工委委员和部分人大代表列席会议。会议听取和审议了陈崇春副区长《关于〈加快鹿城工业开发区配套设施建设的议案〉办理情况的汇报》；听取了区社会治安综合治理委员会副主任陈林光受区人民政府委托作的《关于社会治安综合治理工作情况和下一步工作打算的汇报》；听取了区人大常委会委员、法制工作委员会主任赵志尚《关于视察检查社会治安综合治理工作情况的汇报》，并对区政府的报告进行审议；听取了区农经委主任陈瑞煊受区人民政府委托作的《关于“菜篮子”工程建设的情况汇报》；听取了区人大常委会委员王金松《关于对我区“菜篮子”工程建设情况的视察汇报》，并对区政府的报告进行了审议；听取了区监察局局长倪宝根受区人民政府委托作的《关于开展反腐败斗争的情况汇报》。会议审议通过了有关人事任免事项。

第十二次会议

1994年10月27日至28日，常委会举行第十二次会议。主任朱道统和副主任陆春兰、王臣明分别主持会议。副主任周成国和委员共20人出席会议。区长陈久忠，副区长马士可、陈崇春，区人民法院副院长陈少林，区人民察检院检察长金德力、副检察长谢向理，区政府有关部门负责人、乡（镇）人大主席团常务主席、区人大常委会有关工委委员和区人大部分代表列席会议。会议听取了副区长陈崇春所作的《温州市鹿城区 1994—2000 年科学技术发展纲要编制说明》和区科学技术委员会副主任孙荣清受区人民政府委托所作的《温州市鹿城区科学技术发展纲要（草案）》的报告，并对纲要进行了审议，作出了《关于同意〈温州市鹿城区科学技术发展纲要〉的决定》。会议听取和审议了区计划经济委员会副主任林其骞受区政府委托所作的《关于温州市鹿城区 1994 年 1 至 9 月份国民经济计划指标执行情况的报告》；听取和审议了区财政局局长黄夏日受区人民政府委托所作的《温州市鹿城区 1994 年 1 至 9 月份财政预算执行情况的报告》；听取和审议了区体制改革办公室主任林瑞荣受区人民政府委托所作的《关于加快产权制度改革促进生产力发展的议案办理情况的汇报》。会议审议通过了接受金德力检察长、邱国华委员的辞职请求报区人民代表大会备案；会议还审议通过了主任会议、区人民法院院长提请的其他人事任免议案。

第十三次会议

1994 年 12 月 20 日至 22 日，常委会举行第十三次会议。主任朱道统、副主任王臣明分别主持会议。副主任陆春兰、周成国和委员共 18 人出席会议。区长陈久忠，副区长马士可、陈崇春、李中苏、邵金松等区政府全体组成人员，区人民法院院长王炳池、区人民检察院代理检察长谢向理，乡（镇）人大主席团常务主席和部分人大代表列席会议。会议学习了全国人民代表大会常务委员会《关于惩治生产、销售伪劣商品犯罪的决定》；学习了省委书记李泽民在省委九届三次全会扩大会议上的讲话；听取了陈崇春副区长《关于打击假冒伪劣、扶持名优新特产品的工作汇报》；听取了区人大常委会财经工作委员会委员马耀林《关于视察检查〈质量法〉的执法与打假扶优工作的情况汇报》，并对区政府的报告进行了审议；听取了副区长邵金松《关于〈进一步加强城郊结合部卫生整治工作的议案〉办理情况的汇报》；听取了区人大常委会委员、农经城管工委副主任王金松《关于对城郊结合部环境卫生整治工作视察检查的情况汇报》，并对区政府的报告进行审议；听取了区公安分局局长陈林光、区工商行政管理局局长卢先理、区体育运动委员会主任李少华的述职报告；听取了区人大常委会委员、法工委主任赵志尚和区人大常委会委员、农经城管工委副主任王金松以及区人大常委会委员、教科文卫工委主任陈克的执法、廉政、勤政情况的中心发言；听取了区人大常委会委员、办公室主任佘岩隆，区人大常委会委员、农经城管工委主任刘进法关于对三位局长（主任）分组评议情况的汇报。同时，与会的常委会组成成员还以无记名投票形式对三位局长（主任）进行了胜任度投票。会议审议了有关人事任免事项。

第十四次会议

1995 年 2 月 9 日至 10 日，常委会举行第十四次会议。主任朱道统，副主任陆春兰、王臣明分别主持会议。副主任周成国和委员共 17 人出席会议。区长陈久忠、副区长马士可，区人民法院院长王炳池、区人民检察院代检察长谢向理，各乡镇人大主席、副主席列席会议。会议讨论通过了区人大常委会关于召开四届人大第三次会议的决定；讨论了区人大常委会工作报告；听取和初审区人民政府关于1994年国民经济和社会发展计划执行情况与1995年计划安排草案的报告》；听取和初审区人民政府《关于1994年财政预算执行情况和1995年财政预算草案的报告》；听取和初审区人民法院、区人民检察院的工作报告。会议审议了有关人事任免事项。

第十五次会议

1995年3月9日，常委会举行第十五次会议。主任朱道统主持会议。副主任陆春兰、王臣明、周成国和委员共16人出席会议。区人民法院院长王炳池、区人民检察院代检察长谢向理，各乡镇人大主席、副主席列席会议。会议讨论通过了区人大常委会工作报告；听取和审议了区四届人大第三次会议的筹备情况汇报；听取和审议了区府办公室副主任吴伟受区人民政府委托所作的《关于区四届人大二次会议代表建议办理情况的汇报》。会议审议通过了温州市鹿城区人大常委会代表资格审查委员会关于补选代表资格的审查报告；补选沈勇夫、孙月初（女）为温州市第八届人民代表大会代表。会议审议了有关人事任免事项。

第十六次会议

1995年5月2日至3日，常委会举行第十六次会议。主任朱道统，副主任陆春兰、王臣明分别主持会议。副主任周成国和委员共19人出席会议。区长陈久忠、副区长马士可，区人民法院院长王炳池、区人民检察院代检察长谢向理，各乡镇人大主席、副主席列席会议。会议学习了修改后的《中华人民共和国地方各级人民代表大会和地方各级人民政府组织法》的若干条文。会议原则通过了区人大常委会1995年工作要点，并要求常委会办公室根据委员们的讨论意见作必要的修改，最后由主任会议审议通过。会议审议通过了关于区四届人大三次会议代表提出的议案处理意见的决定；听取并审议了马士可副区长作的《关于我区“二五” 普法教育工作实施情况的汇报》；听取和审查了区财政局副局长吴宁受区人民政府委托所作的《关于温州市鹿城区1994年财政决算的报告》，决定批准温州市鹿城区1994年财政决算和吴宁副局长所作的报告。会议审议通过了有关人事任免事项。

第十七次会议

1995年7月6日至7日，常委会举行第十七次会议。主任朱道统、副主任王臣明、周成国分别主持会议。副主任陆春兰和委员共19人出席会议。区长陈久忠、常务副区长马士可、区人民法院院长王炳池、区人民检察院检察长谢向理，各乡镇人大主席、副主席及部分区人大代表列席会议。会议学习了《中华人民共和国法官法》；听取并审议了区物价局局长林增生代表区人民政府作的《关于加强物价管理、维护市场秩序的情况汇报》和区人大财经工委委员马耀林代表视察组作的《关于区物价管理工作的视察报告》；听取并审议了常务副区长马士可作的《关于〈中华人民共和国妇女权益保障法〉贯彻执行情况的汇报》；听取并审议了区文化局局长苏凤林代表区人民政府作的《关于区文化市场管理情况的汇报》和区人大教科文卫工委委员姜辉龙代表视察组作的《关于对我区文化市场视察情况的汇报》。会议审议通过了有关人事任免事项。

第十八次会议

1995 年 8 月 3 日，常委会举行第十八次会议。主任朱道统主持会议。副主任陆春兰、王臣明、周成国和委员共 19 人出席会议。区长陈久忠、区人民法院院长王炳池、区人民检察院检察长谢向理列席会议。会议主要审议有关人事任免事项。

第十九次会议

1995 年 10 月 9 日至 12 日，常委会举行第十九次会议。主任朱道统、副主任陆春兰、王臣明分别主持会议。周成国和委员共 19 人出席会议。区长陈久忠、常务副区长马士可、副区长李中苏，区人民法院副院长陈少林、区人民松察院检察长谢向理，区政府有关委、局、办及有关单位负责人，各乡镇人大主席、副主席及部分区人大代表列席会议。会议学习了中共十四届五中全会精神；审议通过了《关于温州市鹿城区各乡（镇）第十二届人民代表大会代表名额的决定》和《关于温州市鹿城区南郊乡选举委员会组成人员的决定》；听取和审议了区计划经济委员会主任林瑞荣受区人民政府委托作的《关于温州市鹿城区 1995 年 1 至 9 月份国民经济和社会发展计划执行情况的报告》；听取和审议了区财政局局长黄夏日受区人民政府委托作的《关于温州市鹿城区 1995 年 1 至 8 月份预算执行情况及年度调整意见的报告》，并作出了同意变更 1995 年度预算支出的决定；听取和审议了副区长李中苏代表区人民政府作的《关于〈加快落实商业仓储基地建设具体方案，促进我区第三产业发展〉 议案办理情况的汇报》；听取和审议了区政府办公室主任韩光中受区人民政府委托作的《关于区四届人大三次会议代表建议办理情况的汇报》；听取和审议了区卫生局局长叶侃玉受区政府委托作的《关于〈中华人民共和国药品管理法〉贯彻执行情况的汇报》；听取了区人大常委会副主任周成国代表常委会调查组作的《关于〈药品管理法〉执法检查情况的汇报》；听取了区外经贸委主任黄正乐、区物价局局长林增生、区卫生局局长叶侃玉、区环保局局长林建水、区人民法院副院长陈少林、蔡正满的述职报告和区人大常委会五个调查组对上述 6 人的调查报告，并进行了认真评议。会议审议通过了有关人事任免事项。

第二十次会议

1995 年 11 月 17 日，常委会举行第二十次会议。主任朱道统主持会议，副王任陆春兰、王臣明、周成国和委员 19 人出席会议。区长陈久忠，区人民法院院长王炳池，区人民检察院检察长谢向理列席会议。经会议审议通过，决定接受陈久忠辞去温州市鹿城区人民政府区长职务的请求，决定任命徐止平为鹿城区副区长，代理区长职务，报区人民代表大会备案。

第二十一次会议

1995年12月6日至7日，常委会举行第二十一次会议。主任朱道统、副主任陆春兰、王臣明分别主持会议。副主任周成国和委员共17人出席会议。代区长徐止平，副区长李中苏、邵金松，区人民法院院长王炳池、区人民检察院检察长谢向理列席会议。列席会议的还有区政府有关办、委、局的负责人，各乡镇人大主席或副主席和人大代表若干人。会议通过了《温州市鹿城区关于深入开展依法治区的决定》；听取和审议了副区长邵金松代表区人民政府作的《关于切实抓紧城郊结合部的基础配套设施建设议案》办理情况的报告，听取了区人大常委会农经城管工委副主任姜辉龙代表常委会视察组作的《关于对城郊结合部环境卫生和基础配套建设进行检查、视察的汇报》；听取了区人民法院院长王炳池作的《关于一九九五年民事审判工作自查情况的报告》和区人民检察院检察长谢向理作的《一九九五年度执法自查工作的情况汇报》。会议审议通过了《温州市鹿城区人大常委会关于仰义等四个乡镇选举委员会组成人员的决定》。

第二十二次会议

1996年1月23日至24日，常委会举行第二十二次会议。主任朱道统、副主任陆春兰分别主持会议。副主任王臣明、周成国和委员18人出席会议。代区长徐止平、常务副区长马士可、区人民法院院长王炳池、区人民检察院检察长谢向理，乡镇人大主席和部分区人大代表列席会议。会议审议通过了《温州市鹿城区教育事业"九五"计划和2010年发展规划》，决定由区人民政府组织实施。会议听取和审议了区人民政府、人民法院、人民检察院关于依法治区实施方案的报告。会议讨论了区人大常委会工作报告(讨论稿)；确认了主任会议许可对区四届人大代表郑仕林采取监视居住强制措施的决定。会议作出了召开温州市鹿城区第四届人民代表大会第四次会议的决定。

第二十三次会议

1996年2月29日至3月1日，常委会举行第二十三次会议。主任朱道统，副主任陆春兰、王臣明分别主持会议。常委会组成人员17人出席会议。列席会议的有区长徐止平、常务副区长马士可、区人民法院院长王炳池、区人民检察院检察长谢向理、区政府办公室和有关委、局负责人，各乡镇人大主席，人大常委会办公室、各工委有关负责人列席会议。会议讨论通过了常委会在第四届人民代表大会第四次会议上的工作报告；听取和初步审议了区人民政府关于1995年国民经济和社会发展计划执行情况与1996年计划草案的报告；会议听取和初步审议了区人民政府关于1995年总预算执行情况和1996年总预算草案的报告；会议讨论通过了区第四届人民代表大会第四次会议列席人员名单；听取和通过了区人大常委会代表资格变动情况的报告。会议讨论了区第四届人民代表大会第四次会议有关准备事项。

第二十四次会议

1996年5月8日至9日，常委会举行第二十四次会议。主任朱道统、副主任陆春兰、王臣明、周成国分别主持会议。常委会组成人员20人出席会议。列席本次会议的有区长徐止平、常务副区长马士可、区人民法院院长王炳池、区人民检察院检察长谢向理，区政府办公室和有关委、局负责人，各乡镇人大主席和区人大常委会办公室、工委负责人。会议学习了《中华人民共和国行政处罚法》。会议听取和审议了区人民政府关于在公民中开展第三个五年法制宣传教育打算的汇报。会议原则同意了这个打算所提出的内容，并要求抓紧组织实施。会议听取和审议了区财政局局长黄夏日受区人民政府委托作的《关于温州市鹿城区1995年财政决算的报告》，并作出了《温州市鹿城区人民代表大会常务委员会关于批准温州市鹿城区1995年财政决算的决议》；审议了区四届人大四次会议代表提出的议案处理意见，并作出了决定，将陈国琴等代表提出的内容相似的第8.16.17号议案合并为一个议案(关于制定切实可行优惠政策，扶植居委会兴办第三产业的议案)，列入常委会议程，交区人民政府组织办理，并在年内向区人大常委会汇报议案办理情况。其余14件议案转作对本区工作的建议和意见，由常委会办事机构转交区人民政府及其职能部门办理，要求按法定时间办结，将办理结果直接答复提出议案的代表。会议讨论通过了《温州市鹿城区人大常委会一九九六年工作要点》；审议通过了有关人事任免事项。

第二十五次会议

1996年7月10日至11日，常委会举行第二十五次会议。主任朱道统、副主任王臣明、陆春兰分别主持会议。常委会18位组成人员出席会议。常务副区长马士可、陈青墨，区人民法院院长王炳池、区人民检察院检察长谢向理，区政府有关工作部门负责人，各乡镇人大主席列席会议。会议学习了八届全国人大四次会议修改后的《中华人民共和国刑事诉讼法》；审议通过了《温州市鹿城区人大常委会关于继续开展法制宣传教育的决议》；听取和审议了区公安分局局长王天义受区人民政府委托作的关于鹿城区开展严厉打击刑事犯罪活动斗争情况的汇报；听取和审议了常务副区长马士可作的关于贯彻《中华人民共和国公司法》组建企业集团的情况汇报及区人大常委会财经工委委员马耀林作的关于对我区企业集团组建工作视察检查的情况汇报；听取和审议了副区长陈青墨作的关于贯彻执行《中华人民共和国义务教育法》的情况汇报及区人大常委会科教文卫工委主任陈克作的关于检查《中华人民共和国义务教育法》执行情况的报告。

第二十六次会议

1996年9月10日至12日，常委会举行第二十六次会议。主任朱道统，副主任陆春兰、王臣明分别主持会议。副主任周成国和委员共19人出席会议。常务副区长马士可、副区长陈崇春、区人民法院院长王炳池、区人民检察院检察长谢向理，区政府有关部门负责人，各乡镇人大主席、区四届人大各代表小组组长和区人大常委会各委办负责人列席会议。会议学习了《中华人民共和国地方各级人民代表大会和地方各级人民政府组织法》和《中华人民共和国行政处罚法》有关资料；听取和审议了常务副区长马士可所作的《关于部门执法责任制的试点和实施行政处罚法准备情况的汇报》。会议听取和审议了副区长陈崇春所作的《关于加快技改，推进质量立区情况的汇报》及区人大常委会财经工委委员马耀林所作的《关于加快技改，推进质量立区工作视察调查情况的汇报》；听取和审议了区政府办公室主任韩光中受区政府委托所作的《关于区四届人大四次会议代表建议、批评和意见办理情况的汇报》；听取和评议了区计生委主任徐宏真、民政局局长张志远、财政局局长黄夏日、城管局局长张纯洁的述职报告。各有关工委组成的调查组在会上作了汇报。委员们对四位领导的述职报告进行了评议，进行了胜任投票。

第二十七次会议

1996年10月22日至24日，常委会举行第二十七次会议。主任朱道统，副主任陆春兰、王臣明分别主持。副主任周成国及委员共20人出席会议。区人民政府副区长马士可、邵金松，区人民法院院长王炳池，区人民检察院副检察长赵玉珍列席会议。会议分别听取区公安分局局长王天义（代表区政府）、区人民法院院长王炳池、区人民检察院副检察长赵玉珍关于实施修改后《中华人民共和国刑事诉讼法》准备情况的报告。会议听取和审议了区文化局局长苏凤林受区人民政府委托所作的《关于金海岸文化工程建设的汇报》，听取区人大常委会教科文卫工作委员会主任陈克代表视察组所作的《关于视察我“金海岸文化工程建设”的情况报告》。会议听取和审议了区环保局局长林建水受区人民政府委托所作的《关于环境保护工作情况的汇报》；听取和审议了区审计局局长叶希安《关于鹿城区1995年财政预算执行情况与其他财政收支的审计工作报告》；听取和审议了区财政局局长黄夏日受区人民政府委托所作的《关于温州市鹿城区1996年1—9月份本级财政预算执法情况和年度调整意见的报告》，作出了《温州市鹿城区人民代表大会常务委员会关于本区1996年财政预算部分变更的决定》。会议听取和审议了区计划经济委员会主任林瑞荣受区政府委托所作的《关于温州市鹿城区1996年1至9月份国民经济和社会发展计划执行情况的报告》。会议审议通过了有关人事任免事项。

第二十八次会议

1996年12月18日至20日，常委会举行第二十八次会议。主任朱道统、副主任王臣明分别主持会议。副主任陆春兰、周成国及委员共20名出席会议。区长徐止平，副区长李中苏、潘岩西，区人民法院院长王炳池、副院长王锡全，区人民检察院检察长谢向理及各乡镇人大主席等列席会议。会议听取和审议了副区长李中苏代表区人民政府所作的《关于制订切实可行优惠政策、扶植居委会兴办第三产业议案办理情况的汇报》，听取了区人大常委会视察组关于该议案办理情况的视察报告。会议听取和审议了区城管局局长张纯洁受区人民政府委托所作的《关于治理城郊结合部脏、乱、差情况汇报》，听取了区人大常委会视察组《关于对城郊结合部环境卫生进行视察检查的汇报》；听取了区人民检察院副检察长赵玉珍、倪海平、程兰生的述职报告，对三位副检察长的任职情况进行了评议和胜任度表决。会议通过人事任免事项。

第二十九次会议

1997年1月30日，常委会举行第二十九次会议。主任朱道统、副主任陆春兰分别主持会议。副主任王臣明、周成国和委员共15人出席会议。副区长陈崇春，区人民法院副院长王锡全，区人民检察院副检察长赵玉珍，各乡镇人大主席等列席会议。会议讨论了区人大常委会工作报告（在区四届人大五次会议上）讨论稿；听取并审议了陈崇春副区长代表区人民政府所作的《关于鹿城区科技发展纲要实施情况的汇报》，听取了区人大常委会教科文卫工委主任陈克所作的《关于视察鹿城区科技发展纲要实施情况的报告》。会议通过了关于召开温州市鹿城区第四届人民代表大会第五次会议的决定，通过了有关人事任免事项。

第三十次会议

1997年3月6日至7日，常委会举行第三十次会议。主任朱道统、副主任陆春兰分别主持会议。副主任周成国和委员共18人出席会议。区长徐止平、区人民法院院长王炳池、区人民检察院检察长谢向理及各乡镇人大主席等列席会议。会议听取和初步审议了区人民政府关于1996年国民经济和社会发展计划执行情况与1997年计划草案的报告；听取和初步审议了区人民政府关于1996年总预算执行情况和1997年总预算草案的报告；讨论通过了常委会在第四届人民代表大会第五次会议上的工作报告；听取和初步审议了区人民法院和区人民检察院工作报告；讨论通过了区第四届人民代表大会第五次会议列席人员名单；听取和通过了区人大常委会代表资格审查委员会关于代表资格变动情况的报告；讨论了区第四届人民代表大会第五次会议有关准备事项。会议审议通过了有关人事任免事项。

第三十一次会议

1997年4月16日至17日，常委会举行第三十一次会议。主任朱道统、副主任陆春兰分别主持会议。常委会组成人员共16人参加会议。会议讨论通过区四届人大常委会工作要点；讨论决定区四届人大五次会议代表议案的处理意见；审议通过了有关人事任免事项。

第三十二次会议

1997年6月17日至19日，常委会举行第三十二次会议。主任朱道统、副主任陆春兰、周成国分别主持会议。常委会共17人出席会议。区长徐止平、区人民法院院长王炳池，区人民检察院检察长谢向理，各乡镇人大主席和部分人民代表列席会议。会议听取和审议了区审计局局长叶希安关于鹿城区1996年财政预算执行与其他财政收支的审计工作报告；听取和审议了区财政局局长黄夏日受区人民政府委托所作的关于温州市鹿城区1996年财政决算的报告，决定批准温州市鹿城区1996年本级财政决算，批准黄夏日局长所作的报告。会议听取温州市公安局鹿城区分局局长王天义受区人民政府委托所作的关于我区开展禁毒禁赌工作情况的报告，听取区人大常委会委员、法工委主任赵志尚关于对我区禁毒禁赌工作情况的视察调查报告，并对区政府的报告进行了审议。会议听取和审议了区政府农村工作办公室主任陈瑞煊代表区人民政府所作的关于标准堤塘工程建设情况的报告；听取区政府副区长陈青墨关于贯彻执行《浙江省文化市场管理条例》，加强文化市场管理的情况报告，听取区人大常委会教科文卫工委主任吴伟关于对区文化市场管理执法检查情况的报告，并对区政府的报告进行了审议。会议听取区人民政府关于江滨路三投标工程筹建及进展情况的报告；讨论温州市鹿城区人大常委会关于讨论、决定本区重大事项的规定。会议审议通过了有关人事任免事项。

第三十三次会议

1997年8月27日至29日，常委会举行第三十三次会议。主任朱道统、陆春兰，周成国分别主持。常委会组成人员共18人出席会议。区人民政府常务副区长邱心川，副区长陈崇春，区人民法院院长王炳池，区人民检察院检察长谢向理，区政府有关部门负责人，各乡镇人大主席和若干区人大代表列席会议。会议听取和审议了副区长陈崇春所作的《关于鹿城区贯彻〈中华人民共和国乡镇企业法〉 的情况汇报》；听取和审议了区监察局局长吴坚正受区人民政府委托所作的《关于鹿城区廉政建设和行政监察工作情况的汇报》；听取了常务副区长邱心川所作的《关于居委会班子建设与报酬及退休后待遇问题议案办理情况的汇报》，区人大常委会委员、法工委主任赵志尚代表视察组所作的《〈关于居委会班子建设与报酬及退休后待遇问题〉议案有关情况的调查报告》，并对邱心川的汇报进行了审议。会议听取和审议区政府办公室主任韩光中所作的《区人民政府关于区四届人大五次会议代表建议、批评和意见办理情况的汇报》；听取了区计委主任林瑞荣和区建设局局长魏以德的述职报告和区人大常委会调查组所作的调查报告。

第三十四次会议

1997年10月14日至17日，常委会举行第三十四次会议。主任朱道统，副主任陆春兰，周成国分别主持会议。副主任王臣明和委员共18人出席会议。区长徐止平，常务副区长邱心川，副区长邵金松、陈青墨，区人民法院院长王炳池、区人民检察院副检察长程兰生列席会议。列席会议的还有区政府有关部门负责人、各乡镇人大主席、区人大常委会各工委、办公室负责人和部分区人大代表列席会议。会议听取和审议了区计委主任林瑞荣受区人民政府委托所作的《关于温州市鹿城区1997年1—9月份国民经济和社会发展计划执行情况的报告》，并作出了同意温州市鹿城区1997年国民经济计划部分变更的决定；听取和审议了区财政局副局长吴宁受区人民政府委托所作的《温州市鹿城区1997年1—9月份本级财政预算执行情况的报告》，副区长陈青墨所作的《关于贯彻执行〈教师法〉的情况汇报》和区人大教科文卫工委主任吴伟代表区人大常委会视察组所作的《关于我区实施〈教师法〉情况的检查报告》，副区长邵金松所作的《关于鹿城区环境保护工作情况的汇报》和区人大农经城管工委副主任姜辉龙代表区人大常委会视察组所作的《对我区环境保护工作进行视察检查的汇报》，副区长陈青墨所作的《关于贯彻全国卫生工作会议精神为我区卫生事业发展上新台阶而努力的议案办理情况的汇报》和区人大教科文卫工委主任吴伟代表视察组所作的《关于区政府办理卫生议案报告》，会议听取了“一府两院”所作的《关于修改后〈刑法〉实施准备工作的情况汇报》；听取区人民检察院副检察长徐长根、王锡全所作的述职报告和区人大常委会调查组对上述两人的调查报告，并进行了评议。会议听取和审议区府办主任韩光中代表区政府所作的《鹿城区四届人大五次会议代表建议再办理情况的汇报》。会议审议通过了有关人事任免事项。

第三十五次会议

1997年11月18日至20日，常委会举行第三十五次会议。主任朱道统、副主任陆春兰、周成国分别主持会议。副主任王臣明和委员共19人出席会议。政府常务副区长邱心川，副区长邵金松、陈青墨，区人民法院院长王炳池，区人民检察院检察长谢向理列席会议。列席会议的还有区政府有关部门负责人，各乡镇人大主席，区人大常委会各委、办负责人和部分区人大代表列席会议。会议听取了区人民政府常务副区长邱心川所作的《关于〈中华人民共和国妇女权益保障法〉贯彻执行情况的汇报》和区人大常委会法工委主任赵志尚代表视察组所作的汇报，副区长陈崇春所作的《关于贯彻执行〈产品质量法〉和“质量立区”工作情况的汇报》；常务副区长邱心川所作的《关于行政执法责任制落实情况的汇报》，副区长邵金松所作的《关于城郊环境治理年活动情况的汇报》和区人大常委会农经城管工委副主任姜辉龙代表视察组所作的《关于对城郊结合部环境卫生进行视察检查的汇报》，副区长陈青墨所作的《关于切实抓好金海岸文化工程建设的议案办理情况的汇报》和区人大常委会教科文卫工委主任吴伟代表视察组所作的汇报。

第五节　区五届人大常委会会议纪要

第一次会议

1998年4月21日至22日，区第五届人大常委会举行第一次会议。主任章新民，副主任王一曼、叶玉龙分别主持会议。副主任周成国和委员共19人出席会议。区长王超俊，副区长张纯洁，区人民法院副院长蔡心满，区人民检察院副检察长赵玉珍列席会议。列席会议的还有区四届人大常委会主任朱道统，副主任陆春兰，各乡镇人大主席，区人大常委会办公室、各工委负责人。会议学习了《中华人民共和国地方各级人民代表大会和地方各级人民政府组织法》，李鹏委员长在九届全国人大常委会第一次会议上的讲话，区人大常委会议事规则、会议制度及常委会关于任免本级国家机关工作人员办法。会议审议通过了《关于温州市鹿城区五届人大一次会议代表提出的议案处理意见的决定》，决定把陈琼等13位代表提出的《关于加大调整学校布局力度，完善分级办学体制，推进应试教育向素质教育转轨的议案》、徐正华等12位代表提出的《关于尽快解决鹿城区部分企业产权明晰的议案》列入常委会议程，交区人民政府组织办理，并在年内向区人大常委会汇报议案办理情况。会议认真讨论并原则通过了区人大常委会1998年工作要点；会议通报了温州市鹿城区五届人大常委会主任、副主任的分工情况；审议并通过了区人大常委会代表资格审查委员会组成人员名单；审议并表决区人大常委会办事机构正、副主任的任职。

第二次会议

1998年5月25日至26日，常委会举行第二次会议。主任章新民、副主任叶玉龙分别主持会议。副主任王一曼，周成国和委员共 20 人出席会议。区长王超俊，副区长郑锦春，区人民法院院长朱筱玫，区人民检察院检察长谢向理列席会议。列席会议的还有区人大常委会正职调研员，各乡镇人大主席，区人大常委会办公室、各工委负责人，区政府有关部门负责人及部分区人大代表。区委书记徐止平、区政协主席潘岩西应邀参加会议。会议听取和审议了区审计局局长叶希安受区人民政府委托所作的关于鹿城区 1997 年财政预算执行情况与其他财政收支的审计工作报告；听取和审议了区财政局局长黄夏日受区人民政府委托所作的温州市鹿城区 1997 年财政决算的报告，决定批准温州市鹿城区 1997 年区本级财政决算，批准黄夏日所作的报告；听取和审议了副区长郑锦春所作的关于标准堤塘工程建设情况的汇报。会议审议、决定任命（任命）“一府两院”组成人员；审议通过区人大常委会各工作委员会组成人员。

第三次会议

1998 年 7 月 21 日至 22 日，常委会举行第三次会议。区人大常委会主任章新民、副主任王一曼、叶玉龙、周成国主持会议。主任、副主任和委员共 17 人出席会议。区人民政府区长王超俊、常务副区长邱心川、副区长李中苏，区人民法院院长朱筱玫，区人民检察院检察长谢向理列席会议。列席会议的还有区人大常委会调研员，乡镇人大主席、乡镇长，区人大常委会办公室、各工委员负责人，区政府各委、办、局局长（主任），区人民法院审判委员会委员、区人民检察院检察委员会委员及若干区人大代表。会议举行颁发任命书仪式，主任章新民向 24 位新一届政府组成人员和 1 位区人民检察院副检察长颁发任命书。区长王超俊代表区人民政府讲了话。徐宏真、林瑞荣、陈叶挺代表接受任命书人员发了言。会议学习了《中华人民共和国科技进步法》部分内容。会议听取和审议了副区长李中苏所作的《关于鹿城区实施〈科技进步法〉情况的汇报》和区人大常委会教科文卫工委主任潘信雄所作的《关于视察〈中华人民共和国科学技术进步法〉实施情况的汇报》；听取和审议了区公安分局局长王天义受区人民政府委托所作的《关于我区禁毒工作情况的汇报》和区人大常委会法工委主任林建水所作的《关于对我区禁毒工作情况进行视察调查的汇报》；听取和审议了区政府办公室主任徐宏真受区人民政府委托所作的关于明晰我区部分集体企业产权议案和加大学校布局力度完善分级办学体制议案办理方案的汇报；听取和审议了区财政局局长黄夏日受区人民政府委托所作的《关于加强预算外资金管理工作情况的汇报》。会议初审区人大常委会关于修改《人大常委会议事规则》的决定和《人大常委会议事规则》，关于修改《人大常委会人员任免办法》的决定和《人大常委会人员任免办法》；初审人大常委会《人大常委会会议制度》（修改稿）。

第四次会议

1998 年 9 月 24 日至 25 日，常委会举行第四次会议。主任章新民、副主任王一曼分别主持会议。副主任叶玉龙、周成国和委员共 17 人出席会议。区人民政府区长王超俊、常务副区长邱心川、副区长陈青墨，区人民法院院长朱筱玫，区人民检察院检察长谢向理列席会议。列席会议的还有区人大常委会调研员，乡镇人大主席，区府办主任、区教委主任、区司法局局长，区政法委负责人，区人大常委会办公室、各工委负责人及若干区人大代表。会议学习了《中华人民共和国法官法》《中华人民共和国检察官法》部分内容。会议听取和审议了区人民法院院长朱筱玫所作的《关于贯彻执行〈法官法〉情况的报告》、区人民检察院检察长谢向理所作的《关于〈检察官法〉实施情况的报告》和区人大常委会法工委主任林建水所作的《关于对〈法官法〉和〈检察官法〉贯彻执行情况进行视察检查的汇报》。会议听取和审议了区府办主任徐宏真受区人民政府委托所作的《关于区五届人大一次会议代表建议、批评、意见办理情况的汇报》和区人大常委会代表工委主任何永旺所作的《关于区人民政府办理五届人大一次会议代表建议、批评和意见情况的汇报》。会议听取和审议了区人民政府副区长陈青墨所作的《关于加大调整学校布局力度完善分级办学体制推进应试教育向素质教育转轨的议案办理情况汇报》(以下简称"校网调整"议案)和区人大常委会委员教科文卫副主任郭晓媛所作的《关于视察"校网调整"议案办理情况的汇报》。会议审议通过了《温州市鹿城区人民代表大会常务委员会会议制度》《温州市鹿城区人民代表大会常务委员会议事规则》《温州市鹿城区人民代表大会常务委员会关于任免本级国家机关工作人员办法》。会议通过了有关人事任免。

第五次会议

1998 年 10 月 29 日至 30 日，常委会举行第五次会议。主任章新民、副主任叶玉龙分别主持会议。副主任王一曼、周成国和委员共 19 人出席会议。区人民政府常务副区长邱心川、副区长张纯洁，区人民法院院长朱筱玫，区人民检察院检察长谢向理列席会议。列席会议的还有区人大常委会调研员，乡镇人大主席，区府办、经委、财政局、城管局、卫生局、审计局、统计局局长（主任），区计委、公安分局、工商局负责人，区人大常委会办公室、各工委负责人及若干区人大代表。会议学习了《中华人民共和国预算法》部分内容。会议听取和审议了区计委副主任张晓兰受区人民政府委托所作的《关于温州市鹿城区 1998 年 1 一 9 月份国民经济和社会发展计划执行情况的报告》。会议听取和审议了区财政局局长黄夏日受区人民政府委托所作的《关于温州市鹿城区 1998 年 1—9 月份本级财政预算执行情况及部分科目调整意见的报告》，作出了《关于 1998 年本级财政预算部分科目调整的决定》。会议听取和审议了区城管局局长陈叶挺受区人民政府委托所作的《关于对 34 条主干道市容市貌管理情况的汇报》和区人大常委会城建工委主任周兰森所作的《对我区 34 条主干道市容市貌进行视察检查的汇报》。会议讨论了《鹿城区行政执法责任制暂行规定》送审稿。会议通过了有关人事任免。

第六次会议

1998 年 12 月 8 日，常委会举行第六次会议。主任章新民、副主任王一曼主持会议，副主任叶玉龙、周成国和委员共 18 人出席会议。区人民法院院长朱彼玫、区人民检察院检察长谢向理列席会议。列席会议的还有区人大常委会调研员，各乡镇人大主席，区人大常委会办公室、各工委负责人。会议审议了城郊等五个乡镇关于建立 1999 年乡镇换届选举委员会的报告，作出了关于城郊等五个乡（镇）选举委员会组成人员的决定；作出了关于1999年全区乡镇人民代表大会代表换届选举时间和代表名额的决定。

第七次会议

1999年1月7日至8日，常委会举行第七次会议。主任章新民、副主任叶玉龙分别主持会议，副主任王一曼、周成国和委员共20人出席会议。区人民政府常务副区长邱心川，区人民法院院长朱筱玫，区人民检察院检察长谢向理列席会议。列席会议的还有区人大常委会调研员，各乡镇人大主席，区体改委、计委、财政局、工商局、国税分局、地税分局局长（主任），区人大常委会办公室、各工委负责人及若干区人大代表。会议学习了《中华人民共和国合伙企业法》部分内容。会议听取和审议了区体改委主任王长青受区人民政府委托所作的《关于“尽快解决鹿城区部分企业产权明晰”议案办理情况的汇报》和区人大常委会财经工委主任王成淼所作的《关于对“尽快解决鹿城区部分企业产权明晰”议案办理情况进行视察调查的汇报》。会议通过了有关人事任免。

第八次会议

1999年2月2日至4日，常委会举行第八次会议。副主任叶玉龙主持会议，副主任周成国和委员共16人出席会议。区人民政府副区长何桥，区人民检察院检察长谢向理，区人民法院副院长蔡正满列席会议。列席会议的还有区人大常委会调研员，区计委、财政局、审计局、统计局局长（主任），各乡镇人大主席，区人大常委会办公室、各工委负责人及若干区人大代表。会议学习了《温州市鹿城区人民代表大会议事规则》部分内容。会议讨论了《区人大常委会工作报告》；听取区计委主任林瑞荣受区人民政府委托所作的《关于1998年国民经济和社会发展计划执行情况和1999年的打算》，并进行了初审；听取了区财政局局长黄夏日受区人民政府委托所作的《关于1998年财政预算执行情况和1999年的打算》，并进行了初审。会议对区人民法院院长朱筱玫向区五届人大二次会议作的《区人民法院工作报告（稿）》进行初审；对区人民检察院检察长谢向理向区五届人大二次会议作的《区人民检察院工作报告（稿）》进行了初审。会议讨论通过关于召开区五届人大二次会议的有关事项，做出了《关于召开温州市鹿城区第五届人民代表大会第二次会议的决定》。会议决定：温州市鹿城区第五届人民代表大会第二次会议于1999年3月16日召开。会议的主要建议议程为：听取和审查区人民政府工作报告；审查和批准温州市鹿城区1998年国民经济和社会发展计划执行情况与1999年国民经济和社会发展计划草案的报告；审查和批准温州市鹿城区1998年全区和区本级预算执行情况及1999年全区和区本级预算草案的报告；听取和审查区人大常委会工作报告；听取和审查区人民法院工作报告；听取和审查区人民检察院工作报告等。

第九次会议

1999年3月3日，常委会举行第九次会议。副主任王一曼主持会议，副主任叶玉龙、周成国和委员共18人出席会议。区人民政府区长王超俊，区人民检察院检察长谢向理，区人民法院副院长徐长根列席会议。列席会议的还有区人大常委会调研员，区人大常委会办公室、各工委负责人。会议审议并原则通过《区人大常委会工作报告（修改稿）》，提请区五届人大二次会议审查；讨论并决定区五届人大二次会议有关事宜。会议审议通过了代表资格情况的审查报告，决定了区五届人大二次会议列席人员名单；讨论了会议日程（草案）提请区五届人大二次会议主席团第一次会议通过；讨论了会议议程（草案）、主席团和秘书长名单（草案），预算审查委员会名单（草案），提请区五届人大二次会议预备会议通过。会议通过了有关人事任免。

第十次会议

1999年4月22日至23日，常委会举行第十次会议。主任章新民、副主任王一曼分别主持会议，副主任周成国和委员共18人出席会议。区人民政府区长王超俊，区人民法院院长朱筱玫，区人民检察院副检察长赵玉珍列席会议。列席会议的还有区政府办公室主任，体育局局长，乡镇人大负责人，区人大常委会办公室、各工委负责人及若干区人大代表。会议学习了《中华人民共和国体育法》部分内容，讨论并通过了区人大常委会1999年工作要点。会议讨论了区五届人大二次会议代表议案处理意见，决定把邵豪哲等11位代表在区五届人大二次会议上提出的“加大我区高新技术资金投入，扶植中小企业发展”议案和夏佩兰等10位代表提出的“遏制白色污染，拯救人类环境”议案，确定为大会议案，列入常委会会议议程，交区人民政府办理。其余的转为批评、建议、意见，转交“一府两院”及有关机关办理。会议听取和审议了区人民政府办公室主任徐宏真受区人民政府委托所作的《鹿城区贯彻实施〈体育法〉情况汇报》和区人大常委会教科文卫工委主任潘信雄代表视察组所作的《关于视察〈中华人民共和国体育法〉实施情况的汇报》。会议通过了有关人事任免。

第十一次会议

1999年6月22日至23日，常委会举行第十一次会议。主任章新民、副主任叶玉龙分别主持会议，副主任周成国和委员共18人出席会议。区人民政府区长王超俊、副区长郑锦春、张纯洁，区人民检察院检察长谢向理，区人民法院副院长徐长根列席会议。列席会议的还有区人大常委会调研员，区府办、经委、财政局、农林水利局、建设局、审计局、统计局局长（主任）、环保局负责人，各乡镇人大主席，区人大常委会办公室、各工委负责人及若干区人大代表。会议学习了《中华人民共和国防洪法》部分内容。会议听取和审议了区人民政府副区长郑锦春所作的《关于鹿城区〈水土保持法〉等执法情况的汇报》和区人大常委会财经工委主任王成淼受常委会水土保持法视察检查组委托所作的《关于对水土保持法等执法情况进行视察检查的汇报》；听取和审议了区人民政府副区长张纯洁所作的《关于贯彻执行〈建筑法〉情况的汇报》和区人大常委会城建工委主任周兰森受常委会建筑法视察检查组委托所作的《对我区贯彻执行〈建筑法〉进行执法检查的汇报》；听取和审议了区审计局局长叶希安受区人民政府委托所作的《关于鹿城区1998年财政预算执行情况与其他财政收支的审计工作报告》；听取和审议了区财政局局长黄夏日受区人民政府委托所作的《关于温州市鹿城区1998年财政决算的报告》。

会议听取了区府办主任徐宏真受区人民政府委托所作的《关于加大我区高新技术资金投入扶植中小企业发展议案和遏制“白色污染”拯救人类环境议案办理方案的汇报》，讨论了《鹿城区预算外资金实行比例核拨实施办法》征求意见稿。会议通过了有关人事任免。

第十二次会议

1999 年 8 月 26 日至 27 日，常委会举行第十二次会议。主任章新民、副主任叶玉龙分别主持会议，副主任王一曼、周成国和委员共 20 人出席会议。区人民政府常务副区长邱心川、陈青墨，区人民检察院检察长谢向理，区人民法院副院长王锡全列席会议。列席会议的还有区人大常委会调研员，区政府办公室、区司法局、区体育局局长（主任），乡镇人大主席，区人大常委会办公室、各工委负责人及若干区人大代表。会议学习了《中华人民共和国宪法》《中华人民共和国刑法》《中华人民共和国安全法》部分内容。会议听取和审议了区人民政府办公室主任徐宏真受区人民政府委托所作的《关于区五届人大二次会议代表建议办理情况的汇报》和区人大常委会代表工委主任何永旺所作的《关于区人民政府办理五届人大二次会议代表建议、批评和意见情况的汇报》；听取和审议了区司法局局长陈旭珍受区人民政府委托所作的《温州市鹿城区“三五”普法情况汇报》和区人大常委会法工委主任林建水所作的《关于对我区“三五”普法情况进行视察调查的汇报》；听取和审议了区人民政府副区长陈青墨关于鹿城区贯彻实施《体育法》情况的再汇报。会议通过了有关人事任免。

第十三次会议

1999 年 10 月 20 日至 22 日，常委会举行第十三次会议。主任章新民、副主任王一曼、叶玉龙分别主持会议，副主任周成国和委员共 20 人出席会议。区人民政府区长王超俊、副区长郑锦春、张纯洁，区人民法院院长朱筱玫，区人民检察院检察长谢向理列席会议。列席会议的还有区政府组成部门局长（主任）、工商分局负责人，各乡镇人大主席，区人大常委会办公室、各工委负责人及若干区人大代表。会议学习了《中华人民共和国行政复议法》部分内容；会议听取和审议了区计委主任林瑞荣受区人民政府委托所作的《关于温州市鹿城区 1999 年 1—9 月份国民经济和社会发展计划执行情况的报告》；听取和审议了区财政局局长黄夏日受区人民政府委托所作的《关于温州市鹿城区 1999 年 1—9 月份本级财政预算执行情况及年度预算调整意见的报告》，作出了《关于 1999 年本级财政预算部分变更的决定》；听取和审议了区人民政府副区长张纯洁所作的《关于遏制“白色污染”拯救人类环境议案办理情况的汇报》和区人大常委会城建工委主任周兰森所作的《关于对遏制“白色污染、拯救人类环境”议案办理情况视察调查的汇报》。会议对区农林水利局局长陈瑞煊，区民政局局长藏璇璇进行了述职评议，并进行了胜任度投票。会议审议并原则通过了《温州市鹿城区人民代表大会常务委员会讨论、决定本区重大事项的规定》，对会议提出的意见和建议授权主任会议修改审定。会议通过了有关人事任免。

第十四次会议

1999年12月22日至24日，常委会举行第十四次会议。主任章新民、副主任王一曼、叶玉龙分别主持会议。副主任周成国和委员共19人出席会议。区人民政府常务副区长邱心川、副区长张纯洁、何桥，区人民法院院长朱筱玫，区人民检察院检察长谢向理列席会议。列席会议的还有区政府组成部门局长（主任），乡镇人大负责人，区人大常委会办公室、各工委负责人及若干区人大代表。会议学习了《中华人民共和国行政处罚法》部分内容。会议听取和审议了区政府办公室主任徐宏真受区人民政府委托所作的《关于贯彻实施〈行政处罚法〉落实行政执法责任制情况的汇报》和区人大常委会法工委主任林建水所作的《关于我区贯彻实施〈行政处罚法〉落实行政执法责任制情况的汇报》；听取和审议区人民政府副区长张纯洁所作的《关于城口环境污染治理和卫生管理情况的汇报》和区人大常委会城建工委主任周兰森代表视察检查组所作的《对我区进城口环境污染理和环境卫生管理进行视察检查的汇报》；听取和审议了区人民政府副区长何桥所作的《关于加大我区高新技术资金投入扶植中小企业发展议案办理情况的汇报》和区人大常委会财经工委主任王成淼代表议案办理检查组所作的《关于对“加大我区高新技术资金投入扶植中小企业发展”议案办理情况进行检查的汇报》。会议听取了区人民检察院检察长谢向理所作的《关于区人大代表评议区人民检察院司法工作整改情况的汇报》，并审议通过了《对区人民检察院〈关于区人大代表评议区人民检察院司法工作整改情况的报告〉审议意见》。会议听取和审议了区财政局局长黄夏日受区人民政府委托所作的《关于鹿城区预算外资金管理情况的汇报》和区人大常委会财经工委副主任黄庆火受预算外资金管理检查组委托所作的《关于对预算外资金管理情况进行检查的汇报》。会议对区教委主任项旭光进行了述职评议，并进行胜任度投票。会议通过了有关人事任免。

第十五次会议

2000年1月20日，常委会举行第十五次会议。主任章新民主持会议，副主任王一曼、叶玉龙、周成国和委员共20人出席会议。区人民政府区长王超俊、常务副区长邱心川、副区长郑锦春，区人民法院院长朱筱玫、副院长徐长根，区人民检察院检察长谢向理、副检察长周玉珍列席会议。列席会议的还有区人大常委会调研员，区政府办公室、计委、财政局局长（主任），各乡镇人大负责人，区人大常委会办公室、各工委负责人。会议学习了《中华人民共和国预算法》部分内容，讨论了区人大常委会工作报告。会议听取了区计委主任林瑞荣受区人民政府委托所作的《关于1999年国民经济和社会发展计划执行情况和2000年的打算》，并进行了初审；听取了区财政局局长黄夏日受区人民政府委托所作的《关于1999年财政预算执行情况和2000年的打算》，并进行了初审。会议对区人民法院院长朱筱玫向区五届人大三次会议作的《区人民法院工作报告（稿）》进行初审，对区人民检察院检察长谢向理向区五届人大三次会议作的《区人民检察院工作报告（稿）》进行了初审。会议讨论通过关于召开区五届人大三次会议的有关事项，做出了《关于召开温州市鹿城区第五届人民代表大会第三次会议的决定》。会议听取和审议了区人民政府副区长郑锦春提请的关于《温州中国鞋都产业园入园建设若干规定》的议案，并做出了《关于温州中国鞋都产业园入园建设若干规定的审议意见》。会议通过了有关人事任免。

第十六次会议

2000 年 2 月 16 日，常委会举行第十六次会议。区人大常委会主任章新民，副主任王一曼、叶玉龙、周成国和委员共 18 人出席会议。区人民政府常务副区长邱心川、区人民法院院长朱筱玫、区人民检察院检察长谢向理列席会议。列席会议的还有区人大常委会办公室、各工委负责人。会议学习了《温州市鹿城区人大常委会议事规则》，审议并原则通过了区人大常委会工作报告，提请区五届人大三次会议审查。会议讨论和决定了区五届人大三次会议有关事宜，通过了有关人事任免。

第十七次会议

2000 年 4 月 18 日，常委会举行第十七次会议。主任章新民，副主任王一曼、叶玉龙、周成国和委员共 19 人出席会议。区人民政府常务副区长邱心川、区人民法院副院长徐长根、区人民检察院副检察长赵玉珍列席会议。列席会议的还有区人大常委会调研员，区政府办公室主任，各乡镇人大负责人，区人大常委会办公室、各工委负责人。会议学习了《中华人民共和国立法法》部分内容，讨论通过了温州市鹿城区人大常委会 2000 年工作要点和关于温州市鹿城区五届人大三次会议代表提出的议案处理意见的决定。会议通过了有关人事任免。

第十八次会议

2000 年 6 月 15 日至 16 日，常委会举行第十八次会议。主任章新民、副主任王一曼、叶玉龙分别主持会议，副主任周成国和委员共 17 人出席会议。区人民政府区长王超俊，常务副区长邱心川、副区长陈青墨，区人民法院副院长王锡全，区人民检察院检察长谢向理列席会议。列席会议的还有：区人大常委会调研员，区政府办公室、区计委、教委、财政局、审计局局长（主任），公安分局负责人，各乡镇人大负责人，区人大常委会办公室、各工委负责人及部分区人大代表。会议学习了《中华人民共和国审计法》部分内容；听取和审议了区财政局局长黄夏日受区人民政府委托所作的《关于温州市鹿城区 1999 年财政决算的报告》和区审计局局长叶希安所作的《关于鹿城区 1999 年预算执行情况和其他财政收支的审计工作报告》；听取和审议了区人民政府副区长陈青墨所作的《关于鹿城区教育事业“九五”计划和 2010 年规划实施情况的汇报》和区人大常委会教科文卫工委主任潘信雄代表区人大常委会视察组所作的《关于视察检查鹿城区教育事业“九五”计划实施情况的报告》；听取和审议了区人大常委会法工委主任林建水所作的《关于评议温州市公安局鹿城分局执法工作实施方案情况的汇报》，通过了《关于组织区人大代表评议温州市公安局鹿城分局执法工作的实施方案》。会议听取了区政府办公室主任徐宏真受区人民政府委托所作的《关于修正鹿城区兵役义务费社会统筹实施办法议案和加大城郊结合部整治力度拆除简棚建造标准用房议案办理方案的汇报》，听取了区计委主任林瑞荣受区人民政府委托所作的《关于温州市鹿城区第三产业发展规划（草案）的说明》。

第十九次会议

2000年7月14日，常委会举行第十九次会议。主任章新民主持会议，副主任王一曼、叶玉龙、周成国和委员共20人出席会议。区人民政府区长王超俊，区人民检察院检察长谢向理列席会议。列席会议的还有区人大常委会办公室、各工委负责人。会议决定任命李江晖为温州市公安局鹿城区分局局长。

第二十次会议

2000年8月15日至17日，常委会举行第二十次会议。主任章新民，副主任王一曼、叶玉龙分别主持会议，副主任周成国和委员共19人出席会议。区人民政府区长王超俊、副区长陈青墨、张纯洁，区人民法院院长朱筱玫，区人民检察院检察长谢向理、副检察长周小乐列席会议。列席会议的还有区人大常委会调研员，区政府各委、办、局局长（主任），各乡镇人大负责人，区人大常委会办公室、各工委负责人及若干区人大代表。会议学习了《浙江省兵役义务费社会统筹办法》。会议听取和审议了区府办主任徐宏真受区人民政府的委托所作的关于修正鹿城区兵役义务费社会统筹实施办法议案办理情况的汇报和区人大常委会法工委主任林建水所作的关于修正鹿城区兵役义务费社会统筹实施办法议案有关情况的调查报告；听取和审议了区府办主任徐宏真受区人民政府委托所作的关于区五届人大三次会议代表建议办理情况的汇报和区人大常委会代表工委主任何永旺所作的关于区人民政府办理区五届人大的议案；听取和审议了区教委主任项旭光受区人民政府委托所作的关于鹿城区教育事业“九五”计划和2010年发展规划实施情况的再汇报。会议对区劳动局局长屠定辉、区环保局局长韩光中进行述职评议，并进行胜任度投票。会议通过了有关人事任免。

第二十一次会议

2000年9月20日，常委会举行第二十一次会议。主任章新民主持会议，副主任王一曼、叶玉龙、周成国和委员共18人出席会议。区人民法院院长朱筱玫，区人民检察院副检察长赵玉珍列席会议。列席会议的还有区人大常委会办公室、各工委负责人。会议听取和审议了区人民法院院长朱筱玫所提请的《鹿城区人民法院关于内设机构调整的议案》和《关于陈洪文等同志任职的议案》。会议审议并作出了《关于温州市鹿城区人民法院下设机构调整的决定》并通过了有关人事任免事项。

第二十二次会议

2000年10月19日至20日，常委会举行第二十二次会议。主任章新民、副主任叶玉龙、周成国分别主持会议，区人大常委会副主任王一曼和委员共19人出席会议。区人民政府副区长李中苏、何桥，区人民法院院长朱筱玫、副院长王锡全，区人民检察院检察长谢向理列席会议。列席会议的还有区政府办公室、科委、财政局、统计局、地税分局局长（主任），区计委负责人，各乡镇人大负责人，区人大常委会办公室、各工委负责人及部分区人大代表。会议学习了《中华人民共和国民事诉讼法》第三编执行程序；听取和审议了区计委副主任张晓兰受区人民政府委托所作的关于 2000 年 1—9 月份国民经济和社会发展计划执行情况的汇报；听取和审议了区财政局局长黄夏日受区人民政府委托所作的关于温州市鹿城区2000年1—9月份本级财政预算执行情况及年度预算调整意见的报告。会议对区政府提请的“关于要求审议鹿城区 2000 年 1—9 月份本级财政预算执行情况及年度预算调整意见的议案”进行了认真的审议，作出了“关于 2000 年本级财政预算部分变更的决定”。会议听取和审议了区人民政府副区长何桥所作的关于《鹿城区科技发展纲要 1994—2000 年》实施情况的汇报和区人大常委会教科文工委主任潘信雄所作的关于视察检查《鹿城区科学技术发展纲要》实施情况的汇报；听取和审议了区人民政府办公室主任徐宏真受区人民政府委托所作的关于《行政复议法》贯彻实施情况的汇报和区人大常委会法工委主任林建水所作的关于对我区贯彻实施《行政复议法》的情况进行视察调查的汇报；听取和审议了区人民法院院长朱筱玫所作的区人民法院关于执行情况的汇报和区人大常委会法工委主任林建水所作的关于对区法院执行工作情况进行视察调查的汇报。

第二十三次会议

2000年12月19日至20日，常委会举行第二十三次会议。主任章新民，副主任叶玉龙、周成国分别主持会议，副主任王一曼和委员共 17 人出席会议。区委副书记杨速辉应邀参加会议。区人民政府常务副区长邱心川、副区长郑锦春、何桥，区人民法院院长朱筱玫、区人民检察院检察长谢向理列席会议。列席会议的还有区府办、财政局、审计局、计生委、公安分局局长（主任），温州中国鞋都办公室主任，区人大常委会办公室、各工委负责人及部分区人大代表。会议学习了《浙江省流动人口计划生育管理办法》部分内容，听取和审议了区计生委主任叶侃玉受区人民政府委托所作的《关于贯彻〈浙江省计划生育条例〉加强流动人口计划生育管理工作情况的汇报》和区人大常委会教科文卫工委副主任郭晓媛代表视察检查组所作的《关于视察检查区政府贯彻〈浙江省计划生育条例〉加强流动人口计生管理工作情况的汇报》；听取和审议了区公安分局局长李江晖所作的《关于区人大代表评议区公安分局执法工作整改情况的报告》，通过了区人大常委会关于区人大代表评议区公安分局执法工作整改情况报告的审议意见。会议听取了温州中国鞋都产业园区办公室主任蔡文云受区人民政府委托所作的《关于中国鞋都产业园区建设情况的汇报》；听取了区财政局局长黄夏日受区人民政府委托所作的《关于鹿城区财政周转金管理使用情况的汇报》。会议通过了有关人事任免。

第二十四次会议

2001年1月11日，常委会举行第二十四次会议。副主任王一曼主持会议，主任章新民、副主任叶玉龙、周成国和委员共 19 人出席会议。区人民政府常务副区长邱心川，区人民法院院长朱筱玫、区人民检察院副检察长赵玉珍列席会议。列席会议的还有区人大常委会办公室、各工委有关负责人及若干区人大代表。会议学习了《温州市鹿城区人民代表大会议事规则》部分内容。会议听取和审议了区人民政府副区长张纯洁所作的《关于加大城郊结合部整治力度议案办理情况的汇报》和区人大常委会城建工委副主任姜辉龙代表常委会视察检察组所作的《关于加大城郊结合部整治力度拆除简易棚建造标准用房议案办理情况视察调查》的汇报。会议初审了区人民法院工作报告；初审了区人民政府关于 2000 年国民经济和社会发展计划执行情况和 2001 年的打算。会议对区人大常委会报告（稿）进行了认真的讨论，作出了关于召开温州市鹿城区第五届人民代表大会第四次会议的决定。会议通过了关于补选温州市鹿城区第五届人民代表大会代表的决定，补选包哲东、李江晖为温州市九届人大代表。会议通过了关于陈棉权、马国民、王天义鹿城区第五届人大代表资格终止的公告。会议通过了有关人事任免。

第二十五次会议

2001 年 1 月 21 日，常委会举行第二十五次会议。主任章新民主持会议，副主任王一曼、叶玉龙、周成国和委员共 18 人出席会议。区人民政府常务副区长邱心川，区人民法院副院长徐长根、区人民检察院副检察长赵玉珍列席会议。列席会议的还有区人大常委会办公室、各工委有关负责人。会议通过了关于区政法系统选区增选区五届人大代表的决定。会议决定任命熊洪庆为区人民政府副区长；决定免去陈青墨、何桥的区人民政府副区长职务，报区人民代表大会备案。

第二十六次会议

2001 年 2 月 16 日，常委会举行第二十六次会议。主任章新民主持会议，副主任王一曼、叶玉龙、周成国和委员共 17 人出席会议。区人民法院院长朱筱玫，区人民检察院检察长谢向理列席会议。列席会议的还有区人大常委会办公室、各工委负责人。会议通过了确认区人大常委会第四十一次主任会议许可对区五届人大代表李建民采取强制措施的决定。会议根据区人民检察院检察长谢向理的辞职请求，决定接受谢向理辞去区人民检察院检察长的职务，报区人民代表大会备案。会议补选吴圣理为温州市第九届人民代表大会代表。会议审议通过了其他人事任免事项。

第二十七次会议

2001 年 2 月 23 日，常委会举行第二十七次会议。主任章新民、副主任叶玉龙分别主持会议。副主任王一曼、周成国和委员共 16 人出席会议。区人民政府常务副区长邱心川、区人民法院副院长徐长根、区人民检察院副检察长孔璋、区财政局局长、区人大常委会办公室、各工委有关负责人列席了会议。会议审议通过了区人大常委会工作报告（修改稿），提请区五届人大四次会议审查。会议听取和初审区财政局局长黄夏日受区人民政府委托所作的区人民政府关于 2000 年财政预算执行情况和 2001 年的打算。会议听取了和审议了区人大常委会代表工委主任何永旺所作的关于区五届人大三次会议代表议案，建议、批评、意见办理情况的汇报。会议讨论决定了区五届人大四次会议有关事宜。讨论通过区五届人大四次会议会议议程（草案），会议日程（草案）、主席团和秘书长名单（草案）、国民经济计划和财政预算审查委员会名单（草案）、代表资格变动情况和审查报告。会议审议通过了《代表资格审查委员会关于代表变动情况和补选另选代表资格的审查报告》。会议通过了有关人事任免。

第二十八次会议

2001年4月12日，常委会举行第二十八次会议。主任章新民主持会议，副主任王一曼、叶玉龙、周成国、张纯浙和委员共19人出席会议。区人民政府副区长张纯洁，区人民法院院长朱筱玫、区人民检察院副检察长赵玉珍列席会议。列席会议的还有：区政府办公室主任，各乡镇人大负责人，区人大常委会办公室、各工委负责人。会议认真讨论并通过了区人大常委会2001年工作要点，审议和通过了《关于温州市鹿城区五届人大四次会议代表提出的议案处理意见的决定》。会议通过了有关人事任免。

第二十九次会议

2001年6月12日至13日，常委会举行第二十九次会议。常委会主任章新民、副主任王一曼、叶玉龙分别主持会议，副主任周成国、张纯浙和委员共19人出席会议。区人民政府区长王超俊、副区长张纯洁、熊洪庆，区人民法院院长朱筱玫、副院长徐长根、区人民检察院副检察长赵玉珍列席会议。列席会议的还有区府办、财政局、审计局、司法局局长（主任），乡镇人大负责人，区人大常委会办公室、各工委负责人及区人大代表。会议学习了《住房公积金管理条例》部分内容。会议听取和审议了区府办主任徐宏真受区政府委托所作的关于鹿城区贯彻实施《住房公积金管理条例》情况和住房公积金管理情况汇报和区人大常委会城建工委主任周兰森所作的关于我区贯彻实施《住房公积金管理条例》和住房公积金管理情况的调查汇报；听取和审议了区审计局局长叶希安受区政府委托所作的《关于鹿城区2000年度预算执行情况和其他财政收支的审计工作报告》和区财政局局长黄夏日受区政府委托所作的《关于温州市鹿城区2000年财政决算的报告》。会议作出了《关于批准2000年区级财政决算的决议》。会议听取和审议了区司法局局长陈旭珍所作的《关于我区“三五”普法基本情况的报告和“四五”普法规划的说明》，并作出了《关于进一步开展法制宣传教育的决议》。会议听取了副区长张纯洁所作的《关于加快社区建设步伐议案办理方案的汇报》。会议通过了有关人事任免。

第三十次会议

2001年6月22日，常委会举行第三十次会议。主任章新民主持会议，副主任王一曼、叶玉龙、周成国、张纯浙和委员共19人出席会议。区人民政府副区长张纯洁，区人民法院副院长徐长根、区人民检察院副检察长赵玉珍列席会议。列席会议的还有区府办主任、民政局局长，各乡镇人大负责人，区人大常委会办公室、各工委负责人。会议听取了区人民政府副区长张纯洁提请的《关于要求报批鹿城区街道乡镇行政区划调整方案的议案》和区民政局局长藏璇璇受区人民政府委托所作的关于该议案的有关情况的说明，会议经过审议，原则同意区政府提出的调整总体方案，并作出《关于鹿城区行政区划调整的审议意见》。

第三十一次会议

2001年8月28日、9月7日，常委会举行第三十一次会议。主任章新民、副主任王一曼分别主持会议，副主任叶玉龙、周成国、张纯浙和委员共20人出席会议。区人民政府副区长熊洪庆，区人民法院院长朱筱玫、副院长王锡全，区人民检察院检察长孔璋列席会议。列席会议的还有区府办、财政局、文化局局长（主任），各乡镇人大负责人，区人大常委会办公室、各工委负责人及部分区人大代表。会议学习了《中华人民共和国地方各级人民代表大会和地方各级人民政府组织法》部分内容；听取和审议了区人大常委会《关于加强经济工作监督的决定（草案）》和《关于加强区级预算审查监督的决定（草案）》，并举手表决通过了两个决定；听取和审议了区府办主任徐宏真受区政府委托所作的关于区五届人大四次会议代表建议办理情况的汇报和常委会代表工委主任何永旺所作的关于区人民政府办理五届人大四次会议代表建议情况的调查报告，并作出了审议意见；听取和审议了区文化局局长陈永龙受区政府委托所作的关于鹿城区群众（社区）文化工作情况的汇报和常委会教科文卫工委主任潘信雄所作的关于我区群众文化工作视察情况的汇报。会议通过了有关人事任免。

第三十二次会议

2001年10月25日，常委会举行第三十二次会议。主任章新民、副主任王一曼、叶玉龙分别主持会议，副主任周成国、张纯浙和委员共17人出席会议。区人民政府区长王超俊、常务副区长邱心川，区人民法院院长朱筱玫、副院长徐长根，区人民检察院检察长孔璋列席会议。列席会议的还有计委、财政局、司法局、审计局、统计局局长（主任）或负责人，区妇联和部分乡镇人大负责人、部分街道人大工作联络员，区人大常委会办公室、各工委负责人及部分区人大代表。会议学习了《中华人民共和国妇女权益保障法》；听取和审议了区计委副主任张晓兰受区政府委托所作的《关于温州市鹿城区2001年1—9月份国民经济和社会发展计划执行情况及2001年部分计划指标调整的报告》，作出了《温州市鹿城区人民代表大会常务委员会关于2001年国民经济和社会发展计划指标部分变更的决定》；听取和审议了区财政局副局长吴宁受区政府委托所作的《关于温州市鹿城区2001年1—9月份本级财政预算执行情况的报告》；听取和审议了区人民政府常务副区长邱心川所作的《关于贯彻执行〈妇女权益保障法〉情况的汇报》和区人大常委会法工委主任林建水所作的《关于对我区贯彻执行〈妇女权益保障法〉的情况视察调查的汇报》。会议审议通过了有关人事任免事项。

第三十三次会议

2001年12月26日至27日，常委会举行第三十三次会议。主任章新民，副主任王一曼、叶玉龙、张纯浙分别主持会议，副主任周成国及委员共18人出席会议。区人民政府区长王超俊、副区长张纯洁，区人民法院院长朱筱玫、区人民检察院检察长孔璋列席会议。列席会议的还有区府办、卫生局、民政局、区物业办主任（局长），部分乡镇人大负责人、部分街道人大工作联络员，区人大常委会办公室、各工委负责人及若干区人大代表。会议学习了《中华人民共和国传染病防治法》，听取和审议了区物业办主任吴柏松受区人民政府委托所作的区人民政府关于物业管理情况的汇报和区人大常委会城建工委主任周兰森所作的关于对我区物业管理情况进行视察检查的汇报；听取和审议了区卫生局局长陈洁受人民政府委托所作的关于《中华人民共和国传染病防治法》及实施办法贯彻实施情况汇报和区人大常委会委员、教科文卫工委副主任郭晓媛所作的关于视察检查全区贯彻实施《中华人民共和国传染病防治法》情况的汇报。

第三十四次会议

2002 年 1 月 31 日、2 月 1 日，常委会举行第三十四次会议。主任章新民，副主任王一曼、叶玉龙分别主持会议，副主任周成国、张纯浙及委员共 21 人出席会议。区长王超俊、副区长李中苏、张纯洁、熊洪庆，区法院院长朱筱玫、区检察院检察长孔璋列席会议。列席会议的还有区府办、计委、财政局、统计局局长（主任），部分乡镇人大负责人和街道人大工作联络员，区人大常委会办公室、各工委负责人和若干区人大代表。会议学习了《浙江省各级人大常委会讨论决定重大事项的规定》，讨论了区人大常委会工作报告（稿）。会议听取和审议了区计委主任林瑞荣受区政府委托所作的关于 2001 年国民经济和社会发展计划执行情况和 2002 年的打算的报告，听取和审议了区财政局局长黄夏日受区政府委托所作的关于 2001 年财政预算执行情况和 2002 年的打算的报告，听取和审议了区法院院长朱筱玫所作的区人民法院工作报告（稿）、区检察院检察长孔璋所作的区人民检察院工作报告（稿），听取和审议了区府办主任徐宏真受区政府委托所作的关于农村基金会清理情况的报告。会议通过了关于召开区五届人大五次会议的决定，通过了区政府关于办理加快社区建设步伐议案的审议意见。会议通过了有关人事任免。

第三十五次会议

2002 年 3 月 12 日，常委会举行第三十五次会议。主任章新民主持会议，副主任王一曼、叶玉龙、周成国、张纯浙和委员共 21 人出席会议。区长王超俊，区法院院长朱筱玫、区检察院检察长孔璋列席会议。列席会议的还有：区府办主任，各乡镇人大负责人，区人大常委会办公室、各工委负责人。会议听取和审议了区人大常委会办公室主任吴伟宣读的区人大常委会工作报告（稿），原则通过该报告，提交区五届人大五次会议审议；会议通过了区五届人大五次会议有关事宜；会议通过了有关人事任免。

第三十六次会议

2002 年 4 月 23 日，常委会举行第三十六会议。主任章新民主持会议，副主任王一曼、叶玉龙、周成国、张纯浙和委员共 19 人出席会议。区政府副区长张纯洁，区人民法院院长朱筱玫、区人民检察院检察长孔璋列席会议。列席会议的还有区府办主任、区农林水利局局长，部分乡镇人大负责人和部分街道人大工作联络员，区人大常委会办公室、各工委负责人及部分区人大代表。会议审议通过了区人大常委会办公室主任吴伟宣读的区人大常委会2002年工作要点（稿）；会议根据区五届人大五次会议主席团的授权，审议通过了关于温州市鹿城区五届人大五次会议代表提出的议案处理意见的决定；会议听取和审议了区农林水利局局长杨文升受区政府委托所作的关于《中华人民共和国防洪法》贯彻实施情况的汇报和区人大常委会财经工委副主任黄庆火所作的关于对防洪法执法情况进行视察检查的汇报。

第三十七次会议

2002年6月26日至27日，常委会举行第三十七次会议。副主任王一曼、叶玉龙、张纯浙等分别主持会议，主任章新民、副主任周成国和委员共21人出席会议。区政府区长王超俊、副区长李中苏、张纯洁，区人民法院院长朱筱玫、副院长谢作幸，区人民检察院检察长孔璋列席会议。列席会议的还有区府办、区财政局、教育局、人事劳动局、水利局局长（主任）、区审计局负责人，部分乡镇人大负责人和部分街道人大工作联络员，区人大常委会办公室、各工委负责人及部分区人大代表。会议学习了《社会力量办学条例》，会议听取和审议了区教育局局长项旭光受区政府委托所作的鹿城区关于《社会力量办学条例》执行情况的汇报和区人大常委会教科文卫工委主任潘信雄所作的关于视察《社会力量办学条例》贯彻实施情况的报告，区府办主任徐宏真受区政府委托所作的关于《加快藤桥片经济社会发展步伐的议案》办理方案的汇报，区审计局副局长庄明顺受区政府委托所作的关于2001年度预算执行情况和其他财政收支的审计工作报告；听取和审议了区财政局局长黄夏日受区政府委托所作的关于温州市鹿城区2001年财政决算的报告，通过了关于批准2001年区级财政决算的决议。会议听取和审议了区司法局局长屠定辉受区政府委托所作的关于鹿城区“四五”普法启动工作情况的汇报和区人大常委会法工委副主任余冬青所作的关于对“四五”普法启动工作视察检查情况的汇报。会议审议通过了有关人事任免事项。

第三十八次会议

2002年8月22日至23日，常委会举行第三十八次会议。主任章新民、副主任王一曼、叶玉龙分别主持会议，副主任张纯浙、周成国及委员共18人出席会议。区政府副区长张纯洁、熊洪庆，区人民法院院长朱筱玫、副院长谢作幸、区人民检察院检察长孔璋、副检察长潘教平列席会议。列席会议的还有区政府各局（办）局长（主任），部分乡镇人大负责人、街道人大工作联络员，区人大常委会办公室、各工委负责人及部分区人大代表。会议听取和审议了区政府办公室主任徐宏真受区政府委托所作的关于加快社区建设步伐议案继续办理情况的汇报和关于区五届人大五次会议代表建议办理情况的汇报，听取和审议了区人大常委会视察组所作的关于区人民政府办理区五届人大五次会议代表建议情况的调查报告。会议作出了对区人民政府关于区五届人大五次会议代表建议办理情况的审议意见。会议听取和审议了区建设局局长潘长华受区政府委托所作的关于区建筑市场管理情况的汇报和区人大常委会城建工委主任周兰森所作的关于对我区建筑市场管理情况进行视察调查的汇报；听取和审议了区法院副院长谢作幸所作的关于民事审判工作情况的汇报、检察院副检察长潘教平所作的关于民事行政检察工作的报告和区人大常委会法工委主任林建水所作的关于民事审判工作检查情况的报告、法工委副主任余冬青所作的关于民事行政监督检查情况的报告。会议听取和评议了区经贸局（交通局）局长贾志文、文化局局长陈永龙的述职报告。会议通过了有关人事任免。

第三十九次会议

2002 年 11 月 5 日至 6 日，常委会举行第三十九次会议。副主任王一曼、叶玉龙、张纯浙分别主持会议，主任章新民、副主任周成国及委员共20人出席会议。副区长张纯洁、熊洪庆，区法院院长朱筱玫、区检察院副检察长周小乐列席会议。列席会议的还有区府办、发展计划局、财政局、环保局、审计局、统计局局长（主任），各乡镇人大负责人、区人大常委会办公室、各工委负责人及若干区人大代表。5 日上午，举行区人大代表评议政府工作大会。市委常委、区委书记包哲东到会讲话，常务副区长李中苏代表区政府作自查报告，张京、张爱春、陈国琴、虞友义等 4 位代表分别发言，区长王超俊作了表态发言，区人大常委会主任章新民作了总结讲话。会议学习了《中华人民共和国选举法》部分内容，听取和审议了区发展计划局局长林瑞荣受区政府委托所作的区人民政府关于 2002 年 1—9 月份国民经济和社会发展计划执行情况的汇报；听取和审议了区财政局局长黄夏日受区政府委托所作的关于温州市鹿城区 2002 年 1—9 月份本级财政预算执行情况及年度预算部分变更的报告，并作出了关于 2002 年本级财政预算部分变更的决定。会议听取和审议了区环保局局长郑浩受区政府委托所作的关于我区制革业污染治理工作情况的汇报和常委会城建工委主任周兰森所作的关于对制革业废水治理情况进行视察检查的汇报。会议同意区法院提请的内设机构调整的议案，作出关于区人民法院机构调整的决定。会议作出了关于建立温州市鹿城区选举委员会的决定。会议通过了有关人事任免。

第四十次会议

2002 年 12 月 31 日，常委会举行第四十次会议。主任章新民主持会议，副主任王一曼、叶玉龙、周成国、张纯浙及委员共 21 人出席会议。区长王超俊、副区长李中苏，区法院院长朱筱玫、区检察院检察长孔璋列席会议。列席会议的还有区府办主任，各街道人大联络员，区人大常委会办公室、各工委负责人及若干区人大代表。会议听取和审议了区政府关于区人大代表评议政府工作评议意见整改落实情况的汇报，通过了关于许可对区人大代表郭锦巧采取取保候审强制措施的决定。会议通过了有关人事任免。

第四十一次会议

2003 年 1 月 13 日，常委会举行第四十一次会议。主任章新民主持会议，副主任王一曼、叶玉龙、周成国、张纯浙及委员共 18 人出席会议。区长王超俊，区检察院检察长孔璋列席会议，列席会议的还有区人大常委会办公室、各工委负责人。会议通过了区政府提请的关于李浩等职务的任免，通过了区检察院提请的关于林景龙的任职。

第四十二次会议

2003年1月28日，常委会举行第四十二次会议。主任章新民主持会议，副主任王一曼、叶玉龙、周成国、张纯浙及委员共19人出席会议。区长王超俊、副区长熊洪庆，区法院院长朱筱玫、区人民检察院检察长孔璋列席会议，列席会议的还有区府办主任、区计划发展局、财政局、审计局、统计局局长，区人大常委会办公室、各工委负责人，部分乡镇人大负责人及若干区人大代表。会议听取和审议了区政府关于区五届人大五次会议代表议案办理情况的汇报，初审了区政府关于2002年国民经济和社会发展计划执行情况和2003年打算的报告及关于2002年财政预算执行情况和2003 年的打算。会议初审了区法院工作报告和区检察院工作报告，讨论了区人大常委会工作报告（稿）。会议通过了关于召开区六届人大一次会议的有关事项。

第六节　区六届人大常委会会议纪要

第一次会议

2003年4月29日至30日，常委会举行第一次会议。主任章新民主持会议，副主任王一曼、许德忠、张纯浙、缪笑竹、李建花、陈洁及委员共27人出席会议。区人民政府区长王超俊、区人民法院院长朱筱玫、区人民检察院检察长孔璋列席会议。列席会议的还有区府办主任，各乡镇人大负责人，区人大常委会办公室、各工委负责人。会议通过了区第六届人大常委会2003年工作要点;听取了区人民政府关于防治“非典”情况的汇报;审议通过了区第六届人大一次会议代表议案处理意见的决定；审议通过了区第六届人大常委会代表资格审查委员会组成人员及各工作委员会组成人员；审议通过了区人大常委会工作机构名称变更及有关人员任免。会议组织学习了《中华人民共和国地方各级人民代表大会和地方各级人民政府组织法》以及区人大常委会会议制度、议事规则等有关内容。

第二次会议

2003年5月29日，常委会举行第二次会议。主任章新民主持会议，副主任王一曼、许德忠、张纯浙、缪笑竹、李建花、陈洁及委员共27人出席会议。区人民政府区长王超俊、区人民法院院长朱筱玫、区人民检察院检察长孔璋列席会议。列席会议的还有各乡镇人大负责人，区人大常委会办公室、各工委负责人。会议审议通过了区人民政府区长王超俊提请的区人民政府组成人员的任免，并颁发了任命书。

第三次会议

2003年6月26日至27日，常委会举行第三次会议。主任章新民主持会议，副主任王一曼、许德忠、张纯浙、缪笑竹、陈洁及委员共26人出席会议。区人民政府副区长施艾珠、赵峰，区人民法院副院长谢作幸、区人民检察院检察长孔璋列席会议。列席会议的还有区府办主任、财政、审计、卫生局长，各乡镇人大负责人，区人大常委会办公室、各工委负责人及部分区人大代表。会议组织学习了《中华人民共和国未成年人保护法》和《中华人民共和国预防未成年人犯罪法》。会议听取和审议了区审计局局长王丽丽受区人民政府委托所作的关于鹿域区级2002年度预算执行情况和其他财政收支的审计工作报告；听取和审议了区财政局局长吴宁受区人民政府委托所作的关于2002年财政决算的报告，通过了关于批准2002年区级财政决算的决议。会议听取了区财政局局长吴宁受区人民政府委托所作的关于2002年预算外资金执行情况及2003年预算外资金收支计划的报告；听取和审议了区人民政府副区长施艾珠所作的关于鹿城区非典型肺炎防治工作的报告，通过了对全区非典型肺炎防治工作情况报告的审议意见。会议听取了区人民政府办公室主任徐宏真受区人民政府委托所作的《关于农村集体资产产权制度改革议案》办理方案的汇报；听取了区财政局局长吴宁受区人民政府委托所作的《关于逐步建立街道财政保障体制议案》办理方案的汇报。会议通过了关于许可对区人大代表翁松武采取刑事拘留强制措施的决定。会议审议通过了有关人事任免。

第四次会议

2003年8月28日至29日，常委会举行第四次会议。主任章新民主持会议，副主任王一曼、许德忠、张纯浙、缪笑竹、李建花、陈洁及委员共26人出席会议。区人民政府副区长李浩、副区长赵峰、区人民法院院长朱筱玫、区人民检察院检察长孔璋列席会议。列席会议的还有区府办、司法局、普法依法治区办公室、人事劳动局、教育局、文化局、科技局局长（主任），各乡镇人大负责人、部分街道人大联络员，区人大常委会办公室、各工委负责人以及部分人大代表。会议听取和审议了鹿城区2002—2006年依法治区规划，并作出了《温州市鹿城区人大常委会关于加快推进依法治区进程的决议》。会议听取和审议了区人民政府关于《中华人民共和国未成年人保护法》和《中华人民共和国预防未成年人犯罪法》的执法情况的报告；听取和审议了区人民法院关于《中华人民共和国未成年人保护法》和《中华人民共和国预防未成年人犯罪法》执行情况的报告；听取和审议了区人民政府关于《中华人民共和国劳动法》执法情况的报告；听取和审议了区人民政府关于《中华人民共和国科技普及法》执法情况的报告。

第五次会议

2003年9月28日，常委会举行第五次会议。副主任许德忠主持会议，主任章新民、副主任王一曼、缪笑竹、李建花及委员共25人出席会议。区人民政府副区长李浩、区人民法院院长朱筱玫、区人民检察院副检察长潘教平列席会议。列席会议的还有区府办主任、环保局局长，部分乡镇人大负责人、部分街道人大联络员，区人大常委会办公室、各工委负责人以及部分人大代表。会议听取和审议了区人民政府关于区六届人大一次会议代表建议办理情况的报告，并作出了《温州市鹿城区人民代表大会常务委员会关于对区人民政府办理六届人大一次会议代表建议情况的审议意见》；听取和审议了区人民政府关于《中华人民共和国环境保护法》（重点化工业污染治理）执法情况的报告；听取和审议了区人民政府关于工业园区建设情况的报告。会议通过了有关人事任免。

第六次会议

2003年10月31日，常委会举行第六次会议。主任章新民主持会议，副主任王一曼、许德忠、缪笑竹、李建花及委员共23人出席会议。区人民政府区长王超俊、副区长蔡文云、区人民法院副院长林定耀、区人民检察院副检察长林景龙列席会议。列席会议的还有区府办、财政局、发展计划局负责人，部分乡镇人大负责人、部分街道人大联络员，区人大常委会办公室、各工委负责人以及部分人大代表。会议听取和审议了区人民政府关于2003年1—9月份国民经济和社会发展计划执行情况的汇报；听取和审议了区人民政府关于2003年1—9月份预算执行情况的汇报，并作出了《温州市鹿城区人民代表大会常务委员会关于2003年本级财政预算部分变更的决定》；听取和审议了区人民政府关于农村集体资产产权制度改革工作议案办理情况的汇报。

第七次会议

2003年12月19日，常委会举行第七次会议。主任章新民主持会议，副主任王一曼、张纯浙、缪笑竹、李建花、陈洁及委员共24人出席会议。区人民政府区长王超俊、副区长熊洪庆、区人民法院副院长谢作幸、区人民检察院副检察长郑建胜列席会议。列席会议的还有区府办主任，各乡镇人大负责人、部分街道人大联络员，区人大常委会办公室、各工委负责人以及部分人大代表。会议听取和审议了区府办主任徐宏真受区人民政府委托所作的关于逐步建立街道财政保障制度议案办理情况的报告；听取和审议了区人民政府副区长熊洪庆作关于《中华人民共和国中小企业促进法》执法情况的报告。会议通过了有关人事任免。

第八次会议

2004年1月15日至16日，常委会举行第八次会议。副主任王一曼主持会议，主任章新民、副主任许德忠、张纯浙、缪笑竹、李建花、陈洁及委员共25人出席会议。区人民政府副区长李浩、区人民法院副院长谢作幸、区人民检察院检察长孔璋列席会议。列席会议的还有区府办、发展计划局、财政局局长（主任），各乡镇人大负责人、部分街道人大联络员，区人大常委会办公室、各工委负责人。会议讨论了《区人大常委会工作报告》；听取了区发展计划局局长林瑞荣受区人民政府委托所作的《关于2003年国民经济和社会发展计划执行情况和2004年的打算》，并进行了初审；听取了区财政局局长吴宁受区人民政府委托所作的《关于2003年财政预算执行情况和2004年的打算》，并进行了初审。会议对区人民法院副院长谢作幸向区六届人大二次会议作的《区人民法院工作报告（稿）》进行了初审，对区人民检察院检察长孔璋向区六届人大二次会议作的《区人民检察院工作报告（稿）》进行了初审。会议听取代表工委主任吴小霞所作的关于区六届人大一次会议代表议案中列为区人大常委会审议议题的情况汇报，讨论通过关于召开区六届人大二次会议的有关事项，作出了《关于召开温州市鹿城区第六届人民代表大会第二次会议的决定》。

第九次会议

2004年2月26日，常委会举行第九次会议。副主任王一曼主持会议，主任章新民、副主任许德忠、张纯浙、缪笑竹、李建花、陈洁及委员共24人出席会议。区人民政府副区长赵峰、区人民法院院长朱筱玫、区人民检察院检察长孔璋列席会议。列席会议的还有区府办、法制办主任，各乡镇人大负责人、部分街道人大联络员，区人大常委会办公室、各工委负责人。会议听取区法制办主任林巧荣受区人民政府委托传达全省贯彻实施行政许可法工作会议精神情况的汇报；审议并原则通过《区人大常委会工作报告（修改稿）》，提请区六届人大二次会议审查。会议讨论并决定区六届人大二次会议有关事宜；审议通过了代表资格变动情况的审查报告，决定了区六届人大二次会议列席人员名单；讨论了会议日程（草案）提请区六届人大二次会议主席团第一次会议通过；讨论了会议议程（草案）、主席团和秘书长名单（草案），计划和预算审查委员会名单（草案）提请区六届人大二次会议预备会议通过。会议通过有关人事任免。

第十次会议

2004年4月27日，常委会举行第十次会议。主任章新民主持会议，副主任王一曼、许德忠、缪笑竹、李建花、陈洁及委员共22人出席会议。区人民政府区长王超俊，区人民法院副院长林定耀、区人民检察院检察长孔璋列席会议。列席会议的还有区府办主任、各乡镇人大负责人、部分街道人大联络员，区人大常委会办公室、各工委负责人。会议组织学习了《中华人民共和国宪法修正案》；通过了区六届人大常委会2004年工作要点；审议通过了区第六届人大二次会议代表议案处理意见的决定；审议通过了温州市鹿城区人民代表大会代表建议、批评和意见办理办法。会议通过了有关人事任免。

第十一次会议

2004年6月24日至25日，常委会举行第十一次会议。主任章新民主持会议，副主任王一曼、许德忠、缪笑竹、李建花、陈洁及委员共24人出席会议。区人民政府区长王超俊，副区长李浩、沈敏，区人民法院院长朱筱玫、区人民检察院检察长孔璋列席会议。列席会议的还有区府办、法制办、财政局、审计局、环保局局长（主任），各乡镇人大负责人、部分街道人大联络员，区人大常委会办公室、各工委负责人以及部分区人大代表。会议组织学习了《中华人民共和国行政许可法》，听取了区人民政府副区长李浩所作的鹿城区贯彻实施《中华人民共和国行政许可法》工作情况的汇报。会议听取和审议了区人民政府副区长沈敏所作的关于生态区建设和环保法执法情况的汇报以及关于《规范社区居委会工作制度的议案》办理方案的汇报；听取和审议了区审计局局长王丽丽受区人民政府委托所作的关于2003年区级预算执行情况和其他财政收支的审计工作报告；听取和审议了区财政局局长吴宁受区人民政府委托所作的关于2003年财政决算的报告，通过了关于批准2003区级财政决算的决议；听取和审议了区财政局局长吴宁受区人民政府委托所作的关于2003年预算外资金执行情况及2004年预算外资金收支计划安排情况的报告。会议还审议通过了有关人事任免事项。

第十二次会议

2004年8月24日，常委会举行第十二次会议。主任章新民主持会议，副主任王一曼、许德忠、缪笑竹、李建花、陈洁及委员共25人出席会议。区人民政府区长王超俊，副区长朱连甫，区委常委、公安分局局长李江晖，区人民法院院长朱筱玫、区人民检察院副检察长潘教平列席会议。列席会议的还有区府办主任、质监分局局长，各乡镇人大负责人、部分街道人大联络员，区人大常委会办公室、各工委负责人以及部分区人大代表。会议组织学习了《中华人民共和国刑事诉讼法》；听取和审议了鹿城区公安分局局长李江晖受区人民政府委托所作的关于贯彻实施《中华人民共和国刑事诉讼法》执法情况的汇报，同时听取和审议了区人民法院院长朱筱玫所作的关于《中华人民共和国刑事诉讼法》实施情况的报告和区人民检察院副检察长潘教平所作的关于《中华人民共和国刑事诉讼法》实施情况的报告；听取和审议区府办主任徐宏真受区人民政府委托所作的关于代表建议、批评与意见办理情况的报告，并通过了关于区人民政府办理区六届二次会议代表建议、批评与意见情况的审议意见；听取和审议了区质监分局局长王建平受区人民政府委托所作的关于《中华人民共和国产品质量法》执法情况的报告。会议通过了有关人事任免。

第十三次会议

2004年10月28日，常委会举行第十三次会议。副主任张纯浙主持会议，主任章新民、副主任王一曼、许德忠、缪笑竹、李建花、陈洁及委员共25人出席会议。区人民政府副区长蔡文云、朱连甫，区人民法院院长朱筱玫、区人民检察院检察长孔璋列席会议。列席会议的还有区府办、区财政局、计划发展局、审计局、民政局、教育局局长（主任），各乡镇人大负责人、部分街道人大联络员，区人大常委会办公室、各工委负责人以及部分人大代表。会议听取和审议了区发展计划局局长林瑞荣受区人民政府委托所作的关于2004年1—9月份国民经济和社会发展计划执行情况的报告；听取和审议区财政局局长吴宁受区人民政府委托所作的关于2004年1—9月份预算执行情况的报告；听取和审议了区人民政府副区长赵峰所作的关于《中华人民共和国义务教育法》和《浙江省实行九年制义务教育条例》法律法规实施情况的汇报；听取和审议了区审计局局长王丽丽受区人民政府委托所作的关于对2003年区级预算执行情况和其他财政收支审计处理意见落实情况的汇报；听取和审议区人民政府副区长蔡文云所作的关于规范社区居委会工作制度的议案办理情况的汇报。会议通过了有关人事任免。

第十四次会议

2004年12月10日，常委会举行第十四次会议。主任章新民主持会议，副主任王一曼、许德忠、张纯浙、缪笑竹、李建花、陈洁及委员共25人出席会议。区人民政府副区长蔡文云、区人民法院院长朱筱玫、区人民检察院检察长孔璋列席会议。列席会议的还有各乡镇人大负责人、部分街道人大联络员，区人大常委会办公室、各工委负责人以及部分人大代表。会议审议通过了《温州市鹿城区人大常委会关于接受唐克勤等五位辞去温州市鹿城区第六届人民代表大会代表职务的决定》；审议通过了《温州市鹿城区人大常委会关于增选、补选温州市鹿城区第六届人民代表大会代表的决定》；审议通过了《温州市鹿城区第六届人民代表大会常务委员会公告》；审议通过了《温州市鹿城区人大常委会关于温州市鹿城区第六届人民代表大会代表增、补选办法》。会议讨论通过关于召开区六届人大三次会议的有关事项，作出了《温州市鹿城区人大常委会关于召开温州市鹿城区第六届人民代表大会第三次会议的决定》。会议通过了有关人事任免。

第十五次会议

2004 年 12 月 28 日至 29 日，常委会举行第十五次会议。副主任许德忠主持会议，主任章新民、副主任王一曼、张纯浙、缪笑竹、李建花、陈洁及委员共 25 人出席会议。区人民政府区长王超俊、副区长朱连甫，区人民法院院长朱筱玫、区人民检察院检察长孔璋列席会议。列席会议的还有区政府各局（办）局长（主任），各乡镇人大负责人、各街道人大联络员，区人大常委会办公室、各工委负责人以及部分市、区人大代表。会议听取和审议了区科技局局长黄晓兵的述职报告，并对黄晓兵进行了无记名测评；听取和审议区府办主任徐宏真受区人民政府委托所作的关于全区重点工程建设情况的汇报（汇昌河水上公园、西进城口改建工程、江滨路鹿城段工程）；听取和审议了市人大代表瞿韶军、黄小兰的述职汇报。会议审议通过了《温州市鹿城区人大常委会关于许可对叶向东采取刑事拘留强制措施的决定》。会议通过有关人事任免。

第十六次会议

2005 年 1 月 11 日，常委会举行第十六次会议。主任章新民主持会议，副主任王一曼、许德忠、张纯浙、缪笑竹、李建花、陈洁及委员共 23 人出席会议。区人民政府副区长熊洪庆、区人民法院院长朱筱玫、区人民检察院检察长孔璋列席会议。列席会议的还有区府办主任，各乡镇人大负责人、部分街道人大联络员，区人大常委会办公室、各工委负责人。会议审议并原则通过《区人大常委会工作报告（修改稿）》，提请区六届人大三次会议审查。会议对区人民法院院长朱筱玫向区六届人大三次会议作的《区人民法院工作报告（稿）》进行了初审；对区人民检察院检察长孔璋向区六届人大三次会议作的《区人民检察院工作报告（稿）》进行了初审。会议听取区发展计划局局长林瑞荣受区人民政府委托所作的《关于 2004 年国民经济和社会发展计划执行情况和 2005 年的打算》，并进行了初审；听取区财政局局长吴宁受区人民政府委托所作的《关于 2004 年财政预算执行情况和 2005 年的打算》，并进行了初审。会议审议通过了关于《温州市鹿城区第六届人民代表大会第二次会议代表议案、建议办理情况的报告》；审议通过了《温州市鹿城区第六届人民代表大会常务委员会代表资格审查委员会关于代表变动情况和增选、补选代表资格的审查报告》。会议讨论并决定区六届人大三次会议有关事宜。会议决定了区六届人大三次会议列席人员名单；讨论了会议日程（草案）提请区六届人大三次会议主席团第一次会议通过；讨论了会议议程（草案）、主席团和秘书长名单（草案），计划和预算审查委员会名单（草案）提请区六届人大三次会议预备会议通过。

第十七次会议

2005年3月11日，常委会举行第十七次会议。主任章新民主持会议，副主任王一曼、许德忠、张纯浙、缪笑竹、李建花、陈洁及委员共26人出席会议。区人民政府区长王超俊、区人民法院院长朱筱玫、区人民检察院副检察长林锡明列席会议。列席会议的还有区府办主任，各乡镇人大负责人、部分街道人大联络员，区人大常委会办公室、各工委负责人。会议审议通过了鹿城区人大常委会2005年工作要点，对鹿城区人民陪审员的名额数进行确认。会议通过有关人事任命。

第十八次会议

2005年5月19日至20日，常委会举行第十八次会议。主任章新民主持会议，副主任王一曼、许德忠、张纯浙、缪笑竹、李建花、陈洁及委员共25人出席会议。区人民政府区长王超俊、副区长蔡文云、黄夏日、区人民法院院长朱筱玫、区人民检察院检察长孔璋列席会议。列席会议的还有各乡镇人大负责人、部分街道人大联络员，区人大常委会办公室、各工委负责人以及部分人大代表。会议组织学习了《中华人民共和国农村土地承包法》和《中华人民共和国安全生产法》；听取和审议了区人民政府副区长黄夏日所作的关于《加快产业结构调整促进经济快速发展的议案》办理方案的报告；听取和审议了区人民政府副区长蔡文云所作的关于《中华人民共和国农村土地承包法》执法情况的报告；听取和审议了区人民政府副区长黄夏日所作的关于《中华人民共和国安全生产法》执法情况的报告；听取和审议了区人民政府副区长熊洪庆所作的关于1—4月份招商引资工作情况的报告。会议通过了有关人事任免。

第十九次会议

2005年6月30日，常委会举行第十九次会议。副主任许德忠主持会议，主任章新民、副主任王一曼、张纯浙、缪笑竹、李建花、陈洁及委员共22人出席会议。区人民政府区长王超俊、副区长赵峰、区人民法院副院长林定耀、区人民检察院副检察长林锡铭列席会议。列席会议的还有区府办主任，各乡镇人大负责人、部分街道人大联络员，区人大常委会办公室、各工委负责人以及部分区人大代表。会议听取和审议了区人民政府副区长赵峰所作的关于《鹿城生态区建设规范纲要》编制情况的报告，通过了关于同意鹿城生态区建设规划的决定；听取和审议了区府办主任吕朝晖受区人民政府委托所作的关于区六届人大三次会议代表建议、批评和意见办理情况的报告，通过了关于区人民政府办理区六届人大三次会议代表建议情况的审议意见；听取和审议了区审计局局长王丽丽受区人民政府委托所作的关于2004年区级预算执行情况和其他财政收支审计工作的报告；听取和审议了区财政局局长吴宁受区人民政府委托所作的关于2004年财政决算的报告，通过了关于批准2004年区级财政决算的决议；听取了区财政局局长吴宁受区人民政府委托所作的关于2004年预算外资金执行情况及2005年预算外资金收支计划安排情况的报告。会议通过了有关人事任免。

第二十次会议

2005年7月27日至28日，常委会举行第二十次会议。副主任张纯浙主持会议，主任章新民、副主任王一曼、许德忠、缪笑竹、李建花、陈洁及委员共24人出席会议。区委常委、常务副区长李浩，区委常委、组织部部长王易进，区人民政府副区长赵峰，区人民法院院长朱筱玫，区人民检察院副检察长潘教平列席会议。列席会议的还有区政府各局（办）局长（主任），各乡镇人大负责人、各街道人大联络员，区人大常委会办公室、各工委负责人以及部分人大代表。会议组织学习了行政诉讼法；听取了区人民法院院长朱筱玫所作的关于2000年以来《中华人民共和国行政诉讼法》实施情况的报告；听取了区审计局局长王丽丽关于对林瑞荣、潘长华、吴益水在任职期间经济责任审计情况及屠定辉、黄汉和离任经济审计情况的报告。会议听取了区发展局局长林瑞荣、建设局局长潘长华、计划生育局局长吴益水的述职报告，并对三人局长进行了民主测评。

第二十一次会议

2005年9月27日至28日，常委会举行第二十一次会议。主任章新民主持会议，副主任王一曼、许德忠、张纯浙、缪笑竹、李建花、陈洁及委员共24人出席会议。区委常委、常务副区长李浩，区人民检察院检察长孔璋，区人民法院副院长林定耀列席会议。列席会议的还有区府办等部门负责人，各乡镇人大负责人、各街道人大联络员，区人大常委会办公室、各工委负责人以及部分人大代表。会议听取和审议了区发展计划局局长林瑞荣受区人民政府委托所作的关于2005年1—8月份国民经济和社会发展计划执行情况的报告；听取和审议了区财政局局长吴宁受区人民政府委托所作的关于2005年1—8月份本级财政预算执行情况及年度预算变更的报告；听取和审议了区发展计划局局长林瑞荣受区人民政府委托所作的关于“十五”计划执行情况及“十一五”规划编制情况的报告；听取和审议了区人民政府副区长朱连甫所作的关于《中华人民共和国体育法》执法情况的报告；听取了区审计局局长王丽丽关于对区府办主任吕朝晖在担任区市政园林局局长期间经济责任审计情况的报告；听取区府办主任吕朝晖的述职报告；听取检察院副检察长潘教平、郑建胜、林景龙的述职报告。会议分两组进行了审议，对吕朝晖、潘教平、郑建胜、林景龙进行了民主测评。会议通过有关人事任免。

第二十二次会议

2005年11月29日，常委会举行第二十二次会议。副主任王一曼主持会议，主任章新民、副主任许德忠、张纯浙、缪笑竹、李建花、陈洁及委员共21人出席会议。区人民政府副区长朱连甫、黄夏日，区人民法院院长朱筱玫、区人民检察院检察长孔璋列席会议。列席会议的还有区府办等部门负责人，各乡镇人大负责人、各街道人大联络员，区人大常委会办公室、各工委负责人以及部分人大代表。会议听取和审议了区人民政府副区长黄夏日所作的《关于加快产业结构调整，促进经济快速健康发展议案》办理情况的报告；听取和审议了区人民政府副区长朱连甫所作的关于《中华人民共和国科技进步法》执法情况的报告；听取了市人大代表孙国敬、邱向真的述职报告，诸爱珍代表因事请假，未作述职，向大会分发了述职报告。会议审议通过了温州市鹿城区人大街道工作委员会工作规则。会议通过了有关人事任免。

第二十三次会议

2005年12月16日，常委会举行第二十三次会议。主任章新民主持会议，副主任张纯浙、缪笑竹、李建花、陈洁及委员共22人出席会议。区人民政府副区长赵峰，区人民法院院长朱筱玫、区人民检察院检察长孔璋列席会议。列席会议的还有各街道、乡镇人大负责人，区人大常委会办公室、各工委负责人以及部分人大代表。会议审议通过了《关于召开温州市鹿城区第六届人民代表大会第四次会议的决定》；讨论了区人大常委会工作报告；审议通过了关于区六届人大第三次会议代表议案、建议办理情况的报告。会议通过有关人事任免。

第二十四次会议

2006年1月6日，常委会举行第二十四次会议。主任章新民主持会议，副主任张纯浙、缪笑竹、李建花、陈洁及委员共20人出席会议。区人民政府区长王超俊，区人民法院院长朱筱玫、区人民检察院副检察长林景龙列席会议。列席会议的还有区府办主任，各街道、乡镇人大负责人，区人大常委会办公室、各工委负责人以及部分人大代表。会议讨论并决定区六届人大四次会议有关事宜；审议通过了代表资格变动情况的审查报告，决定了区六届人大四次会议列席人员名单；讨论了主席团和秘书长名单（草案），提请区六届人大四次会议预备会议通过。会议审议并原则通过《区人大常委会工作报告（修改稿）》，提请区六届人大四次会议审查。会议通过有关人事任免。

第二十五次会议

2006年1月25日，常委会举行第二十五次会议。主任章新民主持会议，副主任王一曼、许德忠、张纯浙、缪笑竹、李建花、陈洁及委员共25人出席会议。区委副书记吴海燕，区人民法院院长朱筱玫、区人民检察院检察长孔璋列席会议。列席会议的还有区府办主任，各街道、乡镇人大负责人，区人大常委会办公室、各工委负责人以及部分人大代表。会议通过了区政府及法院提请的有关人事任免问题。由于常委会任命余中平同志担任鹿城区人民政府代区长，根据法律规定，余中平将依法列席区六届人代会第四次会议。在六届人大四次会议上将增加补选鹿城区人民政府区长。因此，常委会一致通过如下意见：原第二十四次常委会上通过的列席名单将依法增加余中平同志。原经常委会通过的六届人大四次会议议程安排、日程安排相应作调整，提交区六届人大四次会议的预备会议和主席团会议决定。

第二十六次会议

2006年2月28日，常委会举行第二十六次会议。主任章新民主持会议，副主任王一曼、许德忠、张纯浙、缪笑竹、李建花、陈洁及委员共20人出席会议。区人民法院副院长谢作幸、区人民检察院检察长孔璋列席会议。列席会议的还有各街道、乡镇人大负责人，区人大常委会办公室、各工委负责人以及部分人大代表。会议审议通过了鹿城区人大常委会2006年工作要点；审议通过了关于鹿城区第六届人大四次会议代表提出的议案处理意见的决定。

第二十七次会议

2006年4月14日，常委会举行第二十七次会议。主任章新民主持会议，副主任王一曼、许德忠、张纯浙、缪笑竹、李建花、陈洁及委员共23人出席会议。区人民政府副区长李浩、黄夏日，区人民法院院长朱筱玫、区人民检察院副检察长林景龙列席会议。列席会议的还有各街道、乡镇人大负责人，区人大常委会办公室、各工委负责人以及部分人大代表。会议听取和审议了区人民政府副区长黄夏日所作的关于对加强食品安全管理工作的议案办理方案的汇报；听取区人大常委会视察组关于对“五个一”民生工程和重点工程建设视察情况的汇报。会议通过有关人事任免。

第二十八次会议

2006年6月29日至30日，常委会举行第二十八次会议。副主任许德忠主持会议，主任章新民、副主任王一曼、缪笑竹、李建花、陈洁及委员共24人出席会议。区人民政府常务副区长李浩、副区长赵峰，区人民法院代院长陈有为、区人民检察院副检察长潘教平列席会议。列席会议的还有各街道、乡镇人大负责人，区人大常委会办公室、各工委负责人以及部分人大代表。会议听取和审议了区审计局副局长庄明顺受区人民政府委托所作的关于2005年区级预算执行情况和其他财政收支审计工作报告；听取和审议了区财政局副局长潘寿康受区人民政府委托所作的关于2005年财政决算的报告，并通过了鹿城区人大常委会关于批准2005年区级财政决算的决议；听取和审议了区人民政府副区长赵峰所作的关于《中华人民共和国教师法》执法情况的报告，并通过了鹿城区人大常委会关于区政府贯彻执行教师法情况的审议意见；听取和审议了区财政局副局长潘寿康受区人民政府委托所作的关于2005年预算外资金执行情况及2006年预算外资金收支计划安排情况的报告；听取和审议了区人民政府副区长黄夏日所作的关于安全生产法律法规执行情况的报告；听取和审议了区人民政府办公室主任吕朝晖受区人民政府委托所作的关于区六届人大四次会议代表建议、批评与意见办理情况的报告，并通过了关于区人民政府办理区六届四次会议代表建议、批评与意见情况的审议意见；听取和审议了区人民政府副区长沈敏所作的关于“五个一”民生工程建设情况的报告和区人民政府副区长朱连甫所作的关于重点工程建设情况的报告，通过了鹿城区人大常委会关于“五个一”民生工程和重点工程建设情况的审议意见。会议通过有关人事任免。

第二十九次会议

2006年8月30日至31日，常委会举行第二十九次会议。副主任陈洁主持会议，主任章新民、副主任王一曼、许德忠、张纯浙、李建花及委员共23人出席会议。区人民政府副区长沈敏，区人民法院代院长陈有为、区人民检察院副检察长林景龙列席会议。列席会议的还有各街道、乡镇人大负责人，区人大常委会办公室、各工委负责人以及部分人大代表。会议听取和审议了区人民政府副区长沈敏所作的关于生态区建设决议执行情况的报告；听取和审议了区法院副院长林定耀、谢作幸的述职报告，并进行了民主测评。会议通过有关人事任免。

第三十次会议

2006年10月17日至18日，常委会举行第三十次会议。主任章新民主持会议，副主任王一曼、许德忠、张纯浙、李建花、陈洁及委员共21人出席会议。区人民政府区长余中平，副区长赵峰、朱连甫，区人民法院代院长陈有为、区人民检察院代检察长程兰生列席会议。列席会议的还有各街道、乡镇人大负责人，区人大常委会办公室、各工委负责人以及部分人大代表。会议听取和审议了区财政局局长胡晓初受区人民政府委托所作的关于2006年1—9月份财政预算执行情况及年度预算变更的报告，并通过了关于2006年度本级财政预算变更的决定；听取和审议了区发展和改革局局长林瑞荣受区人民政府委托所作的关于2006年1—9月份国民经济和社会发展计划执行情况的报告；听取和审议了区人民政府赵峰副区长所作的关于“文化大区”建设情况的报告；听取和审议了区人民政府副区长朱连甫所作的关于加快推进依法治区进程决议落实情况的报告、法院陈有为代院长所作的关于加快推进依法治区进程决议落实情况的报告、检察院程兰生代检察长所作的关于加快推进依法治区进程决议落实情况的报告；听取和审议了区普法办主任、区司法局局长程正斌受区政府的委托所作的关于“五五”普法前期准备工作情况的汇报，并通过了鹿城区人民代表大会常务委员会关于开展“五五”普法工作的决议；审议通过了《关于深化法制宣传教育的决议》。会议听取和审议了市人大代表吴照林的述职报告，曾士周、陈国荣因有事请假，述职报告作为书面材料分发会议；听取和审议了区人民政府黄夏日副区长所作的关于落实《关于加强食品安全管理工作的议案》办理情况的报告；审议通过了关于确定全区乡镇人民代表大会换届选举代表名额的决定；审议通过了关于建立鹿城区选举委员会的决定；审议通过了关于建立各乡镇选举委员会的决定。会议通过有关人事任免。

第三十一次会议

2006年12月1日，常委会室举行第三十一次会议。副主任许德忠主持会议，副主任王一曼、张纯浙、李建花、陈洁及委员共22人出席会议。区人民政府副区长沈敏，区人民法院代院长陈有为、区人民检察院代检察长程兰生列席会议。列席会议的还有各街道、乡镇人大负责人，区人大常委会办公室、各工委负责人以及部分人大代表。会议听取和审议了区人民政府副区长沈敏所作的关于对“五个一”民生工程和重点工程建设审议意见落实情况的报告；听取和审议了代表工委主任夏永远所作的关于区六届人大四次会议代表议案、建议办理情况的报告；听取和审议了区审计局局长王丽丽受区人民政府委托所作的关于2005年区级预算执行情况和其他财政收支审计处理意见落实情况的汇报。会议对本届任职一年以上、未接受常委会述职评议的区人大常委会任命的区政府组成人员，提供书面述职报告。会议通过有关人事任免。

第三十二次会议

2006 年 12 月 29 日，常委会举行第三十二次会议。主任章新民主持会议，副主任许德忠、张纯浙、李建花、陈洁及委员共 20 人出席会议。区人民法院副院长林定耀、区人民检察院副检察长林景龙列席了会议。列席会议的还有各街道、乡镇人大负责人，区人大常委会办公室、各工委负责人。会议审议通过了《关于召开温州市鹿城区第七届人民代表大会第一次会议的决定》；审议通过了温州市鹿城区第七届人民代表大会第一次会议的日程（草案），提交七届一次会议主席团一次会议通过；审议通过了关于鹿城区第七届人民代表大会第一次会议代表资格审查的报告；审议并原则通过《区人大常委会工作报告（修改稿）》，提请区七届人大一次会议审查。

第三十三次会议

2007 年 1 月 15 日，常委会举行第三十三次会议。主任章新民主持会议，副主任王一曼、许德忠、张纯浙、李建花、陈洁及委员共 18 人出席会议。区人民法院代院长陈有为、区人民检察院代检察长程兰生列席会议。列席会议的还有各街道、乡镇人大负责人，区人大常委会办公室、各工委负责人。会议审议通过了温州市鹿城区第七届人民代表大会第一次会议列席人员名单。会议通过有关人事任免。

第七节　区七届人大常委会会议纪要

第一次会议

2007 年 3 月 24 日，常委会举行第一次会议。主任吴海燕主持会议，副主任李建花、陈洁、王丽峰、林瑞荣、王长青、项旭光及委员共 27 人出席会议。区人民政府副区长贾焕翔，区人民法院院长陈有为，区人民检察院检察长程兰生列席会议。列席会议的还有各街道、乡镇人大负责人，部分区人大代表。会议审议通过了区第七届人大常委会 2007 年工作要点；审议通过了温州市鹿城区第七届人大常委会代表资格审查委员会组成人员名单；审议通过了温州市鹿城区第七届人大一次会议代表提出的议案处理意见的决定。会议通过了有关人事任免。

第二次会议

2007 年 5 月 29 日，常委会举行第二次会议。副主任李建花主持会议，主任吴海燕、副主任陈洁、王丽峰、林瑞荣、王长青、项旭光及委员共 24 人出席会议。区人民政府副区长伍挺、区人民法院院长陈有为、区人民检察院副检察长潘教平列席会议。列席会议的还有各街道、乡镇人大负责人，有关部门负责人及部分区人大代表。会议听取了区人民政府关于《均衡城乡教育发展农村教师队伍的议案》办理方案的汇报；听取和审议了区人民政府关于《中华人民共和国民办教育促进法》执行情况的汇报，通过了鹿城区人大常委会关于对区政府贯彻执行《中华人民共和国民办教育促进法》情况的审议意见（草案）；审议通过了《温州市鹿城区人大常委会关于加强与区人民政府、区人民法院、区人民检察院工作联系的办法（草案）》。会议通过了有关人事任免。

第三次会议

2007年7月31日，常委会举行第三次会议。副主任陈洁主持第一次全体会议，主任吴海燕主持第二次全体会议，副主任李建花、王丽峰、林瑞荣、王长青、项旭光及委员共25人出席会议。区人民政府区长余中平、副区长贾焕翔，区人民法院院长陈有为，区人民检察院检察长程兰生列席会议。列席会议的还有各街道、乡镇人大负责人，有关部门负责人及部分区人大代表。会议听取了区人民政府关于2006年财政决算的报告；听取了区人民政府关于2006年区本级预算执行情况和其他财政收支审计工作报告；听取了区人民政府关于2006年预算外资金执行情况及2007年预算外资金收支计划安排情况的报告；听取了区人民政府关于七届人大一次会议代表建议、批评和意见办理情况的报告；听取了区人大代表工委关于区七届人大一次会议代表建议办理情况的调查报告；听取了区人民政府、区人民法院、区人民检察院提请的人事任免议案及拟任人员的表态发言；听取了区人大常委会主任会议提请的人事任免议案。会议分两个小组对有关报告及议案进行审议，通过了关于鹿城区2006年区本级财政决算和预算执行情况及其他财政收支审计工作报告的审议意见（草案），通过了温州市鹿城区人大常委会关于批准2006年区级财政决算的决议（草案），通过了温州市鹿城区人大常委会关于区人民政府办理区七届人大一次会议代表建议情况的审议意见（草案）。会议通过了有关人事任免。

第四次会议

2007年8月31日，常委会举行第四次会议。副主任王丽峰主持会议，主任吴海燕、副主任李建花、陈洁、项旭光及委员共22人出席会议。区人民政府副区长沈敏，区人民法院院长陈有为，区人民检察院副检察长连昕鸣列席了会议。列席会议的还有各街道、乡镇人大负责人，有关部门负责人及部分区人大代表。会议听取了区政府副区长沈敏所作的鹿城区贯彻执行《中华人民共和国环境保护法》情况的报告及区人大城建农村工委主任吴小霞所作的关于检查《中华人民共和国环境保护法》实施情况的报告；听取了区人民法院院长陈有为所作的区人民法院执行工作情况的报告及区人大法制工委副主任陈松权所作的关于区人民法院执行工作情况的调查报告。会议对区政府及区人民法院的报告进行了认真的审议。副主任陈洁就法院执行工作发表了意见，充分肯定了区法院在加强执行队伍建设和健全工作机制方面所作的努力，并就政府职能部门加强联动、协同配合做好执行工作和加强法院硬件建设等提出建议。

第五次会议

2007年10月18日至19日，常委会举行第五次会议。副主任林瑞荣主持会议，主任吴海燕、副主任李建花、陈洁、王丽峰、王长青、项旭光及委员共23人出席会议。区人民政府副区长项伟胜、副区长黄夏日、副区长伍挺，区人民法院副院长孙宏，区人民检察院检察长程兰生列席了会议。列席会议的还有各街道、乡镇人大负责人，部分区人大代表。会议听取和审议了区人民政府关于2007年1—9月份国民经济和社会发展计划执行情况的报告；听取和审议了区人民政府关于2007年1—9月份预算执行情况的报告；听取和审议了区人民政府关于《中华人民共和国中小企业促进法》执法情况的报告；听取和审议区人民政府《关于均衡城乡教育发展农村教师队伍的议案》办理情况的报告；听取了区人民法院关于《中华人民共和国行政诉讼法》执法检查中存在问题整改落实情况的报告。会议审议通过了温州市鹿城区人民代表大会常务委员会关于建立人民监督员制度的意见（试行）（草案）；审议通过了关于接受匡连庭等10人辞去温州市鹿城区第七届人民代表大会代表职务的决定（草案）；审议通过了关于选举（补选）温州市鹿城区第七届人民代表大会代表的决定（草案）；审议通过了温州市鹿城区第七届人民代表大会代表选举（补选）办法（草案）。会议通过了有关人事任免。

第六次会议

2007年12月24日至25日，常委会举行第六次会议。副主任王长青主持会议，主任吴海燕、副主任李建花、陈洁、王丽峰、林瑞荣、项旭光及委员共26人出席会议。区人民政府常务副区长项伟胜、副区长伍挺，区人民法院院长陈有为，区人民检察院副检察长潘教平列席了会议。列席会议的还有各街道、乡镇人大负责人，部分区人大代表。会议听取了区人民政府关于落实《中华人民共和国民办教育促进法》审议意见情况的汇报；听取了区人民政府关于2006年区级预算执行情况和其他财政收支审计处理意见落实情况的汇报。会议听取和审议了区人大常委会代表工委关于区七届人大一次会议代表议案、建议办理情况的报告；听取和审议了区人民政府关于新农村建设情况的汇报。会议审议通过了区人大常委会有关制度（草案）；审议通过了温州市鹿城区第七届人大常委会代表资格审查委员会关于选举、补选的温州市鹿城区第七届人民代表大会代表资格的审查报告；审议通过了关于召开温州市鹿城区第七届人民代表大会第二次会议的决定（草案）。会议通过了有关人事任免。

第七次会议

2008年1月23日，常委会举行第七次会议。副主任项旭光主持会议，副主任李建花、陈洁、王丽峰、林瑞荣、王长青及委员共23人出席会议。区人民政府副区长黄夏日，区人民法院院长陈有为，区人民检察院副检察长潘教平列席会议。列席会议的还有各街道、乡镇人大负责人，部分区人大代表。会议听取和审议了区人民政府关于2007年度预算超收收入使用方案的报告，并作出决议；审议了区七届人大二次会议议程（草案），提请区七届人大二次会议通过；审议了区七届人大二次会议日程（草案），提请区七届人大二次会议通过；审议了区七届人大二次会议主席团成员和秘书长名单（草案），提请区七届人大二次会议通过；审议通过了区七届人大二次会议列席人员名单（草案）；审议通过了区人大常委会工作报告（审议稿）。

第八次会议

2008年2月15日，常委会举行第八次会议。主任吴海燕主持会议，副主任李建花、王丽峰、林瑞荣、王长青、项旭光及委员共24人出席会议。会议审议通过了温州市鹿城区第七届人大常委会代表资格审查委员会关于温州市鹿城区第七届人民代表大会代表资格的审查报告。

第九次会议

2008年4月16日，常委会举行第九次会议。主任吴海燕主持会议，副主任李建花、陈洁、王丽峰、林瑞荣、王长青及委员共25人出席会议。区人民政府副区长吴文玲，区人民法院院长陈有为，区人民检察院副检察长林景龙列席会议。列席会议的还有各街道、乡镇人大负责人，有关部门负责人及部分区人大代表。会议审议通过了温州市鹿城区人大常委会2008年工作要点（草案）；审议通过了关于温州市鹿城区第七届人民代表大会第二次会议代表提出的议案处理意见的决定（草案）。会议听取了关于街道人大工委工作情况的调查报告。会议通过了有关人事任免。

第十次会议

2008年6月23日至24日，常委会举行第十次会议。副主任李建花主持会议，副主任陈洁、王丽峰、林瑞荣、王长青、项旭光及委员共26人出席会议。区人民政府区长余中平、副区长吴文玲，区人民法院院长陈有为，区人民检察院检察长程兰生列席会议。列席会议的还有各街道、乡镇人大负责人，有关部门负责人及部分区人大代表。会议听取和审议了区人民政府关于2007年财政决算的报告，审查批准了2007年区级财政决算；听取和审议了区人民政府关于2007年区级预算执行情况和其他财政收支审计工作报告；听取和审议了区人民政府关于城乡社区卫生服务工作情况的报告。会议听取了区人民政府关于2007年预算外资金执行情况及2008年预算外资金收支计划安排情况的报告；听取了区人民政府《关于要求在中国鞋都三期内筹建社区卫生服务中心的议案》办理方案的报告。会议通过了有关人事任免。

第十一次会议

2008年7月22日，常委会举行第十一次会议。主任吴海燕主持会议，副主任李建花、陈洁、王丽峰、林瑞荣、王长青、项旭光及委员共26人出席会议。区人民政府区长余中平，区人民法院副院长林定耀，区人民检察院检察长程兰生列席会议。会议通过了有关人事任免。

第十二次会议

2008年8月27日，常委会举行第十二次会议。副主任陈洁主持会议，主任吴海燕，副主任李建花、王丽峰、林瑞荣、王长青、项旭光及委员共26人出席会议。区人民政府副区长伍挺、副区长吴建明，区人民法院院长陈有为，区人民检察院副检察长潘教平列席会议。列席会议的还有各街道、乡镇人大负责人，有关部门负责人及部分区人大代表。会议听取和审议了区人民政府关于《中华人民共和国产品质量法》执法情况的报告；听取和审议了区人民政府关于区七届人大二次会议代表建议、批评和意见办理情况的报告。会议听取了区人民政府关于规范性文件清理工作情况的报告；听取了区人民政府关于新农村建设情况审议意见落实情况的报告。会议中，市人大代表向常委会述职。会议通过了有关人事任免。

第十三次会议

2008年10月30日至31日，常委会举行第十三次会议。副主任王丽峰主持会议，主任吴海燕，副主任李建花、陈洁、林瑞荣、王长青、项旭光及委员共24人出席会议。区人民政府区长余中平、副区长贾焕翔、沈敏、吴文玲、吴建明，区人民法院院长陈有为、副院长戴巧，区人民检察院检察长程兰生列席会议。列席会议的还有各街道、乡镇人大负责人，有关部门负责人及部分区人大代表。会议听取了区人民政府关于温州市鹿城区国民经济和社会发展第十一个五年规划纲要中期评估的报告；听取了区人民政府关于提请调整温州市鹿城区国民经济和社会发展第十一个五年规划纲要部分指标的报告；听取了关于国民经济和社会发展第十一个五年规划纲要中期评估调查情况的报告；听取了区人民政府关于2008年1—9月份国民经济和社会发展计划执行情况的报告；听取了区人民政府关于2008年1—9月份预算执行情况的报告；听取了“一府两院”关于贯彻实施《浙江省社会治安综合治理条例》情况的报告；听取了关于《浙江省社会治安综合治理条例》贯彻实施情况的执法检查报告；听取了区人民政府《关于要求在中国鞋都三期内筹建社区卫生服务中心的议案》办理情况的报告；听取了《关于要求在中国鞋都三期内筹建社区卫生服务中心的议案》办理情况的调查报告；听取了区人民政府关于炬光园工业区有关问题解决落实情况及其他工业园区遗留问题调查情况的报告；听取了市人大代表述职报告。会议分两个小组对有关报告进行了审议，各位委员及列席会议的有关人员分别对“十一五”规划纲要中期评估的报告、1—9月份计划执行情况报告、1—9月份预算执行情况报告、《浙江省社会治安综合治理条例》执法检查报告、议案办理情况报告等发表意见，提出建议。会议听取了区人大常委会委员林秀春、谢伟代表两个小组作的大会发言。区人民政府常务副区长贾焕翔代表区人民政府向会议作表态发言。会议审议通过了温州市鹿城区人大常委会关于批准调整鹿城区国民经济和社会发展第十一个五年规划纲要部分指标的决定（草案）。

第十四次会议

2008年12月1日，常委会举行第十四次会议。主任吴海燕主持会议，副主任李建花、陈洁、王丽峰、林瑞荣、王长青、项旭光及委员共27人出席会议。区人民政府区长余中平，区人民法院副院长林定耀、区人民检察院检察长程兰生列席会议。会议听取了余中平区长关于提请吕朝晖等同志职务任免的议案；听取了吕朝晖同志的表态发言。会议经过认真审议，并经无记名投票表决，决定任命吕朝晖为温州市鹿城区人民政府副区长，决定免去沈敏的温州市鹿城区人民政府副区长职务。

第十五次会议

2008年12月31日，常委会举行第十五次会议。副主任林瑞荣主持会议，主任吴海燕，副主任李建花、陈洁、王丽峰、王长青、项旭光及委员共26人出席会议。区人民政府区长余中平、常务副区长贾焕翔、吕朝晖，区人民法院院长陈有为、区人民检察院检察长程兰生列席会议。列席会议的还有各街道、乡镇人大负责人，有关部门负责人及部分区人大代表。会议听取了区人民政府关于温瑞塘河（鹿城段）综合整治工作情况的报告；听取了关于温瑞塘河（鹿城段）综合整治工作情况的调查报告；听取了区人民政府关于2007年区级预算执行情况和其他财政收支审计处理意见落实情况的报告；听取了关于区七届人大二次会议代表议案、建议办理情况的报告（草案）；听取了《温州市鹿城区人民代表大会代表议案处理办法（草案）》；听取了市人大代表李伟良、卢桂芳的述职报告。会议审议通过了关于潘向捷代表资格终止的报告；审议通过了关于补选温州市鹿城区第七届人民代表大会代表的决定；审议通过了温州市鹿城区第七届人民代表大会代表补选办法。会议分两个小组对温瑞塘河（鹿城段）综合整治工作情况的报告、2007年区级预算执行情况和其他财政收支审计处理意见落实情况的报告、区七届人大二次会议代表议案、建议办理情况的报告(草案)和《温州市鹿城区人民代表大会代表议案处理办法》(草案)进行审议；听取了陈松权、孙国勇代表两个小组所作的发言。区人民政府常务副区长贾焕翔代表区人民政府向会议作表态发言。会议表决通过区七届人大二次会议代表议案、建议办理情况的报告；表决通过《温州市鹿城区人民代表大会代表议案处理办法》；审议通过关于召开区七届人大三次会议的决定；审议通过关于罢免杨湘洪的温州市第十一届人民代表大会代表职务的议案；审议通过关于启动罢免杨湘洪的温州市鹿城区第七届人民代表大会代表职务程序的决定。会议通过有关人事任免。

第十六次会议

2009年2月3日，常委会举行第十六次会议。主任吴海燕主持会议，副主任李建花、陈洁、王丽峰、林瑞荣、王长青、项旭光及委员共25人出席会议。区人民政府常务副区长贾焕翔，区人民法院院长陈有为、区人民检察院副检察长潘教平列席会议。列席会议的还有各街道、乡镇人大负责人，有关部门负责人及部分区人大代表。会议听取和审议了区人民政府关于2008年为民办实事项目落实情况的报告；审议通过了温州市鹿城区第七届人大常委会代表资格审查委员会关于温州市鹿城区第七届人民代表大会代表资格的审查报告；审议通过了温州市鹿城区人大常委会2009年工作要点；审议通过了区人大常委会及区人民法院提请的人事任免议案。会议审议了温州市鹿城区人大常委会工作报告（审议稿）；审议了区七届人大三次会议主席团成员和秘书长名单（草案）、计划和预算审查委员会名单（草案）、议案审查委员会名单（草案）和列席人员名单（草案）。

第十七次会议

2009年3月31日，常委会举行第十七次会议。副主任王长青主持会议，主任吴海燕、副主任陈洁、王丽峰、林瑞荣、项旭光及委员共23人出席会议。区人民政府副区长黄夏日、伍挺，区人民法院院长陈有为、区人民检察院副检察长吴金飞列席会议。列席会议的还有各街道、乡镇人大负责人，有关部门负责人及部分区人大代表。会议听取了区人民政府关于民政专项工作情况的报告；听取了区人大常委会民政专项工作调查组关于民政专项工作情况的调查报告；听取了市人大代表述职报告；通过了有关人事任免议案；表决通过了关于对区人大代表黄智文采取刑事强制措施的报告。会议分两个小组对区政府民政专项工作和区七届人大三次会议“三个代表”重要思想议案进行审议；听取了小组代表陈松权和庄建华的发言；对区政府民政专项工作进行了测评。

第十八次会议

2009年5月25日至26日，常委会举行第十八次会议。副主任项旭光主持会议，主任吴海燕、副主任李建花、陈洁、林瑞荣、王长青及委员共23人出席会议。区人民政府副区长项伟胜、黄夏日、吴文玲、吕朝晖，区人民法院院长陈有为、区人民检察院检察长程兰生列席会议。列席会议的还有各街道、乡镇人大负责人，有关部门负责人及部分区人大代表。会议听取了区人民政府关于人口与计生工作情况的报告；听取了关于人口与计生工作情况的调查报告；听取了区人民政府关于经贸专项工作情况的报告；听取了关于经贸专项工作情况的调查报告；听取了区检察院关于侦查监督工作情况的报告；听取了关于侦查监督工作情况的调查报告；听取了区人民政府《关于尽快启动330国道（104国道）鹿城仰义至双屿段改造的议案》办理方案的报告；听取了区人民政府《关于加快发展装备制造业，促进产业转型升级的议案》办理方案的报告；听取了区人民政府《关于要求推进鹿城区“城中村”旧村改造的议案》办理方案的报告。会议分两个小组对区政府人口与计生工作、区检察院侦查监督工作、区政府经贸专项工作和三个议案办理方案进行审议；听取了小组代表孙建玲和谢伟的发言；对区政府人口与计生工作、区政府经贸专项工作、区检察院侦查监督工作进行了测评。

会议通过了有关人事任免议案；对2008年度乡镇、街道人大工作先进集体进行表彰。

第十九次会议

2009年7月29日至30日，常委会举行第十九次会议。主任吴海燕主持会议，副主任李建花、陈洁、王丽峰、林瑞荣、王长青、项旭光及委员共24人出席会议。区人民政府副区长项伟胜、伍挺、吕朝晖，区人民法院副院长林定耀、区人民检察院副检察长潘教平列席会议。列席会议的还有各街道、乡镇人大负责人，有关部门负责人及部分区人大代表。会议听取了区人民政府关于2008年财政决算的报告；听取了区人民政府关于2008年区级预算执行情况和其他财政收支审计工作报告；听取了区人民政府关于农业法及相关法律法规实施情况的报告；听取了关于农业法及相关法律法规执法检查情况的报告；听取了区人民政府关于体育专项工作情况的报告；听取了关于体育专项工作调查情况的报告；听取了区人民政府关于区七届人大三次会议代表建议、批评和意见办理情况的报告；听取了关于区七届人大三次会议代表建议、批评和意见办理情况的调查报告；听取了市人大代表述职报告。会议分两个小组对区政府财政决算报告、审计工作报告、农业法及相关法律法规执法检查报告和体育专项工作情况报告进行了审议；听取了小组代表叶必庆和周筱秋的发言；批准了2008年区级财政决算；对区政府体育专项工作进行了测评。会议通过了有关人事任免议案。

第二十次会议

2009年8月7日，常委会举行第二十次会议。主任吴海燕主持会议，副主任李建花、陈洁、王丽峰、林瑞荣、项旭光及委员共25人出席会议。区人民政府常务副区长贾焕翔，区人民法院副院长戴巧、区人民检察院检察长程兰生列席会议。会议通过了有关人事任免议案，决定任命王立彤为鹿城区人民政府副区长、代区长，决定任命张雷、林江为鹿城区人民政府副区长，决定任命胡明亮为鹿城区人民政府办公室主任，决定免去吕朝晖的鹿城区人民政府办公室主任职务。

第二十一次会议

2009年9月23日至24日，常委会举行第二十一次会议。副主任李建花主持会议，主任吴海燕，副主任陈洁、王丽峰、林瑞荣、王长青、项旭光及委员共20人出席会议。区人民政府常务副区长贾焕翔、吕朝晖、张雷，区人民法院代院长周丰、区人民检察院副检察长潘教平列席会议。列席会议的还有各街道、乡镇人大负责人，有关部门负责人及部分区人大代表。会议听取了区人民政府关于2009年1—8月份国民经济和社会发展计划执行情况的报告；听取了区人民政府关于2009年1—8月份财政预算执行情况的报告；听取了区人民政府关于消防工作情况的报告；听取了区人大调查组关于区人民政府消防工作情况的调查报告；听取了区人民政府关于温瑞塘河鹿城段综合整治工作审议意见落实情况的报告；听取了两名市人大代表述职报告。会议分两个小组对1—8月份国民经济和社会计划执行情况报告、1—8月份财政预算执行情况报告、消防工作情况报告和温瑞塘河鹿城段综合整治工作审议意见落实情况报告进行了审议；听取了小组代表余冬青和廖跃的发言。会议通过了有关人事任免议案。

第二十二次会议

2009年11月13日，常委会举行第二十二次会议。副主任陈洁主持会议，主任吴海燕，副主任李建花、王丽峰、王长青、项旭光及委员共20人出席会议。区人民政府常务副区长项伟胜，区人民法院副院长孙宏、区人民检察院检察长程兰生列席会议。列席会议的还有各街道、乡镇人大负责人，区府办负责人。会议听取了《鹿城区人民代表大会常务委员会审议意见处理暂行办法（草案）》；听取了《鹿城区人民代表大会闭会期间代表活动的若干规定（草案）》。会议审议通过了关于余中平等代表资格终止的报告；审议通过了关于补选温州市鹿城区第七届人民代表大会代表的决定；审议通过了温州市鹿城区第七届人民代表大会代表补选办法。会议表决通过《鹿城区人民代表大会常务委员会审议意见处理暂行办法》和《鹿城区人民代表大会闭会期间代表活动的若干规定》。

第二十三次会议

2009 年 11 月 26 日至 27 日，常委会举行第二十三次会议。副主任王丽峰主持会议，主任吴海燕，副主任李建花、陈洁、林瑞荣、王长青、项旭光及委员共 22 人出席会议。区人民政府副区长黄夏日、吕朝晖、吴建明，区人民法院副院长孙宏、区人民检察院副检察长潘教平列席会议。列席会议的还有各街道、乡镇人大负责人，有关部门负责人及部分区人大代表。会议听取了区人民政府关于食品安全工作情况的报告；听取了关于食品安全工作情况的调查报告；听取了区人民政府关于市政园林专项工作情况的报告；听取了关于市政园林专项工作情况的调查报告；听取了区人民政府关于 2008 年区级预算执行情况和其他财政收支审计处理意见落实情况的报告；听取了区人民政府《关于尽快启动 330 国道（104 国道）鹿城仰义至双屿段改造的议案》办理情况的报告；听取了《关于尽快启动 330 国道（104 国道）鹿城仰义至双屿段改造的议案》办理情况的调查报告；听取了区人民政府《关于加快发展装备制造业，促进产业转型升级的议案》办理情况的报告；听取了《关于加快发展装备制造业，促进产业转型升级的议案》办理情况的调查报告；听取了区人民政府《关于要求推进鹿城区“城中村”旧村改造的议案》办理情况的报告；听取了《关于要求推进鹿城区“城中村”旧村改造的议案》办理情况的调查报告。会议分两个小组对区政府食品安全工作情况的报告、市政园林专项工作情况的报告、2008 年区级预算执行情况和其他财政收支审计处理意见落实情况的报告、《关于尽快启动 330 国道（104 国道）鹿城仰义至双屿段改造的议案》办理情况的报告、《关于加快发展装备制造业，促进产业转型升级的议案》办理情况的报告和《关于要求推进鹿城区“城中村”旧村改造的议案》办理情况的报告进行了审议；听取了小组代表夏永远和瞿芬平的发言；对区政府市政园林专项工作进行了测评；区人民政府副区长吴建明代表区人民政府向会议作表态发言。会议审议通过关于召开区七届人大四次会议的决定。会议通过了有关人事任免议案。

第二十四次会议

2010 年 1 月 8 日，常委会举行第二十四次会议。副主任林瑞荣主持会议，主任吴海燕，副主任李建花、陈洁、王丽峰、王长青、项旭光及委员共 23 人出席会议。区人民政府副区长吴文玲，区人民法院副院长孙宏、区人民检察院副检察长潘教平列席会议。列席会议的还有各街道、乡镇人大负责人，有关部门负责人及部分区人大代表。会议听取和审议了区人民政府关于《关于要求在鞋都三期内筹建社区卫生服务中心议案》审议意见落实情况的报告；审议通过了代表工委关于区七届人大三次会议代表议案、建议办理情况的报告（草案）；审议通过了温州市鹿城区第七届人大常委会代表资格审查委员会关于温州市鹿城区第七届人民代表大会代表资格的审查报告；会议审议了区七届人大四次会议主席团成员和秘书长名单（草案）、议程及日程安排（草案）、计划和预算审查委员会名单（草案）、议案审查委员会名单（草案）和列席人员名单（草案）；审议通过了温州市鹿城区人大常委会工作报告（审议稿）。会议通过了有关人事任免议案。

第二十五次会议

2010 年 2 月 2 日，常委会举行第二十五次会议。主任吴海燕主持会议，副主任李建花、陈洁、王丽峰、林瑞荣、王长青、项旭光及委员共 25 人出席会议。区人民政府副区长吴建明，区人民法院副院长林定耀、区人民检察院副检察长潘教平列席会议。列席会议的还有各街道、乡镇人大负责人。会议审议通过了接受姚志泉、唐洪象辞去温州市第十一届人民代表大会代表职务的请求；补选王国军为温州市第十一届人民代表大会代表；对 2009 年度全区乡镇、街道人大工作先进集体进行了表彰。

第二十六次会议

2010 年 3 月 19 日，常委会举行第二十六次会议。副主任王长青主持会议，主任吴海燕，副主任李建花、陈洁、王丽峰、林瑞荣、项旭光及委员共 25 人出席会议。区人民政府副区长张雷，区人民法院副院长孙宏、区人民检察院副检察长潘教平列席会议。列席会议的还有各街道、乡镇人大负责人，有关部门负责人及部分区人大代表。会议审议通过了区人大常委会 2010 年工作要点；审议了《关于建立生态补偿机制的议案》；听取了市人大代表述职报告。

第二十七次会议

2010 年 5 月 25 日，常委会举行第二十七次会议。主任吴海燕主持会议，副主任李建花、陈洁、王丽峰、林瑞荣、王长青、项旭光及委员共 24 人出席会议。区人民政府区长王立彤，副区长伍挺、张雷，区人民法院副院长林定耀、区人民检察院检察长程兰生列席会议。列席会议的还有各街道、乡镇人大负责人，有关部门负责人及部分区人大代表。会议听取了区人民政府关于《中华人民共和国老年人权益保障法》实施情况的报告；听取了关于检查《中华人民共和国老年人权益保障法》实施情况的报告；听取了区人民政府《关于建立生态补偿机制的议案》办理方案的报告；听取了市人大代表述职报告。会议分两个小组对老年人权益保障法实施情况的报告及执法检查报告、《关于建立生态补偿机制的议案》办理方案的报告进行了审议；听取了小组代表陈松权和王秀娟的发言；区人民政府副区长张雷代表区人民政府向会议作表态发言。会议通过了区政府王立彤区长提请的人事任免议案，决定任命盘仁进为温州市鹿城区人民政府副区长，决定免去吴建明的温州市鹿城区人民政府副区长职务；会议通过了区检察院检察长程兰生提请的人事任免议案。

第二十八次会议

2010 年 7 月 28 日至 29 日，常委会举行第二十八次会议。副主任项旭光主持会议，主任吴海燕，副主任李建花、陈洁、王丽峰、林瑞荣、王长青及委员共 26 人出席会议。

区人民政府常务副区长贾焕翔、项伟胜、伍挺、张雷，区人民法院院长周丰、区人民检察院检察长程兰生列席会议。列席会议的还有各街道、乡镇人大负责人，有关部门负责人及部分区人大代表。会议听取了区人民政府关于2009年财政决算的报告；听取了区人民政府关于2009年区级预算执行情况和其他财政收支审计工作报告；听取了区人民政府关于文化专项工作情况的报告；听取了区人大常委会调查组关于文化专项工作检查情况的报告；听取了区人民政府关于区七届人大四次会议代表建议、批评和意见办理情况的报告；听取了区人大常委会调查组关于区七届人大四次会议代表建议、批评和意见办理情况的调查报告；听取了区人民政府关于水污染防治“一法两条例”实施情况的报告；听取了区人大常委会执法检查组关于检查水污染防治“一法两条例”实施情况的报告。会议分两个小组对区政府财政决算报告、审计工作报告、文化专项工作情况报告、代表建议办理情况报告和水污染防治“一法两条例”执法检查报告进行了审议；听取了小组代表叶必庆和胡俊武的发言；批准了2009年区级财政决算；对区政府文化专项工作进行了测评。会议通过了有关人事任免议案。

第二十九次会议

2010年9月29日至30日，常委会举行第二十九次会议。主任吴海燕主持会议，副主任李建花、陈洁、王丽峰、林瑞荣、王长青、项旭光及委员共26人出席会议。区人民政府副区长项伟胜，区人民法院院长周丰、区人民检察院副检察长潘教平列席会议。列席会议的还有各街道、乡镇人大负责人，有关部门负责人及部分区人大代表。会议听取了区人民政府关于重点工程建设专项工作情况的报告；听取了区人大常委会调查组关于重点工程建设专项工作检查情况的报告；听取了区人民政府关于《中华人民共和国档案法》实施情况的报告；听取了区人大常委会执法检查组关于检查《中华人民共和国档案法》实施情况的报告；听取了区人民政府关于2010年1—8月份国民经济和社会发展计划执行情况的报告；听取了区人民政府关于2010年1—8月份预算执行情况的报告；听取了市人大代表述职报告。会议分两个小组对区政府重点工程建设专项工作情况报告、2010年1—8月份国民经济和社会发展计划执行情况的报告、2010年1—8月份预算执行情况的报告和《中华人民共和国档案法》执法检查报告进行了审议；听取了小组代表黄庆火和夏理勇的发言；听取了项伟胜副区长作的表态发言；审议通过了区人大常委会规范性文件备案审查暂行办法。会议通过了有关人事任免议案，决定任命章公华为鹿城区人民政府副区长，免去贾焕翔的鹿城区人民政府副区长职务；会议还通过了区人民法院提请的有关人事任免议案。

第三十次会议

2010年11月30日，常委会举行第三十次会议。副主任王丽峰主持会议，主任吴海燕，副主任李建花、陈洁、林瑞荣、王长青、项旭光及委员共24人出席会议。区人民政府副区长章公华、项伟胜、张雷，区人民法院院长周丰、区人民检察院副检察长潘教平列席会议。列席会议的还有各街道、乡镇人大负责人，有关部门负责人及部分区人大代表。会议听取和审议了区人民政府关于2009年区级预算执行情况和其他财政收支审计处理意见落实情况的报告;听取和审议了区人民政府《关于建立生态补偿机制的议案》办理情况的报告;听取和审议了区人民政府《关于要求在中国鞋都三期内筹建社区卫生服务中心的议案》审议意见再落实情况的报告;听取了市人大代表述职报告。会议审议通过了《关于设立“鹿城慈善日”的决定(草案)》;审议通过了《关于召开区七届人大五次会议的决定(草案)》;审议通过了《关于确认许可对温州市鹿城区第七届人民代表大会代表张恩贵采取强制措施的决定(草案)》。会议通过了有关人事任免议案,决定免去伍挺的鹿城区人民政府副区长职务,接受谢伟辞去鹿城区第七届人民代表大会常务委员会委员职务。

第三十一次会议

2010年12月27日,常委会举行第三十一次会议。副主任李建花主持会议,主任吴海燕,副主任陈洁、王丽峰、林瑞荣、王长青、项旭光及委员共23人出席会议。区人民政府副区长章公华,区人民法院副院长金献华、区人民检察院副检察长潘教平列席会议。列席会议的还有各街道、乡镇人大负责人,有关部门负责人及部分区人大代表。会议初审了温州市鹿城区国民经济和社会发展第十二个五年规划纲要;审议了区七届人大五次会议议程及日程安排(草案)、主席团成员和秘书长名单(草案)、计划和预算审查委员会名单(草案)、议案审查委员会名单(草案);审议通过了代表工委关于区七届人大四次会议代表议案、建议办理情况的报告(草案);审议通过了区七届人大五次会议列席人员名单(草案);审议通过了温州市鹿城区人大常委会工作报告(审议稿)。会议通过了有关人事任免议案,决定接受程兰生辞去温州市鹿城区人民检察院检察长职务,报温州市人民检察院提请温州市人民代表大会常务委员会批准,并报温州市鹿城区第七届人民代表大会第五次会议备案;决定任命张纯亮为温州市鹿城区人民检察院副检察长、代检察长,报温州市人民代表大会常务委员会、温州市人民检察院和温州市鹿城区第七届人民代表大会第五次会议备案。会议审议通过了有关代表辞职的请求,决定接受张恩贵、黄建权、黄智文、董克凡辞去温州市鹿城区第七届人民代表大会代表职务;审议通过了温州市鹿城区第七届人大常委会代表资格审查委员会关于温州市鹿城区第七届人民代表大会代表资格的审查报告。

第三十二次会议

2011年1月28日,常委会举行第三十二次会议。副主任陈洁主持会议,主任吴海燕,副主任王丽峰、肖石龙、林瑞荣、王长青、项旭光及委员共24人出席会议。区人民政府副区长章公华列席会议。会议通过了有关人事任免议案。

第三十三次会议

2011年3月11日,常委会举行第三十三次会议。副主任王丽峰主持会议,主任吴海燕,副主任李建花、陈洁、肖石龙、林瑞荣、王长青、项旭光及委员共25人出席会议。

区人民政府副区长章公华、区人民法院副院长孙宏、区人民检察院检察长张纯亮列席会议。会议审议通过了温州市鹿城区人大常委会 2011 年工作要点；听取和审议了区人民政府关于鹿城区乡镇行政区划调整的报告，并作出了决议；听取了区人民政府关于 2011 年政府性投资项目计划安排情况的报告；审议通过了鹿城区人大常委会 2011 年政府投资工作监督方案；审议通过了鹿城区人大常委会城市绿化条例执法检查实施方案；听取了市人大代表述职报告。会议通过了有关人事任免议案，决定接受胡俊武辞去鹿城区第七届人民代表大会常务委员会委员职务；对 2010 年度全区乡镇、街道人大工作先进集体进行表彰。

第三十四次会议

2011 年 5 月 9 日至 10 日，常委会举行第三十四次会议。副主任林瑞荣主持会议，主任吴海燕，副主任李建花、陈洁、王丽峰、肖石龙、王长青、项旭光及委员共 25 人出席会议。区人民政府副区长项伟胜、吕朝晖，区人民法院院长周丰、区人民检察院检察长张纯亮列席会议。会议听取和审议了区人民政府关于城市绿化管理条例贯彻实施情况的报告及区人大常委会执法检查组关于检查城市绿化管理条例实施情况的报告；听取和审议了区人民法院关于民事审判工作情况的报告；听取了区人民政府关于文化专项工作审议意见落实情况的报告和档案法执法检查审议意见落实情况的报告。会议审议通过了《关于提请建立温州市鹿城区藤桥镇选举委员会的议案》《关于提请确定温州市鹿城区藤桥镇第十六届人民代表大会代表名额的议案》《关于提请设立温州市鹿城区人大常委会七都等 4 个街道工作委员会的议案》。

会议听取了市人大代表述职报告；通过了有关人事任免议案。

第三十五次会议

2011 年 5 月 31 日，常委会举行第三十五次会议。主任吴海燕主持会议，副主任李建花、陈洁、王丽峰、肖石龙、林瑞荣、王长青、项旭光及委员共 24 人出席会议。区人大有关工委、区政府有关部门列席了会议。会议审议接受钱素文等辞去温州市鹿城区藤桥镇选举委员会组成人员职务；审议通过了关于调整温州市鹿城区藤桥镇选举委员会部分组成人员职务的议案；听取了区人民政府关于温州市鹿城区人民政府机构改革方案。

第三十六次会议

2011 年 7 月 18 日至 19 日，常委会举行第三十六次会议。主任吴海燕、副主任项旭光主持会议，副主任李建花、陈洁、王丽峰、肖石龙、林瑞荣、王长青及委员共 23 人出席会议。区人民政府副区长章公华、项伟胜、吕朝晖、张雷，区人民法院院长周丰、区人民检察院检察长张纯亮列席会议。列席会议的还有区人大各工委主任，各街道、藤桥镇人大负责人，有关部门负责人及部分区人大代表。会议听取了区人民政府关于 2010 年财政决算的报告；听取了区人民政府关于 2010 年区级预算执行情况和其他财政收支审计工作报告；听取了区人民政府关于创建国家历史文化名城工作情况的报告；听取了区人大常委会调查组关于创建国家历史文化名城工作情况的调查报告；听取了区人民检察院关于民事审判法律监督工作情况的报告；听取了区人大常委会调查组关于检察院民事审判法律监督工作情况的调查报告;听取了区人民政府关于区七届人大五次会议代表建议、批评和意见办理情况的报告；听取了关于区七届人大五次会议代表建议、批评和意见办理情况的调查报告；听取了区人民政府关于《中华人民共和国水污染防治法》和《浙江省水污染防治条例》《浙江省温瑞塘河保护管理条例》（“一法两条例”）执法检查审议意见落实情况的报告；听取了区人民政府关于重点工程建设专项工作审议意见落实情况的报告；听取了市人大代表述职报告。会议分两个小组对区政府财政决算报告、审计工作报告、创建历史文化名城工作情况报告、代表建议办理情况报告、水污染防治“一法两条例”执法检查审议意见落实情况报告、重点工程建设专项工作审议意见落实情况报告和区检察院民事审判法律监督工作情况报告进行了审议；听取了小组代表叶必庆和孙建玲的发言；批准了2010年区级财政决算。会议通过了有关人事任免议案，决定接受王立彤辞去区人民政府区长职务，免去林江、盘仁进的区人民政府副区长职务，任命朱崇敏为区人民政府副区长、代区长，任命张清为区人民政府副区长。

第三十七次会议

2011年9月21日，常委会举行第三十七次会议。副主任项旭光主持会议，主任吴海燕，副主任李建花、陈洁、王丽峰、肖石龙、林瑞荣及委员共21人出席会议。区人民政府副区长张清、区人民法院院长周丰、区人民检察院副检察长林景龙列席会议。会议听取和审议了区人民政府关于鹿城区街道行政区划调整的报告，并作出了决议；听取和审议了区人民政府关于2011年1—8月份国民经济和社会发展计划执行情况的报告；听取和审议了区人民政府关于2011年1—8月份预算执行情况的报告。会议审议通过了关于建立鹿城区选举委员会的议案；审议通过了关于进一步加强法制宣传教育的决议。会议通过了有关人事任免议案。

第三十八次会议

2011年10月25日，常委会举行第三十八次会议。主任吴海燕主持会议，副主任李建花、陈洁、王丽峰、肖石龙、林瑞荣、王长青、项旭光及委员共25人出席会议。区人民政府代区长朱崇敏、副区长项伟胜，区人民法院院长周丰、区人民检察院检察长张纯亮列席会议。会议审议通过了《关于提请撤销温州市鹿城区人大常委会黎明等街道工作委员会的议案》，决定撤销温州市鹿城区人大常委会黎明街道工作委员会、绣山街道工作委员会、蒲鞋市街道工作委员会、洪殿街道工作委员会、南浦街道工作委员会、南郊街道工作委员会、江滨街道工作委员会、南门街道工作委员会、莲池街道工作委员会、水心街道工作委员会、广化街道工作委员会、黄龙街道工作委员会。以上机构撤销后，相关人员职务自行免去。会议审议通过了《关于提请建立温州市鹿城区人大常委会滨江等街道工作委员会的议案》，决定建立温州市鹿城区人大常委会滨江街道工作委员会、南汇街道工作委员会、松台街道工作委员会。会议审议接受戴海波等辞去温州市鹿城区选举委员会委员职务；审议通过了《关于调整温州市鹿城区选举委员会部分组成人员的议案》；审议通过了关于温州市鹿城区第八届人民代表大会代表选举日的决定。会议通过了有关人事任免议案。

第三十九次会议

2011 年 11 月 29 日，常委会举行第三十九次会议。副主任王长青主持会议，主任吴海燕，副主任李建花、陈洁、王丽峰、林瑞荣、项旭光及委员共 24 人出席会议。区人民政府副区长项伟胜，区人民法院院长周丰、区人民检察院检察长张纯亮列席会议。列席会议的还有区人大常委会各工委主任，各街道、藤桥镇人大负责人，有关部门负责人及部分区人大代表。会议听取了区人民政府关于 2010 年区级预算执行情况和其他财政收支审计处理意见落实情况的报告；听取了区人民政府关于 2011 年政府性投资项目计划实施情况的报告；听取了区人民政府关于城市绿化条例执法检查审议意见落实情况的报告；听取了代表工委关于区七届人大五次会议代表议案、建议办理情况的报告（草案）。会议分两个小组对审计处理意见落实情况的报告、2011 年政府性投资项目计划实施情况的报告、城市绿化条例执法检查审议意见落实情况的报告、区七届人大五次会议代表议案、建议办理情况的报告（草案）进行了审议；听取了小组代表叶必庆和林秀春的发言；听取了项伟胜副区长作的表态发言；表决通过代表工委关于区七届人大五次会议代表议案、建议办理情况的报告（草案）；审议通过《关于召开区八届人大一次会议的决定（草案）》。会议通过了区人民政府提请的人事任免议案。

第四十次会议

2011 年 12 月 23 日，常委会举行第四十次会议。主任吴海燕主持会议，副主任李建花、肖石龙、林瑞荣、王长青、项旭光及委员共 20 人出席会议。区人民政府副区长张清，区人民法院院长周丰、区人民检察院检察长张纯亮列席会议。列席会议的还有区人大常委会各工委主任，各街道、藤桥镇人大负责人，有关部门负责人。会议听取和审议了区人民政府关于投资并持有温州绕城高速公路西南线有限公司股权相关事项的报告并作出决议，同意区人民政府投资并持有温州绕城高速公路西南线有限公司股权。会议审议了区八届人大一次会议议程及日程安排（草案）、主席团成员和秘书长名单（草案）、计划和预算审查委员会名单（草案）、议案审查委员会名单（草案）；审议通过了区八届人大一次会议列席人员名单（草案）；审议通过了温州市鹿城区人大常委会工作报告（审议稿）。审议通过了温州市鹿城区第七届人大常委会代表资格审查委员会关于温州市鹿城区第八届人民代表大会代表资格的审查报告。会议通过了有关人事任免议案。

第八节 区八届人大常委会会议纪要

第一次会议

2012年2月29日至3月1日，常委会举行第一次会议。主任吴海燕主持会议，副主任陈洁、肖石龙、林瑞荣、王长青、项旭光、王长青及委员共35人出席会议。区人民政府区长朱崇敏、副区长胡明亮，区人民法院院长周丰、副院长金献华，区人民检察院检察长张纯亮、副检察长连昕鸣列席了会议。列席会议的还有各街道、镇人大负责人，有关部门负责人及部分区人大代表。会议审议了关于加快总部经济园建设促进全区经济发展的议案，听取了关于加快总部经济园建设促进我区经济发展的议案的调查报告，审议通过了关于加快总部经济园建设促进我区经济发展的议案的决议；会议审议了关于城中村改造的议案，听取了关于城中村改造的议案的调查报告，审议通过了关于城中村改造议案的审议意见。会议审议通过了鹿城区人大常委会2012年工作要点；审议通过了温州市鹿城区第八届人大常委会代表资格审查委员会组成人员名单；审议通过了关于提请张清任职的议案，决定任命张清为温州市鹿城区人民政府副区长，报区八届人大二次会议备案；会议还通过其他人事任免议案，决定任命了25名区政府组成部门负责人，任命了区人大常委会各工委主任及各街道工委主任、副主任；任命了区人大常委会各工委及各街道工委委员。

第二次会议

2012年5月30日，常委会举行第二次会议。副主任陈洁主持会议，主任吴海燕，副主任肖石龙、林瑞荣、王长青、项旭光、朱启龙及委员共33人出席会议。区人民政府副区长杨德听，区人民法院副院长孙宏、区人民检察院副检察长林景龙列席会议。列席会议的还有各街道、藤桥镇人大负责人，有关部门负责人及部分区人大代表。会议听取了区人民政府关于加快总部经济园建设促进我区经济发展的议案办理方案的报告；听取了区人民政府关于城中村改造的议案办理方案的报告；听取了区人民政府关于浙江省温瑞塘河保护管理条例贯彻实施情况的报告及区人大常委会执法检查组关于浙江省温瑞塘河保护管理条例执法检查情况的报告；听取了区人大常委会有关制度（草案）。会议分两个小组对关于加快总部经济园建设促进我区经济发展的议案办理方案的报告、关于城中村改造的议案办理方案的报告、关于浙江省温瑞塘河保护管理条例贯彻实施情况的报告、关于浙江省温瑞塘河保护管理条例执法检查情况的报告和区人大常委会有关制度草案进行了审议；听取了小组代表叶必庆和孙国勇的发言；听取了杨德听副区长作的表态发言；通过了区人民法院提请的有关人事任免议案。会议审议通过了以下制度：1. 鹿城区人民代表大会常务委员会议事规则；2. 鹿城区人民代表大会常务委员会主任会议议事规则；3. 鹿城区人民代表大会常务委员会关于加强与区人民政府、区人民法院、区人民检察院工作联系的办法；4. 鹿城区人民代表大会常务委员会关于讨论决定本区重大事项的规定；5. 鹿城区人民代表大会常务委员会关于加强经济工作监督的决定；6. 鹿城区人民代表大会常务委员会关于加强区级预算审查监督的办法；7. 鹿城区人民代表大会常务委员会关于任免国家机关工作人员的办法；8. 鹿城区人大常委会街道工作委员会工作规则；9. 鹿城区人民代表大会常务委员会组成人员守则；10. 鹿城区人大代表旁听庭审活动办法（试行）。

第三次会议

2012 年 7 月 26 日，常委会举行第三次会议。副主任肖石龙主持会议，主任吴海燕，副主任陈洁、林瑞荣、王长青、项旭光、朱启龙及委员共 31 人出席会议。区人民政府常务副区长项伟胜、副区长杨德听，区人民法院副院长金献华、区人民检察院检察长张纯亮列席会议。列席会议的还有各街道、镇人大负责人，有关部门负责人及部分区人大代表。会议听取了区人民政府关于 2011 年财政决算的报告；听取了区人民政府关于 2011 年区级预算执行情况和其他财政收支审计工作报告；听取了区人大常委会调查组关于 2011 年财政决算的调查报告；听取了区人民政府关于《中华人民共和国律师法》贯彻实施情况的报告及区人大常委会执法检查组关于检查《中华人民共和国律师法》实施情况的报告；听取了区人民政府关于创建国家历史文化名城工作审议意见落实情况的报告。听取了区人民政府关于区八届人大一次会议代表建议、批评和意见办理情况的报告及区人大常委会调查组关于区八届人大一次会议代表建议、批评和意见办理情况的调查报告；听取了市人大代表履职承诺。会议分两个小组对区政府 2011 年财政决算的报告、2011 年区级预算执行情况和其他财政收支审计工作报告、《中华人民共和国律师法》贯彻实施情况的报告及执法检查报告、创建国家历史文化名城工作审议意见落实情况报告、区八届人大一次会议代表建议、批评和意见办理情况报告进行了审议；听取了小组代表王敏和陈增斌的发言；区人民政府常务副区长项伟胜代表区人民政府向会议作表态发言。会议批准了 2011 年财政决算；审议通过确认许可对区八届人大代表瞿芬平采取强制措施的决定和许可对区八届人大代表姜定波采取强制措施的决定。会议通过了有关人事任免议案。

第四次会议

2012 年 9 月 12 日，常委会举行第四次会议。副主任林瑞荣主持会议，主任吴海燕，副主任陈洁、王长青、项旭光、朱启龙及委员共 32 人出席会议。区人民政府区长朱崇敏，副区长张清、吴文玲、杨德听，区人民法院副院长金献华、区人民检察院检察长张纯亮列席会议。列席会议的还有各街道、镇人大负责人，有关部门负责人及部分区人大代表。会议听取了区人民政府关于 2012 年 1—8 月份国民经济和社会发展计划执行情况的报告；听取了区人民政府关于 2012 年 1—8 月份预算执行情况的报告；听取了区人大常委会调查组关于鹿城区 2012 年 1—8 月份计划和预算执行情况的调查报告；听取了区人民政府关于食品安全“一法两规”贯彻实施情况的报告；听取了区人大常委会执法检查组关于区政府食品安全“一法两规”贯彻实施情况的检查报告；听取了区人民政府关于国家园林城市、国家森林城市、国家环保模范城市创建工作情况的报告；听取了区人大常委会调查组关于国家园林城市、国家森林城市、国家环保模范城市创建工作情况的调查报告；听取了关于鹿城区保障性安居工程及市政基础设施项目的回购资金列入区级财政预算的有关议案。听取了市人大代表履职承诺。会议分两个小组对2011年1—8月份计划和预算执行情况报告，食品安全“一法两规”贯彻实施及执法检查报告，国家园林城市、国家森林城市、国家环保模范城市创建工作情况报告，关于鹿城区保障性安居工程及市政基础设施项目的回购资金列入区级财政预算的有关议案进行了审议；听取了小组代表叶青和林秀春的发言；区人民政府区长朱崇敏代表区人民政府向会议作表态发言。会议审议通过了关于同意区人民政府将中铝国际工程股份有限公司出资承建的保障房BT项目回购资金列入区级财政预算的决议、关于同意区人民政府将温州市华昌市政工程有限公司出资承建的市政基础设施BT项目回购资金列入区级财政预算的决议、关于同意区人民政府将中国建筑国际集团有限公司出资承建的保障房BT项目回购资金列入区级财政预算的决议、关于同意区人民政府将中南建筑设计院股份有限公司出资承建的保障房BT项目回购资金列入区级财政预算的决议和关于增加温州市鹿城区人民法院人民陪审员名额的决定。会议审议了朱崇敏区长提请关于林莹等任职的议案，听取了林莹、郑晓东的表态发言，经无记名投票表决，决定任命林莹、郑晓东为温州市鹿城区人民政府副区长，报区八届人大二次会议备案。会议通过了其他人事任免议案。会议修订了鹿城区人民代表大会常务委员会关于任免国家机关工作人员的办法。

第五次会议

2012年11月7日，常委会举行第五次会议。副主任王长青主持会议，主任吴海燕，副主任陈洁、肖石龙、林瑞荣、项旭光、朱启龙及委员共33人出席会议。区人民政府区长朱崇敏，常务副区长项伟胜、副区长胡明亮，区人民法院院长周丰、区人民检察院副检察长连昕鸣列席会议。列席会议的还有各街道、镇人大负责人，有关部门负责人及部分区人大代表。会议听取了区人民政府关于2011年区级预算执行情况和其他财政收支审计处理意见落实情况的报告；听取了区人民政府关于温州市鹿城区2012年全区财政预算调整方案的报告；听取了区人民政府关于规范性文件备案审查情况的专项工作报告；听取了区人大常委会调查组关于规范性文件备案审查工作情况的调查报告；听取了区人民政府关于加快总部经济园建设促进我区经济发展的议案办理情况的报告；听取了区人大常委会调查组关于加快总部经济园建设促进我区经济发展的议案办理情况的调查报告；听取了区人民政府关于社区卫生服务中心工作开展情况的报告；听取了区人大常委会调查组关于社区卫生服务中心工作开展情况的调查报告；听取了市人大代表的履职承诺。会议分两个小组对2011年区级预算执行情况和其他财政收支审计处理意见落实情况的报告，温州市鹿城区2012年全区财政预算调整方案的报告，规范性文件备案审查情况的专项工作报告，关于加快总部经济园建设促进我区经济发展的议案办理情况的报告，社区卫生服务中心工作开展情况的报告进行了审议；听取了小组代表李跃胜和叶晓挺的发言；区人民政府区长朱崇敏代表区人民政府向会议作表态发言。会议审议通过了温州市鹿城区第八届人大常委会关于批准温州市鹿城区2012年全区预算调整方案的决议。会议审议接受黄凌萍辞去温州市鹿城区第八届人民代表大会常务委员会委员职务的请求。会议通过了区政府朱崇敏区长提请的有关人事任免议案，决定任命章月影为温州市鹿城区人民政府副区长，免去吴文玲的温州市鹿城区人民政府副区长职务；会议还通过了区人民法院院长周丰提请的人事任免议案。会议补选了李跃国为温州市第十二届人民代表大会代表候选人。

第六次会议

2012 年 12 月 5 日，常委会举行第六次会议。副主任项旭光主持会议，主任吴海燕，副主任陈洁、肖石龙、林瑞荣、王长青、朱启龙及委员共 31 人出席会议。区人民政府副区长林世南，区人民法院院长周丰、区人民检察院副检察长连昕鸣列席会议。列席会议的还有各街道、镇人大负责人，有关部门负责人及部分区人大代表。会议听取和审议了区人民政府关于城中村改造议案办理情况的报告和区人大常委会调查组关于城中村改造议案办理情况的调查报告;区人民政府副区长林世南代表区人民政府向会议作表态发言。会议审议通过关于召开区八届人大二次会议的决定；审议通过了有关代表辞职的请求，决定接受姜定波辞去温州市鹿城区第八届人民代表大会代表职务；决定接受瞿芬平辞去温州市鹿城区第八届人民代表大会代表职务，其温州市鹿城区第八届人民代表大会常务委员会委员职务和温州市鹿城区第八届人大常委会代表资格审查委员会委员职务相应终止。报温州市鹿城区第八届人民代表大会第二次会议备案。

第七次会议

2012 年 12 月 28 日，常委会举行第七次会议。副主任朱启龙主持会议，主任吴海燕，副主任陈洁、林瑞荣、王长青、项旭光及委员共 31 人出席会议。区人民政府副区长林莹，区人民法院副院长孙宏，区人民检察院检察长张纯亮列席会议。列席会议的还有各街道、镇人大负责人。会议审议了区八届人大二次会议议程及日程（草案）、主席团成员和秘书长名单（草案）、计划和预算审查委员会名单（草案）、议案审查委员会名单（草案）；审议通过了区八届人大二次会议列席人员名单（草案）；审议通过了代表资格审查委员会关于区八届人大二次会议代表资格的审查报告;审议通过了区人大常委会工作报告（审议稿）；审议了区政府关于区八届人大一次会议代表建议办理情况审议意见落实情况的报告（书面）；审议通过了关于区八届人大一次会议代表议案、建议办理情况的报告。

第八次会议

2013 年 3 月 28 日至 29 日，常委会举行第八次会议。主任吴海燕主持会议，副主任陈洁、肖石龙、林瑞荣、王长青、项旭光、朱启龙及委员共 27 人出席会议。区政府区长朱崇敏，副区长杨德听，区法院副院长金献华、区检察院检察长张纯亮列席会议。列席会议的还有各街道、镇人大负责人，有关部门负责人及部分区人大代表。会议听取了区政府关于 2012 年政府性基金执行情况和 2013 年政府性基金计划草案的报告；听取了区政府关于 2012 年本级部门预算执行情况和 2013 年本级部门预算编制情况的报告；听取了区政府关于食品安全“一法两规”执法检查审议意见落实情况的报告；听取了区人大常委会法制工委关于提升居家养老服务工作的议案调查情况的说明；听取了区人大常委会城建农村工委关于广场路旧片区（原市政府礼堂等）改造提升的议案调查情况的说明；听取了区人大常委会城建农村工委关于加大对“三农”项目、资金投入的议案调查情况的说明。会议分两个小组对以上报告和议案进行了审议。会议听取了小组代表黄金鹏和庄建华的发言，对食品安全“一法两规”执法检查审议意见落实情况进行了满意度表决，表决结果为通过；区政府副区长杨德听代表区政府向会议作表态发言。会议审议通过了温州市鹿城区人大常委会2013年工作要点；审议通过了关于提请调整区人大常委会工作机构的议案。会议决定接受金浙瓯、章胤、褚坚辞去温州市鹿城区第八届人民代表大会常务委员会委员职务的请求，报区八届人大三次会议备案。会议通过了其他人事任免议案。

第九次会议

2013年5月17日，常委会举行第九次会议。副主任陈洁主持会议，主任吴海燕，副主任林瑞荣、王长青、项旭光、朱启龙及委员共26人出席会议。区政府副区长项伟胜、张清、郑晓东、胡明亮，区法院院长周丰、区检察院副检察长林芹列席会议。列席会议的还有各街道、镇人大负责人，有关部门负责人及部分区人大代表。会议听取了区政府关于科技进步法及省条例贯彻实施情况的报告；听取了区人大常委会执法检查组关于科技进步法及省条例执法检查情况的报告；听取了区政府关于律师法执法检查审议意见落实情况的报告；听取了区政府关于国家园林城市、国家森林城市、国家环保模范城市创建工作审议意见落实情况的报告；听取了区政府关于横渎河西A—37a—1地块工程建设融资方案的报告；听取了区政府关于金融改革和解决中小型企业融资难工作情况的报告；听取了区人大常委会调查组关于金融改革和解决中小型企业融资难工作情况的调查报告。听取了市人大代表述职报告。会议分两个小组对以上报告进行了审议。会议听取了小组代表张勇和陈宏强的发言；对律师法执法检查审议意见落实情况，国家园林城市、国家森林城市、国家环保模范城市创建工作审议意见落实情况进行了满意度票决，表决结果均为通过；区政府副区长郑晓东代表区政府向会议作表态发言。会议审议通过了关于同意区人民政府对横渎河西A —37a— 1地块工程建设进行融资并列入区级财政预算的决议。会议通过了有关人事任免议案。

第十次会议

2013年7月30日，常委会举行第十次会议。副主任肖石龙主持会议，主任吴海燕，副主任陈洁、林瑞荣、王长青、项旭光、朱启龙及委员共28人出席会议。区政府副区长伍挺、郑晓东、杨德听、林世南，区法院院长周丰，区检察院检察长张纯亮、副检察长林芹列席会议。列席会议的还有各街道、镇人大负责人，有关部门负责人及部分区人大代表。会议听取了区政府关于教育专项工作情况的报告和区人大常委会检查组关于教育专项工作情况的检查报告；听取了区政府关于2012年财政决算的报告；听取了区政府关于2012年区级预算执行和其他财政收支的审计工作报告；听取了区人大常委会调查组关于 2012 年财政决算的调查报告；听取了区政府关于禁毒法贯彻实施情况的报告和区人大常委会执法检查组关于禁毒法执法检查情况的报告；听取了区政府关于浙江省温瑞塘河保护管理条例执法检查审议意见落实情况的报告；听取了区政府关于区八届人大二次会议代表建议、批评和意见办理情况的报告和区人大常委会调查组关于区八届人大二次会议代表建议、批评和意见办理情况的调查报告；听取了区政府关于提请审议将相关项目回购资金列入区级财政预算的议案。听取了市人大代表述职报告。会议分两个小组对以上报告和议案进行了审议；会议听取了小组代表林建华和诸葛要武的发言；对浙江省温瑞塘河保护管理条例执法检查审议意见落实情况进行了满意度票决，表决结果为通过；区政府副区长林世南代表区政府向会议作表态发言。会议批准了 2012 年财政决算。会议审议通过了关于同意区人民政府将温州鞋革职业中等专业学校融资租赁项目回购资金列入区级财政预算的决议、关于同意区人民政府将浙江浙大网新建设投资有限公司出资承建的重点水利 BT 项目回购资金列入区级财政预算的决议、关于同意区人民政府将长江岩土工程总公司（武汉）出资承建的重点水利 BT 项目回购资金列入区级财政预算的决议、关于同意区人民政府将中国建筑国际集团有限公司出资承建的保障房 BT 项目回购资金列入区级财政预算的决议。会议审议通过了关于提请黄专途等职务任免的议案，决定任命黄专途为鹿城区副区长，决定免去张清的鹿城区人民政府副区长职务，报区八届人大三次会议备案。

第十一次会议

2013 年 9 月 17 日，常委会举行第十一次会议。副主任林瑞荣主持会议，主任吴海燕，副主任陈洁、肖石龙、朱启龙及委员共 25 人出席会议。区人民政府副区长项伟胜、胡明亮、林世南，区人民法院院长周丰，区人民检察院副检察长林芹列席会议。列席会议的还有各街道、镇人大负责人，有关部门、街道负责人及部分区人大代表。会议听取了区人民政府关于 2013 年 1—8 月份国民经济和社会发展计划执行情况的报告；听取了区人民政府关于 2013 年 1—8 月份预算执行情况的报告；听取了区人大常委会调查组关于鹿城区 2013 年 1—8 月份计划和预算执行情况的调查报告；听取了区人民法院关于地方金融综合改革司法保障体系建设情况的报告和区人大常委会调查组关于地方金融综合改革司法保障体系建设情况的调查报告；听取了区人民政府关于三改一拆工作进展情况的报告和区人大常委会调查组关于“三改一拆”工作进展情况的调查报告；听取了区人民政府关于加快总部经济园建设促进我区经济发展的议案办理工作审议意见落实情况的报告；听取了市人大代表述职报告。会议分两个小组对 2013 年 1—8 月份计划和预算执行情况的报告，地方金融综合改革司法保障体系建设情况的报告，三改一拆工作进展情况的报告，关于加快总部经济园建设促进我区经济发展的议案办理工作审议意见落实情况的报告，关于要求将温州市林里片区低丘缓坡利用项目的投资及回报资金列入区级财政预算的议案进行了审议；会议听取了小组代表叶必庆和陈月玲的发言；对关于加快总部经济园建设促进我区经济发展的议案办理工作审议意见落实情况进行了满意度票决，表决结果为通过；区人民政府副区长林世南、区人民法院院长周丰分别代表区政府、区法院向会议作表态发言。会议审议接受李秀峰、褚坚、陈云源、谷建龙、吴雷雨、黄凌萍、徐一峰、施文明、吴晓贵、金浙瓯、刘立锋、季洪杰辞去温州市鹿城区第八届人民代表大会代表职务的请求，季洪杰的区人大常委会委员职务相应终止，报区八届人大三次会议备案。会议审议通过了关于同意区人民政府将温州市林里片区低丘缓坡利用项目的投资及回报资金列入区级财政预算的决议；审议通过了关于增加温州市鹿城区人民法院人民陪审员名额的决定；审议通过了关于李秀峰等代表资格终止的报告；审议通过了关于补选温州市鹿城区第八届人民代表大会代表的决定；审议通过了温州市鹿城区第八届人民代表大会代表补选办法。会议通过了区人民政府区长朱崇敏关于提请林莹同志免职的议案，决定免去林莹的温州市鹿城区人民政府副区长（挂职）职务，报区八届人大三次会议备案。会议还通过了其他人事任免议案。

第十二次会议

2013年11月26日，常委会举行第十二次会议。副主任项旭光主持会议，主任吴海燕，副主任陈洁、肖石龙、林瑞荣、王长青、朱启龙及委员共27人出席会议。区政府区长朱崇敏，副区长项伟胜、伍挺、黄专途、杨德听、林世南，区法院院长周丰，区检察院检察长张纯亮列席会议。列席会议的还有各街道（镇）人大负责人，有关部门和街道（镇）政府负责人及部分区人大代表。会议听了区政府关于2012年区级预算执行和其他财政收支审计处理意见落实情况的报告；听取了区政府关于“十二五”规划纲要实施中期评估情况的报告和区人大常委会调查组关于“十二五”规划纲要实施中期评估情况的调查报告；听取了区政府关于提升居家养老服务工作的议案办理情况的报告和区人大常委会调查组关于提升居家养老服务工作议案办理情况的调查报告；听取了区政府关于广场路旧片区（原市政府礼堂等）改造提升的议案办理情况的报告和区人大常委会调查组关于广场路旧片区（原市政府礼堂等）改造提升议案办理情况的调查报告；听取了区政府关于加大对三农项目、资金投入的议案办理情况的报告和区人大常委会调查组关于加大对三农项目、资金投入的议案办理情况的调查报告；听取了区政府关于宗教活动场所拆迁安置落实情况的报告和区人大常委会调查组关于宗教活动场所拆迁安置落实情况的调查报告。会议分两个小组对以上报告进行了审议；会议听取了小组代表黄品寿和谢伟的发言；对2012年区级预算执行和其他财政收支审计处理意见落实情况进行了满意度票决，表决结果为通过；区政府区长朱崇敏代表区政府向会议作表态发言。会议审议通过了关于召开区八届人大三次会议的决定（草案）。

第十三次会议

2013年12月24日，常委会举行第十三次会议。副主任王长青主持会议，主任吴海燕，副主任陈洁、肖石龙、林瑞荣、项旭光、朱启龙及委员共27人出席会议。区人民政府副区长黄专途，区人民法院院长周丰，区人民检察院检察长张纯亮列席会议。列席会议的还有各街道、镇人大负责人。会议审议了区八届人大三次会议议程及日程（草案）、主席团成员和秘书长名单（草案）、计划和预算审查委员会名单（草案）、议案审查委员会名单（草案）；审议通过了区八届人大三次会议列席人员名单（草案）；审议通过了代表资格审查委员会关于区八届人大三次会议代表资格的审查报告；审议通过了区人大常委会工作报告（审议稿）；审议通过了关于区八届人大二次会议代表议案、建议办理情况的报告；审议通过了关于温州市鹿城区人民代表大会常务委员会关于促进全面深化改革的决定；审议通过了关于提请调整温州市鹿城区人大常委会工作机构的议案，决定撤销温州市鹿城区人大常委会城建与农村工作委员会，设立温州市鹿城区人大常委会城乡建设环境保护工作委员会、农村和资源保护工作委员会。会议接受江华辞去温州市第十二届人民代表大会代表职务的请求，并补选徐丹为温州市第十二届人民代表大会代表，其代表资格依法报请温州市人大常委会审查确认。会议通过了有关人事任免议案。

第十四次会议

2014 年 1 月 22 日，常委会举行第十四次会议。副主任项旭光主持会议，主任吴海燕，副主任陈洁、肖石龙、林瑞荣、朱启龙及委员共 26 人出席会议。会议审议通过了许可对区八届人大代表康岳春采取刑事拘留措施的决定。

第十五次会议

2014 年 3 月 19 日，常委会举行第十五次会议。副主任朱启龙主持会议，主任吴海燕，副主任陈洁、肖石龙、林瑞荣、王长青、项旭光及委员共 31 人出席会议。区人民政府常务副区长项伟胜、副区长胡明亮、区人民法院院长周丰、区人民检察院检察长张纯亮列席会议。列席会议的还有区人大常委会有关工委负责人，各街道、藤桥镇人大负责人，有关部门负责人及部分区人大代表。会议听取区政府关于 2013 年政府债务执行情况和 2014 年政府债务计划草案的报告；听取区政府关于 2013 年本级部门预算执行和 2014 年本级部门预算编制情况的报告；听取区政府关于科技进步“一法一条例”执法检查审议意见落实情况的报告；听取温州市鹿城区人大常委会 2014 年工作要点（草案）；听取温州市鹿城区人民代表大会代表约见国家机关负责人暂行办法（草案）。会议分两个小组对区政府关于 2013 年政府债务执行情况和 2014 年政府债务计划草案的报告、区政府关于 2013 年本级部门预算执行和 2014 年本级部门预算编制情况的报告、区政府关于科技进步“一法一条例”执法检查审议意见落实情况的报告、区人大常委会 2014 年工作要点（草案）、区人大代表约见国家机关负责人暂行办法（草案）进行了审议；听取了小组代表陈金敏和孙国勇的发言；对区政府关于科技进步“一法一条例”执法检查审议意见落实情况进行了测评；区人民政府常务副区长项伟胜代表区人民政府向会议作表态发言。会议审议通过关于提请设立温州市鹿城区人大常委会预算工作委员会的议案；通过了温州市鹿城区人民代表大会代表约见国家机关负责人暂行办法、温州市鹿城区人大常委会 2014 年工作要点和相关人事任免议案。

第十六次会议

2014 年 5 月 28 日，常委会举行第十六次会议。主任吴海燕主持会议，副主任陈洁、肖石龙、王长青、项旭光、朱启龙及委员共29人出席会议。区人民政府副区长伍挺、郑晓东，区人民法院副院长金献华、区人民检察院检察长张纯亮列席会议。列席会议的还有区人大常委会有关工委负责人，各街道、藤桥镇人大负责人，有关部门负责人及部分区人大代表。会议听取了区检察院关于职务犯罪查办和预防工作情况的报告；听取了区人大常委会调查组关于职务犯罪查办和预防工作情况的调查报告；听取了区政府关于教育专项工作审议意见落实情况的报告；听取了区政府关于“三改一拆”工作审议意见落实情况的报告；听取了孙国勇、郑秀东、童洪锡三位市人大代表述职；会议分两个小组对区检察院关于职务犯罪查办和预防工作情况的报告和区人大常委会的调查报告、区政府关于教育专项工作审议意见落实情况的报告、区政府关于“三改一拆”工作审议意见落实情况的报告进行了审议；听取了小组代表叶必庆和王敏的发言；对区政府关于教育专项工作审议意见落实情况和“三改一拆”工作审议意见落实情况进行满意度测评，测评结果为通过；区人民政府副区长郑晓东代表区人民政府向会议作表态发言。会议通过了有关人事任免议案。

第十七次会议

2014 年 7 月 30 日，常委会举行第十七次会议。副主任陈洁主持会议，主任吴海燕，副主任肖石龙、林瑞荣、王长青、项旭光、朱启龙及委员共 28 人出席会议。区人民政府常务副区长项伟胜、副区长郑晓东，区人民法院副院长戴巧、区人民检察院检察长张纯亮列席会议。列席会议的还有区人大常委会有关工委负责人，各街道、藤桥镇人大负责人，有关部门负责人及部分区人大代表。会议听取了区政府关于 2013 年财政决算的报告；听取了区政府关于 2013 年区级预算执行和其他财政收支情况的审计工作报告；听取了区人大常委会调查组关于 2013 年财政决算的调查报告；听取了区政府关于提升居家养老服务工作议案办理工作审议意见落实情况的报告；听取了区政府关于宗教活动场所拆迁安置工作审议意见落实情况的报告；书面听取了区人大常委会关于区级预算审查监督办法（修订稿草案）、区人大常委会关于区级部门预算审查监督办法（草案）；听取了区人大常委会关于区级预算审查监督办法（修订稿草案）和区级部门预算审查监督办法（草案）的说明；书面听取了区人大常委会关于深化财政预算审查监督的实施意见（草案）；听取了市人大代表张卢兄、斯培根、蔡春潮的述职。会议分两个小组对区政府关于 2013 年财政决算的报告、区政府关于 2013 年区级预算执行和其他财政收支情况的审计工作报告、区政府关于提升居家养老服务工作议案办理工作审议意见落实情况的报告、区政府关于宗教活动场所拆迁安置工作审议意见落实情况的报告、区人大常委会关于深化财政预算审查监督的实施意见（草案）、区人大常委会关于区级预算审查监督办法（修订稿草案）、区人大常委会关于区级部门预算审查监督办法（草案）进行了审议；听取了小组代表谢云周和陈辉的发言；对区政府关于提升居家养老服务工作议案办理工作审议意见落实情况和宗教活动场所拆迁安置工作审议意见落实情况进行满意度测评，测评结果为通过；区人民政府副区长郑晓东代表区人民政府向会议作表态发言。会议批准了 2013 年财政决算。会议审议通过了区人大常委会关于深化财政预算审查监督的实施意见、区人大常委会关于区级预算审查监督办法（修订稿）、区人大常委会关于区级部门预算审查监督办法；审议通过了区政府关于提请邓小林任职的议案，决定任命邓小林为温州市鹿城区人民政府副区长，报区八届人大四次会议备案；审议通过了检察院提请的人事议案。

第十八次会议

2014 年 9 月 23 日至 24 日，常委会举行第十八次会议。副主任肖石龙主持会议，主任吴海燕，副主任林瑞荣、王长青、项旭光、朱启龙及委员共 25 人出席会议。区人民政府常务副区长项伟胜、副区长郑晓东、杨德听，区人民法院院长周丰、区人民检察院检察长张纯亮列席会议。列席会议的还有区人大常委会有关工委负责人，各街道、藤桥镇人大负责人，有关部门、街道负责人及部分区人大代表。会议听取了区政府关于 2014 年 1—8 月份国民经济和社会发展计划执行情况的报告和区人大常委会的调查报告；听取了区政府关于 2014 年 1—8 月份预算执行情况的报告和区人大常委会的调查报告；听取了区政府关于食品安全专项工作情况的报告和区人大常委会的调查报告；听取了区政府关于“五水共治”暨丰门河治理工作情况的报告和区人大常委会的调查报告；听取了区政府关于区八届人大三次会议代表建议、批评和意见办理情况的报告和区人大常委会的调查报告；听取了区法院关于地方金融综合改革司法保障工作审议意见落实情况的报告；书面听取了《关于选举与补选温州市鹿城区第八届人民代表大会代表的决定（草案）》、《温州市鹿城区第八届人民代表大会代表选举办法（草案）》《温州市鹿城区第八届人民代表大会代表补选办法（草案）》。会议分两个小组对区政府关于 2014 年 1—8 月份国民经济和社会发展计划执行情况的报告、区政府关于 2014 年 1—8 月份预算执行情况的报告、区政府关于食品安全专项工作情况的报告、区政府关于“五水共治”暨丰门河治理工作情况的报告，区政府关于区八届人大三次会议代表建议、批评和意见办理情况的报告及相关调查报告，区法院关于地方金融综合改革司法保障工作审议意见落实情况的报告、区人大常委会关于选举与补选温州市鹿城区第八届人民代表大会代表的决定（草案）、温州市鹿城区第八届人民代表大会代表选举办法（草案）、温州市鹿城区第八届人民代表大会代表补选办法（草案）进行了审议；听取了小组代表谢伟和叶青的发言；对区法院关于地方金融综合改革司法保障工作审议意见落实情况进行满意度测评，测评结果为通过；区人民政府副区长杨德听代表区人民政府向会议作表态发言，区人民法院院长周丰代表区人民法院向会议作表态发言。会议同意代表资格审查委员会提出的关于施建安等代表资格终止的报告，确认施建安调离本行政区域，徐道友、黄品寿、陈增斌、张勇、洪静、叶浪克辞去代表职务的请求被接受，其温州市鹿城区第八届人民代表大会代表资格终止。会议表决通过了《温州市鹿城区人大常委会关于选举与补选温州市鹿城区第八届人民代表大会代表的决定》《温州市鹿城区第八届人民代表大会代表选举办法》《温州市鹿城区第八届人民代表大会代表补选办法》。会议审议通过了区政府、区法院提请人事任免的议案。

第十九次会议

2014 年 11 月 25 日，常委会举行第十九次会议。副主任林瑞荣主持会议，主任吴海燕，副主任陈洁、王长青、项旭光、朱启龙及委员共 27 人出席会议。区人民政府常务副区长项伟胜、副区长杨德听，区人民检察院检察长张纯亮，区人民法院副院长金献华列席会议。

列席会议的还有区人大常委会有关工委负责人，各街道、藤桥镇人大负责人，有关部门、藤桥镇政府负责人及部分区人大代表。会议听取了区政府关于贯彻实施出入境管理法情况的报告；听取了区人大常委会执法检查组关于检查出入境管理法贯彻实施情况的报告；听取了区政府关于2013年区级预算执行和其他财政收支审计处理意见落实情况的报告；听取了区政府关于禁毒法执法检查审议意见落实情况的报告；听取了区政府关于加大对“三农”项目、资金投入议案办理工作审议意见落实情况的报告；听取了市人大代表述职；听取了《区人大常委会专题询问暂行办法（草案）》和《区人大常委会信访工作办法（草案）》。会议分两个小组对区政府关于贯彻实施出入境管理法情况的报告和区人大常委会的执法检查报告，区政府关于2013年区级预算执行和其他财政收支审计处理意见、禁毒法执法检查审议意见和加大对“三农”项目、资金投入议案办理工作审议意见落实情况的报告，《区人大常委会专题询问暂行办法（草案）》《区人大常委会信访工作办法（草案）》进行了审议；听取了小组代表葛成福和叶晓挺的发言；对区政府关于2013年区级预算执行和其他财政收支审计处理意见落实情况、禁毒法执法检查审议意见落实情况和加大对“三农”项目、资金投入议案办理工作审议意见落实情况进行满意度测评，测评结果为通过；区人民政府常务副区长项伟胜代表区人民政府向会议作表态发言。会议表决通过了《温州市鹿城区人民代表大会常务委员会关于召开温州市鹿城区第八届人民代表大会第四次会议的决定》《温州市鹿城区人民代表大会常务委员会专题询问暂行办法》和《温州市鹿城区人民代表大会常务委员会信访工作办法》。会议审议表决通过了区政府关于提请郑晓东免职的议案，决定免去郑晓东的温州市鹿城区人民政府副区长职务，报区八届人大四次会议备案；审议表决通过了区八届人大常委会委员谢云周提出辞去委员职务的请求，其代表资格审查委员会委员职务相应终止，报区八届人大四次会议备案；审议通过了区法院提请的人事议案。会议审议表决通过了龙湾区检察院提请的《拘留人大代表报告书》，决定许可对区八届人大代表张大可采取拘留措施。

第二十次会议

2014年12月25日至26日，常委会举行第二十次会议。副主任林瑞荣主持会议。主任吴海燕，副主任陈洁、肖石龙、项旭光、朱启龙及委员共27人出席会议。区人民政府副区长邓小林、林世南，区人民法院院长周丰、区人民检察院检察长张纯亮列席会议。列席会议的还有区人大常委会有关工委负责人，各街道、藤桥镇人大负责人，有关部门、街道办事处负责人及部分区人大代表。会议听取了区政府关于鹿城区2014年本级部门预算执行情况和2015年本级部门预算编制情况的报告；听取了区政府关于征收安置工作情况的报告；听取了区八届人大三次会议代表建议、批评和意见办理情况的报告；听取了区人大常委会工作报告（审议稿）。会议对区政府征收安置工作情况进行了专题询问。会议分两个小组对区政府关于鹿城区2014年本级部门预算执行情况和2015年本级部门预算编制情况的报告、征收安置工作情况的报告，区八届人大三次会议代表建议、批评和意见办理情况的报告，区人大常委会工作报告（审议稿）进行了审议；听取了小组代表黄金鹏和庄建华的发言；对区公安分局、区城市管理与行政执法局、区商务局、区文广新局、区安监局等5个部门2015年预算草案进行票决，票决结果为通过。会议审议表决通过了《温州市鹿城区人民代表大会常务委员会关于调整温州市鹿城区第八届人民代表大会第四次会议召开时间的决定》；区八届人大四次会议议程及日程（草案）、主席团成员和秘书长名单（草案）、计划和预算审查委员会名单（草案）、议案审查委员会名单（草案）、区八届人大四次会议列席人员名单（草案）；表决通过了《代表资格审查委员会关于区八届人大四次会议代表资格审查的报告》《区八届人大三次会议代表建议、批评和意见办理情况的报告》《区人大常委会工作报告（审议稿）》。会议通过了区政府提请的有关人事任免议案。

第二十一次会议

2015年3月26日，常委会举行第二十一次会议。副主任王长青主持会议。主任吴海燕，副主任陈洁、肖石龙、林瑞荣、朱启龙及委员共30人出席会议。区人民政府副区长林世南，区人民法院院长周丰、区人民检察院副检察长林芹列席会议。列席会议的还有区人大常委会机关、各街镇人大相关负责人，有关部门、街道办事处负责人及部分区人大代表。会议审议了《关于鹿城加快建设时尚之都示范区的议案》，听取了区人大常委会调查组《关于鹿城加快建设时尚之都示范区的议案》的调查报告；审议了《关于推进我区征收安置提速提效的议案》，听取了区人大常委会调查组《关于推进我区征收安置提速提效的议案》的调查报告。会议审议表决通过了温州市鹿城区人大常委会2015年工作要点。会议审议表决通过了有关人事任免议案。

第二十二次会议

2015年5月27日，常委会举行第二十二次会议。副主任项旭光主持会议，主任吴海燕，副主任陈洁、肖石龙、林瑞荣、朱启龙及委员共28人出席会议。区人民政府常务副区长项伟胜，副区长章月影、胡明亮，区人民法院院长周丰、区人民检察院检察长张纯亮列席会议。列席会议的还有区人大常委会机关、各街镇人大相关负责人，有关部门、街道办事处负责人及部分区人大代表。会议听取了区政府关于食品安全专项工作审议意见落实情况的报告；听取了区法院关于执行工作情况的报告和区人大常委会的调查报告；听取了区检察院关于查处和预防职务犯罪工作审议意见落实情况的报告；听取了市人大代表叶红星、郑莱莉述职。会议分两个小组对区法院关于执行工作情况的报告和区人大常委会的调查报告、区政府关于食品安全专项工作审议意见落实情况的报告进行了审议、区检察院关于查处和预防职务犯罪工作审议意见落实情况的报告；听取了小组代表诸葛要武和林宣富的发言；对区政府关于食品安全专项工作审议意见落实情况、区检察院关于查处和预防职务犯罪工作审议意见落实情况进行满意度测评，测评结果为通过；区人民政府副区长章月影代表区人民政府向会议作表态发言；区人民检察院检察长张纯亮代表区人民检察院向会议做表态发言。会议审议表决通过了王长青提出辞去区人大常委会副主任职务的请求，报区八届人大五次会议备案；审议通过了区政府提请的人事议案，决定任命库尔班•买买提为温州市鹿城区人民政府副区长，决定免去黄专途的温州市鹿城区人民政府副区长职务，报区八届人大五次会议备案；审议通过了区法院、检察院提请的人事议案。会议审议了鹿城区公安分局提请的《温州市公安局鹿城区分局关于提请对区人大代表徐慧采取刑事强制措施的报告》，表决通过了《关于许可对区人大代表徐慧采取刑事强制措施的决定》。

第二十三次会议

2015年7月28日，常委会举行第二十三次会议。副主任朱启龙主持会议，主任吴海燕，副主任陈洁、肖石龙、林瑞荣、项旭光及委员共28人出席会议。区人民政府常务副区长项伟胜，副区长杨德听、林世南，区人民法院院长周丰，区人民检察院检察长张纯亮列席会议。列席会议的还有区人大常委会机关、各街镇人大相关负责人，有关部门、街镇负责人及部分区人大代表。会议听取了区政府关于2014年财政决算的报告；听取了区政府关于2014年区级预算执行和其他财政收支情况的审计工作报告；听取了区人大常委会调查组关于2014年财政决算的调查报告；听取了区政府关于出入境管理法执法检查审议意见落实情况的报告；听取了区政府关于“五水共治”暨丰门河治理工作审议意见落实情况的报告；听取了区政府关于鹿城区街镇行政区划调整方案的报告；听取了市人大代表黄虹、滕美华、徐丹的述职发言。会议分两个小组对上述报告进行了认真审议，听取了小组代表陈康亮和陈宏强的发言；对区政府关于“五水共治”暨丰门河治理工作审议意见落实情况和关于出入境管理法执法检查审议意见落实情况进行了满意度测评，测评结果为通过；区人民政府副区长杨德听代表区人民政府向会议作表态发言。会议审议表决通过了有关人事议案，决定任命申树军为温州市鹿城区人民政府副区长，接受黄金鹏、陈辉辞去区人大常委会委员职务，报区八届人大五次会议备案。会议还通过区政府、区法院的其他有关人事议案。会议审议表决通过了温州市鹿城区人民代表大会常务委员会关于批准2014年区级财政决算的决议和关于温州市鹿城区街镇行政区划调整的决议。

第二十四次会议

2015年9月11日，常委会举行第二十四次会议。副主任林瑞荣主持会议，副主任陈洁、项旭光、朱启龙及委员共21人出席会议。区人民政府副区长林世南列席了会议。列席会议的还有区人大常委会机关、有关部门负责人。会议听取和审议了区政府关于提请审议鹿城区棚户区（城中村）改造（一期）项目融资建设有关事项的议案和有关情况说明；审议表决通过了温州市鹿城区人民代表大会常务委员会《关于同意区人民政府棚户区（城中村）改造（一期）项目向银行融资的决议》。

第二十五次会议

2015年9月24日至25日，常委会举行第二十五次会议。主任吴海燕主持会议，副主任陈洁、林瑞荣、项旭光、朱启龙及委员共24人出席会议。区人民政府副区长林世南、邓小林、申树军，区人民法院副院长戴巧，区人民检察院检察长张纯亮、副检察长林芹列席会议。列席会议的还有区人大常委会机关、各街镇人大相关负责人，有关部门、街道办事处负责人及部分区人大代表。会议听取了区政府关于2015年1—8月份国民经济和社会发展计划执行情况的报告，关于 2015 年 1—8 月份全区和区级预算执行情况的报告，关于教育均衡发展情况的报告，关于推进我区征收安置提速提效的议案办理暨征收安置工作专题询问审议意见落实情况的报告，关于区八届人大四次会议代表建议、批评和意见办理情况的报告和区人大常委会的相关调查报告；听取了区法院孙聪碧、陈默、陈伟、林铬、林洁等五名法官的履职报告和区人大常委会的调查报告；听取了市人大代表姜益祥、杨成风的述职发言。会议分两个小组对上述报告进行了认真审议，听取了小组代表许卫疆和王剑波的发言；区人民政府副区长邓小林代表区人民政府向会议作表态发言；对区法院被评议法官履职情况进行满意度测评，测评结果均为满意；区法院副院长戴巧代表区法院向会议作表态发言，陈洁副主任就评议活动讲话。会议审议表决通过了温州市鹿城区人民代表大会常务委员会关于建立温州市鹿城区人大常委会蒲鞋市等街道工作委员会的决定；审议表决通过了有关人事议案，决定任命黄定恩为温州市鹿城区人民政府副区长，决定免去项伟胜、伍挺的温州市鹿城区人民政府副区长职务，接受陈月玲、陈钲辞去区人大常委会委员职务的请求，报区八届人大五次会议备案。会议还通过了区人大常委会主任会议、区政府、区法院提请的其他人事议案。首次组织 27 名新任命人员向宪法宣誓。

第二十六次会议

2015 年 11 月 25 日，常委会举行第二十六次会议。副主任陈洁主持会议，主任吴海燕，副主任肖石龙、林瑞荣、朱启龙及委员共 25 人出席会议。区人民政府副区长林世南，区人民法院院长周丰、区人民检察院检察长张纯亮列席会议。列席会议的还有区人大常委会机关、各街镇人大相关负责人，有关部门、街道办事处负责人及部分区人大代表。会议听取了区公检法司机关工作人员依法履职公正司（执）法情况的报告和区人大常委会的调查报告；听取了区政府关于《鹿城建设时尚之都示范区的议案》办理情况的报告、关于宗教事务管理工作情况的报告、关于推进我区征收安置提速提效的议案办理暨征收安置工作专题询问审议意见再落实情况的报告和区人大常委会的相关调查报告；听取了区政府关于 2015 年度区本级财政预算调整方案的报告、关于温州市鹿城区土地利用总体规划（2006—2020 年）调整完善情况的报告、关于 2014 年区级预算执行和其他财政收支审计处理意见落实情况的报告。会议分两个小组对上述报告进行了认真审议，听取了小组代表林建华和胡希求的发言；对区政府关于 2014 年区级预算执行和其他财政收支审计处理意见落实情况、全区征收安置提速提效的议案办理暨征收安置工作专题询问审议意见再落实情况进行满意度测评，测评结果为通过；区人民政府副区长林世南代表区人民政府向会议作表态发言。会议审议表决通过了关于批准温州市鹿城区 2015 年区本级财政预算调整方案的决议和关于同意《鹿城区土地利用总体规划（2006—2020 年）》（2014 调整完善版）的决定。会议补选徐强中为温州市第十二届人民代表大会代表，其代表资格依法报请温州市人大常委会审查确认。会议审议表决通过了有关人事议案，决定任命张本锋为温州市鹿城区人民政府副区长，报区八届人大五次会议备案。会议还通过了区人大常委会主任会议、区政府、区法院提请的其他人事议案，并组织 7 名新任命人员向宪法宣誓。

第二十七次会议

2016 年 2 月 3 日上午，常委会举行第二十七次会议。副主任肖石龙主持会议，主任吴海燕，副主任陈洁、项旭光、朱启龙及委员共 26 人出席会议。区人民政府副区长张本锋、胡明亮，区人民法院副院长金献华、区人民检察院副检察长连昕鸣列席会议。列席会议的还有区人大常委会机关、各街镇人大相关负责人，有关部门负责人及部分区人大代表。会议听取了温州市鹿城区国民经济和社会发展第十三个五年规划纲要编制情况的报告，区政府关于 2015 年区本级部门预算执行情况和 2016 年区本级部门预算编制情况的报告，区八届人大四次会议代表议案、建议办理情况的报告；书面听取了《温州市鹿城区组织实施宪法宣誓制度办法（草案）》《关于选举与补选温州市鹿城区第八届人民代表大会代表的决定（草案）》《温州市鹿城区第八届人民代表大会代表选举与补选办法（草案）》。会议分两个小组对上述报告、办法（草案）及决定（草案）进行了认真审议，听取了小组代表王敏和林秀春的发言；对列入重点审查的部分区本级部门预算草案进行票决，票决结果为通过。会议同意代表资格审查委员会提出的关于康岳春等代表资格终止的报告，确认王立彤、项伟胜代表调离本行政区域，王良善代表死亡，康岳春、徐慧、张大可、张敏、邱向真、陈钷、陈翔俊、谢云周、卢更生、章胤、朱建光、安建光、李跃国、黄金鹏、葛成福、李跃、项晓晓辞去代表职务的请求被接受，其温州市鹿城区第八届人民代表大会代表资格终止。会议审议表决通过了《关于提请确定温州市鹿城区藤桥镇、山福镇人民代表大会代表名额的议案》《关于召开温州市鹿城区第八届人民代表大会第五次会议的决定》《关于选举与补选温州市鹿城区第八届人民代表大会代表的决定》《温州市鹿城区第八届人民代表大会代表选举与补选办法》《温州市鹿城区组织实施宪法宣誓制度办法》《区八届人大四次会议代表议案、建议办理情况的报告》。会议审议表决接受了王建中、李跃国辞去温州市第十二届人民代表大会代表职务的请求；补选葛益平、赵海艇为温州市第十二届人民代表大会代表，其代表资格依法报请温州市人大常委会审查确认。

第二十八次会议

2016 年 3 月 17 日，常委会举行第二十八次会议。副主任项旭光主持会议，主任吴海燕，副主任肖石龙、陈洁、朱启龙及委员共 24 人出席会议。区人民政府常务副区长张本锋、区人民法院院长周丰、区人民检察院副检察长连昕鸣列席会议。列席会议的还有区人大常委会机关、各街镇人大相关负责人，有关部门负责人及部分区人大代表。会议审议通过了温州市鹿城区人大常委会 2016 年工作要点，区八届人大五次会议议程及日程（草案）、主席团成员和秘书长名单（草案）、计划和预算审查委员会名单（草案）、议案审查委员会名单（草案）、区八届人大五次会议列席人员名单（草案）；表决通过了《代表资格审查委员会关于区八届人大五次会议代表资格审查的报告》《区人大常委会工作报告（审议稿）》。会议接受了陈洁、林瑞荣辞去区人大常委会副主任职务和叶青辞去区人大常委会委员职务的请求，报区八届人大五次会议备案。会议还通过了区人大常委会主任会议、区政府、区法院提请的其他人事议案。

第二十九次会议

2016年5月31日，常委会举行第二十九次会议。副主任朱启龙主持会议，主任吴海燕，副主任肖石龙、项旭光、胡海峰、周基斌及委员共30人出席会议。区人民政府常务副区长张本锋，副区长杨德听、黄定恩，区人民法院院长周丰、区人民检察院检察长张纯亮列席会议。列席会议的还有区人大常委会机关、各街镇人大相关负责人，有关部门、藤桥镇政府负责人及部分区人大代表。会议听取了区政府关于温瑞塘河治理工作情况的报告和区人大常委会的调查报告，区人大常委会关于打造鹿城西部“旅游+”模式助推城乡统筹发展议案的调查报告，区政府关于鹿城加快建设时尚之都示范区议案办理工作审议意见落实情况、温州市鹿城区教育均衡发展工作审议意见落实情况的报告，区公检法司机关关于依法履职、公正司（执）法工作审议意见落实情况的报告；书面印发区法院部分法官履职评议意见整改落实情况的报告。会议分两个小组对上述报告以及关于打造鹿城西部“旅游+”模式助推城乡统筹发展的议案进行了认真审议，听取了小组代表李利法和诸葛要武的发言；对区政府关于《鹿城建设时尚之都示范区的议案》办理工作审议意见落实情况、教育均衡发展工作审议意见落实情况，区法院、区检察院、区公安分局、区司法局关于依法履职、公正司（执）法审议意见落实情况进行满意度测评，测评结果为通过；区人民政府副区长杨德听代表区人民政府向会议作表态发言，区法院院长周丰、区检察院检察长张纯亮、区公安分局党委副书记方兆铭、区司法局局长张维忠分别代表各自单位向会议作表态发言。会议审议通过了《关于对鹿城区第八届人大代表周海峰采取刑事强制措施的决定》《关于提请增补温州市鹿城区第八届人民代表大会常务委员会代表资格审查委员会组成人员的议案》《关于提请设立山福镇、藤桥镇选举委员会的议案》《关于山福镇、藤桥镇人民代表大会选举时间的决定》。会议审议通过了有关人事议案，决定免去库尔班·买买提的温州市鹿城区人民政府副区长职务，接受了许卫疆辞去区人大常委会委员职务的请求，报区九届人大一次会议备案。会议还通过了区人大常委会主任会议、区政府、区法院提请的其他人事议案。组织6名新任命人员向宪法宣誓。

第三十次会议

2016年7月26日，常委会举行第三十次会议。副主任胡海峰主持会议，主任吴海燕，副主任肖石龙、朱启龙、周基斌及委员共29人出席会议。副区长杨德听、黄定恩，区法院院长周丰、区检察院检察长张纯亮列席会议。列席会议的还有区人大常委会机关、各街镇人大相关负责人，有关部门负责人及部分区人大代表。会议听取了区政府关于2015年财政决算的报告和区人大常委会的调查报告，关于2015年区级预算执行和其他财政收支情况的审计工作报告，关于档案专项工作情况、防洪排涝设施工程建设进展情况的报告和区人大常委会的调查报告，听取了区政府关于宗教事务管理工作审议意见落实情况和区法院关于执行工作审议意见落实情况的报告。会议对区政府关于宗教事务管理工作审议意见落实情况、区法院关于执行工作审议意见落实情况进行了满意度测评，测评结果为通过。会议通过了有关人事议案，决定任命夏军为鹿城区副区长，免去邓小林的鹿城区副区长职务；接受项旭光辞去区人大常委会副主任职务的请求，报区九届人大一次会议备案；会议通过了区人大常委会主任会议、区法院、区检察院提请的其他人事议案，组织8名新任命人员向宪法宣誓。会议通过了鹿城区人民代表大会常务委员会《关于批准2015年区级财政决算的决议》，表决同意了区公安分局、区城管与执法局、区商务局、区文广新局、区安监局5个重点审查部门2015年的决算。

第三十一次会议

2016年9月19日至20日，常委会举行第三十一次会议。主任吴海燕主持会议，副主任肖石龙、胡海峰及委员共25人出席会议。副区长杨德听、黄定恩、林世南，区法院院长周丰、副院长金献华，区检察院检察长张纯亮、副检察长连昕鸣列席会议。列席会议的还有区人大常委会机关、各街镇人大相关负责人，有关部门负责人及部分区人大代表。会议听取了区政府关于2016年1—8月份国民经济和社会发展计划、全区和区级预算执行情况，温商回归招商引资工作情况、区八届人大五次会议代表建议办理情况的报告以及区人大常委会的相关调查报告，区政府关于推进全区征收安置提速提效议案办理工作审议意见落实情况、“六五”普法工作情况和“七五”法治宣传教育工作安排的报告。听取了区检察院蒋红怡、周世名、吴林海、赵玲晓、林建东五名检察官的履职情况报告和区人大常委会的调查报告。会议听取了小组代表吴法照和陶玉燕的发言；对区政府关于推进全区征收安置提速提效议案办理工作审议意见落实情况进行了满意度测评，测评结果为通过；副区长林世南代表区政府向会议作表态发言。对区检察院被评议检察官履职情况进行满意度测评，测评结果均为满意；区检察院副检察长连昕鸣代表区检察院向会议作表态发言。会议表决通过了区人大常委会主任会议和区政府提请的人事议案，组织了2名新任命人员向宪法宣誓。会议通过了《温州市鹿城区人大常委会关于开展第七个五年法治宣传教育的决议》。

第三十二次会议

2016年11月24日，常委会举行第三十二次会议。吴海燕主任主持了第一次全体会议，副主任周基斌主持了第二次全体会议，副主任肖石龙、朱启龙、胡海峰及委员共27人出席了会议。会议听取了区政府关于信息化建设工作情况、打造鹿城西部“旅游+”模式助推城乡统筹发展议案办理情况的报告及区人大常委会相关调查报告，区政府关于2016年区级财政预算调整方案、2015年区级预算执行和其他财政收支审计处理意见落实情况的报告，听取了陈金敏和姜锦谷代表小组作的审议发言；对区政府关于2015年区级预算执行和其他财政收支审计处理意见落实情况的报告进行了满意度测评，测评结果为通过；区政府林世南副区长代表区政府向会议作表态发言。会议审议通过了关于批准温州市鹿城区2016年区级财政预算调整方案的决议、关于区人民代表大会换届选举有关事项的决定；审议通过了提请设立温州市鹿城区选举委员会的议案，决定设立温州市鹿城区选举委员会。会议审议表决通过了有关人事议案，决定接受朱崇敏辞去区人民政府区长职务的请求，决定任命胡晓东为区人民政府副区长、代区长，报区九届人大一次会议备案。会议还通过了区法院提请的有关人事议案，组织了1名新任命人员向宪法宣誓。

第三十三次会议

2016年12月23日，常委会举行第三十三次会议。副主任胡海峰主持会议，主任吴海燕，副主任肖石龙、朱启龙及委员共27人出席了会议。区人大常委会党组王易进书记、党组成员叶治台同志，区人民政府黄定恩常务副区长，区人民法院周丰院长、区人民检察院林芹副检察长，区人大常委会机关、各街镇人大相关负责人，有关部门负责人及部分区人大代表列席会议。会议听取了区政府《关于提请批准将温州市七都北汊桥工程（PPP项目）政府付费纳入我区年度和中长期财政专项资金预算的议案》和有关情况说明，审议表决通过了关于批准将温州市七都北汊桥工程（PPP项目）政府付费纳入我区年度和中长期财政专项资金预算的决议；会议审议表决通过了有关人事议案，决定任命林铁、黄唯中为温州市鹿城区人民政府副区长，决定免去张本峰、林世南、杨德听、胡明亮的温州市鹿城区人民政府副区长职务；审议表决接受了周基斌辞去区人大常委会副主任职务的请求，报区九届人大一次会议备案。会议组织了2名新任命人员向宪法宣誓。会议还审议表决通过了温州市鹿城区选举委员会部分组成人员的辞职报告，以及关于召开温州市鹿城区第九届人民代表大会第一次会议的决定（草案）。

第四章 行使监督权

监督“一府两院”工作，是宪法赋予全国人大和地方各级人大的重要职权。人大代表的监督权包括评议工作权、审议工作报告权、质询权、询问权、视察权、建议权、执法检查权等等。区人大一届一次会议以来，常委会组织人大代表，在法律、经济、干部监督和代表工作、常委会及机关自身建设等方面，充分行使监督权，并在监督制度上不断加以完善。2012 年 6 月，区第八届人大常委会第六次主任会议通过《关于确定监督议题的试行办法》。

第一节 区一届行使监督权

法制工作监督

1984—1987 年，区一届人大常委会对《中华人民共和国食品卫生法（试行）》《中华人民共和国药品管理法》《中华人民共和国商标法》的执行情况进行视察检查；对《全国人大常委会关于严惩严重破坏经济的罪犯的决定》《关于严惩严重危害社会治安的犯罪分子的决定》的执行情况进行监督。

教育工作监督

1984 年 10 月，城区人大常委会视察组带领城区各部门人民代表和相关部门负责人共 17 人由城区教育局人员陪同，视察监督城区初等教育工作。同时，结合视察关于解决小学、幼儿园危房的代表议案的执行情况，建议房管部门今后建新的住宅区，要考虑搞好各项配套设施建设。

城建工作监督

1986 年 9 月，区一届人大常委会对 1985 年 11 月常委会通过的《关于坚持不懈，努力创建文明城市的决议》执行情况进行监督。区政府扩大清扫范围，大街小巷变得干净，“垃圾山”不见了；新建和改建冲水公厕 9 座，局部缓和了群众上厕所难问题；翻修小街小巷道路 84 条；解决 4 处交通卡口阻塞问题等，群众反映很好。

第二节　区二届行使监督权

法制工作监督

1987—1990 年，区二届人大常委会对《中华人民共和国经济合同法》《中华人民共和国村民委员会组织法（试行）》《中华人民共和国义务教育法》《中华人民共和国食品卫生法》《中华人民共和国药品管理法》等法律的执行情况进行视察检查。

1988 年，常委会对 1987 年通过的《关于建立执法检查制度的决定》的实施情况进行监督。

财经工作监督

1987 年 11 月，区二届人大常委会对《关于广泛深入地开展增产节约增收节支运动的决议》执行情况进行监督，就促就“双增双节”运动进一步开展，推动企业深化改革，增强企业竞争能力提出意见建议。

1988 年，常委会对 1987 年通过的《关于继续深入严厉打击严重经济犯罪的决议》的实施情况进行监督。

教科文卫工作监督

1987 年 10 月和 1989 年 5 月，区二届人大常委会先后听取和审议了区文化局关于打击非法出版活动的情况汇报，关于文化市场管理工作情况的汇报，并参阅了常委会教科文卫工作委员会关于视察文化市场情况汇报材料，督促区政府加强文化市场管理，撤销在学校门口的电子游戏机网点，制止中学生进入营业性舞厅跳舞，封闭未经批准的舞厅，没收黄色反动的淫秽书刊和录音磁带。

城建农村工作监督

1988 年 9 月，区二届人大常委会会议听取和审议区人民政府关于环境卫生工作情况的报告后，作出《关于进一步改进环境卫生工作的决议》，就群众反映迫切的“热点”问题，有组织有计划地开展代表视察活动，提出建设性的意见和建议。

第三节　区三届行使监督权

法制工作监督

1990 年，区三届人大常委会对《企业法人管理条例》《投机倒把行政处罚条例》等 19 个法律、法规的执行情况，进行视察检查，重点对贯彻《浙江省地方各级人民代表大会常务委员会监督司法工作的规定》的执行情况进行视察检查，同时检查了严厉打击严重刑事犯罪的情况，纠正一些违法现象，取得一定效果。

1991年起，常委会督促区政府抓紧制定“二五”普法规划，作出《关于在全区深入开展法制宣传教育的决定》。1992年，又听取了关于“二五”普法规划实施情况的汇报，强调普法宣传教育要讲求实效，既要形成一定声势，又要扎扎实实，决不能图形式、走过场。

1991年，常委会贯彻执行党中央、国务院和全国人大常委会关于加强社会治安综合治理的两个决定，支持和督促区政府切实加强领导，法院、检察院积极参与并充分发挥职能骨干作用，组织和发动全社会的力量，努力从根本上预防和减少违法犯罪，保障社会稳定。8月中旬，组织部分委员和代表对一些重点单位、重点地段的综合治理情况进行视察、检查，肯定全区的综合治理工作有了一个良好的开端。

1992年，常委会听取了有关保护消费者合法权益条例、环境保护法、城镇集体所有制企业条例执行情况的汇报，督促政府加强商品质量监督管理，对违法生产、经营，严重损害消费者利益的人和单位，一定要严肃依法查处；深入开展环境保护知识宣传，增强干部群众的环境意识。

财经工作监督

1990年，区三届人大常委会听取关于打击查处制售假冒伪劣商品、关于严厉打击严重经济犯罪活动的情况汇报，提出要加强打击力度，抓紧查处大要案，同时教育引导企业端正经营思想，维护消费者利益，维护全区商品声誉。1992年，再次听取关于查处制售假冒劣质商品违法活动的情况汇报，提出要总结经验教训，抓紧皮鞋行业的整顿工作，认真清理假联营、假商标；积极扶持名优产品，制止各种不正当竞争行为，为企业创造良好的外部环境。

1990年，常委会在听取关于运用检察职能为经济建设服务的情况汇报时，要求广大检察干警积极查处、打击各种扰乱、破坏正常经济秩序的违法、犯罪案件，维护企业的合法权 益。常委会还听取和审议了关于税收财务物价大检查情况、关于劳务市场整顿情况的汇报，对经济审判工作进行视察、检查。12月，组织各乡镇农业方面和区有关经济部门的人大代表共45人，对1990年全区农业生产和冬种、兴修水利等情况进行检查视察，指出区政府要稳定家庭联产承包责任制，抓好完善土地承包制，积极发展多种经营和乡村企业，壮大村级集体经济，建立和健全农业社会化服务体系，做好产前、产中和产后的服务工作，调动和保护农民的务农积极性；要推进科教兴农，推广良种播种面积，抓好农田水利基本建设，提高农业综合生产力，努力搞好“吨粮工程”建设。同年，对《关于确保完成今年工业生产任务的决议》的执行情况进行监督。区政府认真开展工作，1990年全区的工业总产值比上年增长15.58%，超过了原定争取增长7%的计划。

1991年，常委会提出要发挥“科学技术是第一生产力”的作用，依靠科技进步促进经济发展，把经济建设转到依靠科技进步和提高劳动者素质的轨道上来，对增加财政投入，积极引导企业和社会增加科技投入，促进科技和经济进一步结合等问题提出意见。

1992年，常委会对村级集体经济状况进行调查，听取有关情况汇报，要求有关部门加强调查研究，分类指导，促进村级集体经济不断壮大、发展。同年，听取了有关转变机关作风、提高工作效率为加快经济建设服务和关于抓住有利时机、加快重点企业发展步伐的情况汇报，提出要认真学习贯彻中共十四大精神，转变政府职能，改进工作作风，强化服务意识，提高办事效率；要继续采取择优倾斜政策，从技术上、资金上帮助重点集体企业改善生产条件，推进技术进步，增强发展后劲，在社会主义市场经济中提高竞争能力。

教科文卫工作监督

1990年10月，区三届人大常委会重视《关于进一步加强对中小学生德育工作的议案》办理，组织部分代表对12所中、小学的德育工作进行调查视察，对392名学生进行课堂问卷调查，并听取了区政府关于办理代表议案及加强学校德育工作的情况汇报和教科文卫工委关于调查视察情况的汇报，指出学校工作要坚持把德育放在首位，端正办学指导思想，全面贯彻中共教育方针，努力把青少年培养成为有理想、有道德、有文化、有纪律的德、智、体全面发展的社会主义现代化事业的建设者和接班人。同年，听取区政府关于农村初级卫生保健工作的情况汇报和教科文卫工委的调查情况汇报，建议区政府加强农村初级卫生保健工作，进一步抓好乡镇卫生院和村级卫生室的组织建设。

1991年，常委会组织部分委员和代表对歌舞、音像、游艺市场的管理、整顿工作进行调查、视察，提出要继续坚持“一手抓整顿，一手抓繁荣”的方针，深入开展“扫黄”“除六害”斗争，严厉打击非法出版活动，对社会反响强烈的中学生进营业性舞厅跳舞、音乐茶座中高价点歌等问题进行纠正。

1992年，常委会对教师队伍建设情况进行调查，听取有关汇报，要求继续逐步改善教师的工作、学习和生活条件，关心教师的政治思想，帮助教师不断提高政治素质和业务素质。常委会把推进卫生事业的重点放在农村初级卫生保健工作上，多次组织视察，深入调查。常委会还听取了关于文化市场管理工作、关于开展群众性体育活动的情况汇报，要求发展健康的大众化文化娱乐项目，开展多种形式的群众体育活动。

城建农村工作监督

1990年，区三届人大常委会组织以街道代表小组为主，其他方面代表参加的15个视察组，对整治市容市貌工作进行全面视察，指出还存在“路不平，灯不明，公厕脏，河水臭，阴沟塞，设施缺”等问题。并就《要求加强城市管理职能部门的建设，强化城市管理的议案》办理情况进行监督。一年来，区政府把城市管理作为重点工作来抓，增加了经费投入，有关职能部门积极开展工作，抓紧城市基础设施建设，“路不平，灯不明”状况有一定改善。

1991年10月常委会组织各代表小组对城市管理工作进行全面视察、检查，督促区政府认真贯彻执行《浙江省城市卫生管理条例》，严禁在城市养狗。

1992年，常委会听取了关于创建文明城市和加强文明街巷建设的情况汇报，强调要以《城市市容和环境卫生管理条例》《城市绿化条例》等法规和全区《市民守则》为中心内容，开展创建文明城市的宣传工作。

第四节 区四届行使监督权

法制工作监督

1993年以来，区四届人大常委会对《中华人民共和国妇女权益保障法》《中华人民共和国环境保护法》《中华人民共和国药品管理法》等法律、法规的贯彻执行情况，进行视察检查。常委会听取和审议社会治安，“严打”斗争等方面工作的报告，要求审判、检察和公安机关严厉打击犯罪，深入开展“严打”斗争和禁毒、禁赌、扫黄打非工作，实行社会治安综合治理。常委会多次听取区政府和检察院关于反腐败斗争情况的报告，督促抓好领导干部廉洁自律、查处大案要案，纠正部门和行业不正之风，推动反腐败斗争的深入开展。

1995年，常委会作出关于深入开展依法治区的决定，并相应审议通过了“一府两院”分别制定的依法治区的实施方案，督促区政府在完成“二五”普法任务的基础上，认真制定和实施法律宣传教育第三个五年规划，继续开展以宪法为核心、专业法为重点的法制宣传教育；督促“两院”建立和完善错案追究制，坚持依法司法、秉公执法；督促“一府两院”做好修改后的《中华人民共和国刑事诉讼法》《中华人民共和国刑法》和新颁布的《中华人民共和国行政处罚法》新法实施前的准备工作，促进新法实施的顺利进行。

财经工作监督

1993—1997年，区四届人大常委会多次组织代表深入农村视察调查，对发现的问题及时提出意见和建议，并对全区五个乡镇政府贯彻执行农业“两法”的情况进行检查，重点检查了农业投入、农田基本建设、农技推广体系、蔬菜生产、饲养业发展、农民负担等情况，听取和审议了区政府关于贯彻执行农业“两法”和“菜篮子”工程建设情况的报告，推动全区农业和农村工作的开展。常委会多次组织代表到鹿城工业开发区、高新技术产业园、沿江工业区视察调查，听取汇报，提出意见和建议。常委会重视区四届人大二次会议关于鹿城工业开发区配套设施建设的议案，组织代表到现场视察，了解工程进度，督促加快建设。经过努力，代表提出的工业区内道路建设、绿化、供水、供电等问题基本得到解决。常委会听取和审议区政府关于加强产权制度改革，促进生产力发展议案办理情况的报告，指出区政府要加强工作力度和政策引导，加快进度。常委会还听取和审议区政府关于《鹿城区科技发展纲要》实施情况、企业集团组建情况、企业技改和质量立区情况的报告，推动企业加快技术改造，促进生产上规模、产品上档次、管理上水平。

常委会监督区政府加快“八五”计划进程，研究、制订和实施“九五”计划。加强对年度国民经济和社会发展计划和财政预算、决算的监督审查。从1996年开始，常委会根据《中华人民共和国审计法》的规定，支持督促区审计局依法开展同级财政审计，及时听取汇报，初步了解财政家底，对审计反映的预算外资金管理和使用等问题，督促区政府加大清理力度，使之逐步纳入法制化、规范化管理轨道。

教科文卫工作监督

1994年，区四届人大常委会组织代表对全区贯彻实施教育“两基”的情况进行视察，提出十多个需要解决的问题，督促区政府狠抓落实。由于监督有力，推动了全区“两基”工作的深入开展，使之成为浙南首个“两基”达标验收合格单位。为了促进科教事业发展和科教兴区战略的实现，常委会先后审议通过了《鹿城区科学技术发展纲要》《鹿城区教育事业“九五”计划和2010年规划》，1996年还对纲要的实施情况进行检查。此外，常委会还就全区计划生育、卫生防疫、文化市场管理、金海岸文化工程建设等提出意见和建议，促进各项社会事业的发展。

城建农村工作监督

1993年以来，区四届人大常委会根据人代会决议和代表议案的要求，对城郊接合部脏、乱、差治理问题实施跟踪监督，力促政府搞好环境整治，加快卫生硬件配套设施建设。至1997年，城郊接合部环境卫生状况逐年改善，卫生硬件设施有了新的发展，计划兴建的36座公厕和5个垃圾转运亭全部竣工投入使用。常委会还针对某些街道城管干部违法打人、滥用职权、以罚代管等现象进行监督，提出批评和建议，督促区政府切实抓好城管队伍建设， 坚持依法管理、文明执法。

1995年，全区遭受17号强台风袭击后，区四届人大常委会每年组织力量对沿江标准塘的工程进度和工程质量进行检查，1997年还专门听取和审议区政府关于沿江标准塘建设情况的报告。经过全区上下的努力，全区已建成标准塘11.71公里，占应建13.7公里的85%。

第五节　区五届行使监督权

法制工作监督

1998年—2002年，区五届人大常委会先后对《中华人民共和国法官法》《中华人民共和国检察官法》《中华人民共和国消费者权益保障法》《中华人民共和国建筑法》《中华人民共和国环境保护法》《中华人民共和国科技进步法》《中华人民共和国义务教育法》《中华人民共和国妇女权益保障法》《中华人民共和国行政复议法》等21个法律、法规的执行情况进行重点检查，并采取全面评议与个案监督等多种手段相结合的方式，对看准的问题进行重点关注、重点检查、反复监督。以一法为主、结合检查相关法律法规执行情况的办法，扩大执法检查的规模和效应。1999年以来，常委会连续几年对《中华人民共和国水土保持法》 及相关的《中华人民共和国森林法》《中华人民共和国防洪法》的执行情况进行检查，促成了丰门河等河道被侵占事件的解决。

2000年，常委会根据人大代表对《鹿城区兵役义务费社会统筹实施办法》提出的议案的贯彻执行情况进行检查，并修正部分条文。

2001年，常委会肯定区政府对《中华人民共和国妇女权益保障法》的宣传、妇女维权以及对侵害妇女权益现象的打击方面做了大量的工作，同时指出相关法律法规的宣传教育还不够，侵害妇女权益的行为仍有发生，妇女安全感不强等问题，要求区政府把《中华人民共和国妇女权益保障法》纳入“四五”普法规划，加强宣传，加大执法力度；对全区农村乡镇的妇女工作要给予关注和扶持。

在对《中华人民共和国传染病防治法》的执法检查中，发现全区近几年结核病、肝炎、性病、艾滋病等发病率上升的态势相当严峻。常委会要求区政府提高全民特别是作为传染病高发人群的外来人口的传染病防治意识和自我保健能力，要进一步认识传染病防治工作的紧迫性和问题的严重性。区政府加大了医疗卫生市场的治理力度，加强区卫生执法和防保队伍的建设，并抓紧制订传染病防治规划，完善传染病预防工作与报告制度。

财经工作监督

1998年—2002年，区五届人大常委会每年听取和审议全区和区级财政预算执行情况的报告，依法审查、批准区级财政决算；支持和推动预算制度改革，早编细编预算，深化预算审查监督工作。每年听取和审议关于财政审计情况的报告，支持审计部门依法开展对同级财政的审计工作，督促有关部门依法严肃查处和纠正审计发现的问题，运用审计和统计成果，加大对财政预决算和计划执行情况的监督力度，推进监督工作向程序性与实质性并重转变。加大对财政周转金管理使用和回收的监督力度，回收率达89%，居全省第一。多次听取和审议区政府关于预算外资金管理情况的报告，逐步使之纳入法制化管理轨道。关注农村基金会清理工作进展情况，督促区政府采取有力措施，尽可能收回由财政垫付的资金，减少地方财政的损失。围绕经济建设中心和“十五”计划的实施，加大事关全局的重大问题和热点难点的监督力度。眼镜行业15家企业由于产品使用CE 标志，受到不当查处，常委会通过调查，并向国家和省有关部门 法律征询后，认为对CE查处显失公平，督促有关部门及时纠正。

1998年3月，常委会将企业产权明晰列为重点议题，深入企业调查研究，督促区政府尊重历史事实，加强政策引导，兼顾各方利益，防止公有资产流失，切实解决这一老大难问题。至10月，全区已完成改制与产权明晰的企业达232家，870家企业开展改制前资产清查、产权确认等工作。

教科文卫工作监督

1998年，区五届人大常委会把《关于加大调整学校布局力度，完善分级办学体制，推进应试教育向素质教育转轨的议案》列为重要议题，听取和审议关于该议案办理情况的汇报。会前组织视察、调查8所中、小学，实地踏勘了巨一、东屿小学的规划校址，召开区、乡教委、有关部门负责人和部分校长座谈会，征求意见与建议。督促区政府要立足区情，加强与市政府及相关部门的联系和协调，科学规划，初步形成适应鹿城经济和社会发展需要的区域教育体系。6月1日至26日，常委会先后开展4次食品卫生视察检查活动，支持区政府依法取缔一批无证经营摊点，督促政府各主管部门相互配合，共同做好管理工作。

1998年—2002年，常委会对全区创建全国科技工作先进区、浙江省科技工作先进区、浙江省教育强区工作，锁定目标、跟踪监督，促使区政府在科技创先、教育创强工作按时顺利完成，推动了科教兴区战略进一步实施。

城建农村工作监督

1998年，区五届人大常委会听取和审议《关于市区34条主干道市容市貌管理情况的汇报》，针对管理中的薄弱环节，督促区政府要建立经常化、规范化的管理制度，处理好文明执法与依法管理的关系，扭转以费代管，以罚代管的做法。为迎接全省创四轮竞赛活动验收，常委会组织部分代表分六路持证视察检查，并分别听取17个街道和与之共建的17个区属部门的汇报，及时反馈检查情况和整改意见。常委会组织对30家要在1997年底达标排放的电镀企业进行检查，督促政府主管部门对27家已配备治理设施的继续加强管理，严格达标排放；对3家还在治理之中的，年底如不能达标排放，不准开工生产。

2001年，常委会在组织人大代表对《中华人民共和国防洪法》执法检查中，发现仰义水库泄洪口建造游泳池阻塞了泄洪道，危及下游人民群众生命财产安全；中国鞋都泄洪道规划红线内违章建房等问题，在常委会督促下，违章建筑已拆除。常委会全程监督农村标准堤塘建设和仰义小流域治理，督促政府加强电镀业和制革业的废水治理；加强对中国鞋都、炬光园区、西进城口等重点工程的监督，促进工程建设顺利发展。常委会听取和审议了关于物业管理情况的汇报，督促区政府根据《省住宅区物业管理办法》和《市住宅小区物业管理暂行办法》的规定，要依法对物业公司进行清理整顿，规范物业管理行为；物业维修资金的管理和使用，要规范运作。

常委会对东边七部岛、西部藤桥片山区乡镇划归鹿城后一度影响东、西两翼建设与发展的情况，组织市、区两级人大代表向市政府建议，使七都岛17.8千米围岛堤塘和七都大桥工程，戍浦江枢纽工程河口大闸和渔藤公路工程及时列入市重点工程建设项目。2001年、2002年，常委会把加快社区建设步伐列为审议议题，要求区政府结合行政区域调整，强化以经济建设为中心，城市管理为重点，社区建设为基础的工作指导思想，开展社区建设各项工作。

第六节　区六届行使监督权

法制工作监督

2003年，区六届人大常委会开展对《中华人民共和国未成年人保护法》《中华人民共和国预防未成年人犯罪法》《中华人民共和国劳动法》《中华人民共和国科学技术普及法》《中华人民共和国环境保护法》《中华人民共和国中小企业促进法》等6部法律、法规贯彻实施情况的视察检查。

2004年，认真开展对《中华人民共和国刑事诉讼法》贯彻实施情况的执法检查，检查了全区对《中华人民共和国行政许可法》实施的准备情况和宣传学习情况。此外，对公、检、法、司机关贯彻落实《省人大司法监督条例》开展调研检查。对2003年就《中华人民共和国未成年人保护法》《中华人民共和国预防未成年人犯罪法》的两法执法检查中发现有问题的个案进行跟踪监督。对《社区工作准入制》开展调查研究。受常委会委托，多次对政府、司法机关拟任官员进行任前调查工作，特别是司法机关庭长、审判员和副检察长、检察员的任命。另外，法工委还积极配合市人大对《工会法》实施情况的检查；配合其他工委开展对环境保护法、义务教育法、归侨侨眷权益保护法等法律实施情况进行检查。

2005 年，加强监督力度，认真开展《中华人民共和国行政诉讼法》贯彻实施情况的执法检查，促进了各行政执法机关法定代表人出庭应诉制度的落实。做好群众来信来访的处理工作，收受人民群众来信 37 件，接受来访 130 余人次。组织开展对拟任职务官员的考察和法律知识考试，全年 6 次对政府、司法机关的拟任官员进行任前考察。完成了对三位副检察长的述职评议工作，积极参与村级换届选举。

2006 年，在“四五”普法工作的基础上，对区“五五”普法启动工作进行检查。对全区法院和司法局基层组织建设情况进行检查。对《中华人民共和国行政诉讼法》和《中华人民共和国妇女权益保障法》执法情况进行检查。认真做好涉及公安、司法部门的来信来访工作。协助人大常委会做好有关建议意见的交办督办工作。认真组织对拟任职务官员的考察和法律知识考试工作。

财经工作监督

2004 年，开展对《中华人民共和国产品质量法》的执法检查，协助市人大财经工委开展《中华人民共和国海关法》贯彻实施情况的调研。加强对计划的审查监督，年初对 2004 年度的计划安排进行初审，10 月中旬组织部分常委对 2004 年 1—9 月份计划执行情况进行了调查，提出改进工作的意见建议。组织开展了对区经济运行情况的调查分析，找出制约经济发展的因素，并提出了建设性的意见。加强对财政预决算的审查监督，认真做好预算初审工作，对预算执行情况和财政决算进行审查监督。组织部分在职常委、财经工委委员，对轻工特色园区建设情况进行了视察检查。

2005 年，加强调研，提出《关于加快产业结构调整促进经济又快又好发展的议案》，并于 11 月份听取了政府议案办理情况报告。坚持经济分析制度，针对区经济运行中出现的突出问题，提出应对措施和建设性建议意见。强化计划审查监督，督促“十五”计划的完成和“十一五”规划编制工作，加强对计划草案的审查监督，督促全区重点工程建设。深化预算审查监督，对 2004 年度财政决算实行监督，对 2005 年 1 月—8 月份财政预算执行情况实行监督。开展法律检查监督，组织有关人员对《中华人民共和国安全生产法》进行执法检查，有效地推动了该法的贯彻实施。积极开展述职评议活动，分别对区发展计划局局长和区统计局局长进行述职评议。

2006 年，深入贯彻执行《中华人民共和国预算法》《中华人民共和国审计法》等法律法规，加强对预决算的审查监督。为搞清楚和掌握国有资产数量及管理情况，组织开展了国有资产管理情况的调查，向区政府提出了意见建议。认真督办《关于加强食品安全管理工作的议案》，切实推动了区食品药品安全监管工作。组织对全区半年及年度经济运行情况进行调查分析，撰写分析报告。

教科文卫宗侨工作监督

2004 年，开展对《中华人民共和国义务教育法》《浙江省实行九年制义务教育条例》三年来的贯彻实施情况的执法检查，了解和掌握了全区义务教育的总体情况，提出了切中鹿城区实际的审议意见。对《中华人民共和国归侨侨眷权益保护法》贯彻实施情况进行了执法检查，使区侨眷和市民多年关注的难点得到解决。对防治“非典”工作审议意见落实情况进行跟踪监督。对科技局局长开展述职评议。在检查文明城市创建工作中，提出了相应的意见和建议，特别是加强流动人口计划生育管理问题。配合省人大来区进行《浙江省华侨捐赠条例》立法修改调研；配合市人大教科文卫民侨委的《中华人民共和国档案法》《中华人民共和国归侨侨眷权益保护法》《中华人民共和国义务教育法》的执法检查。

2005 年，认真履行监督职能，对区贯彻实施《中华人民共和国体育法》《全民健身计划纲要》《中华人民共和国科学技术进步法》情况进行执法检查。开展对区计生局局长的述职评议。努力开展工作监督，听取《浙江省台湾同胞投资保障条例》贯彻实施情况的汇报，听取开展创建全国文明城市活动情况的汇报，听取文化市场综合执法体制改革情况的汇报，对农村新型合作医疗开展情况进行调研，与区侨办等联合开展“侨法宣传月”活动。同时，加强与政府对口部门的联系，积极配合上级人大做好调研工作，积极参加市人大举办的理论研讨会。

2006 年，对区贯彻实施《中华人民共和国教师法》进行执法检查，就教师工资待遇、经济适用房分配等向区政府提出建议意见。对 2005 年《中华人民共和国体育法》执法检查后的建议落实情况进行跟踪监督，使长期难以解决的体校问题得以解决，年底终于在百里路小学挂牌建立。积极配合市人大开展的“三沿”整治督查工作，组织代表沿铁道和国道线查看整治情况，听取政府有关工作汇报。对有关“文化大区”建设的部门进行了解，重点就存在的问题进行研究。配合市人大举办了农村公共卫生问题专题研讨会。

城建农村工作监督

2004 年，抓好代表议案、建议办理的工作监督，使议案、建议在规定期内办理完毕，并达到了满意和基本满意率 92.5%。密切关注城中村资产改制工作，多次进行调研和听取区政府有关部门的工作汇报，在肯定了农村集体产权改革成绩同时，要求在改革中抓紧同步做好村民社保、医保的工作。抓重点工程建设工作监督，监督支持戍浦江治理工作，对市重点建设工程项目中由区负责建设的江滨路鹿城段建设指挥部、进城口工程建设指挥部、汇昌河水上公园鹿城段建设指挥部进行视察、调研。对土地承包法贯彻情况、农产品质量情况进行调研。结合《中华人民共和国环保法》执法检查，对“生态村”建设工作进行监督。

2005 年，加强法律监督，开展对《中华人民共和国农村土地承包法》的执法检查，推进农村土地承包管理工作。开展对《中华人民共和国环境保护法》的执法检查，对重点行业环境污染专项整治情况进行视察。加强工作监督，开展了对生态区建设、环境保护和重点工程的检查监督，对关于百姓安居的安置房建设进行视察检查，并开展了对“千百工程”的检查监督。积极做好述职评议工作，对区建设局局长进行述职评议。努力做好建议督办和群众来信来访工作，认真办理上级人大转办的信访件。

2006 年，两次组织视察组对《中华人民共和国环境保护法》贯彻实施情况进行执法检查，加快了区电镀、制革行业整治工作进度。对生态区建设规划执行情况进行调查。采取听取汇报、实地视察、召开座谈会和跟踪检查相结合方式，对“五个一”民生工程和重点工程建设进行视察检查。开展对农村重点水利工程建设的检查监督。听取政府有关部门对禽流感防控工作的汇报。

第七节　区七届行使监督权

法制工作监督

2007 年 7 月，依法开展区法院执行工作情况监督，对“执行难”问题提出意见建议。对全区 16 个部门单位“五五”普法工作落实情况进行了督查。主动做好规范性文件备案工作。认真做好涉及公安、司法部门的来信来访工作。对村级组织换届选举试点工作开展调研，研讨、指导选举中碰到的新情况、新问题。制定出台了《温州市鹿城区人民代表大会常务委员会关于建立人民监督员制度的意见（试行）》。认真组织对拟任职务官员的考察和法律知识考试工作。

2008 年，组织开展对《浙江省社会治安综合治理条例》贯彻实施情况的执法检查。开展对区政府 “五五”普法中期工作、规范性文件清理工作、全区村委会换届选举工作等监督。做好规范性文件备案工作。积极配合市人大对社会治安、消防等工作情况的视察调查。认真做好涉及公安、司法部门的来信来访工作。认真组织对拟任职务官员的考察和法律知识考试工作。

2009 年，对检察院侦查监督工作开展监督，促进公正司法。对《浙江省社会治安综合治理条例》执法检查审议意见落实情况开展跟踪监督。开展对民政专项工作和消防安全工作情况的监督。建立规范性文件备案审查机构并落实人员编制。配合省人大做好《浙江省流动人口居住登记条例》《浙江省未成年人保护条例》等地方性法规立法调研工作。认真做好涉及公安、司法部门的来信来访工作。认真组织对拟任职务官员的考察和法律知识考试工作。

2010 年，对《中华人民共和国老年人权益保障法》的贯彻实施情况开展执法检查。对消防工作审议意见落实情况开展跟踪监督。检查全区“五五普法”工作，对“六五普法”规划编制工作提出建议。监督促进社区办公用房建设。健全规范性文件备案审查工作制度和机制，对区政府报送的规范性文件依法做好备案登记。配合省、市人大联动对法院行政审批工作和检察院刑事诉讼法律监督工作开展调研。认真做好涉及公安、司法部门的来信来访工作。认真组织对拟任职务官员的考察和法律知识考试工作。

2011 年，对区法院的民事审判专项工作进行视察调查，在常委会上听取工作报告并提出意见建议；对区检察院民事审判法律监督工作进行视察调查，在常委会会议上听取工作报告并提出意见建议；对区检察院贯彻落实省人大《关于加强检察机关法律监督工作的决定》情况进行检查。开展普法工作调研，提请常委会审议通过了《关于进一步加强法制宣传教育的决议》，启动“六五”普法工作。对区政府报送的规范性文件依法做好备案登记，常委会会议上听取了规范性文件清理工作和备案工作报告。参与“大调解”体系建设，对无障碍环境建设管理情况进行视察调查，调研社区居家养老服务、街道（功能区）撤扩并后内设机构和基层站所设置等工作。认真做好涉法涉诉来信来访工作。认真组织对拟任职人员的考察和法律知识考试工作。

财经工作监督

2007 年 4 月，组织开展了产业结构调整情况的视察调查，重点就重污染行业的整治情况以及发展循环经济、清洁生产和高新技术产业等方面的工作情况进行视察检查。7 月，开展半年经济运行情况调查分析，提出意见建议。10 月，对 2007 年 1 月—9 月份计划、预算执行情况及 2006 年财政决算开展监督。对科技三项经费安排使用管理情况开展监督，提高科技三项经费使用效益。8 月—10 月，开展《中华人民共和国中小企业法》执法检查，维护中小企业合法权益，促进中小企业健康发展。配合上级人大对《中华人民共和国安全生产法》开展跟踪监督。

2008 年，对区 2005 年以来贯彻实施《中华人民共和国产品质量法》情况开展执法检查。对《中华人民共和国劳动合同法》实施情况进行调查。开展半年经济运行情况调查分析，提出意见建议。对“十一五”规划纲要实施情况、2008 年 1 月—9 月份计划、预算执行情况及 2007 年财政决算开展监督。开展对部门预算细编的审查监督，听取教育、卫生系统部门预算细编情况报告。加强食品药品监督工作，开展对食品的流通领域、医疗机械行业、药品流通行业重点企业的视察检查。

对 2009 年 1 月—8 月份计划、预算执行情况及 2008 年财政决算开展监督。开展对部门预算细编的审查监督，对教育、卫生部门预算细编工作进行跟踪监督，听取民政、市政园林、农林水利部门预算细编情况报告。对区政府经贸专项工作进行监督，开展半年度经济运行情况调查分析，对中小企业融资难问题开展调研，提出意见建议。加强对食品安全工作的监督。认真督办《关于加快发展装备制造业，促进产业转型升级的议案》和《关于尽快启动 330 国道鹿城仰义至双屿段改造的议案》两个代表议案。

2010 年，对“十二五”规划编制工作开展专题调研，就“十二五”规划纲要编制工作提出意见，认真做好“十二五”规划纲要的初审工作。开展半年度经济运行情况调查分析，就经济工作中存在的问题提出意见建议。对 2010 年 1 月—8 月计划、预算执行情况及 2010 年财政决算进行监督。关注国有资产管理缺失问题，督促区政府完善国有资产管理机制。对民政、市政园林、农林水利部门预算执行情况进行跟踪监督，对经贸、公安、环保、体育部门预算细编情况开展审查监督。对 330 国道鹿城仰义至双屿段改造工作情况进行跟踪监督。

2011 年，结合“双十大工程”实施，加强对政府投资工作的监督，常委会会议上先后听取了2011年政府性投资项目计划安排情况报告和计划实施情况的报告。对半年度经济运行暨服务业发展情况开展调查分析，就经济运行中存在的问题提出意见建议。监督2011年1月—8月份计划、预算执行情况，2010年财政决算、2010年区级预算执行情况和其他财政收支审计工作及审计处理意见落实情况，常委会会议上听取了相关工作报告。对金融风波下的鹿城企业生存状况开展调研，撰写调研报告，向区委区政府提出意见建议。对经贸、公安、环保、体育部门预算执行情况进行跟踪监督，对发改、人事劳动、人口与计生、建设、审计部门预算细编情况开展审查监督。对330国道鹿城仰义至双屿段改造工作情况进行跟踪监督。

教科文卫宗侨工作监督

2007年5月，对《中华人民共和国民办教育促进法》开展执法检查，督促解决民办教育中存在的突出问题。配合市人大常委会对《浙江省宗教事务条例》进行检查。认真督办区七届人大一次会议杨明明等11位代表联名提出的关于均衡城乡教育发展农村教师队伍的议案。配合上级人大对清真食品状况、农村文化设施和农民健康工程等开展调研。

2008年，对城乡社区卫生服务工作开展监督，确保老百姓享有经济、安全、便捷的优质公共卫生服务和基本医疗保障。对《浙江省文化市场管理条例》《娱乐场所的管理条例》等贯彻实施情况进行了检查。认真督办柳晓忠等10位代表联名提出的关于要求在中国鞋都三期内筹建社区卫生服务中心的议案。对《中华人民共和国民办教育促进法》和《均衡城乡教育发展农村教师队伍》议案办理结果所作出的审议意见进行跟踪监督。配合上级人大对非物质文化遗产保护、涉侨法律法规执法检查、依法保障台湾同胞投资权益、《中华人民共和国档案法》执法检查、《中华人民共和国食品卫生法》执法检查等工作开展调研。

2009年，开展体育专项工作监督，推进省级体育强区创建工作。开展人口与计生专项工作监督，推动区政府出台农村独生女家庭父母社会养老保障等相关政策。对全区宗教活动场所情况进行了调研，督促区政府依法解决好宗教场所迁建历史遗留问题和违法建祠问题。跟踪督办《关于要求在中国鞋都三期内筹建社区卫生服务中心的议案》。配合上级人大对职业教育、城乡社区卫生服务、宗教、华文教育等工作开展调研。

2010年，开展文化专项工作监督，督促政府强化主体地位，加大引领力度，扎实推进“文化大区”建设。对《中华人民共和国档案法》的贯彻实施情况开展执法检查，督促政府提高依法科学治档水平。对计生、体育工作审议意见再落实情况开展监督检查。检查华侨侨眷权益保护情况，推动涉侨法律和侨务政策的落实。继续跟踪督办《关于要求在中国鞋都三期内筹建社区卫生服务中心的议案》，使议案得到落实。配合上级人大对民族、宗教等工作开展调研。

2011年，为助推“六城联创”工作，对创建国家历史文化名城情况开展视察检查，在常委会上听取工作报告并提出意见建议。对文化专项工作和《中华人民共和国档案法》执法检查审议意见落实情况开展跟踪监督。对民族工作进行调查，听取相关工作报告，督促政府尽快出台民族工作实施意见。对医药卫生体制改革工作进行调研，听取相关工作报告，提出意见建议。配合市人大教科文卫委、民宗侨外委对医药卫生体制改革、创建历史文化名城、文化产业发展情况、城市少数民族工作、宗教教职人员社会保障情况进行调研。

城建农村工作监督

2007年7月，继续开展对《中华人民共和国环境保护法》执法检查，督促解决存在的突出问题，进一步推进生态区建设。11月，组织开展旅游业情况的视察调查。开展社会主义新农村建设情况视察，重点了解新农村建设“六大工程”实施状况。结合代表建议，对西部农民饮用水工程、千库保安工程、“515”防洪保安生命线工程建设情况开展视察。实地视察了戍浦江河道综合整治工程、七都标准堤塘等重点工程。围绕文明城市创建，对“百巷万户惠民”工程、亮丽工程及市容市貌整治等进行视察。积极配合上级人大做好调研工作，认真学习《中华人民共和国城乡规划法》《浙江省防汛防台抗旱条例》等城建农村方面的法律法规。

2008年，开展对新农村建设审议意见落实情况的监督。对温瑞塘河综合整治进展情况开展监督，提出审议意见。组织调查组视察了轻工特色园区、西进城口、中央涂改建、“五一五”防洪保安工程、城市防洪堤、七都大桥等重点工程建设情况，并听取了汇报。对区政府节能减排工作落实情况进行监督。开展了《中华人民共和国城乡规划法》实施情况、戍浦江流域综合整治工程进展情况的调研。配合上级人大对温瑞塘河保护管理立法调研及《中华人民共和国土地管理法》实施情况的检查活动。重视自身学习和工委建设。

2009年，配合省市人大对农业法及相关法律法规贯彻实施情况开展上下联动检查。开展对《浙江省物业管理条例》实施情况的执法检查，提出意见建议。开展市政园林专项工作监督，并作出审议意见。开展对农民饮用水工程建设、环境综合整治、戍浦江流域综合整治工程进展等情况的监督。对温瑞塘河鹿城段综合整治工作审议意见落实情况进行跟踪监督。配合省、市人大做好温瑞塘河保护立法和旧村改造工作的调研。认真督办《关于要求推进“城中村”旧村改造的议案》。

2010年，对《中华人民共和国水污染防治法》《浙江省水污染防治条例》《浙江省温瑞塘河保护管理条例》的贯彻实施情况开展执法检查，对农业法及相关法律法规执法检查审议意见落实情况进行跟踪监督。开展重点工程建设专项工作检查视察，监督政府切实解决重点工程建设中存在的问题，扎实推进重点工程建设。对市政园林专项工作审议意见落实情况进行跟踪监督。认真督办《关于建立生态补偿机制的议案》。对“城中村”旧村改造工作进展情况开展监督检查。

2011年，对《国务院城市绿化管理条例》的贯彻实施情况开展执法检查，并对执法检查审议意见落实情况进行跟踪监督；对《中华人民共和国水污染防治法》《浙江省水污染防治条例》《浙江省温瑞塘河保护管理条例》执法检查审议意见落实情况进行跟踪监督；对重点工程专项工作审议意见落实情况进行视察检查，听取相关工作报告，推进重点工程建设。为推进中央一号文件精神的贯彻落实，对沿江防洪堤（鹿城段）、西向排洪、戍浦江流域综合整治、七都标准堤塘等水利工程建设进展情况进行视察。对区安置房工程建设情况开展视察，针对存在的问题提出意见建议。

第八节　区八届行使监督权

法制工作监督

2012年，加大对法院审判工作的监督，配合市中院对区法院的巡查，支持区法院成立金融审判庭。支持区检察院依法开展预防职务犯罪工作，听取区检察院关于浙江省预防职务犯罪条例实施情况的报告。开展律师法执法检查，常委会会议上听取工作报告并提出意见建议。配合上级人大开展法官法执法检查，针对存在的问题提出意见建议。开展浙江省集体合同条例和浙江省企业民主管理条例实施情况的监督，推动和谐企业建设。监督“六五”普法工作，督促“一府两院”及有关单位认真履行普法职责。对区政府报送的规范性文件依法做好备案登记，常委会会议上听取了规范性文件备案审查情况的专项工作报告。深入专题调研，先后就社区撤扩并后社区建设及网格化管理工作、社区居家养老服务工作、残疾人就业情况开展调研。认真做好涉法涉诉来信来访工作。认真组织对拟任职人员的考察和法律知识考试工作。

2013年，结合执法检查和议案办理，连续三年跟踪监督居家养老服务建设，督促政府加大资金投入，加强服务管理队伍建设，完善养老服务网络，推进政府出台社会养老服务体系“1+5”系列文件。督促法院继续深化创新金融专业审判模式、完善金融改革司法保障机制和维护经济金融秩序稳定等方面的工作，进一步提高金融审判质效。督促检察院进一步完善防范和打击虚假诉讼联动机制，加大对虚假诉讼犯罪的打击力度。督促“两院”重视典型案件分析，加强前瞻性司法调研。主任会议听取“六五”普法实施中期督查情况报告。依法开展规范性文件备案审查工作，受理和登记政府报备的规范性文件36个。此外，还开展了禁毒法执法检查，督促政府及公安机关进一步强化工作责任落实，深化禁毒宣传教育，保持打击涉毒的高压态势；对律师法执法检查审议意见落实情况进行监督，专题视察鹿城看守所，针对存在的问题提出意见建议。

2014年，专项调查职务犯罪查办和预防工作，要求惩防并举，健全预防机制，强化队伍建设，营造良好氛围，为改革发展提供有力的司法保障。跟踪督办关于提升居家养老服务工作的议案，视察调研居家养老服务工作，督促政府加快推进居家养老服务向农村延伸的步伐，促进城乡基本养老服务均等化。跟踪检查禁毒法执法检查审议意见落实情况，要求继续加强打防管控、强化工作保障。关注金融案件的审理与执行，督促法院创新工作举措，强化审判职能，切实维护信用生态环境；加强金融案件分析，积极提出司法建议，提高我区依法化解金融风险的能力。配合市人大开展社区矫正工作监督。监督推进“六五”普法规划实施。对区政府报送的40件规范性文件依法备案审查，受理公民异议审查申请1件。加强拟任干部法治意识教育，组织任前法律知识考试37人次。

2015年，开展公检法司机关工作人员依法履职公正司执法情况专项监督，提升司法公信力。专项监督区法院执行工作，要求法院健全公开化的管理流程，构建高效联动机制，加强执行能力建设。随机抽取5名法官开展履职评议，提出具体整改意见并督促改进工作。协助市人大开展立法课题的征集和调研，征求各级人大代表和社会各界对《温州市制定地方性法规条例（草案）》《温州市市容和环境卫生管理条例（草案）》等法规草案的意见，向“一府两院”征集有关促进鹿城建设发展的立法项目建议。跟踪监督区检察院查处和预防职务犯罪工作。配合市人大开展安全生产相关法律法规执法检查，督促区政府抓好安全生产突出问题的监管和整改。加强法治宣传教育，监督“六五”普法工作，开展“12•4”国家宪法日活动、依法治国理论宣讲活动。组织任前法律知识考试62人次。出台《鹿城区组织实施宪法宣誓制度办法》，组织宪法宣誓仪式3次，共38名人大任命干部向宪法宣誓。加强对人民陪审员选拔程序和履职情况的监督。认真开展规范性文件备案审查，共受理区政府报送备案的规范性文件34件。关注养老事业、慈善事业发展和弱势群体保障问题，视察调研居家养老服务工作、自闭症儿童康复现状。5月4日，区人大常委会主任吴海燕、副主任项旭光和部分常委组成的调查组，就区八届人大五次会议期间许卫疆等代表提出的《关于打造鹿城西部“旅游+”模式 助推城乡统筹发展的议案》开展调查。议案领衔代表参加了调查活动。

2016年5月12日，鹿城区人大常委会组织视察调查组，对公检法司机关工作人员依法履职、公正司（执）法情况进行跟踪监督，分别视察了鹿城区看守所、拘留所和北京德恒（温州）律师事务所，召开了公安干警和律师座谈会。公检法司各部门对本单位落实审议意见的情况进行了专题汇报。7月中旬，鹿城区人大常委会组成调查组对区法院执行工作审议意见落实情况进行调查。

财经工作监督

2012年，调研经济运行和城市产业有机更新工作，听取相关工作报告，提出意见建议。监督总部经济园建设，多次进园入企调查，常委会会议上听取关于加快总部经济园建设促进我区经济发展的议案办理方案的报告。多次调研金融改革试点工作，督促政府破解难题，健全促进宏观经济平稳、支持实体经济发展的现代金融体系。监督2012年1—8月计划、预算执行情况，2011年财政决算、2011年区级预算执行情况和其他财政收支审计工作及审计处理意见落实情况，对2012年全区财政预算调整方案进行会前审查，常委会会议上听取了相关工作报告。对发改、人事劳动、计生、住建、审计部门预算执行情况进行跟踪监督，对商务、城管与执法部门预算编制情况进行审查监督。

2013年，着重调查、审查“十二五”规划纲要中期评估和1—8月份计划执行情况，督促区政府力争重点指标、项目和任务如期完成，确保经济社会持续健康发展。首次以“全口径”的要求审查2012年财政决算、其他财政收支和政府性基金等情况，督促政府解决预算编制、预算执行、债务管理、公共支出等方面的问题，将更多的财力用在加快发展和改善民生上。审查2013年1—8月份预算执行和部门预决算，要求严控预算追加，加快推进部门预算公开化、阳光化。强化审计监督，健全财政预算管理体制和运行机制。调查金融改革和中小企业融资难情况，督促构建支持实体经济发展的现代金融服务体系。此外，关注有效投资、网络经济和“黎明•92”文创园建设等工作，跟踪监督总部经济园建设，调研中国鞋都改造提升工作、民间资本回归实体经济、完善三大园区配套设施建设和优化产业布局等课题。

2014年，调查、审查1—8月份计划执行和经济运行情况，督促政府夯实经济工作基础、深化政银企联动、优化资源要素配置、加快培养新的增长点。督查政府投资重点项目，要求严防债务风险。关注BT项目建设，要求合理安排BT项目，提高财政资金使用效益。

2014年，是区人大常委会预算工作委员会设立并开展工作的第一年。是年，修订《区人大常委会关于区级预算审查监督办法》，制定《区人大常委会关于区级部门预算审查监督办法》和《区人大常委会关于加强全口径预算决算审查监督的实施意见》，建立更加规范有序的预算审查监督机制。审议区级和部门预算执行、财政决算和审计报告，审查批准2013年度财政决算，督促整改审计中发现的问题，加强对专项资金、重点项目资金的监管，健全追责制度。首次按"先审查部门预算再审查全区和区级预算"的方式对2015年预算编制进行审查监督。对全区70个部门预算草案逐项审查，选取5个部门提交常委会重点审查。督促做好预算执行分析，加强对预算资金拨付的监督和使用管理，推进清理部门结余资金1亿余元。加强对政府性债务的监督，要求建立预警和监督防控机制，严控债务规模，优化债务结构，建立全过程监督机制，防范财政风险。举办预算监督知识讲座，提高常委会组成人员的预算审查能力。

2015年，密切关注全区经济运行，提前介入并全程监督"十三五"规划编制，听取和审议区政府关于半年度经济运行、1—8月计划执行和"十三五"规划编制情况的报告，针对经济转型和城市转型步伐不快、投资驱动和创新驱动能力不强等问题，要求区政府优化空间布局、增强城市功能，激发民资活力、扩大有效投资。督办鹿城建设时尚之都示范区议案，向区政府提出科学规划布局、理顺体制关系、建立产业基金、优化帮扶政策、完善服务体系、建立配套平台的审议意见，推动鹿城时尚产业科学发展。开展"重振优势传统产业、加快发展新兴产业"专题调研并撰写调研文章，为区委提供决策参考。

2015年，听取和审议预算草案、预算执行、决算、审计等报告，要求区政府及职能部门完善预算管理体系，细化编制一般公共预算、政府性基金预算和国有资本经营预算，严格预算执行，抓好审计发现问题的整改，加强绩效管理。审查批准2014年度财政决算、2015年度部分预算调整方案。成立9个预算审查小组，对全区70个部门2016年度预算编制草案进行调查，提出具体整改意见交财政部门和预算单位落实。首次组织预算重点审查部门的听证会，深化部门预算审查监督。聘请15名从事财政、审计、税务、工程造价等方面的专家，建立人大预算审查监督咨询专家库。加强全口径预算审查监督，督促将区属国有企业纳入国有资本经营预算管理范围。

2016年8月3日，区人大常委会召开专题会议，听取区发改委、区财政局、区经信局、区商务局、区统计局等9个经济部门关于上半年全区经济运行情况的汇报。

教科文卫宗侨工作监督

2012年，与省、市人大联动，开展食品安全执法检查，常委会会议上听取工作报告并提出意见建议。监督计生指导站建设，督促有关责任单位加强配合，加快推进计生指导站建设。专题监督台胞台属权益保护情况，听取相关工作报告，提出意见建议。监督残疾人服务工作，促进残疾人服务工作各项措施的落实。对区计生指导站建设情况进行检查，听取相关工作报告，提出意见建议。跟踪监督创建历史文化名城审议意见落实，常委会会议上听取关于创建国家历史文化名城工作审议意见落实情况的报告。配合省人大民宗侨外委对涉侨法律法规贯彻实施情况进行调研。配合市人大教科文卫委、民宗侨外委对少数民族教育扶持工作、民办教育综合改革试点工作、宗教活动场所规范化管理工作情况进行调研。对社区卫生服务中心工作情况进行调研。

2013 年，监督教育专项工作，要求合理配置教育资源，抓好教师队伍建设，加强校园周边安全管理，推进“早教进社区”工作，促进教育优质均衡发展。开展科技进步“一法一条例”执法检查、对食品安全“一法两规”审议意见落实情况进行监督，督促区政府将好的做法转化为长效机制。

2013 年，监督宗教场所拆迁安置工作，督促区政府加强规划引导，出台补偿办法，全力破解宗教活动场所和民间信仰场所无序建设的难题，保障宗教领域和谐稳定。主任会议听取少数民族工作情况报告，跟踪区政府为民办实事项目，提出意见建议。

2014 年，连续三年专项监督食品安全工作，要求政府加强检验检测能力建设，健全信息共享和长效监管机制。跟踪监督教育专项工作，要求进一步打造鹿城教育品牌，增强教育核心竞争力。跟踪科技进步“一法一条例”执法检查审议意见落实情况，要求更加注重科技投入的结构和效率。调查文化创意产业，要求立足区位优势，深化招商引资，突出本地特色，推进多元发展。跟踪监督教育专项工作，要求进一步打造鹿城教育品牌，增强教育核心竞争力。调查文化创意产业，要求立足区位优势，深化招商引资，突出本地特色，推进多元发展。调查全区游泳场馆安全卫生情况，督促建立长效监管机制。

2014 年，组织出入境管理工作专题讲座，开展出入境管理法执法检查，要求加大法律宣传力度、加强沟通协作、强化管理队伍建设。跟踪监督宗教场所拆迁安置工作，督促依法拆除宗教场所违章建筑，完善长效管理机制，维护宗教场所建设秩序。

2015 年，专项监督义务教育均衡工作，促进区域发展不平衡、管理机制不完善、教育资源布局不合理等问题化解。跟踪监督食品安全专项工作审议意见落实情况，督促建立公众参与、企业自律、法制保障、齐抓共管局面。调研卫生和计划生育机构改革情况，要求区政府抓住医改机遇，发挥政府和市场作用，更好地满足市民不同层次的医疗卫生需求。配合省人大开展食品安全执法检查自查工作，协助市人大完成关于“学前教育发展情况”“医疗服务发展情况”的调研以及职业教育方面的执法检查。

2015 年，专题监督鹿城区宗教事务管理工作，针对宗教管理队伍力量不足、活动场所布局不合理、内部管理不规范等问题提出审议意见并交区政府办理。跟踪监督出入境管理法执法检查审议意见落实情况，推动区政府健全工作机制，加强法律宣传，增强执法合力。配合市人大民侨委开展依法加强宗教事务管理工作调研、温商回归工作审议意见落实情况和对台湾同胞投资保护法律法规贯彻实施情况审议意见落实情况的跟踪监督等工作。

2016 年 7 月 25 日，鹿城区人大常委会副主任胡海峰带领调查组对全区档案专项工作进行调研。调研组一行先后实地查看了区市场监督管理局、区安监局、区档案局档案库，听取区档案局工作汇报，同时召开部分部门和街道（镇）档案管理人员座谈会。

城建农村工作监督

2012年，开展浙江省温瑞塘河保护管理条例执法检查，促进条例在鹿城区的贯彻实施。认真督促关于城中村改造议案办理，推进区城中村改造步伐。开展农房改造集聚建设进展情况的视察，听取相关工作报告并针对存在的问题提出意见建议。为助推“六城联创”工作，开展国家园林城市、国家森林城市、国家环保模范城市创建工作的视察调查，常委会会议上听取相关工作报告，并提出意见建议。监督“三分三改”工作，就区政府出台《农村集体资产产权制度改革指导意见》《农村集体资产产权制度改革股权量化参考建议》等政策提出意见建议。视察检查七都标准堤塘、仰义至双屿段公路改建、西向排洪、戍浦江流域综合整治等工程建设情况，跟踪监督七都大桥建设，督促切实加强质量管理，加快建设进度。对物业如何发挥在“两无三化”中的作用进行调研。

2013年，加强对“三农”项目、资金投入议案办理情况的监督，督促区政府加快推进农村水利设施建设，加大对农业产业化和农民增收的扶持力度。督促区政府不断深化“三改一拆”工作，着力提升城市形象。监督广场路旧片区改造提升议案办理，督促政府做好做细前期工作，积极稳妥推进改造。着重跟踪监督国家园林城市、森林城市、环保模范城市创建工作。主任会议听取城市环境整治提升、国家卫生城市创建、现代都市休闲观光农业发展等情况报告。对温瑞塘河保护管理条例执法检查审议意见落实情况进行监督。

2014年，监督征收安置工作情况，结合教育实践活动，采取多种方式开展调研，听取和审议工作报告并进行专题询问，推动一批安置项目提速提效。监督“五水共治”，督促政府治理建设并重、严控源头污染、拓宽筹资渠道、落实长效管理、引导社会参与，推进“治水”工作。对“三改一拆”工作开展“回头看”，结合审议意见落实，在政策扶持、部门合力、资金保障等方面提出整改意见。配合省政府、市人大督导“三改一拆”工作。监督BT项目建设，督促理顺监管体制，抓实项目前期、施工、安置各环节工作，突出有效投资。针对群众反映强烈的D级危房批建难问题开展专题调研和督查，推动政府出台D级危房改造实施方案及补充规定，加大政策配套力度，维护农民合法权益。多次视察检查仰义至双屿段公路改建工程、七都重点项目等建设，参与“电视问政”，督促解决拆迁安置和建设中存在的问题。督查和参与国家卫生城市、全国文明城市创建，跟踪亮点区块建设和双屿综合治理情况。

2014年，结合“五水共治”专项监督开展审议，视察调查丰门河治理工作，共同形成审议意见。跟踪督办关于加大对“三农”项目、资金投入的议案，推动政府进一步加大“三农”投入，增加河道整治资金投入，加快小流域综合治理，推进美丽乡村建设，改善农村生产生活条件。配合上级人大，做好河长巡查、寻找可游泳河道等工作。

2015年，认真督办推进征收安置提速提效议案，结合征收安置工作专题询问审议意见的跟踪落实，先后7次对11个重点督查项目进行追踪检查，推动区政府加大破难攻坚力度，积极创新安置机制，加快实现百姓“安居梦”。监督“五水共治”工作，督促区政府进一步加大宣传、形成共识，明确任务、狠抓落实，治管并举、源头防控，全面提升治理成效。与省、市人大联动，开展大气污染防治工作情况调研，督促政府加强基础能力建设和重点区域监管。开展全区旅游业发展情况视察调查，推动旅游大项目落地和数字化旅游发展。

2015年，审查批准街镇区划调整方案和《鹿城区土地利用总体规划（2006—2020年）》（2014调整完善版），审查批准城中村改造项目融资建设方案，督促区政府加强对城中村改造项目的监管，确保城中村改造项目规范运作。跟踪监督丰门河治理工作，督促区政府加快推进西片污水处理二期工程，推动已治理河道水质长效管理。视察调查农村“三资”管理情况，督促推进街镇“三资”管理服务中心规范化建设，健全组织机构和人员队伍。调查农村产权制度改革基础工作进展情况，督促区政府加强政策研究与指导，做好农村土地承包经营权确权和未完成改制村的股改工作。

2016年5月11日，为进一步加强全区政府性投资重点项目建设工程的监管，鹿城区八届人大第69次主任会议研究制定了《2016年政府投资暨全区重点项目建设工作监督方案》，对鹿城区2016年政府性投资的97个区级重点项目、21个市级以上重点项目进行全面跟踪监督。5月19日，区人大常委会主任吴海燕率队到新城大道督查道路综合整治工作。吴海燕一行沿着新城大道步行巡查，一边巡查一边听取滨江、南汇街道关于该路段整治管理情况的汇报，并结合道路环境整治“四化”要求，对下步工作作出部署。6月22日，鹿城区人大常委会组建调研组，对温瑞塘河治理工作情况开展专题调研，助推温瑞塘河治理工作取得真正实效，加快打造美丽浙南水乡。6月22日，为促进城市精细化管理，助推城市转型提升，根据市、区委和市人大常委会的部署要求，鹿城区人大常委会精心组织实施，扎实推进城市精细化管理主题监督活动。7月27日上午，鹿城区人大常委会主任吴海燕赴西山河（鹿城段）、蛟尾堡河履行“河长”职责，全方位排查两岸排水口、企业污染排放、河道水质、沿河绿化等情况。7月28日上午，根据市、区委和市人大常委会的部署要求，鹿城区人大常委会精心组织，扎实推进城市精细化管理主题监督活动，助推城市转型提升。

9月28日，为助推征收安置提速提效，鹿城区人大常委会组成调研组，对全区征收安置工作进行调研。

第五章 行使人事任免权

自1984年8月温州市城区第一届人大常委会第二次会议起，至鹿城区第八届人大常委会第33次会议，常委会共任命和决定任命1606人次，接受辞职、免职620人次，撤销职务4人次，罢免2人次，依法行使了人事任免权。

1998年9月24日，区第五届人大常委会第四次会议通过了《关于任免本级国家机关工作人员办法》。此后，多次修改完善。

第一节 区一届行使人事任免权

1984年8月9日至10日，在温州市城区一届人大常委会第二次会议上，任命俞锡荣为城区法院院长、审判委员会委员，谢尔康为城区法院副院长、审判委员会委员，虞廷南为城区法院副院长、审判委员会委员，陈少林为城区法院副院长、审判委员会委员，李文谦、宓崇敏为城区法院审判委员会委员，陈定国为城区法院刑事审判庭庭长、审判委员会委员，陈浩为城区法院刑事审判庭副庭长，胡荣照为城区法院民事审判庭庭长、审判委员会委员，吕宏为城区法院民事审判庭副庭长，廖志道为城区法院经济审判庭庭长、审判委员会委员，赵增惜为城区法院第一人民法庭庭长，夏兆珠为城区法院第二人民法庭庭长，潘长青为城区法院第三人民法庭庭长，俞钟庆、程振明、马良相、何益华、陈其榜、黄瑞爱、阮鸿文、李龙昌、包玲玲、戴存清、王锡全、张周杰、陈国平、陈旭珍为城区法院审判员。任命颜贻淦为城区人民代表大会常务委员会办公室主任，余岩隆为城区人民代表大会常务委员会办公室副主任，潘宝卿为城区第一届人民代表大会常务委员会财经城建工作委员会主任，黄成贵为城区第一届人民代表大会常务委员会法制工作委员会主任，巩际信为城区第一届人民代表大会常务委员会科教文卫工作委员会主任。任命吴侠圣为城区检察院检察委员会委员，瞿守仁为城区检察院副检察长、检察委员会委员，金德力为城区检察院副检察长、检察委员会委员，张国光、杨锡祥、谢向理、潘波、杨岩华为城区人民检察委员会委员、检察员，竺斐君、叶鸿飞、程兰生、孙国辉、郑英铎、徐君德、沈铸烈、孙连光、邵定榜、周启程、陈永标、何志品、吕志轩、李荣华、陈益舟、刘观昌、潘昌静、叶启顺、周笑乐、丁宪荣、陈汉兴、倪海平、蒋乐海、吴春华为城区检察院检察员。

1984年11月27日，在常委会第三次会议上，决定任命董希凯为城区政府办公室主任，管嗣录为城区计划经济委员会主任，朱国衡为城区科学技术委员会主任，黄国池为城区财政税务局局长，俞根堂为城区人事局局长，徐维治为城区劳动局局长，王鸿铨为城区民政局局长，卢先理为城区工商行政管理局局长，黄彩萍为城区物价局局长，王达华为城区卫生局局长，郑绍训为城区文化局局长，李少华为城区体育运动委员会主任，陆春兰为城区计划生育委员会主任。任命潘德存、戴曼西为法制工作委员会委员，吴金林、吴国钜、张爱春、陈国戾、周寿忠、虞楚平为财经城建工作委员会委员，王抗美、陈光中、陈绍光、缪笑竹、魏自立为科教文卫工作委员会委员。

1985 年 5 月 18 日，在常委会第六次会议上，决定任命瞿寿连为鹿城区（1984 年 12 月，城区改称鹿城区）农业委员会主任，郑维新为鹿城区房地产管理局局长，任命李春涛为鹿城区法院刑事审判第二庭庭长，杜新民为鹿城区法院刑事审判第二庭副庭长，徐长根为鹿城区法院第四人民法庭庭长，郑周定为鹿城区法院第四人民法庭副庭长。潘波为鹿城区检察院副检察长，郑英铎为鹿城区检察院检察委员会委员。任命陈定国为鹿城区法院刑事审判第一庭庭长。原鹿城区法院刑事审判庭副庭长陈浩改任区法院刑事审判第一庭副庭长。免去陈定国原鹿城区法院刑事审判庭庭长职务、陈旭珍的鹿城区法院审判员职务，孙国辉的温州市鹿城区检察院检察员的职务。

1985 年 7 月 24 日，在常委会第七次会议上，决定任命胡崇安为区建设委员会主任，林鸿杲为区教育局局长，任命蒋明德、高仁和、金立荣、姜顺坤、胡崇洲为区检察院检察员。

1985 年 9 月 14 日，在常委会第八次会议上，免去郑英铎的鹿城区检察院检察委员会委员、检察员职务，张周杰的鹿城区法院审判员职务。

1985 年 11 月 22 日，在常委会第九次会议上，任命王锡全为区法院经济审判庭副庭长，杨克捷、胡云云、冯大志、陈会珍、陈洪文、娄瑞金为区法院审判员。

1986 年 1 月 18 日，在常委会第十次会议上，决定任命韩高旺为温州市公安局鹿城区分局局长，任命王从俊、陈云良、陈鸣尧为区检察院检察员。

1986 年 6 月 5 日，在常委会十二次会议上，免去瞿守仁区检察院副检察长、检察委员会委员职务。

1986 年 9 月 27 日，在常委会第十四次会议上，决定任命林鸿杲为区教育委员会主任；决定免去董希凯的区政府办公室主任职务。

1987 年 3 月 11 日，在常委会第十七次会议上，决定免去林毓苏的区政府副区长职务。

1987 年 5 月 16 日，在常委会十八次会议上，决定免去王鸿拴的区民政局局长职务。

第二节　区二届行使人事任免权

1987 年 9 月 3 日，在二届人大常委会第二次会议上，决定任命管嗣录为区计划经济委员会主任，朱国衡为区科学技术委员会主任，王臣明为区农业委员会主任、农林水利局局长，胡崇安为区建设委员会主任，陆春兰为区计划生育委员会主任，李少华为区体育运动会主任，徐维治为区劳动局局长，虞楚平为区统计局局长，黄彩萍为区物价局局长，韩启宇为区乡镇工业管理局局长，黄国池为区财政税务局局长，梅一华为区审计局局长，韩高旺为温州市公安局鹿城区分局局长，潘启宝为区司法局局长，郑绍训为区文化局局长。任命陈克为区人大常委会教科文卫工作委员会主任，刘进法为区人大常委会财经城建工作委员会副主任，陈爱莲、邱利华、应镇云为区检察院检察员。免去巩际信的区人大常委会教科文卫工作委员会主任职务，陈定国的区法院刑事审判第一庭庭长、审判委员会委员职务，潘长青的区法院第三法庭庭长职务，杨克捷的区法院审判员职务。

1987年10月24日，在常委会第三次会议上，免去胡荣照的区法院审判委员会委员、民庭庭长职务，俞锡荣、李文谦的区法院审判委员会委员职务。

1987年12月26日，在常委会第四次会议上，决定任命林可夫为区教育委员会主任，陈林光为温州市公安局鹿城区分局局长，朱景祥为区工商行政管理局局长。决定免去韩高旺的温州市公安局鹿城区分局局长职务。任命何益华为区法院审判委员会委员，陈浩为区法院刑事审判第一庭庭长、审判委员会委员，杜新民为区法院刑事审判第二庭庭长，徐顺省为区法院刑事审判第二庭副庭长，吕宏为区法院民事审判第一庭庭长、审判委员会委员，赵增惜为区法院民事审判第二庭庭长，王锡全为区法院经济审判庭庭长、审判委员会委员，陈洪文为区法院经济审判庭副庭长，徐长根为区法院第一人民法庭庭长、审判委员会委员，任峰为区法院第一人民法庭副庭长，戴存清为区法院第二人民法庭副庭长，刘建平为区法院第三人民法庭副庭长，金建东为区法院第二人民法庭副庭长，李建平为区法院第四人民法庭庭长，宓崇敏为区法院审判员，李春涛为区法院审判员，廖志道为区法院审判员。免去赵增惜的区法院第一人民法庭庭长职务，王锡全的区法院经济审判庭副庭长职务，徐长根的区法院第四人民法庭庭长的职务，宓崇敏的区法院审判委员会委员职务，李春涛的区法院刑事审判第二庭庭长职务，廖志道的区法院经济审判庭庭长职务。

1988年3月18日，在常委会第六次会议上，决定任命张宝俊为区监察局局长，沙万源为区卫生局局长。任命马海平、陈伟人、瞿中海、方本立、朱云虎、张孝良为区法院审判员。

1988年7月19日，在常委会第八次会议上，决定任命吴长柳为区政府办公室主任。

1988年9月19日，在常委会第九次会议上，任命张林为区法院副院长、审判委员会委员；接受谢尔康辞去区法院院长职务的请求，并免去其区法院审判委员会委员职务。

1988年11月19日，在常委会第十次会议上，决定任命陈久忠为区政府副区长、代理区长，任命张林代理区法院院长。接受何包根辞去区政府区长职务的请求。

1989年3月10日，在常委会第十二次会议上，决定任命林增生为区物价局局长，任命董爱国、杨晓映为区检察院检察员。决定免去黄彩萍的区物价局局长职务，免去廖志道的区法院审判委员会委员、审判员职务

1989年5月24日，在常委会第十三次会议上，决定原区农业委员会主任王臣明改任区农村经济委员会主任。决定任命李天猷为区农林水利局局长，决定免去王臣明的区农林水利局局长职务。任命陈浩为区法院刑事审判庭庭长，吕宏为区法院民事审判庭庭长，杜新民为区法院执行庭庭长，黄瑞爱为区法院刑事审判庭副庭长，任峰为区法院民事审判庭副庭长，徐顺省为区法院执行庭副庭长，赵增惜为区法院审判员。免去任峰的区法院第一人民法庭副庭长职务，吕芝轩的区检察院检察员职务。

1989年7月26日，在常委会第十四次会议上，决定任命吴国钧为区人事局局长。

1989年11月23日，在常委会第十六次会议上，任命刘建平为区法院第三人民法庭庭长，方本立为区法院第一人民法庭副庭长，陈光飞为区法院第三人民法庭副庭长，金

建东为区法院审判员，免去金建东区法院第三人民法庭副庭长的职务，郑明德、王海军、黄国权、孙宏、胡爱弟为区法院审判员。

1990 年 1 月 20 日，在常委会第十七次会议上，决定免去徐维治的区劳动局局长职务。任命杜新民为区法院审判委员会委员。

1990 年 3 月 23 日，在常委会第十八次会议上，任命谢向理为区检察院副检察长。免去潘波的区检察院副检察长、检察委员会委员职务；免去杨晓映的区检察院检察员职务。

1990 年 5 月 10 日，在常委会第十九次会议上，任命赵玉珍为区检察院副检察长和检查委员会委员、检察员。

第三节　区三届行使人事任免权

1990 年 7 月 13 日，在三届人大常委会第一次会议上，决定任命吴长柳为区政府办公室主任，管嗣录为区计划经济委员会主任，王臣明为区农村经济委员会主任，林可夫为区教育委员会主任，朱国衡为区科学技术委员会主任，陆春兰为区计划生育委员会主任，李少华为区体育运动委员会主任，陈林光为市公安局鹿城区分局局长，柯明光为区民政局局长，潘启宝为区司法局局长，吴国钧为区人事局局长，黄国池为区财政税务局局长，虞廷南为区工商行政管理局局长，韩启宇为区乡镇工业管理局局长，林增生为区物价局局长，梅一华为区审计局局长。任命何益华为区法院行政审判庭庭长，程兰生、周笑乐、倪海平为区检察院检察委员会委员。免去虞廷南的区法院副院长、审判委员会委员职务，张国光的区检察院检察委员会委员职务。

1990 年 9 月 12 日，在常委会第二次会议上，决定任命李峰道为区劳动局局长，叶侃玉为区卫生局局长，李建花为区文化局局长。任命蔡正满为区法院副院长、审判委员会委员，徐定荣、瞿建毅为区检察院检察员。

1991 年 2 月 1 日，在常委会第四次会议上，决定任命韩启宇为区工业交通委员会主任，杨岩华为区监察局局长。任命谢峰为区法院刑事审判庭副庭长。

1991 年 3 月 20 日，在常委会第五次会议上，任命陈娟妹、徐以会为区检察院检察员。免去杨岩华的区检察院检察委员会委员、检察员职务，陈爱莲的区检察院检察员职务。任命陈伟民为区人民代表大会常务委员会办公室副主任。决定任命杨岩华为区监察局局长，叶希安为区商业局局长。

1991 年 4 月 3 日，在常委会第六次会议上，接受陈莲莲辞去鹿城区副区长职务的请求。

1991 年 5 月 31 日，在常委会第七次会议上，任命杜新民为区法院民事审判庭庭长，徐顺省为鹿城区法院执行庭庭长，戴存清为区法院第二人民法庭庭长，李建平为区法院第三人民法庭庭长，陈光飞为区法院第四人民法庭庭长，孙宏为区法院经济审判庭副庭长，滕月苏为区法院执行庭副庭长，马海平为区法院行政审判庭副庭长，阮洪文为区法院第二人民法庭副庭长，陈会珍为区法院第三人民法庭副庭长。免去杜新民的区法院执行庭庭长职务，徐顺省的区法院执行庭副庭长职务，夏兆珠的区法院第二人民法庭庭长职务，戴存清的区法院第二人民法庭副庭长职务，李建平的区法院第四人民法庭庭长职务陈光飞的区法院第三人民法庭副庭长职务，吕宏的区法院审判委员会委员、民事审判庭庭长职务，刘建平的区法院第三人民法庭庭长职务，陈国平的区法院审判员职务。接受郑式乐辞去区第三届人民代表大会常务委员会委员职务。

1991年7月20日，在常委会第八次会议上，任命杨锡祥为区检察院副检察长。

1991年11月20日，在常委会第十一次会议上，任命林景龙、陈光力、卢更生、张慧敏、孙国辉为区检察院检察员。

1992年1月18日，在常委会第十二次会议上，任命赵增惜为区法院告诉申诉审判庭庭长，周怀柔、金建东为区法院告诉申诉审判庭副庭长，夏兆珠、林初富、刘云龙、陈星垓、周龙璋、戴爱微、金敏、朱维阳为审判员。

1992年3月17日，在常委会第十三次会议上，免去李梅龙的区人民代表大会常务委员会财经城建工作委员会副主任职务，梅一龙的区审计局局长职务，何益华的区法院行政审判庭庭长、审判委员会委员职务，吴侠圣的区检察院检察委员会委员职务，李荣华、吴春华的区检察院检察员职务。接受李梅龙辞去区第三届人民代表大会常务委员会委员职务。

1992年5月16日，在常委会第十四次会议上，接受陆国杰辞去鹿城区副区长职务。任命赵志尚为区人民代表大会常务委员会法制工作委员会副主任，潘信雄为区人民代表大会常务委员会代表工作委员会副主任。

1992年7月22日，在常委会第十五次会议上，决定任命陈崇春为区对外经济贸易委员会主任（兼），叶希安为区审计局局长，林步良为区商业局局长。决定免去叶希安的区商业局局长职务。

1992年9月30日，在常委会第十六次会议上，免去周怀荣（已批准退休）的区法院告诉审诉庭副庭长职务。

1992年12月19日，在常委会第十八次会议上，决定任命马士可为鹿城区副区长。任命周红雨、张梨梨、林芹、吴金飞、夏雷、季学士、陈宝雄、戴国华、连昕鸣、宋家昶、黄向红、黄晓萍为区检察院检察员。免去金立荣、沈铸烈、邱利华的区检察院检察员职务。

1993年2月13日，在常委会第十九次会议上，决定任命李中苏为鹿城区副区长。接受李中苏辞去区三届人民代表大会常务委员会委员职务。决定免去吴长柳的区政府办公室主任职务。

1993年3月20日，在常委会第二十次会议上，任命王炳池为区法院副院长、审判委员会委员，姜云福、戴谊、胡东琴、钱伯荣、王兴伍、朱李军、吴民勋为区法院审判员。

1993年4月9日，在常委会第二十一次会议上，任命王炳池为区法院代院长，接受张林辞去区法院院长职务。

第四节　区四届行使人事任免权

1993 年 5 月 14 日，在四届人大常委会第一次会议上，任命邱国华为区人大常委会财政经济工作委员会主任，赵志尚为区人大常委会法制工作委员会主任，刘进法为区人大常委会农经城管工作委员会主任，王金松为区人大常委会农经城管工作委员会副主任（正局级），潘信雄为区人大常委会代表工作委员会主任。免去刘进法的区人大常委会财经城建工作委员会主任职务，张国光的区人大常委会法制工作委员会主任职务，黄成贵的区人大常委会侨务工作委员会主任职务。

1993 年 7 月 3 日，在常委会第二次会议上，决定任命管嗣录为区计划经济委员会主任，林可夫为区教育委员会主任，韩启宇为区工业交通委员会主任兼区乡镇工业管理局局长，陈瑞煊为区农村经济委员会主任兼区农林水利局局长，魏以德为区建设管理委员会主任，黄正乐为区对外经济贸易委员会主任，李少华为区体育运动委员会主任，徐宏真为区计划生育委员会主任，陈林光为市公安局鹿城区分局局长，倪宝根为区监察局局长，柯明光为区民政局局长，虞廷南为区司法局局长，黄国池为区财政局局长，吴国钧为区人事局局长，李峰道为区劳动局局长，林步良为区商业局局长，卢先理为区工商行政管理局局长，叶希安为区审计局局长，林其骞为区统计局局长，林增生为区物价局局长，苏凤林为区文化局局长，叶侃玉为区卫生局局长。

1993 年 9 月 3 日，在常委会第三次会议上，任命高仁和、陈鸣尧为区检察院检察委员会委员，惠蓉汉、胡百全、潘海滨、刘俊为区检察院检察员。免去徐君德的区检察院检察员职务。

1993 年 11 月 20 日，在常委会第五次会议上，决定免去林可夫的区教育委员会主任职务。

1994 年 1 月 19 日，在常委会第六次会议上，决定任命陈宝禄为区教育委员会主任。任命姜辉龙为区人大常委会教科文卫工作委员会委员，陈光胜、诸声羽、王卫中、张晓枫、黄鹂、尚光中、林莉为区检察院检察员。

1994 年 5 月 7 日，在常委会第九次会议上，决定任命张志远为区民政局局长。决定免去柯明光的区民政局局长职务。

1994 年 6 月 23 日，在常委会第十次会议上，决定任命林建水为区环境保护局局长。

1994 年 6 月 24 日，在常委会第十次会议上，接受陈伟民辞去区第四届人民代表大会常务委员会委员职务；免去陈伟民的区人大常委会办公室副主任职务。

1994 年 8 月 26 日，在常委会第十一次会议上，决定任命黄夏日为区财政局局长。决定免去黄国池的区财政局局长职务。任命陈文、林振华、王亚苗、金献华、陈锡林、陈加进、伍和昆为区法院审判员，盛少林、程坚毅、谷旭东、谢雁湖、王丽珍为区检察院检察员。

1994 年 10 月 28 日，在常委会第十二次会议上，接受金德力辞去区检察院检察长职务。任命唐晨曦为区人大常务委员会办公室副主任，金文平为区人大常务委员财政经济工作委员会副主任。免去邱国华的区人大常委会财政经济工作委员会主任职务，徐顺省的区法院执行庭庭长职务。任命谢向理为区检察院代理检察长。接受邱国华辞去区第四届人民代表大会常务委员会委员职务。

1994年1月21日，在常委会第十三次会议上，决定任命张纯洁为区城市管理局局长，任命吴少霞为区人大常委会代表工作委员会委员，陈浩为区法院告诉申诉庭庭长，徐长根为区法院刑事审判庭庭长，马海平为区法院行政审判庭庭长，滕月苏为区法院执行庭庭长，金建东为区法院刑事审判庭副庭长，郑周定为区法院告诉审诉庭副庭长，戴爱微为区法院经济审判庭副庭长，郑德明为区人民法院第二人民法庭副庭长，周龙璋为区法院第四人民法庭副庭长。免去陈浩的区法院刑事审判庭庭长职务，徐长根的区法院第一人民法庭庭长职务，金建东的区法院告诉申诉庭副庭长职务；郑周定的区法院第四人民法庭副庭长职务，陈洪文的区法院经济审判庭副庭长职务，阮鸿文的区法院第二人民法庭副庭长职务，决定免去林其骞的区统计局局长职务。

1995年2月10日，在常委会第十四次会议上，决定任命林瑞荣为计划经济委员会主任。决定免去管嗣录的计划经济委员会主任职务。

1995年3月31日，在常委会第十五次会议上，接受胡剑谨辞去区第四届人民代表大会常务委员会委员职务。

1995年5月3日，在常委会第十六次会议上，任命徐长根为区法院副院长，王锡全为区法院副院长。决定任命陈旭珍为区司法局局长。免去虞廷南的区司法局局长职务。任命程兰生为区检察院副检察长，倪海平为区检察院副检察长，杨龙翔为区检察院副检察长、检察委员会委员。免去杨锡祥的区检察院副检察长、检察委员会委员职务。

1995年7月7日，在常委会第十七次会议上，决定任命曹抗美为区人大常委会办公室副主任，姜辉龙为区人大常委会农经城管工作委员会副主任。免去刘进法的区人大常委会农经城管工作委员会主任职务；姜辉龙的区人大常委会教科文卫工作委员会委员职务。免去周小乐的区检察院检察委员会委员、检察员职务。任命方本立为区法院第一人民法庭庭长，张孝良为区法院第一人民法庭副庭长，王海军为区法院行政审判庭副庭长，胡明亮、白植滨、汪涛、胡剑姑、谢作幸、黄永春、赵向晔、李俊、方旭东、潘一平、王列娅、赵雄伟为区法院审判员。

1995年8月3日，在常委会第十八次会议上，决定任命陈青墨为鹿城区副区长，王天义为市公安局鹿城分局局长。任命王金松为农经城管工作委员会主任，金文平为财政经济工作委员会主任。决定免去陈林光的市公安局鹿城分局局长职务。免去杨榕、陈旭珍的人大法制工作委员会委员职务。

1995年11月17日，在常委会第二十次会议上，接受陈久忠辞去鹿城区区长职务。决定任命徐止平为鹿城区副区长，代理区长。

1996年5月9日，在常委会第二十四次会议上，决定任命屠定辉为区劳动扃局长、王丽丽为区统计局局长。决定免去倪宝根的区监察局局长职务、李峰道的区劳动局局长职务。任命孙宏为区法院经济审判庭庭长，谢作幸为区人民洼院经济审判庭副庭长，瞿中海为区法院民事审判庭副庭长，林初富为区法院执行庭副庭长，戴巧、杜玉明为区法院审判员。免去王锡全的区法院经济审判庭庭长职务；伍和昆、刘云龙、胡明亮、陈其榜的区法院审判员职务，竺斐君、陈光力的区检察院检察员职务。

1996年10月24日，在常委会第二十七次会议上，任命吴少霞为区人民代表大会常务委员会代表工作委员会副主任，马耀林为区人民代表大会常务委员会财政经济工作委员会副主任。

1996年12月18日，在常委会第二十八次会议上，接受马士可辞去鹿城区副区长职务。决定任命郑锦春为区政府副区长。接受邱心川辞去区第四届人民代表大会常务委员会委员职务。

1997年1月30日，在常委会第二十九次会议上，免去盛少林的人民检察院检察员职务。

1997年3月7日，在常委会第三十次会议上，决定任命庄建中为区经济委员会主任，王长青为区经济体制改革委员会主任，项旭光为区教育委员会主任，孙荣清为区科学技术委员会主任，臧璇璇为区民政局局长，吴坚正为区监察局局长，叶有玉为区人事局局长，詹元武为区贸易经济合作局局长。决定免去韩启宇的区乡镇工业管理局局长职务，陈宝禄的区教育委员会主任职务，吴国钧的区人事局局长职务，张志远的区民政局局长职务，苏凤林的区文化局局长职务。决定改任林瑞荣为区计划委员会主任，陈瑞煊为区政府农村工作办会室主任，魏以德为区建设局局长。免去金文平的区人民代表大会常务委员会财政经济工作委员会主任职务。

1997年4月19日，在常委会第三十一次会议上，任命胡冬琴为区法院执行庭副庭长，王亮为区法院审判员，言国新为区法院审判员，夏晓峰为区法院审判员。撤销金敏的区法院审判员职务。决定任命何包叶为市工商局鹿城分局局长；杨一敏为区文化局局长。免去卢先理的区工商行政管理局局长职务。任命吴伟为区人大常委会科教文卫工作委员会主任。免去陈克的区人大常委会科技文卫工作委员会职务。

1997年6月19日，在常委会第三十二次会议上，任命瞿建毅、林景龙为区检察院检察委员会委员。

1997年10月15日，在常委会第三十四次会议上，接受徐止平辞去鹿城区区长职务。免去朱云虎、王亮的区法院审判员职务。决定任命王超俊为鹿城区副区长、代区长。

1997年11月20日，在常委会第三十五次会议上，任命谢峰为区法院刑事审判庭庭长；金建东为区法院少年庭庭长，胡剑姑为区法院少年庭副庭长。免去徐长根的区法院刑事审判庭庭长职务，金建东的区法院刑事审判庭副庭长职务。

1997年12月26日，在常委会第三十六次会议上，任命朱筱玫为区法院副院长、审判委员会委员、代理院长职务。免去陈少林的区法院副院长、审判委员会委员职务。任命张纯洁为鹿城区副区长。

1998年2月11日，在常委会第三十七次会议上，任命吴方龙、许扬钊、李保中为区检察院检察员。

1998年3月5日，在常委会第三十八次会议上，决定免去徐宏真的区计划生育委员会主任职务，免去杨龙翔的区检察院副检察长、检察委员会委员职务。

第五节 区五届行使人事任免权

1998 年 4 月 21 日，在五届人大常委会第一次会议上，任命吴伟为区人大常委会办公室主任，林建水为区人大常委会法制工作委员会主任，王成淼为区人大常委会财政经济工作委员会主任，潘信雄为区人大常委会教科文卫工作委员会主任，潘晓媛为区人大常委会教科文卫工作委员会副主任，周兰森为区人大常委会城市建设工作委员会主任，何永旺为区人大常委会代表工作委员会主任，姜辉龙改任区人大常委会城市建设工作委员会副主任，同时免去不再留任的区人大常委会办公室、各工作委员会主任、副主任职务。

1998 年 5 月 25 日，在常委会第二次会议上，决定任命徐宏真为区政府办公室主任，林瑞荣为区计划委员会主任，林增生为区经济委员会主任，王长青为区经济体制改革委员会主任，项旭光为区教育委员会主任，孙荣清为区科学技术委员会主任，王天义为市公安局鹿城区分局局长，何包叶为区工商行政管理局局长，臧璇璇为区民政局局长，陈旭珍为区司法局局长，黄夏日为区财政局局长，叶有玉为区人事局局长，屠定辉为区劳动局局长，韩光中为区环境保护局局长；，陈瑞煊为区农林水利局局长，魏以德为区建设局局长，陈叶挺为区城市管理局局长，詹元武为区贸易经济合作局局长，陈永龙为区文化局局长，黄晓兵为区卫生局局长，叶侃玉为区计划生育委员会主任，叶希安为区审计局局长，王丽丽为区统计局局长，庄建中为区物价局局长。任命周小乐为区检察院副检察长、检察委员会委员。

1998 年 9 月 20 日在常委会第四次会议上，免去王从俊区检察院检察员职务。

1998 年 10 月 30 日，在常委会第五次会议上，任命陈光飞为区法院民事审判庭庭长，李建平为区法院房地产审判庭庭长，方本立为区法院行政审判庭庭长，戴存清为区法院告诉、审判庭庭长，马海平为区法院第二人民法庭庭长，赵雄伟为区法院民事审判庭副庭长，陈加进为区法院经济审判庭庭长，谢作幸为区法院第一人民法庭副庭长，任峰为区法院第三人民副庭长，方旭东为区法院第三人民法庭副庭长，胡剑姑为区法院第四人民法庭副庭长，王亚苗为区法院第四人民法庭副庭长。免去杜新民的区法院民事审判庭庭长职务，陈浩的区法院告诉、申诉庭庭长职务，马海平的区法院行政审判庭庭长职务，方本立的区法院第一人民法庭庭长职务，戴存清的区法院第二人民法庭庭长职务，李建平的区法院第三人民法庭庭长职务，陈光飞的区法院第四人民法庭庭长职务，胡剑姑的区法院少年审判庭副庭长职务，任峰的区法院民事审判庭副庭长职务，谢作幸的区法院经济审判庭副庭长职务，郑周定的区法院告诉、申诉庭副庭长职务。

1998 年 12 月 8 日，在常委会第六次会议上，免去戴爱微的区法院经济审判庭副庭长职务。

1999 年 1 月 8 日，在常委会第七次会议上，决定任命何桥为鹿城区副区长。

1999 年 3 月 3 日，在常委会第九次会议上，免去马耀林的区人大常委会财政经济工作委员会副主任职务。决定任命王长青为区监察局局长，决定免去王长青的区经济体制改革委员会主任职务。

1999年4月23日，在常委会第十次会议上，任命蒋茜、严永乐、陈朝晖、金矛、孙林龙、赵亚兰、徐鹏、刘新君、林铬、陈国冶、沈文江、李琴仙、陈琼、张晨辉等为区法院审判员。任命黄庆火为区人大常委会财政经济工作委员会副主任。

1999年6月23日，在常委会第十一次会议上，任命吴乙亚、周卫东、周世名、孙海燕等为区检察院检察员。

1999年8月27日，在常委会第十二次会议上，决定免去詹元武的区贸易经济合作局局长职务。

1999年10月22日，在常委会十三次会议上，决定任命贾志文为区经济委员会主任。决定免去林增生的区经济委员会主任职务。任命陈洪文为区法院第一人民法庭庭长，任峰为区法院第三人民法庭庭长，胡剑姑为区法院第四人民法庭庭长。免去谢作幸的区法院第一人民法庭副庭长职务。

1999年12月23日，在常委会第十四次会议上，任命滕月苏为区法院执行第一庭庭长，林初富为区法院执行第二庭庭长，陈伟人为区法院刑事审判庭副庭长，胡冬琴为区法院执行第二庭副庭长。

2000年1月20日，在常委会第十五次会议上，任命汪涛为区法院经济审判庭副庭长，陈锡林为区法院执行第一庭副庭长。

2000年2月16日，在常委会第十六次会议上，决定任命李志华为区贸易经济合作局局长。

2000年4月18日，在常委会第十七次会议上，决定免去王天义的市公安局鹿城区分局局长职务。

2000年7月14日，在常委会第十九次会议上，决定任命李江晖为市公安局鹿城区分局局长。

2000年8月17日，在常委会第二十次会议上，任命柯将夏、鲍伊武、章毅、吴云龙、林逸等为区检察院检察员。免去何志品、陈汉兴、陈云良等的区检察院检察员职务。

2000年9月20日，在常委会第二十一次会议上，任命陈洪文为区法院东郊人民法庭庭长，任峰为区法院西郊人民法庭庭长，陈加进为区法院立案庭庭长，戴存清为区法院审判监督庭庭长，胡剑姑为区法院民事审判第二庭庭长，孙宏为区法院经济审判第一庭庭长，马海平为区法院经济审判第二庭庭长，王亚苗为区法院东郊人民法庭副庭长，张孝良为区法院西郊人民法庭副庭长，瞿中海为区法院民事审判第一庭副庭长，赵雄伟为区法院民事审判第一庭副庭长，方旭东为区法院民事审判第二庭副庭长，汪涛为区法院经济审判第一庭副庭长，郑德明为区法院经济审判第二庭副庭长。

2000年12月20日，在常委会第二十三次会议上，撤销金矛、陈光飞的区法院审判员职务。

2001年1月11日，在常委会第二十四次会议上，免去孙荣清的区科学技术委员会主任职务。

2001年1月21日，在常委会第二十五次会议上，决定任命熊洪庆为鹿城区副区长。

决定免去陈青墨、何桥的鹿城区副区长职务。

2001 年 2 月 16 日，在常委会第二十六次会议上，任命孔璋为区检察院副检察长。

2001 年 2 月 16 日，在常委会第二十六次会议上，接受谢向理辞去区检察院检察长职务。免去姜辉龙的区人大常委会城建工委副主任职务。

2001 年 2 月 23 日，在常委会第二十七次会议上，任命孔璋为区检察院代理检察长。

2001 年 4 月 12 日，在常委会第二十八次会议上，免去陈浩的区法院审判委员会委员、审判员职务。

2001 年 6 月 13 日，在常委会第二十九次会议上，任命周洁如、胡哲、吴慧君、林介秀、蔡谢群、陈斌、程定光、夏益民、杨要武、林洁、翁欣宇、林毅、李苾、马如君为区法院审判员。免去黄鹢、蒋明德、陈益舟的区检察院检察员职务。决定免去黄晓兵的区卫生局局长职务。决定任命黄晓兵为区科学技术委员会主任，刘云虎为区人事局局长，陈洁为区卫生局局长。

2001 年 9 月 7 日，在常委会第三十一次会议上，决定任命郑浩为区环保局局长，沈敏为区城管局局长。决定免去韩光中的区环保局局长职务；陈叶挺的区城管局局长职务。免去滕月苏的区法院执行第一庭庭长职务。

2001 年 10 月 25 日，在常委会第三十二次会议上，免去曹抗美的区人大常委会办公室副主任职务。决定任命吴益水为区计划生育委员会主任。决定免去叶侃玉的区计划生育委员会主任职务。免去赵玉珍的区检察院副检察长、检察委员会委员职务。任命翁连新为区法院藤桥人民法庭副庭长，姜胜和为区法院审判员。

2001 年 12 月 27 日，在常委会第三十三次会议上，任命夏永远为区人大常委会城市建设工作委员会副主任。决定免去邱心川、郑锦春等的鹿城区副区长职务。

2002 年 2 月 1 日，在常委会第三十四次会议上，决定任命蔡文云为鹿城区副区长。任命谢作幸为区法院副院长、审判委员会委员。免去徐长根、王锡全的区法院副院长职务。任命余冬青、陈松权为区人大常委会法制工委副主任。免去郭晓暖的区人大常委会教科文卫工委副主任职务。免去程兰生的区检察院副检察长、检察委员会委员职务。决定任命林瑞荣为区发展计划局局长，贾志文为区经济贸易局局长、交通局局长，项旭光为区教育局局长，黄晓兵为区科学技术局局长，廖文华为区民族宗教事务局局长，屠定辉为区司法局局长，刘云虎为区人事劳动局局长，潘长华为区建设局局长，沈敏为区市政园林局局长，杨文升为区农林水利局局长，王丽丽为区审计局局长，吴益水为区计划生育局局长，黄汉和为区统计局局长。决定免去林瑞荣的区计划委员会主任职务，贾志文的区经济委员会主任职务，项旭光的区教育委员会主任职务，黄晓兵的区科学技术委员会主任职务，屠定辉的区劳动局局长职务，刘云虎的区人事局局长职务，沈敏的区城市管理局局长职务，王丽丽的区统计局局长职务，吴益水的区计划生育委员会主任职务，陈旭珍的区司法局局长职务，陈瑞煊的区农林水利局局长职务，魏以德的区建设局局长职务，李志华的区经济贸易合作局局长职务，叶希安的区审计局局长职务，庄建中的区物价局局长职务。

2002 年 3 月 12 日，在常委会第三十五次会议上，任命王丹雪为区人大常委会办公室副主任。任命林定耀为区法院副院长、审判委员会委员，连昕鸣、刘俊为区检察院检察委员会委员，胡华寅、林群力、谢虎、蒋红怡、王霸、施虹、潘凡、薛婷婷、诸建群、赵玲晓、周一苇、黄朝晖、葛林海、徐缨等为区检察院检察员。免去瞿建毅的区检察院检察员、检察委员会委员职务。

2002 年 6 月 27 日，在常委会第三十七次会议上，任命潘教平、郑建胜为区检察院副检察长、检察委员会委员。免去倪海平的区检察院副检察长、检察委员会委员职务，卢更生的区检察院检察员职务。

2002 年 8 月 23 日，在常委会第三十八次会议上，任命李成洁为区检察院检察员。

2002 年 11 月 6 日，在常委会第三十九次会议上，任命倪松汉为区人大常委会财经工委主任。免去林建水的区人大常委会法制工委主任职务，王成淼的区人大常委会财经工委主任职务，周兰森的区人大常委会城建工委主任职务。任命任峰为区法院立案庭庭长，孙宏为区法院刑事审判庭庭长，胡剑姑为区法院少年刑事审判庭庭长，方本立为区法院民事审判第一庭庭长，谢峰为区法院民事审判第二庭庭长，陈洪文为区法院民事审判第三庭庭长，李建平为区法院行政审判庭庭长，金建东为区法院审判监督庭庭长，马海平为区法院执行庭庭长，陈加进为区法院东郊法庭庭长，金献华为区法院西郊法庭庭长。免去杜新民的区法院审判委员会委员职务，陈加进的区法院立案庭庭长职务，谢峰的区法院刑事审判庭庭长职务，金建东的区法院少年刑事审判庭庭长职务，胡剑姑的区法院民事审判第二庭庭长职务，孙宏的区法院经济审判第一庭庭长职务，马海平的区法院经济审判第二庭庭长职务，李建平的区法院房地产审判庭庭长职务，方本立的区法院行政审判庭庭长职务，戴存清的区法院审判监督庭庭长职务，林初富的区法院执行二庭庭长职务，陈洪文的区法院东郊法庭庭长职务，任峰的区法院西郊法庭庭长职务。

2002 年 12 月 31 日，在常委会第四十次会议上，任命余冬青为区人大常委会法制工委主任；林献珍为区人大常委会城建工委主任。任命郑德明为区法院刑事审判庭副庭长，胡冬琴为区法院民事审判第一庭副庭长，陈锡林为区法院民事审判第二庭副庭长，方旭东为区法院民事审判第三庭副庭长，周洁如为区法院行政审判庭副庭长，瞿中海为区法院行政审判庭副庭长，陈伟人为区法院执行庭副庭长，黄瑞爱为区法院执行庭副庭长，叶宇兵为区法院审判员。免去黄瑞爱的区法院刑事审判庭副庭长职务，陈伟人的区法院刑事审判庭副庭长职务，瞿中海的区法院民事审判第一庭副庭长职务，方旭东的区法院民事审判第二庭副庭长职务，郑德明的区法院经济审判第二庭副庭长职务，王海军的区法院行政审判庭副庭长职务，陈锡林的区法院执行第一庭副庭长职务，胡冬琴的区法院执行第二庭副庭长职务。任命张军林为区检察院检察员。免去孙连光、邵定榜的区检察院检察员职务。

2003 年 1 月 13 日，在常委会第四十一次会议上，决定任命李浩、赵峰、施艾珠、沈敏为区政府副区长，任命林景龙为区检察院副检察长。决定免去李中苏、张纯洁的区政府副区长职务。

2003 年 3 月 12 日，在常委会第四十三次会议上，决定任命吕朝晖为区市政园林局局长。决定免去沈敏的区市政园林局局长。任命杨薇薇为城区人大常委会科教文卫工委副主任。

第六节 区六届行使人事任免权

2003年4月29日，在常委会第一次会议上，任命余冬青为区人大常委会办公室主任，林献珍为区人大常委会法制工委主任，倪松汉为区人大常委会城市建设管理与农村工委主任，黄庆火为区人大常委会财经工委主任，周方业为区人大常委会财经工委副主任，杨薇薇为区人大常委会教科文卫宗侨工委主任，吴小霞为区人大常委会代表工委主任，同时免去不再留任的区人大常委会办公室、各工作委员会主任职务。

2003年5月29日，在常委会第二次会议上，决定任命徐宏真为区政府办公室主任，林瑞荣为区发展计划局局长，贾志文为区经济贸易局(交通局)局长，伍挺为区教育局局长，黄晓兵为区科学技术局局长，廖文华为区民族宗教事务局局长，李江晖为市公安局鹿城区分局局长，胡小萍为区监察局局长，臧璇璇为区民政局局长，屠定辉为区司法局局长，吴宁为区财政局局长，刘云虎为区人事劳动局局长，潘长华为区建设局局长，吕朝晖为区市政园林局局长，杨文升为区农林水利局局长，陈永龙为区文化局局长，项旭光为区卫生局局长，王丽丽为区审计局局长，吴益水为区计划生育局局长，黄汉和为区统计局局长，郑浩为区环境保护局局长，贾焕翔为区政府侨务办公室主任。

2003年6月27日，在常委会第三次会议上，免去周小乐的区检察院副检察长、检察委员会委员。

2003年9月28日，在常委会第五次会议上，任命苏小平为区第六届人大常委会代表工作委员会委员。任命孔林龙、蔡谢群为区法院立案庭副庭长，王益朋为区检察院检察员。

2003年12月19日，在常委会第七次会议上，同意陈志挺辞去区第六届人民代表大会常务委员会委员职务。

2004年4月27日，在常委会第十次会议上，决定任命潘明勋为区民政局局长；决定免去臧璇璇的区民政局局长职务。任命林巧荣、洪波为区第六届人大常委会法制工委委员会委员，吴素华、徐亦军、姜建华为温区第六届人大常委会财经工作委员会委员；免去卢小敏、陈建中的区第六届人大常委会财经工作委员会委员职务。

2004年6月25日，在常委会第十一次会议上，决定任命朱连甫为区政府副区长。

2004年8月24日，在常委会第十二次会议上，决定免去施艾珠的区政府副区长职务。任命高峰、林毅、刘秀平、李可耕、陈慧、林娅、卢纪东为区检察院检察员；免去叶鸿飞、周启程的区检察院检察员职务。

2004年10月28日，在常委会第十三次会议上，任命周伟敏、韩若冰、孙曙光、冯梅、陈伟、包珍珍、詹大勇为区法院审判员。

2004年12月10日，在常委会第十四次会议上，撤销廖文华的区民族宗教事务局局长职务，决定任命沈金江为区民族宗教事务局局长职务。

2004年12月29日，在常委会第十五次会议上，任命李知森为区第六届人大常委会代表资格审查委员会委员；免去陈志挺的区第六届人大常委会代表资格审查委员会委员职务。决定任命李祥水为区安全生产监督管理局局长，陈金敏为区政府侨务办公室主任；决定免去贾焕翔的区政府侨务办公室主任职务。任命戴巧为区法院西郊人民法庭庭长，陈文为区法院立案庭副庭长，陈朝晖为区法院刑事审判庭副庭长，蔡谢群为区法院民事审判第二庭副庭长，李琴仙为区法院民事审判第三庭副庭长，林振华为区法院藤桥人民法院副庭长；免去金献华的区法院西郊人民法庭庭长职务，蔡谢群的区法院立案庭副庭长职务。任命林锡铭为区检察院副检察长、检察委员会委员，吴金飞为区检察院检察委员会委员，唐存东为区检察院检察员；免去陈永标的区检察院检察员职务。

2005 年 3 月 11 日，在常委会第十七次会议上，决定任命黄夏日为区政府副区长。同意倪松汉辞去区第六届人民代表大会常务委员会委员、区人大常委会城市建设管理与农村工委主任职务，同意胡正武辞去区第六届人民代表大会常务委员会委员。决定任命吕朝晖为区政府办公室主任，程正斌为区司法局局长，林世南为区市政园林局局长，陈永龙为区文化广播电视新闻出版局局长，林宣富为区统计局局长；免去吕朝晖的区市政园林局局长职务，陈永龙的区文化局局长职务，徐宏真的区政府办公室主任职务，屠定辉的区司法局局长职务，黄汉和的区统计局局长职务。

2005 年 5 月 20 日，在常委会第十八次会议上，免去蔡正满的区法院副院长职务。任命冯怀江、顾夏瑜、叶旭、周圆、王坚、叶琍、林晓、王颢、胡璧倩、朱立静、金丹辉、叶益武、陈德祥、郑雪淼、吴旭春、林定吉、孙明云、章金月、韩小宝、刘丽丽、周德文、阮志平、叶宇飞、吴照林、徐尔习、潘华、陈秀莲、周健民、诸爱珍、周慧娟、张雨萍、吴圣理、林其勉、李建敏、金丽琴、沈策、张文、徐锦锡、钱筱楼为区人民陪审员。任命谢雁湖为区检察院检察委员会委员，吴炳义、林剑琴、包家超、叶湘为区检察院检察员。免去陈娟妹的区检察院检察员职务。

2005 年 9 月 28 日，在常委会第二十一次会议上，决定任命李无文为区政府副区长。任命吴小霞为区人大常委会城市建设管理和农村工委主任。任命戴爱微为区人大常委会黎明街道工委副主任，吴国兴为区人大常委会绣山街道工委主任，季洪杰为区人大常委会蒲鞋市街道工委主任，林鸿康为区人大常委会洪殿街道工委副主任，戴迪聪为区人大常委会南浦街道工委副主任，王国丰为区人大常委会江滨街道工委主任，伍和昆为区人大常委会南门街道工委主任，夏基山为区人大常委会五马街道工委副主任，季银河区人大常委会莲池街道工委主任，赵友国为区人大常委会水心街道工委副主任，吴锦昌为区人大常委会广化街道工委副主任，方长法为区人大常委会黄龙街道工委副主任。任命戴巧为区法院副院长、审判委员会委员，孙宏为区法院副院长、审判委员会委员，胡剑姑为区法院西郊人民法庭庭长。免去孙宏的区法院刑庭庭长职务，胡剑姑的区法院少年刑事审判庭庭长职务，陈洪文的区法院民事审判第三庭庭长职务，黄瑞爱的区法院执行庭副庭长职务，戴巧的区法院西郊人民法庭庭长职务。

2005 年 11 月 29 日，在常委会第二十二次会议上，任命黄爱凯、朱龙为区人大常委会黎明街道工委委员，叶肖平、周显华、应长江、金秀华为区人大常委会绣山街道工委委员，吴一琦、黄建国、肖春华、陈爱飞为区人大常委会蒲鞋市街道工委委员，吴崇柳、朱玉琴为区人大常委会洪殿街道工委委员，周震、赵景温、王平权、陈顺权为区人大常委会南浦街道工委委员，周耀华、吴海哨、王莲莲、吴德芬为区人大常委会江滨街道工委委员，陈高乐、王东、张银平、黄建权为区人大常委会南门街道工委委员，王钢、林爱华、吕英、崔伟丽、项丹、朱一明为区人大常委会五马街道工委委员，陈虎啸、薛爱平、杨鸿、王兴乐为区人大常委会莲池街道工委委员，李国华、应国权、严章章、黄伊华为区人大常委会水心街道工委委员，李永兴、张建兴、倪长兴、黄小兰为区人大常委会广化街道工委委员，朱彩霞、林宝丰、徐明真、郑阿天为区人大常委会黄龙街道工委委员。

2005年12月16日，在常委会第二十三次会议上，任命方旭东为区法院立案庭庭长，林初富为区法院刑事审判庭庭长，任峰为区法院少年审判庭庭长，陈伟人为区法院少年审判庭副庭长，言国新为区法院少年审判庭副庭长，孙林龙为区法院民事审判第一庭副庭长，翁连新为区法院民事审判第三庭副庭长。免去任峰的区法院立案庭庭长职务，孙林龙的区法院立案庭副庭长职务，赵雄伟的区法院民事审判第一庭副庭长职务，方旭东的区法院民事审判第三庭副庭长职务，周洁如的区法院行政审判庭副庭长职务，陈伟人的区法院执行庭副庭长职务，翁连新的区法院藤桥人民法庭副庭长职务。

2006年1月6日，在常委会第二十四次会议上，决定任命吴文玲为区政府副区长。

2006年1月25日，在常委会第二十五次会议上，同意王超俊辞去区政府区长的职务。决定任命余中平为区政府副区长、代区长。任命蔡谢群为区法院行政审判庭副庭长，蒋茜为区法院执行庭副庭长。免去蔡谢群的区法院民事审判第二庭副庭长职务。

2006年4月14日，在常委会第二十七次会议上，决定任命林瑞荣为区发展和改革局局长，张维忠为区人口和计划生育局局长。决定免去林瑞荣的发展计划局局长职务，吴宁的区财政局局长职务，陈永龙的区文化广电新闻出版局局长职务，吴益水的区计划生育局局长职务。同意朱筱玫辞去区法院院长职务。任命陈有为为区人民法院审判委员会委员、副院长、代院长。免去王国丰的区人大常委会江滨街道工委主任，戴爱微的区人大常委会黎明街道工委副主任。

2006年6月30日，在常委会第二十八次上，决定任命胡晓初为区财政局局长、李元为区法院审判员。任命程兰生为区检察院副检察长，梁兵为区检察院副检察长。接受孔璋辞去区检察院检察长、检察委员会委员、检察员职务。决定程兰生代理人民检察院检察长。任命黄丽蓉为区第六届人大常委会财经工作委员会委员。

2006年8月31日，在常委会第二十九次会议上，同意缪笑竹辞去区第六届人大常委会副主任职务。决定免去李浩的区政府副区长职务。任命王晓珏为区人大常委会城市建设与农村工作委员会委员。

2006年10月18日，在常委会第三十次会议上，任命林芹、张慧敏、程坚毅为区检察院检察委员会委员；免去高仁和、陈鸣尧的区检察院检察委员会委员职务，叶启顺、蒋乐海的区检察院检察员职务。

2006年12月1日，在常委会第三十一次大会上，决定任命贾焕翔为区政府副区长。决定免去熊洪庆的区政府副区长职务，蔡文云的区政府副区长职务。免去郑建胜的区检察院副检察长、检察委员会委员职务。

2007 年 1 月 15 日，在常委会第三十三次大会上，决定免去朱连甫的区政府副区长职务。任命胡哲为区法院审判监督庭副庭长。

第七节　区七届行使人事任免权

2007 年 3 月 24 日，在常委会第一次会议上，任命叶必庆为区人大常委会法制工委主任，林秀春为区人大常委会教科文卫宗侨工委主任，谢伟为区人大常委会代表工委副主任，同时免去不再留任的区人大常委会各工作委员会主任、副主任的职务。决定任命李无文为区政府副区长，吕朝晖为区政府办公室主任，贾志文为区发展和改革局局长，林宣富为区经济贸易局（交通局）局长，林世南为区教育局局长，黄晓兵为区科学技术局局长，沈金江为区民族宗教事务局局长，李江晖为市公安局鹿城分局局长，王敬东为区监察局局长，潘明勋为区民政局局长，程正斌为温州市区司法局局长，胡晓初为区财政局局长，刘云虎为区人事劳动局局长，潘长华为区建设局局长，翁益华为区市政园林局局长，杨文升为区农林水利局局长，王庆颇为区文化广电新闻出版局局长，邱向真为区卫生局局长，徐春萍为区审计局局长，张维忠为区人口和计划生育局局长，滕美华为区统计局局长，郑浩为区环境保护局局长，陈金敏为区政府侨务办公室主任，朱国榜为区安全生产监督管理局局长。同意徐春萍辞去区第七次人民代表大会常务委员会职务。

2007 年 5 月 29 日，在常委会第二次会议上，任命严志芳为区人大常委会黎明街道工委主任，徐定光为区人大常委会江滨街道工委主任，方长法为区人大常委会绣山街道工委副主任，吴守标为区人大常委会黄龙街道工委副主任。免去吴国兴的区人大常委会绣山街道工委主任职务，方长法的区人大常委会黄龙街道工委副主任职务。任命蒋晖、郑和通、郑志斌、潘玉玲、吴晓娟、金戎、王文波、杨丽莉为区法院人民陪审员。

2007 年 7 月 31 日，在常委会第三次会议上，决定任命项伟胜为区政府副区长。决定免去赵峰的区政府副区长职务。任命马海平为区法院审判委员会委员，金建东为区法院审判委员会委员，李建平为区法院审判委员会委员，陈朝晖为区法院刑事审判庭庭长，方旭东为区法院民事审判第一庭庭长，周洁如为区法院立案庭庭长，谢斌为区法院审判员。免去蔡正满的区法院审判委员会委员职务，徐长根的区法院审判委员会委员职务，王锡全的区法院审判委员会委员职务，林初富的区法院刑事审判庭庭长职务，方本立的区法院民事审判第一庭庭长职务，方旭东的区法院立案庭庭长职务，瞿中海的区法院审判监督庭副庭长职务，陈加进的区法院东郊法庭庭长、审判员职务。

2007 年 7 月 31 日，在常委会第三次会议上，任命吴金飞为区检察院副检察长，连昕鸣为区检察院副检察长。免去林锡铭的区检察院副检察长、检察委员会委员职务，高峰的区检察院检察员职务，叶湘的区检察院检察员职务。任命潘小琴为区第七届人大常委会财经工作委员会委员，叶益武、朱龙为区人大常委会黎明街道工委委员，周显华、叶玉春为区人大常委会绣山街道工委委员，肖春华、陈爱飞、李美华、胡安定为区人大常委会蒲鞋市街道工委委员，吴崇柳、黄建平为区人大常委会洪殿街道工委委员，陈时升、柯秀聘、斯安琪、潘宝翠为区人大常委会江滨街道工委委员，胡美珠、陈顺权、陈海坚、金克锋为区人大常委会南浦街道工委委员，林爱华、吕英、朱一明、吴海哨、严章章、周彩琴为区人大常委会五马街道工委委员，金正中、陈克宁、张银平、黄建权为区人大常委会南门街道工委委员，薛爱平、周雪飞、郑延忠、项丹为区人大常委会莲池街道工委委员，李国华、钱仕新、张建新、柯建华为区人大常委会水心街道工委委员，江俊、倪长兴、谢爱妹、胡西津为区人大常委会广化街道工委委员，江胜寿、胡元英为区人大常委会黄龙街道工委委员。

2007 年 10 月 19 日，在常委会第五次会议上，任命朱丹、李武俊、周美新、赵景温、柯建华、胡旭红、高广跃、麻剑玲、蒋忠伟、谢作昆、虞培清为区检察院人民监督员。

2007 年 12 月 25 日，在常委会第六次会议上，决定任命周小乐为区环境保护局局长，决定免去郑浩的区保护局局长职务。任命吴将斌为区法院审判员。

2008 年 4 月 16 日，在常委会第九次会议上，任命李琴仙为区法院民事审判第二庭副庭长，陈锡林为区法院民事审判第三庭副庭长，孙林龙为区法院立案庭副庭长。免去胡冬琴的区法院民事审判第一庭副庭长职务，李琴仙的区法院民事审判第三庭副庭长职务，陈锡林的区法院民事审判第二庭副庭长职务，孙林龙的区法院民事审判第一庭副庭长职务，陈文的区法院立案庭副庭长职务。

2008 年 6 月 24 日，在常委会第十次会议上，决定任命吴建明为区政府副区长。

2008 年 6 月 24 日，在常委会第十次会议上，任命黄朝晖、罗奇豪为区法院审判员。任命吴林海、李康、林国龙为区检察院检察员。免去梁兵的区检察院副检察长职务，潘昌静、孙国辉、徐定荣的区检察院检察员职务。免去吴锦昌的区人大常委会广化街道工委副主任职务。

2008 年 7 月 22 日，在常委会第十一次会议上，决定任命王造为市公安局鹿城分局局长。决定免去李江晖的市公安局鹿城分局局长职务，李无文的区政府副区长职务。

2008 年 8 月 27 日，在常委会第十二次会议上，任命翁连新为区法院民事审判第三庭庭长，严永乐为区法院刑事审判庭副庭长，孙曙光为区法院刑事审判庭副庭长，陈斌为区法院民事审判第一庭副庭长，林毅为区法院民事审判第二庭副庭长，周伟敏为区法院民事审判第三庭副庭长，黄朝晖为区法院藤桥人民法庭副庭长，夏益民为区法院执行庭副庭长，林振华为区法院东郊人民法庭副庭长，郑德明为区法院审判监督庭副庭长。免去郑德明的区法院刑事审判庭副庭长职务，林振华的区法院藤桥人民法庭副庭长职务，胡哲的区法院审判监督庭副庭长职务，张孝良的区法院西郊人民法庭副庭长职务，张晨辉的区法院审判员职务。

2008 年 12 月 1 日，在常委会第十四次会议上，决定任命吕朝晖为区政府副区长。决定免去沈敏的区政府副区长职务。

2008 年 12 月 31 日，在常委会第十五次会议上，任命王晓岚、杨影为区人大常委会城建农村工委委员。免去王斌、殷旭方的区人大常委会城建农村工委委员职务，叶俊杰的区人大常委会代表工委委员职务。

2009 年 2 月 3 日，在常委会第十六次会议上，同意鲍成发辞去区第七届人民代表大会常务委员会委员职务。免去谢作幸的区法院副院长、审判委员会委员及审判员职务。

接受余中平辞去区政府区长职务。

2009 年 3 月 31 日，在常委会十七次会议上，任命李琴仙为区法院民事审判第二庭庭长，蔡谢群为区法院行政审判庭庭长，言国新为区法院民事审判第二庭副庭长，吴将斌为区法院行政审判庭副庭长。免去谢峰的区法院民事审判第二庭庭长职务，李建平的区法院行政审判庭庭长职务，金建东的区法院审判监督庭庭长职务，言国新的区法院少年审判庭副庭长职务，李琴仙的区法院民事审判第二庭副庭长职务，蔡谢群的区法院行政审判庭副庭长职务，林振华的区法院东郊人民法庭副庭长职务。

2009 年 5 月 26 日，在常委会第十八次会议上，任命陈春生、彭三豹、周鼎生、潘昌静、叶鸿飞、胡中兴为区法院人民陪审员。任命周丰为区法院审判委员会委员、副院长、代院长。决定接受陈有为辞去区法院院长职务。

2009 年 7 月 30 日，在常委会十九次会议上，决定任命卢更生为区科学技术局局长，金龙伟为区民族宗教事务局局长。决定免去黄晓兵的区科学技术局局长职务，沈金江的区民族宗教事务局局长职务。

2009 年 8 月 7 日，在常委会第二十次会议上，决定任命王立彤、张雷、林江为区政府副区长，王立彤为区政府代区长，胡明亮为区政府办公室主任。决定免去吕朝晖的区政府办公室主任职务。

2009 年 9 月 24 日，在常委会第二十一次会议上，同意徐晓君、董金花同志辞去区第七届人民代表大会常务委员会委员职务。任命章国为区人大常委会洪殿街道工委主任，章军为区人大常委会五马街道工委主任，黄玉桂为区人大常委会江滨街道工委副主任，丁龙为区人大常委会广化街道工委副主任。免去严志芳的区人大常委会黎明街道工委主任职务，徐定光的区人大常委会江滨街道工委主任职务，伍和昆的区人大常委会南门街道工委主任职务，季银河的区人大常委会莲池街道工委主任职务，林鸿康的区人大常委会洪殿街道工委副主任职务，夏基山的区人大常委会五马街道工委副主任职务，赵友国的区人大常委会水心街道工委副主任职务。

2009 年 11 月 13 日，在常委会第二十二次会议上，接受余中平、陈有为、董金花、吴力绚、徐晓君辞去区第七届人民代表大会代表职务。

2010 年 1 月 8 日，在常委会第二十四次会议上，决定任命杨文升为区民政局局长，林建华为区农林水利局局长，潘明勋为区审计局局长，胡向阳为区统计局局长。决定免去潘明勋的区民政局局长职务，杨文升的区农林水利局局长职务，徐春萍的区审计局局长职务，滕美华的区统计局局长职务。任命诸葛要武为区人大常委会南门街道工委主任，林源森为区人大常委会莲池街道工委主任，谢雪莲为区人大常委会黎明街道工委副主任，陈光宋为区人大常委会水心街道工委副主任。

2010 年 5 月 25 日，在常委会第二十七次会议上，决定任命盘仁进为区政府副区长。决定免去吴建明的区政府副区长职务。任命张梨梨、谷旭东为区检察院检察委员会委员。

2010 年 7 月 29 日，在常委会第二十八次会议上，决定任命潘长华为区经济贸易局（交通局）局长，林宣富为区财政局局长，王建中为区人事劳动局局长，杨一敏为区建设局局长。决定免去林宣富的区经济贸易局（交通局）局长职务，胡晓初的区财政局局长职务，刘云虎的区人事劳动局局长职务，潘长华的区建设局局长职务。任命金献华为区法院副院长、审判委员会委员，滕月苏为区法院审判委员会委员，赵雄伟为区法院东郊人民法庭庭长，谢峰为区法院西郊人民法庭庭长。免去林定耀的区法院副院长、审判委员会委员职务，马海平的区法院审判委员会委员、执行庭庭长职务，李建平的区法院审判委员会委员职务，金建东的区法院审判委员会委员职务，胡剑姑的区法院西郊人民法庭庭长职务，蔡正满的区法院审判员职务。任命陈慧、王淑芬、毛彬彬、王春杰、郑加财、叶苏达、陈丽微、卢晓敏、周炳利、王锡全、陈小萍、韩小宝、冯怀江、胡璧倩、陈德祥、吴旭春、郑雪淼、杨德喜、金素、应志杰、郑颖川、王钧、王学理、黄小苹、潘爱香、金志斌、潘碎权、叶宇飞、刘丽丽、吴照林、徐尔习、周德文、潘华、诸爱珍、周慧娟、朱立静、林其勉、李建敏、金丽琴、周健民等40人为区法院人民陪审员。任命张晓枫、周红雨、黄晓萍为区检察院检察委员会委员，王纯、冯乐妮、华坤、夏凯迈、钱爱香为区检察院检察员。免去戴迪聪的区人大常委会南浦街道工委副主任职务。

2010年9月30日，在第二十九次会议上，决定任命章公华为区政府副区长。决定免去贾焕翔的区政府副区长职务。任命方旭东为区法院审判委员会委员陈朝晖为区法院审判委员会委员，任峰为区法院审判委员会委员，周洁如为区法院审判委员会委员。免去黄瑞爱的区法院审判员职务。任命王欢欢同志为区法院人民陪审员。免去张旗成、白雯雯、苏婷婷等同志的区法院人民陪审员职务。

2010年11月30日，在常委会第三十次会议上，决定免去伍挺的区政府副区长职务。同意谢伟同志辞去区第七届人民代表大会常务委员会委员职务。任命洪静为区人大常委会南浦街道工委主任，免去谢伟的区人大常委会代表工委副主任职务。任命吴将斌为区法院立案庭庭长，赵亚兰为区法院刑事审判庭庭长，胡剑姑为区法院审判监督庭庭长，言国新为区法院知识产权审判庭庭长，陈文为区法院立案庭副庭长，何栩栩为区法院审判员、刑事审判庭副庭长，蒋茜为区法院少年审判庭副庭长，陈锡林为区法院民事审判第二庭副庭长，韩若冰为区法院民事审判第三庭副庭长，李元为区法院行政审判庭副庭长，朱桢为区法院审判员、执行庭副庭长，黄朝晖为区法院西郊人民法庭副庭长，谢斌为区法院藤桥法庭副庭长，金春、陈凌、伍林雄、吕福权、吴春瑜、陈默、王衍、王兵、陈维专、柳文思、郭靓斐、王海珍为区法院审判员。免去周洁如的区法院立案庭庭长职务，陈朝晖的区法院刑事审判庭庭长职务，方旭东的区法院民事审判第一庭庭长职务，任峰的区法院少年审判庭庭长职务，严永乐的区法院刑事审判庭副庭长职务，言国新的区法院民事审判第二庭副庭长职务，林毅的区法院民事审判第二庭副庭长职务，陈锡林的区法院民事审判第三庭副庭长职务，吴将斌的区法院行政审判庭副庭长职务，蒋茜的区法院执行庭副庭长职务，黄朝晖的区法院藤桥人民法庭副庭长职务，罗奇豪的区法院审判员职务，钱伯荣的区法院审判员职务。

2010年12月27日，在常委会第三十一次会议上，接受程兰生同志辞去区检察院检察长职务。任命张纯亮为区检察院副检察长、代检察长。免去陶建武的区人大常委会城建农村工委委员职务。

2011年1月28日，在常委会第三十二次会议上，决定任命杨一敏为区住房和城乡建设局局长，姜益祥为区城市管理与行政执法局局长。决定免去杨一敏的区建设局局长职务，翁益华的区市政园林局局长职务。

2011 年 3 月 11 日，在常委会第三十三次会议上，决定任命陈胜军为区环境保护局局长。决定免去周小乐的区环境保护局局长职务。接受胡俊武辞去区人民代表大会常务委员会委员职务。

2011 年 5 月 10 日，在常委会第三十四次会议上，任命叶必庆为区人大常委会办公室主任，谢伟为区人大常委会法制工委主任，黄金鹏为区人大常委会财经工委主任，黄品寿为区人大常委会城市建设管理与农村工委主任，葛成福为区人大常委会代表工委主任，潘小琴为区人大常委会办公室副主任。免去余冬青的区人大常委会办公室主任职务，叶必庆的区人大常委会法制工委主任职务，黄庆火的区人大常委会财经工委主任职务，吴小霞的区人大常委会城市建设管理与农村工委主任职务，夏永远的区人大常委会代表工委主任职务，陈松权的区人大常委会法制工委副主任职务，王丹雪的区人大常委会办公室副主任职务。任命周金清为区人大常委会南郊街道工委主任，柳晓忠为区人大常委会双屿街道工委主任，潘雪荣为区人大常委会仰义街道工委主任，陈爱和为区人大常委会水心街道工委副主任，方刚祖为区人大常委会七都街道工委副主任，黄丽容为区人大常委会双屿街道工委副主任。免去黄玉桂的区人大常委会江滨街道工委副主任职务，陈光宋的区人大常委会水心街道工委副主任职务。免去孙林龙的区法院立案庭副庭长职务。免去潘教平的区检察院副检察长、检察委员会委员职务。

2011 年 5 月 31 日，在常委会第三十五次会议上，接受金浙瓯、张维凯、许卫疆辞去区藤桥镇选举委员会副主任职务的请求；接受伊晓岳、姜小蓉、程晓敏辞去区藤桥镇选举委员会委员职务的请求。

2011 年 7 月 18 日，在常委会第三十六次会议上，决定任命朱崇敏、张清为区政府副区长。决定免去林江、盘仁进的区政府副区长职务。决定接受王立彤辞去区政府区长职务。决定任命朱崇敏为区政府代区长。免去陈伟人的区法院少年刑事审判庭副庭长职务，林振华的区法院审判员职务。

2011 年 9 月 21 日，在常委会第三十七次会议上，任命蒋茜为区法院少年刑事审判庭庭长，陈斌为区法院民事审判第一庭庭长，夏益民为区法院执行庭庭长，陈琼为区法院民事审判第一庭副庭长。免去陈斌的区法院民事审判第一庭副庭长职务，蒋茜的区法院少年刑事审判庭副庭长职务，夏益民的区法院执行庭副庭长职务。

2011 年 10 月 25 日，在常委会第三十八次会议上，撤销区人大常委会黎明街道工作委员会、绣山街道工作委员会、蒲鞋市街道工作委员会、洪殿街道工作委员会、南浦街道工作委员会、南郊街道工作委员会、江滨街道工作委员会、南门街道工作委员会、莲池街道工作委员会、水心街道工作委员会、广化街道工作委员会、黄龙街道工作委员会。以上机构撤销后，相关人员职务自行免去。决定任命滕美华为区发展和改革局局长，王庆顺为区经济和信息化局局长，林宣富为区教育局局长，林朝朝为区科学技术局局长，陈黎华为区民政局局长，张维忠为区司法局局长，胡向阳为区财政局局长，王建中为区人力资源和社会保障局局长，朱国榜为区住房和城乡建设局局长，王炯为区交通运输局局长，罗静方为区农林水利局局长，陈国光为区商务局局长，季新扬为区文化广电新闻出版局局长，潘一凡为区卫生局局长，滕淼为区人口和计划生育局局长，徐向阳为区统计局局长，张海云为区安全生产监督管理局局长，全一凡为区食品药品监督管理局局长。决定免去贾志文的区发展和改革局局长职务，潘长华的区经济贸易局（交通局）局长职务，林世南的区教育局局长职务，卢更生的区科学技术局局长职务，杨文升的区民政局局长职务，程正斌的区司法局局长职务，林宣富的区财政局局长职务，王建中的区人事劳动局局长职务，杨一敏的区住房和城乡建设局局长职务，林建华的区农林水利局局长职务，王庆顺的区文化广电新闻出版局局长职务，邱向真的区卫生局局长职务，张维忠的区人口和计划生育局局长职务，胡向阳的区统计局局长职务，朱国榜的区安全生产监督管理局局长职务。任命姜定波为区人大常委会七都街道工委主任，李跃为区人大常委会滨江街道工委主任，谢雪莲为区人大常委会滨江街道工委副主任，洪静为区人大常委会南汇街道工委主任，胡小和为区人大常委会南汇街道工委副主任，诸葛要武为区人大常委会五马街道工委主任，谷建龙为区人大常委会五马街道工委副主任，戴美琴为区人大常委会五马街道工委副主任，王敏为区人大常委会松台街道工委主任，胡谦为区人大常委会松台街道工委副主任，丁龙为区人大常委会松台街道工委副主任，叶晓挺为区人大常委会双屿街道工委主任，邹安宁为区人大常委会仰义街道工委主任。免去章军的区人大常委会五马街道工委主任职务，柳晓忠的区人大常委会双屿街道工委主任职务，潘雪荣的区人大常委会仰义街道工委主任职务。免去滕月苏的区法院审判委员会委员职务。

2011 年 11 月 29 日，在常委会第三十九次会议上，决定免去王敬东的区监察局局长职务。

2011 年 12 月 23 日，在常委会第四十次会议上，任命包珍珍为区法院立案庭副庭长，周伟敏为区法院藤桥法庭副庭长。免去周伟敏的区法院民事审判第三庭副庭长职务，谢斌的区法院藤桥法庭副庭长、审判员职务，方本立的区法院审判员职务，王兵的区法院审判员职务。

第八节　区八届行使人事任免权

2012 年 2 月 29 日，在常委会第一次会议上，决定任命张清为区政府副区长，苏爱光为区政府办公室主任，滕美华为区发展和改革局局长，王庆顺为区经济和信息化局局长，林宣富为区教育局局长，林朝朝为区科学技术局局长，金龙伟为区民族宗教事务局局长，郑建西为区监察局局长，陈黎华为区民政局局长，张维忠为区司法局局长，胡向阳为区财政局局长，王建中为区人力资源和社会保障局局长，朱国榜为区住房和城乡建设局局长，姜益祥为区城市管理与行政执法局局长，王炯为区交通运输局局长，罗静方为区农林水利局局长，陈国光为区商务局局长，季新扬为区文化广电新闻出版局局长，潘一凡为区卫生局局长，滕淼为区人口和计划生育局局长，潘明勋为区审计局局长，徐向阳为区统计局局长，陈胜军为区环境保护局局长，陈金敏为区政府侨务办公室主任，张海云为区安全生产监督管理局局长，全一凡为区食品药品监督管理局局长。任命叶必庆为区人大常委会办公室主任，谢伟为区人大常委会法制工委主任，黄金鹏为区人大常委会财经工委主任，林秀春为区人大常委会教科文卫宗侨工委主任，柳晓忠为区人大常委会城市建设管理与农村工委主任，葛成福为区人大常委会代表工委主任，潘小琴为区人大常委会办公室副主任。任命姜定波为区人大常委会七都街道工委主任，李跃为区人大常委会滨江街道工委主任，洪静为区人大常委会南汇街道工委主任，诸葛要武为区人大常委会五马街道工委主任，王敏为区人大常委会松台街道工委主任，叶晓挺为区人大常委会双屿街道工委主任，邹安宁为区人大常委会仰义街道工委主任，方刚祖为区人大常委会七都街道工委副主任，谢雪莲为区人大常委会滨江街道工委副主任，胡小和为区人大常委会南汇街道工委副主任，谷建龙为区人大常委会五马街道工委副主任，戴美琴为区人大常委会五马街道工委副主任，胡谦为区人大常委会松台街道工委副主任，丁龙为区人大常委会松台街道工委副主任，黄丽容为区人大常委会双屿街道工委副主任。任命方旭东、马建峰、孙光辉、陈建龙、陈建生、林海军、林淑萍、高广跃、童洪锡、谢雁湖为区人大常委会法制工委委员，王巧玲、叶钧、卢成盘、杨克、陈滨、陈宏强、林明忠、金洁慧、郑湖燕、赵景温为区人大常委会财经工委委员，王莉静、白琼璟、朱雪琼、吴忠毅、陈绚、邵奇文、金晓群、黄颖洁、蔡红叶为区人大常委会教科文卫宗侨工委委员，丁云准、王晓岚、王晓珏、叶俊杰、杨绍概、张卢兄、陈如锰、季胜海、黄虹、曾挺为区人大常委会城市建设管理与农村工委委员，庄秀丽、苏小平、陈锵、陈晓东、金浙瓯、周湘妤、郑小兵、诸葛要武、黄月东为区人大常委会代表工委委员。任命黄恩亮、陈如锰、周祥薇为区人大常委会七都街道工委委员，朱龙、王林、许锡林、周丽峰、周筱秋为区人大常委会滨江街道工委委员，郑博勋、胡美珠、吴智勇、吴忠毅、朱彩霞为区人大常委会南汇街道工委委员，徐建国、陈时升、李艾黎、王建敏、王沁、王小伦、严章章为区人大常委会五马街道工委委员，周雪飞、柯建华、林淑萍、薛勇、郑延忠为区人大常委会松台街道工委委员，杨秀津、黄刘芳、欧小相、陶文艳、祝鹏程为区人大常委会双屿街道工委委员，叶云森、王先豪、张若曼为区人大常委会仰义街道工委委员。

2012 年 5 月 30 日，在常委会第二次会议上，任命吴将斌为区法院金融审判庭庭长，孙曙光为区法院立案庭副庭长。免去吴将斌的区法院立案庭庭长职务，孙曙光的区法院刑庭副庭长职务，郑德明的区法院审判监督庭副庭长职务，叶宇兵的区法院审判员职务。任命郑和通、王晓峰、郑志斌、缪心豪、池万春、陈锡淼、郑祥挺为区法院人民陪审员。免去应欢欢、王小芳、邱新华、陈慧、陈晓秋、叶鸿飞、王文波、杜长洲的区法院人民陪审员职务。

2012 年 7 月 26 日，在常委会第三次会议上，任命郑英先、戴少敏、余方毅、周朝阳、张华锋、蓝文权为区检察院检察员。免去胡崇洲、惠蓉汉、高仁和、陈鸣尧、诸声羽、华坤、朱家昶、王霸、王益朋、王纯、钱爱香的区检察院检察员职务。

2012 年 9 月 12 日，在常委会第四次会议上，决定任命林莹、郑晓东为区政府副区长。免去姜定波的区人大常委会七都街道工委主任职务。任命翁欣宇为区法院少年刑事审判庭副庭长，杨要武为区法院立案庭副庭长，马如君为区法院东郊人民法庭副庭长。免去何栩栩的区法院刑事审判庭副庭长、审判员职务，陈维专的区法院审判员职务，瞿中海的区法院审判员职务，苏影的区法院人民陪审员职务。

2012年11月7日，在常委会第五次会议上，接受黄凌萍辞去区第八届人民代表大会常务委员会委员职务。决定任命章月影为区政府副区长。决定免去吴文玲的区政府副区长职务。决定任命徐一峰为区环境保护局局长，黄凌萍为区科学技术局局长。决定免去陈胜军的区环境保护局局长职务，林朝朝的区科学技术局局长职务。任命陈伟为区法院刑事审判庭副庭长。免去吴民勋的区法院审判员职务。任命方黎明、林海霞、刘圆圆、李超超、孙蒙蒙、赵炫晔、董成伟、诸凯强、应欢欢、刘杰、赵敏、游思照、方祺、王强、温胜亮、蔡艳蕾、陈淑娴、董景晖、曹政、陈晓静、张立、孙然、陈妍伶为区法院人民陪审员。

2013年3月29日，在常委会第八次会议上，决定任命施文明为区民族宗教事务局局长，吴雷雨为区审计局局长，李江涛为区统计局局长，徐向阳为区政府侨务办公室主任。决定免去金龙伟的区民族宗教事务局局长职务，潘明勋的区审计局局长职务，徐向阳的区统计局局长职务，陈金敏的区政府侨务办公室主任职务。任命林秀春为区人大常委会教育科学文化卫生工委主任，陈金敏为区人大常委会民族宗教华侨外事工委主任。免去方刚祖的区人大常委会七都街道工委副主任职务，谷建龙的区人大常委会五马街道工委副主任职务，戴美琴的区人大常委会五马街道工委副主任职务，丁龙的区人大常委会松台街道工委副主任职务，黄丽容的区人大常委会双屿街道工委副主任职务。任命刘俊为区法院审判员、审判委员会委员，方旭东为区法院副院长，蔡谢群为区法院审判委员会委员，赵雄伟为区法院审判委员会委员，伍林雄为区法院刑事审判庭副庭长，叶珺为区法院审判员、知识产权审判庭副庭长，金春为区法院金融审判庭副庭长，吴春瑜为区法院金融审判庭副庭长，孙聪碧为区法院审判员、东郊人民法庭副庭长，邱天翔为区法院审判员、藤桥人民法庭副庭长。免去陈朝晖的区法院审查委员会委员、审判员职务，蔡谢群的区法院行政审判庭庭长职务，赵雄伟的区法院东郊人民法庭庭长职务，胡冬琴的区法院审判员职务，冯梅的区法院审判员职务。任命林芹为区检察院副检察长，陈朝晖为区检察院检察员、检察委员会委员。免去刘俊的区检察院检察委员会委员、检察员职务，张梨梨的区检察院检察委员会委员职务，季学士的区检察院检察员职务，丁宪荣的区检察院检察员职务。接受金浙瓯、褚坚辞去区第八届人民代表大会常务委员会委员职务；接受章胤辞去区第八届人民代表大会常务委员会委员职务，其区人民代表大会常务委员会代表资格审查委员会委员职务相应终止。

2013年5月17日，在常委会第九次会议上，任命张琳玮为区人大常委会七都街道工委主任。任命白琼璟、朱雪琼、陈中怀、邵奇文、吴忠毅、陈绚、金晓群、腾敏亮、蔡红叶、戴伟芳为区第八届人大常委会教科文卫工委委员；王良善、叶话雨、李前、陆日煜、陈晓乐、陈婕、林小冬、周祥薇、项斌斌、徐大放、虞培清为区第八届人大常委会民宗侨外工委委员。钱爱香为区第八届人大常委会法制工委委员。

2013年7月30日，在常委会第十次会议上，决定任命黄专途为区政府副区长；决定免去张清的区政府副区长职务。

2013年9月17日，在常委会第十一次会议上，决定免去林莹的区政府副区长职务。

任命江红文为区法院人民陪审员。任命甘卫康、吴加居、郑巨龙、薛文广为区第八届人大常委会财经工委委员，陶建武、姜小蓉、林元敏为区第八届人大常委会城建农村工委委员，易建东、潘定龙为区第八届人大常委会代表工委委员。免去陈宏强、叶钧、杨克的区第八届人大常委会财经工委委员职务，王晓岚、季胜海的区第八届人大常委会城建农村工委委员职务，金浙瓯的区第八届人大常委会代表工委委员职务。

2013年12月24日，在常委会第十三次会议上，任命柳晓忠为区人大常委会农村和资源保护工作委员会主任，李利法为区人大常委会城乡建设环境保护工作委员会副主任。任命杨绍概、林元敏、姜小蓉、丁云准、黄虹、李筱明、陈瑞林为区人大常委会城乡建设环境保护工作委员会委员，陈如锰、陶建武、叶俊杰、曾挺、张卢兄、王晓珏为区人大常委会农村和资源保护工作委员会委员。任命吴将斌为区法院西郊人民法庭庭长、审判委员会委员，陈斌为区法院东郊人民法庭庭长、审判委员会委员，黄朝晖为区法院立案庭庭长。免去谢峰的区法院西郊人民法庭庭长职务，吴将斌的区法院金融审判庭庭长职务，陈斌的区法院西郊人民法庭副庭长职务，黄朝晖的区法院西郊人民法庭副庭长职务，孙曙光的区法院审判员、立案庭副庭长职务，李建平、张孝良、王海珍的区法院审判员职务。任命郑源远、虞伟国、项颖颖、张俞、董新新、张少博、尤乐慧、胡盈盈、泮赛琼、温胜洁、仲夏、叶舒翔、李园园、郑光、徐胜珍、白陈顺、林郁、詹维、曹文辉、陈琳、朱晨绿、郭笑春、雷霄、朱汉阳、张加聪、潘笑容、郑俊、胡荣辉、陈建新、黄宏臻等30位同志为区法院人民陪审员。免去彭三豹、周鼎生、郑淑琴、黄丽霞、王春杰、方祺、翁振瓯、乐素贞、刘杰、董成伟、孙蒙蒙、卢敬国的区法院人民陪审员职务。任命王珊珊、黄烃烃、严亮、周亦豪为区检察院检察员。免去丁宪荣、应镇云、林莉、郑英先的区检察院检察员职务。

2014年3月19日，在常委会第十五次会议上，决定任命全一凡为区教育局局长，吴晓贵为区人力资源和社会保障局局长，周伟斌为区住房和城乡建设局局长。决定免去林宣富的区教育局局长职务，王建中的区人力资源和社会保障局局长职务，朱国榜的区住房和城乡建设局局长职务，全一凡的区食品药品监督管理局局长职务。任命林宣富为区人大常委会预算工作委员会主任；陈康亮为区人大常委会城乡建设环境保护工作委员会主任。任命王文君为区人大常委会南汇街道工作委员会主任。免去洪静的区人大常委会南汇街道工作委员会主任职务，谢雪莲的区人大常委会滨江街道工作委员会副主任职务。任命李臣庚、谢越为区人大常委会财政经济工作委员会委员，王沁、甘卫康、陈天翔、林明忠、周赛珍、郑巨龙、董海、薛文广为区人大常委会预算工作委员会委员，吴智勇、徐宁、黄国云、黄夏虹、黄海浪、蔡飞舟为区人大常委会城乡建设环境保护工作委员会委员，周旭哲、伍忠孝、黄建云、程晓清为区人大常委会农村和资源保护工作委员会委员。免去王巧玲、甘卫康、林明忠、薛文广、郑巨龙的区人大常委会财政经济工作委员会委员职务；丁云准、林元敏的区人大常委会城乡建设环境保护工作委员会委员职务。任命王浩泽、苏惺、董臻静、孙晓琳、黄宗扬、黄莹、叶宇锞、林德悦、胡佳颖、项杰为区法院审判员。任命蒋茜为区法院刑事审判庭庭长，严永乐为区法院少年刑事审判庭庭长，赵亚兰为区法院行政审判庭庭长，孙聪碧为区法院金融审判庭副庭长，王浩泽为区法院行政审判庭副庭长，陈默为区法院民事审判第二庭副庭长，陈凌为区法院东郊人民法庭副庭长，苏惺为区法院执行庭副庭长。免去蒋茜的区法院少年刑事审判庭庭长职务，赵亚兰的区法院刑事审判庭庭长职务，孙聪碧的区法院东郊人民法庭副庭长职务。接受黄品寿、陈增斌、张勇辞去区第八届人民代表大会常务委员会委员职务，张勇的区人民代表大会常务委员会代表资格审查委员会委员职务相应终止。

2014 年 5 月 28 日，在常委会第十六次会议上，决定任命柯志成为区市场监督管理局局长，梁红为区质量技术监督局局长。免去王衍的区法院审判员职务。任命戴艾位、邵建华、陈时满、陈勇、奚德驹、陈荣柱、沈稳、蔡琼、黄国柱、钱文增、伍敏慧、潘淑丽、伊婷婷、苏珊珊、彭三豹、叶剑武、郑黎萍、黄程祎、陈茂训、邱淑敏、杨小瓯、刘爱萍、黄迎庆、王绍建、陈晓淳、虞世标、李前、潘玉玲、姚金樑、宾雪花为区法院人民陪审员。免去郑源远、林海霞的区法院人民陪审员职务。

2014 年 7 月 31 日，在常委会第十七次会议上，决定任命邓小林为区政府副区长。任命唐文广、陈芳芳、温婷婷、林建东、朱晓丹为区检察院检察员。免去余方毅、严亮的区检察院检察员职务。

2014 年 9 月 23 日，在常委会第十八次会议上，免去滕淼的区人口和计划生育局局长职务。任命李元为区法院民事审判第一庭庭长，陈琼为区法院民事审判第三庭副庭长，叶珺为区法院审判监督庭副庭长，胡佳颖为区法院西郊人民法庭副庭长。免去胡剑姑的区法院审判监督庭庭长职务，李元的区法院行政审判庭副庭长职务，陈琼的区法院民事审判第一庭副庭长职务，王亚苗的区法院东郊人民法庭副庭长职务，叶珺的区法院知识产权审判庭副庭长职务。

2014 年 11 月 25 日，在常委会第十九次会议上，决定免去郑晓东的区政府副区长职务。任命黄和平、潘昌静、陈春生、谢文兴、蔡红、石艳、王炳玉、陈锡云、何腊丽、李小丹、邵剑海、吴静洁、杜新民、徐圣恩、范程翔、万文成、刘翔、罗扬扬为区法院人民陪审员。免去缪心豪、虞伟国的区法院人民陪审员职务。接受谢云周辞去区第八届人民代表大会常务委员会委员职务，其区人民代表大会常务委员会代表资格审查委员会委员职务相应终止。

2014 年 12 月 26 日，在常委会第二十次会议上，决定任命杨明明为区商务局局长。决定免去陈国光的区商务局局长职务。

2015 年 3 月 26 日，在常委会第二十一次会议上，决定任命朱建光为区交通运输局局长，潘一凡为区卫生和计划生育局局长。决定免去罗静方的区农林水利局局长职务，王炯的区交通运输局局长职务，潘一凡的区卫生局局长职务。免去葛成福的区人大常委会代表工委主任职务。接受葛成福辞去区第八届人民代表大会常务委员会委员职务，其区人民代表大会常务委员会代表资格审查委员会委员职务相应终止。

2015 年 5 月 27 日，在人大常委会第二十二次会议上，决定任命库尔班·买买提为区政府副区长，决定免去黄专途的区政府副区长职务。任命蒋茜为区法院审判委员会委员，孙聪碧为区法院金融审判庭庭长，叶珺为区法院审判监督庭庭长，陈凌为区法院知识产权审判庭副庭长。免去陈凌的区法院东郊人民法庭副庭长职务，王海军的区法院审判员职务，林定耀的区法院审判员职务，姜云福的区法院审判员职务。任命林建国、林劲松、程素莲、蔡小园、王圆娟、吴如欧、戴立生、陈伟凯、陈俊武、徐亮、黄晓春、周岚、周海峰、倪知琳、温秀杰、陈巨创、叶醒、翁索、李月燕、谢洲、南品仁、金利泰、戴奕奕、李晓燕、兰慧军、黄嘉毅、沈纪运、洪学东、卢忠为区法院人民陪审员。免去王强、诸凯强、白陈顺的区法院人民陪审员职务。任命谢虎为区检察院检察委员会委员，蒋红怡为区检察院检察委员会委员。免去林国龙的区检察院检察员职务，黄向红的区检察院检察员职务，吴乙亚的区检察院检察员职务，张军林的区检察院检察员职务，程兰生的区检察院检察员职务。接受王长青辞去区人民代表大会常务委员会副主任职务。

2015 年 7 月 28 日，在常委会第二十三次会议上，决定任命申树军为区政府副区长，季新扬为区农林水利局局长，周园为区文化广电新闻出版局局长。决定免去季新扬的区文化广电新闻出版局局长职务。任命姜锦谷为区人大常委会财政经济工作委员会主任，李利法为区人大常委会代表工作委员会主任。免去黄金鹏的区人大常委会财政经济工作委员会主任职务，李利法的区人大常委会城乡建设环境保护工作委员会副主任职务，李跃的区人大常委会滨江街道工作委员会主任职务。任命刘俊为区法院副院长，林毅为区法院西郊人民法庭庭长，翁连新为区法院藤桥人民法庭庭长。免去孙宏的区法院副院长、区法院审判委员会委员职务，周洁如的区法院审判委员会委员职务，吴将斌的区法院西郊人民法庭庭长职务，翁连新的区法院民事审判第三庭庭长职务。任命杨德喜、金素、应志杰、王均、刘丽丽、吴照林、周德文、潘华、诸爱珍、朱立静、林其勉、李建敏、金丽琴、郑加财、叶苏达、陈丽微、卢晓敏、周炳利、王锡全、陈小萍、冯怀江、胡壁倩、陈德祥、吴旭春、郑雪淼、黄小萍、潘爱香、叶宇飞为区法院人民陪审员。免去李超超的区法院人民陪审员职务。接受黄金鹏、陈辉辞去区人民代表大会常务委员会委员职务。

2015 年 9 月 25 日，在常委会第二十五次会议上，决定任命黄定恩为区政府副区长。决定免去项伟胜、伍挺的区政府副区长职务。决定任命张海云为区城市管理与行政执法局局长，吴雷雨为区卫生和计划生育局局长，李江涛为区审计局局长，黄浩宇为区统计局局长，周国强为区安全生产监督管理局局长。决定免去姜益祥的区城市管理与行政执法局局长职务，潘一凡的区卫生和计划生育局局长职务，吴雷雨的区审计局局长职务，李江涛的区统计局局长职务，张海云的区安全生产监督管理局局长职务。任命苏士永为区人大常委会滨江街道工作委员会主任，邹安宁为区人大常委会蒲鞋市街道工作委员会主任，周金清为区人大常委会南汇街道工作委员会主任，王文君为区人大常委会南郊街道工作委员会主任，林建勇为区人大常委会大南街道工作委员会主任，李嘉昌为区人大常委会广化街道工作委员会主任，韦龙成为区人大常委会双屿街道工作委员会主任，叶晓挺为区人大常委会丰门街道工作委员会主任，吴荣华为区人大常委会仰义街道工作委员会主任，吴照林为区人大常委会七都街道工作委员会副主任，林国华为区人大常委会滨江街道工作委员会副主任，陈旭忠为区人大常委会蒲鞋市街道工作委员会副主任，王军霞为区人大常委会南汇街道工作委员会副主任，胡小和为区人大常委会南郊街道工作委员会副主任，黄甘宏为区人大常委会五马街道工作委员会副主任，叶庆国为区人大常委会大南街道工作委员会副主任，丁龙为区人大常委会广化街道工作委员会副主任，王宜旺为区人大常委会双屿街道工作委员会副主任，周增兴为区人大常委会丰门街道工作委员会副主任，阮金平为区人大常委会仰义街道工作委员会副主任。免去王文君的区人大常委会南汇街道工作委员会主任职务，叶晓挺的区人大常委会双屿街道工作委员会主任职务，邹安宁的区人大常委会仰义街道工作委员会主任职务，胡小和的区人大常委会南汇街道工作委员会副主任职务。任命吴之欧为区法院副院长。接受陈月玲、陈钜辞去区人民代表大会常务委员会委员职务。陈月玲的区人民代表大会常务委员会代表资格审查委员会委员职务相应终止。

2015 年 11 月 25 日，在常委会第二十六次会议上，决定任命张本锋为区政府副区长，卢更生为区交通运输局局长，徐向阳为区政府外事侨务办公室主任。决定免去郑建西的区监察局局长职务，徐向阳的区政府侨务办公室主任职务，朱建光的区交通运输局局长职务，苏爱光的区政府办公室主任职务。任命郑坚为区人大常委会办公室副主任。任命渠奕为区人大常委会预算工作委员会委员，谷建龙、曾莞为区人大常委会民族宗教华侨外事工作委员会委员，谷建勇为区人大常委会农村和资源保护工作委员会委员。免去甘卫康的区人大常委会预算工作委员会委员职务，陈晓乐的区人大常委会民族宗教华侨外事工作委员会委员职务，叶俊杰的区人大常委会农村和资源保护工作委员会委员职务。任命王林、白雪娟、李小燕为区人大常委会蒲鞋市街道工作委员会委员，徐爱芬、李秀林、薛建国为区人大常委会南郊街道工作委员会委员，吕英为区人大常委会五马街道工作委员会委员，徐建国、王沁、王炳玉为区人大常委会大南街道工作委员会委员，王小忠、胡云平、方晓敏、林淑萍为区人大常委会广化街道工作委员会委员，史晓东、黄刘芳、伍忠孝为区人大常委会丰门街道工作委员会委员。免去王林的区人大常委会滨江街道工作委员会委员职务，郑博勋的区人大常委会南汇街道工作委员会委员职务，徐建国、王沁的区人大常委会五马街道工作委员会委员职务，林淑萍的区人大常委会松台街道工作委员会委员职务，黄刘芳的区人大常委会双屿街道工作委员会委员职务。任命柳文思为区法院少年刑事审判庭副庭长，孙晓琳为区法院民事审判第一庭副庭长，郭靓斐为区法院民事审判第二庭副庭长。任命陈依义、郑一帆、秦川、陈海翔、吴昕燃、吴瑶瑶、王欢欢、吴蒙蒙、黄春桃、谢和弦、潘景义、余俊、林晓东为区法院人民陪审员。

2016 年 3 月 17 日，在常委会第二十八次会议上，决定任命徐一峰为区卫生和计划生育局局长。决定免去吴雷雨的区卫生和计划生育局局长职务，徐一峰的区环境保护局局长职务。任命叶青为区人大常委会办公室副主任，陈晓乐为区人大常委会南郊街道工作委员会副主任，张红霞为区人大常委会广化街道工作委员会副主任。免去潘小琴的区人大常委会办公室副主任职务，胡小和的区人大常委会南郊街道工作委员会副主任职务，丁龙的区人大常委会广化街道工作委员会副主任职务。任命陈律为区法院审判员。决定接受叶青辞去区人民代表大会常务委员会委员职务，其区第八届人大常委会代表资格审查委员会委员职务相应终止。决定接受陈洁、林瑞荣辞去区人民代表大会常务委员会副主任职务。

2016 年 5 月 31 日，在常委会第二十九次会议上，增补李利法为区第八届人民代表大会常务委员会代表资格审查委员会副主任委员；王敏、叶云森、吴法照、陈滢冰、胡小洁、陶玉燕为区第八届人民代表大会常务委员会代表资格审查委员会委员。任命张琳玮为区人大常委会双屿街道工作委员会主任，赵德胜为区人大常委会财政经济工作委员会副主任。免去张琳玮的区人大常委会七都街道工作委员会主任职务，韦龙成的区人大常委会双屿街道工作委员会主任职务。决定免去库尔班·买买提的区政府副区长职务。决定任命吴祝凡为区政府办公室主任，韦龙成为区民族宗教事务局局长，金龙伟为区监察局局长，谢云周为区环境保护局局长。决定免去施文明的区民族宗教事务局局长职务。任命李元为区法院行政审判庭庭长，陈默为区法院破产案件审判庭庭长，吴春瑜为区法院民事审判第三庭庭长，韩若冰为区法院金融审判庭副庭长，陈凌为区法院西郊人民法庭副庭长，郭靓斐为区法院知识产权审判庭副庭长，项杰为区法院执行庭副庭长。免去李元的区法院民事审判第一庭庭长职务。陈默的区法院民事审判第二庭副庭长职务，吴春瑜的区法院金融审判庭副庭长职务，韩若冰的区法院民事审判第三庭副庭长职务，陈凌的区法院知识产权审判庭副庭长职务，周伟敏的区法院藤桥人民法庭副庭长职务，黄朝晖的区法院立案庭庭长职务，李琴仙的区法院民事审判第二庭庭长职务，赵亚兰的区法院行政审判庭庭长职务，言国新的区法院知识产权审判庭庭长职务，郭靓斐的区法院民事审判第二庭副庭长职务，王浩泽的区法院审判员、行政审判庭副庭长职务，戴谊的区法院审判员职务，马海平的区法院审判员职务。任命戚静聪、陈聪、吴丽洁、徐钢凌、冯亮、徐晋、邹泽阳、张芳炜、林颖轩、林雅、陈信实、郭宝乐、姜飞南、李海崇、朱春兰、陈亮、谷婷婷、叶建武为区法院人民陪审员。接受许卫疆辞去区人民代表大会常务委员会委员职务。

2016 年 7 月 26 日，在常委会第三十次会议上，决定任命夏军为鹿城区副区长；决定免去邓小林的鹿城区副区长职务。任命徐海文为区人大常委会七都街道工作委员会主任；石月林为区人大常委会滨江街道工作委员会副主任；葛光凡为区人大常委会广化街道工作委员会副主任；余水平为区人大常委会双屿街道工作委员会副主任；卢克为区人大常委会丰门街道工作委员会副主任。免去林国华的区人大常委会滨江街道工作委员会副主任职务。任命高兴兵为区法院副院长；免去吴之欧的区法院副院长职务。任命郑加佳为区检察院副检察长。接受项旭光辞去区人民代表大会常务委员会副主任职务。

2016 年 9 月 20 日，在常委会第三十一次会议上，决定任命张海云为温州市鹿城区综合行政执法局局长，免去其温州市鹿城区城市管理与行政执法局局长职务；任命徐海翔为区人大常委会七都街道工作委员会副主任；免去吴照林的区人大常委会七都街道工作委员会副主任职务。

2016 年 11 月 24 日，在常委会第三十二次会议上，决定接受朱崇敏辞去区政府区长职务的请求，任命胡晓东为区政府副区长、代区长，报区九届人大一次会议备案。

2016 年 12 月 23 日，在常委会第三十三次会议上，决定任命林铁、黄唯中为鹿城区政府副区长，决定免去张本峰、林世南、杨德听、胡明亮的区政府副区长职务；审议表决接受了周基斌辞去区人大常委会副主任职务的请求，报区九届人大一次会议备案。

第六章 讨论决定重大事项

第一节 区一届讨论决定重大事项

政治法治事项

1984年8月，区一届人大常委会第二次会议通过《关于加强法制教育、普及法律常识的决议》，要求用5年左右的时间在全区人民中基本普及法律常识教育。

城建环保事项

1985年11月，常委会第九次会议通过了《关于坚持不懈，努力创建文明城市的决议》，要求区政府坚持不懈地抓紧抓好交通、市容卫生的建设和管理。

财政经济事项

1985年11月，常委会第九次会议通过了《关于深入查处假、冒、骗违法犯罪活动的决议》，要求切实抓好这项工作，维护正常经济秩序和消费者的利益。会议还通过了《关于鹿城区一九八五年财政预算部分变更的决定》，认为根据全区经济形势的发展和体制改革继续进行的实际，对收支预算作相应的调整是必要的。

1986年，常委会第十次会议通过《关于持续稳定发展区街工业的决议》，要求区街工业自力更生，勤俭办企业。

1986年9月，常委会第十四次会议通过了《关于本区一九八六年财政预算部分变更的决定》，指出根据经济形势的发展和变化，对年度财政收支预算做部分变更是必要的，强调财政工作要开源节流，要坚持艰苦奋斗、勤俭节约的方针，严格控制开支。

教科文卫事项

1985年11月，常委会第九次会议通过了《关于加强文化市场管理，禁止营业性舞会、录像放映和淫秽物品的决议》。

1986年7月10日，常委会第十三次会议通过了《关于鹿城区实施九年义务教育的决议》，特别对全区中小学的1.6万平方米危房要求区政府要抓紧修缮，改建危房，务求在两三年内实现“校校无危房”，确保师生安全。

第二节 区二届讨论决定重大事项

政治法治事项

1987年10月，常委会第三次会议作出了《关于继续深入严厉打击严重经济犯罪的决议》，支持执法机关秉公办案，推动反贪污受贿和投机倒把斗争的深入开展。

财政经济事项

1987 年 8 月，常委会第二次会议听取和审议了区人民政府关于“双增双节”运动开展情况的报告，并作出了《关于广泛深入地开展增产节约增收节支运动的决议》，要求区政府开展“双增双节”运动要在增产增收上下功夫，以全面提高经济效益为重点，并对广大干部、职工进行艰苦奋斗的再教育。通过了《关于本区一九八七年财政预算部分变更的决定》，要求财税工作仍要围绕增产节约、增收节支运动，支援工业生产，开辟税源，努力完成今年财政收入的任务。

1988 年 9 月，常委会第九次会议审议了区财税局局长黄国池受区人民政府委托所作的关于《鹿城区 1988 年一至八月份财政收支预算执行情和年度预算收支调整意见的报告》，通过了《关于本区 1988 年财政预算部分变更的决定》，要求加强支出管理，确保财政收支平衡，略有节余。

教科文卫事项

1988 年 7 月和 9 月，常委会第八次、第九次会议针对环境卫生和学校教学危房的问题分别作出了《关于限期解决学校教学危房的决议》和《关于进一步加强环境卫生工作的决议》，要求区政府一定要在 1989 年秋季开学之前，实现原定计划。对环境卫生工作，要常抓不懈。

1988 年 9 月，常委会第九次会议听取和审议了陈莲莲副区长所作的《关于市区环境卫生工作的汇报》和《关于食品卫生工作情况的汇报》，通过了《关于进一步加强环境卫生工作的决议》。要求区政府加强对环卫工作的领导，重点做好粪便、垃圾的清运，认真搞好公共厕所设施建设和管理，努力使全区市容环境卫生面貌有较大的改观。

第三节　区三届讨论决定重大事项

政治法治事项

1991 年 7 月，常委会第八次会议听取和审议了区司法局局长潘启宝受区政府委托作的《关于我区“二五”普法工作准备情况的汇报》，作出了《关于在全区深入开展法制宣传教育的决定》，提出从 1991 年起，实施普及法律常识，加强法制宣传教育的第二个五年规划。

财政经济事项

1990 年 9 月，常委会第二次会议针对工业总产值增长比上年同期下降的趋势，作出《关于确保完成全年工业生产任务的决议》。要求区政府认真执行决议，采取措施，促进工业生产的发展，超额完成计划。会议听取和审议了区财政税务局局长黄国池受区人民政府委托所作的《鹿城区 1990 年一至八月份财政收支预算执行情况和年度预算收支调整意见的报告》，并通过了《关于本区1990年财政预算部分变更的决定》。

1990年11月，常委会第三次会议听取和审议了区计划经济委员会主任管嗣录受区人民政府委托所作的《关于1990年国民经济和社会发展计划执行情况的汇报》，对计划的执行情况表示满意，并通过了《关于调整本区1990年社会商品零售总额计划的决定》。

1991年10月19日，常委会第十次会议听取和审议区财政局局长助理黄夏日受区人民政府委托所作的《鹿城区一九九一年一至九月份财政收支预算执行情况和年度预算收支调整意见的报告》，通过了《关于本区一九九一年度财政预算部分变更的决定》。

1992年10月，常委会第十七次会议分别听取和审议了区计经委主任管嗣录受区人民政府委托作的《关于鹿城区1992年1一9月份计划执行情况和年度计划部分经济指标变更建议的报告》、区财政局局长黄国池受区人民政府委托作的《温州市鹿城区1992年1—9月份财政收支预算执行情况和年度预算收支调整意见的报告》。会议通过了区人大常委会《关于本区一九九二年国民经济计划部分经济指标变更的决定》和《关于本区一九九二年财政预算部分变更的决定》。

第四节　区四届讨论决定重大事项

政治法治事项

1995年12月，常委会第二十一次会议作出《关于深入开展依法治区的决定》，督促区政府加强社会主义民主法制建设，动员全区人民投身“二次创业”活动，为实现鹿城区“九五”计划和2010年远景目标而奋斗。

1996年7月，常委会第二十五次会议作出了《温州市鹿城区人大常委会关于继续开展法制宣传教育的决议》，推动“三五”普法开展。

财政经济事项

1993年10月，常委会第四次会议听取和审议了区计划经济委员会副主任林其骞受区人民政府委托作的《关于鹿城区1993年1—9月份国民经济计划执行情况的报告与1993年国民经济计划部分经济指标变更的建议》、区财政局局长黄国池受区人民政府委托作的《温州市鹿城区1993年1—9月份财政预算执行情况和年度预算变更的报告》。会议通过了《关于本区一九九三年国民经济计划部分经济指标变更的决定》和《关于本区一九九三年财政预算部分变更的决定》。责成区政府认真贯彻中共中央、国务院关于深化改革，加强宏观调控的重大决策，解决经济运行中的突出问题，从而促进国民经济计划和财政预算圆满完成。

1995年10月，常委会第十九次会议听取和审议了区财政局局长黄夏日受区人民政府委托作的《关于温州市鹿城区1995年1至8月份预算执行情况及年度调整意见的报告》，并作出了同意变更1995年度预算支出的决定。

1996年10月，常委会第二十七次会议听取和审议了区财政局局长黄夏日受区人民政府委托所作的《关于温州市鹿城区1996年1—9月份本级财政预算执法情况和年度调整意见的报告》，作出了《温州市鹿城区人民代表大会常务委员会关于本区 1996 年财政预算部分变更的决定》。

1995 年 5 月 3 日，常委会第十六次会议通过了《关于批准 1994 年区级财政决算的决议》。

1996 年 5 月 9 日，常委会第二十四次会议通过了《关于批准 1995 年区级财政决算的决议》。

1997 年 6 月 17 日，常委会第三十二次会议通过了《关于批准 1996 年区级财政决算的决议》。

1997 年 10 月，常委会第三十四次会议听取和审议了区计委主任林瑞荣受区人民政府委托所作的《关于温州市鹿城区 1997 年 1—9 月份国民经济和社会发展计划执行情况的报告》，并做出了同意温州市鹿城区 1997 年国民经济计划部分变更的决定。

教科文卫事项

1994 年 10 月，常委会第十二次会议听取和审议了副区长陈崇春所作的《温州市鹿城区 1994—2000 年科学技术发展纲要编制说明》和区科学技术委员会副主任孙荣清受区人民政府委托所作的《温州市鹿城区科学技术发展纲要》的报告，对草案中面向经济建设、充分发挥科技优势和潜力等方面提出修改意见，作出了《关于同意〈温州市鹿城区科学技术发展纲要〉的决定》。

1996 年 1 月，常委会第二十二次会议审议通过了《温州市鹿城区教育事业“九五”计划和 2010 年发展规划》，作出由区人民政府组织实施的决定。会议强调区人民政府及其财税工作部门必须严格执行《中华人民共和国预算法》和《中华人民共和国预算实施条例》，坚持依法理财，依法治税，努力组织财源，切实加强预算外资金管理，强化财政监督，保证预算任务顺利完成。

第五节　区五届讨论决定重大事项

政治法治事项

2001 年 6 月，常委会第二十九次会议听取和审议了区司法局局长陈旭珍所作的《关于我区“三五”普法基本情况的报告和“四五”普法规划的说明》，并作出了《关于进一步开展法制宣传教育的决议》。

财政经济事项

1998 年 10 月，常委会第五次会议听取和审议了区财政局局长黄夏日受区人民政府委托所作的《关于温州市鹿城区 1998 年 1—9 月份本级财政预算执行情况及部分科目调整意见的报告》，作出了《关于 1998 年本级财政预算部分科目调整的决定》。

1999 年 10 月，常委会第十三次会议听取和审议了区财政局局长黄夏日受区人民政府委托所作的《关于温州市鹿城区 1999 年 1—9 月份本级财政预算执行情况及年度预算

调整意见的报告》，作出了《关于1999年本级财政预算部分变更的决定》

1998年5月26日，常委会第二次会议通过了《关于批准1997年区级财政决算的决议》。

1999年6月23日，常委会第十一次会议通过了《关于批准1998年区级财政决算的决议》。

2000年6月15日，常委会第十八次会议作出《关于批准1999年区本级财政决算的决议》和《2000年区本级财政预算部分变更的决定》。

2000年10月，常委会第二十二次会议对区政府提请的“关于要求审议鹿城区2000年1—9月份本级财政预算执行情况及年度预算调整意见的议案”进行认真审议，作出了《关于2000年本级财政预算部分变更的决定》。

2001年6月12日，常委会第二十九次会议通过了《关于批准2000年区级财政决算的决议》。

2001年8月，为了加强对国民经济计划和财政预算执行情况的监督，常委会第三十一次会议制定《关于加强经济工作监督的决定》和《关于加强区级预算审查监督的决定》，规定政府投资在500万元以上的建设项目应报区人大常委会审议决定，对预算超收数额超过原批准预算收入总额的5%时，应向区人大常委会汇报安排使用情况。

2001年10月25日，常委会第三十二次听取和审议了区计委副主任张晓兰受区政府委托所作的《关于温州市鹿城区2001年1—9月份国民经济和社会发展计划执行情况及2001年部分计划指标调整的报告》，作出了《温州市鹿城区人民代表大会常务委员会关于2001年国民经济和社会发展计划指标部分变更的决定》。

2002年6月26日，常委会第三十七次会议通过了《关于批准2001年区级财政决算的决议》。

社会、民政事项

2000年9月20日，常委会第二十一次会议听取和审议了区人民法院院长朱筱玫所提请的《鹿城区人民法院关于内设机构调整的议案》，审议并作出了《关于温州市鹿城区人民法院下设机构调整的决定》。

2002年11月，常委会第三十九次会议作出《关于区法院机构调整的决定》，撤销其经一庭、经二庭、房产庭、执行一庭、执行二庭，同时设立民三庭、执行庭。

第六节　区六届讨论决定重大事项

政治法治事项

2003年8月，常委会举行第四次会议。会议听取和审议了鹿城区2002—2006年依法治区规划，并作出了《温州市鹿城区人大常委会关于加快推进依法治区进程的决议》。强调在今后的几年中要切实转变政府职能，深化司法改革，依法治理社会秩序，加强基层依法治理，深入开展法制教育，全面落实依法治区的各项任务。

2006年10月，常委会第三十次会议听取和审议了区普法办主任、区司法局局长程正斌受区政府的委托作的关于“五五”普法前期准备工作情况的汇报，并通过了鹿城区人民代表大会常务委员会《关于开展“五五”普法工作的决议》。同时，审议通过了《关于深化法制宣传教育的决议》，推动法制宣传教育第五个五年规划的实施。

财政经济事项

2003 年 10 月 31 日，常委会第六次会议听取和审议了区人民政府关于 2003 年 1—9 月份预算执行情况的汇报，并作出了《温州市鹿城区人民代表大会常务委员会关于 2003 年本级财政预算部分变更的决定》。

2003 年 6 月 26 日，常委会第三次会议通过了《关于批准 2002 年区级财政决算的决议》。

2004 年 6 月 25 日，常委会第十一次会议通过了《关于批准 2003 年区级财政决算的决议》。

2005 年 6 月 30 日，常委会第十九次会议通过了《关于批准 2004 年区级财政决算的决议》。

2006 年 6 月 29 日，常委会第二十八次会议通过了《关于批准 2005 年区级财政决算的决议》。

2006 年 10 月，常委会第三十次会议听取和审议了区财政局局长胡晓初受区人民政府委托作关于 2006 年 1—9 月份财政预算执行情况及年度预算变更的报告，并通过了《关于 2006 年度本级财政预算变更的决定》。

城建环保事项

2005 年 6 月 30 日，常委会第十九次会议听取和审议了区人民政府副区长赵峰所作的关于《鹿城生态区建设规范纲要》编制情况的报告，通过了《关于同意鹿城生态区建设规划的决定》。

第七节　区七届讨论决定重大事项

政治法制事项

2011 年 9 月 21 日，常务委员会第三十七次会议作出了《关于进一步加强法制宣传教育的决议》。区人民代表大会常务委员会将通过执法检查、听取和审议工作报告以及组织代表视察、开展专题调研等形式，加强对法制宣传教育工作的监督检查，保证决议得到贯彻落实。

财政经济事项

2007 年 7 月 31 日，常委会第三次会议通过了《关于批准 2006 年区级财政决算的决议》。

2008 年 6 月 24 日，常委会第十次会议通过了《关于批准 2007 年区级财政决算的决议》。

2009 年 7 月 30 日，常委会第十九次会议通过了《关于批准 2008 年区级财政决算的决议》。

2010 年 7 月 29 日，常委会第二十八次会议通过了《关于批准 2009 年区级财政决算的决议》。

2011 年 7 月 19 日，常委会第三十六次会议通过了《关于批准 2010 年区级财政决算的决议》。

2008 年 10 月，常委会第十三次会议审议通过了《温州市鹿城区人大常委会关于批准调整鹿城区国民经济和社会发展第十一个五年规划纲要部分指标的决定》。

城建环保事项

2011 年 12 月 23 日，常委会第四十次会议听取和审议了区人民政府关于投资并持有温州绕城高速公路西南线有限公司股权相关事项的报告并作出决议，同意区人民政府投资并持有温州绕城高速公路西南线有限公司股权。

社会、民政事项

2010 年 11 月 30 日，常委会第三十次会议审议通过了《关于设立“鹿城慈善日”的决定》。

2011 年 3 月 11 日，常委会第三十三次会议审议通过了《关于温州市鹿城区乡镇行政区划调整的决议》。

2011 年 9 月 21 日，常委会第三十七次会议听取和审议了区人民政府关于鹿城区街道行政区划调整的报告，并作出了决议。

第八节　区八届讨论决定重大事项

政治法制事项

2013 年 12 月 24 日，常委会第十三次会议审议通过了《关于温州市鹿城区人民代表大会常务委员会关于促进全面深化改革的决定》。

2016 年 9 月 20 日，常委会第三十一次会议审议通过了《温州市鹿城区人大常委会关于开展第七个五年法治宣传教育的决议》。

财政经济事项

2012 年 3 月，常委会第一次会议听取了关于加快总部经济园建设促进我区经济发展的议案的调查报告，审议通过了《关于加快总部经济园建设促进我区经济发展的议案的决议》。

2012 年 11 月 7 日，常委会第五次会议审议通过了温州市鹿城区第八届人大常委会《关于批准温州市鹿城区 2012 年全区预算调整方案的决议》。

2012 年 7 月 26 日，常委会第三次会议通过了《关于批准 2011 年区级财政决算的决议》。

2012 年 9 月 12 日，常委会第四次会议审议通过了《关于同意区人民政府将中铝国际工程股份有限公司出资承建的保障房 BT 项目回购资金列入区级财政预算的决议》《关于同意区人民政府将温州市华昌市政工程有限公司出资承建的市政基础设施 BT 项目回购资金列入区级财政预算的决议》《关于同意区人民政府将中国建筑国际集团有限公司出资承建的保障房 BT 项目回购资金列入区级财政预算的决议》《关于同意区人民政府将中南建筑设计院股份有限公司出资承建的保障房 BT 项目回购资金列入区级财政预算的决议》。

2013年5月17日，常委会第九次会议审议通过了《关于同意区人民政府对横渎河西A—37a—1地块工程建设进行融资并列入区级财政预算的决议》。

2013年7月30日，常委会第十次会议通过了《关于批准2012年区级财政决算的决议》。会议审议通过了《关于同意区人民政府将浙江浙大网新建设投资有限公司出资承建的重点水利BT项目回购资金列入区级财政预算的决议》《关于同意区人民政府将长江岩土工程总公司（武汉）出资承建的重点水利BT项目回购资金列入区级财政预算的决议》《关于同意区人民政府将中国建筑国际集团有限公司出资承建的保障房BT项目回购资金列入区级财政预算的决议》。

2013年9月17日，常委会第十一次会议审议通过了《关于同意区人民政府将温州市林里片区低丘缓坡利用项目的投资及回报资金列入区级财政预算的决议》。

2014年7月31日，常委会第十七次会议通过了《关于批准2013年区级财政决算的决议》。

2015年7月28日，常委会第二十三次会议通过了《关于批准2014年区级财政决算的决议》。

2015年9月11日，常委会第二十四次会议听取和审议了区政府关于提请审议鹿城区棚户区（城中村）改造（一期）项目融资建设有关事项的议案和有关情况说明，表决通过了温州市鹿城区人民代表大会常务委员会《关于同意区人民政府棚户区（城中村）改造（一期）项目向银行融资的决议》。

2015年11月25日，常委会第二十六次会议通过了《关于批准温州市鹿城区2015年区本级财政预算调整方案的决议》。

2016年7月26日，常委会第三十次会议通过了鹿城区人民代表大会常务委员会《关于批准2015年区级财政决算的决议》。

教科文卫事项

2013年7月30日，常委会第十次会议通过了《关于同意区人民政府将温州鞋革职业中等专业学校融资租赁项目回购资金列入区级财政预算的决议》。

城建环保事项

2015年11月25日，常委会第二十六次会议通过了关于同意《鹿城区土地利用总体规划（2006—2020年）》（2014年调整完善版）的决定。会议认为，随着全区经济社会的发展，现行的鹿城区土地利用总体规划部分内容已不适应形势发展的要求。区政府根据国土资源部关于开展土地规划调整完善有关精神，认真开展土地利用总体规划修编工作，提出的调整方案紧密衔接全市城市总体规划，适应当前经济社会发展需要。

社会、民政事项

2015年7月28日，常委会第二十三次会议通过了《关于温州市鹿城区部分行政区划调整的决议》。会议认为，根据全区行政区划现状和社会经济发展要求，适时对鹿城区域的部分行政区划进行调整是必要的。区政府在方案编制过程中，深入调查研究，广泛听取意见，提出的调整方案符合全区实际。会议强调，区政府和有关部门、街镇要切实做好宣传引导、政策处理和维护稳定等工作，精心组织实施，确保鹿城区部分行政区划调整工作依法有序顺利进行。

第七章　代表工作

密切联系代表，充分发挥代表的作用，是常委会行使职权的基础，是实现人民民主权力的保证。1984 年 5 月 29 日，城区一届人代会一次会议通过《关于处理议案和代表意见的暂行办法》。8 月，城区一届人大常委会二次会议通过《关于联系代表，开展代表活动的试行办法》，通过《关于建立人民代表来访接待日制度的决定》，确定每月 15 日由常委会主任、副主任接待区人大代表来访。建立代表小组，经常性开展代表活动，加强同代表的联系，做到有制度、有组织、有计划。

1987—1990 年，鹿城区二届人大常委会制定《鹿城区人民代表大会代表工作实施办法》和《鹿城区人民代表大会代表持证视察工作的暂行办法》。

1992 年 9 月 30 日，区三届人大常委会十六次会议通过《组织人大代表评议区公检法司机关的决定》。1993 年 9 月 4 日，区四届人大常委会第三次会议通过《关于组织人大代表评议区人民法院工作的决定》。

2009 年 11 月 13 日，在区七届常委会二十二次会议上，表决通过《鹿城区人民代表大会常务委员会审议意见处理暂行办法》。

1989 年 3 月，常委会通过《温州市鹿城区人民代表大会常务委员会关于承办人大代表建议工作的暂行规定》；2004 年 4 月，通过《温州市鹿城区人民代表大会代表建议、批评和意见处理办法》，并于 2007 年 12 月修订完善；2008 年 12 月，通过《温州市鹿城区人民代表大会代表议案处理办法》，规范代表议案、建议办理。

第一节　代表议案、建议办理

一届人大

城区一届人大一次会议，收到代表联名提出的议案 27 件，代表建议 422 件。陈柏林等 20 位代表提出《城区经济工作部门、单位必须实行经济责任制》的问题，区政府已制定《温州市城区街道机关岗位责任制》，正在试行。罗耀等 24 位代表提出《要求解决居委会办公用房的问题》，区政府在全面调查后，采取了三条措施：一是由城建、房管部门在新建、拆建住宅时统筹安排；二是开辟房源或空地搭建；三是在筹建经费等方面给予支持。一年来已解决了 20 个居委会的办公用房，并力争在今明两年内全部解决。潘爱莲等 20 位代表提出《要求加强道路建设问题》，由于财力限制，市政建设重点是抓打通卡口、拓宽道路、改建和翻修主干道，其他巷道采取“民办公助”“集资联建”等办法，有计划翻修。一年来共翻建了 82 条道路。区政府在办理《整顿个体客栈，取缔地下旅馆》的议案时，组织了区公安分局等有关部门，选择了个体客栈多的海坦、朔门、西山三个街道进行试点，根据试点经验修改了《关于加强个体客栈管理的意见》，准备在全区试行。区长办公会议还专题听取了承办部门对议案的办理情况。陈瑞生等21位代表提出《要求兴建城区工人文化宫（俱乐部）》的意见，经区政府报告市有关部门取得支持，同意建造1000平方米面积的活动场地，地址也初步选定。但因省总工会批复“条件还不具备，应暂缓考虑”不同意拨款。第三代表团提出《加强城郊结合部粪便、厕所管理》的意见，涉及扩大管理区域后环卫处需增加人员、经费等问题，有待市政府考虑解决。代表反映通向黎明新村的自来水管断裂，上千居民用水困难的意见，区人大常委会督促自来水公司及时修理，予以解决。

鹿城区一届人大二次会议，收到代表团和代表联名提出的议案56件，代表建议152件。王忠眉、郑维新等20位代表“要求切实抓好城市环境卫生基本建设，加快改变城市环境卫生面貌”的议案，区政府把环卫设施建设作为全区基本建设重点之一，新建冲水公厕四座，改造旱厕六座。陈绍光、陈克等20位代表“要求开展‘尊师重教’活动，迎接第一个教师节”议案，区政府在全区范围内广泛开展宣传活动，改善办学条件。7月1日起开征教育费附加，用于解决学校危房和普及九年制教育，应征166万元，已征收58万元；在教师节给从事教育工作25年以上的教工444人（含已退休）颁发光荣证书；全区83名民办教师转为公办教师；一次性解决历年拖欠的民办教师工资计7400余元；拨款10万元建造教师宿舍；安排28名教师子女就业；解决两起多年不能解决的校舍被侵占的问题。区教育和区总工会组织83名教师到外地休养和旅游。区房管局腾出三套房子（已落实两套），照顾安排住房困难的教师。区工商局通过个体劳动协会组织全区个体户为教师专场优惠服务展销。王抗美、朱玉英等22位代表“要求切实抓好基层卫生组织建设，加强城市卫生管理”议案，其中关于基层医疗卫生机构的用房问题，经区政府和计经委批准，在蝉河分层建造635平方米，作为大南、小南、莲池、鼓楼街道以及区妇幼保健所的医疗办公用房，并分配使用。新桥乡卫生院扩建病房270平方米。双屿乡卫生院扩建病房285平方米。第七代表团“要求把代表视察活动形成固定制度，使本届绝大部分代表都有机会视察本区各项工作”的议案，区人大常委会在大会闭会以来，组织区人大代表先后五次视察了城市交通市容卫生、市收容站和看守所、区街工业、中小学和幼儿教育、城市绿化工作。参加视察的代表223（248人次），占本届代表总人数425人的百52.42%。第七代表团全体代表和第四代表团25位代表要求“加强市场物价管理，制止乱涨价的歪风”议案，区政府和有关部门调动各方力量，采取多种形式对市场物价进行了积极的管理。区一届人大二次会议闭会到1986年3月底，先后出动检查市场物价5349人次，受检查商店30443家次；罚没款计17.63万元，其中直接退还消费者1.87万元；查处违反物价政策案件98起。刹住了乱涨价歪风。

区一届人大三次会议，收到代表团和代表联名提出的议案36件，收到代表团和代表提出的建议248件。其中，22件议案作为建议处理。提交大会审议的议案为7件。张福来等20位代表提出的《关于城乡密切配合，有计划地改造旧域、扩建新市区》的议案，区政府加强市政设施工程建设和新建住宅区配套设施建设。潘志林、秦锦涛等63位代表和第三代表团提出的《关于继续认真落实私房政策遗留问题，以利社会安定团结》的议案，列入常委会审议议题。区政府召开工作协调会议，制定补充规定，明确各有关部门的职责，处理好私房政策遗留问题。区房管局为市政府代拟《城镇房地产仲裁办法》，妥善解决房产纠纷。王忠眉、邓玉林等20位代表提出的《关于大力发展城市绿化》的议案，区政府对绿化工作进行统一规划，重点搞锦山、翠微山、江心公园、九山公园、黎明路、鹿城路、矮凳桥路及洪殿、蒲鞋市、水心等风景区、新建道路、新建住宅区的绿化。谢安谬、夏贤焜等20位代表提出的《关于迅速落实中、小学基建经费，解决"入学难"》的议案，区政府安排基建经费296.3万元，修建学校危房、新建校舍、扩建教学楼、翻修操场及各中、小学零星小项基建。第二代表团和张爱春、虞志芬等20位代表提出的《关于加强市区、城郊结合部环境卫生管理》的议案，区政府加强卫生管理工作，加快城市环卫配套设施的建设。第二代表团、第六代表团提出的《关于进一步加强社会治安》的议案，区政府继续严惩严重刑事犯罪和严重经济犯罪活动；落实各项防范措施，狠抓机关、团体、学校、企事业单位的安全保卫责任制；加强社会治安管理，降低发案数，提高破案率。麻晓春、魏自立等41位代表提出的《关于切实细决中、小学教师和卫生技术人员住房困难》的议案，市城维费、区财政共拨款89.59万元，补助温四中等学校建造教工宿舍和个人修建补贴的办法，改善545户教工住房。卫生系统也采取个人自筹资金、单位补贴部分的办法，拆建或购头商品房，解决20多户医疗人员的住房困难问题。

二届人大

区二届人大一次会议，收到代表提出的议案54件，代表建议236件。《关于加强环境保护，切实治理市区河道污染，保护人民身体健康》的议案，被列为区政府1987年的十件为民办实事之一。1987年4月，取缔了三角城头40多家个体制革户，在仰义乡洞桥建立集中处理排污、工艺流程配套齐全的制革生产基地。同年10月，成立区清理河道污染领导小组，清理河道垃圾泥1.28万立方米。

区二届人大二次会议，收到代表提出的议案22件，代表建议134件。这次会议代表提出的议案和建议，集中于城市管理和综合治理工作。区政府为实施《加强市区环卫管理工作》的议案，着重抓了开展文明街巷建设，落实门前"三包"责任制；实行环卫制度改革；加强道路卫生考评；增加投入，改善环卫设施等四方面工作。

区二届人大三次会议，收到代表提出的议案12件，代表建议134件。其中，3件议案列入区人大常委会审议。

三届人大

区三届人大一次会议，收到代表提出的议案45件，收到代表提出的建议170件。其中6件议案内容相近，合并为4件，列为常委会议案，交由区人民政府组织办理。其他39件议案转为代表建议。最后，确定议案4件，建议209件。根据姜国藩等18位代表提出的《关于强化行业管理，发挥"鞋城"优势，促进鹿城区产业结构调整》的议案，区政府对鞋业进行整顿，组建鹿城鞋业协会；成立鞋业质量整顿办公室及鞋类检测组；加强皮鞋市场管理，打击假冒伪劣产品。陈光彰等19位代表提出的《关于尽快对假冒、劣质服装及针织产品加强管理》的议案，区政府针对全区比较突出的制售服装（包括针织产品）、皮鞋等假冒、伪劣商品，开展打击查处活动。工商行政管理、卫生防疫、税务、物价等职能部门密切配合，采取既堵又疏等多种办法开展打击查处活动，狠刹制售无证、假冒、伪劣商品的违法活动。陈松樵等40位代表提出的《关于加强城市管理职能部门的建设，强化城市管理》的议案，区政府把城市管理作为重点，加强组织领导，充分发挥城管职能作用；街道机构改革后，设置城管科，有的还设置了市容监督岗，聘请业余监督员；抓城市基础设施建设，从根本上改善城市面貌。

区三届人大二次会议，收到代表提出的议案42件，收到代表提出的建议109件。其中9件议案因内容相近合并为4件，交区政府组织办理，列入区人大常委会会议议程进行审议。其余33件议案作为建议。最后，确定议案4件，建议142件。常委会审议的议案中，周玉轩等27名代表提出的《加强流动人口管理》的议案，区政府组织区公安、劳动、计生等部门，对暂住人口情况进行全面调查摸底，制订有关规定，规划外来人口、流动人口的管理工作。黄文芳等63名代表提出的“要求对城区公厕进行一次全面扩建、改造和维修”的议案，区政府把城区公厕的改造工作列为当年为民要办的8件实事之一，研究确定1991年城区公厕计划改造54座，预算投资80万元。刘秀琴等13名代表提出的要求“对居民化粪池加强管理”的议案，区政府组成“市区化粪池联合管理办公室”，逐步实行专业管理，先后制定了若干个规章、制度，公开审批条件，至11月底，累计审批建造化粪池286座，拆建不符合建造条件的18座，查处违章建造189座。王森茂等12名代表提出的要求“对农村小学加强领导及支持、扶助，缩小城市和农村小学差别”议案，区政府专门召开区长办公会议，确定办理原则，制定办理方案。区教委在1991年度开学前，给农村小学分配了26名中师毕业生，又从市区和外地各调了10名教师。还调整乡镇教办、学校的领导班子，并采取“送教下乡”的办法，完善市区、农村小学“一帮一、一对红”，互相交流，互相促进。属于本区职权范围的105件建议，交由区政府、区法院和有关组织共24个单位研究办理。其中，代表所提出的建议已经解决或基本解决的有27件，占总数的25.7%；正在解决或列入计划逐步解决的47件，占44.8%；因目前条件限制或其他原因需待以后解决的15件，占14.3%；有关部门留作参考的16件，占15.2%。

区三届人大三次会议，收到代表10人以上联名提出的议案33件，收到代表提出的建议97件。其中，有2件列入常委会审议。区政府为实施《抓住有利时机，加快区重点企业经济发展步伐》的议案，采取抓好双屿工业区建设、制定优惠政策措施、加强对企业的服务工作等措施。

四届人大

区四届人大一次会议，收到代表10人以上联名提出的议案82件，收到代表提出的建议155件。其中，有3件列入常委会审议。《关于要求采取有效措施切实减轻学生过重课业负担》的议案，区政府采取了4项措施，分别是制定《关于减轻学生过重课业负担，全面提高教育质量的若干规定》和《关于减轻学生过重课业负担，全面提高教育质量的实施意见》；调查研究，剖析原因，总结经验，采取对策；推广“愉快教育”的经验；提高教师的素质。此外，还收到代表提出的建议134件，交区政府有关部门和组织办理，并负责答复代表。

区四届人大二次会议，收到代表10人以上联名提出的议案44件，收到代表提出的建议124件。其中，有3件列入常委会审议。区政府根据《关于加快产权制度改革促进生产发展》的议案，制定《鹿城区集体企业股份制改造实施办法〈试行〉》和《关于挂名集体企业产权界定工作的试行意见》，进行整顿。

区四届人大三次会议，收到代表10人以上联名提出的议案30件，收到代表提出的建议102件。其中，有2件列入常委会审议。《关于鹿城区商业仓储建设》的议案，区政府决定成立鹿城区仓储有限公司，并在南郊乡落实仓储用地13.33公顷。

区四届人大四次会议，收到代表10人以上联名提出的议案17件，收到代表提出的建议103件。《关于制订切实可行优惠政策，扶植居委会第三产业》议案列入常委会审议。区政府于1996年4月制定《关于鼓励发展鹿城区第三产业的若干意见》，提供优惠政策，鼓励和支持居委会发展第三产业。至1996年底，全区241个居委会，已有178个兴办了第三产业。

区四届人大五次会议，收到代表10人以上联名提出的议案25件，收到代表提出的建议65件。瞿翟等11名代表提出的《关于切实抓好“金海岸文化网工程建设”》的议案，区政府综合全区文化现状，成立“鹿城宣传文化基金会”，筹集资金100多万元。1997年7月，调整了区金海岸文化工程建设领导小组成员。各乡（镇）政府多次召开会议修订规划，把文化事业发展纳入经济和社会发展总体目标。同时，全区增加投入，推进设施建设；加强特色文化建设，实施精品战略；加强文化队伍建设，促进文化市场繁荣。为实施周成国等17位代表提出《贯彻全国卫生工作会议精神，为全区卫生事业发展再上新台阶而努力》的议案，区政府召开全区卫生工作会议，贯彻全国卫生工作会议精神，总结经验，部署任务，完善政策，增加卫生经费投入，并把区卫生事业经费以单独预算列支。加快卫生服务公有制和医疗体制改革步伐，制定《鹿城区开展社区医疗服务初步意见》，决定乡镇（街道）从事预防保健和医务工作的现有在编人员经考试合格者转为全民编制，同时充实卫生执法队伍，加强卫生执法工作。区政府办理的64件代表建议，在规定时间内全部办理完毕并答复代表。其中，没有收回代表对办理情况意见表的有3件，占4.7%；代表对办理表示满意的28件，占43.8%；基本满意的25件，占39.1%；不够满意的3件，占4.7%；不满意的4件，占6.3%；没有表态的1件，占1.6%。

五届人大

区五届人大一次会议，收到代表10人以上联名提出的议案37件，代表建议代表个人或联名提出的建议194件。其中，35件议案转为代表建议。最后，确定议案2件，代表建议229件。为实施《关于尽快解决鹿城区部分企业产权明晰》的议案，区政府成立了领导小组，并建立了由体改委牵头的工作办公室。制定《关于深化区部分集体企业改革大力推进改制工作的意见》《关于深入开展集体企业清产核资和改制工作的若干意见》等5个配套文件。到1998年10月，全区已完成改制与产权明晰的企业达232家，870家企业已开展改制前资产清查产权确认工作。陈琼等13位代表提出的《关于加大调整学校布局力度、完善分级办学体制，推进应试教育向素质教育转轨》议案，区政府落实分管区长为议案办理责任人、区教委为办理责任单位。撤销了蛟翔巷小学，将该校学生分别分流到丁字桥小学、沧河小学。对南郊乡办学体制改革问题，一是将南郊中心小学更名为南浦三小，办学规模24个班级；南郊中学更名为第21中学，办学规模30个班级，更名后纳入市区教育校网统一管理，直接隶属区教委。二是以南塘大道为界，南塘大道以西（包括南浦住宅区部分组团）学龄儿童入南浦三小就读；南塘大道以东（包括南郊乡部分村民）的学邻儿童到南浦一小就读，今后由区教委根据生源数量变化再行调整。三是南郊乡辖区内1999年收取教育费附加留乡政府，2000年起按35%比例留乡政府、65%划归区本级专项户头。对议案中提出的“强弱合并”建议，区政府采取“挖掘潜力、联合办学、创办特色学校”思路，将墨池小学办成书画特色学校，对广场路小学和沧河小学实行联合办学尝试，沧河小学增挂广场路小学分校牌子，统一教育教学计划，统一人事调配，逐步实行统一招生。区政府办理的119件建议，收到“代表征询意见表”的84件，占总数的70.6%，其中表示满意的39件，占46.4%；基本满意的33件，占39.3%；不满意的2件，占2.4%；不表态的10件，占11.9%。

区五届人大二次会议，收到代表10人以上联名提出的议案34件，收到代表提出的建议101件。其中，2件议案列入区人大常委会议程，交区政府办理，其他32件议案转为代表建议。最后，确定议案2件，建议153件。邵豪哲等11位代表提出的《关于“加大我区高新技术资金投入，扶植中小企业发展”》的议案，区政府建立由区长王超俊任组长、有关经济主管部门负责人组成的区支持企业发展资金管理领导小组，下设技术改造资金管理办公室和高新技术发展风险资金管理办公室，相继出台《鹿城区支持高新技术发展风险资金使用实施办法》《鹿城区支持企业技术改造资金使用实施办法》《关于加速推进高新技术产业化决定》等政策性文件。规定1999年至2002年每年安排300万元作为高新技术发展风险资金，安排700万元贴息资金，支持企业技术改造项目。已有7个项目在申请高新技术发展风险资金，其中3个属省级新产品项目。但是，由于温州中国鞋都产业园区建设刚起步，炬光园区整体规划变更，企业未能进园启动等原因，区政府决定，1999年暂时不动用700万元企业技改资金，留与2000年结存使用。为实施夏佩兰等12位代表提出的《遏制白色污染，拯救人类环境》的议案，区政府成立防治“白色污染”领导小组，制定《关于推广环保型可降解制品，防治“白色污染”工作方案》，印发《关于全区机关工业单位禁用非降解的茶杯等制品的通知》，建立可降解制品销售网。区政府办理的78件建议，收到代表征询意见表的49件，占总数的62.8%。其中，表示满意的21件，占42.86%，基本满意的19件，占38.78%，不表态的3件，占6.12%，不满意的6件，占12.24%。重新办理的5件建议中，代表满意、基本满意的2件，对《社会力量的办园应持合格证上岗》等2件建议的办理仍不满意，《吴桥居民区车棚收费过多》这一建议尚在办理之中。

区五届人大三次会议，收到代表10人以上联名提出的议案43件，收到代表提出的建议121件。其中，37件议案转作代表建议。最后，确定议案2件，建议177件。对叶荣光等57位代表提出的《关于修正鹿城区兵役义务费社会统筹实施办法》议案，依据《浙江省兵役义务费社会统筹办法》，对原办法进行反复修改，从2000年起停止向城市适龄公民收取兵役义务费，各类企业和个体工商户按照上年度“三税”（增值税、营业税、消费税）总额的1%由地税部门收取；乡镇适龄公民的每人每年25元由乡镇从统筹费中提取。为实施王群超等10位代表提出的《关于加大城郊接合部整治力度，拆除简易棚，建造标准用房》议案，区政府成立了城郊接合部治理工作指挥部，确定“堵疏结合、拆建并举、标本兼治”的整治原则，组织职能部门拆除棚屋15.7261万平方米。决定在德政村、巨一村、东屿村共征地50亩，建设外来务工人员公寓12700平方米。

区五届人大四次会议，收到代表10人以上联名提出的议案54件，收到代表提出的建议86件。其中5件内容相同的议案合并为1件，其他49件议案转为代表建议。最后，确定议案1件，建议154件。《加快社区建设步伐》议案列入常委会审议。为实施该议案，区政府专门成立了社区建设指导委员会。以区划调整为契机，调整了居民区规模，合理构建新型社区；以基层自治组织建设为重点，进行社区体制改革，建立新型的社区组织体系；调整、充实、加强社区干部队伍建设。从2002年起，社区的办公经费以财政划拨为主，投资8000万元在每个街道建一座社区服务综合中心大楼。代表对“关于定期为居委会坐班干部进行体检的建议”的办理不满意的意见反馈后，区长、分管副区长牵头，组织民政局、财政局再调查、再协调，在区财政十分困难的情况下，安排经费为居委会坐班干部进行第一次体检，并确定今后每三年进行一次，得到代表的好评。

区五届人大五次会议，收到代表10人以上联名提出的议案77件，收到代表提出的建议118件。其中，樊春池等44位代表提出的4件议案合并为《关于加快藤桥片经济社会发展步伐四议案》，其他73件转为代表建议。最后，确定议案1件，建议211件。《关于加快藤桥片经济社会发展步伐四议案》列入常委会审议。为实施该议案，区政府高度重视，对四个议案提出的各项要求一一给予落实，并把加快温州（鹿城）轻工特色园区建设，作为发展当地经济社会的重要手段来抓。

六届人大

区六届人大一次会议，收到代表10人以上联名提出的议案125件，收到代表提出的建议119件。其中，116件议案转为代表建议。最后，确定议案2件，代表建议244件。《关于要求区政府抓紧实施农村集体资产产权制度改革工作》的议案办理，区政府成立领导小组，组建工作组，制定《鹿城区农村集体资产产权制度改革工作的指导意见》和关于《关于〈鹿城区农村集体资产产权制度改革工作的指导意见〉的实施说明，召开全区动员大会，部分村已开始启动改制工作。为实施《关于逐步建立街道财政保障体制》议案，区政府借“建立劳动保障所”的契机从街道集体人员中分流人员180名，减轻办事处经费负担321万元。同时，将街道机构改革时原定的过渡性补助300万元，列为每年经常性补助基数，再一次性增加150万元补助。在很大程度上解决了街道经费紧张的实际困难。167件交本区有关机关办理的建议、意见，其中交区人大常委会办理3件，区政府办理161件，区法院办理3件。在办理《关于要求理顺轻工特色园区企业隶属关系的建议》时，区长王超俊下基层了解情况，掌握第一手材料，并多次召集有关部门研究讨论。考虑到上成乡属于财政体制补助乡镇，地方财政收入十分有限以及因轻工特色园区建设需要，土地将基本被征用完的实际，决定新报无主管企业和区外引进企业进入园区归属上成乡管理，以理顺今后园区企业隶属关系。经区人大、区政府、区法院及有关部门的共同努力，各承办单位在法定时间内办理完毕的有166件，因1件《关于急需落实鹿委办〔2001〕30号〈关于行政区划调整财产财务调配与交接的通知〉的建议》办理情况比较复杂，区政府还在继续办理。办理的166件建议，收回代表反馈意见表131份，占78.9%。其中满意和基本满意的129件，占反馈意见数的98.4%。

区六届人大二次会议，收到代表10人以上联名提出的议案113件。此外，还收到代表提出的建议86件。其中，110件议案转为代表建议。最后，确定议案1件，代表建议198件。《关于规范社区居委会工作制度》的议案办理，区政府成立了社区建设指导委员会办公室，并组织民政等有关部门开展调研，多次召开街道、社区居委会及有关部门的座谈会，在广泛听取意见的基础上，制发《关于推行社区政府工作申报准入制度的意见》，同时由民政部门牵头对该意见的实施进行调查摸底、职能界定、全面清理等方面的工作，并在此基础上，确定2005年实行先试点后铺开，稳步推进的方案。161件代表建议，分别交区人大常委会办理6件，区政府办理154件，区法院办理1件。2004年5月12日，区政府召开各承办单位负责人参加的交办会议，常务副区长李浩对承办单位办理代表建议工作提出更新、更高的要求，并在鹿城公务网上开设代表建议专页，向全社会公开代表建议，增强办理工作公开化、透明度，使承办单位直接接受人大代表和社会全方位的监督。如《关于要求加快鹿城西进城口拆迁安置房施工进度的建议》，区长王超俊、常务副区长李浩到西进城口指挥部现场办公，针对人大代表在建议中提出的事项进行调查了解，在政策许可的范围内，提出切实可行的方案，维护拆迁户的利益，使代表满意。161件代表建议，在法定时间内全部办理完毕。代表们提出的建议经过办理，已经得到解决或基本解决的（A类）40件，占24.8%，列入计划逐步解决的（B类）67件，占41.6%，受目前条件限制或其他原因暂时不能解决的（C类）44件，占27.3%。留供有关部门研究参考或不可行的（D类）10件，占6.2%。

区六届人大三次会议，收到代表10人以上联名提出的议案66件，还收到代表提出的建议70件。其中，63件议案转为代表建议。最后，确定议案1件，代表建议133件。《关于加快产业结构调整促进经济快速健康发展》的议案办理，区政府非常重视，确定区长为议案办理第一责任人，分管副区长为直接责任人。一是全区提前2个月超额完成市政府下达的招商引资任务。截至10月，引进外资项目34个，总额超过6425万美元；内资项目25个，总额达1.72亿元。实际利用外资完成进度列全市各县（市、区）首位。三个农业项目各引进外资1000万美元以上，农业项目大规模引资在全省还是第一次。二是为进一步明确产业导向，区政府相继制定了《鹿城区当前优先发展的重点行业重点产品指导性目录》等一系列政策措施，对加快先进制造业基地建设、调整产业结构、促进工业经济快速健康发展提供了政策保障。三是努力实施“优二强三”发展战略；四是实行区属企业属地管理。区人大常委会办公室 2 件建议、区政府 94 件建议，已全部答复各位代表。从反馈情况看，收到代表反馈意见表 64 件，其中代表对建议办理表示满意的 46 件，基本满意 14 件，不满意 4 件。建议中提出的问题已经得到解决或基本解决的 U 类）23 件，占办理总数的 23.96%；正在解决或已列入计划逐步解决的（B 类）56 件，占办理总数的 58.33%；受客观条件限制等原因暂时不能解决的（C 类）15 件，占办理总数的 15.63%；留供有关部门研究参考的（D 类）2 件，占办理总数的 2.08%。

区六届人大四次会议，收到代表 10 人以上联名提出的议案 48 件。其中，47 件代表议案转为建议。最后，确定议案 1 件，建议 103 件。吴国兴等 10 位代表提出的《关于加强食品安全管理工作》议案，在区政府领导的重视下，区食品药品监管分局、质监分局、工商分局、农林水利局、卫生局、经贸局等各职能部门坚持“各司其职，加强协调，积极配合，形成合力”的办理原则，认真做好议案的办理工作。经过近一年的努力，食品安全工作取得一定成效：成立了区食品安全委员会及办公室，建立了部门、街道、乡（镇）和村居食品安全工作三级联动机制；加强了食品标准体系建设，加快实施食品质量安全市场准入制度，进一步规范食品经营行为；全面推进商品准入工程、创建安全消费一条街、构建市场消费安全环境。食品安全专项整治成效明显。87 件交区政府办理的代表建议，在法定时间内办理答复代表的 86 件，有 1 件因特殊原因延期办理。其中问题已经得到解决和基本解决的（A 类）31 件，占办理总数的 36.05%；正在解决或已列入计划逐步解决的（B 类）41 件，占办理总数的 47.67%；受客观条件限制等原因暂时不能解决的（C 类）13 件，占办理总数的 15.12%；留供有关部门研究参考的（D 类）1 件，占办理总数的 1.16%。对 2 件重新办理的《关于要求加强工商巡查监督机制的建议》要求尽快落实我区民主党派办公用房的建议》和 1 件延期办理的《关于落实解决沧河小学 23 年前火灾受伤者胡静雅生活费的建议》，区人大常委会五十四次主任会议听取了区政府的汇报。经过区政府及有关部门的共同努力，代表对建议办理结果反馈意见满意、基本满意率达到 95.4%。

七届人大

区七届人大一次会议，收到代表提出的议案 84 件，其中，83 件议案转为代表建议。最后，确定代表议案 1 件，代表建议 241 件。杨明明等 10 位代表提出的《关于均衡城乡教育，发展农村教师队伍》的议案，区政府高度重视，将议案办理作为 2007 年政府工作的重要内容之一，认真组织调研，多方征询意见，形成办理方案。区政府及有关部门积极采取措施，在发展农村教育、提高农村教师的整体素质上取得了一定成效：一是对农村教师的系列倾斜政策得到深化实施，深化城乡集团化办学，全面组织实施“农村中小学教师素质提升工程”；二是农村教师福利待遇得到一定改善，出台“鹿城区实施义务教育经费保障机制”相关政策；三是农村办学条件得到改进，农村学校食宿改建项目、新农村新校园建设项目顺利进行。172 件交区政府办理的代表建议，在法定期限内全部办理完毕。其中，区政府领导领办的 6 件重点建议，有 3 件建议提出的问题已经解决或基本解决，代表均表示满意或基本满意。如重点建议《关于提高全区清扫工人工资待遇的建议》，根据区长余中平的批示，经区市政园林局测算，区财政的清扫工补助经费于 9 月到位，各街道、乡镇也相应提高了清扫工人的工资标准。据统计，在172件代表建议中，提出问题已经解决或基本解决的建议（A类）有47件，占27.3%；正在解决或已列入计划逐步解决的建议（B类）有84件，占48.8%，受客观条件限制等原因暂时无法解决的建议（C类）38件，占22.1%；作为党委部门参考的建议（D类）3件，占1.8%。根据区人大常委会的审议意见，区政府对代表表示不满意的4件建议进行重新办理，其中《关于解决上陡门社区居委会办公用房的建议》，上陡门社区居委会已迁入万盛锦园新办公地点办公，代表对该建议办理结果表示满意。其他3件建议也列入计划逐步解决。

区七届人大二次会议，收到代表10人以上联名提出的议案58件，其中57件转为代表建议处理。最后，确定议案1件，代表建议205件。柳晓忠等10位代表提出的《关于要求在中国鞋都三期内筹建社区卫生服务中心》议案，区政府高度重视，将议案办理作为2008年政府工作的重要内容之一，区政府由分管领导牵头组织相关部门召开多次会议，对鞋都三期社区卫生服务中心建设问题进行专题论证，统一各有关单位的思想。确定鞋都三期社区卫生服务中心的建设规模、申报主体、建设时间和建设经费的落实，并就建设任务的落实专门成立建设筹备小组，明确各有关单位的责任。176件人大代表建议，分别交由区政府办公室等41个单位承办，在法定期限内全部办理完毕。问题已经解决或基本解决的建议（A类）47件，占26.7%；正在解决或已列入计划逐步解决的建议（B类）有90件，占51.14%；因目前条件不具备或其他原因只能以后研究解决的建议（C类）有37件，占21.02%，所提建议留作参考或不可行的建议（D类）有2件，占1.14%。根据区人大常委会的审议意见，区政府对代表表示不满意的2件建议在再办理期限内重新办结。其中《关于“解决恢复十八家消防栓供水”的建议》，区政府根据代表反馈的意见重新落实了责任人，并经多方协调，十八家公寓消防栓已恢复正常供水，代表对该建议办理结果表示满意。

区七届人大三次会议，收到代表10人以上联名提出的议案74件，其中6件关于旧城改造的议案合并为《关于要求推进鹿城区“城中村”旧村改造》等3件议案，其余的66件代表议案转为代表建议。最后，确定议案3件，代表建议220件。廖跃代表领衔提出的《关于尽快启动330国道（104国道）鹿城仰义至双屿段改造》的议案，区政府领导十分重视该议案的办理，及时召开专题会议讨论研究议案的办理方案，并取得明显的成效。一是及时成立领导小组，组建工程建设指挥部，落实启动资金，2009年已争取到市财政5000万元专项资金，其中2000万元已拨入区财政。二是切实开展项目前期各项工作，深入调查研究，广泛征求意见，明确工程建设规划方案。三是积极协同相关部门，争取上级支持在市本级立项。虞培清代表领衔提出的《关于加快发展装备制造业，促进产业转型升级》的议案，区政府对该议案比较重视，多次召开工作会议，就全区进一步规范机械装备制造业和企业发展导向、着力推进产业转型升级工作进行研究部署，并深入企业、行业协会调研，广泛征求意见，着力推进装备制造业的发展。虞立清等代表领衔提出的6件关于旧城改造的议案合并为《关于要求推进鹿城区“城中村”旧村改造》的议案，区政府重视该议案的办理工作，根据方案制定的工作计划目标做了大量工作。一是政府重视，组建机构，成立了区旧村改造工作领导小组及办公室。二是调查摸底，制定政策，区政府已对十三个“城中村”进行了翔实的调查。169 件人大代表建议，分别交由区政府办公室等 49 个部门和 9 个街道乡镇组织办理，在法定期限内全部办理完毕。问题已经解决或基本解决的建议（A 类）有 41 件，占 24.3%；正在解决或已列入计划逐步解决的建议（B 类）有 84 件，占 49.7%；因条件不具备或其他原因只能以后研究解决的建议（C 类）有 35 件，占 20.7%；所提建议留作参考或不可行的建议（D 类）有 9 件，占 5.3%。在代表 153 件反馈意见中，代表表示满意的 114 件，基本满意的 31 件，不满意的 8 件。根据区人大常委会的审议意见，区政府对代表不满意的 8 件建议进行二次办理，并在再办理期限内重新办结，其中满意 4 件，基本满意 2 件，不满意 2 件。如《关于要求加快浙江温州（鹿城）轻工产业园区中心区建设的建议》的二次办理中，代区长王立彤专程到园区开展调研，并就中心区建设作了重点协调，得到代表的充分肯定。

区七届人大四次会议，收到代表 10 人以上联名提出的议案 48 件。其中，47 件代表议案转为代表建议。最后，确定议案 1 件，代表建议 169 件。肖胜利代表领衔提出的《关于建立生态补偿机制》的议案，区政府领导十分重视，及时召开专题会议讨论研究议案的办理方案，并确定由区长亲自领办，分管副区长具体负责，取得一定成效。134 件人大代表建议，分别交由区人大办公室、区政府办公室等 41 个部门和 7 个街道乡镇组织办理，在法定期限内全部办理完毕。问题已经解决或基本解决的建议（A 类）有 55 件，占 41.04%；正在解决或列入计划逐步解决的建议（B 类）有 58 件，占 43.28%；因受目前条件限制或其他原因只能以后研究解决的建议（C 类）有 20 件，占 14.93%；所提问题留作参考或不可行的建议（D 类）有 1 件，占 0.75%。在代表 118 件反馈意见中，代表表示满意的 95 件，基本满意的 23 件。另外闭会期间代表建议 1 件，代表反馈意见为不满意。

区七届人大五次会议，收到代表 10 人以上联名提出的议案 27 件。27 件代表议案全部转为代表建议。最后，确定代表建议 132 件。111 件代表建议，分别交由区政府办公室等 37 个部门和 3 个街道及藤桥镇组织办理，在法定期限内全部办理完毕。问题已经解决或基本解决的建议（A 类）有 37 件，占 33.3%；正在解决或列入计划逐步解决的建议（B 类）有 61 件，占 55.0%；因受目前条件限制或其他原因只能以后研究解决的建议（C 类）有 12 件，占 10.8%；所提问题不可行的建议（D 类）有 1 件，占 0.9%。在代表 105 件反馈意见中，代表表示满意的 84 件，基本满意的 20 件，不满意的 1 件。根据区人大常委会视察调查报告的意见，在再次办理期限内，区政府组织力量对代表建议中的 B 类、C 类建议的落实情况逐件进行跟踪督办。有 9 件 B 类建议经过部门努力转化为 A 类件，1 件 C 类建议转化为 A 类件，1 件 C 类建议转化为 B 类件。对代表不满意的 1 件建议进行二次办理后，代表表示基本满意。

八届人大

区八届人大一次会议，收到代表 10 人以上联名提出的议案 32 件，代表建议 183 件。其中，30 件议案转为代表建议。最后，确定议案 2 件，代表建议 242 件。孙国勇代表领衔提出的《关于加快总部经济园建设促进我区经济发展》的议案，5 月 30 日，区政府向区人大常委会汇报办理方案，常委会认为办理方案不规范，工作目标和措施不具体，要求修订完善。6月7日，区政府再次向区人大常委会主任会议汇报办理方案。11月7日，常委会五次会议听取和审议了区政府关于该议案落实情况的报告和调查组的调查情况汇报，对议案的办理表示满意。同时，认为企业入驻率低，配套设施建设滞后，历史遗留问题解决缓慢等问题仍阻碍着总部经济园建设的进程，并提出三点审议意见：一要提高认识，高度重视办理工作；二要加快配套设施建设，优化园区服务环境；三要做好招商引资工作，推进二期工程建设。吴忠毅代表领衔提出的《关于城中村改造》的议案，5月30日，区政府向区人大常委会汇报办理方案，常委会认为办理方案不规范，工作目标和措施不具体，要求区政府修订完办理方案。6月7日，区政府再次向区人大常委会主任会议汇报办理方案。12月5日，常委会六次会议听取并审议了区政府关于该议案落实情况的报告和调查组的调查情况汇报，对议案的办理情况表示满意。同时，认为城中村改造存在着资金缺口大、专业技术人员缺乏、历史遗留问题复杂等问题，并提出三点审议意见：一要加强宣传，营造良好氛围；二要力破各种难题，维护农民合法权益；三要强化要素保障，推进城中村改造。192件人大代表建议，区政府在法定期限内全部办理完毕。问题已经解决或基本解决的建议（A类）有83件，占43.23%；正在解决或已列入计划逐步解决的建议（B类）有79件，占41.15%；因目前条件不具备或其他原因只能以后研究解决的建议（C类）有27件，占14.06%；所提建议留作参考或不可行的建议（D类）有3件，占1.56%。此后，根据区人大常委会的审议意见，区政府在再次办理期限内，有6件B类建议经努力转化为A类建议，有3件C类建议经努力转化为B类建议。对不满意的2件建议进行二次办理，代表表示满意。特别是巨一小学老校舍权属问题，区政府十分重视，专门召开部门协调会，解决了代表多年提建议而没有落实的问题。

区八届人大二次会议，收到代表10人以上联名提出的议案12件，代表建议130件。其中，9件代表议案转为代表建议。最后，确定议案3件，代表建议172件。林文花代表领衔提出的《关于提升居家养老服务工作》的议案，2013年11月26日，区人大常委会十二次会议听取和审议了区政府关于该议案落实情况的报告和调查组的调查情况汇报，对议案的办理表示满意。同时，认为居家养老仍存在服务理念不新、功能设施滞后、资金投入不足、养老服务管理队伍缺欠、长效机制尚未形成等问题，并提出四点审议意见：一要提高认识，保障基本；二要齐抓共管，统筹发展；三要转变理念，创新机制；四要加大投入，完善网络。王良善代表领衔提出的《关于加大对三农项目、资金投入》的议案，2013年11月26日，区人大常委会十二次会议听取并审议了区政府关于该议案落实情况的报告和调查组的调查情况汇报，认为区政府对议案的办理做出了一定努力，取得了一些进展，但还有一定差距，存在对“三农”工作重视不足、财政支农力度不够、D级危房批建难、小流域治理受阻等问题，并提出三点审议意见：一要加大财政支农力度，增强“三农”发展后劲；二要推进强农建设，提高农民收入；三要加强协调沟通，促进“三农”发展。孙国勇代表领衔提出的《关于广场路旧片区（原市府礼堂等）改造提升》的议案，2013年11月26日，区人大常委会十二次会议听取和审议了区政府关于该议案落实情况的报告和调查组的调查情况汇报，认为区政府对议案的办理做了大量前期工作，取得一定进展，但对照代表提出议案的要求及常委会作出的议案审议意见，还有一定差距，并提出三点审议意见：一要优化规划方案；二要破解拆征难题；三要化解资地矛盾。154件人大代表建议，分别交由区府办等31个部门和5个街镇组织办理，在法定期限内全部办理完毕。问题已经解决或基本解决的建议（A类）有52件，占33.8%；正在解决或已列入计划逐步解决的建议（B类）有79件，占51.3%；受客观条件制约暂时难以办到，有待今后积极创造条件解决，已向代表作了解释的（C、D类）有23件，占14.9%。在154件代表反馈意见中，代表满意的107件，基本满意的42件，不满意的5件。此后，根据区人大常委会的审议意见，区政府在再次办理期限内，有3件C类建议经过承办单位的努力转化为A类件。对代表不满意的5件建议进行二次办理，4件代表表示满意和基本满意。

区八届人大三次会议，收到代表10人以上联名提出的议案14件。14件代表议案全部转为代表建议。最后，确定代表建议210件。其中，交区政府系统办理的代表建议有173件，交区人民法院办理的3件，交区人民检察院办理的1件，转交市属有关部门和区委党群系统参考办理的33件。各承办单位在规定时间内办理完毕，已经解决或基本解决的63件，占总数35.6%；正在解决或列入计划逐步解决的80件，占总数45.2%；因受目前条件限制或其他原因需待以后研究解决的34件，占总数19.2%。代表反馈意见177件，对答复情况表示满意和基本满意的174件，占98.3%，表示不满意的3件，占1.7%。

区八届人大四次会议，收到代表提出的议案14件，代表建议252件。其中，12件代表议案转为代表建议。最后，确定代表议案2件，代表建议253件。吴智勇代表领衔提出的《关于推进我区征收安置工作提速提效》的议案，2015年9月25日，常委会听取和审议了区政府关于该议案办理暨征收安置工作专题询问审议意见落实情况的报告和调查组的调查报告，认为落实较不理想，决定加大跟踪督办力度。11月25日，听取并审议了区政府再落实情况的报告和调查组的调查报告，认为区政府重视议案办理暨征收安置工作专题询问审议意见再落实工作，经过2个多月来各职能部门及相关街镇的合力攻坚，征收安置工作持续推进，势头良好。但对照议案提出的目标及人民群众的要求还有一定的差距，并提出了五点审议意见：一是进一步健全工作机制；二是加快安置房建设速度；三是强化人力资金要素保障；四是加大推进安置工作力度；五是限期化解历史遗留问题。由陈金敏代表领衔提出的《关于鹿城建设时尚之都示范区》的议案，2015年11月25日，常委会听取和审议了区政府关于该议案办理情况的报告和调查组的调查报告，在表示满意的同时，认为建设示范之都示范区是长远的规划，在资金落实、管理体制、基础设施建设、高端人才的引进等方面要进一步完善和落实，并提出四点审议意见：一是发展产业基金，夯实经济基础；二是优化帮扶政策，完善服务体系；三是加强部门协调，理顺体制关系；四是加快转型升级，建立配套平台。229件代表建议，分别交由区政府办公室等33个部门和7个街道及藤桥镇组织办理，在法定期限三个月内全部办理完毕。代表所提问题已解决的或基本解决的（A类）88件，占38.4%；正在解决或已列入计划逐步解决的（B类）101件占44.1%；受客观条件制约暂时难以办到已向代表作了解释的（C、D类）40件占17.5%。共收到代表反馈意见表227份，反馈率99.12%。代表均表示满意和基本满意。根据区人大常委会的审议意见，区政府加强了督办，在再次办理期限内，有26件B类建议转化为A类件，有3件C类建议转化为A类件，有1件C类建议转化为

B类件。

区八届人大五次会议，收到代表10人以上联名提出的议案20件，代表提出的建议140件。2016年6月—7月，区人大常委会副主任肖石龙率代表工委、区政府督查室、各街镇人大组成的督查组，就区八届人大五次会议代表建议办理情况，对各承办单位开展办中督查。同时，对区八届人大四次会议代表建议“B”类件进行回头看。督查组走访了34个承办单位，通过听取办理情况汇报、与承办单位座谈、面对面询问等形式，全面了解和掌握承办单位落实代表建议办理工作情况。从督查情况来看，绝大多数承办单位对办理工作高度重视，工作认真负责，措施扎实有效，办理总体进展和效果均比以前有较大进步。

第二节　代表联系和代表活动

1984年8月，城区一届人大常委会第二次会议通过《关于联系代表，开展代表活动的试行办法》，通过《关于建立人民代表来访接待日制度的决定》，确定每月15日由常委会主任、副主任接待区人大代表来访。建立代表小组，邀请代表参加常委会活动，就重要问题召开代表专题座谈会、征询代表意见、沟通信息渠道等方式，加强同代表的联系，开展代表活动。

1987—1990年，区二届人大常委会制定《鹿城区人民代表大会代表工作实施办法》和《鹿城区人民代表大会代表持证视察工作的暂行办法》。1990—1993年，区三届人大常委会建立了常委会成员和常委会各工作机构联系代表的制度，走访代表，参加代表小组活动，听取并反映代表和人民群众的意见和要求；每季度安排代表小组开展一次活动。1993—1998年，区四届人大常委会坚持和完善常委会组成人员联系制度，通过定点联系、个别访问、参加代表小组活动、召开座谈会、为代表举办法律培训等活动加强代表工作。组织20次区人大代表小组活动和25次省、市代表小组活动。

1998—2003年，区五届人大常委会建立和健全代表活动网络，将区人大代表按街道、乡镇、行业、系统，组建25个代表小组，推选正副组长及联络员，形成以代表小组为单位的代表活动网络。协助乡镇人大创建“人大代表之家”，丰富人大闭会期间的代表活动内容。2003年3月，人大常委会将换届后的区人大代表分组，形成较为完整的代表网络；建立健全区常委会组成人员联系基层代表制度，建立常委会、各工委联系代表小组，每季代表小组活动等制度。

2004年，邀请39位人大代表分别列席常委会会议。坚持每季度开展代表小组活动。2005年，拓宽代表知情知政渠道，区人大常委会首次组织全区代表听取区政府半年工作情况通报，听取鹿城公安分局工作情况通报。邀请部分代表列席区人大常委会各次会议，参与对政府工作的审议，更好地履行代表职务。组织召开鹿城区人大代表活动工作五马现场会，推广五马代表小组设立人大代表接待室的工作经验。全区建立人大代表接待室13个，全年共接待辖区群众来访340人次，解决19件与老百姓息息相关的问题。

2006年，认真分析和把握新形势下区换届选举面临的新情况、新问题，及时提出指导性意见，确保区、乡（镇）两级人大同步换届选举工作的顺利进行。组织区人大代表参加“一府两院”半年工作报告会，加深代表对“一府两院”工作的了解。加强对乡镇（街道）人大工作的联系和指导，坚持不定期地深入到各乡镇了解情况，帮助解决问题，规范工作内容，指导乡镇依法有序开好人代会，坚持定期召开乡镇人大主席联席会议制度，坚持邀请街道、乡镇人大负责人列席常委会会议。

2007 年，建立鹿城区七届人大代表小组，建立了区人大常委会组成人员联系基层代表制度和常委会主任、副主任及各工作委员会联系代表小组制度，建立鹿城区七届人大代表三个专业小组。积极构筑代表履行职能的平台，在执法检查、视察调查、常委会会议中邀请人大代表参加。组织区人大代表听取政府半年工作报告，加强对政府工作监督。加强对街道、乡镇人大工作指导，邀请乡镇、街道人大负责人列席常委会。定期召开街道、乡镇人大工作例会和乡镇人大联席会议，提高基层人大工作水平。认真做好区七届人大代表选举（补选）工作。

2008 年，安排 22 名代表列席常委会会议，组织 235 名代表听取“一府两院”半年工作报告，安排区人大代表 93 人次参加建议办理情况的视察、调查和座谈。指导相关街道、乡镇继续完善代表接待日制度。五马街道人大工委在总结 7 个代表接待室经验的基础上，制定了《五马街道区人大代表接待室制度》，全年共开展 6 次接待选民活动；仰义乡人大主席团设立“代表之家”，建立区乡人大代表联合接待日制度；蒲鞋市、南浦、江滨等街道人大工委建立“代表议事厅”，出台了代表联系选民和选区的办法；南门、莲池等街道人大工委结合辖区实际，建立了代表联系选民的平台。安排 6 名市人大代表向常委会述职，38 名区人大代表向原选区选民或选民代表述职。加大对建议的督办力度，176 件代表建议全部办理完毕。

2009 年，安排区人大代表列席常委会会议 24 人次，参加常委会组织的执法检查、视察调研 357 人次，参加建议办理情况的视察、调查和座谈 96 人次，协助组织好省、市人大代表小组活动。每年坚持为代表订阅《浙江人大》《温州人大》等杂志，寄送“一府两院”半年度工作报告。完善代表活动相关制度，出台《温州市鹿城区人民代表大会代表闭会期间活动的若干规定》。组织好区七届人大代表补选工作，补选 5 名人大代表。

2010—2011 年，安排每季度的代表小组活动内容，指导各代表小组围绕全区中心工作开展视察调研，撰写调研文章。两年来安排区人大代表列席常委会会议 56 人次，参加常委会组织的执法检查、视察调研 704 人次。协助组织好省、市人大代表小组活动。人大换届选举工作完成，首次按城乡同比例选举人大代表的要求，选出新一届区人大代表 296 名。新一届人大代表的结构得到改善，整体素质进一步提高。

2012 年，推进街镇代表之家、社区代表联络站、联系点建设。组织市人大代表向常委会作履职承诺，区人大代表向原选区选民或选民代表作履职承诺。2013 年，完善代表参与常委会活动机制，组织代表 386 人次参加视察、检查和调研活动，安排 42 位代表列席常委会会议并参与审议，部分代表意见被采纳为审议意见。完善政情通报、半年度工作报告和视察“两院”制度，增进代表对“一府两院”工作的了解。充分发挥代表“双联”制度活力，如五马街道人大工委积极发挥辖区各级人大代表联动作用，督促市、区两级部门解决拖延多年的温州世贸大厦验收问题。认真部署代表会前视察、议案建议撰写及督办活动。组织省、市、区、镇四级代表418人次，参与“关心母亲河溪”主题活动，查看河流49条，发现问题76个，提出建议58条。丰富代表小组活动形式，增强效果，如七都小组视察安置房建设、滨江小组听取部门站所专题工作报告、南汇小组调研宗教场所拆迁安置工作、五马小组开展结对帮困活动、松台小组组织市区两级代表联合接待选民、双屿小组督查辖区综合整治、仰义小组视察重点项目建设、藤桥小组开展“四边三化”工作督查等等，为代表发挥作用搭建了平台。

2014年，在各街镇建立“代表之家”的基础上，出台《加强人大代表联络站建设的实施意见》，在社区建成17个代表联络站。联络站运行以来，接待来访564人次，收集问题239个，解决116个。邀请代表列席常委会会议45人次，参加视察、检查和调研活动405人次。分批组织代表80人次进驻区审批中心现场监督，19人次列席区政府常务会议和区长办公会议。组织代表参与“查找不适应全面深化改革要求的法律法规条文”主题活动，上报建议70条。各代表小组结合常委会工作和辖区实际，开展各具特色的学习活动。配合省、市人大做好各级代表活动的服务工作。

2015年，组织代表开展转型升级十大组合拳落实情况主题监督活动，专题视察小微企业创业园建设、企业科技创新、滨河绿道建设情况。组织代表开展查找“短板”专项活动，梳理上报涉及经济发展、生态环境、民生事业、社会治理等七个领域存在的“短板”及补“短板”的建议。推进网上代表联络站建设试点工作，在松台街道建立全区首个网上代表联络站。

第三节　视察工作

区人大常委会历来重视代表视察工作。1984年10月，城区一届人大常委会视察组组长陈加昭、副组长巩际信带领城区各部门人民代表和负责人共17人，由区教育局人员陪同视察城区初等教育工作，人大常委会主任谷锦麟也参加了视察。12月，区人大常委会组织代表对城市脏、乱、差等问题进行视察检查，作出《关于坚持不懈，努力创建文明城市的决议》，责成区政府组织实施。1985年7月，市、区人大常委会联合组织部分市、区人民代表对鹿城区市容交通卫生工作进行视察，其中参加视察的区人民代表、区政府领导及有关部门负责人计208人。全年先后组织常委会委员和区人大代表进行5次视察，参加视察的代表共248人次。

1986年11月7日，全国人大常委会副主任廖汉生视察温州电焊设备总厂和妙果寺等地。1987年9月2日，区二届人大常委会二次会议通过了《温州市鹿城区人民代表大会代表持证视察工作的暂行办法》。同年，组织代表进行两次视察活动，分别视察了区街、乡镇工业企业开展“双增双节”运动的情况和市区环境卫生和社会治安工作。

1984—1987年，常委会共组织代表视察11次。1987—1990年，12次组织代表对工农业生产、环境卫生和食品卫生、社会治安、“扫黄”、文化及医药市场、学校危房等进行视察，提出意见和建议。

1990—1993年，4次组织人大代表对群众普遍关心、反映突出的热点问题如社会治安综合治理、城市管理、司法机关执法情况等进行视察、检查；22次组织代表就“一府两院”提请常委会会议审议的议题，进行视察调查活动。

1993—1998年，就常委会审议的议题开展41次视察调查。1999年12月，组织市、区两级人大代表，视察重点工程建设，并听取区政府一年来经济建设和社会发展情况的介绍。

2003年，组织市、区人大代表对重点议案《关于要求尽快落实成浦江河口大闸枢纽工程建设资金的议案》办理情况进行视察检查，召开代表座谈会，听取代表对议案办理情况的意见和建议。2004年，组织市人大代表对温瑞塘河横河段生态修复工程等重点工程进行视察，对市重点建设工程项目中由鹿城区负责建设的江滨路鹿城段建设工程、进城口建设工程、汇昌河水上公园鹿城段建设工程进行视察调研。

2005年，在人代会前组织市人大代表对市政府重点工程建设项目即成浦江流域综合整治工程建设等进行实地视察，组织部分人大代表参加常委会的各种执法视察、检查和调研活动，并结合视察内容组织学习相关法律。2006年，组织区人大代表对区“五个一”民生工程、重点工程建设和“三沿”整治情况进行视察，组织省人大代表到城市防洪堤进行视察。2007年，对西部农民饮用水工程、千库保安工程、“515”防洪保安生命线工程建设情况开展视察，实地视察了成浦江河道综合整治工程、七都标准堤塘等重点工程。围绕文明城市创建，对“百巷万户惠民”工程、亮丽工程及市容市貌整治工作等进行视察。

2008年，安排区人大代表93人次参加建议办理情况的视察、调查和座谈，安排市人大代表171人次对西部饮用水工程、垃圾填埋场、七都大桥等重点工程进行视察。2009年，参加常委会组织的执法检查、视察调研357人次，参加建议办理情况的视察、调查和座谈96人次。2010年以来，安排好每季度的代表小组活动内容，指导各代表小组围绕全区中心工作开展视察调研，撰写调研文章，为党委、政府科学决策提出建设性的意见。

2015年，组织代表开展“监督已治理的河”主题活动，深入上百条河溪开展视察暗访，共查找问题86个，并提出针对性意见建议。组织代表成立55个视察核查组，对全区2089户年收入4600元以下贫困人口脱贫情况开展全面核查，助力精准扶贫、精准脱贫。组织省人大代表温州中心组第一小组、市人大代表鹿城代表团视察督查城市北片防洪排涝调蓄工程、仰义林里片区、七都万国财富小镇、江滨异域风情带、广化路改建区安置提速等建设项目和交通治堵、城市精细化管理等工作。邀请代表列席常委会会议，参加视察、检查、督查，旁听法院庭审，进审批中心开展效能监督。

2016年7月5日，鹿城区人大常委会主任吴海燕、副主任朱启龙带队，率部分省、市、区人大代表视察重点交通工程项目建设情况。区政府副区长黄定恩参加视察。7月19日，区人大常委会副主任肖石龙率代表工委、区政府督查室、各街镇人大组成的督查组，就区八届人大五次会议代表建议办理情况，对各承办单位开展办中督查。8月1日，区人大常委会组成调研组对生活垃圾分类工作进展情况进行调研。9月28日，区人大常委会成立由分管代表工作的副主任为组长的调研组，先后到丰门、双屿、仰义、南汇街道及藤桥、山福镇调研人大工作。调研组一行实地察看了各街镇的代表联络站，详细了解代表联络站相关运行情况。

第四节 民主评议

1994年，区四届人大常委会根据上级人大常委会的部署，遵照区委指示，结合全区实际，研究制定了"两评"（执法和述职评议）工作的实施意见，并认真组织实施。几年来，先后组织代表和委员对5个委局进行执法评议，对13名委局主任（局长）和7名两院副职领导进行述职评议。评议会上，常委会组成人员还对每位述职干部进行胜任度投票。通过执法评议，促进被评单位严格执法，推动政府依法行政，同时征集人民群众对政府机关的批评、建议和意见，督促被评单位认真抓好整改。

1998年，组织人大代表评议检察院。1999年和2001年，分别组织区人大代表对区人民检察院、区公安分局开展司法和执法评议。2000年6月，区五届人大常委会十八次会议通过《关于组织区人大代表评议温州市公安局鹿城分局执法工作的实施方案》，评议区公安分局，90%以上的区人大代表以各种形式参加这次执法评议。公安机关对评议中的170件群众投诉件作了汇总和逐件排查，对人大代表反映的44个案件和问题，全部予以审核查对。通过代表评议与三项教育有机结合，认真进行整改，从公安机关分离出47名后进民警，占民警总人数5.39%；查处违纪案件17起，涉及26人。

2002年4月—12月，区五届人大常委会组织区人大全体代表评议区政府工作，分准备、调查、评议和整改总结4个阶段，主要围绕全区经济建设、应对"入世"措施、全国文明城市创建、社会事业发展、依法治区战略及政府自身建设等方面内容开展评议。

2004年，配合市人大常委会组织市人大代表对市卫生局进行行政执法评议。2位市人大代表向常委会进行述职，25位区人大代表分别向五马等14个原选区选民代表进行述职。2005年，继续组织3位市人大代表向区人大常委会进行述职，组织14位区人大代表向选民述职；开展对检察院副检察长，司法局、发展计划局、统计局、计划生育局、建设局局长和区府办主任等9名任命干部的述职评议，在细致调查和认真评议的基础上，进行无记名投票测评。

2006年，组织吴照林、曾士周、陈国荣三位市人大代表在区人大常委会会议上述职，22位区人大代表向原选区选民代表述职。2009年，安排7名市人大代表向常委会述职，17名区人大代表向原选区选民或选民代表述职。

2010年以来，指导各代表小组围绕全区中心工作开展视察调研，撰写调研文章，为党委、政府科学决策提出建设性的意见。街道、乡镇人大规范化建设继续加强，仰义乡人大主席团出台了《仰义乡人大代表评议工作实施办法（试行）》。至2011年，安排20名市人大代表向常委会述职，76名区人大代表向原选区选民或选民代表述职。

2014年，166人次参加"评议机关中层和基层站所"活动。听取9名市人大代表述职，组织58名区人大代表向选民或选民代表述职。

2015年5月27日，常委会对区政府关于食品安全专项工作审议意见落实情况的、区检察院关于查处和预防职务犯罪工作审议意见落实情况进行满意度测评；7月28日，对区政府关于“五水共治”暨丰门河治理工作审议意见落实情况和关于出入境管理法执法检查审议意见落实情况进行了满意度测评；9月24日—25日，对区法院孙聪碧、陈默、陈伟、林铬、林洁等五名被评议法官的履职情况进行满意度测评；11月25日，对区政府关于2014年区级预算执行和其他财政收支审计处理意见落实情况、全区征收安置提速提效的议案办理暨征收安置工作专题询问审议意见再落实情况进行满意度测评，测评结果均为通过。

2016年5月31日，常委会对区法院、区检察院、区公安分局、区司法局关于依法履职、公正司（执）法审议意见落实情况进行满意度测评；7月26日，对区政府关于宗教事务管理工作审议意见落实情况、区法院关于执行工作审议意见落实情况进行了满意度测评，测评结果均为通过。

第五节　代表培训

1984年，中共中央加强地方各级人大常委会的工作和建设，连续下达了八号、九号文件，省委下达了十七号文件等，城区一届人大常委会组织代表对上述文件的学习培训，提高对地方各级人大常委会的性质、地位和作用的认识，明确工作方向。至1986年，常委会组织机关人员学习政治理论和法律常识，先后安排4名常委会专职副主任和委员、2名常委会机关人员参加省人大常委会法制培训班学习。

1987年以来，区二届人大常委会会议安排10次学习议程，学习中共十三届四中、五中、六中全会文件，江泽民在1989年国庆讲话和全国人大常委会的决议、决定等文件，进一步明确人大工作的指导思想。

1990年，区三届人大常委会组织乡镇人大主席团常务主席进行1次为期一周的上岗培训，着重学习江泽民关于坚持和完善人民代表大会制度问题的讲话及有关法律、法规。

1993—1998年，区四届人大常委会为代表举办法律培训等活动，派出机关干部参加省、市人大常委会举办和全国各地举办的人大理论培训班；组织乡镇人大主席团常务主席进行上岗培训，学习宪法和法律、法规，组织乡镇人大干部参加人大理论和业务的培训，学习外地乡镇人大工作经验。

1998—2003年，区五届人大常委会学习邓小平理论、“三个代表”重要思想，认真学习贯彻中共十六大精神，深刻领会“三个代表”重要思想的科学内涵和重大意义，不断增强以“三个代表”重要思想统领人大各项工作，推进民主法制建设的自觉性；学习《中华人民共和国宪法》和法律，学习依法治国和人大制度理论，提高常委会组成人员的理论和法律素质。

2004年，区六届人大常委会组织举办《中华人民共和国宪法》修正案等讲座培训班。2007年，对新一届300名区人大代表进行一期集中授课，邀请专家重点介绍人民代表大会制度以及如何履行代表职责等知识，提高代表提议案、建议的水平；组织41名市人大代表、7名省人大代表参加市里的三期统一培训。

2008年，重视代表履职培训，制定了《鹿城区七届人大代表培训方案》，编印了《人大代表培训资料》，共组织3期区人大代表培训班。2009年，组织参加常委会执法检查、视察调研的代表学习《中华人民共和国农业法》《中华人民共和国食品安全法》《中华人民共和国消防法》《中华人民共和国体育法》《省物业管理条例》等法律法规，指导各代表小组开展“每季度学一法”主题活动。2010年，健全人大信息员网络，邀请市人大政策研究室领导对全区人大信息员进行有针对性的培训。2011年，先后举办法律知识讲座16次，邀请专家学者讲解宪法、监督法、组织法、代表法等法律法规；组织4期人大干部培训，同时选派干部参加上级人大举办的各类培训。

2012年，区八届人大常委会加大代表培训力度，两次集中代表开展初任培训和专题培训。2013年，以小组形式组织代表学习十八届三中全会及区委全会精神，代表法、禁毒法、科技进步法、水污染防治法等法律。组织代表170余人次，参加市人大培训班，学习预算法及审议财政预决算报告方面的知识，听取专题讲座和代表履职经验介绍。2014年，组织各街镇人大负责人和市人大代表鹿城团各代表小组负责人及联络员参加市人大统一培训。利用机关学习会、专题培训会、网络学堂等平台，开展对政治、经济、文化、法律和人大业务的系统学习，提高依法有效履职的水平。

2015年，组织学习贯彻习近平总书记系列重要讲话精神，学习省、市、区委重要会议精神，增强大局意识。牢固树立人大“处在社会主义民主法治建设第一线”的意识，切实增强政治责任感和历史使命感。

第六节 代表辞职和补选

一届人大

1985年3月11日，在常委会第五次会议上，增补何包根、金秀珠、吴政、林美翠为温州市第六届人民代表大会代表。

1986年3月5日，在常委会第十一次会议上，补选董朝才、何荣飞、叶正猛、夏爱华、邵太明为温州市第六届人民代表大会代表。

四届人大

1995年3月9日，在常委会第十五次会议上，补选沈勇夫、孙月初（女）为温州市第八届人民代表大会代表。

1995年3月11日，在人民代表大会第三次会议上，接受倪国兴辞去温州市鹿城区第四届人民代表大会代表职务，同时其区四届人大常委会委员职务相应终止。

五届人大

2001年1月11日，在常委会第二十四次会议上，补选包哲东、李江晖为温州市第九届人民代表大会代表。

2001年2月16日，在常委会第二十六次会议上，补选吴圣理温州市第九届人民代表大会代表。

六届人大

2004 年 2 月 26 日，在常委会第九次会议上，接受翁松武辞去温州市鹿城区人民代表大会代表职务。

2004 年 12 月 10 日，在常委会第十四次会议上，接受唐克勤、黄夏日、陈国琴、周谷青、张国华等五人辞去温州市鹿城区第六届人民代表大会代表职务。

2004 年 12 月 29 日，在常委会第十五次会议上，补选陈石春为温州市第十届人民代表大会。

2005 年 6 月 30 日，在常委会第十九次会议上，接受林新福辞去温州市鹿城区人民代表大会代表职务。

七届人大

2007 年 10 月 19 日，在常委会第五次会议上，接受匡连庭、吴昊、徐春萍、陈国光、黄克敌、翁益华、戴美琴、余国仁、杜玉海、林世南辞去温州市鹿城区第七届人民代表大会代表职务。

2008 年 12 月 31 日，在常委会第十五次会议上，接受潘向捷辞去温州市鹿城区第七届人民代表大会代表职务。

2009 年 2 月 3 日，在常委会第十六次会议上，补选王文胜、叶林竑为温州市第十一届人民代表大会代表。

2009 年 11 月 13 日，在常委会第二十二次会议上，接受余中平、陈有为、董金花、吴力绚、徐晓君辞去温州市鹿城区第七届人民代表大会代表职务。

2010 年 2 月 2 日，在常委会第二十五次会议上，接受姚志泉、唐洪象辞去温州市第十一届人民代表大会代表职务。补选王国军为温州市第十一届人民代表大会代表。

2010 年 12 月 27 日，在常委会第三十一次会议上，接受张恩贵、黄建权、黄智文、董克凡辞去温州市鹿城区第七届人民代表大会代表职务。

八届人大

2012 年 11 月 7 日，在常委会第五次会议上，补选李跃国为温州市第十二届人民代表大会代表。

2012 年 12 月 5 日，在常委会第六次会议上，接受姜定波辞去温州市鹿城区第八届人民代表大会代表职务，接受瞿芬平辞去温州市鹿城区第八届人民代表大会代表职务。

2013 年 9 月 17 日，在常委会第十一次会议上，接受李秀峰、褚坚、陈云源、谷建龙、吴雷雨、黄凌萍、徐一峰、施文明、吴晓贵、金浙瓯、刘立锋辞去温州市鹿城区第八届人民代表大会代表职务，接受季洪杰辞去温州市鹿城区第八届人民代表大会代表职务。

2013 年 12 月 24 日，在常委会第十三次会议上，补选徐丹为温州市第十二届人民代表大会代表。接受江华辞去温州市第十二届人民代表大会代表职务的请求。

2014 年 9 月 23 日，在常委会第十八次会议上，接受徐道友、黄品寿、陈增斌、张勇、洪静、叶浪克辞去温州市鹿城区第八届人民代表大会代表职务。

2015 年 11 月 25 日，在常委会第二十六次会议上，补选徐强中为温州市第十二届人民代表大会代表。

2016 年 2 月 3 日，在常委会第二十七次会议上，接受康岳春、徐慧、张大可、张敏、邱向真、陈钜、陈翔俊、谢云周、卢更生、章胤、朱建光、安建光、李跃国、黄金鹏、葛成福、李跃、项晓晓辞去温州市鹿城区第八届人民代表大会代表职务。接受王建中、李跃国辞去温州市第十二届人民代表大会代表职务。补选葛益平、赵海艇为温州市第十二届人民代表大会代表。

第七节　代表罢免和许可限制人身自由的决定

一、罢免代表的决定

四届人大

1997 年 4 月 18 日，在常委会第三十一次会议上，终止朱建民的温州市鹿城区第四届人民代表大会代表资格。

五届人大

2000 年 8 月 17 日，在常委会第二十次会议上，罢免王天义的温州市第九届人民代表大会代表资格。

七届人大

2008 年 12 月 31 日，罢免杨湘洪温州市第十一届人民代表大会代表职务。

二、许可限制代表人身自由的决定

三届人大

1991 年 11 月 30 日，在常委会第十二次会议上，同意区人民检察院逮捕区三届人大代表李梅龙。

1992 年 7 月 29 日，在常委会第十五次会议上，同意乐清县公安局对区三届人大代表陈光彰采取刑事拘留。

四届人大

1993 年 11 月 11 日，在常委会第五次会议上，同意温州市人民检察院对区四届人大代表黄炳华采取刑事拘留。

1996 年 1 月 16 日，在常委会第四十二次会议上，许可市人民检察院对区四届人大代表郑仕林采取监视居住强制措施。

五届人大

2000 年 9 月 20 日，在常委会第二十一次会议上，许可市人民检察院对市九届人大代表王天义采取刑事拘留。

2001 年 2 月 5 日，在常委会第四十一次主任会议上，决定市检察院对区五届代表李建民采取强制措施。

2002 年 12 月 13 日，在常委会第六十九次主任会议上，许可温州市公安局对郭锦巧采取取保候审强制措施。

六届人大

2003 年 6 月 9 日，在常委会第六次主任会议上，许可鹿城公安分局对翁武松采取刑事强制拘留。

2004 年 12 月 23 日，在常委会第二十六次主任会议上，许可温州市公安局对叶向东采取刑事拘留强制措施。

七届人大

2009 年 3 月 31 日，在常委会第十七次会议上，许可区公安分局对区七届人大代表黄智文采取刑事强制措施。

八届人大

2012 年 7 月 26 日，在常委会第三次会议上，许可区人民检察院对区八届人大代表姜定波、瞿芬平采取强制措施。

2014 年 1 月 22 日，在常委会第十四次会议上，许可鹿城公安分局对区八届人大代表康岳春采取刑事拘留措施。

2014 年 11 月 25 日，在常委会第十九次会议上，许可龙湾区人民检察院对鹿城区第八届人大代表张大可采取拘留措施。

2015 年 5 月 27 日，在常委会第二十二次会议上，许可鹿城区公安分局对鹿城区第八届人大代表徐慧采取刑事强制措施。

2016 年 5 月 31 日，在常委会第二十九次会议上，许可温州市公安局对鹿城区第八届人大代表周海峰采取刑事强制措施。

第八章 机关建设

1984年以来，区人大常委会通过健全党群组织，健全各项规章制度，加强政治理论学习，加强理论宣传和调查研究，提高常委会组成人员的法律和业务知识，不断加强机关建设，充分发挥各工作委员会的作用，使人大工作逐步做到制度化、程序化、规范化。

第一节 自身建设

自城区一届人大常委会成立以来，常委会不断加强自身建设。首先，重视学习，提高认识，解决对人大性质、地位、作用的认识不足和对做好人大工作信心不足的问题，提高参政议政能力。其次，重视发挥全心全意为人民服务，密切联系群众的优良传统，经常深入群众，虚心听取群众的意见，接受广大群众的监督。此外，为保证区人大常委会更好地履行职责，不断加强组织、制度建设。

温州市鹿城区人大常委会
机关文书处理暂行规定

为了做好区人大常委会机关文书处理工作，提高公文质量和工作效率，根据地方人大常委会的性质、任务和工作方法，参照有关规定，结合实际，制定本规定。

一、文件种类

1. 常委会文件；
2. 常委会党组文件；
3. 常委会办公室文件；
4. 常委会各工作委员会文件；
5. 常委会《会刊》；
6. 《函》。

二、文件格式

正式文件一般由版头、文号、秘密等级、标题、主送机关、正文、附件、发文机关印章、发文日期、报和抄、发单位等组成。

1. 版头：由发文机关全称加“文件”两字，用红色套印。

2. 文号：包括机关代号、年号、顺序号。联合行文时，只需标明主办机关发文号。《会刊》按届次编号。领导讲话、视察报告、调查报告及一般材料不编号。页、重页、倒页现象。

3. 秘密文件应标明密级。

4. 文件标题一般由发文机关，内容文种组成。会议通过的文件’应在标题之下，正文之前注明某年某次会议通过；领导的重要讲话文件，应标明在某次会议的讲话和讲话时间。

5. 文件应标明主送单位、抄报单位和抄送单位。

6. 文件如有附件，应在正文之后、落款之前，注明附件的名称和件数。

7. 文件的落款一律用成文日期加盖机关印章表示。

三、行文关系

常委会、常委会党组及常委会办公室、各工作委员会应根据各自工作关系的职权范围确定行文关系。向上级机关的行文，一般主报一个上级机关，如需报其他相关的上级机关，可用“并报”或“抄报”形式；一般情况下，不得越级行文请示问题，也不得越级抄报文件。向下级机关的重要行文，可以抄报上级机关，同级机关联合发文，由主办机关牵头并负责。

四、制发文件程序

文件的制发包括拟稿、审稿、签发、打印、校对、盖章、装订、分发等。

1. 拟稿综合性文件一般由常委会办公室兔责，专业性文件由有关工作委员会负责。草拟各种文件应用钢笔或毛笔，并用正式的拟文稿纸。

2. 审稿文稿的审核，原则上逐级进行。

3. 签发

根据文件内容分别由有关领导审定签发，文件主批人钢笔或毛笔签署自己的意见、姓名和时间。

(1) 常委会文件由常委会主任或副主任签发。

(2) 常委会党组文件，由党组书记或副书记签发。

(3) 办公室文件一般由办公室主任签发，传真电报、《会刊》需经常委会主任或副主任审示同意。

(4) 属常委会各工作委员会职权范围的事项，需以办公室文件发的，经工作委员会主任审稿，办公室主任签发；必要时，需经常委会分管主任审示同意。

(5) 各工作委员会行文，由该工作委员会主任签发。

4. 编号

文稿经签发后，凡需编号的，应由办公室归类分别登记、编号。

5. 送印

各类文件、材料，统一由办公室秘书科按轻重缓急安排打印，文件印刷要讲究格式，字迹清晰，保证质量、速度。

6. 校对

文件的校对，一般由拟稿人负责，如拟稿人因故不能校对，可由拟文部门的领导指定专人校对。

7. 装订

一般由拟文部门负责装订，装订时做到整齐美观，防止漏页。

8. 分发

按照文件种类、密级和缓急，由办公室或有关工作委员会分发，常委会文件、常委会党组文件、常委会办公室文件，原则上由办公室分发。

五、文件处理

文件处理程序一般为签收、拆封、登记、送批、传阅、承办、催办等。

1. 签收

凡发送本委机关的各种外来文件，统一由内勤室签收。

2. 拆封

文书负责拆封，拆封要及时，并核对份数；信访件拆封后直接交信访室处理，已具名的交本人拆封。

3. 登记

按来文机关分级分类进行登记、编号。简报、动态、统计报表，越级抄报的文件等，由文书发各领导和有关工作委员会，不需登记。

4. 送批

文件登记后，贴上处理单，及时送办公室主任或分管副主任批注，或送主任、副主任批示。

5. 传阅

按规定及时送领导传阅，掌握文件传阅去向，避免漏传、误传和延传。

6. 承办

按分工归口办理或按领导批示交办，办理结果应有记录存查，办理完毕应在文件处理单上注明办理结果，并及时退回内勤室。

7. 催办

对于急件、重要件，拟办和签发过程中的文件，应重点催办，属于各工作委员会转办的文件，由有关工作委员会负责催办。

8. 有关部门送来的请柬、会议通知，由办公室主任负责安排领导参加。

六、本暂行规定经 2002 年 6 月 19 日常委会第 61 次主任会议通过，即日起施行。

温州市鹿城区人大常委会
会务工作暂行规定

（2012 年 6 月 7 日温州市鹿城区第八届人民代表大会常务委员会第六次主任会议通过）

第一条　为规范区人民代表大会常务委员会（以下简称区人大常委会）会议的会务工作，提高会议质量和效率，根据《鹿城区人大常委会会议议事规则》等有关精神，制定本规定。

第二条　区人大常委会会议的会务工作包括会前的准备工作、会中的服务、保障工作和会后的处理工作。

第三条　区人大常委会会议的会务工作，由区人大常委会办公室（以下简称办公室）具体负责，区人大常委会有关工作委员会根据需要参与工作。

第四条　区人大常委会会议的议程草案由办公室提请主任会议讨论确定。

第五条　群众申请参加旁听的由办公室秘书科负责登记，报经办公室主任批准后，发给旁听证，并告知会议的时间、地点和注意事项。

第六条　会议的分组编排由办公室秘书科拟定，经办公室主任确定。编排的内容包括：

（一）区人大常委会组成人员分组；

（二）列席人员分组；

（三）各组审议、讨论的分会场。

各组召集人和联组发言人由各组确定。

第七条　会议的文件和材料按如下分工进行准备：

（一）“一府两院”工作报告或专题报告的文字一般应控制在5000字以内。报告内容由有关工作委员会负责审阅，提出意见。

（二）区人大常委会视察、检查、调查、审查情况的报告材料及会议需要作出的决议、决定和审议意见草案，由有关工作委员会起草，经区人大常委会分管副主任审核后报主任会议定稿。报告材料的文字一般应控制在4000字以内。

（三）人事任免案的有关材料，统一由办公室秘书科起草。对代表采取强制措施的许可或确认，由法制工作委员会审查，提出意见。

（四）区人大常委会工作报告、工作要点、工作总结、会议主持词及其他综合性文件由办公室秘书科起草。

上述会议文件和材料应在会议举行的7日前印制完毕，并送交办公室秘书科统一分发。如未按规定送交的，由办公室秘书科负责对“一府两院”和各工作委员会的催促，各工作委员会负责对对口联系单位的催促。

第八条　会场和分组审议分会场的布置、会议用车、膳宿安排等由办公室秘书科负责。

第九条　区人大常委会信息中心应及时通知新闻单位做好会议报道。

第十条　会议的签到工作由办公室秘书科负责。在签到时，应将有关会议材料分发给与会人员。在全体会议将要开始时，应及时将已到会的区人大常委会组成人员人数报告会议主持人。

第十一条　在会议期间，办公室秘书科负责会议的材料分发、会议记录和整理。各组联络员负责分组会议的材料分发、会议记录和整理。会议记录应做到全面、客观，重要事项和基本观点不漏记。

第十二条　决议、决定和审议意见草案的修改应充分吸纳区人大常委会组成人员、列席人员的意见。

草案的修改由拟稿人负责，办公室主任或副主任审核，经常委会主任或分管副主任同意后，交付区人大常委会会议表决。

第十三条　人事任免和选举等各项服务和表决结果的登记工作，由办公室负责。

第十四条　会议结束后，有关文件按会前准备的分工进行修订，交办公室秘书科印发，并汇编成会刊，由办公室秘书科收集归档。会议纪要由办公室秘书科负责起草，经办公室主任或副主任审核，报区人大常委会主任签发后，及时制作分发。

第十五条　会议通过的重要事项，经办公室主任审核并报常委会分管办公室工作副主任批准后，由办公室秘书科统一联系登报公布。

第十六条　区人大常委会主任会议会务工作参照本规定执行。

第十七条　本规定自通过之日起实施。

温州市鹿城区人大常委会
机关公务接待暂行规定

为认真贯彻有关公务接待工作的规定，按照“热情、周到、安全、节俭”的原则做好接待工作，特作如下规定：

一、接待责任

1. 接待工作由办公室具体负责。

2. 每次接待活动，做好信息发布和登记。

二、接待程序

3. 办公室接到来宾通知后，要问清来宾的单位、姓名、职务、性别、人数、抵达日期、活动内容及日程，并向分管领导汇报，涉及有关工委的，由办公室协调、安排。

4. 人大系统副县（市、区）级以上领导来我区考察的，由分管主任牵头，安排活动日程，确定陪同人员，由办公室和有关工委负责具体实施。

三、接待规格

5. 按照对等、对口的公务接待原则和标准，根据来宾职务，由办公室协调安排有关领导会见或陪同。

6. 接待标准和陪餐人员按照区两办接待标准执行。

7. 接待活动所需车辆由办公室负责安排。副县（市、区）级以上领导的接待，相应的主任要参加迎送。

8. 外宾的接待按外事有关规定执行。

四、交流和保密安全

9. 根据来冥的要求，由办公室安排有关领导和对口的工作委员会负责人参加座谈，需“一府两院”介绍有关工作情况的由办公室负责联系，需政府有关部门、单位介绍的由相关工委负责联系。

10. 在接待中要严格遵守保密安全制度，保证宾客的住宿、外出及各项活动安全。重视饮食卫生。需要警卫的，及时同公安、安全部门联系，确保来宾安全。

五、本暂行规定经 2002 年 6 月 19 日常委会第 61 次主任会议通过，即日起施行。

温州市鹿城区人大常委会
机关车辆使用管理暂行规定

为加强车辆使用管理，确保安全行车，保证各项任务顺利完成，特制定本规定。

一、用车原则

派车时，应本着勤俭节约，方便合理，既保证重点，又兼顾一般，既严格把关，又从实际出发。

1. 保证常委会组织视察、调查等活动的用车；

2. 保证常委会主任、副主任用车；

3. 各工委的工作用车尽量给予保证；

4〉办公室交办的其他用车。

二、车辆管理和使用

1. 定车定人，专人保管，按时交纳养路费、保险费，做好年审年检，保证车辆证件、牌照齐全和车况良好。

2. 车辆由办公室统一管理和调度，常委会主任、副主任用车相对固定，各工委及其他用车预先一天告知办公室，根据需要由办公室统一安排，驾驶员不得借故不出车。

3. 面包车根据工作需要由办公室安排派车，每次用车后，驾驶员应做好车辆的检查与清洁工作。

4. 每次用车结束后，车辆应及时归位。需要出车在外过夜的，需经用车领导同意，定点停车听命于领导，驾驶员不得擅自开车。

5. 驾驶员不得私自出车，严禁节假日、双休日与下班后私自出车。严禁将车辆借给他人使用。

6. 驾驶员要随时接受调度，服从指派，做到准时出车；驾驶员有事必须提前一天请假，以免影响工作。

三、车辆维护和汽油管理

1. 驾驶员要爱护车辆，保持车辆的完好、清洁、美观，确保及时出车、安全行车。

2. 车辆修理或购买零部件时，要事先报经办公室分管主任同意后，方可修理或购买。

3. 汽油由办公室分管主任统一管理，实行数量、时间和车辆行驶公里数相对照评估，并按月公布。

四、奖惩措施

参照鹿委办发〔2001〕38 号关于鹿城区机关车辆使用管理规定执行：

1. 年度内，未发生任何车辆事故，车辆保养精良，用车服务优质，油耗控制在实际油耗数以内，没有私自出车、用车或车辆借给他人使用，给予增发一个月基本工资奖励。

2. 驾驶员无故延误出车或不服从调度的，予以批评教育；情节较严重的，扣发工资 500 元。

3. 1 个月内，发现驾驶员 1 次私自出车的，予以批评教育；累计 2 次私自出车的，扣发工资 300 元；累计 3 次以上（含 3 次）私自出车的，从重处罚。凡属私自出车发生事故的，责任一律自负，造成车辆损失的，须照价赔偿，单位根据事故情节给予相应处罚。

五、本暂行规定经 2002 年 6 月 19 日常委会第 61 次主任会议通过，即日起施行。

温州市鹿城区人大常委会
机关环境管理暂行规定

办公环境是机关建设的重要组成部分，为加强机关环境管理，营造良好的办公环境，现就人大机关环境管理作如下规定：

一、全体机关工作人员，均应养成讲究卫生的良好习惯，注意公共卫生，做到不随地吐痰，不乱丢烟头、纸屑和废物，保持室内、室外的清洁。

二、环境卫生包干责任制。常委会正副主任办公室、公共场所（会议室、活动室、楼梯、走廊、洗手间等）的卫生由工勤人员负责打扫，其他场所由各使用者负责清理。

三、办公室及公共场所应坚持每天一小扫、每周一大扫的清洁卫生制度；会议室应经常保持清洁，每次会后必须及时清理。

四、各种设施、办公室用品等放置整齐，文件、报刊、物品摆放有序，无杂乱感，花卉无枯死。机关车辆在大院内要按车位停放，并保持车辆清洁。

五、垃圾实行袋装，并于下午下班之前送到一楼或四楼洗手间，由工勤人员集中清理。各办公室的垃圾筒不得摆放在走廊里。

六、洗手间保持清洁，便后请放水冲洗。注意节约用水，用后请关紧水龙头，并勿忘记放干水盆中的脏水。注意勿将茶叶、污物直接冲倒在水盆里，以防堵塞排水管。

七、机关活动室服务主要对象为人大代表及人大机关工作人员，活动完毕请将器具整理摆放有序。

八、为不影响机关正常办公秩序，活动室定时开放。上午上班后 15 分钟关门，下午下班前半小时开放；星期五下午下班前 1 小时开放。会议厅举行会议时，活动室不开放。

九、本暂行规定经 2002 年 6 月 19 日常委会第 61 次主任会议通过，即日起施行。

温州市鹿城区人民代表大会常务委员会
机关印章管理规定

为加强印章管理，根据国务院《关于国家行政机关和企业事业单位社会团体印章管理规定》和相关国家规定，结合本区实际，特作出如下规定。

第一章　管理范围

第一条　温州市鹿城区人大常委会机关所有公用印章、专用章、钢印、印刷印和领导公用手章均属管理范围。

第二章　管理分工

第二条　温州市鹿城区人民代表大会常务委员会、中共温州市鹿城区人民代表大会常务委员会党组、温州市鹿城区人民代表大会常务委员会办公室、常委会领导手章以及有关专用章由办公室内勤室专人负责管理。

第三条　中共温州市鹿城区人大机关总支部委员会、中共温州市鹿城区人大常委会机关支部委员会印章分别由机关总支部、机关支部专人负责管理。

第四条　温州市鹿城区人大常委会各工作委员会印章由各工委专人负责管理。

第五条　温州市鹿城区人大机关工会委员会印章由工会委员会专人负责管理。

第六条　温州市鹿城区人民代表大会常务委员会办公室、温州市鹿城区人大机关工会委员会财务专用章分别由办公室、工会委员会财务人员专人负责管理。

第三章　印章刻制和启用

第七条　刻制印章须按有关规定办理报批手续，并统一由办公室负责刻制。

第八条　启用新章、废弃旧章，由办公室发文（附印模）通知有关单位。

第四章　印章使用审批权限

第九条　温州市鹿城区人民代表大会常务委员会印章的使用，须经常委会主任或者副主任审批。

第十条　中共温州市鹿城区人民代表大会常务委员会党组印章的使用，须经党组书记或者副书记审批。

第十一条　常委会主任公用手章的使用，须经主任本人或者受委托的副主任审批。

第十二条　中共温州市鹿城区人大机关总支部委员会印章的使用，须经机关总支部书记或者副书记审批。

中共温州市鹿城区人大常委会机关支部委员会印章的使用，须经机关支部书记或者副书记审批。

第十三条　温州市鹿城区人民代表大会常务委员会办公室印章及有关专用章的使用，须经办公室主任或者副主任审批。

第十四条　温州市鹿城区人大常委会各工作委员会印章的使用，须经各工委主任或者副主任审批。

第十五条　温州市鹿城区人大机关工会委员会印章的使用，须经工会主席或者副主席审批。

第十六条　温州市鹿城区人民代表大会常务委员会办公室、温州市鹿城区人大机关工会委员会财务专用章的使用，按照相关财务制度执行。

第五章　印章使用

第十七条　印章管理人员要严格执行使用审批手续，认真把关。

第十八条　印章使用要遵循便利原则，随到随盖，不耽误工作。

第十九条　印章使用要遵循正确使用原则，不得用错，做到发文机关落款与印章相一致。

第二十条　重要材料的用章，印章管理人员要及时登记，并留存领导签字文稿原件。

第二十一条　各类空白文书（含空白介绍信、空白奖状、空白委托书、空白荣誉证书以及空白纸张等），原则上不得盖章；特殊情况下，需经常委会领导或者办公室领导批准方可盖章。

第六章　印章保管

第二十二条　印章管理人员要经常清洗印章，保持印章清晰。

第二十三条　印章管理人员要严加保管印章，使用完毕后要及时入柜上锁。未经审批，印章不得擅自委托他人代管代用。

第二十四条　印章违反规定使用，造成严重后果的以及印章被盗或丢失的，要按照有关规定追究印章管理人员或者其他直接责任人的责任。

第七章　印章停用和销毁

第二十五条　温州市鹿城区人大常委会机关所有公用印章、专用章、钢印和领导公用手章因某种原因停用时，应将印章及时移交办公室，由办公室封存或者销毁。

第二十六条　印章的销毁，须经办公室主任或者副主任批准，由办公室内勤室专人负责。销毁前留下印模备查，销毁时由两人在场监销，销毁后登记销毁清单。

第八章　附则

第二十七条　本规定经2014年11月19日常委会第四十七次主任会议通过，即日起施行。

中共温州市鹿城区人大常委会党组工作规则

（温鹿人大常党组〔2016〕2号）

第一章　总　则

第一条　为进一步规范区人大党组工作，推进党组工作的制度化、规范化、程序化，充分发挥党组在人大工作中的领导核心作用，根据《中国共产党章程》《中国共产党党组工作条例（试行）》及中央和省、市、区委的有关精神，结合区人大实际，制定本规则。

第二条　人大党组是区委的派出机构，受区委的统一领导，在人大工作中发挥领导核心作用，肩负保证中央和省、市、区委的决定在人大履行职能中得到有效落实的重要责任。

第三条　党组履行职责应遵循以下原则：

（一）坚持中共领导，保证中共理论和路线方针政策贯彻落实。

（二）坚持全面从严治党，依据党章和其他党内法规开展工作。

（三）坚持民主集中制，确保党组的活力和团结统一。

（四）坚持党组发挥领导核心作用与区人大领导班子依法履行职责相统一，把中共主张通过民主程序转化为区人大领导班子的决定。

第二章　职　责

第四条　党组的主要职责：

（一）高举中国特色社会主义伟大旗帜，以邓小平理论、“三个代表”重要思想、科学发展观为指导，学习贯彻习近平总书记重要讲话精神，按照“四个全面”战略布局的要求，认真履行政治领导责任，做好理论武装和思想政治工作，负责学习、宣传、贯彻执行中共理论和路线方针政策，贯彻落实党中央和省、市、区委的决策部署，发挥好把方向、管大局、保落实的重要作用。

（二）坚持和完善人民代表大会制度，坚定不移走中国特色社会主义政治发展道路，努力推进基层社会主义民主政治建设。

（三）引导和推动常委会组成人员、人大代表自觉接受中国共产党领导，把中共指导思想和中共主张通过法定程序转化为全区人民的共同意志。

（四）贯彻党管干部原则，按照信念坚定、为民服务、勤政务实、敢于担当、清正廉洁的好干部标准，加强干部队伍建设，完善干部培养选拔机制，加强干部教育培训，从严管理监督干部。

（五）认真履行党要管党、从严治党责任，加强对区人大机关中共建设的领导，落实党建工作责任制。认真履行党风廉政建设主体责任，支持纪检监察机构履行监督责任。

（六）加强思想政治建设，坚定理想信念，严守政治纪律和政治规矩，切实增强践行“三严三实”要求的思想自觉和行动自觉。

（七）讨论和决定需向区委请示报告的有关人大及其常委会和区人大机关的重要工作、重大事项及需要决定的问题，人大常委会行使决定权、监督权、人事任免权等方面的重大问题，内部机构设置、调整，重大项目安排、大额资金使用等事项，党组织和队伍建设、意识形态工作、思想政治工作和精神文明建设、党风廉政建设和反腐败工作等方面的重要事项。

（八）按照区委统一部署，协助区委研究区人大换届时有关人大代表结构、人大代表名额、人选和常委会委员人选以及届中委员调整的有关问题，并提出建议；研究建议区人大办公室主任、副主任，各工作委员会主任、副主任人选。

（九）完成区委交办的其他工作。

（十）其他应当由党组讨论和决定的重大问题。

第五条　党组书记主持党组全面工作，负责召集和主持党组会议，组织党组活动，签发党组文件。党组成员根据党组决定，按照授权负责有关工作，行使相关职权。

第三章　组织原则

第六条　党组必须坚决执行党中央和省、市、区委的指示和决定，坚决维护党中央权威，确保中央政令畅通。

第七条　建立健全党组向区委请示报告工作制度。每年至少作 1 次全面报告，遇有重大问题应当及时请示报告。

执行党中央和省、市、区委某项重要指示和决定的情况，应当进行专题报告。

第八条　党组对有关重要问题作出决定时，应当根据需要充分征求机关党组织和机关党员群众的意见。重要情况应当及时进行通报。

第九条　党组实行集体领导制度。凡属党组职责范围内的事项，应当按照少数服从多数原则，由党组成员集体讨论决定。

党组书记应当带头执行民主集中制。党组成员应当认真执行党组集体决定，勇于担当、敢于负责，切实履行职责。

第十条　以党组名义发布或者上报的文件、发表的文章，党组成员代表党组的讲话和报告，应当事先经党组集体讨论或者传批审定。党组成员署名发表的与工作有关的文章，应当事先经党组审定或者经党组书记批准。

党组成员在调查研究、检查指导工作或者参加其他活动时发表的个人意见，应当符合党组决定精神。

第十一条　党组成员对应该保密的会议内容和讨论情况，必须严守秘密，不得泄露。

第十二条　党组成员到区外参加公务活动，需经党组书记同意，并报区委。出国访问、因私出境经党组书记同意后按照规定程序报批。

第四章　议事决策

第十三条　党组议事决策应当坚持集体领导、民主集中、个别酝酿，会议决定、重大决策应当充分协商，实行科学决策、民主决策、依法决策。

第十四条　党组作出重大决策，一般应当在调查研究基础上提出方案，充分听取各方面意见，进行风险评估和合法合规性审查，经过集体讨论决定。

党组讨论决定本单位人事任免事项，应当严格按照《党政领导干部选拔任用工作条例》执行。

第十五条　党组议事决策一般采用党组会议形式。

（一）党组会议一般每月召开一次，由党组书记主持。遇有重要情况可以随时召开。

（二）党组会议的日期和议题，由党组书记确定；或由党组成员事先提出议题和建议，由党组书记确定。除临时召集的外，一般应提前通知党组成员。

（三）党组会议必须有党组成员半数以上到会方可召开，讨论决定干部任免事项必须有三分之二以上党组成员到会。党组成员因故不能参加会议的应当在会前向党组书记请假，对会议议题的重要意见可以用书面形式表达。党组会议议题涉及党组成员本人或其亲属以及存在其他需要回避情形的，有关党组成员应当回避。

根据工作需要，召开党组会议可以请不是党组成员的区人大领导班子成员列席。会议召集人可以根据议题指定有关人员列席会议。根据需要，可请区委派员列席党组会议。

（四）党组会议议题提交表决前，应当进行充分讨论。对于少数人的不同意见，应当认真考虑。如对重要问题发生争论，双方人数接近，除在紧急情况下必须按多数意见执行外，应当暂缓作出决定，进一步调查研究、交换意见，下次再作决定。

表决可以采用口头、举手、无记名投票或者记名投票等方式进行，赞成票超过应到会党组成员半数为通过。未到会党组成员的书面意见不得计入票数。表决实行主持人末位表态制。会议研究决定多个事项的，应当逐项进行表决。

党组会议由专门人员如实记录，并按照规定存档备查。

第十六条　党组决策一经作出，应当坚决执行。党组成员对党组决策有不同意见的，可以保留或者向上级党组织反映，但在党组决策改变前应当坚决执行。党组应当建立有效的督查和反馈机制，确保党组决策落实。

会议决定的事项，应在会后通报缺席的党组成员。

会议研究和决定的事项，可视情况会前征求和会后通报党外副主任或主任会议。

第十七条　对于党组会议决定的重要事项，有必要编印会议纪要的，可指定有关人员编印。会议纪要由党组书记签发，纪要分送范围根据内容由签发人确定。

第五章　思想作风建设

第十八条　党组及成员必须加强思想政治建设，在思想上、政治上、行动上与党中央保持高度一致，进一步坚定理想信念，严守政治纪律和政治规矩。坚持和健全党员领导干部民主生活会制度，按照规定开好民主生活会，以统一思想，改进作风，加强监督，增进团结，提高依靠自身力量解决问题和矛盾的能力。

党组召开民主生活会要切实保证质量。民主生活会的主题应当按照上级党组织的要求、针对党性党风方面存在的突出问题确定。党组成员在民主生活会上，应当针对自身存在的廉洁自律方面的问题以及党员、群众、领导班子其他成员和下级党组织提出的意见，负责任地作出检查或说明，积极开展批评和自我批评。

党组召开民主生活会，一般应提前向区委及区纪委、区委组织部报告，会后按规定向相关部门报送会议情况。

第十九条　党组应当将党建工作作为总体工作的重要组成部分，列入议事日程，每年安排时间专门听取党建工作汇报。

第二十条　党组成员严格落实中央关于改进工作作风、密切联系群众的各项规定，深入开展基层调查研究。到基层要轻车简从、减少陪同、简化接待，减轻基层负担。

第二十一条　党组成员是党风廉政建设的责任主体，要严格遵守《中国共产党廉洁自律准则》，自觉接受党组织和党员群众的监督。

第六章　责任追究

第二十二条　党组书记每年应向区委报告履职情况。党组及党组成员每年应当接受区委的履职考核。

第二十三条　党组成员有下列情形之一的，应当依据《中国共产党章程》和《中国共产党党组工作条例（试行）》及其他有关规定，追究有关责任：

（一）贯彻执行中共理论和路线方针政策、上级党组织指示和决定不及时不得力的。

（二）因违反决策程序或者决策失误造成重大损失或者恶劣影响的。

（三）干部选拔任用方面出现重大问题的。

（四）不认真履行从严治党责任，造成本单位党组织软弱涣散、党建工作削弱的。

（五）不履行党风廉政建设主体责任，造成严重后果的。

（六）擅自公开发表或者出版同中央和省、市、区委要求及党组决定不符的讲话、报告、文章、著作的，或者在互联网上发表同中央和省、市、区委要求及党组决定不符的言论的。

（七）泄露应当保密的会议内容和讨论情况的。

（八）对其他造成严重后果或者恶劣社会影响的行为负有责任的。

第七章　附　则

第二十四条　本规则自下发之日起施行。

关于加强人大代表联络站建设的实施意见

为认真贯彻落实中共十八大、十八届三中全会和张德江委员长在浙江、云南调研的讲话精神，积极搭建代表履职平台，健全代表联系群众的工作机制，充分发挥人大代表在闭会期间的作用，促进基层人大工作创新发展，根据省、市人大常委会有关推进人大代表联络站建设的要求，结合我区实际，经研究，现就加强人大代表联络站建设，提出如下实施意见：

一、加强人大代表联络站建设的重要意义

（一）加强人大代表联络站建设，是贯彻落实中共十八大和十八届三中全会精神的实际行动。中共十八大报告对完善人民代表大会制度、推进社会主义民主政治建设提出了明确要求，强调指出要完善代表联系群众制度。中共十八届三中全会又强调指出要通过健全代表联络机构、网络平台等形式密切代表同人民群众联系。加强人大代表联络站建设，对发挥人大代表主体作用，密切人大代表与人民群众联系，推进基层人大代表工作规范化、制度化建设具有重要而深远的意义。

（二）加强人大代表联络站建设，是拓展人大代表履职载体的有效形式。根据《中华人民共和国全国人民代表大会和地方各级人民代表大会代表法》《中华人民共和国地方各级人民代表大会和地方各级人民政府组织法》的有关规定，国家和社会应为人大代表执行代表职务提供保障。加强人大代表联络站建设，有利于强化代表履职的载体建设，为各级人大代表提供有组织、有制度、有服务的联系群众、开展活动的场所和保障，进一步丰富和规范代表履职工作。

（三）加强人大代表联络站建设，是推进代表工作创新发展的现实需要。代表工作是人大常委会一项重要的基础性、经常性工作。新时期新形势，对完善代表联系群众机制，加强和改进代表工作，提出了新的更高要求。设立人大代表联络站是我区加强代表工作的一项创新举措，有利于代表密切联系人民群众、依法接受选民监督、更好地履行代表职责。

二、人大代表联络站建设的任务和要求

（一）主要任务。人大代表联络站是闭会期间人大代表开展常态化活动的场所，是密切联系群众、依法规范履职、推进问题解决的平台。主要任务：学习宣传宪法和法律法规，中共路线、方针、政策，区人大及其常委会作出的决议、决定；围绕法律法规的贯彻实施、本行政区域经济社会发展以及人民群众关注的热点难点问题，开展走访、调研等活动，协助本级人民政府推进工作；收集和反映社情民意，帮助解决选民的实际困难，发挥桥梁纽带作用；开展履职交流、接待选民、服务选民、回答选民询问等活动，为选民解疑释惑，自觉接受选民监督，增强代表履职意识；配合做好街道（镇）人大有关工作。

（二）设立要求。区人大各街道工委、镇人大主席团应根据人大代表及选区、选民的分布情况和辖区实际，按照方便服务群众、有利于开展活动的要求，加强人大代表联络站建设。根据目前实际情况，五马、南汇街道和藤桥镇各设立 3 个人大代表联络站，滨江、松台、双屿街道各设立 2 个人大代表联络站，七都、仰义街道各设 1 个人大代表联络站，全区共设立 17 个人大代表联络站，并每个社区设置 1 个联络点。

联络站的设立要求：一是有固定场所。联络站应具备一定的场地面积和必要的工作条件，便于选民群众与人大代表沟通交流。二是有固定人员。配备站长 1 名，副站长 2 名，由人大街道工委、镇人大主席团确定。人大代表联络站以所在代表小组的区人大代表为主体，可吸收所在区域的镇人大代表或邀请所在地的省、市人大代表共同参与。三是有工作制度。建立健全代表信息公示及联络站工作规则等各项制度，规范联络站的日常运作。四是有计划安排。围绕全区中心工作、区人大常委会年度工作要点和实际需要，研究制定联络站年度工作计划。

联络点的设立要求：可以在村、社区、单位中设置联络点，服务范围可以是一个或若干个村、社区（选区、选举单位）。

人大代表联络站的标牌由区人大常委会统一制发；台账资料由区人大常委会代表工委确定相关格式及填报要求，并将组织机构、工作职责、工作流程、工作制度及代表信息等上墙公布。

（三）活动形式。人大代表联络站应通过“面对面”“网络”等联系形式开展活动，了解社情民意，为民排忧解难，助推工作开展。“面对面”联系即人大代表通过走访、接待等形式与选民群众进行沟通交流。可以由代表走访选区选民和单位，听取选民意见和要求；也可以在联络站或联络点内接待选民，按照年度接待计划，实行定期、定人、预告式接待，一般每月安排 1 至 2 次代表接待活动，各人大街道工委、镇人大主席团负责制订年度接待计划，并做好相关服务保障工作。联络站实行工作日全勤值班制，由专职工作人员负责日常相关工作。在接待活动中，可根据需要邀请有关部门负责人参与代表接待工作；也可以根据需求，临时设点，组织代表进行接待。接待内容可由较为单一的反映民生、民情扩大至服务社会、经济发展的方方面面。“网络”联系即人大代表与选民群众通过互联网进行沟通交流。在街道、镇网站及人大代表联络站（点）内公布联系电话、电子邮箱、QQ 等相关信息，开展网上接待，收集、汇总、梳理并及时答复群众提出的意见建议。

（四）工作流程。一是明确受理范围。群众对于全区经济社会发展重大问题、群众普遍关心的热点难点问题以及民生问题，可以通过人大代表联络站向人大代表反映。对于已经或者应该通过诉讼、行政复议、仲裁解决等事项，以及对国家机关工作人员的申诉、检举、控告和违法违纪等信访事宜，人大代表联络站不予受理。二是规范受理流程。对于群众反映的事项，应遵循“谁接待、谁答复”的原则，负责接待的人大代表是受理事项的第一责任人。对于能够即时答复或者咨询有关部门后可以即时答复的事项，应当即时答复。对于不能即时答复的事项，按照以下途径处理：属于街道、镇职责范围内的，由人大街道工委、镇人大主席团督促协调解决；属于区级国家机关和组织职权范围内的，人大代表可以向区人大常委会或者区人民代表大会提出议案、建议，也可以通过代表来信的形式直接反映给有关区级国家机关和组织；属于省、市职责范围的，可以由参加接待或联系的省、市人大代表受理。三是加强分析研究。人大街道工委、镇人大主席团要对人大代表联络站代表接待和网络受理情况进行定期分析和梳理汇总，将选民群众反映的热点难点或重大问题及时向区人大常委会报告。对其中属于区级国家机关和组织职权范围内的问题，可以由区人大常委会组织代表进行专题视察或调研，也可以列入区人大常委会会议或主任会议议题，实现人大代表接待和人大常委会监督的有效对接。

三、加强人大代表联络站建设的组织保障

（一）加强组织领导。区人大常委会加强对人大代表联络站建设的总体指导，建立区人大常委会领导分工联系人大代表联络站制度，协调解决人大代表联络站运作中的问题和困难。区人大常委会代表工委要加强面上情况的综合分析和点上工作的具体指导，及时汇总整理代表提出的建议并交有关部门研究办理，并积极探索代表履职评价、激励和约束机制。人大街道工委、镇人大主席团要将人大代表联络站建设作为一项重要任务，切实抓好场所落实、计划制订、活动实施等各项工作，积极探索完善工作机制，确保代表联络站日常工作规范有序开展。

（二）加大支持力度。“一府两院”及相关部门要切实保障人大代表的知情权，重大决策、重大事项要及时向区人大及其常委会报告，重要会议和活动要邀请人大代表参加，及时向人大代表通报本单位的工作情况，寄送相关资料，拓宽代表知情知政渠道，为人大代表联络站开展工作提供支撑；对区人大常委会及其工作部门通过联络站代表接待和网络收集反馈的意见、建议，要高度重视，认真研究处理，并及时做好沟通答复工作。

（三）发挥代表作用。密切与人民群众的联系，始终代表人民的利益和意志，是人大代表的法定义务。人大代表要适应新形势下人大代表联络站接待工作的需要，加强政治理论和业务知识学习，切实提高应对处置、沟通协调和群众工作能力。要自觉服从人大街道工委、镇人大主席团的安排，积极参加联络站工作，每位人大代表在一年内至少在联络站参加一次接待活动，充分听取各方意见，并通过全省人大代表履职服务平台，积极向各级有关国家机关反映情况，努力维护群众合法权益，为“创首善之区、建幸福鹿城”总目标做出积极贡献。

第二节　思想作风建设

区人大常委会自1984年建立以来，一直把加强常委会机关政治思想建设作为坚持和完善人民代表大会制度、树立人大常委会的新形象和权威、充分行使人大常委会职权的一项重要工作来抓。20世纪80年代，开展整党活动；90年代，开展“讲学习、讲政治、讲正气”的“三讲”活动和“三个代表”重要思想教育活动；2000年以来，开展“科学发展观”学习活动、“中共群众路线教育”活动。一系列的教育活动，切实加强了人大机关的组织、思想和作风建设。

区人大常委会机关，始终把学习作为加强人大常委会机关政治建设的头等大事来抓。常委会组成人员把常委会会议作为学习提高的平台。会前，首先学习有关法律知识，用法律知识武装自己，使常委会的工作符合法律程序；常委会各位领导利用主任会议，学习一些法律及上级有关文件精神；机关工作人员，坚持每周一学习日制度，通过学习法律和有关文件，提高机关单位每位人员的政治思想素质。

三十多年来，区人大常委会机关认真做好人大工作。从1984年区人大常委会建立至第三届，在主任谷锦麟领导下，开好头，起好步，建章立制，为区（县）人大常委会的工作打下基础。第四、第五届人大常委会，在原来的基础上开拓创新，工作一年比一年活跃，一届比一届进步，各项制度进一步完善，区（县）人大常委会的各项职权行使比较到位。第六届区人大常委会由区委书记兼任人大常委会主任，日常工作由一位人大常委会副主任主持。第七、第八届人大常委会机关的机构进一步健全，各工委分工更细，职能更明确，人大常委会的各项职权行使更到位。

第三节　信访工作

信访工作是人大常委会联系人大代表，联系人民群众、了解社情民意的窗口，是开展监督“一府两院”工作的重要渠道，也是为民办实事、为民服务和维护社会稳定的一项重要工作。2005年4月，区人大常委会办公室下设信访科，负责办理区人大的信访工作。2014年11月，区八届人大常委会十九次会议通过《温州市鹿城区人民代表大会常务委员会信访工作办法》，坚持分级负责、归口办理、依法受理、督办与思想疏导教育相结合的原则，进一步加以规范。

历届人大常委会把信访接待工作作为反映人民疾苦，密切党和政府与人民联系的窗口，在办理信访中，对比较重要的信件，都由区人大常委会主任、副主任亲自批阅后，要求相关部门查处；有的及时派出有关人员协同相关部门组成调查组进行调查处理，对来信来访基本上做到件件有登记、有处理、有催办、有答复。其中，对国家机关及其工作人员的控告和申诉信件，区人大常委会领导和有关办事机构予以督促落实；对一些久拖不决的疑难案件和处理有偏差的案件，按照司法工作的要求，进行督促查处。并召开主任会议，研究解决方案、及时督办、限期报结。

第四届人大常委会，确定专人负责、各委办配合的信访接待制度。五届人大常委会，始终把接待群众来信来访作为体察民情、了解民意、关注民生的一项重要工作，严格落实信访工作责任制，完善处理来信来访。对信访中反映的重大问题召开主任会议进行专题研究，并协调区政府及有关部门及时处理。针对群体上访增多的实际情况，加大矛盾排解调处力度，引导群众使用合理合法的形式表达利益诉求。六届人大常委会，对行政执法和“两院”司法过程中显失公正的案件的申诉，加强个案监督。把个案监督与推行执法过错责任追究制结合起来，促进依法行政、公正执法。

第七届人大常委会，坚持以人为本，以民为先，把信访工作作为密切联系人民群众、关注和改进民生的重要途径，按照受理、登记、接待、交办和反馈五个阶段，信访回复率达100%。认真热情地接待来访户，一一梳理和处理历史遗留积件和老访户解决多起疑难信访件，真正做到件结事了，取得良好的法律和社会效果。

第八届人大常委会，全面贯彻落实《中华人民共和国监督法》和《浙江省信访条例》，办理来信和接待来访工作进一步规范，综合分析和专题调研的实效、质量及信访工作的水平有很大提高，特别重视对涉法涉诉信件（来访）的处理，法律效果和社会效益更加凸显，为维护经济秩序和社会稳定做出应有的贡献。

表 3—1　　历年人大常委会受理、接待群众来信来访情况

年份	受理来信（件）	接待来访（人次）
2001	85	20
2002	94	22
2003	128	42
2004	160	562
2005	92	175
2006	88	63
2007	131 批次	
2008	79	40
2009	93	175
2010	123	106
2011	142	117
2012	122	115
2013	43	39
2014	29	34
2015	55	73

第四节　宣传、调研、考察与学习

鹿城区人大常委会重视宣传与考察学习，加强与全市各县（市、区）人大常委会和全国各友好城区人大常委会的联系沟通，参加各种理论研讨会，探讨工作方法，总结推广经验，提升自身工作水平。

1984 年 12 月 24 日至 1985 年 1 月 9 日，区一届人大常委会主任谷锦麟参加温州市人大学习考察团到福建省福州、厦门、泉州和广东省的潮州、汕头等五个市以及三个市辖区学习考察人大工作。

1990 年，区三届人大常委会组织乡镇人大主席团常务主席到绍兴市越城区学习乡镇人大工作经验，组织教科文卫工委等工作人员到舟山市等地学习人大有关工作经验；接待了 5 批外地人大常委会人员。3 次参加了温州市各县（市、区）人大常委会联席会议。至 1993 年 4 月，同 60 多个城区（市、县）人大常委会交换资料，交流学习。

1993 年以来，区四届人大常委会组织常委会成员和机关工作人员学习邓小平建设有中国特色社会主义理论，学习中共十四大和十四届三中、四中、五中全会精神，学习宪法、法律，学习中央领导有关坚持和完善人民代表大会制度的论述，学习党中央关于加强宏观调控、开展反腐败斗争等一系列重大决策，并联系实际，开展调查研究。1995 年，举办温州市 11 个县（市、区）人大常委会第二十三次联系会议。至 1998 年 3 月，常委会及各委办围绕审议议题及专项工作，组织视察检查和调查研究，写出 20 多篇调查（视察）报告；每年都派出机关干部参加全国八市九城区召开的学术交流会和全市 11 个县（市、区）人大工作联系会议，共递交 15 篇论文和经验交流材料；同全国 20 多个县（市、区）人大常委会保持资料、信息的交流。

1998 年 10 月，常委会成功承办了全国九城区人大工作研讨会第八次会议；11 月，承

办了省人大代表中心组组长会议。全年在报刊上组织发表6篇文章，5次报道在电视台播放。

1999年8月，首次召开全区人大工作会议，区委书记、人大常委会主任、区长均参加会议并讲话。2000年10月，常委会承办了全市11个县（市、区）人大常委会联席会第三十四次会议。常委会重视人大制度宣传工作，密切与新闻单位的联系。刊登在《人民政权报》上的关于鹿城区兵役义务费收取问题的报道，获得温州市首届宣传人民代表大会制度好新闻三等奖。

2003年，组织人员对《中华人民共和国民办教育促进法》贯彻实施情况进行调研，并写出调查报告，要求区政府加强宣传，加大扶持力度。10月，常委会成功承办了全国十三城区人大工作研讨会第五次会议，就如何加强新时期的人大工作进行研讨，交流学习。2004年，共组织召开各种形式的座谈会71次，发放各种调查表、民主测评表、调查问卷422份，撰写专题调查报告24篇，提出建议、意见72条，为审议“一府两院”工作提供翔实的依据。

2004年以来，常委会加强与全国兄弟城区的交流，组织参加全国九城区人大工作研讨会历次会议，全国十三城区人大工作研讨会历次会议，同时，参加温州市各县（市、区）人大常委会历次联席会议，增进相互了解，提高人大工作水平。2005年，常委会组成人员和各工委围绕区委中心工作和常委会工作重点，撰写调查报告10余篇，组织5篇调研文章参加了全国部分城区人大工作研讨会的交流。

2006年9月25日至28日，常委会成功承办全国13城区人大工作研讨会第十一次会议。2007年9月23至26日，成功承办全国九城区人大工作研讨会第十七次会议。2009年12月10日至11日，成功承办温州市十一县（市、区）人大常委会第53次联席会议。2012年，成功承办温州市各县（市、区）人大常委会第59次联席会议。

2007年，围绕产业结构调整、基层民疗卫生 状况、新农村建设、发挥人大代表作用等开展调研，共撰写各类调研报告32篇。2008年，组织12名街道人大工作负责人到北京西城区、南京玄武区学习街道人大工作先进经验。2009年，通过各级人大刊物、人大网站、新闻媒体、通报会等渠道，围绕人民代表大会制度、常委会重大议题和代表履职活动广泛开展宣传，树立人大形象，累计上报各类信息80余条，被各级人大刊物、人大网站录用47条。

2010年，推荐12名人大干部、政法干警和法制工作者参加全市第六届人大理论研讨会；建立人大信息工作制度，全年报送人大信息126条，被市级以上媒体采用68条。2011年，加强人大理论研究与宣传工作，213篇稿件被上级媒体采用。

2012年，配齐街镇人大信息联络员，组织做好信息报送和质量把关，被省、市级平台收录信息42篇。2013年5月27日至30日，同时组织召开十五城区（市）人大工作研讨会第十六次会议和十六城区人大工作研讨会第十一次会议。同年，完善人大信息员网络，加强宣传工作，被市级以上各类宣传平台录用稿件68篇。

2015年，开展宪法学习“五个一”主题活动，与省人大常委会机关开展“依宪治国和人民代表大会制度”主题交流活动，增强宪法意识和制度自信。参加市人大组织的专题会、培训会和全市各县市区人大联席会议。健全人大宣传信息员网络，全年被上级人大信息平台录用 92 条。

第五节 常委会机关党群工作

温州市鹿城区人大常委会机关党支部于 1984 年 6 月成立，颜贻淦任书记。1998 年 7 月 6 日，中共温州市鹿城区区级机关工作委员会同意建立中共温州市鹿城区人大常委会退休支部。1998 年 9 月 14 日，由余岩隆任退休支部书记。2013 年，建立中共温州市鹿城区人大退休支部委员会，即人大常委会机关党总支下的第二党支部。同年 11 月，区人大党总支成立，辖两个支部，计党员 58 人。

1998 年 5 月，区人大常委会机关工会委员会成立，首届工会任期三年，委员会由郭晓媛、王丹雪、何文毅组成，郭晓媛任工会主席。第三届工会委员会由黄庆火、潘小琴、苏小平组成，黄庆火任主席，潘小琴任副主席。第四届工会自 2013 年 11 月起至 2016 年 10 月止，委员会由潘小琴、苏小平、卢成盘、陈天翔组成，潘小琴任工会主席，陈天翔兼任工会经费审查委员会主任，苏小平兼任工会女职工委员。

表 3—2　　历任常委会机关党支部组成人员

顺序	时间	书记	副书记	成员	备注
一	1984.6—1988.5	颜贻淦	—	黄成贵、周贤湧	
二	1988.5—1990.11	颜贻淦	—	黄成贵、王建华	
三	1990.11—1993.7	朱景祥	—	陈　克、陈伟民	
四	1993.7—1996.3	陆春兰	—	陈伟民、何金标 王金松、唐晨曦	王金松、唐晨曦为 1994 年 8 月增补
五	1996.3—1998.5	陆春兰	—	唐晨曦、金文平	
六	1998.5—2003.9	王一曼	—	曹抗美、何永旺	
七	2003.9—2007.6	林献珍	黄庆火	王晓珏	
八	2007.6—2013.11	叶必庆	王丹雪	王晓珏	
九	2013.11—2016.7	柳晓忠	王晓珏	赵德胜	

第六节 离退休人员工作

1996 年，成立区人大常委会退休党支部，由 6 名退休党员组成。随着区人大常委会退休人员的逐年增加，常委会加强退休人员工作，关心退休人员生活。2013 年，为夯实基层党建，加强党员教育管理，建立中共温州市鹿城区人大退休支部委员会，即人大常委会机关党总支下的第二党支部。

区人大机关积极配合退休支部，通过政治学习、参观考察、文体活动等形式，做好对老干部的各项服务工作。主要体现在四个方面：一、从政治上尊重老干部。退休支部每年听取人大常委会工作通报，召开座谈会，听取离退休干部的意见和建议。副县级以上老干部和离退休干部每年列席人大会议，充分保障老干部的政治生活。二、从学习上支持他们。每季度组织老干部学习一次。为老干部订阅学习资料和部分报刊杂志，便于老同志及时了解中共方针政策，掌握国内外发生的重大事情，始终与党中央保持一致。

三、组织老同志进行参观学习。每年安排老干部外出参观学习两次，由人大常委会副主任带队或陪同，丰富老干部的生活，促进老同志的身心健康。四、从生活上体贴老同志。常委会机关时刻心系老干部，通过慰问有困难的老同志和探视住院的老同志，切实让老同志感受到组织的真情和关爱。

表 3—3　　区人大常委会离退休干部党支部情况

时 间	退休支部书记	退休党员人数	分管副主任
1999—2002	余岩隆	6	——
2002—2006	郭晓媛	14	王一曼
2006—2008	王成淼	16	王一曼
2008—2013	王一曼	20	项旭光
2013—2016	李建花	23	项旭光

第四编　镇（乡）人民代表大会及区人大常委会街道工作委员会

1981年，温州地市合并，原温州市区改称温州市城区。1984年12月，更名为鹿城区，辖五马、鼓楼、洪殿、东风、海坦、朔门、蒲鞋市、小南、大南、松台、市中、西山、莲池、广化14个街道；新桥、南郊、黎明、城郊、双屿、仰义6个乡。

1985年12月，双屿乡改为镇建制。1986年11月，增设水心街道。1987年8月，新桥乡改为镇建制。1991年10月，建立景山街道。1992年10月，将鹿城区所属景山街道和新桥镇划给瓯海县管辖。1993年3月，建立上陡门街道。1996年，全区面积88.3平方公里，人口47.7万人，辖16个街道1镇4乡：大南街道、小南街道、广化街道、五马街道、水心街道、东风街道、市中街道、西山街道、松台街道、洪殿街道、莲池街道、海坦街道、朔门街道、鼓楼街道、蒲鞋市街道、上陡门街道、双屿镇、仰义乡、南郊乡、城郊乡、黎明乡。

2000年1月，建立南浦街道。2001年7月，瓯海区的藤桥镇、上戍乡、临江镇、双潮乡、岙底乡和梧埏镇的划龙桥村、上田村、鱼鳞浃村、前网村划归鹿城区管辖；龙湾区蒲州镇的蒲州村和上蒲州村划归鹿城区管辖；永嘉县的七都镇和桥下镇的中央涂居委会划归鹿城区管辖。调整后，全区辖17个街道7个乡4个镇，面积增加到294.38平方公里，人口从51.68万增加到60.03万人。

2001年9月12日，撤销城郊乡、黎明乡建制，原城郊乡东屿村以外的行政区、原黎明乡全部改由鹿城区政府管辖；原城郊乡东屿村和小南街道的东屿居委会划归南郊乡管辖。南郊乡南塘、灯塔、龙沈3个村委会改由鹿城区政府管辖。调整后，南郊乡辖5个村委会、2个居委会。双屿镇垟田、双岙、箬笠岙3个村委会和温化生活区、新泽、云峰、栖霞、月泉、临风6居委会改由鹿城区政府管辖，调整后，双屿镇辖9个村委会、4个居委会。

2001年9月18日，设立黎明、绣山、黄龙街道办事处；撤销五马、鼓楼、市中、朔门、莲池、松台、水心、西山、大南、小南、东风、海坛、蒲鞋市、上陡门等14个街道，组建新的五马、莲池、水心、南门、江滨、蒲鞋市6个街道。调整洪殿、广化、南浦街道办事处：洪殿街道原辖14个居委会，调整后，辖11个居委会、2个村委会；广化街道原辖23个居委会，调整后，辖21个居委会、2个村委会；南浦街道原辖33个居委会、4个村委会，调整后，辖32个居委会、3个村委会。区划调整后，鹿城区设五马、莲池、南门、江滨、蒲鞋市、水心、洪殿、广化、南浦、黎明、绣山、黄龙12个街道，4个镇，5个乡。共有151个居委会、146个行政村，计294.38平方公里，47.16万人。

2002年，全区辖12个街道，4个镇，5个乡，151个社区、146个行政村。此后，社区、行政村屡有变更，至2008年，为161个社区、143个行政村。

2011年4月，撤销临江镇、上戍乡、岙底乡、双潮乡建制，其行政区域并入藤桥镇，调整后，藤桥镇辖1个社区、87个行政村；撤销七都镇建制，在原七都镇行政区域内设立七都街道办事处，辖6个行政村；撤销南郊乡建制，在原南郊乡行政区域内设立南郊街道办事处，辖3个社区、5个行政村；撤销双屿镇建制，在原双屿镇行政区域内设立双屿街道办事处，辖4个社区、9个行政村；撤销仰义乡建制，在原仰义乡行政区域内设立仰义街道办事处，辖1个社区、12个行政村。区划调整后，鹿城区辖黎明、绣山、蒲鞋市、洪殿、南浦、江滨、南门、五马、莲池、水心、广化、黄龙、七都、南郊、双屿、仰义等16个街道办事处和藤桥镇1个镇。

2011年10月12日，撤销南门街道、江滨街道建制，其行政区域划入五马街道，辖57个社区；撤销莲池街道、水心街道、广化街道建制，其行政区域合并设立松台街道，辖35个社区、3个行政村；撤销洪殿街道、蒲鞋市街道、黎明街道建制，其行政区域合并设立滨江街道，辖34个社区、6个行政村；撤销绣山街道、南浦街道、南郊街道建制，其行政区域合并设立南汇街道，辖27个社区、14个行政村；撤销黄龙街道建制，其行政区域划入双屿街道，辖13个社区、13个行政村。区划调整后，鹿城区辖五马、松台、滨江、南汇、双屿、仰义、七都等7个街道办事处和藤桥镇1个镇。

2015年9月，调整滨江街道管辖范围，增设蒲鞋市街道，调整后，滨江街道辖9个社区5个行政村，蒲鞋市街道辖8个社区1个行政村；调整南汇街道管辖范围，增设南郊街道，南汇街道辖9个社区9个行政村，南郊街道辖3个社区5个行政村；调整五马街道管辖范围，增设大南街道，五马街道辖12个社区，大南街道辖5个社区；调整松台街道管辖范围，增设广化街道，松台街道辖8个社区2个行政村，广化街道辖4个社区1个行政村；调整双屿街道管辖范围，增设丰门街道，双屿街道辖7个社区6个行政村，丰门街道辖4个社区7个行政村。12月，调整藤桥镇管辖范围，增设山福镇，藤桥镇辖1个社区55个行政村，山福镇辖32个行政村。区划调整后，鹿城区辖五马、大南、松台、广化、丰门、滨江、蒲鞋市、南汇、南郊、双屿、仰义、七都等12个街道办事处和山福、藤桥2个镇，83个社区、141个行政村。全区面积294.38平方公里，人口74.70万人。

三十多年来，鹿城区历经多次行政区划调整，各街道（乡、镇）人民代表大会人大工作，也经历了不断地变化和发展。

第一章　七都街道

第一节　历史沿革

七都街道辖地，1949 年称七都乡。1961 年，改公社。1984 年，复置乡。1992 年，改七都镇。2001 年，由永嘉县划归鹿城区管辖。2011 年，撤镇，改称七都街道，辖老涂、吟州、前沙、板桥、樟里、上沙等 6 个行政村，17 个自然村。

第二节　七都镇（乡）人民代表大会

1984—2010 年，七都镇（乡）人民代表大会历经八届，每届大会选举产生人大主席、副主席和镇（乡）长、副镇（乡）长。

表 4—1　　七都镇（乡）历届人民代表大会选举情况

届次		会议时间	代表人数	选举结果			
				人大主席	人大副主席	镇（乡）长	副镇（乡）长
八届		1984.5	—	厉经林	胡学升 潘成华 黄宪春	潘成华	朱天兴
九届		1987.2	—	陈定和	胡学升 蒋金林		朱天兴、翁志斌
十届		1990.2	—		陈景宝 缪仁川	陈景宝	翁志斌、黄金龙
十一届		1993.3	—		陈洪定 潘多仁	李定芬	余国仁、葛　雷、黄国兴
十二届		1996.3	—	李定芬	缪仁川	金连科	黄秀文
十三届		1999.1	46	王理凑	—	潘建炳	陈世武、李加昌、王　炯
十四届	一次	2002.2	47		潘多仁	郑光亮	陈世武、陈颖萍、李加昌、王　炯
	三次	2003.6	47				陈世武、陈颖萍、李加昌、王　炯、吴松泉、王赛娜、邹安宁、张　忠
	五次	2005.4	47	翁益华		赵小松	陈世武、陈颖萍、李加昌、王　炯、王赛娜、邹安宁、张　忠
十五届	一次	2007.1	49				邹安宁、张　忠、王赛娜
	二次	2007.5	47	赵小松		毛显华	邹安宁、张　忠、王赛娜
	三次	2008.6	49	张海云		姜定波	邹安宁、张　忠、王赛娜
	四次	2010.6	49				许振辉、吴　浩

第三节　区人大常委会七都街道工委

主　任　姜定波（2011.10—2012.9）
　　　　张琳玮（2013.4—2016.5）
　　　　徐海文（2016.7—　）
副主任　方刚祖（2011.4—2013.3）
　　　　吴照林（2015.9.25—2016.9.20）
　　　　徐海翔（2016.9.20—　）
委　员　黄恩亮（2012.3—　）
　　　　陈如锰（2012.3—　）
　　　　周祥薇（2012.3—　）

第二章　滨江街道

第一节　历史沿革

2011 年 10 月，鹿城区行政区划调整，原洪殿、蒲鞋市、黎明 3 个建制街道合并，设立滨江街道。下辖灰桥、洪殿、陡门、杨府山、丰汇、蒲源、浦东、宏源、新田园、芳园、青园、横河、蒋家桥、绿园社区、蒲鞋市 15 个居委会（社区）和黎一、黎二、杨府山涂（塗）、蒲州、上蒲州、巽山 6 个村委会（行政村）及一个同心社。2015 年 9 月，调整滨江街道管辖范围，增设蒲鞋市街道。滨江街道辖灰桥、洪殿、陡门、杨府山、丰汇、蒲源、浦东、宏源、新田园 9 个居委会（社区）和黎一、黎二、杨府山涂（塗）、蒲州、上蒲州 5 个村委会（社区）。

黎明街道辖地在明、清时属永嘉县膺符乡九都。民国时期属永嘉县岠屿乡。新中国成立初期属温州市蒲江乡。1956 年，为巽山乡的一部分。1958 年，由黎一、黎二、岠一、岠二、光明 5 个大队组成黎明管理区，属梧诞公社。1961 年，改称黎明分社，属城东公社。1962 年，称黎明公社，改属近郊区。1963 年，分出黎一大队归入西郊公社。1979 年，黎二大队又分出部分地段，组成黎明大队，划属西郊公社。1983 年，又分部分地段归洪殿街道。1984 年 12 月，改为黎明乡，辖黎二、杨府山涂（塗）、山下、横渎 4 个行政村。2001 年 7 月，龙湾区蒲州镇的蒲州村和上蒲州村划归鹿城区黎明乡管辖。同年 9 月，撤销黎明乡，设立黎明街道，辖杨府山、丰源、宏源、恒源、汇源 5 个社区和杨府山涂（塗）、蒲州、上蒲州 3 个村委会（行政村）。

洪殿街道于 1984 年 8 月由东风街道部分、城乡黎明大队合并成立，辖上村、上陡门、灰桥、杨府山、夏屋、洪殿、渔械新村、上村南、双井头、灰桥东、黎明中路等 11 个居委会。2001 年，经行政区调整，下辖灰桥、夏屋、洪殿、箵箕涂、黎明侨村、上陡门、东游路、浦东、浦江、航标等 10 个居委会和黎一、黎二 2 个村委会（行政村）。

表 4—2　　原黎明乡人大历任领导名单

届次	会议时间	代表人数	选举结果			
			人大主席	人大副主席	乡长	副乡长
八届	1984.6	70	—	—	张金清	李春明、叶显华、戴文兰
九届	1987.5	54	—	—	陈虎啸	李春明、叶显华、戴文兰、林三豹
十届	1990.4	63	林三豹	—	陈志庭	陈少华、董金花
十一届	1993.4	70	董士林	—		陈少华、董金花、黄永森、余楚祥
十二届	1996.1	49		—	董金花	陈世尧、黄永森、余楚祥
十三届	1999.2	49	董金花	何南娒	吴益水	黄永森、陈世尧、全国栋、陈　洁

原黎明街道人大工委

主　任　何南娒（2001.9—2003.6）
　　　　严志芳（2007.5—2009.7）
副主任　戴爱微（2005.9—2006.4）
　　　　谢雪莲（2010.1—2011.10）

原洪殿街道人大工委

主　任　章　国（2009.8—2011.10）
副主任　林鸿康（2006.12—2009.7）

第二节　区人大常委会滨江街道工委

主　任　李　跃（2011.10—2015.9）
　　　　苏士永（2015.9—　）
副主任　谢雪莲（2011.10—2014.1）
　　　　林国华（2015.9—2016.7）
　　　　石月林（2016.7—　）
委　员
　　　　王　林（2012.3—2015.11）
　　　　朱　龙（2012.3—　）
　　　　许锡林（2012.3—　）
　　　　周丽峰（2012.3—　）
　　　　周筱秋（2012.3—　）

第三章　蒲鞋市街道

第一节　历史沿革

蒲鞋市街道辖地清朝属永嘉县膺符乡九都，民国初属永嘉县蒲江乡。中华人民共和国成立初，属巽山乡。1984年，始建蒲鞋市街道，以境内明末建蒲鞋集市而得名。1997年，辖下垟头东、下垟头西、上村南巷、马路渎、兴墅东路、兴墅北路、兴墅南路、医学院南、金丝桥浃、蒲鞋市新村、龟湖、果市12个居委会。2001年9月，以原蒲鞋市街道9个居委会，原上陡门街道春园、芳园、盛园、乐园、明园、青园、锦园、丰园、留园、新园、宏园、球山、杨府山13个居委会，原洪殿街道上村、东泉、双井头、东港4个居委会，原城郊乡巽山、洪殿2个村组建新的蒲鞋市街道，辖26个居委会、2个村委会。2002年辖16个居委会、2个村委会。2011年10月，区划调整，与黎明街道、洪殿街道一起合并为滨江街道。2015年9月，经区划调整，重新设立蒲鞋市街道，下辖芳园、绿园、青园、锦园、蒋家桥、横河、蒲鞋市、金丝桥等8个居委会和巽山村。

第二节　区人大常委会蒲鞋市街道工委

主　任　季洪杰（2005.9—2011.10）
　　　　邹安宁（2015.9—　）
副主任　陈旭忠（2015.9—　）
委　员　王　林（2015.10—　）
　　　　白雪娟（2015.10—　）
　　　　李小燕（2015.10—　）

第四章 南汇街道

第一节 历史沿革

南汇街道于2011年11月由原绣山、南浦、南郊街道合并设立。2015年9月，将南汇街道拆分出原南郊街道区域，设立南郊街道，南汇街道名称不变，下辖大自然、万源、绣山、开源、龙源、金鳞、清风、春秋、吕浦、南塘、桥儿头11个居委会（街道拆分后社区也进行了区划调整），龙沈、横渎、巨一、上田、前网、划龙桥、鱼鳞浃、南塘、灯塔9个村委会。

辖地内原南浦街道辖地，民国时期属南塘乡。中华人民共和国成立后，归属南塘耕作区。1960年，属温州市蔬菜农场。1963年，属南郊公社。1984年，改称南郊乡。2000年1月，组建南浦街道。2001年，区域调整，辖境内的吴宅、龙沈、划龙桥、前网、上田划入绣山街道，划入南郊乡的南塘、龙方居民区和南塘、灯塔两个行政村组成新的南浦街道。

辖地内原绣山街道辖地，于2001年9月由原黎明乡的巨一村、横渎村、南郊乡的龙沈村，瓯海区梧田镇的划龙桥村、前网村、上田村和划龙桥、吴宅、绣山、万源、大自然、龙沈、锦江等6村7社区组建而成。

第二节 区人大常委会南汇街道工委

主　任　洪　静（2011.10—2014.3）
　　　　王文君（2014.3—2015.9）
　　　　周金清（2015.9—　）
副主任　胡小和（2011.10—2015.9）
　　　　王军霞（2015.9—　）
委　员　郑博勋（2012.3— 2015.11）
　　　　胡美珠（女）（2012.3—　）
　　　　吴智勇（2012.3—　）
　　　　吴忠毅（2012.3—　）
　　　　朱彩霞（2012.3—　）

原南浦街道人大工委

主　任　洪　静（2010.11—2011.10）
副主任　戴迪聪（2005.9—2010.7）

委　员　　周　震（2005.11—2011.9）
　　　　　赵景温（2005.11—2011.9）
　　　　　王平权（2005.11—2011.9）
　　　　　陈顺权（2005.11—2011.9）

原绣山街道人大工委

主　任　　吴国兴（2005.9—2007.5）
副主任　　方长法（2007.5—2011.10）
委　员　　叶肖平（2005.11—2011.10）
　　　　　周星华（2005.11—2011.10）
　　　　　应长江（2005.11—2011.10）
　　　　　金秀华（2005.11—2011.10）

第五章 南郊街道

第一节 历史沿革

南郊街道辖地明清时期分别属永嘉县德政乡十都、十五都。民国初期，沿用原名。新中国成立初期，温瑞塘河东岸属南塘乡、巽山乡，西岸属德政乡，归永嘉县管辖。1954 年，复属温州市郊区管辖。1956 年 3 月，德政乡并入新桥乡。1958 年，南塘河东岸属巽山管理区，西岸属新桥管理区。1960 年 4 月，巽山、新桥两管理区中的南塘、葡萄、里垟、巽山、德政、丰收等 6 个村组成市属蔬菜农场，后改称巽山分社。1962 年，后巽山分社和双莲分社合并为城南公社。1962 年 9 月，建立近郊区工作委员会，属近郊区管辖。1963 年，建南郊公社，南郊乡名源出于此。1984 年 12 月，划归鹿城区管辖，成立南郊乡政府。2011 年 4 月，撤销南郊乡建制，改设为南郊街道办事处。2011 年 11 月，撤销南郊街道建制，与绣山街道、南浦街道合并设立南汇街道。2015 年 9 月，鹿城区行政区划调整，建立南郊街道。

第二节 南郊乡人民代表大会

1984 年 12 月至 2011 年 4 月，南郊乡历经八届，每届大会选举产生人大主席、副主席和乡长、副乡长。

表 4—3　　原南郊乡人民代表大会选举情况

<table>
<tr><th colspan="2" rowspan="2">届次</th><th rowspan="2">会议时间</th><th rowspan="2">代表人数</th><th colspan="4">选举结果</th></tr>
<tr><th>人大主席</th><th>人大副主席</th><th>乡　长</th><th>副乡长</th></tr>
<tr><td rowspan="2">八届</td><td>一次</td><td>1984.9</td><td>—</td><td>—</td><td>—</td><td rowspan="3">陈志庭</td><td>徐银妹（女）、金文平</td></tr>
<tr><td>二次</td><td>1985.12</td><td>—</td><td>—</td><td>—</td><td>杨文升</td></tr>
<tr><td colspan="2">九届</td><td>1987.4</td><td>55</td><td>—</td><td>—</td><td>陈邵尧</td></tr>
<tr><td colspan="2">十届</td><td>1990.4</td><td>65</td><td>徐敬成</td><td>—</td><td>杨文升</td><td>卜红升、陈邵尧</td></tr>
<tr><td colspan="2">十一届</td><td>1993.4</td><td>70</td><td rowspan="2">王群超</td><td>—</td><td>杨文升</td><td>包必明、陈邵尧</td></tr>
<tr><td colspan="2">十二届</td><td>1995.11</td><td>—</td><td>张金清</td><td>王建中</td><td>包必明、陈邵尧、吴力绚（女）、陈　敏（女）</td></tr>
<tr><td colspan="2">十三届</td><td>1999.2</td><td>51</td><td>王建中</td><td>陈邵尧</td><td rowspan="3">吴力绚（女）</td><td>叶显华、朱启龙、吴素华（女）、祝舜良</td></tr>
<tr><td rowspan="4">十四届</td><td>一次</td><td>2002.3</td><td>47</td><td rowspan="3">王玉汪</td><td rowspan="4">林源森</td><td>叶显华、朱启龙、朱海燕（女）、瞿自杰</td></tr>
<tr><td>三次</td><td>2003.7</td><td>47</td><td rowspan="3">全国栋</td></tr>
<tr><td>四次</td><td>2004.12</td><td></td><td>卢更生</td></tr>
<tr><td>五次</td><td>2005.3</td><td>44</td><td>叶显华</td><td>—</td></tr>
</table>

续表 4—3　　原南郊乡人民代表大会选举情况

十五届	一次	2007.1	42	叶显华	林源森	朱启龙	全国栋、陶玉燕（女）、林仕德、陈　煦（女）、郑乐斌
	二次	2008.5	42			陈黎华	
	四次	2009.11	39	周金清			郑小野（女）
	五次	2010.4	39		何显岳		叶正茂（女）
	六次	2011.3	38			胡俊武	黄飞达

第三节　区人大常委会南郊街道工委

主　任　　周金清（2011.5—2011.10）

　　　　　王文君（2015.9—　）

副主任　　胡小和（2015.9—2016.3）

　　　　　陈晓乐（2016.3—　）

委　员　　徐爱芬（2015.11—　）

　　　　　李秀林（2015.11—　）

　　　　　薛建国（2015.11—　）

第六章 五马街道

第一节 历史沿革

五马街道辖地清朝时属永嘉县城区，民国时期属永嘉县中央、南市、海坛、落霞四镇。中华人民共和国成立后，属永嘉县城中区、城南区和五马区。1955 年，属永嘉县城中区、城南区和五马区。1956 年撤区建制，成立五马街道及办事处。后行政区划多次变动，2001 年 9 月，五马、鼓楼、市中、朔门四个街道合并，组成五马街道。2011 年 11 月，南门街道，江滨街道并入五马街道。

江滨街道辖地清朝时属永嘉县望京乡。民国时期属永嘉县城东镇。中华人民共和国成立后，属永嘉县城东区。1955 年，属海坛区。1956 年，撤区，分别建立海坛街道与东风街道。2001 年 9 月，行政区域调整后，海坛、东风两街道撤销，成立江滨街道。下设 12 个居委会。

东风街道辖地民国后期属永嘉县城东镇，中华人民共和国成立后，属城东区。1955 年，归海坛区。1956 年，撤销区建制，成立永东街道。1968 年，与海坛街道合并，改名海坛分社。"文化大革命"期间，称东风分社。1980 年，分出海坛街道，始名东风街道。1982 年，又析出黎明、灰桥两个居民区归属洪殿街道，名称不变。该街道因地处旧城厢东部，寓有"东风浩荡"之意，故名。

朔门街道辖地民国后期为原永嘉县海坛镇辖地。中华人民共和国成立后，属城东区。1955 年，属海坛区。1956 年，撤区建制，成立朔门街道及办事处。1960 年，划分为朔门和百里两分社。"文化大革命"期间，合称分阳分社。1980 年，复称朔门街道。因地处温州古城朔门（俗称双门）内处而得名。

海坛街道辖地民国时期为永嘉县城东镇，中华人民共和国成立后，属城东区。1955 年，属海坛区。1956 年，撤销区建制，成立海坛街道及办事处。1960 年，与永东街道合并，改名海坛分社。"文化大革命"期间，称东风分社。1980 年，析出原永东街道，并复名海坛街道。

市中街道辖地在中华人民共和国成立前，分属永嘉县海坛、落霞两镇。1951 年 5 月，属城中区。1952 年，属西区。1958 年，成立市中街道及办事处。1960 年，改为城西人民公社市中分社。1969 年，改为前进公社，后又改为前进街道。1980 年 2 月，复称市中街道。

鼓楼街道辖地民国后期为原永嘉县中央镇和南市镇的辖地，中华人民共和国成立后，分属城东、城西两区。1955 年，改属海坛区。1956 年，撤销区建制，分属市中、朔门两个街道。1960 年，两部合并，建立鼓楼分社。1971 年，改称朝阳分社。1980 年，改名朝阳街道。1981 年，始称鼓楼街道。因境内有钱氏子城谯楼，又称鼓楼而得名。

第二节　区人大常委会五马街道工委

主　任　王国丰（2005.9—2006.4）
章　军（2009.8—2011.10）
诸葛要武（2011.10—　）
副主任　夏基山（2005.9—2009.9）
谷建龙（2011.10—2013.3）
戴美琴（2011.10—2013.3）
黄甘宏（2015.9—　）
委　员　王　钢（2005.11—　）
崔伟丽（2005.11—　）
项　丹（2005.11—　）
林爱华（2005.11—2012.3）
吕　英（2005.11—2012.3）
朱一明（2005.11—2012.3）
吴海哨（2007.7—2012.3）
严章章（2007.7—2012.3）
周彩琴（2007.7—2012.3）
徐建国（2012.3—2015.9）
陈时升（2012.3—2015.9）
李艾黎（2012.3—2015.9）
王建敏（2012.3—2015.9）
王　沁（2012.3—2015.9）
王小伦（2012.3—2015.9）
严章章（2012.3—2015.9）

原南门街道工委

主　任　伍和昆（2005.9—2009.9）
诸葛要武（2010.1—2011.10）
委　员　陈高乐（2005.11—2007.7）
王　东（2005.11—2007.7）
张银平（2005.11—2011.10）
黄建权（2005.11—2011.10）
金正中（2007.7—2011.10）
陈克宁（2007.7—2011.10）

原江滨街道工委

主　任　　徐定光（2007.5—2009.7）

副主任　　黄玉桂（2009.8—2011.4）

第七章　大南街道

第一节　历史沿革

大南街道辖地民国时在永嘉县城南镇辖地内。中华人民共和国成立后至 1956 年，先后为城中区、南区、五马区之一部分。1956 年，撤销区建制，始划为城南街道，并建立办事处。1960 年，改称五马公社城南分社，“文化大革命”中更名跃进分社。1980 年，分置小南街道和大南街道。1984 年 7 月，该街道划出部分地段归蒲鞋市街道。同年 12 月，鹿城建区后，下辖 14 个街道、6 个乡，其中的小南街道、大南街道属于现大南街道辖地。2001 年 9 月，小南街道、大南街道合并为南门街道。2011 年 11 月，撤销南门街道，划入五马街道。2015 年 9 月，调整五马街道管辖范围，增设大南街道，管辖范围与原南门街道一致。街道下辖白鹿洲、山前街、花柳塘、虞师里、马鞍池、荷花、双莲桥等 7 个社区和丰收、荷花 2 个股份经济合作社。

第二节　区人大常委会大南街道工委

主　任　　林建勇（2015.9—　）
副主任　　叶庆国（2015.9—　）
委　员　　徐建国（2015.9—　）
　　　　　王　沁（2015.9—　）
　　　　　王炳玉（2015.9—　）

第八章 松台街道

第一节 历史沿革

松台街道设立于1956年，辖人民西路、人参巷、大高桥、公共码头、小高桥、侯衙巷、乘凉桥、蝉街、三牌坊、大士门、来福门、松台山、张府基、任宅前14个居委会。1984年12月，归鹿城区管辖；2001年9月撤销，所辖区域分别划归五马街道和莲池街道。2011年11月，区行政区划调整时，原水心、莲池、广化三个街道合并，设立松台街道。2015年9月，通过区域调整，松台街道由原莲池街道和水心街道组成，下辖桂柑、菱藕、茶花、水心、昌明、锦花、半腰桥、来福门、庆年坊、蛟翔巷、郭公山等11个社区，水心、松台2个行政村和九山股份经济合作社。

原城郊乡辖地在明、清时原分属城南厢、广化厢、集云厢、望京厢和孝义、吹台、德政、膺符等乡。民国时期属永嘉县的广化、莲池、集云、城南和忠孝（后称白楼、双岭、金蟾、德政、瞿屿）等乡镇。解放初属温州市郊区的双桥、西山、蒲江、巽山等乡。1958年为梧埏公社的西山、巽山两管理区辖地。1961年分属城西公社的西郊分社、五马公社的巽山分社和城东公社的黎明分社。1962年由双桥、瓯浦洋、广化、九山、松台、水心、将军桥和净水等8个大队组成西郊公社，属近郊区。1963年从黎明、南郊两公社划进黎一、巽山、丰收3个大队。1977年直属温州市蔬菜办公室。1979年将丰收大队分为丰收、荷花、东屿3个大队，复将黎明公社的黎明大队（今称洪殿村）并入，辖境自此确立。1982年更名城郊公社，复属近郊区（后称温州市郊区）。1984年定为城郊乡。2001年9月，撤销黎明乡、城郊乡建制，设立黎明、绣山、黄龙3个街道办事处。

第二节 区人大常委会松台街道工委

主　任　王　敏（2011.10—　）

副主任　胡　谦（2011.10—　）

　　　　丁　龙（2011.10—2013.3）

委　员　林淑萍（2012.3—2015.11）

　　　　周雪飞（2012.3—　）

　　　　柯建华（2012.3—　）

　　　　薛　勇（2012.3—　）

　　　　郑延忠（2012.3—　）

原莲池街道工委

主　任　季银河（2005.9—2009.9）

　　　　林源森（2010.1—2011.10）

委　员　陈虎啸（2005.11—2011.10）

　　　　薛爱平（2005.11—2011.10）

　　　　杨　鸿（2005.11—2011.10）

　　　　王兴乐（2005.11—2011.10）

原水心街道工委

副主任　赵友国（2005.9—2009.9）

　　　　陈光宋（2010.1—2011.5）

　　　　陈爱和（2011.5—2011.10）

委　员　李国华（2005.11—2011.10）

　　　　应国权（2005.11—2011.10）

　　　　严章章（2005.11—2011.10）

　　　　黄伊华（2005.11—2011.10）

表 4—4　　原城郊乡人民代表大会选举情况

<table>
<tr><th rowspan="2">界次</th><th rowspan="2">会议时间</th><th rowspan="2">代表人数</th><th colspan="4">选举结果</th></tr>
<tr><th>人大主席</th><th>人大副主席</th><th>乡长</th><th>副乡长</th></tr>
<tr><td rowspan="3">八届</td><td>——</td><td>——</td><td>——</td><td>——</td><td rowspan="3">徐华山</td><td>李春明、叶显华、陈少华、李银云</td></tr>
<tr><td>——</td><td>——</td><td>——</td><td>——</td><td>王金松</td></tr>
<tr><td>——</td><td>——</td><td>——</td><td>——</td><td>董金花</td></tr>
<tr><td>九届</td><td>——</td><td>——</td><td>——</td><td>——</td><td rowspan="2">林瑞松</td><td>李银云、陈少华、董金花</td></tr>
<tr><td>十届</td><td>1990.4</td><td>65</td><td rowspan="2">李梅龙</td><td></td><td>何南娒、叶显华、叶春桃</td></tr>
<tr><td>十一届</td><td>1993.4</td><td>75</td><td rowspan="2">胡方寿</td><td>胡方昌</td><td>叶显华、叶春桃、张积聪</td></tr>
<tr><td>十二届</td><td>1996.1</td><td></td><td>胡方昌</td><td rowspan="2">杨文升</td><td>张积聪、金爱道、叶显华、杨振刚</td></tr>
<tr><td>十三届</td><td>1999.2</td><td>49</td><td>徐华山</td><td>张金清</td><td>张积聪、金爱道、杨振刚、陈建新</td></tr>
</table>

第九章 广化街道

第一节 历史沿革

广化街道辖地明清时属永嘉县广化乡，民国时期属永嘉县广化镇，中华人民共和国成立后，属永嘉县城西区。“文化大革命”时期，曾一度称城西公社五星分社。1984 年鹿城建区后，沿用其名为广化街道。2001 年，鹿城区行政区划变动，管辖的西门大街、郭公山一带和河通社区划归莲池街道，将原城郊乡的双桥、广化两个村划入。2011 年 11 月，广化街道撤销并入松台街道。2015 年 9 月，行政区划变动，调整松台街道管辖范围，增设广化街道，辖地面积 4.1 平方公里，下辖月湖、教场、翠微、双榕、集善、特陶、双乐、集新等八个大网格（社区）和双桥行政村以及广化股份经济合作社。

第二节 区人大常委会广化街道工委

主　任　李嘉昌（2015.9—　）
副主任　吴锦昌（2005.9—2008.4）
　　　　丁　龙（2009.8—2011.11）（2015.9—2016.3）
　　　　张红霞（2015.9—　）
　　　　葛光凡（2016.7—　）
委　员　李永兴（2005.11—2007.6）
　　　　张建兴（2005.11—2007.6）
　　　　倪长兴（2005.11—2011.10）
　　　　黄小兰（2005.11—2007.6）
　　　　江　俊（2007.7—2011.10）
　　　　谢爱妹（2007.7—2011.10）
　　　　胡西津（2007.7—2011.10）
　　　　王小忠（2015.11—　）
　　　　胡云平（2015.11—　）
　　　　方晓敏（2015.11—　）
　　　　林淑萍（2015.11—　）

第十章　双屿街道

第一节　历史沿革

双屿街道辖地清朝时分属永嘉县孝义乡二十都和二十一都。民国时期分属永嘉县和平乡和忠孝乡，后改称白楼乡、双岭乡和屿头乡。中华人民共和国成立后，属永嘉县双岭乡、屿头乡及双桥乡之部分。1956 年 3 月，双岭、屿头、仰义 3 个乡合并，改称双仰乡。同年 9 月 3 乡分开，恢复各自旧称。1958 年 9 月，划归温州市管辖。1959 年后，又数易其名，直到 1988 年 5 月撤乡建镇，称双屿镇。2001 年，区行政区划变动，原属双屿镇管辖的箬笠岙、双岙、垟田 3 个村及温化居民社区划归黄龙街道管辖。2011 年 4 月，撤销双屿镇，设立双屿街道。

第二节　双屿镇人民代表大会

1988 年—2011 年 4 月，双屿镇历经八届，每届大会选举产生人大主席、副主席和乡长、副乡长。

表 4—5　　　　双屿镇历届人民代表大会情况

<table>
<tr><th colspan="2" rowspan="2">届次</th><th rowspan="2">会议时间</th><th rowspan="2">代表人数</th><th colspan="4">选举结果</th></tr>
<tr><th>人大主席</th><th>人大副主席</th><th>镇长</th><th>副镇长</th></tr>
<tr><td colspan="2">八届</td><td>—</td><td>—</td><td>—</td><td>—</td><td>谢绍进</td><td>李文松、诸玉珠、陈淑萍</td></tr>
<tr><td rowspan="2">九届</td><td>—</td><td>—</td><td>—</td><td>—</td><td>—</td><td>谢绍进</td><td rowspan="2">李文松、陈淑萍</td></tr>
<tr><td>—</td><td>—</td><td>—</td><td>—</td><td></td><td>陈时兴</td></tr>
<tr><td rowspan="2">十届</td><td>一次</td><td>1990.4</td><td>71</td><td>郑锦春</td><td>—</td><td rowspan="2">李有苗</td><td rowspan="2">包必明、单秀理、祝舜良</td></tr>
<tr><td>二次</td><td>1991.3</td><td>—</td><td>李崇兴</td><td>—</td></tr>
<tr><td colspan="2">十一届</td><td>1993.4</td><td>—</td><td>李崇兴</td><td>—</td><td>林清渭</td><td>卜红升、朱成武、祝舜良</td></tr>
<tr><td colspan="2">十二届</td><td>1996.1</td><td>—</td><td>李崇兴</td><td>—</td><td>蔡文云</td><td>卜红升、朱成武、祝舜良、吴益水</td></tr>
<tr><td colspan="2">十三届</td><td>1999.2</td><td>55</td><td>蔡文云</td><td>傅佐淮</td><td>徐象平</td><td>卜红升、朱成武、余楚祥、王胜雪</td></tr>
<tr><td rowspan="3">十四届</td><td>一次</td><td>2002.2</td><td>55</td><td rowspan="3">周云秋</td><td rowspan="3">王胜雪</td><td>张维忠</td><td rowspan="3">李和忠、余楚祥、周　岷、章丽婷</td></tr>
<tr><td>三次</td><td>2003.9</td><td>51</td><td>叶必庆</td></tr>
<tr><td>五次</td><td>2005.4</td><td>50</td><td>张德跃</td></tr>
<tr><td rowspan="4">十五届</td><td>一次</td><td>2007.1</td><td>—</td><td rowspan="4">柳晓忠</td><td>—</td><td>张德跃</td><td rowspan="2">叶晓挺、姜　辉、祝海潮、郑　霞、张　胜</td></tr>
<tr><td>二次</td><td>2008.5</td><td>—</td><td>—</td><td rowspan="3">徐向阳</td></tr>
<tr><td>—</td><td>—</td><td>—</td><td>—</td><td rowspan="2">叶晓挺、姜　辉、祝海潮、郑　霞、张　胜、杨明明</td></tr>
<tr><td>—</td><td>—</td><td>—</td><td>黄丽容</td></tr>
</table>

第三节 区人大常委会双屿街道工委

主　任　　柳晓忠（2011.4—2011.10）
　　　　　叶晓挺（2011.10—2015.9）
　　　　　韦龙成（2015.9—2016.4）
　　　　　张琳玮（2016.5—　）
副主任　　黄丽容（2011.4—2014.1）
　　　　　王宜旺（2015.9—　）
　　　　　余水平（2016.7—　）
委　员　　杨秀津（2012.3—　）
　　　　　黄刘芳（2012.3—2015.11）
　　　　　欧小相（2012.3—　）
　　　　　陶文艳（2012.3—　）
　　　　　祝鹏程（2012.3—　）

原黄龙街道工委

副主任　　方长法（2006.12—2007.5）
　　　　　吴守标（2007.5—2011.10）

第十一章　丰门街道

第一节　历史沿革

2015年9月，行政区划变动，调整双屿街道管辖范围，增设丰门街道，下辖丁桥、鞋都、金竹、新屿四个社区，嵇师、上伊、正岙、潘岙、前陈、屿头、岩门七个行政村。

第二节　区人大常委会丰门街道工委

主　任　　叶晓挺（2015.9—　）

副主任　　周增兴（2015.9—　）

　　　　　卢　克（2016.7—　）

委　员　　史晓东（2015.11—　）

　　　　　黄刘芳（2015.11—　）

　　　　　伍忠孝（2015.11—　）

第十二章 仰义街道

第一节 历史沿革

仰义街道辖地以前属永嘉县，中华人民共和国成立后至1950年5月，一度划归温州市。1956年3月，仰义、双岭、屿头三乡合并，称双屿乡，9月复置，属永嘉县藤桥区管辖。1958年8月划归温州市，1959年1月称仰义大队，3月改称管理区，属梧埏公社，6月改属近郊公社，12月撤销管理区，由公社直接领导生产队（其间仰义分为四个生产队：仰一、仰二、仰三、仰四）；1960年4月，改属西山公社双屿分社；1961年11月，析建仰义分社，属城西公社；1962年6月，归近郊工委，9月改称仰义公社，属近郊区。1968年11月，建公社革命委员会，1981年3月，改称公社管理委员会，1984年6月实行“政社分设”，定名仰义乡，属温州市郊区；12月，改属鹿城区，下辖渔渡、后京、前京、河岙、十里、龙川、澄沙桥、陈村、垟山、林里、馒头驻、钟山等12个行政村。1998—1999年，因珊溪水利枢纽工程库区建设需要，由文成县珊溪镇、汇溪乡、双溪乡、泰顺县百丈镇、司前畲镇等2个乡3个镇23个村村民移居仰义组建仰新社区，共计12个行政村1个社区。2011年4月，改设为仰义街道，同年9月，增设仰义都市休闲功能区（街、区合一运行），行政区域不变，下辖沿江、临湖、仰新3个社区和渔渡、后京、前京、河岙、十里、龙川、澄沙桥、陈村、垟山、林里、馒头驻等12个行政村（村、社区双轨制运行）。2015年9月，撤销仰义都市休闲功能区，街道辖沿江、临湖、仰新3个社区和渔京、里河、澄龙、仰新、西山5个网格及渔渡、后京、前京、河岙、十里、龙川、澄沙桥、陈村、垟山、林里、馒头驻、钟山等12个行政村（社区、网格、村多轨制运行）。

第二节 仰义乡人民代表大会

仰义乡于1953年召开首届人民代表大会，选举产生乡长、副乡长。自1958年8月划归温州市管辖以来，正逢公社化和“文化大革命”时期，机构变化频繁，人民代表大会制受到严重冲击。1984年6月，恢复乡级体制后，人民代表大会得以完善健全，并于1990年6月在乡第十届人民代表大会上增设“乡人大主席团”。至2011年，历经八届，每届大会选举产生人大主席、副主席和乡长、副乡长。

表 4—6　　仰义乡历届人民代表大会情况

<table>
<tr><th colspan="2" rowspan="2">会议届次</th><th rowspan="2">会议时间</th><th rowspan="2">代表人数</th><th colspan="4">选举结果</th></tr>
<tr><th>人大主席</th><th>人大副主席</th><th>乡　长</th><th>副乡长</th></tr>
<tr><td colspan="2">九届</td><td>1987.5</td><td>55</td><td>——</td><td>——</td><td>林定光、董士林</td><td>张秀云、夏增福、余成连</td></tr>
<tr><td colspan="2">十届</td><td>1990.6</td><td>64</td><td>潘国福</td><td>——</td><td>夏增福</td><td>金文平、郑永澄</td></tr>
<tr><td colspan="2">十一届</td><td>1993.4</td><td>70</td><td>——</td><td>余成连</td><td>李维清</td><td>郑永澄 单秀理</td></tr>
<tr><td colspan="2">十二届</td><td>1996.1</td><td>50</td><td>施碎兴</td><td>——</td><td>李维清、郑锡增</td><td>余成连、陈光宋、单秀理、王胜雪</td></tr>
<tr><td colspan="2">十三届</td><td>1999.2</td><td>50</td><td>王金松</td><td>林永芝</td><td>郑锡增</td><td>陈光宋、陈　辉、张恩贵</td></tr>
<tr><td rowspan="4">十四届</td><td>一次</td><td>2002.2</td><td>50</td><td>郑锡增</td><td rowspan="4">夏作海</td><td rowspan="3">全一凡</td><td rowspan="2">张恩贵、胡小洁、林永芝、朱建光</td></tr>
<tr><td>三次</td><td>2004.1</td><td>—</td><td>张维忠</td></tr>
<tr><td>四次</td><td>2005.7</td><td>—</td><td rowspan="2">潘雪荣</td><td>万山红（2005.9—）</td></tr>
<tr><td>五次</td><td>2006.9</td><td>—</td><td>周　岷</td><td>凌建飞、狄登云、李一平、陈　峰</td></tr>
<tr><td rowspan="2">十五届</td><td>一次</td><td>2007.1</td><td>48</td><td rowspan="2">潘雪荣</td><td>——</td><td>周　岷</td><td rowspan="2">万山红、凌建飞、狄登云、李一平、陈 峰</td></tr>
<tr><td>五次</td><td>2010.3</td><td>48</td><td>——</td><td>叶　青</td></tr>
</table>

第三节　区人大常委会仰义街道工委

主　任　潘雪荣（2011.4—2011.10）
　　　　邹安宁（2011.10—2015.9）
　　　　吴荣华（2015.9—　）
副主任　阮金平（2015.9—　）
委　员　叶云森（2012.3—　）
　　　　王先豪（2012.3—　）
　　　　张若曼（2012.3—　）

第十三章 藤桥镇

第一节 历史沿革

藤桥镇辖地明、清时属永嘉县泰清乡二十五都，民国时属永嘉县第五区中央乡。1945年，属永嘉县永临区管辖。1949年5月解放后，建立藤桥乡。1949年8月，改属温州市藤桥区藤桥乡。1950年7月，复属永嘉县。1958年8月公社化时期，改属温州市藤桥公社藤桥管理区。1961年底，在调整社队规模时，改称藤桥镇区藤桥公社。1981年12月，划归瓯海县。1992年2月，为瓯海区建制镇，区公所驻地。同年4月15日，南雅乡并入藤桥镇。1995年，藤桥镇的天长村、戈恬村划归瓯海区泽雅镇。2001年8月，温州市区行政区域调整，藤桥镇划归鹿城区管辖。2011年4月，上戍乡、临江镇、岙底乡、双潮乡并入藤桥镇；藤桥镇设立上戍、临江、岙底、双潮四个办事处；同年10月，藤桥镇下设上戍、戍浦、新藤、藤南、南雅、岙底、江南、临江、驿头、双潮共10个农村新社区、下辖87个行政村、1个社区居委会。2015年9月，藤桥镇拆分为藤桥镇和山福镇，藤桥镇由原上戍乡、藤桥镇、岙底乡组成，下辖新藤、藤南、南雅、上戍、戍浦、岙底等六大网格和55个行政村、1个社区居委会。

岙底乡辖地清时属永嘉县泰清乡二十五都。民国末年始称为岙底乡。1949年5月解放后，仍称岙底乡，属永嘉县管辖。同年8月，划归温州市管辖。1950年7月，复归永嘉县管辖。1958年公社化时，改为藤桥公社岙底管理区。同年8月，划归温州市管辖。1961年调整社队规模后，称岙底公社。1981年12月，划归瓯海县管辖。1983年政社分设后，复称岙底乡。2001年8月，划归鹿城区管辖。2011年4月，岙底乡并入藤桥镇。

上戍乡辖地明、清时属永嘉县泰清乡二十四都，民国后期称戍浦乡。1949年5月解放后，仍称戍浦乡，属永嘉县。同年8月，改属温州市管辖。1950年7月，以戍浦江为界，江北建竹桥乡，江南建支岙乡，并改属永嘉县。1956年，二乡合并称桥岙乡。1958年公社化时，分设藤桥公社竹桥、支岙两个管理区。同年8月，改属温州市。1961年，调整社队规模时，竹桥、支岙两个管理区合并，建立上戍公社。1981年12月，划归瓯海县管辖。1983年政社分设后，称上戍乡。2001年8月，划归鹿城区管辖。2011年4月，上戍乡并入藤桥镇。

第二节 藤桥镇人民代表大会

2001年—2016年7月，藤桥镇历经五届，每届大会选举产生人大主席、副主席和乡长、副乡长。

表 4—7 藤桥镇历届人民代表大会情况

会议届次		会议时间	代表人数	选举结果			
				人大主席	人大副主席	镇长	副镇长
十三届		1999.2	—	贾焕翔	王玉汪	张维忠	苏爱光、金松琴、邱和平、李和忠
十四届	一次	2002.2	58	金新友	叶和弟	胡胜发	苏爱光、金松琴、邱和平、陈　辉
	三次	2003.7	58				章　国、陈伯聪
	五次	2005.5	57			胡正武	朱　克
十五届	一次	2007.1	56	胡明亮	姜小蓉	张恩贵	陈伯聪、朱　克、柴一峰、杨明明、董晓来
	二次	2008.5	56			鲍成发	金浙瓯
	四次	2009.10	53	鲍成发		王剑波	
	五次	2010.1	56	钱素文			陈　众、蔡云云
十六届	一次	2011.6	96	金浙瓯	姜小蓉 程晓敏	张维凯	肖达统、林一俭、诸建鹏、蔡云云、夏甘平
	二次	2012.5	94				邵小林、王军霞
	三次	2013.6	93				武连春
	四次	2014.3	95	许卫疆		郑乐斌	李　策、严求真、杨建勇
十七届一次		2016.7	65	李爱国	黄建勇 程晓敏	肖达统	杨　菠、王莉静、严求真、吴曙川

表 4—8 原岙底乡历届人民代表大会情况

会议届次		会议时间	代表人数	选举结果			
				人大主席	人大副主席	乡长	副乡长
十三届		1999.2	—	夏永远	叶玉良	王秀娟	姜定波、金龙伟
十四届		2002.2	45	叶玉良	贾钧钬	金龙伟	张　哲
十五届	一次	2007.1	44	金龙伟	阮金平	陈丽蓉	周晓晨
	四次	2009.11	40	陈丽蓉		项光夫	林　晓
	六次	2010.12	44				夏甘平

表 4—9 原上戍乡历届人民代表大会情况

会议届次		会议时间	代表人数	选举结果			
				人大主席	人大副主席	乡长	副乡长
十三届		1999.2	—	姜锦谷	刘岩权	章建新	王剑波、陶玉燕
十四届	一次	2002.2	49	刘岩权	徐波云	陈伯慈	凌建飞、王朝光、洪　静、潘　勇
	四次	2005.5	—		王赛娜		
十五届	一次	2007.1	43	胡正武	林一俭	姜扬烽	王朝光、章　胤、黄飞达
	四次	2009.10	42	滕　淼		王朝光	邵小林、夏海燕
	六次	2010.12	42				诸建鹏

第十四章 山福镇

第一节 历史沿革

山福镇辖地清朝时属永嘉县临江乡二十六都，民国后期为横山乡。1948 年属山福乡。1949 年 5 月，归永嘉县管辖。1949 年 8 月，改属温州市。中华人民共和国成立后，1950 年 7 月，复属永嘉县。1951 年，由山福乡所辖的江南部分、潮埠以东地段析置外垟乡。1958 年公社化时，称外垟管理区，属藤桥公社。同年 8 月，划归温州市管辖。1961 年，调整社队规模后，称外垟公社。1981 年 12 月，划归瓯海县管辖。1983 年，政社分设后称外垟乡。1987 年 9 月，设为建制镇，称临江镇。2001 年 8 月，划归鹿城区管辖。2011 年 4 月，上戍乡、藤桥镇、临江镇、岙底乡、双潮乡 5 个乡镇经撤扩并，组建藤桥镇，设立藤桥生态新区。2015 年 12 月，藤桥镇拆分为藤桥镇和山福镇，原临江镇和双潮乡划归山福镇管辖。

原双潮辖地清时属永嘉县临江乡二十六都。民国后期属永嘉县永临区五美乡，1948 年属永嘉县山福乡。1950 年 7 月分双溪乡和潮埠乡。1952 年两乡合并，取两乡名首字改称双潮乡；1958 年改称双潮管理区，属藤桥公社，同年 8 月划归温州市管辖。1961 年改称双潮公社，1981 年划归瓯海县管辖，1983 年改称双潮乡，2001 年 8 月划归鹿城区。

第二节 山福镇人民代表大会

表 4—10　山福镇人民代表大会情况

<table>
<tr><th rowspan="2">会议届次</th><th rowspan="2">会议时间</th><th rowspan="2">代表人数</th><th colspan="4">选举结果</th></tr>
<tr><th>人大主席</th><th>人大副主席</th><th>镇长</th><th>副镇长</th></tr>
<tr><td>一届</td><td>2016.7.6</td><td>61</td><td>黄建双</td><td>金怡然、邹立敏</td><td>邹本笃</td><td>林　喆、金忠胜、诸建鹏、杨建勇</td></tr>
</table>

表 4—11　原临江镇历届人民代表大会情况

<table>
<tr><th colspan="2" rowspan="2">会议届次</th><th rowspan="2">会议时间</th><th rowspan="2">代表人数</th><th colspan="4">选举结果</th></tr>
<tr><th>人大主席</th><th>人大副主席</th><th>镇长</th><th>副镇长</th></tr>
<tr><td colspan="2">十三届</td><td>1999.1</td><td>——</td><td>黄品寿</td><td>——</td><td>吴晓贵</td><td>叶晓挺、朱建光</td></tr>
<tr><td rowspan="3">十四届</td><td>一次</td><td>2002.2</td><td>53</td><td>黄品寿</td><td rowspan="3">金世怀</td><td rowspan="2">卜红升</td><td>叶晓挺、陈爱和、王剑峰、李江涛</td></tr>
<tr><td>二次</td><td>2003.3</td><td>53</td><td rowspan="2">翁益华</td><td rowspan="2">王镇彪</td></tr>
<tr><td>五次</td><td>2005.4</td><td>——</td><td>周基斌</td></tr>
<tr><td rowspan="2">十五届</td><td>一次</td><td>2007.1</td><td>48</td><td>周基斌</td><td rowspan="2">陈爱和</td><td>吴祝凡</td><td>蔡精国、许卫疆、郑小野</td></tr>
<tr><td>四次</td><td>2009.11</td><td>47</td><td>吴祝凡</td><td>黄浩宇</td><td>许卫疆、周笑美</td></tr>
</table>

表 4—12　　**原双潮乡历届人民代表大会情况**

<table>
<tr><th colspan="2" rowspan="2">会议届次</th><th rowspan="2">会议
时间</th><th rowspan="2">代表
人数</th><th colspan="4">选举结果</th></tr>
<tr><th>人大主席</th><th>人大副主席</th><th>乡长</th><th>副乡长</th></tr>
<tr><td colspan="2">十三届</td><td>1999.2</td><td>——</td><td>陈金敏</td><td>陈胜滔</td><td>陈国光</td><td>周金德、何显岳、王剑峰</td></tr>
<tr><td rowspan="3">十四届</td><td>一次</td><td>2002.3</td><td>50</td><td rowspan="3">陈国光</td><td>——</td><td rowspan="2">张德跃</td><td>张　忠</td></tr>
<tr><td>三次</td><td>2002.7</td><td>——</td><td>——</td><td rowspan="2">姜　辉</td></tr>
<tr><td>五次</td><td>2005.3</td><td>——</td><td>肖胜利</td><td>潘　勇</td></tr>
<tr><td rowspan="5">十五届</td><td>一次</td><td>2007.1</td><td>50</td><td>潘　勇</td><td>——</td><td>朱建光</td><td rowspan="2">赵金銮、方学优</td></tr>
<tr><td>二次</td><td>2008.5</td><td>43</td><td rowspan="2">朱建光</td><td>——</td><td rowspan="2">周　园</td></tr>
<tr><td>四次</td><td>2009.11</td><td>43</td><td>——</td><td rowspan="2">陈　策</td></tr>
<tr><td>五次</td><td>2010.4</td><td>43</td><td rowspan="2">周　园</td><td>——</td><td rowspan="2">叶恒坚</td></tr>
<tr><td>六次</td><td>2010.11</td><td>42</td><td>程晓敏</td><td>陈小薇</td></tr>
</table>

第十五章 已析出镇、乡、街道

第一节 新桥镇（乡）

新桥街道辖地清时属永嘉县吹台乡十四都。民国 12 年（1923），属永嘉县会昌区。民国 19 年（1930），改村里制为乡镇制，辖地分属会昌区下辖的金蟾乡、矸屿乡。民国 23 年（1934），为会昌区的新桥乡。民国 25 年（1936），特设新桥街。民国 27 年（1938），改会昌区为郭溪区，新桥属郭溪区。民国 29 年（1940），前后置新桥乡。民国 28 年（1939），进行乡镇编并，不再设区，新桥属新桥乡，后改为金台乡。中华人民共和国成立后，设新桥乡，至 1950 年 5 月属永嘉县。为适应土地改革，析出玗轩乡、南山乡。1954 年 10 月，划归温州市郊区人民政府管辖。1956 年 4 月，新桥乡和德政乡合并为新桥乡，隶属温州市人民委员会直接管辖。1957 年，属近郊办事处管辖。1958 年 8 月，新桥乡归梧埏区管辖。1959 年 3 月，改称新桥管理区，归市郊梧埏公社管辖。1959 年 7 月，成立近郊公社管委会后，新桥管理区划归近郊公社管辖，12 月，撤销管理区，建立生产队。1960 年，德政乡辖地析属市蔬菜农场，新桥生产队改称新桥公社管理委员会，属城西公社。1961 年，改称十三妹大队。1962 年 6 月，建立近郊领导小组，新桥公社归近郊管辖，9 月改称为新桥公社。1963 年 4 月，重新建立近郊区办事处，新桥公社归其管辖；6 月，撤销办事处，新桥公社归市郊区办事处直接领导。1968 年，在“文化大革命”中，人民公社管委会改为革命委员会。11 月，新桥人民公社革命委员会建立。1975 年，娄桥公社的岙垟村并入。1981 年 3 月，新桥公社革命委员会，恢复旧称管理委员会，仍隶属近郊区。1983 年 6 月，近郊区公所改称郊区办事处，新桥属郊区。1983 年 9 月，经过“政社分设”，恢复乡镇建制，新桥公社改称为新桥乡，同年 12 月归属鹿城区。1987 年 9 月，新桥撤乡建镇，成立新桥镇政府。1992 年 2 月，划归瓯海区。

第二节 景山街道

景山街道辖地明清时分属永嘉县集云乡和吹台乡十四都，清光绪三十四年（1908），属集云镇。民国 20 年（1931），隶属永嘉县第四区，其地分属金蟾乡十四都、集云镇。1949 年 5 月 7 日，温州和平解放后，其地分属于温州市郊区西山乡、三溪区新桥乡。中华人民共和国成立后，1950 年 5 月，净水村从新桥乡析出，划入西山乡管辖，隶属市郊区。1981 年，辖地景山、西山、净水 3 个居民区归属新增西山街道办事处。1982 年红卫大队复名将军桥大队，属城郊公社。1982 年 3 月，西山、净水、景山 3 个居民委员会设立。1983 年 12 月 6 日，城郊公社改称乡，归鹿城区管辖。1991 年 10 月 9 日，建立景山街道，辖景山、西山、净水 3 个居委会和将军桥、净水 2 个村委会。1992 年 2 月，划归瓯海区管辖。

第五编　人物

人物编分“人物简介”和“人物名录”两章。

第一章“人物简介”，着重介绍温州市鹿城区历届人大常委会主任、副主任、委员和鹿城区出席浙江省的人大代表，包括简历和照片。其中，第一届温州市鹿城区人大常委会委员的名单中，徐美玉、金秀林、黄寿连、黄国华的简历及照片不全。

第二章“人物名录”，主要收录温州市鹿城区历届人民代表会议名录，包括人大常委会组成人员，人大常委会代表资格审查委员会组成人员，人大常委会工作机构组成人员，人民政府组成人员，人民法院院长、副院长，人民检察院检察长、副检察长，人大常委会任命人民法院、人民检察院人员，鹿城区出席温州市人民代表大会代表，鹿城区出席浙江省人民代表大会代表。其中，鹿城区出席温州市人民代表大会代表名单，收录的是第一次大会的代表名单（第六届未收录）。在任期内代表变动和补选的代表，均记“说明”之中。

“名录”收录的排序是按选举、任命公布的顺序排列。收录的全部名单中，凡是女性或少数民族的，除原始资料未注明外，均在括号内注明。

第一章　人物简介

第一节　区人大常委会主任、副主任

一、主任

1984 年 5 月至 2016 年 9 月，鹿城区人大历经八届，产生了谷锦麟、朱道统、章新民、吴海燕等 4 位人大常委会主任。

谷锦麟，男，汉族，1933 年 11 月出生，温州市区人。文化程度初中，中共党员。1953 年 9 月，任清明化工厂工会主席。1956 年，任温州市委工业交通工作部干事。1963 年，任温州市委组织部干事。1968 年，温州市五七干校劳动。1971 年后，任温州市委员会人保组、生产组、政工组工作人员。1976 年以来，任温州市委组织部干事、副科长、科长、部长，市常委会委员。1983 年，任温州市南城区区委书记。1984 年 5 月至 1993 年 4 月，任鹿城区第一届、第二届、第三届人大常委会主任。

朱道统，男，汉族，1937年8月出生，浙江三门县人。文化程度大专，中共党员。1960年至1962年，温州师范学院团委干事。1963年至1978年，在温州五交化站人事干事。1979年至1983年，在温州地市商业局工作。1984年2月至1986年5月任鹿城区委常委、组织部长、纪委书记。1986年6月至1993年3月，鹿城区委副书记。1993年4月至1998年3月，任鹿城区第四届人大常委会主任。

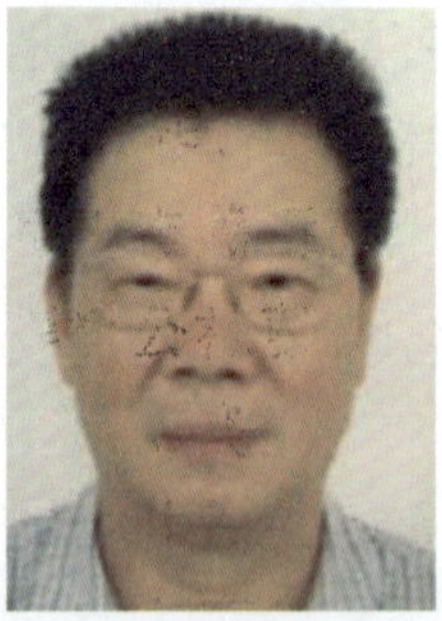

章新民，男，汉族，1947年12月出生，温州市区人，文化程度大专，中共党员。1970年7月，在瓯海郭溪插队，后任乡团委副书记。1973年3月，任共青团温州市委副书记。1984年2月，任市中街道党委书记。1990年3月以来，任中共鹿城区委常委、宣传部长。1996年1月，任中共鹿城区委副书记。1998年3月至2007年1月，任鹿城区第五届、第六届人大常委会主任。

吴海燕，女，汉族，1957年8月出生，温州泰顺人。文化程度大学。中共党员。1975年4月至1978年12月，泰顺县东安公社插队。1978年12月至1982年5月，泰顺团县委工作。1982年5月至1986年10月，泰顺县委组织部工作。1986年10月至1990年3月，任泰顺县妇联副主任。1990年3月至4月，任泰顺县委常委、妇联副主任。1990年4月至1992年12月，任泰顺县委常委、宣传部长。1992年12月至2000年2月，任苍南县委常委、组织部长。2000年2月至2003年1月，任苍南县委副书记。2003年1月至2006年12月，任鹿城区委副书记。从2007年1月至今，任鹿城区第七届、第八届人大常委会主任、党组书记。

王易进，男，汉族，1963年7月出生，浙江苍南人。文化程度大学，中共党员。1982年8月至1983年3月，温州潜水泵厂工人，1983年3月至1986年8月，温州市委办公室机要科干事。1986年8月至1995年8月，任温州市委办公室机要科（处）副科（处）长。1995年8月至1999年11月，任温州市委办公室机要处（局）副处（局）长。1999年11月至2003年1月，任洞头县委常委、组织部长。2003年1月至2006年11月，任温州市鹿城区委常委、组织部长。2006年11月至2007年1月，任温州市鹿城区委副书记。2007年1月至2010年12月，任温州市鹿城区委副书记、政法委书记。2010年12月至2013年12月，任温州市委政法委副书记、维稳办主任。2013年12月至2014年5月，任温州市委政法委副书记（主持工作）、维稳办主任。2014年5月至2016年11月，任温州市委政法委副书记（主持工作）。2016

年12月，任温州市鹿城区人大常委会党组书记、主任候选人。

二、副主任

1984年5月至2016年12月，鹿城区人大历经八届，产生了叶国祥、洪作殿、李国聪、陈加昭、潘教明、潘宝卿、俞锡荣、朱景祥、周成国、陆春兰、王臣明、王一曼、叶玉龙、张纯浙、许德忠、缪笑竹、李建花、陈洁、王丽峰、肖石龙、林瑞荣、王长青、项旭光、朱启龙、胡海峰、周基斌等26位人大常委会副主任，1位人大常委会副主任候选。

叶国祥，男，汉族，1932年2月出生，温州平阳人。文化程度高中，中共党员。1945年8月至1947年2月，务农。1947年2月至1951年10月，平阳鳌江镇工作。1952年2月至1952年8月，在市五议办公室工作。1952年8月至1953年4月，民主建政，劳动就业工作组长。1953年4月至1955年4月，任团中区工委组织委员副书记。1955年4月至12月，任中区二委科长。1956年，在政法审议办公室工作。1956年8月至1960年2月，在市中街道办公室工作，后任办公室兼生产部长。1960年2月至5月，任松台街道党委书记副书记。1960年5月至9月，任城西公社生产部副部长。1960年9月至1961年2月，任中共城西分社党委书记。1961年2月至11月，任城西公社生产部副部长。1961年11月至1984年5月，任城西公社总书记。1984年6月至1987年6月，任鹿城区第一届人大常委会副主任。

洪作殿，男，汉族，1916年3月出生，温州洞头人，文化程度大专。1938年，在洞头小学教书，后学医，中华人民共和国成立后，先后任温东水产联营处任经理、温州渔商业同业工会主任委员、任温州企业公司水产部副主任、温州地区水产公司办事员、市水产市场业务股副股长、副主任，地区水产批发业务科副科长，市水产供销公司业务股副股长、副经理。历任市民建商业支部主任、第三届市工商联常委，市民建第四、五届副主任委员，第六届市委会顾问，第七、八届市委会名誉副主任委员。1984年6月至1987年6月，任鹿城区第一届人大常委会副主任。

李国聪，男，汉族，1925年2月出生，温州鹿城人。农工党党员。1950年，温州市卫生局。1951年，温州市劳工保健站，医学院附属一院。1958年，筹建温州市五马医院，后任院长，政协委员。1984年6月至1987年6月，任鹿城区第一届人大常委会副主任。

陈加昭，女，汉族，1940年11月出生，温州平阳人。文化程度中专，中共党员。1958年8月至1961年2月，温州市九山中心小学教师。1961年2月至1987年9月，任温州市广场路小学教师、鹿城区教育局教研室语文教研员。1984年6月至1993年4月，任鹿城区第一届、第二届、第三届人大常委会副主任。

潘教明，男，汉族，1929年12月出生，温州永嘉人。文化程度初中，中共党员。1953年4月，任永嘉人文科科长，后任中共碧莲区区委书记。1956年，任永嘉文教部副部长，兼任碧莲区区委书记。1958年1月至1959年11月，任温州市仰义乡书记，梧田镇委书记。1959年11月至1962年11月，中共温州市委政治研究室副主任。1962年11月至1981年1月，中共近郊区委副书记、书记，市"五·七"干校劳动。1981年1月至1987年7月，中共温州农委副书记、副主任。1982年7月，温州农委副书记兼温州郊区区委书记，区长。1985年4月至1990年5月，任鹿城区第一届、第二届人大常委会副主任。

潘宝卿，男，汉族，1929年6月出生，温州市区人，文化程度高中，中共党员。1951年至1956年，任温州市西区政府副股长，科长。1956至1959年，五马街道办事处主任。1959年至1960年，任市民政局党组科长。1960年至1966年，任城东公社副社长兼古楼分社书记。1971年至1977年，任兴无街道（松台）书记，常委副主任、主任。1978年至1980年，任市房管局党委副书记，副局长。1980年至1983年，任东城区区委副书记，常务副区长。1984年5月至1987年6月，任鹿城区第一届人民代表大会常务委员会委员。1987年6月至1990年5月，任鹿城区第二届人大常委会副主任。

俞锡荣，男，汉族，1931年1月出生，温州市区人。文化程度高中一年，中共党员。历任温州市法院副院长、审判员、副庭长、庭长、县法院副院长、院长、政法党组副书记、中央政法学院学员、县委员会人保组副组长、县委办公室主任、县委副书记、委员会副主任、县委副书记兼组织部长。1987年6月至1993年4月，任鹿城区第二届、第三届人大常委会副主任。

朱景祥，男，汉族，1935 年 2 月出生，温州乐清人。文化程度初中，中共党员。1952 年 10 月至 1955 年 6 月，温州市税务局工作。1955 年 7 月至 1984 年 1 月，任市委财政市财办干事、副科长。1984 年 1 月至 1988 年 1 月，任鹿城区海坛街道党委书记。1988 年 1 月，在鹿城区工商局工作。1990 年 5 月至 1998 年 3 月，任鹿城区第三届、第四届人大常委会副主任。

周成国，男，汉族，1942 年 8 月出生，温州永嘉人。文化程度大学，九三公社社员。1965 年 8 月至 1987 年 4 月，任浙江文成县人民医院主治医师、副院长、药剂科主任。1987 年 4 月，任温州市红旗医院主治医师、药械科主任、副院长、温州市药工会事务干事。1990 年 5 月至 2003 年 3 月，任鹿城区第三届、第四届、第五届人大常委会副主任。

陆春兰，女，汉族，1946 年 1 月出生，温州市区人，文化程度大专，中共党员。1962 年 12 月，任温二医保健科保健员。1963 年 6 月，任泰顺玉塔茶场副场长、茶委会主任。1970 年 11 月，在浙江农大读书。1973 年 3 月，任共青团温州地委副书记。1981 年 11 月，任瓯海县工作委员会委员。1982 年 2 月，任瓯海县代理副县长。1984 年至 1986 年，任区委宣传部副部长、后任区计生委主任。1993 年 4 月至 1998 年 3 月，任鹿城区第四届人大常委会副主任。

王臣明，男，汉族，1936 年 9 月出生，温州市区人。文化程度初中，中共党员。1956 年 8 月至 1957 年 12 月，任永嘉梧田木器社主任。1959 年 1 月至 1979 年 3 月，在市整风办工作，近郊区委政工组干部，区委委员。1979 年 4 月至 1984 年 5 月，任三溪区委副书记，兼娄桥党委书记。1984 年 6 月至 1986 年 12 月，任城郊乡党委书记。1987 年 1 月至 1989 年 3 月，任鹿城区农委党组书记、主任，农林水利局局长。1989 年 4 月，任鹿城区农委主任、党委书记。1993 年 4 月至 1998 年 3 月，任鹿城区第四届人大常委会副主任。

王一曼，女，汉族，1948年10月出生，温州平阳人。文化程度大专，中共党员。1964年9月至1975年8月，在瓯海区灵昆镇下乡务农。1975年9月至1978年8月，任瓯海永强农械厂出纳员。1978年9月至1985年9月，温州市二轻职中教师。1985年10月至1995年12月，任温州市委办公室秘书、副处长、处长。1996年1月至1998年5月，任鹿城区常委会、宣传部长。1998年3月至2007年1月，任鹿城区第五届、第六届人大常委会副主任。

叶玉龙，男，汉族，1942年4月出生，温州市区人。文化程度中专，中共党员。1959年至1960年，任黎明巨一食堂任司务长。1960年至1963年，任十二军三十四师一〇二团战士班长。1963年至1964年，任南京步校副班长。1964年至1968年，任十二军支炮团司令部参谋。1968年至1970年，任十二军高炮团司令部股长。1971年至1978年，在十二军司令部工作。1979年至1982年，任十二军三十六师司令部科长。1983年至1985年，任洪殿街道书记。1986年，任大南街道书记主任。1998年3月至2003年3月，任鹿城区第五届人大常委会副主任。

张纯浙，男，汉族，1949年2月出生，温州市区人。文化程度大专，中共党员。1968年3月至1971年3月，入伍。1971年3月至1984年4月，温州有机化工厂工作。1984年4月至1985年9月，鹿城区计经委工作。1985年9月至1987年6月，温州市委党校干部大专班学习。1987年6月至1988年7月，鹿城区计经委工作。1988年7月至1990年9月，鹿城区松台街道办事处工作。1990年9月至2001年3月，鹿城区莲池街道工作。2001年3月至2007年1月，任鹿城区第五届、第六届人大常委会副主任。

许德忠，男，汉族，1949年1月出生，山东人。文化程度高中，中共党员。1968年3月至1985年12月，任南京军区第二十七团战士、排长、参谋长。1986年1月至1996年3月，任苍南县人武部部长。1996年3月至1998年3月，任鹿城区常委、人武部部长。1998年3月至2003年3月，任鹿城区委常委。2003年3月至2007年1月，任鹿城区第六届人大常委会副主任、党组副书记。

缪笑竹，女，汉族，1946 年 1 月出生，温州市区人。文化程度中专，中学高级教师，民盟成员。1963 年 8 月至 1993 年 7 月，在鹿城区南蝉、建设等小学任教。1993 年 8 月至 1998 年 3 月，任百里小学副校长。1998 年 3 月至 2002 年 8 月，任鹿城区教委名师名校长办公室主任。2002 年 3 月，区名师办顾问。2003 年 3 月至 2007 年 1 月，任鹿城区第六届人大常委会副主任。

李建花，女，汉族，1953 年 5 月出生，温州乐清人。文化程度大专，中共党员。1969 年 6 月至 1974 年 7 月，内蒙古生产建设兵团一师四团二连工作。1974 年 8 月至 1977 年 7 月，杭州无线电工业学校学生。1977 年 8 月至 1981 年 4 月，浙江省国防工业技校政治处干事。1981 年 4 月至 1984 年 3 月，乐清县工业局工作。1984 年 4 月至 1985 年 1 月，任乐清县人事局副局长。1985 年 1 月至 1987 年 4 月，任乐清县委常委组织部部长。1987 年 5 月至 1993 年 11 月，任鹿城区委宣传部副部长，兼文化局局长。1993 年 12 月至 1997 年 4 月，任鹿城区工交委副主任。1997 年 5 月，任蒲鞋市党工委书记。2003 年 3 月至 2012 年 1 月，任鹿城区第六届、第七届人大常委会副主任。

陈洁，女，汉族，1956 年 1 月出生，温州市区人。大学硕士，律师。中共党员。1972 年 10 月至 1985 年 4 月，温州糖果厂人保科办事员。1985 年 4 月至 12 月，鹿城区委组织部秘书。1985 年 12 月至 1989 年 6 月，任鹿城区洪殿街道党委委员、办事处副主任。1989 年 6 月至 1993 年 4 月，任鹿城区海坦街道党委委员、办事处副主任。1993 年 4 月至 1997 年 4 月，任鹿城区司法局党组副书记、副局长。1997 年 4 月至 2001 年 6 月，任鹿城区委政法委副书记。2001 年 6 月至 2003 年 3 月，任鹿城区卫生局党委书记、局长。2003 年 3 月至 2016 年 3 月，任鹿城区第六届、第七届、第八届人大常委会副主任。

王丽峰，女，汉族，1967 年 7 月出生，温州文成人。文化程度大学，民进党成员。1986 年 8 月至 1992 年 8 月，文成县中心幼儿园教师、教研组长。1992 年 8 月至 1994 年 8 月，文成中学音乐教师。1994 年 9 月至 1996 年 8 月，任温州市第四幼儿园教师、教研组长。1996 年 8 月至 2000 年 8 月，任温州市第六幼儿园园长助理、副园长。2000 年 8 月至 2001 年 1 月，任温州市第六幼儿园园长。2001 年 1 月至 2002 年 1 月，任鹿城区教委副主任。2001 年 10 月，任民进鹿城总支主委。2002 年 1 月至 2003 年 3 月，任鹿城区教育局副局长、民进鹿城总支主委。2003 年 3 月，兼任鹿城区政协副主席。2003 年 6 月至 2007 年 1 月，任水心街道办事处主任、民进鹿城总支主委。2007 年 1 月，任温州民进市委会副主委、温州市监察局副局长、温州市侨联主席兼浙江省侨联副主席、民进温州市总支主委。2001 年 1 月至 2003 年 3 月，任鹿城区第五届人大常委会委员；2007 年 1 月至 2012 年 1 月，任鹿城区第七届人大常委会副主任。

肖石龙，男，汉族，1960 年 11 月出生，浙江淳安人。文化程度大专，中共党员。1978 年 2 月至 1979 年 7 月，炮兵第十三团司令部战士。1979 年 7 月至 1981 年 12 月，炮兵第十三团电影队战士。1981 年 12 月至 1984 年 9 月，炮兵第十三团电影组组长。1984 年 9 月至 1985 年 9 月，炮兵第十三团一营二连副政治指导员。1985 年 9 月至 1987 年 7 月，在解放军西安政治学院军队政治工作专业学习。1987 年 7 月至 1998 年 6 月，任南京军区第三通信总站四营十八连政治指导员、六营副教导员、程控电话交换站协理员、三营教导员。1998 年 6 月至 2001 年 3 月，任福州工化器材仓库防化分库协理员。2001 年 3 月至 2007 年 3 月，任泰顺县人武部政委、任中共泰顺县委常委。2007 年 3 月至 2010 年 9 月，任鹿城区人武部政委、中共鹿城区委常委。从 2011 年 1 月至今，任鹿城区第七届、第八届人大常委会副主任。

林瑞荣，男，汉族，1955 年 12 月出生，温州市区人。文化程度大专，中共党员。1973 年 8 月至 1980 年 7 月，任温州六中、九中代课教师。1980 年 7 月至 1986 年 10 月，任鹿城区海坦街道办事员兼团委书记。1986 年 10 月至 1990 年 10 月，任鹿城区委办公室秘书、秘书科副科长、科长。1990 年 10 月至 1991 年 6 月，任鹿城区委办公室副局级秘书。1991 年 6 月至 1995 年 2 月，任鹿城区委政策研究室（体改办）副主任、主任，区府办副主任、党组成员。1995 年 2 月至 1997 年 3 月，任鹿城区委政策研究室（体改办）主任，区计经委主任、党组书记。1997 年 3 月至 2002 年 1 月，任鹿城区计划委员会主任、党组书记。2002 年 1 月至 2006 年 3 月，任鹿城区发展计划局局长、党组书记。2006 年 3 月至 2007 年 1 月，任鹿城区发展和改革局党组书记、局长。2007 年 1 月至 2016 年 3 月，任鹿城区第七届、第八届人大常委会副主任。

王长青，男，汉族，1955 年 4 月出生，浙江瑞安人。文化程度大学，中共党员。1972 年 9 月至 1974 年 10 月，温州木材厂工人。1978 年 1 月至 1984 年 5 月，温州木材厂技术设备科技术员、助工、秘书。1984 年 5 月至 1986 年 1 月，任温州林产品贸易服务中心主任。1986 年 1 月至 1990 年 6 月，任温州木材总厂木材经销处办公室主任、支部副书记、小量经营处支部书记、主任。1990 年 6 月至 1997 年 3 月，任鹿城区委政策研究室科员、企政科科长、副主任。1997 年 3 月至 1999 年 3 月，任鹿城区体改委（政策研究室）主任。1999 年 3 月至 2003 年 5 月，任鹿城区纪委副书记、区监察局局长。2003 年 5 月至 2007 年 1 月，任鹿城区委办公室主任。2007 年 1 月至 2015 年 5 月，任鹿城区第七届、第八届人大常委会副主任。

项旭光，男，汉族，1956年4月出生，温州市区人。文化程度大学，中学二级教师。中共党员。1979年2月至1981年8月，温州师范专科学校数学专业学生。1981年8月至1984年3月，温州市近郊区教办工作。1984年3月至1985年1月，温州市郊区文教卫生局工作。1985年1月至1987年4月，鹿城区教委组宣科办事员。1987年4月至1987年5月，鹿城区教委科员。1987年5月至1994年8月，任鹿城区教委组宣科副科长、科长。1994年8月至1998年11月，任鹿城区教委副主任、党委委员、主任、党委副书记。1998年11月至2003年6月，任鹿城区教育局局长、党委书记。2003年6月至2007年1月，任鹿城区卫生局局长、党委书记。2007年1月至2016年7月，任鹿城区第七届、第八届人大常委会副主任。

朱启龙，男，汉族，1961年10月出生，温州市区人。文化程度大专。1980年11月至1987年10月，温州状元镇建筑工程公司工作。1987年11月至1996年3月，任鹿城区南郊乡工业办公室办事员、副主任。1996年3月至1998年11月，任鹿城区南郊乡工业办公室主任。1998年11月至2008年3月，任鹿城区南郊乡副乡长、乡长。2008年3月至2008年5月，任鹿城区温瑞塘河整治办公室主任、鹿城区温瑞塘河整治工程指挥部指挥、兼区府办副主任、南郊乡乡长。2008年5月至2010年3月，任鹿城区温瑞塘河整治办公室主任、鹿城区温瑞塘河整治工程指挥部指挥、兼区府办副主任。2010年3月至2011年4月，任鹿城区温瑞塘河保护管理委员会主任、鹿城区温瑞塘河整治工程指挥部指挥兼区府办副主任。2011年4月至2012年1月，任政协温州市鹿城区委员会文教卫体委主任。从2012年1月，任鹿城区第八届人大常委会副主任。

胡海峰，男，汉族，1958年3月出生，温州市区人。文化程度大学，中共党员。1974年3月至1980年12月，温州市无线电二厂工人。1980年12月至1981年12月，温州天平仪器厂工人。1981年12月至1982年9月，温州电视机总厂工人。1982年9月至1992年3月，温州市节能技术服务中心科长。1992年3月至1993年12月，龙湾区委组织部干部科干事、办公室主任。1993年12月至1998年11月，鹿城区委组织部干事、副主任科员、电教中心主任。1998年11月至2002年12月，鹿城区教委副主任、党委委员、纪委书记。2002年12月至2004年9月，鹿城区教育局副局长、党委委员、纪委书记。2004年9月至2012年1月，鹿城区委办副主任、区接待办主任、区委办主任。2012年1月至2013年2月，鹿城区政协副主席、党组成员，兼区总工会主席、党组书记。2013年2月至2016年3月，鹿城区政协副主席、党组成员，兼区总工会主席。从2016年3月，任鹿城区第八届人大常委会党组成员、副主任。

周基斌，男，汉族，1970年4月出生，温州人。文化程度大学，中共党员。1988年9月至1991年7月，温州大学企业管理专业学习。1991年10月至1995年7月，鹿城区司法局秘书。1995年7月至1997年12月，鹿城区委政法委办公室秘书、副主任。1997年12月至2001年1月，鹿城区委政法委政治处主任。2001年1月至2002年7月，鹿城区“610”办公室副主任。2002年7月至2003年6月，鹿城区“610”办公室副主任、鹿城区委政法委办公室主任。2003年6月至2005年4月，鹿城区绣山街道党工委副书记、纪工委书记。2005年4月至2009年7月，鹿城区临江镇镇长、党委副书记、书记、人大主席。2009年7月至2011年4月，鹿城区南郊乡党委书记。2011年4月至2011年10月，鹿城区南郊街道党工委书记。2011年10月至2011年12月，鹿城区南汇街道党工委书记。2011年12月至2015年9月，鹿城区南汇街道（鹿城南汇现代商贸区管委会）党工委书记（其中2012年5月确定为享受副县级待遇）。2015年9月至2016年3月，鹿城区南汇街道党工委书记（副县级）。从2016年3月至2016年11月，任鹿城区第八届人大常委会副主任、鹿城区南汇街道党工委书记。

叶治台，男，汉族，1985年9月至1989年8月，浙江师范大学汉语言文学专业学习。1989年8月至1993年8年，平阳一中教师。1993年8月至1995年1月，温州市瓯海区教师进修学校教师。1995年1月至1997年7月，温州市瓯海区教委秘书、办公室副主任。1997年7月至2000年4月，温州市瓯海区委办科员、综合科副科长。2000年4月至2002年4月，温州市瓯海区委办副主任兼综合科科长。2002年4月至2002年8月，温州市瓯海区委办副主任。2002年8月至2003年7月，温州市瓯海区新桥镇党委副书记、镇长。2003年7月至2007年3月，温州市瓯海区新桥镇（街道）党（工）委书记。2007年3月至2010年3月，温州市瓯海区民政局局长、党组书记，区老龄办主任（兼）。2010年3月至2011年11月，温州市瓯海区府办主任、党组书记，区法制办主任（兼）、区政府党组成员。2011年11月至2012年8月，温州市瓯海区委办主任。2012年8月至2016年11月，温州生态园管委会副主任、党委委员。2016年12月，鹿城区人大常委会党组成员、副主任候选人。

第二节　区人大常委会委员

1984年5月至2016年12月，鹿城区人大历经八届，产生了136位人大常委会委员，一位人大常委会委员候选人。

巩际信，男，汉族，1923年10月出生，山东莱芜县人。文化程度初中，中共党员。1947年6月至1948年9月，先后在太安工商局经济工作队、太山工商分局经济队工作。1948年9月至1949年1月，章历税务局检查站征收员。1949年1月至4月，淄博税务局检查员。1949年4月至5月，济南市税务局学员；5月至8月，青岛胶澳盐务局驻放员；8月至10月，山东省盐务局学员。1949年10月至1950年2月，中共中央山东分局清资工作队队员。1950年2月至4月，浙江省税务局临时工；4月至8月，温州市税务局朔门税务所办公员。1950年8月至1952年8月，温州市税务局驻鱼市场驻场员。1952年8月至1953年3月，温州市税务局东门税务所副所长。1953年3月至1955年4月，温州市税务局南门税务所所长。1955年4月至12月，温州市税务局五马分局分局长。1955年12月至1956年8月，温州公共福利公司书记经理。1956年8月至1958年7月，省干部速成中学文化部学员。1958年8月至1959年6月，温州市矿业公司党支书。1959年6月至1971年3月，温州丽田造纸厂党总支书记。1971年3月至1977年5月，温州打字蜡纸厂主任、核心组长。1977年5月至1980年11月，温州棉织二厂党委主任、书记。1980年11月，任温州市南城区人大常委会副主任。1984年5月至1987年6月，任鹿城区第一届人大常委会委员。

资料缺

徐美玉，女，1984年5月至1987年6月，任鹿城区第一届人大常委会委员。

吴定邦，男，汉族，1937年3月出生，温州市区人。文化程度大学，民盟成员。1961年9月至1963年7月，杭州大学数学系任教（助教）。1963年8月至1987年，任温州四中数学教师。1984年5月至1990年5月，任鹿城区第一届、第二届人大常委会委员。

吴爱娟，女，汉族，1935年6月出生，温州市区人。文化程度高中，中共党员。1943年2月至1948年11月，大明厂，文化服务社工作。1949年7月至1956年3月，温州蜡纸厂员工、管理员、车间党支部书记（专职）。1956年3月至1968年11月，市委部，市经委，市总会组织部副部长。1968年12月至1976年11月，市五七干校劳动。1976年11月至1983年3月，市材料组，市总会组织部副部长、部长、党组成员、副主席。1983年3月至1984年3月，任东城区副区长。1984年3月至1990年5月，任鹿城区总工会主席。1984年5月至1990年5月，任鹿城区第一届、第二届人大常委会委员。

李德月，女，汉族，1952年12月出生，温州市区人。文化程度小学，中共党员。1968年10月，朔门街道向阳纸盒厂工作，1978年任副厂长。1979年1月，考入环卫处工作（东城站）。1984年5月至1987年6月，任鹿城区第一届人大常委会委员。

余建荣，男，汉族，1935年出生，温州市区人。文化程度高中。1964年以来，担任车厂供销科长，兼工会出纳，是车厂创始人之一。先后担任浙江省基督教三自爱国会副秘书长、温州基督教三自爱国会牧师、中华爱国青年联合会六届委员、温州市东城区人大代表兼职常委委员。1984年5月至1990年5月，任鹿城区第一届、第二届人大常委会委员。

余梅生，男，汉族，1956年12月出生，温州市区人。文化程度研究生，中共党员。1975年3月至1979年10月，瑞安县飞云江农场工人、工会副主席。1979年10月至1982年8月，温州师范专科学校中文科学生、校学生会主席。1982年8月至1984年2月，温州师范专科学校团委副书记、书记。1984年2月至1985年5月，共青团鹿城区委书记。1985年5月至1989年10月，温州市鹿城区委常委、宣传部长。1984年5月至1987年6月，任鹿城区第一届人大常委会委员。1989年10月后，先后任中国驻意大利米兰总领事馆二秘、一秘兼领事，温州市商委副主任、党组成员、纪检组长，平阳县委副书记兼组织部部长，苍南县委副书记、代县长、县长、县委书记、县人大常委会主任，温州市委副秘书长、市委常委、统战部长、市侨联主席（兼），市委常委、鹿城区委书记，市政协副主席、主席。

资料缺

金秀林，男，1984 年 5 月至 1987 年 6 月，任鹿城区第一届人大常委会委员。

林玉蓉，女，汉族，1936 年 3 月出生，温州市区人。文化程度初中，中共党员。1950 年至 1962 年，温州茶厂工作。1962 年至 1982 年，温州丝绸厂工作。1982 年，居委会主任。1984 年 5 月至 1990 年 5 月，任鹿城区第一届、第二届人大常委会委员。

周飓尧，男，汉族，1963 年 7 月出生，温州市区人。文化程度高中。1980 年至 1987 年，个体钟表修理。先后任市政协委员，区个协副会长。1984 年 5 月至 1987 年 6 月，任鹿城区第一届人大常委会委员。

袁镇澜，男，汉族，1949 年 6 月出生，温州人。温州大学教授，硕士生导师。中国武术科研委员会常务理事，曾担任温州市武术协会主席。1984 年 5 月至 1987 年 6 月，任鹿城区第一届人大常委会委员。

徐玉璟，女，汉族，1937 年 3 月出生，江苏淮安人。文化程度中专，中共党员。1957 年至 1961 年 8 月，瑞安县平阳坑小学教师、教导主任。1961 年 8 月至 1962 年 7 月，瑞安清垟公社工作。1962 年 7 月至 1963 年 3 月，瑞安县塘下区供销社工作。1963 年 3 月至 1969 年 11 月，瑞安县塘下区梓岙公社工作。1969 年 11 月至 1970 年 9 月，瑞安县塘下区联社工作。1970 年 9 月至 1972 年，瑞安县群办工作。1972 年至 1979 年 2 月，任瑞安县妇联主任。1979 年 2 月至 1979 年 12 月，瑞安县外贸局工作。1979 年 12 月至 1984 年 2 月，温州地区计划生育办公室工作。1984 年 5 月至 1992 年 3 月，任鹿城区第一届、第二届、第三届人大常委会委员。

黄成贵，男，汉族，1934年4月出生，黑龙江佳木斯市人。文化程度初中，中共党员。1945年12月至1946年8月，佳木斯市人民法院工作。1946年8月至1947年2月，市委组织部工作。1947年2月至1948年9月，十三后方医院工作。1948年9月至1949年2月，一面坡疗养院工作。1949年2月至1950年11月，东北军属疗养院工作。1950年11月至1952年12月，温州市人民政府工作。1952年12月至1953年9月，温州委员公署及文化干校工作。1953年9月至1958年4月，洞头县公安局工作。1958年4月至1958年10月，下放鹿西乡。1958年10月至1961年10月，温州市大门区委。1961年10月至1962年9月，市五七干校劳动。1962年9月至1968年12月，温州市委组织部工作。1968年12月至1977年10月，温州市委组织部工作。1984年4月，温州市西城区委工作。1984年5月至1992年3月，任鹿城区第一届、第二届、第三届人大常委会委员。

资料缺

黄国华，男，汉族，1941年出生，温州鹿城人。1963年起。先后担任温州市前进算盘厂厂长、温州市变压器二厂副厂长等职。1979年起，担任温州市点焊设备总厂厂长。1984年5月至1987年6月，任鹿城区第一届人大常委会委员。

谢菲菲，女，汉族，1940年8月出生，温州鹿城人。文化程度高中。1957年起，温州瓯剧团工作。1984年5月至1987年6月，任鹿城区第一届人大常委会委员。

曾立人，男，回族，1942年8月出生，温州市区人，文化程度大学，中共党员。先后任市园林管理处技术员、副科长、副主任、工程师。后在温州市旅游总公司工作。1984年5月至1990年5月，任鹿城区第一届、第二届人大常委会委员。

颜贻淦，男，汉族，1939年2月出生，温州平阳人。文化程度大专，中共党员。1947年9月至1951年4月，先后任平阳县晓坑乡、山门乡、萧江乡中学小学教导主任。1951年5月至1952年5月，温州市立十小、九小班主任。1952年10月至1953年1月，市立一小少先队大队辅导员。

1953年2月至1954年1月，市立九小教导主任、副校长。1954年2月至1956年8月，市小教党支部书记、市北区中心小学（原九小）校长。1956年9月至1957年4月，温五中副校长、温四中党支部书记。1957年5月至1958年5月，市九山小学辅导区党支部书记。1958年6月至1960年3月，温州西郊小学校长。1960年4月至1962年8月，城西公社党委办公室副主任、主任。1962年9月至1968年11月，市劳动局党组成员。1968年12月至1970年2月，市五七干校劳动。1971年1月至1973年4月，市广播站党支部副书记、革委会副主任。1973年5月至1979年4月，市劳动局秘书科科长。1979年5月至1984年1月，温州市东城区委委员、办公室主任。1984年2月至5月，温州市城区人大筹备组工作。1984年6月至1990年7月（退休），任鹿城区第一届、第二届人大常委会委员、办公室主任。

资料缺

黄寿连，男，1985年5月至1987年6月，任鹿城区第一届人大常委会委员。

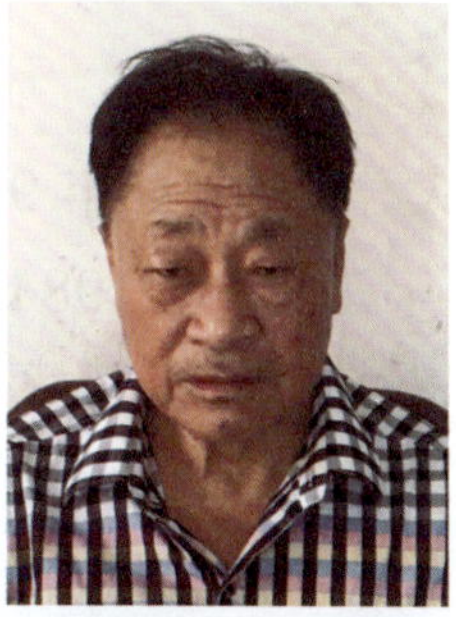

陈炳琪，男，汉族，1945年3月出生，温州鹿城人。文化程度高中，中共党员。1985年1月，任东屿村副村长、村书记。1985年5月至1987年6月，任鹿城区第一届人大常委会委员。

曾春霖，男，汉族，1935年8月出生，温州苍南人。文化程度本科，高级工程师，中共党员。1959年，由西安军事电子学院转入清华大学，后在公安第五研究院工作，升为公安科委主任，后回西安任教。1984年，任鹿城区第一届人大常委会委员。1987年，任温州市计算技术研究所所长。

王虎，男，汉族，1937年1月出生，温州市区人。文化程度大学。1962年至1974年，南京任教。1974年，先后任温八中教师、教研组长、副教导、副校长。1984年，任温八中校长，市政协常委兼政协教育组副组长，政协祖国统一工作联络委员会副主任。1987年6月至1990年5月，任鹿城区第二届人大常委会委员。

仰洪元，男，汉族，1920年出生，温州市区人。文化程度师专。在山垟小学任校长，直至退休。现任市公证处联络员兼鹿城区侨联委员、侨联会会长。1987年6月至1990年5月，任鹿城区第二届人大常委会委员。

陈克，男，汉族，1937年1月出生，温州市区人，中共党员，文化程度高中。1958年8月至1960年7月，南塘小学大队辅导员。1960年7月至1964年7月，双屿中心小学副教导主任、城南小学副教导主任。1964年7月至1966年，杭州省委和温州市委社教工作队工作。1966年至1972年，城南小学任教。1972年至1975年9月，市教育局工作。1975年9月至1976年4月，市委调查组（在木材厂）工作。1976年4月至1978年，市教育局教育科工作。1978年至1981年10月，市教育局中小学教育科科长、党组成员。1981年10月至1984年，市教育局教育科科长。1984年至1987年7月，鹿城区教育局副局长。1987年6月至1998年3月，任鹿城区第二届、第三届、第四届人大常委会委员。

张天龙，男，汉族，1938年5月出生，文化程度大学。1961年9月至1972年10月，浙江省机械科学研究院工作。1972年11月至1984年9月，温州地区工科院（现市工科院）工作。1984年9月，鹿城区科委工作。1987年6月至1990年5月，任鹿城区第二届人大常委会委员。

张爱春，男，汉族，1936年7月出生，温州市区人。文化程度高中，中共党员。1955年9月，黄岩金清农场。1956年9月，浙江丽水林校。1958年2月，任温州市政工程处采购员。1959年5月，瓯海区三垟街道中心小学教师。1962年10月，在鹿城区企业工作。1987年6月至2003年3月，任鹿城区第二届、第三届、第四届、第五届人大常委会委员。

张维仁，男，汉族，1964年10月出生，温州市区人。文化程度研究生，中共党员。1985年7月，杭州大学教育系毕业。1985年8月，温二中任教。1986年8月至1993年3月，鹿城区团委代书记、书记。1987年6月至1993年4月，任鹿城区第二届、第三届人大常委会委员。

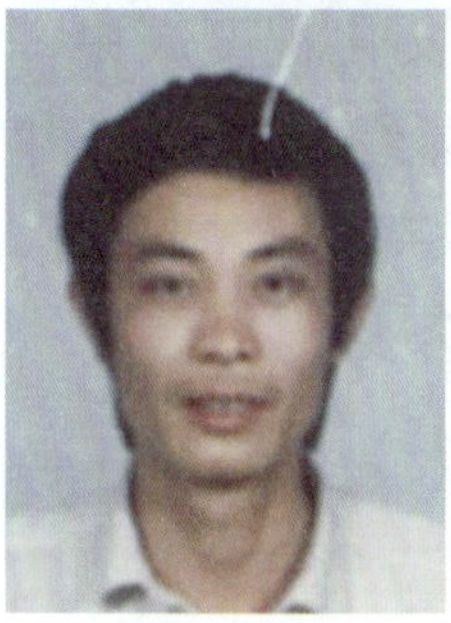

杨康琴，男，汉族，1956年8月出生，温州市区人。文化程度中专，无党派人士。1972年10月至1976年12月，市环卫处机械五金厂。1976年12月至1979年11月，市环卫处工作。1979年11月至1982年12月，市卫生干部进修学校毕业。1982年12月至1985年9月，市环卫处环卫科办事员、科长、副主任。1987年6月至1990年5月，任鹿城区第二届人大常委会委员。

黄寿良，男，汉族，1930年11月出生，温州市区人。文化程度初小，中共党员。1949年至1952年，任民兵队长。1953年至1957年，任初级社和高级社社长。1958年至1959年，任蒲州副工业主任兼修配厂厂长。1959年至1962年，任梧田农械厂书记兼厂长。1963年，任黎明乡党委委员兼岠一大队书记。1987年6月至1990年5月，任鹿城区第二届人大常委会委员。

王蓓，女，汉族，1939年10月出生，温州市区人。文化程度高中，致公党成员。1958年8月至1984年4月，温州中糖公司职工。1985年，任西山街道妇联分会会长。1990年5月至1993年4月，任鹿城区第三届人大常委会委员。

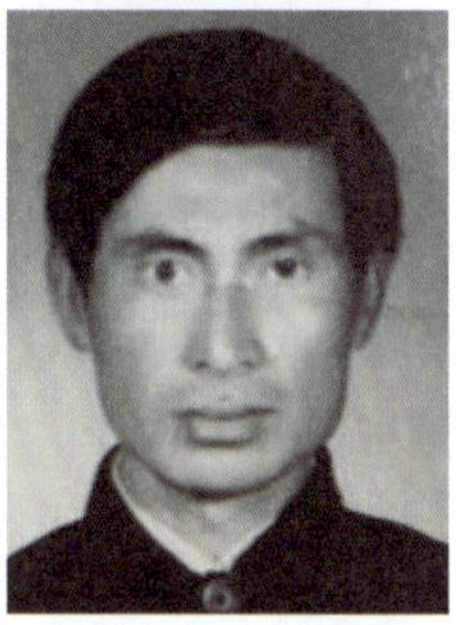

伍云波，男，汉族，1944年出生，温州市区人。文化程度小学，无党派人士。农民，农业技术员。1990年5月至1993年4月，任鹿城区第三届人大常委会委员。

朱茂盛，男，汉族，1944年9月出生，浙江文成人。文化程度高中，中共党员。1962年6月至1968年9月，守备86团战士、警卫员、班长。1968年9月至1970年11月，省军区守备一营。1970年11月至1971年11月，省军区司令部政治处干事。1971年11月至1979年10月，温州市人武部组织动员科副科长。1979年10月至1981年1月，在温州市人武部任副科长。1981年1月至1985年12月，任温州军分区动员科科长。1985年12月，任鹿城区人武部副部长、政委。1990年5月至1993年4月，任鹿城区第三届人大常委会委员。

朱建秋，女，汉族，1964 年 8 月出生浙江乐清人。文化程度高中，无党派人士。1982 年，在环城东路小商品市场从事个体经营。1985 年 10 月起，妙果寺商城从事服装批发兼个协团委文员，妙果寺分会副主任。1990 年 5 月至 1993 年 4 月，任鹿城区第三届人大常委会委员。

刘进法，男，汉族，1935 年 3 月出生，浙江永嘉人。文化程度大学，中共党员。1951 年 1 月至 1954 年 8 月，县人民政府工作。1954 年 8 月至 1958 年 9 月，省工农干部。1958 年 9 月至 1963 年 9 月，杭州大学学习。1963 年 9 月至 1965 年 10 月，地委工作。1965 年 10 月至 1976 年 12 月，中学区教办工作。1976 年 12 月至 1980 年，县纪委工作。1990 年 5 月至 1998 年 3 月，任鹿城区第三届、第四届人大常委会委员。

李中苏，男，汉族，1954 年 4 月出生，山东人。文化程度大学，中共党员。1970 年 6 月至 1973 年，黑龙江生产建设兵团工作。1973 年 9 月至 1976 年，大连海运学院无线电系学员。1976 年 8 月至 1981 年，中远广州远洋运输公司远洋轮报务主任。1981 年 8 月至 1984 年，温州港务局（航运公司）组织科干部。1984 年 1 月至 1987 年，温州市委办公室秘书，副科长。1987 年 7 月至 1990 平阳县县常委、组织部长。1990 年 3 月，鹿城区委常委，组织部长。1990 年 5 月至 1993 年 2 月，任鹿城区第三届、第四届人大常委会委员。

李梅龙，男，汉族，1937 年 3 月出生，温州市区人。文化程度初中，中共党员。1956 年至 1961 年 1 月，宁波军分区部队战士、班长、排长、连长、参谋、主任。1978 年 10 月，任新桥镇党委书记、镇长。1990 年，城郊乡工作。1990 年 5 月至 1992 年 3 月，任鹿城区第三届人大常委会委员。

余岩隆，男，汉族，1938 年 2 月出生，温州市区人。文化程度初中，中共党员。1956 年 10 月至 1958 年 1 月，海南兴海县唐乃亥区政府工作。1958 年 10 月至 1964 年 1 月，海南兴海县河卡人民公社（区）秘书。1964 年 2 月至 1982 年 2 月，海南兴海县县委办公室秘书、副主任、主任。1982 年 3 月至 1984 年 2 月，温州市南郊区委办公室干部。1984 年 3 月至 1984 年 6 月，温州市城区区委办公室干部。1984 年 7 月至 1998 年 7 月，鹿城区人大常务会办公室副主任、主任。1990 年 5 月至 1998 年 3 月，任鹿城区第三届、第四届人大常委会委员。

张国光，男，汉族，1932年2月出生，浙江宁波人。文化程度中专，中共党员。先后任步兵学校、航校学员、军械员、军械师、军械分队长、主任，温州冶金厂工人、车间党支部书记。后转市委材料组工作，又任市检察院检察员，东城区检察院检察员、科长，区检察院检察员、检察委员会委员。1990年5月至1993年4月，任鹿城区第三届人大常委会委员。

张淑玲，女，汉族，1925年8月出生，浙江乐清人。文化程度小学，无党派人士。1964年6月至1983年，瓯海服装厂行政干部。1983年至1985年11月，任五马街居委会主任。1990年5月至1998年3月，任鹿城区第三届、第四届人大常委会委员。

郑式乐，男，汉族，1936年12月出生，浙江苍南人。文化程度大学，九三学社。1962年11月至1968年1月，省供销社基建、省商业厅计划处工作。1969年6月至1977年12月，省干校学习，泰顺县计委技术员。1978年1月至1980年2月，平阳县计委技术员。1980年3月至1981年11月，平阳县建筑设计室技术员。1981年12月至1989年6月，苍南县设计室工程师。1989年6月，温州市规划局科技科工作。1991年5月至1993年4月，任鹿城区第三届人大常委会委员。

施长根，男，汉族，1938年9月出生，浙江杭州人。文化程度中专，中共党员。1956年8月至1958年4月，海军航空学校任学员、副班长。1958年4月至1980年1月，任温州化工厂工人、厂工会副主席，温化五七连长，温化综合厂厂长、温化厂日用化工厂厂长。1980年1月至1982年初，温州地质工会办事处办事员。1982年初至1984年6月，温州市总工会生产部副部长、部长、工会常委。1984年6月以来，任鹿城区总工会副主席。1990年5月至1993年4月，任鹿城区第三届人大常委会委员。

黄文芳，女，汉族，1941年3月出生，温州市区人。文化程度师专，民盟成员。1959年至1978年，小学教师。1984年至1986年，原温州市城南中心校校长。1987年以来，城南第一小学校长。1987年，温州市政协委员。1990年5月至1998年3月，任鹿城区第三届、第四届人大常委会委员。

王金松，男，汉族，1947年7月出生，温州市区人。文化程度初中，中共党员。1962年9月至1964年12月，温州市建筑公司临时工。1964年12月至1965年2月，空军晋江场站新兵连战士。1965年2月至1972年5月，空军漳州基地警卫连战士。1972年5月至1978年9月，空军漳州场站警卫连副连长。1978年9月至1985年12月，温州市郊区城郊公社工作人员，城郊乡人武部副部长，城郊乡党委委员、副乡长、人武部长。1985年12月至1986年5月，鹿城区双屿乡党委书记。1986年5月至1988年12月，鹿城区双屿镇党委书记。1988年12月至1989年4月，温州市城市管理办公室办事员。1989年4月至1990年10月，鹿城区东风街道党委副书记。1990年10月至1993年4月，鹿城区广化街道党委委员、办事处副主任。1993年4月至1998年3月，任鹿城区第四届人大常委会委员。

毛如炎，女，汉族，1947年8月出生，温州市区人。文化程度中专，民主促进会成员。1967年8月至1978年2月，温三幼教师。1978年2月至1989年10月，温州六幼园长。1989年10月，温九幼园长。1993年4月至1998年3月，任鹿城区第四届人大常委会委员。

叶宝松，男，汉族，1946年4月出生，温州市区人。文化程度中专，中共党员。1966年至1980年，华东608队工作，团支书，团委干事，机关连副连长。后在温州市市政工程建设开发公司（原市政工程处）任政工科副科长、生产科副科长，副主任，副经理，副书记。1993年4月至1998年3月，任鹿城区第四届人大常委会委员。

邱心川，男，汉族，1950年9月出生，温州市区人。文化程度中专，中共党员。1968年12月，温州市地砖厂工人，团委副书记。1976年4月至1979年7月，温州市体委科体科干部，人秘科干部。1983年11月，温州市体委办公室主任、支部书记。1989年5月，温州市蒲鞋市街道党委书记。1990年8月，鹿城区松台街道党委书记，办事处主任。1993年4月至1996年12月，任鹿城区第四届人大常委会委员。1996年后，任鹿城区副区长、区委常委、组织部长、常务副区长、区委副书记，市人民防空办公室主任党组书记、市政协常委、副秘书长、提案委主任。

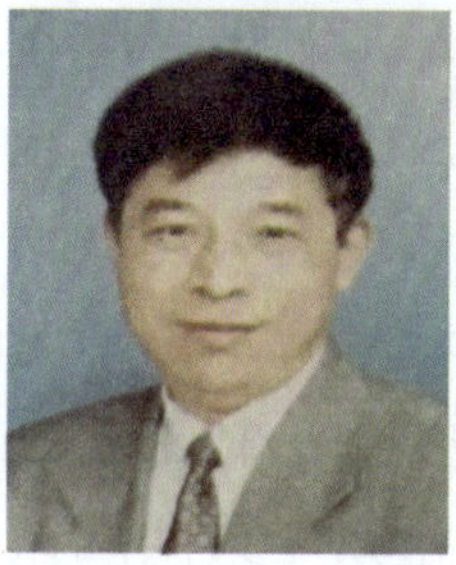

邱国华，男，汉族，1943年7月出生，温州市区人。文化程度大专，中共党员。1963年2月至1975年11月，解放军铁道兵副班长、司务长、副指导员、师政治部组织干事。1975年11月至1983年8月，温州市石油公司人事干事、副厂长、科长。1983年9月至1984年2月，温州市委组织部机构改革办公室办文员。1984年2月至1989年4月，鹿城区劳动局副局长兼劳务公司总经理。1989年5月至1993年5月，温州市中街道、海坛街道党委副书记、副主任。1993年5月至1994年9月，鹿城区人大常委会财经委主任。1994年10月至2003年8月，蒲鞋市街道副书记、主任。并任鹿城区四、五届人大代表。1993年4月至1994年10月，任鹿城区第四届人大常委会委员。

张淑真，女，汉族，1950年9月出生，温州市区人。文化程度中专，中共党员。1971年1月至1983年7月，温州渔业机械厂技术科绘图员，厂团委委员、书记。1983年7月至1984年2月，温州市委机构改革办公室工作。1984年2月至1990年5月，鹿城区委组织干部科工作。1990年5月至1992年7月，鹿城区妇联副主席、主席。1993年4月至2003年3月，任鹿城区第四届、第五届人大常委会委员。

陈伟民，男，汉族，1957年8月出生，温州市区人。文化程度大专，中共党员。1973年11月至1977年2月，温州市理发工具厂工人。1977年3月至1985年4月，温州市轻工机械厂工作。1985年5月至1993年4月，鹿城区人大办公室秘书、副主任。其中，1993年4月至1994年6月，任鹿城区第四届人大常委会委员、办公室副主任。1994年8月，先后任温州市政府办公室秘书处副处长、处长，温州市政府办公室副主任、党组成员，市政府副秘书长（正县级）。

胡剑谨，女，汉族，1964年2月出生，温州市区人。文化程度研究生，中共党员。1984年8月至1987年2月，松台街道办事员，团委负责人。1987年2月至1993年3月，西山街道办事处副主任。1993年3月至1995年1月，任鹿城区团委书记。任温州市常委、宣传部长。1993年4月至1995年3月，任鹿城区第四届人大常委会委员。1995年后任共青团温州市委副书记、书记、瓯海区委副书记、区长、洞头县委书记、温州市委常委宣传部长。

赵志尚，男，汉族，1940年6月出生，浙江缙云人。文化程度大专，中共党员。1961年8月至1982年2月，军队工作。1982年2月至1984年7月，温州市司法局工作。1984年7月至1990年7月，鹿城司法局科长、党组成员。1990年7月至1992年4月，鹿城区海坦街道党委副书记。1992年5月至2000年9月，鹿城区人大常委会法制工委副主任、主任、调研员。1993年4月至1998年3月，任鹿城区第四届人大常委会委员。

施秀珍，男，汉族，1950年7月出生，温州市区人。文化程度初中，无党派人士。1968年1月至1989年，村里务农。1990年至1993年，双屿镇上伊村村委会主任。1993年4月至1998年3月，任鹿城区第四届人大常委会委员。

倪国兴，男，汉族，1937年3月出生，温州市区人。文化程度大学，中共党员。1959年8月至1984年4月，部队工作。1984年4月至1990年8月，西山街道办事处工作。1990年8月至1993年3月，蒲鞋市街道办事处工作。1993年3月，鹿城区总工会工作。1993年4月至1998年3月，任鹿城区第四届人大常委会委员。

潘信雄，男，汉族，1947年8月出生，温州市区人。文化程度大专，中共党员。1968年5月至1970年4月，市长征化工厂工作。1970年4月至6月，永嘉县仁溪公社上三房大队工作。1970年6月至1974年6月，黑龙江生产建设兵团六营五十八连。1974年6月至1978年8月，城郊乡黎一五金农机站副主任、主任、教科文卫工委主任。1978年8月至1981年8月，温州师范学院工作。1981年8月至1984年1月，温州新桥中学教师。1984年1月至1985年2月，近郊区文教卫生局工作。1985年2月至1989年3月，鹿城区教委成人教育科工作。1989年3月至1992年5月，人大常委会教科文工委工作。1992年5月至2003年3月，人大常委会代表工委工作。1993年4月至2003年3月，任鹿城区第四届、第五届人大常委会委员。

唐晨曦，男，汉族，1959年6月出生，温州瑞安人。文化程度大学，中共党员。1979年9月至1983年7月，杭州大学地理专业学习。1983年8月至1984年5月，乐清县公安局预审科预审员。1984年5月至1985年4月，乐清县公安局办公室秘书。1985年4月至1986年7月，乐清县雁荡山公安分局秘书股副股长。1986年7月至1988年6月，乐清县委组织部干部科干部。1988年6月至1991年7月，鹿城区监察局工作人员、审理科科长、党组成员。1991年7月至1993年6月，鹿城区东风街道党委副书记、纪监组组长。1993年6月至1994年3月，鹿城区朔门街道党委副书记、纪委书记。1994年3月至1998年6月，鹿城区人大常委会办公室副主任。1995年3月至1998年6月，任鹿城区第四届人大常委会委员、办公室主任。

金文平，男，汉族，1954年11月出生，温州市区人。文化程度大专，中共党员。1983年11月至1984年6月，温州市南郊公社文化站工作人员。1984年6月至1985年9月，温州市南郊乡副乡长。1985年9月至1990年5月，鹿城区建委办公室副主任。1990年5月至1993年8月，鹿城区仰义乡副乡长、党委委员、党委书记。1993年8月至1994年10月，鹿城区城市管理局局长、党组书记。1994年10月至1996年3月，鹿城区人大常委会财经委副主任、主任。1996年3月至1997年3月，任鹿城区第四届人大常委会委员。

王成淼，男，汉族，1942年4月出生，温州市区人。文化程度初中，中共党员。1958年10月至1960年，纺织厂工作。1960年至1963年，市捕捞队工作。1963年12月至1978年7月，海军南海舰队4475部队安装连连长。1978年7月至1986年3月，海军南海舰队技术大队副大队长。1986年3月至1990年10月，鹿城乡镇工业管理局副局长。1990年10月至1998年4月，鹿城工交委副主任。1998年4月至2003年3月，任鹿城区第五届人大常委会财经工委主任、委员。

杨薇薇，女，汉族，1954年5月出生，温州市区人。文化程度中专，中共党员。1971年11月至1974年8月，文成县石垟林场知青，场团委副书记，团地委委员。1974年9月至1976年7月，温州师范学校数理专业学生。1976年7月至1976年12月，文成县西坑中学教师。1977年1月至1977年9月，文成县文化馆干事。1977年10月至1980年3月，共青团文成县委干事。1980年3月至1984年6月，共青团温州地委市委干事。1984年6月至12月，鹿城区委组织部干事。1984年12月至1985年12月，鹿城区人事局干事。1985年12月至1992年12月，鹿城区鼓楼街道党委委员、办事处副主任。1992年12月至1996年4月，鹿城区妇联副主任、区政协常委。1996年4月至2003年3月，鹿城区总工会党组书记、主席。1998年3月至2007年1月，任鹿城区第五届、第六届人大常委会委员。

李知森，男，汉族，1960年9月出生，温州南郊乡人。中共党员。1976年7月至1978年10月，在家务农。1978年11月至1988年8月，村办企业工人。1988年12月，南郊乡德政村党支部书记，村长。1998年3月至2003年3月，任鹿城区第五届人民代表大会常务委员会委员。1998年3月至2007年1月，任鹿城区第五、六届人大常委会委员。

吴伟，男，汉族，1944年6月出生，温州永嘉人。文化程度大学。1968年7月至1973年2月，临海县水产局技术干部。1973年2月至1991年1月，永嘉县农业局技术员、助理、工程师、副局长。1991年1月至1991年8月，永嘉县科协副主席。1991年8月至1997年4月，鹿城区政府办公室干部，副科长、副主任。1997年4月至1998年4月，鹿城区人大常委会教科文卫工委主任。1998年3月至2003年3月，任鹿城区第五届人大常委会委员。

何永旺，男，汉族，1942年12月出生，温州瓯海人。文化程度中专，中共党员。1960年9月至1961年7月，海军第二航空学校学员。1961年7月至1963年2月，海航训练基地军械员。1963年2月至1964年12月，海军第二航空学校学员。1964年12月至1973年，海航十师廿八团军械师。1973年至1976年，海航十师教导队。1976年至1979年11月，海航十师机务大队大队长。1979年11月至1984年6月，海航七师第19团机务大队助理、双屿公社党委副书记。1984年6月至1995年4月，温州市郊区纪检监组组长、鹿城区农经委干部。1995年4月至1998年4月，区机关工委副书记，机关纪检委员会委员、书记。1998年4月至2003年6月，区人大常委会代表工委主任。1998年3月至2003年3月，任鹿城区第五届人大常委会委员。

张京，男，汉族，1968年1月出生，温州市区人。文化程度大学，中共党员。1990年9月至1995年8月，鹿城区人民法院经济庭助理审判员。1995年8月以来，任鹿城区团委副书记、书记。1998年3月至2003年3月，任鹿城区第五届人大常委会委员。

陈胜华，男，汉族，1953年7月出生，浙江青田人。文化程度大专，中共党员。1972年12月至1972年2月，空军特种技术装备检验站战士。1976年2月至1977年7月，地空导弹学院学员。1977年7月至1983年11月，检验团技师，政治指导员，副营职干事。1983年11月至1986年1月，试飞团政治处，副营职干事。1986年1月至1996年12月，温州市委组织部干事、副处长、处长。1996年12月，鹿城区委常委、组织部长。1998年3月至2003年3月，任鹿城区第五届人大常委会委员。2003年4月任温州市房产管理局副局长。

林建水，男，汉族，1942年9月30日出生，温州瑞安人。文化程度大专，中共党员。1960年8月至1961年5月，温州水警区新兵连战士。1961年至1966年，浙江海门部队二中艇505艇战士、班长。1966年至1973年，浙江海门部队652艇军士长、副指导员、指导员。1973年至1978年，温州水警区直属一中队630艇指导员。1978年至1981年1月，水警区医疗队教导员、政协部党委委员。1982年1月至1984年2月，温州市南城区司法局筹备组组长。1984年2月至1993年6月，鹿城区司法局副局长。1993年6月至1998年6月，鹿城区环境保护局（二级局）局长、党组书记。1998年3月至2003年3月，任鹿城区第五届人大常委会委员。

周兰森，男，汉族，1942年4月出生，温州市区人。文化程度初中，中共党员。1954年11月至1962年6月，温州瓯海景山净水村务农。1962年6月至1979年11月，南京军区军备二十七团，战士年班长年排长年副营长。1979年11月至1984年1月，温州市糖果厂副书记、厂长。1984年1月至1990年8月，鹿城区海坦街道文化主任、副书记。后任洪殿街道文化书记、主任科长。1998年3月至2003年3月，任鹿城区第五届人大常委会委员。

郑凤柳，女，汉族，1936年10月出生，温州市区人。文化程度初中，中共党员。1954年至1958年，居委会妇女主任。1964年至1986年，温州唐璜厂车间主任、支部委员。1987年至1989年，进步居委会质保主任、主任、支部书记。1998年3月至2003年3月，任鹿城区第五届人大常委会委员。

夏积文，男，汉族，1955年9月出生，文化程度研究生，中共党员。1973年5月至1978年2月，天台县林业局办事员。1978年2月至1982年1月，南京林业大学学生。1982年1月至1988年1月，温州木材厂技术员、车间副主任、技术科科长、副厂长。1988年1月至1990年1月，日本产能大学研修生。1990年1月至2003年3月，温州木材集团公司副厂长、副总经理。1998年3月至2007年1月，任鹿城区第五届、第六届人大常委会委员。

郭晓媛，女，汉族，1946年12月出生，山西太原人。文化程度大专，中共党员。1965年9月至1976年12月，核工业部西北182队14队普查分队工作。1976年12月至1981年8月，核工业部西北地勘局214队第八分队工作。1981年8月至1988年4月，核工业部西北地勘局214队子校工作。1989年8月至1993年6月，区政府办公室秘书科科长。1993年7月至1998年2月，区计生委副主任。1998年3月至2003年3月，任鹿城区第五届人大常委会委员。

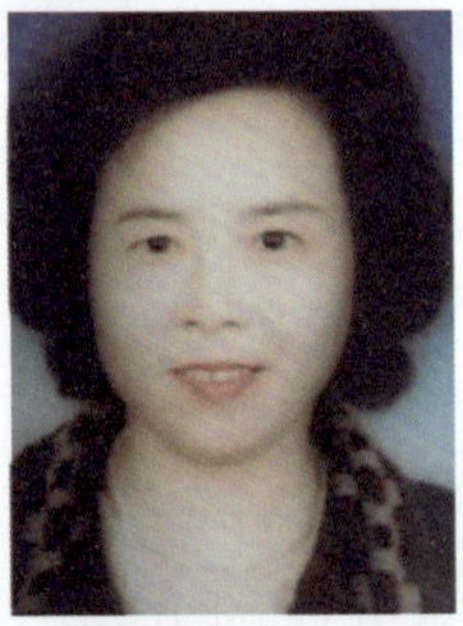

张淑芳，女，汉族，1950年11月出生，温州平阳人。文化程度大专，中共党员。1968年9月至1969年2月，平阳邮电局临时工。1969年2月至1971年5月，平阳城西分社插队。1971年5月至1972年12月，温州工业学校学生。1972年12月至1982年8月，温化总厂办公室科员。1982年8月以来，任温十八中政治教师、办公室副主任兼人事科干部。2001年3月至2003年3月，任鹿城区第五届人大常委会委员。

叶军，男，汉族，1962年9月出生，浙江温岭人。文化程度大学，中共党员。1980年9月至1985年7月，温州医学院临床医疗系学生。1985年7月至1999年5月，温州市第八医院内科、急诊科医师、急诊科主任、副主任医师。1999年5月至2001年1月，鹿城区卫生局卫生防疫科副科长。2001年1月至2005年3月，鹿城区疾病预防控制中心副主任、主任。2003年3月至2007年1月，任鹿城区第六届人大常委会委员。

孙国勇，男，汉族，1964年12月出生，温州市区人。文化程度大学。九三学社成员。1988年10月至1990年9月，温州制药厂技术员、助理工程师。1990年9月至1992年10月，尤利欧（中国）箱包扣件有限公司总经理助理。1992年10月至1998年4月，温州新世纪电脑技术公司董事长。1998年4月至2008年3月，温州新世纪电脑技术公司董事长、温州帝杰曼信息网络工程有限公司董事长。2008年，任温州帝杰曼信息网络工程有限公司董事长。2003 年 3 月至 2016 年 7 月，任鹿城区第六届、第七届、第八届人大常委会委员、温州市十二届人大代表。

孙建玲，女，汉族，1962 年 9 月出生，温州瑞安人。文化程度大学，中共党员。982 年 8 月至 1984 年 8 月，洞头县北沙中学教师。1984 年 8 月至 1988 年 3 月，洞头县妇联主任。1988 年 3 月至 1989 年 7 月，洞头县妇联副主任。1989 年 7 月至 1990 年 6 月，鹿城区妇联科员。1990 年 6 月至 1994 年 10 月，鹿城区妇联执委、常委。1994 年 10 月至 2001 年 9 月，鹿城区莲池街道办事处主任助理、副主任、党工委委员。2001 年 9 月至 2002 年 3 月，鹿城区五马街道党工委副书记、纪工委书记。2002 年 3 月至 2003 年 3 月，鹿城区南浦街道党工委副书记、办事处主任。2003 年 3 月至 2010 年 10 月，鹿城区总工会主席、党组书记。2003 年 3 月至 2012 年 1 月，任鹿城区第六届、第七届人大常委会委员。

吴广，男，汉族，1957 年 2 月出生，温州市区人。文化程度大专，中共党员。1969 年 6 月至 1982 年 8 月，温州市瓯剧团演员。1982 年 8 月至 1984 年 2 月，温州市群众艺术馆馆员。1984 年 2 月至 2002 年 3 月，鹿城区文化馆馆长助理、副馆长、馆长。2002 年 3 月至 2007 年 1 月，任鹿城区第六届人大常委会委员。

吴小霞，女，汉族，1960 年 1 月出生，温州乐清人。文化程度本科，中共党员。1977 年 12 月至 1978 年 9 月，乐清县白象镇政府办事员。1978 年 9 月至 1980 年 8 月，乐清县白象镇妇联副主任。1980 年 8 月至 1983 年 6 月，乐清县磐石镇妇联主任。1983 年 6 月至 1987 年 1 月，乐清县柳市镇党委委员、妇联主任。1987 年 1 月至 1991 年 6 月，鹿城区妇联科员。1991 年 6 月至 2003 年 3 月，鹿城区人大常委会代表工委委员、副主任。2003 年 3 月至 2011 年 4 月，鹿城区人大常委、代表工委主任。2011 年 4 月，任鹿城区人大常委会主任科员。2003 年 3 月至 2012 年 1 月，任鹿城区第六届、第七届人大常委会委员。

余冬青，男，汉族，1956 年 11 月出生，温州永嘉人。文化程度高中，中共党员。1974 年 12 月至 1983 年 9 月，解放军铁道兵第三师特务连战士、司令部正排职收发员、通信连副连职队长。1983 年 9 月至 1984 年 4 月转业。1984 年 4 月至 1985 年 3 月，永嘉县人民法院审判员。1985 年 3 月至 1990 年 5 月，鹿城区委组织部干事、干部科副科长。1990 年 5 月至 2002 年 1 月，鹿城区司法局副局长、党组成员。2002 年 1 月至 2003

年3月，鹿城区人大常委会法制工委副主任、主任。2003年3月至2012年1月，鹿城区人大办公室主任，党组成员。2003年3月至2012年1月，任鹿城区第六届、第七届人大常委会委员。

陈志庭，男，汉族，1956年3月出生，温州市区人。文化程度高中，中共党员。1978年8月至1984年6月，鹿城区南郊乡工作人员、公社管委会副主任。1984年6月至1990年4月，鹿城区南郊乡乡长、党委委员、副书记。1990年4月至1995年11月，鹿城区黎明乡党委副书记、乡长，上陡门街道党委副书记、办事处主任。1995年11月至1998年11月，鹿城区黎明乡书记、上陡门街道党委书记。1998年11月至2002年1月，温州市江滨路鹿城段工程建设指挥部副指挥。2002年1月，鹿城区人民防空办公室主任。2003年3月至2007年1月，任鹿城区第六届人大常委会委员。

林献珍，男，汉族，1948年8月出生。温州乐清人，文化程度高中，中共党员。1979年12月至1980年3月，乐清县淡溪乡政府办事员。1980年3月至1984年1月，乐清县蒲岐镇政府经营管理员。1984年1月至1987年3月，乐清虹桥区委办、纪检组干部。1987年3月至1989年9月，鹿城区纪委秘书。1989年9月至1990年8月，鹿城区纪委副科级纪检员。1990年8月至1994年3月，鹿城区五马街道党委副书记、办事处主任。1994年3月至2001年9月，鹿城区五马街道党工委书记。2001年9月至2002年12月，鹿城区广化街道党工委书记。2002年12月至2003年3月，鹿城区人大城建工委主任、法工委主任。2003年3月至2007年1月，任鹿城区第六届人大常委会委员。

周方业，男，汉族，1951年1月出生，温州市区人。文化程度大专，中共党员。1969年3月至1971年3月，解放军27军237团战士。1971年3月至1976年4月，温州市陶磁机械修配厂工人、供销员。1976年4月至1979年5月，温州市公安局三科办事员。1979年5月至1987年9月，温州乳品厂保卫科干事、副科长、科长。1987年9月至1989年7月，温州市委党校党政管理专业学员。1989年7月至1991年10月，温州乳品厂制罐车间党支部书记、党委办公室副主任。1991年10月至1993年6月，鹿城区监察局办公室秘书、副主任。1993年6月至1996年7月，鹿城区纪委宣传教育室副主任、办公室副主任及副局级纪检员。1996年7月至1997年5月，鹿城区纪委办公室主任。1997年5月至2003年3月，鹿城区纪委常委、办公室主任。2005年4月至2007年1月，鹿城人大常委会财经工委副主任。2003年3月至2007年1月，任鹿城区第六届人大常委会委员。

项丽丽，女，汉族，1944 年 9 月出生，温州市区人。中共党员。1960 年 8 月至 1977 年 6 月，温州市水产公司出纳、会计。1977 年 6 月至 1991 年 3 月，温州市水产公司人事科干事。1991 年 3 月至 2001 年 10 月，鹿城区市中街道仓桥居委会主任。2001 年 10 月至 2003 年 3 月，鹿城区五马街道仓桥街社区居委会主任。2003 年 3 月至 2007 年 1 月，任鹿城区第六届人大常委会委员。

胡正武，男，汉族，1971 年 2 月出生，温州市区人。文化程度大学，中共党员。1994 年 10 月至 1995 年 10 月，鹿城区鼓楼街道办事处政治处干事。1995 年 10 月至 1996 年 12 月，鹿城区鼓楼街道办事处政治处副主任。1996 年 12 月至 1997 年 4 月，鹿城区鼓楼街道办事处政治处主任。1997 年 4 月至 1998 年 7 月，四川省南部县东坝区工委副书记、副主任（挂职）。1998 年 7 月至 2003 年 1 月，共青团鹿城区委副书记。2003 年 1 月，共青团鹿城区委书记。2003 年 3 月至 2007 年 1 月，任鹿城区第六届人大常委会委员。

夏永远，男，汉族，1956 年 8 月出生，温州市区人。文化程度大专，中共党员。1979 年 12 月至 1984 年 6 月，瓯海县藤桥镇民政助理员。1984 年 6 月至 1987 年 2 月，瓯海县藤桥镇党委委员。1987 年 2 月至 1992 年 4 月，瓯海区藤桥镇党委副书记。1992 年 4 月至 1995 年 12 月，瓯海区临江镇党委副书记。1995 年 10 月至 1998 年 11 月，瓯海区岙底乡党委书记、乡长。1998 年 11 月至 2001 年 12 月，鹿城区（瓯海区）岙底乡党委书记、人大主席。2001 年 12 月至 2003 年 3 月，鹿城区人大城建工委副主任（正局级）。2003 年 3 月至 2005 年 9 月，鹿城区人大城建与农村工委副主任。2005 年 9 月至 2012 年 1 月，鹿城区人大常委会代表工委主任。2003 年 3 月至 2012 年 1 月，任鹿城区第六届、第七届人大常委会委员。

倪松汉，男，汉族，1950 年 12 月出生，温州市区人。文化程度高中，中共党员。1969 年 3 月至 1973 年 5 月，解放军步兵第 81 师战士。1973 年 5 月至 1983 年 12 月，温州茶厂电工、副厂长。1984 年 1 月至 1986 年 12 月，温州茶厂党委委员、副厂长。1987 年 1 月至 1991 年 5 月，温州茶厂副厂长兼水心饭店总经理。1991 年 5 月至 1994 年 3 月，鹿城区五马街道党委委员、办事处副主任。1994 年 3 月至 1998 年 5 月，鹿城区五马街道党工委副书记、办事处主任。1998 年 6 月至 2001 年 9 月，鹿城区朔门街道党工委书记。2001 年 9 月至 2002 年 12 月，鹿城区南浦街道党工委书记。2002 年 12 月至 2003 年 3 月，鹿城区人大常委会财经工委主任。2003 年 3 月至 2005 年 5 月，鹿城区人大常委、农村工委主任。2003 年 3 月至 2007 年 1 月，任鹿城区第六届人大常委会委员。

徐强，男，汉族，1963年6月出生，温州永嘉人。文化程度大学。中共党员。1980年11月至1983年10月，杭州83020部队服役。1983年12月至1985年9月，鹿城区工商局干部。1985年9月至1987年7月，瑞安市委党校干训班学员。1987年7月至1991年11月，鹿城区鼓楼工商所副所长、蒲鞋市工商所副所长。1991年1月至1998年12月，鹿城区委组织部干事、副科长、科长。1998年12月至2001年5月，鹿城区委组织部副部长。2001年5月至2003年6月，鹿城区委组织部副部长、区人事劳动局党组书记。2003年6月至2007年1月，鹿城区委组织部常务副部长、区人大常委。2003年3月至2007年1月，任鹿城区第六届人大常委会委员。2007年1月，先后任鹿城区委常委、统战部部长、鹿城藤桥生态新区常委书记及管委会主任、宣传部部长、区政协党组副书记、副主席。

徐春萍，女，汉族，1965年4月出生，温州市区人。文化程度研究生，中共党员。1986年8月至1998年7月，鹿城区委宣传部办事员、宣传科副科长、科长。1998年7月至2001年9月，鹿城区委宣传部副部长。2001年9月，鹿城区妇联主席。2003年3月至2007年3月，任鹿城区第六届、第七届人大常委会委员。

奚德驹，男，汉族，1955年2月出生，温州市区人。经济师。中共党员。1969年12月至1988年4月，温州市五金制品厂工人、副厂长、厂长。1988年4月至1990年4月，温州市南方房产投资公司经理。1990年4月至1992年10月，鹿城区房开公司副总经理。1992年10月至2002年10月，鹿城区迅达房开公司总经理。2000年3月至，温州市迅达房地产开发公司董事长兼总经理。2002年10月至2003年3月，浙江金迅达房地产实业公司董事长兼总经理。2003年3月至2012年1月，任鹿城区第六届、第七届人大常委会委员。

黄庆火，男，汉族，1956年5月出生，温州洞头人。文化程度大专，中共党员。1974年12月至1980年8月，解放军铁道兵三师战士。1980年8月至1983年9月，解放军铁道兵三师司令部正排职会计、副连职会计。1984年5月至1984年7月，洞头县工商行政管理局办事员。1984年7月至1986年10月，温州市劳改支队办事员，财务科副科长。1986年10月至1993年11月，鹿城区审计局办事员、办公室主任、副局长。1993年11月至1999年4月，鹿城区统计局副局长。1999年4

月至 2003 年 3 月，鹿城区人大常委会财经工委副主任。2003 年 3 月至 2012 年 1 月，任鹿城区第六届、第七届人大常委会委员。

廖跃，男，汉族，1959 年 12 月出生，温州市区人。文化程度大专。无党派。1975 年 10 月至 1979 年 1 月，温州市药品包装制品厂工人。1979 年 1 月至 1985 年 11 月，温州市轻工机械二厂工人。1985 年 11 月至 1986 年 10 月，温州市经济技术开发公司职员。1986 年 10 月至 1994 年 11 月，温州市侨珍皮鞋厂厂长。1994 年 11 月至 1998 年 11 月，温州市金发皮革制品有限公司董事长。1998 年 11 月，温州泰马鞋业有限公司董事长。2003 年 3 月至 2012 年 1 月，任鹿城区第六届、第七届人大常委会委员。

叶必庆，男，汉族，1961 年 10 月出生，温州泰顺人。文化程度中专，中共党员。1981 年 8 月至 1983 年 7 月，泰顺县公安局办事员。1983 年 7 月至 1987 年 1 月，泰顺县城关派出所副所长。1987 年 1 月至 1990 年 8 月，泰顺县公安局保卫科副科长。1990 年 8 月至 1996 年 10 月，鹿城区公安分局民警、一科副科长。1996 年 10 月至 2004 年 11 月，鹿城区双屿镇党委副书记、镇长。2004 年 11 月至 2007 年 1 月，鹿城区绣山街道党工委副书记、办事处主任。2007 年 1 月至 2007 年 3 月，鹿城区人大常委会委员、绣山街道党工委副书记、办事处主任。2007 年 3 月至 2011 年 4 月，鹿城区人大常委会委员、法制工委主任。2011 年 4 月，鹿城区人大常委会委员、办公室主任、党组成员。2007 年 1 月，任鹿城区第七届、第八届人大常委会委员。

庄建华，男，汉族，1959 年 2 月出生，温州洞头人。文化程度大学。民革成员。1982 年 12 月至 1990 年 12 月，洞头县人民医院住院医师、主治医师。1990 年 12 月至 1994 年 11 月，鹿城区人民医院外科主治医师。1994 年 11 月至 1995 年，鹿城区人民医院副主任医师。1995 年至 1998 年 11 月，鹿城区人民医院外科主任。1998 年 11 月至 2000 年 3 月，区人民医院院长助理兼外科主任。2000 年 3 月至 2005 年 7 月，鹿城区人民医院副院长兼外科主任。2002 年 10 月至 2005 年 8 月，普生外科主任医师。2005 年 8 月至 2013 年 12 月，浙江省第四批援疆技术干部（新疆和田地区墨云县人民医院工作）。2005 年至 2011 年 10 月，兼任鹿城区双屿卫生院社区卫生服务中心院长。2007 年 1 月，任鹿城区第七届、第八届人大常委会委员。

应真，女，汉族，1974年10月出生，温州市区人。文化程度大学。民盟成员。1992年8月至1998年9月，温州市少年艺术学校舞蹈教师。1998年9月至2002年9月，温州市少年艺术学校舞蹈教师兼教导主任。2002年9月至2003年9月，温州市少年艺术学校舞蹈教师兼校长助理。2003年9月至2005年9月，温州市少年艺术学校舞蹈教师兼副校长。2005年9月至2006年9月，温州市少年艺术学校舞蹈教师兼常务副校长、艺术总监。2006年9月至2007年，温州市少年艺术学校舞蹈教师兼校长、艺术总监。2007年，温州市少年艺术学校艺术总监。2007年1月，任鹿城区第七届、第八届人大常委会委员。

陈松权，男，汉族，1956年3月出生，温州市区人。文化程度大专，中共党员。1976年3月至1979年9月，温州市古双中学民办教师。1979年9月至1981年7月，浙江瑞安师范学校中文专业学员。1981年7月至1983年3月，永嘉瓯北中学、红胜中学教师。1983年3月至1990年11月，瓯海区司法局工作人员。1990年11月至1998年7月，鹿城区政府办公室法制科办事员、副科长、科长。1998年7月至2002年1月，鹿城区政府法制局局长（副局级）。2002年1月至2007年1月，鹿城区人大法制工委副主任。2007年1月至2012年1月，任鹿城区第七届人大常委会委员。

邵豪哲，男，汉族，1956年6月出生，温州市区人。文化程度高中。民建成员。1975年7月至1976年9月，温州市跃进塑料厂职工。1976年9月至1984年10月，温州市印染厂职工。1984年10月至1989年4月，东风电子器件厂副厂长。1989年4月至1998年8月，浙江泰力实业有限公司总经理。2002年1月至2005年5月，在美国加利福尼亚洛杉矶科技大学EMBA硕士研究生学位学习。1998年8月至2003年1月，浙江泰力实业有限公司董事长。2003年1月，温州泰力实业有限公司总经理。2007年1月至2012年1月，任鹿城区第七届人大常委会委员。

林秀春，男，汉族，1963年1月出生，温州市区人。文化程度大学，中共党员。农学学士、经济师。1982年8月至1984年5月，泰顺县农业局、种子公司工作人员。1984年5月至1987年3月，泰顺县农业科学研究所所长。1987年3月至1993年6月，鹿城区人事局工作人员。1993年6月至1997年4月，鹿城区人事局科技干部科科长、党组成员。1997年4月至1998年11月，鹿城区农林水利局副局长、党组成员、农办副主任。1998年11月至2001年9月，鹿城区黎明乡党委副书记、上陡门街道党工委副书记。2001年9月至2003年6月，鹿城区黎明街道党工委副书记、办事处主任。2003年6月至2005年8月，鹿城区黄龙街道党工委副书记、办事处主任。

2005年8月至2006年4月，鹿城区黄龙街道党工委副书记、办事处主任，兼鹿城区甬台温铁路建设指挥部副指挥。2006年4月至2007年1月，鹿城区政府办公室副主任（正局级）、党组成员。2007年1月至今，任鹿城区第七届、第八届人大常委会委员。

周筱秋，女，汉族，1947年1月出生，温州市区人。中共党员。1964年5月至1969年6月，温州有机合成化工厂工人。1969年6月至1975年6月，温州电讯厂工人。1975年6月至1991年1月，温州仪表厂生产科计划统计员。1991年1月至2004年5月，鹿城区洪殿街道夏屋社区干部、主任。2004年5月，鹿城区洪殿街道夏屋社区党总支书记兼主任。2007年1月至2012年1月，任鹿城区第七届人大常委会委员。

董金花，女，汉族，1959年11月出生，温州市区人。文化程度大学。中共党员。1979年12月至1983年3月，双屿公社妇联干部，副主任，管委会委员。1983年3月至1984年9月，近郊区团委负责人。1984年9月至1986年7月，温州市委党校党政干部专业学员。1986年7月至1990年4月，鹿城区城郊乡副乡长。1990年4月至1996年1月，鹿城区黎明乡副乡长、上陡门街道办事处副主任。1996年1月至1998年11月，鹿城区黎明乡党委副书记、乡长，上陡门街道党（工）委副书记、办事处主任。1998年11月至1999年1月，鹿城区黎明乡党委书记、上陡门街道党工委书记。1999年1月至2001年10月，鹿城区黎明乡党委书记、人大主席，上陡门街道党工委书记。2001年10月至2008年8月，鹿城区委组织部副部长。2008年8月至2009年2月，鹿城区委组织部常务副部长（副县级待遇）。2009年2月至2016年4月，温州市旅游局纪检组长、党组成员。2007年1月至2009年9月，任鹿城区第七届人大常委会委员。

谢伟，男，汉族，1963年12月出生，温州永嘉人。文化程度大专，中学一级教师。1984年8月至1996年8月，温州市第十一中学教师（其间：1985年9月至1988年8月在浙江师范大学物理专业本科函授毕业）。1996年8月至1996年12月，鹿城区教委办事员。1996年12月至2001年1月，鹿城区人大常委会科员（其间：1999年12月在浙江大学法律专业大专自考学习，1999年8月至2001年12月在中央党校函授学院法律本科学习）。2001年1月至2004年4月，鹿城区司法局副局长。2004年4月至2007年1月，鹿城区广化街道办事处副主任。2007年1月至2010年11月，鹿城区人大常委会委员、代表工委副主任。2010年11月至2011年4月，鹿城区区府办副主任（保留正局长级）。2011年4月，鹿城区人大常委会法制工委主任。2007年1月，任鹿城区第七届、第八届人大常委会委员。

鲍成发，男，汉族，1976年7月出生，辽宁大连。文化程度硕士，中共党员。1998年7月至2000年3月，大连市西岗区公安分局民警。2000年3月至2002年12月，温州市公安局政治部民警。2002年12月至2003年9月，温州市公安局宣教处理论科科长。2003年9月至2005年5月，温州市政府办公室综合一处科员、副主任科员。2005年5月至2008年5月，共青团鹿城区委副书记、书记。2007年1月至2009年2月，任鹿城区第七届人大常委会委员。

瞿芬平，男，汉族，1960年1月出生，温州永嘉人。文化程度高中，中共党员。1979年1月至1981年10月，解放军5548部队服役。1981年10月至1982年4月，永嘉县七都镇老涂村村委会委员。1985年2月至1990年3月，永嘉县七都镇老涂村党支部副书记。1990年3月，任鹿城区（永嘉县）七都镇老涂村党支部书记。2007年1月至2012年12月，任鹿城区第七届、第八届人大常委会委员。

徐晓君，女，汉族，1963年11月出生，浙江桐庐人。文化程度大学，中共党员。1984年8月至1985年6月，鹿城区洪殿街道工作。1985年6月至1987年7月，鹿城区洪殿街道妇联副主任。1987年7月至1994年11月，鹿城区洪殿街道团委副书记、政治处副主任。1994年11月至1998年5月，鹿城区洪殿街道政务科科长、副主任科员。1998年5月至2000年9月，鹿城区洪殿街道党政办主任，党工委委员、办事处副主任。2000年9月至2006年6月，鹿城区文明委办公室副主任、主任。2006年6月至2007年3月，鹿城区文明委办公室主任、区委宣传部副部长、部务会议成员。2007年3月至2009年7月，鹿城区妇联主席。2008年2月至2009年9月，任鹿城区第七届人大常委会委员。

王秀娟，女，汉族，1964年6月出生，温州市区人。文化程度大学，中共党员。1984年11月至1990年11月，瓯海县天河镇办事员、妇联主任。1990年11月至1992年1月，瓯海县永中镇妇联主任。1992年1月至1992年4月，瓯海县永强区公所妇联副主任、县妇联常委。1992年4月至1992年12月，瓯海区灵昆镇党委委员。1992年12月至1995年12月，瓯海区永中镇党委委员、纪委副书记。1995年12月至1998年11月，瓯海区永昌镇党委副书记。1998年11月至2001年12月，鹿城区（瓯海区）岙底乡党委副书记、乡长。2001年12月至2003年6月，鹿城区妇联副主席（正局级）。2003年6月至2007年3月，鹿城区黎明街道党工委副书记、办事处主任。2007年3月至2009年7月，鹿城区黎明街道党工委书记。2009年7月至2011年10月，鹿城区妇联主席、党组书记。2010年1月至2012年1月，任鹿城区第七届人大常委会委员。

胡俊武，男，汉族，1976年6月出生，温州永嘉人。文化程度研究生，中共党员。1997年7月至2001年3月，鹿城区政府办公室秘书科、综合科科员。2001年3月至2001年8月，鹿城区委宣传部办公室科员。2001年8月至2006年7月，鹿城区政府办公室综合一科科员、副科长、科长。2006年7月至2007年5月，鹿城区广电新闻中心副主任。2007年5月至2009年8月，鹿城区江滨街道党工委委员、纪工委书记。2009年8月至2009年12月，鹿城团区委书记。2009年12月至2010年12月，团温州市委常委、鹿城团区委书记、党组书记、区青联主席。2010年1月至2011年3月，共青团温州市委常委、鹿城团区委书记、党组书记、区人大常委、区青联主席、鹿城区南郊乡党委副书记、乡长（候选人）。2010年1月至2011年3月，任鹿城区第七届人大常委会委员。

夏理勇，男，汉族，1963年12月出生，温州永嘉人。文化程度研究生，中共党员。1982年8月至1983年12月，永嘉县枫林供销社办事员。1983年12月至1986年9月，永嘉县供销社人事科副科长。1986年9月至1988年7月，温州市委党校党政专业学员。1988年7月至1989年3月，永嘉县岭口乡政府办事员。1989年3月至1993年12月，永嘉县委办公室秘书科科员、副科长、科长。1993年12月至1995年3月，永嘉县体改委副主任。1995年3月至1998年7月，鹿城区府办公室科员、综合科科长、主任助理。1998年7月至2001年9月，鹿城区府办办公室副主任、党组成员。2001年9月至2006年3月，鹿城区绣山街道党工委书记。2006年3月至2007年5月，鹿城区委组织部副部长、部务会议成员、区社会工委书记。2007年5月至2009年8月，鹿城区委组织部副部长（正局级）、部务会议成员。2009年8月至2011年10月，鹿城区委组织部常务副部长。2011年10月至2012年1月，鹿城区委办公室副主任、室务会议成员。2010年1月至2012年1月，任鹿城区第七届人大常委会委员。

王敏，女，汉族，1971年10月出生，温州市区人。文化程度大学，中共党员。1990年9月至1993年8月，鹿城区黎明乡计生办办事员。1993年8月至1999年3月，鹿城区黎明乡妇联副主席、主席。1999年3月至2000年10月，鹿城区黎明乡团委书记。2000年10月至2002年3月，共青团鹿城区委常委、黎明乡团委书记。 2002年3月至2007年5月，鹿城区五马街道党工委委员。2007年5月至2009年8月，鹿城区五马街道党工委委员、纪工委书记。2009年8月至2011年10月，鹿城区五马街道党工委副书记。2011年10月，鹿城区松台街道人大工委主任。从2012年1月，任鹿城区第八届人大常委会委员。

叶青，男，汉族，1966年10月出生，温州市区人。文化程度大学，中共党员。1984年7月至1999年6月，鹿城区物价局办事员、副科长、办公室主任。1999年6月至2002年12月，中共鹿城区委组织部干事、办公室副主任、主任。2002年12月至2003年6月，鹿城区广化街道党工委副书记、纪工委书记。2003年6月至2007年5月，鹿城区五马街道党工委副书记、纪工委书记。2007年5月至2009年8月，鹿城区五马街道党工委副书记。2009年8月至2011年4月，仰义乡党委副书记、乡长，区沿江开发建设指挥部指挥。2011年4月至2011年10月，仰义街道党工委副书记、办事处主任、仰义建设管委会主任。2011年10月至2013年2月，区总工会副主席、党组副书记（保留正局长级）。2013年2月至2016年3月，区总工会副主席、党组书记。2016年3月以来，任区人大常委会办公室副主任（保留正科长级）。2012年1月至2016年3月，任鹿城区第八届人大常委会委员。

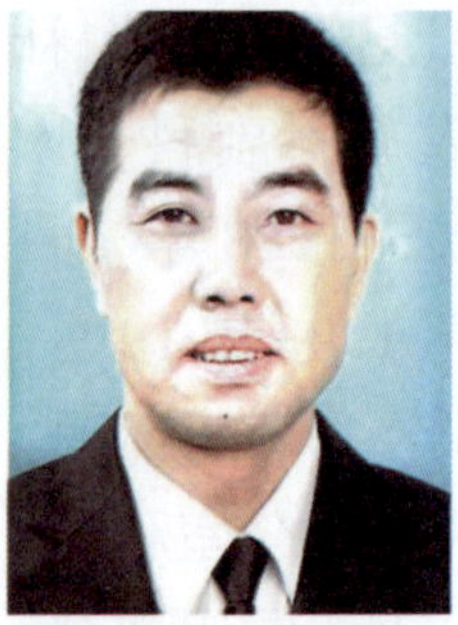

叶晓挺，男，汉族，1962年3月出生，温州市区人。文化程度大专，中共党员。 1983年10月至1995年11月，瓯海区双潮乡农办主任、副乡长。1995年11月至2006年9月，原瓯海区临江镇党委委员、副镇长，鹿城区临江镇党委委员、副镇长。2006年9月至2012年1月，鹿城区双屿街道党委委员、副镇长、副书记、人大工委主任。2012年1月，任鹿城区第八届人民代表大会常务委员会委员。

李跃胜，男，汉族，1958年6月出生，温州市区人。文化程度大专，无党派人士。1973年9月至1982年6月，温州市液压元件厂个人。1982年6月至1994年8月，温州浙南机电设备公司总经理。1994年8月，温州开元集团有限公司董事长、总裁。温州市第九、十、十一届人大代表。2012年1月，任鹿城区第八届人大常委会委员。

张勇，男，汉族，1959年11月出生，温州市区人。文化程度大专，中共党员。1975年8月，温州市饮料厂工人。1983年3月至1985年4月，温州市饮料厂副厂长。1985年4月至1987年1月，鹿城区民政局公司职工。1987年1月，温州市殡葬管理所工人。1986年12月至1987年3月，温州市儿童福利院副院长。1987年3月至1987年12月，温州市儿童福利院院长。1987年12月至1989年8月，温州市鹿城区民政局人事科办事员。1989年1月，温州市鹿城区民政局优待抚恤科科长。1993年8月至1995年6月，温州市鹿城区残联理事长。1995年6月至2006年4月，温州市鹿城区移民安置办公室副主任。2006年4月至2009年8月，鹿城区移民安置办公室主任。2009年8月至2012年1月，鹿城区供销合作社主任、党委书记。2012年1月至2014年

3月，任鹿城区第八届人大常委会委员。

陈月玲，女，汉族，1970年9月出生，温州泰顺人。文化程度本科，中共党员。1990年9月至1991年11月，泰顺机关幼儿园教师。1991年11月至1995年9月，泰顺文化局工作。1995年9月至1998年12月，鹿城区委统战部科员。1998年12月至2001年9月，鹿城区委统战部联络科副科长。2001年9月至2003年6月，鹿城区黄龙街道党工委委员、办事处副主任。2003年6月至2007年5月，鹿城区蒲鞋市街道党工委委员、办事处副主任。其间，于2000年9月至2003年7月，浙江大学成员教育本科法学专业学习。2007年5月至2010年7月，鹿域区蒲鞋市街道党工委副书记。2010年7月至2011年10月，鹿城区莲池街道党工委副书记、办事处主任。2011年10月至2015年9月，鹿城区妇联主席、党组书记。2012年1月至2015年9月，任鹿城区第八届人大常委会委员。2015年9月至2016年7月，任鹿城区松台街道党工委书记。2016年7月，拟任鹿城区人大常委会专职委员。

陈宏强，男，汉族，1970年11月出生，温州平阳人。文化程度本科，中共党员。1987年6月至1989年2月，平阳农村合作信用社会计。1989年2月至1991年2月，平阳种玉农村合作社信贷员。1991年2月至1992年10月，平阳钱仓农村信用社主任。1992年10月至1996年7月，平阳农村信用联社副主任。1996年7月至1994年4月，市郊信用联社营业部主任。1999年4月至2000年11月，温州市农金改办工作。2000年11月至2002年9月，龙湾农村信用联社主任助理。2002年9月至2005年5月，苍南农村信用联社党委书记、副主任。2005年5月至2009年4月，苍南农村信用联社党委书记、理事长。2009年4月至2010年，苍南农村信用联社党委书记、董事长。2010年，任鹿城农村合作银行党委书记、董事长。2012年1月，任第八届鹿城区人大常委会委员。

陈增斌，男，汉族，1959年11月出生，温州市区人。文化程度大学，中共党员。1979年10月至1986年11月，鹿城区市中街道办事员、团委书记。1986年12月至1989年4月，共青团鹿城区委干事、常委。1989年5月至1990年7月，鹿城区级机关党工委、团工委书记。1990年8月至1992年9月，鹿城区朔门街道党委委员、办事处主任助理。其间，浙江电大党政干部专业大专函授毕业。1992年9月至1993年6月，鹿城区朔门街道党委委员、办事处副主任。1993年7月至1997年11月，鹿城区海坦街道党委委员、办事处副主任、纪委书记、党工委副书记。1995年8月，任主任科研。1997年12月至2000年6月，鹿城区海坦街道党工委副书记、江滨路鹿城段工程建设指挥部副指挥。2000年7月至2001年8月，鹿城区海坦街道党工委副书记、鹿城区进城口改建工程指挥部副指挥。2001年9月至2009年7月，鹿城区进城口改建工程指挥部副指挥、党组成员（其间，2001年8月至2003年12月，中央党校函授学院法律专业本科毕业）。2009年8月至2011年11月，鹿城轻工产业园区管委会主任、党委书记兼区戍浦江河道整治工程指挥部指挥、党组书记。2011年12月，鹿城区人大常委会专职委员候选人。2012年1月至2014年3月，任第八届鹿城区人大常委会委员。

林建华，男，汉族，1962年5月出生，温州市区人。文化程度大学，中共党员。1979年11月至1980年9月，陆军第十二军地面炮兵团战士。1980年 9月至1983年7月，南京陆军学校军事队学习。1983年7月至1985年11月，第十二军坦克团甲步兵连代理排长、第二排排长。1985年11月至1988年9月，第十二集团军步兵36师坦克团政治处组织股副连职干事。1988年 9月至1991年8月，温州市监察局二处干部。1991年 8月至1993年12月，鹿城区委组织部干事、副主任科员。1993年12月至1997年4月，鹿城区委组织部组织科副科长、主任科员、组织科科长。1997年4月至1998年12月，鹿城区委组织部组织科科长、副科级组织员。1998年12月至2005年4月，鹿城区委组织部副部长。2005年 4月至2007年 3月，鹿城区莲池街道党工委书记。2007年3月至2009年12月，鹿城区五马街道党工委书记。2009年12月至2011年10月，鹿城区农林水利局局长、党组书记。2011年10月，鹿城区委组织部常务副部长、部务会议成员。2012年1月至今，任第八届鹿城区人大常委会委员。

季洪杰，男，汉族，1958年10月出生，温州永嘉人。文化程度大专，中共党员。1979年12月至1985年4月，永嘉县瓯渠乡办事员、乡长。1985年4月至1989年4月，永嘉县荆源乡乡长。1989年4月至1991年10月，永嘉县六龙乡干部。1991年10月至1998年11月，永嘉县徐岙乡党委副书记、党委委员、副书记。1998年11月至2005年6月，鹿城区七都镇党委委员、党委副书记、纪委书记。2005年9月至20011年10月，鹿城区蒲鞋市街道工委主任。2012年1月至2013年3月，任第八届鹿城区人大常委会委员。

金浙瓯，男，汉族，1975年5月出生，温州市区人。文化程度研究生，中共党员。1991年9月至2005年8月，鹿城区藤桥镇财经办副主任，党政办副主任、主任。2005年8月至2007年8月，平阳县朝阳乡党委委员（挂职）。2007年8月至2008年5月，鹿城区信访局工作（挂职）。2008年5月至2013年3月，鹿城区藤桥镇党委委员、副镇长、副书记、人大主席。2013年3月至2013年12月，鹿城区政府办公室副主任、党组成员。2013年12月，鹿城区仰义街道党工委副书记、办事处主任。2012年1月至2013年3月，任第八届鹿城区人大常委会委员。

胡美珠，女，汉族，1959年3月出生，温州市区人。文化程度大专。中共党员。1986年至1996年7月，从事个体服装。1996年7月至1999年10月，鸿渠贸易公司金华办事处销售部经理。1999年10月至2000年10月，南浦七区党支部书记兼居委会负责人。2006年9月至2009年6月，市委党校大专毕业。2001年11月，南汇街道春秋社区党支部书记、社区主任。2003年6月以来，任浙江省十一届、十二届妇女代表。2003年至2011年，任鹿城区第六、七届人大代表。2012年1月，任第八届鹿城区人大常委会委员。

柳晓忠，男，汉族，1962年3月出生，温州市区人。文化程度大专，中共党员。1982年7月至1982年12月，瓯海县府办办事员。1982年12月至1984年3月，温州市委党校市农干培训班学习。1984年3月至1989年12月，瓯海县上戍乡团委书记。1989年12月至1998年11月，瓯海区上戍乡党委委员、副书记。1998年11月至2001年12月，鹿城区（瓯海区）双潮乡党委副书记。2001年12月至2006年9月，鹿城区岙底乡党委书记。2006年9月至2011年10月，鹿城区双屿镇人大主席、人大工委主任。2011年10月，鹿城区人大专职常委。2012年1月，任第八届鹿城区人大常务会委员、城建与农村工委主任。

诸葛要武，女，汉族，1966年11月出生，温州市区人。文化程度大学，中共党员。1986年9月至1996年10月，瓯海区瞿溪镇、娄桥镇工作。1996年10月至1998年12月，鹿城区上戍乡工作。1998年12月至2002年12月，鹿城区临江镇统战和宣传委员。2002年12月至2007年5月，鹿城区江滨街道党工委副主任。2007年5月至2009年12月，鹿城区莲池街道党工委副书记。2009年12月至2011年10月，鹿城区南门街道人大工委主任。2011年11月，五马街道人大工委主任。2012年1月，任第八届鹿城区人大常委会委员。

黄金鹏，男，汉族，1960年7月出生，温州市区人。文化程度大学，中共党员。1986年4月至1997年6月，仰义乡任组织宣传委员。1997年6月至2001年10月，市中街道副书记。2001年10月至2003年6月，五马街道副书记。2003年7月至2010年4月，莲池街道主任、副书记。2011年4月至2015年7月，鹿城区人大常委会财经工委主任。2012年1月至2015年7月，任第八届鹿城区人大常委会委员。

黄品寿，男，汉族，1959年5月出生，温州市区人。文化程度大专，中共党员。1978年3月至1982年1月，海军北海舰队第二观通大队战士。1981年12月至1984年8月，村办企业职工。1984年8月至1987年2月，瓯海区庄泉乡人武部干事、副部长。1987年2月至1990年2月，瓯海区庄泉乡党委委员、人武部部长。1990年2月至1995年1月，瓯海区天河镇党委委员、人武部部长。1995年1月至1998年11月，瓯海区沙城镇党委委员、人武部部长、党委副书记。1998年11月至2003年6月，鹿城区（瓯海区）临江镇党委书记、人大主席。2003年6月至2011年4月，鹿城区残联理事长、党组书记。2011年4月至2012年1月，鹿城区人大常委会城建农村工委主任。2012年1月至2014年3月，任第八届鹿城区人大常委会委员。

黄凌萍，男，汉族，1969年11月出生，温州洞头人。文化程度研究生，中共党员。1991年11月至1998年，区农林水利局科员。1998年8月至2001年8月，东风街道办事处主任助理。2001年8月至2010年7月，莲池街道组宣委员、办事处副主任、副书记、党工委副书记、办事处主任。2010年7月至2011年10月，五马街道党工委副书记、办事处主任。2010年10月，区科技局党组书记、区科协党组书记。2012年1月至2012年11月，任第八届鹿城区人大常委会委员。

章胤，男，汉族，1979年7月出生，温州市区人。文化程度硕士研究生。中共党员。2001年7月至2002年3月，农行龙湾支行营业部综合柜员。2001年3月至2004年8月，农行龙湾支行状元分理处信贷员。2004年8月至2006年4月，鹿城区经济贸易局科员。2005年12月至2006年4月，鹿城区信访局挂职。2006年4月至2009年8月，鹿城区上戍乡党委委员、副乡长。2009年8月至2011年4月，鹿城区委（区政府）信访局副局长。2010年7月至2010年8月，国家信访局接待司挂职。2011年4月，共青团温州市鹿城区委员会书记，党委书记。2012年1月至2013年3月，任第八届鹿城区人大常委会委员。2012年8月，任南汇街道办事处副书记、社工委主任，双屿街道办事处主任、鹿城区委（区政府）信访局党组书记、局长。

葛成福，男，汉族，1960年2月出生，温州乐清人。文化程度大专，中共党员。1978年2月至1978年12月，海军青岛潜艇学校学兵。1978年12月至1981年12 月，海军潜艇四十二支队275艇战士、班长。1981年12月至1982年4月，海军潜艇第二十二支队教导队学员。1982年4月至1983年5月，海军福建基地教导队艇长班学员。1983年5月至1987年11月，海军快艇第十六支队岸勤部勤务船分队831船见习副船长、副船长（正排）（其间：1984年9月至1987年11月，在海军政治学院天津分院政治指导员专业学习）。1987年11月至1989年11月，海军快艇第十六支队岸勤部油料运输科汽车队政治指导员。1989年11月至1994年9月，海军快艇第十六支队岸勤部战勤科正连职参谋、副营职参谋。1994年9月至1999年4月，鹿城区委组织部副主任科员、主任科员。1999年4月至2002年1月，鹿城区委组织部干部科副科长、参照办主任。2002年1月至2011年4月，鹿城区人事劳动局副局长、党组成员、纪检组组长。2011年4月，鹿城区人大常委会代表工委主任。2012年1月至2015年3月，任第八届鹿城区人大常委会委员。

谢云周，男，汉族，1965年10月出生，温州永嘉人。文化程度大学，中共党员。1986年10月至1992年8月，永嘉县乌牛镇财政总会计。1992年8月至1996年3月，永嘉瓯北镇党政办秘书、副主任、主任，镇长助理。1996年3月至2000年10月，乌牛镇镇长助理、党委委员。2000年10月至2003年5月，永嘉桥下镇党委书记。2003年5月至2005年9月，永嘉沙头镇党委副书记、镇长。2005年9月至2007年3月，鹿城区江滨街道党工委委员、办事处副主任。2007年3月至2009年7月，鹿城区南浦街道党工委副书记、办事处主任。2009年7月至2011年4月，鹿城区环保局副局长（正局长级）、党组成员。2011年4月至2014年11月，鹿城区残联理事长、党组书记。2014年11月至2016年5月，鹿城区温瑞塘河管委会主任。2016年5月，鹿城区环保局局长。2012年1月至2014年11月，任第八届鹿城区人大常委会委员。

褚坚，男，汉族，1964年9月出生，温州苍南人。文化程度大学，农工民主党成员。1983年9月至1992年11月，苍南卫生防疫站科主任。1987年9月至1990年8月，上海职工医学院卫生专修科学习（脱产）。1990年9月至1992年10月，苍南县卫生防疫站任科主任。1992年11月至2001年1月，鹿城区卫生防疫站科副主任、副站长。1998年8月至2000年12月，鹿城区卫生局副局长。2001年1月，鹿城区人口和计划生育局副局长兼鹿城区新居民管理局副局长。2006年11月，农工民主党温州市委会副主委，农工党鹿城区主委、鹿城区五、六、七届常委，温州市第九届政协委员。2012年1月至2013年3月，任第八届鹿城区人大常委会委员。

叶云森，男，汉族，1963年12月出生，温州市区人。文化程度高中，中共党员。2008年3月，鹿城区仰义街道后京村党支部书记。2012年1月至2014年1月，鹿城区人大代表。2014年1月，任第八届鹿城区人大常委会委员。

陈钷，男，汉族，温州瓯海人。文化程度研究生，中共党员。2006年9月至2008年6 月，共青团鹿城区委员会工作。2008年6月至11月，中共鹿城区区委宣传部工作。2008年12月至2011年10月，中共鹿城区区委组织部工作。2011年10月至2012年12月，鹿城区委（区政府）信访局副局长。2012年12月至2015年9月，共青团温州市鹿城区委书记、党组书记。2014年1月至2015年9月，任第八届鹿城区人大常委会委员、温州市第十届政协委员。

陈辉，男，汉族，1972年1月出生，温州市区人。文化程度本科，中共党员。1990年9月至月1996年12月，鹿城区双屿镇工作人员、团委副书记、农办副主任。1996年12月至1998年11月，鹿城区双屿镇党政办副主任、主任。1998年11月至2000年7月，鹿城区仰义乡乡长助理、副乡长。2000年7月至2002年2月，鹿城区仰义乡副乡长兼仰义观光农业园区办公室副主任。2002年2月至2007年5月，鹿城区藤桥镇副镇长、党委副书记。2007年5月至2009年9月，鹿城区洪殿街道党工委副书记。2009年9月至2011年5月，温州绕城高速公路鹿城段工程建设指挥部副指挥、指挥（正局长级）。2011年5月至2011年10月，鹿城区（中国）鞋都建设管委会副主任（正局长级）、党组成员、区双屿进城口建设办公室主任。2011年10月至2011年12月，鹿城区仰义街道党工委副书记、办事处主任。2011年12月至2013年11月，鹿城区仰义街道办事处（鹿城仰义都市休闲区管委会）主任、仰义街道（鹿城仰义都市休闲区管委会）党工委副书记。2014年1月至2015年7月，任第八届鹿城区人大常委会委员。2015年6月至9月，鹿城区松台街道（松台休闲文化区）党工委书记。2015年9月至今，鹿城区广化街道党工委书记。

陈金敏，男，汉族，1962年8月出生，温州市区人。文化程度大学，中共党员。1984年10月至1987年3月，瓯海县临江镇办事员、团委书记。1987年3月至1989年12 月，瓯海县临江镇党委委员。1989年12月至1992年4月，瓯海区岙底乡党委副书记。1992年4月至2001年12月，瓯海区双潮乡副乡长、党委副书记、党委书记、人大主席。2001年12月至2002年3月，鹿城区黄龙街道党工委副书记、办事处主任。2002年3月至2004年12 月，鹿城区黄龙街道党工委书记。2004年12月至2007年5月，鹿城区委统战部部务会议成员、侨办主任。2007年5月至2013年2月，鹿城区委统战部副部长、侨办主任。2013年2月，鹿城区人大常委会民宗侨外委主任。

2014 年 1 月至今，任第八届鹿城区人大常委会委员。

王剑波，男，汉族，1967 年 10 月出生，温州市区人。文化程度大学，中共党员。1987 年 8 月至 1996 年 3 月，瓯海区水利电力局办事员。1996 年 3 月至 1998 年 12 月，瓯海区水电局工管科副科长。1998 年 12 月至 2003 年 8 月，瓯海区（鹿城区）上戍乡副乡长、双潮乡党委副书记、纪委书记（其间：2000 年 8 月至 2002 年 12 月，在中央党校函授学院法律专业本科函授学习）。2003 年 8 月至 2006 年 9 月，鹿城区双屿镇党委副书记。2006 年 9 月至 2007 年 5 月，温州市江滨路鹿城段工程建设指挥部副指挥、党组成员、纪检组长。2007 年 5 月至 2009 年 8 月，温州市江滨路鹿城段工程建设指挥部副指挥、党组成员、主任科员。2009 年 8 月至 2011 年 4 月，鹿城区藤桥镇党委副书记、镇长。2011 年 4 月至 2011 年 10 月，鹿城区蒲鞋市街道党工委副书记、办事处主任。2011 年 10 月至 2015 年 2 月，鹿城区社会科学界联合会主席，兼区宣传部副部长、部务会议成员。2015 年 2 月，任第八届鹿城区人大常委会专职常委。

许卫疆，男，汉族，1973 年 9 月出生，温州鹿城人。文化程度大学，中共党员。1992 年 12 月至 1993 年 10 月，瓯海区水电局基层水利员。1993 年 10 月至 1999 年 4 月，瓯海区临江镇水利员。1999 年 4 月至 2001 年 5　月，瓯海区临江镇农经办副主任。2001 年 5 月至 2006 年 9 月，临江镇工交财贸办副主任、财经办主任、纪委副书记。2006 年 9 月至 2011 年 4 月，临江镇府副镇长、党委委员。2011 年 4 月至 2012 年 6 月，藤桥镇党委副书记、镇两新工委书记。2012 年 6 月至 2013 年 3 月，藤桥镇党委副书记、藤桥生态新区管委会党工委副书记、镇两新工委书记。2013 年 3 月至 2014 年 1 月，藤桥镇党委副书记、两新工委书记，藤桥生态新区管委会党工委副书记兼鹿城轻工产业园区管委会常务副主任、党委副书记。2014 年 1 月，藤桥镇人大主席。2015 年 2 月至 2016 年 5 月，任第八届鹿城区人大常委会委员。2016 年 5 月，鹿城区纪委派驻第一纪检组（驻区委办纪检组）组长（正科长级）、区委办室务会议成员。

陈康亮，男，汉族，1965 年 3 月出生，浙江永嘉人。文化程度大学，中共党员。1987 年 8 月至 1991 年 3 月，共青团温州市委工作。其间，于 1989 年 11 月至 1990 年 12 月在文成县汇溪乡挂职乡长助理。1991 年 3 月至 1995 年 7 月，共青团鹿城区委副书记。1995 年 7 月至 1997 年 4 月，鹿城区建委党委委员、副主任。1997 年 4 月至 2002 年 1 月，鹿城区体改委副主任。2002 年 1 月至 2005 年 8 月，鹿城区府办副主任、党组成员，区体改办主任。2005 年 8 月至 2006 年 4 月，兼鹿城区行政审批管理办公室常务副主任。2006 年 4 月至 2010 年 2 月，鹿城区行政审批管理办公室主任。2010 年 2 月至 2013 年 9 月，鹿城区行政审批管理办公室（区公共资源交易管理委员会办公室）主任、党组书记，兼区府办副主任、党组成员。2013 年 9 月至 2014 年 1 月，兼温州市公共资源交易与行政审批服务中心鹿城分中心主任。2014 年 1 月，鹿城区人大常委会城乡建设环境保护工委主任。2015 年 2 月，任第八届鹿城区人大常委会委员。

林宣富，男，汉族，1966 年 5 月出生。浙江永嘉人。文化程度大学，中共党员。高级统计师。1986 年 7 月至 1997 年 9 月，永嘉县统计局办事员、综合股副股长、综合科科长、办公室主任。1997 年 9 月至 2002 年 5 月，温州市统计局办公室科员、副主任科员、副主任，法制处副处长。2002 年 5 月至 2005 年 4 月，温州市统计局法规与社会统计处副处长、处长。2005 年 4 月至 2007 年 3 月，鹿城区统计局局长、党组书记。2007 年 3 月至 2010 年 7 月，鹿城区经济贸易局（交通局）局长、党委书记。2010 年 7 月至 2010 年 9 月，鹿城区财政局局长、党组书记、兼区国有资产管理办公室主任。2010 年 9 月至 2011 年 10 月，鹿城区财政局局长、党组书记、兼区国有资产管理办公室主任、仓储董事长。2011 年 10 月至 2014 年 1 月，鹿城区教育局局长、党委书记。2014 年 1 月，鹿城区人大常委会预算工委主任。2015 年 2 月至今，任第八届鹿城区人大常委会委员。

胡希求，男，汉族，1963 年 5 月出生，浙江乐清人。文化程度大学，中共党员。1980 年 11 月至 1983 年 9 月，东海舰队第一训练团战士。1983 年 9 月至 1985 年 8 月，海军高级电子工程专科学校机要专业学习。1985 年 9 月至 1987 年 11 月，海军新中国第 70 号潜艇正排职译电员、海军东修 911 船正排职译电员。1987 年 11 月至 1991 年 1 月，海军长城 127 号艇正排职译电员、副连职译电员、正连职机要参谋。1991 年 1 月至 1992 年 12 月，海军潜艇第 42 支队政治部保卫科正连职干事。1992 年 12 月至 1995 年 3 月，海军东修 911 船副营职实习教导员、政治教导员。1995 年 3 月至 1998 年 7 月，海军政治学院舰航培训、人事管理专业本科学习。1996 年 3 月至 1998 年 2 月，海军长城 124 号艇副政委。1997 年 8 月至 1999 年 12 月，在中央党校函授学院经济管理专业本科学习。1998 年 2 月至 2001 年 9 月，海军潜艇第 42 支队政治部保卫科科长。2001 年 9 月至 2007 年 6 月，鹿城区纪委宣教室主任、常委，办公室主任。2007 年 6 月至 2011 年 12 月，鹿城区纪委常委、监察局副局长。2011 年 12 月至 2012 年 9 月，鹿城区纪委副书记、监察局副局长。2012 年 9 月至 2014 年 5 月，鹿城区纪委副书记。2015 年 2 月，任第八届鹿城区人大常委会委员。

李利法，男，汉族，1967年7月出生，温州洞头人。文化程度研究生，中共党员。1985年10月，洞头二中工作。1986年10月至1988年9月，武警温州矾山新兵营战士。1988年9月至1990年7月，在中国人民武装警察部队杭州指挥学校边防专业学员。1990年7月至1994年12月，温州宁村边防派出所正排干事、副连职副政治指导员。1994年12月至1999年1月，温州边防支队政治处副连职干事、正连职干事。1999年1月至2002年2月，苍南巴曹边防工作站副营职副政治教导员。2002年2月至2003年3月，苍南边防大队正营职副政委。2003年3月至2004年3月，温州支队司令部办公室主任（正营职）。2004年3月至2007年1月，温州边防支队瑞安边防大队正营职副政委、副团职政委。2007年1月至2009年11月，温州边防支队政治处主任（副团职）、副政委。2009年11月至2011年10月，鹿城区绣山街道党工委副书记。2011年10月至2013年2月，鹿城区松台街道政协工委主任、政协联络组组长。2013年2月至2013年11月，鹿城区松台街道建工委主任、鹿城松台休闲文化区管委会（松台街道）党工委副书记。2013年11月，鹿城区人大常委会城建环境保护工委副主任。2015年6月，鹿城区人大常委会代表工委主任。2016年3月，任第八届鹿城区人大常委会委员。

吴法照，男，汉族，1963年11月出生，浙江兰溪人。文化程度大学，中共党员。1982年10月至1984年9月，台州边防支队黄岩大队战士。1984年9月至1986年7月，武警杭州指挥学校学员。1986年7月至1988年2月，温州边防检查站监护中队正排职区队长。1988年2月至1988年9月，温州边防检查站办公室正排职秘书。1988年9月至1992年11月，温州边防检查站监护中队副指导员、中队长。1992年11月至1995年12月，温州边防检查站司令部正连职参谋、副营职参谋。1995年12月至2000年8月，温州边防检查站副参谋长（其间：1999年8月至2001年12月在中央党校函授学院法律专业大学毕业）。2000年8月至2002年12月，温州边防检查站参谋长、党委委员。2002年12月至2006年4月，鹿城区委办公室室务会议成员、区委信访局（区政府信访局）副局长。2006年4月至2009年7月，鹿城区委办公室副主任、室务会议成员、区委信访局（区政府信访局）局长。2009年7月至2015年9月，鹿城区风景旅游管理局局长、党组书记。2016年3月，任第八届鹿城区人大常委会委员。

陈滢冰，女，汉族，1987年5月出生，温州市区人。文化程度研究生。中共党员。2009年9月至2011年5月，苍南县委组织部人才办、组织科科员。2011年5月至2012年7月，鹿城区委组织部两新科、办公室科员。2012年7月至2014年12月，鹿城区七都街道办事处（鹿城七都城市新区管委会）副主任（其间：2012年11月至2013年1月在鹿城区信访局挂职）。2014年12月至2015年9月，共青团鹿城区委副书记、党组成员（其间：2012年9月至2015年6月在江西农业大学MPA教育中心公共管理专业学习）。2015 年 9 月，任共青团鹿城区委书记、党组书记。2016 年至今，任第十届温州市政协委员。2016 年 3 月，任第八届鹿城区人大常委会委员。

胡小洁，女，汉族，1969 年 9 月出生，浙江永嘉人。文化程度大学，中共党员。1986 年 8 月至 1994 年 12 月，鹿城区洪殿街道社区文秘、文化员、团委书记。1994 年 12 月至 1998 年 11 月，鹿城区机关党工委团委书记、组宣科科长。1998 年 11 月至 2005 年 3 月，鹿城区仰义乡党委委员、副乡长。2005 年 3 月至 2007 年 5 月，鹿城区绣山街道党工委委员、办事处副主任。2007 年 5 月至 2009 年 12 月，鹿城区残疾人联合会副理事长。2009 年 12 月至 2010 年 9 月，鹿城区民政局副局长、党组成员。2010 年 9 月至 2013 年 3 月，鹿城区民政局副局长、党组成员、兼纪检组长。2013 年 3 月至 2014 年 12 月，鹿城区民政局副局长、党组成员。2014 年 12 月，鹿城区残疾人联合会理事长、党组书记。2016 年 3 月，任第八届鹿城区人大常委会委员。

姜锦谷，男，汉族，1963 年 8 月出生，温州市区人。文化程度大学，中共党员。1984 年 10 月至 1985 年 1 月，瓯海县计生工作队成员。1985 年 1 月至 1986 年 12 月，瓯海县大川乡团委书记。1986 年 12 月至 1989 年 12 月，瓯海县三溪区团委书记。1989 年 12 月至 1992 年 4 月，瓯海县潘桥镇党委委员、副镇长。1992 年 4 月至 1995 年 12 月，瓯海区娄桥镇党委委员、副镇长、纪委书记。1995 年 12 月至 1996 年 11 月，瓯海区梧田镇党委副书记。1996 年 11 月至 1998 年 11 月，瓯海区潘桥镇党委副书记、镇长。1998 年 11 月至 2001 年 12 月，鹿城区（瓯海区）上戍乡党委书记。2001 年 12 月至 2003 年 6 月，鹿城区发展计划局副局长、党组成员、鹿城特色工业园区管委会主任。2003 年 6 月至 2006 年 3 月，鹿城区发展计划局副局长、党组成员。2006 年 3 月至 2013 年 2 月，鹿城区发展和改革局副局长、党组成员、党组副书记。2013 年 2 月，鹿城区委农办（区农林水利局）副主任（副局长）、区农林水利局党组副书记。2016 年 3 月，任第八届鹿城区人大常委会委员。

陶玉燕，女，汉族，1970 年 9 月出生，温州市区人。文化程度大学，中共党员。1989 年 8 月至 1993 年 4 月，瓯海瞿溪第一幼儿园幼师教导主任。1993 年 4 月至 1996 年 1 月，瓯海区幼儿园园长助理、副园长。1996 年 1 月至 1998 年 12 月，共青团瓯海区委干事、常委、机关团委书记。1998 年 12 月至 2001 年 12 月，鹿城区（瓯海区）上戍乡副乡长。2001 年 12 月至 2008 年 5 月，鹿城区南郊乡党委委员、副乡长。2008 年 5 月至 2010 年 9 月，鹿城区妇联副主席、党组成员。2010 年 9 月至 2015 年 11 月，鹿城区文化广电新闻出版局副局长、党组成员。2015 年 11 月，鹿城区妇联主席、党组书记。2016 年 3 月，任第八届鹿城区人大常委会委员。

第三节　鹿城区出席省人大代表

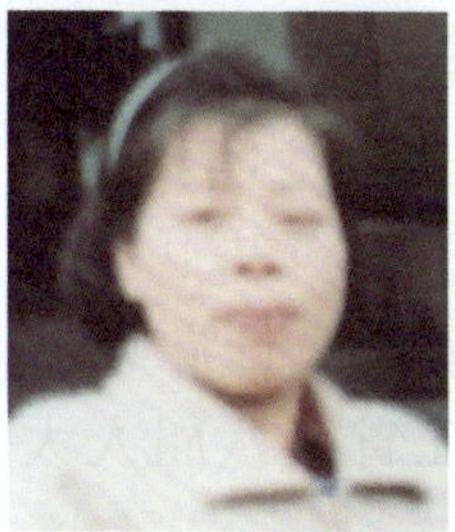

杨美英，女，1953年9月出生，浙江温州市区人。文化程度初中，中共党员。1971年8月参加工作，先后在温州塑料厂、市环卫处工作，后任环卫处垃圾转运亭负责人。浙江省第六届、第七届人大代表。

徐福妹，女，汉族，1947年3月出生，温州市区人。文化程度初中，中共党员。1962年10月参加工作，先后在温州市麻袋厂、劳动丝织带厂工作。后任温州东风纸品厂副厂长。浙江省第六届、第七届人大代表。

谷锦麟，男，汉族，浙江省第七届人大代表。个人简介见本章第一节。

胡文亮，男，汉族，1950年11月出生，温州鹿城人。文化程度大专，中共党员。经济师。1967年，永强供销社工作，后转入温州土产公司。1982年，进入建行工作，后任办公室主任。1987年，任建行温州支行行长。浙江省第七届人大代表。

潘德林，男，汉族，1948年7月出生，浙江永嘉人，文化程度初中，中共党员。1966年，在九山村务农。1988年，当选浙江省第七届人大代表。1991年，任九山村支部委员。

徐崇娴，女，汉族，1936年出生，温州市区人。文化程度大学。1960年9月参加工作，先后任温州市瓦市辅导区小学教师、温州三中和四中教师，民革温州市委委员，市政协委员。浙江省第七届人大代表。

陈久忠，男，汉族，1943年1月出生，浙江永嘉人。文化程度大学，中共党员。1965年10月至1967年1月，新昌县社教队工作。1967年1月，任浙江省海洋水产研究所技术人员。1972年5月至1983年3月，任温州地区水产局技术员、副科长、科长。1983年3月，任洞头县县长。1984年至1987年5月，任洞头县委书记。1987年5月至1988年9月，任洞头县委书记兼政协主席。1988年9月至1988年10月，任鹿城区委副书记、代区长。1988年10月，任鹿城区区长、浙江省第八届人大代表。

朱道统，男，汉族，浙江省第八届人大代表。个人简介见本章第一节。

黄少华，男，汉族，1956年2月出生，温州市区人。文化程度大专，中共党员。1964年至1969年，百里小学任职。1969年至1972年，温州四中任职。1972年至1979年，市绝缘材料合作社工作，先后任供销科科长、副厂长。1979年12月至1995年，温州市电缆厂厂长、党支部书记。浙江省第八届人大代表。

金祥佐，男，汉族，1953年11月出生，温州市区人。文化程度大专，无党派人士。1974年9月—1982年11月，温州市电源设备厂工作。1982年11月至1994年11月，任浙江真空包装机总厂厂长（后改名为浙江真空包装机总厂）。1994年11月，任鹿城区政协副主席、浙江金泰集团有限公司董事长、总经理。浙江省第八届人大代表。

缪笑竹，女，汉族，省第八届人大代表。个人简介见本章第一节。

池渌，女，汉族，1948年7月出生，温州人。文化程度初中，中共党员。1965年8月，温州广化小学教师。1968年8月至1974年8月，温州三官殿巷小学教师。1974年9月至1984年5月，温州少年艺术学校教师。1984年6月，任温州少艺校校长、党支部书记。浙江省第九届人大代表。曾担任浙江省第八次、第十一次党代会代表。

曾宪光，男，汉族，1946年10月出生，温州人。文化程度高中，中共党员。1966年7月至1967年12月，江西省德安供销社职工。1968年1月至1969年12月，温州新华印刷厂工人。1970年1月至1976年12月，温州拖拉机厂工人。1977年1月至1979年12月，温州海坦航海机械厂副厂长。1980年至1982年11月，温州海坦纺织机械厂厂长。1982年11月至1986年8月，温州市第二家用电器厂厂长。1986年9月至1994年3月，温州电冰箱总厂厂长。1994年3月，任温州华威公司总经理、党委书记、鹿城区工商联副会长。浙江省第九次党代会代表、省第九届人大代表。

邱素仙，女，汉族，1932年7月出生，温州苍南人。文化程度初中，中共党员。1957年3月至1960年3月， 温州市文化处工作。1960年3月至1970年3月，轻工部档案处工作。1970年4月至1987年7月，中国日用化学工业研究所工作。1987年7月至1993年9月，鹿城区来福门居委会主任。1993年9月，任鹿城区来福门居委会主任、党支部书记。浙江省第九届人大代表。

卢桂芳，女，汉族，1956年9月出生，温州鹿城人。文化程度大专，中共党员。1974年8月至1978年8月，温州红卫中学教师。1978年8月至1993年5月，温州歌舞团独唱演员、声乐教师、艺术指导、声乐队长、党支部副书记。1993年5月，任温州市歌舞团副团长、副书记。浙江省第九届人大代表。

王超俊，男，汉族，1952年2月出生，温州市区人。文化程度大学，中共党员。1970年7月至1974年9月，温州市永强区天河公社插队。1974年9月至1977年8月，浙江大学学习。1977年8月至1984年5月，温州市房产管理局办事员、副科长、党组成员、副局长。1984年5月至1989年7月，温州市机关事务管理局党委委员、副处长、党委副书记、处长。1989年7月至1993年7月，温州市房产管理局党组成员、副局长、党组副书记。1993年7月至1997年10月，温州市土地管理局党组书记、局长。1997年10月至1988年，鹿城区委副书记、代区长。温州市第六届政协委员。浙江省第九届、十届人大代表。1998年至2006年，任中共鹿城区委副书记、鹿城区区长。2006年，任温州市人民政府副秘书长、打击走私要犯与口岸办公室主任。

章新民，男，汉族，浙江省第九届、十届人大代表。个人简介见本章第一节。

周成建，男，汉族，1963 年 4 月出生，浙江青田人。文化程度大专，无党派人士。1985 年 1 月至 1993 年 8 月，从事个体经商。1993 年 8 月至 1994 年 1 月，温州市凯莉莎服装厂厂长。1994 年 1 月，美特斯制衣有限公司董事长兼总经理。浙江省第十届人大代表。

周大虎，男，汉族，1952 年 2 月出生，温州市区人。文化程度大专，无党派人士。1970 年 11 月，温州市慈湖公社下乡插队。1976 年 8 月，温州市邮电局职工。1992 年 4 月，创办浙江大虎打火机有限公司。任温州市第九、十一届人大代表，浙江省第十届人大代表。

应真，女，汉族，浙江省第十届人大代表。个人简介见本章第二节。

吴海燕，女，汉族，浙江省第十一届人大代表。个人简介见本章第一节。

庄建华，男，汉族，浙江省第十一届、十二届人大代表。个人简介见本章第二节。

林培明，女，汉族，1957 年 4 月出生，温州市区人。文化程度大专，中共党员。1977 年 12 月，温州市府学巷小学教师。1984 年 8 月，温州市建设小学副教导、大队辅导员、副校长。1995 年 7 月，温州市建设小学校长。浙江省第十一届人大代表。

虞培清，男，汉族，1948 年 11 月出生。温州市区人。教授级高级工程师，文化程度大学，无党派人士、享用国务院特殊津贴专家。1972 年 12 月至 1980 年 3 月， 温州帆麻厂技术员。1980 年 4 月至 1997 年 2 月，温州工人业余大学任助教、讲师、教研室主任。1997 年 3 月，浙江长城减速机有限公司总经理兼总工程师。浙江省第十一届、十二届人大代表。2016 年后，任浙江长城搅拌设备股份有限公司董事长。温州市第九届人大代表，鹿城区第七届、第八届人大代表。

陈国荣，男，汉族，1958 年 3 月出生，温州市区人。文化程度高中，民盟成员。1975 年 9 月至 1986 年 5 月，温州第四皮鞋厂车间主任。1986 年 6 月至 1991 年 9 月，温州东风工艺皮鞋厂厂长、董事长。温州市第九届、第十届人大代表，浙江省第十一届人大代表。

奚德驹，男，汉族，浙江省第十一届、十二届人大代表。个人简介见本章第二节。

王立彤，男，汉族，1968 年出生。安徽巢湖人。文化程度研究生，中共党员。1990 年 7 月至 1992 年 9 月，安徽师范大学化学系任教。1992 年 9 月至 1995 年 7 月，清华大学人文学院哲学与社会系思想政治教育专业学习。1995 年 7 月至 1997 年 12 月，温州市纪委纪检监察二室副主任科员。1997 年 12 月至 2000 年 3 月，温州市纪委宣教室副主任（其间：1998 年 10 月至 1999 年 11 月，挂职担任瑞安市塘下镇党委副书记）。2000 年 3 月至 2001 年 6 月，温州市纪委宣教室主任。2001 年 6 月至 2003 年，洞头县委常委、纪委书记。2003 年 1 月至 2009 年 8 月，永嘉县委副书记、纪委书记、代县长、县长。2009 年 8 月至 2011 年 6 月，鹿城区委副书记、代区长、区长。2011 年 6 月至 2015 年 2 月调离，任鹿城区委书记。浙江省第十一届人大代表。

王海英，女，汉族，1971 年 3 月出生，温州市区人。文化程度本科，中共党员。1996 年至 2006 年，温州防腐设备厂财务总监、温州市金算盘财务管理有限公司董事长。2007 年，创办王海英扶贫助残基金。2008 年，当选温州市第十一届妇代会代表。2012 年，当选温州市人大代表，温州市企业代理机构协会会长。2013 年，当选浙江省第十二届人大代表。2014 年，任温州大学城市学院客座教授。2016 年，任温州科技职业学院客座教授。

朱崇敏，男，汉族，1968 年 10 月出生，浙江临海人。文化程度研究生，中共党员。1989 年 8 月至 1994 年 1 月，临海市城西粮管所、临海市粮食局干部。1994 年 1 月至 1998 年 10 月，台州市（地）团委干部、农工青年部副部长、市直机关团工委副书记、书记。1998 年 10 月至 2001 年 12 月，仙居县大战乡党委副书记（正科）、书记。1993 年 3 月，兼乡人大主席。2001 年 12 月至 2002 年 11 月，仙居县纪委副书记。2002 年 11 月至 2005 年 6 月，仙居县委常委、组织部长。2005 年 6 月至 2006 年 9 月，台州市路桥区委常委、组织部长。2006 年 9 月至 2009 年 2 月，台州市椒江区委常委、组织部长。2009 年 2 月至 2011 年 7 月，天台县委副书记、政法委书记。

2011年7月，鹿城区委副书记、代区长。浙江省第十二届人大代表。2011年，先后任鹿城区委副书记、代区长、区长、区政府党组书记。

陈勇，男，汉族，1968年10月出生，温州市区人。文化程度大专，民建成员。1994年8月至1998年8月，温州市东方亨特眼镜厂厂长。1998年8月至2008年10 月，鸿润眼镜有限公司法人代表。2011年4月，任鹿城区德政村村委会主任。浙江省第十二届人大代表。

陈婕，女，土家族，1966年5月出生，四川重庆人。文化程度本科，中共党员。1989年7月至1991年1月，温州市精密电子仪器厂技术员。1991年1月至2001年9月，鹿城区鼓楼街道办事处计生办科员、经济科统计员。2001年9月至2004年4月（街道合并），五马街道办事处经济科统计员。2004年4月，五马街道办事处财务科出纳、会计。浙江省第十二届人大代表。

林成亩，男，汉族，1968年3月出生，温州泰顺人。文化程度本科，硕士学位，中共党员。1986年8月至1996年7月，泰顺二中教师、教导处主任、副校长。1996年8月至1999年1月，泰顺三中校长、书记。1999年2月至7月，泰顺一中副校长。1999年8月至2002年7月，泰顺实验小学校长、书记。2002年8月至2003年7月，在温州市少美校任教。2003年8月至2004年6月，温州市建设小学副教导主任。2004年7月至2011年6月，温州市水心小学集团总校校长、总支书记。2011年7月至2014年6月，温州市广场路小学集团总校总校长、总支书记。2014年7月，温州市白鹿外国语学校校长。浙江省第十二届人大代表。

第二章 人物名录

第一节 区人大常委会组成人员

第一届

主　任　谷锦麟（1984.6—1987.6）
副主任　叶国祥（1984.6—1987.6）
洪作殿（1984.6—1987.6）
李国聪（1984.6—1987.6）
陈加昭（女）（1984.6—1987.6）
潘教明（1985.5—1987.6）
委　员
巩际信　徐美玉（女）吴定邦
吴爱娟（女）李德月　余建荣
余梅生　金秀林　林玉蓉（女）
周飏尧　袁镇澜　徐玉璟（女）
黄成贵　黄国华　谢菲菲（女）
曾立人　潘宝卿　颜贻淦
黄寿连　陈炳琪　曾春霖

说明：黄寿连1985年5月选出，1987年6月辞职；
陈炳琪1985年5月选出，1987年6月辞职；
曾春霖1986年4月选出，1987年6月辞职。

第二届

主　任　谷锦麟（1987.6—1990.5）
副主任　潘教明（1987.6—1990.5）
陈加昭（女）（1987.6—1990.5）
潘宝卿（1987.6—1990.5）
俞锡荣（1987.6—1990.5）
委　员
王　虎　仰洪元　陈　克
张天龙　张爱春　张维仁
吴定邦　吴爱娟（女）余建荣
杨康琴　林玉蓉（女）徐玉璟（女）
黄成贵　黄寿良　曾立人
颜贻淦

第三届

主　任　谷锦麟（1990.5—1993.4）
副主任　朱景祥（1990.5—1993.4）
陈加昭（女）（1990.5—1993.4）
俞锡荣（1990.5—1993.4）
周成国（1990.5—1993.4）
委　员
王　蓓（女）伍云波　朱茂盛
朱建秋（女）刘进法　李中苏
李梅龙　余岩隆　陈　克
张国光　张爱春　张淑玲（女）
张维仁　郑式乐　施长根
徐玉璟（女）黄文芳（女）黄成贵

说明：李中苏1990年5月选出，1993年2月辞职；
李梅龙1990年5月选出，1993年2月辞职；
郑式乐1990年5月选出，1991年5月辞职。

第四届

主　任　朱道统（1993.4—1998.3）
副主任　朱景祥（1993.4—1998.3）
陆春兰（女）（1993.4—1998.3）
王臣明（1993.4—1998.3）
周成国（1993.4—1998.3）

委　员

王金松　毛如炎（女）叶宝松　刘进法　邱心川　邱国华　余岩隆　张爱春　张淑玲(女)　张淑真（女）陈伟民　陈　克　胡剑谨（女）赵志尚　施秀珍　倪国兴　黄文芳（女）潘信雄　唐晨曦　金文平

说明：邱心川 1993 年 4 月选出，1996 年 12 月辞职；邱国华 1993 年 4 月选出，1994 年 10 月辞职；陈伟民 1993 年 4 月选出，1994 年 6 月辞职；胡剑谨 1993 年 4 月选出，1995 年 3 月辞职；金文平 1996 年 3 月选出，1997 年 3 月辞职。

第五届

主　任　章新民（1998.3—2003.3）

副主任　王一曼（女)(1998.3—2003.3)

叶玉龙（1998.3—2003.3）

周成国（1998.3—2003.3）

张纯浙（2001.3—2003.3）

委　员

王成淼　王丽峰（女）杨薇薇（女）李知森　吴　伟　何永旺　张　京　张爱春　张淑真(女)　陈胜华　林建水　周兰森　郑凤柳（女）　夏积文　郭晓媛（女）　潘信雄　张淑芳（女）

说明：王丽峰 1998 年 3 月选出，2001 年 1 月辞职。

第六届

主　任　章新民（2003.3—2007.1）

副主任　王一曼（女）(2003.3—2007.1)

许德忠（2003.3—2007.1）

张纯浙（2003.3—2007.1）

缪笑竹（女）(2003.3—2007.1)

李建花（女）(2003.3—2007.1)

陈　洁（女）(2003.3—2007.1)

委　员

叶　军　孙国勇　孙建玲(女)　杨薇薇（女）吴　广　吴小霞（女）余冬青　陈志挺　林献珍　周方业　项丽丽（女）胡正武　夏永远　夏积文　倪松汉　徐　强　徐春萍（女）奚德驹　黄庆火　廖　跃　李知森

说明：陈志挺 2003 年 3 月选出，2003 年 12 月辞职。

第七届

主　任　吴海燕（女）(2007.1—2012.1)

副主任　李建花（女）(2007.1—2012.1)

陈　洁（女）(2007.1—2012.1)

王丽峰（女）(2007.1—2012.1)

肖石龙（2011.1—2012.1）

林瑞荣（2007.1—2012.1）

王长青（2007.1—2012.1）

项旭光（2007.1—2012.1）

委员

叶必庆　庄建华　孙国勇　孙建玲（女）吴小霞（女）余冬青　应　真（女）陈松权　邵豪哲　林秀春　周筱秋（女）夏永远　徐春萍（女）奚德驹　黄庆火　董金花（女）谢　伟　鲍成发　廖　跃　瞿芬平　徐晓君(女)　王秀娟（女）胡俊武　夏理勇

说明：徐春萍 2007 年 3 月辞职；董金花 2007 年 1 月选出，2009 年 9 月辞职；鲍成发 2007 年 1 月选出，2009 年 2 月辞职；徐晓君 2008 年 2 月选出，2009 年 9 月辞职；王秀娟 2010 年 1 月选出，2012 年 1 月辞职；胡俊武 2010 年 1 月选出，2011 年 3 月辞职；夏理勇 2010 年 1 月选出，2012 年 1 月辞职。

第八届

主　任　吴海燕（女）（2012.1—　）
副主任　陈　洁（女）（2012.1—2016.3）
　　　　肖石龙（2012.1—　）
　　　　林瑞荣（2012.1—2016.3）
　　　　王长青（2012.1—2015.5）
　　　　项旭光（2012.1—2016.7）
　　　　朱启龙（2012.1—　）
　　　　胡海峰（2016.3—　）
　　　　周基斌（2016.3—2016.11）
委　员
王　敏（女）叶　青　叶必庆
叶晓挺　庄建华　孙国勇
李跃胜　应　真（女）张　勇
陈月玲（女）陈宏强　陈增斌
林秀春　林建华　季洪杰
金浙瓯　胡美珠（女）柳晓忠
诸葛要武（女）黄金鹏　黄品寿
黄凌萍　章　胤　葛成福
谢　伟　谢云周　褚　坚
瞿芬平　叶云森　陈　钜
陈　辉　陈金敏　王剑波
许卫疆　陈康亮　林宣富
胡希求　李利法　吴法照
陈滢冰（女）胡小洁（女）姜锦谷
陶玉燕（女）

说明：叶青2012年1月选出，2016年3月辞职；张勇2012年1月选出，2014年3月辞职；陈月玲2012年1月选出，2015年9月辞职；陈增斌2012年1月选出，2014年3月辞职；金浙瓯2012年1月选出，2013年3月辞职；黄金鹏2012年1月选出，2015年7月辞职；黄品寿2012年1月选出，2014年3月辞职；黄凌萍2012年1月选出，2012年11月辞职；葛成福2012年1月选出，2015年3月辞职；谢云周2012年1月选出，2014年11月辞职；瞿芬平2012年1月选出，2012年12月辞职；季洪杰2013年3月辞职；章胤2013年3月辞职；褚坚2013年3月辞职；叶云森2014年1月选出；陈钜2014年1月选出，2015年9月辞职；陈辉2014年1月选出，2015年7月辞职；陈金敏2014年1月选出；王剑波2015年2月选出；许卫疆2015年2月选出，2016年5月辞职；陈康亮2015年2月选出；林宣富2015年2月选出；胡希求2015年2月选出；李利法2016年3月选出；吴法照2016年3月选出；陈滢冰2016年3月选出；胡小洁2016年3月选出；姜锦谷2016年3月选出；陶玉燕2016年3月选出。

第二节　人大常委会代表资格审查委员会组成人员

第一届

主任委员　林金藩（1984.6—1985.5）
　　　　　陈加昭（女）(1985.5—1987.6)
副主任委员　陈加昭（女）
　　　　　（1984.6—1985.5）
　　　　　王振中（1984.6—1987.6）
　　　　　林金藩（1985.5—1987.6）
委　员
吴侠圣　吴定邦　余梅生
徐玉璟（女）秦锦涛　黄成贵

第二届

主任委员　朱道统（1987.6—1987.9）
　　　　　俞锡荣（1987.9—1990.5）
副主任委员　王　虎（1987.6—1990.5）
　　　　　王振中（1987.6—1990.5）
委　员
吴爱娟（女）张天龙　徐玉璟（女）
黄成贵　仰洪元

说明：仰洪元1987年9月选出。

第三届

主任委员　俞锡荣（1990.5—1993.4）
副主任委员　李中苏（1990.5—1993.4）

委　员
伍云波　朱建秋（女）余岩隆
张国光　张爱春　张淑玲（女）
张维仁　施长根　徐玉璟（女）

第四届

主任委员　陆春兰（女）（1993.4—1998.3）
副主任委员　邱心川（1993.4—1998.3）
余岩隆（1993.4—1998.3）

委　员
张爱春　张淑玲（女）胡剑谨（女）
赵志尚　毛如炎（女）叶宝松
张淑真（女）陈伟民（女）施秀珍
倪国兴　潘信雄

第五届

主任委员　王一曼（女）（1998.3—2003.3）
副主任委员　陈胜华（1998.3—2003.3）
吴　伟（1998.3—2003.3）
何永旺（1998.3—2003.3）

委　员
杨薇薇（女）李知森　张　京
张爱春　张淑真（女）林建水
郑凤柳（女）

第六届

主任委员　李建花（女）（2003.3—2007.1）
副主任委员　余冬青（2003.3—2007.1）
吴小霞（女）（2003.3—2007.1）
徐　强（2003.3—2007.1）

委　员
林献珍　孙建玲（女）胡正武
徐春萍（女）廖　跃　李知森
陈志挺　项丽丽（女）

说明：李知森2004年12月选出；陈志挺2003年3月选出，2004年12月辞职。

第七届

主任委员　李建花（女）（2007.1—2012.1）
副主任委员　余冬青（2007.1—2012.1）
夏永远（2007.1—2012.1）
董金花（女）（2007.1—2012.1）

委　员
叶必庆　孙建玲（女）周筱秋（女）
谢　伟　鲍成发　廖　跃
瞿芬平

第八届

主任委员　肖石龙（2012.1—　）
副主任委员　叶必庆（2012.1—　）
葛成福（2012.3—2015.3）
林建华（2012.1—　）
李利法（2016.5—　）

委　员
叶　青　张　勇　陈月玲（女）
陈宏强　胡美珠（女）章　胤
谢　伟　谢云周　瞿芬平
王　敏（女）叶云森　吴法照
陈滢冰（女）胡小洁（女）陶玉燕（女）

说明：叶青2012年1月选出，2016年3月辞职；张勇2012年1月选出，2014年3月辞职；陈月玲2012年1月选出，2015年9月辞职；谢云周2012年1月选出，2014年11月辞职；瞿芬平2012年1月选出；王敏2016年5月选出；叶云森2016年5月选出；吴法照2016年5月选出；陈滢冰2016年5月选出；胡小洁2016年5月选出；陶玉燕2016年5月选出。

第三节 人大常委会工作机构组成人员

第一届

办公室

主　任　颜贻淦（1984.8—1987.6）

副主任　余岩隆（1984.8—1987.6）

法制工作委员会

主　任　黄成贵（1984.8—1987.6）

委　员　潘德存　戴曼西

说明：潘德存1984年11月选出，1987年6月辞职；戴曼西1984年11月选出，1987年6月辞职。

财经城建工作委员会

主　任　潘宝卿（1984.8—1987.6）

委　员

吴金林　吴国钜　张爱春

陈国良　周寿忠　虞楚平

说明：吴金林1984年11月选出；吴国钜1984年11月选出；张爱春1984年11月选出，1987年6月辞职；陈国良1984年11月选出，1987年6月辞职；周寿忠1984年11月选出；虞楚平1984年11月选出，1987年6月辞职。

教科文卫工作委员会

主　任　巩际信（1984.8—1987.9）

委　员

王抗美（女）陈光中　陈绍光

缪笑竹（女）　魏自立

说明：王抗美1984年11月选出，1987年6月辞职；陈光中1984年11月选出，1987年6月辞职；陈绍光1984年11月选出；缪笑竹1984年11月选出，1987年6月辞职；魏自立1984年11月选出，1987年6月辞职。

第二届

办公室

主　任　吴长柳（1988.7—1990.5）

法制工作委员会

主　任

委　员　李本春　赵志尚

说明：李本春1987年10月选出；赵志尚1987年10月选出。

教科文卫工作委员会

主　任　巩际信（1987.6—1987.9）

　　　　陈　克（1987.9—1990.5）

委　员

张玉麟　陈宝禄　陈美娜（女）

陈绍光　徐加锌

说明：张玉麟1987年10月选出，1990年5月辞职；陈宝禄1987年10月选出；陈美娜1987年10月选出；陈绍光1990年5月辞职；徐加鋅1987年10月选出，1990年5月辞职。

财经城建工作委员会

主　任

副主任　刘进法（1987.9—1990.5）

委　员

朱奇异　吴金林　吴国钜

林寿明　周寿忠

第三届

办公室

主　任　余岩隆（1990.7—1993.3）

副主任　陈伟民（1991.3—1993.3）

法制工作委员会

主　任　　张国光（1990.7—1993.3）

副主任　　赵尚志（1992.5—1993.3）

委　员

朱国清　　朱茂盛　　李本春

赵志尚

财经城建工作委员

主　任　　刘进法（1990.7—1993.3）

副主任　　李梅龙（1990.7—1992.3）

委　员

朱奇异　　杨康琴　　陈安德

周寿忠　　郑式乐　　徐正华

教科文卫工作委员

主　任　　陈克（1990.5—1993.4）

委　员

陈国光　　陈美娜（女）陈葆禄

黄文芳（女）潘信雄

说明：陈美娜 1993 年 4 月辞职；黄文芳 1990 年 5 月选出。

侨务工作委员会

主　任　　黄成贵（1990.7—1993.5）

委　员　　王　蓓（女）郭胜光

代表工作委员会

副主任　　潘信雄（1992.5—1993.3）

第四届

在区四届人大任职期间，撤销财经城建工作委员会，设立财政经济工作委员会、农经城管工作委员会；撤销侨务工作委员会，有关侨务工作并入教科文卫工作委员会；调整后的常委会办事机构设置如下：办公室、财政经济工作委员合、法制工作委员会、教育文卫工作委员会、农经城管工作委员会、代表工作委员会。

办公室

主　任　　余岩隆（1993.3—1998.3）

副主任　　陈伟民（1993.3—1994.6）

　　　　　唐晨曦（1994.10—1998.3）

　　　　　曹抗美（女）（1995.7—1998.3）

财政经济工作委员会

主　任　　刘进法（1993.3—1993.5）

　　　　　邱国华（1993.5—1994.2）

　　　　　金文平（1995.10—1997.3）

副主任　　金文平（1994.10—1995.10）

　　　　　马耀林（1996.5—1998.3）

委　员

马耀林　　朱奇异　　张爱春

陈家林　　赵凤仙（女）周华新

秦声龙　　倪国兴

法制工作委员会

主　任　　张国光（1993.3—1993.5）

　　　　　赵志尚（1993.5—1998.3）

委　员

朱国清　　杨　榕（女）张淑真（女）

陈旭珍　　陈松权　　林定耀

竺斐君　　娄瑞金

说明：杨榕 1993 年 3 月选出，1995 年 10 月辞职；陈旭珍 1993 年 3 月选出，1995 年 10 月辞职。

教科文卫工作委员会

主　任　　陈　克（1993.5—1998.3）

委　员

吕兰生　　杨亦萍（女）陈美娜（女）

黄文芳（女）瞿　翟　　姜辉龙

说明：姜辉龙 1994 年 1 月选出，1995 年 7 月辞职。

农经城管工作委员会

主　任　刘进法（1993.5—1995.7）
　　　　王金松（1995.7—1998.3）
副主任　王金松（1993.5—1995.7）
　　　　姜辉龙（1995.7—1998.3）
委　员
王群超　杨　林　郑一骥
林　嵘　胡方寿　樊春池
陈国琴（女）

代表工作委员会

主　任　潘信雄（1993.5—1998.3）
副主任　吴少霞（女）（1996.5—1998.3）
委　员
王锦锭　叶秀蛟　李崇兴
陈勤馥（女）郑建设（女）胡剑谨（女）
夏秀光　吴少霞（女）

说明：胡剑谨1993年3月选出，1995年7月辞职；
吴少霞1994年12月选出，1996年11月辞职。

第五届

办公室

主　任　吴　伟（1998.4—2003.3）
副主任　曹抗美（女）（1998.3—2001.10）
　　　　王丹雪（女）（2002.3—2003.3）

法制工作委员会

主　任　林建水（1998.4—2003.3）
　　　　余冬青（2002.2—2003.3）
副主任　余冬青（2002.2—2002.12）
　　　　陈松权（2002.2—2003.3）
委　员
王剑峰　吴金林　张　京
陈益舟　张淑真（女）谢　伟
陈松权　邵应迪　娄瑞金

财政经济工作委员会

主　任　王成淼（1998.4—2003.3）
副主任　马耀林（1998.3—1999.3）
　　　　黄庆火（1999.4—2003.3）
委　员
卢小敏（女）杨微微（女）陆大乐（女）
陈卫蓉（女）周大虎　周成建
薛寿光　吴　捷　陈加林
林振光

教科文卫工作委员会

主　任　潘信雄（1998.4—2003.3）
副主任　郭晓媛（女）（1998.4—2002.2）
委　员
卢桂芳（女）苏小玲（女）金爱娇（女）
虞银良　徐波克

城市建设工作委员会

主　任　周兰森（1998.4—2003.3）
　　　　林献珍（2002.12—2003.3）
副主任　姜辉龙（1998.4—2001.2）
　　　　夏永远（2001.12—2003.3）
委　员
陈　杰　陈少芳（女）周爱丽（女）
胡　方　昌徐毅（女）徐少云
殷旭方

代表工作委员会

主　任　何永旺（1998.5—2003.3）
副主任　吴少霞（女）（1998.5—2003.3）
委　员
王超群　陈　觉　夏佩兰（女）
虞友义　谢榕芳（女）

第六届

办公室

主　任　余冬青（2003.4—2007.1）

法制工作委员会

主　任　林献珍（2003.4—2007.1）

副主任　陈松权（2003.4—2007.1）

委　员

任　峰　刘　俊　吴金林

林淑萍（女）季凌坚　金长康

林巧荣　洪　波

说明：林巧荣2004年4月选出，2007年1月辞职；洪波2004年4月选出。

财经工作委员会

主　任　黄庆火（2003.4—2007.1）

副主任　周方业（2003.4—2007.1）

委　员

卢小敏（女）陈建中　陈雅悯

陈锡荣　郑湖燕（女）黄家龙

蒋　怡（女）吴素华（女）徐一军

姜建华　黄丽容（女）

说明：黄丽容2006年6月选出。

教科文卫宗侨工作委员会

主　任　杨薇薇（女）（2003.4—2007.1）

委　员

叶海琴（女）陈时升　陈高乐

林如辉　季　敏　徐波克

城市建设管理与农村工作委员会

主　任　倪松汉（2003.4—2007.1）

副主任　夏永远（2003.4—2007.1）

委　员

王华灼　吴伯松　张卢兄

陈伯聪　胡向共　殷旭方

陶建武

代表工作委员会

主　任　吴小霞（女）（2003.4—2007.1）

委　员

王真云　伍和昆　吴金飞（女）

金新友　张维凯　赵景温

苏小平

说明：苏小平2003年9月选出。

第七届

办公室

主　任　余冬青（2007.1—2011.5）

　　　　叶必庆（2011.5—2012.1）

副主任　王丹雪（女）（2007.1—2011.5）

　　　　潘小琴（女）（2011.5—2012.1）

法制工作委员会

主　任　林献珍（2007.1—2007.3）

　　　　叶必庆（2007.3—2011.5）

　　　　谢　伟（2011.5—2012.1）

副主任　陈松权（2007.3—2011.5）

委　员

马建峰　任　峰　刘　俊

杨秀珍（女）邱世枝　林淑萍（女）

金长康　郑小兵　洪　波

高广跃

说明：马建峰2007年3月选出；任峰2012年1月辞职；高广跃2007年3月选出。

财经工作委员会

主　任　黄庆火（2007.3—2011.5）

　　　　黄金鹏（2011.5—2012.1）

副主任　周方业（2007.1—2007.3）

委　员

吴素华（女）李维信　陈少云

郑湖燕（女）姜建华　洪　涛

景　温　黄丽蓉（女）黄家龙

蒋　怡（女）蔡灵跃　潘小琴

教科文卫宗侨工作委员会

主　任　杨薇薇（女）(2007.1—2007.3)
　　　　林秀春（2007.3—2012.1）

委　员
庄笑玲（女）吴厉峰　李逸萱（女）
邵奇文　金晓群（女）金　鑫
施肖毅　徐波克　谢秀花（女）
蔡红叶（女）

城市建设管理与农村工作委员会

主　任　吴小霞（女）(2007.3—2011.5)
　　　　黄品寿（2011.5—2012.1）

委　员
王　斌　王晓珏（女）朱伟基
张卢兄　李趣行　殷旭方
陶建武　麻剑玲（女）武管诚（女）
王晓岚（女）杨　影（女）曾　仲

说明：王斌2007年3月选出，2008年12月辞职；殷旭方2008年12月辞职；陶建武2010年12月辞职；王晓岚2008年12月选出；杨影2008年12月选出，2012年1月辞职。

代表工作委员会

主　任　夏永远（2007.3—2011.5）
　　　　葛成福（2011.5—2012.1）

副主任　谢　伟（2007.3—2010.11）

委　员
叶建文　叶俊杰　叶显华
刘伟军　苏小平（女）吴长麟
周湘妤（女）虞培清　戴迪聪（女）
董金花（女）谢　伟　鲍成发
廖　跃　瞿芬平

说明：叶俊杰2007年3月选出，2008年12月辞职；董金花2007年1月选出，2009年9月辞职；谢伟2007年1月选出，2007年3月辞职；鲍成发2007年1月选出，2009年2月辞职。

第八届

办公室

主　任　叶必庆（2012.3—）

副主任　潘小琴（女）(2012.3—2016.3)
　　　　郑　坚（2015.11—）
　　　　叶　青（2016.3—）

教科文卫宗侨工作委员会（2013年3月撤销，设立教科文卫工委）

主　任　林秀春（2012.3—2013.3）

委　员
王莉静（女）白琼璟　朱雪琼（女）
吴忠毅　陈　绚（女）邵奇文
金晓群（女）黄颖洁（女）蔡红叶（女）

说明：王莉静2012年3月选出，2013年3月辞职；白琼璟2012年3月选出，2013年3月辞职；朱雪琼2012年3月选出，2013年3月辞职；吴忠毅2012年3月选出，2013年3月辞职；陈绚2012年3月选出，2013年3月辞职；黄颖洁2012年3月选出，2013年3月辞职。

法制工作委员会

主　任　谢　伟（2012.3—）

委　员
马建峰　方旭东　陈建龙
高广跃　谢雁湖　孙光辉
陈建生　林海军　林淑萍（女）
童洪锡　钱爱香（女）

说明：方旭东2012年3月选出；陈建龙2012年3月选出；谢雁湖2012年3月选出；孙光辉2012年3月选出；陈建生2012年3月选出；林海军2012年3月选出；童洪锡2012年3月选出；钱爱香2013年5月选出。

财经工委

主　任　黄金鹏（2012.3—2015.7）
　　　　姜锦谷（2015.7—）

副主任　赵德胜（2016.5—）

委　员
李臣庚　谢　越　王巧玲（女）

甘卫康　叶　钧　卢成盘
杨　克　陈　滨　陈宏强
金洁慧（女）郑湖燕（女）赵景温
李臣庚　林明忠　郑巨龙
薛文广　吴加居

说明：李臣庚2014年3月选出；谢越2014年3月选出；王巧玲2012年3月选出，2014年3月辞职；甘卫康2013年9月选出，2014年3月辞职；叶钧2012年3月选出，2013年9月辞职；卢成盘2012年3月选出；杨克2012年3月选出，2013年9月辞职；陈滨2012年3月选出；陈宏强2012年3月选出，2013年9月辞职；金洁慧2012年3月选出；李臣庚2014年3月选出；林明忠2012年3月选出，2014年3月辞职；郑巨龙2013年9月选出，2014年3月辞职；薛文广2013年9月选出，2014年3月辞职；吴加居2013年9月选出。

教科文卫工委

主　任　林秀春（2013.5—）

委　员

滕敏亮　蔡红叶（女）戴伟芳（女）
白琼璟　朱雪琼（女）陈中怀
邵奇文　吴忠毅　陈　绚（女）
金晓群（女）

说明：滕敏亮2013年5月选出；蔡红叶2013年5月选出；戴伟芳2013年5月选出；白琼璟2013年5月选出；朱雪琼2013年5月选出；陈中怀2013年5月选出；邵奇文2013年5月选出；吴忠毅2013年5月选出；陈绚2013年5月选出；金晓群2013年5月选出。

民宗侨外工委

主　任　陈金敏（2013.3—）

委　员

叶话雨（女）李　前（女）陈晓乐（女）
陈　婕　项斌斌　王良善
陆日煜　林小冬　周祥薇（女）
徐大放　虞培清　谷建龙
曾　莞

说明：叶话雨2013年5月选出；李前2013年5月选出；陈晓乐2013年5月选出，2015年11月辞职；陈婕2013年5月选出；项斌斌2013年5月选出；王良善2013年5月选出；陆日煜2013年5月选出；林小冬2013年5月选出；周祥薇2013年5月选出；徐大放2013年5月选出；虞培清2013年5月选出；谷建龙2015年11月选出；曾莞2015年11月选出。

城市建设管理与农村工委

主　任　柳晓忠（2012.3—2013.12）

委　员

丁云准　王晓岚（女）王晓珏（女）
叶俊杰　杨绍概　张卢兄
陈如锰　季胜海　黄　虹（女）
曾　挺　姜小蓉（女）陶建武
林元敏

说明：丁云准2012年3月选出，2013年12月辞职；王晓岚2013年9月辞职；王晓珏2012年3月选出，2013年12月辞职；叶俊杰2012年3月选出，2013年12月辞职；杨绍概2012年3月选出，2013年12月辞职；张卢兄2013年12月辞职；陈如锰2012年3月选出，2013年12月辞职；季胜海2012年3月选出，2013年9月辞职；黄虹2012年3月选出，2013年12月辞职；曾挺2012年3月选出，2013年12月辞职；陶建武2013年9月选出，2013年12月辞职；姜小蓉2013年9月选出，2013年12月辞职；林元敏2013年9月选出，2013年12月辞职。

城乡建设环境保护工委

主　任　陈康亮（2014.3—）

副主任　李利法（2013.12—2015.7）

委　员

林元敏　姜小蓉（女）蔡足舟
丁云准　黄　虹（女）杨绍概
李筱明　陈瑞林　吴智勇
徐　宁　黄夏虹（女）黄国云
黄海浪（女）蔡飞舟

说明：林元敏2013年12月选出，2014年3月辞职；姜小蓉2013年12月选出；蔡足舟2014年3月选出；丁云准2013年12月选出，2014年3月辞职；杨绍概2013年12月选出；黄虹2013年12月选出；李筱明2013年12月选出；陈瑞林2013年12月选出；吴智勇2013年12月选出；徐宁2014年3月选出；黄国云2013年12月选出；黄夏虹2014年3月选出；黄海浪2013年12月选出；蔡飞舟2014年3月选出。

农村和资源保护工委

主　任　　柳晓忠（2013.12—）

委　员

王晓珏（女）叶俊杰　　陶建武

陈如锰　　曾　挺　　张卢兄

周旭哲　　伍忠孝　　黄建云

程晓清　　谷建勇

说明：王晓珏2013年12月选出；叶俊杰2013年12月选出，2015年11月辞职；陶建武2013年12月选出；陈如锰2013年12月选出；曾挺2013年12月选出；张卢兄2013年12月选出；周旭哲2014年3月选出；伍忠孝2014年3月选出；黄建云2014年3月选出；程晓清2014年3月选出；谷建勇2015年11月选出。

代表工作委员会

主　任　　葛成福（2012.3—2015.3）

　　　　　李利法（2015.7—）

委　员

苏小平（女）庄秀丽（女）陈　锵

陈晓东　　周湘妤（女）金浙瓶

郑小兵　　诸葛要武（女）黄月东

易建东　　潘定龙

说明：庄秀丽2012年3月选出；陈锵2012年3月选出；陈晓东2012年3月选出；金浙瓶2012年3月选出，2013年9月辞职；郑小兵2012年3月选出；诸葛要武2012年3月选出；黄月东2012年3月选出；易建东2013年9月选出；潘定龙2013年9月选出。

预算工作委员会

主　任　　林宣富（2014.3—）

委　员

王　沁（女）甘卫康　　陈天翔

林明忠　　周赛珍（女）郑巨龙

董　海　　薛文广　　渠　奕

说明：王沁2014年3月选出；甘卫康2014年3月选出，2015年11月辞职；陈天翔2014年3月选出；林明忠2014年3月选出；周赛珍2014年3月选出；郑巨龙2014年3月选出；董海2014年3月选出；薛文广2014年3月选出；渠奕2015年11月选出。

第四节　区人民政府组成人员

第一届

区人民政府

区　长　何包根（1984.6—1987.9）

副区长　陆国杰（1984.6—1987.9）

　　　　林毓荪（1984.6—1987.9）

　　　　陈莲莲（女）（1984.6—1987.9）

　　　　潘岩西（1985.5—1987.9）

区府办公室

主　任　董希凯（1984.11—1987.9）

区计划经济委员会

主　任　　管嗣录（1984.11—1987.9）

区财政税务局

局　长　　黄国池（1984.11—1987.9）

区工商行政管理局

局　长　　卢先理（1984.11—1987.4）

区物价局

局　长　　黄彩萍（1984.11—1987.9）

区科学技术委员会

主　任　　朱国衡（1984.11—1987.9）

区教育委员会

主　任　　林鸿杲（1985.7—1987.9）

区民政局

局　长　　王鸿铨（1985.7—1987.9）

区劳动局

局　长　　徐维治（1984.11—1987.9）

区人事局

局　长　　俞根堂（1984.11—1987.9）

区文化局

局　长　　郑绍训（1984.11—1987.9）

区卫生局

局　长　　王达华（1984.11—1987.9）

区体育运动委员会

主　任　　李少华（1984.11—1987.6）

区计划生育委员会

主　任　　陆春兰（女）（1984.11—1987.9）

区城乡建设委员会

主　任　　胡崇安（1985.7—1987.9）

区房地产管理局

局　长　　郑维新（1985.5—1987.9）

公安局鹿城区分局

局　长　　韩高旺（1986.1—1987.9）

农业委员会

主　任　　瞿寿连（1985.5—1987.9）

第二届

区人民政府

区　长　　何包根（1987.6—1988.11）

　　　　　陈久忠（1989.3—1990.5）

代区长　　陈久忠（1988.11—1990.5）

副区长　　陆国杰（1987.6—1990.5）

　　　　　潘岩西（1987.6—1990.5）

　　　　　陈莲莲（女）（1987.6—1990.5）

　　　　　陈崇春（1988.4 —1989.3）

　　　　　陈久忠（1988.11—1989.3）

区政府办公室

主　任　　吴长柳（1988.7—1990.5）

区计划经济委员会

主　任　　管嗣录（1987.9—1990.5）

区科学技术委员会

主　任　　朱国衡（1987.9—1990.5）

区农业委员会主任、农林水利局

局　长　　王臣明（1987.9—1989.5）

区乡镇工业管理局

局　长　　韩启宇（1987.9—1990.5）

区财政税务局

局　长　　黄国池（1987.9—1990.5）

区建设委员会

主　任　　胡崇安（1987.9—1990.5）

区计划生育委员会

主　任　　陆春兰（女）（1987.9—1990.5）

区审计局

局　长　　梅一华（1987.9—1990.5）

区公安局鹿城分局

局　长　　韩高旺（1987.9—1987.12）

陈林光（1987.12—1990.5）

区司法局

局　长　　潘启宝（1987.9—1990.5）

区文化局

局　长　　郑绍训（1987.9—1990.5）

区体育运动委员会

主　任　　李少华（1987.9—1990.5）

区劳动局

局　长　　徐维治（1987.9—1990.5）

区统计局

局　长　　虞楚平（1987.9—1990.5）

区教育委员会

主　任　　林可夫（1987.12—1990.5）

区工商行政管理局

局　长　　朱景祥（1987.12—1990.5）

区监察局

局　长　　张宝俊（1988.3—1990.5）

区卫生局

局　长　　沙万源（1988.3—1990.5）

区物价局

局　长　　黄彩萍（1987.9—1989.3）

林增生（1989.3—1990.5）

区农村经济委员会

主　任　　王臣明（1989.5—1990.5）

区农林水利局

局　长　　李天猷（1989.5—1990.5）

区人事局

局　长　　吴国钧（1989.7—1990.5）

第三届

区人民政府

区　长　　陈久忠（1990.5—1993.3）

副区长　　陆国杰（1990.5—1992.5）

潘岩西（1990.5—1993.3）

陈莲莲（女）（1990.5—1993.3）

陈崇春（1990.5—1993.3）

邵金松（1990.5—1993.3）

马士可（1992.12—1993.3）

区政府办公室

主　任　　吴长柳（1990.7—1993.2）

区计划经济委员会

主　任　　管嗣录（1990.7—1993.3）

区农村经济委员会

主　任　　王臣明（1990.7—1993.3）

区教育委员会

主　任　　林可夫（1990.7—1993.3）

区科学技术委员会

主　任　　朱国衡（1990.7—1993.3）

区计划生育委员会

主　任　　陆春兰（女）（1990.7—1993.3）

区体育运动委员会

主　任　　李少华（1990.7—1993.3）

公安局鹿城分局
局　长　　陈林光（1990.7—1993.3）

区民政局
局　长　　柯明光（1990.7—1993.3）

区司法局
局　长　　潘启宝（1990.7—1993.3）

区人事局
局　长　　吴国钧（1990.7—1993.3）

区财政税务局
局　长　　黄国池（1990.7—1993.3）

区工商行政管理局
局　长　　朱景祥（1990.5—1990.7）
　　　　　虞廷南（1990.7—1993.3）

区物价局
局　长　　林增生（1990.7—1993.3）

区审计局
局　长　　梅一华（1990.7—1992.3）
　　　　　叶希安（1992.7—1993.3）

区劳动局
局　长　　李峰道（1992.7—1993.3）

区卫生局
局　长　　叶侃玉（1990.9—1993.3）

区文化局
局　长　　李建花（女）（1990.9—1993.3）

区乡镇工业管理局
局　长　　韩启宇（1990.9—1993.3）

区工业交通委员会
主　任　　韩启宇（1991.2—1993.3）

区监察局
局　长　　杨岩华（1991.3—1993.3）

区商业局
局　长　　叶希安（1991.3—1993.7）
　　　　　林步良（1992.7—1993.3）

区对外经济贸易委员会
主　任（兼）陈崇春（1992.7—1993.3）

第四届

区人民政府
区　长　　陈久忠（1993.4—1995.11）
　　　　　徐止平（1996.3—1997.10）
代区长　　徐止平（1995.11—1996.3）
　　　　　王超俊（1993.3—1996.12）
副区长　　马士可（1993.3—1996.12）
　　　　　潘岩西（1993.3—1998.3）
　　　　　李中苏（1993.3—1998.3）
　　　　　陈崇春（1993.3—1998.3）
　　　　　邵金松（1993.3—1998.3）
　　　　　陈青墨（1995.8—1998.3）
　　　　　徐止平（1995.11—1996.3）
　　　　　邱心川（1996.12—1998.3）
　　　　　郑锦春（1996.12—1998.3）
　　　　　王超俊（1997.10—1998.3）

区计划经济委员会
主　任　　管嗣录（1993.7—1995.2）
　　　　　林瑞荣（1995.2—1997.3）

区计划委员会
主　任　　林瑞荣（1997.3—1998.3）

区科学技术委员会

主　任　孙荣清（1997.3—1998.3）

区工业交通委员会

主　任　韩启宇（1997.3—1998.3）

区乡镇工业管理局

局　长　韩启宇（1993.7—1997.3）

区农林水利局

局　长　陈瑞煊（1993.7—1998.3）

区对外经济贸易委员会

主　任　黄正乐（1993.7—1998.3）

区体育运动委员会

主　任　李少华（1993.7—1998.3）

区计划生育委员会

主　任　徐宏真（1993.7—1998.3）

公安局鹿城分局

局　长　陈林光（1993.7—1995.8）
　　　　王天义（1995.8—1998.3）

区监察局

局　长　倪宝根（1993.7—1996.5）
　　　　吴坚正（1997.3—1998.3）

区民政局

局　长　柯明光（1993.7—1994.5）
　　　　张志远（1994.5—1998.3）
　　　　臧璇璇（女）（1997.3—1998.3）

区司法局

局　长　虞廷南（1993.7—1995.2）
　　　　陈旭珍（1995.2—1998.3）

区财政局

局　长　黄国池（1993.7—1994.8）
　　　　黄夏日（1994.8—1998.3）

区人事局

局　长　吴国钧（1993.7—1998.3）
　　　　叶有玉（1997.3—1998.3）

区劳动局

局　长　李峰道（1993.7—1996.5）
　　　　屠定辉（1996.5—1998.3）

区商业局

局　长　林步良（1993.7—1998.3）

区工商行政管理局

局　长　卢先理（1993.7—1998.3）

区审计局

局　长　叶希安（1993.7—1998.3）

区统计局

局　长　林其骞（1993.7—1996.5）
　　　　王丽丽（女）（1996.5—1998.3）

区物价局

局　长　林增生（1993.7—1998.3）

区文化局

局　长　苏凤林（1993.7—1997.4）
　　　　杨一敏（1997.4—1998.3）

区卫生局

局　长　叶侃玉（1993.7—1998.3）

区教育局委员会

主　任　林可夫（1993.7—1993.11）

陈宝禄（1994.1—1997.3）
项旭光（1997.3—1998.3）

区城市管理局

局　长　张纯洁（1994.12—1998.3）

区环境保护局

局　长　林建水（1994.6—1998.3）

区贸易经济合作局

局　长　詹元武（1997.3—1998.3）

区经济委员会

主　任　庄建中（1997.3—1998.3）

区经济体制改革委员会

主　任　王长青（1997.3—1998.3）

农村工作办公室

主　任　陈瑞煊（1997.3—1998.3）

区建设局

局　长　魏以德（1997.3—1998.3）

区

工商局鹿城分局

局　长　何包叶（1997.4—1998.3）

第五届

区人民政府

区　长　王超俊（1998.3—2003.3）

副区长　邱心川（1998.3—2001.12）
李中苏（1998.3—2003.1）
陈青墨（1998.3—2001.1）
郑锦春（1998.3—2001.12）
张纯洁（1998.3—2003.1）
何　桥（1999.1—2001.2）
熊洪庆（2001.2—2003.3）
蔡文云（2002.2—2003.3）

区政府办公室

主　任　徐宏真（1998.5—2002.3）

区贸易经济合作局

局　长　詹元武（1998.5—1999.8）
李志华（2000.2—2002.3）

公安局鹿城区分局

局　长　王天义（1998.5—2000.4）
李江晖（2000.7—2003.3）

区计划委员会

主　任　林瑞荣（1998.5—2002.2）

区经济委员会

主　任　林增生（1998.5—1999.10）
贾志文（1999.10—2002.2）

区经济体制改革委员会

主　任　王长青（1998.5—1999.3）

区监察局

局　长　王长青（1999.3—2003.3）

区教育局委员会

主　任　项旭光（1998.5—2002.2）

区教育局

局　长　项旭光（2002.2—2003.3）

区科学技术委员会

主　任　孙荣清（1998.5—2001.1）
黄晓兵（2001.6—2002.2）

局　长　黄晓兵（2002.2—2003.3）

区工商行政管理局

局　长　何包叶（1998.5—2003.3）

区民政局

局　长　臧璇璇（女）（1998.5—2003.3）

区司法局

局　长　陈旭珍（1998.5—2002.2）
　　　　屠定辉（2002.2—2003.5）

区财政局

局　长　黄夏日（1998.5—2003.5）

区人事局

局　长　叶有玉（1998.5—2001.5）
　　　　刘云虎（2001.6—2002.2）

区劳动局

局　长　屠定辉（1998.5—2002.2）

区环境保护局

局　长　韩光中（1998.5—2001.9）
　　　　郑　浩（2001.9—2003.5）

区农林水利局

局　长　陈瑞煊（1998.5—2002.2）
　　　　杨文升（2002.2—2003.5）

区建设局

局　长　魏以德（1998.5—2002.2）
　　　　潘长华（2002.2—2003.5）

区城市管理局

局　长　陈叶挺（1998.5—2001.9）
　　　　沈　敏（2001.9—2002.2）

区文化局

局　长　陈永龙1998.5—2003.5）

区卫生局

局　长　黄晓兵（1998.5—2001.6）
　　　　陈　洁（女）（2001.6—2003.3）

区计划生育委员会

主　任　叶侃玉（1998.5—2001.10）
　　　　吴益水（2001.10—2002.2）

区计划生育局

　　　　吴益水（2002.2—2003.5）

区审计局

局　长　叶希安（1998.5—2002.2）
　　　　王丽丽（女）（2002.2—2003.5）

区统计局

局　长　王丽丽（女）（1998.5—2002.2）
　　　　黄汉和（2002.2—2003.5）

区物价局

局　长　庄建中（1998.5—2002.2）

区发展计划局

局　长　林瑞荣（2002.2—2002.2）

区经济贸易合作局

局　长　詹元武（1998.3—1999.8）
　　　　贾志文（2002.2—2003.3）

区交通局

局　长　贾志文（2002.2—2003.3）

区民族宗教事务局

局　长　廖文华（2002.2—2003.3）

区市政园林局

局　长　　沈　敏（2002.2—2003.3）

区人事劳动局

局　长　　刘文虎（2002.2—2003.3）

第六届

区人民政府

区　长　　王超俊（2003.3—2006.1）
代区长　　余中平（2006.1—2007.1）
副区长　　李　浩（2003.3—2006.8）
　　　　　熊洪庆（2003.3—2006.12）
　　　　　蔡文云（2003.3—2006.12）
　　　　　赵　峰（2003.3—2007.7）
　　　　　施艾珠（女）（2003.3—2004.8）
　　　　　沈　敏（2003.3—2007.7）
　　　　　朱连甫（2004.6—2007.1）
　　　　　黄夏日（2005.3—2007.1）
　　　　　贾焕翔（2006.12—2007.1）
　　　　　余中平（2006.1—2007.1）
　　　　　吴文玲（2006.1—2007.1）

区政府办公室

主　任　　徐宏真（2003.5—2005.5）
　　　　　吕朝辉（2005.5—2007.3）

区发展计划局

局　长　　林瑞荣（2003.3—2006.4）

区发展和改革局

局　长　　林瑞荣（2006.4—2007.3）

区经济贸易局（交通局）

局　长　　贾志文（2003.4—2007.3）

区教育局

局　长　　伍　挺（2003.5—2007.3）

区科学技术局

局　长　　黄晓兵（2003.5—2007.3）

区民族宗教事务局

局　长　　廖文华（2003.5—2004.12）
　　　　　沈金江（2004.12—2007.1）

公安局鹿城区分局

局　长　　李江晖（2003.5—2007.3）

区监察局

局　长　　胡小萍（2003.5—2007.3）

区民政局

局　长　　臧璇璇（女）（2003.5—2004.4）
　　　　　潘明勋（2004.4—2007.3）

区司法局

局　长　　屠定辉（2003.5—2005.5）
　　　　　程正斌（2005.5—2007.3）

区财政局

局　长　　吴　宁（2003.4—2006.6）
　　　　　胡晓初（2006.6—2007.3）

区人事劳动局

局　长　　刘云虎（2003.5—2007.3）

区建设局

局　长　　潘长华（2003.5—2007.3）

区市政园林局

局　长　　吕朝晖（2003.5—2005.5）
　　　　　林世南（2005.5—2007.3）

区农林水利局

局　长　杨文升（2003.5—2007.3）

区文化局

局　长　陈永龙（2003.5—2005.5）

区卫生局

局　长　项旭光（2003.5—2007.3）

区审计局

局　长　王丽丽（女）（2003.5—2007.3）

区计划生育局

局　长　吴益水（女）（2003.5—2006.4）

区人口和计划生育局

局　长　张维忠（2006.4—2007.3）

区统计局

局　长　黄汉和（2003.5—2005.5）
　　　　林宣富（2005.5—2007.3）

区环境保护局

局　长　郑浩（2003.5—2007.3）

安全生产监督管理局

局　长　李祥水（2004.12—2007.3）

区文化广播新闻出版局

局　长　陈永龙（2005.5—2007.3）

区人民政府侨务办公室

主　任　贾焕翔（2003.5—2004.12）
　　　　陈金敏（2004.12—2007.3）

第七届

区人民政府

区　长　余中平（2007.1—2008.3）
　　　　王立彤（2010.1—2011.7）
代区长　王立彤（2009.8—2010.1）
　　　　朱崇敏（2011.7—2012.1）
副区长　贾焕翔（2007.1—2010.9）
　　　　沈　敏（2007.1—2008.12）
　　　　赵　峰（2007.1—2007.7）
　　　　黄夏日（2007.1—2012.1）
　　　　吴文玲（女）（2007.1—2012.1）
　　　　项伟胜（2007.7—2012.1）
　　　　李无文（2007.3—2008.7）
　　　　伍　挺（2007.1—2010.11）
　　　　朱连甫（2007.1—2010.11）
　　　　吕朝晖（2008.12—2012.1）
　　　　吴建明（2008.6—2010.5）
　　　　王立彤（2009.8—2010.1）
　　　　张　雷（2009.8—2012.1）
　　　　林　江（2009.8—2011.7）
　　　　章公华（2010.9—2012.1）
　　　　朱崇敏（2011.7—2012.1）
　　　　张　清（2011.7—2012.1）
　　　　盘仁进（2010.5—2011.7）

区政府办公室

主　任　吕朝晖（2007.3—2009.12）
　　　　胡明亮（2009.8—2012.1）

区发展和改革局（物价局）

局　长　贾志文（2007.3—2011.10）
　　　　滕美华（女）（2011.10—2012.1）

区经济贸易局（交通局）

局　长　林宣富（2007.3—2010.7）
　　　　潘长华（2010.7—2011.10）

区教育局

局　长　林世南（2007.3—2011.10）
　　　　林宣富（2011.10—2012.2）

区科学技术局（科学技术协会）

局　长　黄晓兵（2007.3—2009.7）
　　　　卢更生（2009.7—2011.10）
　　　　林朝朝（女）(2011.10—2012.2)

区民族宗教事务局

局　长　沈金江（2007.1—2009.7）
　　　　金龙伟（2009.7—2012.2）

区监察局

局　长　王敬东（2007.3—2011.11）

区民政局

局　长　潘明勋（2007.3—2010.1）
　　　　杨文升（2010.1—2011.10）
　　　　陈黎华（2011.10—2012.2）

公安局鹿城区分局

局　长　李江晖（2007.3—2008.7）
　　　　王　造（2008.7—2012.2）

区司法局

局　长　程正斌（2007.3—2011.10）
　　　　张维忠（2011.10—2012.2）

区财政局

局　长　胡晓初（2007.3—2010.7）
　　　　林宣富（2010.7—2011.10）
　　　　胡向阳（2011.10—2012.2）

区人事劳动局

局　长　刘云虎（2007.3—2010.7）
　　　　王建中（2010.7—2011.10）

区建设局

局　长　潘长华（2007.3—2010.7）
　　　　杨一敏（2010.7—2011.1）

区市政园林局

局　长　翁益华（2007.3—2011.1）

区农林水利局

局　长　杨文升（2007.3—2010.1）
　　　　林建华（2010.1—2011.10）
　　　　罗静方（2011.10—2012.2）

区文化广播电视新闻出版局

局　长　王庆顺（2007.3—2011.10）
　　　　季新杨（2011.10—2012.2）

区卫生局

局　长　项旭光（—2007.3）
　　　　邱向真（女）(2007.3—2011.10)
　　　　潘一凡（2011.10—2012.2）

区审计局

局　长　徐春萍（女）(2007.3.—2010.1)
　　　　潘明勋（2010.1—2012.2）

区人口和计划生育局

局　长　张维忠（2007.3—2011.10）
　　　　滕　淼（2011.10—2012.2）

区统计局

局　长　滕美华（女）(2007.3—2010.1)
　　　　胡向阳（2010.1—2011.10）
　　　　徐向阳（2011.10—2012.1）

区环境保护局

局　长　郑　浩（2007.3—2007.12）
　　　　周小乐（2007.12—2011.3）
　　　　陈胜军（2011.3—2012.2）

区安全生产监督管理局

局　长　朱国榜（2007.3—2011.10）
张海云（2011.10—2012.2）

区住房和城乡建设局

局　长　杨一敏（2011.1—2011.10）
朱国榜（2011.10—2012.2）

区城市管理与行政执法局

局　长　姜益祥（2011.1—2012.2）

区人民政府侨务办公室

主　任　陈金敏（2007.3.—2012.2）

区经济和信息化局

局　长　王庆顺（2011.10—2012.2）

区人力资源和社会保障局

局　长　王建中（2011.10—2012.2）

区交通运输局

局　长　王　炯（2011.10—2012.2）

区商务局

局　长　陈国光（2011.10—2012.2）

区食品与药品监督管理局

局　长　全一凡（2011.10—2012.2）

第八届

区人民政府

区　长　朱崇敏（2012.1—2016.11）
代区长　胡晓东（2016.11—）
副区长　项伟胜（2012.1—2015.9）
伍　挺（2012.1—2015.9）
吴文玲（女）（2012.1—2012.11）
杨德听（2012.1—2016.11）
胡明亮（2012.1—2016.12）
林世南（2012.1—2016.11）
张　清（2012.2—2013.7）
林　莹（女）（2012.9—2013.9）
郑晓东（2012.9—2014.11）
章月影（女）（2012.1—）
黄专途（女）（2013.7—2015.5）
邓小林（2014.7—2016.7）
库尔班·买买提
（2015.5—2016.5）
申树军（2015.7—）
黄定恩（2015.9—）
张本锋（2015.11—2016.10）
夏　军（2016.7—）

区政府办公室

主　任　苏爱光（2012.1—2015.11）
吴祝凡（2016.5—）

区发展和改革局（物价局）

局　长　滕美华（女）（2012.2—）

区经济与信息化局

局　长　王庆顺（2012.2—）

区教育局

局　长　林宣富（2012.2—2014.3）
全一凡（2014.3—）

区科学技术局

局　长　林朝朝（女）（2012.2—2012.11）
黄凌萍（2012.11—）

区民族宗教事务局

局　长　金龙伟（2012.2—2013.3）
施文明（2013.3—2016.5）

韦龙成（2016.5—）

区监察局

局　长　郑建西（2012.1—2015.11）

金龙伟（2016.5—）

区民政局

局　长　陈黎华（2012.2—）

区司法局

局　长　张维忠（2012.2—）

区财政局

局　长　胡向阳（2012.2—）

区人力资源和社保局

局　长　王建中（2012.2—2014.3）

吴晓贵（2014.3—）

区住房和城乡建设局

局　长　朱国榜（2012.2—2014.3）

周伟斌（2014.3—）

区城市管理与行政执法局

局　长　姜益祥（2012.2—2015.9）

张海云（2015.9—2016.9）

区综合行政执法局

局　长　张海云（2016.9—）

区交通运输局

局　长　王　炯（2012.2—2015.3）

朱建光（2015.3—2015.11）

卢更生（2015.11—）

区农林水利局

局　长　罗静方（2012.2—2015.3）

季新扬（2015.7—2016.3）

区商务局

局　长　陈国光（2012.2—2014.12）

杨明明（女）（2014.12—）

区文化广电新闻出版局

局　长　季新扬（2012.2—2015.7）

周　园（女）（2015.7—）

区卫生局

局　长　潘一凡（2012.2—2015.3）

区人口和计划生育局

局　长　滕　淼（2012.2—2014.9）

区卫生和计划生育局

局　长　潘一凡（2015.3—2015.9）

吴雷雨（2015.9—2016.3）

徐一峰（2016.3—）

区审计局

局　长　潘明勋（2012.2—2013.3）

吴雷雨（2013.3—2015.9）

李江涛（2015.9—）

区统计局

局　长　徐向阳（2012.2—2013.3）

李江涛（2013.3—2015.9）

黄浩宇（2015.9—）

区环境保护局

局　长　陈胜军（2012.2—2012.11）

徐一峰（2012.11—2016.3）

谢云周（2016.5—）

区人民政府侨务办公室

主　任　陈金敏（2012.2—2013.3）

徐向阳（2013.3—2015.11）

区人民政府外事侨务办公室

主　任　徐向阳（2015.11—）

区安全生产监督管理局

局　长　张海云（2012.2—2015.9）
　　　　周国强（2015.9—）

区食品与药品监督管理局

局　长　全一凡（2012.2—2014.3）

区市场监督管理局

局　长　柯志成（2014.5—）

区质量技术监督局

局　长　梁　红（女）（2014.5—）

第五节　区人民法院院长、副院长

第一届

院　长　俞锡荣（1984.6—1987.6）
副院长　谢尔康（1984.8—1987.6）
　　　　虞廷南（1984.8—1987.6）
　　　　陈少林（1984.8—1987.4）

第二届

院　长　谢尔康（1987.6—1988.9）
代院长　张　林（1988.9—1990.5）
副院长　虞廷南（1987.6—1990.7）
　　　　张　林（1988.9—1990.5）

第三届

院　长　张　林（1990.5—1993.4）
副院长　蔡正满（1990.9—1993.4）

第四届

院　长　王炳池（1993.4—1998.3）
副院长　徐长根（1995.5—1998.3）
　　　　王锡全（1995.5—1998.3）

第五届

院　长　朱筱玫（1998.3—2003.3）
副院长　谢作幸（2002.2—2003.3）
　　　　徐长根（1998.3—2002.2）
　　　　王锡全（1998.3—2002.2）
　　　　林定耀（2002.3 —2003.3）

第六届

院　长　朱筱玫（2003.3—2006.4）
代院长　陈有为（2006.4—2007.1）
副院长　蔡正满（2003.3—2005.5）
　　　　林定耀（2003.3—2007.1）
　　　　谢作幸（2003.3—2009.2）
　　　　戴　巧（2005.9—2007.1）
　　　　孙　宏（2005.9—2007.1）
　　　　陈有为（2006.4—2007.1）

第七届

院　长　陈有为（2007.1—2009.5 ）
　　　　周　丰（2010.1—2012.1）
代院长　周　丰（2009.5—2010.1）
副院长　林定耀（2007.1—2010.7）
　　　　谢作幸（2007.1—2009.2）
　　　　戴　巧（2007.1—2012.1）

孙　宏（2007.1—2012.1）
周　丰（2009.5—2010.1）
金献华（2010.7—2012.1）

第八届

院　长　周　丰（2012.1—）
副院长　戴　巧（2012.1—）
孙　宏（2012.1—2015.7）
金献华（2012.1—）
方旭东（2013.2—）
刘　俊（2015.7—）
吴之欧（2015.9—2016.7）
高兴兵（2016.7—）

第六节　区人民检察院检察长、副检察长

第一届

检 察 长　吴侠圣（1984.6—1987.6）
副检察长　瞿守仁（1984.8—1987.6）
金德力（1984.8—1987.6）
潘　波（1985.5—1987.6）

第二届

检察长　吴侠圣（1987.6—1990.5）
副检察长　金德力（1987.6—1990.5）
潘　波（1987.6—1990.3）
谢向理（1990.3—1990.5）

第三届

检察长　金德力（1990.5—1993.4）
副检察长　杨锡祥（1991.7—1993.4）

第四届

检察长　金德力（1993.4—1994.10）
谢向理（1995.6—1998.3）
代检察长　谢向理（1994.10—1995.6）
副检察长　谢向理（1993.4—1995.6）
赵玉珍（1993.4—1998.3）
杨锡祥（1993.4—1995.5）
倪海平（1995.5—1998.3）
程兰生（1995.5—1998.3）
杨龙翔（1995.5—1998.3）

第五届

检察长　谢向理（1998.3—2001.2）
孔　璋（2001.3—2003.3）
代检察长　孔　璋（2001.2—2001.3）
副检察长　赵玉珍（1998.3—2001.10）
周小乐（1998.5—2003.3）
倪海平（1998.3—2002.6）
程兰生（1998.3—2002.2）
孔　璋（2001.2—2001.3）
潘教平（2002.6—2003.3）
郑建胜（2002.6—2003.3）

第六届

检察长　孔　璋（2003.3—2006.5）
代检察长　程兰生（2006.5—2007.1）
副检察长　周小乐（2003.3—2003.6）
林景龙（2003.1—2007.1）
潘教平（2003.3 —2007.1）
林景龙（2003.1—2007.1）
林锡铭（2004.12—2007.1）
郑建胜（2003.3—2006.12）

程兰生（2006.5—2007.1）
梁　兵（2006.6—2007.1）

第七届

检察长　程兰生（2007.1—2010.12）
张纯亮（2011.1—2012.1）
代检察长　张纯亮（2010.12—2011.1）
副检察长　潘教平（2007.1—2011.5）
林景龙（2007.1—2012.1）
林锡铭（2007.1—2007.7）
吴金飞（女）（2007.7—2012.1）
连昕鸣（2007.7—2012.1）
梁　兵（2007.1—2008.6）
张纯亮（2010.12—2011.1）

第八届

检 察 长　张纯亮（2012.1— ）
副检察长　林景龙（2012.1— ）
吴金飞（女）（2012.1— ）
连昕鸣（2012.1— ）
林　芹（女）（2013.3— ）
郑加佳（女）（2016.7— ）

第七节　人大常委会任命人民法院人员

夏兆珠
审判员（1984.8— ）
城区第二人民法庭庭长（1984.8—1991.5）

潘长青
城区第三人民法庭庭长（1984.8—1987.9）
虞廷南
审判委员会委员（1984.8— ）

陈少林
审判委员会委员（1984.8— ）

李文谦
审判委员会委员（1984.8—1987.10）

陈定国
审判委员会委员（1984.8—1987.9）
刑事审判庭庭长（1984.8— ）
刑事审判第一庭庭长（1985.5— ）

胡荣照
审判委员会委员（1984.8—1987.10）
刑事审判庭庭长（1984.8— ）
区民事审判庭庭长（1984.8—1987.10）

陈　浩
审判员（ —2001.4）
审判委员会委员（1987.12—2001.4）
审判庭副庭长（1984.8—1989.5）
审判庭庭长（1989.5—1994.12）
告诉申诉庭庭长（1994.12—1998.9）

俞钟庆
审判员（1984.8— ）

程振明
审判员（1984.8— ）

马良相
审判员（1984.8— ）

何益华
审判员（1984.8— ）
审判委员会委员（1987.12—）

陈其榜
审判员（1984.8—1996.5）

黄瑞爱
审判员（1984.8—2010.9）
刑事审判庭副庭长（1989.5—2002.12）
执行庭副庭长（2002.12—2005.9）

阮鸿文
审判员（1984.8— ）
第二人民法庭副庭长（1991.5—1994.12）

李龙昌
审判员（1984.8— ）

包玲玲
审判员（1984.8— ）

戴存清
审判员（1984.8— ）
第二人民法庭副庭长（1987.12—1991.5）
第二人民法庭庭长（1991.5—1998.10）
申告庭庭长（1998.10—2000.9）
审判监督庭庭长（2000.9—2002.11）

张周杰
审判员（1984.8—1985.9）

陈国平
审判员（1984.8— ）

陈旭珍
审判员（1984.8—1985.5）

杜新民
刑事审判第二庭庭长（1985.5—1987.12）
执行庭庭长（1989.5— ）
审判委员会委员（1990.1—2002.8 ）
民事审判庭庭长（1991.5—1998.9 ）

郑周定
第四人民法庭副庭长（1985.5—1988.11 ）
申诉审诉庭副庭长（1994.12—1998.9 ）

陈加进
审判员（1984.8—1994.8）
审判委员会委员（ —2007.7）
经济审判庭副庭长（1998.12—2000.9）
立案庭副庭长（2000.9—2002.12）
东郊人民法庭庭长（2002.12—2007.5）

林振华
审判员（1984.8—1994.8）
藤桥人民法院副庭长（2004.12—2008.8）
东郊人民法庭副庭长（2008.8—2009.3）

杨克捷
审判员（1985.11—1987.9）

胡云云
审判员（1985.11— ）

冯大志
审判员（1985.11— ）

陈会珍
审判员（1985.11— ）
第三人民法庭副庭长（1991.5—1999.9 ）

陈洪文
审判员（1985.11— ）
经济审判庭副庭长（1987.12—1994.12）
第一人民法庭庭长（1999.10—2000.9 ）
东郊人民法庭副庭长（2000.9—2002.12）

民事审判第三庭庭长（2002.11—2005.5）

娄瑞金

审判员（1985.11— ）

马海平

审判员（1987.10—2016.5）
行政庭副庭长（1991.5—1994.12）
行政审判庭庭长（1994.12—1998.10）
第二法庭庭长（1998.10—2000.9）
经济二庭庭长（2000.9—2002.11）
执行庭庭长（2002.11—2010.7）
审判委员会委员（2007.7—2010.7）

瞿中海

审判员（1987.10—2012.9）
民事庭副庭长（1996.5—2000.9）
民事一庭庭副庭长（2000.9—2002.12）
审监庭副庭长（2002.12—2007.7）

陈光飞

审判员（1987.11— ）
第三法庭副庭长（1989.11—1991.4）
第四法庭副庭长（1991.5—1998.9）
民庭庭长（1998.10— ）

宓崇敏

审判员（1987.12— ）
审判委员会委员（1984.8—1987.12）

张孝良

审判员（1987.12—2013.12）

廖志道

审判员（1987.12—1989.3）
审判委员会委员（1984.8— ）
经济审判庭庭长（1984.8—1987.12）

李春涛

审判员（1987.12— ）
刑事审判第二庭庭长（1985.5—1987.12）

何益华

审判委员会委员（1987.12— ）

徐顺省

刑事二庭副庭长（1987.12—1989.5）
执行庭副庭长（1989.5—1994.10）

李建平

第四人民法庭庭长（1987.12—1988.12）
审判委员会委员（2007.7— ）
行政审判庭庭长（2002.11—2009.3）
第三法庭庭长（1988.12—1989.10）
房地产庭庭长（1998.10—2002.11）
行政庭庭长（2002.11—2007.7）

任 峰

第一人民法庭副庭长（1987.12—1989.5）
民庭副庭长（1998.5—1998.10）
第三法庭副庭长（1998.10—1999.10）
第三法庭庭长（1999.10—2000.9）
西郊法庭庭长（2000.9—2002.11）
立案庭庭长（2002.11—2005.12）
少年庭庭长（2005.12—2010.11）
审判委员会委员（2010.9— ）

刘建平

第三人民法庭副庭长（1987.12—1989.11）
市城区人民法院第三人民法庭庭长（1989.11）
区行政审判庭庭长（ —2009.3）

陈伟人

审判员（1988.3—）
刑事审判庭副庭长（1999.12—2002.12）

执行庭副庭长（2002.12—2005.12）
少年审判庭副庭长（2005.12—2011.7）

董爱国
审判员（1989.3—）

赵增惜
第一人民法庭庭长（1984.8—1987.12）
民事审判第二庭庭长（1987.12—1989.5）
审判员（1989.5— ）

方本立
第一法庭副庭长（1995.7—）
第一法庭庭长（1995.7—1998.10）
行政庭庭长（1998.10—2002.11）

金建东
审判员（1989.11— ）
第二人民法庭副庭长（1987.12—1989.11）
告诉申诉庭副庭长（1992.1—1994.12）
刑事审判庭副庭长（1994.12—1997.11）
少年庭庭长（1997.11—2002.11）
审判监督庭庭长（2002.11—2009.3）
审判委员会委员（2007.7—2009.3）

王海军
审判员（1989.11— ）
行政庭副庭长（1995.7—2003.1）

黄国权
审判员（1989.11— ）

胡爱弟
审判员（1989.11— ）

郑德明
审判员（1989.11— ）

第二法庭副庭长（1994012—2000.9）
第二法庭庭长（2000.9—2002.12）
刑事审判庭副庭长（2002.8—2008.8）
审监庭庭长（2008.8—2012.5）

姜云福
审判员（1993.3—2015.5）

戴　谊
审判员（1993.3—2015.7）

钱伯荣
审判员（1993.3—2010.11）

胡冬琴
审判员（1993.3—2013.3）
执行庭副庭长（1997.4—1999.12）
执行二庭副庭长（1999.12—2002.2）
民事一庭副庭长（2002.12—2008.4）

王兴伍
审判员（1993.3— ）

朱李军
审判员（1993.3— ）

吴民勋
审判员（1993.3—2012.11）

林初富
审判员（1993.12— ）
执行庭副庭长（1996.5—1999.12）
执行二庭庭长（1999.12—2001.12）
刑事审判庭庭长（2005.12—2007.7）

伍和昆
审判员（1994.8— ）

陈　文
审判员（1994.8—2004.12）
立案庭副庭长（2004.12—2008.4）
立案庭副庭长（2010.11— ）

王亚苗
审判员（1994.8—1998.10）
第四人民法庭副庭长（1998.10—2000.9）
东郊人民法庭副庭长（2000.9—2014.9）

陈锡林
审判员（1994.8— ）
执行一庭副庭长（2000.1—2002.12）
民事二庭副庭长（2002.12—2008.4）
民事三庭副庭长（2008.4—2010.11）
民事二庭副庭长（2010.11— ）

赵雄伟
审判员（1995.7— ）
民事庭副庭长（1998.10—2000.9）
民事一庭副庭长（2000.9—2005.12）
东郊人民法庭庭长（2010.7—2013.2）
审判委员会委员（2013.3— ）

汪　涛
审判员（1995.10—）
经济庭副庭长（2000.9— ）

周龙璋
第四人民法庭副庭长（1994.12— ）

戴爱微
经济审判庭副庭长（1994.12— ）

滕月苏
执行庭副庭长（1991.5—1994.12）
执行庭庭长（1994.12—1999.12）
执行一庭庭长（1999.12—2001.9）
审判委员会委员（2010.7—2011.12）

刘云龙
审判员（ —1996.5）

陈明亮
审判员（ —1996.5）

胡剑姑
审判员（1995.7— ）
第四法庭副庭长（1998.10—1999.10）
第四法庭庭长（1999.10—2000.9）
民事二庭庭长（2000.9—2002.11）
少年庭庭长（2002.11—2005.11）
西郊法庭庭长（2005.11—2009.3 ）
监督庭庭长（2010.11—2014.9）

杜玉明
审判员（1996.5— ）

言国新
审判员（1997.4—）
少年庭副庭长（2005.12—2009.3 ）
民事二庭副庭长（2009.3—2010.11 ）
知识产权庭副庭长（2010.11—2016.5 ）

王　亮
审判员（1997.4—1997.10）

夏晓峰
审判员（1997.4— ）

朱云虎
审判员（ —1997.10）

谢　峰
刑事审判庭庭长（1997.11—2002.12）
民事二庭庭长（2002.12—2009.3）
西郊人民法庭庭长（2010.7—2013.12）

陈　琼
审判员（1999.4— ）
民事一庭副庭长（2011.9—2014.9）
民事三庭庭长（2014.9— ）

陈朝晖
审判员（1999.4—2013.3）
刑事审判庭副庭长（2004.12—2007.7）
刑事审判庭庭长（2007.7—2010.9）
审判委员会委员（2010.9—2013.3）

李琴仙
审判员（1999.4— ）
民事三庭副庭长（2004.12—2008.4）
民事二庭副庭长（2008.4—2009.3）
民事二庭庭长（2009.3—2016.5）

金　矛
审判员（1999.4—2001.2）

徐　鹏
审判员（1999.4— ）

刘新君
审判员（1999.4— ）

沈文江
审判员（1999.4— ）

张晨辉
审判员（1999.4—2008.8）

严永乐
审判员（1999.4— ）
刑事审判庭副庭长（2008.8—2010.11）
少年审判庭庭长（2014.3—至今）

蒋　茜
审判员（1999.4— ）
执行庭副庭长（2006.1—2010.11）
少年审判庭副庭长（2010.11—2011.9）
少年审判庭庭长（2011.9—2014.3）
刑事审判庭庭长（2014.3— ）
审判委员会委员（2015.5—至今）

孙林龙
审判员（1999.4— ）
立案庭副庭长（2003.9—2005.12）
民事一庭副庭长（2005.12—2008.4）
立案庭副庭长（2008.4—2011.5）

赵亚兰
审判员（1999.4— ）
刑事审判庭庭长（2010.11—2014.3）
行政审判庭庭长（2014.3—2016.5）

陈光飞
审判员（ —2001.2）

林　毅
审判员（2001.6— ）
民事二庭副庭长（2008.8—2010.11）
人民法院西郊人民法庭庭长（2015.7—至今）

夏益民
审判员（2001.6— ）
执行庭副庭长（2008.8—2011.9）
执行庭庭长（2011.9— ）

周洁如
审判员（2001.6—　）
行政审判庭副庭长（2002.12—2005.12）
立案庭庭长（2007.7—2010.11）
审判委员会委员（2010.9—2015.7）

陈　斌
审判员（2001.6—　）
民事一庭副庭长（2008.8—2011.9）
民事一庭庭长（2011.9—2013.12）
东郊人民法庭庭长（2013.12—　）
审判委员会委员（2013.12—　）

蔡谢群
审判员（2001.6—　）
人民法院立案庭副庭长（2003.9—2004.12）
民事二庭副庭长（2004.12—2006.1）
行政审判庭副庭长（2006.1—2009.3）
行政审判庭庭长（2009.3—2013.3）
审判委员会委员（2013.3—　）

杨要武
审判员（2001.6—　）
立案庭副庭长（2012.9—　）

马如君
审判员（2001.6—　）
东郊人民法庭副庭长（2012.9—　）

胡　哲
审判员（2001.6—　）
审判监督庭副庭长（　—2008.8）

吴慧君
审判员（2001.6—）

林介秀
审判员（2001.6—　）

程定光
审判员（2001.6—　）

林　洁
审判员（2001.6—　）

翁欣宇
审判员（2001.6—　）
少年庭副庭长（2012.9—　）

李　芯
审判员（2001.6—　）

姜胜和
审判员（2001.10—　）

叶宇兵
审判员（2002.12—2012.5）

周伟敏
审判员（2004.10—　）
民事三庭副庭长（2008.8—2011.12）
藤桥人民法院副庭长（2011.12—2016.5）

孙曙光
审判员（2004.10—2013.12）
刑事审判庭副庭长（2008.8—2012.5）
立案庭副庭长（2012.5—2013.12）

韩若冰
审判员（2004.10—　）
民事三庭副庭长（2010.11—2016.5）
金融审判庭副庭长（2016.5—　）

包珍珍
审判员（2004.10— ）
立案庭副庭长（2011.12— ）

冯　梅
审判员（2004.10—2013.3）

翁连新
藤桥人民法院副庭长（2001.10—2005.12）
民事三庭副庭长（2005.12—2008.8）
民事三庭长（2008.8—2015.7）
藤桥人民法庭庭长（2015.7— ）

李　元
审判员（2006.6— ）
行政审判庭副庭长（2010.11—2014.9）
民事一庭庭长（2014.9—2016.5）
行政审判庭庭长（2016.5— ）

谢　斌
审判员（2007.7—2011.12）
藤桥人民法院副庭长（2010.11—2011.12）

吴将斌
审判员（2007.12— ）
行政审判庭副庭长（2009.3—2010.11）
立案庭庭长（2010.11—2012.5）
金融审判庭庭长（2012.5—2013.12）
审判委员会委员（2013.12— ）
西郊人民法庭庭长（2013.12—2015.7）

罗奇豪
审判员（2008.6—2010.11）

黄朝晖
审判员（2008.6— ）
藤桥人民法院副庭长（2008.8—2010.11）
西郊人民法庭副庭长（2010.11—2013.12）
立案庭庭长（2013.12—2016.5）

何栩栩
审判员、刑事审判庭副庭长（2010.11—2012.9）

伍林雄
审判员（2010.11— ）
刑事审判庭副庭长（2013.3— ）

陈　凌
审判员（2010.11— ）
东郊人民法庭副庭长（2014.3—2015.5）
知识产权审判庭副庭长（2015.5—2016.5）
西郊人民法庭副庭长（2016.5—）

金　春
审判员（2010.11— ）
金融审判庭副庭长（2013.3— ）

吴春瑜
审判员（2010.11— ）
金融审判庭副庭长（2013.3—2016.5）
民事审判第三庭庭长（2016.5— ）

吕福权
审判员（2010.11— ）

王　衍
审判员（2010.11—2014.7）

王　兵
审判员（2010.11—2011.12）

柳文思
审判员（2010.11— ）

少年刑事庭副庭长（2015.11—　）

郭靓斐
审判员（2010.11—）
民事审判第二庭副庭长（2015.11—2016.5）
知识产权审判庭副庭长（2016.5—　）

王海珍
审判员（2010.11—2013.12）

陈　默
审判员（2010.11—　）
民事二庭副庭长（2014.3—2016.5）
破产案件审判庭庭长（2016.5—　）

朱　桢
审判员
执行庭副庭长（2010.11—　）

陈维专
审判员（2010.11—2012.9）

邱天翔
审判员、藤桥人民法院副庭长（2013.3—）

叶　珺
审判员（2013.3—　）
知识产权审判庭庭长（2013.3—2014.9）
审判监督庭副庭长（2015.5—　）

孙聪碧
审判员（2013.3—　）
东郊人民法庭副庭长（2013.3—2014.3）
金融审判庭庭长（2014.3—2015.5）

苏　惺
审判员、执行庭副庭长（2014.3—　）

王浩泽
审判员、行政审判庭副庭长（2014.3—2016.5）

胡佳颖
审判员（2014.3—）
两郊副庭长（2014.9—　）

董臻静
审判员（2014.3—2014.12）

孙晓琳
审判员（2014.3—　）
民事审判第一庭副庭长（2015.11—　）

黄宗扬
审判员（2014.3—　）

黄　莹
审判员（2014.3—　）

叶宇锞
审判员（2014.3—　）

林德悦
审判员（2014.3—　）

项　杰
审判员（2014.3—　）
执行庭副庭长（2016.5—　）

陈　律
审判员　（2015.11—　）

说明：人民法院院长、副院长的任免在本章第五节已列，本节从略。

第八节 区人大常委会任命人民检察院人员

吴侠圣
检察委员会委员（1984.8—1992.3）

张国光
检察员（1984.8— ）
检察委员会委员（1984.8—1990.7）

杨岩华
检察员（1984.8—1991.3）
检察委员会委员（1984.8—1991.3）

竺斐君
检察员（1984.8—1996.5）

叶鸿飞
检察员（1984.8—2004.8）

孙国辉
检察员（1984.8—1985.5）

郑英铎
检察员（1984.8—1985.9）
检察委员会委员（1985.5—1985.9）

徐君德
检察员（1984.8—1993.9）

沈铸烈
检察员（1984.8—1992.12）

孙连光
检察员（1984.8—2002.12）

邵定榜
检察员（1984.8—2002.12）

周启程
检察员（1984.8—2004.8）

陈永标
检察员（1984.8—2004.12）

何志品
检察员（1984.8—2000.8）

吕志轩
检察员（1984.8—1989.5）

李荣华
检察员（1984.8—1992.3）

陈益舟
检察员（1984.8—2001.6）

刘观昌
检察员（1984.8— ）

潘昌静
检察员（1984.8—2008.6）

叶启顺
检察员（1984.8—2006.10）

丁宪荣
检察员（1984.8—2013.3）

陈汉兴
检察员（1984.8—2000.8）

蒋乐海
检察员（1984.8—2006.10）

吴春华
检察员（1984.8—1992.3）

蒋明德
检察员（1984.8—2001.6）

高仁和
检察员（1985.7—2012.7）
检察委员会委员（1993.9—2006.10）

金立荣
检察员（1985.7—1992.12）

姜顺坤
检察员（1985.7—1988.12）

胡崇洲
检察员（1985.7 —2012.7）

王从俊
检察员（1986.1—1998.9）

陈云良
检察员（1986.1—2000.8）

陈鸣尧
检察员（1986.1—2012.7）
检察委员会委员（1993.9—2006.10）

李争鸣
检察员（1986.1—　）

董爱国
检察员（1989.3—　）

杨晓映
检察员（1989.3—1990.3）

盛少林
检察员（1994.8—1997.1）

程坚毅
检察员（1994.8—　）
检察委员会委员（2006.10—　）

谷旭东
检察员（1994.8—　）
检察委员会委员（2010.5—　）

谢雁湖
检察员（1994.8—　）
检察委员会委员（2005.5—　）

王丽珍
检察员（1994.8—　）

陈爱莲
检察员（1987.9—1991.3）

邱利华
检察员（1987.9—1992.12）

应镇云
检察员（1987.9—2013.12）

周红雨
检察员（1992.12—　）
检察委员会委员（2010.7—　）

张梨梨
检察员（1992.12— ）
检察委员会委员（2010.5—2013.3）

夏 雷
检察员（1992.12— ）

季学士
检察员（1992.12—2013.3）

陈宝雄
检察员（1992.12— ）

戴国华
检察员（1992.12— ）

朱家昶
检察员（1992.12—2012.7）

黄向红
检察员（1992.12—2015.5）

黄晓萍
检察员（1992.12— ）
检察委员会委员（2010.7— ）

惠蓉汉
检察员（1993.9—2012.7）

胡百全
检察员（1993.9— ）

潘海滨
检察员（1993.9— ）

刘 俊
检察员（1993.9—2013.3）

检察委员会委员（2002.3—2013.3）

陈光胜
检察员（1994.1— ）

诸声羽
检察员（1994.1—2012.7）

王卫中
检察员（1994.1— ）

张晓枫
检察员（1994.1— ）
检察委员会委员（2010.7— ）

黄 鹂
检察员（1994.1—2001.6）

尚光中
检察员（1994.1— ）

林 莉
检察员（1994.1—2013.12）

陈光力
检察员（1991.11—1996.5）

瞿建毅
检察员（1990.9—2002.3）
检察委员会委员（1997.4—2002.3）

吴方龙
检察员（1998.2— ）

许扬钊
检察员（1998.2—2009.12）

李保中
检察员（1998.2—　）

吴乙亚
检察员（1999.6—2015.5）

周卫东
检察员（1999.6—　）

周世名
检察员（1999.6—　）

孙海燕
检察员（1999.6—　）

柯将夏
检察员（2000.8—　）

鲍伊武
检察员（2000.8—　）

章　毅
检察员（2000.8—　）

吴云龙
检察员（2000.8—　）

林　逸
检察员（2000.8—　）

胡华寅
检察员（2002.3—　）

林群力
检察员（2002.3—　）

谢　虎
检察员（2002.3—　）
检察委员会委员（2015.5—　）

蒋红怡
检察员（2002.3—　）
检察委员会委员（2015.5—　）

王　霸
检察员（2002.3—2012.7）

施　虹
检察员（2002.3—　）

潘　凡
检察员（2002.3—　）

薛婷婷
检察员（2002.3—　）

诸建群
检察员（2002.3—　）

赵玲晓
检察员（2002.3—　）

周一苇
检察员（2002.3—　）

黄朝晖
检察员（2002.3—　）

葛林海
检察员（2002.3—　）

徐　缨
检察员（2002.3—　）

李成洁
检察员（2002.8— ）

卢更生
检察员（1991.11—2002.6）

高　峰
检察员（2004.8—2007.7）

林　毅
检察员（2004.8— ）

刘秀平
检察员（2004.8— ）

李可耕
检察员（2004.8—2006.4）

陈　慧
检察员（2004.8— ）

林　娅
检察员（2004.8—2015.12）

卢纪东
检察员（2004.8— ）

唐存东
检察员（2004.12— ）

吴炳义
检察员（2005.5— ）

林剑琴
检察员（2005.5— ）

包家超
检察员（2005.5— ）

叶　湘
检察员（2005.5—2007.7）

陈娟妹
检察员（1991.3—2005.5）

徐以会
检察员（1991.3— ）

张慧敏
检察员（1991.11— ）
检察委员会委员（2006.10— ）

徐定荣
检察员（1990.9—2008.6）

吴林海
检察员（2008.6— ）

李　康
检察员（2008.6— ）

林国龙
检察员（2008.6—2015.5）

华　坤
检察员（2010.7—2012.7）

王益朋
检察员（2003.9—2012.7）

王　纯
检察员（2010.7—2012.7）

冯乐妮
检察员（2010.7— ）

夏凯迈
检察员（2010.7— ）

钱爱香
检察员（2010.7—2012.7）

陈朝晖
检察员
检察委员会委员（2013.3—　）

严　亮
检察员（2013.12—2014.7）

王珊珊
检察员（2013.12—　）

黄烃烃
检察员（2013.12—　）

周亦豪
检察员（2013.12—　）

郑英先
检察员（2012.7—2013.12）

戴少敏
检察员（2012.7—　）

周朝阳
检察员（2012.7—　）

张华锋
检察员（2012.7—　）

蓝文权
检察员（2012.7—　）

唐文广
检察员（2014.7—　）

陈芳芳
检察员（2014.7—　）

温婷婷
检察员（2014.7—　）

林建东
检察员（2014.7—　）

朱晓丹
检察员（2014.7—　）

余方毅
检察员（2012.7—2014.9）

张军林
检察员（2002.12—2015.5）

说明：人民检察院检察长、副检察长的任免在本章第六节已列，本节从略

第九节 鹿城区出席温州市人民代表大会代表

自1984年至2016年7月底，温州市人民代表大会共召开7次，出席第七届至十二届温州市人民代表大会的鹿城区代表（含连任）共482位。

温州市第六届人民代表大会
第一次会议代表

说明：1986年3月5日，补选董朝才、何荣飞、叶正猛、夏爱华、邵太明为温州市第六届人民代表大会代表。

温州市第七届人民代表大会
第一次会议代表

（1988年4月，93名）

丁国聪　王小同　王少春
王杨武　王学桔　王思爱
王俊英（女）王　蓓（女）王　龄
厉守京　叶秀英（女）叶伯海
叶良兴　叶国光　叶绍钧
叶相清　冯炳荣　冯海萍（女）
兰德新　邢玲玲（女）朱世枢
朱茂盛　朱景祥　刘锡荣
刘德起　江　勇　许鸿业
孙月梅（女）李邦云　李秀雅（女）
李奉名　杨倩蝶（女）吴　方
吴　政　吴多多（女）吴丽丽（女）
吴祖权（女）吴晓秋（女）邱芬芬（女）
何包根　余华明　谷锦麟
张元妹（女）张春香（女）张爱春
张淑玲（女）陆国杰　陈可媛（女）
陈立明　陈加昭（女）陈达夫
陈志康　陈林光　陈绍光
陈剑岳　陈美霞（女）陈乾勋
陈锡强　陈静莹（女）邵金松

邵剑苏（女）林元豪　林可夫
林松德　林瑞松　金秀杰（女）
周益林　郑培尧　赵治稼
胡文龙　胡乐国　胡崇安
胡碎花（女）俞锡荣　徐正华
徐瑞新　殷佩章　黄文明
黄贤祥　黄国池　章文元
蒋中杰　程泾释　德盛裘
智慧解　永明蔡　崇明管
阿洪菅　嗣　录　潘岩西
潘教明　戴洪进　戴曼西（女）

说明：一、1989年3月，补选王金淼、许锡荪、李若由、陈久忠、陈时鹏、陈事一为代表，出席温州市第七届人民代表大会。
二、1990年5月25日，补选温州市第七届人民代表大会代表24名（按姓氏笔画排列）：王三妹（女）、叶正中、叶旗清、乐慧虹（女）、巫波伦、李洪发、吴乐湘（女）、何正筹、、宋文光、张君圻、张惠桐、陈保禄、陈崇春、陈智华、陈翔志、林良法、林社然、季信灵、贾小萍（女）、郭曼茜（女）、黄小椿、黄宗英（女）、虞楚平、詹纪光。

温州市第八届人民代表大会代表
第一次会议代表

（1993年5月，100名）

丁宗颖　丁孟川　马士可
马大康　马兰芬（女、回）王　蓓（女）
王　楠（女）王少春　王文权

王臣明　仇云华　仇德盛
邓小眉（女）叶　征　叶时发
叶学平　卢先理　冯炳荣

冯海萍（女）	吕家伦	朱　正
朱建秋（女）	朱景祥	朱道统
全元星	刘文起	刘福龙
江　勇	阮　晖	孙玉英（女）
李中苏	李少华	李邦云
李奉名	吴阿柳（女）	吴金林
邱心川	余建明	谷朝兴
谷锦麟	宋文光	张　林
张元妹（女）	张友余	张纯浙
张金华	陈　克	陈　周（女）
陈久忠	陈永龙	陈加昭（女）
陈志康	陈林光	陈事一
陈保禄	陈莲莲（女）	陈敬南
林泽强	金国胜	郑学儒
胡忠敬	顾金才	诸爱珍（女）
黄夏日	董秋平（女）	潘文敏（女）
魏以德	陈益中	邵金松
季信灵	周云莲（女）	郑祥虎
胡建国	徐正华	黄小椿
龚关铨	蒋碧如（女）	潘岩西
陈崇光	林可夫	金礼义
周文远（女）	郑源远	俞锡荣
徐鸣野	黄以华（女）	章克清（女）
释木鱼	潘耀芳	陈崇春
林其骞	金邦清	郑亦铎
胡方昌	姜阳丹	郭振化
黄国池	韩启宇	蓝葆华（畲）
戴晓白（女）		

说明：1995年3月9日，补选沈勇夫、孙月初为代表，出席温州市第八届人民代表大会。

温州市第九届人民代表大会代表
第一次会议代表

（1998年5月，63名）

木　鱼	王一曼（女）	王天义
王文权	王超俊	叶海琴（女）
朱海深	朱道统	刘福龙
孙玉英（女）	杜丽丽（女）	李有苗
李爱莲（女）	李跃胜	吴小媚（女）
何包叶	邱心川	余成坤
谷朝兴	张大炎	张纯浙
张金华	陆春兰（女）	陈卫蓉（女）
陈事一	陈国荣	陈洪源
陈莲莲（女）	陈海海	陈锡强
陈静莹（女）	林永森	林培云
林培明（女）	金良澄	金祥佐
周大虎	周成建	周细凤（女）
郑胜涛	郑莲芳	胡显新
徐止平	徐正华	徐莲芳（女）
高志杰	翁金崇	诸爱珍（女）
黄小兰（女）	黄少华	黄兆鸽
黄夏日	章新民	蒋云峰
蒋碧如（女）	谢铁澜	虞培清
虞银良	蔡春潮	蔡逸夫
缪晓平	潘龙俊	薛宗庭

说明：一、2000年8月17日，罢免王天义的温州市第九届人民代表大会代表资格。
二、2001年1月11日，补选包哲东、李江晖为温州市第九届人民代表大会代表。
三、2001年2月16日，补选吴圣理为温州市第九届人民代表大会代表。

温州市第十届人民代表大会代表第一次会议代表

（2003年5月，65名）

王思爱	王朝掌	卢声亮
朱爱武	刘时正	杜玉生
杨康琴	杨湘洪	李国胜
吴文玲	吴权书	何献敏
周方权	胡蓬星	洪巨平
徐尔习	诸爱珍	曾士周
缪晓平	瞿韶军	王一曼
王文权	王超俊	叶子建
叶红星	卢桂芳	包哲东
朱道统	朱筱玫	伍　挺
刘定香	许德忠	孙国敬
杨小敏	杨成风	李　浩
李无文	李伟良	李江晖
李爱莲	李跃胜	李鸿泽
吴照林	邱向真	余进华
谷俊杰	张卢兄	陈秀莲
陈国荣	陈海海	林永森
林培明	林瑞荣	郑光亮
郑莲芳	郑祥波	徐云旭
黄小兰	黄夏日	章新民
释万如	谢铁澜	蓝天明
蔡春潮	戴锦林	

说明：一、2004年12月29日，补选孟建新出席温州市第十届人民代表大会代表。

二、2004年12月29日，补选陈石春为温州市第十届人民代表大会代表。

温州市第十一届人民代表大会第一次会议代表

（2007年3月，64名）

马胜凯	王建中	王建满
王益琪	王淑芬（女）	邓慧敏（女）
叶子建	叶红星	叶国栋
卢桂芳（女）	包哲东	刘定香（女）
阮　晖	杨成风	杨湘洪
李士明	李伟良	李江晖
李建民	李建花（女）	李跃胜
吴国联	吴持平	吴海燕（女）
邱向真（女）	余中平	余进华
张大光	张文珠（女）	张卢兄
陈秀英（女）	陈声聪	陈国华
陈敬南	陈朝晖	林　芹（女）
林　葱	林永森	金月霞（女）
周大虎	郑秀东	郑奇芳（女）
郑祥波	胡明壳	胡晓初
赵小松	姚志泉	贾焕翔
徐云旭（女）	徐志宏	徐强中
徐锦栋	唐洪象	诸爱珍（女）
黄　虹（女）	黄小兰（女）	章新民
盖爱萍（女）	葛和凯	释万如（女）
童洪锡	蔡春潮	潘建中
瞿自杰		

说明：一、2008年12月31日，接受潘向捷辞去温州市鹿城区第十一届人民代表大会代表职务，其代表资格终止。

二、2008年12月31日，罢免杨湘洪温州市十一届大大代表职务。

三、2010年2月2日，补选王国军为温州市第十一届人民代表大会代表；接受姚志泉、唐洪象辞去温州市鹿城区第十一届人民代表大会代表职务。

四、2010年11月，对市七届人大代表张恩贵采取强制措施。

温州市第十二届人民代表大会第一次会议代表

（2012 年 2 月，58 名）

丁云准　马胜凯　王　造　王立彤　王建中　王祖焕　王真云　王海英（女）王淑芬（女）王璋弟　方旭明　邓慧敏（女）卢更生　叶红星　叶林竑　包哲东　朱爱武（女）朱崇敏　江华阮　周　琳　孙光辉　孙国勇　李国胜　李建民　李胜利　杨成风　肖石龙　吴国联　吴海燕（女）张　林　张大光　张卢兄　陈　进　陈伟民　林永森　金丽琴（女）周　驰　周丽峰　周基斌　郑秀东　郑奇芳（女）郑莱莉（女）项伟胜　胡向阳　俞志敏　施艾珠（女）姜益祥　奚德驹　黄　伟　黄　虹（女）章新民　斯培根　释万如（女）童洪锡　蔡春潮　廖　跃　滕美华（女）潘建中

说明：2013 年 12 月 24 日，补选徐丹为温州市第十二届人民代表大会代表；接受江华辞去温州市第十二届人民代表大会代表职务。

第十节　鹿城区出席历届浙江省人民代表大会代表

自 1987 年至 2016 年 7 月底，浙江省人民代表大会共召开 6 次，出席大会的鹿城区代表（含连任）共 37 位。

第七届

杨美英（女）徐福妹（女）谷锦麟　胡文亮　潘德林　徐崇娴（女）

第八届

陈久忠　朱道统　黄少华　金祥佐　缪笑竹（女）

第九届

池　渌（女）曾宪光　邱素仙（女）卢桂芳（女）王超俊　章新民

第十届

王超俊　章新民　周成建　周大虎　应　真（女）

第十一届

吴海燕（女）庄建华　林培明（女）虞培清　陈国荣　奚德驹　王立彤

第十二届

王海英（女）庄建华　朱崇敏　陈　勇　陈　婕（女）林成亩　奚德驹　虞培清

第六编　重要文件选辑

第一章 鹿城区行政区划设置及调整有关文件

第一节 鹿城区成立时文件

1984年12月6日，根据省人民政府的批复和原城区的所辖范围，鹿城区辖鼓楼、东风、朔门、海坛、市中、五马、松台、小南、大南、广化、莲池、西山、洪殿、蒲鞋市14个街道；新桥、南郊、黎明、城郊、双屿、仰义6个乡。

浙江省人民政府（批复）

浙政发〔1984〕269号

关于同意温州市调整市区行政区划的批复

温州市人民政府：

温政〔1984〕115号关于调整市区行政区划的报告收悉，现批复如下：

同意你市城区改名为鹿城区，将新桥、南郊、黎明、城郊、双屿、仰义六个乡划归鹿城区管辖。鹿城区为市辖区（县级单位）。

浙江省人民政府

一九八四年十二月六日

第二节 鹿城区乡改建制镇行政区划调整的文件

浙江省民政厅文件

浙民民字（85）439号

关于同意鹿城区双屿乡改为建制镇的批复

温州市人民政府：

温政发（1985）358号文悉。经研究，同意将鹿城区的双屿乡改为建制镇，以原乡的行政区域为镇的行政区域，实行镇管村体制。

一九八五年十二月二十四日

温州市人民政府办公室文件

温政办（1985）342号

关于鹿城区双屿乡改为建制镇的通知

鹿城区人民政府，市政府各工作部门、直属单位：

现将省民政厅一九八五年十二月二十四日浙民民字（85）439号《批复》转告如下：

温政发（1985）358号文悉。经研究，同意将鹿城区的双屿乡改为建制镇，以原乡的行政区域为镇的行政区域，实行镇管村体制。

特此通知。

一九八五年十二月三十一日

浙江省民政厅文件

浙民复字（87）102号

关于同意鹿城区新桥乡改为建制镇的批复

温州市人民政府：

温政发（1987）146号文悉。经研究，同意将鹿城区的新桥乡改为建制镇，以原乡的行政区域为镇的行政区域，实行镇管村体制。

一九八七年八月三十一日

温州市人民政府办公室文件

温政办（1987）238号

鹿城区人民政府，市政府各工作部门、直属单位：

省民政厅一九八七年八月三十一日浙民复字（87）102号《批复》，同意将鹿城区的新桥乡改为建制镇，以原乡的行政区域为镇的行政区域，实行镇管村体制。

特此通知。

一九八七年九月八日

第三节 鹿城区增设街道的文件

温州市人民政府（批复）

温政发（1986）271号

关于同意增设水心街道的批复

鹿城区人民政府：

温鹿政（1986）63号、89号报告悉。鉴于近年来在市区西南侧按照规划实施，开发了一批新住宅区。今后还将陆续兴建。为了加强对该地区的居民工作和新建住宅的管理，搞好两个文明建设，经市人民政府研究，同意增设水心街道，并建立温州市鹿城区人民政府水心街道办事处。其管辖范围为：北界水心河；东界小南门河；南界会昌湖（即温瑞塘河一段）；西界西山河。并将西山街道辖区作相应调整，撤销隔岸居民区，划出水心居民区。目前，水心街道可先设置：南隔岸、北隔岸、水心、松柏、樟榕五个居民区。以后按新住宅竣工，交付使用进度，迁入居民逐渐增加，由区政府自行决定，再增设居民区。在机构未正式建立，工作未移交前，原领导责任不变。

一九八六年十一月十五日

温州市人民政府（批复）

温政发（1991）163号

关于同意建立鹿城区景山街道办事处的批复

温州市人民政府：

温鹿政（1991）46号《关于建立景山街道办事处的请示》收悉。经研究，同意建立鹿城区景山街道办事处。其行政区域范围：东以勤奋河为界，南以会昌河为界，西以新境路中心线穿过过境公路经乌岩庙西首、莲花芯、火葬场、塔下（西山东路）328弄市精神病院西首）至会昌河为界，北以三泱河为界。辖景山、西山、净水三个居民区委员会和将军桥、净水两个村民委员会。

有关景山街道办事处和派出所编制问题，由市编委研究解决。

一九九一年十月九日

温州市人民政府（批复）

温政发（1993）36号

关于同意建立鹿城区上陡门街道办事处的批复

鹿城区人民政府：

温鹿发（1992）59号请示悉。经研究，市人民政府同意建立鹿城区上陡门街道办事。其行政区域范围：北以洪殿河、黎明东路为界；东北以黎明东路至学院东路相接，东南以学院东路、住宅区11组团东侧道路为界，辖杨府山、上陡门等9个居民委员会（拟新建9个居民委员会）

有关上陡门街道办事处和派出所编制问题，由市编委研究解决。

此复

一九九三年三月五日

温州市人民政府（批复）

温政发（2000）19号

关于同意建立鹿城区南浦街道办事处的批复

鹿城区人民政府：

温鹿发（1999）78号、（2000）2号请示悉。经研究，市人民政府同意建立鹿城区南浦街道办事处。其行政区域范围：东至横渎河为界；西至南塘河为界；南至划龙桥河为界；北至城南大道（规划名）为界。面积为2平方公里，辖16个居民区。街道办事处驻南浦住宅区2区春晖3幢。

有关南浦街道办事处和派出所编制问题，由市编委研究解决。

此复

二〇〇〇年一月十三日

第四节　鹿城区行政区划调整的文件

温州市人民政府（批复）

温政发（1992）22号

关于将鹿城区景山街道和新桥镇划归瓯海县管辖的通知

瓯海县、鹿城区人民政府：

根据省民政厅一九九二年一月二十八日浙民基字（1992）38号文件批复，决定将鹿城区所属的景山街道和新桥镇从一九九二年二月二十一日开始冻结人、财、物，划归瓯海县管辖。新桥镇成建制移交，景山街道按温政发（1991）163 号文件划定的区域界限，做好交接工作。

一九九二年二月二十一日

中华人民共和国国务院

国函〔2001〕84 号

国务院同意浙江省调整温州市市辖区行政区划的批复

浙江省人民政府：

你省《关于调整温州市市区行政区划的请示》浙政（〔2001〕9 号）收悉现批复如下：

同意将永嘉县的七都镇、桥下镇中央涂居委会，温州市瓯海区的临江镇、藤桥镇、上戍乡、双潮乡、岙底乡和梧埏镇的前网、鱼鳞浃、上田、划龙村四个村，温州市龙湾区蒲州镇的蒲州、上蒲州 2 个村划入温州市鹿城区。鹿城区人民政府驻墨池坊。

上述行政区划调整涉及的各类机构要按照“精简、效能”的原则设置，所需人员编制和经费由你省自行解决。

二〇〇一年七月二十七日

温州市人民政府文件

温政发〔2001〕135 号

温州市人民政府关于鹿城区部分行政区划调整的枇复

鹿城区人民政府：

温鹿政〔2001〕49 号请示悉。根据《浙江省人民政府关于温州市鹿城区部分行政区划调整的批复》（浙政函〔2001〕180 号），　市人民政府同意鹿城区部分行政区划作如下调整：

一、撤销城郊乡、黎明乡建制，将原城郊乡东屿村以外的行政区域（松台、水心、九山、荷花、丰收、巽山、洪殿、黎一、　广化、双桥、瓯浦垟等 11 个村）和原黎明乡行政区域改由鹿城区政府直辖。

二、原城郊乡的东屿村和小南街道的东屿居委会划归南郊乡管辖；将南郊乡的南塘、灯塔、龙沈 3 个村改由鹿城区政府直辖。调整后，南郊乡辖 5 个村、2 个居委会，区域范围：东至南塘河，南至划龙桥河、牛山，西至瓯海区新桥镇，北至汇昌河、温瑞塘河，乡政府驻地不变（牛山北路 27—1 号）。

三、双屿镇的垟田、双岙、箬笠岙等 3 个村和温化生活区、新泽、云峰、栖霞、月泉、临风等 6 个居委会改由鹿城区政府直辖。调整后，双屿镇辖 9 个村、4 个居委会，区域范围：东北至瓯江，东南至翠微山、黄龙山，南至 104 国道、过境公路，西至瓯海区郭溪镇，北至仰义乡，镇政府驻地不变（温金公路 138 号）。

四、设立黎明、绣山、黄龙3个街道办事处：

（一）黎明街道办事处：辖原黎明乡杨府山涂、蒲州、上蒲州3个村，原上陡门街道思芳居委会。新设立的黎明街道办事处辖1个居委会、3个村。区域范围：东、北至瓯江，南至新城大道、机场大道、龙湾区蒲州镇，西至府东路、杨府山路。街道办事处驻学院东路。

（二）绣山街道办事处：辖原上陡门街道伯爵山庄居委会，原黎明乡横渎、山下2个村，原南浦街道吴宅居委会、划龙桥、前网、上田3个村，原南郊乡龙沈村。新设立的绣山街道办事处辖2个居委会，6个村。区域范围，东至龙湾区蒲州镇、瓯海区三垟乡，南至瓯海区梧埏镇、三垟乡，西至车站大道，北至锦绣路、新城大道。街道办事处驻惠民路。

（三）黄龙街道办事处：辖原双屿镇温化生活区、新泽、云峰、栖霞、月泉、临风6个居委会，垟田、双岙、箬笠岙3个村，原城郊乡瓯浦垟村。新设立的黄龙街道办事处辖6个居委会、4个村。区域范围：东至翠微大道，南至景山、瓯海区郭溪镇，西至下岭山，北至104国道、过境公路。街道办事处驻黄龙住宅区。

五、撤销五马、鼓楼、市中、朔门、莲池、松台、水心、西山、大南、小南、东风、海坛、蒲鞋市、上陡门等14个街道办事处，组建新的五马、莲池、水心、南门、江滨、蒲鞋市6个街道办事处：

（一）五马街道办事处：辖原五马、市中、鼓楼、朔门4个街道60个居委会，原松台街道人民西路、人参巷、大高桥、公共码头、小高桥、侯衙巷、乘凉桥、蝉街8个居委会，原东风街道飞霞桥、环城东路2个居委会。新组建的五马街道办事处辖70个居委会。区域范围：东至环城东路、飞霞北路南段，南至人民东路、小南门河，西至信河街，北至瓯江。街道办事处驻墨池坊。

（二）莲池街道办事处：辖原莲池街道19个居委会，原松台街道三牌坊、大士门、来福门、松台山、张府基、任宅前6个居委会，原广化街道河通桥、半腰桥2个居委会，原城郊乡松台村。新组建的莲池街道办事处辖27个居委会、1个村。区域范围：东至信河街、南至水心河、九山外河、九山体育场北侧通道、鹿城路，西至勤奋河，北至瓯江北水道（含江心屿）。街道办事处驻信河街。

（三）水心街道办事处：辖原水心、西山2个街道23个居委会，原城郊乡水心、九山2个村委会，新组建的水心街道办事处辖23个居委会、2个村。区域范围：东至九山外河、温瑞塘河，南至汇昌河、西至勤奋河，北至鹿城路、九山体育场北侧通道。街道办事处驻水心住宅区。

（四）南门街道办事处：辖原大南、小南2个街道32个居委会，原东风街道朝霞居委会，原城郊乡荷花、丰收2个村，新组建的南门街道办事处辖33个居委会、2个村。区域范围：东至飞霞南路北段、学院西路、龟湖、南塘河，南至三板桥、吴桥、西至温瑞塘河，北至小南门河、人民东路。街道办事处驻马鞍池东路。

（五）江滨街道办事处：辖原海坛街道14个居委会，原东风街道甲田、永东路、永塔、外垟儿、南站、垟儿路、商业仓、横巷、黎明新村、矮凳桥10个居委会。新组建的江滨街道办事处辖 24个居委会。区域范围：东至灰桥浦（河），南至学院西路，西至环城东路、飞霞南、北路，北至瓯江。街道办事处驻江滨西路。

（六）蒲鞋市街道办事处：辖原蒲鞋市街道9个居委会，原上陡门街道春园、芳园、盛园、乐园、明园、青园、锦园、丰园、留园、新园、宏园、球山、杨府山13个居委会，原洪殿街道上村、东泉、双井头、东港4个居委会，原城郊乡巽山、洪殿2个村。新组建的蒲鞋市街道办事处辖26个居委会、2个村。区域范围：东至府东路，南至锦绣路，西至灰桥河、龟湖，北至洪殿河、黎明东路。街道办事处驻学院中路。

六、调整洪殿、广化、南浦街道办事处：

（一）调整洪殿街道办事处：洪殿街道原辖14个居委会。调整后，将上村、东泉、双井头、东港4个居委会划归新组建的蒲鞋市街道办事处管辖；划入原上陡门居委会，原城郊 乡黎一村、黎明乡黎二村。调整后的洪殿街道办事处辖11个居委会（夏屋、洪殿、渔械新村、灰桥东、黎明中路、黎明侨村、箬箕涂、李大房、新灰桥、灰桥、上陡门），2个村。区域范围：东至杨府山路，南至洪殿河、黎明东路，西至灰桥浦（河），北至瓯江。街道办事处驻车站大道。

（二）调整广化街道办事处：广化街道原辖23个居委会。调整后，将河通桥、半腰桥2个居委会划归新组建的莲池街道管辖；划入原城郊乡广化、双桥2个村委会。调整后的广化街道办事处辖21个居委会、2个村。区域范围：东至勤奋河，南至瓯海区景山街道、景山、过境公路，西至翠微山、黄龙山、翠微大道南段、北至瓯江。街道办事处驻鹿城路。

（三）调整南浦街道办事处：南浦街道原辖33个居委会、4个村。调整后，将吴宅居委会、划龙桥、前网、上田3个村划归绣山街道管辖；划入原南郊乡南塘、灯塔2个村委会。调整后的南浦街道办事处辖32个居委会、3个村（南塘、灯塔、鱼鳞浃）。区域范围：东至车站大造，南至瓯海区梧埏镇，西至南塘河、瓯海区梧埏镇，北至锦绣路。街道办事处驻南浦住宅区。

行政区划调整后的鹿城区五马、莲池、南门、江滨、蒲鞋市、水心、洪殿、广化、南浦、黎明、绣山、黄龙12个街道办事处，南郊、仰义、上戍、双潮、岙底5个乡，双屿、七都、临江、藤桥4个镇；284个居委会、146个村。面积294. 38平方公里，人口 62. 03万人。

望切实加强领导，严格按照国家有关法律、法规规定和“精简、效能”的机构设置原则，适时周密组织实施，妥善做好各项工作，确保行政区划调整工作顺利完成和社会稳定。

二〇〇一年九月十八日

浙江省人民政府文件

浙政函〔2011〕151号

浙江省人民政府关于温州市鹿城区部分行政区划调整的批复

温州市人民政府：

你市《关于要求调整鹿城区乡镇行政区划的请示》（温政〔2011〕31号）悉。现批复如下：

一、同意撤销临江镇、上戍乡、岙底乡、双潮乡建制，其行政区域并入藤桥镇。调整后，藤桥镇辖1个社区、87个行政村，镇政府驻地不变（藤桥南街183号）。

二、同意撤销七都镇、双屿镇、南郊乡、仰义乡建制，其行政区域改由鹿城区政府直辖。在其区域分别设立街道办事处事宜，请你市按照有关法律规定办理，并报省民政厅备案。

你市和鹿城区政府要切实加强领导，严格按照国家有关法律、法规规定和“精简、效能”的机构设置原则，周密组织实施，认真做好各项工作。要高度重视和妥善处理行政区划过程中出现的矛盾和问题，确保行政区划调整工作顺利完成和社会稳定，促进当地经济社会的发展。

二〇一一年四月六日

温州市人民政府文件

温政函〔2011〕66号

温州市人民政府关于温州市鹿城区部分行政区划调整的批复

鹿城区人民政府：

根据《浙江省人民政府关于温州市鹿城区部分行政区划调整的批复》（浙政函〔2011〕151号）精神，现同意鹿城区行政区划作如下调整：

一、同意撤销临江镇、上戍乡、岙底乡、双潮乡建制，其行政区域并入藤桥镇。调整后，藤桥镇辖1个社区、87个行政村，镇政府驻地不变（藤桥南街183号）。

二、撤销七都镇建制，在原七都镇行政区域内设立七都街道办事处。七都街道办事处辖6个行政村。街道办事处驻老涂南路2—3号（原七都镇政府驻地）。

三、撤销双屿镇建制，在原双屿镇行政区域内设立双屿街道办事处。双屿街道办事处辖4个社区、9个行政村。街道办事处驻温金路138号（原双屿镇政府驻地）。

四、撤销南郊乡建制，在原南郊乡行政区域内设立南郊街道办事处。南郊街道办事处辖3个社区、5个行政村。街道办事处驻牛山北路27号（原南郊乡政府驻地）。

五、撤销仰义乡建制，在原仰义乡行政区域内设立仰义街道办事处。仰义街道办事处辖1个社区、12个行政村。街道办事处驻澄沙桥路150号（原仰义乡政府驻地）。

调整后，鹿城区辖黎明、绣山、蒲鞋市、洪殿、南浦、江滨、南门、五马、莲池、水心、广化、黄龙、七都、双屿、南郊、仰义等16个街道办事处和藤桥镇1个镇。

你区要严格按照国家有关法律、法规规定和“精简、效能”的机构设置原则，切实加强领导，周密组织实施，妥善做好行政区划调整工作，确保平稳过渡和社会稳定，促进当地经济社会全面发展。

二〇一一年四月十二日

温州市人民政府文件

温政函〔2011〕220号

温州市人民政府关于鹿城区部分行政区划调整的批复

鹿城区人民政府：

你区《关于要求调整街道行政区划的请示》（温鹿政〔2011〕103号）悉。现批复如下：

一、同意撤销南门街道、江滨街道建制，将其行政区域划入五马街道。调整后，五马街道辖57个社区。街道办事处驻万岁里公寓1幢。

二、同意撤销莲池街道、水心街道、广化街遒建制，其行政区域合并设立松台街道。调整后，松台街道辖35个社区、3个行政村。街道办事处驻新桥头住宅区美组团16幢。

三、同意撤销洪殿街道、蒲鞋市街道、黎明街道，其行政区域合并设立滨江街道。调整后，滨江街道辖34个社区、6个行政村。街道办事处驻学院中路191号。

四、同意撤销绣山街道、南浦街道、南郊街道建制，其行政区域合并设立南汇街道。调整后，南汇街道辖27个社区、14个行政村。街道办事处驻双龙路199号。

五、同意撤销黄龙街道建制，将其行政区域划入双屿街道。调整后，双屿街道辖13个社区、13个行政村。街道办事处驻温金路138号。

调整后，鹿城区辖五马、松台、滨江、南汇、双屿、仰义、七都等7个街道办事处和藤桥镇1个镇。

你区要严格按照国家有关法律、法规规定和“精简、效能”的 机构设置原则，切实加强领导，周密组织实施，妥善做好行政区划调整工作，确保平稳过渡和社会稳定，促进当地经济社会全面发展。

二〇一一年十月十二日

温州市人民政府文件

温政函（2015）108号

温州市人民政府关于鹿城区部分行政区划调整的通知

鹿城区人民政府：

你区《关于鹿城区部分行政区划调整的请示》（温鹿政〔2015〕39号悉），现批复如下：

一、同意调整滨江街道管辖范围，增设蒲鞋市街道。调整后，滨江街道辖灰桥、洪殿、陡门、杨府山、丰汇、蒲源、浦东、宏源、新田园9个社区，黎一、黎二、杨府山涂、蒲州、上蒲州5个行政村，办事处驻聚源路1号。蒲鞋市街道辖蒲鞋市、横河、蒋家桥、芳园、绿园、青园6个社区，巽山1个行政村，办事处驻学院中路191号。

二、同意调整南汇街道管辖范围，增设南郊街道。调整后，南汇街道辖桥儿头、南塘、清风、吕浦、春秋、火车站、开源、绣山、大自然9个社区，鱼鳞浃、南塘、灯塔、前网、上田、横渎、巨一、龙沈、划龙桥9个行政区，办事处驻府东路200号。南郊街道辖十里亭、三板桥、西屿3个社区，东屿、龙方、德政、里垟、葡萄5个行政区，办事处驻洛河路10号。

三、同意五马街道管辖范围，增设大南街道。调整后，五马街道辖鼓楼、谢池、府前、城西街、墨池、八仙楼、朔门、百里坊、安澜、十八家、矮凳桥、黎明西路12个社区，办事处驻解放北路后垟巷89号。大南街道辖马鞍池、花柳塘、虞师里、双莲桥、白鹿洲5个社区，办事处驻荷花路292号。

四、同意调整松台街道管辖范围，增设广化街道。调整后，松台街道辖庆年坊、郭公山、来福门、锦花、水心、桂柑、昌明、 菱藕8个社区，松台、水心2个行政村，办事处驻雪山路75弄33 号。广化街道辖翠微、广化、双桥、月湖4个社区，双桥1个行 政村，办事处驻新桥头住宅区美组团16幢。

五、同意调整双屿街道管辖范围，增设丰门街遒。调整后， 双屿街道辖营楼桥、牛岭、垟田、黄龙、新泽、瓯浦垟、康龙7 个社区，牛岭、营楼桥、瓯浦垟、垟田、双岙、箬笠岙6个行政 村，办事处驻温金路138号。丰门街道辖新屿、鞋都、金竹、丁桥4个社区，岩门、潘岙、屿头、正岙、上伊、前陈、嵇师7个行政村，办事处驻丁桥路169号。

六、同意仰义街道办事处驻地由澄沙桥路27号迁移到沿兴路142号。

调整后，鹿城区辖五马、松台、滨江、南汇、双屿、仰义、七都、蒲鞋市、南郊、大南、广化、丰门等12个街道和藤桥一个镇。

你区要严格按照国家有关法律、法规规定和“精简、效能”的机构设置原则，信守不增加财政供养人员、不断新建政府性楼堂馆所、不增加“三公”经费“约法三章”的承诺，切实加强领导，周密组织实施，妥善做好行政区划调整工作，确保平稳过渡和社会稳疋，促进当地经济社会全面发展。

二〇一五年八月十五日

浙江省人民政府文件

浙政函（2015）167号

温州市人民政府：

你市《关于鹿城区部分行政区划调整的请示》（温政〔2015〕58号）悉。现批复如下：

同意调整藤桥镇管辖范围，增设山福镇。调整后，藤桥缜辖1个 社区（藤桥）、55个行政村（樟村、金马、油岙、石垟、陈良、林山、南岸、石埠、新村、北岸、垟岸、下庄、埭马、底垟、山根、后垟、 上寺西、大塘、坑古、雅漾、上埠头、桥上、潮济、大潭、坎上、上桥、下岸、外垟、潮埠、竹桥、西湾、周徐、下巨、前林、渡头、 营上、戴宅、方隆、岭下、山岸、东村、支岙、枫林岙、小岙、三新、林路、江池、田塘头、白脚坳、丁埠头、呈岸、底坦、吊降、江心田、上皮山），镇政府驻地不变（藤桥镇南街183号）；山福镇辖 32个行政村（驿头岙底、驿头山根、和平、平山、下湾、西洲、横山、仁地、金岙、后支、前盈、庄岩、巽岙、江南上村、郑大垟、沙头、夏家山、下垟、沈岙、渡船头、小旦、双溪、下冯、下冯山、东岙、荫溪潮埠、朱下、茅垟、东坑、西坑、黄茅坪、利八坑），

镇 政府驻山福镇临江东街208号。

你市和温州市鹿城区政府要切实加强领导，周密组织实施。此次行政区划调整 涉及的各类机构要严格按照“精简、统一、效能”的原则设置，所需编制由你区自行调剂解决。要严格按照国务院“约法三章” 的要求，不新建政府性楼堂馆所，不增加财政供养人员，不增加“三公”经费。要高度重视和妥善处理行政区划调整过程中出现的矛盾和问题，确保行政区划调整工作顺利进行，促进当地经济社会协调健康发展。

二〇一五年十二月七日

温州市人民政府文件

温政函（2015）184号

温州市人民政府关于温州市鹿城区部分行政区划调整的批复

鹿城区人民政府：

根据《浙江省人民政府关于温州市鹿城区部分行政区划调整的批复》（浙政函〔2015〕167号）精神，现同意你区部分行政区划作如下调整：

同意调整藤桥镇管辖范围，增设山福镇。调整后，藤桥缜辖1个社区（藤桥）、55个行政村（樟村、金马、油岙、石垟、陈良、林山、南岸、石埠、新村、北岸、垟岸、下庄、埭马、底垟、山根、后垟、上寺西、大塘、坑古、雅漾、上埠头、桥上、潮济、大潭、坎上、上桥、下岸、外垟、潮埠、竹桥、西湾、周徐、下巨、前林、渡头、 营上、戴宅、方隆、岭下、山岸、东村、支岙、枫林岙、小岙、三新、林路、江池、田塘头、白脚坳、丁埠头、呈岸、底坦、吊降、江心田、上皮山），镇政府驻地不变（藤桥镇南街183号）；山福镇辖 32个行政村（驿头岙底、驿头山根、和平、平山、下湾、西洲、横山、仁地、金岙、后支、前盈、庄岩、巽岙、江南上村、郑大垟、沙头、夏家山、下垟、沈岙、渡船头、小旦、双溪、下冯、下冯山、东岙、荫溪潮埠、朱下、茅垟、东坑、西坑、黄茅坪、利八坑），镇政府驻山福镇临江东街208号。

本次调整后，鹿城区辖七都、滨江、蒲鞋市、南汇、南郊、五马、 大南、松台、广化、双屿、丰门、仰义12个街道和藤桥、山福2个镇。

你区要切实加强领导，周密组织实施。此次行政区划调整 涉及的各类机构要严格按照“精简、统一、效能”的原则设置， 所需编制由你区自行调剂解决。要严格按照国务院“约法三章” 的要求，不新建政府性楼堂馆所，不增加财政供养人员，不增加“三公”经费 。要高度重视和妥善处理行政区划调整过程中出现的矛盾和问题，确保行政区划调整工作顺利进行，促进经济社会协调健康发展。

二〇一五年十二月二十一日

第二章 区人民代表大会重要决议、决定

温州市鹿城区第一届人民代表大会
第二次会议关于加强法制宣传普及法律常识的决议

（1985年5月31日温州市鹿城区第一届人民代表大会第二次会议通过）

温州市鹿城区第一届人民代表大会第二次会议，听取、审议了区人民政府副区长陈莲莲所作的《关于在全区人民中加强法制宣传教育普及法律常识的报告》。会议同意这个报告，并作如下决议：

一、加强法制宣传教育、普及法律常识，是社会主义精神文明建设的重要内容，是争取社会风气、社会秩序、社会治安根本好转的重要措施，是顺利进行四化建设的重要保证。国家的长治久安，必须依靠健全的法律。会议要求各有关部门认真执行中共中央、全国人大常委会领导同志关于加强法制宣传教育、普及法律常识的指示，制定规划并付诸实施。

二、从今年起用五年左右的时间，有步骤地、比较系统地向全区公民进行法律常识的普及教育，使每个公民懂得自己的权利和义务，养成遵纪守法的观念和习惯，使法律成为广大干部和群众自觉遵守的行为规范。

三、各部门、各单位要把加强法制宣传教育、普及法律常识工作列入议事日程。切实加强领导，要有专人负责。要充分运用各种宣传工具，开展各种形式的法律宣传教育活动，根据本单位实际情况，采取多层次、多渠道的教育方法进行辅助教育。各级领导干部和政法干部要带头学法，带头守法，成为群众的表率，形成一个领导动手，全民动员，广泛深入开展法制宣传教育、普及法律常识的热潮，努力达到用五年左右时间在全区人民中基本普及法律常识的目标。

温州市鹿城区第一届人民代表大会
第三次会议关于“普法”教育情况报告的决议

（1986年4月12日鹿城区第一届人民代表大会第三次会议通过）

鹿城区第一届人民代表大会第二次会议，经过认真审议，决定批准区司法局副局长林建水受区人民政府委托所作的关于普法教育情况的报告。会议认为，全区为贯彻落实普及法律常识教育做了大量的准备工作，一年来已取得了一定的成绩，促进法制建设，加快精神文明建设的步伐。

会议指出，区人民政府应遵照党中央、国务院有关普法教育的指示，进一步贯彻区

一届人大二次会议通过的《关于加强法制宣传普及法律常识的决议》，积极开展普法工作。

会议号召全区广大干部和群众，以认真的态度，饱满的热情，积极参加普及法律常识的学习，做到人人知法、守法，把全区的普法宣传教育工作推向高潮！

温州市鹿城区第二届人民代表大会第二次会议关于温州市鹿城区第七个五年计划草案和温州市鹿城区第七个五年计划草案的报告的决议

（1988 年 4 月 3 日温州市鹿城区第二届人民代表大会第二次会议通过）

温州市鹿城区第二届人民代表大会第二次会议经过认真审议，决定批准何包根区长代表区人民政府所作的《关于温州市鹿城区第七个五年计划草案的报告》，原则批准区人民政府制订的《温州市鹿城区国民经济和社会发展第七个五年计划草案》。

会议认为，“六五”期间，全区国民经济以较高的速度持续稳定地增长，已为全区国民经济奠定较好的基础，并为“七五”期间的继续发展创造了有利条件。会议对此表示满意。

会议指出，“七五”时期是全区深化经济体制改革和政治体制改革的关键时期，也是为九十年代经济更好发展准备条件的重要时期，也是为九十年代经济更好发展准备条件的重要时期，制定“七五”计划，对于全区国民经济和社会事业健康协调发展具有极为重要的意义。

会议指出，区“七五”计划是根据市“七五”计划的要求，在总结全区近几年国民经济和社会发展的经验和教训的基础上，综合考虑了各种现实条件的可能而提出的。计划所列各项经济指标和任务，是切实可行的，经过努力是可以实现的。

会议强调，目前全区经济还不发达，应该有较快的增长速度。会议要求区政府部门做好国民经济综合平衡工作，加强农业基础，注重质量和效益，在客观经济条件可能的情况下，努力实现经济较快速度的增长。

会议指出，制定五年计划在全区还是首次，由于经验不足，认识上的限制和条件的变化，“七五”计划执行中肯定会发现某些考虑不周或难以预料的情况。因此，区人民政府在根据会议批准的“七五”计划制定年度计划时，可以结合计划执行中的问题和实际情况报区人大常委会批准进行必要的调整。

会议号召全区人民，在中共十三大路线指引下，同心同德，团结一致，艰苦奋斗，为胜利完成“七五”计划而共同奋斗。

温州市鹿城区第三届人民代表大会第二次会议关于本区“七五”和 1990 年国民经济、社会发展计划执行情况与“八五”和一九九一年国民经济、社会发展计划的决议

（1991 年 4 月 13 日温州市鹿城区第三届人民代表大会第二次会议通过）

温州市鹿城区第三届人民代表大会第二次会议经过审议并根据国民经济计划和财政预决算审查委员会的审查报告，决定批准区人民政府提出的“八五”和一九九一年国民

经济和社会发展计划，批准区计划经济委员会主任管嗣录所作的《关于鹿城区“七五”和1990年国民经济、社会发展计划执行情况与“八五”和一九九一年国民经济、社会发展计划草案的报告》。

温州市鹿城区第四届人民代表大会第一次会议
关于调整《温州市鹿城区国民经济和社会发展第八个五年计划》主要经济指标的决议

（1993年4月27日温州市鹿城区第四届人民代表大会第一次会议通过）

温州市鹿城区第四届人民代表大会第一次会议经过审议，决定批准区人民政府提出的调整温州市鹿城区国民经济和社会发展第八个五年计划的主要经济指标。

温州市鹿城区第四届人民代表大会第四次会议关于温州市鹿城区国民经济和社会发展“九五”计划和2010年远景目标纲要报告的决议

（1996年3月22日温州市鹿城区第四届人民代表大会第四次会议通过）

温州市鹿城区第四届人民代表大会第四次会议经过认真审查，决定批准徐止平代区长所作的《关于温州市鹿城区国民经济和社会发展“九五”和2010年远景目标纲要的报告》，原则批准区人民政府提出的《温州市鹿城区国民经济和社会发展“九五”计划和2010年远景目标纲要》（以下简称《纲要》）。

会议认为，“八五”期间，在邓小平建设有中国特色社会主义理论和中共基本路线的指引下，经过全区人民的共同努力，全区经济建设和社会事业取得了很大的成就，胜利完成了“八五”计划所确定的各项主要任务。城乡面貌发生巨大变化，人民生活得到明显改善。从1996年到2010年，是全面推进全区改革开放和社会主义现代化建设的关键时期。《纲要》确定了全区跨世纪发展的奋斗目标和主要任务，描绘了今后一个时期经济和社会发展的宏伟蓝图，是指引全区人民进行改革和建设，进一步向现代化迈进的行动纲领。《纲要》符合中共十四届五中全会精神和区委四届十次全会精神，反映了全区人民的意愿。《纲要》提出的目标任务、发展战略，是符合实际的，经过努力是可以实现的。动员和组织全区人民实现这个《纲要》，对于全面推进全区改革开放和社会主义现代建设，具有十分重大的意义。

会议指出，实施这个《纲要》，首先要统一各级干部的思想，坚持以中共基本理论、基本路线和基本方针为指导，明确今后5年、15年全区国民经济和社会发展的目标和主要任务，正确贯彻《纲要》提出的全区跨世纪发展战略。积极推进经济体制和经济增长方式的转变，促进国民经济持续、快速、健康发展。认真实施科教兴区的发展战略，把经济发展的重点转到依靠科技进步和提高劳动者素质的轨道上来。继续深化企业改革，加快建立现代企业制度。进一步扩大对外开放，不断提高经济外向程度。

会议强调，必须坚持物质文明和精神文明共同进步，实现经济与社会协调发展。积极发展科技、教育、文化、卫生、体育等各项社会事业。严格控制人口增长，提高人口素质。加强城市管理，坚持依法治城，加大执法力度，实现规范化管理。加强思想道德建设，继续深入开展群众性精神文明建设活动。继续搞好社会治安综合治理，依法打击各种刑事犯罪和经济犯罪活动，维护社会稳定。要大力推进社会主义民主和法制建设，深入开展依法治区。加强廉政建设，加大反腐败斗争的力度，落实反腐败斗争的各项任务。在全社会形成改革开放新观念，遵纪守法新秩序，文明礼貌新风尚，清洁优美新环境。

会议要求，政府机关和领导干部、机关工作人员要讲学习、讲政治、讲正气、讲创业、讲落实，不断提高自身素质。要廉洁自律，密切联系群众，克服官僚主义、形式主义、弄虚作假和浮夸作风，勤奋工作，提高效率，做好服务，以优良的政风推动社会风气的好转。

会议号召：全区人民要认清形势、统一思想，以高度的历史责任感和时代紧迫感，在中共鹿城区委的领导下，齐心协力，振奋精神，艰苦创业，为实现跨世纪的宏伟蓝图而努力奋斗。

温州市鹿城区第五届人民代表大会第四次会议
关于温州市鹿城区国民经济和社会发展第十个五年计划纲要报告的决议

（2001 年 3 月 10 日温州市鹿城区第五届人民代表大会第四次会议通过）

温州市鹿城区第五届人民代表大会第四次会议认真审查了区人民政府提出的《鹿城区国民经济和社会发展第十个五年计划纲要（草案）》和王超俊区长代表区人民政府所作的《关于鹿城区国民经济和社会发展第十个五年计划纲要的报告》。会议认为，《纲要（草案）》和报告提出的今后 5 年奋斗目标、主要任务和各项措施，贯彻了中共十五届五中全会精神和区委关于制定“十五”计划的建议，反映了全区人民的根本利益和愿望，符合全区经济社会发展的实际，经过努力是可以实现的。会议决定批准《鹿城区国民经济和社会发展第十个五年计划纲要》，批准王超俊区长的报告。

会议认为，过去五年，在邓小平理论和中共基本路线的指引下，经过全区人民的共同努力，较好地完成了“九五”计划确定的各项目标和任务，国民经济综合实力明显增强，改革开放取得重大进展，社会各项事业全面发展，人民生活水平有了较大改善，精神文明和民主法制建设进一步加强。“九五”期间所取得的巨大成就，为进一步加快全区现代化建设打下了良好的基础。

会议认为，当前全区经济社会发展开始进入一个新的历史阶段。“十五”期间，是加快信息化、工业化、城市化和市场化进程，全面建设现代化新鹿城的关键时期。《纲要》明确了今后 5 年全区经济和社会发展的目标，是全区人民加快建设富裕、民主、文明的社会，朝着提前基本实现现代化的目标迈进的行动纲领。全区人民和区各级部门都要以高度的历史责任感和时代紧迫感，再接再厉，扎实工作，保证《纲要》的顺利实施。

会议强调，实现《纲要》确定的奋斗目标，必须始终不渝地坚持中共基本理论、基本路线和基本纲领，按照“三个代表”重要思想的要求，认真贯彻中共十五大、十五届五中全会和区委五届九次全会精神，解放思想，抓住机遇，把加快发展作为主题，把结构调整作为主线，把改革开放和科技进步作为动力，把提高人民生活水平作为根本出发点，正确处理改革、发展、稳定的关系，全面推进鹿城现代化进程。

会议指出，发展是硬道理，是解决当前和今后所有问题的关键。要树立全面的发展观，以提前基本实现现代化统揽全局，加快调整和优化经济结构，实现“三二一”产业发展战略的实质性转换，建立适应城市化发展的城区经济格局。加快发展第三产业，明显提高第三产业增加值和从业人员的比重。积极发展高新技术产业，并以高新技术加快对传统产业的改造，加快国民经济和社会的信息化，努力实现生产力的跨越式发展。大力发展效益农业，不断壮大村级集体经济实力，推进农业、农村现代化。要加快推进城市现代化进程，培育发展区域产业集聚化优势，合理调整区划布局，加强社区建设与管理，加速实施城市形象工程，完善提高城市综合服务功能。

会议指出，改革开放和科技进步是再创全区发展新优势的动力。要积极而全面地推进改革开放，基本形成比较完善的、与国际经济规则相适应的经济体制和运行机制。深化企业制度改革，引导建立现代企业制度。以培育和发展要素市场为重点，规范市场秩序，建立和完善开放、有序、竞争的市场体系。切实推进政府机构改革，转变政府职能，加快政府管理方式创新。要抓住我国加入世贸组织和国家实施西部大开发战略的契机，进一步扩大对内对外开放，促进开放型经济发展。要深入实施科教兴区战略，大力推进科技进步和创新，促进科技与经济的紧密结合，建立区域创新体系。加快发展教育事业，全面推进素质教育，提高教育现代化水平。加强人才队伍建设，营造聚才、育才、用才的良好环境，充分发挥人才作用，为全区现代化建设提供智力支撑。

会议强调，在加快经济发展的同时，必须坚持“两手抓、两手都要硬”的方针，进一步重视和加强社会主义精神文明和民主法制建设。要进一步加强思想道德建设和思想政治工作，深入开展群众性精神文明创建活动，崇尚科学，反对迷信，弘扬爱国主义、集体主义和社会主义思想，弘扬温州人精神。要加快发展文化、卫生、体育等各项事业。全面加强养老、失业、医疗等社会保险制度的建设，加强对城乡贫困户的解困工作，发展福利事业，构筑多层次的社会保障体系。进一步做好计划生育工作，稳定低生育水平，提高人口素质。全面加强生态建设，加大环境整治和保护力度，坚持走可持续发展之路。要深入贯彻依法治国基本方略，扎实推进依法治区的各项工作。认真开展“四五”普法教育，不断提高全社会特别是各级领导干部和青少年的法制观念。深化行政执法责任制，推进政府工作法制化，依法行政，从严治政。要进一步加强勤政廉政建设和反腐败斗争。区政府各部门及其工作人员，要按照“三个代表”的要求，讲学习，讲政治，讲正气。深入实际，调查研究，密切联系群众，自觉接受监督，防止和克服官僚主义、形式主义。要加强国防教育，提高全民国防意识，开展拥军活动。要依法严厉打击各类犯罪活动，扫除社会丑恶现象，搞好社会治安综合治理，维护社会稳定。

会议指出，今年是实施“十五”计划的第一年。各级政府要紧紧围绕《纲要》的实施，认真安排和开展今年的各项工作，把已经确定的各项任务和方针政策落到实处，为“十五”计划的实施，为全区在新世纪的发展，开好局、起好步。会议号召，全区人民紧密团结在以江泽民同志为核心的党中央周围，高举邓小平理论伟大旗帜，在中共鹿城区委的领导下，齐心协力，埋头苦干，为实现“十五”计划目标，为提前基本实现现代化而努力奋斗。

温州市鹿城区第六届人民代表大会第三次会议
关于加快产业结构调整促进经济快速健康发展议案的决议

（2005 年 2 月 3 日温州市鹿城区第六届人民代表大会第三次会议通过）

温州市鹿城区第六届人民代表大会第三次会议认真审议了张纯浙等 61 名代表提出的《关于加快产业结构调整促进经济快速健康发展的议案》。会议认为，加快产业结构调整，促进经济快速健康发展是贯彻“三个代表”重要思想和中共十六大及十六届三中、四中全会和区委六届五次会议精神的实际行动，是事关全区经济发展战略的重大举措。会议同意将张纯浙等代表提出的《关于加快产业结构调整促进经济快速健康发展的议案》作为区第六届人民代表大会第三次会议议案。

温州市鹿城区第六届人民代表大会第四次会议
关于温州市鹿城区国民经济和社会发展第十一个五年规划纲要及关于纲要报告的决议

（2006 年 2 月 16 日温州市鹿城区第六届人民代表大会第四次会议通过）

温州市鹿城区第六届人民代表大会第四次会议经过认真审查，决定批准《温州市鹿城区国民经济和社会发展第十一个五年规划纲要》，批准余中平代区长代表区人民政府所作的《关于温州市鹿城区国民经济和社会发展第十一个五年规划纲要的报告》。

温州市鹿城区第七届人民代表大会第二次会议
关于进一步开展温瑞塘河鹿城段综合整治的决议

（2008 年 2 月 29 日温州市鹿城区第七届人民代表大会第二次会议通过）

温州市鹿城区第七届人民代表大会第二次会议认真审议了区人民政府《关于温瑞塘河鹿城段综合整治的报告》。大会认为，温瑞塘河是温州人民的“母亲河”，治理塘河、保护塘河是我们的历史责任。温瑞塘河的严重污染直接损害群众切身利益，制约经济长远发展，影响城市文明形象和城市综合竞争力。温瑞塘河整治已成为最受关注、最为迫切的民生问题。区政府关于温瑞塘河鹿城段综合整治的总体思路和目标符合市委市政府要求及全区实际，大会决定批准这个报告。

大会要求，区政府要把温瑞塘河整治作为一项重大的民生、民心工程，充分认识塘河整治的重要性、艰巨性和长期性，切实把整治工作作为当前和今后的一项硬任务来抓。要深化细化目标任务，动真格、出硬招，全力以赴，扎实抓好各项治理工作。要加强组织领导，组建专门机构，明确责任主体，强化监督检查，形成推进温瑞塘河整治的工作合力，确保整治任务按期、全面完成。

大会强调，区政府要按照“依法治河、科学治河、全民治河”的要求，把整治温瑞塘河作为生态文明建设的标志性工程，广泛深入地开展宣传活动，动员全区上下打一场温瑞塘河综合整治的攻坚战、持久战、决胜战。

温州市鹿城区第七届人民代表大会第三次会议关于温瑞塘河鹿城段综合整治工作报告的决议

（2009年2月20日温州市鹿城区第七届人民代表大会第三次会议通过）

温州市鹿城区第七届人民代表大会第三次会议听取和审查了吕朝晖副区长所作的温瑞塘河鹿城段综合整治工作报告。会议充分肯定区人民政府过去一年在塘河整治方面所做的工作，同意报告提出的2009年综合整治工作计划安排，决定批准这个报告。

会议指出，2009年是温瑞塘河整治工作的关键之年。区人民政府要继续坚持“标本兼治、建管并重”的工作方针，扎实做好各项目标任务的落实。要巩固和提高清脏拆违的成果，建立健全长效管理机制。要深入开展污染源排查，加大截污纳管力度，逐步实现网格化管理。要大力开展河道清障工作，加强塘河沿岸的环境整治，加快黑臭河道的治理建设，努力实现塘河“水清、岸绿、景美”。

会议强调，区人民政府要进一步健全工作机制，形成工作合力，营造浓厚氛围，按照“科学治河、依法治河、全民治河”的要求，以铁的决心、硬的措施，全力以赴推进温瑞塘河鹿城段综合整治工作。

温州市鹿城区第七届人民代表大会第五次会议关于温州市鹿城区国民经济和社会发展第十二个五年规划纲要的决议

（2011年1月27日温州市鹿城区第七届人民代表大会第五次会议通过）

温州市鹿城区第七届人民代表大会第五次会议，认真审查了《温州市鹿城区国民经济和社会发展第十二个五年规划纲要（草案）》。会议决定批准《温州市鹿城区国民经济和社会发展第十二个五年规划纲要》。

温州市鹿城区第八届人民代表大会第五次会议关于温州市鹿城区国民经济和社会发展第十三个五年规划纲要的决议

（2016年3月24日温州市鹿城区第八届人民代表大会第五次会议通过）

温州市鹿城区第八届人民代表大会第五次会议，认真审查了《温州市鹿城区国民经济和社会发展第十三个五年规划纲要（草案）》。会议决定批准《温州市鹿城区国民经济和社会发展第十三个五年规划纲要》。

第三章　区人大常委会重要决议、决定

第一节　民主法治重要决议、决定

鹿城区人民代表大会常务委员会
关于深入查处假、冒、骗违法犯罪活动的决议

（1985年11月22日区一届人大常委会第九次会议通过）

区第一届人民代表大会常务委员会第九次会议，听取了区工商局等有关部门的汇报，认为全区前阶段查处假、冒、骗违法犯罪活动，取得较显著成绩，但目前尚存在不少问题，必须把查处假、冒、骗违 法犯罪的斗争引向深入。

任何单位和个人都不得制售、倒卖假冒商品和假冒商标标识，违者依法惩处。对证据确凿、情节恶劣、危害严重的案件，依法从严惩处。制售的假冒商品和非法收入要全部没收，并处罚款，决不能让他们在经济上占便宜；触犯刑律的，必须依法追究刑事责任。决不能以经济制裁代替判处刑罚。对重大典型案例，要大张旗鼓地公开宣判以张扬法制，震慑罪犯，教育群众。

有关部门或单位不得为假、冒、骗违法活动开绿灯。特别是区街、乡镇企业不得以任何形式为不法分子提供账号、代开发票、出具介绍信，发工作证。知法犯法者，要从严处理。

会议要求各级主管部门和有关领导干部都要本着对国家负责、对消费者负责的精神，对下属企业单位有关假、冒、骗违法犯罪活动进行一次彻底清查。工商行政管理部门和司法机关要紧密配合，协同作战，把查处假、冒、骗违法犯罪活动的工作切实抓紧抓好。以维护正常经济秩序，保护消费者的利益。

温州市鹿城区人民代表大会常委会
关于加强文化市场管理、禁止营业性舞会、录像放映和淫秽物品的决议

（1985年11月22日区一届人大常委会第九次会议通过）

区人大常委会决定，除国家特准的以外，各机关团体、单位和个人都不得开办营业性或变相营业性舞会，已办的尚未停办的，由有关部门予以取缔。

所有一切营业性或变相营业性的录像放映队、点，要立即停止营业， 按国家规定，认真进行整顿。至于迄今仍继续擅自营业的，由有关部门予以取缔。对于播放反动、淫秽录像者要坚决打击，依法从严惩处。

对走私、制作、贩卖、传播淫秽物品者，由相关部门根据情节轻重，依法予以必要的处分直至追究刑事责任。

温州市鹿城区人大常委会
关于深入开展依法治区的决定

（1996 年 12 月 7 日温州市鹿城区人民代表大会常务委员会第二十一次会议通过）

全区三届人大二次会议提出的依法治区工作，经过五年的努力，已经取得了明显的成效。但与我国法制建设的要求还有相当大的差距，为了加强社会主义民主法制建设，加快建立社会主义市场经济体制，调动全区人民投身“二次创业”的积极性，促进全区“九五”计划和 2010 年远景目标的顺利实施，必须继续深入开展依法治区工作。为此，在认真总结以往经验的基础上，特作如下决定：

一、大力开展依法治区的宣传。依法治区是一项综合性的社会工程，涉及政治、经济，文化、社会生活各个方面，关系到各行各业、千家万户，因此，必须要全社会发展、广泛、深入地开展依法治区的宣传，造成依法治区的强大舆论声势。要运用多种舆论工具和宣传形式，大张旗鼓地宣传依法治区的重要性、目标和任务，使广大干部、群众自觉投入依法治区活动，为依法治区的深入开展奠定坚实的思想基础和群众基础。

二、深入开展普法工作。要深入、持久地开展以宪法为核心，专门法为重点的普法宣传，进一步抓好干部群众的法制教育，特别是领导干部、执法人员、宣传教育工作者和青少年的法制教育。要把普法工作作为推进依法治区的强大动力，切实为依法治区创造一个美好的法制环境。

三、进一步加强法制建设。要继续加强法制建设。按照我国法制建设的基本要求，切实做到有法可依，有法必依，执法必严，违法必究。区人民政府及其职能部门、派出机构，各乡（镇）人民政府必须要把保证宪法、法律、行政法规、人民代表大会及其常务委员会的决议、决定在本行政区域内的遵守和执行作为自己的重要职责，切实做到依法行政、依法管理，防止和纠正以言代法、以权压法、滥用职权等违法现象，把政府各项工作纳入法制轨道，区人民法院、人民检察院必须要坚持依法独立行使审判权和检察权，坚持“以事实为根据，以法律为准绳”，建立和完善错误追究制，严格依法办案，秉公执法，以有效地惩罚犯罪，保护国家利益和公民的合法权益。各企业事业单位、社会团体、居〈村〉 委会都要实行依法管理、依法办事。广大干部，特别是各级领导干部和执法人员都要认真学法懂法、遵法守法、严格执法和维护宪法、法律的尊严。全体公民都要自觉地学法和遵守宪法、法律，能够依法维护自身合法权益。

四、切实加强对依法治区工作的领导。区人民政府、区人民法院，人民检察院要切实加强对依法治区工作的领导，真正做到一把手亲自抓，分管领导具体抓。要层层建立执法责任制，严格依法办事的制度和程序。要健全法制机构，强化内部制约机制，加强执法队伍建设，不断提高执法水平。

五、加强对依法抬区工作的监督。区人大常委会和各乡人大要充分发挥监督职能，通过检查、视察、听取汇报、开展审议等形式，加强对依法治区工作的监督。区人民政府对所属部门、派出机构以及各乡（镇）人民政府依法行政、依法管理的情况要定期不定期组织检查，及时解决依法治区工作中出现的问题。区人民检察院要切实担负起法律监督的职责，加大法律监督的力度，同时还要充分发挥新闻舆论和人民群众的监督作用，共同保证依法治区工作、作的顺利进行。

温州市鹿城区人大常委会关于组织人大代表评议区公检法司机关的决定

（1992 年 9 月 30 日温州市鹿城区第三届人民代表大会常务委员会第十六次会议通过）

人大代表评议“一府两院”的活动，是人民群众创造的社会主义民主政治建设的一种好形式，是代表执行代表职务进行监督的一个重要途径，也是密切联系群众和加强廉政建设的一项重要措施。根据市依法治市会议的统一部署和市委〔92〕89 号文件的精神，为了推进依法治区，进一步发挥代表的作用，完善基层民主监督机制和人大监督工作，保证宪法、法律、法规在全区正确执行，保证党和国家的方针、政策的坚决贯彻，密切与人民群众的关系，促进 “一府两院”严格依法行政、依法管理、依法司法，加强廉政、勤政建设，纠正不正之风，更好地为人民服务，为加快全区改革开放和经济建设服务。决定组织区第三届人民代表大会代表，从现在开始至年底，对区公安分局、区人民检察院、区人民法院、区司法局机关和一个人民法庭、一个公安派出所一九九一年以来的执法活动、工作作风和廉政建设进行评议。同时讨论了区人大常委会《关于组织人民代表评议公检法司工作的实施意见》。

评议工作，涉及面广，工作量大，时间紧迫，为确保顺利进行，评有成效，必须加强中共领导。要在区委领导下，区人大常委会认真组织实施，代表要认真履行代表职务，积极参与，被评单位要摆正关系，自觉、认真、热情地接受代表评议，大家共同努力，切实把这次评议工作搞好，迎接中共十四大胜利召开。

温州市鹿城区人大常委会
关于继续开展法制宣传教育的决议

（1996 年 7 月日温州市鹿城区第四届人民代表大会常务委员会第二十五次会议通过）

全区的法制宣传教育工作经过十年的努力，取得了可喜的成果。这对于提高全区公民的法律素质，加强社会主义民主与法制建设，促进全区改革开放、经济发展和社会奠定起到了重要的作用，为全区深入开展依法治区奠定了社会基础。为了适应社会主义市场经济体制的建立和发展，促进全区国民经济和社会发展“九五”计划和 2010 年远景目标纲要的实现，区人大常委会决定从 1996 年起到 2000 年 在全区公民中实施开展法制宣传教育第三个五年规划，继续进行以宪法、基本法律和社会主义市场经济法律知识为主要内容的法制宣传教育，进一步增强全社会的法制观念和法律意识，提高全区各级干部依法办事、依法管理的水平和能力，不断推进依法治区。为此，特作决议如下：

一、全体公民都应当接受法制宣传教育。继续开展宪法知识教育，进一步普及与公民工作、生活密切相关的基本法律知识，提高公民的依法维护自身合法权益的能力和履行法定义务的自觉性。

二、各级领导干部要带头学法用法，模范地遵守宪法和法律，努力提高法律水平，做到依法决策，依法管理，把各项工作纳入法律轨道，切实改变以言代法、以权压法的现象，实现从主要运用行政手段管理经济和社会事务转移到主要依靠法律手段管理。

三、全区司法机关、行政执法机关的执法人员应当努力学习法律知识，熟练掌握和运用与本职工作相关的法律、法规，不断提高自身法律素质，坚持以事实为根据，以法律为准绳，严肃执法、廉洁执法、文明执法。

四、要加强对企业经营管理人员和青少年的法制教育。企业经营管理人员要认真学习社会主义市场经济法律知识，逐步提高依法管理、生产、经营的水平，自觉遵守市场秩序，维护社会公共利益。要继续依靠基层组织和学校加强对社会青少年和在校学生的法律常识教育，使青少年的法制教育走向制度化、规范化的轨道。

五、要积极主动地开展法制宣传教育，营造良好的法制宣传舆论气氛。要把开展法制宣传教育与贯彻实施区人大常委会关于深入开展依法治区的决定相结合，从而加快实现依法治区的进程。

六、在全区实施法制宣传教育第三个五年规划是推进建设社会主义法治国家的需要，是全社会的共同责任，是依法治区工作的一项重要举措。必须在区委的领导下，全区各部门、各单位要齐抓共管，加强领导，健全机构，明确责任，采取有力措施，认真落实本决议和规划所确定的各项任务，并努力使这项工作走向法制化和制度化，为圆满完成“三五”普法教育的各项任务，为促进全区两个文明建设和二次创业做出应有的贡献。

温州市鹿城区人大常委会
关于加快推进依法治区进程的决议

（2003年8月28日温州市鹿城区第六届人民代表大会常务委员会第四次会议通过）

1995年12月7日，区人大常委会第二十一次会议作出了《关于深入开展依法治区的决定》。几年来，在区委的正确领导下，经过全区人民的共同努力，较好地完成了《决定》 所确定的各项目标和任务，依法治区工作取得了一定的进展和成效。为了认真贯彻中共十六大精神和依法治国基本方略，进一步发展社会主义民主政治，建设社会主义政治文明。努力创造良好的法治环境，确保全区经济建设的顺利进行，根据中共鹿城区委《鹿城区2002 — 2006年依法治区规划》，本次会议就加快推进依法治区进程作如下决议。

一、切实转变政府职能，全面推进依法行政

1. 认真贯彻落实国务院《关于全面推进依法行政的决定》，进一步加强政府法制建设，切实转变政府职能，全面推进依法行政。行政机关的各项行政活动都要严格按照法定职责、法定程序运作，做到依法行使职权、严格依法办事。

2. 要适应我国加入世贸组织的要求，转变政府管理经济的方式，增强政策的统一性、稳定性和公开性，提高按国际通行规则办事的能力。改革和完善决策机制，防止决策的随意性。要在推进审批制度改革的基础上，进一步简化办事程序，压缩办事时限，提高行政效率，降低行政成本，转变工作作风。进一步深化和规范政务公开工作，增强行政权力运作的透明度。

3. 加大行政执法力度。严肃查处违法行为。同时，要全面正确实施《中华人民共和国行政处罚法》，规范行政执法行为，做到行政执法主体、执法权限、执法程序合法。认真执行《政府采购法》和行政事业性收费及收支两条线管理的有关规定，实现行政收支、政府采购和投资行为的法治化。进一步认真贯彻实施《中华人民共和国行政复议法》，继续完善行政执法责任制，认真落实《鹿城区行政执法责任制》有关规定，强化行政执法监督，提高行政执法水平。

4. 切实加强行政执法队伍建设，严格按照《国家公务员暂行条例》等有关要求，把好进人关。对行政执法人员要定期进行政治思想、法律知识和专业知识的教育、培训和考核，实行持证执法、岗位轮换制度，提高行政执法队伍的整体素质。重视政府法制机构建设，使政府法制机构的设置和人员配置适应全区法制工作的需要。

5. 司法机关要依法独立公正地行使审判权、检察权，坚持以事实为根据，以法律为准绳，严格依照实体法和程序法办案， 严厉打击各种刑事犯罪活动，依法调节经济、民事关系和其他社会关系，保护公民、法人和其他组织的合法权益，维护社会稳定，在全社会实现公平和正义。认真做好我国加入世贸组织后的司法应对工作，在更高层次和更广领域体现司法公正。切实抓好司法队伍建设，严格执行《中华人民共和国法官法》《中华人民共和国检察官法》，加强法官、检察官队伍的职业化建设，为公正司法提供组织保证。

6. 审判机关要围绕“公正与效率”这一世纪主题，建立健全公正、高效、独立、廉洁的审判管理运行机制。审判活动 要围绕公开、公平、公正的原则，公开认证质证、公开辩论、公开宣判、提高审判活动的公开性和透明度。建立符合审判工作规律的审判组织形式，进一步强化合议庭、审判长和主审法官的职责。推行繁简分流，依法扩大适用简化程序的范围，加强依法调解工作，提高审判效率，强化执行工作，切实解决“执行难”问题。健全落实违法审判责任追究和司法赔偿等制度，强化内部纪律约束机制，防止审判、执行权力滥用。

7. 检察机关要以公正与效率为目标，强化监督、公正执法为主线，更新执法观念，改进执法方式，提高执法水平。继续推进检务公开，在法律允许的范围内，通过多种形式和途径，拓宽公开范围。将规范化建设作为提高执法水平的重要环节，建立和完善侦查、公诉、诉讼监督等检察职权活动的工作流程，规范执法行为，提高工作效率。加强对立案、侦查、审判和刑罚执行活动的监督，提高工作实效。进一步加强文明执法的制度建设，完善内部制约机制，落实错案追究责任制度。不断加大查办和预防贪污贿赂、渎职等职务犯罪案件工作力度，推动反腐败斗争深入开展。

二、依法治理社会秩序，创造良好发展环境

8. 依法治理市场经济秩序。严肃查处假冒伪劣、广告欺诈、虚假中介和评估、不正当竞争等经济违法犯罪行为，坚决取缔各种无牌、无照、无证经营。加强市场信用、企业信用、个人信用等全方位信用建设，建立社会信用监管体系。

9. 依法治理社会治安秩序。加大“严打”力度，严厉打击各种刑事犯罪活动，坚决打击、取缔邪教组织和带黑社会性质的犯罪团伙，深入持久地开展禁毒、禁赌、扫黄斗争。加强安全文明小区建设，建立外来暂住人口管理的长效机制，抓好社会治安基层基础工作，搞好人民内部矛盾纠纷排查调处，依法做好对归正人员的安置帮教，确保社会稳定和治安秩序明显好转。

三、加强基层依法治理，促进基层民主政治建设

10. 要进一步加强基层民主建设、全面落实基层民主选举、民主决策、民主管理、民主监督的各项措施，实行村务、居务公开，建立健全有效的村（居）民主决策管理监督制度，保障宪法和法律赋予人民群众当家做主的民主权利。要认真总结经验，不断提高基层依法治理的深度和广度。要进一步探索社区依法治理工作的新路子，健全社区组织，规范社区管理、社区服务和社区保障工作，提高社区自治水平。要结合形势和实际，围绕中心工作搞好各个专项治理，依法解决群众关心的热点、难点问题，切实维护社会稳定。

四、培育和健全法律服务体系，规范法律服务市场

11. 要按照社会主义市场经济的要求和法律服务业务发展的规律，健全律师、公证、基层法律服务、法律援助、法律咨询等法律服务体系，充分发挥法律机构的服务功能和中介作用，保证法律的正确实施和法律纠纷的正确解决。坚持依法规范法律服务市场，严格法律服务机构的行业管理制度，建立健全监督检查机制，督促法律服务机构严格自律，不断提高服务质量和服务效率。在搞好基层民主政治建设的同时，广泛开展各行业、各系统的依法治理工作，加速形成全区范围内依法治理的良好局面。

五、深入开展法制教育，提高全民法律素质

12. 全区一切有接受教育能力的公民都应当继续接受法制宣传教育。各级领导干部要带头学法、守法、用法、护法法规，自觉做到秉公执法、公正司法，青少年学生要在法律素质的养成上下功夫，不断完善学校，家庭社会“三位一体”的青少年法制教育工作机制，促使他们从小养成遵纪守法的好习惯。企业经营管理人员要努力学习和掌握社会主义市场经济、国际经贸等方面的法律知识，提高依法经营、依法管理水平。外来务工人员要以权利义务教育为核心，日常行为规范教育为重点，努力增强学法知法、遵纪守法的自觉性。

13. 要根据不同对象的特点，不断探索法制宣传的新思路、新方法和新途径，提高法制宣传教育的针对性、实效性。要结合形势任务，创造性地运用各种形式，开展生动活泼的法制宣传教育活动。要逐步实现各种对象法制宣传教育工作的制度化、规范化，使普法工作有章可循，常抓不懈，抓出实效。坚持法制教育与法制实践相结合、以学法为手段，以治理为目标，普治并举，努力实现由提高全民法律意识向提高全民法律素质的转变，实现由注重依靠行政手段管理向注重依靠运用法律手段管理的转变，不断提高全社会法治化管理水平。

六、加强领导，强化监督，全面落实依法治区的各项任务

14. 依法治区涉及面广，任务重，是一项事关全局的社会系统工程，必须在中共鹿城区委的领导下，充分调动广大人民群众的积极性，动员和依靠全社会的力量，有计划、有步骤地深入推进，区人大及其常委会要认真履行法定职责，强化监督职能，切实加强对本决议执行情况的监督检查。“一府两院”要根据本决议，分别制定实施方案、并定期向区人大及其常委会报告执行本决议的情况。各行业、各部门、各单位要结合自身实际，认真贯彻本决议，全面落实依法治区的各项任务。

15. 要进一步健全依法治区的领导体制和工作机制。重视和加强依法治区办事机构的建设，明确职责，保障经费，改善条件，充分发挥其在依法治理工作中的组织、指导、综合、督促、协调和检查的作用，保证依法治区各项工作扎实有效地开展。

会议号召全区人民在中共鹿城区委的领导下，高举邓小平理论伟大旗帜，全面贯彻“三个代表”重要思想，认真贯彻落实中共十六大精神，团结一致，奋力拼搏，与时俱进，开拓创新，加快推进依法治区进程，为全面建设小康社会，提前基本实现现代化而努力奋斗。

温州市鹿城区人民代表大会常务委员会
关于深化法制宣传教育的决议

（2006年10月18日温州市鹿城区第六届人民代表大会常务委员会第三十次会议通过）

2006年至2010年，是全区全面贯彻科学发展观，打造“和谐鹿城”“平安鹿城”的关键时期。为了推动全区法制宣传教育第五个五年规划的实施，为实现全区“十一五”国民经济和社会发展规划的目标提供有力的法治保障，特作决议如下：

一、坚持以学习宣传宪法为核心，着力提高全社会的法制意识，要进一步宣传普及宪法，使全体公民切实掌握宪法的基本知识，忠于宪法、遵守宪法，维护宪法的权威。要适应公民 学习和运用法律的需求，学习宣传与经济社会发展相关的法律法规，学习宣传与群众生产生活密切相关的法律法规，学习宣传整顿和规范市场经济秩序的法律法规，学习宣传维护社会和 谐稳定和促进社会公平正义的相关法律法规，以不断增强全体公民的社会主义法治理念和爱国意识、责任意识及权利义务观念，培养全体公民自觉遵法守法的行为习惯，保障和促进全区政治、经济、文化和社会建设健康发展。

二、突出重点，增强法制宣传教育的针对性。要在做好全体公民法制宣传教育的基础上，重点要深化领导干部、公务员、青少年、企业经营管理人员和农民、外来人员的法制教育。各级领导干部要带头学法用法，提高依法决策和管理经济、管理社会事务的能力；所有公务员特别是司法和行政执法人员要牢固树立有权必有责、用权受监督、违法要追究的观念，切实提高依法行使公共权力的能力，确保国家法律的正确实施。要继续做好青少年的法制宣传教育，使青少年从小懂得应该遵循的基本行为准则，养成学法守法的行为习惯。企业经营管理人员要着力培养诚信守法观念和社会责任意识，提高依法经营和依法管理能力。要充分发挥法制宣传教育在推进社会主义新农村建设中的作用，引导广大农民依法参与村民自治活动和其他社会管理，了解和掌握依法维权、依法解决矛盾纠纷的法律途径和法律常识。要切实加强外来人员的法制宣传教育，按照“谁主管、谁负责”原则和“属地管理”原则开展工作，努力提高外来人员自身的法律素质。

三、坚持法制宣传教育与法治实践相结合，提高全社会法治化管理水平。要坚持以人为本、普治并举和学用结合的原则，全面开展基层和行业依法治理工作。要强化部门执法责任制和错案追究制，进一步提高执法和依法管理水平；要深化民主法治村（社区）创建工作，促进基层民主政治建设；要围绕区委中心工作、围绕“和谐鹿城”“平安鹿城”建设以及社会热点、难点问题，开展各种形式的专项依法治理活动，在依法治理的实践中不断深化法制宣传教育的内涵，巩固法制宣传教育的成效；要大力推进法制宣传教育进机关、进乡村、进社区、进学校、进企业、进单位，把法制宣传教育融入社会基层组织和人民群众的工作生产生活之中，形成崇尚法律、遵守法律、依法办事的社会氛围。

四、创新和丰富法制宣传教育形式，强化法制宣传教育的实效性。要适应社会发展和科技进步的趋势，不断创新载体、形式和方法，努力使法制宣传教育更好地体现时代特点，满足人民群众的法律需求。要整合单位资源，区行政学院要主动担当起法制教育工作，各单位要积极开办法制栏目（专栏、专版）等，开展准确、通俗、生动活泼的法制宣传教育。要善于发挥法制文艺的教育功能，繁荣法制文艺创作，不断提高法制宣传教育的吸引力和感染力。要充分利用政府网站、办好鹿城法治网站，通过网络平台，使其成为群众学习法律知识、获得法律教育的有效途径。要加强和完善法制宣传教育园地、阵地建设，不断更新和满足群众的法律文化需求。

五、加强法制宣传教育工作的组织领导，深入推进全区的法制宣传教育。区政府要按照“五五”普法规划提出的目标任务，制定年度计划、分解工作任务，建立健全各项工作机制和责任制度，充分发挥各职能部门在法制宣传教育中的职能作用，加强对职能部门的工作领导、协调、检查、监督。要加大对普法经费的投入，根据经济发展逐年增加，以保证工作的正常开展；政府职能部门要各司其职、各负其责、密切配合、整合资源，整体推进法制宣传教育工作；各街道（乡镇）要加强对法制宣传教育的组织领导，进一步健全法制宣传教育的组织机构，落实法制宣传教育的工作人员，保障法制宣传教育必要的经费，努力创造良好的法制宣传教育条件。全区的一切国家机关、社会团体、企事业组织，要根据不同对象的特点和要求，建立和健全相应的法制宣传教育工作机制，认真开展本部门、本系统、本单位的法制宣传教育工作。

六、加强对法制宣传教育工作的监督检查，保证本决议得到切实执行。区、街道（乡镇）两级人大要定期听取政府、各单位关于法制宣传教育工作的汇报；不定期地组织人大代表对法制宣传教育规划目标任务的落实情况开展督查、调研和执法检查，把监督工作与法制宣传教育工作有机结合起来，进一步推动全区法制宣传教育工作的不断深入。

温州市鹿城区人大常委会
关于进一步开展法制宣传教育的决议

(2001 年 6 月 13 日温州市鹿城区第五届人民代表大会常务委员会第二十九次会议通过)

自 1986 年以来，全区已经实施了三个五年法制宣传教育规划，广大公民的法制观念明显增强，社会各项事业的依法治理工作逐步开展，在保障全区改革发展稳定的大局，促进依法治国基本方略的实施中发挥了积极的作用。为了适应新世纪全区社会主义现代化建设的要求，顺利实施鹿城区国民经济和社会发展“十五” 计划，积极推进社会主义民主与法制建设，有必要从 2001 年到 2005 年在全区公民中继续实施法制宣传教育的第四个五年规划。通过深入开展法制宣传教育，宣传学习邓小平民主法制建设理论，依法治国基本方略和宪法、法律，扎实推进依法治理工作，进一步提高全区公民的法律素质和全社会的依法管理水平，努力做到有法必依、执法必严、违法必究，以保障和促进全区经济建设和社会各项事业顺利健康地发展。为此，特作如下决议：

一、继续深入宣传学习宪法，强化全体公民的宪法意识。努力开展与广大公民权利义务密切相关的法律法规的宣传教育，增强公民遵纪守法和依法自我保护的意识。围绕党和国家的中心工作，宣传社会主义市场经济的法律法规，宣传我国加入世界贸易组织后公民需要熟悉的法律法规，宣传加强社会治安、维护社会稳定方面的法律法规，增强广大公民同违法犯罪行为作斗争的自觉性，为改革发展稳定创造良好的法治环境。坚持依法治国与以德治国相结合，法制教育和思想道德教育相结合，促进社会主义民主法制建设、精神文明建设和物质文明建设同步发展。

二、全区公民都应当接受法制教育。重点是进一步加强各级领导干部、司法人员、行政执法人员、青少年、企业经营管理人员和外来人员的法制教育。各级领导干部尤其要带头学法、守法、用法，增强法制观念特别是宪法观念，做到依法决策、依法管理。司法人员和行政执法人员应当深入学习、熟练掌握与本职工作相关的法律法规，做到公正司法、依法行政，自觉维护法制的统一与权威，保护公民的合法权益。青少年应当从小接受法制教育，在九年义务教育期间掌握公民应当懂得的基本法律常识。企业经营管理人员应当努力学习与本行业有关的法律法规，增强依法经营管理的自觉性。外来人员应当学习有关治安、劳动、计生法律法规，自觉遵守有关法律法规，服从社会管理，能够运用法律手段保护自己的合法权益。

三、法制宣传教育是依法治国、建设社会主义法治国家的一项基础性工作。实施第四个五年法制宣传教育规划，要积极贯彻依法治国的方针，把学法和用法、法制宣传教育和依法治理的实践紧密结合起来。积极开展各部门、各行业的依法治理工作，不断提高依法行政、依法管理的水平；积极开展基层依法治理工作，正确处理人民内部矛盾；维护社会稳定，推进基层民主政治建设；围绕党和国家的中心工作，开展各种形式的专项依法治理活动，促进各项事业顺利健康地发展；积极推进依法治区的进程，逐步实现各项事务管理的法制化。

四、开展法制宣传教育要紧密结合形势，有针对性地进行。各街道、乡镇和部门要开展形式多样、生动活泼的法制宣传教育，形成深厚的法制舆论氛围，要充分发挥居民委员会、村民委员会等基层组织的作用，把法制宣传工作做到每家每户。

五、在全区公民中进一步深入开展法制宣传教育，必须在中共领导下，动员和依靠全社会的力量去完成。全区各街道（乡镇）和各部门、各政党和各社会团体、各企业事业组织和各类学校，都要高度重视法制宣传教育工作，积极参与，齐抓共管，明确责任，健全制度，注重实效。区人民代表大会常务委员会将进一步加强对法制宣传教育工作和依法治理工作的监督，听取工作情况的报告，开展视察活动、调查研究和执法检查，督促本决议的执法检查，督促本决议的执行。

温州市鹿城区人大常委会
关于进一步加强法制宣传教育的决议

（2011 年 9 月 21 日温州市鹿城区第七届人民代表大会常务委员会第三十七次会议通过）

自 2006 年开始，鹿城区在全体公民中实施了第五个法制宣传教育五年规划，取得了明显成效。法制宣传教育在促进经济平稳较快发展、保障和改善民生、维护社会和谐稳定中发挥了重要作用。当前，中国特色社会主义法律体系已经形成，对法制宣传教育提出了新的更高的要求。为适应全区全面建设小康社会和“十二五”时期经济社会发展需要，进一步增强全社会的法治观念，推进“法治鹿城”建设，有必要从 2011 年到 2015 年在全区公民中组织实施法制宣传教育第六个五年规划。为此，特作决议

一、弘扬法治精神，推进法治建设，加强以宪法为统帅的中国特色社会主义法律体系的宣传教育。突出学习宣传宪法的基本内容、基本原则和基本精神，进一步增强公民的宪法意识和社会主义法治观念，形成崇尚宪法、遵守宪法、维护宪法权威的良好氛围。深入宣传中国特色社会主义法律体系形成的重大意义、基本经验、基本特征，深入学习中国特色社会主义法律体系的基本法律，学习宣传促进经济发展、保障改善民生、加强社会管理、推进反腐倡廉等法律法规。培育和弘扬社会主义法治精神，是新时期法制宣传教育的核心。深入开展社会主义法治理念教育，提高全社会法律意识，在全社会形成人人自觉学法守法用法和依法行政、公正司法的良好法治环境。

二、突出重点对象，增强针对性，发挥法制宣传教育在加强和创新社会管理中的作用。要在继续做好全体公民法制宣传教育 的基础上，区分不同对象有针对性地开展法制宣传教育工作。一是广大公务员尤其是各级领导干部要带头学习和遵守宪法、法律，提高依法决策、依法管理、依法执政的意识和能力，做全社会学法守法用法的表率。完善并落实公务员法律学习培训制度， 把法制宣传教育纳入公务员理论学习规划和各类干部培训机构教学课程。二是结合公民意识教育做好青少年的法制宣传教育工作，引导青少年自觉遵循基本行为准则，养成遵纪守法的行为习惯；充分发挥学校法制宣传教育主阵地的作用，保证中小学校法制教育课时、教材、师资、经费“四落实”，不断健全学校、家庭、社会相结合的青少年法制宣传教育体系。三是充分发挥法制宣传教育在推进社会主义新农村建设中的作用，引导广大农民积极有序参与村民自治活动和其他社会管理，了解和

掌握维护自身合法权益、解决矛盾纠纷的法律途径；重点加强对村干部、党员、村民小组长、村民代表和各类农村实用人才等农村基层骨干人员的法制培训，提升依法参与基层民主建设及依法管理基层事务、化解矛盾纠纷的能力。四是不断探索外来务工人员法制宣传教育工作的有效途径，引导其树立法制观念，依法表达诉求，依法维护自身合法权益。五是加强对企业经营管理人员、事业单位和新经济、新社会组织管理人员的法制宣传教育，重点学习掌握与市场经济、经营管理相关的法律法规，培养诚信守法观念和社会责任意识，提高依法经营和依法管理的能力。

三、结合法治实践，创新普法形式，提高法制宣传教育实效性。要紧紧围绕全区国民经济和社会发展“十二五”规划确定的目标任务，按照服务经济发展方式转变、服务社会和谐稳定、服务保障改善民生等方面的要求，部署落实法制宣传教育各项工作任务。各单位要把依法履行本职工作与法制宣传教育有机结合，充分认识依法行政、公正司法的实践是最生动、最有效的法制宣传教育。要将法制宣传教育作为加强和创新社会管理的重要举措，全面开展基层和各行业依法治理工作，深化“民主法治村（社区）”“诚信守法企业”等基层法治创建活动。针对社会管理中存在的热点和难点问题，开展专项依法治理，着力解决好人民群众最关心最直接最现实的利益问题。要增强媒体的法制宣传教育社会责任意识，创新法制教育宣传形式和载体，充分运用网络、移动通信等新兴媒体开展法制宣传教育，特别要充分发挥政府互联网平台作用，使政府网站和普法网站成为群众学习法律知识、获得法律教育的主导途径。加强各种法制宣传教育园地、阵地建设以及法制宣传设施建设。继续推进法制宣传教育进机关、进乡村、进社区、进学校、进企业、进单位等活动，使法制宣传教育更好地深入基层、服务群众。

四、强化组织保障，明确职能职责，形成法制宣传教育的合力。完善法制宣传教育领导体制和工作机制，强化各部门间的协调配合，明确执法主体的法制宣传教育责任。动员和依靠全社会力量共同做好法制宣传教育工作，各机关单位、社会团体、企事业组织要高度重视法制宣传教育工作，积极组织开展本部门、本单位以及面向社会的法制宣传教育。将法制宣传教育纳入“法治鹿城”“平安鹿城”建设考核内容，法制宣传教育经费列入区政府财政预算切实予以保障。区人民政府要切实组织实施好法制宣传教育第六个五年规划，建立和完善科学的考核评估机制，做好中期督导检查和终期评估验收，并向区人民代表大会常务委员会报告。

区人民代表大会常务委员会将通过执法检查、听取和审议工作报告以及组织代表视察、开展专题调研等形式，加强对法制宣传教育工作的监督检查，保证本决议得到贯彻落实。

温州市鹿城区人民代表大会常务委员会
关于开展第七个五年法治宣传教育的决议

（2016年9月20日温州市鹿城区第八届人民代表大会常务委员会第三十一次会议通过）

2011年至2015年，鹿城区法制宣传教育第六个五年规划顺利实施，对促进全区经济发展、保障改善民生、维护社会和谐稳定发挥了重要作用。为深入贯彻落实中央关于全面依法治国的重大决策部署和习近平总书记关于全面依法治国的重要论述，全面深化法治鹿城建设，提高全民法治素养，推进“十三五”规划顺利实施，推动全体公民自觉尊法学法守法用法，推进国家治理体系和治理能力现代化建设，根据《全国人民代表大会常务委员会关于开展第七个五年法治宣传教育的决议》和省市人大常委会的决议精神，从2016年至2020年在全区公民中开展第七个五年法治宣传教育。通过开展第七个五年法治宣传教育，使全社会法治观念明显增强，法治思维和依法办事能力明显提高，形成崇尚法治的社会氛围。现结合全区实际，特作决议如下：

一、加强宪法学习宣传，深入学习宣传国家基本法律和省市地方性法规。坚持把学习宣传宪法摆在首要位置。在全社会普遍开展宪法宣传教育，弘扬宪法精神，树立宪法权威。落实宪法宣誓制度，深入开展国家宪法日集中宣传活动，教育引导一切组织和个人以宪法为根本活动准则。深入学习宣传国家基本法律。宣传宪法相关法、民法商法、行政法、经济法、社会法、刑法、诉讼与非诉讼程序法等法律法规的基本知识，加大防范金融风险、电信网络诈骗和交通安全、食品安全等有关民生领域的法律法规知识宣传，引导公民依法维护自身合法权益。学习宣传省市人大制定的地方性法规。围绕鹿城经济社会发展的重点工作和重点领域，结合学习贯彻创新、协调、绿色、开放、共享发展理念，深入宣传有关“三改一拆”“五水共治”和环境保护、城市管理、创新发展等相关法律法规。要善于运用法治思维和法治方式深化改革、推动发展、化解矛盾、维护稳定，使重点工作的实施过程成为深化法治宣传教育、增强全民法治观念的过程，依法推进重大决策部署的贯彻落实。

二、突出重点对象普法，推进全社会法治素养普遍提升。坚持全民普法。一切有接受教育能力的公民都要接受法治宣传教育，法治宣传教育对象包括本地居民和外来人口在内的所有公民。坚持把全民普法作为依法治国的长期基础性工作，深入开展法治宣传教育，引导公民努力学法、自觉守法、遇事找法、解决问题靠法，增强全社会厉行法治的积极性、主动性和自觉性。加强重点对象学法守法用法。国家工作人员特别是领导干部要带头学法、模范守法、严格执法，发挥其示范效应和带动作用。健全国家工作人员学法用法制度，强化法治意识，把依法行政、依法办事作为检验国家工作人员学法用法的重要标准。坚持法治教育从青少年抓起，强化学校、家庭、社会“三位一体”的青少年法治教育格局，全面落实青少年法治教育大纲，培育法治信仰。引导企业经营管理人员自觉学法用法，增强契约精神和法律风险防范意识，提高诚信守法、依法经营、依法办事的观念和能力，重塑“信用温州”新形象。推进新居民法治宣传教育制度化。加强乡镇（街道）、村（社区）干部的法治教育，着力提升农村基层干部的法治意识和管理水平。

三、坚持德法教育融合，推进富有鹿城特色的社会主义法治文化建设。坚持文化引领、法治融入。把法治文化建设纳入现代公共文化服务体系，继续深化法治文化中心、法治文化公园、法治文化广场和法治教育基地等阵地建设。弘扬社会主义核心价值观。推动法治教育与道德教育相结合，促进法律的规范作用和道德的教化作用相辅相成，在各类群众性精神文明创建活动中注重挖掘和宣传尊法学法守法用法的先进典型。在全社会弘扬法治精神，培育宪法法律至上、法律面前人人平等、权由法定、权依法使等基本法治理念，树立法治意识，推动法治实践。

四、创新法治宣教方式，推进多层次多领域依法治理。推进法治宣传教育方式创新。在坚持巩固传统媒体的基础上，更加重视和发挥新媒体作用，推进“互联网＋法治宣传行动”。深化法律进机关、进农村、进社区、进学校、进企业、进单位等活动。建立法官、检察官、行政执法人员、律师等以案释法制度，充分运用典型案例，结合社会热点，使司法、执法和法律服务的过程成为向群众法治宣传教育的过程。针对不同地区、不同时期、不同群体的特点和需求，以群众喜闻乐见的方式，分类精准实施法治宣传教育，不断提高法治宣传教育的针对性和实效性。推进多层次多领域依法治理。要把法治宣传教育工作融入法治鹿城、平安鹿城建设的全过程。坚持法治宣传教育与法治实践相结合，以法治街镇、民主法治村（社区）、法治单位等创建为抓手，深入推进地方、行业、基层依法治理，以依法治理的生动实践体现法治宣传教育工作的效果。

五、健全普法工作机制，推进“七五”法治宣传教育规划和决议顺利实施。健全完善党委领导、人大监督、政府实施、部门各负其责、全社会共同参与的法治宣传教育工作体制机制。鹿城区国家机关、社会团体、企事业单位和其他组织都要按照“谁执法谁普法”“谁主管谁负责”的原则，建立普法责任清单制度，认真落实普法主体责任，切实增强法治宣传教育实效。区政府在法治宣传教育工作中要发挥主导作用，加强普法队伍建设和工作经费等各项保障，建立科学的普法工作考核评估机制，做好中期检查和终期评估，并向区人民代表大会常务委员会报告。加强监督检查。区人民代表大会常务委员会将通过执法检查、听取和审议工作报告以及代表视察、专题调研等形式，加强对法治宣传教育工作的监督检查，保证本决议得到贯彻落实。

温州市鹿城区人民代表大会常务委员会
关于促进全面深化改革的决定

（2013年12月24日温州市鹿城区人大常委会第十三次会议审议通过）

全面深化改革是鹿城实现“赶超发展、再创辉煌”，全面加快“创首善之区、建幸福鹿城”的必由之路。为凝聚全面深化改革的智慧和力量，营造有利于改革创新的制度环境和社会环境，促进各项改革工作顺利进行，根据中共十八届三中全会通过的《中共中央关于全面深化改革若干重大问题的决定》精神和区委关于认真学习贯彻中共十八届三中全会精神全面深化改革的决策部署，结合本区实际情况，特作如下决定：

一、全面深化改革，是全区人民的共同目标和共同任务。全区各级国家机关、人民团体、企事业单位和社会组织，要统一认识，切实增强全面深化改革的自觉性和坚定性，组织和引导人民群众理解改革、支持改革、参与改革，共同推动中国特色社会主义在鹿城的创新实践，让一切劳动、知识、技术、管理、资本的活力竞相迸发，让一切创造社会财富的源泉充分涌流，让发展成果更多更公平惠及全区人民。

二、全面深化改革必须深入贯彻落实中共十八届三中全会精神和区委决策部署，牢牢把握改革的总目标和路线图，坚持社会主义市场经济改革方向，以促进社会公平正义、增进人民福祉为出发点和落脚点，进一步解放思想、解放和发展社会生产力、解放和增强社会活力，全面深化经济体制、政治体制、文化体制、社会体制、生态文明体制以及其他各方面制度改革，坚决破除各方面体制机制弊端，力争在民营经济创新发展、地方金融发展、城市有机更新、推动温商回归、传统产业转型、区域转型发展、行政效能提升、民办社会事业、基层社会治理、美丽浙南水乡建设等“十大重点领域”改革创新取得突破。

全面深化改革必须更加注重改革的系统性、整体性、协同性，坚持正确处理改革发展稳定关系，整体推进和重点突破相促进，提高改革决策科学性。坚持法治原则，遵守宪法和法律，注重运用法治思维和法治方式推进改革创新，保证改革的合法性、有序性。

三、各级政府应当认真落实全面深化改革的决定部署和各项具体措施，有序推进改革，按时完成各项目标任务。

要处理好政府和市场的关系，使市场在资源配置中起决定性作用和更好发挥政府作用，着力解决市场体系不完善、政府干预过多和监管不到位问题。加快转变政府职能，深化行政体制改革，创新行政管理方式，提高政府公信力和执行力，建设法治政府和服务型政府。进一步厘清各级政府权责边界，推行政府权力清单制度，全面履行公共服务、市场监管、社会管理、环境保护等职责。

区人民政府及其部门应该加强与市人民政府及其部门的密切联系，围绕全市改革发展大局，协同推进温州金融综合改革、民办教育综合改革、社会资本办医综合改革、民政综合改革、农村综合改革等五大国家级改革试点，深化落实国家授权的各项改革创新试点措施，充分发挥改革创新的示范效益。

四、区人民法院、区人民检察院应当在职责范围内积极推进审判、检察工作的改革创新，加快落实司法体制改革措施，切实维护司法公正，促进社会公平正义，为全面深化改革提供坚强的司法保障。

五、区人大常委会要进一步完善人大工作机制，积极探索创新监督方式和途径，通过专题询问、满意度测评、工作评议、代表约见、备案审查等方式，强化对“一府两院”的监督，通过座谈、听证、公开等途径，扩大公民有序政治参与，积极回应社会关切。要加强对区人民政府、人民法院、人民检察院贯彻执行国家和省、市、区全面深化改革的决策部署以及本决定情况的监督。健全人大讨论、决定重大事项制度，建立区政府重大决策出台前向人大及其常委会报告的制度。支持和监督区人民法院、人民检察院依法独立公正行使审判权、检察权。

各级人大代表应当认真履行代表职务，带头开展或者参与所在行业所在领域的改革创新活动，提出推动改革创新的意见、建议和批评，并依法监督促进行政机关、司法机关开展改革创新工作。

六、进一步弘扬鹿城人敢为人先、改革创新的精神，以更大的政治勇气和智慧推进社会各领域创新发展。尊重人民主体地位，发挥群众首创精神，鼓励公民、法人和其他组织大胆改革创新。有关部门和单位不得阻挠、延误改革创新政策措施的实施。

各街镇各部门应当建立改革创新保障机制，积极宣传改革创新的各项政策、举措和先进事迹，及时推广改革创新的成功经验，营造敢闯敢试、锐意进取的社会氛围，在全社会形成鼓励创新、允许探索、善待挫折、包容失败的良好风尚。

第二节 经济建设重要决议、决定

温州市鹿城区人民代表大会常务委员会
关于持续稳定发展区街工业的决议

（1986年1月18日区一届常委会第十次会议通过）

温州市鹿城区第一届人民代表大会常务委员会第十次会议，听取和审议了林毓荪副区长《关于一九八五年区街工业生产情况和一九八六年工作打算的汇报》，认为一九八五年区人民政府认真执行了党和国家的有关方针、政策，做了大量工作，调动了广大干部、工人的生产积极性，提前超额完成了一九八五年的生产计划，成绩是显著的。

会议指出，在国家加强宏观控制的新形势下，区街企业面临着新的考验，工业工作的难度将会更大。但是也要看到区街企业的有利条件，只要工业战线的广大干部和职工，坚决贯彻执行党中央正确路线、方针、政策，团结一致，埋头苦干，就一定能够更好地完成一九八六年的工业生产任务。

会议要求，坚持改革方向，大力提高企业素质，加强管理，提高产品质量，降低物质消耗，挖掘企业内部潜力，提高经济效益。在抓工业生产中，必须注意解决好三个比较突出的问题：（一）要两个文明建设一起抓，在着重抓好企业领导班子思想作风建设的同时，努力加强和改进职工的思想政治工作，紧密结合企业改革和职工思想实际，在全体职工中坚持深入进行有理想、有道德、有文化、有纪律的教育。进行形势政策和法制教育。加强企业民主管理，发挥职工主人翁的作用。（二）要大力发扬区街自力更生，勤俭办企业的优良传统，坚决克服那种比阔气，讲排场，互相攀比的不良作风，（三）要合理分配，减轻企业负担，努力增加积累，免税企业，减免税款必须用于发展生产，建议区人民政府对此制订具体措施。同时，各部门和各单位不要向企业乱摊派。

会议号召，各有关部门、工业战线上的广大干部和职工，发扬愚公移山的精神，克服前进中的困难，夺取一九八六年工业生产的新胜利。

温州市鹿城区人民代表大会常务委员会
关于加强区级预算审查监督的决定

（2001年8月28日区五届常委会第三十一次会议通过）

为履行宪法和法律赋予区人民代表大会及其常务委员会的职责，加强对区级预算的审查和监督，提高监督质量，更好地发挥区级预算在发展国民经济，促进社会进步，改善人民生活和深化改革、扩大开放中的作用。特作如下决定：

一、改进预算编制工作。要坚持先预算，后支出，严格按预算支出的原则，细化预算和提前编制预算。区政府财政部门应在区人民代表大会会议举行的一个月前（特殊情况另定），向区人大常委会财政经济工作委员会（以下简称财经工委）提交区本级预算初步方案，并同时提供：编制预算的依据和说明；上一年度预算的执行情况；预算收支总表（一般预算的科目列到类、重要的列到款）和政府性基金预算表；建设性支出、基金支出的类别表和若干重大项目表；农业、教育、科技和社会保障支出表；部门预算和单位预算总表。

二、做好对预算的预先审查工作。财经工委应对预算初步方案进行预先审查，并将预审意见向区人大常委会报告。预审意见包括：对上一年度预算执行情况的评价；本年度预算安排是否合法恰当；为实现预算所采取的措施是否可行；关于预算初步方案的修改意见和实现预算的建议。

三、加强预算的初步审查工作。区政府应将预算草案和上年度预算执行情况及本年度预算草案的报告，于区人民代表大会会议举行的20日前提交区人大常委会。区人大常委会对预算草案初步审查的主要内容是：预算编制的依据及指导思想是否符合法律、法规和国家方针、政策的要求；是否与本区经济建设、社会可持续发展的方针相适应；内容是否真实、完整，收支是否平衡；为实现预算拟采取的措施是否切实可行以及其他重要事项。

四、加强区级预算超收收入使用的监督。预算超收收入可以用于弥补区级财政历年赤字和其他必要支出。在预算执行中，确需动用超收收入追加支出的，其数额超过原批准预算收入总额5%时，应当编制超收收入使用方案，由区财政部门及时向财经工委通报。然后，区政府向区人大常委会作超收收入安排使用情况的报告。

五、严格控制不同预算科目之间的资金调剂。各部门、各单位预算支出应当严格按照预算科目执行。区级预算安排农业、教育、科技和社会保障预算资金的调减，须经区人大常委会审查批准。

六、加强对区级预算调整方案的审查工作。区政府财政部门在编制区级预算调整方案时，应当及时向财经工委通报预算调整情况。在区人大常委会举行会议的15日前，将预算调整方案的主要内容提交财经工委进行预先审查。区政府应在当年9月底前，将预算调整方案提交区人大常委会审查批准。

七、加强对预算执行情况的监督。区政府应在每年第三季度向区人大常委会报告上半年预算执行情况，并在区人大常委会举行会议的10日前将预算执行情况报告及有关材料报送区人大常委会。预算执行情况报告应包括：区人民代表大会关于预算决议的落实情况；预算收支的执行及全年财力平衡情况；对部门、单位批复预算的情况；预算执行中的主要问题和解决措施。财经工委应做好预算执行情况的调查工作。

八、加强对区级预算执行的审计。区审计部门应当依法对区级预算和其他财政收支情况的真实、合法、效益进行审计。审计作出的审计处理处罚决定，被审计单位都应当认真执行。区审计部门应当及时向财经工委通报审计结果及开展审计工作情况。区政府应当向区人大常委会提出对区级预算执行和其他财政收支情况的审计工作报告。必要时，区人大常委会可以对审计工作报告作出决议。

九、做好区级决算审查批准工作。区政府提出区级决算草案，由区人大常委会审查批准。区政府财政部门和审计部门应当在区人大常委会举行会议的20日前，将区级决算草案和审计工作报告交财经工委，进行初步审查。区政府财政部门提供的区级决算草案应当按区人民代表大会批准的预算所列科目编制，按预算数，调整数或变更数及实际执行数分别列示，并加以说明。财经工委对决算草案初步审查的主要内容是：决算草案的编制是否符合法律、法规的规定；预算收支完成情况，是否出现赤字；决算数字是否准确，编报内容是否完整，反映情况是否真实，收入支出是否合法，重点支出是否得到保证；对预算执行情况审计中提出的问题的处理意见。

十、加强对预算外资金的监督。区政府应当严格执行有关预算外资金管理的法律、法规，加强预算外资金管理，每年应向区人大常委会报告预算外资金收支计划安排及执行情况，接受区人大常委会的监督。区政府财政部门应在区人民代表大会会议举行的一个月前（特殊情况另定），将预算外资金收支计划、上年度预算外资金收支执行情况报财经工委备案。财经工委应做好预算外资金收支、管理情况的调查工作。

十一、在预决算审查监督和预算外资金监督管理中，对涉及的重大问题，区人大常委会可以组织专题调查，举行听证会，作出决议，也可以要求区政府进行专项审计，作出专题报告。区政府及有关部门应当积极配合。

十二、健全和完善备案与信息通报制度。区政府应将下列事项及时报区人大常委会备案：区政府制定的财政预算管理的具体办法；区政府制定的区与各乡镇财政分配政策和财政预算管理具体办法，各乡镇报送区政府备案的预算的汇总；区级和全区汇总的预算外资金收支计划和决算；其他应向区人大常委会备案的事项。

要建立信息通报制度。区政府有关部门应及时向财经工委通报或提交以下材料：国家、本省、本市有关财政体制改革和财政政策的方案、措施和决定；全国、全省、全市财政税务工作会议有关文件；全区和区级预算收支执行月报、年报；财政、税务、审计等综合性统计报告和有关财政工作的情况简报、信息动态、规章制度等。

第三节 文化民生重要决议、决定

温州市鹿城区人民代表大会常务委员会
关于坚持不懈，努力创建文明城市的决议

（1985年11月22日区一届人大常委会第九次会议通过）

温州市鹿城区第一届人民代表大会常务委员会第九次会议，听取了陆国杰副区长关于《加快城市建设和管理的步伐，努力创建文明城市》的汇报，认为今年以来，区人民政府本着综合治理、标本兼顾的原则，做了大量工作，使城市交通市容卫生面貌有了比较显著的改观。会议同时指出，为了适应我市对外开放的需要和创建文明城市，工作还很艰巨，仍须继续努力，坚持不懈地抓紧抓好交通、市容卫生的建设和管理。会议要求

区人民政府和各部门、各单位，在今冬明春要把治理“脏、乱、差”作为社会主义精神文明建设的一件大事来抓，务求在前阶段整顿城市交通、治理市容卫生和综合治理的基础上取得新的进展。对市、区人民代表视察提出的意见，要善始善终处理好，特别是城市基础设施建设项目，要加快步伐，区人民政府要加强检查督促，给承办部门和单位规定时间，限期完成。在城市管理和文明建设中，要坚持“条块结合、以块为主”的原则、同时必须严格执行城市管理的法律、法规，以法治城。

会议号召，本区行政区域内的单位和广大干部、群众，在全面开展树文明新风、做文明市民、创文明单位、建文明城市的活动中，为把全区建成社会主义文明城市而努力。

温州市鹿城区人民代表大会常务委员会关于本区实施九年义务教育的决议

（1986年7月30日温州市鹿城区第一届人民代表大会常务委员会第十三次会议通过）

温州市鹿城区第一届人民代表大会常委会第十三次会议听取和审议了区教育委员会林鸿杲同志受区人民政府委托所作的关于鹿城区实施九年义务教育的初步规划的报告，认为这个初步规划是符合《中华人民共和国教育法》的规定精神的，也比较符合本区实际，原则上同意这个规划。请区人民政府组织实施。《中华人民共和国义务教育法》实施细则和省人大常委会《中华人民共和国义务教育法》具体实施办法颁布后，结合本区实际，对初步规划再作修改补充。

《中华人民共和国义务教育法》的颁布和贯彻执行，标志着我国普及基础教育发展到一个新的阶段，为普及义务教育提供了法律保护，对于促进整个教育事业的发展，提高全民族的素质，推动社会主义物质文明建设和精神文明建设，具有战略意义。鉴于实施义务教育，问题比较复杂，困难也比较多，必须依法办事，认真组织实施，扎扎实实进行工作。

按照初步规划，本区实施九年义务教育的学制，确定为“六三”制。本区市区和农村分别到一九九〇、一九九二年实现九年义务教育。

为实现这个目标，会议认为现在必须着手努力解决以下几个问题：

一、思想认识问题，把广大干部和群众的思想认识统一到《中华人民共和国义务教育法》上来，还有一个过程，必须广泛地开展宣传教育工作。现在，首先是各级领导干部必须深刻认识基础教育在国家建设和社会发展中的重要意义和作用，在认识上有个较大的转变和飞跃，增强紧迫感，把实施义务教育工作列入重要议事日程。

二、师资问题。必须下决心解决师资的数量和质量问题，建设一支数量足够、质量合格、结构合理并相对稳定的师资队伍，这是实现义务教育的关键所在。对此，必须采取各种应急措施，培养和补充新师资。采取多种形式、多种渠道抓紧对现有师资的培训工作，不断提高他们的实际教学能力。同时，要形成尊师重教的社会风气。提高教师的社会地位，积极帮助教师解决各方面的困难。把优秀人才收到教师队伍中来。教师应当努力提高自己的思想、文化，业务水平，爱护学生，忠于职责。

三、经费问题。增加必要的教育投资，是实施义务教育的重要保证。教育经费根据多种渠道筹措的方针，除了国家用于基础教育的财政拨款按《中华人民共和国义务教育法》的规定增长外，区机动财力每年都要划一定比例用于教育。建立财政的乡（镇）。乡财政收入应主要用于实施义务教育。对于贫困的乡、区人民政府要予以补助。财税部门要积极做好城乡征收教育费附加工作，并主要用于实施义务教育，同时，还应动员和鼓励各种社会力量和个人自愿捐助资助

这里还必须特别提到的是，全区中小学还有一万六千平方米危房，亟待解决，根据中央办公厅和国务院办公厅的最近通知，必须千方百计挤出资金，抓紧修缮，改建危房，务求在两三年内实现“校校无危房”，确保师生安全。

四、端正办学指导思想问题，衡量义务教育的根本标准，不仅要看数量，更重要的要看质量。因此，必须坚持数量与质量的统一，努力按教育规律办事。片面追求升学率的错误倾向，是目前办学指导思想上存在的较为突出的问题，必须坚决纠正，义务教育必须全面贯彻教育方针，努力提高教育质量，使儿童、少年在品德、智力、体质等方面全面发展，为提高全民族的素质，培养有理想、有道德、有文化、有纪律的社会主义建设人才奠定基础。

实施义务教育是一项艰巨的任务，全区一定要维护《中华人民共和国义务教育法》的尊严，求其实现。会议要求，区、乡（镇）人民政府和教育、财税、人事等部门要协同工作，为实现全区义务教育做出积极贡献。

温州市鹿城区人民代表大会常务委员会
关于限期解决学校教学危房的决议

（1988年7月18日温州市鹿城区第二届人民代表大会常务委员会第八次会议通过）

温州市鹿城区第二届人民代表大会常务委员会第八次会议，听取了副区长陈崇春作的《关于我区中、小学危房改造问题的报告》，区人大常委会科教文卫工作委员会主任陈克作的关于本月初部分人大代表视察中小学教学危房的情况报告，并对陈崇春副区长的报告进行了 审议，会议认为，自一九八四年十月区人大视察了小学、幼儿园的危房以来，并结合几次代表议案和意见处理，区人民政府对全区中小学和幼儿园的危房的修缮和改造方面作了努力，取得了明显的成绩，办学条件有了一定的改善。但是，由于各种原因，经鉴定，目前教学危房尚有三千多平方米，依然严重地威胁着师生的安全。

会议认为，今年解决教学危房的经费已经落实，条件基本具备，务必抓紧工作，迅速落实措施，不得拖沓。凡经鉴定的危房特别是教学危房，要立即停用封围，并着手修缮和改造，最迟在明年秋季开学前交付使用，同时，还要对学校特别是农村中、小学的危房进行一次复查，以防因漏查而发生意外事故。为此，要求区人民政府对教学危房的修缮和改造工作，保障师生的生命安全和教学秩序的正常进行。

温州市鹿城区人民代表大会常务委员会
关于进一步加强环境卫生工作的决议

（1988 年 9 月 21 日温州市鹿城区第二届人民代表大会常务委员会第九次会议通过）

温州市鹿城区第二届人民代表大会常务委员会第九次会议，听取和审议了陈莲莲副区长所作的《关于市区环境卫生工作的汇报》，会议认为，今年以来，全区的环境卫生工作有所加强，取得了一些成绩，但还存在不少问题。比较突出的是粪便、垃圾不能及时处理，有的地方甚至无人清运，市区脏、乱、差的状况至今没有明显改善。这种状况，既有碍市容观瞻，又影响人民的身体健康，必须继续努力，切实加以改变。

会议指出，当前市区环境卫生工作的重点是做好粪便、垃圾的处理和环卫设施的改造工作。管理范围也必须逐步从老城区 6 平方公里扩大到现在的建成区 12 平方公里。要把改善厕所卫生作为突出问题来抓，加快水冲式厕所的建造工作，并合理布局，对老式厕所要加强管理，及时清运，防止粪便外溢。要加强垃圾清运设施的维修管理，保证车辆、吊斗等设备正常运行，垃圾必须及时运送到郊区垃圾场进行填埋处理，不能在市区其他地方任意堆放。

会议指出，环卫职工常年从事脏、苦，累的工作，劳动条件比较差，他们的劳动应当受到人们的尊重，要严禁侮辱环卫工人的恶劣行为，要逐渐改善环卫工人的劳动条件和福利待遇。同时，要加强环卫职工队伍的自身建设，开展职业道德教育，加强思想政治工作，使环卫职工树立起事业心和责任感，提高工作质量，为搞好环卫事业做出积极贡献。

会议指出，各行各业和居民群众要提高对环境卫生工作重要性的认识，增强维护环境卫生的自觉性。各单位和居民群众应认真搞好“门前三包”（包卫生、包绿化、包秩序），落实责任制，主动配合环卫部门做好环卫工作。要支持环境卫生落后状况而共同努力。

会议要求，区人民政府必须切实加强对环卫工作的领导，认真规划本行政区域环卫设施的建设和老设施的改造，进一步落实环卫经费，并以改革精神制订必要的规则制度，使全区市容环境卫生面貌有个较大的改观，以适应对外开放和文明城市建设的需要。

温州市鹿城区人大常委会关于同意
《温州市鹿城区教育事业“九五”计划和 2010 年发展规划》的决定

（1996 年 1 月 24 日温州市鹿城区第四届人民代表大会常务委员会第二十二次会议通过）

温州市鹿城区第四届人民代表大会常务委员会第二十二次会议经过审议，决定同意《温州市鹿城区教育事业“九五”计划和 2010 年发展规划》，由区人民政府组织实施。

关于设立“鹿城慈善日”的决定

（2010 年 11 月 30 日温州市鹿城区第七届人民代表大会常务委员会第三十次会议通过）

2010 年 11 月 30 日，温州市鹿城区第七届人民代表大会常务委员会第三十次会议审议了区人民政府《关于提请审议设立鹿城慈善日”的议案》，决定每年 1 月 23 日为“鹿城慈善日”。

第四节 行政区划及机构设置的重要决议、决定

温州市城区人民代表大会常务委员会关于设置常委会办事机构的决定

（1994 年 8 月 7 日温州市城区第一届人民代表大会常务委员会第二次会议通过）

根据《中华人民共和国地方各级人民代表大会和地方各级人民政府组织法》第三十条“常务委员会根据工作需要，设立办事机构”的规定，决定城区人大常委会设立下列办事机构：

一、城区人大常委会办公室。

二、城区人大常委会法制工作委员会。

三、城区人大常委会财经城建工作委员会。

四、城区人大常委会教科文卫工作委员会。

温州市鹿城区人大常委会关于温州市鹿城区乡镇行政区划调整的决议

（2011 年 3 月 11 日温州市鹿城区第七届人民代表大会常务委员会第三十三次会议通过）

2011 年 3 月 11 日，温州市鹿城区第七届人民代表大会常务委员会第三十三次会议听取和审议了区人民政府提交的《温州市鹿城区乡镇行政区划调整方案的报告》。会议决定，同意这个报告，并由区人民政府按照法定程序报批并组织实施。

会议认为，根据市委、市政府关于城乡统筹的战略部署，为加快推进鹿城区域一体化发展，有效解决经济发展中的结构性、素质性矛盾，对鹿城区域的行政区划进行调整是适时的、必要的。区人民政府在方案编制过程中，深入调查研究，广泛听取意见，提出的调整方案符合我区实际，是切实可行的。

会议强调，此次行政区划调整，撤销七都、南郊、双屿、仰义 4 个乡镇行政建制，设立七都、南郊、双屿、仰义 4 个街道办事处，撤销上戍、临江、岙底、双潮 4 个乡镇行政建制，其区域一并划入藤桥镇，是市、区两级加快大都市建设步伐，实现鹿城区域一体化发展而作出的一项重大战略决策。区人民政府和有关部门及相关乡镇要切实做好思想引导、宣传教育、政策处理和维护稳定等工作，规范操作程序，精心组织实施，确保鹿城行政区划调整工作依法有序顺利进行。

第五节 其他重要决定、决议

温州市鹿城区人民代表大会常务委员会
关于同意《鹿城区土地利用总体规划（2006—2020 年）》（2014 调整完善版）的决定

（2015 年 11 月 25 日温州市鹿城区第八届人民代表大会常务委员会第二十六次会议通过）

温州市鹿城区第八届人民代表大会常务委员会第二十六次会议听取并审议了区人民政府关于鹿城区土地利用总体规划（2006—2020年）调整完善情况的报告。会议认为，随着我区经济社会的发展，现行的鹿城区土地利用总体规划部分内容已不适应形势发展的要求。区政府根据国土资源部关于开展土地规划调整完善有关精神，认真开展土地利用总体规划修编工作，提出的《鹿城区土地利用总体规划（2006—2020年）》（2014调整完善版），紧密衔接全市城市总体规划，适应当前我区经济社会发展需要。会议决定同意区人民政府提出的《鹿城区土地利用总体规划（2006—2020年）》（2014调整完善版）。

第四章 署名文章选辑

关于二、三产安置用地历史遗留问题的调研报告

区八届人大常委会主任　吴海燕

为共同推进区委“三四五”总战略实施和幸福鹿城建设，结合“民生大调研”活动，区人大常委会调研组，于2012年5月上旬至中旬深入七都、滨江、南汇、双屿、仰义街道和藤桥镇开展调研，并召集发改、财政、住建、农林水利、环保、人防、规划、国土、消防等部门听取汇报、开展座谈，深入了解我区二、三产安置用地历史遗留问题，提出针对性的意见建议。

一、基本情况

伴随城市化、工业化的加快推进，大量重点工程开工建设，我区土地陆续被征用。根据当时政策规定，征用农村土地时，返回一定比例的二、三产安置用地，用于解决失地农民生产生活来源问题。而二、三产安置用地历史遗留问题涉及全区五街一镇，其中纳入城市建成区的滨江、南汇街道以及双屿的大部分村土地基本被征完。

据统计，截至2012年5月份，我区二、三产安置用地共计2892.203亩，住宅用房指标7100平方米，未供二、三产安置用地指标为1434.5259亩，已供二、三产安置用地指标为1437.2317亩，供地率为49.69%。在已供二、三产安置用地中，已进场的为149.5302亩，未进场的为1287.7015亩，进场率为10.40%。其中二产未供指标为684.49618亩，已供安置用地为982.9956亩，已进场92.0102亩；三产未供指标为770.4751亩及住宅用房指标1100平方米，已供安置用地为454.2361亩及住宅用房指标3000平方米，已进场57.52亩。综上所述，全区二、三产安置用地落实和建设情况不容乐观，超过半数以上的被征地农村存在历史遗留问题，很多村的历史遗留问题超过5年以上甚至10年。被征地农民的权益无法得到保障，导致群体性信访事件频发，使政府疲于应付信访事件，无法集中精力搞建设。同时大量二、三产安置用地供而未用，“脏乱差”现象突出，成为城市中的一块块“疮疤”。二、三产安置用地问题迁延难治，不仅造成土地资源的巨大浪费，也极大地影响了政府的公信力。

二、存在的问题

（一）征地政策不稳定，缺乏连贯性和刚性。

1. 新老政策差异大。现行的农村集体所有土地征收政策为市政府101号令，由先前征地政策市政府69号令返回村二、三产留地调整为返回三产性建筑面积指标，村民觉得补偿标准在缩水，因此对新的政策抱有抵触情绪。此外，政策调整带来不同批次征地返回的二、三产安置标准不一致，集体与征地户、非征地户之间利益分配不均衡，即便同

村甚至同户在不同批次征地中所返回的二、三产指标也有不同。

2. 政策执行不平衡。在大政策不走偏的前提下，一般每个项目征地都会制定相应的征地方案，甚至实行一村一策。在“一切为了项目”的思想指导下，一些项目责任单位在征地时为了早日进场施工，变通执行政策，人为造成补偿失衡，出现同类地段补偿标准有差异，同街镇不同村补偿标准有差异，同一项目不同村补偿标准有差异等乱象，如当时同为温州大桥征地对象的龙湾各村返还了三产指标，而当时属于永嘉的七都街道各村没有返还三产指标。

（二）重征地轻安置，积累大量历史欠账。

1. 不同步落实。据了解，我区很多二、三产安置用地并非在征地时同步给予落实，政府对于大量重点项目建设往往特事特办，采用先保证工程实施，后落实二、三产指标的工作方式，二、三产指标落地的时间普遍拖延，继而带来一系列遗留问题，如南汇、七都部分村二、三产安置用地指标从征地到现在已经十几年了都未予落实。

2. 落实的系非净地。如滨江街道巽山村 55 亩、上蒲州 1.3 亩，南汇街道上田村的 52 亩等等，因为安置地块上还有建筑物或存在纠纷，导致迟迟不能办理供地手续或不能进场施工。

3. 选址不合理。二、三产安置用地缺乏长远规划，安置地点较随意。如我区南汇街道上田、巨一、划龙桥、前网、南塘等村约 164 亩二产用地指标异地安置在原瓯海区黄屿村，由于地方利益纠葛迟迟无法落实，现已归属生态园管委会管辖的黄屿村工业用地功能调整，导致这些村的二产指标无法落地。又如仰义后京村 5.6 亩住宅指标安置在电镀基地附近。

（三）规划调整过频，老账未还新账又起。调研中发现，在二、三产安置用地建设中，由于规划调整导致审批、设计等工作推倒重来或工程搁置的现象并不鲜见，村里对此反应强烈，甚至有村干部反映审批的速度还赶不上规划变更的速度。

1. 土地功能调整。在历年的征地中，滨江、南汇、双屿、仰义等街道有大量二产用地返回到村集体，有些二产用地前期做了大量工作，准备投入建设，但由于控规调整，二产变三产，未开工建设的二产用地需要调整用地功能重新审批，这不仅给村集体造成较大损失，也产生很多新的利益纠葛。

2. 容积率调整。在市政府 101 号令出台之前，根据市政府 69 号令“在符合城市规划的前提下，安置用地指标可以按 7:3 的比例分别用于二产和三产，一、二、三类地段面积分别按照每亩 120、100、80 平方米计算”之规定，返回三产指标是以土地亩数落实的。当时，西片街道如双屿、仰义等区域三产容积率一般可以审批到 2.0 以上，现在容积率要控制在 1.5 之内，相同的土地面积，容积率骤减四分之一以上。换句话说，本来全村每户人家都可以分到安置房，但现在只有四分之三户可以分到，对于一个村集体来说，可能就是价值上亿的资产蒸发。

3. 其他规划方面的因素。园区项目准入制度以及规划修编未完成等，也是导致二、三产安置用地难落实或进展缓慢的因素之一。

（四）政府职能缺位，未能提供有力支撑。

1. 审批手续烦琐。据了解，二、三产安置用地报批，正常程序走下来要2—3年，有村干部反映办好手续前后要几百个印章。一些与建设相关的部门如规划、土地等事权在市里，更增加了审批环节和难度。由于信息不透明、有些村干部对程序又不熟悉，在审批中走了不少弯路，拖延了二、三产安置用地开发进度。

2. 工作衔接不够。一些二、三产安置问题，市政府及主要领导已经做出过会议纪要或批示，但因工作衔接上的问题，并没有落到实处。如南汇街道上田村的39亩地，市政府〔2006〕85号专题纪要表述“原有关部门和单位会议纪要中尚未落实或尚未明确的位于温州大道以南总计39亩地，作为村三产用地给予认可”，国土部门认为纪要中表述为“作为村三产用地给予认可”，而非“三产用地指标”给予认可，因此不能直接以“三产用地指标”落实给村里。调研中发现这类情况不止一个。

3. 缺乏指导服务。总体上讲，政府有关村集体安置用地尤其是二产用地开发利用的指导性政策滞后，到目前为止，仍缺乏指导性、规范性、操作性强的政策，造成二产安置用地开发利用过于随意，缺乏科学性。由于害怕农村二产用地存在利益纠葛，一些企业对利用农村二产用地存在重重疑虑，而政府没有为农村二产安置用地的使用积极搭桥牵线，建立有效的流转机制。一方面是在温州土地资源紧缺的现状下，一些企业急需用地，另一方面是村集体因信息闭塞找不到让二、三产升值增值的项目。

（五）村级力量薄弱，主体作用发挥不好。大量农村二、三产安置用地供而未建，进场缓慢，建设周期长或建设开发途搁置等现象，跟村集体未发挥足够作用有直接关系。主要体现在：

1. 村级组织自治能力不强。调研中发现，一些村二、三产安置用地未落实，但村里已经量化到户了，遇到政策有变往往给工作带来很大被动。一些村二、三产安置用地已落实，但由于村级组织缺乏经营能力，未能使二、三产安置用地产生经济效益；或缺乏科学决策机制，无法统一村民意见，导致很多问题议而不决、决而不断；或缺乏办事能力，不熟悉审批程序，导致审批工作进展缓慢。此外，村干部一届只有三年，第一年熟悉情况，第二年实干一年，第三年就要准备下届选举，因此在处理二、三产安置用地问题上重视不够。

2. 村集体经济相对薄弱。由于办理二、三产手续除需要交纳土地出让金、土地指标费外，还需交纳相关的配套设施费等各种费用。部分村集体经济薄弱，村里通过多方筹措尚无法缴纳各类税费，组织二、三产安置用地建设似乎遥遥无期。如仰义垟山村在轻工园返回二产安置地10余亩，通过村民自筹勉强解决前期审批所需资金，但没有开发建设二产用地的资金。南汇街道里垟村为解决安置房建设资金缺口，村里经代表决议以1.2分利息通过民间融资4000万，并决定将7.1145亩三产用地挂牌出让融资。

三、建议

（一）注重政策衔接，兼顾区域补偿平衡。二、三产安置用地历史遗留问题牵涉面广，关乎政府公信和百姓切身利益，必须立足当前，着眼长远，在尊重历史的前提下切实处理好政策层面的细节问题。

1. 注重政策衔接。要协调好新旧政策的衔接和平衡，既要维护政策权威，也要确保征地补偿标准不降低。针对政策调整带来的不适应性，政府一方面要结合实际，制定和完善实施办法和细则，促进新老政策无缝衔接；另一方面要加强政策宣传和解释，积极争取被征地村及村民的支持。对因政策性因素造成的历史遗留问题，要把握好时间节点，尽量按照原协议内容兑现承诺，确实无法按原协议落实的，要主动通过置换、补偿等方式或组合方式给予落实。

2. 兼顾补偿平衡。要严格执行征地政策，建立健全征地补偿方案审查制度。在制定新的项目征地补偿方案前，要仔细对照现行政策，并通过纵横向比较，反复论证评估，确保征地方案既符合现行政策精神和实际，又兼顾政策的连贯性以及区域范围内的补偿标准平衡。

（二）强化民本意识，维护村民合法权益。对因政策性因素或政府原因造成的二、三产安置用地历史遗留问题，处理时要坚持实事求是，不能以政策变动为由，不顾政府承诺在先，作出漠视群众利益或与民争利的决策。

1. 要取信于民。二、三产历史遗留问题的产生，有政策方面的原因、有政府方面的原因、也有农村方面的原因，但归根结底是政府的欠账行为。调研组不止一次地听到村干部说“被政府骗了”这样的话，不得不引起我们深刻反思。解决二、三产历史遗留问题不是政府为民办实事，更确切地说是政府偿还欠百姓的无期债务。因此，政府应该切实转变思想，牢固树立“权为民所用、利为民所谋”的观念，积极主动地想办法落措施，竭尽全力解决历史遗留问题，及时兑现征地时的承诺，取信于民。

2. 要让利于民。在处理二、三产安置用地历史遗留问题上，要站在征地农民的立场和角度去思考、去制定方案。比如，由于控规和容积率调整，西片街道如双屿、仰义三产用地建设容积率明显下调，对村集体来说意味着资产明显缩水。东部街道如滨江街道由于容积率明显上调，原安置给村民的三产用地必须造的更高，而多出的建筑面积全部由政府收回，容积率调高意味着村民生活空间明显缩水。容积率调整是政府行为，但调高调低百姓都吃亏，就如“征地户坐上政府的过山车，上下不由你”，这显然不公平。因此，我们建议政府在处理二、三产安置用地历史遗留问题上，不能搞一刀切，要坚持“多予少取”原则，对于政策性因素或政府行为给征地户带来的损失，在掌握政策大致平衡的情况下，政府应该有所考虑，给予适当照顾和倾斜。

（三）加强服务指导，提高农村办事能力。

1. 建立审批联系制度。针对村干部对审批程序不熟悉的情况，街道、镇要全程跟踪服务，帮助村解决二、三产开发审批遇到的问题，通过如仰义街道的带办制度、联系制度等形式，协助村里做好审批工作。政府及职能部门应建立业务骨干联系街镇制度，专门负责政策解释和业务指导。

2. 提高村级组织自治能力。街道、镇要做好政策引导，并指导村里制定合理可行的建议方案，为政府解决历史遗留问题提供参考，同时指导村组织健全民主决策机制，统一村民思想，尽快启动二、三产安置用地历史遗留问题清理程序。要加强对村干部的素质培训，提高村两委班子的决策能力、管理能力、经营能力和政策水平。

3. 解决好村级建设资金问题。没有足够的启动资金是当前制约二、三产地开发建设的突出问题。一方面要制定村集体二、三产用地使用和建设的优惠政策，对村里缴纳的配套设施费等各项税收和规费，可以采取免收、减半征收或者待办理施工许可证缴纳。同时，政府应设立二、三产安置用地开发建设专项资金，帮助经济薄弱村解决应急之需。另一方面，政府应加强与银行等金融机构的沟通，开拓村集体融资渠道和平台，加强银政联手，形成支农合力，多渠道聚集资金，增加对二、三产开发建设的信贷投入。

（四）完善工作机制，形成部门工作合力。要抓住市区体制改革，事权下放的有利时机，进一步理顺工作体制，成立专门工作机构，协调全区二、三产安置用地建设。

1. 明确责任部门。要明确主管部门，简化审批程序，开辟绿色通道，促进审批提速。相关职能部门要主动沟通、优化服务、明确指定关键科室的业务联系人，以便对进入审批的项目，推行“一站式”服务，提高办事效率。对于村集体或征地户提出的合理要求，有关部门要努力在政策允许的范围内尽快妥善解决，确实在职权范围内无法解决的，要及时向区政府汇报并提出建议，由区政府研究决定。

2. 严把审批关口。在今后的征地工作中，二、三产安置用地必须坚持同时报批、同时落实、同时征用，确保不因为自身工作不到位造成新的历史遗留问题。

3. 完善流转机制。区政府及有关部门要对全区现有的二产安置用地进行梳理分类，建立二、三产安置用地信息库，加强宏观管理和跟踪服务，建立健全集体建设用地流转机制，搭建二、三产交易平台，推进闲置用地与项目对接，出台交易政策，推行最低价收购制度，盘活二、三产安置用地，使二、三产安置用地开发建设成为新的经济增长点。

（五）创新工作方式，统筹解决新老问题。

1. 加大专项整治力度。要将解决二、三产安置用地历史遗留问题提上重要议事日程，通过开展专项攻坚行动等方式加大整治力度。要深入各街镇、村居开展调研，要查清、查实、查透底子，掌握历史遗留问题来龙去脉，了解村集体及村民的意愿，通过分析梳理，对每个历史遗留问题研究制定针对性的解决方案，明确目标要求，落实责任单位，限期予以解决。

2. 对症下药抓落实。对条件成熟没有异议的问题要抓紧落实；对于政府已经形成解决方案的，因工作衔接问题拖延的，要明确责任单位按原方案执行；对于当前未落实用地指标的，要通过调剂、购买、土地整理等方式优先确保安置用地指标；对于二产指标无法落地或政府行为给村里带来的损失等，可以通过等价置换或折算成三产面积补偿；对于历史遗留问题较多的村，可以通过旧村改造时统征统拆、打包解决的方式给予落实；对于问题涉及市级部门，需要市级层面研究解决的，梳理形成方案后请示市政府帮助解决。

2012 年 7 月

附件：

鹿城区二、三产安置用地历史遗留问题梳理

街道	行政村	问题（未供）	原　　因	备注
七都	老涂、吟州、樟里、上沙、前沙、板桥	三产未供指标19.72亩。老涂9.9674亩，吟州5.4672亩，樟里0.4407亩，上沙0.5225亩，前沙1.84亩、板桥1.4822亩	1. 面积太小、分散；2. 当时只是落实户口和安置费，后由于照顾一部分安置，引起其他村民的不满	建议在接下来的征地过程中打包解决
滨江	蒲州村29000平方米	港安医院拆迁安置与蒲州村原安心公寓工程建设用地问题，蒲州村29000平方米	2005年市政府为解决港安医院拆迁安置问题，同意将蒲州村原安心工程建设用地进行用途调整，其中29000平方米建筑面积作为蒲州村三产用房指标，但国土部门不予此29000平方米三产指标入台账。（赵市长已批，国土局认为赵市长批示前没有"追加"后没有"指标"而不承认）	
		蒲州村1600平方米	五个一工程征地和其他零星未落实三产指标1600平方米	
	黎一村	2001年征用供地未完成	南亚木业地块功能调整	
	黎二村	在江滨路防洪堤与惠民路北段等工程，存在15.837亩仓储用地（已转为商住功能）指标未落实	根据市政府（2008）19号文件，同意有市规划部门负责结合江滨商务区控制性规划修编，对原黎二村15.87亩仓储用地除道路外，按商住功能予以调整。与代建公司纠纷，省高院已司法调解协议，但市土地不承认	村意见：1. 容积率调整，土地按原来面积；2. 所有历史遗留问题一次性打包解决
	巽山村	巽山村55亩，非净地等使安置房无法开工	1. 非净地留地，有三户拆迁户始终未达成协议；2. 异地安置在双屿鞋都	
	涂村	涂村6.68亩，容积率限制	由于容积率限制，超容积率部分是否由本村自行开发问题迟迟没有解决，导致安置房无法开工	村民要求按原来协议土地亩数供地，不要因为容积率提高而减少土地亩数。
南汇	上田60亩、巨一35亩、划龙桥37亩、前网22亩、南塘10亩	涉及黄屿村二产用地改变原来承诺的安置方案，村民意见大	2004—2005安居工程、市中心区工程指挥部与黄屿村未达一致，现在黄屿又属生态园，生态园改变功能规划，二产变三产，无法安置	新方案：1. 按1∶1.2安置滨海；2. 评估补给商业用房。待村民决议
	上田村	上田村39亩，温州大道以南，张宅河以东，中环名人广场以西39亩，有市政府《2006》85号纪要，但土地部门不认可	1. 市公务局"温市工务涵〔2011〕148号"第二项"原则同意在疏港公路以南给上田村安排10亩左右的土地（不得用于房地产开发）"，国土部门至今未录入三产台账；2. 纪要"原有关部门和单位……39亩地，作为三产用地给予认可"而不是"作为村三产用地指标"落实给村，土地部门不予认可，与村民看法不同	建议：土地部门应该按当时政策给予认可安置，因为土地被征是事实
	德政村	炬光园征地留地遗留问题	余26.8813亩二产留地手续，土地部门要求有市政府确认	建议：区政府尽快与市政府衔接

附件：

鹿城区二、三产安置用地历史遗留问题梳理

街道	行政村	问题（未供）	原　　因	备注
双屿	瓯浦垟	二产：24.11 亩	原 2003 年已建临时标准厂房，因城市规划调整无法审批。	
		三产 :11 亩	地块未落实	
	垟田	二产：14.9236 亩	地块未落实	
	稽师	三产：31.5 亩	环评问题、控规问题、容积率问题	
	屿头	三产：25 亩	容积率问题	
	上伊	三产：43 亩	容积率问题	
	正岙	二产：306 亩	二产地块未落实	
		三产：0.22 亩	三产地块未落实	
	潘岙	三产：38.045 亩	控规调整问题	
	双岙	二产 :108.0978 亩	106.31 亩前期审批未到位，1.7878 亩地块未落实	
		三产：59.5345 亩	33.2545 亩地块未落实，26.28 亩前期审批未到位、容积率问题	
	箬笠岙	二产：32.174 亩	地块未落实	
		三产：24.4077 亩	地块未落实	
	营楼	二产：30 亩	地块未落实	
		三产：16 亩	地块未落实	
	牛岭	二产：9.16 亩	地块未落实	
		三产：5.483 亩	地块未落实	
	岩门	二产：45.7765 亩	地块未落实、控规未批	
仰义	前京	因控规原因，本街道已无二产功能用地，绕城高速拆迁安置前京地块多余交由仰义街道解决遗留二产指标	办理手续部门要求区政府与市政府签订《温州绕城高速公路北线工程段征地拆迁补充责任书》（由于价格未谈妥），才能交由街道落实遗留二产指标	村要求尽快解决
		三产安置容积率审批改变问题	2008 年由规划局批复前京村三产安置项目容积率为 2.0。由于一套手续办理，导致设计条件通知书超过有效期，需重新审批，又遇容积率政策变动（2.0 变为 1.5），引起村民意见纷纷而无法实施	建议老事老办法，按原来定点解决
		二产 118.8855 亩已经供地，手续在审批中	建设资金困难	
	后京	5.09 亩三产留地	1. 位于电镀基地旁，村民认为选址不合理，不接受。2. 资金困难。3. 建设及分配方案未统一意见	
藤桥	沙头	二产：2.6689 亩		
		三产：0.9456 亩		
	后支	三产：0.35 亩		
	横山	三产：0.7639 亩		
	潮埠、下冯	三产：0.32+0.159 亩		
	双溪	三产：0.44 亩		
	呈岸	三产：0.273 亩		
	小岙	三产：38.045 亩	控规调整、问题	
	双岙	三产：0.174 亩		
	石埠	三产：0.077 亩		
	岭下	二、三产已经落实，但要求提高容积率		

关于市区两级体制改革及职权下放情况的调研报告

区八届人大常委会主任 吴海燕

根据区委主要领导的批示要求，区人大常委会和区委政研室组成联合调研组，对市区两级体制改革及职权下放情况进行了调研，现将情况汇报如下：

一、基本情况

2012 年 9 月 10 日—11 日，调研组分两个调查小组分赴 8 个街镇（功能区），采取实地调研、听取汇报等方式，对市区体制改革和职权下放后续问题进行调研，初步梳理了问题，并由人大代表对部分放权部门进行询问。9 月 11 日下午，在区行政会议中心召开由 28 个职权下放部门参加的专题会议，并邀请 2 名街镇（功能区）书记和 8 名市、区人大代表参会，采取部门汇报、代表询问、街镇书记互动等方式，全面梳理各部门下放街镇 389 项、下放社区 112 项职权的到位和运行情况。之后，又在区人大会议室和区纪委、区审管办进行对接，对存在问题进行了逐一复核，并总结提出对策思路。

经调研了解，501 项下放项目中下放至街镇的有 389 项，下放至社区的 112 项，基本可分为三类，即审批类、行政执法类和日常管理类。下放街镇的 389 项中，由部门基层站所承接的是 227 项，占总数约 58.4%，因属部门内部事权调整，进展情况相对比较顺利，已基本下放到位。剩下共 162 个项目约占 41.6%，下放对接情况可以分为三类：一是街镇已在操作的项目，街镇有对应的科室或人员，如计生、民政、劳保及残联等项目，这类项目约占 1/3。二是下放工作做得比较细，对接工作比较顺利的项目，如执法、食药监、环保等，这类项目也占 1/3。三是剩下的 1/3 项目，重点集中在城建口和执法部门基本建设审批项目，因专业要求高、执法资格要求严，事权下放对接工作推进相对缓慢，问题较为突出。

二、存在的问题

推进市区两级体制改革和实行部分事权下放，是按照“五个凡是”的要求，深入推进我区城乡统筹综合改革，完善基层社会管理和服务体系的重要举措。但调研中发现，目前除市和区两级之间存在问题外，区、街镇、社区三级社会管理和公共服务权限调整中存在的问题更为突出。集中表现在以下五个方面：

（一）主体资格问题。一是执法主体问题。此次事权下放涉及一部分执法类权限，简称为委托执法。委托执法对委托主体和客体在法律上均有相当严格之要求，在目前情况下，部分执法类权限下放条件尚未成熟，如安监部门下放的安全生产行政处罚权，开展委托执法必须满足街镇安监中队机构单设和受委托中队须拥有 3 名以上具有执法资格人员等两个前置条件，但目前我区无论是在机构单设还是执法人员配备上均不满足条件，难以开展该项事权下放工作。二是行政主体问题。调研发现个别部门把行政事务直接委托给不具备行政主体资格的社区来执行，如国税部门下放到社区的 7 项“间接放权”。现经该部门研究后，已决定暂时不下放该类权限。

（二）放权提效问题。事权下放是为了提高工作效率，方便群众办事。但我们发现，此次事权下放中个别事项反而增加了中间环节，原因有二：一是一些单位为虚增下放职权数，将一项职权按照办理环节拆分为几项，使得职权在下放过程中不断“发酵”，如质监部门下放的组织机构代码证书核准、年检、修改、注销、预赋码、电子口岸确认等，本属一项工作的系列环节，而在下放的过程中却拆分为5项职权；二是职权因下放不彻底造成中间环节。如街镇反映的计划生育扶助金申请，由于仅下放申请权而没有下放相关经费，需带领申请人到区计生局领取扶助金，反而比原来直接向计生部门申请更麻烦。此外，一些职权下放街镇、社区后，仍需盖区级部门印章才生效，导致群众两头跑。

（三）事权承接问题。放权部门和承接的街镇均不同程度存在问题。对于部门来讲：一是个别部门没有与省市上级部门事先做好沟通，致使事权下放在街镇运行时得不到审批系统支撑和技术层面支持，特别是对于涉及网络专线建设的，目前进展均不快；二是存在方法简单粗放情况，个别部门未同街镇先行沟通，简单以文件形式通知街镇放权，而对于事项规范、人员培训、委托书签订、人财物匹配及双方权责明确等工作未同步推进到位，特别是街镇普遍反映下放的相当多事权均需要专业技术和专门人才承接，但现实情况是基层并不具备相应的条件，而职能部门又不能提供较好、充分的专题培训，导致一些工作难以接手。比如农林水利局此次共下放事权51项，有的许可项目需要有专业资格认证的人员，但街镇普遍反映没有相应的专业人员，放权部门只好逐步组织街镇工作人员进行相应的资格培训，暂时办不了的事项，由街镇代办，区审批窗口同步受理。又如区人力社保部门下放的新型农村合作医疗药费申报，街镇工作人员并不具备专业医学知识，无法鉴定申报内容是否真实有效。如此种种，均阻碍了下放项目的正常运行。对于街镇来讲：一是一些街镇未指定具有统筹协调职权的领导负责对接，街镇内部不能协调一致，造成对接不顺；二是对部分目前在街镇运行有一定难度的事权下放简单予以回绝，没有充分理解“五个凡是”的精神，代办机制没有建立起来；三是部分街镇和部门对职权是下放给基层站所还是下放给街镇、社区不甚了了，导致职权下放工作无从着手，停滞不前。

（四）便民服务中心建设的问题。街镇便民服务中心作为承接事权最主要的平台，主要问题有两类：一是平台建设滞后。目前街镇便民服务中心新建运行四个（松台、滨江、藤桥、南汇），待建两个（双屿、五马），仰义维持正常运行，七都与社区便民服务中心合一。总体上看，进度不一，街镇服务中心平台建设总体进度远慢于事权下放速度，载体平台欠缺在一定程度上拖延了事权承接。二是便民服务中心职能整合滞后。主要是基层站所整合归并进驻滞后，原因是：（1）街镇便民服务中心容量过小。以松台为例，大厅面积有400平方，受理台面15个，除街道自身使用外，只能再容纳公安、房管和执法三家单位集中办公，其余只能挤在综合窗口办公，更不用说其他街镇面积更小更难安排；（2）各职能部门基层站所建制不一且涉及市级体制。有的一个街镇有几个站所，如公安、工商等，有的几个街镇一个基层站所，像规划、房管等，进不进人，进多少人都是问题；（3）整合方式尚未明确。如只采取各基层站所派员入驻的话，则可能存在派驻人员由于内部管理职权所限，只能收件，仍然要带回基层站所办理，从而不能实现真正意义上的在服务中心办理的原意。

（五）人、财、物、权匹配问题。由于时间紧迫，此轮事权下放过程中，区编办没有对职权、人员下放、财物下放情况进行系统梳理定编定岗，没有相应跟进人财物匹配下放、实现“人随事走、财随事转”，责、权、利不统一，使街道、社区对一些职权一时之间难以承接。

三、几点建议

调整区、街镇、社区三级事权是一项复杂的系统工程，也是建立完善三级社会管理和公共服务体系的必然要求。针对调研中发现的问题，我们建议从以下三方面入手，尽快理清体制改革和事权下放中不顺的环节，真正实现“五个凡是”要求。

（一）下放职权再梳理。由区纪委或审管办牵头，对389项下放街镇和112项下放社区的职权进行再梳理，做到程序上必须符合法定要求。（1）梳理下放职权是否真正体现“五个凡是”要求，特别是对于应放未放的职权要梳理清楚，并督促相关部门进一步下放，以解决目前下放的职权真正满足群众需求较少的问题。（2）梳理承接单位是否具有行政主体资格，对于已经下放但街镇和社区不具备法律规定的主体资格且没有依法依规进行委托执法或行政授权的，要坚决收回，切实杜绝超出法律范围下放和承接职权。（3）梳理职权下放后有无增加多余环节，如有增加多余环节或将一项职权拆分为数项职权的，要坚决纠正，以解决改革之后反而增加多余环节造成群众办事不便的问题。

（二）便民中心促进度。（1）加强服务中心平台建设。以藤桥镇创建省级示范行政服务中心为引领，大力推进八大街镇便民服务中心建设。特别是要加快双屿、五马服务中心建设，加强新建的四个便民服务中心的指导，切实将街镇便民服务中心打造成为简政放权、优化服务的平台。（2）加强服务中心职能建设。按照区级行政审批事务均在区行政审批服务中心办理、街镇级行政审批事务均在区行政审批服务中心办理、街镇级不能直接办理的可以代办的三方面要求，原则上基层站所均要进驻集中到街镇便民服务中心，实现真正意义上的街镇便民服务中心一个中心受理、办理。对于目前街镇、社区直接办结事项不多的现状，由区纪委（监察局）和区审管办联合梳理一次予以明确。城市社区因属居民自治机构，原则上只负责居民个人事项的办理和代办，政府可通过城市社区购买社会服务；农村社区因属综合性服务机构，可以部分承担政府职能。（3）探索创新“定期审批”和“巡回审批”等方式，作为街镇便民服务中心暂时无法满足全部基层站所集中期间的过渡方式，以解决群众和企业的需求。（4）全面推进综合行政执法体制改革。按照《关于改革完善中心镇行政执法体制的指导意见》（温委发〔2012〕95号）精神，根据8个功能区改革需要，将发展改革、建设、规划、城建、国土资源、房管、市容、环卫、园林绿化等行政执法职权实行委托行政执法，法律法规规章规定县级以上行政机关可以委托的管理事项，通过依法委托的方式赋予各功能区行使管理职权，并明确委托双方的权利义务。各功能区可整合原行政执法机构，组建综合执法中队，原派驻功能区各执法机构的人员整合到综合执法中队，各功能区可按照实际情况在中队下组建若干个综合执法分队，建立起执行有力、行为规范、权责一致、便民高效的行政执法体制。

（三）事权承接强保障。（1）强化人员技术保障。各部门要统筹安排好对街镇、社区的指导、培训和后续监管，要针对性地加强专业性技术性较强的事权下放后事项运转实施的培训，为企业和群众办事提供优质服务，同时要帮助理顺网络专线建设，整合网络系统平台。街镇要明确牵头衔接领导，及时对接承接过程中产生的问题。（2）人员财物保障要倾斜。按照“人随事走”“财随事转”的原则，由区编办牵头梳理人员财物下放和职权下放匹配情况，加大对街镇、社区的帮扶力度，促进人员财物下放与事权下放同步匹配，为审批和管理事项的下放、承接和运行，提供软件和硬件支持，保障下放事项的正常运转。（3）组织纪律要严明。要适时组织督查组，对各街镇各部门的落实事权下放工作进行抽查，对应接而不接的、承接不彻底的，或在名义上承接实际上不执行的、没有建立相关责任制度导致下放事权行使走样甚至乱审批、乱行使的人和事，要从严查处，严肃问责，确保事权下放承接工作规范运作，取得实实在在的成效。

2012年9月

服务全区工作大局，充分发挥基层人大职能作用

区八届人大常委会主任　吴海燕

本轮行政区划调整之后，鹿城区乡镇人大主席团除保留藤桥镇外，全部转为街道人大工委。目前，法律对街道人大工作机构及职责权限尚无明确规定，立法工作明显滞后于街道人大工作实践。为此，街道人大工委如何开展工作是一个需要探索和创新的课题。本文结合实践，就如何发挥基层人大特别是街道人大工委的职能作用作些探讨。

一、认清形势，统一思想，进一步增强做好基层人大工作的信心

信心是工作上出实效、出成绩的前提。而信心来自于对事物发展规律的正确把握以及自身主观能动性的深刻认识。做好新时期的基层人大工作，抱持信心具有举足轻重的地位。

（一）加强基层人大建设是发展基层民主政治的必然要求。在城市化进程持续加快、社会管理重心逐步下移的今天，街道作为政府派出机构，经过较长时期的实践与发展，已形成了完善的党政组织体系和工作机制。而街道人大工委起步较晚，鹿城区从2005年设立街道人大工委，到现在形成七街一镇的基层人大工作格局，短短7年时间，街道人大工委已初步形成较为完善的组织体系和工作机制，七个街道都配备了专职主任，部分街道甚至配备了一正两副领导班子，所有街道都设立了人大办公室，配备了专兼职工作人员。街道人大工委的作用发挥日益凸显，在基层民主政治发展中扮演越来越重要的角色。

（二）加强基层人大建设必须紧紧依靠中共领导和支持。一直以来，鹿城区委非常重视基层人大的组织建设和作用发挥。监督法颁布以及省、市人大会议召开后，鹿城区立即召开了人大工作会议，颁布了《关于进一步加强人大工作推进社会主义民主政治建设的若干意见》（以下简称《若干意见》）。区委及街镇党工委（党委）进一步加强和改进了对同级人大工作的领导，加快了基层人大组织体系化、规范化建设步伐。区委多次听取区人大汇报，对街镇人大存在的有关问题一一给予明确并要求有关部门帮助解决，同时要求街镇主要领导强化人大意识，对街镇人大工作开展给予全力支持和配合。

（三）做好基层人大工作必须具备强烈的工作责任心。作为人大工作者，应摈弃“退居二线”的消极思想，牢固树立“大有可为”的工作态度，“有位必须有为、有为才有威”，

人大工作者最大的职责就是干好人大工作。在调研中发现，鹿城区很多街道人大工作开展得有声有色，党工委、人大、办事处都很有思路，但也有个别街道不仅党工委书记讲不出实在的内容，连做人大工作的同志也道不出一二。这就需要基层人大工作的同志们进一步坚定信心，提振精神，主动作为，扎实工作，在平凡而重要的岗位上创造新的业绩。

二、把握方向，抓住重点，进一步发挥基层人大职能作用

基层人大工作是全区人大工作的重要组成部分，基层工作做得好，有利于促进全区人大职能作用的充分发挥。

（一）发挥基层人大职能作用，必须坚持正确的工作导向。做人大工作易，但做好人大工作难，难在是否牵住了牛鼻子，坚持了正确的工作导向。简言之，是否紧扣“一个原则、一个宗旨、四个围绕”，即坚持中共领导、坚持为人民服务、坚持围绕大局、围绕发展、围绕民生、围绕和谐。坚持中共领导是做好人大工作的基本原则，人大工作必须积极争取同级党委的支持，紧扣党委中心工作开展。坚持为人民服务是做好人大工作的根本宗旨，要时刻牢记为人民服务的宗旨，把人民群众满意作为做好人大工作的出发点和落脚点。“四个围绕”是做好人大工作的着力点，安排工作议题和制定工作计划都要遵循“四个围绕”，才能保证人大工作有的放矢，取得实效。

（二）发挥基层人大职能作用，必须做好三项重点工作：

一是要立足辖区实际，依法开展监督活动。街道人大工委经区人大常委会授权，加强对街道办事处的监督，可以拓展区人大常委会监督的渠道，使区人大的监督职能向基层延伸。街镇人大开展监督主要形式如下：1. 专项工作监督。如定期听取街道办事处、镇政府有关本辖区经济建设、社会事业发展、财政（财务）收支计划安排与执行等重要工作情况报告，不定期听取街道办事处、镇政府和部门派驻机构的专项工作情况报告，提出建议、批评和意见，依法实施监督。街道人大工委每年的监督工作计划以及专项工作监督开展情况要以书面形式向区人大常委会汇报。2. 日常检查督促。结合区委中心工作和区人大年度工作要点，组织代表对本辖区重点难点工作和群众关心的热点焦点问题进行视察，针对存在的问题向街道办事处或有关部门站所提出意见建议，督促改进工作；必要时，向区人大常委会、“一府两院”及职能部门反映情况，督促政府派出机构及其工作人员依法行政，促使政府办事窗口改进工作作风，提高办事效率。3. 协助区人大开展监督。按照区人大的统一安排或受区人大委托，承担本辖区内的视察调研和执法检查任务，对发现的问题向辖区有关单位提出意见建议，向区人大反馈情况，为区人大开展监督和审议报告提供依据。

二是要强化服务联系，充分发挥代表主体作用。街镇辖区内的人大代表，工作、生活在街镇和居村之中，能够掌握和反映大量的社情民意，帮助群众解决切身问题，这是基层人大开展工作的优势和有利条件。1. 组织好代表小组活动。各街镇人大要对照闭会期间开展区人大代表活动的指导意见，立足辖区实际，制定具体的代表活动计划，通过代表活动的有序开展，促进代表主体作用发挥。2. 抓好主平台建设。这些年来，街镇人大在代表活动硬件建设方面是卓有成效的，如在街镇创建代表议事厅，在社区建立代表接待室。区划调整后，各街镇人大要着眼大功能区定位，重新整合平台资源，健全相关

运行机制和制度，逐步建立以人大代表为主渠道、畅通有序的民意表达整合机制。3. 要做好代表联系工作。要将代表与社区、村挂钩联系起来，既要组织代表在所联系的居村接待室接待选民来访，也要组织代表进居入村走访选民，通过加强双向联系，将听民声与寻民意结合起来，充分了解和掌握群众所思所想，为群众解决一些实际问题。4. 要建立市、区代表联系制度。由于鹿城区是中心城区，许多职能部门如规划、国土、公安等实行垂直管理，事权属于市政府。而中心城区群众反映的很多事项和问题涉及市级部门，单靠区人大代表监督，明显力不从心。因此要加强市代表与区代表的联动，开展如两级代表联合接待选民、联动视察调研等形式，对一些群众反映的热点问题，由市、区两级代表分别向同级政府及有关部门反映，合力推进问题的解决。要加强市、区代表撰写代表议案建议的联动互动，对于区代表掌握的涉及市职能部门的热点问题，可由区代表向市代表提供建议初稿，由市代表对反映的问题进一步调研，并向市人代会提出建议，这样既为市代表撰写议案建议开辟第二个信息渠道，又畅通了区人大代表向市政府及职能部门反映民生问题的渠道，有利于群众反映的热点问题得到及时解决。5. 完善代表履职激励约束机制。要健全代表述职制度，规范组织形式和程序，有序推进代表述职工作。要做好代表履职档案建设，结合代表述职活动，向选民公布代表履职情况信息，接受选民监督。

三是发挥调研优势，为党委和区人大决策提供支持。1. 建立街镇人大负责人领衔调研制度。街道人大常委会主任、镇人大主席每年应选择1—2个议题作为领衔调研课题，调研工作可结合代表小组活动，根据议题内容邀请相关行业、领域、专业的代表参与，以提升调研工作深度和针对性。2. 选精选准调研课题。要结合“民生大调研”主题活动，抓住影响全区经济社会长远发展和人民群众普遍关注的热点焦点问题如政府投资项目建设、社区规范化建设、城中村改造、农房集聚改造、住宅区物业管理等开展调研；抓住与基层民主法制建设息息相关的法律法规贯彻实施情况、基层自治组织建设和社区管理等情况开展调研，向区委、区人大和同级党委建言献策，向街道办事处、镇政府及部门站所提出有针对性的意见建议。3. 重视调研成果转化。要积极撰写调研报告，及时将调研了解到的情况转化成文字材料，向党委、人大、政府及有关部门反映，使调研成果转为具体工作措施。必要时，可以向区人大常委会就某一事项、某个问题作专题汇报，由区人大常委会提出审议意见。

三、强化规范，注重创新，进一步夯实基层人大工作基础

在基层人大工作实践中，应坚持与时俱进，在遵照法律条文的前提下，做到规范与创新并举，以规范促创新，以创新促规范，为基层人大的功能发挥奠定坚实的基础。

（一）加强制度建设，提高基层人大工作规范化水平。要根据法律和上级精神，结合《若干意见》精神，加强街镇人大制度化建设，为基层人大功能作用发挥提供有力的制度保障。要针对区划调整后出现的新情况、新问题，对原有的各项规章制度进行修订，健全工作、会议、学习制度，代表活动、视察、述职制度，议事厅、活动室、接待室等管理制度及运行机制。要狠抓制度落实，坚决维护制度权威，真正做到按制度办事、靠制度管人。

（二）加强创新创造，增强基层人大工作的活力。要把握创新方向，做到四个坚持，

即坚持中共领导、坚持依法办事、坚持以民为本、坚持注重实践。坚持中共领导是加强人大工作创新必须牢牢把握的基本原则；坚持依法办事是人大工作创新的先决条件，创新必须在法律框架内进行才合法合规；坚持以民为本是加强人大工作创新的根本出发点和落脚点，顺应民意的创新才有绵绵不绝的生命力；坚持注重实践是加强人大工作创新的关键，离开了实践谈创新，只能是无源之水、无本之木。要把保持工作的连续性与增强工作的创新性统一起来，善于把以往的好思路、好做法、好经验总结好、传承好、发扬好，同时力争各项工作在过去的基础上有新的创造、新的突破、新的发展。

（三）深化例会制度，推进基层人大工作整体发展。要进一步深化街镇人大工作例会制度，打破原来以工作总结和工作部署为主的单一会议模式，不断丰富会议的内容和形式，增强会议的针对性和互动性，可以把街镇人大工作例会开成阶段性的工作总结推进会，工作经验和工作亮点的交流推广会，人大制度和理论的研究探讨会。例会的主题要鲜明，议题可涉及服务发展大局、增强监督实效、改进代表工作、加强自身建设，等等。要通过街镇人大工作例会这个平台，帮助大家开拓思路，激发灵感，推进创新。通过交流经验，推广典型，以点带面，促进基层人大工作水平整体提升。

2012 年 10 月

加强服务管理　促进减员增效

——关于减员增效工作的调研报告（新居民管理篇）

区八届人大常委会主任　吴海燕

2013 年 8 月份，鹿城区人大常委会组成调研组，针对“加强新居民服务管理、促进减员增效”这个课题开展专题调研，通过听取部门和街镇的工作情况汇报，考察广东东莞、中山等地，召开座谈会等方式，认真调查情况，深入剖析问题，并提出了相关对策。

一、我区新居民基本概况

改革开放以来，随着经济社会的转型发展和民营经济的不断壮大，大量新居民涌入我区。新居民为我区的转型发展和城市建设发挥了积极作用，同时也给我区社会管理带来巨大压力和挑战。据不完全统计，全区现有新居民 72.93 万人，与户籍人口相当。我区新居民有以下特点：一是来自五湖四海。几乎涉及全国所有省份，以江西、湖北、安徽、贵州、湖南、河南等省最多。二是职业以务工为主。在企业务工的新居民占绝大多数，占 87.22%，其次为服务业和经商，但两者占比很小。三是居住环境较差。大多数新居民居住在城郊接合部、城中村的出租房里，群租现象普遍，少数居住在企业提供的宿舍里。四是文化程度偏低。初中以下占 89.56%，大专以上高学历人才只占少数。五是随行儿童较多。截至 2013 年 8 月底，新居民随行儿童有 7.4 万，主要是义务教育阶段的儿童。

二、新居民带来的社会管理问题

（一）增大社会管理难度，违法犯罪多发。大量新居民的涌入，增大了社会管理的复杂性和艰巨性。以工业最集中的双屿街道为例，新居民人数为本地居民 9 倍之多，久而久之使得新居民势力超过地方势力，且新居民流动性大，给治安管理带来极大难度。

新居民中不少人无一技之长，又没有社会关系，很难在城市中找到一份工作谋生，一些三无盲流人员成为社会治安问题的潜伏点。近几年在双屿街道发生的违法犯罪，新居民犯案的占85%左右。

（二）加重城市功能负荷，环境污染加剧。大量新居民的不期而入，使已近饱和的城市公共服务设施和基础设施供应更趋紧张，成为制约城市发展的瓶颈。公共服务设施的不足，导致新居民上学难、看病难、购物难、休闲娱乐无去处、业余活动单一等一系列生活结构性“贫血”。城市基础设施的不足又带来交通堵塞、污染加剧、拉闸限电等一系列问题。此外，受经济利益和需求刺激，新居民在道路两侧随意摆摊，流动式不规范经营，影响了市容及环境卫生。

（三）刺激违章建筑滋生，安全隐患突出。由于大量新居民涌入，放大了住房需求，在经济利益的驱使下，城中村、城郊接合部出现大量随意改造的出租房和违法搭建的简易棚。以双屿街道为例，新居民密度高，存在大量违规群租房，加上房东疏于管理，火灾隐患十分突出。

三、对策

（一）加强动态管理，倒逼减员增效

一是实施“城门”过滤，以“证”减员。1. 抓好居住证管理。公安部门要坚持“人来登记、人走注销”的原则，加强居住证办理和管理工作，做到“应办尽办、应销尽销”，强化“以证管人”的功能。要发挥居住证“过滤网”功能，将有严重暴力犯罪、参与贩毒、参加邪教组织、涉嫌危害国家安全而受过刑罚处罚等高危人员挡在“城门”外，实施重点跟踪管控直至离开鹿城。2. 发挥信息作用。办证工作人员要及时准确全面地采集新居民信息，信息数据要定期清理、核对和更新。办证及信息采集工作应建立评价考核机制，提高信息采集质量。要利用好新居民综合信息平台，通过有效整合各方面采集的数据，确保相关职能部门及时获取新居民信息，充分发挥信息在加强新居民服务管理中的基础作用。各使用部门需落实专人负责数据查询，落实保密责任，防止新居民信息被扩大使用范围。3. 整治无业无证。加大重点区域、场所的排查巡控力度，加强对无业无证人员的监控，及时发现和掌握现实与潜在的社会危害性人员，有效预防和控制犯罪。对无证人员要责令限期办理居住证，对逾期不办理的，按照《浙江省流动人口居住登记条例》的有关规定予以处罚，拒不办证的劝返。

二是压缩租赁空间，以“房”减员。1. 出台出租房管理办法和税收方案。制定出租房标准，对符合标准的，经有关部门验收后办理相关证明，准予进入租赁市场；对不符合标准的，要勒令整改，经整改达标后方可出租。应严格执行群租房人均最低面积规定，稀释双屿、仰义等高密度地区合租群租密度，调控出租房供给总量。及时出台出租房税收征收方案，适度提高房屋租赁成本，倒逼无固定职业无固定收入新居民返乡。要严格执行出租房登记备案制度，落实出租人管理责任。2. 明确出租房管理部门。一种方法是抽调人员成立出租房管理中心，避免多头管理，提高管理效率，管理经费从房屋出租税费中提取。另一种方法是健全联合管理机制，从全局出发整合大综治网络平台，打造集信息采集、分级分类、日常巡查、信息上报、治安防范、问题抄告、整治反馈、督查通报为一体的综合窗口。后一种方法必须进一步理顺条块关系，落实各个环节责任，强化区级“指挥中心”的统筹协调作用。3. 打击违法租赁行为。要进一步规范房屋租赁市场，对违反出租房屋管理规定，未经达标验收而出租的行为，严格按照有关法律法规予以处罚。强力推进“三改一拆”工作，定期开展出租房专项治理行动，减少安全隐患。

三是调节劳力需求，以“业”减员。1. 明确企业管理责任。落实企业法人代表为第一责任人的制度，明确主管领导和管理人员，建立健全管理制度，配合政府做好新居民服务和管理工作。企业不得招用无身份证件和拒绝办理居住证的新居民，否则根据《浙江省流动人口居住登记条例》进行处罚。要督促企业加大力度解决企业内部新居民住宿问题，提高集中化管理程度，以降低新居民活动半径，减少社会关系层次，缓解社会管理和城市承载的压力。企业每年要与公安、计生等部门签订责任书，落实治安、计生管理责任。2. 推进产业转型升级。出台一揽子优惠政策，引导企业转型升级，特别是推进劳动密集型企业加强管理创新、加快技改步伐，实现“机器换人”，减少对劳动力的依赖。同时，要加快“退二进三”城市有机更新，促进“退二优二”，以推进产业结构调整为抓手，推进减员增效。3. 规范和整治生产经营。坚持“堵疏结合”，加大对“无证无照”“三合一”“厂中厂”和出租房小作坊的排查力度，以铁面执法推进综合整治工作；同时，以加快小微创业园建设为契机，引导部分符合产业导向的上下游生产单位进入园区，以防止传统产业链的生态失衡。加强流动摊贩整治力度，倒逼部分以此谋生的新居民转业或返乡创业，同时在新居民聚居区，可根据人员分布情况，规划几个区域集中点，实行统一规范管理，满足新居民消费需求。

四是取缔非法营运，以“车”减员。1. 加大“四小车”（包括摩的）整治力度。应向市政府建议，将双屿、仰义列入“四小车”综合整治重点区域，加强日常巡查，强化交通管制，保持高压态势，健全长效管理机制，倒逼以“四小车”营运为生的新居民离开，减少飞车抢夺案件发生。同时，加强对电瓶车非法载人的查处，防止非法营运工具转移和衍生。2. 完善城市公共交通建设。合理安排城市公交运力，完善公交运输线路，通过增开线路、增开车辆、延长线路开行时间、增加班次等方式，提升公交服务供给。在新居民集中的城郊接合部及工业园区开通社区公共巴士、投放公共自行车，合理设点，实现与公交车车站的“无缝对接”，通过完善公共交通网，减少对非法营运市场的依赖。

五是提高入学门槛，以“校”减员。1. 调整新居民子女入学办法。结合“减员增效”，以积分制管理为手段，以“留优汰劣”为导向，适当提高就读公办、民办学校的准入条件，促进教育资源优化配置。2. 规劝回乡接受教育。对符合就读条件的新居民子女，按照“两为主”原则安排就读，对不符合条件的要规劝回户籍所在地接受义务教育，减轻财政压力。3. 加强对民办学校监管力度。严格民办学校的准入条件，注重质量控制总量。加强日常巡查和规范化管理，坚决取缔未经批准擅自开办的非法学校。

（二）加强日常管理，促进减员增效

一是组织实施积分制管理。通过综合设定相应积分标准和条件，按照积分排名实现公共服务供给的选择性、梯度性，以提升居住证含金量，留住高端新居民人才，引进高素质新居民人才，从而达到控制新居民总量和优化人口结构的目的。

二是积极探索新居民卡制度。实行新居民卡（IC 卡）新居住证制度。将居住证中对新居民的管理功能与政府、社会所提供的服务有机结合起来，提高与日常生活的关联度，促进新居民观念从“要我办”到“我要办”的转变。要实现新居民管理与服务信息化，并通过数据分析，改进工作和方法，实施有针对性的调控措施。

三是推进新居民人才库建设。围绕“人才强区”战略目标，建立完善鹿城区人才库，并根据企业需求收集、整理、招纳人才，鼓励在鹿新居民人才登记入库。同时进一步完善相应优惠政策，充分发挥各类新居民技术技能人才在我区经济社会发展中的积极作用。

（三）夯实工作基础，助推减员增效

一是转变工作理念，创新工作方法。要重视顶层设计，立足当前，着眼长远，以推进“减员增效”为导向，研究制定符合我区实际的新居民服务管理政策和措施，注重系统性、连续性和前瞻性。要善于借力使力，引导新居民加入基层党组织及工青妇等群众组织，提高新居民自我管理水平。要加强政策法规研究，学习外地先进经验，“拿来”为“我”所用，试点先行，以点带面，逐步探索出一条有鹿城特色的新居民服务管理新路子。

二是落实部门职能，加强部门协作。好政策好方法，重在执行、难在执行。各部门应确立全局观念和“一盘棋”思想，完善部门协作机制，建立评价激励机制，探索推行“项目化承办”制度，进一步明确责任，落实任务，从而形成各部门互相配合、齐抓共管的良好局面。

三是完善服务体系，促进社会融合。要注重公共服务，在新居民劳动保障、社会保险、医疗卫生、子女教育、计划生育等方面加强和改进工作。应建立培训中心，对就业人员提供业务、技术和学历教育，提高我区新居民综合素质和就业创业能力，为“减员增效、创新驱动”提供人才支撑。要加大宣传激励力度，积极树立新居民中的先进典型，切实给予新居民政治、工作和生活上的关心，不断丰富新居民的业余文化生活，努力在全社会营造关注、关爱新居民的良好氛围。

2013 年 9 月

编后记

2015 年 10 月，鹿城区人大常委会决定编纂《鹿城区人民代表大会志》，并成立了编纂委员会，下设编辑室。10 月 26 日、29 日，编委会分别召开两次会议，商讨编纂事宜。11 月 25 日，区人大党组召开会议，确定了编纂方案，落实了人员及经费。至此，区人大志的编纂工作进入正式运作阶段。

根据区人大志编纂方案，组织发动区人大常委会各委、办、科、室人员，收集有关资料。同时，组织编辑人员到市委宣传部、市档案局、区委宣传部、区档案局等单位查阅档案 200 多卷，复印文件资料计 1800 余万字，并收集了从一届到八届的所有鹿城区人民代表大会的汇编、区人大常委会的会刊、区各界代表的登记表和区选举委员会的文件及区各个街镇的资料，还走访了许多区人大离退休干部，收集相关信息和图片，逐渐形成资料长编，为编写区人大志奠定基础。

2016 年 3 月，根据掌握的大量资料，开始了区人大志的编纂工作。至 7 月末，各篇章陆续形成初稿。其间，总共开了八次编辑会议（包括意见征求会、编审会等）。9 月以来，在对稿件修改完善的基础上，形成 120 余万字的初稿。并与区街镇、法院、检察院等单位对接，力求数据精准。为确保志书质量，区人大志编纂委员会于 12 月 23 日邀请志书专家、学者举行了人大志评审会。

本志全文 118 余万字，历时一年余，终于付梓面世，实属不易。这里离不开省、市人大常委会领导的支持关心，离不开区人大常委会领导的重视，离不开市、区相关部门和地方志办公室工作人员的大力支持，更离不开编辑室全体人员的辛勤笔耕。在此，我们一并向所有关心和支持编纂《温州市鹿城区人民代表大会志》的各级领导和单位及个人，表示衷心的感谢。

由于编志时间仓促，工作复杂，编者水平所限，加之档案资料因多次搬迁或保管不善而遗漏，使不少资料无从查找，虽抱着高度负责的精神，求真务实，严谨考证，反复审核，但志书中难免有疏误或遗漏之处，敬请读者批评指正！

编 者

2016 年 12 月

图书在版编目（C I P）数据

温州市鹿城区人民代表大会志 / 《温州市鹿城区人民代表大会志》编纂委员会编. -- 北京：方志出版社，2016.12
ISBN 978-7-5144-2294-8

Ⅰ. ①温… Ⅱ. ①温… Ⅲ. ①地方各级人民代表大会—工作概况—温州 Ⅳ. ①D624.553

中国版本图书馆CIP数据核字（2016）第299122号

温州市鹿城区人民代表大会志

编　者：《温州市鹿城区人民代表大会志》编纂委员会
责任编辑：刘方圆
出 版 人：冀祥德
出 版 者：方志出版社
地址 北京市朝阳区潘家园东里9号（国家方志馆4层）
邮编 100021
网址 http://www.fzph.org
发　行：方志出版社发行中心
（010）67110500
经　销：各地新华书店
印　刷：温州市北大方印务有限公司
开　本：889×1194 1/16
印　张：55.25
字　数：1182千字
版　次：2016年12月第1版 2016年12月第1次印刷
印　数：0001～1000册
ISBN 978-7-5144-2294-8 定价：198.00元